CHRISTIAN STANDARD COMMENTARY

고린도후서

2 Corinthians

데이비드 갈란드(David E. Garland) 지음
김명일 옮김

깃드는숲 LOGOS

목 차

목 차

추천사

데이비드 갈란드의 글은 항상 학자, 목회자, 신학생, 진지한 평신도를 위한 글입니다. 따라서 그의 모든 주석은 소장할 가치가 있고 매우 신중하게 읽을 가치가 있습니다.

그레고리 빌(Gregory K. Beale), 신약 및 성경신학 교수.
리폼드 신학교(Reformed Theological Seminary, Dallas, TX)

갈데이비드 갈란드는 세계적인 학자이자 뛰어난 소통가로서 성경의 지혜가 어떻게 교회의 삶을 변화시킬 수 있는지에 대해 깊은 관심을 가지고 있습니다. 갈란드는 많은 주석을 썼고 나는 그 주석들을 모두 소유하고 있습니다. 고린도후서 성경 공부와 설교 준비에 의문이 있다면, 통찰력과 답을 얻기 위해 책꽂이에서 가장 먼저 이 책을 꺼낼 것입니다.

니제이 굽타(Nijay K. Gupta), 신약학 교수
노던 신학교(Northern Seminary)

데이비드 갈란드의 고린도후서 주석은 목회자와 신학생들이 깊이 감사해야 할 책입니다. 그는 따뜻하고 읽기 쉬운 글로 최고의 학문, 해석적 통찰력, 목회적 성찰을 담고 있습니다. 계속해서 제가 가장 추천하는 주석 중 하나입니다.

조지 거드리(George H. Guthrie), 신약학 교수
리젠트 칼리지(Regent College, Vancouver, BC)

| 시리즈 서문

크리스천 스탠다드 주석 시리즈(CSC) 주석은 "옛-현대" 접근 방식을 구현하려고 한다. CSC 주석 시리즈는 옛 것과 새 것을 함께 가져오는 역설적으로 보이는 방식을 풀어내는 데 도움이 되는 설명을 할 것이다.

현대 주석 전통은 종교개혁 이후에 생겨나 확산되었다. 성경 주석 전통은 다음 세 가지 요인으로 성장했다. (1) 15-16세기 **고전학 연구의 회복**. 이 회복으로 성경 언어(헬라어와 히브리어)에 대한 관심이 부활했다. 성경 해석가, 설교자, 성경 교사가 라틴어 성경(The Latin Vulgate)이 아니라 원어를 기초로 성경을 해석했다. 마르틴 루터와 장 칼뱅의 주석은 원전으로 돌아가기 때문에('**ad fontes**', 근원으로 돌아가자) 그 본보기가 된다. (2) **종교개혁 운동의 발흥**과 로마 가톨릭, 독일 종교개혁(마르틴 루터), 스위스 종교개혁(장 칼뱅), 영국 종교개혁(성공회), 다른 그룹들(재세례파 등)이 나누어지는 일은 주석들을 만드는 계기를 마련했다. 주석에 나타나는 각 운동의 신학적 교의와 함께 새로운 교회와 그 지도자들이 성경을 명확하고 적절하게 설교하는 데 도움을 주었다. (3) **17세기와 18세기 성경 해석의 역사적인 전환**. 이 터닝 포인트는 성경적인 책들을 만들어 내고 그 책들의 상황화를 이룬 역사적 상황을 강조했다.

이러한 요소들과 함께 크리스천 스탠다드 주석 시리즈(CSC)는 **현대 주석**들의 분명한 특징들이 있다.

- 저자는 구약과 신약 각 권을 원어로 분석한다.
- 저자는 중요한 본문 비평 문제들을 적절하게 제시하고 설명한다.
- 저자는 성경 본문 형성의 역사적 상황(저작 시기, 저자, 청중, 사회적인 위치, 지리적 및 역사적 맥락 등)을 성경 각 권에 따라 적절하게 언급하고 정의한다.
- 저자는 성경 각 권을 현재 그대로 이해하기 위해 가능한 성경 본문 발전을 파악한다(예. 어떻게 시편이 최종 형태로 되었는가 또는 소선지서가 어떻게 한 권의 "책"으로 이해될 수 있는가).

크리스천 스탠다드 주석(CSC)은 또한 지난 50년 동안 성경 해석이 어떻게 변화했는지 보여 준다. 첫 번째는 문학적인 성경 해석이다. 문학적 분석은 1970년대와 1980년대 성경 해석에서 태어났으며 이 운동은 현대 성경 주석에 큰 영향을 미쳤다. 문학적 분석은 성경 각 단락이 보여 주는 구조와 형식, 각 권의 전체 형태에 관심을 기울인다. 이러한 영향으로 현대 주석은 각 권의 형식과 구조, 주요한 주제와 모티프, 그리고 그 스타일이 의미에 어떻게 영향을 미치는가를 평가한다. 문학적 해석은 성경을 수사적인 구조와 목적으로 배열되고 다듬어진 예술 작품으로 인식한다. 문학적인 해석은 각 권의 독특한 문체와 수사적인 전략을 발견한다. 크리스천 스탠다드 주석(CSC)은 성경의 문학적 차원을 탐구한다.

- 저자는 성경 각 권을 양식과 구조, 형식 및 의미가 결합된 예술 작품으로 연구한다.
- 저자는 전체 책의 구조와 그 전달하고자 하는 의도를 평가한다.
- 저자는 성경 각 권의 문학 양식, 시, 수사학적인 장치를 적절하게 이해하고 설명한다.
- 저자는 성경 각 권의 의사소통 전략을 발전시키는 문학적인 주제와 모티프를 설명한다.

옛 주석으로 크리스천 스탠다드 주석(**CSC**)은 신학적으로 성경을 해석하는 특징이 있다. **CSC** 주석이 추구하는 신학적인 경향은 성경을 역사적인 또는 문학적인 문헌일 뿐만 아니라 근본적으로 하나님의 말씀으로 인정하는 것이다. 즉, 성경을 근본적으로, 역사적으로, **그리고** 신학적으로 인식한다. 하나님은 성경의 첫째 화자이며, 수신자들은 하나님을 첫째 화자로 인식해야 한다. 신학적인 해석은 비록 하나님께서 많은 저자들로 성경을 쓰게 하셨지만(히 1:1), 그분이 신적 저자이자 성경의 주제이며 하나님의 백성인 교회에 구약과 신약을 주시는 분이심을 확인한다. 이것은 교회가 선을 위한 성장을 촉진하기 위함이다(딤후 3:16-17). 신학적 해석은 하나님께서 자기 백성에게 성경을 듣고 또 살아가게 하려고 주셨기에 성경을 하나님의 말씀으로 읽게 한다. 신학적인 강조를 약화시키는 역사적, 문학적, 또는 다른 어떤 접근들도 본문 자체의 요구 보다는 부족하다.

성경에 대한 거룩한 이해는 지난 이천 년(교부, 중세, 종교개혁, 또는 현대) 기독교 성경 해석의 공통점이다. 그것은 하나님의 백성에 대한 하나님의 일하심, 진리, 연관성에 주의를 기울여서 읽게 만든다. **옛 주석** 전통은 성경을 다양하며 풍성한 하나님의 역사의 산물로 해석한다. 하나님께서는 자기 백성들에게 말씀을 주셔서 그분을 알고 사랑하며 영화롭게 하며 모든 피조물에 하나님에 대한 찬양을 선포할 수 있게 한다. 성경은 영적이며 실제적인 변화로 이끄는 하나님의 지식과 능력을 제공한다.

성경의 변화시키는 힘은 예수 그리스도의 중심성에 주의를 기울이는 옛 주석 전통에서 나타난다. 하나님께서 때가 이르러 예수님을 세상에 보내셨다. 그분은 구약이 기대하고 확증하고 증언하는 분이시다. 더욱이 신약은 그분을 구약에서 하나님께서 약속하셨던 분으로 제시하며, 그분 안에서 교회는 살아 있고 움직이고 존재한다. 구약과 신약이 증거하는 그분은 산 자와 죽은 자를 심판하기 위해 다시 오실 것이며 만물을 새롭게 하실 것이다.

옛 주석 전통은 그리스도를 성경의 중심으로 하는 성경신학을 드러낸다. 구약과 신약이 함께 그리스도를 계시한다. 따라서 **옛 전통**은 구약과 신약을 변증법적인 관계로 읽는 전체적인 성경신학 내에서 작동한다.

마지막으로, 옛 주석 전통은 영적인 변화에 집중한다. 하나님의 영은 읽는 사람들의 마음을 조명해서 하나님의 음성을 듣고, 그분의 영광 가운데 있는 그리스도를 보고, 그분의 능력으로 살 수 있도록 한다. 성경이 변화시키는 차원은 **옛 주석**에 등장한다. 모든 세대는 하나님의 음성을 새롭게 들을 수 있다. 하나님의 말씀은 세상을 위해서 하나님의 백성에게 구체화 될 수 있다.

크리스천 스탠다드 주석(CSC)은 **옛 주석** 전통을 다음과 같은 방식으로 구현한다.

- **저자는 성경 각 권에서 하나님이 누구신가 하는 주제를 설명한다. 더 나아가 저자는 하나님께서 창조하신 세상에 어떻게 자기를 계시하시는지 연구한다.**
- **저자들은 전체 성경 신학에 비추어서 성경 각 권에 적합한 예수님의 중심성을 설명한다.**
- **저자들은 성경 본문을 영적으로 해석하여 하나님의 말씀의 변화시키는 힘이 교회를 위해 나타나도록 한다.**

크리스천 스탠다드 주석(CSC)에는 삼위일체적 성경 읽기가 지배적이다. 하나님 아버지는 말씀을 다양한 시대에 다양한 방법으로 자기 백성에게 주셨다(히 1:1). 이것은 이스라엘 역사와 초대 교회의 여러 저자들에게서 나온 성경 각 권의 역사적, 철학적, 사회적, 지리적, 언어적, 문법적 측면에 지속적으로 관심을 필요로 한다. 성경 전체는 다양하지만 그리스도를 계시한다. 그는 구약과 신약에서 하나님의 말씀으로 계시된 분(히 1:1; 요 1:1)이시며, 만물이 그분 안에 함께 서 있고(골 1:15-20), 만물이 그분을 통해서 새롭게 될 것이다(고전 15장; 계 21:5). 하나님께서는 성령을 교회에 주셨다. 따라서 교회는 성경을 영적으로 읽을 수 있다. 교회는 하나님의 음성을 듣고, 성경으로부터 나오는 생명을 주는 말씀을 받는다(딤후 3:15-17; 히 4:12). 이런 방식으로, 크리스천 스탠다드 주석(CSC)은 그리스도의 교회를 세우는 일과 모든 사람이 부르심을 받은 지상 명령에 기여한다.

| 약어표 |

AB	Anchor Bible
ABD	D. N. Freedman (ed.), Anchor Bible Dictionary
ABR	*Australian Biblical Review*
ACNT	Augsburg Commentary on the New Testament
AGJU	Arbeiten zur Geschichte des antiken Judentums und des Urchristentums
AJT	*American Journal of Theology*
AnBib	Analecta Biblica
ANRW	*Aufstieg und Niedergang der römischen Welt*
ANTC	Abingdon New Testament Commentaries
ATRSup	Anglican Theological Review Supplemental Series
AusBR	*Australian Biblical Review*
AUSS	*Andrews University Seminary Studies*
BAR	*Biblical Archaeology Review*
BBB	*Bonner biblische Beiträge*
BBR	*Bulletin for Biblical Research*
BDAG	W. Bauer, F. W. Danker, W. F. Arndt, and F. W. Gingrich Greek-English *Lexicon of the New Testament and Other Early Christian Literature*, 3d ed.
BDF	F. Blass, A. Debrunner, R. W. Funk, *A Greek Grammar of the New Testament*
BECNT	Baker Exegetical Commentary on the New Testament
BETL	Bibliotheca ephemeridum theologicarum lovaniensium
BEvT	Beiträge zur evangelischen Theologie
BGBE	Beiträge zur Geschichte der biblischen Exegese
BHT	*Beiträge zur historischen Theologie*
Bib	*Biblica*
BJRL	*Bulletin of the John Rylands Library*
BJS	*Brown Judaic Studies*

BT	*The Bible Translator*
BTB	*Biblical Theology Bulletin*
BTS	Biblical Tools and Studies
BZ	*Biblische Zeitschrift*
BZNW	Beihefte zur *ZAW*
CBQ	*Catholic Biblical Quarterly*
CBR	*Currents in Biblical Research*
CIL	*Corpus Inscriptionum Graecarum.* Edited by August Boeckh, 4 vols.
CP	*Classical Philology*
CRINT	Compendia Rerum Iudaicarum ad Novum Testamentum
CSB	Christian Standard Bible
CTM	*Concordia Theological Monthly*
CTR	*Criswell Theological Review*
DSS	Dead Sea Scrolls
EBC	*Expositors Bible Commentary*
EC	*Epworth Commentary*
ECL	*Early Christianity and Its Literature*
EDNT	*Exegetical Dictionary of the New Testament*
ESV	English Standard Version
ETL	*Epbemerides theologicae lovanienses*
ETR	*Etudes théologiques et religieuses*
EvT	*Evangelische Theologie*
EvQ	*Evangelical Quarterly*
Exp	*Expositor*
ExpTim	*Expository Times*
FNT	*Filologia Neotestamentaria*
FRLANT	Forschungen zur Religion und Literatur des Alten und Neuen Testaments
GNBC	Good News Bible Commentary
GTJ	*Grace Theological Journal*
HBT	*Horizons in Biblical Theology*
HNTC	Harper's New Testament Commentaries
HTR	*Harvard Theological Review*
HUT	Hermeneutische Untersuchungen zur Theologie
IB	*The Interpreter's Bible*
IBS	*Irish Biblical Studies*
ICC	International Critical Commentary
Int	*Interpretation*

INT	Interpretation: A Bible Commentary for Preaching and Teaching
IVPNTC	IVP New Testament Commentary
JBL	*Journal of Biblical Literature*
JJS	*Journal of Jewish Studies*
JSNT	*Journal for the Study of the New Testament*
JSNTSup	Journal for the Study of the New Testament Supplement
JSOT	*Journal for the Study of the Old Testament*
JSS	*Journal of Semitic Studies*
JTS	*Journal of Theological Studies*
LCL	Loeb Classical Library
LNTS	Library of New Testament Studies
LouvSt	*Louvain Studies*
LXX	Septuagint
MNTC	Moffatt New Testament Commentary
NAB	New American Bible
NASB	New American Standard Bible
NCB	New Century Bible
NCBC	New Century Bible Commentary
NEB	New English Bible
Neot	*Neotestamentica*
NIBC	New International Biblical Commentary
NICNT	New International Commentary on the New Testament
NIDNTT	*New International Dictionary of New Testament Theology*
NIGTC	New International Greek Testament Commentary
NIV	New International Version
NIVAC	NIV Application Commentary
NTL	The New Testament Library
NovT	*Novum Testamentum*
NovTSup	Novum Testamentum, Supplements
NPNF	Nicene and Post-Nicene Fathers
NRSV	New Revised Standard Version
NTD	Das Neue Testament Deutsch
NTL	The New Testament Library
NTS	*New Testament Studies*
OCD	*Oxford Classical Dictionary*
PGM	*Papyri Graecae Magicae: Die griechischen Zauberpapyri. Edited by Karl Preisendanz. 2nd ed. Stuttgart: Teubner, 1973-1974*

PNTC	Pelican New Testament Commentaries
PTR	*Princeton Theological Review*
RAC	*Reallexikon für Antike und Christentum.* Edited by Theodor Klauser et al. Stuttgart: Hiersemann, 1950-
RB	*Revue biblique*
RBL	*Review of Biblical Literature*
RevExp	*Review and Expositor*
RHPR	*Revue d'histoire et de philosophie religieuses*
RRA	Rhetoric of Religious Antiquity
RSR	*Recherches de science religieuse*
RSV	Revised Standard Version
RTR	*Reformed Theological Review*
SANT	Studien zum Alten und Neuen Testaments
SBEC	Studies in the Bible and Eartly Christianity
SBT	Studies in Biblical Theology
SBLDS	SBL Dissertation Series
SBLSBS	SBL Sources for Biblical Study
SBLSP	Society of Biblical Literature
SBLTT	SBL Texts and Translations
SE	*Studia Evangelica*
SEÅ	*Svensk exegetisk årsbok*
SemeiaSt	Semeia Studies
SJT	*Scottish Journal of Theology*
SNT	Studiem zum Neuen Testament
SNTSMS	Society for New Testament Studies Monograph Series
SO	Symbolae Osloenses
SPCK	Society for the Promotion of Christian Knowledge
ST	*Studia theologica*
TBC	Torch Bible Commentaries
TBT	*The Bible Today*
TDNT	G. Kittel and G, Friedrich, eds., *Theological Dictionary of the New Testament*
TEV	Todays English Version
THKNT	Theologischer Handkommentar zum Neuen Testament
TLZ	*Theologische Literaturzeitung*
TNTC	Tyndale New Testament Commentaries
TRE	*Theologische Realenzyklopdadie*
	Theological Studies

TS	*Theologische Studien und Kritiken*
TSK	*Tyndale Bulletin*
TynBul	
TZ	*Theologische Zeitschrift*
UBS	United Bible Societies
WBC	Word Biblical Commentary
WTJ	Westminster Theological Journal
WUNT	Wissenschaftliche Untersuchungen zum Neuen Testament
ZNW	*Zeitschrift fiir die neutestamentliche Wissenschaft*

| 외경,위경,고대 문헌 |

'Abot R. Nat.	'Abot de Rabbi Nathan
Adul. amic.	*Plutarch, Quomodo adulator ab amico internoscatur*
Aem.	*Plutarch, Aemilius Paullus*
Ag. Ap.	Josephus, *Agaiest Apion*
Agriculture	Philo, *On Agriculture*
Alex.	Dio Chrysostom, *Ad Alexandrinos (Or. 32)*
Alex.	Plutarch, *Alexander*
Am.	Ovid, *Amores*
Ant.	Josephus, *Jewish Antiquities*
Ant. rom.	Dionysius of Halicarnassus, *Antiquitates romanae*
Antid.	Isocrates, *Antidosi* (Op. 15)
Apoc. Ab.	Apocalypse of Abraham
Apoc. Mos.	Apocalypse of Moses
Apoc. Sedr.	Apocalypse of Sedrach
1 Apol.	Justin Martyr, *Apologia i*
Arist. Ex.	Aristeas the Exegete
Ascen. Isa.	Mart. Ascen. Isa. 6–11 (Martyrdom and Ascension of Isaiah)
Avar.	Dio Chrysostom, *De avaritia (Or. 17)*
b. ʿAbod. Zar.	Babylonian Talmud, ʿAbodah Zarah
b. B. Bat.	Babylonian Talmud, Baba Batra
b. B. Qam.	Babylonian Talmud, Baba Qamma
b. Ber.	Babylonian Talmud, Berakot
b. ʿErub.	Babylonian Talmud, ʿErubin
b. Hag.	Babylonian Talmud, Ḥagiga
b. Ketub.	Babylonian Talmud, Ketubbot
b. Ned.	Babylonian Talmud, Nedarim
b. Pesaḥ.	Babylonian Talmud, Pesaḥim
b. Šabb.	Babylonian Talmud, Šabbat
b. Sanh.	Babylonian Talmud, Sanhedrin
b. Soṭah	Babylonian Talmud, Soṭah
b. Taʿan.	Babylonian Talmud, Taʿanit
b. Yebam.	Babylonian Talmud, Yebamot
b. Yoma	Babylonian Talmud, Yoma
Bar	Baruch
2 Bar.	2 Baruch (Syriac Apocalypse)

Bell. gall.	Julius Caesar, *Bellum gallicum*
Ben.	Seneca, *De Beneficiis*
Bib. Ant.	Pseudo-Philo, *Biblical Antiquities*
Cant. Rab.	Canticles (Song of Solomon) Rabbah
Carm.	Horace, *Carmina*
CD	Cairo Genizah copy of the Damascus Document
Cim.	Plutarch, *Cimon*
1 Clem.	1 Clement
Confusion	Philo, *On the Confusion of Tongues*
Cor.	Dio Chrysostom, *Corinthian Discourse*
Crat.	Plato, *Cratylus*
Cyn.	Xenophon, *Cynegeticus*
Decalogue	Philo, *On the Decalogue*
Dial.	Dio Chrysostom, *Dialexis (Or. 42)*
Diatr.	Epictetus, *Diatribai (Dissertationes)*
Did.	Didache
Diogn.	Diognetus
Dreams	Philo, *On Dreams*
Drunkenness	Philo, *On Drunkenness*
Embassy	Philo, *On the Embassy to Gaius*
1, 2 En.	1, 2 Enoch (Slavonic Apocalypse)
Enn.	Plotinus, *Enneades*
Ep.	Pliny the Younger, *Epistulae*
Ep.	Seneca, *Epistulae morales*
1, 2 Esd	1, 2 Esdras
Eth. Nic.	Aristotle, *Ethica nicomachea*
Exil.	Plutarch, *De exilio*
Exod Rab.	Exodus Rabbah
4 Ezra	4 Ezra
Flac.	Cicero, *Pro Flacco*
Flight	Philo, *On Flight and Finding*
Flor.	Stobaeus, *Florilegium*
Frat. amor.	Plutarch, *De fraterno amore*
Gall.	Lucian, *Gallus*
Gen. Rab.	Genesis Rabbah
Good Person	Philo, *That Every Good Person Is Free*
Gorg.	Plato, *Gorgias*
Heir	Philo, *Who Is the Heir?*
Herm. Sim.	Shepherd of Hermas, Similitude(s)
Hist.	Livy, *History of Rome*

Hom. 2 Cor.	John Chrysostom, *Homilae in epistulum i ad Corinthios*
Ign. Phld.	Ignatius, *To the Philadelphians*
Ign. *Rom.*	Ignatius, *To the Romans*
Ign. *Smyrn.*	Ignatius, *To the Smyrnaeans*
Inst.	Quintilian, *Institutio oratoria*
Inv.	Cicero, *De invention rhetorica*
Invid.	Dio Chrysostom, *De Invidia (Or. 77/78)*
Ion	Plato, *Ion*
Jos. Asen.	Joseph and Aseneth
J.W.	Josephus, *Jewish War*
Jub.	Jubilees
1 Kgdms	1 Kingdoms (LXX 1 Kings)
Lach.	Plato, *Laches*
Lev. Rab.	Leviticus Rabbah
Life	Josephus, *The Life*
Lucil.	Seneca, *Ad Lucilium*
m. 'Abot	Mishnah 'Abot
m. Ker.	Mishnah Keritot
m. Ketub.	Mishnah Ketubbot
m. Mak.	Mishnah Makkot
m. Ned.	Mishna Nedarim
m. Soṭah	Mishna Sotah
1, 2, 3, 4 Macc	1, 2, 3, 4 Maccabees
Marc.	Seneca, *Ad Marcium de consolatione*
Mart. Isa.	Martyrdom and Ascension of Isaiah 1-5
Mek.	Mekilta
Mem.	Xenophon, *Memorabilia*
Men.	Plautus, *Menaechmi*
Merc. Cond.	Lucian, *De mercede conductis*
Metam.	Apuleius, *Metamorphoses*
Midr. Ps.	Midrash on Psalms
Migration	Philo, *On the Migration of Abraham*
Moses	Philo, *On the Life of Moses*
Nat.	Pliny the Elder, *Naturalis historia*
Nat. d.	Cicero, *De natura deorum*
Nest.	Dio Chrysostom, *Nestor (Or. 57)*
Noct. att.	Aulus Gellius, *Noctes atticae*
Off.	Cicero, *De officiis*
Or.	Tertullian, *De oratione*

Or. Brut.	Cicero, *Orator ad M. Brutum*
Paneg.	Isocrates, *Panegyricus*
Peregr.	Lucian, *The Passing of Peregrinus*
Pesaḥ.	Pesaḥim
Pesiq. Rab.	Pesiqta Rabbati
Planting	Philo, *On Planting*
Pol.	Aristotle, *Politica*
Pol. *Phil.*	Polycarp, *To the Philippians*
P.Oxy	Oxyrhynchus Papyri
Pr Azar	Prayer of Azariah
Praec. ger. rei publ.	Plutarch, *Praecepta gerendae rei publicae*
Prot.	Plato, *Protagoras*
Ps.-Philo	Pseudo-Philo
Pss. Sol.	Psalms of Solomon
Pud.	Tertullian, *De pudicitia*
Quaest. rom.	Plutarch, *Quaestiones romanae et graecae (Aetia romana et graeca)*
QE	Philo, *Quaestiones et solutions in Exodum*
4QFlor	(MidrEschata) Florilegium, Midrash on Eschatologya
1QHa	Hodayota or Thanksgiving Hymnsa [Dead Sea Scroll]
1QM	Milḥamah or War Scroll [Dead Sea Scroll]
4QMMT	Miqṣat Maʿaśê ha-Toraha
1QS	Serek Hayahad or Rule of the Community [Dead Sea Scroll]
11QT[a]	Temple Scrolla [Dead Sea Scroll]
Resp.	Plato, *Respublica*
Rhet.	Aristotle, *Rhetorica*
Rhet. praec.	Lucian, *Rhetorum praeceptor*
Sat.	Horace, *Satirae*
Sat.	Juvenal, *Satirae*
Sel. Ps.	Origen, *Selecta in Psalmos*
1 Serv. lib.	Dio Chrysostom, *De servitude et libertate i* (Or. 14)
2 Serv. lib.	Dio Chrysostom, *De servitude et libertate ii* (Or. 15)
Sib. Or.	Sibylline Oracles
Sipre Deut.	Sipre Deuteronomy
Sir	Sirach/Ecclesiasticus

저자 서문

존 드레인John Drane은 이렇게 썼다. "역사상 이렇게 분량이 작은 문학 작품을 저술해서 산더미와 같은 책을 만들게 한 위대한 인물은 거의 없었다. 이 책들을 모두 한 측면 또는 다른 측면에서 자기 생각을 더 명확하게 이해하도록 썼다. 그리스도교 사도 바울보다 더 천재는 없다." 라이트풋J. B. Lightfoot은 한 학생에게 "어떤 주제에 대한 책을 쓰려면 그 주제에 대해 쓴 모든 것을 읽어야 한다"라고 말한 적이 있다. 19세기의 조언이다. 지금은 엄청나게 쌓여 있는 연구 결과 때문에 거의 불가능하다. 사람들은 살아 있는 말씀을 연구하고 선포하면서 그 의미가 결코 사라져 버릴 수 없음을 깨닫는다. 따라서 내가 처음 이 주석을 쓴 후, 이 본문을 연구한 많은 사람들로부터 새로운 통찰력을 얻는 것에 놀라지 않았다. 나는 그들에게 빚을 지고 있다. 나는 책과 아티클이 아무리 산더미처럼 쌓여 있더라도 고린도에 있는 탐욕스러운 그리스도인들에게 보내는 이 하나님의 영감을 받은 편지의 힘을 완전히 파악할 수 없다고 믿는다. 나는 주님의 말씀에 굶주린 사람들에게 그것을 선포하고 설명하도록 하나님께서 위임하신 사람들이 그 힘을 가장 잘 이해한다고 생각한다. 때때로 어려운 사람들 사이에서 그리고 어려운 상황에서 사역하는 사람들은 바울이 그토록 정직하게 공개한 투쟁에 깊이 공감하고 감사한다. 또한 특히 주님께서 바울에게 "내 은혜가 네게 족하도다 이는 내 능력이 약한 데서 온전하여짐이라"(고후 12:9)라고 계시하신 것을 그들이 배우게 되길 바란다.

바울의 모든 편지는 함께 섬기는 사람들과 그가 섬기는 사람들에 대한 감사로 가득 차 있다. 이 주석 초판에 격려의 말을 써 준 학생, 목사, 교회 지도자들에게 감사드린다. 자신의 일이 비록 작지만 신앙 공동체의 삶과 사역에 기여한다는 사실을 배운다는 것은 가장 행복한 일이다. 특히 학생 연구 조교인 티아 킴Tia Kim, 제임스 헤이킬라James Heikkila, 대니얼 가오Daniel Gao에게 감사한다. 그들은 살펴야 할 새로운 자료들을 수집하고 많은 초고를 읽는 데 엄청난 도움을 주었다. 나는 또한 독립 연구에서 함께 고린도후서를 읽고 그 연구에서 배우는 기쁨을 주었던 조슈아 샤프Joshua Sharp와 앤드류 바렛Andrew Barett에게 감사한다. 이 본문을 다시 작업할 수 있도록 기회를 제공한 레이 클렌데넨Ray Clendenen과 브랜던 스미스Brandon Smith에게 감사한다. B&H Publishing 안팎의 편집자들의 많은 통찰력 있는 논평과 도움이 되는 수정에 감사한다. 그들의 많은 도움에도 오류가 있다면 그것은 나의 책임일 것이다.

데이비드 E. 갈란드
조지 트루엣 신학교(George W. Truett Theological Seminary)
베일러 대학교(Baylor University)

| 서론 개요

서론

1. 고린도의 정치사

로마 집정관 루키우스 몸미우스Lucius Mummius는 기원전 146년에 고린도를 파괴하고 그리스 남자 대부분을 죽이고 여자와 어린이를 노예로 팔았다. 그 이후 고린도는 완전히 황폐화되지 않았지만 102년 동안 황량한 곳이었다. 고린도의 웅장하고 오래된 신전들은 여행객들에게 호기심을 불러일으켰고, 폐허는 (시키온에서 열린) 이스트미아 경기를 관람하는 방문객들에게 쉼터를 제공했다. 기원전 44년, 암살 직전에 율리우스 카이사르는 이 지역에 로마 식민지를 건설하기로 결정했다. 고린도는 펠로폰네소스와 그리스 본토를 잇는 지협 근처에 위치해 있다. 사로닉 만에서 동쪽으로 약 10킬로미터 떨어진 겐그레아와 고린도 만에서 북쪽으로 약 3킬로미터 떨어진 레케움이라는 두 개의 인근 항구는 고린도의 번영을 보장했다.

결정적으로 고린도는 재건설로 로마적인 도시가 되었다. 지리적으로 그리스에 있었지만 문화적으로는 로마에 가까웠다. 스탠스베리Stansbury는 "옛 그리스 고린도는 이스트미아 축제의 전통으로 강화된 한 민족이 공유하는 기억과 문학에 남아 있을 것이다"라고 말했다.[1] 로마 식민지로서 이 도시의 지위는 로마 권력과 선의에 의존하게 되었다. 로마 식민지는 로마 문화, 로마 종교, 로마가 추구하는 가치가 보여 주는 위엄을 육성하기 위해 설립되었다. 아울루스 겔리우스는 로마 식민지는 로마의 "작은 모형"이라고 주장했다.[2] 이 도시는 로마법, 정치 조직 및 제도를 채택했다. 공식 언어인 라틴어가 지금까지 남아 있는 비문의 대부분을 차지한다. 신약에서 고린도와 관련된 17명 중 8명은 라틴어 이름이다. 브드나도(고전 16:17), 누기오(롬 16:21), 더디오(롬 16:22), 가이오와 구아도(롬 16:23), 아굴라와 브리스길라(행 18:2), 디도 유스도(행 18:7)가 그러하다.[3] 고린도는 그리스 시대와 다른 모습이었다. 로마인들은 도시를 다시 설계할 때 기존 그리스 건물을 많이 사용했지만, 조직과 도시 계획은 이전 그리스와 달랐다.[4] 그러나 아크로코린토스의 위풍당당함은 계속해서 도시를 뒤덮었다. 정상에는 아프로디테 신전이 다른 많은 신전들을 압도하고 있었다.

스트라보Strabo에 따르면 카이사르는 "자유민"과 일부 군인을 중심으로 도

1 H. A. Stansbury, "Corinthian Honor, Corinthian Conflict: A Social History of Early Roman Corinth and Its Pauline Community" (PhD diss., University of California Irvine, 1990), 116. 웬델 윌리스(Wendell Willis)는 우리가 고린도 서신을 연구하면서 과거 그리스의 성격 보다 로마의 성격을 더 강조하면 안 된다고 주장한다. 그는 고린도의 헬레니즘적 성격이 계속되고 있음을 주장한다("Corinthusne deletus ist?," *BZ* 35 [1991]: 233–41). 질(D. W. J. Gill)은 자신의 결론을 효과적으로 논증한다. 학자들의 로마 도시 배경에 반대해서 서신을 계속 읽어야 한다고 주장한다("Corinth: A Roman Colony in Achaea," *BZ* 37 [1993]: 259–64). 또한 다음을 참조하라. B. W. Winter, "The Achaean Federal Imperial Cult II: The Corinthian Church," *TynBul* 46 (1995): 169–78.

2 Aulus Gellius, *Noct. att.* 16.13.89.

3 T. B. Savage, *Power through Weakness: Paul's Understanding of the Christian Ministry in 2 Corinthians*, SNTSMS 86 (Cambridge: Cambridge University Press, 1996), 35.

4 이 기간 동안 고린도의 역사에 대한 일반적인 논의는 다음을 참조하라. J. Wiseman, "Corinth and Rome I: 228 BC-AD 267," *ANRW* II, 7.1 (Berlin: 1979): 438–548. 또한 다음을 참조하라. O. Broneer, "Corinth: Center of St. Paul's Missionary Work in Greece," *BA* 14 (1951): 78; J. Murphy-O'Connor, *St. Paul's Corinth: Texts and Archaeology* (Wilmington: Michael Glazier, 1983); V. P. Furnish, "Corinth in Paul's Time," *BAR* 15 (1988): 14–27; D. W. J. Gill, "Achaia," in *The Book of Acts in Its First Century Setting, Volume 2: Greco-Roman Setting*, ed. D. W. J. Gill and C. Gempf (Grand Rapids: Eerdmans, 1994): 433–53. 고린도 컴퓨터 프로젝트는 로마 고린도의 도시 계획과 경관을 복원하려고 한다. 다음을 참조하라. D. G. Romano and B. C. Schoenbrun, "A Computerized Architectural and Topographical Survey of Ancient Corinth," *Journal of Field Archaeology* 29 (1993): 177–90; D. G. Romano and O. Tolba, "Remote Sensing, GIS and Electronic Surveying: Reconstructing the City Plan and Landscape of Roman Corinth," in *Computer Applications and Quantitative Methods in Archaeology* 1994, ed. J. Huggett and N. Ryan, *BAR* International Series 600 (1995), 163–74.

시를 식민지화했다.[5] 그 결과 고린도에는 원래 그리스 후손과 이집트, 시리아, 유대 등 세계 전역에서 온 자유민들로 인종이 혼합되었다. 그리스 시인은 이 상황을 한탄한다.

> 오! 불행한 도시여, 누구를 대신하여 주민을 얻었습니까? 아, 그리스의 큰 재앙이여! 고린도여! 당신은 땅보다 낮고 리비아 모래보다 더 사막에 누워 있었습니다. 그 악랄한 노예들의 무리에게 버려졌습니다. 당신은 옛 바키아다에(기원전 8-7 세기에 고린도의 지배 그룹이자 도리스 부족. 역자 주)의 뼈를 괴롭혀야 합니다![6]

바울 시대에는 인구의 3분의 1이 노예였으며 에게 해의 노예 무역의 주요 창고 역할을 했다.

로마 식민지였던 고린도는 비교적 호화로운 곳이었다. 스탠스베리는 다음과 같이 말한다. "바다와 연결되어 있는 이 도시는 다른 이점을 가진 섬들과 견줄 만했다. 본토에 붙어 있어서 행정 중심지가 될 수 있었다."[7] 콘캐넌Concannon은 항구로서 "고린도는 동쪽에서 서쪽으로 물품이 이동하는 중요한 거점"이었고 "해외에서 로마의 경제력을 확장하는 대리 역할을 할 수 있었다"라고 주목한다. 또한 수입 및 수출 상품에 관한 "우호적인 큰 상점"으로서 "고린도의 항구 중 하나로 길을 찾았던 그리스인, 로마인, 이탈리아인, 다른 민족들 사이의 민족적 교류의 문을 열었다"라고 쓴다.[8]

아우구스투스와 네로의 통치 사이에 건축이 호황하면서 이곳은 세계에서 가장 긴 주랑이 있는 가장 최신의 화려한 그리스 도시 중 하나가 되었다. 고린도는 또한 시키온에서 통제권을 넘겨받은 이스트미아 경기를 주재했다. 격년 봄마다 바다의 신 포세이돈을 기리는 대규모 축제였다. 이 경기는 수많은 인파를 몰고 왔다. 디온 크리소스토무스Dio Chrysostom는 고린도로 이주한 철학자 디오게네스Diogenes가 이스트미아 경기에 참석하는 수많은 군중들을 어떻게 관찰했는지 설명한다. 그 관찰은 아마도 디온의 경험으로 채색되었을 것이다.

---

5 Strabo, *Geography* 8.6.23; 17.3.15.

6 Crinagoras, *Greek Anthology* 9.284. 다음에서 인용된 내용이다. V. P. Furnish, *II Corinthians*, AB (Garden City: Doubleday, 1984), 7.

7 Stansbury, "Corinthian Honor," 22.

8 C. W. Concannon, "When You Were Gentiles": *Specters of Ethnicity in Roman Corinth and Paul's Corinthian Correspondence, Synkrisis: Comparative Approaches to Christianity in Greco-Roman Culture* (New Haven: Yale University Press, 2014), 54–56.

> 그때도 포세이돈 신전 주변에 있던 가련한 소피스트 무리가 서로 소리 지르며 욕하는 소리가 들렸다. 제자들이 서로 싸우는 소리도 들렸고, 많은 작가들이 그들의 어리석은 작품을 낭독하고, 많은 시인들이 자기 시를 읊는 소리도 들렸다. 다른 사람들이 그들에게 박수를 치는 동안, 많은 마술사들은 속임수를 보여 주고, 많은 점쟁이들은 점을 해석하고, 무수히 많은 변호사들이 재판을 왜곡하고, 적지 않은 행상인들이 그들이 가진 온갖 것들로 장사하고 있었다.[9]

고린도에 사는 많은 사람들은 번영했으며 "부의 과시가 고린도의 특징이었다."[10] 2세기 중반 위대한 웅변가 아일리우스 아리스티데스Aelius Aristides는 이곳을 "부와 재화가 가득하고," "그림과 같은 보물," "체육관과 학교"에서 "지혜"를 찾을 수 있는, 아주 먼 곳의 문화가 풍부한 범-헬라 문화의 중심지라고 찬양했다.[11] 그러나 많은 주민들은 가난했다. 2세기 한 작가는 고린도에 가지 않는 이유를 설명했다. "나는 부자들의 메스꺼움과 가난한 자들의 비참함을 짧은 시간에 배웠다."[12] 비교적 새로운 도시였기 때문에 귀족 계급은 유동적이었다. 대체로 자유민의 도시로 재건되었기 때문에, 고귀한 귀족들이 있는 옛 도시보다 사회적인 상향 이동이 더 용이했다. 사회적으로 야심 찬 고린도 시민들은 돈으로 신분상승을 꾀할 수 있었다. 그 결과, 사회적 지위를 나타내는 상징적인 것들에 훨씬 더 많이 집착했다.[13] 시민들은 자신의 지위와 명예를 높이는 데 집착했다. 새비지T. B. Savage는 "어떤 사람들이 그런 도시를 만들었는가?"라고 묻는다. 그는 "물질적 화려함과 세상에서 자신의 위치를 높이려는 의지에 깊은 인상을 받은 사람들이다"라고 대답한다.[14] 이 사회에서는 "후원 제도, 결혼, 부, 끈기 있게 인맥을 만드는 일의 결합"을 통해서만 신분상승을 할 수 있었다.[15]

명예라는 귀한 상품은 드물었다. 엄청난 부를 가지고도 모든 사람이 사

---

9 Dio Chrysostom, *Virt.* 8.9 (Cohoon, LCL).

10 H. D. Betz, *2 Corinthians 8 and 9: A Commentary on Two Administrative Letters of the Apostle Paul*, Hermeneia (Philadelphia: Fortress, 1985), 53.

11 Aelius Aristides, *Orations* 27–28. 다음에서 인용된 내용이다. Concannon, "When You Were Gentiles," 48.

12 Alciphron, *Epistles* 3.60.

13 스탠스베리(Stansbury)는 고린도를 상업 도시로 묘사하지만 "고린도의 정치적 과두제는 … 자신의 명예를 높이고 권력을 영속시키려는 전형적인 열심을 가진 다소 완고한 엘리트였다"라고 쓴다("Corinthian Honor," 87).

14 Savage, *Power through Weakness*, 35.

15 Stansbury, "Corinthian Honor," 87.

회의 정점에 오를 수 있는 것은 아니었다. 페트로니우스Petronius의 외설적인 소설 『사티리콘Satyricon』은 상인으로 엄청난 부를 얻은 자유민 트리말키오Trimalchio가 제공한 호화로운 만찬을 설명한다.[16] 이 이야기는 더 높은 지위와 명예에 대한 뻔뻔한 갈망을 보여 준다. 아무리 부자가 되더라도 유리 천장(또는 계급 천장)은 사회적인 열망을 성취하는 일을 방해했다. 이 풍자는 네로 궁정(문화부 장관)의 귀족 중 한 사람이 썼기 때문에 트리말키오가 가졌던 자유민에 대한 상류 계급의 경멸을 반영한다. 그는 자기가 갈망했던, 자신보다 높은 지위에 있는 사람들로부터 명예를 결코 얻을 수 없었으며, 그들은 항상 그를 천박하다고 여겼을 것이다.

사람들은 가능한 모든 곳에서 명예를 추구함으로 이런 상황을 보상받았다. 스탠스베리는 다음과 같이 말한다.

> 정치 구조의 최상층에 합리적인 명예의 길이 부족한 것은 많은 부유한 사람들이 다른 곳에서 유사한 방법으로 그것을 추구했음을 의미했다. 그 선택 사항에는 개인의 오락, 경기 및 축제, 새로운 종교적 제의나 조합의 후원자 역할, 수사학 기술이나 철학적 통찰력을 입증하는 일, 적합한 서문이 새겨진 공인된 명예 동상을 후원하거나 수령하는 일, 노예와 자유민들의 개인 수행단을 사회적으로 눈에 띄게 전시하는 일과 같은 노력이 포함된다.[17]

고린도 교인들에게 교회는 사회 규범에 따라 지위를 놓고 경쟁하는 또 다른 장으로 매력적이었을 것이다. 아마도 그리스도인의 작은 모임에서 영향력과 명예를 얻을 수 있다고 더 많이 약속했을 것이다. 고린도서신은 명예와 탁월함에 대한 지나친 욕망으로 허영과 분열에 휩싸인 교회를 바울이 다루어야 했음을 보여 준다. 그것은, 영적인 그리고 신학적인 문제를 야기했다. 이미 지위와 특권을 누리고 있는 사람들과 지위와 특권을 누리기 위해 더 위로 올라가려고 애쓰는 사람들은 예수님의 약함, 자기 내어줌, 겸손, 다른 이들에 대한 사랑과 긍휼로 인도하시는 아래로 내려가는 길에 거의 끌리지 않았다.

---

16 퍼니시(Furnish)는 비문에 따르면 고린도의 저명한 한 시민이 해방된 노예인 그나에우스 바비우스 필레누스(Gnaeus Babbius Philenus)였으며 그는 해운업을 통해서 부를 얻었고, 조영관, 시 위원, 2인 위원 중 한 명(duovir)으로, 두 명의 마기스트라테(magistrate, 행정관 또는 치안판사)로, 가장 최고의 종교직 신관(pontifex)으로 저명한 공직을 역임했다(*II Corinthians*, 11–12).

17 Stansbury, "Corinthian Honor," 278.

2. 바울의 고린도 선교

고린도의 전략적 위치를 고려할 때, 바울이 그곳에서 그렇게 많은 시간을 보낸 이유를 알 수 있다. 엥겔스D. Engels는 다음과 같은 이유를 제시한다. 첫째, "지중해 동부의 상인, 여행자, 관광객의 주요 목적지인 고린도는 새로운 종교에 대한 소문을 퍼뜨릴 수 있는 이상적인 장소였다."[18] 둘째, 그 도시는 "아마도 바울이 만드는 제품에 대한 수요가 높았을 것이기 때문에, 텐트 제작자로서 일을 할 기회가 생겼을 것이다. 봄에 열리는 경기에 방문하는 사람들을 보호하기 위한 텐트, 광장의 소매상을 위한 차양, 아마도 상선을 위한 돛을 만들었을 것이다."[19] 이것으로 바울은 어느 정도 경제적 자립의 기회를 얻었다. 바울은 일과 전도를 분리하지 않았다. 그는 데살로니가 교인들에게 "너희 아무에게도 폐를 끼치지 아니하려고 밤낮으로 일하면서 너희에게 하나님의 복음을 전하였노라"(살전 2:9)라고 말했다. 그의 작업장은 지나가는 사람들에게 복음을 전파할 수 있는 공공 장소가 되었다(행 17:17; 19:8-10). 셋째, 고린도에서 번영한 제조업, 마케팅, 서비스 사업은 동부 지중해 전역에서 이민자들을 끌어들였다. 이 사람들은 대체로 가난하고 힘이 없었다. 그들은 "고국과 문화적인 유대가 단절되었다. 그들은 새롭고 어떤 면에서는 비관습적인 종교적 메시지에 민감했을 것이다."[20] 엥겔스는 도시에 사는 사람들에 대한 현대 사회학적 평가를 인용한다. "도시에 집중된 인구는 시골에 흩어져 있는 인구보다 새로운 이념적 경향이 만들어내는 영향에 더 쉽게 접근할 수 있었다. 비인격적이고 익명으로 사는 삶이 흔한 도시에서 살아남기 위해, 전통적인 지역 유대를 끊었던 사람은 새로운 충성심과 애착을 위해 자신과 동일시할 수 있는 무언가를 찾았다."[21] 그래서 고린도와 같은 도시는 십자가에 못 박히신 주님의 복음을 듣고 사회적, 민족적 분열을 없애는 하나님의 사랑과 은혜에 근거한 믿음의 가족에 속함으로써 새로운 정체성을 형성할 수 있는 더 많은 사람들을 만들어 냈다.

사도행전 18장 1-8절에 따르면, 바울은 고린도를 처음 방문하여 회당에 참석한 유대인들에게 예수님이 메시아임을 믿도록 설득하려고 했다. 그는 회

---

18 D. Engels, *Roman Corinth: An Alternative Model for the Classical City* (Chicago: University of Chicago Press, 1990), 112.

19 Engels, *Roman Corinth*, 112.

20 Engels, *Roman Corinth*, 113.

21 Engels, *Roman Corinth*, 231n82. 다음을 인용한 내용이다. N. Rich, *The Age of Nationalism and Reform: 1850-1890* (New York: Norton, 1977), 26.

당 옆에 사는 이방인 가정을 가르쳤다. 바울이 유대교에 매료된 이방인들을 잠식했기 때문에 그의 설교에 유대인들이 분노하여 로마 총독 갈리오에게 난동을 부렸을 것이다(참조. 고전 12:2). 많은 것들이 유대인과 이방인 모두가 그리스도인이 되도록 이끌었을 것이다. 즉, 표적과 기사와 능력(12:12), 성경에 대한 바울의 설득력 있는 해석(참조. 3:12-18), 공동체가 서로를 돌보는 것, 회당에서 완전히 받아들여지기 위한 할례를 요구하지 않고 이방인들을 공개적으로 수용하는 것, 이론적으로 사회적 경계가 없는 것(고전 12:13; 갈 3:27-28), 성령이 역사하시는 개인적인 변화(5:17)이다. 그 결과 다양한 배경과 사회적 지위를 가진 사람들로 구성된 공동체가 꽃을 피우기 시작했다. 그것은 또한 공동체 안에서 불화와 경쟁으로 이어지는 사람들 사이의 급격하게 일어나는 혼합을 야기했고, 이것으로 바울은 고뇌와 걱정을 많이 하게 되었다.

3. 사건 연대기

고린도후서는 우리가 알기 어려운 바울의 다양한 고난과 계시적 묵시에 대한 중요한 연대기적인 정보를 담고 있다. 이 편지에서 언급된 사건을 재구성하기는 쉽지 않다. 왜냐하면 편지의 문학적 통일성에 관한 결론이 사건의 순서와 직접적으로 관련이 있기 때문이다. 바울이 고린도를 떠난 이후 사건에 관한 다음 개요는 고린도후서가 바울이 그들에게 보낸 짧은 편지들을 모은 것이 아니라 통일된 하나의 편지라고 가정한다.

1. 바울이 고린도에 없어서 발생한 신학적, 행정적인 공백을 다른 사람들이 메웠다.[22] 그리스도인들은 부와 사회적 명성 때문에 자연스럽게 다른 사람들에게 영향력을 미치려고 하는 사람들의 집에 모였기 때문에, 바울은 교회에서 특정한 지도자들을 임명하지 않았을 수도 있다. 바울은 그리스도 안에 일만 스승이 있지만 복음 안에서는 아버지는 한 분 뿐이라고 주장한다(고전 4:15). 바울의 서술은 어떤 침입자가 도착하기 전에도 교회가 어떤 지도자들 때문에 괴롭힘을 당했음을 보여 준다.

22 해프먼(S. J. Hafemann)은 고린도전서 4:18-21에서 바울이 교회를 설립했을지 모르지만, 어떤 사람들에게 "그의 부재는 이제 그의 권위가 더 이상 전체 교회에 유효하지 않고, 그가 개인적으로 주님께 헌신시킨 사람들에게만 유효하다는 것을 의미했다. 나머지 사람들은 자신들의 특별한 인도하는 자들에게 충성을 다했다"라고 추측한다(*Suffering and Ministry in the Spirit: Paul's Defense of His Ministry in II Corinthians 2:14–3:3* [Grand Rapids: Eerdmans, 1990], 60).

2. 두 편지, 즉 지금은 분실된 이전 편지(고전 5:9-13)와 고린도전서에서 바울은 윤리적으로 잘못된 행동과 우상 숭배와 관련하여 공동체에서 중요한 사람들에게 도전했다. 그는 에베소에서 디모데를 고린도전서와 함께 고린도로 보냈다(고전 4:17; 16:10-11). 죄가 있는 그룹은 바울의 징계를 받아들이지 않았다. 바울의 대담한 책망은 그들의 체면을 잃게 만들고 깊은 분노를 불러일으켰다. 그들은 교회에서 바울의 권위를 훼손시키기 위해 바울이 복음을 전하는 동기나 방법, 심지어 바울의 인격까지 비난했다. 그 결과 어떤 구성원들은 계속해서 바울의 열렬한 지지자로 남아 있고, 어떤 사람들은 흔들렸고, 어떤 사람들은 그의 리더십에 단호하게 저항했다.[23] 교회에서 리더의 위치에 있는 사람이라면 누구나 이 시나리오를 파악할 수 있을 것이다.

3. 바울은 고린도전서 16장 5-9절에서 계획을 변경했다. 마게도냐를 거쳐 그들에게 와서 겨울을 보낼 생각이었다. 나중에 바울은 고린도를 거쳐 마게도냐로 갔다가 예루살렘으로 배를 타고 가기 전에 고린도에 다시 돌아가고 싶다고 말했다(고후 1:15-16). 그러나 대신 디모데가 바울을 긴급하게 방문하도록 한 나쁜 소식을 가지고 돌아왔을 것이다.[24]

4. 그 방문은 바울에게 쓰라리고 고통스러운 것으로 밝혀진다(1:23; 2:1; 12:14; 13:1). 그는 공동체의 누군가에게 공격의 대상이 되었고(2:5–8; 7:11–12), 고린도 교인들은 아무도 그를 변호하지 않았다.

5. 바울은 급히 돌아가는 길을 바꾸어 에베소로 돌아가게 되면서, 이전에 계획했던 것처럼 마게도냐로 가지 않았다.

6. 그런 다음 바울은 다시 고린도를 방문하는 대신 에베소에서 보낸 눈물의 편지를 썼다(1:23; 2:3-4; 7:8, 12). 그곳에서 그들의 순종을 알아보려 했다(2:9). 그 편지는 고린도 교회가 범죄한 사람에 대해 조치를 취하고 그 문제에 결백함과 하나님 앞에서 바울을 위한 간절함을 나타내도록 촉구했다

---

23 머피-오코너(J. Murphy-O'Connor)는 우리의 견해와 같이 다음처럼 주장한다. 고린도전서에서 그들에 대한 바울의 대우가 너무 "가혹하고 동정심이 없어 오히려 더 적대감을 가질 수 있었다. 고린도전서와 고린도후서 1-9장을 나누는 12개월 동안 그들의 분노와 좌절이 사라졌다고 생각하는 것은 극히 비현실적일 것이다. 그들은 고린도에서 반대하는 중심으로 남아 있었다"("Philo and 2 Cor 6:14–7:1," *RB* 95 [1988]: 65–66).

24 라이트풋은 디모데가 마게도냐의 상황 때문에 머물러 있었고(행 19:22), 고린도에 가지 못했다고 주장한다. 바울은 고린도전서 16:10에서 자신의 불확실한 방문에 대해서 말하고 고린도후서 12:17-18에서는 언급하지 않는다. 대신 라이트풋은 고린도전서 16:11-12에서 언급된 "형제들" 중 한 명인 디도가 선교를 수행했다고 믿는다("The Mission of Titus to the Corinthians," in *Biblical Essays* [London: Macmillan, 1893], 276–80).

(7:12).[25]

7. 이 편지를 쓴 이후, 바울은 아시아에서 생명이 위태로워졌기 때문에 자신의 생존을 하나님의 기적적인 구원이라고 그 이유를 돌린다.

8. 디도는 아마도 고린도 교인들에게 가혹한 편지를 전달했을 것이다. 그는 고린도에 머물러서 그들의 회개를 분명히 확인하고, 바울에 대한 그들의 새로운 헌신을 굳건히 하고, 예루살렘의 가난한 성도들을 위한 연보에 헌신하도록 활력을 불어넣었다. 바울은 그 편지에 관해서 고린도 교인들이 긍정적인 반응을 보였다는 디도의 확신(7:14)을 확인하고 고린도 교인들의 반응에 대해서 디도로부터 들을 것을 기대했다.

9. 바울은 드로아에서 디도를 만날 계획이었다(2:12-13). 그는 그곳에서 전도의 기회가 있었지만 고린도의 상황(참조. 11:28)에 대한 끊임없는 걱정으로 그만두었다. 아마도 바울은 디도가 그 계절의 마지막 배(지금은 가을)를 타지 않았다는 것을 알았을 때, 디도가 마게도냐를 통해 육로로 여행했어야 하는 상황이라고 생각했을 것이다. 그는 그곳에서 디도를 만나기 위해 마게도냐로 떠났다(2:12-13).

10. 많은 이들의 회개에 관한 좋은 소식과 함께 디도가 도착했고(2:6), 바울에 대한 그들의 새로운 열심은 그를 크게 위로했다(7:6-7, 9, 11, 13, 15). 7장에서 바울이 보여 주는 기쁨의 표현은 가혹한 편지와 디도의 방문이 적어도 부분적으로 균열을 해결했음을 나타낸다.

11. 깨진 관계를 치유하는 데는 윤리적 개혁과 마찬가지로 시간이 걸린다. 바울은 고린도후서를 쓰고 디도를 두 형제와 함께 보내서 연보 모금을 마치는 것으로 답했다(8:6, 17-18, 22). 머피-오코너는 "사역에는 사도의 활동

---

25 리버트(D. H. Liebert)는 그룹 편지의 역동성을 유용하게 설명한다("The 'Apostolic Form of Writing' Group Letters before and after 1 Corinthians," in *The Corinthian Correspondence*, ed. R. Bieringer [Leuven: Leuven University Press, 1996], 433–40). 1. 서로를 잘 아는 수신인이 여러 명이어야 한다. 2. 의사소통의 중점이 되는 청중 가운데 최소한 파악할 수 있는 다양성이 있어야 한다. 3. 저자는 사람들의 차이점을 다룰 수 있을 만큼 충분히 친밀하게 말하고 있어야 한다. 4. 말로 이 편지가 전달되도록 계획되어야 한다. 5. 저자는 청중들 사이의 관계를 조정하려고 한다.
　리버트는 "(유언의) 잠재적인 수혜자가 죽은 사람의 말을 듣기 위해 함께 모인다"는 표현을 유언장의 공개 낭독에 관한 좋은 비유라고 주장한다. 읽는 내용이 모인 사람들이 서로를 보는 방식에 영향을 미친다. "사회에서 인정을 받지 못하던 사람이 갑자기 많은 주목을 받을 수 있었다"(437p). 그는 "동의하지 않는 친구들에게 편지를 쓰는 가장 좋은 방법은 그룹에게 편지를 쓰는 것이다. 특히 그들이 서로를 바라보는 방식을 조정하기 원한다면 더욱 그렇다"(438p)라고 주장한다. 고린도전서에서 바울은 "천하고 멸시 받는 자"(1:28), "약한 자"(12:22), 믿지 않는 사람과 결혼한 자(7:12-15), 할례 받지 않은 자(7:18-19), 노예(7:21-22), 빈궁한 자(11:22)들에 대해서 그들을 업신여기는 사람들 앞에서 쓴다. 고린도후서에서 바울은 자신을 업신여기는 사람들 앞에서 자신에 대해서 말한다.

과 공동체의 수용성이라는 두 가지 측면이 있다"라고 쓴다.[26] 바울은 이 편지에서 두 가지를 우려한다. 그는 사도로서 자신의 활동을 변호하고 고린도 교인들이 그를 다시 받아들일 것을 열렬히 호소한다. 그러나 바울에 대한 그들의 애정은 자신을 자랑하는 경쟁자들의 존재로 멀어지고, 그는 여전히 이전에 자신에 대해서 열려 있었던 그들의 태도가 줄어든 것을 우려하고 있었다.

12. 이 시기에 침입자들이 고린도에 도착했다. 그들은 바울보다 더 영적이고, 유창하고, 설득력이 있어 보이는 "슈퍼 사도들"처럼 보였다(11:5, 23; 12:11). 그들이 고린도에 왔을 때, 이미 바울과 갈등을 빚고 있는 고린도에 있는 그룹에 침투했고 바울과 다른 그들의 견해들은 가장 잘 받아들여졌을 것이다. 머피-오코너는 그들이 특히 영적인 사람들(πνευματικοὶ, 프뉴마티코이)에게 관심을 가졌을 것이며 "어느 정도 깊이 발전된 신비주의적인 냄새가 나는 주제들"로 "그들의 감수성에 아첨"했을 것이라고 믿는다.[27] 이 경쟁자들은 바울에 대한 불만을 이용하려고 했으며 자신의 지위를 높이기 위해 바울의 영향력을 더욱 약화시켰다. 자신을 자랑하는 경쟁자들은 또한 당시 지배적이던 자기 주장적인 태도를 보였는데, 이것은 어떤 교인들이 그들을 기꺼이 환영한 이유를 설명할 수 있다. 그들은 고린도 교인들의 편견을 확증했다. 바울은 그들과 서신을 주고받는 동안 영광과 평안과 높아짐이 아직 오지 않았다고 반복해서 주장한다. 지금은 자기를 높이는 것이 아니라 자기를 비우고, 만족하지 않고 고난을 당하고, 자만하지 않고 겸손할 때였다. 경쟁자가 있기 때문에 바울은 참된 사도와 장사꾼, 참된 증인과 사기꾼, 참된 가르침과 거짓을 다루어야 했다.

고린도후서에서 바울은 자신의 여행 계획을 변경한 이유와 직접 가지 않고 가혹한 편지를 쓴 이유를 설명한다(1:15-2:1; 2:3-4; 7:8-12). 그는 눈물의 편지를 가득 채운 거짓 없는 비판을 정당화하고 사도로서 자신의 고통과 연약함을 설명한다. 그런 다음 그는 연보 준비를 설명하고, 자기를 자랑하는 경쟁자들과 장난하는 일을 꾸짖고, 자신의 온유함을 무력함으로 착각해서는 안 된다고 경고한다. 그들이 슈퍼-사도들과의 관계를 끊지 않고, 우상 숭배에서 완전히 분리되지 않고, 도덕적 문제를 바로잡지 않고, 모든 말다툼과 불화를 중단하지 않았다면, 바울은 예상대로 방문할 때 그들을 징계할 것이다(12:20-21, 13:2). 그는 대립을 좋아하지 않고 그들의 방식을 수정하도록 동

26 Murphy-O'Connor, "Philo and 2 Cor 6:14–7:1," 65.

27 Murphy-O'Connor, "Pneumatikoi and Judaizers in 2 Cor 2:14–4:6," *AUSBR* 34 (1986): 49.

기를 부여할 것이라는 희망으로 편지를 쓴다.

바울은 가혹한 편지와 디도에 대한 고린도 교인들의 긍정적인 반응으로 하나님께 위로를 받았지만, 이 편지는 고린도에서 일어난 일 때문에 계속해서 고통을 겪고 있음을 보여 준다. 그는 자신이 사역에 집중했던 두 곳인 고린도와 에베소에서 격동의 시간을 경험했다. 아시아에서 생명의 심각한 위협을 받았다. 바울은 어려운 외부 환경과 교회를 감당해야 했다. 에베소에서는 위태로움을 느꼈고 고린도에서는 환영을 받지 못한다고 느낀 그는 드로아로 갔다가 나중에 마게도냐로 가서 이 편지를 썼다. 고린도의 위기는 "바울에게서 놀라운 웅변 능력을 뽑아내고 있다."[28] 이후에 그의 독자들은 이 위기로 원래만큼이나 복을 받고 위로를 누린다.

이 편지는 몇 가지 문제를 해결한 것으로 보인다. 바울은 연보를 가지고 예루살렘으로 떠나기 전에 그리스에서 석 달을 보냈으며(행 20:2-3), 아마도 대부분을 고린도에서 보냈을 것이다. 그러므로 로마 교인들에게 보낸 편지는 고린도를 떠나기 전날 밤에 쓴 것 같다. 그는 아가야 교인들이 그 연보에 기여했다고 언급하지만(롬 15:26), 로마서 16장 17-18절의 경고는 고린도에서 직면한 상황에 적합하다. "형제들아 내가 너희를 권하노니 너희가 배운 교훈을 거슬러 분쟁을 일으키거나 거치게 하는 자들을 살피고 그들에게서 떠나라 이같은 자들은 우리 주 그리스도를 섬기지 아니하고 다만 자기들의 배만 섬기나니 교활한 말과 아첨하는 말로 순진한 자들의 마음을 미혹하느니라" (롬 16:17-18). 분쟁을 일으키는 사람들, 주님을 섬기지 않고 사람들을 미혹하기 위해 부드러운 말과 아첨을 하는 사람들에 대한 언급은 바울과 고린도 교인들 사이에 있었던 문제의 가해자와 논쟁의 뿌리에 대한 질문으로 우리를 이끈다.

바울이 이 편지에서 다루는 문제는 복잡하다. 그는 단순히 피해만을 다루지 않는다. 교회와 단절된 관계를 고쳐야 영적인 문제에서 교회를 계속해서 인도할 수 있다. 따라서 그는 다양한 고소를 논박하는 이상의 일을 해야 한다. 바울은 세상의 이기적인 지혜를 따라 결정을 내리지 않고, 항상 마음에 그들을 최고의 관심사로 여기고 있음을 어떻게 증명하는가? 그가 그토록 약하고 괴로워하는 것처럼 보일 때, 그리스도의 사도로서 자신을 어떻게 변호하는가? 그는 사도로서 괴로움과 고난에 대한 그들의 태도를 어떻게 바꾸는가? 어떻게 예루살렘을 위한 연보를 후하게 내도록 설득하고 그 연보에서 이

28 R. E. Brown, *An Introduction to the New Testament* (New York: Doubleday, 1997), 544–45.

익을 얻을 의도가 없다고 확신시키는가? 또한 슈퍼-사도들의 해로운 영향력을 잠재워야 한다. 그들의 방식과 같이 자랑하지 않고 어떻게 그들의 자랑에 대항하는가? 바울은 계속되는 부도덕과 우상 숭배를 억제해야 한다. 어떻게 자신의 거짓 없는 비판을 받아들이게 하며 화를 내지 않고 그들의 방식을 바꿀 수 있는가? 만일 그들이 사도로서 진정성을 인정하지 않고 바울이 고치려고 하는 것을 받아들이지 않는다면 예루살렘을 위한 중요한 프로젝트에 기여하지 못할 것이며, 심지어 거짓 사도들의 해로운 영향력 아래 참된 복음에서 더 멀어지게 될 것이다.

4. 바울에 대한 고린도 교인들의 불만과 편지의 목적

바울과 고린도 교회 사이의 분열은 단순히 신학적 문제가 아니라 그들이 받아들이기 원하는 기독교 가치와 충돌하는 고린도의 문화적 가치에 뿌리를 두고 있다. 새비지는 질문한다.

> 최근에 개종한 고린도 교인들이 한때 이교도 숭배에 걸었던 기대처럼 그리스도 안에서의 새 삶으로 다가가는 것을 방해하는 일은 무엇이었나? 그들은 당시 사람들이 소중히 여겼던 바로 그 영광과 권세를 가진 종교에 최근 입문한 사람들이었다. 그렇다면 그 영광에 참여하기를 기대하는 것은 합리적인가? 그리스도를 모든 복의 근원으로 여기는 것은 자연스러운가? 그분의 주권을 개인의 부의 원천으로, 그분의 높은 지위를 개인의 명예와 존경의 원천으로 보는 것이 그럴듯한 일인가?[29]

문제는 지금 그들이 그리스도인으로서 세상의 가치와 기대에 혁명을 일으키는 십자가의 표징 아래에서 살아야 한다는 것이다. 고린도서신은 그들이 아직 십자가의 스캔들을 견디는 데 불편함을 느꼈지만, 바울은 계속해서 그들을 십자가에 못 박히신 그리스도께 부르고 있음을 보여 준다. 고린도전서는 그들의 세속적 열망에 대한 공개적인 책망이었고, 어떤 이들은 바울의 책망을 환영하지 않고 그의 조언을 권위 있는 것으로 받아들이지 않았다. 고린도 교인들은 영광에 대한 그들의 가식을 만족시키려는 데 단호하게 거부하는 바울에게 불만을 품었을 수 있다. 그리고 그들의 문화적 가치와 관행에 대한 바울의 도전을 받아들이기를 거부했다.

마샬은 바울이 "후원자 관계를 묘사하기 위해 우정의 언어를 사용하지 않

29 Savage, *Power through Weakness*, 160.

고 대신에 그의 후원자를 '동역자'라고 부른다"라고 지적한다. 그는 고린도에서 바울의 후원자라고 생각한 사람들이 후원자 관계에서 부과되는 의무 및 규정된 약속을 기준으로 하는 우정이라는 관점에서 바울과의 관계를 이해했을 것이라고 추측한다. 마샬은 "그들은 노예의 언어로 편지하고 있는 바울의 글에 놀랐음에 틀림이 없다"고 제안한다. 바울은 "리더십의 일반적인 용어를 사용하는 대신 리더십과 권위의 위치를 '종' 또는 '섬기는 자'로 말한다."[30] 마샬은 바울이 지위와 차별의 의미를 이해하기 때문에 우정의 언어를 사용하지 않는다고 주장한다.

> 그리고 그는 구별되는 지위를 거부함으로써 의도적으로 대항한다. ... 나는 우리가 바울의 글에서 그리스도와 서로에 대한 종됨과 종속의 개념에 기초한 연합의 개념을 찾을 것을 제안한다. 바울이 지위와 영향력 있는 사람들과 충돌하는 곳에서 그 생각은 더 날카롭고 논쟁적이며 개인적으로 표현된다.[31]

바울은 교만과 권력에 열중하는 일을 뿌리 뽑기 위해 고린도 교인들의 복음 이해를 타락시키는 명예/수치의 가치 체계를 역전시키려고 끊임없이 시도한다.

우리는 복음이 세상에 더 널리 퍼지게 하기 위해 투옥과 매맞음과 파산과 가난과 피로를 견디기로 결단한 복음을 위한 바울의 힘든 노력으로 그를 존경할 수 있다. 이러한 고난은 하나님에 대한 그의 사랑이나 그리스도를 이유로 하는 헌신을 약화시키지 않았다. 오히려 그 고난은 더 많은 일을 하려는 그

---

30 P. Marshall, *Enmity in Corinth: Social Conventions and Paul's Relations to the Corinthians*, WUNT 2/23 (Tübingen: Mohr Siebeck, 1987), 134–35. 다음을 보라. E. A. Judge, "St. Paul as Radical Critic of Society," *Interchange* 16 (1974): 196–97. 마샬은 바울이 자신, 그리고 그가 함께 일하는 사람들과 오랜 관계를 가진 사람들을 종의 언어 또는 가정의 언어를 사용해서 말한다고 지적한다.

- "종들", δοῦλοι(롬 1:1; 고후 4:5; 갈 1:10; 빌 1:1; 2:22; 골 4:12), "함께 종된 자들", σύνδουλοι(골 1:7; 4:7); "종로 삼다", δουλόω(고전 9:19)
- "사역자들/일꾼", διάκονοι(고전 3:5; 고후 6:4; 엡 3:7; 6:21; 골 1:7, 23, 25; 4:7; 참조. 고전 16:15, 고후 6:3); "일꾼", ὑπηρέται(고전 4:1)
- "멍에를 같이한 자", σύζυγοι(빌 4:3)
- "일꾼/청지기", οἰκονόμος(고전 4:1, 2; 9:17); "청지기 직분/경륜", οἰκονομία(엡 3:2)
- "부득불 할 일", ἀνάγκη(고전 9:16)
- "자의로 하지 않음", ἄκων(고전 9:17)
- "수고하는 자들", οἱ κοπιῶντε(롬 16:12; 고전 16:16; 살전 5:12; 참조. 롬 16:6)
- "수고", κόπος(고후 6:5; 11:23); "수고와 애씀", κόπος καὶ μόχθος(살전 2:9; 살후 3:8).

31 Marshall, *Enmity in Corinth*, 135.

의 열심을 돋우어 주었을 뿐이다. 어떤 고린도 교인들은 바울의 이기심 없는 고난을 똑같이 이해하지 않았다. 그들에게 바울은 초라한 모습이었다. 그들의 마음에 종교는 고통으로 짓누르는 것이 아니라 고양시키는 것이어야 한다. 그들은 그처럼 연약하고 괴로움을 당하고 자신의 말에 걸려 넘어지며, 육체의 가시로 눈에 보이는 괴로움을 당하는 사람이 어떻게 하나님의 영광스러운 복음의 능력을 나타내는 충분한 대리인이 될 수 있는지 질문했을 것이다. 바울은 인상적인 편지를 썼지만, 육체적으로 함께할 때 실망스럽게도 인상적이지 않았다. 그는 자랑으로 강력하게 행동하기에는 너무 과묵하다. 재정적 지원을 거부하고 자신을 가난한 노동자로 비하하는 바울의 태도는 그들에게 좋지 않은 영향을 미쳤다. 이러한 파격적인 행동은 사도로서 적절한 품위가 없음을 드러내는 것이다. 그러나 바울은 그들의 지지를 거부하는 것이 그들을 사랑하지 않거나 무시하려는 의도가 아니라고 주장한다. 그럼에도 불구하고 그렇게 행하는 것은 약점이 되었다. "내가 너희를 높이려고 나를 낮추어 하나님의 복음을 값없이 너희에게 전함으로 죄를 지었느냐"(고후 11:7)라고 바울은 냉소적으로 반격한다. 그리고 "너희는 나의 이 공평하지 못한 것을 용서하라"(12:13)는 그의 말은 그 긴장을 반영한다. 바울의 고난 목록(6:8-10)은 그에 대한 고린도 교인들의 불평을 요약할 수 있다.

> 영광과 욕됨으로 그러했으며 악한 이름과 아름다운 이름으로 그러했느니라 우리는 속이는 자 같으나 참되고 무명한 자 같으나 유명한 자요 죽은 자 같으나 보라 우리가 살아 있고 징계를 받는 자 같으나 죽임을 당하지 아니하고 근심하는 자 같으나 항상 기뻐하고 가난한 자 같으나 많은 사람을 부요하게 하고 아무것도 없는 자 같으나 모든 것을 가진 자로다

고린도의 상황은 바울에게 심한 걱정과 좌절감을 주었다. 일부 고린도 교인들은 쉽게 자랑하는 경쟁자들을 받아들일 준비가 되어 있었다. 덜 끈질긴 사역자는 더 이상의 원한을 피하거나 패배를 인정하고 고린도 교인에게서 완전히 손을 떼기 위해 타협하는 것이 현명하다고 생각할 수 있다. 싸움을 계속하는 이유는 무엇인가? 개인적인 모욕과 중상에 대해 왜 계속 자신을 변호하는가? 소송을 벌이는 미국 문화에서 많은 사람들이 명예훼손으로 중상모략자를 고소하고 싶은 유혹을 받을 수 있다. 성경의 맥락에서 바울은 사실상 그들을 상대로 하나님 앞에 소송을 제기한다. 이 편지는 고린도 교인들이 이해하지 못하는 (문제가 되지 않는 그의 사도직의 정당성에 관한 것이 아니라) 바울의 사역에 관한 것이다. 그들은 여전히 육신의 관점으로 평가하기 때문에 부

분적으로만 이해한다(1:14).

바울은 자신의 사역을 변호한다. 더 중요한 것은 그들이 이해하는 데 실패한 복음의 의미를 분명히 했다는 것이다. 이 편지를 읽을 때 그들이 다시 자신을 자랑스러워하게 될 뿐만 아니라(5:12) 예루살렘의 가난한 자들을 위한 사역에 대한 관심이 되살아나고, 아낌없이 연보하고, 복음의 반문화적인 성격을 이해할 수 있기를 바란다. 바울에 대한 고린도 교인들의 환멸은 바울이 그들에게 전한 십자가 복음의 중심을 표현하는 이 기본적인 역설을 이해하지 못한 데서 비롯된다. 연약함과 고난으로 나타난 그의 십자가 중심의 삶과 사역을 이해하고 감사하지 못한다면 어떻게 그리스도의 십자가와 연약함과 고난을 이해하고 삶에 적용할 수 있겠는가? 바울은 그들에게 하나님의 능력이 그의 사역에서 "예수님에게서 나타난 것과 같은 십자가의 겸손으로"[32] 나타남을 보여 주려고 한다. 세상, 특히 1세기 고린도의 세상은 이 겸손을 혐오하고 조롱한다. 왜냐하면 자기를 추구하는 세계관을 위협하기 때문이다. 편지 전체에 걸친 그의 주장은 주님께서 "그와 같은 십자가의 고난을 통해서만 그의 능력 있는 일을 행하시며 흑암의 시대에 영광을, 절망의 세계에 구원을, 옛 삶에 새로운 시대를, 더 많은 사람들에게 능력을 행하신다"[33]는 것이다. 이 세상 지혜에 눈이 멀어 그리스도의 십자가에서 하나님의 영광을 볼 수 없는 사람들은 그리스도의 고난 받는 사도에게서 그것을 보기 힘들 것이다. 그러나 그 영광을 본다면 바울의 사역이 얼마나 영광스러운지 알게 될 것이다. 이 편지는 단순한 개인적인 변호가 아니다. 그것은 바울이 그들에게 전한 십자가의 기본적인 교리를 다시 언급한 것이다(고전 2:2).

5. 고린도후서의 통일성

1776년 독일 학자 제믈러Johann Salamo Semler는 고린도후서가 바울이 고린도에 쓴 여러 편지들로 만들어졌다고 처음 추측했고 정경에 있는 "성경의 최종 완전성"에 도전했다.[34] 고린도후서가 하나의 편지라는 본문 증거는 없다.

---

32 Savage, *Power through Weakness*, 189.

33 Savage, *Power through Weakness*, 189.

34 J. S. Semler, *Paraphrasis II. epistulae ad Corinthos. Accessit Latina Vetus translatio et lectionum varietas* (Halle-Magdeburg: C. H. Hemmerde, 1776). 그의 결론은 다음에 의해 발전되었다. Hausrath, *Der Vier-Capitel-Brief des Paulus an die Korinther* (Heidelberg: Bassermann, 1870); J. H. Kennedy, *The Second and Third Epistles of St. Paul to the Corinthians: With Some Proofs of Their Independence and Mutual Relation* (London: Methuen, 1900). 다음 주석, A.

그의 작업은 고린도후서의 통일성에 대한 추측의 수문을 열어 주었다.[35] 이후 학자들은 2:14-7:3(4)이 원래 1:1-2:13에 연결되었는지, 6:14-7:1가 다른 편지에서부터 써넣은 내용인지, 8장과 9장이 고린도후서의 한 부분인지, 10-13장이 1-7장(8-9장)의 일부인지 질문했다. 고린도후서 주석가들은 더 이상 편지의 통일성을 가정하지 않는다. 그러나 다른 편지들의 모자이크 조합인지에 대한 다양한 주장들과 씨름해야 한다.

1. 어떤 학자들은 1장 1절-2장 13절과 7장 5-16절이 다른 화해 편지를 형성한다고 주장한다. 바이스J. Weiss는 증거로 "2장 13절과 7장 5절이 반지의 부러진 조각처럼 서로 깔끔하게 잘 맞는다"라고 주장한다.[36] 머피-오코너는 "7:5가 2:13의 논리적 연속인 것처럼 보이기 때문에 7장 4절과 7장 5절 사이에 중단이 있어야 한다"라고 결론을 내린다.[37]

그러나 이것은 잘못된 주관적인 추론이다. 또한 2장 13절과 7장 5절은 매

Halmel, *Der zweite Korintherbrief des Apostels Paulus: geschichtliche und literarkritische Untersuchungen* (Halle: Max Niemeyer, 1904)은 세 편지를 찾았다. 편지 A(1:1-2; 1:8-2:13; 7:5-8:24; 13:13), 편지 B(10:1-13:10), 편지 C(1:3-7; 2:14-7:4; 9:1-15; 13:11-12). 그리고 가장 최근에, C. J. Roetzel, *2 Corinthians*, ANTC (Nashville: Abingdon, 2007)는 다섯 가지의 편지로 이해한다. 연보를 호소하는 편지(8:1-24), 사역을 변호하는 바울의 첫 번째 편지(2:14-7:4), 변호를 위한 두 번째 편지, "눈물의 편지"(10:1-13:10), 화해의 편지(1:1-2:13; 7:5-16; 13:11-13), 연보 캠페인을 위해 아가야 교회들에게 보내는 편지(9:1-15)이다.

35 나누어진 편지라는 이론에 관한 역사는 다음을 참조하라. R. Bieringer, "Teilungshypothesen zum 2. Korintherbrief. Ein Forschungsüberblick," in *Studies on 2 Corinthians*, ed. R. Bieringer and J. Lambrecht, BETL 112 (Leuven: Leuven University Press, 1994), 67–105; I. Vegge, *2 Corinthians-a Letter about Reconciliation: A Psychagogical, Epistolographical Rhetorical Analysis*, WUNT 2/239 (Tübingen: Mohr Siebeck, 2008), 7–37.

36 J. Weiss, *The History of Primitive Christianity*, ed. F. C. Grant (New York: Wilson-Erickson, 1937), 1:349. 게오르기(Dieter Georgi)는 다음과 같이 주장한다. "2:13-14 및 7:4-5의 접합선은 전체 신약에서 한 부분이 다른 본문에 이차적으로 삽입된 가장 좋은 예이다. 분할은 너무 기본적이고, 연결이 너무 명백하기 때문에 이제 증명의 책임은 정경 본문의 완전성을 옹호하는 사람들에게 있다" (*The Opponents of Paul in Second Corinthians* [Philadelphia: Fortress, 1986], 335). 또한 다음을 참조하라. A. Loisy, "Les épîtres de Paul," *Revue d'histoire et de littérature religieuses* 7 (1921): 213; L. L. Welborn, "Like Broken Pieces of a Ring: 2 Cor 1:1-2:13; 7:5-16 and Ancient Theories of Literary Unity," *NTS* 42 (1996): 559–84.

37 J. Murphy-O'Connor, "Paul and Macedonia: The Connection between 2 Corinthians 2.13 and 2.14," *JSNT* 25 (1985): 99. 휴즈(F. W. Hughes)는 서론(exordium, 1:1-11), 주제 제시(partitio, 1:12-14), 서술과 논증 및 증거(narratio, probatio, 1:15-2:13; 7:5-13a), 요약과 결론 (peroratio, 7:13b-16), 호소 (exhortation, 8:1-24)가 1:1-2:23와 7:5-8:24를 심의적 서신으로 만든다고 주장한다("The Rhetoric of Reconciliation: 2 Corinthians 1.1–2.13 and 7.5–8.24," in *Persuasive Artistry: Studies in New Testament Rhetoric in Honor of George A. Kennedy*, ed. D. F. Watson, JSNTSup 50 [Sheffield: JSOT, 1991], 246–61). 분문의 수사학적 현상에 대한 이해는 순전히 주관적이며 다르게 판단할 가능성이 있다.

끄럽게 연결되지 않는다. 2장 12-13절은 1인칭 단수 동사이다. 7장 5절은 1인칭 복수 동사이다. 2장 12-13절은 바울의 심령이 편하지 못하다고 표현한다. 7장 5절에서는 육체가 편하지 못함을 말한다. 또한 7장 4절와 7장 5절 사이에도 긴밀한 연결을 파악할 수 있다. 바넷P. Barnett은 7장 4절이 한 단락에서 편지의 나머지 부분으로 연결하는 "겹치는 구절" 역할을 한다고 주장한다.[38] 스랄M. Thrall은 편집자가 한 편지에서 다른 편지로 원활하게 옮겨가기 위해 7장 4절을 썼다는 주장을 "절망적인 조언"이라고 무시한다.[39] 편집자로 추정되는 사람은 단락만 삭제하고 다른 곳에서는 연결 구절들을 만들지 않았다. 그런데 그는 왜 이곳에서만 만들었을까? 이 주장은 순환적이다. 가상으로 붙인 편지들 사이에서 더 부드러운 전환이 나타나면 편집자의 손으로 설명한다. 전환이 원활하지 않아도 편집자가 두 개의 개별적인 편지를 합쳤다고 여긴다.

분명한 연결은 1장 15절-2장 12절과 7장 4-16절 사이에 나타난다. 바울은 드로아에서 편안하지 않았고(2:12-13) 마게도냐에서도 편안하지 않았다(7:5). 디도를 찾아 마게도냐로 떠나고(2:12-13), 마게도냐에서 더 많은 고난을 겪으면서도 디도의 무사 귀환과 좋은 소식에 위로를 받는다. 그러나 이 연결이 이어진다는 증거가 아니다. 그 대신 그들은 바울의 익숙한 ABA′ 구조를 지적한다. 1장 15절-2장 13절에서 고통스러운 편지와 디도를 파견한다는 언급과 7장 14-16절에서 편지의 효과에 대한 보고와 함께 그가 돌아온 것에 대한 내용은 2장 14절-7장 3절에서 그의 솔직한 비판의 근거에 대한 논의를 괄호로 묶는다. 그렇지 않으면 2장 14절-7장 3절은 독립적인 편지가 되어 일종의 고아처럼 생각될 수 있다. 그 목적은 무엇인가? 편집자가 소위 화해 편지의 두 부분 사이에 이 내용을 삽입하는 이유는 무엇인가? 합리적인 답이 없다면 분할 이론은 추측에 지나지 않게 된다.[40]

2. 문맥을 따지면 6:14-7:1의 급격한 대조 때문에 일부 학자는 독립적인 편지가 틀림이 없다고 여긴다. 네이선E. Nathan은 인접한 문맥과 다소 어색하고 많은 하팍스 레고메나(hapax legomena/신약에 한 번 등장하는 단어)를 포함하기 때문에 "당황스러운 구절"이라고 설명한다.[41] 그는 많은 학자들이 제

38 P. Barnett, *The Second Epistle to the Corinthians*, NICNT (Grand Rapids: Eerdmans, 1997), 362–63, 365.

39 참조. M. Thrall, "A Second Thanksgiving Period in II Corinthians," *JSNT* 16 (1982): 109–10.

40 아마도 교회들 사이에서 편지를 교환할 때 가장 중요한 부분만 복사해서 함께 보관했을 것이다. 바울이 자신의 편지에서 불편한 부분을 삭제한 편지가 돌아다니는 것을 승인했을까? 골 4:16에서 바울은 그들이 돌연변이가 아닌 전체 편지를 읽을 것이라고 기대한다.

41 E. Nathan, "Fragmented Theology in 2 Corinthians: The Unsolved Puzzle of 6:14–7:1," in *The-*

시한 복잡한 의견을 개략적으로 제시한다. (1) 바울은 그것을 쓰거나 이 문맥에 삽입하지 않았다. (2) 다른 누군가가 그것을 썼고(아마도 기독교 이전 쿰란에서 왔을 것이다), 바울이나 후대 편집자가 그것을 삽입했다. (3) 바울은 다른 경우를 위해서 그것을 썼고(아마도 고전 5:9에 언급된 이전 편지의 일부일 것이다), 자신이나 다른 사람이 그것을 삽입했다. (4) 바울은 현재 문맥을 위해서 썼다.[42]

주해에서 이 단락이 바울이 주장하려고 하는 맥락에 어떻게 걸맞는지 보여 주기 위해 더 길게 주장할 것이다. 나는 왜 바울이 저자인지 요약할 수 있다.

(1) 스콧J. M. Scott은 삽입 이론을 포함하는 이 단락에 대한 모든 가설은 문맥과 어떻게 연결되어 있는지 설명해야 한다고 주장한다.[43] 삽입 이론을 제안하는 학자들은 문맥과 어떤 관련이 있으며 왜 여기에 삽입되었는지를 알 수 없다고 답변한다. 예를 들어, 베츠H. D. Betz는 단순히 "우리에게 알려지지 않은 이유로" 삽입되었다고 말한다.[44] 스콧은 삽입의 동기를 모른다고 인정하는 것이 이 문맥에 있는 것을 설명하는 이유가 된다는 사실을 깨닫지 못한다. 문맥과 관련 없는 흐름으로 보일 만한 것이 바울 자신이 쓴 내용일 수 있다. 고린도후서 6장 14절-7장 1절과 같이 잘 구성된 본문의 경우, 이러한 이탈은 바울이 가르치는 교리문답의 내용을 나타낼 수 있다.[45] (2) 현재 존재하는 어떤 사본도 이 구절을 생략하거나 다른 문맥에 배치하지 않는다. 피G. D. Fee는 "제정신에서 또는 그렇지 않더라도" 편집자가 6장 13절과 7장 2절 사이에 이 단락을 삽입하지 않았을 것이라고 주장한다.[46] (3) 아마도르J. D. D. Amador는 무엇이 아닌지 결정하기 전에 먼저 무엇이 진짜인지 결정할 수 있어야 한다고 주장한다.[47] 이 단락을 바울이 쓴 것이 아니라고 주장하는 사람들은 바울이 쓸 수 있었던 내용과 쓸 수 없었던 내용에 대한 그들의 선입견을 강요한다. 그 내용은 바울 신학의 가설적이며 조직화된 구조에서 온 것이다.

---

ologizing in the Corinthian Conflict: Studies in the Exegesis and Theology of 2 Corinthians, ed. R. Bieringer, et al., BTS 16 (Leuven/Paris/Walpole, MA: Peeters, 2013), 211.

42 Nathan, "Fragmented Theology," 213–15. 이 부분에 학자들의 긴 목록이 있다.

43 J. M. Scott, *Adoption as Sons of God*, WUNT 2/48 (Tübingen: Mohr Siebeck, 1992), 217.

44 H. D. Betz, "2 Cor. 6:14–7:1: An Anti-Pauline Fragment?" *JBL* 92 (1973): 108.

45 Scott, *Adoption*, 217–18.

46 G. D. Fee, "II Corinthians vi. 14–vii. 1 and Food Offered to Idols," *NTS* 23 (1977), 143.

47 J. D. D. Amador, "Revisiting 2 Corinthians: Rhetoric and the Case for Unity," *NTS* 46 (2000): 101.

그들은 이 단락이 바울의 것이라고 미리 결정한 구조에 맞지 않기 때문에 바울의 것이 아니라고 일축한다. 네이선은 이 단락에 대한 논쟁을 조사한 결과 "그것이 아마도 바울 자신의 신학이나 의도보다 우리의 주해적인 경향에 대해 더 많이 말해 준다"고 주장한다.[48]

이 단락에 대한 논쟁이 계속될 가능성이 높지만, 문맥상 바울이 논증하는 필수적인 부분일 가능성이 훨씬 더 높다. 그렇지 않다고 하더라도 주석가들은 본문을 있는 그대로 이해하고 그 광범위한 제의 이미지가 나의 이 단락에 관한 주석에서 목표로 하는 고린도후서의 문맥과 고린도의 상황에 어떻게 들어맞는지 알아보려고 하는 것이 신학적으로 훨씬 더 생산적이다.

3. 베츠Betz는 서신 이론 및 수사학 이론을 사용하여 8장과 9장이 두 개의 독립적인 행정 편지이며, 하나는 고린도에 다른 하나는 아가야에 있는 교회에 보내졌음을 보여 주려고 시도한다.[49] 머피-오코너는 베츠의 논리에 의문을 제기한다. "그러나 베츠의 분석이 증명하는 모든 것은 바울이 화해의 서신 끝에 그가 실무적으로 행정적인 문제를 다루었다는 것뿐이다."[50]

바울은 1장 16절에서 유대로 가는 여행을 언급하고 그들이 물질적 지원을 제공하는 전문 용어인 너희가 "나를 보내어"(개역개정. '너희의 도움으로 ... 가기를')를 말한다. 유대로 가는 여행을 고려하고 있었지만, 그의 계획은 아시아에서 겪은 고난과 고린도 교인들과의 커지는 갈등으로 인해 일시적으로 무산되었다. 성도들을 위한 연보는 아직 진행 중이다. 유대로 가는 여행을 언급하는 편지에서 바울이 연보에 대한 그들의 이기심 없는 관대함을 자극하도록 더 많이 격려할 것을 예상해야 한다. 그것이 바로 우리가 8-9장에서 발견하는 내용이다. 이 두 장에서 바울의 호소는 그가 7장 5-16절에서 이야기하는 그를 향한 공동체의 새로운 선한 뜻을 이용한다. 그리고 바울은 연보에 대해서 관대하게 참여하도록 문제를 다시 제기하고 격려한다. 올슨S. N. Olson은 바울이 보여 주는 신뢰의 표현이 그의 설득 기법 중 일부라고 주장한다.[51] 우리는 이것이 바울이 그들의 반응을 어떻게 느끼는지 진정으로 반영하지도 않은

---

48 Nathan, "Fragmented Theology," 227. 아요드 아데우야(J. Ayodeji Adewuya)는 이 단락이 공동의, 공동체적 거룩함을 다루고 있으며 성화에 대한 바울의 견해와 잘 부합한다고 주장한다(*Holiness and Community in 2 Cor 6:14-7:1: Paul's View of Communal Holiness in the Corinthian Correspondence*, Studies in Biblical Literature 40 [New York: Peter Lang, 2001].)

49 Betz, *2 Corinthians*, 8, 9.

50 J. Murphy-O'Connor, *The Theology of the Second Letter to the Corinthians* (Cambridge: Cambridge University Press, 1991), 78n55.

51 S. N. Olson, "Pauline Expressions of Confidence in his Addressees," *CBQ* 47 (1985): 282–95.

조작적인 기술뿐이라고 말하지 않을 것이다. 우리는 바울이 7장 2절, 14-16절에서 자신의 신뢰를 표현함으로 그들이 이 프로젝트에 대한 헌신을 새롭게 하고 서약을 이행하도록 요청하는 데 동의할 것이다. 그의 칭찬은 그들에게 의무감을 심어줄 것이다.

바울의 권위는 디도의 방문을 통해 다시 세워졌지만(2:17; 7:2-3), 그는 여전히 그들의 연보를 요청할 때 조심스럽게 걸음을 내딛는다. 그는 이전 편지에서 그랬던 것처럼 강압적으로 지시하지 않는다(고전 16:1-2). 대신, 그는 올바른 일을 하도록 설득하기 위해 두 장을 사용한다. 바울은 "더 이상 단순히 명령을 내리고 그 명령이 받아들여지기를 기대할 수 없다."[52] 이 두 장에서 그는 명령법 동사를 하나만 사용한다. 그는 관대하게 연보한 마게도냐 교인들과 모든 사람을 위해 자신의 생명을 바치신 그리스도의 예를 제시하고, 그와 함께 선물을 가져갈 사람들의 성품과 능력을 설명하고, 연보에 대한 신학적인 동기를 제공한다. 그는 또한 그들의 수치심에 호소한다. 그들은 "예"라고 말했다. 그들은 이제 자신들의 말을 "아니"라고 바꾸고 있는가? 이 모든 것을 통해서 바울은 그들의 선물이 자발적이라고 주장한다. 그는 그들에게 감당할 수 있는 것은 무엇이든지 주도록 간구한다. 하나님은 무시할 만한 정도로 보일 수 있는 것에도 축복하실 것이다. 이 장들의 통일성에 대한 추가적인 주장은 주해에서 제시될 것이다.

4. 대부분 학자들은 1-9장이 하나라고 믿는다. 많은 학자들은 그 장들 안에서 음색이 극적으로 변한다고 믿는다. 10-13장은 그것이 이전에 눈물의 편지로 쓰인 또 다른 편지의 일부임에 틀림이 없다고 제안하거나, 침입자들이 바울과 고린도 교인들 사이의 관계를 더욱 악화시킨 후에 쓰인 다른 편지의 일부임이 틀림없다고 암시한다.[53] 7장에서 표현된 따뜻하고 마음에서 우러나오는 안도감에 이어서 8-9장에서는 고린도 교인들이 연보에 대한 서약을 완수할 것이라는 신뢰가 따라 나오는데 10-13장에서는 갑자기 더 과격한 감정으로 바뀐다. 바울의 방어적이며 "어리석은 자"로서의 변호는 어리석은

---

52 Verbrugge, *Paul's Style of Church Leadership*, 336.

53 하우스라스(Hausrath)의 *Der Vier-Capitel-Brief*에 처음 제안되고 다음에 채택된 이론이다. C. H. Talbert, *Reading Corinthians: A Literary and Theological Commentary on 1 and 2 Corinthians* (New York: Crossroad, 1987), P. Rolland, "La structure litteraire de la Deuxieme Epitre aux Corinthiens," *Bib* 71 (1990): 73–84; D. G. Horrell, *The Social Ethos of the Corinthian Correspondence: Interests and Ideology from 1 Corinthians to 1 Clement*, Studies of the New Testament and Its World (Edinburgh: T&T Clark, 1996); B. K. Peterson, *Eloquence and the Proclamation of the Gospel in Corinth*, SBLDS 163 (Atlanta: Scholars, 1998); Roetzel, *2 Corinthians*.

슈퍼-사도들을 받아들인 고린도 교인들에 대한 쓰라린 비난이다. 연보를 요구하면서 바로 즉시 사람들을 꾸짖을 수 있는가?

a. 따라서 어떤 학자들은 10-13장의 비꼬는 어조와 12장 20-21절의 격렬한 비난이 바울이 2장 3-4절와 7장 8절에서 말한 눈물의 편지와 더 비슷하다고 주장한다.[54] 슬픔에 잠긴 편지가 이보다 더 비난하는 편지라면, 통렬하게 비난하기 위해서이다. 13장 4절에서 이 편지를 쓰는 이유는 자신이 갈 때 권위를 가혹하게 사용하지 않도록 하기 위함이라는 바울의 설명은 2장 9절의 고통스러운 편지에 대한 그의 설명과 일치하는 것 같다. "너희가 범사에 순종하는지 그 증거를 알고자 하여 내가 이것을 너희에게 썼노라"(2:9). 10장 16절에 따르면 바울은 고린도 "밖의 지역"에서 전하고자 한다. 1-9장이 마게도냐에서 기록되었다면 "밖의 지역"은 이해되지 않을 것이다. 그러나 눈물의 서신을 에베소에서 썼다면, 바울이 서쪽을 바라볼 때 그 언급은 더 이해하기 쉬워진다.[55] 10-13장이 눈물의 편지였다면, 그것은 또한 자기 자랑에 대한 바울의 태도가 변했다는 것을 설명할 수도 있다. 3장 1-3절에서 바울은 자신을 다시 추천할 필요성을 논박하는 것처럼 보인다. 10-13장에서 그는 자신을 추천하기 위해서 많은 노력을 기울인다. 5장 12절에서 그는 '우리가 다시는 우리 자신을 추천하지 않는다'고 말한다. 아마도 바울은 쓰라린 갈등으로 누그러뜨려지고 자랑에 대한 견해를 수정했을 것이다.[56]

몇몇 주장들이 이 견해를 반박한다. 눈물의 편지를 쓰게 만든 범죄(2:5; 7:12)에 대한 구체적인 언급은 10-13장에 나타나지만, 바울이 이 장들에서 침입자와 비교하여 사도직을 변호한 내용은 2-7장에서 나타나지 않는다. 소위 화해의 편지에서는 구체적으로 말하고 있는데, 어떻게 눈물의 편지에서 다툼을 일으킨 공격과 바울을 공격한 사람을 언급하지 않을 수 있는가? 10-13

---

54 따라서 A. Hausrath, *Der Vier-Capitel-Brief des Paulus an die Korinther* (Heidelberg: Basserman, 1870); J. H. Kennedy, *The Second and Third Epistles of St. Paul to the Corinthians* (London: Methuen, 1900); K. Lake, *The Earlier Epistles of St. Paul: Their Motive and Origin* (London: Rivingtons, 1914), 151–60; A. Plummer, *A Critical and Exegetical Commentary on the Second Epistle of St. Paul to the Corinthians*, ICC (New York: Scribner's, 1915), xxvii–xxxvi; R. H. Strachan, *The Second Epistle of Paul to the Corinthians*, MNTC (London: Hodder and Stoughton, 1935); T. W. Manson, "The Corinthian Correspondence (2)," in *Studies in the Gospels and Epistles*, ed. M. Black (Manchester: Manchester University Press, 1962), 210–24; Francis Watson, "2 Cor x-xiji and Paul's Painful Letter to the Corinthians," *JTS* 35 (1984): 324–46.

55 이러한 주장은 지도가 있기 전 문화에 대한 시대착오적인 측면을 보여 준다. 이 주장은 무게가 없다.

56 우리는 3:1의 주해에서 "자천"과 "다시 나를 추천한다"는 의미를 다룰 것이다.

장은 편지의 결론 부분만 포함하고 (편집자가 없앴을 가능성이 있는) 악을 행하는 자를 언급하는 부분을 생략했다는 주장, 또는 바울이 화해의 편지를 썼을 때 순회하는 사도들인 반대자들이 이미 고린도를 떠났다는 주장은 질문을 일으키거나 침묵으로 주장을 만들어 낸다.[57] 바울이 자신에 대한 공격을 교회와 연관 짓고(2:5-11; 7:12), 1-7장에서 반대자들과 바울에 대한 그들의 공격을 암시하고, 10-13장은 공격과 공격하는 자를 암시한다는 주장은 10-13장을 눈물의 편지로 이해하는 것만큼이나 서신의 통일성을 위한 예를 제시한다.[58] 12장 18절에서 눈물의 편지의 전달자로 여겨지는 디도는 고린도에 갔다가 돌아왔다('내가 디도를 권하고 함께 한 형제를 보내었으니 디도가 너희의 이득을 취하더냐?'). 따라서 바울이 10-13장에서 쓰는 내용은 디도의 방문 이후여야 하며, 이 장들은 눈물의 편지를 포함할 수 없다. 더 중요한 것은 눈물의 편지는 바울이 그들을 방문하기 원하지 않았기 때문에 기록되었지만(2:1-4), 10-13장은 다가오는 방문을 준비한다(12:20-13:1,2).

b. 다른 학자들은 10-13장이 나중의 편지라고 보다 그럴듯하게 주장하며, 바울이 디도에 대한 고린도 교인들의 반응을 성급하게 기뻐했거나 그들을 칭찬한 것이 단지 돈에 대한 호소를 위해 그들을 누그러뜨리기 위한 전략일 뿐이라고 가정한다. 갈등은 해결되지 않았다. 바울이 1-9장을 쓴 이후 침입자들이 도착하여 두각을 나타내었고 바울과 불화를 일으켰다. 바울은 그들의 불법적인 자랑과 음흉한 전술에 대해서 알게 되었고 커져가는 위기를 확인하기 위해 또 다른 강력한 편지를 썼다.

허드Hurd는 서로 다른 편지가 어떻게 합쳐졌는지 간단한 설명을 한다. 길이에 따라 정렬되었다는 설명이다(고린도전서, 고린도후서 1-9장, 고린도후서 10-13장 순서). 편지는 단순하게 서로 붙어 있지 않다. 1-9장의 누락된 결론과 10-13장의 누락된 인사말 및 감사 부분은 원래 시작 공식과 마무리 복의 선언을 잘라낸 사람의 의도적인 편집이 필요하다. 그러나 바울 서신의 인사와 감사 부분은 형식적인 것이 아니라 서신 본문에서 논의되는 주제에 대한 필수적인 도입이었다. 이 이론은 편집자가 편지를 합칠 때 그 기능을 무시했다고 가정한다. 누가 그리고 왜 이렇게 했는지에 대한 질문은 자주 무시되거

57 G. Bornkamm, *Die Vorgeschichte des sogenannten Zweiten Korintherbriefes* (Heidelberg: Winter, 1961), 19.

58 화해의 편지(1:1-2:13; 7:5-16; 13:11-13)가 다툼의 원인에 대한 언급을 의도적으로 없앨 것이라는 웰본(L. L. Welborn)의 주장("Like Broken Pieces of a Ring")은 이 편지가 눈물의 편지와 중요한 부분에서 일치하지 않는다는 반대를 없애기 위해서 노력한다. 그의 가설은 문제를 해결하기보다 더 많은 문제를 일으킨다.

나 신빙성이 결여된 형식적인 설명만 제공된다.[59]

5.1. 고린도후서의 통일성에 대한 일반적인 고려 사항

고린도후서를 구성하는 다양한 서신들을 가상으로 재구성한 내용들 대부분은 그 과정에 일어나는 물리적인 어려움을 완전히 무시한다. 스튜어드-사이크스A. Steward-Sykes는 "물리적 가능성"이 편지가 나누어져 있었다는 가설에 고려되어야 한다고 주장한다.[60] 그는 바울의 편지가 "원래 기록되었고 이후에 두루마리로 보존되었다"고 가정한다. 편지가 나누어진다는 복잡한 이론들은 고대 관행과 그 이론들이 요구하는 일종의 복잡한 편집 작업을 수행하기 위해 두루마리를 가지고 작업하는 어려움을 완전히 간과한다.[61] 고전 자료들은 편지가 한 장 이상일 때, 두루마리 형태로 함께 붙어 있었던 것을 제안한다.[62] 일부 정교한 이론에 따르면 편집자가 4개의 두루마리를 동시에 작업해야 했으며, 이러한 복잡한 과정은 발췌하거나 자르기 위해 다양한 위치에서 손가락으로 잡고 있는 여러 조수들의 도움이 필요했을 것이다.

신체적인 어려움뿐만 아니라 이 어려운 과정을 수행하려는 동기가 일반적으로 무시된다.[63] 예를 들어, 6장 4절-7장 1절의 가상의 편지 조각은 "대

59 이것은 특히 편집자가 바울의 원래 의도와 완전히 다른 고린도에 보내는 편지들을 혼합하여 본문을 광범위하게 편집했다고 가정하는 것보다 복잡한 이론에 해당된다. 예를 들어, 보른캄(G. Bornkamm)은 고린도후서가 바울의 죽음 이후에 그의 마지막 유언으로 재배열되었다고 주장하고 10-13장은 장차 올 거짓 사도들에 대한 경고로 끝부분에 배치되었다고 주장한다("The History of the Origin of the So-called Second Letter to the Corinthians," *NTS* 8 [1961–62]: 258–64).

60 A. Steward-Sykes, "Ancient Editors and Copyists and Modern Partition Theories: The Case of the Corinthian Correspondence," *JSNT* 61 (1996): 53–64.

61 Steward-Sykes, "Ancient Editors and Copyists and Modern Partition Theories," 55.

62 Steward-Sykes, "Ancient Editors and Copyists and Modern Partition Theories," 56–57; 다음을 보라. G. Milligan, *Saint Paul's Epistles to the Thessalonians* (London: Macmillan, 1908), 121–30; F. W. Beare, "Books and Publication in the Ancient World," *University of Toronto Quarterly* 14 (1945): 165; F. G. Kenyon, *Books and Readers in Ancient Greece and Rome*, 2nd ed. (Oxford: Clarendon, 1951).

63 Steward-Sykes, "Ancient Editors and Copyists and Modern Partition Theories," 59. 그는 일부 이론에서 수행되어야 하는 과정이 "어렵고 특이한 것"이라고 주장한다(60p). 슈미탈(W. Schmithals)은 편지가 나누어진다는 복잡한 이론을 발전시키고 편집자의 기술을 언급한다("Dei Korintherbriefe als Briefsammlung," *ZNW* 64 [1973]: 263–88). 그 이론을 발견한 사람의 솜씨에 더 감탄하지 않는가 궁금하다. 스튜어드-사이크스는 다음과 같이 답한다. "너무 많은 기술이 비정상적인 방식으로 사용되고 편집자가 그러한 어려운 과정을 수행하는 동기에 대한 심각한 질문을 제기된다"(61p). 예를 들어, 그것은 바울의 편지를 이상적인 숫자인 7개로 만드는 데에만 사용되었을까?

략 하나의 좁은 세로 열"을 차지했을 것이다. 이 부분의 출처로 가정되는 편지 대부분은 삭제해야 했고, 이 열은 다른 편지의 중간에 삽입되었을 것이다. 왜 이렇게 되었는가? 컴퓨터 프로그램을 사용하여 한 문서를 잘라내어 다른 문서에 붙여 넣는 것과 같은 작업은 고대 세계에서는 어렵고 이례적인 일이었다. 스튜어드-사이크스는 우리가 복잡한 이론을 채택하려면 "우리가 지금 보유하고 있는 정경 서신들을 만들기 위해 거쳐온 편집 과정을 자세히 설명하는 것이 가능해야 한다"고 결론지었다.[64] 더프P. B. Duff는 "편집자가 특정한 방식으로 여러 편지를 합친다는 믿을 만한 근거를 제안하는 일은 또한 편집자가 필요하지 않다고 제안하는 일이다"라고 지적한다.[65] 우리가 가상의 편집자의 마음속에 있던 것을 이해할 수 있다면 또한 바울 자신의 손에서 나온 그대로 본문을 이해할 수 있다. 바울은 임의로는 아니지만 자주 한 주제에서 다른 주제로 전환한다.

고린도의 심각한 성격은 또한 이 서신의 통일성을 주장할 수 있다.[66] 고린도의 상황은 복잡하다. 사춘기의 아이들처럼 그들은 바울에게 큰 자부심이면서 엄청난 고통의 근원이다. 이방인 그리스도인과 유대인 그리스도인의 연합의 징표로 예루살렘을 위한 연보를 모으는 주요 프로젝트를 시작하려고 할 때, 그들은 바울의 거짓 없는 비판으로 싫어하게 되었고 자신을 자랑하는 경쟁자들에 의해 오도되었다. 이러한 중요한 위기에서 바울은 짧은 메모들만을 썼을까? 스턴버그M. Sternberg는 다음과 같이 지적한다.

> 설득자로서 수사학자는 단지 영향을 미치기만 하는 것이 아니라 이의와 반대에 직면하여 합의를 이루어 내기 위해 영향을 미치려고 한다. 그에게 성공은 단 하나의 의미와 단 하나의 척도뿐이다. 즉, 청중의 관점을 자신

---

64 Steward-Sykes, "Ancient Editors and Copyists and Modern Partition Theories," 64. 쉥크(Wolfgang Schenk)가 고린도 교인들에게 보낸 두 편지를 7개의 다른 편지에 속하는 거의 30개의 다른 단편으로 나눈 것을 인용한다("Korintherbriefe," TRE 19 [1990]: 620–32). 헹엘(Martin Hengel)은 이것이 가능한지 묻는다. "이 편지들이 모두 고린도에 보내졌으며 이 조각들이 모두 바울에게서 유래했다는 것을 우리가 어떻게 아는가? 편집자가 이 모든 것을 다 했다고 생각하는 것은 얼마나 어리석은가?"("Tasks of New Testament Scholarship," *BBR* 6 [1996]: 75.)

65 P. B. Duff, "2 Corinthians 1–7: Sidestepping the Division Hypothesis Dilemma," *BTB* 24 (1994): 21.

66 완전한 원래 편지에 관한 논쟁의 역사는 다음을 참조하라. R. Bieringer, "Der 2. Korintherbrief als Ursprüngliche Einheit. Ein Forschungsüberblick," in *Bieringer and Lambrecht, Studies in 2 Corinthians*, 107–30. 비어링거(R. Bieringer)는 또한 편지의 통일성에 대해 철저하게 변호한다. "Plädoyer für die Einheitlichkeit des 2. Korintherbriefes: Literarkritische und Inhaltliche Argumente," 131–79.

의 관점과 일치시키는 것이다.[67]

이 목표를 고려할 때, 우리는 바울에게서 그처럼 민감한 상황에서 문제들에 대해 길고 신중하게 접근했다고 기대하면 안 된다.

이 주석의 입장은 눈물의 편지는 분실되었고 고린도후서는 하나의 편지라는 것이다. 10-13장의 어조의 변화는 어떻게 설명할 수 있는가? 기분 변화를 설명하기 위해 바울이 잠 못 이루는 밤을 보내고 어느 날 아침에 심술궂은 기분으로 잠에서 깨어났다거나 침입자들이 위험한 침입을 한다는 새로운 소식을 들었다는 상상에 의존하는 것은 정당하지 않다.[68] 바울은 디도가 이러한 소식을 전했을 때 느꼈던 기쁨을 설명한다(7:13-14). 갑자기 나쁜 소식을 받았다면 왜 기쁨으로 바뀐 기분을 설명하지 않았을까(참조. 고전 1:11)? 만약에 나중에 쓴 편지라고 한다면, 더 행복한 이전 편지에서 그들에 대한 태도를 이렇게 급하게 바꾼 소식이 무엇인지 더 자세히 설명하지 않는 것도 놀랍다.

바울이 10-13장에서 (비록 전체 교회가 연루되어 있음에도 불구하고) 소수의 반대파를 목적으로 하고 1-9장에서 바울을 반대하지 않는 다수(참조 2:6)를 목적으로 한다는 주장은 별로 설득력이 없다. 바울에 대한 고린도 교회의 비난에 대한 암시가 1장 17절, 2장 17절, 3장 1-3절, 4장 2-5절, 12절, 5장 12절, 6장 3절에 나타난다. 고린도 교인들이 하나님의 사랑에 보답하지 못하는 것에 대한 바울의 불평(6:11-13; 7:2-3)과 하나님과 화해하도록 촉구한 것(5:20)은 그가 고린도에서 모든 일이 좋다고 생각하지 않았음을 보여준다. 6장 14절-7장 1절을 원래 서신의 일부로 받아들인다면, 고린도 교인들이 모든 일에 순종하고 10-13장에서 그의 권면이 그들에게 덜 거슬린다고 바울이 가정하지 않는다는 것이 드러난다. 이 부분에서 바울의 기분은 또한 불과 몇 구절 안에서 극적으로 변한다. 하나님은 고린도 교인들의 응답이 없는 애정을 유감스럽게 여기시며(6:12), 자신이 그들에게 한 것처럼 마음을 열어달라고 요청한다(6:13; 7:2). 그런 다음 바울은 자기와 자기를 돕는 자들에 대한 그들의 갈망과 애통과 새로운 열심을 기뻐한다(7:7, 12). 일부 학자들은 편집자가 6장 14절-7장 1절 부분을 삽입한 것으로 간주하지만, 그 이유는 설

67 M. Sternberg, *The Poetics of Biblical Narrative: Ideological Literature and the Drama of Reading* (Bloomington: Indiana University Press, 1985), 482.

68 머피-오코너는 이 접근 방식이 "문학적 통일성의 개념을 무의미하게 만드는 방식으로 재정의 한다. 만약 10-13장이 일정 기간 후에 기록되었고, 1-9장을 움직이는 것 외에 다른 동기가 있다면, 일반적인 기준을 따라서 다른 편지라고 할 수 있다"라고 옳게 말한다(*Paul: A Critical Life* [Oxford/New York: Oxford University Press, 1997], 254).

명하기 어렵다. 6장 14절-7장 1절이 편지의 원래 부분이라면 10-13장의 분위기 전환이 학자들이 상상하는 것만큼 예외적이지 않다는 것을 보여 준다.

서신에 있는 바울의 수사학적 전략으로도 논증할 수 있다. 사도가 자신의 편지 끝부분까지 강력한 비난을 유보했다는 것은 타당하지 않다.[69] 예를 들어, 위더링턴은 바울이 이 편지에서 법정적인 수사를 사용한다고 주장한다. 이러한 문서에서 어조와 분위기의 갑작스러운 변화는 "특히 사건이 어렵고 마지막에 더 강한 파토스로 확고하게 청중들에게 호소하려는 경우" 드문 일이 아니다.[70] 가장 처음 주장에서 "청중을 설득하여 청중이 듣게 하는 것이 중요하다고 생각했다."[71] 그는 "바울이 여기서 다루는 것과 같은 세밀한 경우에 관계와 감정을 먼저 확립하고 청중이 소외되지 않도록 논쟁적인 문제를 처음부터 다루지 않는 것이 중요했다"라고 주장한다.[72] 바울이 이 교회와 좋은 관계를 다시 세우는 것이 중요하다. 그는 버럭 화를 내거나 즉시 공격적인 태도를 취하지 않는다. 먼저 그들에게 지지를 호소한다. 위더링턴은 "처음 아홉 장에서 바울의 접근 방식은 명령이 아니라 촉구나 설득"이라고 주장한다. 바울은 이 장들에서 보다 부드러운 설득 기술을 사용한다. 왜냐하면 "청중의 믿음을 통제하길 원하지 않았기 때문이다. 오히려 바울은 그들이 자신의 강론에 자발적으로 반응하기를 원한다."[73] 바울은 편지에서 기쁨과 안도, 또한 경고와 걱정을 모두 표현한다. 바울은 고린도 교인들에 대한 사랑을 확립하고, 거짓 없는 설교의 근거를 설명하고, 디도의 방문 이후 자신을 향한 그들의 열심을 확인한 후에야, 지금 그를 걱정시키는 문제를 제기한다.

이상적인 견유학파 철학자에 대한 디온 크리소스토무스의 언급은 적절

69 바울은 고린도전서에서 연속적으로 주제들을 다루고 있음을 보여 준다. 브라운(R. E. Brown)은 "바울이 전하고자 하는 내용을 이해하기 위해서는 고린도후서가 다양한 수사학적 강조로 표현된 다양한 주제를 담고 있다는 사실을 인식하는 것으로 충분할 것이다"라고 말한다(*Introduction to the New Testament*, 551).

70 B. Witherington III, *Conflict and Community in Corinth: A Socio-Rhetorical Commentary on 1 and 2 Corinthians* (Grand Rapids: Eerdmans, 1994), 431.

71 Witherington III, *Conflict and Community in Corinth*, 356.

72 위더링턴(Witherington)은 퀸틸리아누스(Quintilian *Inst.* 4.1.23, 27, 33)를 인용한다. 위더링턴은 바울이 고린도의 모든 문제에 간접적인 접근인 완곡어법(insinuatio)을 사용한다고 주장한다. "이 수사적 움직임에서 수사적 담론의 초기 단계에서는 논쟁이 되고 있는 주요 쟁점만을 언급할 뿐이며, 공격을 받는 논쟁의 주요 실제 토론을 보다 직접적인 방식으로 많은 파토스를 사용하는 담론의 끝으로 남겨둔다." 그는 또한 그는 아리스토텔레스(Aristotle, *Rhet.* 1419b)를 인용한다. 법정적인 논증 마지막 단계에서 "자신에 대한 칭찬과 상대방에 대한 비난 모두"를 포함해야 한다(Witherington, *Conflict and Community*, 429).

73 Witherington, *Conflict and Community*, 358.

하다. 그는 "부분적으로는 설득과 권면으로 부분적으로 비난과 책망으로 어떤 사람을 어리석음에서 구원할 수 있기 바라는 마음으로" 모든 사람을 덕과 절제에 이르게 하려고 노력한다. 그런 다음 호메로스Homer를 인용한다. "때로는 부드러운 말로, 때로는 거친 말로!"[74] 댕커Danker는 "마무리하는 과장된 행동"을 정당화하는 데모스테네스Demosthenes, De Corona를 인용한다. 데모스테네스는 이렇게 질문한다. "그런데 정치가와 웅변가는 어떤 상황에서 격렬해야 하는가? 물론 도시가 어떤 식으로든 위험에 처할 때와 대중이 적을 직면할 때이다. 이것이 고귀하고 애국적인 시민의 의무이다."[75] 하비Harvey는 또한 "연설가는 연설이 끝날 때까지 더 열정적인 호소를 남겨 두는 경향이 있기 때문에, 바울이 동일한 전략을 채택했다면 놀랍지 않을 것이다"라고 지적한다.[76]

마지막으로 우리는 10-13장이 이전의 상황 변화를 보여 주지 않는다는 슈멜러T. Schmeller의 주장에 동의한다. 같은 상황을 나타내지만, 바울은 편지 각 부분에서 다른 목적이 있기 때문에, 상황을 다른 방식으로 설명한다. 그들은 서로 모순되지 않고 보완적이다. 이 장들은 연보하는 일을 돕기 위해 디도가 돌아오는 일을 교회가 준비하도록 계획되었다. 10-13장은 바울이 완전한 화해를 기대했을 때, 그가 올 때를 대비하여 교회를 준비시킨다.[77]

5.2. 고린도후서의 통일성을 주장하는 구체적인 증거

편지의 주제와 어조의 변화를 설명할 수 있는 바울의 수사학적 전략에 관한 주장 외에도, 서신을 관통하는 일관성 있는 주제로 편지의 통일성을 주장할 수 있다. 이 사실은 1장 12-14절에 있는 편지의 주제 진술에서 분명해진다.

> 우리가 세상에서 특별히 너희에 대하여 하나님의 거룩함과 진실함으로 행하되 육체의 지혜로 하지 아니하고 하나님의 은혜로 행함은 우리 양심이

74 Dio Chrysostom, *Invid.* 77/78.38 (Cohoon, LCL); 참조. Homer, *The Iliad* 12.267.

75 다음에서 인용된 내용이다. F. W. Danker, "Paul's Debt to the De Corona of Demosthenes: A Study of Rhetorical Techniques in Second Corinthians," in *Watson, Persuasive Artistry*, 278.

76 A. E. Harvey, *Renewal through Suffering: A Study of 2 Corinthians, Studies of the New Testament and Its World* (Edinburgh: T&T Clark, 1996), 93. 위더링턴은 9:12-15의 감사와 다음의 엄중한 경고 이후에 엄중한 권고가 뒤따른다고 지적한다. 10장은 데살로니가전서 4장의 권면이 3:11-13의 감사로 시작되는 것과 로마서 12장의 권면이 11:33-36의 감사로 시작하는 것과 동일한 패턴으로 일치한다(*Conflict and Community*, 432).

77 T. Schmeller, "No Bridge over Troubled Water? The Gap between 2 Corinthians 1–9 and 10–13 Revisited," *JSNT* 36 (2013): 73–84.

증언하는 바니 이것이 우리의 자랑이라 오직 너희가 읽고 아는 것 외에 우리가 다른 것을 쓰지 아니하노니 너희가 완전히 알기를 내가 바라는 것은 너희가 우리를 부분적으로 알았으나 우리 주 예수의 날에는 너희가 우리의 자랑이 되고 우리가 너희의 자랑이 되는 그것이라

이 말들은 바울이 자신에 대해서 쓸 내용을 알려 준다(3:1; 4:2; 5:12; 6:3; 10:8, 12-18; 11:10, 16-18, 30; 12:1, 5-6, 9, 11).[78] 바울은 고린도 교인들이 고난 가운데 그를 위해 기도하고 그의 구원으로 감사하며(1:11) 그들의 자랑으로 삼기를 바란다. 바울은 사도적 사명을 수행하는 데 있어 완전한 솔직함과 신실함을 그들이 인정하기 원한다. 다음 주장들은 정경에 있는 고린도후서의 통일성을 보여 준다.

1. 자랑이라는 주제(1:12, 14)가 중심 주제로 등장한다(참조. 5:12; 10:8, 13, 15-16, 18; 11:10, 12, 16-18, 30; 12:1, 5-6, 9). 그들에 대한 바울의 자랑은 또한 7장 4, 14절, 8장 24절, 9장 2-3절에 두드러진다.[79]
2. 바울이 사도직을 수행하는 데 있어 신실함 또는 올바름이 나타난다(1:17; 2:17; 4:2; 6:3-10; 7:2; 10:2; 12:16-18). 8장 20-21절, 11장 7-8절, 12장 13-18절에서 바울은 고린도에 있는 어떤 사람들이 연보를 모을 때 그들을 속이려고 했다는 의혹을 제기했을 가능성을 암시한다. 바울에게 매우 중요한 연보를 모으는 일에 고린도 교인들을 헌신하게 하려면(바울은 로마서 15장 31절에서 이 일을 "나의 섬김"이라고 불렀다), 바울은 자신의 신뢰성과 정직을 그들에게 보증해야 한다. 고린도 교인들은 바울과 그들의 모든 관계에서 개방적이고, 세심하고, 고상하다는 사실을 이해해야 한다. 바울은 그들의 돈을 가지고 도망하지 않을 것이다. 다른 목적으로 그 돈을 빼내지 않을 것이다. 연보가 하나님께 영광을 돌리고 교회의 일치를 촉진하고 유대인 그리스도인들이 이방인에 대한 할례를 행하지 않는 선교를 축복하도록 인도하지 않는다면, 그 일을 통해서 유익을 얻지 못할 것이다. 6장 5-7절의 목록은 사역자의 고난

78 바울은 다른 편지에서 네 번만 자신을 추천한다. 보컴(Richard Bauckham)은 이것을 "자신의 일과 삶에 대한 산책"이라고 부른다("Weakness–Paul's and Ours," *Themelios* 4 [1982]: 4).

79 동사 καυχάομαι("자랑하다")는 스무 번, 명사 καύχημα("자랑," "자랑의 대상")은 세 번, καύχησις("자랑")은 여섯 번 등장한다.

에서 윤리적 자질("깨끗함", "지식", "오래 참음")로 이동하고 그의 "사랑"이 "거짓이 없고", 그의 "말씀"이 "진리이며", 그의 "능력"이 "하나님의 것", 그의 "무기"가 "의의 것"이라고 정의하면서 반론한다. 이 의미는 다른 사람들이 사랑을 가장하고, 진리의 말씀이 아닌 말을 사용하고, 하나님으로부터 온 것이 아니라 사탄에게서 온 능력을 행하고, 불의한 무기를 사용할 수 있다는 것이다(참조. 11:4).

3. 바울은 "육체의 지혜"라는 말을 고린도후서에서 다시 사용하지 않지만, 1장 17절, 4장 2절, 5장 16절, 10장 2-4절, 12장 16절에서 "육체를 따라" 행하는 것과 자신의 계획을 어떻게 세웠는지에 대해 다시 언급한다.
4. 그의 삶을 지배하는 하나님의 은혜는 2장 4절, 3장 5절, 4장 7-11절, 11장 23-33절, 12장 9절에서 나타난다.
5. 바울의 글이나 그의 편지의 주제는 편지 전체에 나타난다(2:3-4, 9; 7:8, 12; 10:1, 9-11; 13:10).
6. 부분적으로만 자신을 아는 문제는 2장 5절, 4장 2절, 16-18절, 5장 11-12절, 10-13장에 걸쳐 다시 나타난다.
7. 주 예수님의 날은 모든 사람이 심판을 받을 때를 의미하며 이 주제는 5장 10절, 7장 1절, 13장 5-10절에 나타난다.

10-13장부터 고린도후서의 통일성을 제시할 수 있는 편지의 앞부분과 연결되는 부분을 찾을 수 있다.[80]

1. 10장 1절의 동사 "권하다"(παρακαλέω, 파라칼레오)는 고린도후서의 주요 연결점에 나타난다(1:4, 6; 2:7-8; 5:20; 6:1; 7:6-7, 13; 8:6; 9:5; 12:8; 13:11).
2. 바울의 육체적인 연약함(10:10)은 고린도 교인들이 그들의 문화적 표준으로 바울을 평가할 때 그들을 완전히 혼란스럽게 만드는 것 같은 핵심 주제이다. 예수님이 십자가에서 죽으신 후 제자들의 고난은 새로운 의미를 갖게 되었다. 그들의 고난은 단순한 의인의 고난이 아니라 예수님의 십자가 고난의 흔적을 가지고 있다. 그것은 예수님의

80 비슷한 단어가 편지의 앞부분에 나타나지만 이 연결은 고린도후서의 통일성을 증명하기에 결정적이지 않다. "순종"(ὑπακοή) 10:5-6; 2:9, "하나님을 아는 지식"(γνῶσις τοῦ θεοῦ) 10:5; 2:14, 참조. 4:6, "벌하다"(ἐκδικῆσαι) 10:6; 7:11, "옳다 인정함을 받은"(δόκιμος) 10:18; 2:9, "열심을 내다," "열심"(ζηλόω, ζῆλος) 11:2; 7:7, 11, "정결한, 깨끗한"(ἁγνός) 11:2; 7:11, "회개하다/회개"(μετανοέω, μετάνοια) 12:21; 7:9.

죽으심 안에서 그분과 같이 되어(4:10-11) 그들을 기다리고 있는 비할 데 없는 영원한 영광을 위해 그들을 준비시킨다(4:17). 그의 연약함에 대한 그들의 당혹감을 없애기 위한 마지막 시도는 13장 4절에 나온다. "그리스도께서 약하심으로 십자가에 못 박히셨으나 하나님의 능력으로 살아 계시니 우리도 그 안에서 약하나 너희에게 대하여 하나님의 능력으로 그와 함께 살리라."

3. 4장 8-10절, 6장 4-7절에 있는 고난의 목록은 11장 24-29절에 있는 보다 구체적인 목록에 대해 독자들을 준비시킨다.
4. 혼잡하게 하는 자(2:17)와 추천서가 필요한 사람들(3:1)에 대한 언급에서 거짓 사도에 대한 미묘한 암시가 나타날 수 있다. 수치스럽고 교활한 방법을 포기한 것은 고린도 교인들이 속임수에 빠졌다는 그의 제안을 미리 보여 준다(4:2; 참조. 11:3, 13-15). 바울이 자신을 전파하지 않는다는 그의 주장(4:5)은 거리낌없이 스스로를 자랑하는 경쟁자(10:12; 11:18)들에 대한 공격을 준비한는 것을 의미한다.

이 편지의 통일성에 대한 궁극적인 결정은 단순히 찬반 주장을 나열하는 것만으로는 내려질 수 없다. 머피-오코너는 편지의 완전성에 관한 결정이 다음 "리트머스 검사지 기준"을 기반으로 한다고 주장한다. "내적 긴장이 문학적 통일성에 대한 방법론적 가정을 없앨 만큼 큰 것인가?"[81] 우리는 이것을 주석에서 설명하겠지만, 편지의 통일성을 가정함으로 설명할 수 있다.

81 Murphy-O'Connor, *Paul: A Critical Life*, 253.

고린도후서 개요

1. 인사와 찬양(1:1-7)
- 1.1. 인사(1:1-2)
- 1.2. 위로의 하나님을 찬양(1:3-7)

2. 고통스러운 방문과 눈물의 편지: 바울의 진실함에 대한 변호(1:8-7:16)
- 2.1. 교회에 대한 바울의 사랑과 그의 신뢰성 문제(1:8-2:13)
- 2.2. 바울의 거짓 없는 비판에 대한 변호(2:14-7:3)
- 2.3. 디도의 보고(7:4-16)

3. 성도들을 위한 연보에 대한 가르침(8:1-9:15)
- 3.1. 연보에 대한 고린도 교인들의 헌신을 새롭게 함(8:1-15)
- 3.2. 디도와 추천 받은 형제들의 연보 관리(8:16-9:5)
- 3.3. 베풂에 대한 하나님의 원칙:
  고린도 사람들이 너그럽게 베풀어야 하는 이유(9:6-15)

4. 바울의 다음 방문을 위한 경고(10:1-13:14)
- 4.1. 바울의 방문을 위한 준비(10:1-11)
- 4.2. 합당한 추천(10:12-18)
- 4.3. 바울의 변호(11:1-21a)
- 4.4. 바울의 어리석은 자랑(11:21b-12:13)
- 4.5. 바울의 고린도 귀환(12:14-21)
- 4.6. 경고: 바울의 방문 때 권위를 엄하게 사용할 가능성(13:1-10)

5. 마지막 권면, 인사, 은혜를 소원함(13:11-13)

| 단락 개요

1. 인사와 찬양(1:1-7)

1.1. 인사(1:1-2)

1.2. 위로의 하나님을 찬양(1:3-7)

1. 인사와 찬양(1:1-7)

1.1. 인사(1:1-2)

[1] 하나님의 뜻으로 말미암아 그리스도 예수의 사도 된 바울과 형제 디모데는 고린도에 있는 하나님의 교회와 또 온 아가야에 있는 모든 성도에게 [2] 하나님 우리 아버지와 주 예수 그리스도로부터 은혜와 평강이 있기를 원하노라

1:1. 고대 편지는 일반적으로 보낸 사람, 그의 직위와 직업, 받는 사람으로 시작하며 인사와 건강을 기원한다.[1] 바울은 이 양식을 따르지만, 두드러진 차이점이 있다. (1) 저자는 평범한 사람이 아니라 하나님으로부터 사도의 권위를 받아 편지를 쓴다. 그는 하나님의 택함을 받은 대리인으로 고린도 교회에 편지한다. (2) 편지를 받는 사람들은 일반적인 사람들이 아니라 하나님께서 세우신 거룩한 공동체이다. 그들 역시 하나님의 택하심을 받아 구별되었다. (3) 인사는 평범한 소원이 아니라 그리스도의 죽으심과 부활로 영적인 사실이 된 찬양이다.

바울은 하나님의 뜻에 따라 자신을 사도라고 밝힌다(참조. 10:8; 13:10). 이 말씀은 세 가지를 분명히 한다.

1. 바울 스스로 사도의 사역을 시작하기로 결정했거나 스스로 사도라고 지명했기 때문에 사도가 된 것이 아니다. 고린도 교인들도 그를 사도로 투표하지 않았다. 하나님께서 주권적인 뜻으로 그를 부르셨고(갈 1:15-16),[2] 그를 "범위의 한계를 따라" 지명하셨고(10:13), 바울은 그에 대한 하나님의 뜻에 복종해야 한다. 사도행전은 바울의 자기 이해에 매우 중요한 이 기본적인 확신을 증언한다. "이 사람은 내 이름을 이방인과 임금들과 이스라엘 자손들에게 전하기 위하여 택한 나의 그릇이라 그가 내 이름을 위하여 얼마나 고난을 받아야 할 것을 내가 그에게 보이리라 하시니"(행 9:15-16). 갈라디아서 1장 15-16절에서 바울은 자신을 어머니의 태에서부터 구별되었다고 묘사하는데, 이는 바울이 자신의 사역을 이사야(사 49:1, 5)와 예레미야(렘 1:5)와

---

1 참조. J. L. White, *Light from Ancient Letters, Foundations and Facets: New Testament* (Philadelphia: Fortress, 1986).

2 S. J. Hafemann, "The Comfort and Power of the Gospel: The Argument of 2 Corinthians 1–3," *RevExp* 86 (1989): 326.

같이 선지자적 소명으로 이해하고 있음을 보여 준다.

2. 사도 바울은 자신이 하나님의 말씀을 전하기 위해 하나님의 보내심을 받은 자임을 안다. 그는 가야만 한다. 그는 어려운 상황에서도 가야만 하고 하나님의 위임에서 물러날 수 없고 하나님의 명령을 완수할 때까지 일해야 한다. 그는 자신의 권위로 말하는 것이 아니라 자신을 대리인으로 임명하신 하나님의 권위로 말한다. 그러므로 하나님의 사도이자 그리스도의 사신으로서 바울의 권위를 거부하는 것은 하나님을 거부하는 것과 같다. 그러므로 군중들 사이에서 방랑하는 거리 설교자들의 무리와 자신을 대조할 수 있다. "우리는 수많은 사람들처럼 하나님의 말씀을 혼잡하게 하지 아니하고 곧 순전함으로 하나님께 받은 것 같이 하나님 앞에서와 그리스도 안에서 말하노라"(2:17).

3. 하나님의 사도로서 "하나님은 그가 하시는 모든 일의 궁극적인 권위자이시다."[3] 하나님께서는 궁극적으로 그들을 심판하실 것이다. 그들이 심판하지 않는다. 신약에서 사도들은 특정한 임무를 위해 위임된 각 공동체의 대표자들이다(빌 2:25의 에바브로디도, 고후 8:23의 우리 형제들, 예루살렘에 연보 전달을 맡은 사도들). 바울은 어느 한 공동체와 연결되어 있지 않지만 이방인들에게 복음을 전하도록 독특한 사명을 받은 것으로 이해한다(갈 1:16; 2:7; 참조. 롬 11:13; 고후 10:13-16; 엡 3:1-2). 그것은 "예루살렘으로부터 두루 행하여 일루리곤까지"(롬 15:19)라고 말하는 사역의 방향과 "무할례자" 또는 "이방인"(갈 2:7-8) 사역의 대상을 결정한다.

어떤 사람들은 사도로서 바울의 지위가 고린도에서 의심스럽다고 주장했고 많은 사람들은 바울이 그의 특별한 지위에 대해 지나치게 방어적이며 다루기 힘들다고 여긴다.[4] 사도직이 도전을 받는 갈라디아서의 상황에 비추어 이 편지를 읽는 것은 잘못이다. 갈라디아서에서 바울은 자신의 사도직에 관한 비판에 대해 집요하게 자신을 변호한다. 자신의 개인적인 권위를 보호하기 위해서가 아니라 그리스도께서 그에게 전파하도록 위임하신 복음의 진리를 보존하기 원하기 때문이다. 우리는 고린도 교인들이 단순히 사도로서 바울의 자격을 의심한다고 자연스럽게 생각하면 안 된다. 바울은 여기에서 자신이 하나님의 뜻을 따라 사도가 되었다고 주장하기 때문이다.[5] 그들은 바울

3 F. W. Danker, *II Corinthians*, ACNT (Minneapolis: Augsburg, 1989), 29.

4 다드(C. H. Dodd)는 "그리스도와 함께 죽은 자로서 자신을 아끼지 않는 것과 어울리지 않는 그의 자존감에는 감동이 있다"라고 쓴다(*New Testament Studies* [Manchester: Manchester University Press, 1953], 79).

5 바울은 열두 사도 중에 유다를 대체하기 위한 사도행전에서 정한 기준과 어울리지 않는다. 사도행전 1:21-25에 따르면 유다를 대신할 사도에게 다음이 요구된다. (1) 처음부터 예수님

의 적절함과 그의 방식에 의문을 품었을 것이다. 그들은 사도로서 "약함과 고난"으로 보내진 사람보다 "천재"를 원했지만,[6] 그가 사도라는 점에 대해서는 의문을 제기하지 않았다. 그렇지 않으면 그들은 이 첫 구절을 지나치지 않았을 것이다.[7] 심지어 바울의 경쟁자들도 바울이 사도임을 인정했을 것이다. 왜냐하면 그들은 바울이 가지고 있는 사도적 지위를 스스로 주장하려고 했기 때문이다(11:12).

바울은 비난하는 자들을 반박하거나 자기 지위를 높이기 위해서가 아니라 바로 자신이 사도이기 때문에 사도라고 밝힌다. 그는 자신을 하나님께서 택하시고 보내셨다고 이해했다(참조. 롬 1:1; 고전 1:7; 9:16-18). 사도로 보내심을 받은 줄 아는 자는 자기가 복음을 전하러 보내심을 받은 줄 안다(고전 1:17).

디모데는 "형제"이자 편지를 같이 보낸 사람로 확인된다.[8] 소스데네는 고린도전서를 함께 보내는 사람으로 기록되어 있지만, 디모데는 데살로니가전서, 데살로니가후서, 빌립보서, 골로새서, 빌레몬서를 함께 보내는 사람으로 기록되어 있다. 사도행전 16장 1-2절에서 바울은 더베와 루스드라에서 사역하는 동안 그를 만났다. 디모데의 어머니가 유대인이었으므로 바울은 그에게

과 함께 했어야 한다. (2) 부활의 증인이어야 한다. (3) 그리스도께서 자기 목적을 위해 선택했어야 한다(이 경우 제비뽑기를 통해서). 그러나 고린도는 바울이 사도로서 적합한지 이의를 제기할 기준을 가져올 사도행전을 가지지 못했다.

6 M. A. Seifrid, *The Second Letter to the Corinthians, Pillar New Testament Commentary* (Grand Rapids: Eerdmans, 2014), 3-4는 다음을 인용한다. Søren Kierkegaard, "Of the Difference between a Genius and an Apostle," in *The Present Age*, trans. A. Dru (London: Oxford University Press, 1940), 138-63.

7 바울은 자기가 "만삭되지 못한 자"(ἔκτρωμα)로서 사도들 중에 가장 작은 자임을 깨달았다(고전 15:8). 그럼에도 불구하고 그는 부활하신 주님께서 자기에게 특별한 사명을 주셨고 자신이 그것을 마지막으로 받은 사람임을 확인한다(고전 9:1; 15:3-11). "만삭되지 못한 자"(ἔκτρωμα)는 "때가 못 되어 태어난 자"(KJV)를 부르신 이를 가리키는 것으로 해석되었다. 그리스도는 그에게 "마지막으로" 나타나셨지만, 이 단어는 더 적절하게는 일찍 태어난 사람, 미숙하여 태어난 사람을 가리킨다(CSB 성경은 "잘못된 때에 태어난", REB 성경은 "갑작스러운 비정상적인 출생"으로 번역한다). 또한 바울의 출생이 가지는 폭력적인 성격을 가리킬 수 있다(NEB 성경은 "이번 나의 출생은 끔찍했지만"으로 번역한다). 이 단어가 모양을 가져야 하는 "발달되지 않은 배아"를 의미한다고 이해하는 것이 최선의 선택이다. 바울은 그의 어머니의 태에서 하나님이 택정하셨지만(갈 1:15), 교회를 박해하던 바울이 하나님의 택하심의 목적에 반대되었기 때문에 여전히 "배아" 단계에 있었다. 그리스도의 나타나심은 그를 태에서 하나님이 의도하신 그대로 되게 만들었다(G. W. E. Nickelsburg, "An "Εκτρωμα, Though Appointed from the Womb: Paul's Apostolic Self-Description in 1 Corinthians and Galatians 1," in *Christians among Jews and Gentiles*, ed. G. W. E. Nickelsburg and G. W. MacRae [Philadelphia: Fortress: 1986], 198–205).

8 퍼니시는 "형제 디모데"로 번역한다(*II Corinthians*, 100).

할례를 행하여 공식적인 유대인으로 삼았다(행 16:3). 여러 편지에서 바울은 디모데를 헌신된 아들로 칭찬했으며(고전 4:17; 빌 2:22), 자기가 갈 수 없을 때 여러 선교의 임무를 맡겼다(고전 4:17; 빌 2:19; 살전 3:2, 6). 디모데가 사도는 아니지만 바울은 자신과 같은 일을 하고(고전 16:10; 롬 16:21), 전파하는 사역(고후 1:19)을 한다고 증언한다. 디모데는 고린도를 방문했으며(행 18:5; 고전 4:17; 16:10; 고후 1:19), 바울에게 갑작스러운 방문을 하게 만든 나쁜 소식을 전했을 것이다.

디모데가 바울이 편지를 쓰는 것을 도왔다는 의미에서 함께 썼다고 기록하는가?[9] 아니면 바울의 편지를 받아쓰는 대필자의 역할을 하는가? 결정은 쉽지 않다. 로마서 16장 22절에서만 편지의 마지막에 대필자(amanuensis)가 나타낸다. 바울이 디모데를 언급한 이유는 그가 공동체를 지도하고 권면한 두 번째 증인이기 때문이다(신 17:6; 19:15; 고후 13:1). 동료들을 편지를 함께 보내는 자로 언급함으로 그는 이 문제에 대해서 혼자가 아님을 분명히 한다(갈 1:2에서 바울은 "함께 있는 모든 형제와 더불어"라고 말한다). 바울은 독단적인 사도가 아니며, 그의 편지에는 교회의 합의와는 다른 독특한 견해가 포함되지 않는다. 동역자의 긴 목록은 사역의 임무를 한 사람이 짊어져야 한다고 이해하지 않고 많은 다른 은사를 가진 사람들과 나누어야 한다는 것을 보여 준다.[10]

수신자는 고린도에 있는 하나님의 교회이다. "교회"(ἐκκλησία, 에클레시아)는 그리스 세계에서 "사람들의 목소리가 들리는" 시민의 모임이었을 것이다.[11] 고린도 교회를 하나님의 교회로 이해하는 것(참조. 고전 1:2; 10:32; 11:22; 15:9)은 다른 모임과 구별된다. 이것은 하나님의 음성을 듣는 모임이다. 그들은 "종교적 성향이 비슷한 사람들"이 모인 것이 아니라 하나님의 소유인 사람들이다(고전 1:2; 10:32; 11:16, 22; 15:9; 살전 1:4; 2:14). 그들은 값으로 사신 하나님의 소유이다(고전 6:19-20). 그들을 하나님의 교회로 이해하는 것

9 참조. M. Prior, *Paul the Letter-Writer and the Second Letter to Timothy*, JSNTSup 23 (Sheffield: Sheffield Academic Press, 1987), 42–43.

10 참조. 디모데(살전 3:2; 빌 2:19-24; 롬 16:21; 딤전 4:6), 디도(고후 2:13; 7:6, 13-14; 8:6, 16, 23; 딛 1:4), 실루아노(실라, 살전 1:1), 브리스가와 아굴라(롬 16:3), 안드로니고와 유니아(롬 16:7), 에바브로디도(빌 2:25), 글레멘드(빌 4:3), 유오디아와 순두게(빌 4:2), "나와 멍에를 같이한 너"(빌 4:3), 두기고(엡 6:21; 골 4:7; 딛 3:12; 딤후 4:12), 아리스다고, 마가, 유스도(골 4:10-11), 에바브라(골 1:7).

11 Danker, *II Corinthians*, 31. 이 단어에 대한 철저한 논의는 다음을 보라. M. E. Thrall, *A Critical and Exegetical Commentary on the Second Epistle to the Corinthians*, ICC (Edinburgh: T&T Clark, 1994), 1:89–93.

은 또한 그들을 "가정에서 만나는 모임과 반대로 신자들의 온전한 모임"으로 정의한다.[12] 그것은 하나님의 관점에서 그들의 연합에 대한 개념을 굳건하게 할 것이다. 이 개념은 "아가야에 있는 모든 성도에게"라는 어구로 지지를 받을 수 있다.

고린도전서가 고린도 교회에만 보내졌는데, 왜 바울은 아가야에 있는 성도들을 말하는가?[13] 이 편지는 갈라디아 교회들에게 보내는 갈라디아서(갈 1:2)처럼 회람 편지로 쓴 것이 아니다. 아마도 바울은 아가야 전역에서 모아질 연보에 관한 그의 가르침을 예상하여 아가야 성도들을 언급했을 것이다(9:2). 또 다른 가능성은 바울이 고린도 교인들에게 "그들이 아가야에 있는 전체 교회가 아니다"라는 사실을 알게 하려는 것이다.[14] 고린도 교인들은 교만과 자부심에 빠져 영적인 세계가 자기들을 중심으로 돌아간다고 생각할지 모른다. 거룩하지 못한 당당함으로 그들은 이웃 교회를 멸시했을 것이다. 그러한 태도는 둘 사이의 경제적, 사회적 격차로 강화되었을 것이다. 베츠는 다음과 같이 쓴다.

> 아가야는 전체적으로 가난과 무시로 고통을 받았지만, 고린도는 번영을 누렸다. 아가야는 도시의 소음과 언론, 정치에서 멀리 떨어진 조용한 삶을 만들었다. 고린도는 상업과 음모로 가득 찬 곳이었다. 그리스인들은 전통 문화를 보존하기 위해서 최선을 다했지만, 고린도인들은 새로운 부와 조상의 전통에 얽매이지 않은 새로운 태도와 생활 방식에 탐닉했다. 따라서 이 지역과 그 수도는 여러 면에서 세상과 동떨어져 있었다.[15]

아마도 바울은 고린도 교인들에게 그들이 아가야 성도들과 떨어져 있지 않고 함께 있다고 상기시키면서 그 간격을 메우려고 했을 것이다.

바울은 그들을 "성도"라고 부른다. 그는 이 의미를 설명할 필요가 없다고 생각하기 때문에 고린도 교인들이 이 단어를 이해한다고 가정해야 한다. 그러나 오늘날 많은 사람들에게 "성도"가 무엇을 의미하는지 가르침이 필요하다. 비어스A. Bierce는 성도를 "바뀌고 변화된 죽은 죄인"으로 정의했다. 무솔리니

---

12 Barnett, *Second Epistle*, 59–60.

13 아우구스투스는 기원전 27년에 그리스를 아가야와 마게도냐 두 개의 속주로 나누었다. 갈리오가 고린도에 있었던 것(행 18:11-12)은 그곳이 아가야의 수도였음을 의미한다. 바울은 스데바나를 아가야의 첫 번째 개종자라고 밝히고(고전 16:15-18), 개종자들은 아덴에서 만들어졌다(행 17:34). 뵈뵈는 사로니코스 만에 있는 고린도의 동쪽 항구인 겐그레아 출신이다(롬 16:1-2).

14 Plummer, *2 Corinthians*, 4.

15 Betz, *2 Corinthians 8 and 9*, 53.

Benito Mussolini는 성도가 "주로 ... 정상적이지 않은 사람들"이라고 말했다. 다른 사람들은 도덕적으로나 영적으로 완전하거나 교회가 성인으로 공포한 사람들이라는 관점에서 생각한다.

"성도"는 그들의 행동과 아무 상관이 없다. 고린도 교인들은 분명히 도덕적 결함으로 고통 받고 있기 때문이다. 성도는 하나님께 구별되어 믿음으로 응답하는 자들이다. 그들의 거룩한 지위는 하나님이 거룩하신 분이시기 때문에 전적으로 하나님께로부터 왔다(사 6:1-4).[16] 그들은 부르심을 받아 세상과 구별되었지만, 그 다음에는 세상으로 돌아가 하나님의 빛과 화해로 충만하도록 부르심을 받았다. 쉘클K. Schelkle은 "거룩함은 그들에게 부여된 존엄성이지만, 동시에 그들의 삶에서 그 선물을 실현시킴으로 행해야 할 의무이다"라고 말한다.[17] 그들은 하나님께 성별된 자들로서 이스라엘과 같이 거룩해야 한다(레 11:44; 19:2; 20:7, 26). 성도됨은 그들에게 그들의 "몸을 하나님이 기뻐하시는 거룩한 산 제물"(롬 12:1)로 드려야 하는 임무를 부여한다. 세상의 관점으로 볼 때, 그들은 하나님과 함께 한 신자들과 인류에게 아무 생각 없이 자신을 드리기 때문에 제정신이 아닌 사람일 수 있다. 성경적인 관점에서 볼 때, 다니엘서 7장 18, 21-22, 27절과 요엘서 2장 16절은 그들이 하나님과 함께 승리하고 "나라를 얻어 그것을 영원히 소유할" 마지막 때의 백성으로 거룩하게 되었다는 개념의 배경을 제공한다.[18]

1:2. 많은 학자들은 바울이 일반적인 편지의 인사말인 카이레인(χαίρειν, "행복하기를", "행운이 있기를")을 카리스(χάρις)로 약간 바꾸어 "기독교화"했고, 유대인의 인사말인 샬롬(평화)을 합쳤다고 주장한다. 그러나 "은혜와 평강"이라는 인사는 바룩 2서 78:2에서 볼 수 있다.[19] 바울이 이 인사말을 처음 시작하지 않았지만, 기독교 신학적인 관점에서 이해했을 것이다. "은혜"는

---

16 플러머(Plummer)는 "모든 그리스도인은 삶이 아니라 부르심의 덕에 있어서 거룩하다. 그들은 거룩한 하나님의 종과 아들로서 거룩한 사회로 구별된다"라고 썼다(*Second Epistle*, 3).

17 K. Schelkle, *The Second Epistle to the Corinthians, New Testament for Spiritual Reading* (New York: Herder & Herder, 1969), 7.

18 B. J. Oropeza, *Exploring Second Corinthians: Death and Life, Hardship and Rivalry*, RRA 3 (Atlanta: SBL Press, 2016), 54. 또한 다음을 보라. 1 En. 62:8; 100:5; 1QM 3.5; 10.10; 12.7; 1QHa 7.10; 1QS 5.18; CD 4.6.

19 참조. E. Lohmeyer, "Probleme paulinischer Theologie. I. Briefliche Grussüberschriften," *ZNW* 26 (1927): 158–73; G. Friedrich, "Lohmeyer's These über das paulinische Briefpräskript kritisch beleuchtet," *TLZ* 81 (1956): 343-46; K. Berger, "Apostelbrief und apostolische Rede/Zum Formular frühchristlicher Briefe," *ZNW* 65 (1974): 191–207; Furnish, *II Corinthians*, 106–7.

그리스도인으로서 존재의 기초이며 자격이 없지만 죄 사함을 받고, 일하지 않았지만 하나님께 받아들여진 것을 보여 주는 그리스도의 구속 사역에 대한 바울의 이해를 가장 분명하게 표현한다(롬 3:23-24).

"평강"은 그리스도 안에서 행하신 하나님의 일하심의 결과이다. 예를 들면, 팍스 로마나(Pax Romana) 아래에서 단순히 적대감이 없어진 것만이 아니라 그리스도의 죽으심으로 하나님께서 영적인 원수들을 패배시키시고 화해를 이루신 평화이다(롬 5:1; 엡 2:17; 골 1:20). 그것은 육체적, 영적 안녕과 온전함을 포함하며, 오직 하나님께서 주실 수 있다(참조. 사 48:18; 시 85:10). 퍼니시는 바울이 회중에게 하나님의 은혜와 평강을 나누어 줌으로써 이 인사에서 그리스도의 사도의 권위를 가정한다고 말한다.[20] 그 인사말은 민수기 6장 24-26절에 나오는 제사장의 복의 선언을 반영하기 때문에 바울은 편지를 받는 사람들에게 제사장적 복을 나눈다(바울이 자신을 "하나님의 복음의 제사장 직분"이라고 말한 로마서 15:1을 참조하라).

바울은 하나님을 멀리 있는 우주의 통치자로 소개하지 않고 역사 안에서 행하시고 사랑하는 아들의 삶과 죽음과 부활에서 구체적으로 일하신 하나님으로 소개한다. 우리는 역사 속에서 그분의 일하심을 볼 수 있고, 성경과 그분의 영을 통해 그분의 말씀을 들을 수 있으며, 예수 그리스도를 통하여 그분을 아버지로 알 수 있다. 쉘클은 "다른 어떤 종교에서도 신약 성경과 같이 친밀함과 확신을 가지고 아버지라고 불리는 하나님은 없다"고 말한다.[21] 중요한 차이점은 하나님께서 예수 그리스도를 통해 아버지의 사랑을 행하신 것이다. "은혜와 평강"도 예수 그리스도를 통해서 오기 때문에 바울은 본질적으로 그리스도를 하나님과 동일시함으로써 그리스도의 신성을 확증한다.

1.2. 위로의 하나님을 찬양(1:3-7)

[3] 찬송하리로다 그는 우리 주 예수 그리스도의 하나님이시요 자비의 아
버지시요 모든 위로의 하나님이시며 [4] 우리의 모든 환난 중에서 우리를 위로
하사 우리로 하여금 하나님께 받는 위로로써 모든 환난 중에 있는 자들을 능
히 위로하게 하시는 이시로다 [5] 그리스도의 고난이 우리에게 넘친 것 같이

---

20 Furnish, *II Corinthians*, 106.

21 Schelkle, *Second Epistle*, 8.

우리가 받는 위로도 그리스도로 말미암아 넘치는도다 6 우리가 환난 당하는 것도 너희가 위로와 구원을 받게 하려는 것이요 우리가 위로를 받는 것도 너희가 위로를 받게 하려는 것이니 이 위로가 너희 속에 역사하여 우리가 받는 것 같은 고난을 너희도 견디게 하느니라 7 너희를 위한 우리의 소망이 견고함은 너희가 고난에 참여하는 자가 된 것 같이 위로에도 그러할 줄을 앎이라

고린도후서는 하나님을 찬양함으로 시작한다는 점에서 바울의 편지들과 다르다. "찬송하리로다[εὐλογητός, 유로게토스] 그는 우리 주 예수 그리스도의 하나님이시요"라고 찬양한다. 이 서문을 다른 바울 서신의 서문과 비교하면 이 서신의 주요 관심사에 대한 단서를 얻을 수 있다. 세 가지 차이점이 나타난다.

1. 바울은 일반적으로 독자들에게 자신이 얼마나 기뻐하는지 말하고 영적 성장을 위한 문제를 파악할 수 있도록 하는 축하의 감사로 편지를 시작한다.[22] 고린도후서에서 바울은 감사 대신에 찬송, 격려, 위로의 언어를 사용한다. 찬송과 감사는 비슷한 개념이지만 바울이 찬송으로 바꾼 것은 이 편지에서 바울의 목적에 대한 단서를 제공한다.[23]

2. 바울은 일반적으로 하나님께서 독자들을 위해 그리고 그들을 통해 이루실 일 때문에 독자들에게 감사한다(롬 1:8-15; 빌 1:3-11; 골 1:3-23; 살전 1:2-10; 살후 1:3-12). 고린도전서는 "그리스도 예수 안에서 너희에게 주신 하나님의 은혜로 말미암아 내가 너희를 위하여 항상 하나님께 감사하노니"(고전 1:4)라고 시작한다. 이 감사 부분에서 바울은 고린도 교회의 특정한 상황, 그들의 복음에 대한 신실함, 열매에 초점을 맞춘다. 하나님께 감사함은 그들의 신앙과 삶에서 칭찬할 만한 것이 그들의 미약한 노력이 아닌 하나님께서 그리스도 안에서 행하신 것에서 전적으로 왔다고 독자들을 상기시킨다. 고린도후서에서 그는 하나님께서 교회를 위해 그리고 교회를 통해 이루신 일에 대해 감사하지 않고 하나님이 그를 위해 그리고 그를 통해 이루신 일에 대해 하나님께 찬양을 드린다.[24] 바울은 수신자가 아니라 자신에게 초점을 맞춘다.

---

22 감사를 생략한 예외적인 갈라디아서는 바울의 적들이 빠르게 승리하여 갈라디아 교인들을 이겨서 놀라움을 금치 못하기 때문(갈 1:6-7)이거나 바울이 나중에 표현한 것처럼 그들을 "꾀었기"(갈 3:1) 때문이다.

23 Thrall, *II Corinthians*, 1:98-99. 바넷(P. Barnett)은 유대교 관습과 일치한다고 보지만(참조. 엡 1:3-14; 벧전 1:3), 다른 서신들, 특히 고린도전서에서 바울의 패턴과의 차이는 중요하다(*The Message of 2 Corinthians, The Bible Speaks Today* [Leicester/Downers Grove: IVP, 1988], 28).

24 오브라이언(P. T. O'Brien)은 바울이 감사 형식(εὐχαριστέω)을 사용하여 수신자들의 삶에서 하

이 찬양을 마무리하면서 바울은 자신에게 주어진 복에 대하여 그들이 대신해서 기도와 감사에 동참하도록 요청한다(1:11). 그들이 자신들을 이유로 감사하는 대신, 바울 자신 때문에 감사하기를 바란다. 고린도 교인들은 사도와의 단절된 관계를 반영하는 그 차이를 주목했을 것이다.

3. 바울은 편지의 시작 부분에서 교회를 위한 그의 기도를 일정하게 언급한다(참조. 롬 1:8-15; 고전 1:4-9; 빌 1:3-11; 골 1:3-8; 살전 1:2-10; 살후 1:3-12; 딤후 1:3-7; 몬 1:4-7). 그리고 자신을 위한 기도의 요청은 대개 마지막에 나타난다(롬 15:30-32; 골 4:3-4; 살전 5:25; 몬 1:22; 참조. 빌 1:19). 고린도후서는 기도 요청이 편지 시작 부분에 나온다.

왜 패턴이 바뀌었는가? 여러 가지 설명이 가능하며 이 설명들은 다른 내용들을 배제하지 않는다. 바울은 하나님께서 아시아의 심각한 위험에서 아주 최근에 자신을 구원하셨기 때문에 기뻐할 수 있다. 그 최근의 트라우마로 삶에 대한 모든 희망이 고갈되어 견딜 수 없을 정도로 짓눌려 절망에 빠졌다(1:8). 끊임없는 고통의 구름을 깨고 희망의 빛을 발하는 것은 혹독한 시련의 시기에 하나님의 뜻밖의 은혜에 대한 찬양을 불러일으킨다.[25] 그 희망은 바울의 "가혹한 편지"(7:5-11)에 대한 고린도 교인들의 응답을 가져온 디도의 위로가 되는 소식 때문에 생겼다. 바울이 찬양과 위로의 언어를 사용한 것에 대한 설명은 일리가 있지만, 그 변형은 고린도후서의 수사학적 목적에서 온 것일 수 있다.

바울은 자신을 방어하기 위해서 다르게 시작했을 것이다.[26] 일반적인 감사의 형식을 바꾼 이유는 바울과 교회의 모든 사람들 사이의 균열이 완전히 고

나님께서 행하신 일에 대한 감사를 표현하고 찬양 형식(εὐλογητός)으로 그분이 자신과 함께 하심에 감사를 표현한다고 주장한다(참조. 롬 9:5; 엡 1:3-4; *Introductory Thanksgivings in the Letters of Paul*, NovTSup 49 [Leiden: Brill, 1977], 239). 바울은 2:14에서 하나님께 감사한다. 그러나 그의 감사는 하나님께서 그를 위해 그리고 그를 통해서 하신 일에 대한 것이다. 바울은 다시 자신에게 모든 관심을 돌리고 있다(참조. Hafemann, *Suffering and Ministry*, 12).

25 퍼니시는 다음과 같이 주장한다. "소망이 없다고 생각했던 상황에서 바울이 최근에 구원을 받은 것이 편지를 시작하는 구절들의 형식과 내용의 원인이 된다"(*II Corinthians*, 117). 제2 마카비서 1:10-2:18에 유다 마카비가 이집트 유대인의 존경받는 교사인 아리스토불루스에게 보낸 편지에서 하누카의 기원을 설명하고 그것을 축하할 것을 촉구한다. 이것은 또한 중대한 위험에서 구해 주신 하나님께 감사하는 내용으로 시작한다. 바넷은 바울이 시작하는 찬양이 신약 시대에 있었던 것으로 추정되는 19개의 회당 축복 선언의 양식을 따른다고 주장한다(*Second Epistle*, 65–68).

26 C. J. Bjerkelund, *Parakalô. Form, Funktion, und Sinn der parakalô-Sätze in den paulinischen Briefen* (Oslo: Universitetsforlaget, 1967), 150. 위더링턴(Witherington III, *Conflict and Community*, 356)은 법정적인 수사학의 서론이 청중이나 배심원이 아니라 재판관에게 향한다고 주장한다. 고린도 교인이 아니라 하나님께서 그를 심판하실 것이다(고전 4:4–5; 참조. 고후 12:9; 13:3–7).

쳐지지 않았음을 암시한다. 고통스러운 논쟁에서 치유되려면 시간이 걸리고, 진정한 화해의 신호는 구체적으로 표현되어야 한다. 그리스도를 위하여 고난과 위로를 많이 받은 사도를 위하여 하나님께 기도와 감사를 드릴 때까지 그들을 향한 그의 흔들리지 않는 소망은 이루어지지 않을 것이다. 결과적으로 바울은 다음 방문 후에 다툼이 완전히 해결될 때까지 교회에 대한 감사를 표하지 않을 것이다(참조. 12:20-21). 갈라디아의 상황을 감사할 수 없는 것처럼(갈 1:6-10), 고린도의 현재 상황도 감사할 수 없다.

바울은 고린도 교인들이 "가혹한 편지"(고후 7:5-12)를 받고 진정으로 회개한 것에 용기를 얻었지만, 여전히 모든 것이 좋지는 않다. 침입자들은 계속 숨어서 기회를 엿보며 바울과 교회의 관계를 위험에 빠뜨린다. 반대파들, 아마도 완고한 가정에서 모이는 교회가 여전히 공동체 안에 존재한다. 따라서 바울은 이 편지에서 계속해서 자신의 온전함과 권위를 변호하며, 그들의 완전한 신뢰와 지지를 되찾기 위한 전술의 방법으로 찬양을 자신에게 집중시킨다. 그러므로 이 찬양을 어떻게 해석하느냐는 편지의 통일성에 대한 견해에 영향을 미친다.

바울은 복음의 진리를 저버린 갈라디아 교인들을 비난했지만 고린도 교인들의 상황은 더 복잡하다. 그는 갈라디아 교인들을 다시 낳아야 한다고 생각하는 상심한 부모로서 갈라디아 교인들에게 편지를 쓴다(갈 4:19). 그들과의 좋은 관계가 진실을 말한다고 해서 회복할 수 없을 정도로 깨질 것이라고 믿지 않았다. 갈라디아 교인들은 바울을 위해 기꺼이 눈이라도 빼어 주었을 것이다(4:15). 그러므로 그는 "어리석은", "꾐에 빠진" 갈라디아 교인들에게 보내는 맹렬한 편지에서 더 단도직입적일 수 있었다(3:1). 고린도 교인들은 그렇지 않다. 고린도 서신들은 어떤 사람들이 바울의 책망을 잘 받지 못했다고 알려 준다. 일부 교인들은 그의 동기에 의문을 제기했고 그의 행동에 가장 나쁜 편견을 가졌다. 급히 떠나 버리면서 끝난 바울의 논쟁적인 방문은 문제들에 도움이 되지 않았지만, "눈물의 편지"에서 뱉어 낸 가혹한 꾸지람은 마음의 변화를 가져왔다(고후 7:8-16). 그는 이 편지를 조심스럽게 시작한다. 눈물의 편지는 아니지만 관계가 회복되고 있기 때문에 여전히 책망하고 경고할 수 있다. 바울은 이 편지에서 자신의 정당한 권위를 행사하기 위해 힘과 지배에 의지할 수 있음을 암시하지만(10:6; 참조. 고전. 4:20-21), 그는 고린도 교인들이 그의 간청에 기꺼이 응답하기를 바란다.[27] 그의 수사학적 전략은 교회

27 J.-N. Aletti, "L'Authoritaté apostolique de Paul: Théorie et practique," in *L'Apôtre Paul: Personalité, style et conception du ministère*, ed. A. Vanhoye (Leuven: Leuven University Press,

와의 관계를 방해한 외부인과 계속해서 도전하는 소수의 사람들에 대한 공격으로 전환하기 전에 먼저 독자의 동정과 지지를 얻고자 한다.[28]

믿음으로 그들의 아버지께 감사했을지 모르지만, 지금 "그들의 애정과 사랑의 연보와 헌신을 순회 선교사들에게 옮겼다."[29] 그들이 슈퍼-사도들과 바울을 나쁘게 비교했을 때(12:11, 16-17), 어떤 사람들은 바울에 관한 다양한 문제에 의문을 제기했다. 바울에게 불만을 품은 사람들은 그의 사도적 은사를 얕잡아 보고 "그의 편지들은 무게가 있고 힘이 있으나 그가 몸으로 대할 때는 약하고 그 말도 시원하지 않다"(10:10)라고 주장했다. 그들은 또한 그의 동기를 불신했으며(11:7-11), 신뢰할 수 없고 이중적이며 비겁하다고 비난했다. 심지어 그의 복음에 의문을 제기했다. 로첼C. J. Roetzel은 이 상황을 잘 요약한다. "바울을 의심하고 멸시하던 고린도 교인들은 대신 새로운 사도들의 더 화려한 복음을 따랐고 그들의 영성과 빛나는 인격을 바울보다 더 좋아했다."[30]

자신을 변호하고 추천해야 하기 때문에 편지에서 교회에 대한 감사로 시작하는 평소의 방식을 바꾼 이유가 가장 잘 설명된다. 바울은 이 교회를 통해 하나님께서 하신 일에 대해 감사하기보다는 하나님께서 그를 통해 그리고 그 안에서 행하시는 일에 그들이 감사하기를 원한다.[31] 그를 위해서 기도할 만큼 충분히 화해한다면 감사가 따를 것이라고 예상한다(1:11). 그럴 때 그들은 또한 하나님께서 하나님의 종들을 통해 어떻게 능력으로 역사하시는지 깨닫게 될 것이다.

바울은 파렴치한 침입자들에게 이 교회를 포기하지 않는다. 또한 교회에 있는 어떤 사람들의 불만 때문에 사도로서 고린도 교인들과의 관계를 포기하지 않는다. 따라서 그는 간접적으로 스스로를 축하하는 복의 선언으로 편지를 시작한다. 바울은 그들 때문에 감사하고 그들을 자랑스러워하며(6:11; 7:4, 14, 16; 9:2), 그들도 바울 때문에 감사하고 자랑스러워하기를 원한다. 그를 더 온전히 이해하고 하나님께서 그를 통해 하신 일과 앞으로도 하실 일에 감사할 때, 그의 기쁨이 넘칠 것이다.

1986), 230-33; 버브러지(Verbrugge)는 교회와 바울의 불확실한 관계가 그의 권위를 나타내는 일에 영향을 준다고 주장한다(*Paul's Style of Church Leadership*).

28 J. H. Bernard, "The Second Epistle to the Corinthians," *The Expositor's Greek Testament* (Grand Rapids: Eerdmans 1979), 3:38.

29 C. J. Roetzel, "As Dying, and Behold We Live," *Int* 46 (1992): 3–18.

30 Roetzel, "As Dying, and Behold We Live," 3–18.

31 J. T. Fitzgerald, *Cracks in an Earthen Vessel: An Examination of the Catalogue of Hardships in the Corinthian Correspondence*, SBLDS 99 (Atlanta: Scholars Press, 1988), 156.

바울 서신의 서론 부분에는 그 서신이 다룰 주요 관심사를 개관한다.[32] 고린도후서도 예외는 아니다. 고린도후서의 시작 부분에 나타나는 찬양에는 편지의 핵심 어휘와 주제가 나타난다.

1. 첫 번째 주제는 환난과 고난이다. 명사와 동사 형태의 환난(θλῖψις [들립쉬스], θλίβω [들리보])은 여기에서 세 번 나타나고(1:4, 6, 8), 고난(πάθημα [파데마])은 세 번 나타난다(1:5, 6, 7). 죽음은 한 번 나타난다(1:9). 바울의 연약함과 하나님의 강함을 더욱 분명하게 드러내는 바울 자신의 고난은 편지 전체에 걸쳐 나타난다(2:4, 14-16; 4:7-12, 17; 6:1-10; 7:5; 8:2; 11:23-29; 12:7-9). 고린도에 있는 어떤 사람들은 바울의 고난의 중요성을 잘못 이해했고, 바울은 여기에서 다시 반박한다. 바울은 시편 34편 19절("의인은 고난이 많으나 여호와께서 그의 모든 고난에서 건지시는도다")을 인용하지 않았지만, 이 원칙이 자기를 변호하는 것의 기초가 된다.

2. 두 번째 주제는 위로와 구원을 다룬다. 명사 "위로"(παράκλησις, 파라클레시스)는 여섯 번 나타난다(1:3, 4, 5, 6[2회], 7). "위로하다"(παρακαλεῖν, 파라클레인)는 네 번 나타난다(1:4에 3회). 이 주제는 고린도후서 1-9장의 어조를 정한다. 고린도후서는 바울이 하나님께 받은 위로에 기뻐하는 것으로 시작하고 편지의 첫 부분(1:1-7:16)은 바울이 이 주제로 돌아오는 것으로 끝난다. 바울과 디도는 고린도 교인들이 경건한 슬픔으로 회개하고 바울을 사모하고 열심을 가지게 된 것으로 위로를 받았다(7:4-16).[33] 최근에 그를 "큰 사망"(1:10)에서 구출하신 하나님은 위로의 중요한 근원이다. 하나님의 위로라는 개념은 이사야서까지 거슬러 올라가는 깊은 뿌리를 가지고 있다(사 40:1; 49:13; 51:2-3, 12, 19; 52:9; 61:2; 66:13). 림K. Young Lim은 다음과 같이 말한다. "바울이 경험한 종말론적 위로는 현재의 실재일 뿐만 아니라 미래에

---

32 오브라이언는 '이것이 바울 서신에서 서신, 교훈, 권면의 세 가지 기능을 한다'고 말한다(*Introductory Thanksgivings in the Letters of Paul*, 233–40). 헤프먼(S. Hafemann)은 다음과 같이 잘 설명한다. 이 구절들은 "편지의 주요 주제를 소개하고, 그것에 대한 바울의 주요 관점을 표현하며, 그의 견해에 독자들이 함께 동참하도록 암묵적인 호소를 담고 있다"("The Comfort and Power of the Gospel," *RevExp* 86 [1989]: 327). 바울의 감사에 대해서는 다음을 참조하라. P. Schubert, *Form and Function of the Pauline Thanksgivings*, BZNW 20 (Berlin: Töpelmann, 1939); J. L. White, *Form and Function of the Greek Letter: A Study of the Letter Body in the Non-Literary Papyri and in Paul the Apostle*, SBLDS 2 (Missoula, MT: Scholars Press, 1972); G. P. Wiles, *Paul's Intercessory Prayers: The Significance of the Intercessory Prayer Passages in the Letters of Paul*, SNTSMS 24 (Cambridge: Cambridge University Press, 1974).

33 명사와 동사(παράκλησις, παρακαλέω)는 여섯 번 나타난다(7:4, 6, 7, 13). 이 단어들은 마지막 세 장에 나타나지 않지만, 이것은 바울이 이러한 위로를 경험하지 않았을 때 쓴 다른 편지의 부분이라는 의미가 아니다.

이 구원의 충만함을 보증하는 것이기도 하다(고후 1:9-10)."[34]

3. 생명과 사망이 세 번째 주제이다(1:8, 9, 10).[35] 바울은 "이 사람에게는 사망으로부터 사망에 이르는 냄새요 저 사람에게는 생명으로부터 생명에 이르는 냄새라 누가 이 일을 감당하리요"(2:16)라고 인정한다. 이 주제는 4장 10-12절에서 가장 분명하게 나타난다(참조. 5:4).

> 우리가 항상 예수의 죽음을 몸에 짊어짐은 예수의 생명이 또한 우리 몸에 나타나게 하려 함이라 우리 살아 있는 자가 항상 예수를 위하여 죽음에 넘겨짐은 예수의 생명이 또한 우리 죽을 육체에 나타나게 하려 함이라 그런즉 사망은 우리 안에서 역사하고 생명은 너희 안에서 역사하느니라

5장 14-15절과 13장 4절에서 하나님의 능력을 통해 연약함 가운데 있는 죽음과 생명이 예수님에게 적용된다. 따라서 바울 자신의 죽음과 생명(6:9)은 그리스도의 부활에 참여함을 약속하는 그리스도의 죽으심을 드러낸다(4:14).

행간을 읽으면 죽은 것처럼 보일 정도로 너무나 많은 고통에 노출되었음을 알 수 있다. 어떤 고린도 교인들은 그리스도의 통치가 항상 생명이 위험해 보이는 나약하고 죽어가는 사도를 통해서 승리할 수 있을지 의심했다. 그의 사역은 불행으로 가득 차 있는 것 같았다. 하나님의 능력의 증거가 어디에 있었는가? 세상적인 관점에서 그를 평가하는 사람들은 바울의 끝없는 고난으로 사도적 능력을 의심했다. 어떤 사람들은 그의 고통을 수치로 여겨 교회에서 바울의 권위를 무너뜨렸다. 그들은 만일 바울이 하나님께서 원하시는 일을 한다면, 하나님께서 그를 더 잘 보살피실 것이라고 생각했을 것이다.

이러한 의심에 대한 응답으로 바울은 자신이 예수 그리스도의 생명과 운명을 "구성하는" 동일한 하나님께서 정하신 역설, 즉 고통에서 위로, 죽음에서 생명, 약함에서 강함, 어리석음에서 지혜를 나누고 있다고 주장한다(참조. 11:30; 12:5, 8-10; 13:2-9).[36] 바울의 사도직은 세상적인 지혜에 대한 기대가 아니라 그리스도의 죽음과 부활과 일치한다(참조. 빌 3:10-11). 그리스도께서 그를 죽은 자 가운데서 살리신 하나님의 능력으로 살아나심과 같이 바

34 K. Young Lim, *"The Sufferings of Christ Are Abundant in Us": A Narrative Dynamics Investigation of Paul's Sufferings in 2 Corinthians*, LNTS 399 (London/New York: T&T Clark, 2009), 33.

35 고린도후서에서 명사 "생명"(ζωή)은 여섯 번 나타나고 동사 "살다"(ζάω)는 아홉 번 나타난다(1:8; 3:3; 4:11; 5:15; 6:9, 16; 13:4). 명사 "사망"(θάνατος)는 아홉 번 나타난다(1:9, 10; 2:16; 3:7; 4:11, 12; 7:10; 11:23). 동사 "죽이다"(θανατόω)는 한 번 나타나고(6:9), "죽다"(ἀποθνήσκω)는 다섯 번 나타난다(5:14, 15; 6:9).

36 R. P. C. Hanson, *II Corinthians*, TBC (London: SPCK, 1954), 32.

울도 그러하다. 따라서 바울은 자신의 고난을 "순간적이며 가벼운" 것으로 여길 수 있다. 그것들은 영원의 관점에서 가벼운 것이 된다. 그것들은 "지극히 크고 영원한 영광의 중한 것을 우리에게" 이룬다(고후 4:17). 바울은 "힘에 겹도록 심한"(1:8), 즉 자신의 힘을 넘어서는 고난을 언급한다. 동일한 단어(ὑπερβολή, 휘페르볼레)를 사용하여 하나님의 "심히 큰" 능력(4:7)을 언급하고, "절대 비교할 수 없는" 영원한 영광을 사용하여 고난을 말한다. 그의 마음을 채우는 하나님의 영광은 상상을 초월한다. 그것은 이 죽음에 이르는 고통의 짐을 들어서 견딜 수 있게 할 뿐 아니라 자신을 위한 하나님의 목적의 일부이자 그리스도의 고통에 참여하는 일부로 이해함으로 의미를 가진다.[37] 그러므로 바울은 고난(4:17)이 아니라 보이지 않는 그의 내면적인 영광(4:18), 바울이 외적으로 무너지는 것이 아니라 그의 내적인 부활, 매일의 죽음이 아니라 미래의 부활, 이 악한 시대가 아니라 새 시대, 일시적이고 하찮은 것이 아니라 영원한 것(4:17), 땅의 것이 아니라 하늘에 있는 것(5:1-2)에 초점을 맞춘다. 고린도 교인들은 아직 보이지 않는 것에 주목하지 않았다(5:7). 그들은 잘못된 것들, 일시적인 현실에 눈을 고정했다. 이 영적인 근시안은 바울의 고난을 통해 하나님께서 어떻게 일하고 계시는지 보지 못하는 결과를 낳는다. 이 중대한 영적인 오류에 대해 고린도 교인들이 확증하는 허풍쟁이 외부인들이 도착한 사건은 바울을 더욱 괴롭게 한다. 그는 이 침입자들과 사도직의 본질에 대한 그들의 위험한 망상에 대한 논의를 서신 끝까지 유보한다.

4. 네 번째 주제는 바울과 고린도 교회의 상호 연결성이다. 바울에게 일어나는 일은 고린도 교인들에게 직접적인 영향을 미친다. 바울이 보기에 그의 환난으로 하나님께로부터 오는 위로에 이른다. 곧 다른 사람들을 위로하도록 만든다. 그러므로 그가 환난을 겪을 때, 그것은 그들의 유익을 위한 것이다. 하나님의 위로를 경험할 때, 그것은 그들을 위로하기 위한 것이다(1:6). 그들은 동일한 어려움을 견뎌낸다(1:7).[38] 이 주제는 4장 14절에서 가장 분명하게 표현된다. "주 예수를 다시 살리신 이가 예수와 함께 우리도 다시 살리사 너희와 함께 그 앞에 서게 하실 줄을 아노라"(참조. 살전 2:19; 빌 4:1). 바울은 자기가 세운 교회들과 분리될 수 있는 프리랜서로 일하는 사도가 아니다. 그는 그리스도로 말미암아 그들에게 밀접하게 묶여 있다.

---

37 바넷은 고난이 그에 상응하는 위안을 주고 격려하며 소망을 강화한다고 주목한다(*Second Epistle*, 56).

38 1:24; 2:2-3, 10; 3:2; 6:12-13; 7:3, 12; 13:9에서 상호 연관성에 대한 바울의 강조를 확인하라. 참조. 고전 12:5.

1:3. 바울은 그가 받은 유익으로 하나님을 찬양하는 고전적인 유대인의 예전 형식으로 편지를 시작한다. "찬송하리로다 그는 우리 주 예수 그리스도의 하나님이시요."[39] 바울이 하나님을 그리스도의 아버지로 밝히지 않았다면, 이 찬송은 회당에서 익숙하게 들은 소리일지 모른다. 그런데 이 소리는 거슬리는 소리였을 것이다. 회당에서는 모세에게 자신을 "나는 스스로 있는 자"(출 3:14)라고 계시하신 우리 조상들의 하나님을 찬양했다. 그리스도인에게 하나님은 이제 우리 주 예수 그리스도의 하나님이며 아버지로 계시된다.[40] 이 확증에는 두 가지 의미가 있다. 첫째, 예수 그리스도의 아버지로서 하나님은 더 이상 단순히 아브라함과 이스라엘의 아버지로 알려져서는 안 된다. 바울이 유대인과 헬라인으로 분류한 모든 인간은 예수 그리스도를 통해 아버지께 나아가고(엡 2:18), 성령을 통해 하나님의 자녀로서 "아빠 아버지!"라고 부르짖는다(롬 8:14-16). 하나님은 오직 예수 그리스도의 아버지로서만 알려진다(참조. 11:31). 이 실재는 힐W. Hill이 삼위일체 안에서 비대칭적인 상호성으로 구별하는 내용을 반영한다. 여기에서 예수님과 하나님의 상호성은 표어와 같다. "예수님을 확인하려면 하나님을 말해야 한다. 그러나 또한 하나님을 확인하려면 예수님을 말해야 한다. 예수님은 아버지와 관련해서만 그 아들이시며, 마찬가지로 아들이신 예수님과 관련해서만 그분은 아버지이시다."[41] 바울은 "하나님, 그분 주 예수 그리스도의 아버지"라고 쓰지 않는다. 바울은 정관사를 하나만 사용하여 "하나님"과 "아버지"를 연결하는데, 이것은 예수님과의 관계의 "이중성"과 그 비대칭성을 표현한다(한글번역에는 정관사가 나타나지 않는다. 정관사를 살려서 번역하면, "그는 우리 주 예수 그리스도의 '그' 하나님이시며 아버지이시다"로 번역할 수 있다. 역자 주). 해리스Harris는 "하나님은 예수님의 '아버지'일 뿐만 아니라 예수님의 '하나님'이기도 하다"라고 말한다.[42]

39 참조. 창 24:26-27; 왕상 8:15; 시 41:13; 72:18-19; 89:52; 106:48; 2 Macc 1:17; 눅 1:68. 미쉬나의 첫 주석, 베라코트는 복과 관련이 있다. "Be"동사는 본문에 없다. 퍼니시는 "찬송하리로다"보다 "하나님은 찬송받으실 분이시다"라고 단순히 직설법으로 이해하는 것(참조. 11:31 "영원히 찬송할")이 더 낫다고 주장한다(*II Corinthians*, 108).

40 또한 11:31; 롬 1:7; 15:6; 엡 1:3, 17; 골 1:3; 벧전 1:3; 계 1:6.

41 W. Hill, *Paul and the Trinity: Persons, Relations, and the Pauline Letters* (Grand Rapids: Eerd-mans, 2015), 49.

42 M. J. Harris, *The Second Epistle to the Corinthians*, NIGTC (Grand Rapids: Eerdmans, 2005), 142.

둘째, 이스라엘은 하나님을 무한한 자비(출 34:6-7; 시 86:15; 미 7:18-19)와 위로(사 51:3; 66:13)의 하나님으로 알고 있지만, 이제는 모두가 하나님을 우리 주 예수 그리스도의 아버지로서 알아야 한다. 바울은 "정규 회당의 찬송('찬송하리로다 하나님이시여')을 독특한 기독교 송영으로 바꾸었다. 하나님은 회당 예전에서 자비롭고 긍휼한 아버지라고 불리는 반면, 오직 기독교에서만 그분이 메시아로 확인된 메시아의 아버지라고 불리기 때문이다."[43] 이 문장은 교차대구 구조이다. 즉, 예수 그리스도의 하나님//아버지//자비의 아버지//위로의 하나님이시다. 이것은 하나님께서 인간에게 베푸신 최고의 축복이 예수님이라고 선언하는 것이다(참조. 골 1:12).[44] 하나님은 예수 그리스도를 통해 인류에게 긍휼을 베푸시고 궁극적인 위로를 주신다.

바울은 하나님을 사랑과 평강의 하나님(고후 13:11), 인내와 위로의 하나님(롬 15:5), 소망의 하나님(롬 15:13), 평강의 하나님(롬 16: 20; 살전 5:23; 살후 3:16), 인내와 위로를 주시는 하나님(롬 15:5)으로 확인시킨다. 여기에서 하나님께서는 자신을 모든 자비의 아버지이자 모든 위로의 하나님으로 밝히고 그리스도를 통해 자비와 위로가 실현된다는 것을 암시한다(고후 1:5).[45] 베르나르Bernard of Clairvaux는 하나님이 심판이나 복수의 아버지가 아니라 모든 자비와 위로의 아버지로 불린다고 말한다.[46] 모든 삼중 반복은 "풍성함의 개념을 심화한다."[47]

바울이 찬양하는 하나님은 신학적 이론과 신조를 통해서만이 아니라 위로와 자비를 베푸시는 직접적인 일하심을 통해서도 알 수 있다(참조. 시 103:13-14). 호피우스O. Hofius는 구약에서 "위로"라는 단어가 하나님의 구체적인 개입을 가리킨다는 사실을 보여 주었다.[48] "내 백성을 위로하라"(사

---

43 Harris, *Second Epistle*, 142.

44 Danker, *II Corinthians*, 33.

45 C. M. Proudfoot, "Imitation or Realistic Participation? A Study of Paul's Concept of 'Suffering with Christ,'" *Int* 17 (1963): 143. 크루즈(Colin Kruse)는 바울이 롬 12:1에서 "하나님의 자비하심"이라는 표현을 "그리스도 안에 있는 하나님의 위대한 구속 사역을 나타내기 위해" 사용했다고 주목했다. Colin Kruse, *2 Corinthians*, TNTC (Grand Rapids: Eerdmans, 1987), 59.

46 Bernard of Clairvaux (*Sermon 5 in The Birthday of Our Lord), cited by Cornelius à Lapide, The Great Commentary of Cornelius à Lapide: II Corinthians*, trans, and ed. W. F. Cobb (Edinburgh: John Grant, 1908), 3.

47 Plummer, *Second Epistle*, 9.

48 O. Hofius, "'Der Gott allen Trostes.' Παράκλησις und παρακαλεῖν in 2 Kor 1, 3-7," *Theologische Beiträge* 14 (1983): 217–27. 해프먼은 이 단어가 "환난과 핍박의 때에 자기 백성을 구원하고 해방하기 위한 하나님의 단호한 개입"을 언급한다고 설명한다("The Comfort and Power of the Gospel," 327).

40:1)라는 선지자 이사야에게 하나님께서 주신 사명은 단지 환난 속에 있는 백성을 위로하는 것으로 끝나지 않는다. 하나님께서는 개입하셔서 그들을 환난에서 건져 내실 것이다. 하나님께서 깨셔서 일하시도록 큰소리로 탄식하신다(사 51:9). "여호와의 팔이여 깨소서 깨소서 능력을 베푸소서 옛날 옛 시대에 깨신 것 같이 하소서. 라합을 저미시고 용을 찌르신 이가 어찌 주가 아니[십니까]?" 이사야 51장 12절에서 그 대답을 얻는다. "너희를 위로하는 자는 나, 곧 나이니라."[49]

"위로"(παράκλησις, 파라클레시스)의 단어 그룹은 고린도후서에서 두드러지게 나타난다(신약에서 59회 중 29회). 명사 "위로"(παράκλησις, 파라클레시스)는 첫 다섯 구절에서 여섯 번 나타난다. 동사 "위로하다"(παρακαλεῖν, 파라칼레인)는 첫 다섯 구절에서 네 번 나타나고 신약에서 다양한 용도로 사용된다. 간곡하게 호소하거나, 마음이 상한 사람을 위로하거나, 위안을 주거나, 다른 사람을 훈계하고 화해할 때 사용한다.

"위로"는 정서적 안도감과 웰빙, 행복, 신체적 편안함, 만족감, 고통과 불안으로부터의 자유를 의미할 수 있다. 우리 문화에서 많은 사람들은 편안함을 찾는 자기중심적 추구에서 오는 안락함을 숭배하지만, 그것은 잠시 동안만 지속되고 결코 완전히 만족시키지 못한다. 왓슨N. Watson은 현대 영어에서 "위로는 ... 부드러워졌다"고 말한다. 위클리프 시대에는 "용감한, 강한, 용기 있는"을 의미하는 라틴어 fortis(포르티스)와 밀접한 관련이 있었다.[50] 바울이 염두에 두고 있는 위로는 나른한 만족감과는 아무런 상관이 없다. 위로는 고통을 무디게 만드는 평화로운 은총의 1회 섭취량이 아니라 마음과 정신과 영혼을 강화시키는 강화제이다. 위로는 격려, 도움, 권면과 관련이 있다. 하나님의 위로는 연약한 무릎을 강하게 만들고 늘어진 심령을 붙들어 주어서 굽히지 않는 결심과 한결같은 확신으로 인생의 어려움을 직면하게 만든다.

우리는 하나님의 약속이 가장 절실하게 필요할 때, 즉 바울이 말한 것처럼 "사방으로 환난을 당하여 밖으로는 다툼이요 안으로는 두려움이었노라"라고 말한다(고후 7:5). 그러한 상황에서 우리는 하나님의 위로가 깊은 상처를 주는 것들과 마음을 아프게 하는 슬픔을 극복하기에 충분하다는 것을 배운다. 그리스도를 죽은 자 가운데서 살리신 능력이 우리를 위로할 수 있다. 그리스도인들은 또한 인간의 고통에 대해 무관심한 그리스의 신들과 달리 하나님

49 사 49:13; 51:3; 52:9; 61:2; 63:7; 또한 바룩서 4:21, 29-30 참조.

50 N. Watson, *The Second Epistle to the Corinthians*, Epworth Commentaries (London: Epworth, 1993), 3.

은 그들을 돌보신다는 것을 배운다. 1세기 로마의 자연주의자이자 스토아 학자인 대 플리니우스Gaius Plinius Secundus는 "최고의 존재가 무엇이든 인간의 일에 주의를 기울인다는 것은 어리석은 개념"이라고 썼고(*Nat*. 2.5.20), 또한 자살이 신이 인간에게 준 "최고의 혜택"이라고 주장했다(*Nat*. 2.5.27 [Rackham, LCL]). 이와 반대로 이스라엘의 하나님은 백성의 비참함을 보시고 그들의 부르짖음을 들으시며 구원하심으로 그들의 고난에 관심을 가지신다(출 3:7-8; 참조. 느 9:9). 하나님이 그리스도 안에서 인류를 죄의 속박에서 구원하시기 위해 결정적으로 행동하셨으며, 또한 (죽음을 통해서까지) 그리스도를 통한 구원의 역사로 하나님께서 어떻게 구원하시는지 바울은 예리하게 알고 있다. 하나님께서 십자가에 못 박히신 자의 아버지라는 사실은 하나님이 우리의 고난을 잘 아신다는 것을 보여 준다. 하나님은 우리에게 오는 환난을 항상 없애지는 않으시지만, 항상 우리에게 그 고난에 맞서는 강인함을 주시면서 위로하신다. 이 위로는 장차 올 마지막 위로를 미리 맛보는 것이다.[51] 그러므로 바울은 "고난을 당하는 자는 사랑이 많으신 아버지의 손에 있으며 이 확신을 그들이 모든 환난 중에 있는 다른 사람들에게 전할 수 있다는 것"을 알기 때문에 하나님을 찬양하는 것으로 시작한다.[52]

바울은 다른 곳에서 하나님 아버지께서 예수님께 모든 이름 위에 뛰어난 "주"라는 이름을 주셨고(빌 2:11), 그분의 특별한 지위와 최고의 권위를 나타내는 이름이라는 것을 기뻐한다. 예수님이 우리의 주님이시라는 사실은 바울이 믿는 모든 내용의 중심이며, 그의 설교를 요약하기도 한다(4:5; 참조 골 2:6).[53] 불행하게도 이 높은 칭호는 우리 시대에 그 영향력을 상실했으며 플러머에 따르면, "기독교 어휘에서 가장 생명력이 없는 단어 중 하나가 되었다."[54] 사람들이 자신만의 일을 하고 자신만이 되기를 원하는 시대에는 다른 사람의 지시에 의존하지 않고 생각하고 느끼고 행동할 수 있다고 믿는다. 예수님을 "주"라고 부르는 것은 우리가 전적으로 그분에게 속해 있고 그분께만 빚지고 있으며, 소위 말하는 다른 어떤 주인에게도 빚지고 있지 않고(고전

51 Kruse, *2 Corinthians*, 60.

52 Plummer, *Second Epistle*, 11.

53 바울은 그의 편지에서 그리스도를 "주"로 200번 이상 언급한다. 참조. 롬 1:4; 4:24; 5:1, 11, 21; 6:23; 7:25; 8:39; 15:6, 30; 16:18, 20; 고전 1:2,7-10;5:4; 9:1; 15:31, 57; 고후 8:9; 갈 1:3; 6:14, 18; 엡 1:3, 17; 3:11; 5:20; 6:24; 골 1:3; 살전 1:3; 2:19; 3:11, 13; 5:9, 23, 28; 살후 1:8; 2:1, 14, 16; 3:18; 딤전 1:2, 12, 14; 6:3, 14; 딤후 1:2,8.

54 A. Plummer, *The Second Epistle of Paul the Apostle to the Corinthians* (Cambridge: Cambridge University Press, 1911), 8.

8:5-6), 그분께 절대 순종(참조. 눅 6:46)해야 한다는 의미를 강화한다. 하나님께서 예수님에게 이 지위를 주셨기 때문에 예수님을 주님으로 여기기를 거부하는 것은 "하나님을 아버지로 여기기를 거부하는 것"이다.[55] 예수님을 주로 고백함으로 하나님께 영광을 돌린다(빌 2:11).

1:4. 바울은 이 구절의 전반부에서 하나님을 찬송하는 이유를 다음과 같이 설명한다. "우리의 모든 환난을 위로하[신다]." 후반부에서 그는 자신이 받은 위로의 목적을 설명한다. "우리로 하여금 ... 모든 환난 중에 있는 자들을 능히 위로하게 [하려 함이다]."[56] "우리"는 바울이 자신을 지칭하기 위해 사용하는 복수형이 아니며, 함께 편지를 보내는 디모데를 포함하지도 않는다. 바울은 그의 사도적 사역의 특징을 말하기 위해 "우리"를 사용한다.[57] 여기에서 바울은 하나님의 위로에 대한 일반적인 용어로 이론을 만들지 않고, 선교

---

55 Barnett, *The Message of 2 Corinthians*, 29.

56 C. Talbert, *Reading Corinthians*, 134. CSB 성경은 "εἰς τὸ δύνασθαι ἡμᾶς"를 "따라서 우리로 모든 환난 중에 있는 자들을 능히 위로할 수 있다"라고 결과로 번역한다. 그것은 또한 목적으로 표현할 수 있다 "모든 환난 중에 있는 자들을 능히 위로하게 하려 함이라"(개역개정).

57 M. Müller, "Der sogenannte 'schriftstellerische Plural'–neu betrachtet. Zur Frage der Mitarbeiter als Mitverfasser der Paulusbriefe," *BZ* 42(1998): 181–201. 바울은 고린도후서에서 1인칭 복수를 108회 사용하고 복수에서 1인칭 단수로 바꾸어 자주 사용한다(64회, 1:13; 5:11; 7:2-7, 12, 14; 9:4; 10:2, 8, 11:21; 12:19-20; 13:6-10). 그 이유에 관한 다양한 이론이 있다. 머피-오코너는 불필요하게 "우리 부분"을 디모데가 공동 저자라고 생각한 부분으로 나눈다(J. Murphy-O'Connor, "Co-authorship in the Corinthian Correspondence," *RB* 100 [1993]: 562–79). 카레즈(M. Carrez, "Le 'Nous'en 2 Corinthiens. Paul parle-t-il au nom de toute la communauté," *NTS* 26 [1980]: 474–86)는 1인칭 복수 대명사의 다섯 가지 용법을 보다 유용하게 나눈다. (1) "우리"는 모든 그리스도인들에게 참된 내용을 말한다(참조. 3:18; 5:10, "모든"은 이것을 분명하게 한다). (2) 바울과 그의 동역자들을 가리키는 "우리"(1:19). (3) 참된 사도 또는 복은 전파자의 범주에 적용되는 "우리"(참조. 5:18, 20). (4) 고린도 교인들과 개인적인 결속력을 나타내는 "우리." (5) 또한 자신만을 언급하고 저자를 나타내는 "우리"를 사용한다(살전 3:1, "우리만 아덴에 머물기를"; 참조. 고후 1:13, 14; 10:2, 7, 11, 15; 11:21). 더 많은 논의를 위해 다음을 참조하라. J. J. Klijne, "We, Us and Our in I and II Corinthians," *NovT* 8 (1966): 171–79; N. Baumert, *Täglich Sterben und Auferstehen. Der Literalsinn von 2 Kor 4, 12-5, 10*, SANT 34 (Munich: Kösel, 1973), 25–36; C. E. B. Cranfield, "Changes of Person and Number in Paul's Epistles," in *Paul and Paulinism*, ed. M. D. Hooker and S. G. Wilson (London: SPCK, 1982), 280-89; E. Verhoef, "The Senders of the Letters to the Corinthians and the Use of 'I' and 'We,'" in Bieringer, *The Corinthian Correspondence*, 423. "Each case must be judged by its context" (Plummer, *Second Epistle*, 10). 이 서신의 첫 부분에서 바울이 언급한 "우리의 환난"과 "우리가 받은 고난"은 십자가에 못 박힌 그리스도의 복음을 선포하도록 보냄을 받은 사도들이 받는 고난을 가리킨다. 베르회프(Verhoef)는 바울이 편지와 같이 보내는 사람이 있었음에도 불구하고 자신이 편지의 저자이기 때문에 단수를 매우 자주 사용한다고 결론을 내린다. "바울이 복수형을 사용할 때, 대개 자신을 포함한 사람들의 그룹과 관련이 있다고 해석할 수 있다"("The Senders of the Letters to the Corinthians," 425).

를 하는 동안 환난에서 하나님의 구원을 경험한 구체적인 사건들을 염두에 두고 있다.[58]

바울은 "환난"이라는 단어를 외적 고통(고후 4:8; 롬 8:35)과 내적 괴로움(고후 7:5; 빌 1:17)을 언급하기 위해 사용한다. 그는 여기에서 두 가지 개념을 모두 염두에 두고 있을지도 모른다. 우리는 이 편지에 있는 고난 목록(고후 4:7-12; 6:4-10; 11:23-29)과 사도행전에서 그가 박해당한 이야기에서 이 환난이 무엇인지를 추측할 수 있다. 사도행전에서는 음모, 폭동, 무리들의 폭력(행 9:23-25; 14:19-20; 17:5-9; 19:28-41; 21:27-36), 거짓 고소(16:20-22; 17:6-7; 18:13; 19:26-27; 21:20-21; 21:28; 24:5-6), 투옥(16:16-40), 돌로 맞음(14:19) 등이다. 지금까지 하나님은 그를 모든 위험에서 건져 내셨다. 그러나 하나님께서 바울을 한 가지 고통에서 건져 내시면, 사도는 계속해서 복음을 전하고 또 다른 고난에 빠진다.

이러한 환난에 대한 바울의 반응은 이 환난이 그리스도에 대한 신실한 헌신과 동떨어지지 않았다고 우리에게 먼저 가르쳐 준다. 이러한 일은 때때로 발생하며, 불운이 아니다. 하나님은 바울이 부르심을 받았을 때 고난을 받을 것이라고 약속하셨고(행 9:16), 따라서 박해는 정상적인 것이다(참조. 막 4:17; 행 11:19; 14:22; 살전 1:6; 3:3). 바울의 문제는 돈, 관계, 질병에 대한 걱정과 같이 그리스도인과 비그리스도인 모두에게 공통적으로 발생하는 문제가 아니다. 무작위로 닥치는 재난도 아니다. 그의 환난은 그리스도를 섬기는 데서 온다. 케어드Caird는 "십자가는 화해가 대가를 많이 치러야 하는 일이라는 것을 보여 주었다. 화해의 복음이 전파되는 곳마다 고난의 대가가 있다."라고 말한다.[59]

죄로 뒤틀려 있고 하나님에 대한 적개심이 일어나는 세상에서 복음을 전하는 자에게 고난이 온다. 만일 하나님의 사도가 사명을 수행하면서 그토록 많은 고통을 겪었다면, 우리는 하나님께서 가장 헌신된 그리스도를 따르는 자들에게도 번영과 즉각적인 만족을 약속하지 않으신다는 것을 알 수 있다. 이러한 효과는 종교에 대한 로마의 실용적인 태도와 반대된다. 다양한 신을 믿는 사람들은 그들의 섬김이 어떤 식으로든 이익이 될 것이라고 기대했다. 키케로Cicero는 이런 관점에 대해서 다음과 같이 말한다. "그는 부자였기 때문에,

58 첫 번째 어구의 πᾶς는 "우리가 직면한 모든 환난"을 암시한다. 그리고 두 번째 어구에서 정관사가 없는 πᾶς는 "모든 환난 속에서도"를 의미한다. 참조. N. Turner, *A Grammar of New Testament Greek*, Vol. III, Syntax (Edinburgh: T&T Clark, 1963), 199–200.

59 G. B. Caird, *Paul's Letters from Prison*, New Clarendon Bible (Oxford: Clarendon, 1976), 183.

명예롭기 때문에, 안전하고 건전하기 때문에 신들에게 감사를 표한다. 그들은 이러한 이유로 가장 선한 최고의 신을 주피터라고 부른다. 그가 우리를 의롭고 절제하며 지혜롭게 만들기 때문이 아니라 안전하고 부유하며 풍부하게 만들어 주었다고 생각하기 때문이다"(*Nat*. d. 3.36.87 [Rackham, LCL).

라피드Lapide는 "세상의 고난은 끝 없는 식초이다. 그 고난이 커질수록 황폐함과 애통과 화도 그와 같다"고 말한다.[60] 토마스 아 켐피스Thomas à Kempis는 이렇게 썼다. "인간의 모든 위로는 공허하고 짧다."[61] 이러한 관찰은 두 번째 요점으로 이어진다. 하나님은 진정한 위로의 유일한 근원이다. 비어 있지도 않고 짧지도 않다. 우리가 하나님께 받을 궁극적인 위로는 부활 안에 있는 영생이다(고후 4:16-18). 이 땅의 삶에서 하나님의 위로는 여러 가지 형태이지만 항상 고난을 능가한다. 하나님께서는 항상 고난을 제거해 주지 않으시지만, 그분은 우리에게 그것을 헤쳐나갈 수 있는 은혜를 주셨다. 하나님은 우리를 "고난에서" 건져 내시거나 "고난 중에" 격려하여 우리가 그것을 견딜 수 있도록 하신다.[62] 예를 들어, 바울은 육체의 가시가 제거되지는 않았지만, 하나님께서 그에게 주신 은혜가 그것을 감당하기에 충분함을 배웠다(12:7-10). 결과적으로 바울은 하나님의 위로가 항상 가깝고, 하나님께서 바울이 고난을 받는 모든 것을 사용하여 그리스도를 위해 복음이 더 나아가도록 하실 것을 알기 때문에 "모욕과 어려움과 핍박과 고난"을 견딜 수 있었다. 바울은 사도적 고난이 고린도 교인들에게 어떻게 유익했는지를 명확히 함으로써 고난이 하나님께서 신실한 자들에게 베푸시는 은혜(빌 1:29)라는 것을 이해하도록 고린도 교인들을 인도하려고 한다.[63]

셋째, 고난은 하나님의 능력에 대한 바울의 믿음을 약화시키기보다는 오히려 더 깊어지게 한다. 한슨Hanson은 기독교가 고난을 치료한다고 공언한 것이 아니라 그것을 사용한다고 주장한 웨일S. Weil을 인용한다.

> 기독교는 고난을 그리스도인의 치유와 구원의 수단, 주식 거래와 일상의 먹는 것처럼 여김으로 고통에 맞선다. 그러나 그리스도인들에게 고난은 세상과 분리된 평화를 얻기 위해 자신을 고문하는 인도의 광신자처럼 의

---

60 Lapide, *II Corinthians*, 4.

61 Thomas à Kempis, *The Imitation of Christ: A New Reading of the 1441 Latin Autograph*, trans. W. C. Creasy (Macon: Mercer University Press, 1989), 73 (3.16.2).

62 Kruse, *2 Corinthians*, 62.

63 D. E. Garland, "Philippians," in *The Expositor's Bible Commentary*, ed. by T. Longman III and D. E. Garland (Grand Rapids: Zondervan, 2006), 210–11.

> 도적으로 만들어낸 속죄 도구가 아니다. 세상에서, 그리고 개인의 사생활에서도 그것은 악의 영향일 수 있지만 그리스도의 속죄로 구속과 치유를 위해 사용될 수 있다.[64]

이 확신은 바울이 오늘날 많은 사람이 겪을 수 있는 고난의 문제를 설명하려고 노력하지 않는 이유를 설명하는 데 도움이 된다. 그는 고난을 환영하지 않았지만, 좋은 사람들에게 왜 나쁜 일이 일어나는지 묻지 않았다. 바울은 그것을 피하거나 그것으로부터 자신을 보호하려고 하지 않고 오히려 포용한다. 그는 그리스도를 위한 사도로서 겪은 시련으로 화를 내거나 원망하지 않는다. 가지치기에 대한 나우웬의 관찰은 바울의 고난에 대한 태도에 적절한 주석을 한다.

> 가지치기는 생명력을 감소시키는 것을 자르고, 모양을 바꾸고, 제거하는 것을 의미한다. 가지치기를 한 포도원을 보면 열매를 맺는 것이 믿어지지 않는다. 그러나 추수 때가 되면 가지치기를 통해 포도나무가 에너지를 집중하고, 가지치기를 하지 않았을 때보다 더 많은 포도를 생산할 수 있다는 것을 알게 된다. 감사하는 사람들은 삶의 고통까지도 축하할 수 있다. 추수 때의 열매는 가지치기가 형벌이 아니라 정화라는 것을 보여 줄 것이라고 믿기 때문이다.[65]

심한 역경은 미래에 대한 두려움과 괴로움을 불러일으킬 수 있다. 왜냐하면 다른 사람들은 자신의 불행을 더하거나 또는 관심을 가지지 않는 것처럼 보이기 때문이다. 그러나 바울의 고난은 하나님에 대한 믿음을 확증해 주었다. 고린도 교인들은 거짓된 영광의 신학을 기준으로 삼고 그의 고난을 평가하기 때문에, 하나님께서 "사망의 냄새"와 함께 고난을 사용하여 어떻게 모든 곳에서 하나님에 대한 참된 지식과 그리스도의 죽음과 부활을 통해 하신 일(고후 2:14-16)을 전달하는지 이해하지 못했다.

넷째, 가장 중요한 것은 바울의 경험을 통해 하나님께서 그를 위로하셔서 다른 사람들을 위로할 수 있다는 것을 배웠다는 사실이다. 하나님의 위로는 우리에게서 그치지 않는다. 하나님은 항상 넘치게 주시며 그것을 남들에게 넘치도록 하신다. 그것은 단지 기분을 위로하는 것이 아니라 다른 사람들이 고통에 직면하도록 힘을 주는 사역을 위해 우리를 북돋우도록 주어진다.[66]

---

64 Hanson, *II Corinthians*, 34.

65 H. J. M. Nouwen, "All Is Grace," *Weavings* 7 (1992): 40.

66 쉘클(Schelkle)은 "믿음의 교제에서 혼자 괴로움 가운데 있는 사람이 없고, 혼자만 위로를 받

어떤 고린도 교인들은 바울이 그렇게 큰 고난에 희생당했기 때문에 사도로서 충족한 사람인지 의문을 제기했을 것이다(2:16). 한 가지는 분명하다. 바울의 넘치는 고통은 다른 사람들에게 하나님의 위로를 쏟아붓기에 충분하도록 만드는 하나님의 넘치는 위로이기도 하다. 바울은 혼자서는 누구도 위로할 수 없다. 위로는 하나님의 것이며, 그것은 단지 하나님을 통해서만 흐른다. 바울은 고린도 교인들에게 위로의 근원이 아니라 그리스도의 사도로서 중개하는 역할을 한다.[67] 비어스는 "악마의 사전"(*Devil's Dictionary*)에서 **위로**를 "이웃의 불안을 생각함으로 생기는 마음의 상태"라고 냉소적으로 정의한다. 이 정의는 기독교적 관점이 세속적인 관점과 얼마나 근본적으로 다른지를 극명하게 드러낸다. 하나님의 위로는 모든 환난 중에서 다른 사람을 위로하여 다른 사람도 우리를 위로할 수 있도록 하는 것이다.[68]

우리는 다양한 방법으로 하나님의 위로를 경험한다. 그리스도인들은 그리스도와 연합되어 있기 때문에 또한 다른 이들과 함께 묶여 있다. 기독교는 홀로 있는 자와 혼자서 교제하는 종교가 아니다. 바울은 고통을 받는 모든 사람들과 자신을 동일시한다. "누가 약하면 내가 약하지 아니하며 누가 실족하게 되면 내가 애타지 아니하더냐"(11:29). 그러므로 우리는 다른 그리스도인들이 우리를 돌볼 때 하나님의 위로를 경험한다. 고난은 우리가 외롭고 버림받았다고 느낄 때 견딜 수 없는 짐이 된다. 아시아에서 겪었던 끔찍한 환난과 더불어 고린도 교인들이 자기를 버리려고 할 때, 삶을 거의 절망에 빠지게 만드는 양쪽에서의 공격과 같다고 느꼈다. 그는 나중에 고린도 교인들이 그에게 깊은 열심과 큰 관심을 가졌다는 디도의 소식으로 하나님께서 그를 위로하셨다고 말한다(7:6-7).

우리는 고난 중에도 다른 이들을 돌보면서 하나님의 위로를 경험한다. 때때로 갑작스러운 환난이 우리를 맹공격할 때, 껍질 속으로 후퇴하고 다른 사람들로부터 자신을 차단시키고 싶은 유혹을 느낄 수 있다. 그러나 고난은 무의미해진다. 자기 자신에게만 집중하는 사람은 가장 비참한 사람이다. 자신의 고통을 다른 사람을 돕는 데 돌리는 사람은 그 고통을 재조정하고 극복할 수 있다. 바울은 낙심하는 것이 어떤 것인지 알고 있었기 때문에 격려하는 방

는 사람이 없다"고 말한다(*Second Epistle*, 13).

67 하나님은 위로의 근원이시다(1:4). 그리스도는 그 위로의 통로이시다(1:5). 위로는 우리가 다른 사람들을 위로함으로 배가된다(Barnett, *The Message of 2 Corinthians*, 30).

68 교회는 서로에 대한 하나님의 사랑과 서로의 사랑으로 묶여 있는 깨어진 자들이 교제하는 곳이다. 따라서 교회는 위로의 전달자가 된다. 이것은 어떤 그리스도인도 교회나 다른 사람들에게 유익이 되지 않고는 그리스도 안에 있는 유익을 누릴 것으로 기대할 수 없음을 의미한다.

법을 알고 있었다. 그는 참을 수 없이 짓눌리는 느낌이 어떤 것인지 알고 있었기 때문에 위로하는 방법을 알고 있었다. 그는 쇠사슬의 끝에 있는 것이 어떤 것인지 알았기 때문에 다른 사람을 위로하는 방법을 알고 있었다. 차이점은 그는 밧줄 다른 쪽 끝을 잡고 있는 분이 누구인지 알고 있다. 그분은 하나님이시다. 바울은 그리스도 예수를 죽음에서 건지셨고, 과거에도 신실하게 건지셨으며, 앞으로도 건지실 하나님께 소망을 둔다. 그는 이 소망을 다른 사람들과 나누었다.

우리가 하나님의 위로를 경험할 수 있는 또 다른 방법은 다른 사람들의 삶에서 하나님의 위로와 능력을 목격하는 것이다. 크루즈C. Kruse는 "자신의 삶에 나타난 하나님의 은혜에 대한 간증은 다른 사람들에게 필요한 은혜와 힘을 제공하는 하나님의 능력과 의지를 강력하게 일깨운다"라고 말한다.[69] 어려움을 겪고 있는 사람들을 위로하기 위해 손을 내미는 것을 본다면 그것이 위로가 된다. 그들의 용감한 모범은 다른 사람들을 담대하게 만든다(참조. 빌 1:14).

1:5. 바울은 자신의 고난을 통해 다른 사람들을 위로할 수 있는 방법을 설명한다(ὅτι, 호티, "왜냐하면"). "넘치다"(περισσεύει, 페리슈에이)로 번역된 동사는 상업적인 배경에서 이익 또는 잉여를 표현하는 단어 군에 속한다.[70] 그리스도 안에서 자신의 고난을 설명하면서 바울은 두 가지에 대한 대차 대조표를 제시한다. 그것은 그리스도의 고난과 그리스도를 통한 위로이다. 이 악한 시대의 사역은 그에게 거의 견디기 힘든 고통이 넘치도록 한다. 그러나 그리스도를 통해 얻는 위로가 그의 삶에 넘쳐서 고통이라는 계좌의 잔고가 넘치게 만든다. 로마서에서 바울은 우리의 마지막 구원의 소망이 고통을 녹여 버린다고 밝힌다. "생각하건대 현재의 고난은 장차 우리에게 나타날 영광과 비교할 수 없도다"(롬 8:18). 미래의 구원은 현재의 모든 것에 대한 그의 이해를 지배한다. 이 구절에서 그는 하나님께서 고난의 고통을 초월하는 위로를 이제 주셨기 때문에 하나님께 감사한다.

"그리스도의 고난"은 무엇인가? 그리스도로 인한 고난으로 이해하는 것이 한 가지 견해이다. 바울은 이 세상에서 하나님을 극도로 적대시하는 자들

---

69 Kruse, *2 Corinthians*, 61.

70 Danker, *II Corinthians*, 34. 이 동사가 개인을 목적어로 취할 때 "풍부하다"는 의미이다(참조. 롬 5:15; 고후 9:8; 엡 1:8). 바울은 같은 동사를 사용하여 마게도냐 교인들의 극심한 환난의 시련이 예루살렘 성도들을 위한 섬김에서 어떻게 풍성한 관대함으로 흘러넘쳤는지 설명한다(고후 8:2).

로부터 폭력을 행사하게 만드는 메시지를 전파하는 그리스도의 충성스러운 사도로서 자신에게 닥치는 고난을 언급한다(참조. 참조. 4:10-12). 이 타락한 세상에서 복음을 전하는 사람들은 특히 위험과 고난에 노출될 것이다. 그러나 이러한 개념을 속격("그리스도의 고난")으로 표현할 수 있는지 의문이 제기된다.

두 번째 견해는 근원의 속격이다. 바울은 그리스도께서 신자들을 위해 정하신 고난을 언급한다(참조. 행 9:15-16). 세 번째 견해는 이 어구를 메시아와 관련된 고난, 즉 메시아적 고난을 의미하는 것으로 해석한다. 바울은 하나님의 백성이 그 나라가 도래하기 전에 겪어야 하는 메시아 탄생의 고통을 염두에 두고 있을지 모른다.[71] 유대 묵시 문헌은 새 시대를 여는 종말의 서곡으로 세상에 닥칠 재앙을 예언한다. 그것을 메시아 탄생의 고통이라고 이름 붙였다.[72]

네 번째 견해는 바울이 그리스도께서 친히 견디신 고난을 언급하는 것으로 이해한다.[73] 그리스도와 그분을 따르는 자들 사이의 결속이 그의 고난에도 적용된다는 해석이다.[74] 그리스도인들은 그리스도의 죽음과 합하여 세례를 받고(롬 6:3) 그리스도와 같은 고난을 인내하도록 부르심을 받았다(참조. 막 10:38-39). 바울은 "하나님의 상속자요 그리스도와 함께 한 상속자"(롬 8:17)라고 말했다. 그는 빌립보 교인들에게 "내가 그리스도와 그 부활의 권능과 그 고난에 참여함을 알고자 하여 그의 죽으심을 본받아 어떻게 해서든지 죽은 자 가운데서 부활에 이르려 하노니"(빌 3:10-11)라고 말한다. 그는 또

71 스랄(Thrall)은 사 26:17; 66:8; 렘 22:23; 호 13:13; 미 4:9-10를 증거로 인용한다(*Second Epistle*, 1:108).

72 참조. 단 7:21-22, 25-27; 12:1; Jub. 23:13; 4 Ezra. 13:16-19; 2 Bar. 25-30; 막 13:20; 계 7:14; 12:13-17. 후대 랍비 문헌은 메시아의 화를 언급한다(Mek. Vayassa 5 to Exod 16:25; b. Šabb. 118a; b. Pesaḥ. 118a; b. Sanh. 97a). 베스트(E. Best)는 다음과 같이 말한다. "바울이 고난 받는 메시아께로 돌아갔을 때, 자연스럽게 '메시아의 재앙'라는 개념을 받아들여야 했다. 물론 그 화는 그분이 아니라 메시아의 세대가 겪었던 화였다. 메시아는 고난을 겪었고, 그의 교회는 그가 다시 오실 때까지 그의 고난을 계속할 것이다. 그러므로 메시아의 고난은 구속을 받은 자에게 넘친다. 위로 또한 메시아가 오실 때에 넘칠 것이다. 그러나 그는 이미 오셨으니 고난과 동시에 위로도 넘친다. 고난 없이 위로도 없다"(*One Body in Christ: A Study in the Relationship of the Church to Christ in the Epistles of the Apostle Paul* [London: SPCK, 1955], 133-34).

73 이 해석은 벧전 1:11; 4:13; 5:1에서 사용되는 표현 방법과 가장 잘 어울린다.

74 바넷은 다음과 같이 말한다. "그리스도께서 사역 가운데 고난을 당하시고 하나님을 대적하는 세력에 의해 죽으신 것처럼, 그리스도를 이어서 사도 바울도 사역과 선포 중에 고난을 받았다"(*Second Epistle*, 75).

한 갈라디아 교인들에게 자기 몸에 예수의 흔적을 가지고 있다고 말한다(갈 6:17). 그리스도의 사역을 위한 바울의 고난은 자신의 사역을 상징하며, 이는 "십자가에서 이루신 그리스도의 고난의 본을 좇는 것"이다.[75]

고린도후서 4장 10-11절의 구절은 이 마지막 견해에 결정적인 영향을 미친다. 바울은 "예수의 죽으심"을 자기 몸에 짊어진다고 말한다. 그는 "지속적으로, 육체적으로 십자가의 고난을 겪었다." 바울은 그것을 예수님의 육체의 고난이 연속이라고 해석한다. 그러므로 그는 사도로서 자신의 사역이 고난과 어려움을 포함하는 그리스도의 지상 사역을 확장한다고 믿는다.[76] 그리스도의 사도로서 바울을 부르심은 그리스도를 십자가에 못 박은 것과 동일한 악의 세력에 맞서는 고난을 요구한다. 따라서 자신의 고난을 통해 그리스도의 고난과 죽음에 동참한다.[77] 그는 십자가에 못 박히신 그리스도를 전파할 뿐 아니라 그 고난을 살아 간다. 그리고 그의 고난은 그것이 주님과의 긴밀한 연결이라는 반박할 수 없는 확증임을 인식하기 때문에 그에게 기쁨을 준다. 한슨은 정확히 말한다.

> 그리스도인은 단순히 그리스도를 모방하거나 따르거나 영감을 받는 것이 아니라 실제로 그리스도 안에 살고 그분의 일부이며 그가 숨 쉬는 공기가 그분의 성령인 새로운 세상에 초자연적으로 살기 때문에, 앞으로 그리스도 안에서 받아들여진 고난은 위로를 가져와야 하며, 그리스도 안에서 받아들여진 죽음은 생명을 가져와야 하며, 그리스도 안에서 받아들여진 어리석음은 지혜를 가져와야 한다.[78]

그 반대의 것들은 하나님의 능력으로 다른 것으로 바뀐다.

1:6. 이 구절은 그가 어떻게 환난 중에 있는 자들을 위로할 수 있는지 설명한다(1:4b). "우리가 환난 당하는 것"(θλιβόμεθα, 들리보메다)은 고린도 교인들의 불평 가운데 하나를 암시할 수 있다. 어떤 사람들은 그가 너무 많이 환난을 당한다고 생각한다. 바울은 그것을 돌이켜서 그의 환난이 그들의 "위로와 구원"을 위한 것이라고 주장한다.[79] 그는 고난 중에 그들에게 왔으나 그들에게 복음을 전했다. 그들이 그리스도 안에서 그들에게 새 생명을 가져다 준

75 N. T. Wright, *Colossians and Philemon*, TNTC (Grand Rapids: Eerdmans, 1986), 88.

76 L. L. Belleville, *2 Corinthians*, IVPNTC (Downers Grove/Leicester: IVP, 1995), 56–57.

77 R. C. Tannehill, *Dying and Rising with Christ*, BZNW (Berlin: Töpelmann, 1966), 91.

78 Hanson, *II Corinthians*, 32.

79 "위로와 구원"의 사본의 차이는 다음을 참조하라. Thrall, *II Corinthians*, 1:113.

것을 어떻게 멸시할 수 있겠는가? 바울은 고난을 많이 받았으나 많은 위로를 받아 그들에게 그것을 전했다.[80] 그러므로 그의 위로가 그들의 위로가 된다.

그러나 우리는 그의 고난이 그들의 구원에 어떤 영향을 미쳤는지 질문할 수 있다. 첫째, 그의 고난은 구원을 받는 복음을 선포함으로 오는 것이다. 바울이 자기가 직면한 위험을 피하고 상처 없이 안전한 곳으로 후퇴하기로 선택했다면, 이방 세계의 많은 사람들이 복음을 듣지 못했을 것이다. 그의 인내는 그들이 그리스도 안에 있는 하나님께서 제공하시는 구원을 듣고 응답하는 것을 가능하게 했다(참조. 행 18:1-18; 살전 2:1-2). 그리스도께서 세상을 구원하시기 위해 고난을 받으신 것처럼, 바울은 구원의 메시지를 세상에 전하기 위해 고난을 참았다.[81] 그 결과 그는 하나님께 위로를 받고 다른 사람을 위로하는 자가 된다.

바울은 큰 대가를 치르고 고린도 교인들에게 유익을 끼쳤다는 점을 분명히 암시한다. 따라서 그들은 바울에게 빚졌다. 문제는 고린도 교인들이 그의 고난의 중요성을 인식하지 못했다는 것이다. 그들은 이 모든 고난이 그의 사도직의 능력을 의심하게 만든다고 생각했다. 그의 삶은 성령이 아니라 고난으로 가득 차 있는 것처럼 보였다. 해프먼Hafemann이 말한 것처럼 그들 중 일부는 "분명히 그리스도 안에 있는 하나님의 구속은 이 악한 시대의 이와 같은 영향으로부터 우리를 해방시키기 위한 것이었다!"라고 생각했다.[82]

그러나 바울은 하나님의 위로가 그들로 하여금 동일한 고난을 견디게 하는 인내를 낳는다고 주장한다.[83] 우리는 인내를 고난의 시간 동안 견딜 수 있는 인간의 능력으로 이해해서는 안 된다. 예를 들어, 플라톤은 "도움을 기대하거나 다른 사람을 신뢰하지 않고"(*Lach*. 192b-d [Lamb, LCL) 어려움에 직면하는 용기와 관련하여 이 단어를 사용했다. 스피크C. Spicq는 ὑπομονή(휘포

80 교회에 대한 바울의 사랑은 그가 교회를 위해 고난을 받는 것을 기뻐함으로 드러난다(골 1:24-29).

81 "왜냐하면"(ὑπὲρ, 휘페르. 개역개정은 생략)은 그들을 위한 바울의 고난은 우리를 위한 그리스도의 죽음처럼 어떤 대리적인 효력이 있지 않다(고후 5:14-15, 21). 바울의 고난은 단순히 하나님의 구원과 위로가 그들에게 도달하는 통로가 되었다. 4:12에서 그는 자기 안에 있는 죽음이 고린도 교회에서 생명이 된다고 말한다.

82 Hafemann, "The Comfort and Power of the Gospel," 325–26. 그들이 그리스도의 고난에 참여하지 않고(빌 3:10), 그리스도의 부활의 능력을 알기 원했다고 추측할 수 있다. 바울의 경우 "이 둘은 손을 잡고 함께 간다"(G. D. Fee, *Paul's Letter to the Philippians*, NICNT [Grand Rapids: Eerdmans, 1995], 331).

83 참조. 롬 5:3; 15:5. 분사 τῆς ἐνεργουμένης(테스 에네르구메네스, "역사하여")는 중간태로 생각될 수 있다(NIV, 또한 다음 참조. NASB, REB). 또한 수동태로 "인내로 이루어진 너희들의 위로"로 번역할 수 있다.

모네. 개역개정, '견디게')가 헬라어 구약 성경에서 다른 의미임을 보여 주고 거기에서 처음으로 종교적 의미를 취한다. 그것은 "기대하는 기다림, 강렬한 갈망"을 의미하는 히브리어 용어(קוה[피엘 동사], תקוה, מקוה)를 번역한 것으로, 이 강렬한 갈망은 대개 하나님을 향한 것이다(참조. 시 39:7; 71:5; 렘 14:8; 17:13). 헬라어 구약 성경은 플라톤과 다르게 이 덕을 "다른 사람의 도움을 의지하는" 사람에게 돌린다.[84] 스피크는 "인내"가 "기다림의 시련을 극복하는 갈망이 지속되는 것이며, 견디기 위해 고군분투해야 하는 영혼의 태도, 하나님을 신뢰하기 때문에 단호하며 승리를 이루는 기다림"이라고 결론을 내렸다.[85] 인내는 하나님께로부터 오고, 하나님께 초점을 맞춘다(참조. 롬 15:5). 그것은 DIY(do-it-yourself, 자기 자신이 직접 만드는) 종교와 반대된다. 그리스도인들이 불평하거나 지치거나 낙담하지 않고 인내한다면(참조. 마 10:22; 24:13; 막 13:13; 눅 21:19), 엄청나게 영웅적이어서가 아니라 하나님께서 가능하게 하셨기 때문이다.

"같은 고난"은 "그리스도의 고난"(고후 1:5)을 의미한다. 바울은 십자가에 못 박히신 그리스도와 연합한 모든 사람이 고난을 겪을 것이라고 믿으므로 자기 고난을 폄하하면 안 된다고 암시한다. 그들은 그리스도 안에 있는 경험을 공유하고 하나님을 대적하는 악의적인 세력이 일시적으로 지배하는 타락한 세상에 살고 있기 때문에 이러한 고난을 공유한다. 복음의 거친 면을 부드럽게 하지 않고, 청중에게 아첨하지 않고 개인적인 이익을 취하지 않으며, 권력자들에게 아첨하지 않고 오히려 담대하게 복음의 진리를 선포하고 하나님의 대적들을 대적하는 사람은 고난을 예상해야 한다.

1:7. 바울은 이 편지에서 고린도 교인들의 불순종에 대한 끔찍한 그림을 보여 주지만, 그들을 향한 바울의 소망은 그들 가운데 하나님께서 행하신 일과 행하실 일에 초점을 맞추고 있기 때문에 그들에 대한 신뢰를 결코 잃어버리지 않는다(참조. 2:3; 7:4; 9:3). 바울은 그들이 그리스도의 고난을 의미하는 고난에 참여한다고 반복한다(1:5; 참조. 롬 8:17; 빌 3:10; 벧전 4:13). 고난은 그리스도와 연결되어 있기 때문에 바울이 받은 것과 같은 풍성한 위로

84 C. Spicq, *Theological Lexicon of the New Testament*, trans. and ed. J. D. Ernest (Peabody: Hendrickson, 1994), 3:414–15, 418. 퍼니시는 이렇게 말한다. "바울이 사용하는 것처럼, '인내'는 역경 속에서도 견뎌 내는 불굴의 인간적인 덕을 의미하는 것이 아니다. 오히려 그것은 하나님의 사랑이 오래 지속될 뿐만 아니라 실제로 승리할 것이라는 확신을 가지고 정확하게 역경 속에서도 기뻐할 수 있는 사람들의 순종적인 믿음을 의미한다(롬 5:1-5)..."(*II Corinthians*, 111).

85 Spicq, *Theological Lexicon*, 3:418.

를 받게 될 것이다. 그들은 그리스도 안에 있기 때문에 그리스도의 고난에 참여한다. 그들은 그리스도의 고난을 함께 나누기 때문에 그리스도의 위로도 함께 나눈다.

플러머는 바울이 고린도 교인들과 자신이 겪는 매우 힘든 고난의 어려움을 함께하기 때문에 "그들은 자기 자신의 고난을 더 참을성 있게 견디고 또한 현재 자신의 위로에 감사하고 그것으로부터 위로를 얻는다"고 주장한다.[86] 그러나 바울의 편지는 고린도 교인들이 특별한 박해를 받고 있다고 제시하지 않는다. 반대로 바클레이는 데살로니가전서에서 다룬 문제와 고린도전서에서 다룬 문제 사이의 분명한 대조를 지적한다. 바울은 몇 달 안에 이 두 교회를 설립했지만, "이 자매 공동체는 기독교 신앙에 대한 현저하게 다른 해석을 발전시켰다."[87] 바클레이는 외부인과의 사회적 관계로 이러한 현상을 설명할 수 있지만 무시당하는 요소로 파악한다. 바울이 데살로니가 교인들에게 보낸 편지는 외부인들과의 갈등(살전 1:6; 2:2, 14-16; 3:3)과 사회에 대한 소외감과 적대감(살전 4:5, 13; 5:7)을 증언한다. 반대로 고린도 교인들에게 보낸 편지는 교회와 외부인 간의 갈등에 대한 암시가 전혀 없다. 그 대신 바울은 자신의 환난과 불명예의 상황을 그들의 상대적인 평온함과 대조한다(고전 4:9-13; 15:30-32; 16:9). 따라서 고린도 교인들은 지역 사회에서 잘 지내는 것처럼 보이며 사회적 배척을 많이 경험하지 않는 것 같다. 그들에게는 십자가의 선포(1:18-25)에 따르는 핵심적인 반문화적인 영향에 대한 증거가 거의 없다. 그들의 믿음은 삶에서 중요한 사회적, 도덕적 재조정을 만들어 내지 않았다. "지식 있는" 자로 알려진 유명한 교회 구성원은 이교 신전에서 잔치에 참여한다(8:10). 어떤 사람들은 불신자들의 집에서 식사를 나누도록 초대를 받았다(10:27). 바울은 고린도전서에서 그들이 살아계신 하나님의 성전이기 때문에 지배적인 질서(고전 6:14-7:1)와 신중하게 거리를 유지해야 한다고 주장한다.

고린도 교인들은 이러한 고난을 함께 나누고 있을까? 아마도 스랄의 주장처럼, 그들은 바울이 그 도시에 있었을 때 받은 것과 같이 유대인들이 조롱하던 대상일 것이다(행 18:15-17).[88] 그러나 교회가 시작되던 이 시기의 결론은 수사학적 목적을 가지고 있을 가능성이 더 크다. 그는 고난의 파트너를 부름

86 Plummer, *Second Epistle*, 15.

87 J. M. G. Barclay, "Thessalonica and Corinth: Social Contrasts in Pauline Christianity," *JSNT* 47 (1992): 50.

88 Thrall, *II Corinthians*, 1:113.

으로써 불신을 없애려고 한다. 고난의 파트너는 위로의 파트너가 된다. 그들이 그의 고난을 나누지 않는다면, 그들은 그의 위로도 나누지 않을 것이다. 그러므로 그들은 그의 고난을 좋지 않게 바라보지 말아야 한다.

편지 전체에 걸친 바울의 주장에서 훨씬 더 중요한 것은 주님께서 "바울과 같이 십자가의 고난을 통해서만" "흑암의 시대에 영광을, 절망의 세상에 구원을, 더 많은 사람들의 옛 삶에 새로운 시대를, 그들에게 능력을 부여하시는 그분의 권능의 일을 행하신다"는 것이다.[89] 연약하고 무능한 사도만 겪는 고난이라고 계속 폄하하면 십자가의 지혜를 깨닫지 못할 것이다(고전 1:18-25). 하나님의 능력이 연약함과 환난을 통해 가장 강력하게 역사함을 깨닫지 못하고 죽음의 선고가 죽을 육신에게 있음을 깨닫지 못한다면, 그들은 참으로 자기 삶에서 하나님의 능력을 경험하지 못할 것이며, 단지 일시적이고 사라져 버리는 영적 황홀경에 빠지게 될 것이다(참조. 고전 12:1-2). 그들은 또한 헛되이 자신을 의지할 것이다. 그들의 위험한 결정은 스스로에게 사형을 선고하고 사람을 죽음에서 살릴 수 있는 유일한 능력을 거부하는 것이다.

---

89 Savage, *Power through Weakness*, 189.

| 단락 개요

2. 고통스러운 방문과 눈물의 편지: 바울의 진실함에 대한 변호(1:8-7:16)
2.1. 교회에 대한 바울의 사랑과 그의 신뢰성 문제(1:8-2:13)
2.1.1. 아시아에서 바울의 고난(1:8-11)
2.1.2 편지의 주제: 바울의 사역에 대한 올바른 이해(1:12-14)
2.1.3 바울의 여행 계획 변경과 하나님의 신실하심(1:15-22)
2.1.4. 슬픈 방문과 돌아가지 않기로 한 결정에 대한 설명(1:23-2:4)
2.1.5. 범죄한 자의 용서(2:5-11)
2.1.6. 마게도냐에서 바울의 고난과 디도를 기다림(2:12-13)

2.2. 바울의 거짓 없는 비판에 대한 변호**(2:14-7:3)**
2.2.1. 사도로서 사역의 본질(2:14-3:6)
2.2.1.1. 생명과 죽음의 사역을 충족시키는 바울(2:14-17)
2.2.1.2. 바울의 편지로서의 고린도 교인들(3:1-3)
2.2.1.3. 새로운 언약의 사역에 충족하는 바울(3:4-6)
2.2.2. 옛 사역과 새 사역(3:7-18)
2.2.2.1. 이제는 없어진 사역의 영광(3:7-9)
2.2.2.2. 옛 것을 가리는 새 것의 더 큰 영광(3:10)
2.2.2.3. 이제는 없어진 사역의 영광(3:11)
2.2.2.4. 수건을 벗은 바울(우리, 사도) (3:12-13)
2.2.2.5. 수건에 가려진 이스라엘(그들, 이스라엘) (3:14-17)
2.2.2.6. 수건을 벗은 그리스도인(우리, 그리스도인) (3:18)
2.2.3. 기독교 사역: 진리의 공개적인 선언(4:1-6)
2.2.3.1. 진리의 공개적인 선언으로 자신을 추천(4:1-2)
2.2.3.2. "우리의 복음"에 나타난 그리스도의 영광에 눈이 가리어진 자들의 영적 상태(4:3-4)
2.2.3.3. 바울 설교의 기본 신념: 그리스도의 주되심, 우리의 종됨(4:5-6)
2.2.4. 자기 방어: 환난의 목록. 항상 죽음에 넘겨짐(4:7-15)
2.2.5. 부활의 소망(4:16-5:10)
2.2.5.1. 영원한 영광의 중한 것을 우리 내면에 준비하신 하나님(4:16-18)
2.2.5.2. 하나님의 영원한 집(5:1-5)

2.2.5.3. 그리스도의 심판대 앞에서 우리의 영원한 운명(5:6-10)
2.2.6. 하나님과 화목하도록 설득하기(5:11-21)
2.2.6.1. 변호: 편지의 주제 반복(5:11-13)
2.2.6.2. 화해를 위한 그리스도의 사신(5:14-21)

추가 주석 1. "그리스도 안에"의 의미

2.2.7. 자기 변호:
고난의 목록. 고린도 교인들이 그의 호소를 존중해야 하는 이유(6:1-10)
2.2.8. 고린도 교인들이 마음을 열도록 간구함(6:11-13)
2.2.9. 솔직한 호소: 우상 숭배자들로부터 멀어지라(6:14-7:1)

추가 주석 2. 6:14-7:1의 구조

2.2.10. 다시 새롭게 고린도 교인들의 마음을 열도록 하는 간구(7:2-3)

2.3. 디도의 보고(7:4-16)
2.3.1. 고린도 교인들에 대한 바울의 담대함의 결과: 기쁨(7:4)
2.3.2. 디도의 도착으로 환난 중에 있는 바울이 위로 받음(7:5-7)
2.3.3. 눈물의 편지의 목적과 효과(7:8-13a)
2.3.4. 디도의 보고: 고린도 교인들에 대한 바울의 자랑이 사실임을 증명함 (7:13b-15)
2.3.5. 고린도 교인들에 대한 바울의 담대함의 결과: 기쁨(7:16)

2. 고통스러운 방문과 눈물의 편지: 바울의 진실함에 대한 변호(1:8-7:16)

2.1. 교회에 대한 바울의 사랑과 그의 신뢰성 문제(1:8-2:13)

2.1.1. 아시아에서 바울의 고난(1:8-11)

**8 형제들아 우리가 아시아에서 당한 환난을 너희가 모르기를 원
하지 아니하노니 힘에 겹도록 심한 고난을 당하여 살 소망까지 끊
어지고 9 우리는 우리 자신이 사형 선고를 받은 줄 알았으니 이는
우리로 자기를 의지하지 말고 오직 죽은 자를 다시 살리시는 하나
님만 의지하게 하심이라 10 그가 이같이 큰 사망에서 우리를 건지
셨고 또 건지실 것이며 이 후에도 건지시기를 그에게 바라노라 11
너희도 우리를 위하여 간구함으로 도우라 이는 우리가 많은 사람
의 기도로 얻은 은사로 말미암아 많은 사람이 우리를 위하여 감사
하게 하려 함이라**

1:8. 바울은 사도로서의 자신의 경험과 분리된 신학적 사색을 하지 않는다.[1] 그는 최근에 자신이 겪은 환난과 하나님의 위로를 내용으로 편지의 본문을 시작한다(참조. 빌 1:12-13).[2] 하나님께서 자신을 구원하시기 위해 몇 번이고 계속해서 신실하셨음을 증거로 말할 수 있다.[3] "우리의 모든 환난"(1:4)은 아시아에서 일어난 구체적인 환난으로 좁혀진다. "아시아"는 소아시아 서부 대부분과 에게해 연안 섬들을 포함하는 로마 원로원의 속주를 의미한다. 원로원의 속주는 원로원이 임명한 총독이 다스린다. 에베소는 속주의 수도였다.

바울은 아시아에서 발생한 이 환난이 정확히 무엇인지 자세하게 설명하지 않는다. 고질적이고 생명을 위협하는 질병으로 괴로움을 당했는가? 특별히 위험한 박해로 위협을 받았는가? 사고로 쓰러졌는가? 아니면 심리적 고통을 겪었는가? 바울은 말하지 않는다. 아마도 박해의 위험한 상황을 직면했을 것이다. 바울의 요점은 아시아에서 직면한 큰 위험의 깊이가 자기를 구원하신

1 N. Watson, "'... To make us rely not on ourselves but God who raises the dead': 2 Cor. 1,9b as the Heart of Paul's Theology," in *Die Mitte des Neuen Testaments*, ed. U. Luz and H. Weder (Göttingen: Vandenhoeck & Ruprecht, 1983), 389.

2 부정적인 공식으로 롬 1:13을 보라. 빌 1:12에서 편지 본문은 긍정적인 공식으로 시작한다.

3 4:7-15에 있는 그의 환난과 구원의 목록은 1:8-11에서 언급한 내용을 더 구체적으로 표현한다.

하나님께 대한 감사의 깊이와 일치한다고 설명하는 것뿐이라는 사실이다. 그는 비참한 상황에 대해서 말하는 것처럼 이 구원의 본질에 대해서 거의 말하지는 않는다. 자신을 구하신 하나님께 감사하는 것, 전적으로 하나님께 의존하는 것, 그리고 그의 구원에 대해 하나님께 드리는 감사에 더해질 고린도에 있는 그의 친구들의 확신을 전적으로 강조한다.[4]

바울은 단순히 고린도 교인들에게 자신의 가장 최근 문제를 알리려고 하지 않는다. 이것은 구체적이고 세부적인 내용이 부족한 설명이다. 그는 자신의 고난과 구원이 신학적으로 무엇을 의미하는지 그들에게 알려 주어 그와의 관계가 깊어지고 하나님께서 그에게 베푸신 은혜에 대한 그들의 감사가 더해지기를 원한다(1:11).[5] 그는 하나님의 위로가 넘쳐 흐르는 이 경험에서 그의 고통과 연약함을 강조한다. 바울이 고린도 교인들에게 보낸 서신에서 우리는 교회의 어떤 사람들이 그의 모든 고통을 비난하고 그 때문에 바울의 사도적 능력을 과소평가했다는 흔적을 많이 발견한다. 그들은 이 모든 환난을 적절하지 못한 것으로 여기고, 복음의 능력에 대한 그들의 해석에 당혹스럽다고 여겼다. 그들은 복음의 능력이 모든 치명적인 위험이 아닌 더 높은 영적 차원으로 사람을 들어 올려야 한다고 여겼다. 어떤 사람들은 하나님의 능력이 어떻게 그렇게 많이 나약하게 만들 수 있는지 의문을 제기했다. 하나님의 능력이 정말 바울에게 능력을 주는가? 이것이 고린도 교인들이 묻는 질문이라면, 그는 사도로서 환난에 대해 설명해야 한다.

바울은 그의 경험 뒤에 숨겨진 하나님의 목적에 초점을 맞추기 위해 그가 겪었던 환난에 대한 세부적인 내용을 생략한다.[6] 그는 아무리 마음을 사로잡더라도 자신에 대해 이야기하거나 개인적인 정보를 공유하는 데 관심이 없다.[7] 그럼에도 불구하고 우리는 무슨 일이 일어났는지 알기 원한다. 고린도 교

4 우리는 시편에서 고난 받는 자의 패턴을 따르는 바울에게 어떤 구체적인 세부 사항이 부족하다고 할 수 있다(예. 시 115:1, 4-7, 18). 하비(A. E. Harvey)는 "모든 강조점은 기도, 하나님이 주시는 '구원', 그리고 이것이 불러일으키는 감사에 있다"고 관찰한다(*Renewal through Suffering: A Study of 2 Corinthians, Studies of the New Testament and Its World* [Edinburgh: T&T Clark, 1996], 32).

5 바울은 빌립보 교인들에게 보낸 편지의 본문을 자신이 감옥에 갇힌 일에 대해 설명하면서 시작한다. 그것은 그들에게 매우 염려가 되었다(빌 1:12-26). 바울은 자신이 어디에 있는지, 자신의 상황이 어떤지 자세하게 알리지 않는다. 그 의미에 대해서만 초점을 맞춘다. 그의 상황은 복음에 걸림돌이 되기보다는 복음을 진전시키는 데 기여했다.

6 하비는 바울 시대에 그들은 "나에게 무슨 문제가 있는가?", "나에게 무슨 일이 일어났는가?" 보다 "누가 나에게 이 일이 일어나게 했는가?", "이것의 의미는 무엇인가?"와 같은 질문에 더 관심을 가질 것이라고 주장한다(Harvey, *Renewal through Suffering*, 11–14).

7 왓슨은 "바울에게 복음 선포는 하나님에 대한 자신의 종교적인 체험을 계속해서 다시 이야기

인들은 편지를 전한 사람에게 물어볼 수 있는 이점이 있었다. 우리는 추측만 할 수 있을 뿐이다.

1. 바울은 아마도 사도행전 19장 23절-20장 18절에 묘사된 은세공인 데메드리오가 주도한 에베소의 폭동을 언급할 것이다.[8] "이 도"에 관한 바울의 설교와 우상 숭배에 대한 그의 비난은 적대감을 불러일으켰다. 여신 아데미에 대한 도시의 열렬한 헌신과 제의에 사용되는 공예품 거래의 급격한 감소와 관련된 경제적 손실로 바울과 그의 동료에 대한 폭동이 일어났다. 고린도전서에서 바울은 에베소에서 "맹수"와 싸우는 것을 언급함으로 자신이 직면했던 역경을 암시했다(고전 15:32). 그가 아시아를 떠나 마게도냐로 갔다는 고린도후서 1장 8절과 2장 13절의 말은 사도행전 19장 23절-20장 1절에 기록된 순서와 일치하며 이 사건에 대한 연결을 더 그럴듯하게 만든다.

이 견해의 문제는 에베소 도시의 서기장이 상황을 통제하고 공식적인 고발이 없다고 주장했을 때 위험이 지나간 것처럼 보인다는 것이다(행 19:35-41). 호전적인 군중들은 바울과 그의 동료들을 거칠게 다루었다. 겨우 맞는 것을 피했다. 하지만 사도행전에 따르면 소동은 곧 끝났다. 사형 선고를 받지 않았으며, 재빨리 그 도시를 떠났다. 누가는 이후에 사건을 돌아보면서 위험의 심각성을 낮추었을 가능성이 있다. 사도행전은 바울이 예루살렘으로 여행할 때 배를 타고 에베소를 지나 교회의 지도자들에게 밀레도 항구에서 만났다고 알려 준다(행 20:16-17). 바울은 오순절 전에 서둘러 예루살렘에 도착했지만 그가 가기에 에베소도 너무 위험한 곳이었을 것이다. 그는 옛 문제 때문에 거기에서 멈추는 것이 바람직하지 않다고 생각했을 것이다.

사도행전의 이 에피소드가 바울이 암시하는 사건의 가장 확실한 후보일지 모르지만, 어떤 학자들은 그것이 "짊어지기에 너무 무거운 짐"에 대한 그의 묘사에 맞는지 의심한다. 이 어구는 한동한 바울을 위협했던 것으로 보이는 것을 의미한다. 그는 왜 이 에피소드를 아시아에서 일어난 일이라고 언급했을까? 그가 고린도전서 15장 32절에서 도시 이름을 언급하고, 그들에게 "내가 오순절까지 에베소에 머물려 함은 내게 광대하고 유효한 문이 열렸으

하는 데 있지 않다"라고 말한다(*Second Epistle*, 389). 예를 들어, 바울은 갈 1:16에서 그의 부르심과 회심에 대한 감질나는 세부 사항만을 말한다. 왜냐하면 그는 오직 그 뒤에 숨겨진 하나님의 목적을 밝히고 싶어하기 때문이다. "그의 아들을 이방에 전하기 위하여 그를 내 속에 나타내셨다."

8 그 폭동은 마르쿠르 유니우스 실라누스의 암살 이후와 뒤 이은 무정부 상태와 관련이 있을 수 있다(G. S. Duncan, *St. Paul's Ephesian Ministry* [London: Hodder & Stoughton, 1929], 100–107). 다음도 참조하라. A. J. Malherbe, "The Beasts at Ephesus," *JBL* 87 (1968): 71–80.

나 대적하는 자가 많음이라"(고전 16:8-9)라고 말하면서 왜 "에베소에서"라고 쓰지 않는가? 에베소에 관해서 이렇게 일찍 언급한 것은 고린도 교인들이 알지 못했던 새로운 역경이 그에게 닥쳤다는 것을 암시한다. 이와 같은 반대는 바울이 사도행전에서 서술된 사건을 언급할 가능성을 배제하지 않지만 다른 선택지를 제안한다.

2. 두 번째 제안은 환난을 치명적인 질병이 재발한 것으로 이해한다.[9] 1장 9절의 완료 시제인 "우리가 받은"(ἐσχήκαμεν, 에스케카멘, "우리는 느꼈다", CSB 성경)은 육체의 가시(12:7)와 같이 지속되고 재발하는 질병을 설명하는 데 적합하다. 질병이 계속 그를 덮쳤다.[10] 스랄Thrall은 '구약 성경의 기자들이 심각한 질병에 대한 하나님의 도움의 맥락에서 죽은 자를 살리신 분으로 하나님을 언급한다'(1:9)고 지적한다.[11] 이 견해의 문제는 "환난"은 질병에 관한 일반적인 용어가 아니라는 점이다. 바울은 일반적으로 박해를 가리킬 때 "환난"을 사용한다(갈 6:17; 골 1:24). 어떻게 질병이 "그리스도의 고난"(1:5)이라는 범주에 속하며, 고린도 교인들은 그 고난에 어떻게 참여하는가(1:7)?

3. 세 번째 선택지는 바울이 사도행전에 기록되지 않은 잠재적인 처형에 직면했을 때 감옥에 있었던 시간을 언급한다고 제시한다. 사도행전은 바울이 직면한 모든 위험을 나열한다고 주장하지 않는다. 그의 생명을 위협하는 투옥은 그리스도의 고난의 범주에 속할 것이라고 주장한다.[12] 이 견해가 가지는 문제도 결정적이다. 헤머Hemer는 "사형 선고"가 법정의 사법적인 은유가 아니라 중립적인 의미라고 제시한다.[13]

---

9 동사 ἐβαρήθημεν는 파피루스에서 질병을 언급한다(H. Windisch, *Der zweite Korintherbrief*, Meyerk, 9th ed. [Göttingen: Vandenhoeck & Ruprecht, 1924], 45n4). 그러나 방탕과 슬픔(눅 21:34), 불행과 불의, 재정적인 부담(살전 2:9; 살후 3:8; 딤전 5:16; Ignatius, *Phld*. 6:3), 사회적 부담의 맥락에서 사용될 수 있다.

10 육체의 가시에 대한 바울의 논의도 비슷한 방식으로 전개된다(12:7-10). 바울은 육체의 가시를 없애 달라고 하나님께 거듭 간구했다. 하나님의 응답은 바울이 그에 따라 살아야 하고 하나님의 능력은 그의 연약함 가운데서 온전하게 되다는 것이었다.

11 Thrall, *II Corinthians*, 1:115.

12 어떤 학자들은 이 투옥이 빌립보 교인들에게서 온 것일 수 있다고 주장한다. 그는 자신이 처형될 가능성을 빌립보서에 기록했다(빌 1:19-30). 당시에 디모데와 함께 있었는데(빌 2:19-23), 복수형을 설명할 수 있다. 바울은 근심 위에 근심을 말한다(빌 2:27). 디도는 고린도에 보내졌다(고후 2:13; 7:6-7). 이것은 디모데 외에 아무도 없다고 말한 이유를 설명할 수 있다(빌 2:20). 풀려나면 빌립보로 가겠다는 뜻을 밝히고 있다(빌 2:24). 퍼니시는 "디모데가 마게도냐에서 온 편지의 공동 발신자로 적혀 있다는 것(고후 1:1)과 바울이 가능한 한 빨리 동료를 따라 빌립보로 갈 것이라는 빌립보서 2:19-24의 계획에 동의한다"(*II Corinthians*, AB [Garden City: Doubleday, 1984], 123).

13 C. J. Hemer, "A Note on 2 Corinthians 1:9," *TynBul* 23 (1972): 103–7.

4. 네 번째 가능성은 바울이 동료 유대인들의 심한 반대를 언급한다는 것이다. 그는 율법의 행위를 거절함으로 심한 적개심을 일으켰을 뿐만 아니라 회당의 징계를 받고 가장 많은 숫자로 매를 맞았다고 말했다(11:24). 그들은 바울이 회당에서 그에게 매료되었던 개종자들과 잠재적 개종자들을 빼돌렸을 때 화를 냈을 것이다. 그의 친족 유대인들은 계속해서 그를 대적하여 음모를 꾸몄고(행 20:3, 19; 21:11). "아시아에서 온 유대인들"은 예루살렘에서 그를 체포하도록 부추겼다(행 21:27).[14] 맹수로 비유된 싸움(고전 15:32)은 심화되었을 것이다.

5. 다섯 번째 견해는 바울이 생명을 위협하는 경험을 언급하는 것이 아니라 고린도의 상황으로 겪게 된 심리적 고통에 대해 생생한 은유를 사용한다고 주장한다. 관계 악화는 바울에게 사형 선고와도 같았다. 이 견해는 바울이 "우리 자신 안에서"(개역개정. "우리 자신이". 참조. 빌 1:30, "내 안에서") 일어나는 일을 언급하는 이유를 설명할 수 있다. 그럼에도 불구하고, 특히 그가 하나님으로부터 받은 위로가 하나님에 대한 그들의 헌신을 새롭게 하는 것과 관련이 있다면, 왜 슬픔을 구체화하는가? 바울의 고난은 마게도냐에서 계속되었다(7:5). 우리 몸에 안식이 없다는 것은 사형 선고와는 같지 않다. 고린도 교인들의 저항에 대한 심리적인 고통은 힘들지만, 생명을 위협하지는 않을 것이며 부정과거 분사 "일어난 일"(τῆς γενομένης, 테스 게노메네스, 개역개정. "당한")은 "마음의 상태라기보다는 사건을 나타낸다."[15] 바울은 눈물의 편지를 써야 했을 때 자신의 환난(2:4; 7:5)을 구체적으로 말한다. 그리고 어떻게 환난을 당했는지와 디도에 대한 걱정으로 심령이 편하지 못했다는 것과 편지가 어떻게 받아들여질 것인가(2:13; 7:5)를 구체적으로 말한다.[16] 1장 9절에 나오는 헬라어 어구의 문자적 번역은 "우리가 우리 자신 안에서 사형 선고를 받았다"(NASB, KJV, ἐν ἑαυτοῖς, 엔 헤아우토이스)이다. 이것은 마음 상태를 언급한다는 해석을 뒷받침하는 것처럼 보일 수 있다. 그러나 빌립보서 1장 30절에서 바울은 빌립보 교인들이 "너희가 내 안에서 본 것과 같은 갈등을 겪고 있고, 지금 내 안에서 듣는 것이다"(NASB, 문자적 번역)라고 쓰면서 동일한 헬라어 ἐν(엔)을 사용한다. 그러나 문맥은 바울이 내적 혼란을 말하는 것이 아님

14 사도행전 19장에서 알렉산더는 유대인 공동체를 바울과 분리시키려고 했다(행 19:33; 참조. 딤전 1:20; 딤후 4:14-17, 이것은 바울에게 큰 해를 끼친 구리세공인 알렉산더를 가리킴).

15 Thrall, *II Corinthians*, 1:115. 물에 빠지거나(고후 11:25) 강도의 위험과 같이 편지에 있는 고난의 목록 중에 있는 것이라는 추측은 순전히 추측일 뿐이다.

16 BDAG, 329.

을 분명하게 한다. 그는 자신에게 일어난 일과 현재 그에게 일어나고 있는 고난, 즉 그의 투옥을 말한다. 1장 9절과 빌립보서 1장 30절의 전치사 ἐν(엔)은 "어떤 일이 일어나는 대상을 나타내는 표시"로 기능한다.[17]

바울이 우리에게 말하지 않기 때문에 우리는 어떤 환난을 마음에 품었는지 정확히 알 수 없다. 그는 심각함을 설명할 뿐이다. 계속되는 최상급 헬라어는 고통의 강도를 나타낸다. 그것은 아직 해결되지 못한 상태였다. 바울은 자신을 모든 역경에 영향을 받지 않는 슈퍼 히어로로 위장하지 않는다. 그는 자신의 결점과 약점을 잘 알고 있으며, 절대적인 절망에 가까웠다고 고백한다.[18]

바울의 절망은 죽음에 대한 두려움 때문이 아니라 그의 이방인 선교가 성급하게 끝나버리는 것과 관련이 있다고 추측할 수 있다.[19] 누가 이방인의 사도로서 그 사도적 사명을 계속할까? 그 사역은 미완성으로 남을 것이며 아마도 거짓되고 파렴치한 경쟁자들이 바울의 교회들에 더 침투하도록 허용할 것이다. 박해로 그의 복음 전파가 중단되거나 "방종주의자와 율법주의자에 의해 수정"될 수도 있다.[20] 예루살렘의 가난한 성도들을 위한 연보를 통해 유대인과 이방인의 화해를 가져오려는 바울의 프로젝트가 막 시작되었다. 누가 그것을 계속할 것인가? 이러한 걱정에도 고린도 공동체와 바울의 전략적인 관계는 계속해서 악화되었다. 그러나 하나님은 바울을 이 죽음의 위험에서 건져내셨다. 바울은 그의 사역을 계속할 수 있게 하는 은혜의 기적 때문에 하나님께 감사한다. 그것은 "복음은 강함과 더불어 약함에도 효과적"이라는 그의 견해를 다시 한번 강하게 만드는 역할을 했다.[21]

바울이 고린도 교인들에게 호소한 내용에서 이 기록은 어떤 역할을 하는가? 그는 그들을 당황하게 만든 계획 변경에 대한 핑계로 최근의 환난을 이야기할 수 있다. 바울의 거의 죽을 뻔한 경험을 알고는 여행 계획을 변경한 것을 비난하고 자신들에 대한 바울의 관심이 부족하다고 비난한 사실을 부끄러워할 수 있다(1:16-17).[22] 이 단락에서 강조점은 하나님의 구원에 있다. 바울

---

17 Talbert, *Reading Corinthians*, 135.

18 그는 삶이 절망적이었다고 말한다(ὥστε ἐξαπορηθῆναι ἡμᾶς καὶ τοῦ ζῆ). 이것은 4:8에 열거된 그의 고난 중 하나인, "답답한 일을 당하여도"(ἀπορούμενοι), "낙담하지 아니한다"(ἐξαπορούμενοι)와 병행된다.

19 J. Héring, *The Second Epistle of Saint Paul to the Corinthians*, trans. A. W. Heathcote and P. J. Allcock (London: Epworth, 1967), 3.

20 R. Yates, "Paul's Affliction in Asia: 2 Corinthians 1:8," *EvQ* 53 (1981): 245.

21 Yates, "Paul's Affliction in Asia: 2 Corinthians 1:8," 245.

22 휴즈(Hughes)가 바울이 자신의 고난을 연설자의 동정을 불러일으키기 위한 수사적 책략으

은 이 위기를 이전 계획을 이행하지 못한 것을 변명해서 사람들의 관심을 끌고 싶어하지 않는다. 그는 슬픔의 무게를 감당할 수 없을 만큼 아시아에서 무거운 짐을 지고 있었지만, 하나님께서 그를 구원해 주셨다. 환난은 그가 견딜 수 있는 능력을 넘어섰지만 그를 강하게 하시는 하나님의 은혜나 그를 구원하시는 하나님의 능력을 넘어서는 것은 아니었다. 그는 이 사건을 이야기하면서 1-7장 전체를 관통하는 주제를 밝힌다. 그것은 세가지 요소로 구성된다. 사도로서의 고난(2:14-17; 6:4-10; 또한 11:23–29 참조), 이 고난이 어떻게 바울 자신이 아니라 하나님께 완전히 의지하게 만들었는지(4:7-12; 또한 12:7-10 참조), 그리고 어떻게 이 고난이 결국 하나님께서 그를 변호해 주시는 결과를 낳을 것인지이다(3:18; 4:14; 4:16–5:10; 참조 13:4).[23]

1:9. 바울은 "우리는(αὐτοὶ [아우토이]로 강조) 우리 자신안에서 사형 선고를 받았다"(문자적 번역. 개역개정."우리는 우리 자신이 사형 선고를 받은 줄 알았으니")라고 말함으로 아시아의 고난에 관한 설명을 계속한다.[24] 여기에서 그는 재판에서 내려진 사법적인 판결을 언급하는가? 칼뱅은 그렇게 생각하고 "나는 나의 죽음이 결정되고 정해졌다고 생각했다"라고 번역했다.[25] 그러나 바울은 이 어구를 문자적으로 이해하게 만들 의도가 없었을지 모른다.[26] 동사 ἐσχήκαμεν(에스케카멘, "느꼈다". 개역개정, "알았으니")은 완료 시제이며 지속적인 결과 또는 결과를 수반하는 완료된 행동의 전통적인 개념을 전달할 수 있다. 그러나 다음 절 "자기를 의지하지 말고"의 완료 시제 완곡어법 구문은 그가 집행 유예로 받은 법적 판결에 적합하지 않은 "사형 선고를 지속적으

로 과장한다고 주장하는 것은 너무 지나친 견해이다("The Rhetoric of Reconciliation: 2 Cor. 1:1–2:13 and 7:5–8:24," 246–61).

23 참조. Duff, "2 Corinthians 1–7," 24.

24 어절을 시작하는 접속사 ἀλλά("그러나")는 "게다가, 더욱이" 또는 CSB 성경이 번역한 "사실"을 의미한다.

25 J. Calvin, *The Second Epistle of Paul the Apostle to the Corinthians and the Epistles to Timothy, Titus and Philemon*, Calvin's Commentaries, trans. T. A. Small, ed. D. W. Torrence and T. F. Torrance (Grand Rapids: Eerdmans, 1964), 12.

26 집회서(Sirach) 41:1-4는 은유적으로 사형 "선고" 또는 "칙령"(ὁ κρίμα)을 말한다.

오! 죽음이여! 자기 소유 가운데 평화롭게 사는 사람, 혼란하지 않은 사람, 즉 모든 면에서 번영하고 여전히 음식을 즐길 활력이 있는 사람에게 당신을 생각나게 하는 것은 얼마나 쓰라린가! 죽음이여! 궁핍하고 기력이 쇠하고 늙고 모든 일에 심란한 사람, 반대하고 인내를 잃은 자에게 당신의 선고는 얼마나 반가운 일인가! 사형 선고를 두려워 하지 말라. 당신의 과거와 삶의 끝을 기억하라. 이는 모든 육체에 대한 여호와의 명령이니 어찌 지극히 높으신 이의 기뻐하심을 거절 할 수 있겠는가? 인생이 십년이든 백년이든 천년이든 음부에서는 그것에 대해 묻지 않는다(NRSV).

로 인식하고 있음"을 암시한다.[27] 바울은 고린도전서 4장 9절에서 비슷한 이미지를 사용한다. 고린도 교인들과 비교하여 그는 아마도 경기장에서 "죽음을 선고받은 자 같이"(개역개정, "죽이기로 작정된 자 같이") 구경 거리가 되었다. 그는 분명히 문자 그대로 이 진술을 의도하지 않았다. 로마법에 따르면 사형 선고를 받은 사람들은 모든 시민으로서의 권리를 잃어버렸다. 사도행전에서 바울은 로마 시민으로서 그의 권리를 계속 행사했다고 기록되어 있다(행 22:25-29; 23:27; 25:11-12).[28] 그가 이 "선고"를 "우리 자신 안에"(ἐν ἑαυτοῖς, 엔 헤아우토이스. 개역개정, "우리 자신이") 받았다고 말함으로써 그것이 재판관이 선언한 평결이 아니라 주관적인 경험임을 암시한다.

헤머Hemer는 "선고"(ἀπόκριμα, 아포크리마)로 번역된 단어가 사법적 선고를 가리키는 것이 아니라 초기 제국의 공식 언어로 대사의 청원이나 문의를 해결하는 답변이나 결정을 위해 사용되었다고 주장한다. 그러므로 바울은 그가 하나님께 간구한 것에 대해 받은 응답을 말한다.[29] 우리는 "사형 선고"가 정확히 무엇인지 확신할 수 없을지도 모르지만 바울은 하나님의 결정이 그에게 부과되었던 것을 분명히 한다.

1. 그는 죽은 자를 살리시는 하나님만을 의지하게 하기 "위해서"(ἵνα, 히나) 그것을 받았다. 칼뱅은 바울이 하나님의 능력을 의지하지 않고 자신의 능력에 의지하려는 유혹을 받은 점에서 다른 사람들과 다르지 않다고 언급했다.[30] 인간의 교만함의 뿌리는 세렝게티 사막의 아카시아 나무처럼 깊숙이 자라고 쉽게 뽑히지 않는다. 그리고 칼뱅은 "우리가 하나님의 압도적인 손에 낮아지기 전까지는 참된 순종으로 이끌리지 않는다"고 숙고한다.[31] 우리가 겸손

27 Barnett, *Second Epistle*, 86n32.

28 Yates, "Paul's Affliction in Asia," 242, 다음을 인용한다. Justinian, *Digests* 28.1.8.4.

29 Hemer, "A Note on 2 Corinthians 1:9," 103–7. 또한 다음을 참조하라. F. Büchsel, "κρίνω ...," *TDNT* 3:945–46: "인간의 판단으로 바울은 자신의 위치가 사형 선고를 받은 사람이 자비를 구하고나서 반드시 죽어야 한다는 대답을 받은 사람과 같은 처지라고 생각할 수 밖에 없었다." 또한 다음을 참조하라. Furnish, *II Corinthians*, 113. 헤머는 이 대답을 파루시아까지 살아남을 것이라는 바울의 기대와 잘못 연결했다(살전 14:15, 17). 그는 고후 5:1-10이 고전 15장과 다른 관점에서 부활을 반영하고 있으며 바울이 그의 관점을 바꾸었다고 가정한다. 바울의 극단적인 상황과 하나님께 드린 간구가 이러한 변화를 가져왔다. 그는 주님이 오시기 전에는 아무도 죽음의 면제를 주장할 수 없다는 응답, 즉 사형 선고를 받았다. 파루시아와 그의 죽음에 관한 바울의 기대에 대한 다른 해석이 5:1-10에서 제시될 것이지만, 헤머의 주장은 1:10의 바울의 진술을 고려하지 못한다. 그는 하나님께서 장래에 다시 자신을 구원하실 것을 충분히 기대했다.

30 Calvin, *Second Epistle*, 12.

31 Calvin, *Second Epistle*, 12.

을 배우고 하나님의 능력에 자기를 열어두기 전에, 극한에 몰리고 모든 거짓된 자신감을 벗게 되는 때, 우리는 자주 무력감이라는 좋은 약이 필요하다.[32] 바울에게 죽음의 깊은 확실성은 하나님에 대한 더 깊은 신뢰로 이어졌다.[33]

죽음과 하나님의 구원에 관한 이 그림은 우리가 가진 모든 것이 하나님으로부터 온 것이며 우리의 하찮은 힘을 의지할 수 없고 오직 죽은 자를 살리시는 하나님만 의지할 수 있음을 그에게 다시 가르쳤다(1:9). 자기 힘과 의(롬 10:3, 빌 3:2-7, 18-21)와 지혜(고전 1:30)로 스스로를 의지하는 사람들은 실패를 맛보게 된다. 하나님만 의지하는 사람은 세상 사람들이 보기에 연약하고 실패한 사람으로 보일 수 있지만, 하나님은 그들을 구원하시는 데 실패하지 않으신다. 따라서 바울은 자신의 덕을 자랑하고 스스로 충분해 보이는 자신감 넘치는 경쟁자들을 약화시킨다. 이와 반대로 바울은 자신의 부족함을 먼저 인정하고(3:5), 그가 가진 모든 것이 전적으로 하나님으로부터 왔음을 고백한다. 사도로서 그의 능력은 자기 자신이 아니라 하나님으로부터 온다(4:7).

2. 환난이 너무 커서 생명을 위해서는 그것을 압도하는 하나님의 직접적인 개입이 필요했다. 이를 통해 바울은 하나님의 더 크신 능력을 더욱 깨닫게 되었다. 최악의 상황, 그리고 모든 인간의 원천이 고갈되었을 때, 하나님의 능력을 가장 잘 인식한다. 왓슨은 고린도 교인들에게 보낸 두 편지에서 "바울은 하나님의 모든 것을 충족케 하심을 계시하는 수단으로서 인간의 부족함을 말한다"라고 언급한다.[34] 바울은 그의 환난을 힘에 겹도록 심하게 무겁다고 묘사한다(1:8; *καθ' ὑπερβολὴν ... ἐβαρήθημεν ὥστε ἐξαπορηθῆναι*, 카드 휘페르볼렌 ... 에바레데멘 호스테 엑사포레데나이). 그는 편지 뒷부분에서 "특별한", "엄청난"(*ὑπερβολή*, 휘페르볼레)이라는 형용사를 사용하여 심히 큰 하나님의 능력(4:7), 지극히 크고 영원한 영광의 중한 것(4:17; 참조. 12:7. "지극히 큰 그가 받은 계시")을 설명한다. 바울은 하나님을 죽은 자를 살리시

32 이것은 일부 학자들이 주장하는 것처럼 바울이 이미 겸손하지 않았고 그의 콧대를 꺾는 데 이러한 경험이 필요했다는 것을 말하는 것이 아니다. 예를 들어, 다드(C. H. Dodd)는 이 경험이 바울에게 일종의 심리적 분수령이라고 주장했으며, 그는 이를 "일종의 두 번째 개종"이라고 불렀다. 이 시련에서 더 부드러운 바울이 나타났다. 그의 이론은 10-13장이 1-9장보다 먼저 쓰였다고 가정한다. 우리는 이것이 틀렸다고 주장한다. 여기에서 바울이 배운 교훈에 대한 성찰은 성도의 성찰과 잘 어울린다. 성도들은 다른 사람들보다 자신이 목표에서 얼마나 멀리 떨어져 있고 배우고 성장해야하는지 인식한다. 바울은 자신이 모든 것을 이루지 못했으며 목표를 향해 달려가야 한다는 것을 깨달았다(빌 3:12-14).

33 Barnett, *The Message of 2 Corinthians*, 34.

34 Watson, "2 Cor. 1,9b as the Heart of Paul's Theology," 388.

는 분으로 묘사한다. 현재 분사의 사용은 그가 이것을 하나님의 영원한 속성으로 이해한다는 것을 의미한다(롬 4:17 참조). 그는 하나님이 그리스도 안에서 "사망을 폐하시고 복음으로써 생명과 썩지 아니할 것을 드러내셨다"(참조. 딤후 1:10; 고전 15:21, 26, 54-57)는 것을 기본적으로 확신한다. 하나님은 위로하시는 분(1:4)이시며 죽은 자를 살리시는 분이시다. 이것은 유대교에서 잘 알려진 고백이다. 18개의 축복기도 중 두 번째 축복(*Shemone Esre*)은 "죽은 자를 살리시는 분"이신 하나님을 말한다. 그러나 바울에게 이 유대교적 고백은 그의 믿음의 핵심이 되는 보다 구체적인 내용을 담고 있다. 십자가에 못 박힌 예수를 죽은 자 가운데서 살리신 분은 하나님이시다(롬 8:1, 10:9, 갈 1:1, 골 2:12, 살전 1:10). 바울은 일반적인 어떤 신을 신뢰하지 않고 예수를 죽은 자 가운데서 살리신 한 분 하나님을 신뢰한다.[35] 그러므로 그는 우울한 금욕주의가 아니라 그리스도의 부활의 능력으로 인해 승리의 의미로 다가오는 많은 고난을 받아들인다. 그리스도의 부활은 자신의 부활을 보장하며, 이제 그는 삶에서 자신에게 일어나는 모든 일을 그런 관점에서 해석한다. 고난 속에서 그는 능력을 주시는 하나님의 임재를 경험했고, 그것이 그를 위해 고난을 당하시고 죽으신 그리스도와 더욱 친밀한 연합을 맺는다는 것을 확신하게 되었다. 그렇기 때문에 그는 자신의 환난을 자랑할 수 있고(11:30; 12:5) 끊임없는 위험과 끊임없는 고난에 계속 자신을 노출시킨다.

바울의 고린도교회 회심자들 모두가 완전히 약해지고 모든 인간적인 해결책에 절망할 때만 하나님의 능력을 이해했다는 것이 아니다. 하나님은 자신을 높이고 이미 높아졌다고 믿는 자를 일으키시는 것이 아니라 죽은 자를 일으키신다. 하나님의 능력은 그의 아들의 십자가의 연약함 안에서 완전해지며, 세상에서 일하시는 하나님의 방법은 그의 사도의 십자가를 닮은 사역에서 계속된다. 이 놀라운 믿음의 확언은 고린도 교인들의 세속적 사고방식을 해체하고, 허가없이 침입한 슈퍼-사도들의 해로운 선전을 무너뜨리기 위한 바울의 첫 번째 일격이다.

1:10. 바울의 구원의 본질은 환난의 본질에 비해 모호하지 않다.[36] 그러나

35 C. Wolff, *Der zweite Brief des Paulus an die Korinther*, THKNT (Berlin: Evangelische Verlaganstalt, 1989), 26–27.

36 이 구절에는 세 가지 문제가 있는 사본의 차이가 포함되어 있다. 첫 번째, 단수형 τηλικούτου θανάτου(매우 큰 죽음의 위험")는 대다수 사본이 지지한다($\mathfrak{P}^{46}$ ℵ B C D^{gr} G^{gr} Gør K P Ψ 33 88 614). 복수형 τηλικαύτων θανατων("매우 큰 죽음의 위험들")은 다른 사본($\mathfrak{P}^{46}$ 81 630 1739 it^{gr} $sy^{p,h}$ goth Ambrosiaster)에도 존재한다. 11:23에서 바울은 그가 직면한 다양한 위협을 언

다시 그 신학적 결과를 강조하고자 한다. 그는 그러한 위협적인 위험으로부터 일시적인 유예를 받았다. 그가 곤경에 처한 것은 이번이 처음이 아니니며 마지막도 아니다.[37] 하나님께서 그를 가장 큰 위험에서 구원하셨기 때문에 하나님의 뜻이라면 하나님께서 다시 그를 구하실 수 있고 구하실 것을 확신한다.

바울은 누군가 "하나님께서 나를 구원하시길 소망합니다"라고 말할 때처럼 단순히 꿈을 표현한 것이 아니다. 그는 하나님께서 자신을 구원하실 것이라는 근본적인 확신을 말한다. 하나님을 구원자로 찬양하는 성경적 기도는 여기서 바울의 언어에 분명히 영향을 미쳤다(삼상 22:2; 시 18:2-6; 40:17; 70:5; 72:12; 91:15; 140:7; 144:2; 또한 다음을 참조하라. 시 32, 38, 116편). 그는 하나님께서 계속해서 자신을 구원하실 것이라고 확신하지만 죽음의 선고는 없어지지 않는다. 바울은 자신의 소망을 죽음에서부터 건지신 하나님의 구원에 둔다.[38]

1:11. 바울은 구원이 중보기도를 통해 온다는 것을 믿는다. 동사 *συνυπουργέω*(쉰위푸르게오)는 무엇인가를 통해서, 이 경우 그를 대신하여 그들의 기도를 통해서 "함께 일하다" 또는 "협력하다"를 의미한다.[39] "너희도 도우라"를 의미하는 이 말은 그들이 그를 위해 기도한다는 의미인가, 아니면 그들

급하기 위해 복수형 *ἐν θανάτοις πολλάκις*("많은 죽음의 위험에 처한")를 사용했으며, 그는 하나님께서 구원하신 그 죽음으로 반복되는 상처를 언급할 수 있다. 그러나 대부분은, 우세한 증언에도 불구하고 특정한 최근의 사건을 가리키는 단수를 받아들인다. 두 번째 변형인 *καὶ ῥύσεται*("구원할 것이다")는 일부 사본에서 생략된다(A D* Ψ it^{d,61} syr^{p} eth^{pp}) 아마도 어떤 필사가들은 문장에서 "구원할 것이다"라는 동사가 반복되는 것이 불필요하다고 생각하여 생략했을 것이다. 그러나 다른 필사가들은 바울이 구원을 과거, 현재, 미래를 언급하도록 현재 시제로 바꾸었을 것이다. 중복에도 불구하고 "그리고 구원할 것이다"라는 표현은 초기 성경(𝔓^{46} ℵ B C P 0209 33 81 365 1175)에서 강력한 외적 지지를 받는다. *ἔτι*("계속")에 대한 𝔓^{46} B D^{gr}의 지지는 그것을 원문으로 여긴다. 어색한 *ὅτι καὶ ἔτι*의 순서로 인해 필사가들은 마지막을 삭제하게 되었을 것이라고 주장한다.

37 참조. 딤후 4:17-18, "주께서 내 곁에 서서 나에게 힘을 주심은 나로 말미암아 선포된 말씀이 온전히 전파되어 모든 이방인이 듣게 하려 하심이니 내가 사자의 입에서 건짐을 받았느니라 주께서 나를 모든 악한 일에서 건져 내시고 또 그의 천국에 들어가도록 구원하시리니 그에게 영광이 세세무궁토록 있을지어다! 아멘."

38 다음 완료 시제 *εἰς ὃν ἠλπίκαμεν*는 "우리가 바랐던 자"(개역개정, "그에게 바라노라")로 하나님에 대한 그의 확신이 계속 미치는 영향을 강조한다. 바넷은 다음과 같이 말한다. "우리는 다음을 기억해야 한다. ... 이생에서 하나님의 '구원'은 항상 부분적이라는 것이다. 질병에서 회복될 수 있지만, 우리의 마지막 원수인 사망을 피할 수 있는 방법은 없다. 우리는 형체를 잃어가는 이 세상에서, 세상의 슬픔과 괴로움에 떼려야 뗄 수 없이 얽혀있다. 오직 죽은 자의 부활 안에만 완전한 구원이 있다"(Barnett, *The Message of 2 Corinthians*, 34).

39 BDAG, 793.

이 그를 위해 기도해야 한다는 의미인가? 그들이 바울을 위한 중보기도에 충실하지 않았다는 인상을 받는다. 바울은 다른 사람의 도움 없이 잘 살아낼 수 있는 척 하지 않고 그들의 기도가 절실히 필요하다고 표현하는 데 거리낌이 없다. 바울은 하나님이 들으시고 응답하시며 구원하신다는 것을 알기 때문에 기도의 능력을 굳게 확신한다.

다음 구절은 어렵지만, 바울은 이 문맥에서 최근 자신의 구원을 가리키는 하나님의 은사(χάρισμα, 카리스마)[40]가 그를 위하여 기도하는 가운데 위로 들려진 많은 얼굴(개역개정, "많은 사람." 직역하면 "많은 얼굴")로 말미암아 그에게 베풀어졌다고 말하는 것 같다.[41] 그러나 강조점은 우리를 위하여 감사하는 것이다. 바울의 개인적인 구원은 기도의 유일한 목적이 아니라 그의 기쁜 구원에 대해 하나님께 감사하는 것이다. 자신의 사도적 사역에 대해 하나님께 드리는 감사를 키우는 것은 이 편지에서 그의 위대한 목적 중 하나이다.[42] 4장 7-12절에서 그가 받은 고난을 나열한 후 4장 15절에서 이렇게 선언한다. "이는 모든 것이 너희를 위함이니 많은 사람의 감사로 말미암아 은혜가 더하여 넘쳐서 하나님께 영광을 돌리게 하려 함이라"(참조. 9:11-12). 바울은 자신의 유익만을 위해 그들의 기도를 요청하는 것이 아니다. 넘치는 고통은 다른 사람들의 삶으로 흘러 넘치는 더 큰 위로를 가져다 준다. 이 풍성함은 하나님께 영광을 돌리는 감사 기도의 양을 키울 것이다. 바울의 궁극적인 관심은 그들이 그의 구원을 위해 기도하는 것이 아니다. 바울의 관심은 어떻게 하나님께서 그들의 기도를 통해 점점 더 영광을 받으시도록 복음을 전파하기 위한 고난과 구원을 사용하셨는지이다. 바울의 비전은 결코 자신과 그의 세계에 제한되지 않는다. 그것은 전 세계와 하나님께 대한 응답으로 확장되었다.

바울은 교회와의 관계에서 암초에 부딪혔기 때문에 이 편지를 쓴다. 바울이 아시아에서 직면한 위험 외에도 바울과 고린도 교인들 사이에 커지는 갈등으로 견딜 수 없을 정도로 짓밟힌 느낌을 받았다. 그는 모든 일에서 그를 지

40 고든 피(G. D. Fee)는 여기서 χάρισμα는 "받은 은혜의 구체적인 표현", 바울의 삶에서 일어난 어떤 특정한 사건, 아마도 "생명 자체라는 선물"을 의미한다고 주장한다(*God's Empowering Presence: The Holy Spirit in Letters of Paul* [Peabody: Hendrickson, 1994], 286, 32–35). 롬 5:15-16에서 은사(χάρισμα)는 "그리스도를 통한 하나님의 은혜로운 개입"(Thrall, *II Corinthians*, 1:123)을 나타낸다.

41 많은 얼굴(개역개정, "많은 사람")은 사람들을 비유적으로 표현하는 말이 아니다. "얼굴"은 고린도후서에 10번 나타나며 "사람"을 의미하지 않는다(참조. 2:10; 3:7, 13, 18; 4:6; 8:24; 10:1, 7; 11:20). 바울은 기도 중에 하나님께로 향하는 많은 얼굴을 상상하는 것 같다.

42 Wolff, *Der zweite Brief,* 27.

원하고 위로하시는 위대하고 능력 있는 하나님께 자신의 삶을 드렸지만 그들이 필요함을 분명히 밝혔다.[43] 그들도 동일하게 그를 필요로 하는 것이 사실이다. 그의 구원을 위해 간절히 기도하는 데 동참한다면 그의 고난을 폄하할 수 없다. 바울의 삶에 하나님께서 개입하심에 대해 하나님께 기쁘게 감사하는 것은 그들 사이의 화해의 가장 확실한 표시가 된다. 따라서 바울은 하나님께서 그들의 삶에 행하신 일에 대해 감사하는 마음으로 이 편지를 시작하는 것이 아니라, 그들이 고난을 통해 하나님께서 그의 삶에 행하신 일에 대해 감사하기를 바라는 마음으로 이 편지를 시작한다.

2.1.2. 편지의 주제: 바울의 사역에 대한 올바른 이해(1:12-14)

12 우리가 세상에서 특별히 너희에 대하여 하나님의 거룩함과 진실함으로 행하되 육체의 지혜로 하지 아니하고 하나님의 은혜로 행함은 우리 양심이 증언하는 바니 이것이 우리의 자랑이라 13 오직 너희가 읽고 아는 것 외에 우리가 다른 것을 쓰지 아니하노니 너희가 완전히 알기를 내가 바라는 것은 14 너희가 우리를 부분적으로 알았으나 우리 주 예수의 날에는 너희가 우리의 자랑이 되고 우리가 너희의 자랑이 되는 그것이라

이 구절에는 편지의 주제가 포함되어 있다(참조. 롬 1:16-17).[44] 바울은 고린도 교인들이 자신이 주 안에서 그들의 자랑이라는 것을 이해하고 그들이 자신을 모욕하는 대신에 자랑스러워할 수 있고 또 자랑해야 한다는 것을 알기를 바란다. 이 주제는 5장 11-12절에서 다시 언급된다. "우리가 다시 너희에게 자천하는 것이 아니요 오직 우리로 말미암아 자랑할 기회를 너희에게 주어 마음으로 하지 않고 외모로 자랑하는 자들에게 대답하게 하려 하는 것이라"(5:12).

바울의 목표는 그들이 그를 적절하게 평가하도록 해서 그의 환난에도 불구하고 그에 대해 자랑스럽게 말할 수 있게 하고, 그의 사역을 폄하하는 자들로부터 자신을 변호하게 하는 것이다. 그들이 그를 경시하기보다는 고난 중에

43 탈버트(*Reading Corinthians*, 135 135)는 에픽테투스를 인용한다.

44 따라서, Fitzgerald, *Cracks in Earthen Vessels*, 232–34, 247–48; Wolff, *Der zweite Brief*, 29. 퍼니시는 이 구절들이 고린도후서의 첫 번째 주제를 소개할 뿐이라고 생각한다(*II Corinthians*, 129).

있는 그를 위해 기도하고 그의 구원에 대해 감사하여(1:11), 그를 그들의 자랑으로 받아들이고(1:13-14), 그가 온전한 정직함과 성실함으로 사도직을 수행했음을 인정하게 되기를 바울은 소망한다.

바울의 궁핍함과 부에 대한 예상하지 못한 변화, 사역 방식, 고린도 교인들에 대한 솔직한 비판은 일부 고린도 교인들의 마음을 상하게 했다. 바울에게 불만을 품은 사람들은 사도로서 자질을 갖추었는지 의문을 제기해 왔다. 그들은 바울의 진실함을 의심하고 수사적 능력을 비웃고 권위에 도전했다. 바울은 자신의 고난이 그리스도와의 연합를 심화시켰고 십자가에 못 박히신 그리스도의 메시지를 확증했다고 주장했지만 고대 세계에서 대부분의 사람들은 그 반대를 가정했을 것이다(고전 1:23). 그들은 그의 고난이 하나님의 능력과 지혜를 계시했다는 그의 주장과 모순되는 것으로 여겼을 것이다(고전 1:24).

대부분은 철학자의 책임이 다른 사람들에게 좋은 삶으로 가는 길을 가르치고 모범을 보이는 것이라고 생각했다. 그 관점에서 거의 죽음에 이르렀던 바울의 체험은 그가 선한 삶이 아닌 다른 삶을 영위하고 있었으며 이 모든 고난이 하나님의 진노에서 비롯된 것임을 보여 주었다. 그는 더 이상 신뢰받을 수 없었다. 하비는 다음과 같이 말한다.

> 이러한 반응은 고통받는 사람이 실제로 보일 때 정점에 이를 것이다. 그는 이제 막 회복되기 시작한 굴욕적인 흔적의 상태를 짊어질 것이다. 그의 활동은 "육체"의 연약함으로 인해 제한될 것이다. 그리고 바울은 그가 방문하는 동안 스스로를 지원하면서 자신을 돌보아주는 호스트에게 보살핌과 환대에 대한 부담을 주지 않도록 그가 항상 특별한 준비를 해두었던 일을 할 수 있는 능력을 상실했을 것이다.[45]

바울은 갈라디아 교인들에게 그가 어떤 병("육체의 연약함") 때문에 그들에게 먼저 복음을 전했음을 일깨웠다. 그는 자신의 병이 그들에게 시험이 되었을지라도 그를 멸시하지 않고 하나님께로부터 온 천사처럼 영접한 것을 기뻐하였다(갈 4:13-14). 어떤 고린도 교인들은 많은 환난 때문에 그를 낮추었다. 그는 매를 맞고 멍이 든, 병든 패자처럼 보였고, 그들을 위로하기에는 죽음에 가까운 동반자처럼 보였다.

소식을 전하는 사람의 평판이 좋지 않으면 소식도 평판이 좋지 않다. 바울은 다른 사람들이 그의 메시지와 복음의 진리를 신뢰하지 않는다는 사실에 주로 관심을 가진다. 그러므로 이 편지 전체에서 자신의 고난과 연약함이 그

45 Harvey, *Renewal through Suffering*, 94.

의 사역을 훼손하지 않는다고 주장하며 고린도 교인들로 이 사실을 확증하게 하려고 노력한다(참조. 6:3). 하나님이 그리스도의 고난을 통해 능력으로 역사하신 것처럼, 하나님께서 자신의 연약함을 통해서도 능력 있게 역사하시는 모습을 바울은 그들에게 보이려고 한다. 그는 약하고 아무 가치도 없는 것처럼 보일 수 있지만(고전 2:1-5; 고후 10:10), 외모는 속이는 것이다. 십자가가 하나님의 연약함과 어리석음의 증거인 것처럼 보이지만 실제로는 하나님의 능력과 지혜의 증거인 것처럼 바울의 고난과 낮아짐은 바울을 사도로 확증해 준다(참조. 고전 1:17, 2:3-5, 4:7-11). 그것들은 바울이 십자가에 못 박히신 그리스도의 신성한 본을 따르고 있음을 나타낸다.

1:12. "자랑하다"(*καύχησις*, 카우케시스)는 이 주제 선언을 구성한다(1:12, 14). 바울은 자랑의 근거를 제시하면서 시작하여(1:12), 주님의 날에 자기가 자랑의 근거가 될 것이라는 소망을 표현하면서 끝맺는다(1:14).

자랑에 대한 언급은 이 편지에서 바울의 다른 모든 글을 합친 것보다 더 자주 나타난다(55회 중 29회).[46] 그러나 "자랑"은 오늘날 대부분의 사람들에게 부정적인 의미를 내포한다. 허영, 오만, 뻔뻔함의 냄새를 풍기며 뽐냄, 과시, 흡족해 함, 으스댐과 동의어이다. 그러므로 우리는 겸손해야 하는 그리스도인들은 그것을 피해야 한다고 생각한다. 바울은 고린도 교인들에게 아무도 하나님 앞에서 자랑할 수 없으며(고전 1:29; 참조. 롬 3:27) 사람을 자랑해서는 안 된다고 말했다(다른 지도자들; 고전 3:21). 그 자신은 교만한 사도가 아니었으며(고전 9:15-16; 고후 10:13-15), 경쟁자들의 어리석은 자랑을 비판한다. 그것은 거짓 사도요 속이는 일꾼임을 드러낼 뿐이다(12:13). 빌립보서 3장 3-8절에서 그는 육체에 대한 자랑과 확신에 대한 이전의 근거를 나열했지만 이제는 그리스도를 주님으로 아는 지식에 비하면 모든 것을 쓰레기로 여긴다고 말한다. 바울은 갈라디아 교인들에게 죄에서뿐만 아니라 의에 대한 그릇된 신뢰에서 자신을 구원한 그리스도의 십자가만을 자랑한다고 말한다(갈 6:14). 자신의 자랑을 전하면서 고린도 교인들이 바울을 그들의 자랑으로 자랑스럽게 여기기를 바라는 것은 현대 독자들에게는 일관성이 없는 것처

46 "자랑하다"(*καυχάομαι*) 동사는 스무 번 나온다(5:12; 7:14; 9:2; 10:8, 13, 15, 16, 17[2회]; 11:12, 16, 18[2회]), 30[2회], 12:1, 5[2회], 6, 9). 자랑하는 행위를 가리키는 명사(*καύχησις*)는 여섯 번 나온다(1:12; 7:4, 14; 8:24; 11:10, 17). 자랑의 근거를 가리키는 명사(*καύχημα*)는 세 번 나온다(1:14; 5:12; 9:3).

럼 보일 수 있다.[47]

바울은 고린도전서에서 교만한 경쟁자들이 등장하기 오래 전부터 고린도에서 교만함이 문제였다고 지적한다. 새비지Savage는 자신을 높이고 명예와 탁월함을 얻기 위해 서로를 뛰어넘는 데 집착하는 동료 시민들을 감염시킨 세속적 가치와 태도 때문이라고 말한다.[48] 더 낮은 지위에 있는 다른 사람들에 대한 자랑, 오만, 경멸은 고린도의 환경에서 흔한 일이었고 교회에서도 확고한 위치를 차지하고 있었다. 공동체의 어떤 사람들은 동료들 사이에서 더 큰 명성을 얻기 위해 자랑했다(고전 1:12, 3:21, 4:7). 그들은 바울이 손으로 일한 것을 욕하고 비천한 처지를 조롱함으로 업신여겼다(고전 4:8-13).

다른 사람들이 우리를 높이 평가해 주기를 바라는 것, 심지어 우리를 존경하기까지 바라는 것은 인간의 본성이다. 우리는 일반적으로 사람들이 우리를 무시하거나 우리를 멸시할 때 화를 내거나 상처를 받는다. 일부 고린도 교인들은 바울의 가치를 제대로 인식하지 못했다. 그러나 바울은 이 편지에서 그들에게 멸시 받은 것에 대한 마음의 상처를 드러내지 않는다. 그가 고치고자 하는 문제는 그들이 사도와 영성을 평가하기 위해 잘못된 평가 수단을 채택했기 때문에 사도로서 그의 사역을 인정하지 않는 것이다.

바울은 고린도 교인들이 자신을 더 잘 이해하고 그의 사역을 이해하기 원한다. 영광스러운 복음 사역자가 어떻게 그러한 불명예와 수치를 견뎌야 하는지, 그의 행동 뒤에 숨어 있는 동기를 존중하기 위해 그가 어떻게 모든 일을 간교한 속임수로 하지 않고 마음을 다해 그들에게 최고의 이익이 되도록 행했는지 이해하기 원한다. 그들은 바울에 대한 열심을 새롭게 하였지만(7:7, 11), 1장 14a절의 진술은 그들이 여전히 바울에 대해 부분적으로만 이해하고 있음을 암시한다(7:6-7). 그는 자신을 안다. 그리고 그들이 그를 온전히 알기 원한다. 그들이 바울에 대해 여전히 당혹스러울 수 있는 것은 그처럼 연약하고 겸손하고 궁핍하고 환난 겪는 사람이 "예수 그리스도의 영광스러운 복음의 일꾼이라고 정당하게 주장"할 수 있는가 하는 점이다.[49]

바울은 자신이 단지 평판이 좋지 않은 정치가처럼 개인의 정당성을 입증하거나 개인의 진실함으로 명성을 회복하기를 바라지 않는다. 오히려 만약 그

47 참조 5:12. "우리가 다시 너희에게 자천하는 것이 아니요 오직 우리로 말미암아 자랑할 기회를 너희에게 주어 마음으로 하지 않고 외모로 자랑하는 자들에게 대답하게 하려 하는 것이라."

48 Savage, *Power through Weakness*, 64.

49 Savage, *Power through Weakness*, 64.

들이 하나님의 사도로서 바울과 그의 충분함을 이해한다면, 십자가의 본질과 그리스도를 따르는 모든 사람들이 그것을 어떻게 살아야 하는지를 더 잘 이해할 것이라고 믿는다. 그러므로 그는 그리스도의 사도로서 그의 행동을 추천하고 그들이 자신을 추천하기 원한다. 그것이 그들의 영적인 성숙을 드러낼 것이기 때문이다. 그것은 그들이 하나님의 능력이 연약함을 통해 가장 강력하게 역사한다는 것을 인식할 수 있음을 보여줄 것이다. 고린도 교인들은 그의 비참한 환난을 비판하면서 바울의 복음에 대한 무지를 드러낸다(4:3). 따라서 그는 자신이 전파하는 복음, 즉, 예수 그리스도께서 주님이심과 우리가 그분의 종임을 그들에게 다시 알려야 할 필요가 있다(4:5). 한 두 편지로 그들의 육신적인 견해가 즉시 고쳐지지는 않을 것이다. 그는 그들을 다시 방문해야 할 것이다. 그렇기 때문에 그는 13장 5-6절에서 그들이 참으로 믿음 안에 있는지 스스로 살펴보라고 요청함으로써 결론을 맺는다.

스스로를 자랑하는 경쟁자 그룹이 공동체에 대한 바울의 관계 문제를 악화시켰다. 그들은 교회에 도착하여 공동체의 사랑에 끼어들어 그를 부정적으로 묘사함으로써 스스로를 높였다. 그는 명예를 위해 뻔뻔한 경쟁에 참여하는 것을 경멸하지만, 거짓 가르침을 전하는 침입자들과 싸우지 않고 항복하기를 거부한다. 그는 사람들이 자기를 숭배하는 것을 원하지 않으며 자신의 자아가 증진되는 것을 필요로 하지 않는다. 그러나 바울은 또한 그들이 하나님의 사도로서 그의 부르심을 존중하는 것을 그치기 원하지 않는다. 그는 자신에 대한 확신을 다시 심어 주고자한다. 그렇게 하지 않으면 거짓 사도들에게 회중을 잃게 될 것이기 때문이다. 그는 교회와의 관계를 보존해야 한다. 바울은 그들이 자신의 진실함을 의심하는 것을 원치 않는다. 그는 상대방이 옹호할 수 있는 거짓 복음에 휘둘리지 않도록 그들과의 관계를 회복하기 원한다. 그러므로 바울은 자랑의 상호성에 관해 다음과 같이 말한다. “여러분이 우리의 자랑인 것처럼 우리도 여러분의 자랑입니다.”

바울은 미묘한 도전에 직면해 있다. 그는 어떻게 복음에 따라 거침없이 자랑하는가? 그는 자랑이 항상 잘못된 것이 아님을 이해한다. 그것은 모두 자랑의 근거에 달려 있다. 자랑은 신뢰와 관련이 있으며, 신뢰는 올바른 것에 두면 좋은 것이다. 자랑에 대한 바울의 이해는 예레미야 9장 23-24절에서 파생되었으며, 그는 10장 17절과 고린도전서 1장 24절에서 부분적으로 인용했다.

> 지혜로운 자는 그의 지혜를 자랑하지 말라 용사는 그의 용맹을 자랑하지 말라 부자는 그의 부함을 자랑하지 말라 자랑하는 자는 이것으로 자랑할지니 곧 명철하여 나를 아는 것과 나 여호와는 사랑과 정의와 공의를 땅

에 행하는 자인 줄 깨닫는 것이라 나는 이 일을 기뻐하노라 여호와의 말씀이니라(렘 9:23-24).

인간의 성취를 자랑하면 그것은 죄이다. 하나님이 행하신 일을 자랑(또는 영광을 돌리면)하면 선한 것이다.

우리는 편지의 뒷 부분에서 자랑의 문제로 돌아가겠지만, 이 구절에서 바울의 자랑에 대해 세 가지를 주목해야 한다. 첫째, 그의 자랑은 그의 증인이신 하나님과 함께 한 것이다(1:12; 2:17; 4:2; 5:11). 둘째, 만일 그가 진실함과 신실함으로 그들과 온 세상을 대했다고 자랑한다면, 그는 이러한 덕이 있는 행동이 자신에게서 나온 것이 아니라 하나님께로부터 왔다는 것을 의미한다.[50] 그러므로 그는 죽음의 위험에서 자신을 건지신 하나님의 은혜(1:12)와 그의 약함(12:9)을 오직 주님 안에서만(10:17) 자랑할 수 있다. 그의 뛰어난 능력과 성품은 자랑할 수 없다. 그는 사역에서 아무런 명성도 가질 수 없지만, 그 일을 수행하는 데 있어서는 충성해야 한다(고전 4:2). 그러므로 그의 자랑은 어떤 측면에서도 자신에게 영광을 돌리지 않고, 사도로서의 사명을 성취하기에 충분하게 만드시는 분이신 그리스도 안에서 행한 일(2:16)과 그분의 힘으로 약한 데서 온전하게 하시는 분이신 하나님께 영광을 돌린다(12:9). 셋째, 바울은 개인적인 이익을 얻으려고 자랑하지 않는다. 그의 자랑은 고린도 교인들이 오해한 그의 사도적 사역과 관련이 있다.

바울은 고린도 교인들이 그가 성취한 모든 것을 자랑하기 원하지 않고 그리스도께서 그를 통하여 그들 가운데서 행하신 일을 자랑하기 원한다(참조. 롬 15:18; 고전 15:10). 그의 목적은 단순히 그들의 선한 은혜로 돌아가게 하는 것이 아니라 그들을 세우는 것이다(12:19; 13:9).[51] 만일 그들이 하나님의 능력이 자신의 연약함과 고난 속에서 나타나는 역설을 이해할 수 없다면, 어떻게 그들을 구원하신 예수님의 죽음의 의미를 이해하고 적용할 수 있을까? 만일 그들이 십자가를 이해한다면, 십자가의 "영광스러운 형상"이 그의 사역에 있는 것을 보게 될 것이다.[52] 자랑은 "우리의 위대한 사도인 성(St.) 바울"에게가 아니라 능력을 주셔서 다른 이들을 설득하고, 회심시키고, 위로하게

---

50 CSB 성경은 "하나님의 진실하심과 순결하심"이라는 어구를 질적인 속격 "경건한 진실함과 순결"로 올바르게 번역한다. 이 구절은 그의 진실함과 순결함이 하나님께로부터 왔다는 것을 암시하는 근원의 속격으로 받아들여질 수 있다. 바울은 자신에게 있는 모든 선한 것을 하나님의 은혜로 돌리는 것 외에는 아무것도 인정하지 않는다(고전 15:10 참조).

51 바울은 12:19과 13:9에서 자기를 추천하는 것을 설명한다.

52 Savage, *Power through Weakness*, 163.

하시기 위해서 겸손하고 가시와 같은 환난을 당하고 고난 받는, 바울에게 능력을 주신 하나님께 있을 것이다.

오직 하나님만이 심판하실 수 있는 바울의 양심의 증언은 그의 명예로운 동기와 행동을 증언한다.[53] "양심"은 옳은 일을 하라고 촉구하거나 우리가 그릇된 일을 할 때 잔소리하는 어떤 내면의 목소리로 이해되어서는 안 된다.[54] 그 대신에 "사람이 (이미 행해진 것이든 의도된 것이든) 자신의 행동 및 다른 사람의 행동을 승인하거나 틀렸음을 입증하는 인간의 기관"을 의미한다.[55] 그것은 비판적 자기 평가를 위한 인간의 기관을 나타낸다.[56] 바울은 그의 양심이라는 내면의 법정이 그가 거룩함과 경건한 진실함의 기준을 따라 행동했는지 여부를 평가했다고 주장한다. 그의 양심에 대한 재판의 선언은 예이다.[57] 나중에 편지에서 그는 그들의 양심이 같은 결정에 도달할 것이라고 믿는다(참조. 4:2; 5:11).

그러나 이러한 변호는 이기적인 동기를 숨기고 그들을 도전하는 사람을 위협하기 위해 양심을 사용할 수 있는 교회 지도자에게 잠재적인 위험을 내

---

53 양심의 판단에 대한 바울의 호소는 다음을 참조하라. 롬 9:1; 행 23:1; 24:16; 또한 히 13:18 참조.

54 R. Wall, "Conscience," *ABD* 1:1128–30. 구약은 "성찰적이고 자율적인 인간론"에 저항했기 때문에, "양심"과 관련된 단어가 없다(1129p). 헬레니즘 유대교는 이 단어를 스토아 학파에서 가져왔다. 월(Wall)은 다음을 인용하여 개인의 과거 행위(주로 나쁜 행위들)에만 제한하지 않는다. J. N. Sevenster, *Paul and Seneca* (Leiden: Brill, 1961), 84-102.

55 M. E. Thrall, "The Pauline Use of ouveídnois," *NTS* 14(1967–68): 118–25. 양심은 "모든 인류가 소유한 중립적인 내적 판단 기관을 의미하며, 이는 주어지고 인식된 기준에 따라 객관적인 방식으로 행위를 평가한다. 기독교 신자의 경우 이러한 기준은 기독교인이 될 것이다. 고후 1:12에서 그 기준은 진실함(또는 도덕적 순결)과 성실함이라는 기준이다. 양심의 기능은 이러한 기준을 제공하는 것이 아니라 바울의 행위가 그 기준들에 일치하는지 여부를 판단하는 것이다"(*The Second Epistle to the Corinthians*, 1:132). 또한 다음을 참조하라. Hans-Joachim Eckstein, *Der Begriff ouveídnois bei Paulus: Eine neutestamentlich-exegetische Untersuchung zum Gewissensbegriff*, WUNT 2/10 [Tübingen: Siebeck, 1983], 311–14.

56 Furnish, *II Corinthians*, 127. 바울이 고린도 서신에서 이 용어를 가장 자주 사용하기 때문에, C. A. 피어스는 양심이 고린도에서 유행하는 용어였다고 주장한다. 그들은 그들의 행동을 정당화하기 위해 양심에 호소했고, 바울은 양심을 그들에게서 취했다(*Conscience in New Testament*, SBT 15 [Naperville: Allenson, 1955], 60–65). R. P. 마틴은 양심이 유일한 중재자가 아니라고 주장한다. 그것은 "한 사람의 하나님과의 관계 및 이웃의 복과 관련된 더 넓은 문제의 네트워크"에 종속되어야 한다(*2 Corinthians*, WBC [Waco: Word, 1986], 20). 스랄은 여기서 "양심"이 부정적인 용어가 아니라 거룩함을 증거할 수 있다고 반박한다(*Second Epistle*, 1:131-32).

57 댕커(Danker)는 바울과 고대 세계의 다른 후원자 사이에 흥미로운 대조를 그린다. 후자는 기념물이나 무덤에 공공 복지를 위한 그들의 후원이나 자신들의 명예로운 행동을 알리는 데 많은 비용을 들였다.

포한다. "내 양심은 분명하다." 베스트는 "종교에서 다른 사람들을 그릇 인도한 많은 사람들은 자신이 하나님의 인도를 받았다고 가장 확신한다"고 경고한다. 그런 다음 그는 다음과 같은 중요한 질문을 한다. "우리가 어떻게 진실하게 행동할 수 있는가? 우리의 양심이 우리에게 말해 줄 것이라고 말하는 것만으로는 충분하지 않다. 우리의 양심은 우리가 살고 있는 문화에 의해 대체로 형성되어 하나님께서 우리에게 말씀하시는 것을 놓칠 수 있다."[58] 많은 사람들이 선한 양심으로 악을 행했다. 예를 들어, 바울은 회심하기 전에 교회를 핍박할 때 하나님의 뜻을 행한다고 확신했다(빌 3:6). 고린도전서 4장 4절에서 바울은 깨끗한 양심이라도 하나님 앞에서 그를 깨끗하게 하지 못한다고 말한다. "내가 자책할 아무것도 깨닫지 못하나 이로 말미암아 의롭다 함을 얻지 못하노라 다만 나를 심판하실 이는 주시니라." 우리 양심의 판단은 하나님의 기준에 합당할 때에만 옳다. 사도 바울은 하나님의 부르심에 순응하고 기독교적 가치로 가득 차 있었기 때문에 그의 양심은 이제 그의 행위에 대한 신뢰할 만한 재판관이 되었다.

"특히 너희에 대하여"는 고린도 교인들을 대하는 것이 달걀 껍질 위를 걷는 것과 같았음을 보여 준다. 바울은 "그가 얼마나 세심한지 알 수 있는 기회가 다른 사람들보다 더 많았다(행 18:11)."[59] 그럼에도 불구하고, 이 공동체와의 관계는 매우 감동적이었다. 바울은 그들이 제안한 재정 지원을 받아들이기 거부했고 그들이 이것을 완전히 오해했기 때문에 심각해졌다. 바울이 그들에게 특별히 정직해야 했던 것은 아니지만, 특별히 조심해야 했다. 우리는 8-9장에서 연보에 대한 그의 긴 토론에서 바울이 조심하는 것을 본다.

바울은 1장 12b절에서 그에 대해 제기된 고소에 대해 변호하는 것으로 보인다. 바울의 편지에 담긴 위협과 그가 있을 때 끝까지 완수하지 못한 실패가 그의 진실함에 대한 의심을 불러 일으켰다. 그는 편지에서는 담대한 척하지만 대면 했을 때는 약한 척한다(10:1-11; 13:2, 10). 그는 매를 가지고 갈 것이라고 위협하지만(고전 4:21), 징계가 필요할 때 도망간다(2:1-4). 그는 편지에서 한 가지를 가장하는데, 자신이 담대하고 강하다고 생각하도록 속인다. 그는 위협적인 말의 공세 뒤에 이 약점을 숨기려고 한다. 그가 직접 나타날 때, 그들은 그의 진정한 약함과 소심함을 목격한다. 고린도 교인들에게 약속한 대로 그들에게 오겠다는 약속을 어기는 것(1:15-17)은 바울이 숨길 것

58 E. Best, *Second Corinthians*, INT (Atlanta: John Knox, 1987), 16.

59 R. Bultmann, *The Second Letter to the Corinthians*, ed. E. Dinkler, trans. R. A. Harrisville (Minneapolis: Augsburg, 1976), 35.

이 있다는 그들의 직감만 확인시켜 줄 뿐이다.[60] 일부 고린도 교인들이 그 사도가 자신들을 속이려고 하는 죄를 지었다고 의심했다는 암시가 편지에서 나타난다(7:2; 8:20-21; 11:7-8; 12:13-18). 바울은 "이런 사람은 우리가 떠나 있을 때에 편지들로 말하는 것과 함께 있을 때에 행하는 일이 같은 것임을 알지라"라고 주장함으로써 의심하는 사람들에 대해 자신의 진실성을 변호한다(10:11). 바울은 자신의 행위에 대한 양심으로부터 나오는 세 가지 판결로 변호를 시작한다.

1. 그는 신실하게 행동했다. 일부 번역에 반영된 "거룩함으로"는 사본의 강력한 지지를 받는다. 그러나 바울이 그의 진실함에 대한 비난에 반박한다면 문맥에서 "진실함", "단순함", "정직함"(ἐν ἁπλότητι, 엔 하플로테티)으로 읽는 다른 읽기가 더 잘 이해가 된다(참조. 4:2).[61] 그는 그들에게 아무것도 숨기지 않았다고 단언한다.[62]

그는 항상 신실하고 진실하게 행했다. 진실함은 옳은 것이 위험하고, 인기가 없거나, 불쾌하더라도 옳은 일에 따라 행동하고 비판이 쏟아질 때에도 확고하게 행동하도록 촉구한다. 바울은 상황을 통제할 수 없었지만 그의 진실함은 약속을 지키기 위해 모든 것을 다했다는 것을 의미했다.

2. "진실함"(εἰλικρίνεια, 에일리크리네이아)로 번역된 단어의 어근은 "햇빛으로 시험하여 깨끗함을 얻은" 것을 의미한다.[63] 바울은 신실하고 정직하며 투명하다(말씀을 혼잡하게 하는 자와 대조적으로, 2:17). 스피크는 이 단어가 "기본적인 진실함과 투명성으로 이중성이나 위선이 없음을 의미하지 않는다. 이 단어는 순결에 비교할 수 있다."라고 말한다.[64] 그러나 바울은 자기가 하나님의 아들의 빛에 비추어 심판을 받고 정결하게 드러날 것을 안다. 그분의 모양으로 변화되었기 때문이다(3:18).

---

60 Savage, *Power through Weakness*, 163.

61 스랄은 ἁγιότης("거룩함")이 원문이라고 주장한다("2 Corinthians 1:12: AGIOTHTI or APLOTHTI?" in *Studies in New Testament Language and Text*, ed. J. K. Elliott, NovTSup 44 [Leiden: 1976], 366–72). 그녀는 거룩함이 하나님의 성품이기 때문에 그것이 바람직하다고 생각한다. 그러나 바울은 그의 편지 다른 곳에서 이 단어 형태를 사용하지 않는다(명사 형태 ἁγιωσύνη는 7:1; 롬 1:4; 살전 3:13; ἁγιότητι["순결"]은 6:6을 참조.) 그리고 ἁπλότης는 편지에서 네 번 더 나타난다(8:2; 9:11, 13; 11:3). 필사가가 대문자 사본에 ATIOTHTI–AITAOTHTI로 기록되었을 때, 다른 단어로 혼동했을 수 있다고 이해하는 것이 쉽다.

62 Furnish, *II Corinthians*, 127.

63 Strachan, *Second Epistle*, 54.

64 Spicq, *Theological Lexicon*, 1:423. 또한 다음을 참조하라. F. Büchsel, "εἰλικρινής…," *TDNT* 2:397.

3. 그는 일반적인 세상의 기준에 따라 계획을 세우거나 생활하지 않는다(문자적으로 "육체의 지혜", 1:17 참조).[65] "육체의 지혜"는 오직 하나님으로부터 오는 "참 지혜"와 반대된다(고전 1:18-25, 30). 오늘날 우리와 마찬가지로 고대 세계의 대부분의 사람들은 "지혜"가 어떤 형태를 취하든지 "완전히 선한 것"으로 여겼다.[66] 지혜는 무엇이 참되고, 옳고, 오래 지속되는지에 대한 이해였으며, 상식과 올바른 판단력으로 특징지어지는 행동으로 나타났다. 그러나 바울은 그리스도께서 단순히 세상의 지혜에 더할 수 있는 더 큰 지혜를 제시하셨다고 믿지 않는다. 그는 그리스도의 지혜가 이 세상의 지혜를 무효화한다고 생각했다. 그리스도께서 유일하게 참된 지혜를 주셨고 세상은 오직 거짓되고 육체적인 지혜를 주셨을 뿐이다.

육체의 지혜를 따라 인도 받는 사람들은 편의를 따라 행함과 믿음을 결정할 수 있다. 새로운 가르침의 바람이 불 때마다 변덕이 지배한다. 그들은 결코 성취할 생각이 없는 약속을 한다(1:17-18). 그들은 다른 사람들의 믿음 위에 군림하기를 원한다(1:23). 그들은 자신의 우월함을 보여 주기 위해 고통을 가하는 것을 좋아하고 원수를 물리치면서 명예롭게 되기를 원한다(2:1-4,5-11). 그들은 자신의 목적을 위해 진리를 왜곡하고 다른 사람들을 설득하기 위해 간교와 이중성에 의지한다(4:2). 따라서 그들은 유혹과 동요에 대한 수사학적 웅변을 높이 평가한다(참조. 고전 1:17-25; 2:1-5). 세속적 지혜의 인도를 받는 사람들은 부유해 지기 위해 자신의 철학을 사용할 것이고 다른 사람들을 가난하게 만드는 것에는 전혀 신경 쓰지 않을 것이다(2:17; 6:10). 그들은 몸과 영의 도덕적 더러움에 무관심하다(7:1). 그들은 육신의 일을 자랑한다(11:18).

이러한 계산적이고 자기중심적인 행동은 고린도의 문화 전체에 스며들었고, 연약함과 고통을 받아들이고 남을 이용하려 하지 않고 남을 섬기기 위해 기꺼이 목숨을 바치는 십자가에 나타난 하나님의 지혜를 멸시했다. 그러한 동기가 바울을 움직였다면 고린도 교인들의 불평은 정당화되었을 것이다. 그러나 바울은 하나님께서 그의 동기를 주관하신다고 주장한다. 바울은 과장된 웅변에 의지하지 않고 다른 사람을 설득하는 하나님의 말씀의 능력에 의존했다. 그는 다른 사람들을 속이거나 약함을 장식하려고 수사학적 속임수에 의존한 적이 없다. 그의 메시지는 진실하고 솔직했다. 그의 신실함은 가식이

65 고린도전서에서 매우 두드러진 "지혜"(고전 1:20; 2:5-6; 3:19 참조)는 고린도후서에만 나온다.

66 Harvey, *Renewal through Suffering*, 34.

없고 거짓이 없었다.

바울의 변호는 그의 본보기가 되는 행동이 하나님의 은혜로 인도되었음을 분명히 한다. 이 진술("우리가 세상에서 특별히 너희에 대하여 하나님의 거룩함과 진실함으로 행하되 육체의 지혜로 하지 아니하고 하나님의 은혜로 행함은…")을 고린도전서 2장 5절의 병행("너희 믿음이 사람의 지혜에 있지 아니하고 다만 하나님의 능력에 있게 하려 하였노라")과 비교하면 우리는 바울이 은혜를 하나님의 능력이 나타난 것이라고 이해한다는 것을 알 수 있다(12:9). 여기서 "은혜"는 하나님의 뜻대로 살 수 있도록 하나님께서 부여하신 능력을 말하며, 사도로서 사역의 원동력이다(참조. 고전 3:10, 15:10).

1:13. 그들이 읽고 아는 것 외에 쓰지 않는다는 바울의 주장에는 영어로 파악하기 힘든 "읽다"(ἀναγινώσκειν, 아나기노스케인)와 "알다" 또는 "인식하다"(ἐπιγινώσκειν, 에피기노스케인)라는 단어 유희가 포함되어 있다. 그는 자신의 편지(10:9-11)에 대한 불만에 반응한 것으로 보이는데, 아마도 그것이 모호했을 것이다.[67] 그것이 관심이지만, 바울은 문제를 개선하기 위해 이 편지에서 거의 아무것도 하지 않는다. 한슨은 "그의 남아있는 어떤 편지보다 더 모호한 편지를 써서" 이 이상한 비난에 답했다고 말한다.[68]

대신 바울은 자신이 쓴 것을 의도적으로 잘못 해석했다고 파악한 것을 암시하고 있을지 모른다.[69] 어떤 사람들은 그가 말했던 것과 정확히 반대되는 의도라고 비난했다. 퍼니시는 바울의 편지가 어떻게 받아들여지고 해석될지에 대한 바울의 민감함을 정확하게 알려준다. 그는 바울이 "고린도에 있는 어떤 사람이나 어떤 무리가 고의로 바울의 편지를 사도에게 불리하게 만들려고 하였다"는 것을 알고 있다고 주장한다.[70] 고린도 교인들은 그의 편지를 잘못 읽는 경향이 있다(참조. 고전 5:9-11). 눈물의 편지를 어떻게 받을까 하는 바울의 걱정이 있었다. 그러므로 그는 "그가 실제로 말하는 것에 주의를 기울이

---

67 플러머는 바울이 모호한 비평을 썼다는 고발에 대해 자신을 변호한다는 의미로 받아들인다(*Second Epistle*, 26). 벧후 3:15-16은 이러한 비판을 확인시켜 주는 것 같다. "우리가 사랑하는 형제 바울도 그 받은 지혜대로 너희에게 이같이 썼고 또 그 모든 편지에도 이런 일에 관하여 말하였으되 그 중에 알기 어려운 것이 더러 있으니 무식한 자들과 굳세지 못한 자들이 다른 성경과 같이 그것도 억지로 풀다가 스스로 멸망에 이르느니라."

68 Hanson, *II Corinthians*, 31.

69 칼뱅은 "어떤 사람들은 실제로 그리스도를 이런 식으로 대하는데, 마치 사람들이 단지 그들의 손재주를 과시하기 위해 손에서 손으로 공을 던지는 것처럼 그들의 가르침을 게임으로 만든다"라고 관찰한다(*Second Epistle*, 21).

70 Furnish, *II Corinthians*, 130.

고 그의 말에 그들 자신의 해석을 강요하지 말 것을 요청한다."[71] 그의 편지와 그의 행동 사이에는 어떤 불일치도 존재하지 않는다. 그들이 "공정히 듣도록" 해야 한다.[72]

그들이 그의 편지에서 말과 다른 행동을 한다고 비난해서 바울은 편지의 참됨을 확언한다. 그의 편지는 숨기거나 모호하거나 변덕스럽지 않다. 그의 행동도 마찬가지다. 그는 숨겨진 계획이 없다. 그가 행하고 쓰는 모든 일에 투명하다. 그들이 그의 편지를 이해한다면 그의 목적도 이해할 것이며 그의 동기를 비난하지 않을 것이다.

어떤 고린도 교인들은 또한 바울이 어쨌든 복음을 가렸다고 생각한다(4:3). 복음이 불분명하거나 왜곡된 것은 아니지만, 그의 고난은 복음이 좋은 소식이어야 하는데 그 소식과 잘 어울리지 않기 때문에 어떤 사람들에게는 복음을 흐리게 할 수 있다. 고난은 개인적으로 바울을 인상적이지 않게 만든다. 또한 눈길을 끄는 것을 찾고 그에 흔들리는 사람들에게 바울의 복음을 매력적이지 않다. 바울은 자신의 복음이 가려진 것은 멸망하는 자들과 "환난과 고난이 진정한 사도적 사역의 필수적인 부분"이라는 사실을 인식하지 못하는 자들에게만 해당된다고 말함으로써 이 비난에 응답한다.[73]

1:14. 바울은 이제 그들이 그를 완전히 이해하지 못하고 부분적으로만 이해한다고 주장한다. 그는 교회가 회개하고 그와 함께 문제를 해결하기를 원한다는 디도의 좋은 소식에 기뻐할 이유가 있지만(7:7, 9, 12-13, 16), 불화를 일으킨 근본적인 문제를 무시하려고 하지 않는다. 그들은 바울 사역의 십자가의 성격을 이해하거나 감사하지 않는다(5:11; 6:11-13; 7:2; 10:1-11; 12:11; 13:3, 5-6). 그들은 소위 범법자를 버림으로 그에게 열심을 보였을 것이다(참조. 7:5-13a). 그러나 그것은 그의 강력한 편지에 대한 피상적인 반응에 불과했다. 바울의 온유와 겸손과 관련하여 그들은 흔들렸고 감동을 받지 못한 채 남아 있다(10:1)."[74] 만일 그들이 그리스도의 온유와 관용이 바울이 그들을 대하는 것을 인도하고 있음을 이해하지 못한다면, 그들은 그리스도인 됨이 무엇을 의미하는지 이해하지 못하는 것이다.

1인칭 단수 "나는 바란다"로 바꾸는 바울의 호소는 그들이 "우리가 너희

71 Murphy-O'Connor, *Theology*, 24.

72 Furnish, *II Corinthians*, 130.

73 F. J. Matera, *II Corinthians*, NTL (Louisville/London: Westminster John Knox, 2003), 50.

74 Savage, *Power through Weakness*, 68.

의 자랑이라"("너희 자랑의 이유", CSB 성경)는 사실을 온전히 이해하는 것이다. 훼방꾼들이 나타나자 그들은 그들 가운데서 바울의 사역을 자랑하지 않고 그의 사역을 너무 우월해 보이는 슈퍼-사도들의 사역과 형편없이 비교했다.[75] 그는 고린도전후서에서 자랑한다(고전 15:31; 고후 7:4, 14; 8:24; 9:2-3). 그들과의 서신을 읽은 후 그 이유가 궁금할 수도 있지만 그는 다음 세 가지를 자랑한다. '어떻게 하나님이 사도들의 심음과 물을 줌으로 자라게 하셨는가'와 '어떻게 성령이 그들에게 은사를 주셨는가'와 '어떻게 하나님이 그들에게 모든 복을 주시어 그들이 모든 선한 일에 풍성히 참여하게 하셨는가'이다.

바울은 그들이 그를 자랑해서 "마음으로 하지 않고 외모로 자랑하는 자들에게 대답하게" 하기 원한다(5:12). 그는 심판 때에 자기와 그들이 서로 자랑하며 "여기 내 교회가 있다. 여기 우리 사도가 있다"라고 말하기 소망한다.

"우리 주 예수의 날"은 파루시아를 가리키며, 구약에서 발견되는 심판의 날과 관련이 있다(참조. 사 13:6, 9; 겔 13:5; 암 5:18; 욜 2:1; 옵 1:15; 습 1:14). 바울은 그것을 하나님이 각 개인의 동기를 심판하시는 때라고 밝힌다(고전 4:3-5). 우리가 누구이며 우리가 하는 일이 무엇인지를 드러내는 하나님의 심판의 때인 주님의 날에만 자랑은 완전히 확인될 수 있다(참조. 고전 3:12-15 참조).[76] 막이 오르고 모든 속임수가 드러날 것이다. 바울은 그날에 그들이 어떻게 하나님께서 자신을 통해 일하셨는지 온전히 인식하게 될 것이라고 믿는다. 그러나 그는 그때까지 기다릴 필요가 없다. 그들이 지금 그것을 볼 수 있고 그들의 사도를 인정할 수 있기를 바란다. 바울은 이후에 너무 늦었을 때 그들이 얼마나 실수했고 어떻게 사기에 휩쓸렸는지 알게 되기를 원하지 않는다.

이 주제 진술은 바울이 이 편지에서 자신에 대해 쓸 것임을 분명히 하고 있으며, 우리는 서론에서 어떻게 이 구절이 편지의 단일성을 가리키는지 이미 논의했다. 자랑은 이 편지의 중심 주제이다(참조 5:12; 10:8, 13, 15-16, 18; 11:10, 12, 16-18, 30; 12:1, 5-6, 9). 그리고 그들에 대한 그의 자랑

75 Matera, *II Corinthians*, 47.

76 바울은 데살로니가 교인들에게 그들이 그의 소망이요 기쁨이요 자랑의 면류관이라고 말한다(참조. 살전 2:19-20; 빌 2:16). 바울의 소망은 자신의 일이 평가될 때 주님의 재림에 고정되어 있으며, 그 평가가 기쁨을 낳기를 기대한다. 바울이 고대하는 면류관은 데살로니가 그리스도인들이 파루시아에서 그리스도 안에서 흠이 없이 준비되는 것이다(참조. 빌 4:1). 바울은 구원에 대한 공동체적인 이해를 가진다. 그는 자신의 개인적인 승리와 진주문으로 의기양양한 입장을 보장하는 데 관심이 없다. 그것은 공허한 승리에 불과할 것이다. 그러므로 그는 심판 때 자신의 운명을 복음에 대한 교회의 충성과 연결시킨다. 그의 상급은 그의 교회들이 그와 함께 구원을 받는 것이 될 것이다.

도 두드러진다(7:4, 14; 8:24; 9:2-3). 사도로서 그의 신실함과 정직함은 편지 전체에 걸쳐 나타난다(1:17; 2:17; 4:2; 6:3-10; 7:2; 10:2; 12:16-18). 바울은 서신에서 "육체의 지혜"를 다시 사용하지 않지만, "육체를 따라"(κατὰ σάρκα) 계획을 세우거나 행동하는 것에 대해 다시 언급한다(1:17; 4:2; 5:16; 10:2-4; 12:16). 바울은 하나님의 은혜가 그의 삶을 지배하는 요소라고 주장한다(2:14; 3:5; 4:7-11; 11:23-33; 12:9). 바울은 편지 전체에 걸쳐 자신이 편지를 썼다고 말한다(2:3-4, 9; 7:8, 12; 10:1, 9-11; 13:10). 부분적으로만 그를 아는 문제는 2장 5절, 4장 2절, 16-18절, 5장 11-12절과 10-13장에 걸쳐 있다. 그는 고린도 교인들이 자신을 온전히 알지 못하더라도 하나님은 자신을 아신다는 것을 분명히 했다(5:11). 하나님께 알리어졌다는 것은 또한 주 예수의 날에 하나님께 심판을 받는다는 것을 의미하며, 이 개념은 5장 10절, 7장 1절, 13장 5-10절에서 반복된다.

2.1.3. 바울의 여행 계획 변경과 하나님의 신실하심(1:15-22)

15 내가 이 확신을 가지고 너희로 두 번 은혜를 얻게 하기 위하여 먼저 너
희에게 이르렀다가 16 너희를 지나 마게도냐로 갔다가 다시 마게도냐에서 너
희에게 가서 너희의 도움으로 유대로 가기를 계획하였으니 17 이렇게 계획
할 때에 어찌 경솔히 하였으리요 혹 계획하기를 육체를 따라 계획하여 예 예
하면서 아니라 아니라 하는 일이 내게 있겠느냐 18 하나님은 미쁘시니라 우
리가 너희에게 한 말은 예 하고 아니라 함이 없노라 19 우리 곧 나와 실루아
노와 디모데로 말미암아 너희 가운데 전파된 하나님의 아들 예수 그리스도는
예 하고 아니라 함이 되지 아니하셨으니 그에게는 예만 되었느니라 20 하나
님의 약속은 얼마든지 그리스도 안에서 예가 되니 그런즉 그로 말미암아 우
리가 아멘 하여 하나님께 영광을 돌리게 되느니라 21 우리를 너희와 함께 그
리스도 안에서 굳건하게 하시고 우리에게 기름을 부으신 이는 하나님이시니
22 그가 또한 우리에게 인치시고 보증으로 우리 마음에 성령을 주셨느니라

바울의 여행 계획 변경과 고린도 방문의 반복적인 실패는 고린도 교인들에 대한 그의 사랑의 신실함에 의심을 던지게 만들었다. 그는 항상 부재 중인 아버지이다. 결과적으로 그는 이 구절들에서 문제를 해결하려고 한다.[77] 고린도전서 16장 5-9절에 마게도냐를 지나서 그들과 함께 겨울을 보내게 될 것이라고 말했다. 그는 단순히 지나가는 방문이 아니라 그들과 시간을 보내고 싶다고 구체적으로 말했다. 에베소에서 "광대하고 유효한 문이" 열렸기 때문에 오순절까지 그곳에 머물려고 했다. 그는 "주께서 허락하시면"(고전 16:7)이라고 말함으로써 자신이 말한 계획에 자격을 부여한다. 유대에 있는 성도들을 위하여 연보를 모을 때 매주 조금씩 따로 모아 두어서 바울이 갈 때 연보하지 않게 하라고 말한다(고전 16:1-3). 고린도 교인들에게 선물(개역개정, "은혜")을 받기로 인정한 사람에게 추천 편지를 보내겠다고 말했기 때문에 예루살렘에 직접 가려는 계획이 없었다(고전 16:3). 그런 다음 바울은 "내가 가는 곳이 어디든지"(개역개정, "내가 갈 곳") 그들이 자기를 보내주기를 기대한다고 쓴다. 그것은 동행자, 음식, 돈, 여행 수단을 제공하여 여행을 가능하게 만드는 일을 포함한다. 한편, 바울은 그들을 방문하기 위해 디모데를 보냈다. 고린도전서 4장 17절의 동사가 서신의 부정과거라면, 아마도 디모데가 고린도전서를 전했을 것이다. 바울은 흥미로운 요청을 한다. "그로 두려움이 없이 너희 가운데 있게 하라 이는 그도 나와 같이 주의 일을 힘쓰는 자임이라 그러므로 누구든지 그를 멸시하지 말고 평안히 보내어 내게로 오게 하라 나는 그가 형제들과 함께 오기를 기다리노라"(고전 16:10-11). 그들이 그를 영접할 것에 대해 약간의 예감이 있었음을 암시한다.

바울은 알 수 없는 이유로 원래 계획을 수정하고 고린도에 중요한 방문을 했다(1:15-16). 그 이후 에베소로 돌아온 디모데는 상황이 더 나빠졌다고 전했을 것이다.[78] 바울은 누군가와 고통스러운 만남 때문에 이 긴급한 방문을 중단했다(2:1). 슈퍼-사도들은 이미 교회에 간섭하기 시작했을지 모르지만 결정적인 사건은 공동체의 누군가가 그에게 쏟아 부은 독설이었다. 아마도 공동체 밖에서 온 사람이었을 것이다. 교회가 이 개인을 지지하거나 묵묵히 옆에 서서 바울을 변호하지 않을 때 그의 고통은 더 심해졌다(2:5, 7:12). 논쟁

77 그의 여행 계획에 대한 언급은 고전 4:18-21; 11:34; 16:3-9; 고후 9:4; 12:14; 13:1에 나타난다. 그는 또한 연보에 대한 생각을 바꿨다. 아마도 그 중요성을 해석하기 위해, 이제 그는 교회 대표들과 함께 예루살렘으로 가기로 결정했다(롬 15:25). 단순히 돈을 보내는 문제라면 신뢰할 수 있는 사람들에게 맡길 수 있을 것이다. 그러나 연보는 단순한 헌물이 아니다. 이방인과 유대인 그리스도인 사이의 연합의 표징이다. 바울은 그것이 어떻게 받아들여질지 걱정했고(롬 15:31) 그 의미를 분명히 하는 데 도움이 되어야 한다고 믿었다(참조. 롬 15:27).

78 마샬은 바울이 연보를 위한 준비를 다루기 전에 자랑하는 반대자들과의 갈등을 앞에 다루기 원했다고 제안한다(*Enmity in Corinth*, 261).

은 어떤 신학적 편차(참조. 1:24)에 대한 것이 아니라 바울의 인격, 사역 방식, 그가 시도했던 징계 또는 위의 모든 것(참조. 7:12)에 대한 모욕에 관한 것 같다. 사도행전은 이 고통스러운 방문에 대해 침묵하고(행 18:1-7; 20:3) 고린도 교회와 바울 사이의 원만한 관계를 보여 준다. 그러나 바울의 편지는 그와 교회와의 관계가 다소 곤란한 순간을 겪었음을 보여 준다.

이 불쾌한 사건으로 인해 바울은 지나는 길에 "일시적 방문"을 해야 했고, 피하기 원했다고 말했다(고전 16:7). 바울은 교회에 왔을 때, 당황했다. 그리고 굴욕을 당했다. 그 결과 갑자기 물러가서 돌아오지 않았다(1:23). 때로는 후퇴하는 것이 머물고 싸우는 것보다 낫다. 바울은 철수함으로 폭발적인 상황을 식히고 상황을 진정시키려고 했다. 그는 또 다른 거절의 위험을 감수하고 권위가 더 훼손되는 것을 원하지 않았다. 이 고린도 방문은 문제를 해결하기는커녕 오히려 악화시켰고, 그는 이 난처한 결전 직후에 재방문하는 것은 별로 도움이 되지 않을 것이라고 결정했다. 모든 사람과 상황에 대한 자신의 지배를 보여 주는 거침없는 외침 뒤에 자신의 불안을 숨기려고 하는 일부 지도자와 달리 바울은 나약함을 드러내는 것을 두려워하지 않는다. 지금도 이 편지에서 고린도에 돌아가는 것을 불안해하며 그들과 함께 불편함을 공개적으로 나눈다. "또 내가 다시 갈 때에 내 하나님이 나를 너희 앞에서 낮추실까 두려워하고 또 내가 전에 죄를 지은 여러 사람의 그 행한 바 더러움과 음란함과 호색함을 회개하지 아니함 때문에 슬퍼할까 두려워하노라"(12:21). 그는 자신에 대한 이 사람의 태도가 고린도 교인들과의 관계에 독이 될 때 상황을 관리하는 방법을 확신하지 못한다고 고백한다.

바울은 지금은 없는 슬픈 편지를 썼고(2:1-4), 고린도로 돌아가지 않고 그것을 전달하기 위해 디모데가 아니라 디도를 보냈다(참조. 살전 3:1-3). 디도는 할례받지 않은 헬라인이었고(갈 2:1-3) 위협하기가 디모데보다 더 어렵거나 비난에 더 강해 완고한 반대에 대처하는 데 더 적합했을 수 있다. 불만을 품은 분파는 소수에 불과했을 수 있다. 그러나 바울은 전체 공동체의 순종을 시험하여 그들 자신이 그 개인을 징계하는 일에 책임을 지는지 보기를 원했다(2:9).

바울은 그 이후 드로아로 갔지만 그곳에서 기대한 대로 디도를 찾지 못했다. 그는 고린도에서 일어나고 있는 일에 대한 걱정에 너무 사로잡혀 전도의 또 다른 열린 문을 이용하지 못했다(2:12-13). 그래서 마게도냐로 갔다(2:12). 바울이 디도의 상황 보고를 애타게 기다릴 때(2:13-14), 고린도의 사건들은 여전히 부담이 되었다(7:5). 디도가 마침내 마게도니아에 도착했을 때 바울은 그들에 대한 확신을 확증해 주는 좋은 소식에 기뻐했다. 슬픈 편지는 고조되는 긴장에 대한 문제를 직접 다룸으로 어느 정도 풀어주었다(7:5-6).

그러나 바울은 공동체 전체를 이기지 못했다(참조. 7:6-13). 저항은 여전히 존재했다. 아마도 다른 가정 교회에서 모이는 구성원들이 계속해서 바울을 반대하고 슈퍼-사도들을 옹호했을 것이다. 그럼에도 불구하고 바울은 문제가 충분히 해결되어 다른 방문을 계획할 수 있다고 믿었다. 고린도후서는 이 다음 방문을 준비하기 위해 기록되었다(참조. 행 20:2). 바울은 디도에 대한 지지를 확고히 하고 연보를 준비하는 일을 자극하기 위해 이 서신을 미리 보냈다(8:1-7; 9:1-4). 바울이 돌아가는 일이 이 편지를 쓰게 만들었다.

1:15-16. 바울은 디도에게서 고린도 교인들이 그가 돌아가려는 계획을 이행하지 않는 것에 얼마나 당황했는지 들었다. 그는 그들과의 교제가 육신의 지혜가 아니라 하나님의 은혜에 영향을 받았으며 투명하고 신실하며 솔직하다고 확신했다(*ταύτῃ τῇ πεποιθήσει*, 타우테 테 페포이데세이, 직역: "이 확신"). 따라서 그는 자신의 결정을 설명한다. 그는 그들에게 먼저 갈 계획이었다. 이 진술은 아가야가 그에게 얼마나 중요한지를 보여 준다. "둘째 은혜를 얻게 하기 위하여"는 의미가 덜 명확하다.[79] "둘째 은혜"는 바울이 그들에게 부여하는 것일 수도 있고 그들이 그에게 부여하는 것일 수도 있다.

1. 어떤 학자들은 "둘째 은혜"를 바울이 그들과 함께 있음으로 그들에게 주어지는 사도적 축복으로 해석한다. 이 해석은 "은혜"가 여기에서 일반적인 신학의 의미라고 가정한다. 그는 하나님의 은혜를 받은 자였기 때문에(롬 1:11), 바울과의 교제는 심지어 잠깐의 방문이라도 그의 설교와 가르침을 통해 하나님의 은혜를 전한다. 쉘클은 다음과 같이 말한다. "사도는 교사이자 설교자일 뿐만 아니라 하나님과 사람 사이의 은혜의 중재자이기도 하다. 공동체 안에 그가 함께 있음은 하나님의 긍휼의 수문을 열어 준다."[80] 그러므로 바울은 두 번의 사도적 방문이 고린도 교인들에게 두 배의 영적 축복을 가져다줄 것으로 암시한다.[81]

---

79 신뢰에 대한 강조는 1:15에서 다른 단어(*καύχησις* 대신 *πεποιθήσει*)로 다시 나타난다.

80 Schelkle, *Second Epistle*, 24.

81 퍼니시(Furnish)는 이 구절을 바울이 로마 교회가 "신령한 은사"를 받기를 희망하는 로마서 1:11과 그가 "그리스도의 복"을 가지고 로마에 갈 것이라고 말한 로마서 15:29과 비교한다. 빌 1:25-26에서 바울은 그가 가는 것이 "믿음의 기쁨"을 가져다 주며 그들이 그리스도 예수 안에서 영광을 돌릴 수 있게 할 것이라고 믿는다. 그러므로 그는 "그들에 대한 그의 사도적 사역 안에서 그리고 통하여 역사하시는 하나님의 은혜"(*II Corinthians*, 142)를 온전히

현대 독자들은 바울이 자신의 함께함으로 이러한 하나님의 축복을 베풀었다고 생각하는 데 너무 자신만만하다고 생각할지 모른다. 그러나 바울은 그의 방문이 믿음과 영적 은사를 나눌 때 자신과 공동체에 상호 격려를 가져다준다고 믿는다(롬 1:11-12). 2장 3절에서 바울은 그가 왔다면 근심을 얻을 것에 관해 말한다. 그러므로 바울은 그가 오는 것이 은혜나 슬픔을 가져 온다고 이해한다(참조. 12:20-21). 그는 고린도에 돌아가는 것이 슬픔만 남을 것이 확실할 때 그것을 피했다.

2. 또 다른 견해는 "은혜"(χάριν, 카린) 대신 "기쁨"(χαράν, 카란)으로 읽는 본문 변형을 택한다. 이 읽기는 바울이 그의 방문을 은혜라고 부르는 오만함을 완화하고 그것을 공유된 기쁨으로 언급할 것이다.[82] 그러나 외적 증거는 "은혜"를 원문으로 지지한다.[83]

3. 세 번째 대안은 둘째 은혜를 고린도 교인들이 바울에게 부여한 어떤 은혜로 해석한다. 피Fee는 바울이 그가 함께 있음으로 둘째 은혜를 받을 것이라고 말하는 것이 아니라 "그들이 길에서 그를 도우면서 두 배의 은혜를 경험할 것"이라고 말한다고 주장한다. 그는 다음 구절에서 자신이 그들에 의해 마게도냐로 보내진 후(ὑμῶν διελθεῖν εἰς Μακεδονίαν, 휘몬 디엘데인 에이스 마케도니안) 유대로 보내졌다고(ὑφ' ὑμῶν προπεμφθῆναι εἰς τὴν Ἰουδαίαν, 휘프 휘몬 프로펨프데나이 에이스 텐 이우다이안) 강조한다. 따라서 피Fee는 "둘째 은혜"를 그들이 그를 마게도냐로 보내고 그리고 그가 돌아온 후에 유대로 가는 길에 그를 보내는 친절을 위한 두 번의 기회로 해석한다.[84] 은혜는 그의 두 여행을 도와주는 그들의 환대와 은혜로운 도움을 의미한다.

몇 가지 주장이 이 마지막 해석을 뒷받침한다. 첫째, 바울은 고린도전서 16장 3절과 고린도후서 8장 4절, 6-7절, 19절의 연보를 언급하기 위해 "은혜"를 사용한다. 8장 7절에서 바울은 어떻게 그들이 "남을 섬김으로"(이 경우

알고 있다. 그러나 우리는 빌립보 교인들이 그가 죽음에서 유예되고 감옥에서 풀려난 것을 기뻐한다는 점에 유의해야 한다.

82 헤링(Héring)은 그것을 "기쁨을 위한 두 번째 기회"라고 번역한다(*Second Epistle*, 9). 모팻(Moffatt)은 "두 번의 기쁨"이라고 번역한다.

83 대격인 "은혜"(χάριν)와 "기쁨"(χαράν)이라는 단어는 헬라어에서 비슷하지만, "기쁨"이라고 읽는 것은 아마도 2:3의 기쁨과 동화시킨 필사자들이 도입했을 것이다.

84 G. D. Fee, "ΧΑΡΙΣ in II Corinthians 1.15: Apostolic Parousia and Paul-Corinth Chronology," *NTS* 24 (1978): 533–38. 또한 다음을 참조하라. Marshall, *Enmity in Corinth*, 261n7. 스랄은 이와 반대로 주장한다. 단어의 순서는 은혜가 방문의 기회에 고린도 교인들이 할 일보다 오히려 그 방문의 사실과 관련되어 있음을 제시한다. 그녀는 1:16이 "그리고"보다 "즉"으로 시작하기를 기대한다고 말한다(*Second Epistle*, 1:138).

는 바울과 그의 동료들) 은혜를 경험하는지 강조한다."[85] 바울은 그들이 "둘째 은혜를 받을 수" 있다고 말하는 것이 아니라 그들이 둘째 은혜를 가질 수 있다고 말하는 것이다. 그들은 다른 사람을 섬길 때 이 은혜를 가진다.

둘째, 고린도전서 16장 6-7절의 강조점은 바울이 그들에게 가져다 줄 유익이 아니라 그들이 그에게 줄 유익에 관한 것이다. 셋째, 1장 16절에 나오는 동사 "보내는 것"(*προπέμπειν*. 프로펨페인, 개역개정, "가기를")은 여행에 필요한 물품과 동반자와 같은 자원을 제공하는 것을 의미한다(고전 16:6 참조).[86] 비록 바울이 그들 가운데 일하는 동안 공동체의 지원을 받지는 못했지만, 그가 복음을 증언할 다른 도시로 여행할 수 있도록 준비하는 일을 그들에게 허락했다.[87] 고린도 교인들은 바울이 그들로부터 지원을 받기를 거부한 것에 대해 의아해했기 때문에(11:7-11; 12:14-18), 그는 편지의 시작 부분에서 연보를 모으고 전달하는 선교 여행에서 그들이 자신을 도울 수 있도록 허락하려고 했음을 그들에게 알린다.

첫 번째에서 마지막까지 하나를 선택하는 것은 어렵지만 마지막이 가장 좋은 해석 같다. 그것은 "보내다"라는 동사의 의미, 헌금에 대한 바울의 신학, 그리고 그가 선교 사업에서 교회의 협력 관계에 부여한 가치에 적합하다.

1:17. 고린도의 누군가가 그의 방문이 연기된 것으로 정치인들이 경쟁자들을 비방하고 패배시키기 위해 네거티브 전략을 사용하는 방식과 많이 유사하게 그것을 과장했다. 그들은 약속을 어긴 그의 실패를 가능한 최악의 해석으로 재구성했다. 바울은 자신이 계획을 변경했음을 부인할 수는 없지만 그에 대한 부정적인 해석을 거부한다. 바울은 말과 다른 일을 했지만, 그렇다고 해서 그들에게 무관심하거나 생각 없이 계획을 세우거나 신뢰할 수 없다는 의미는 아니다.[88] 오히려 그가 원했던 것을 할 수 없었다.

바울은 그들에게 부정적인 대답을 기대하는 불변화사 *μήτι*(메티)가 지배하는 두 가지 질문을 한다. 첫 번째 질문은 "그러면 내가 당신과의 관계를 가

85 Fee, "ΧΑΡΙΣ in II Corinthians 1.15," 536.

86 퍼니시(Furnish)는 "그를 보냄"이 여행을 위한 호위와 물품을 제공하는 "전문적인 선교 용어"(행 15:3; 고전 16:6, 11; 디도서 3:13; 요삼 6)가 되었다고 지적한다(*II Corinthians*, 134). 또한 롬 15:24 참조.

87 교회로부터의 지원에 관한 바울의 정책은 11:7-9의 논의를 보라.

88 바렛은 바울이 "쓴 것은 첫째이고, 말한 것은 둘째, 행한 것은 셋째"라고 고소당한다고 생각한다(*Second Epistle*, 70). 만약 사실이라면, 이것은 고린도 교인들이 그에 대한 적개심을 부분적으로 설명할 것이다.

볍게 여긴다고 생각하지 않습니까?"이다.[89] 그들은 그가 변덕스럽다고 비난하는 것이 아니라 그들과의 관계에 대해 모욕적이라고 비난한다. 우리 모두는 사랑하는 사람이 방문하기로 약속하고도 방문하지 않을 때 실망한 경험을 했을 것이다. 가장 좋은 이유를 말할지 모르지만, 우리는 여전히 그들의 행동을 사랑하지 않는다는 의미로 해석할 수 있다. 바울은 자신이 이행하지 않았다고 해서 그들을 돌보지 않는다는 의미는 아니라고 주장한다.[90]

그는 또한 약속대로 돌아오지 못한 동기가 이기적인 것이 아니라고 주장한다. "나는 육체를 따라 계획하지 않았다. 그렇지 않은가?" 또는 "너희들은 내가 경솔하게 계획을 세웠다고 생각하지 않았다. 그렇지 않은가?" 자기 중심적 관심사, 즉 '나에게 가장 좋은 것은 무엇인가? 아니면 나에게 득이 되는가?'는 "세상 사람들"이 내리는 결정이다. 바울은 자신의 필요를 충족시키기 위해서가 아니라 그들에게 또 다른 고통스러운 방문을 아끼고 싶었기 때문에 돌아오지 않기로 결정했다(1:23).

이중 확언, "예 예 하면서 아니라 아니라 하는 일이 내게 있겠느냐"는 "육체를 따라" 계획한다는 개념에 이어 나온다. 그 정확한 의미는 불분명하다. 대부분의 주석가들은 바울이 그를 향한 이중성이나 충동적인 동요, 즉 예와 아니오를 동시에 말할 준비에 반대하는 고발을 암시한다고 가정한다. 예와 아니오를 동시에 선택하는 사람은 한 입으로 두 말을 하는 사람이며 자신에게 최선의 이익이 될 것이라고 생각하는 내용은 무엇이든 말한다.

89 하비는 바울은 "완전히 그의 원래 소원과 의도에 전념했다. '너희에게 ... 가기를 계획할 때에 어찌 경솔히 하였으리요?'"라고 대답했다. 그는 이것을 바울이 그의 계획을 변경하기 전에 판단 받았으며 "원래의 프로젝트가 의심을 불러일으켰다"는 의미로 받아들인다. 그는 "둘째 은혜"가 바울이 이미 방문한 것을 말한다고 이해한다. 헬라어 ἐλαφρία는 드물게 사용되며 제롬이 번역한 대로 "변덕"이 아니라 "어리석음" 또는 "무책임"을 의미한다. 정관사와 함께 "나의 잘 알려진" "어리석은 무책임"을 의미한다. 그는 바울이 잘 알려진 한 가지는 그가 머무는 동안 그를 지원하기 위해 지역 교회로부터 돈을 받기를 거부한 것이라고 주장하고 바울이 사실 돈에 대해 이야기한다고 결론을 내렸다. 바울의 진정한 불안은 최근의 무능력과 관련이 있으며, 이로 인해 스스로를 견디지 못하고 지원을 거부하는 정책으로 돌아갈 수 없게 된다(*Renewal through Suffering*, 38–39). 그러나 전체 단락은 계획을 세우는 것과 관련이 있다. 그러므로 1:18에서 하나님은 신실하시다는 바울의 대답은 누군가 바울이 신실하지 않다고 주장하고 있음을 암시한다. 그들은 그의 계획과 계획을 변경한 동기에 대해 의문을 제기했다.

90 고린도 교인들은 명예를 받는 일에 있어서 경멸에 대해 극도로 민감했다. 그들은 바울의 마음에 두 번째 자리를 받아들이지 않았다. 어떤 사람들은 그가 마게도냐 교회에 편애를 보였다고 비난할 수도 있다(참조 11:8; 그러므로 Furnish, *II Corinthians*, 144). 그렇다면 바울은 마게도냐 교인들을 아낌없이 칭찬함으로써 그 질투를 부추겼을 뿐이다(8:1-7; 9:1-5).

이 해석은 의미가 통하지만 본문에 너무 많은 내용을 집어 넣는다. 그것은 바울이 그것을 말하지 않으면서 예와 아니오를 "동시에" 말하려 한다는 의미라고 가정한다. 그는 강조를 위해서만 "예, 예, 아니오, 아니오"를 반복한다. 다른 학자들은 이 문구가 말하는 것이 무엇이든 동의하는 아첨하는 사람, 즉 예스맨에 대한 일반적인 설명이라고 주장한다.[91] 그러나 아첨하는 사람은 누군가가 말하는 것에 반응한다.[92] 바울은 자신의 예와 아니오에 반응하고 있으므로 이 견해는 "예, 예, 아니오, 아니오"로 반복하는 이유를 설명하지 못한다.

반복해서 말하는 이유는 맹세에 대한 예수님의 가르침을 연상시킨다.[93] 맹세의 남용과 맹세를 바꾸는 것을 막기 위해 예수님은 맹세를 완전히 거부하셨다. 맹세는 말이 항상 절대적으로 진실해야 한다는 요구를 감소시키기 때문이다. 맹세는 일반적으로 진실하지 않거나 맹세할 때만 진실해야 한다는 것을 의미할 때 사용된다. 단어의 반복은 예가 실제 예로, 아니오가 실제 아니오로 강조된다. 예수께서는 단순한 예 또는 아니오가 가장 복잡하고 의례적인 맹세만큼 사람을 완전히 구속한다고 가르치신다. "예, 예, 아니오, 아니오"가 맹세를 대신한다고 해석하는 이 가르침에 대한 오해는 고린도 교인들에게 알려졌을 수 있으며 바울의 응답에 대한 배경이 될 것이다.[94] 예와 아니오의 반복

---

91 Marshall, *Enmity in Corinth*, 70-90, 317–25. 탈버트(Talbert)는 플루타르크의 관찰을 인용한다. 아첨하는 사람이 "단순하고 하나가 아니라 가변적이며 여러 가지이며 하나의 용기에 이어 다른 용기에 쏟아지는 물과 같이, 그는 ... 그 모양을 용기에 따라 바꾼다"(*Adul. amic.* 52b-53d [Babbitt, LCL]). 글래드(C. E. Glad)는 다음과 같이 설명한다. "아첨하는 사람은 비판적인 판단에 따라 자신의 개인적인 이익만을 고려한다. 자신의 이익을 확보하기 위해 그는 모든 것에 동의하고, 기쁘게 하기 위해 말하고, 매력적이고, 상냥하고, 재치 있다. 봉사할 때 그는 자신이 아첨하는 사람들에게 순응하며 많은 사람들의 친구이자 바다의 폴립처럼 다정하고 다재다능하며 적응력이 뛰어난 접근 방식을 교묘하게 사용한다. 따라서 그의 행동은 '부드럽고 비굴한' 것으로 간주된다"("Frank Speech, Flattery, and Friendship in Philodemus," in *Fitzgerald, Friendship, Flattery and Frankness of Speech*, 26).

92 테렌스(Terence)의 희곡 『내시』(The Eunuch, 251–53)에서 그나토(Gnatho)에 대한 키케로의 인용(*Amicitae* 25.93)은 바울이 말한 것과 유사하게 들린다. "그들이 말하는 것은 무엇이든 나는 찬양한다. 다시 그들이 반대를 말한다면, 그것도 칭찬한다. 누군가가 아니오라고 말하면 나는 아니오라고 말한다. 누군가가 예라고 말한다면. 나도 예라고 말한다"(Marshall, *Enmity in Corinth*, 81-82에서 인용). 이것은 다른 사람의 말에 대한 응답이며 "예, 예, 아니오, 아니오"라는 바울의 말과 일치하지 않는다.

93 소수의 사본(𝔓[46] 424 Vg 및 Pelagius)은 반복된 예와 아니오를 생략한다. 이 더 짧은 읽기는 아마도 그 의미를 이해하지 못하고 다음 구절에서 하나의 예와 아니오로 동화시키는 필사자 또는 필사자들 때문일 것이다.

94 D. Wenham, "2 Corinthians 1:17, 18: Echo of a Dominical Logion," *Nov* 28 (1986): 271–79. 웰본(Welborn)은 "반복해서 사용하는 것은 맹세에 해당하는 것을 사용하여 진술의 진실성을 확인하는 방법 중에 하나였다"고 주장한다("The Dangerous Double Affirmation: Character and Truth in 2 Cor 1, 17," *ZNW* 86 [1995]: 42). 이 견해는 2 En. 49:1(더 긴 개정판 J에서)에 의해

은 "말한 것의 진실을 확립하는 데 기여한다."[95] 이 해석은 있는 그대로의 본문을 가장 잘 이해한다.

바울은 자신이 처한 어려운 상황을 극적으로 표현하기 위해 이 맹세를 대신하는 공식을 말한다. 그는 고린도 교인들에게 그들을 대하는 모든 일에서 전적으로 신실했으며 오직 한 가지 원칙만이 그를 이끌었음을 확신시키고자 한다. 바로 그들의 기쁨을 증진시키는 것이다(1:24).[96] 웰본Welborn이 말하는 것처럼, "바울은 다음과 같이 말한다. '내가 신실하지 않게 행하는 것을 의심해라. 너희들은 나의 동요와 이기심으로 비난한다. 나를 신뢰할 수 없다고 생각한다. 결과적으로, 나는 맹세와 같은 것으로 자기 말이 진실이라는 사실을 계속 확립하려는 사람과 같다.'"[97] 바울은 맹세가 "증명할 수 없는 진술로 정의하기 때문에 약하고 인위적인 증거"였기 때문에, 맹세를 꺼려했다. 인간의 약속과 맹세는 인간이 오류를 범하기 쉬움을 반영할 뿐이다. 그의 주장의 진실함을 지지하기 위해 하는 맹세는 또한 고린도 교인들과의 관계가 여전히 "의심으로 괴로워하는" 상태로 깨어져 있다는 증거가 될 것이다. 바울은 그들의 의심에 대한 근거를 없애기 원하지만, 그를 믿게 하기 위해 맹세해야 한다면 그들 사이에 심각한 문제가 있는 것이다.

이 해석은 본문에 "동시에"(CSB 성경)를 추가하지 않아도 된다는 장점이 있다. 또한 1장 18-19절에서 이어지는 내용을 가장 잘 설명한다. 바울이 1장 17절에서 말하는 것을 명확히 하지 않고 반대의 의미("하지만", δέ, 개역개정은 생략)로 논증을 계속한다. 그는 "분명한"(1:19) "메시아 예수에 관한 사도의 말씀"을 위태롭고 불확실한 인간의 약속과 대조한다.[98]

1:18. 비록 바울이 계획을 변경했을지라도 하나님은 신실하시며 고린

뒷받침된다. 비록 그것이 기독교적인 용어이지만 에녹은 그의 아들들에게 맹세를 사용하지 말라고 가르친다:

> 내 자녀들아, 내가 너희에게 선언한다. 그러나 보라! 나는 하늘로나 땅으로나 여호와께서 창조하신 다른 어떤 피조물로도 맹세하지 아니하노라. [여호와께서] 말씀하시기를 "내게 맹세함도 없고 불의도 없고 오직 진실함뿐이니라" 그러므로 인간에게 진리가 없다면 "예, 예!"라는 말로 맹세하게 하라. 또는 반대의 경우 "아니요, 아니요!"라고 맹세하게 하라.

나중에 랍비들은 예 또는 아니오를 반복하면 맹세가 된다고 주장했다(b. Sanh. 36a).

95 Welborn, "The Dangerous Double Affirmation," 45.

96 Welborn, "The Dangerous Double Affirmation," 48–49.

97 Welborn, "The Dangerous Double Affirmation," 48–49.

98 Welborn, "The Dangerous Double Affirmation," 37.

도 교인들을 대하는 모든 일에서 그를 통해 신실하게 일하셨다고 확언한다(1:18-22). 그는 계획대로 그들에게 돌아가지 못한 것은 그들에게 또 다른 고통스러운 방문과 책망을 피하기 위한 것이라고 설명하려고 한다(1:23-2:2). 그러나 그는 자신이 한 말이 진실하다는 것을 확인하기 위해 맹세하지 않을 것이다. 대신에 그는 "변명"하기 전에 하나님의 신실하심에 대한 신학적 확증을 한다. 예를 들어, 올림푸스의 신들이 변덕스럽고 변하기 쉽다고 쉽게 비난할 수 있지만 성경의 하나님이 그렇다고 비난할 수는 없다. 발람은 "하나님은 사람이 아니시니 거짓말을 하지 않으시고 인생이 아니시니 후회가 없으시도다 어찌 그 말씀하신 바를 행하지 않으시며 하신 말씀을 실행하지 않으시랴?"라고 주장한다(민 23:19; 참조. 신명기 7:9). 바울의 논증은 다음과 같다. 하나님은 신실하시며(1:18a), 하나님의 신실하심은 바울이 그들에게 한 말을 보증한다(1:18b). 그 말에는 그의 여행 계획보다 훨씬 더 많은 것이 포함되어 있다. 그것은 바울이 그들 가운데서 그리스도를 전파한 것을 포함한다(1:19). 바울의 신실함은 자신이나 그가 하는 어떤 약한 맹세에서 나온 것이 아니다. 그것은 하나님의 말씀의 신실함에서 온다. 그의 신실함(1:12), 만족(3:5), 능력(4:12)은 전적으로 하나님께로부터 왔다는 신학적 통찰이 이 서신 전체에 퍼져 있다.

그러므로 바울은 자신의 성품에 대한 의심에 대해 다음과 같이 대답하지 않는다. "나를 믿으라! 나는 내가 하는 일을 알고 그것은 당신을 위한 것이다." 오히려 그는 사실상 "하나님을 믿으라. 그분의 약속은 그리스도 안에서 성취되었으며, 우리가 그리스도를 여러분에게 전파함으로써 여러분을 대하는 우리의 신실함이 보증되었다"라고 말한다.[99] 바울은 신학적 논증으로 자신을 변호한다. 믹스Meeks는 다음과 같이 기록한다. "하나님의 약속이 안전함은 도덕적 행위에 필요한 배경을 제공한다. 특히 행위 자체가 신실하다고 정의될 때, 즉 그 행위가 관습과 상식을 거스를 수 있는 하나님의 일하심의 모양과 적합한 행위로 정의될 때 그렇다."[100] 하나님은 신실하시고(고전 1:9; 10:13; 살전 5:24; 살후 3:3. 또한 다음 참조. 히 10:23; 요일 1:9), 그에게 자신의 메시지인 복음을 전파하도록 위임하셨기 때문에 하나님의 신실하심과 그 메시지를 선포하기 위한 그의 행동도 신실하다. 하나님의 신실하심은 그리스도를 전파하도록 위임받은 자들 뒤에 서 있다(참조. 3:4-6). 이 말씀은 분명하며 시장이

99 Furnish, *II Corinthians*, 145.

100 W. A. Meeks, *The Origins of Christian Morality: The First Two Centuries* (New Haven/London: Yale University Press, 1993), 160.

나 조류에 따라 변동하지 않는다.

신뢰할 수 없고 변덕스럽고 성급한 사역자는 다른 사람들로 하여금 그들이 전하는 복음을 신뢰할 수 없고 깊이 생각해 볼 가치가 없는 것으로 여기게 만들 수 있다. 바울은 고린도 교인들이 그가 전파한 복음이 신뢰할 만하다고 알고 있으며 이것이 그의 신실함을 증명한다고 주장한다. 분명하게 드러내어 말하지 않지만, 그는 하나님이 그의 계획을 번복했기 때문에 말한대로 오지 않았다고 암시한다. 그들은 그것이 그들의 더 큰 유익을 위한 것이기 때문에 하나님께서 계획된 그의 오심을 막으셨다고 추론해야 한다.

1:19. 바울은 고린도 교인들에게 자신과 그의 동역자 실루아노와 디모데가 예수님이 하나님의 아들이심을 그들에게 전한 것을 일깨운다(고전 2:2 참조). 고린도 교인들은 그들의 설교를 통해 그리스도인이 되었다(고전 3:10; 4:15).[101] 바울은 "하나님의 아들 예수 그리스도"라는 완전한 기독론적 칭호를 거의 사용하지 않는다. 여기에 나타난 내용은 예수님을 메시아이자 하나님의 약속의 성취로 나타내기 위한 것일 수 있다.[102] 하나님의 목적이 때때로 인간에게 불투명해 보일 수 있지만, 하나님은 역사의 과정을 이 긍정적인 목표를 향하도록 인도하셨다. 디모데와 실루아노에 대한 언급은 어떤 것의 진실을 확인하는 데 필요한 두세 증인을 제공한다(참조. 13:1; 신 19:15). 그러나 바울은 교회에 편지를 쓸 때 항상 한 명 이상의 동료를 언급한다. 그는 이러한 문제에 대해 혼자 서 있지 않다. 왜냐하면 그는 공동체에 결속되어 있고 동역자들과 연대를 표현하기 때문이다.

"실루아노"는 히브리어 "사울"의 한 형태인 아람어 "실라"의 라틴어 형태이다. 그는 사도행전 15장 22절, 32절에서 복음을 위해 목숨을 걸고 예루살렘 교회의 유명한 구성원, 선지자, 대사로 언급된다(행 15:26). 실루아노는 바울의 2차 전도 여행에서 동행했고 그와 함께 투옥되고 매를 맞았다(행 15:40-18:22). 그는 데살로니가에 보낸 편지의 인사에서 편지를 함께 보내는 사람으로 나타난다(살전 1:1, 살후 1:1, 참조. 벧전 5:12). 여기에서 바울은 그를 디모데와 함께 고린도 교인들에게 복음을 전파한 최초의 사람으로 인정한다.

---

101 나중에 온 다른 사람들은 고린도 교인들이 좋아하는 사람들이 되었다. 그들 중에는 바울이 처음으로 그 도시를 복음화할 때 그의 팀의 일원이 아니었던 아볼로가 있었다.

102 Thrall, *II Corinthians*, 1:146.

1:20. 하나님의 말씀의 신실하심은 그의 아들의 오심에서 가장 분명하게 나타난다(1:20a). 이스라엘에 대한 하나님의 모든 약속은 그에게서 예가 된다.[103] 그리스도는 아브라함에게 그의 씨로 말미암아 땅의 모든 민족이 축복을 얻을 것이라는 약속[104]과 다윗에게 그의 후손을 일으키고 왕좌를 영원히 견고하게 하겠다는 약속[105]에 대한 하나님의 "예"(yes)이시다. 우리는 그리스도 안에서 하나님의 모든 약속이 결실을 맺는 것을 볼 뿐만 아니라 인류에 대한 하나님의 무조건적인 "예"라는 것을 본다.

"예"는 그리스도 안에 있고 우리의 "예"는 그리스도를 통해서이다. 우리가 하나님의 "예"를 분명히 들을 수 있는 유일한 방법은 그리스도 안에 있고, 우리가 하나님께 온전히 응답할 수 있는 유일한 방법은 그리스도를 통해서이다. 다른 방법은 없다. 복음은 오늘 그리스도 안에서 구원을 찾는 사람에게 "예"이다. 복음은 내일 다른 사람, 또는 다른 것에게서 구원을 찾는 자들에게 "아니오"이다.[106] 스트라챈Strachan은 올바르게 주장한다. "그 위격을 받아들이고 예수 그리스도의 가르침에 순종하는 것 외에는 어떤 문명도 희망이 없다."[107]

그리스도는 모든 의미있는 인간의 소망에 대한 하나님의 "예"이다. 그리스도는 생명, 지혜, 의, 거룩함에 대한 인간의 갈망에 대한 하나님의 "예"이다(고전 1:30). 그러나 우리는 하나님께서 또한 "인류의 모든 이기적이고 왜곡된 갈망, '빨리 부자가 되려는', 이기적인 이익을 위해 다른 사람을 지배하거나 사회를 조직하려는 모든 욕망에 '아니'라고 말씀하신다"[108]는 사실을 염두에 두어야 한다.

바울은 공동체의 예배에서 "아멘"이라는 응답을 통해 하나님의 신실하심에 대한 믿음을 어떻게 확증하는지 일깨운다. 오늘날 대부분의 사람들은 "아멘"을 기도의 마지막 단어로만 이해할지 모른다. 그 풍부한 배경에 대해 생각하지 않고 그것을 말한다. "아멘"은 히브리어 'אמן'을 음역한 것으로, "확실히"라는 강한 긍정을 표현한다. 그것은 회중이 저주(신 27:13-26에서는 공동, 민 5:5; 렘 11:5에서는 개인) 또는 하나님을 찬양하는 것에 동의하는 구

103 복수형 "약속들"은 7:1에서 반복된다. 또한 다음을 참조하라. 롬 9:4; 15:8; 갈 3:16, 21.

104 창 12:3; 18:18; 갈 3:16; 엡 1:13; 3:6.

105 삼하 7:12-16; 대상 17:11-14; 시 89:3; 132:11; 사 11:1-5, 10; 렘 23:5-6; 30:9; 33:1418; 겔 34:23-24; 37:24; 롬 1:4.

106 Best, *Second Corinthians*, 17.

107 Strachan, *Second Epistle*, 58.

108 Best, *Second Corinthians*, 18.

약에서 발견되는 공동체적이고 개별적인 응답이었다(대상 16:36; 느 8:6; 시 41:13; 72:19; 89:52; 106:48; 1 Esd 9:47). 바울은 편지에서 축복(롬 15:33; 16:27; 고전 16:24; 갈 6:18; 몬 25)과 찬양(롬 1:25; 9:5; 11:36; [16:27]; 갈 1:5; 엡 3:21; 빌 4:20; 딤전 1:17; 6:16; 딤후 4:18) 뒤에 "아멘"이라고 썼다.[109] 우리는 고린도 공동체가 공동 예배에서 기도와 감사에 대한 응답으로 아멘을 말한 것으로 추정할 수 있다(고전 14:16). 바울은 그것을 하나님의 약속이 그리스도 안에서 성취되었다는 믿음의 확증으로 해석한다. 예배에서 그들의 아멘 합창은 그리스도를 통한 구원을 가능하게 하시는 하나님의 신실하심을 선포한다. 예배에서 하나님의 신실하심을 선포하는 것은 인간 존재의 목적이신 하나님께 영광을 돌리는 것이다.

그 의미는 그들이 그리스도에 관한 메시지가 신뢰할 만하다고 확인하면 소식을 전하는 자도 신뢰할 수 있음을 확인할 수 있어야 한다는 것이다. 그들이 하나님의 사도를 거절하면서 어떻게 하나님께 "예"라고 말할 수 있겠는가?[110] 그들은 하나님께서 복음 선포에 있어 소식을 전하는 자들의 신실함을 인정하셨다고 믿었기 때문에, 하나님께서 여행 계획을 세우는 덜 중요한 일에 있어서도 그들의 신실함을 보증하실 것이다.[111]

1:21. 다음으로 바울은 이 신실하신 하나님께서 우리로 하여금 그리스도 안에 굳게 서게 하셨다는 것을 일깨운다. 그는 고린도전서의 감사 부분에서 동일한 동사 "굳건하게 하다"(βεβαιόω, 베바이오오, "우리를 견고하게 함")를 두 번 사용한다. 그는 그리스도에 대한 자신의 증거가 그들 안에서 확증된 것과(1:6) 그리스도께서 우리 주 예수 그리스도의 날까지 책망할 것이 없이 그들을 끝까지 견고하게 하실 것임을("우리를 강하게 하사") 감사한다.

우리는 우리 자신의 용기, 능력, 믿음으로 굳게 서지 않는다. 신실하신 하나님은 우리를 부르사 믿음에 굳건하게 하시고 우리에게 무엇이든지 항상 견고함을 주신다. 우리가 약속을 성취할 때 하나님께서 인정을 받으셔야 한다.[112] 우리도 혼자가 아니다. 헬라어를 번역하면 "우리를 너희와 함께 그리스

---

109 또한 다음을 참조하라. 히 13:21; 벧전 4:11;5:11; 벧후 3:18; 유 25; 계 1:6; 7:12.

110 Best, *Second Corinthians*, 18.

111 W. C. van Unnik, "Reisepläne und Amen-Sagen ...," in *Sparsa Collecta* I, NovTSup 29 (Leiden: Brill, 1973), 144-59.

112 동사 βεβαιόω는 특정한 약속을 지키겠다는 판매자의 보증을 의미하는 법적 의미를 가진다. 계약이 이행될 것이다(참조. 고전 1:8, 골 2:7). 벨빌(L. L. Belleville)은 "판매자가 가능한 제3자의 요구에 대해 판매의 유효성을 보장하기 위해 구매자에게 제공하는 법적 보증에 대한

도 안에서 굳건하게 하시는 이가 ... 하나님"이라고 번역할 수 있다. "그리스도 안에서"는 문자적으로 "그리스도 안으로"(εἰς Χριστὸν, 에이스 크리스톤)이며 세례와 관련될 수 있다(롬 6:3; 갈 3:27). "우리와 함께"는 바울이 고린도 교인들에게 대항하지 않는다는 것을 분명히 한다. 바울과 그들은 그리스도 안에서 함께 굳건히 서 있다. 그는 그리스도를 통하여 그들과 연합되고 그들은 그에게 연합된다. 이 결합은 바울이 그들과의 연합을 끊을 수 없으며 그들이 그리스도 안에 있는 그들의 견고케 함을 어떤 식으로든 약화시키지 않고서는 바울과의 연합을 끊을 수 없음을 의미한다(참조. 엡 4:15-16).

이 문장의 다른 모든 분사가 부정과거일 때, "굳건하게 하시고"(βεβαιῶν, 베바이온)에 현재 분사를 사용하는 것은 하나님께서 계속해서 우리를 확증하심을 암시한다. 부정과거 분사 "기름을 부으신"(χρίσας, 크리사스), "인치시고"(σφραγισάμενος, 스프라기사메노스), "주셨느니라"(δοὺς, 두스)는 이 구절과 다음 구절에서 본 동사에 대한 앞선 동작을 암시한다. 바울은 "기름을 부으시고 인치시고 우리에게 성령의 보증을 주셨고, 하나님은 이제 우리를 너희와 함께 굳건하게 하시고 계신다"고 말한다.[113] 이 해석은 기름 부음과 인침과 성령을 주심이 바울에게만 적용되는 것이 아니라 고린도 교인들에게도 적용되어야 함을 의미한다. "교회에서 하나님의 지속적인 일하심은 인간의 마음에 성령을 보증으로 주시는 그분의 과거 사역에 달려 있다."[114]

이 구절은 바울의 편지에서 "기름 붓다"(χρίω, 크리오) 동사가 나오는 유일한 곳이다. 어떤 학자들은 바울이 자신만을 생각한다고 주장했다.[115] 그렇다면 그는 자신이 또한 기름 부음 받은 자(χρίσας, 크리사스)로서 하나님의 기름 부음 받은 자(Χριστός, 크리스토스)와 관련이 있다는 놀라운 주장을 하는 것이다. 하나님은 그를 또 다른 그리스도로 만드셨다. 그 의미는 하나님께서 "그에게 그리스도처럼 전적으로 신뢰할 수 있는 은혜를 주신다"는 의미이다.[116]

1장 22절의 다른 은유는 모든 그리스도인에게 적용되며 기름 부음의 은유는 바울만이 아니라 다른 그리스도인에게도 적용되어야 한다. 4개의 분사

전문 용어이다. 성령에 적용하면, 그것은 하나님과 그분의 백성 관계의 지속적인 유효성을 확인하는 성령의 사역을 의미한다(현재 분사)"("Paul's Polemic and the theology of the Spirit in Second Gothic," *CBQ* 58 [1996]: 284–85).

113 Belleville, "Paul's Polemic," 284.

114 L. L. Belleville, "Paul's Polemic and Theology of the Spirit in Second Corinthians," *CBQ* 58 (1996): 284.

115 Plummer, *Second Epistle*, 39; and Strachan, *Second Epistle*, 59.

116 Murphy-O'Connor, *Theology*, 24–25.

는 하나의 정관사로 지배되는 두 개의 개별 그룹으로 나뉜다. 이것은 다음과 같이 번역될 수 있다.

> "굳건하게 하시고 ... 기름을 붓는 자"
> "인치시고 ... 주는 자"

바울은 하나님을 그리스도 안에 믿는 자들과 하나님의 "예(yes)"에 아멘으로 응답하는 공동체를 굳건하게 하시고 그들에게 성령을 주시는 분이라고 말한다. 기름 부음은 성령과 관련이 있다(참조. 요일 2:20, 27).

어떤 이를 왕으로 기름 부음과는 별개로, 이 동사는 구약에서 다른 직분과 사명을 위임하는 데 사용되었으며, 이사야 61장 1-4절에서는 선교나 섬김을 위한 성령의 준비하게 하심에 대한 비유로 나타난다. 벨빌Belleville은 다음과 같이 주장한다. "고린도후서 1장 21-22절의 맥락에서 이것은 교회가 세상에서 그리스도의 사명을 수행하도록 성령께서 준비하게 하심을 의미한다."[117]

1:22. 인침의 은유는 바울의 일상에서 고대 관습을 따르며 다양한 의미를 가질 수 있다.[118] 소유권을 나타내기 위해 인치거나 도장이 찍힌 것을 의미할 수 있다. 성령은 정사와 권세에 대적하는 우리를 하나님께 속한 자로 도장을 찍으셨다(엡 1:13). 에베소서 4장 30절에서 성령의 인치심은 믿는 자를 하나님의 소유로 표시하고 구속의 날까지 안전하게 지키는 것을 말한다. 우리는 값으로 산 것이므로(고전 6:20), 우리는 우리 자신에게 속한 것이 아니라 하나님께 속한다. 도장은 또한 법적 보증으로서 진실성을 증명하거나, 어떤 것의 안전을 보증하기 위해(롬 15:28), 상품의 품질을 보증하거나, 또는 신분증명을 제공하기 위해(롬 4:11) 사용되었다.[119] 바울은 고린도 교인들에게 그들이 그의 사도 직분을 인친 것이라고 말했다(고전 9:2). 그러나 이 구절에서 "인침"의 의미는 소유권을 표시하는 개념이 지배적이다. 그들은 하나님의 소

---

117 Belleville, "Paul's Polemic," 285.

118 피(Fee)는 다음과 같이 쓴다. "그 이미지는 그리스-로마 세계의 다양한 거래에서 파생되며, 대부분 소유자나 보낸 사람의 '도장'이 찍힌 밀랍으로 된 각인 형태이다. 주로 그러한 인장은 소유권과 진짜임을 나타낸다. 이로써 소유자의 보호가 보장되었다. 바울은 이 단어를 일곱 가지 다른 뉘앙스로 모두 일곱 번 은유적으로 사용한다. 이 경우 엡 1:13과 4:30에서와 같이 은유적으로 성령을 "하나님의 소유권을 인침으로 나타내어 믿는 자의 최종 기업의 보증이 된다"(*God's Empowering Presence*, 292-93).

119 하나님이 인자에게 권세의 인을 치셨다는 예수의 선언을 보라(요 6:27).

유로서 하나님께 속한다.[120] 그러므로 "인침"은 신자들 안에 있는 하나님의 역사의 시작을 표시한다.

두 번째 은유인 "성령의 보증(ἀρραβών, 아라본)"은 법률 문서의 세계에서 유래했으며 "첫 할부금" 또는 "계약금"으로 번역될 수도 있다.[121] 그것은 의무를 만들고 더 많은 것을 보장해주는 계약금이었다. 커Kerr는 이 단어가 판매 계약과 서비스 고용에 사용되었다는 점에 주목하고 서비스를 위한 계약이 비유에 대한 최고의 출처라고 주장한다. 이러한 계약에서 아라본(ἀρραβών)을 주는 사람은 일을 하도록 다른 사람을 고용한다. 아라본(ἀρραβών)을 받는 사람은 스스로 일을 해야 할 의무가 있다.[122] 아라본(ἀρραβών)은 노동자가 자신의 일을 완수할 때 완전히 받게 될 보수의 일부이다.

바울의 주장의 맥락에서, 그는 자신과 고린도 교인들이 하나님과의 공동 운명을 보장하는 첫 할부금으로서 동일한 성령을 하나님께 받았다고 주장한다. 그러나 그들의 공동 운명을 보증하는 성령은 그의 진실함도 보증한다.[123] 그러므로 인간의 맹세가 아니라 성령이 바울의 진실함을 확인시킨다. 하나님의 영의 증거에 비하면 인간의 맹세는 공허하고 무가치하다. 고린도 교인들이 바울의 진실함을 의심한다면 그들도 그들 자신의 삶에서 성령의 역사를 의심하는 것이다.[124] 하나님께서 메시지의 참됨을 세우시는 것 같이 또한 소식을 전하는 자들의 참됨을 세우신다. 만일 그들이 바울의 참됨을 의심한다면 바울과 그의 동역자들이 전한 메시지에도 의심을 품게 된다.

우리는 또한 바울이 그의 진실함을 변호하기 위해 문맥에서 사용한 것 이상으로 이 은유의 신학적 중요성을 볼 수 있다.[125] 하나님은 그를 믿고 섬기는

---

120 딤후 2:19; 계 7:3-5, 8. 다음을 더 참조하라. G. Fitzer, "σφραγίς...", *TDNT* 7:939–953.

121 "계약금으로 우리 마음에 성령을 주셨으니"는 문자적으로 "보증으로 우리 마음에 성령을 주셨으니"로 읽을 수 있다. "성령의 보증"은 동격의 속격(설명적 보족)이다. 커(A. J. Kerr)는 ἀρραβών을 "서약" 또는 그 동의어 중 하나로 번역하는 것이 오역임을 보여 준다("APPABΩN," *JTS* 39 [1988]: 91-97). 서약은 어떤 약속에 대한 담보로 넘겨진 것이고 나중에 약속이 성취되었을 때 되찾을 수 있는 것이었다. 그것은 또한 아직 오지 않은 선물에 대한 약속에 초점을 맞추고 있다. 그러나 이 용어는 "양 당사자에게 의무가 있는" 계약에서 사용되며, 이는 받는 사람에게 의무가 없는 선물과 다르다.

122 Kerr, "APPABΩN," 95. 또한 J. B. Lightfoot, *Notes on St. Paul from Unpublished Commentaries* (London: Macmillan, 1904), 323–24.

123 Fee, *God's Empowering Presence*, 288–289.

124 Belleville, "Paul's Polemic," 284.

125 많은 학자들이 굳건하게 함, 기름 부음, 인침, 보증을 주는 이미지를 세례와 연결시킨다(예. E. Dinkler, "Die Taufterminologie in 2 Kor. 1, 21 f," in *Neotestamentica et Patristica*, NovTSup 6 [Leiden: Brill, 1962), 173–91; G. R. Beasley-Murray, *Baptism in the New Testament* [Grand

자들에게 첫 번째 할부금으로 성령을 주신다.

1. 그것은 하나님과의 우리의 관계가 일시적인 것이 아니라 영원한 것이며 우리의 죽음 이후에도 계속될 것임을 보장한다. 믿는 자들의 미래 운명은 그리스도 안에서 보장되어 있다. 성령의 보증이 있다는 것은 우리가 내세에 속해 있음을 증명하는 것이다. 그것은 하나님께서 자신의 약속을 성취하실 것이며 그리스도를 믿는 신자들이 다치지 않고 심판을 통과할 것이라는 보증을 제공한다.

2. 믿는 자에게 주어진 것은 전체의 일부이다. 피Fee는 다음과 같이 말한다. "바울에게 성령의 은사는 전인격의 구속의 첫 부분이며 신자들이 '영적' 몸을 입을 때 끝나는, 즉 오직 성령에 의해 결정되는 존재 방식으로 들어가는 과정의 시작이다(고전 15:44 참조)."[126] 그러므로 신자는 회심할 때 성령을 받는다(갈 3:2-3). 그것은 그리스도께서 십자가에서 그들을 위해 성취하신 것을 신자의 삶에서 열매를 맺게 하고 그리스도를 죽은 자 가운데서 살리신 하나님의 능력을 그들의 삶에 전한다.

3. 믿는 자는 성령의 분깃을 받지 않지만 성령은 장차 올 영광을 미리 맛보고 장차 보증하는 할부금이다. 성령은 하나님의 미래의 복을 실현시킨다.[127] 그것은 신자들이 영광스러운 미래에 비추어 현재의 고난을 평가하도록 돕는다(참조. 롬 8:9-27).

4. 성령이 보증하시는 최후의 기업은 아직 실현되지 않았다. 신자들은 아직 하늘의 목표에 도달하지 않았지만, 분명히 그렇게 될 것이다.

5. 보증금의 은유는 받는 자들의 의무를 내포한다. 첫 번째 할부금을 받는 사람은 계약의 부분을 이행할 의무가 있다. 신자들은 하나님께서 성령을 맡겨서 섬김과 어두움이 아닌 빛 가운데 사는 삶을 살 수 있도록 능력을 주신다는 것을 이해해야 한다(롬 13:12-14).

이제 우리는 지금까지의 바울의 변호를 요약할 수 있다. 그는 단지 그들

Rapids: Eerdmans, 1963], 171–77). 바울은 세례를 언급하고 있을지 모르지만 그것이 초점이 되는 것은 아니다. 퍼니시는 바울의 "관심은 하나님의 신실하심을 기록하고 기술하는 것이지 고린도 교인들이 믿는 공동체에 들어온 단계를 자세히 설명하지 않는다"(*II Corinthians*, 149)라고 정확하게 이해한다. 피는 이 구절에 나오는 은유 중 어느 것도 세례를 언급하기 위해 신약에서 사용되지 않았다고 지적한다. 이러한 이미지에 대한 연결에 대한 증거는 2세기 중후반에서 나오고 난 다음 바울의 말에 투영해서 읽힌다(*God's Empowering Presence*, 294–95).

126 Fee, *God's Empowering Presence*, 294.

127 J. D. G. Dunn, *Jesus and Spirit* (Philadelphia: Westminster, 1975), 311.

에게 자신의 진실함을 확신시켜 주는 것으로 만족하지 않았다. 그는 진실함에 대한 신학적 근거를 설명한다.[128] 바울은 신뢰성을 확인시키기 위해 이 단락에서 신자들의 삶에서 성령의 역사에 대해 신학적으로 풍부한 용어를 사용한다. 결론을 명확히 하지 않았지만 그가 하는 일은 세상의 표준이나 사리사욕이 아니라 완전히 성령의 지배를 받는다는 추론을 독자들에게 남긴다. 그들의 삶에 능력을 주고 구원을 보증하시는 분은 바로 그 성령이시다. 그는 계획의 변경에 대한 좋은 영적 근거를 가지고 있었다.[129] 그의 동기는 경솔한 것이 아니라 하나님을 영화롭게 하는 것이었다. 그를 비판하는 자들은 바울의 계획 변경을 개인적인 변덕으로 돌릴 수 없다. 개인적인 욕망이 아니라 성령이 그의 사도적 사역을 나아가게 한다.

2.1.4. 슬픈 방문과 돌아가지 않기로 한 결정에 대한 설명(1:23-2:4)

**23 내가 내 목숨을 걸고 하나님을 불러 증언하시게 하노니 내가 다시 고
린도에 가지 아니한 것은 너희를 아끼려 함이라 24 우리가 너희 믿음을 주
관하려는 것이 아니요 오직 너희 기쁨을 돕는 자가 되려 함이니 이는 너희가
믿음에 섰음이라 2:1 내가 다시는 너희에게 근심 중에 나아가지 아니하기로
스스로 결심하였노니 2 내가 너희를 근심하게 한다면 내가 근심하게 한 자
밖에 나를 기쁘게 할 자가 누구냐 3 내가 이같이 쓴 것은 내가 갈 때에 마땅
히 나를 기쁘게 할 자로부터 도리어 근심을 얻을까 염려함이요 또 너희 모두
에 대한 나의 기쁨이 너희 모두의 기쁨인 줄 확신함이로라 4 내가 마음에 큰
눌림과 걱정이 있어 많은 눈물로 너희에게 썼노니 이는 너희로 근심하게 하
려 한 것이 아니요 오직 내가 너희를 향하여 넘치는 사랑이 있음을 너희로 알
게 하려 함이라**

바울은 그들에게 자신의 신뢰성에 대한 신학적 근거를 제시했고, 이제 약속한 두 번의 방문을 하지 않은 이유를 밝힌다. 그것은 그들을 보존하기 위함이었다.

128 대부분의 현대 독자들은 그렇게 긴 신학적 설명을 참지 못하고 그가 요점을 직접 다루기를 원할 것이다. 퍼니시는 그것을 "다소 무거운 여담"이라고 부른다(*II Corinthians*, 141). 그러나 바울의 선교 비전과 하나님의 부르심은 그가 하는 모든 일을 통제한다. 그리고 그가 자신의 삶의 신학적 토대에 비추어 자신의 행동을 설명하는 것은 당연하다.

129 F. F. Bruce, *I & II Corinthians*, NCB (Grand Rapids: Eerdmans, 1971), 182.

1:23. 바울은 그리스도의 참된 사도가 신실하지 않음이나 어리석음의 죄가 없다는 것을 먼저 확증함으로 자신의 진실함을 확인한 후에 고린도에 가는 계획을 변경한 이유를 설명한다. 바울은 고린도 교인들 앞에서 재판을 받는 것처럼 여기고 양심에 대한 증언을 변호할 것을 요청했다(1:12). 하나님만이 그의 양심에 관한 참됨을 알고 보여 주실 수 있기 때문에 그는 이제 하나님을 증인으로 부른다.[130] 하나님은 그의 진실성을 입증하실 뿐만 아니라 그가 거짓말을 하면 정죄하실 것이다. 그는 그들을 아끼고 싶었기 때문에 그들을 배려하여 알린 대로 돌아가지 않았다고 말한다.

그는 그들을 무엇으로부터 아끼고 싶었는지 설명하지 않았지만 가혹한 징계를 염두에 두고 있다고 추측할 수 있다. 바울이 돌아가지 않는 이유는 그의 목적이 흔들리거나 다시 굴욕을 당할까 두려워하는 것과는 아무 상관이 없었다. 그는 그들이 굴욕을 당하는 것과 믿음에서 영원히 멀어지게 할 수 있는 가혹한 징계를 받지 않기를 원했다. 그는 마치 자신이 그들에게 돌아가지 않을 것처럼 교만한 자들에 대해 미리 경고하고 다음과 같이 알린다.

> 주께서 허락하시면 내가 너희에게 속히 나아가서 교만한 자들의 말이 아니라 오직 그 능력을 알아보겠으니 하나님의 나라는 말에 있지 아니하고 오직 능력에 있음이라 너희가 무엇을 원하느냐 내가 매를 가지고 너희에게 나아가랴 사랑과 온유한 마음으로 나아가랴 (고전 4:19-21).

이 편지의 끝에서 그는 자신이 다시 올 때 계속해서 그들의 죄로 도전하는 자들에게 관대함을 나타내지 않을 것이라고 미리 경고한다(13:2). 이러한 사람들은 자신의 부정한 삶을 회개하지 않은 사람들, 우상 숭배와의 연합에서 물러나지 않은 사람들, 분쟁을 일으키는 사람들을 포함한다.

만약 그가 왔다면 어떤 구성원을 꾸짖어야 했을 것이고, 화해의 기회를 해칠 수도 있는 위험한 만남이었을 것이다. 그는 다른 사람들에게 자신의 힘을 주장하는 데 관심이 없다. 구원하는 일에 가장 필요한 행동이라고 믿는 것이 결정을 좌우한다. 성령의 인도 아래 그는 진정한 회개와 미래의 화해를 가져오는 데 필요한 조치를 취한다. 바울에 대한 오늘날 인기 있는 이미지, 즉 자주 자신의 공동체를 헐뜯고 반대자들에게 덤벼드는 완고하고 신랄한 이미지는 고칠 필요가 있다. 갈라디아서에 있는 유대주의자들과 바울의 쓰라린 싸

---

130 참조. 롬 1:9; 빌 1:8; 살전 2:5, 10. 초기 기독교인들은 성령을 속이는 것은 무서운 결과를 초래할 것이라고 믿었고(행 5:1-11), 바울은 분명히 성령이나 하나님께 증인으로 가볍게 호소하지 않았을 것이다.

움은 그의 모든 편지에 잘못 투영되어 있다. 그는 회중을 두렵게 하거나 질책하거나 처벌하는 것을 기뻐하지 않는다. 또한 반대자들과 논쟁하거나 신학적인 지도에서 날려버리는 것을 좋아하지 않는다.[131] 바울은 그의 회심자들에게 유모처럼 유순할 수 있다(살전 2:7). 그는 자신이 아버지임을 이해하고 아버지로서 순종을 기대한다는 것을 고린도 교인들에게 분명히 밝혔다. 아버지는 자녀에게 독재적인 권위를 행사하면 안 된다. 바울은 골로새서 3장 21절에서 아비들에게 자녀를 노엽게 하지 말고 그들이 낙심하지 않게 하지 말라고 조언한다. 그리고 그의 영적인 자녀들에게 설교하는 것을 실천한다. 그는 아비의 징계가 사랑, 동정, 선함, 인내로 조절되어야 한다고 믿는다(참조. 골 3:12). 그것은 그가 그들의 신학적 오류나 윤리적 잘못을 묵인하거나 무시한다는 의미가 아니라 그의 주된 임무가 그들의 삶에서 구원의 복을 가능하게 하는 것이라고 이해한다는 의미이다.

1:24. 바울이 그들을 아끼려 한다는 말은 이 편지에서 두 가지 문제, 곧 그들을 향한 바울의 사랑과 그들에 대한 그의 권위에 대해 다룬다. 고린도의 어떤 교인들은 바울이 그들을 사랑하지 않았다고 항의했을 것이다(참조. 2:4; 6:11-13; 7:2-3; 11:11; 12:15). 그러나 그의 관점에서 볼 때 징계하기 위해 고린도에 가는 것을 자제하는 일은 사랑의 행위였다. 또한 그들을 아끼려 한다는 말은 그가 공동체에 대해 징계할 권위가 있다는 것을 가정할 수 있다. 아낄 수 있다면 벌할 권위도 있다. 바울은 그들이 이 권위를 행사하는 것을 그들이 어떻게 인식하는지에 민감하다(10:1-6). 자신이 갔다면 그 권위를 행사하고 죄가 있는 당사자들을 벌해야 했을 것이라고 암시했다. 그러나 바울은 자

131 R. Jewett, *Paul: The Apostle to America: Cultural Trends and Pauline Scholarship* (Louisville: W/JKP, 1994), 3–12에서 바울의 유럽 중심적 관점에 대한 논의를 참조하라. 제웻(Jewett)은 바울에 대한 우리의 그림이 그에게 논쟁적인 스타일(싸움을 좋아함)을 투영한 유럽의 지배적인 유산에서 비롯되었다고 주장한다. 이 관점은 바울의 모든 편지를 "신학적 전투의 표현"(5p)으로 해석하는 경향이 있다. 공통적인 근거를 찾으려고 노력하고, 다양한 관점에 관대하며, 유모처럼 유순한(살전 2장) 내용을 담고 있는 바울의 서신에서 분명한 증거를 축소하거나 무시하는 단호한 스타일을 바울이 채택한다고 가정한다. 그러나 많은 학자들은 그를 신학적인 도자기 가게에 있는 황소와 같은 루터의 틀로 만들어서, 즉 그가 반대자들에게 욕설을 퍼붓는 것으로 만들어 버린다. 바울은 까칠하고 방어적인 사람으로 인식되며, 많은 이들은 바울이 그의 교회들과 공통적인 근거를 찾고 교회를 무너뜨리기보다는 오히려 세우는 데 항상 열중한다는 사실을 인식하지 못한다(고후 10:8). 제웻(Jewett)는 이 논쟁적인 유산이 바울의 그림뿐만 아니라 학문적 담론의 스타일을 형성했다고 언급한다. "자신의 교회에 경쟁적이고 분열적인 정신에 대항하여 투쟁한 바울은 대안적인 견해에 반대하는 엄격한 수사학으로 분열적이고 거친 어조로 제시되어, 진리가 때때로 격렬한 논쟁으로 인해 질식된 것처럼 보였다"(6p).

신이 그들을 지배하거나, 생각하거나 행해야 할 일을 말하거나, 그들의 믿음을 통제하려는 욕망이 없다. 사도(그리고 확실히 목회자)는 교회의 주인이 아니다. 오직 예수님만이 주님이시다. 바울은 자신을 위해 그 역할을 할 교만한 의도도 없고 권리도 없다.

그리스도인들은 성령으로 인치심을 받았고 성령 안에서 자유케 되었다(갈 5:1). 바울은 그들을 자신의 신학적 노예로 삼고자 하는 마음이 없다(고전 7:23). 그는 그들의 생각을 십자가와 일치되게 하는 것 외에, 그의 신봉자로 삼거나 생각을 통제하려고 하지 않으며, 하나님이 그의 연약함을 통해 일하시는 방식을 인식하게 하고 하나님께 영광을 돌리게 하는 것 외에 구하지 않는다(참조. 고전 1:12-17). 그는 동의를 얻고 교회의 책임감을 높이려고 한다. 따라서 바울은 가혹한 독재자처럼 자신의 교회를 공격하지도 않고 간섭하고 과잉보호하는 부모처럼 교회의 삶을 지배하지도 않는다. 그는 강요가 아닌 설득을 믿는다. 이것이 그가 편지를 쓰는 이유이다. 그가 공동체의 믿음에 자신의 권위를 사용하는 방법은 약자를 괴롭히는 권력자처럼 행동하는 침입자에게서 자신을 구별하는 것 중 하나이다(11:19-20). 그는 그들 "위"에서가 아니라 "함께" 일하기를 원하기 때문에 상당히 자제한다.[132] 그는 사도의 역할을 고통이 아니라 기쁨을 가져다 주며, 허물기보다는 세우는 종이자(4:5) 조력자(참조. 10:8; 13:10)로 이해한다.[133] 우리는 그리스도의 교회가 가지는 참된 표지 중 하나가 모든 절망을 이기는 기쁨이라는 사실을 자주 잊는다. "[기쁨]이 부족하였으면 예수의 말씀을 받지 아니하였거나 그것이 버린 바 된 것이며 그것이 흔들리면 믿음도 흔들리는 것이다."[134]

이 편지에서 바울의 목표는 고린도 교인들이 스스로 필요한 교정을 하도록 돕는 것이다. 그는 회중의 책임감을 파괴하기를 원하지 않는다.[135] 그들은

---

132 바울은 그들을 동역자(συνεργοί. 개역개정, "돕는 자")로 정의한다. 동역자들은 바울의 편지에서 브리스가와 아굴라와 우르바노(롬 16:3, 9), 디모데(롬 16:21; 살전 3:2), 아볼로(고전 3:9), 디도(고후 8:23), 에바브로디도(빌 2:25), 유오디아, 순두게, 글레멘드(빌 4:3); 아리스다고, 마가, 예수 유스도(골 4:11), 빌레몬(몬 1), 누가(몬 24)를 포함하는 선택된 그룹이다.

133 결정적인 문제에 대한 퍼니시의 예리한 안목은 인용할 만하다. 바울은 "사역적인 섬김의 두 가지 다른 목표, 즉 독재적인 것과 협력적인 것을 대조하지 않는다. 그는 사역적인 직무의 두 가지 다른 목적을 대조할 것이다. 이기적인 권위를 행사하여 자신의 지위를 높이는 것과 하나님의 능력으로 믿음에 굳게 서 있는 자들의 기쁨을 높이는 것이다"(*II Corinthians*, 152).

134 G. R. Beasley-Murray, "2 Corinthians," in *The Broadman Bible Commentary* (Nashville: Broadman, 1971), 14에서 다음을 인용한 내용이다. A. Schlatter, *Paulus: Der Bote Jesu: Eine Deutung Seiner Briefe an die Korinther*, 2nd ed. (Stuttgart: Calwer, 1956), 485.

135 바울이 다른 사람의 믿음과 결정을 주관하기를 거부한 전형적인 예는 빌레몬에게 보낸

권위를 행사하는 데 참여해야 한다(참조. 고전 5:3-5; 고후 2:6-8).[136] 그들은 자신의 믿음에 서 있는 법을 배워야 한다. 때때로 강제로 순종하는 것이 더 쉬워 보일 수도 있지만 바울은 진정한 믿음은 억지로 먹일 수 없다는 것을 알고 있다. 이 구절에 대한 칼뱅의 언급은 적절하다.

> 믿음은 사람에게 속박되어 있지 않아야 한다. 우리는 이 말을 하는 사람이 누구인지 잘 알아야 한다. 왜냐하면 죽을 수 밖에 없는 사람이 그러한 주권을 주장할 권리가 있었다면 바울이 바로 그 사람이기 때문이다. 따라서 우리는 믿음의 주인이 하나님의 말씀 외에는 없고 인간의 통제를 받지 않아야 한다고 결론 짓는다. ... 영적인 주권은 오직 하나님께만 속한다. 이것은 목회자들이 주인이 아니라 사역자요 조력자이기 때문에 인간의 양심에 대한 특별한 주권이 없다는 항상 확고한 원칙이다.[137]

칼뱅은 에스겔서에 나오는 악한 목자들의 징계를 인용한다. "너희가 그 연약한 자를 강하게 아니하며 병든 자를 고치지 아니하며 상한 자를 싸매 주지 아니하며 쫓기는 자를 돌아오게 하지 아니하며 잃어버린 자를 찾지 아니하고 다만 포악으로 그것들을 다스렸도다"(겔 34:4).

"너희가 믿음에 섰음이라"를 그들의 영적 상태에 대한 전반적인 단언으로 읽기는 어렵다. 바울은 13장 5절에서 "너희는 믿음 안에 있는가 너희 자신을 시험하고 너희 자신을 확증하라 예수 그리스도께서 너희 안에 계신 줄을 너희가 스스로 알지 못하느냐 그렇지 않으면 너희는 버림 받은 자니라"라고 쓴다.

그는 이 두 내용을 같은 편지에 쓸 수 있었을까? 어떤 학자들은 10-13장은 고린도 교인들이 믿음 안에 굳건하지 않다고 믿었던 다른 시기에 기록된 편지라고 주장한다. 고린도후서가 한 편지이고 1장 24절의 이 번역이 정확하다면 이 진술이 13장 5절의 도전의 내용과 같은 편지라는 사실을 배제하지 않는다. 바울은 자신에게서 소외된 청중을 대한다는 것을 알고 있으며, 그들

편지이다. 그는 빌레몬에게 명령하지 않고 옳은 일을 하도록 빌레몬을 설득하기 위해 특별한 재치와 자제력을 발휘한다. 그는 명령할 수 있었지만 대신 사랑 때문에 그에게 호소한다(몬 8-9). "다만 네 승낙이 없이는 내가 아무것도 하기를 원하지 아니하노니 이는 너의 선한 일이 억지 같이 되지 아니하고 자의로 되게 하려 함이라"(14절). 추가로 다음을 참조하라. D. E. Garland, *Colossians, Philemon*, NIVAC(Grand Rapids: Zondervan, 1998), 331–32.

136 캄펀하우젠(H. von Campenhausen)은 바울이 "공동체의 자기 판단과 책임감에 호소하면서 그는 그들의 자유를 진지하게, 아마도 그들이 기대했던 것보다 더 심각하게 여겼다"고 주장했다(*Ecclesiastical Authority and Spiritual Power in the Church of the First Three Centuries* [London: A&C Black, 1969], 50).

137 Calvin, *Second Epistle*, 26.

이 마지막에 그의 주장을 듣기 전에 적대감을 느끼게 하기를 바라지 않는다. 그들 사이의 화해를 확인하고 먼저 그를 향한 선의를 확립하는 것이 중요했다. 그러므로 그가 그들을 책망해야 하는 논쟁적인 문제는 서신의 결론을 위해 남겨두었다. 거기에서 우리는 고린도에 있는 어떤 교인들의 믿음이 안전하지 않을 수 있음을 배운다.[138] 바울이 직설법과 명령법을 함께 사용하는 것은 잘 알려져 있다.[139]

사도는 그들의 기쁨을 위해서만 그들과 함께 일할 수 있다. 거스리Guthrie는 다음과 같이 말한다. "그러므로 고린도 교인들은 믿음이나 신뢰의 응답으로 예수 그리스도의 교회로 굳건히 남아 있다. 그러한 신뢰는 본질적으로 강요될 수 없으며 두려움에서 비롯되지 않는다. 오히려 올바른 관계를 근원으로 하고 '기쁨'을 결과로 삼는다."[140] 믿는 자에게 '기쁨'은 믿음과 연결된다. 그것은 단순히 일시적인 감정이 아니다. 낙담을 물리치는 깊은 행복감을 선사한다. 이것은 이생에서 무슨 일이 일어나든지 그들의 영생은 전능하신 하나님의 사랑의 손에 안전하다는 인식에서 비롯된다(요 10:28-29).

2:1. 바울은 이제 그가 다시 고통스러운 방문을 하지 않는 것이 최선이라고 판단한 이유를 설명한다. 이것은 그가 마지막으로 그곳에 갔을 때 불쾌한 대면을 경험했음을 의미한다(2:5-11; 7:9, 12; 10:10).[141] 우리는 이 진술에서 바울이 고린도전서를 기록한 후 예고 없이 그들을 방문했다고 추론한다.[142] 그 방문이 너무 불쾌했기 때문에(참조. 2:5-11; 7:9, 12; 10:10), 그는 두 번의 방문 계획을 포기했고, 바울은 다른 장면을 원하지 않는다고 설명한다.[143] 고통 언어에 관한 집중하는 내용이 2장 1-5절에 지배적으로 등장한다. 명사

138 바렛(C. K. Barrett)은 바울이 다음과 같이 의도했다고 해석한다. "너희들의 믿음으로 말미암아 그리스도인으로서 존재하게 되었으며 믿음 안에서 그리스도인의 존재는 그 누구도 아닌 하나님에 의해 결정된다." 그는 "사도적 선언은 신앙을 불러일으키지만 그것을 명령할 수 있는 사도적 지배는 없다"라고 결론짓는다(*The Second Epistle to the Corinance*, HNTC [New York: Harper & Row, 1973], 84).

139 고전 16:13에서 바울은 "믿음에 굳게 서라"라는 명령을 사용한다.

140 Guthrie, *2 Corinthians*, 123.

141 접속사 *γάρ*("따라서")가 *δέ*("그러나")보다 선호되어야 한다. 왜냐하면 바울은 보충적이거나 반대의 언급을 하지 않고 그의 방문을 연기하는 이유를 말하고 있기 때문이다.

142 그는 다음 방문이 12:14, 13:1에 세 번째 방문이 될 것임을 암시한다.

143 바렛은 다음과 같이 말한다. "이렇게 그들은 방문을 약속받았고 예상했던 것보다 일찍 방문했다. 바울이 경험한 그들의 대우로 인해 추가 방문을 하지 않았다면 특히 이 방문은 바울과 그들 모두에게 고통스러운 방문이었을 상황에서 그들이 불평할 권리가 있을까?"(*Second Epistle*, 86).

"근심"(λύπη, 뤼페)은 두 번(2:1, 3) 나타나고 동사 형태는 2장 1-5절에서 다섯 번(λυπέω, 뤼페오, 2:2[2회], 4, 5[2회]) 나타난다.[144] 바울은 그들에게 굴욕을 당하는 것을 염두에 두고 있었을지 모르지만 그는 단순히 또 다른 굴욕을 피하기 위해 돌아가지 않았다. 바울에게 가장 큰 고통은 그들이 바울을 대우한 것 때문이 아니라 그들이 그리스도인의 부르심에 따라 살지 않고 거짓 사도들이 나누어 준 거짓되지만 더 빛나는 것 같은 성공의 복음을 위해 십자가와 부활의 참 복음을 버렸기 때문이다.

2:2. 바울은 딜레마에 빠졌다. 고린도에 가는 것은 문제와 고통을 심화시킬 수 있다. 그들에게서 멀리 떨어지는 것은 문제를 악화시키고 화해를 더욱 어렵게 만들 것이다.[145] 또다시 교회에 대한 바울의 애정이 나온다. 그들은 그에게 기쁨의 원천이며, 그 관계가 적절하지 않을 때 그의 기쁨보다는 고통이 배가된다. "내(ἐγώ, 에고)가 너희를 근심하게 한다면"에서 헬라어 "내가"는 강조이다.[146] 또 한 번의 격렬한 충돌로 그 슬픔이 더해진다면, 둘 사이의 문제는 깊어질 수밖에 없다. 그것은 기쁨과 정반대의 결과를 낳을 것이다. 상황을 해결하기 위한 바울의 해결책은 직접 대면하지 않고 고통스러운 질책의 편지를 쓰는 것이었다.

2:3. 바울은 방문 대신에 아마도 10장 10절에 언급된 무거운 편지를 보냈을 것이다. "내가 이같이 쓴 것은"(ἔγραψα τοῦτο αὐτό, 에그랖사 투토 아우토)이라는 문구는 부사적으로 번역될 수 있다. "내가 바로 이런 이유에서, 즉 가지 않으려고 썼다."[147] 또 다른 선택지는 편지에서 무언가를 언급하는 것이다.

---

144 명사 λύπη("근심")은 7:10(2회)와 9:7에도 나타나므로 바울 서신에서 9번 중 6번이 고린도후서에 나온다. 동사 λυπέω("근심하다")는 또한 6:10; 7:8(2회), 9(3회), 11에 나온다. 바울의 편지에서 15번 중 12번은 고린도후서에 나온다. 빌립보서에서 "기쁨"이 우세한 것으로 알려져 있다면 고린도후서는 "근심"이 우세한 것으로 알려져야 한다. 고린도 교인들은 그의 문제아였다.

145 헤링(Héring)은 문장을 두 개로 나눈다. "내가 너희를 근심하게 하면 누가 나를 기쁘게 하겠느냐? 나로 인해 근심에 빠진 사람은 절대 아니다!"(*Second Epistle*, 14). 다음 비평을 보라. *II Corinthians*, 140–41.

146 바렛은 ὑπό("~의해") 대신에 전치사 ἐκ("~밖에")를 사용하는 것은 "'나의 행위에 의해 직접적으로 야기된 근심'이 아니라 '나로 인해, 나에게서 발생하는 근심, 내가 함께 함에 기인한 것이 아니라 우연에 의한 것이다'"고 주장한다(*Second Epistle*, 87). 그는 이것을 바울에게 상처를 준 사람이 고린도 출신이 아니라 방문자를 암시하는 것으로 받아들인다. 그러나 여기에서 전치사는 효과적인 원인을 가리킨다. 다음을 참조하라. BDAG, 235.

147 BDF § 290(4).

그것은 바울이 1장 23절에서 "내가 내 목숨을 걸고 하나님을 불러 증언하시게 하노니 내가 다시 고린도에 가지 아니한 것은 너희를 아끼려 함이라," 또는 2장 1절에서 "내가 다시는 너희에게 근심 중에 나아가지 아니하기로 스스로 결심하였노니," 또는 2장 3절에서 "내가 이같이 쓴 것은 내가 갈 때에 마땅히 나를 기쁘게 할 자로부터 도리어 근심을 얻을까 염려함이요 또 너희 모두에 대한 나의 기쁨이 너희 모두의 기쁨인 줄 확신함이로라"라고 말한 내용일 수 있다. 이 모든 가능한 언급들이 바울이 돌아오지 못한 것에 대한 설명으로 더 적절하다.

가장 가능성이 높은 선택지는 이 어구를 고통스러운 편지의 내용을 요약하는 것으로 보는 것이다. 주변 구절은 "주요 흐름을 반복한다."[148] 바울은 분노를 표출하고 그들이 가한 것과 같은 고통을 그들에게 가하기 위해 편지를 쓰지 않았다(참조. 빌 1:17 참조).[149] 대신에 그는 다음과 같은 이유로 편지를 썼다.

1. 그는 다음 방문에서 "그 결과"로 "마땅히 나를 기쁘게 할 자로부터 도리어 근심을 얻을까 염려함이요"(2:3)라고 썼다. 13장 10절에서 우리는 그가 멀리 있는 동안 이 편지에 쓴 내용이 함께 있을 때 엄격한 처리를 방지할 것을 배운다. 그들이 편지에 순종으로 응답한다면 그의 방문은 기쁨을 가져다 줄 것이다. 이 기쁨은 다시 행복하게 만날 때 넘치는 좋은 환호 그 이상이다. 바울에게 기쁨은 복음을 진전시키고 하나님께 영광을 돌리는 하나님의 뜻에 대한 공동체의 순종과 관련이 있다.

2. 바울은 그들이 궁극적으로 그분의 사랑을 알기를 원했다(참조. 2:4; 3:2; 12:15; 고전 16:24). 무관심은 쉽다. 그러나 그들에게 무관심했다면 손을 떼고 더 나아갔을 것이다. 그러나 그는 그들의 아버지이며 포기하지 않을 것이다. 그들에 대한 그의 사랑은 값비싼 대가를 치른다. 그것은 자신의 감정보다 그들의 필요가 더 중요하다는 것을 의미한다. 짜증나고 답답하고 반항적인 사람들에게 손을 내밀어 해결책을 찾겠다는 의미이다. 윌리엄 블레이크 William Blake는 그의 시 "하나님과 조약돌"에서 이렇게 감동적으로 표현한다.

"사랑은 자기의 기쁨을 구하지 아니하며 스스로 유익을 구하지 아니하나

---

148 Barrett, *Second Epistle*, 87; Thrall, *II Corinthians*, 1:168.

149 맨슨(T. W. Manson)은 그것이 두 번째 고통스러운 방문을 의미한다고 주장하지만 "근심 위에 근심"이라고 읽는 사본의 차이들은 아마도 빌 2:27과 동화되었을 것이다("St. Paul in Ephesus (3) and (4): The Corinthian Correspondence," in M. Black, *Studies in the Gospels and Epistles*, 213–14).

오직 남을 위하여 안식을 주어 지옥의 절망에 천국을 세운다."

3. 바울은 그들의 순종을 시험하기를 원했다(2:9).

4. 바울은 그들에게 자신을 향한 진정한 열심을 드러내기 원했다(7:11-12).

고린도서신 어딘가에 보존되어 있는 고통스러운 편지를 찾으려는 많은 시도는 성공하지 못했다. 편지는 사라졌고 내용만 추측할 수 있다. 그것은 분명히 무뚝뚝하고 심각한 책망을 포함하고 있었다(7:8-9). 그 편지는 무엇을 해야 하는지를 가르치고 바울의 편에 서고 그의 적을 징계할 것을 요구했다. 우리는 그 편지가 너무 가혹하다고 생각해서는 안 된다. 다른 이들을 맹렬히 비난하면 잠시동안 기분이 좋아지고 구경꾼들의 환호도 불러일으키지만, 맹렬한 질책은 거의 도움이 되지 않는다. 바울은 문제의 자녀들을 대할 때 십자가의 길을 선택했는데, 이 경우에는 눈물이었다. 오랜 세월 동안 교회에 봉사해왔으며 소수의 목소리에 의해 저격하는 표적이 되거나 냉담한 대우의 희생자가 된 목사들은 바울이 고린도 교인들을 대하면서 느꼈을 쓰라린 고뇌를 이해하고 공감할 수 있다. 바울은 고린도 교인들로부터 심각하고 굴욕적으로 거부당했음에도 불구하고 교회를 잊어버리는 것을 거절했다. 그는 편지에서 그들과 대면했다. 다시 말하지만, 대면은 때때로 가장 분명한 사랑의 증거이다. 다른 사람들과의 문제를 무시하고, 덮고, 그들이 존재하지 않는 척하거나, 문제가 있는 사람들을 무시하고 관계를 종료하는 것이 더 쉽다. 바울은 이런 일을 하나도 하지 않고, 문제를 직시하여 끈질기게 유대를 회복하려 했다. 그러나 대결할 가치가 무엇인지 알기 위해서는 지혜가 필요하며, 차이를 알릴 때 가장 유익한 해결책을 낳을 것이다(참조. 갈 2:11-14). 단순히 우리의 의견을 강요하기보다 문제를 해결하기 위해 다른 사람들과 대면하는 것은 엄청난 정서적 에너지를 소모하기 때문에 진정한 사랑이 필요하다. 바울은 그 편지가 문제를 진정시키기는커녕 오히려 악화시킬지도 모른다고 걱정을 했기 때문에 분명히 정신적 고통을 겪었다.

이 구절에서 괴로움과 기쁨을 언급하는 데 앞에서 말한 고난과 위로의 대조를 다시 시작한다. 고난 중에 하나님이 위로를 주시는 것처럼 바울은 하나님이 고통스러운 관계에서 기쁨을 가져다 주실 것이라고 확신한다. 그러므로 바울은 그들 사이의 문제가 심각함에도 그들에 대한 최고의 확신을 표현한다. 그는 그것이 의도한 효과가 있을 것이라는 확신을 가지고 앞의 편지를 썼고 이제 디도로부터 그들의 후회와 회개에 대해 듣고 나서 더 큰 확신을 가지고 쓸 수 있다(7:9). 그들이 바울의 고난과 위로를 나눈 것처럼(1:7), 바울은 그들이 자신의 기쁨도 함께 나누기를 기대한다(7:7). 바울은 그리스도 안에서의 기쁨이 다른 사람들과 공유된다고 가정한다. 그것은 나누면 배가 된다.

2:4. 바울은 그 논쟁이 초래한 고통에 대해 냉정하지 않다. 그는 자신의 감정을 숨기려 하지 않고 과감하게 표현한다. 바울은 자신에 대한 그들의 애정을 깊이 느꼈고, 그 애정을 명백히 버린 일은 그에게 깊은 상처를 주었다. 그는 큰 심리적 고통과 많은 눈물로 편지를 썼다. 눈물을 흘린 것은 개인의 상처만은 아니었다. 그는 윤리적으로 정결하지 않은 자들(빌 3:18)과 하나님의 뜻에서 떠난 자들 때문에 울었다.

징계는 그것을 주는 사람이나 받는 사람에게 고통스럽다. 칼뱅은 경건한 목회자들은 다른 사람들을 울게 하기 전에 스스로 우는 것을 지적한다.[150] 바울은 마음은 무정하거나 가혹하지 않다. 그들에 대한 사랑은 그의 행동에 전적으로 동기를 부여했다. 그들이 슬퍼했다면, 바울은 더 슬퍼했을 것이라는데 의심의 여지가 없다.

바울은 그들에게 준 슬픔이 사랑의 가장 확실한 표시라고 주장한다. 그는 사랑하는 아버지가 하는 것처럼 그들에게 방향을 제시하고 꾸짖는다(참조. 7:8-10; 10:6; 고전 4:14-16, 21).[151] 아버지의 징계에 관한 유대 전통에서 징계는 사랑의 증거이다.

> 내 아들아 여호와의 징계를 경히 여기지 말라 그 꾸지람을 싫어하지 말라 대저 여호와께서 그 사랑하시는 자를 징계하시기를 마치 아비가 그 기뻐하는 아들을 징계함 같이 하시느니라(잠 3:11-12).[152]

바울은 고린도 교인들의 모욕의 대상이 되었음에도 불구하고 좋은 아버지처럼 계속해서 최선의 이익을 구하고 그들의 뻔뻔함에 희생적인 사랑으로 화답한다. 좋은 부모는 사춘기 자녀와 심하게 말다툼을 할 수 있지만 그것 때문에 관계를 끊지 않을 것이다. 그 대신에 부모는 아이를 바로잡아 주고 화해하

---

150 Calvin, *Second Epistle*, 28.

151 갈라디아서는 바울이 가혹한 책망을 섞은 병행을 보여 준다. “어리석도다 갈라디아 사람들아 예수 그리스도께서 십자가에 못 박히신 것이 너희 눈 앞에 밝히 보이거늘 누가 너희를 꾀더냐”(갈 3:1). 사랑과 고통의 표현으로 “나의 자녀들아 너희 속에 그리스도의 형상을 이루기까지 다시 너희를 위하여 해산하는 수고를 하노니 내가 이제라도 너희와 함께 있어 내 언성을 높이려 함은 너희에 대하여 의혹이 있음이라”(갈 4:19-20)라고 바울은 말한다.

152 A. A. Myrick, “‘Father’ Imagery in 2 Corinthians 1-9 and Jewish Paternal Tradition,” *TynBul* 47 (1996): 163–71. 또한 다음을 참조하라. 잠 10:13, 17; 13:1, 24; 15:5; 22:15; 23:13-14; 27:5; 29:15; Sir 30:1-2, 13; Wis 11:9-10.

려고 할 것이다. 아이를 바로잡고 상처를 치유하는 데 필요한 결단력과 끈기는 사랑의 분명한 신호이다.

결론적으로, 바울은 그가 고린도에 돌아가지 않은 세 가지 이유를 제시한다. 그는 아시아에서 죽을 뻔한 고통을 언급했는데(1:8-10), 그 이유로 가지 못했을 것이다. 바울은 하나님의 주권이 그의 계획을 통제하고(1:12) 하나님의 영광을 위한 하나님의 뜻에 응답한다고 암시한다(1:20). 그는 상황을 악화시키고 화해를 더욱 어렵게 만드는 또 다른 고통스러운 방문을 피하고 싶었다(1:23-2:4). 그들의 사도와 그리고 교인들이 서로 화해하지 않고는 화해를 만들어내는 교회가 될 수 없다는 것이 그의 주요 관심이다.

2.1.5. 범죄한 자의 용서 (2:5-11)

5 근심하게 한 자가 있었을지라도 나를 근심하게 한 것이 아니요 어느 정도 너희 모두를 근심하게 한 것이니 어느 정도라 함은 내가 너무 지나치게 말하지 아니하려 함이라 6 이러한 사람은 많은 사람에게서 벌 받는 것이 마땅하도다 7 그런즉 너희는 차라리 그를 용서하고 위로할 것이니 그가 너무 많은 근심에 잠길까 두려워하노라 8 그러므로 너희를 권하노니 사랑을 그들에게 나타내라 9 너희가 범사에 순종하는지 그 증거를 알고자 하여 내가 이것을 너희에게 썼노라 10 너희가 무슨 일에든지 누구를 용서하면 나도 그리하고 내가 만일 용서한 일이 있으면 용서한 그것은 너희를 위하여 그리스도 앞에서 한 것이니 11 이는 우리로 사탄에게 속지 않게 하려 함이라 우리는 그 계책을 알지 못하는 바가 아니로라

이제 바울은 정확히 무슨 일이 있었는지 다시 설명하지 않고 자신을 슬프게 만들고 갑작스럽게 떠나도록 만든 사건으로 눈을 돌린다. 불행한 세부적인 일을 들먹이면 오래된 분노의 감정을 다시 일으킬 수 있기 때문에 그 이야기에 대해 자신의 입장을 밝히지 않는다. 상처는 아직 아물고 있다. 그것들을 일으킨 사건들을 반복하는 것은 아무 소용이 없을 것이다. 불행히도 구체적이지 않기 때문에 그 상황에서 동떨어진 독자들을 어둠 속에 남겨 둔다.

2:5. 바울은 그 사람의 이름을 밝히거나 모욕의 본질을 설명하지 않는 모호한 일반론으로 특정한 상황을 말하는 재치를 보인다. 이름을 모르는 그 사람은 회개했고, 이제 바울은 그 범죄를 완곡하게 "근심하게 한 자가 있었을지라도"라고만 밝히고, 그 사람을 "그 불의를 행한 자"라고 간접적으로 밝힌다. 이름을 부르고 그 죄와 형벌을 구체적으로 밝히는 것은 이제 회개하여 충분히 벌을 받은 사람에게 더 큰 수치를 가져다 줄 뿐이다.[153] 바울은 화해의 편지가 분쟁의 원인을 가능한 한 피해야 한다는 위-리바니우스Pseudo-Libanius의 수사학적 조언에 동의할 수 있다.[154] 그의 목표는 치유를 가져오는 것이지 자신이 얼마나 옳았는지 증명하기 위해 사건을 이야기하는 것이 아니다. 그는 죄를 범한 사람을 비난하는 대신 자신의 슬픔과 그에게 일어난 일, 그리고 이것이 복음을 위한 그의 고난에서 어떻게 나타나는지 설명한다. 그러나 현대 독자들은 가해자가 누구이며 그의 범죄가 무엇인지 알고 싶어 한다.[155]

이 범죄한 자가 누구인지 확인하려면 먼저 어떤 증거가 있는지 수집해야 한다.[156]

1. 바울이 교리적 문제를 언급하지 않았기 때문에 그 죄는 어떤 신학적 오류와 관련이 있어 보이지 않는다. 그럼에도 불구하고 일부 신학적 오해가 그 뿌리에 있을 수 있다. 편지 전체에 걸친 바울의 환난에 대한 긴 논의와 부분적으로만 알았다는 그의 진술(1:14)은 공동체에서 그 사람과 다른 사람들이 십자가에 못 박힌 그리스도를 전하는 사도로서 바울이 따르는 고난의 길을 인식하지 못했음을 시사한다. 잘못된 신학적 사고 방식이 낙오를 부추겼을 수 있다.

2. 한 개인이 범죄를 저질렀지만 바울은 고린도 교인들을 일반적으로 연

153 동일한 섬세함이 바울이 빌레몬에게 보낸 편지에서 오네시모를 언급한 방식에서도 나타난다. 그는 언급할 수 없는 오네시모의 도망에 대한 언급을 피한다. 그는 말장난으로 오네시모("유용한"을 의미하는 이름)의 이전 "무익함"을 설명한다(11절). 바울은 오네시모가 도망쳤다고 노골적으로 말하는 대신 수동적인 목소리로 그의 부재를 설명하면서("그가 잠시 떠나게 된 것은", 15절) 하나님의 손길이 관련되어 있음을 암시한다. 그는 조건문("그가 만일 네게 불의를 하였거나 네게 빚진 것이 있으면", 18절)으로 오네시모의 과거 잘못에 대한 주제를 설명한다. 바울은 빌레몬에게 그의 종을 용서해 달라고 명시적으로 요청하지 않았지만, 편지는 그가 용서하는 태도를 취해야 한다고 가정한다(Garland, *Colossians and Philemon*, 300–301).

154 A. J. Malherbe, *Ancient Epistolary Theorists* (Atlanta: Scholars, 1988), 68–69.

155 이 문제에 대해서 다음 논의는 다음을 보라. C. K. Barrett, "Ο ΑΔΙΚΗΣΑΣ (2 Cor 7.12)," in *Essays on Paul* (Philadelphia: Westminster, 1982), 108–17; C. G. Kruse, "The Offender and the Offense in 2 Corinthians 2:5 and 7:12," *EVQ* 60 (1988): 129–39; Thrall, *II Corinthians*, 1:61–69.

156 다음은 Barrett, "Ο ΑΔΙΚΗΣΑΣ (2 Cor 7.12)," 109에서 채택한 것이다.

루시킨다(2:5).

3. 우리는 바울이 고린도 교인들처럼 상처를 받지 않았고(2:5) 이미 범죄한 자를 용서했다는(2:10) 바울의 주장에서 그 사람의 행동이 바울을 직접적으로 공격한 것이라고 추론할 수 있다. 그것은 바울을 강제로 떠나게 하고 눈물의 편지를 보낼 만큼 심각했다.[157]

4. 이 문화권에서 남자들 사이의 사회적 상호작용을 지배했던 명예와 인정을 위한 경쟁은 그 대면에서 한몫을 했을 것이다. 이 사람은 바울의 권위에 도전했다. 그는 분명히 공동체에서 어느 정도 권력을 휘두르며 바울을 수치스럽게 하면서 바울에게서 추종자들을 빼앗는 데 권력을 사용했다. 베지Vegge는 이 경쟁이 "명예에 대한 언어적 모욕, 상징적 또는 물리적 권력 대결과 같은 도전을 통해 표현되는 경우가 많았다"라고 지적한다.[158] 승자는 명예가 높아졌다. 패자는 수치심과 지위를 상실했다. 도전에 적절히 대응하지 않으면 수치심이 가중되었다. 모욕에 대해 경쟁자를 단순하게 용서하는 일은 남자답지 못하다고 간주되며, 그것은 나약함과 비굴한 복종과 관련이 있다.

5. 범죄가 전체 공동체에 영향을 미쳤다. 고린도 교인들은 바울을 변호하려 하지 않았고 침묵 속에 움츠러들었다. 아마도 바울의 도전자가 사회 집단에서 권력을 휘둘렀기 때문일 것이다. 부는 지위와 명예와 관련되어 있기 때문에 죄를 지은 당사자가 부를 가졌다고 가정할 수 있다.

6. 바울이 2장 10절에서 "내가 만일 용서한 일이 있으면"이라고 말한 것은 그 문제가 원칙과 관련되어 있음을 암시할 수 있다.[159] 그것은 단순히 바울이 그의 범죄가 개인적 만족을 얻는 문제가 아니다. 공동체가 범죄와 관련된 원칙을 올바르게 이해하고 이를 고치기 위해 적절한 조치를 취하는 문제이다.

7. 범죄자가 도덕적 제약에서 벗어나 그리스도의 이름으로 자신이 취한 자유를 오만하게 행사했을 가능성이 있다. 그런 다음 그는 공동체에 대한 바울의 담대한 책망과 지도를 거부하고 그것들을 더 낮은 지위에 있다고 여기는 사람이 자신의 명예와 지위에 대해 도전한다고 여겼다.

대부분의 고대 주석가들은 아버지의 아내와 살았던 죄를 범한 사람을 그 범죄한 사람으로 이해했다(고전 5:1-5). 바울은 그 사람이 부패하게 하는 영

---

157 블릭(F. Bleek)은 이 편지가 고린도전서 이후에 기록된 것으로 지금은 없는 편지로 처음 확인했다("Erörterungen in Beziehung auf die Briefe Pauli an die Korinther," *TSK* 3 [1830]: 614–32).

158 Vegge, *2 Corinthians*, 280.

159 Bultmann, *Second Letter*, 49.

향력이 있기 때문에 고린도 교인들이 그들의 교제에서 쫓아냄으로써 징계할 것을 주장했다. 그는 이전에 부도덕한 자들과 교제하지 말라고 지시했지만 고린도 교인들은 그의 말을 무시했다(고전 5:9-11). 이 사람의 죄가 공동체 전체에 나쁜 평판을 주고(고전 5:2) 전도를 방해했다는 바울의 믿음은 왜 그가 그들 모두에게 고통을 주었다고 말하는지 설명할 수 있다(2:5). 바울은 온 교회가 회개했을 때 잘못을 저지른 사람을 징계하고 회개하는 일에 참여해야 한다고 주장한다(2:9; 7:12). 이는 고린도전서 5장 4-5절에서 그 사람을 징계하라는 권면과 일치한다. 사탄은 또한 두 본문 모두에서 언급된다. 고린도전서에서 그들은 범죄자를 사탄에게 넘겨줌으로써 징계해야 한다. 즉, 그를 "하나님의 보호의 범위 밖에" 두어서 "사탄의 세력에 공격받기 쉽게 만든다(참조. 엡 2:12, 골 1:13, 엡 2:12; 요일 5:19)."[160] 고린도후서에서 그들은 범죄한 자를 용서하고 그를 다시 그들의 교제 안으로 받아들임으로써 사탄이 그들보다 우위를 점하지 못하도록 해야 한다.[161] 두 본문 모두에서 그리스도에 대한 언급이 나타난다. "주 예수의 이름으로"(고전 5:4), 그리고 "그리스도 앞에서"(2:10)이다.

대부분의 현대 주석가들은 일반적으로 고린도전서 5장에서 근친상간을 저지른 남자와 그 범죄한 사람을 동일시하지 않는다.[162] 바렛Barrett은 이러한 견해는 "이제 거의 보편적으로 그리고 정당하게 포기된다"고 말하고 불트만Bultmann은 "어떠한 상황에서도" 옳을 수 없다고 주장한다.[163] 첫째, 테르툴리아누스Tertullian는 몬타누스주의자(Montanist)들과의 논쟁의 열기 속에서 이 연

160 D. E. Garland, *1 Corinthians*, BECNT (Grand Rapids: Baker, 2003), 173.

161 범죄한 자는 "이런 자"로 밝혀진다(τοιοῦτος; 고전 5:5; 고후 2:6). 바울은 습관적으로 자신의 반대자들을 밝히는 것을 삼간다(참조. "어떤 이", 고전 4:18, 고후 3:1, 10:10, "수많은 사람들," 고후 2:17, 12:21, "~하는 사람들", 5:12, "누가", 11:4, "그런 사람들", 11:13). 플러머는 모든 개별 문제(7:11)에는 사탄이 활동하는 것과 관련이 있다고 반박한다(*Second Epistle*, 55).

162 예외는 다음을 참조하라. S. Cox, "That Wicked Person," *Expositor*, 1st ser. 3 (1875): 355–68; P. E. Hughes, *The Second Epistle to the Corinthians*, NICNT (Grand Rapids: Eerdmans, 1961), 59–65; A. M. G. Stephenson, "A Defense of the Integrity of 2 Corinthians," in *The Authorship and Integrity of the New Testament* (London: SPCK, 1965), 96; G. W. H. Lampe, "Church Discipline and the Interpretation of the Epistles to the Corinthians," in *Christian History and Interpretation*, ed. W. R. Farmer, C. F. D. Moule, R. R. Niebuhr (Cambridge: Cambridge University Press, 1967), 353–54; D. R. Hall, "Pauline Church Discipline," *TynBul* 20 (1969): 3–26; N. Hyldahl, "Die Frage nach der literarischen Einheit des zweiten Korintherbriefes," *ZNW* 64 (1973): 305–6; Kruse, "The Offender and the Offense."

163 Barrett, "Ο ΑΔΙΚΗΣΑΣ (2 Cor 7.12)," 111; Bultmann, *Second Letter*, 48.

결을 논박한 초기 해석가를 대표한다. 그는 그러한 짧은 징계 기간이 특히 혐오스러운 근친상간 죄에 적합하다는 것을 받아들일 수 없었다(*Pud*. 13-15). 바울이 범죄한 자를 대하는 온유함과 유순함은 비록 그가 회개하였다 하더라도 그 범죄에 어울리지 않는 것 같다. 현대의 해석가들은 육신의 멸함에 대한 구원(고전 5:5)이 교회 모임을 잠시 멈춤보다 더 과감한 무언가를 포함하는 것처럼 보인다고 비슷하게 주장한다. 만일 바울이 마음을 돌이켜 엄중한 처벌에 반대한다면, 죄를 대할 때 그가 변덕스럽거나 너무 온유하다는 인상을 줄 수 있다. 그렇다면 바울은 그들이 범사에 바울에게 순종할지 여부를 시험하기 위해서만 그러한 심한 형벌을 주장했을까?[164]

둘째, 바울은 그들이 용서하기 전에 용서한다고 말한다(2:10). 그러나 바울은 이교도들도 얼굴을 붉힐 정도로 극악무도한 죄를 지음으로써 그렇게 깊은 데 빠져버린 사람을 용서했다고 말할 수 있을까?[165]

셋째, 이 견해에서 사탄에 대한 일관성 없는 언급이 비판된다. 고린도전서 5장 5절에서 사탄은 형벌의 수단이다. 고린도후서 2장 11절에서 그는 경계해야 할 교활한 원수이다.

넷째, 근친상간과 관련된 사건이 오래 전에 발생했으며 불법을 행한 자를 공식적으로 금지함으로 해결되었다고 생각하는 사람들이 있다.[166]

고린도전서 5장의 범죄하는 사람을 배제하는 해석자들은 다른 후보들을 제안했다. 윈디시Windisch는 다른 사람에 대해 법적 조치를 취한 사람이라고 주장했다(고전 6:1-8).[167] 바렛은 외부인, 즉 교회의 일에 참견했던 거짓-사도 중 한 사람이라고 주장한다.[168] 방문자는 "스스로 우월한 권리를 주장하고 사도의 지위에 도전하고 그의 권위를 얕잡아 보았다."[169] 바울은 개인보다 교회에 더 큰 관심을 보였기 때문에(2:9), 그 개인이 외부인이었다고 추론한다. 고린도 교인들이 디도에게 그들의 결백을 보여 주고 범죄자를 처벌함으로 죄에 완전히 참여하지 않았다고 바렛은 제안한다. 그들이 문제에 있어서 깨끗했다

164 Plummer, *Second Epistle*, 55.

165 Belleville, *2 Corinthians*, 202.

166 Héring, *Second Epistle*, 15.

167 Windisch, *Der zweite Korintherbrief*, 237–39. 그는 고린도전서 6장 7-8절에서 "불법을 행함"(ἀδικεῖν)의 사용과 고후 7장 12절에 나오는 그 표현이 동일한 법적 의미를 갖는다는 것에 근거를 두고 있다. 그러나 이 해석은 7:12에서 그 단어의 의미를 확장한다.

168 Barrett, *Second Epistle*, 91; Barrett, "Ο ΑΔΙΚΗΣΑΣ (2 Cor 7.12)," 108–17; 그리고 Martin, *2 Corinthians*, 34이 그 뒤를 잇는다.

169 Barrett, *Second Epistle*, 113.

면(7:9), 가해자는 외부인이 틀림없다고 그는 주장한다.[170]

바렛의 주장은 더 많은 침입자가 도착했을 때 1-9장 다음에 쓰인 10-13장을 전제로 하기 때문에 설득력이 없다. 더 중요한 것은 범죄한 자를 회복시키라는 바울의 요청은 그 사람이 외부인이라면 의미가 없다는 것이다. 고린도 교인들이 어떤 식으로든 그를 배척한다면 외부인이 슬픔에 압도되어 믿음을 저버리는 일도 없을 것이다. 또한 바울이 공동체에 그러한 해를 끼친 침입자에 대해 왜 그러한 동정심을 느꼈는지 설명하기 어렵다.

스랄은 범죄한 자가 연보를 위해 정해진 돈을 훔친 사람이라고 제안한다.[171] 그 개인은 혐의를 부인했고, 바울이 어떻게든 연루된다. 고린도 교인들은 그 이야기에서 바울의 입장을 완전히 믿지 않았기 때문에 난처한 대립이 빚어졌다. 그러나 이 견해는 타당하지 않다. 만약 8-9장과 12장 17-18절이 이 사건 이후에 기록되었다면 바울은 연보와 관련된 이전의 부정직에 대해 직접 언급했을 것이다.

대부분의 주석가들은 범죄한 자가 바울에 대한 반란을 주도한 알려지지 않은 사람이라고 가정한다. 바넷은 바울의 경고에도 불구하고(6:14-7:1) 도시의 신전에 참여하는 관행을 지지했을 수 있다고 제안한다(고전 10:14-22).[172] 그는 그 사람이 최근에 공동체에 참여한 구성원이었을 가능성이 더 높다고 생각한다. 그는 바울이 교회를 세운 이후에 교회에 합류했으며 바울은 그의 해로운 영향력을 뒤집어 엎어야 했다. 범죄는 바울이 방문하는 동안 발생했으며, 바울은 그들이 범죄한 자를 징계할 것인지 알아보기 위해 시험하는 가혹한 편지를 썼다.

현대 독자들은 무슨 일이 일어났는지 그리고 익명의 "어떤 사람"이 바울과 교회를 얼마나 슬프게 했는지 추측할 수 있을 뿐이다. 그러나 주석가들은 너무 성급히 고린도전서 5장에 언급된 사람을 분열을 일으킨 주요 후보자로 처리해버렸을 수 있다. 고린도전서 5장 5절에서 교회가 그러한 극단적인 징계 조치를 취하도록 요청한 바울의 편지는 독특하다. 바울이 다시는 그 주제에 대해 이야기하지 않았거나 고린도 교인들이 그렇게 했음에도 이 심각한 범죄에 관한 그의 지시에 순종한 것을 칭찬하지 않았다면 이상할 것이다. 바울은

170 그는 바울이 고린도 교인들이 그 문제에 얼마나 연루되어 있는지 확신하지 못했고 그들이 올바른 방법으로 편지를 받아 결백했다는 것을 디도로부터 배웠다고 주장한다(Barrett, *Second Epistle*, 114–15). 그들은 이제 열심으로 바울의 편에 선다.

171 Thrall, *II Corinthians*, 1:68–69.

172 Barnett, *Second Epistle*, 124, 125, n. 13.

고린도후서에서 이 사람을 구체적으로 언급하지 않기 때문에 해석가들은 그가 쫓겨났다고 가정해야 하며, 다시는 소식을 들을 수 없으므로 문제가 해결되어야 한다. 그가 지위가 높았고 바울이 그의 명예를 더럽혔다고 생각했다면 이 시나리오는 거의 불가능해 보인다. 그는 명예를 회복해야 한다.

바울은 고린도 교인들에게 만일 그의 말에 주의를 기울이지 않는다면 "매로" 갈 준비가 되어 있다고 경고했다(고전 4:21). 이 위협은 자기 아버지의 아내와 함께 사는 남자를 징계하라고 주장하기 직전에 한다(고전 5:1-5). 바울이 다음 방문에서 경고하려고 하지만 교회가 공공연히 아무것도 하지 않으면서 거절되었을 가능성이 있다. 그의 편지에서 권위를 행사하려는 것은 분노를 불러 일으켰다. 바울이 불행한 방문을 했을 때, 한 개인은 바울을 비방하는 식으로 행동했다(2:5; 7:7-8, 10, 12).

근친상간한 남자의 행동에 대한 모든 이야기를 알 수는 없지만, 이교도의 관습까지도 무시하고 그토록 끔찍한 죄를 지은 사람은 바울이 촉구한 징계에 온유하게 복종하지 않았을 것이다. 그는 어떻게든 공동체의 지지를 얻었기 때문에 그들은 부도덕에 대해 슬퍼하는 대신 그의 죄에 대해 왜곡된 교만을 갖게 되었다("너희가 교만하여져서", 고전 5:2). 범죄한 자가 싸움 없이 지지를 포기할 수 있을 것 같지 않다. 이 사람은 또한 바울에게 원한을 품고 그의 간섭에 대해 불만을 품을 가능성이 가장 높은 후보이기도 하다. 그는 조용히 떠나지 않았을 것이다. 아마도 바울이 방문했을 때 그의 권위를 훼손하고 면전에서 조롱함으로써 교회가 그에게 반대해서 행하도록 하려는 바울의 노력에 저항했을 것이다. 그는 적들을 모욕적인 말로 공개적으로 조롱하고 그들의 친구를 제거하는 관습에 의지했을 것이다.[173] 그는 또한 거짓 사도들의 관심을 끌면서 가장 많은 이익을 얻었을 것이다. 이 신랄한 대결에서 교회가 사도를 대신하지 못한 것은 이 사람이 아마도 어느 정도 영향력을 행사했음을 시사한다. 그가 부유하고 영향력이 있었다면 다른 공동체 구성원들의 후원자였을 것이다. 그들이 그의 (노예로부터) 자유민이었다면, 일반적으로 경제적 생계를 그에게 의존했을 것이다. 당연히 교회는 어떤 죄를 지었든 그런 사람을 징계하기를 꺼렸을 것이다.

173 참조. Marshall, *Enmity in Corinth*, 67. 그는 공적인 굴욕에 대한 두려움이 로마와 그리스 사회에 깊숙이 퍼져 있었다고 언급한다. 일반적으로 패자에게 동정심이 없는 사회에서는 절충안이 없고 유리한 해석도 없다. 실패는 거의 항상 대중의 평가에서 사람의 지위와 평판이 때로는 일시적으로, 때로는 영구적으로 파괴되는 것을 의미했다. 처벌을 요구하는 바울의 요청은 회중에서 그 사람의 명예를 파괴해버렸을 것이다.

근친상간한 남자가 참으로 교회에 슬픔을 안겨준 사람이었다면 바울의 가혹한 편지가 그들의 정신을 강화하고 그를 징계할 신학적 분별력을 주었을 것이다. 바울은 그들에게 "이런 자를 사탄에게 내주었으니 이는 육신은 멸하고 영은 주 예수의 날에 구원을 받게 하려 함이라"(고전 5:5)라고 말했다. "사탄에게 내주었다"는 그 사람을 교회에서 내보내고 사탄이 통치하는 세상에 내놓는 것을 의미한다(고후 4:4; 참조. 살후 3:14; 디도서 3:10-11). 고린도전서 11장 29-30절에 있는 바울의 경고는 고린도 교인들이 그리스도의 능력이 공동체 안에서 역사한다고 얼마나 진지하게 믿었는지 보여 준다. 고린도전서 5장 5절과 고린도후서 2장 11절은 모두 교회가 사탄을 대적하는 요새이며 사탄이 다스리지 않는 곳이라는 믿음을 반영한다. 오늘날 누구든지 쉽게 가입할 수 있는 교회 공동체에서 추방되는 것이 의미하는 바가 크지 않을 수 있지만, 1세기에는 심각한 영향을 미쳤을 것이다.

퍼니시는 고린도전서 5장 1-5절에서 "그 사람이 회개하여 그리스도인 형제자매와 화목하게 될 것이라는 암시는 조금도 없다. 사실, 형벌의 성격과 지속성은 그럴 여지가 없었다."라고 주장한다.[174] 그는 형벌이 영구적이고 돌이킬 수 없는 것이라고 생각한다.[175] 그러나 그러한 징계는 로마서 1장 18-32절에 나오는 하나님의 진노처럼 사람들로 하여금 죄에서 벗어나 정신을 차리도록 하기 위한 것이다. 그 목적은 범죄한 자를 회개하게 하고 뻔뻔한 죄인의 부패로부터 공동체를 보호하는 것이다. 이 형벌이 영구적이라는 견해는 죄인이 회개할 때 관대함을 허용하지 않는다. 그것은 또한 어떤 죄는 용서받을 수 없다는 것을 의미한다.

바울은 교회에서 징계를 위한 징계를 해야 한다고 생각하지 않는다. 사탄에게 넘겨준 목적은 육신의 정욕을 무너뜨리고 영혼을 구원하기 위함이었다(고전 5:5). 퍼니시가 주장하는 것처럼, 그가 "공동체로부터 완전히 단절되어 궁극적으로 사탄의 파괴적인 세력, 즉, 육체적 죽음, 주의 성찬에서 그리스도의 몸을 더럽히는 자들에게 관련된 동일한 심판의 순서에 맡겨진 것은 아니다(고전 11:29-30, 질병과 죽음)."[176] 이 구절에서 "육체"는 "스스로를 의지함"(갈 3:3, 5:24, 고후 10:13; 롬 8:5-8; 고전 3:3)을 특징으로 하는 삶에 대한 지향을 말한다. 성령은 하나님을 절대적으로 의지하는 방향을 가리킨다

174 Furnish, *II Corinthians*, 166.

175 참조. C. J. Roetzel, *Judgment in the Community: A Study of the Relationship between Eschatology and Ecclesiology in Paul*, NovTSup (Leiden: Brill, 1972), 120–21.

176 Furnish, *II Corinthians*, 165.

(갈 5:16-17, 25; 롬 8:4, 9 참조).[177]

바울은 그 충격으로 육신적으로 지향하는 것이 바뀌기를 소망하면서 그가 교제에서 추방되기를 바란다. 이제 그 개인이 회개했기 때문에 바울은 사탄의 이득을 허용하는 것을 걱정한다(2:11). 사탄은 그를 충분히 오랫동안 소유했으며 바울은 그가 용서받고 회복되기를 원한다. 그렇지 않으면 과도한 슬픔이 그 사람을 압도할 수 있다. 바울은 사탄이 화해와 용서를 약화시키려고 할 것을 안다.[178]

근친상간이라는 죄가 바울에게 나쁜 영향을 미치지 않았지만, 그는 자신을 교회와 매우 밀접하게 동일시하여 교회를 대적하는 모든 잘못이 그에게 직접적인 영향을 미친다. 그는 11장 29절에서 이렇게 썼다.

"누가 약하면 내가 약하지 아니하며 누가 실족하게 되면 내가 애타지 아니하더냐"(참조. 고전 12:26, "만일 한 지체가 고통을 받으면 모든 지체가 함께 고통을 받고 한 지체가 영광을 얻으면 모든 지체가 함께 즐거워하느니라"). 죄가 기독교 공동체를 흔들 때 바울은 그것을 개인적으로 받아들인다. 바울이 직접 방문했을 때 고린도전서를 기록한 후에 또 다른 범죄가 발생했다. 그 사람은 공개적으로 바울을 꾸짖고 바울의 가르침을 공격하여 바울로 하여금 고린도에서 보내는 시간을 단축하게 했다.[179]

근친상간을 한 남성이 바울의 천적이라는 주장이 여전히 제기될 수 있지만 최종적으로 확신할 수 없다. 무슨 일이 일어났는지 정확히 알 수는 없지만,

177 Garland, *1 Corinthians*, 169–77.

178 범죄한 자를 용서하라는 격려는 엡 4:25-32의 일반적인 가르침 부합하는데, 여기서 바울은 독자들에게 이웃에게 참된 것을 말하라고 권면한다. 이 명령은 단순히 정직하기만 한 것이 아니라 이웃에게 상처를 주더라도 진실로 정직하게 대하는 것을 의미한다. 그것은 슥 8:16, "너희는 이웃과 더불어 진리를 말하며 너희 성문에서 진실하고 화평한 재판을 베풀고"를 암시한다. "서로 진실을 말하라. 성문 안에서 참되고 건전한 결정을 내리라." 이것은 올바른 행동을 통해 언약 공동체를 유지하는 것을 의미한다. 악을 대할 때 분노를 건설적으로 다루어야 하며 그렇지 않으면 "마귀가 끼어들게 하여" 공동체를 파멸시키므로 바울은 다음과 같이 촉구한다. "너희는 모든 악독과 노함과 분냄과 떠드는 것과 비방하는 것을 모든 악의와 함께 버리고 서로 친절하게 하며 불쌍히 여기며 서로 용서하기를 하나님이 그리스도 안에서 너희를 용서하심과 같이 하라"(엡 4:31-32).

179 바울은 7:12에서 불의를 당한 자를 언급한다. 고전 5:1-5에는 그 사람에 대한 언급이 없지만 대부분의 사람들은 가해자가 근친상간을 저지른 사람이라면 불의를 당한 자는 그의 아버지라고 생각한다. 그러나 불의를 당한 자는 바울일 가능성이 더 높다. 이 연결은 근친상간이라는 원래의 범죄와 일치시키기 어렵다. 바울은 7:12에서 원래의 잘못이 아니라 뒤이은 사건을 언급한 것일 수 있다. 오히려 그는 고통스러운 방문을 하여 가혹한 편지로 도발했을 때 일어난 사건을 염두에 두고 있을지도 모른다. 결국 그의 주된 관심은 이 범죄가 아니라 교회와의 관계가 무너지는 것이었다.

바울의 반응에 대한 지속적인 신학적, 윤리적 함의는 분별할 수 있다.

첫째, 바울은 그 상처가 교회에 고통을 주는 것만큼 그에게 고통을 주지 않았다고 주장한다.[180] 회중의 일부만이 슬퍼했다는 것을 의미할 수 있다. 예를 들어, 불트만은 범죄가 대다수를 슬프게 했지만 슬픔이 "공동체의 한 부분에서 전혀 느껴지거나 해석되지 않았다"고 믿는다.[181] 바울은 자신이 회중만큼 상처를 입지 않았다고 주장할 가능성이 더 크다. 바울에 대한 범죄한 자의 학대는 공동체 전체에 피해를 입혔지만, 바울은 "과장하지 말라"는 문구로 사건을 과장하지 않고 그 사람의 원한을 새로이 부추기는 것을 피하기 위해 신중하게 조치를 취했다.[182] 그러나 바울은 이미 그를 용서했다고 언급함으로써(2:10), 더 높은 지위에 대한 남자의 가정된 주장을 교묘하게 뒤집는다. 지위가 높은 사람인 그리스도 예수의 사도 바울은 지위가 낮은 사람에게 온유와 용서를 베풀 수 있는 더 큰 자유를 가진다. 바울은 그들을 위해 "그리스도 앞에서" 그렇게 한다.

교회에서 일어나는 개인적인 분쟁에 직접적으로 관련되지 않은 사람들은 그것이 그들에게 직접적으로 어떤 영향을 미치는지 알기 어려운 경우가 많다. 바울은 이 행동이 개인적으로 관련이 있든 없든 모든 사람에게 영향을 미쳤음을 암시한다. 분쟁은 전체 회중과 그 명성을 손상시킨다. 이 경우에 바울은 고린도의 상황을 염려하여 설교를 못했기 때문에 논쟁은 드로아 사람들에게도 영향을 미쳤다. 범죄한 사람이 근친상간을 한 남자였다면, 그는 회중 안에 있으면서 모두를 영적인 전염에 노출시켰다.

둘째, 갈등의 핵심에는 그 공동체의 영적 안녕에 부정적인 영향을 미치는 범죄한 사람의 이기적인 행동이 있었다. 바울은 범죄 사실을 알았을 때 크게 항의했다. 그의 항의는 범죄한 사람의 분노에 불을 붙였고, 그는 차례로 바울에게 항의했다. 바울이 직접 도착했을 때 범죄한 사람은 솔선하여 자신의 감정을 알리고 공개적으로 어떤 식으로든 바울을 수치스럽게 만들려고 했다. 바

---

180 헬라어 어구 ἵνα μὴ ἐπιβαρῶ를 구성하는 다양한 방법에 대해서는 다음을 참조하라. Thrall, *II Corinthians*, 1:171–73.

181 Bultmann, *Second Letter*, 48.

182 헬라어 어구(ἵνα μὴ ἐπιβαρῶ)의 문자적 의미는 "내가 강하게 누르지 않으려 한다"이다. 동사가 타동사라면 "그에게 너무 가혹하게 하지 말라"는 의미가 되며 그의 "무게가 있는"(βαρεῖαι) 편지(10:10)에 대한 암시일 수 있지만 직접적인 목적어가 없다. 이 어구는 자동사이며 이전 서신에서 그가 한 민감한 요점을 다시 강조하여 "부담되지 않도록"으로 번역될 수 있다(Guthrie, *2 Corinthians*, 132–33). 이 문구는 "너무 많은 말로 그들에게 부담을 주지 말라"는 의미로 은유적으로 가장 잘 이해되며 일반적으로 "과장하지 말라"로 번역된다.

울은 이 범죄가 사적인 문제가 아니라 전체 공동체와 관련된 것이라고 말했다. 따라서 이 공개 대면으로 논쟁은 임계점에 이르렀다. 그것은 확대되거나 축소되었을 것이다. 확대는 바울과 교회 사이의 관계와 교회 내의 관계를 영구적으로 파괴할 수 있는 폭발로 이어질 수 있다. 이 결과를 피하기 위해 그는 후퇴했다. 바울은 고린도 교인들이 동의하도록 강요할 의도가 없었다. 그렇게 하면 스스로 성숙한 기독교적 결정을 내릴 수 있는 교회를 발전시키려는 그의 목적이 좌절될 것이기 때문이다.

셋째, 바울은 불안한 평화를 위해 기독교의 핵심 가치를 희생할 의도가 없었다. 또한 그가 아무리 저명하고 영향력 있는 사람이라 할지라도 한 구성원의 행위 때문에 교회를 포기하지 않을 것이다. 그러나 그는 상황을 악화시킬 수 있는 공개적인 대면보다 멀리서 보내는 날카로운 편지가 낫다고 판단했다. 편지는 그에게 신학적 관점에서 문제를 제시할 기회를 줬고 편지가 읽히는 더 조용하고 위협적이지 않은 예배의 맥락에서 문제에 대해 숙고할 수 있는 기회를 주었다. 바울의 목표는 진정한 화해를 이루는 것이었다. 최종 결과는 그리스도와 합하여 세례를 받고 그의 이름을 지닌 자들에게 합당한 것이어야 했다. 고린도 교인들의 긍정적인 반응은 이러한 접근 방식에 대한 바울의 지혜를 입증했다. 그들은 바울을 변호하고 죄인을 꾸짖었다. 이 편지에서 바울의 방어적인 태도는 독자들로 하여금 우리가 7장에서 만나는 가혹한 편지에 대한 고린도의 분명한 긍정적인 반응을 준비하지 못하게 한다. 거기에서 바울이 솔직한 비판을 사용한 것에 대한 변호는 회중을 향한 그의 궁극적인 사랑을 드러낸다.

2:6. 범죄한 자의 벌에 대한 바울의 관심은 교인들이 관련된 사람을 재판관으로 주재하고 판결을 선고하는 모습을 보여 준다(참조. 고전 6:1-11).[183] 바울은 벌을 명시하지 않는다. 신약에서 ἐπιτιμία(에피티미아)는 대부분 "질책" 또는 "책망"을 의미한다. 따라서 바렛은 여기에서 "벌" 대신 "책망"으로 번역해야 한다고 주장한다.[184] 퍼니시는 바렛이 징계 대상이 아닌 공동체 외

183 살전 5:14에서 바울이 일반 형제들에게 명령한 것은 각 지체가 잘못을 범했을 때 다른 지체를 훈계할 책임이 있다고 가정한다. 그러한 관행은 사회의 낮은 계층의 구성원이 더 높은 지위에 있는 사람들을 훈계하기 위해 스스로 취했다면 긴장을 촉발했을 수 있다(참조. Glad, *Paul and Philodemus*, 20).

184 Barrett, *Second Epistle*, 90. 그는 동족동사 ἐπιτιμᾶν가 신약에서 서른(스물 아홉)번 나타나며 "질책하다"라는 의미를 가지고 있다고 주장한다. 한 가지 예외는 유다서 9절인데, 여기서 "벌을 부과하다"를 의미할 수 있다.

부의 누군가로 범죄한 자를 파악하려는 시도가 그의 주된 분석이라고 반박한다. 그는 다음과 같이 주장한다. "이것은 단순한 책망이 될 수 없었다. 왜냐하면 여기에서 그 표현은 어떤 지속적인 측면이나 결과들을 가지기 때문이다. 그것은 바울이 믿기로는 이제 중단될 수 있다. 아니 중단되어야 한다." "많은"(πλειόνες, 플레이오네스)은 바렛이 주장하는 바와 같이 "때때로 그들의 지도자와 구별되기는 하지만, 소수라는 필수적인 의미가 아니면서 어떤 식으로든 관련된 주된 사람"을 지칭하지 않는다.[185] 바울이 이 단어를 사용할 때, 그것은 거의 항상 다수를 가리킨다(참조. 고전 9:19; 10:5; 15:6; 고후 9:2; 빌 1:14; 다음은 예외의 가능성을 가진다. 고후 4:15). 따라서 다수에 대한 언급은 모든 사람이 그 조치에 동의한 것은 아니며 교회가 여러 가정 교회와 후원자와의 동맹을 중심으로 분열되어 있음을 드러낼 수 있다는 것을 의미한다.

소수가 여전히 바울의 권위를 거부하거나,[186] 이 갈등이 교회와 관련되어서는 안 되는 개인적인 문제라고 생각할 수 있다. 아마도 "극단적인-바울주의자"는 형벌만으로 부적절하다고 간주하고 더 강력한 조치를 취하기를 원할 수 있다.[187] 스랄은 이 문구가 "더 가혹한 선고를 지지하든 더 관대한 선고를 지지하든 결정에 반대했을 수 있는 사람들을 강조하지 않는" 공동체적 투표에 대한 악의 없는 언급일 뿐이라는 점에서 옳을 수 있다.[188] 다수가 다스린다. 바울은 자신의 지지자들뿐만 아니라 "모두"(2:3)를 신뢰한다고 말한다. 그러나 바울이 그들 모두를 전적으로 신뢰했다면, 드로아를 떠나 마게도냐로 가서 디도의 소식을 애타게 기다리지 않았을 것이다. 10-13장의 도전은 교회에 여전히 어떤 저항이 존재한다는 것을 바울이 알고 있었음을 시사한다.

바울은 보복에 관심이 없고 그들이 벌 받는 것을 원하지 않는다. 벌의 목적은 그 사람이 회개했을 때 도달하였으므로 계속할 필요가 없다. 이 단락은 바울이 그의 교회를 다룰 때 완고하고 호전적이며 가혹했다는 이미지를 바로잡아준다. 빈센트Vincent는 많은 사람들이 바울에 대해 가지고 있는 인상을 다

---

185 Barrett, *Second Epistle*, 91. 그는 본문을 언급하기 위해 사해 문서에서 "다수"(הרבים)를 사용하는 것과 병행될 수 있다고 주장한다. 그러나 οἱ πλειόνες는 οἱ πολλοί와 구별해야 한다 (Furnish, *II Corinthians*, 155).

186 Bultmann, *Second Letter*, 49; Belleville, *2 Corinthians*, 74.

187 M. J. Harris, "2 Corinthians," *EBC* (Grand Rapids: Zondervan, 1976), 10:329. 뭉크(J. Munck)는 다음과 같이 말한다. "바울은 ... 이제 교회가 그 개인의 모든 죄를 다루도록 허용하지 않을 것이다" (*Paul and the Salvation of Mankind*, trans. F. Clarke [Richmond: John Knox, 1959], 188).

188 Thrall, *II Corinthians*, 1:176.

음과 같이 말한다. "우리는 사도를 항상 전쟁을 위해 무장하고 논리로 무장하고 논쟁으로 가득 찬 사람으로 생각하는 데 익숙하다."[189] 우리는 대신 여기에서 겸손하고, 평화적이고, 관대하고, 용서하고, 목회적 부드러움으로 가득 찬 바울을 만난다. 사실, 그의 관용은 바울에 대한 고린도 교인들의 비판 중 하나일 수 있다. 개인적으로 그는 너무 겸손하고, 너무 평화적이고, 너무 온유하다. 그들은 이러한 특성을 약점으로 잘못 해석한다(10:10). 용서하라는 바울의 격려를 또 다른 단점으로 볼 수 있다. 로마 문화에서 대부분의 사람들이 그랬던 것처럼 반대를 무너뜨리는 것이 용기라고 믿었던 고린도 교인 중 누군가는 자비를 베풀어 달라는 부드러운 탄원으로 검사의 역할에서 변호인의 역할로 이동함으로써 바울을 미약한 동요에 대해 비난할 수 있었다. 자비와 용서를 베푸는 것이 나약함의 표시라면 그것은 십자가의 삶에서 오는 나약함이다. 바울은 반대자들을 압도하고 싶은 마음이 없었으며, 그에게 심각한 상처를 입힌 사람들에게도 마찬가지이다. 적이 쓰러지면 바울은 모든 사람에게 그를 도와줄 것을 요청한다. 죄의 책임이 있는 자들을 결코 무너뜨리기를 원하지 않고 항상 세우고 회복하기를 원한다(13:5-10).

따라서 바울은 관계가 승패 상황으로 악화되는 것을 방지하려고 노력한다. 그는 벌이 목적을 달성했으며 이제 그들이 그 개인을 용서하고 회복시키는 것이 적절하다고 선언한다. 용서를 위한 그의 요청은 "나는 이기고 너는 지는" 상황을 그리스도 안에 있는 형제들이 이기고 사탄이 지는 상황으로 바꾼다. 그 형제는 그리스도께로 돌아갔고 사탄에게 잃지 않았다.

2:7-8. 바울은 범죄한 자를 대하는 방법을 스스로 바꾸어 사도직의 명예를 파괴하지 않는다. 오히려 반대로 사도직이 확인되었다. 바울은 가혹한 벌을 부과하는 "가혹한 재판관"이 아니라 용서의 복음을 전파하는 화해의 사역자(5:18-6:2)이다. 누군가 바울과 바울이 자녀로 여기는 공동체에 해를 입혔다. 그는 범죄한 자가 마땅히 받아야 할 벌을 받은 것을 기뻐하지 않는다. 오히려 슬픔이 그를 짓누른다. 그는 "이 사람이 마땅히 받아야 할 것을 받아서 기쁘다"고 말하지 않는다. 대신, "그를 다시 데려가십시오"라고 말한다. "그에게 여러분의 사랑을 재확인시키십시오." "그를 용서하고 위로해 주십시오." "해야 한다"는 헬라어에는 없지만 함축되어 있다. 플러머는 바울이 그들에게 "해야 할 일"을 말하지 않는다고 주목한다. 2장 8절에서 "그는 사도의 권위

189 M. R. Vincent, *A Critical and Exegetical Commentary on the Epistles to the Philippians and to Philemon*, ICC (Edinburgh: T&T Clark, 1897), 169.

를 들먹이며 용서를 명령하지 않는다. 그는 그들과 동등하게 그들에게 그것을 주도록 간청한다."[190]

우리는 이 갈등에 대한 바울의 접근 방식에서 몇 가지 통찰력을 얻을 수 있다.

1. 그는 용서를 강조한다. C. S. 루이스는 "용서는 실천하기 전까지는 용서가 아름다운 생각이라는 데 모두 동의한다"라고 말했다.[191] 죄를 범한 사람을 용서하고 고린도 교인들에게 그렇게 하라고 요청하면서 바울은 주기도문에서 예수께서 가르치신 것과 그의 권면을 실천한다. "너희는 스스로 조심하라 만일 네 형제가 죄를 범하거든 경고하고 회개하거든 용서하라 만일 하루에 일곱 번이라도 네게 죄를 짓고 일곱 번 네게 돌아와 내가 회개하노라 하거든 너는 용서하라 하시더라"(눅 17:3-4; 참조. 요 20:22; 마 18:15-18). 진정한 용서는 죄를 변명하거나 일어난 일을 무시하지 않는다. 그것은 일어난 일에도 불구하고 또한 일어난 일을 비추어 볼 때, 그 사람과 여전히 관련이 있음을 의미한다. 용서는 교회가 범죄한 자를 다시 권위 있는 위치로 복귀시키도록 요구하는 것이 아니라 그들의 교제로 복귀하는 것을 요구한다.

2. 바울은 또한 그들에게 범죄한 자를 위로하라고 지시한다. 동사 "위로하다"(παρακαλεῖν, 파라칼레인)에는 많은 종류의 활동이 포함된다. 그들은 그를 호의적으로 대하고 지지하고 격려해야 한다(참조. 갈 6:1-5). 데살로니가전서 2장 11-12절에서 바울은 아버지가 자기 자녀를 대하는 것처럼 자신이 그들을 대하는 것을 묘사하기 위해 이 동사를 사용한다. 바울은 그가 "너희 각 사람에게 아버지가 자기 자녀에게 하듯 권면하고 위로하고 경계하노니 이는 너희를 부르사 자기 나라와 영광에 이르게 하시는 하나님께 합당히 행하게 하려 함이라"라고 말한다. 그러므로 "위로"는 다른 사람들이 복음에 합당하게 생활하도록 격려하는 것과 관련이 없다. 다른 사람들이 과거의 죄에 대해 안도감을 느끼게 하는 것이 아니라 그들이 하나님의 용서를 받는 경건한 슬픔으로 인도하는 것을 의미한다.

3. 바울은 또한 그들이 사랑을 나타낼 필요가 있음을 강조한다. 그는 골로새 교인들에게 이렇게 말한다.

> 그러므로 너희는 하나님이 택하사 거룩하고 사랑 받는 자처럼 긍휼과 자비와 겸손과 온유와 오래 참음을 옷 입고 누가 누구에게 불만이 있거든 서로

190 Plummer, *Second Epistle*, 58.

191 C. S. Lewis, *Reflections on the Psalms* (London: Geoffrey Bles, 1958), 27.

> 용납하여 피차 용서하되 주께서 너희를 용서하신 것 같이 너희도 그리하고 이 모든 것 위에 사랑을 더하라 이는 온전하게 매는 띠니라(골 3:12-14)

사랑의 재확인은 사랑을 입으로만 표현하는 것이 아니라 공개적이고 구체적인 표현을 필요로 한다.[192]

바울은 슬픔의 짐을 지는 것이 무엇인지 알고(2:3, 13), 다른 누구에게도 불필요하게 그러한 상태를 부과시키고 싶지 않았다. 그는 그 사람이 과도한 슬픔에 압도당할까봐(문자적으로 "익사한", "삼켜진"; 참조. 시 69:1) 걱정한다. 그리스도인들은 자신의 죄가 하나님께 용서받았다는 것을 알고 승리하며 살아야 한다. 과도하고 모든 것을 집어삼키는 죄는 생명을 파괴할 뿐 생명을 가져오지 않는다. 과거의 치욕이 계속해서 범죄자에게 짐을 지울 수 있지만 이제 혼자 그 짐을 짊어질 필요가 없고 동료 그리스도인들이 그를 짊어지게 될 것이다.

교회 권징의 문제는 어려운 문제이며 우리가 어느 한쪽으로 기울어질 수 있다는 것이 위험한 점이다. 한편으로, 우리는 누군가가 공동체를 불명예스럽게 하거나 방해하는 범죄를 저질렀을 때 아무것도 하고 싶지 않을 수 있다. 우리는 모래에 머리를 묻고 모든 불쾌함이 곧 사라지기를 바란다. 또는 진정한 회개의 표시 없이 지난 일을 잊어버리기로 하고 진정한 은혜를 값싼 은혜로 대체하려고 할 수도 있다.

반면에 우리는 징계가 건설적인 것이 아니라 파괴적인 것이 되도록 지나치게 징계하려는 유혹을 받을 수 있다. 우리는 정죄받은 사람을 희생양으로 만들고 이 희생자에 대한 분노를 표출함으로써 우리 자신의 숨겨진 죄를 부적절하게 덮으려 할 수 있다. 휴즈는 노골적인 사악함에 눈짓을 하는 것과 마찬가지로 회개한 죄인을 구속 받고 화해된 공동체에서 영원히 추방하는 것이 "다름아닌 바로 스캔들"임을 올바르게 인식한다.[193] 칼뱅은 현명한 조언을 한다.

---

192 κυρῶσαι는 "확인하다" 또는 "비준하다"를 의미하며 갈 3:15에서 법정적 의미를 갖는다. 스랄(Thrall)은 바울이 교회 내에서 "일종의 법적 타당성을 갖는 것으로 간주되는 공동체의 해결책"을 기대한다고 주장한다(*Second Epistle to the Corinthians*, 1:177) 이 제안은 형벌이 교회의 공식적인 결정에 의해 선언된다면 의미가 있을 것이다. 그러나 플러머는 "'비준하다'가 영어로 그것을 암시하는 것 이상으로" 공식적 해결이 암시되지 않는다고 주장한다(*Second Epistle*, 60).

193 Hughes, *Second Epistle*, 66–67.

> 악한 사람들이 처벌을 받지 않도록 허락함으로 더 담대해지지 않도록 하려면 엄격함이 필요하다. 이것은 죄를 유인하는 행위라고 하는 것이 옳기 때문이다. 그러나 다른 한편으로는 징계를 받은 사람은 절망에 빠질 위험이 있으므로 교회는 중용을 실천하고 그가 진심으로 회개한 것이 확실해지는 즉시 용서할 준비가 되어 있어야 한다.[194]

죄인은 절망의 시기를 지나야 하지만, 영원히 암울함 속에 빠져 용서의 모든 희망을 잃을 때 위험이 온다. 출구가 없다고 느끼는 것은 영혼에 더 큰 위험을 줄 수 있다. 이와 관련하여 요한 크리소스토무스는 유다의 슬픔을 인용하는데, 그로 인해 성전의 대제사장들, 즉 그릇된 사람들에게 가서 속죄를 구하고 자신의 죽음을 통해 속죄하기 위해 자살한 것이다(마 27:3-5).[195]

2:9. 바울은 자신이 직접 와서 징계 문제를 처리하지 않고 그들에게 편지를 쓴 이유는 그들이 책임을 받아들이고 행동하기를 원했기 때문이라고 설명한다. 그러므로 그는 동요하지 않고 먼저 엄한 처벌을 요구한 다음 누그러뜨리고 용서를 요구한다. 이것이 내내 그의 목적이었다. 그는 자녀들을 징계하고 성품을 시험함으로써 아비들로서 기대되는대로 행동했다. 13장 3절에서 바울은 그들이 그의 성품을 시험하기를 원했다고 말한다. 13장 3절에서 "증거"(*δοκιμή*, 도키메)로 번역된 단어는 2장 9절에서 "인격"(개역개정, "증거")으로 번역된(CSB 성경) 단어와 동일한 단어이다(참조. 10:18의 "옳다 인정함을 받은", *δόκιμος*, 도키모스). 그러나 바울은 상황을 역전시킨다. 그가 와서 그들이 시험에 미치지 못한 것을 발견하지 않도록 그들은 스스로를 시험해야 한다(13:5-7).

성품을 증명하는 세상의 모든 기준은 타당하지 않다. 바울은 이 편지에서 그리스도인의 성품을 확인하기 위한 몇 가지 다른 기준을 제시한다. 그것은 죄를 지은 자를 징계하고 회개한 후 용서할 때(2:6-9), 고난 가운데서도 기독교 신앙의 기쁨을 유지할 때(8:2), 사랑을 나타내고(8:8) 도움이 필요한 사람들에게 관대하게 반응할 때(9:13), 그리고 옳은 일을 할 때(13:5-7) 나타난다.[196] 그리스도인의 성품이 가지는 주된 특징은 "범사에 순종"하는 것이다.

194 Calvin, *Second Epistle*, 29.

195 John Chrysostom, *Hom. 2 Cor. 4.4 (Saint Chrysostom: Homilies on the Epistles of Paul to the Corinthians*, NPNF 1st ser. XII (trans. and rev. T. W. Chambers, Grand Rapids: Eerdmans, 1969).

196 진리를 분별하고 복음을 위해 종노릇하는 것과 같은 다른 긍정적인 기준은 다른 편지들에

바울은 여기에서 그들이 누구에게 순종해야 하는지를 구체화하지 않지만, 10장 5-6절에서 그리스도께 순종해야 함을 분명히 한다. 그는 고린도 교인들이 자기에게 순종하도록 그들을 굴복시키기를 원하지 않는다. 바울은 그들의 믿음의 주가 아니다. 오직 그리스도가 믿음의 주이시다(1:24).

2:10. 바울은 너희가 누구든지 용서하면 나도 용서한다고 선언한다. 놀랍게도 그는 하나님의 용서에 대해 언급하지 않았으므로 공동체의 용서가 하나님의 용서를 나타내고 전달한다고 암시한다(마 18:18 참조). 그는 "내가 만일 용서한 일이 있으면"이라고 덧붙이면서 재치 있는 접근을 이어간다. 그는 방문을 중단한 동안 받은 모욕을 염두에 두어야 한다. 이 언급은 그의 관대함을 보여 준다. 바울은 개인적인 원한을 품지 않았다(참조. 빌 1:15-18). 바울의 정신은 동료의 패배를 기뻐하는 것보다 용서하는 것이 더 중요하다는 것을 인식한 이교 철학자들의 최고의 지혜와 일치한다. 헬리카르나수스의 디오니시우스Dionysius of Halicarnassus는 이렇게 말했다. "지혜로운 사람들은 우정의 표시로 적대감을 극복한다. 미련한 자와 미개한 자는 원수와 함께 친구를 멸망시킨다."[197] 그러나 바울의 은혜로운 응답은 친구를 유지하기 위한 계략이 아니다. 그는 논쟁에서 개인적으로 이기고 불화로 가득 찬 교회를 떠났다면 승리가 없었을 것을 알고 있다. 그에게 가해진 잘못을 바로잡는 것이 문제가 아니라 공동체가 범죄와 관련된 원칙을 올바르게 이해하고 책임감 있게 행동하는 것이 중요하다. 그들의 판단에 따름으로 바울은 그들이 무엇을 결정하든지 책임을 그들에게 직접 떠넘긴다.[198] 바울은 항상 그의 공동체가 그리스도인의 성숙함이 성장하도록 자극하기를 원하며, 그가 그 문제에 대한 책임을 받아들였기 때문에 기쁘게 생각한다(7:8-12). 이 말은 바울이 지배할 의도가 없음을 다시 보여 준다.

"그리스도 앞에서"(직역. "그리스도의 얼굴 앞에서")라는 어구는 "그리스도를 통해 그들 모두가 받은 용서의 빛에서"를 의미할 수 있다(참조. 골 3:13;

나온다(빌 2:22). 부정적인 기준은 세속적인 관심사와 표준에 의해 지배되는 여러 파벌로 쪼개지는 것이다(고전 11:19).

197 Dionysius of Halicarnassus, *Ant. rom.* 5.4.3. 다음에 인용된 내용이다. Danker, *II Corinthians*, 45. 또한 다음을 참조하라. Plutarch, *Frat. amor.* 488a.

198 고린도전서 5:3-4에서 바울은 공동체 안에서 자신의 영적 함께함을 강조한다. 이러한 임재는 공동체의 책임을 훼손하지 않으면서 그가 하는 것처럼 말할 수 있는 권리를 준다. 따라서 그가 규정한 벌은 단순히 바울의 명령이 아니었다. 그는 그들이 아닌 그 공동체와 함께 일한다.

엡 4:32)."[199] 바울은 그리스도의 임재 안에서,[200] 또는 아마도 그리스도께서 인정하며 증인으로 바라보셨을 때 용서를 언급했을 가능성이 더 크다.[201] 바울은 우리가 그리스도 앞에 설 때 미래의 심판을 말했을 가능성이 있다.[202] 그러나 바울은 현재 사탄에게 속지 않기를 원한다(2:11). 대신 바울은 부활하신 그리스도가 현재 사건에서 역사하시고 주권을 가지신다고 이해한다.[203] 탕자의 아버지는 맏아들이 동생의 회개를 기뻐하고 용서해 주었다면 그를 인정하며 바라보았을 것이다. 이것에 비유할 수 있다. 이 표현으로 바울은 용서가 무심코 지나치거나 방종하게 할 수 없음을 일깨워준다. 그리스도는 우리가 용서하기를 거부하거나 그리고 회개의 증거 없이 너무 쉽게 용서할 때 우리를 심판하시는 심판자이시다(고전 11:32).

벌은 그들을 위한 것이었으므로 용서도 그들을 위한 것이다. 즉, 용서는 관련된 모든 사람에게 유익하다. 바울의 관심은 항상 전체 공동체의 복을 위한 것이지 자신이나 심지어 범죄한 사람을 위한 것이 아니다. 죄를 범한 사람을 벌하는 것이 그가 범한 모든 죄에서 교회를 깨끗하게 했다면, 죄를 용서하는 것은 완고한 보복의 영에서 교회를 깨끗하게 하는 것이다. 용서는 바울과 그 개인, 그 개인과 교회, 그리고 가장 중요한 바울과 교회의 차이들을 고친다.

2:11. 이 논쟁에 대한 바울의 마지막 언급은 그것을 하나님과 사탄 사이의 우주적 전투의 맥락에 둔다. 사탄은 여기에서 그리고 또한 11장 14절과 12장 7절에서 바울의 사역을 약화시키려는 자로 언급된다. 그는 4장 4절에서 "이 세상의 신", 6장 15절에서 "벨리알", 11장 3절에서 "뱀"으로 파악된다. 고린도 교인들과 바울 사도의 관계가 단절된 배후에도 사탄이 있다고 추론할 수 있다.

"우리로 속지 않게 하려 함이라"로 번역된 동사 πλεονεκτέω(플레오넥테오, 수동태)는 또한 사탄이 공동체에서 빼앗을 것이라는 의미에서 "속여"(참조 7:2; 12:17; 살전 4:6) 또는 "강탈당하다"를 의미할 수 있다.[204] 만일 고린

199 따라서 Bruce, *I & II Corinthians*, 185–86.

200 Barrett, *Second Epistle*, 93; Furnish, *II Corinthians*, 157–58; Martin, *2 Corinthians*, 39.

201 Harris, "2 Corinthians," 10:329; Thrall, *II Corinthians*, 1:180–81.

202 Furnish, *2 Corinthians*, 157–58.

203 C. Tilling, *Paul's Divine Christology*, WUNT 2/323 (Tübingen: Mohr Siebeck, 2012), 137–54.

204 BDAG, 667.

도전서 5장 1-5절에서 바울이 사탄에게 넘겨주라고 요구한 죄 지은 자를 언급한다면, 그가 회개했을 때 사탄의 손아귀에 가두어 두게 놔두면 안 된다고 주장한다. 공동체가 통회하는 범죄자를 용서하고 받아들이지 않으면 사탄이 그들을 속여 다른 영혼을 빼앗을 수 있다. 바울이 다른 범죄한 자를 언급한다면, 공동체가 죄를 지은 후에도 진정으로 회개한 사람을 계속 블랙리스트에 올리는 것으로 그를 그리스도에게서 몰아내고 불화하게 만들려는 사탄의 계략에 희생되는 일에 그들이 책임이 있다고 바울은 주장하는 것이다.

바울에게 그리스도인들은 고립된 자유인이 아니라 공동체의 일원으로서 구원을 경험한다. 이것은 바울이 "우리가 ~않게 하려 함이라"의 동사를 1인칭 복수형으로 바꾼 이유를 설명한다. 고린도 서신 전반에 걸쳐 바울은 공동체 정신을 세우려고 노력한다(고전 12:12-26). 이것은 그들이 필요할 때 징계하고, 적절할 때 용서하고, 다른 사람을 영원한 파멸로 이끌지 않도록 어떻게 서로에 대한 책임을 져야 하는지 깨닫도록 요구한다(참조. 고전 8:7-13; 갈 6:1-2). 여기서 그는 "공동체적 용서"를 요청한다. 바울과 고린도 교회는 항상 분열과 분열을 일으키기 위해 일하는 사탄에게 속아 넘어가지 않도록 개인을 용서해야 한다.[205] 기독교 공동체는 회개하는 사람들에 대한 동정적인 자비와 확고한 권징의 실행 사이에서 신중하게 균형을 맞춰야 한다. 둘 중 하나도 하지 않으면 교회를 파괴하려는 사탄의 계획에 영향을 받는다. 따라서 용서를 베푸는 것은 교회가 사탄의 악한 계획에 대한 문을 닫는 한 가지 방법이다(엡 6:11). 부도덕, 복수에 대한 갈망, 무자비함, 무정함, 치명적인 원한이 사탄의 영역을 지배한다. 그리스도 안에 있는 사람들은 믿음, 소망, 사랑, 긍휼이 다스리는 영역으로 옮겨진다.

복음서 이야기에서 하나님의 화해 사역을 방해하고 분열을 가져오려는 사탄의 간계가 어떻게 작용하는지 주목하라. 사탄은 제자 베드로를 유혹하여 예수님의 죽음이라는 하나님의 뜻에 순종하지 않도록 설득한다(막 8:31-33). 그것이 실패할 때, 사탄은 다른 제자인 유다를 꾀어 예수님을 원수에게 넘겨줌으로써 그분의 죽음을 확실히 돕도록 한다(눅 22:3, 요 13:27). 사탄은 (무엇을 하든 상관이 없는) 도덕적 해이함과 (규칙을 따르지 않는 사람들에게 가하는) 냉담한 가혹함 모두의 배후에 있을 수 있다. 사탄은 교회를 파멸시키기 위해 그들 가운데 있는 죄인들을 징벌하지 않는 데 교회의 방임을 사용할 수 있다. 사탄은 또한 교회를 파멸로 이끌기 위해 징계받은 죄인들을 용서하지

205 D. R. Brown, *The God of This Age: Satan in the Churches and Letters of the Apostle Paul*, WUNT 2/409 (Tübingen: Mohr Siebeck, 2015), 160–61.

않는 교회의 완고함을 이용할 수 있다. 너무나 자주, "악을 제거하려는 노력은 궁극적으로 악의 승리로 이어질 수 있다."[206] 교회는 우리가 교회를 정결케 하려는 시도에도 사탄이 일할 수 있음을 경계해야 한다. 용서가 필요한 상황은 사탄이 가장 악한 일을 할 수 있는 가장 위험한 때이다. 사탄은 상처의 불길을 적의의 지옥으로 부채질한다.

그러나 사랑과 겸손한 용서로 가득 찬 연합된 공동체 앞에서 사탄은 무력하다. 로마서 16장 20절에서 바울의 마지막 인사인 "평강의 하나님께서 속히 사탄을 너희 발 아래에서 상하게 하시리라"는 아이러니하게 들릴 수 있다. 평화의 원수인 사탄은 화해로 패배한다. 그리스도인의 사랑과 자비는 우리에 대한 사탄의 모든 능력을 무력화하고 보이지 않는 보호 방패 역할을 한다.

2.1.6. 마게도냐에서 바울의 고난과 디도를 기다림 (2:12-13)

12 내가 그리스도의 복음을 위하여 드로아에 이르매 주 안에서 문이 내게 열렸으되 13 내가 내 형제 디도를 만나지 못하므로 내 심령이 편하지 못하여 그들을 작별하고 마게도냐로 갔노라

2:12. 12-13절은 바울의 제안대로 가지 않은 것에 대한 변호에서 그리스도의 사도로서 자신의 담대함과 고난에 대한 변호로 바꾼다(2:14-7:3). 바울은 마침내 마게도냐에서 디도를 보고 그들의 경건한 슬픔과 그에 대한 새로운 열심에 대한 좋은 소식을 받았을 때 느꼈던 안도감에 대한 이야기를 끝내지 않는다(7:5-16). 그 대신 바울은 자신이 방문했을 때 겪었던 슬픔의 주제로 돌아간다(2:3). 한편으로 중단된 드로아 선교를 회상하면서 계획대로 그들을 방문하지 못한 것은 그들을 돌보지 않았기 때문이 아니라 그들에 대한 슬픔에 압도되었기 때문이라는 점을 강조한다. 또한 바울은 자신의 계획을 가볍게 바꾸지 않는다는 점을 분명히 한다. 그는 고뇌에 짓눌렸다. 다른 한편, 그것은 고린도 교인들 중 일부 사람들로 하여금 사도로서의 적합성과 자격에 의문을 제기하게 만든 그의 많은 고난에 대한 논의를 위해 전환점을 제공한다.

드로아의 정식 이름은 알렉산드리아 드로아 또는 드로아 알렉산드리아로

---

206 Strachan, *Second Epistle*, 72.

알렉산드리아와 구별된다. 헬라어에는 정관사가 포함된 "트로아드"가 있는데, 이것은 드로아 시만이 아니라 트로아드 지역을 가리킬 수 있다. 그 도시는 에게 해의 항구였기 때문에 바울이 디도가 돌아오는 것을 기다리기 위해 갔던 만남의 장소로 이곳이 가장 가능성이 있다.[207]

바울은 디도를 기다리기 위해 드로아로 갔을 것이며, 아덴에서처럼 복음을 선포하려는 충동을 억제할 수 없었을 것이다(행 17:16-17). 드로아는 소아시아에 있는 몇 안 되는 로마 식민지 중 하나였으므로 고린도, 에베소, 빌립보와 마찬가지로 로마 도시의 지위를 누렸다. 다르다넬스 입구의 전략적 위치는 전략적 중심지에서 일하는 바울의 정책에 적합했다. 그렇다면 그가 말한 대로 그리스도의 복음을 전하기 위해 그곳에 갔을 가능성이 크다.[208] 그리스도의 복음을 전파하는 것은 바울이 사도로서 하는 모든 일의 원동력이다. 그의 목표는 "그리스도의 이름을 부르지 않는"(롬 15:20) 곳에서 복음을 전하는 것이며, 그는 "주께서 나를 위해 문을 여셨다"라고 보고한다. 본문은 문자적으로 "주 안에서 문이 내게 열렸다"이다. "주 안에서"는 문이 열린 수단과 기회가 주어진 영역을 모두 표현할 수 있다.[209] 해리스Harris는 그것을 "주의 섭리 안에서"라는 의미로 해석한다.[210] 바울은 이것을 사람들로 하여금 복음을 받아들이게 하거나 다른 유리한 환경을 조성하거나 또는 두 가지 모두를 통해 문을 열어 주신 주님의 선물로 이해한다.[211] 바울은 그 기회를 잡기 위해 그 문을 뚫고 들어가서 곧 빠져 나왔다.

2:13. 바울은 고린도 교인들과의 갈등이 얼마나 참담했는지를 전달하고 싶었기 때문에 "내 심령이 편하지 못하여"라고 말한다. 그것은 그들을 얼마나 깊이 생각하는지 그들에게 메시지를 보낸다. 바울은 편지에 어떻게 반응할지 모르기 때문에 걱정이 많았고, 디도에게서 아무런 소식이 없는 날들로

---

207 참조. C. J. Hemer, "Alexander Troas," *TynBul* 26(1975): 79–112.

208 Barnett, *Second Epistle*, 135. 본문에는 "전하다"라는 동사가 나오지 않지만, "그리스도의 복음을 위하여"라는 헬라어 구 "εἰς τὸ εὐαγγέλιον τοῦ Χριστοῦ"는 그리스도에 대한 복음을 전한다는 뜻이다(목적격적 속격).

209 Furnish, *II Corinthians*, 169. 열린 문의 이미지는 고전 16:9; 골 4:3. 또한 살전 1:9에는 εἴσοδος가 나타난다. 이 단어는 "들어감", "접근", "받아들임", "환대"라는 의미이다. 그리고 계 3:8 참조.

210 M. J. Harris, *The Second Epistle to the Corinthians*, NIGTC (Grand Rapids: Eerdmans, 2005), 235.

211 Tilling, *Paul's Divine Christology*, 145–46.

그 걱정은 더욱 가중되었다. 설명할 수 없는 늦어짐은 고린도에서 모든 것이 좋지 않았고 바울이 가장 두려워하던 것이 실현되었음을 의미할 수 있다. 상황은 더 나빠졌다. 고대 세계에는 고속 통신 시스템이 없었기 때문에 초조하게 소식을 기다리는 것은 괴로운 일이었다. 그래서 바울은 드로아와 고린도 사이에서, 목사로서 교회 갈등의 불을 끄는 것과 전도자로서 새 믿음의 불씨를 피우는 것 사이에서 고민했다. 대부분의 사역자들은 사역의 요구와 압력이 그들을 다른 방향으로 이끌 수 있다는 것을 직접적으로 안다. 그들은 바울이 디도와 고린도 교인들에 대한 괴로움을 마음에서 지워버리지 못하는 것에 대해 동감할 수 있다. 이 영적 불안은 그를 너무 산만하게 하여 드로아에서의 사역을 방해했기 때문에 "마지못해 엄숙한 작별"을 할 수 밖에 없었다.[212] 그러나 그 작별이 모든 것을 잃었음을 의미하지는 않는다. 사도행전은 바울이 예루살렘으로 가는 길에 잠시 들렀을 때 그 도시에 개종자들이 있었다고 보고한다(행 20:5-12).

이 구절은 바울이 마게도냐에서 편지를 썼던 이유를 고린도 교인들에게 설명한다. 그는 디도가 그 계절(가을)의 마지막 배편에 오르지 못하고 이제 마게도냐를 통해 육로 여행을 해야 한다는 것을 깨닫고 마게도냐로 떠났다.[213] 이 슬픈 이야기는 그리스도인들이 얼마나 서로 연결되어 있는지를 보여 준다. 우리는 세상에서 하나님의 일을 해치지 않고서는 서로를 해칠 수 없다. 바울은 하나님께서 복음을 증거할 기회를 마련해 주신 곳을 버리는 것이 옳은 일인지에 대해 논의하지 않는다. 그는 11장 28절에서 자신의 교회에 대한 염려를 많은 고난 중 하나로 언급했는데, 고린도의 상황에 대한 불안으로 드로아에서 사역을 계속하는 것이 감정적으로 불가능했다. 이는 고린도 교인들이 바울의 계획 변경을 야기했으며 전도의 황금기회를 온전히 추구하지 못한 배후에도 그들이 있었다는 것을 의미한다. 다시 우리는 사탄의 계획이 작동하는 것을 볼 수 있다! 고린도와의 갈등은 바울을 너무 동요시켜 선교 기회를 방해했다. 그의 슬픔은 효율적이지 못하게 만들었다. 그리고 그 슬픔은 하나님께서 그가 들어가기 원하셨을 수도 있는 문을 나가게 했다.

바울은 우리 중 많은 사람들이 겪고 있는 것과 같은 종류의 문제를 겪었다. 이 본문을 읽는 모든 독자는 아마도 그리스도인의 삶에서 다른 사람들을

212 Harris, "2 Corinthians," 331.

213 W. L. Knox, *St. Paul and the Church of the Gentiles* (Cambridge: Cambridge University Press, 1939), 144. 고린도에서 에베소까지 400km을 항해했다. 물론 마게도냐를 통과하는 육로로는 훨씬 더 먼 약 1440km이었다.

섬길 수 없다고 느꼈거나 교회 갈등으로 인한 불안, 즉 해고, 험담, 비방하는 소문의 위협에 사로잡혀 이러한 행동을 했을 뿐이라고 느꼈던 때를 알 수 있을 것이다. 공동체 내에서, 우리가 개인적으로 섬기고 사랑했던 사람들이 충성하지 않고 배신할 때 더욱 파괴적이다. 그런 것들에 대한 집착과 그로 인한 우울함과 걱정은 전도를 방해한다. 교회의 싸움은 결코 복음의 진보를 가속화하지 않는다.

하나님의 계획은 궁극적으로 승리했고 바울의 근심은 기쁨으로 바뀌었다는 것을 나중에 편지에서 알게 된다. 바울은 디도를 말하지 않는다. 그는 7장 5절까지 다시 다루지 않는다. 그 부분에서 디도가 고린도에서 가져온 좋은 소식에 기뻐한다. 7장 5-16절에서 바울은 그들이 바울에 대한 그들의 열망과 바울과의 유대를 새롭게 한 것(7:6-7), 그리고 회개한 것(7:8-13a)과, 참되다고 증명된 교회에 대해 디도에게 자랑한 것(7:13b-15)을 기뻐한다. 눈물의 편지에 대한 이러한 반응은 교회에 대한 바울의 확신을 재확인시켜 준다(7:16). 이 끼어들어 있는 부분의 내용은 바울이 이 편지에서 사도적 담대함을 변호하는 것과 여러 가지 고난에 대해 변호하는 것인데, 이는 완전히 부적절하거나 근거가 없는 것은 아니지만 그러한 담대함을 부적절하게 만드는 것처럼 보인다. 3-5장에서 이어지는 내용의 신학적 웅장함과 복잡성은 고린도후서의 독자들을 사로잡았기 때문에 이 편지를 촉발하고 공동체와의 관계를 거의 파탄에 이르게 한 논쟁의 문제를 가리는 경향이 있다. 이러한 이유로 일부 독자들은 바울이 7장 4-16절에서 그 문제로 다시 돌아 온 것에 놀랄지 모른다. 그것이 이전의 그의 신학적 확언만큼 중요하지 않다고 가정할 수 있기 때문이다. 바울의 확신(2:15; 7:16), 그의 진실함과 사도로서의 담대함(2:17-24; 7:4, 16), 고통스러운 편지를 촉발시킨 고통스러운 방문(2:1-11, 7:8-13a), 디도의 돌아옴(2:12-13; 7:5-7)은 2장 14절-7장 3절의 바울의 주장을 구성한다.

2.2. 바울의 거짓 없는 비판에 대한 변호(2:14-7:3)

2장 14절의 전환은 갑작스럽게 보인다. 7장 5절이 2장 13절의 생각을 이어가는 것처럼 보이기 때문에 어떤 학자들은 2장 14절-7장 4절이 별도의 편지라는 이론을 주장한다. 내가 주장한 것처럼 고린도후서가 하나의 편지라면, 바울의 사고 방식에서 이러한 갑작스러운 전환이 그의 주장 전체에 어떻게 맞는지 물어볼 필요가 있다. 하나님께 드리는 감사의 표현(참조. 8:16; 9:15; 롬 6:17; 7:25; 고전 15:57)은 편지와 디도의 방문으로 인한 행복한 결과에 대한 그의 기쁨을 예상할 수 있다(7:5-16). 그러나 바울은 하나님께서 그의 사역에서 행하신 모든 일에 대해 특별히 감사한다.[214] 그는 하나님의 계획이 사탄의 계획보다 더 지혜롭고 강력하기 때문에 하나님께 감사한다(2:11). 여기저기서 실패했지만, 향기처럼 사도적인 설교를 통해 하나님을 아는 지식이 곳곳에 퍼지는 것을 하나님께 감사한다. 그 설교는 죽음으로 인도하는 거절과 생명으로 인도하는 수용이라는 다양한 반응을 낳는다. 생사를 좌우하는 바울의 사도적 사역의 영향은 바울로 하여금 하나님의 그와 같은 강한 말씀을 선포하는 책임을 누가 감당할 수 있는지 질문하게 한다.

2장 14절-7장 3(4)절에 이어지는 내용은 사도로서 바울의 자질과 그의 가혹한 편지에서 바울의 담대함을 정당화하는 긴 설명이다. 여기에서 바울은 그들의 도덕적 실패를 솔직히 대면했을 것이다. 이 단락에서 그는 공동체에 훼방을 놓는 경쟁자들의 문제를 드러내어 다루지 않는다. 그 대신에 그는 일부 고린도 교인들이 제기한 불만에 대해 스스로를 변호한다. 그 불만은 바울 자신이 그들의 도덕적 실패에 너무도 직접적이고 도발적으로 도전함으로써 우정의 한계를 넘었다는 것이다.[215] 다시 돌아가려면 그들에게 엄하게 말

---

214 M. E. Thrall, "A Second Thanksgiving Period in 2 Corinthians," *JSNT* 16 (1982): 101–24. 그녀는 2:14가 두 번째 도입을 시작한다고 주장한다. 동사 εὐχαριστέω가 사용되지 않았지만, 이 동사가 독자들에게 감사를 표하는 바울의 마음에 관련되어 있을 수 있다고 주장한다. 그러므로 바울은 여기서 χάρις를 대신 사용한다. 해프먼(Hafemann)은 감사 공식으로서 그것이 2:14-4:6[-7:4)에 대한 논제 진술이 되며, "또한 그의 독자들에게 암시적인 권면적 호소를 포함한다"고 주장한다(*Suffering and Ministry*, 10-11). 머피-오코너는 마게도냐 교인에 대한 언급이 그들이 복음을 받아들이는 것과 그의 사역 사이의 공명을 일깨우면서 사도직에 대한 바울의 논의에 박차를 가했다고 주장한다("Paul and Macedonia: The Connection between 2 Corinthians 2.13 and 2.14," *JSNT* 25 [1985]: 100-103). 마게도냐 교인들은 격렬한 반대에도 불구하고 복음을 받아들였다(살전 1:6-8). 그들의 복음 수용을 둘러싼 상황은 2:14-17의 두 주제와 일치한다. 복음은 하나님의 능력과 "복음을 받아들이는 자와 거부하는 자들 사이의 비극적인 분열"의 표현이다. 마게도냐인들은 순종의 본보기였으며 다른 기독교인들에게 영감을 주었고 비기독교인들에게 "생명"을 제공했다.

215 마틴(Martin)은 이 편지에서 "무엇이 그를 이렇게 확장된 방향 전환으로 이끌었는가?"라는

해야 했지만, 너무 가혹해서 선을 넘었다고 느끼지 않도록 조심해야 했다. 그들은 관계를 완전히 끊을 것이다. 그러므로 바울은 이 편지에서 자신의 자격이 그들의 선을 위한 것임을 확인시키면서 너무 솔직하게 대했던 그의 자격을 정당화한다.

이 단락의 핵심 본문은 3장 12절이다. 여기에서 바울은 "우리가 담대히 행하노라"(개역개정, "우리가 담대히 말하노니")라고 선언하고 우리가 생명과 의로 인도하는 영광스러운 직분을 받았기 때문이라고 설명한다.[216] "담대함"(*παρρησία*, 파레시아)은 그의 담화에서 솔직함과 관련이 있다.[217] 그것은 영적 실패와 무질서에 맞서는 데 특히 중요했다. 저명한 철학자이자 웅변가인 디온 크리소스토무스는 "인간 조건의 개혁은 진실과 담대한 연설을 요구한다"(*1 Tars.* 33.7)라고 주장했다. 하지만 바울의 솔직한 발언은 고린도 교인들과의 긴장을 고조시키는 데 기여했다. 공동체의 일부 사람들은 괴로워했으며, 특히 "지혜로운 사람"들은 그의 퉁명스러운 질책이 뻔뻔스러운 대담함이라고 하여 분개했을 것이다.[218] 그의 투옥과 많은 고난은 그들의 관점에서 볼 때 수치와 침묵의 원인이었으며 어떤 식으로든 그들을 꾸짖기에 적합하지 않았다. 그러므로 그는 공동체와의 관계 회복, 화해, 공동체 내 권위 회복의 일환으로 자신의 솔직함을 변호해야 계속해서 그들을 위로하고 훈계할 수 있다.

바울은 이 부분에서 변덕스럽거나 오만하게 자신의 주제를 벗어나지 않

중요한 질문을 던진다(*2 Corinthians*, 136). 우리는 "전환" 또는 "주제를 벗어남"이 올바른 단어가 아니라고 주장할 것이다. 웹(W. J. Webb)은 "사도는 의도적으로 2:14–7:4를 긴장감을 가지고 읽도록 만들어서, 배경에 반향하는 '디도를 찾지 못함'을 사용해서 (슬픈 편지에 대한 답장을 기다리며) 독자를 자신이 느끼는 고통으로 끌어들인다"라고 설명한다(*Returning Home: New Covenant and Second Exodus as the context for 2 Corinthians 6.14-7.1*, JSNTSup 85 [Sheffield: JSOT, 1993], 73–74).

216 이 담대함에 대한 암시가 2:17에 나오는데, 상인에 대한 은유는 그가 더럽고 기만적인 말을 사용하지 않고 진실을 말한다는 것을 확증하는 데 사용된다. 3:4에서 그의 확신은 담대함의 기초를 형성한다. 3:17에서 그의 담대함은 성령께서 허락하신 자유에 근거를 두고 있다. 4:2에서 그는 본질적인 담대함을 의미하는 진리를 나타내셨다고 말한다. 6:6-7에서 그는 진리의 말로 위선이 없는 사랑을 말한다. 다음 단락으로 이어지는 경첩 역할을 하는 본문인 7:4에서 바울은 그들에 대한 자신의 담대함(*παρρησία*)을 재확인한다. 그리고 7:14에서 그는 항상 그들에게 진실을 말한다고 다시 말한다. 전체 부분은 7:16에서 그의 담대함(θαρρέω)에 대한 마지막 진술로 끝난다.

217 D. E. Fredrickson, "ΠΑΡΡΗΣΙΑ in the Pauline Epistles," in *Fitzgerald, Friendship, Flattery and Frankness of Speech*, 163–64. 빌레몬서 8-9절에서 바울은 자신이 의도적으로 대담하고 자유로운 표현을 사용하는 것을 자제한다고 말한다. 그 대신 그는 매우 민감한 문제를 다룰 때 매우 능숙하게 다룬다(Garland, *Colossians Philemon*, 301–2, 333, 336, 340–41).

218 우리는 바울이 고린도 교인들을 대하는 데 있어서 너무 주제넘고 뻔뻔스럽다는 불평의 선동자로 외부 경쟁자를 상정할 필요가 없다.

는다는 것을 보여 준다. 바울은 하나님께서 그들의 영적 보살핌을 맡기신 하나님의 사명이 있다. 그는 "우리는 ... 곧 순전함으로 ... 하나님 앞에서와 그리스도 안에서 말하노라"(2:17)라고 주장한다. 그는 부당한 수단으로 사람들을 조종하려고 하지 않는다. 오히려 그는 "이에 숨은 부끄러움의 일을 버리고 속임으로 행하지 아니하며 하나님의 말씀을 혼잡하게 하지 아니하고 오직 진리를 나타냄으로 하나님 앞에서 각 사람의 양심에 대하여 스스로 추천하노라"(4:2)라고 주장한다. 그는 "그리스도를 대신하여 사신이 되어 하나님이 우리를 통하여 너희를 권면"(5:20)하시며, 그의 자랑은 그의 사역에서 역사하시는 성령의 능력으로 세워진 교회에 있다(7:4, 14)고 덧붙인다. 따라서 그들의 회개는 그에게 우연이 아니다. 그의 쏘는 말은 사랑의 표시이다. 마치 아버지가 아이를 바로잡듯 그들의 선을 위해 한 것이다. 그는 자신의 입이 그들에게 열려 있고("우리는 너희에게 자유롭게 말한다"), 그의 마음도 마찬가지로 활짝 열려 있다고 말한다. 바울은 그들이 다시 한 번 그에게 마음을 열기를 원한다(6:11-13). 그러므로 바울이 자신의 담대함을 변호하는 것은 그들에 대한 사랑과 관심으로 표현된다. 그의 관심은 그들이 징계에 저항했을 뿐만 아니라 그 저항 뒤에 있는 이유를 거부했다는 것이다. 어떤 사람들은 여전히 바울의 고난 속에 나타난 하나님의 영광을 보지 못한다.

2장 14절-4장 6절에서 ABA′ 패턴을 관찰하면 단락의 일관성을 볼 수 있고 2장 14절-4장 6절에서 바울의 사상의 움직임을 따를 수 있다. 다음 개요는 람브레흐트를 따른 것이다.[219]

A 2:14-3:6 기독교 사역
- A 2:14-17 생명과 죽음을 가져오는 사역을 위한 바울의 충분함
  - B 3:1-3 바울의 편지로서의 고린도 교인
- A′ 3:4-6 새 언약의 사역자로서의 바울의 충분함

B 3:7-18 옛 사역과 새 사역
- A 3:7-9 이제는 없어진 영광
  - B 3:10 옛 사역을 가리는 새 사역의 더 큰 영광

219 J. Lambrecht, "Structure and Line of Thought in 2 Cor 2,14-4:6," in Bieringer and Lambrecht, *Studies on 2 Corinthians*, 257–94. 람브레흐트는 다음 패턴이 바울이 사전에 주의 깊게 개요를 짠 것이 아니라 생각의 순환적 순서, 글쓰기 습관 또는 추론 및 쓰기 방식의 결과일 수 있다는 점을 중요하게 지적한다(278p). 그는 다음과 같이 말한다. "우리는 바울이 쉽고 자주 스스로를 방해하고 잠시 잊고 있던 생각으로 되돌아가서 그의 방해에서 파생된 요소를 사용한다는 것을 인식해야 한다"(292p). 참조. Thrall, *II Corinthians*, 1:189.

A′ 3:11 이제는 없어진 영광 (3:7-8와 3:11은 인클루지오를 이룸)
A 3:12-13 수건을 벗은 바울(우리, 사도)
B 3:14-17 수건으로 가린 이스라엘(그들, 이스라엘)
A′ 3:18 수건을 벗은 그리스도인(우리, 그리스도인)
A′ 4:1-6 기독교 사역
A 4:1-2 진리를 나타냄으로 자신을 추천
B 4:3-4 "우리의 복음"에 나타난 그리스도의 영광에 눈이 가리어진 자들의 영적 상태
A′ 4:5-6 바울 설교의 기본적 신념: 주님이신 그리스도, 우리가 너희의 종됨

첫 번째 부분(2:14-3:6)은 2장 16절("사망에 이르는 냄새", "생명에 이르는 냄새")과 3장 6절("율법 조문은 죽이는 것이요 영은 살리는 것이니라.") 그리고 그의 충분함 또는 능력에 대한 핵심 개념으로(2:16; 3:5-6) 생명과 사망의 대조로 구성된다.[220] 초점은 사도적 사역의 특성과 그에 대한 바울의 자격에 있다.[221] 바울은 2장 14절-3장 6절 전체에서 자신을 지칭하기 위해 1인칭 복수형을 사용했는데, 그 이유는 그가 "그가 사도직을 대표함을 알고" 있기 때문이다.[222] 그러므로 강조점은 사도로서 바울의 자격보다 "사도적 사역의 본질"에 더 있다.[223]

다음 부분(3:7-18)은 두 부분으로 나뉜다. 첫 부분은 영광이 주제이다(3:7, 11).[224] 그것은 일시적이고 과거이며 죽음과 정죄에 이르게 하는 옛 것의 부정적인 성격을 강조하면서 두 언약의 차이점에 대한 3장 6절의 설명을 발전시킨다. 옛 언약이 소유한 영광은 새 언약의 영광에 비하면 창백하다. 두 번째 부분은 수건에 대한 언급으로 구성된다. 3장 18절에 나오는 "수건을 벗은 얼굴"은 3장 13절에서 모세의 얼굴을 가리고 있는 수건과 반대이다. 3장

220 핵심 단어는 ἱκανός(2:16, "누가 이 일을 감당하리요", 3:5, "스스로 만족할 것이 아니니"), ἱκανότης(3:5, "우리의 만족은 오직 하나님으로부터 나느니라"), ἱκανοῦ(3:6, "그가 또한 우리를 새 언약의 일꾼 되기에 만족하게 하셨으니")이다.

221 Hafemann, *Suffering and Ministry*, 15.

222 Hafemann, *Suffering and Ministry*, 15.

223 바렛은 이것을 "사도의 복수형"이라고 부른다(*The Second Epistle to the Corinthians*, 140-41). 여기에는 디모데나 실바누스나 아볼로가 포함되지 않는다.

224 "영광"(δόξα)는 여덟 번(3:7[2회], 8, 9, 10, 11[2회]; 또한 다음을 참조하라. 3:18[2회]) 그리고 동사(δοξάζω)로 두 번(3:10) 나타난다.

18절에서 한 영광에서 다른 영광으로 변화된다는 개념은 3장 12절의 "소망"을 반영한다.[225] 3장 12-18절에서 바울은 "우리"(그리스도인)와 "그들"(유대인)을 다룬다. 그리고 그리스도에 대한 그들의 다른 태도를 다룬다. 그것은 모세와 바울의 두 사역과 그리스도인과 유대인의 두 운명을 대조한다. 모세의 사역은 듣는 자들의 완고한 마음 때문에 가려졌다. 바울의 사역은 담대하고 수건이 벗겨졌다. 그리고 사람들을 그리스도의 형상으로 변화시켜 점점 더 영광스럽게 만든다.

세 번째 부분(4:1-6)에서 바울은 2장 14절-3장 6절에서 제기된 사도적 사역의 주제로 돌아간다. 람브레흐트는 두 단위가 공유하는 병렬 용어와 주제를 찾는다.[226]

<table>
<tr><td rowspan="4">4:1</td><td rowspan="2">직분(διακονία)</td><td>3:3</td><td>"우리 (사역)으로 말미암아"
(διακονηθεῖσα)</td></tr>
<tr><td>3:6</td><td>일꾼(διάκονοι)</td></tr>
<tr><td>"우리가 낙심하지 아니하고"
(더 나은 번역은, "우리가
어리석지 아니하고", 또는
"우리가 물러서지 아니하고")</td><td rowspan="2">3:4</td><td>"이같은 확신이 있으니"</td></tr>
<tr><td>"긍휼하심을 입은대로"</td><td>"그리스도로 말미암아"</td></tr>
<tr><td rowspan="4">4:2</td><td>"이에 숨은 부끄러움의 일을
버리고 속임으로 행하지 아니하며
하나님의 말씀을 혼잡하게 하지
아니하고"</td><td>2:17</td><td>"우리는 ... 하나님의 말씀을 혼잡
하게 하지 아니하고"</td></tr>
<tr><td rowspan="2">"진리를 나타냄으로"
(φανέρωσις)</td><td>2:14</td><td>"나타내다" (φανερόω)</td></tr>
<tr><td>3:3</td><td>"나타내다" (φανερόω)</td></tr>
<tr><td>"각 사람의 양심에 대하여"
"스스로 추천하노라 "</td><td>3:1</td><td>"뭇 사람이 (뭇 사람에 의해)"<br>"우리가 자천하기를"</td></tr>
</table>

225 Lambrecht, "Structure," 271. 3:12-18에서 "수건"(κάλυμμα, 3:13-16) 및 "수건이 벗겨지다"(ἀνακαλυπτόμενον, 3:14; ἀνακεκαλυμμένῳ, 3:18)이라는 키워드가 지배적이다.

226 Lambrecht, "Structure." 263.

<table>
<tr><td>4:3</td><td>“망하는 자들에게”</td><td>2:15</td><td>“망하는 자들에게”</td></tr>
<tr><td rowspan="3">4:5</td><td>“우리를”</td><td>3:1</td><td>“우리를”(개역개정 생략)</td></tr>
<tr><td>“너희의 종”(δοῦλοι)</td><td>3:6</td><td>“일꾼”(διάκονοι)</td></tr>
<tr><td>“우리는 전파하는”</td><td>2:17</td><td>“우리는 말하노라”</td></tr>
<tr><td rowspan="2">4:6</td><td>“우리 마음에”</td><td>3:2</td><td>“우리 마음에”</td></tr>
<tr><td>“하나님의… 아는 빛을
우리 마음에 비추셨느니라”</td><td>2:14</td><td>“그리스도를 아는”</td></tr>
</table>

이 ABA′ 패턴을 인식하면 3장 7-18절의 기능을 더 잘 이해하는 데 도움이 된다. 그것은 2장 14절-3장 6절과 4장 1-6절의 확언에 대한 신학적 근거를 제공한다.

2.2.1. 사도로서 사역의 본질(2:14-3:6)

14 항상 우리를 그리스도 안에서 이기게 하시고 우리로 말미암아 각처에
서 그리스도를 아는 냄새를 나타내시는 하나님께 감사하노라 15 우리는 구원
받는 자들에게나 망하는 자들에게나 하나님 앞에서 그리스도의 향기니 16 이
사람에게는 사망으로부터 사망에 이르는 냄새요 저 사람에게는 생명으로부
터 생명에 이르는 냄새라 누가 이 일을 감당하리요 17 우리는 수많은 사람들
처럼 하나님의 말씀을 혼잡하게 하지 아니하고 곧 순전함으로 하나님께 받은
것 같이 하나님 앞에서와 그리스도 안에서 말하노라 3:1 우리가 다시 자천하
기를 시작하겠느냐 우리가 어찌 어떤 사람처럼 추천서를 너희에게 부치거나
혹은 너희에게 받거나 할 필요가 있느냐 2 너희는 우리의 편지라 우리 마음
에 썼고 뭇 사람이 알고 읽는 바라 3 너희는 우리로 말미암아 나타난 그리스
도의 편지니 이는 먹으로 쓴 것이 아니요 오직 살아계신 하나님의 영으로 쓴
것이며 또 돌판에 쓴 것이 아니요 오직 육의 마음판에 쓴 것이라 4 우리가 그
리스도로 말미암아 하나님을 향하여 이같은 확신이 있으니 5 우리가 무슨 일

이든지 우리에게서 난 것 같이 스스로 만족할 것이 아니니 우리의 만족은 오직 하나님으로부터 나느니라 6 그가 또한 우리를 새 언약의 일꾼 되기에 만족하게 하셨으니 율법 조문으로 하지 아니하고 오직 영으로 함이니 율법 조문은 죽이는 것이요 영은 살리는 것이니라

2.2.1.1. 생명과 죽음의 사역을 충족시키는 바울(2:14-17)

2:14. 바울은 고린도 교인들이 눈물의 편지에 대해 어떻게 반응했는지에 대해 아직 디도에게서 듣지 못하여 심히 초조하다고 말하고 나서 놀랍게도 감사 인사를 시작한다. 우리 독자들은 무슨 일이 일어났는지 알기 위해 7장 6-16절까지 기다려야 한다. 또한 놀라운 것은 바울이 사도적 고난에 대해 감사한다는 것이다. 그러나 사도적 고난은 다른 사람들을 위해 고난을 받고 죽으신 그리스도의 사도로서의 그의 정당성을 증명한다.

"개선 행진에 우리를 이끌어 가시는 분"(θριαμβεύοντι, 드리암뷰온티, 개역개정, "이기게 하시고")으로 번역된 분사는 오랫동안 해석자들을 어리둥절하게 만든 라틴어 어투(triumphare, '트리움파레'에서 유래)이다.[227] 은유는 강력한 표현이지만 항상 명확하지는 않다. 이 비유의 배경은 로마의 거리를 가로질러 군대, 전리품, 사로잡힌 전쟁 포로와 함께 행진하는 정복한 로마 장군을 위한 정성을 들인 승리 축하 행사이다. 일반적으로 이 동사는 "승리로 승리를 축하하다"라는 의미인 자동사로 사용된다. 드물게 동사가 타동사로 사용되는 경우에는 "포로를 개선 행렬로 이끈다"를 의미한다. 그러나 많은 해석가들은 바울이 자신을 패배한 포로로 묘사하는 이유를 이해할 수 없었다. 결과적으로 그들은 동사의 의미를 복음이 승리로 휩쓰는 일로 더 적합하게 해석하려고 노력했다. 예를 들어, 칼뱅은 이 어구의 일반적인 의미를 알고 있었지만, 그것이 바울의 의미에 대한 자신의 이해에 맞지 않는다고 주장했다. 그는 이렇게 물었다. 바울은 자신을 패배하고 불명예스러운 죄수로 인도하신 것에 대해 어떻게 하나님을 찬양할 수 있는가? 그가 어떻게 자신을 사도로서 쇠사슬에 묶이고 불명예를 안고 정복자 앞에서 죽기까지 행진하는 사람에 비할 수 있겠는가? 그러한 부조화로 칼뱅은 어휘적 근거보다는 신학적 근거로 바울이 "승리하다"를 의미한 것이 틀림없다고 주장했다. 바울은 하나님께서 은혜롭

227 C. Heilig, *Paul's Triumph: Reassessing 2:14 in its Literary and Historical Context*, BTS (Leuven: Peeters, 2017)는 이 어구의 배경과 해석 제안에 대한 긴 평가를 한다.

게 이 승리에 참여할 수 있도록 허락하셨기 때문에 하나님을 찬양했다.[228] 그는 자신을 하나님의 승리하는 군대의 군인으로서 행렬에 합류하는 것으로 묘사한다("우리를 승리로 이끄심", KJV).[229] 만일 이것이 옳았다면 우리는 바울이 하나님이 그리스도와 함께 우리를 인도하신다고 말할 것이라고 기대했을 수 있지만 그렇지 않다. 브라이텐바흐Breytenbach는 어휘 증거를 철저하게 조사하고 θριαμβεύω(드리암뷰오) 동사에 이러한 의미를 배제해야 한다고 결론지었다.[230]

윌리암슨Williamson은 그 증거에 대해서 평가하며 다음과 같이 결론을 내린다. "직접 목적어가 뒤따를 때, θριαμβεύειν은 '승리 개선행진에서 정복된 적으로 이끌다'를 의미한다."[231] 이 단어는 군대의 일원으로 행렬에 참여한 사람들을 지칭하는 데 사용되지 않았다. 바울이 이 동사를 사용할 때, 일반적인 의미와 일치한다면, 그는 자신을 화환을 장식한 개선 장군이나 그리스도의 승리의

---

228 Calvin, *Second Epistle*, 33. 스트라챈(Strachan)은 그러한 해석이 "이러한 상황에 있는 포로가 굴욕과 패배의 광경일 뿐이라는 논리적 어려움"을 제시한다고 말한다(*Second Epistle*, 73). 왓슨도 같은 감정을 드러낸다. "하나님과 사자의 관계가 정복당한 죄수의 관계와 같다거나 그들이 끊임없이 수치와 굴욕에 노출되어 있다는 암시는 감사의 자리에 어울리지 않는다."(*Second Epistle*, 22).

229 Windisch, *Der zweite Korintherbrief*, 97; 그리고 Barrett, *Second Epistle*, 98.

230 C. Breytenbach, "Paul's Proclamation and God's 'Thriambos' (Notes on 2 Corinthians 2:14–16b)," *Neot* 24 (1990): 265. 스랄은 "이 의미에 대한 언어학적 증거는 약하거나... 존재하지 않는다"라고 결론 짓는다(*Second Epistle*, 1:192). 벨빌(Belleville)은 이 동사를 "승리하다"의 의미로 해석하고 바울이 하나님께서 "사역의 약점과 무능함"을 극복하신다는 것을 염두에 두고 있다고 생각한다(*2 Corinthians*, 81–82). 이 해석은 가정하고 있는 정복자에 대한 군중의 엇갈린 반응을 거의 설명하지 못한다. 이건(R. B. Egan)은 동사를 "밖으로 드러내다," "표시하다"를 의미하는 것으로 해석하고 "항상 우리를 알리시는 하나님"으로 번역한다("Lexical Evidence on Two Pauline Passages," *Nov* 19 [1977]: 34–62). 바울이 자신을 포로로 묘사할 의도가 없다고 주장하는 볼프(Wolff)도 마찬가지이다(*Der zweite Brief*). 해프먼은 ἐκθριαμβεύω를 사용하는 BGU 1061에 대한 이건(Egan)의 어휘적 증거에 이의를 제기한다. 이것은 반드시 θριαμβεύω와 동의어일 필요는 없다(*Suffering and Ministry*, 33).

231 L. Williamson, "Led in Triumph: Paul's Use of Thriambeuo," *Int* 22 (1968): 319. 또한 G. G. Findlay, "St. Paul's Use of ΘΡΙΑΜΒΕΥΩ," *Expositor 1st series* 10 (1897): 403–2; Breytenbach, "Paul's Proclamation and God's 'Thriambos,'" 257–71. 델링(G. Delling)은 바울이 "비록 그것이 δοῦλος Χριστοῦ 일지라도, 이것을 자신이 매여서 세상 가운데 이루어지는 승리의 행진 가운데 언제 어디서나 하나님과 동행할 수 있는 은혜로 여긴다"고 주장한다("θριαμβεύω," *TDNT* 3:160). 마샬은 이것이 수치심의 은유라고 주장한다("A Metaphor of Social Shame: OPIAMBEYEIN in 2 Cor 2:14," *NovT* 25 [1983]: 302–17). 세네카는 동일한 라틴어를 은유적으로 사용하여 자신이 다른 사람에게 베풀어준 놀라운 은혜에 대해 계속 지껄이는 사람을 비판했다. 그것은 그의 영혼을 짓누르고 좌절감에 빠져 외치고 싶게 만든다. "당신이 누군가를 전시하기 위해 구원했다면 나는 당신에게 빚진 것이 없다. 언제까지 내가 불행을 잊도록 놔두지 않겠는가? 승리했다면 한 번만 행군해야 했다!"(*Ben.* 2.11.1 [Barore, LCL]).

영광에 참여하는 하나님의 군대의 보병으로 나타내지 않는다. 정반대다. 그는 자신을 전쟁 중에 정복당한 포로로 묘사한다. 이 은유의 배경은 병거를 타고 로마 시내를 지나 카피톨리노 언덕과 주피터 신전까지 행진한, 전쟁의 전리품, 전투 장면을 보여 주는 회전 무대, 약탈당한 도시의 그림들을 보여 주는 군사적인 승리를 축하하는 것이다. 바울은 아마도 이러한 사건을 목격한 적이 없었겠지만, 그 이미지는 적어도 고린도 도시에 눈에 띄는 위치에 있는 소위 포로 파사드(Captives-Façade)로부터 알려졌을 것이다.[232] 하일리히Heilig는 또한 매년 기념일에 기념 축제로 고린도에서 영국에 대한 승리를 기념하며 클라우디우스 황제를 기리는 특별한 행사를 인용한다.[233]

바울이 이미지를 적용한 것과 가장 관련이 있는 것은 저명한 포로들의 행렬이 사슬을 타고 거리를 가로질러 행진하여 그 길 끝에서 처형된 것이다.[234] 플루타르크Plutarch는 승리한 장군 아이밀리우스 파울루스Aemilius Paulus에게 바쳐진 3일 동안 지속된 개선 행렬을 묘사한다. 그는 사람들이 흰 옷을 입고 행진을 보기 위해 도시 주변에 발판을 세웠다고 말한다. 그리고 "모든 성전은 열려 화환과 향으로 가득 차 있었고, 수많은 하인과 술꾼들이 군중을 제지하고 거리를 공개했고 깨끗하게 유지했다."

> 사흘째 되던 날 아침이 되자 나팔 부는 사람들이 행진이나 행렬의 긴장을 일으키지 않고 길을 인도했다. 로마인들이 자신을 전투에 분발시키는 데 사용하는 것과 같다. 그 뒤에는 금박 뿔이 달린, 리본과 화환으로 장식한 외양간 소 일백이십 마리가 따라왔다. 희생 제물을 제사로 이끌었던 사람들은 멋진 테두리가 있는 앞치마를 두른 젊은이들이었고, 소년들은 금과 은으로 된 제사에 사용되는 술을 담는 그릇을 들고 그들에게 참여했다.

그때 사로잡힌 왕 페르세우스의 무기와 왕관이 병거에 실려왔고 그의 자녀들이 노예로 따라왔다.

> 그리고 그들과 함께 수많은 양부모, 교사, 가정 교사가 눈물을 흘리며 구

232 Heilig, *Paul's Triumph*, 127. 다음을 인용한다. V. M. Strocka, *Die Gefangenenfassade an der Agora von Korinth: Ihr Ort in der römischen Künstgeschichte* (Regensburg: Schnell & Steiner, 2010). "승리 행렬은 그리스인과 로마인에게 친숙한 제도임에 틀림없다." "약 350개의 승리가 그들의 문헌에 기록되어 있다." 승리라는 주제는 "아치, 부조, 조각상, 기둥, 동전, 컵, 카메오, 메달, 회화와 연극"에 나타나기 때문이다("Metaphor," 304).

233 *Heilig, Paul's Triumph*, 130–41.

234 세네카는 "오만하고 잔인한 승리자의 행렬을 우아하게 하기 위해 외국인의 수레 위에 놓이는 것"이라고 말한다(*Vit. beata* 25.4 [Basore, LCL]).

경하는 사람들에게 손을 내밀고 아이들에게 구걸하고 애원하는 법을 가르친다. ... 아이들과 그들을 시중드는 사람들 뒤에는 페르세우스 자신이 검은 가운을 입고 그 나라의 높은 장화를 신고 걸었지만, 그의 악의 크기는 그를 완전히 말을 못하게 만들고 당혹한 사람처럼 보이게 만들었다. 슬픔에 잠긴 얼굴을 하고 있는 친구와 친지들의 무리가 또한 그를 뒤따랐다.

승리한 장군 아이밀리우스는 "'권력의 표식'을 달고 장엄한 장식의 수레를 타고" 왔다. 그는 "금으로 짠 자주색 가운을 입고 오른손에 월계관을 들고 왔다. 그의 뒤를 이어 그의 군대가 아이밀리우스의 업적을 찬양하는 찬양을 불렀다."[235]

바울은 어떻게 자신을 대중의 조롱에 노출된 정복된 죄수(지금은 노예)로 볼 수 있었을까?[236] 작가는 관객의 상상력을 자극하고 새로운 통찰력을 일깨우고 새로운 지혜를 불러일으키기 위해 은유를 선택한다.[237] 바울은 생생한 문장을 쓰는 대가였으며 3장 2절에서와 같이 창의적이고 설득력 있는 방식으로 은유를 사용했는데, 여기서 그는 고린도 교인들을 자신의 마음에 적힌 추천서로 묘사한다. 승리의 은유는 동시에 여러 가지를 전달할 수 있다.

1. 이미지는 장군이나 황제뿐만 아니라 신에게 적용될 수 있다. 오비디우스는 그가 어떻게 큐피드의 "전리품"으로 간주되었고 이 신의 행렬의 일부인지를 설명하면서 로마의 승리를 분명히 암시한다(*Am.* 1:2).[238]

---

235 Plutarch, *Aem.* 6.441–47(Perrin, LCL). 헬리카르나수스의 디오니시우스는 또 다른 승리를 묘사한다. "따라서 그는 전리품과 죄수들과 자기 아래에서 싸운 군대를 거느리고 성으로 들어갔고 말들이 끄는 병거를 타고 금굴레를 타고 왕복을 입었으니 이는 대승의 관례대로이다"(*Ant. rom.* 8.67.9–10 [Cary, LCL]; 또한 9.36.3, 71.4; 참조. Horace, *Carm.* 4.2.50–52). 아직 서 있는 디도(Titus)의 개선문은 AD 70년에 유대인에 대한 그의 승리를 기념한다. 요세푸스는 "가장 키가 크고 가장 잘 생긴 젊은이"가 "승리"를 위해 선택되었고(*J.W.* 6.9.2 § 41 [Thackeray and Marcus, LCL]), 반란군 지도자 중 한 명인 기오라스의 아들 시몬은 "승리시에 처형되도록 유보되었다"(*J.W.* 6.9.2 § 433)라고 보고한다. 그런 다음 그는 로마에서의 잘 꾸며진 행렬을 설명한다. 여기에서 "도시의 수많은 후원자 중 한 영혼도 집에 남아 있지 않았다"(*J.W.* 7.5.2–6 §§ 122–57 [Thackeray and Marcus, LCL]).

236 바울은 골 2:15에서 동사 θριαμβεύω를 사용하여 하나님의 초자연적인 원수가 그리스도에 의해 벗겨지고 폭로되고 사로잡혀 가는 것을 상상한다.

237 플랭크(K. A. Plank)의 바울의 아이러니한 은유에 대한 주석은 다음과 같다.

> 작가는 상징적 언어를 사용하여 예상되는 맥락에서 평범한 이미지와 개념을 이상하게 만드는 언어의 잠재력을 활용하여 독자들이 친숙한 연속성에 충격을 준다. 상징적 언어의 참신함에 사로잡혀 독자들은 잘 방어된 사고 방식에서 벗어나 새로운 통찰력에 대한 인식으로 이제 친숙한 가치 체계로 물러나지 못하게 한다는 것을 알게 될 것이다(*Paul and the Irony of Affliction*, SemeiaSt 17 [Atlanta: Scholars Press, 1987], 77).

238 Heilig, *Paul's Triumph*, 201.

2. 바울이 사용한 은유는 이전 하나님의 승리를 전제하고 이전에 하나님의 원수였다는 그의 고백과 잘 맞는다(참조. 고전 15:9; 갈 1:13; 딤전 1:13; 빌 3:18). 이제 그는 그리스도의 사랑에 사로잡혀 그리스도의 죽음으로 말미암아 하나님과 화목하게 되었다(롬 5:10; 참조. 고전 15:10).[239] 다른 곳에서 바울은 자신을 "그리스도 예수의 갇힌 자"라고 밝힌다(몬 9; 엡 3:1, 4:1; 참조. 빌 1:13).

로마의 승리 목적은 승리한 군대, 로마 국가, 그 신들의 힘을 과시하는 것이었다.[240] 축하 행사는 "세계 질서의 무적의 승리자이자 보증인인 통치자"의 신화를 강화했다. 승리는 "통치자의 독특하고 신과 같은 본성에 대한 '증거'"였으며 신들이 그들 편에 있다는 것을 모두가 재확인했다.[241] 포로들은 승리한 장군의 능력을 높이고 그를 위해 승리를 거둔 신들에게 영광을 돌리기 위해 전시되었다. 바울은 이 형상을 하나님께 적용함으로써 로마의 승리의 찬란한 웅장함을 무너뜨렸다. 하나님의 승리는 로마의 어떤 승리보다 훨씬 더 크며 하나님께는 훨씬 더 큰 명예를 안겨 드려야 한다. 황제는 세계 질서의 무적의 승리자, 보증인이 아니다. 그 역할은 예수 그리스도의 죽음과 부활을 통해 완전히 계시되고 사도들이 선포한 하나님께만 있다. 이 형상은 세계에 대한 하나님의 절대적인 주권을 가리킨다(참조. 골 2:15). 바울은 자신을 이전

---

239 하일리히(Heilig)는 거스리(G. H. Guthrie, "Paul's Triumphal Procession Imagery (2 Cor 2.1416a: Neglected Points of Background," *NTS* 61 [2015]: 79–91; *2 Corinthians*, 156–73)가 바울이 자신을 행렬에서 향을 든 사람 중 한 사람으로 묘사했다는 주장을 거부한다(*Paul's Triumph*, 212–16).

240 P. Zanker, *The Power of Images in the Age of Augustus*, trans. A. Shapiro (Ann Arbor: University of Michigan Press, 1988), 184–85. 버즈넬(H. S. Versnel)은 로마의 승리에 대한 연구에서 다음과 같은 결론을 도출했다.

> 따라서 로마의 전체 역사는 로마의 힘, 정복과 지배의 사명, 그리고 군인들의 용기를 증언하는 의식이 특징이다. 그러나 주로 승리는 로마의 위대함을 한편으로는 승리한 장군의 탁월함과 다른 한편으로는 최고의 신, 즉 로마 제국의 번영을 보장하는 신의 은총에 기인한다는 특징을 가지고 있다(*Triumphus: An Inquiry into the Origin, Development and Meaning of the Roman Triumph* [Leiden: Brill, 1970], 1).

이 언급을 인용한 해프만(Hafemann)은 승리가 승리한 장군이나 집정관을 기리는 것뿐만 아니라 전투에서 승리를 주신 신이나 신들에게 감사하기 위한 것이었다는 점에서 승리가 종교적 차원을 가졌다고 강조한다. 그러므로 그것은 예배의 행위였다(*Suffering and Ministry*, 21, 29-30).

241 요세푸스는 주후 70년에 유대인을 패배시킨 후 로마의 승리에 대한 기록을 다음과 같이 끝맺는다. "승리식이 끝나고 가장 견고한 토대 위에 로마 제국이 세워졌다"(*J.W.* 7.5.7 § 158 [Thackery and Marcus, LCL]). 이 의식은 로마의 통치가 난공불락임을 대중에게 확신시키기 위한 것이었다.

에 패배한 하나님의 원수로 묘사하고 있으며, 지금은 그리스도 안에 살고 하나님의 위엄과 능력을 계시하고 선포하는 승리로 이끌린다. 바울은 그의 논증의 뒷부분에서 우리에게 이 보배 곧 하나님의 영광을 아는 지식이 있다고 말할 것이다. "이는 심히 큰 능력은 하나님께 있고 우리에게 있지 아니함을 알게 하려 함이라"(4:7). 은혜의 목적은 "많은 사람에게 더하여 넘쳐서" "감사로 하나님께 영광을 돌리게 하려 함"이다(4:15).

3. 바울이 그리스도의 승리 행렬에서 그리스도의 포로로 이해된다는 것은 여행 계획이 자꾸 바뀌는 것처럼 보이는 이유를 추가로 변호함으로 1장 15절-2장 13절에서 전환을 제공한다. 포로로서 그는 자신의 움직임을 통제하지 못한다. 하나님은 그를 인도하시고 행렬이 가는 곳을 통제하신다.[242] 바울은 고린도에서 로마서를 썼고 로마에 간 이후 스페인으로 보내지기를 바라는 오랜 소망과 계획이 이루어질 것이라고 말했다. 그러나 하나님의 뜻이 있어야만 이루어진다는 것을 알고 있다(롬 15:32).

또한 자신의 사도직이 왜 그러한지에 대한 변호의 일부로 고난의 역할에 대한 주요 문제를 소개한다. 바울은 그의 고난을 사도적 사역의 필수적인 부분으로 이해하지만 고린도 교인들은 이것이 사도적 권위를 훼손한다고 생각한다.[243] 권세와 성공과 승리에 지나치게 사로잡힌 고린도 교인들의 관점에서 볼 때 바울의 고난은 무력함을 보여 주었을 뿐이었고, 이는 결국 사도로서 그의 능력에 의심을 불러 일으켰다. 그리스도의 개선 행진에서 포로가 된다는 은유는 그를 조롱에 노출된 수치의 인물로 여겼던 고린도 교인들을 대하는 더 넓은 맥락에 적합하다. 고린도전서 4장 9-13절에서 그는 자신에 대한 반대하는 태도를 직접적으로 대면한다.

> 내가 생각하건대 하나님이 사도인 우리를 죽이기로 작정된 자 같이 끄트머리에 두셨으매 우리는 세계 곧 천사와 사람에게 구경거리가 되었노라 우리는 그리스도 때문에 어리석으나 너희는 그리스도 안에서 지혜롭고 우리는 약하나 너희는 강하고 너희는 존귀하나 우리는 비천하여 바로 이 시각까지 우리가 주리고 목마르며 헐벗고 매맞으며 정처가 없고 또 수고하여 친히 손으로 일을 하며 모욕을 당한즉 축복하고 박해를 받은즉 참고 비방을 받은즉 권면하니 우리가 지금까지 세상의 더러운 것과 만물의 찌꺼기 같이 되었도다

242 Heilig, *Paul's Triumph*, 230.

243 Hafemann, *Suffering and Ministry*, 84.

경기장에서 구경거리로 세상에 노출되고 "항상" 예수님의 죽음을 우리 몸에 지니고 다니는 사람(4:10) 바울에게 환상이 깨진 고린도 교회의 사람들은 어떻게 그러한 인간의 역경과 불행에서 하나님의 능력이 나타날 수 있는지 질문했을 것이다. 그들은 추종자들을 위해 경쟁하는 수많은 다른 인도자들에게 매력을 느꼈던 것 같다(고전 4:17). 반대하는 사람들은 자리에 없는 바울의 말을 들을 필요가 없다고 생각했을 것이다. 바울은 그들에게 세례를 주지 않았고, 다른 지도자들과 비교했을 때 흠이 있는 것처럼 보였고, 끊임없는 고통으로 장애가 있는 것처럼 보였다. 바울은 사도들이 하나님의 부르심을 충실히 따르고 자기 영광을 추구하지 않고 하나님께 영광을 돌리기 때문에 고난을 겪는다고 반박한다.

위더링턴은 바울이 자신을 하나님의 사로잡힌 죄수이자 노예로 보는 겸손한 견해가 아마도 고린도 교인들이 바울에게서 멀어진 것을 근거로 한다는 아이러니를 지적한다. 그는 다음과 같이 주장한다. "그들은 말과 행동과 인격이 강력한 지도자, 즉 하나님의 대리인으로서 자신감이 넘치는 사람을 찾고 있었다."[244] 그 대신에 나는 고린도 교인들이 바울과 같이 고통을 겪고 나약함과 죽음의 냄새가 나는 사람이 그들에게 권위를 주장하고 편지에서 했던 방식으로 그들을 책망해야 하는지에 대해 논쟁했다고 주장하려고 한다.[245] 그들은 더 강력한 사도를 원하지 않았다. 그들은 바울과 같이 편지에서 강력하고 담대한 사람이 그렇게 할 권리가 있는지 의문을 제기한다. 그들이 해야 할 일을 말할 수 있는 그런 권세와 담대함을 바울은 어디에서 얻었는가?

바울은 자신의 고난이 사도로서의 능력을 없애버리지 않는다고 주장한다. 오히려 하나님의 능력이 그를 통해 역사하고 있음을 더욱 분명하게 드러내고 확인시켜 준다. 이 부분의 중심 논증은 하나님의 영광이 고난을 통해 그 안에서 어떻게 나타나는가 하는 것이다. 그리고 약함을 통한 능력이라는 주제가 4장 7절-5장 10절과 6장 3-10절에서 나타난다. 그리스도의 승리로 나타나는 이미지를 통해 하나님은 세상이 승자를 정의하는 것처럼 그리스도의 추종자들을 승자로 만들지 않는다. 오히려 그들은 굴욕에 이끌린 살아있는 포로처럼 보인다.[246] 환난, 곤고, 박해, 기근, 적인, 위험, 칼, 도살당할 양으로 여김

244 Witherington III, *Conflict and Community*, 367.

245 고린도전서 4:18-21, "어떤 이들은 내가 너희에게 나아가지 아니할 것 같이 스스로 교만하여졌으나 주께서 허락하시면 내가 너희에게 속히 나아가서 교만한 자들의 말이 아니라 오직 그 능력을 알아보겠으니 하나님의 나라는 말에 있지 아니하고 오직 능력에 있음이라 너희가 무엇을 원하느냐 내가 매를 가지고 너희에게 나아가랴 사랑과 온유한 마음으로 나아가랴."

246 윌리암슨(Williamson)은 이 단락의 해석에 대한 간략한 역사를 제시하고 해석자의 역사적

을 받았음에도 불구하고 "우리를 사랑하시는 이로 말미암아 우리가 넉넉히" 승리한다(롬 8:35-37). 결과적으로 그는 영원한 저주로 인도하는 산책로에서 사탄을 대리해서 다스리는 것보다 영생으로 인도하는 행렬에서 그리스도의 죄수와 종이 되는 것을 더 좋아한다.

하나님의 은혜롭고 주권적인 통치는 패배처럼 보이는 것에서 승리하고 죽음 대신 생명을 주신다. 고린도전서 15장 22절과 에베소서 1장 10, 12, 20절, 3장 11절에만 나오는 헬라어의 "그리스도 안에"에서 "그리스도" 앞에 정관사가 있는 것에서 추론해 볼 수 있다. 림Lim은 "그것은 하나님의 구속 행위 안에 있는 예수님의 이야기를 강조하는 맥락 안에서 뿐만 아니라 그 이야기의 종말론적 의미를 증폭시키는 데에도 사용된다"라고 주목한다. 그는 "이 주제의 중심에 부활하시고 살아계신 메시아이신 예수님의 이야기가 있다고 결론지었다."[247] 하나님이 그리스도가 십자가에서 굴욕적인 죽음을 당하신 후 그를 다시 살리심으로써 승리하게 하셨듯이, 하나님께서는 "[그리스도의] 죽음과 합하여 세례를 받고," "그의 죽으심과 같은 모양으로 연합한 자 되고," "그의 부활과 같은 모양으로 연합한 자가 될" 바울과 같은 대리자들을 통해 죽음에 대한 이 승리를 알리셨다(롬 6:3-5). 승리의 비유로 바울은 그의 고난 때문에 일어난 자신에 사역에 대한 어떤 비판도 그것을 돌이켜 하나님께 감사의 근거로 바꾼다. 그를 비방하는 자들은 그를 열등하고 연약한 자로 여긴다. 그는 연약함을 인정하지만 열등함을 인정하지 않는다. 하나님의 능력을 온 세계에 펼치는 행렬에서 하나님이 포로된 바울을 끌고 가실 때, 하나님을 아는 지식은 두드러지는 향기를 풍기며 곳곳에 퍼진다. 복음을 전파하는 새 언약의 일꾼으로 구별됨은 그의 권위를 행사하는 데 담대함과 확신을 준다(1:9; 3:4, 12; 5:11; 7:4, 16; 10:1-2, 7-8; 13:10).

"항상" 하나님의 승리의 죄수로서 이끌림을 받는 이 놀라운 이미지는 "이 세상에서 권세와 연약함의 모호성을 강조하고 그렇게 함으로써 '슈퍼-사도들'의 성공에 대한 승리의 영광을 해체한다."[248] 바울은 그리스도의 십자가라

상황, 즉 그들이 복음이 적들에 대해 분명히 승리를 거둔 시대에 살았든지, 박해의 시대 또는 두드러진 쇠퇴의 시대에 살았든지, 그 상황이 결론을 결정한다는 흥미로운 결론을 내린다 ("Led in Triumph," 327–32).

247 Lim, *Sufferings*, 76–77.

248 Roetzel, "As Dying, and Behold We Live," 11–12. 슈바이쳐는 다음과 같이 설명한다. "승귀한 분의 세상 가운데 승리의 행진은 (그에게 속한 사람들이 소유한 자로 나타나며 그들의 능력의 풍성함에서 관대하게 주는 것과 같은) 승리의 전진이 아니라 고난에서 이루어진다. 그 사실은 이 서신에서 선포된 주님의 본질에 속한다(고후 13:3)"(*The Letter to the Colossians*,

는 사도적 메시지를 구현한다. 십자가는 그의 메시지와 사역 스타일을 결정한다. 십자가에 못 박히신 그리스도를 전파하는 자(고전 1:23)는 그를 십자가에 못 박은 세상이 영광의 관을 씌우기를 기대할 수 없다.

4. 승리의 은유는 또한 바울이 그리스도의 종으로 스스로를 동일시하는 것과도 일치한다.[249] 사로잡힘은 노예가 되는 것이라고 디온 크리소스토무스 Dio Chrysostom는 말한다(*2 Serv. lib.* 15.27).[250] 5장 14절에서 바울은 그리스도의 사랑이 나를 "강권"한다고 말한다. 동사 συνέχω(쉰에코) 또한 "포로를 잡거나 붙들다"를 의미할 수 있다.[251] 그러나 단어의 놀라운 조합은 "복수하는 신이 바울을 '승리로 인도'하지 않았다"는 것을 분명히 한다.[252] 그 사랑은 구원이 오직 옛 삶을 십자가에 못박는 것으로만 올 수 있음을 그에게 계시하셨다(갈 2:20; 5:24; 6:14). 하나님은 십자가 사건으로 세상에 알려지셨다. 하나님을 아는 지식이 그리스도 안에서 고난 받는 사도들을 통하여 온 세상에 전파되었다. 하나님이 우리의 힘과 지혜와 정직이라는 견고한 성벽을 헐어 버리시고 우리를 그리스도의 종이 되게 하심으로 구원하신다. 그러므로 바울의 이미지는 그리스도께 사로잡힌 자들이 이 시대 가운데 인식시킨 것과 일치한다. 마르틴 루터는 이렇게 말했다. "하나님은 무에서 창조하신다. 그러므로 사람이 아무것도 아닐 때까지, 하나님은 그에게서 아무것도 만들 수 없다." 그가 말했든지 아니든지 사람들이 자신의 부족함을 인식하기까지는 하나님의 충분함만이 능력을 준다는 사실을 받아들일 준비가 되지 못한다는 사실을 표현한다.

고린도전서 9장 16-18절에서 마틴은 바울이 그의 지도력을 노예로 묘사하고 권위는 주인이신 그리스도와의 관계에서 나온다고 주장한다. 권위에 대한 이러한 주장은 "기독교 리더십을 자비롭고 자유로우며 높은 지위의 소포스[현인]를 모델로 삼고 있다"라고 생각하는 고린도의 "강한 자"의 사상과 현저하게 다르다. 그는 이상적인 지도자를 선동하는 정치가와 위로부터 권위를 행사하는 자비로운 원로라는 그들의 개념을 거부한다. 바울은 권위를 아래에

---

trans. A. Chester [Minneapolis: Augsburg, 1982], 101).

249 롬 1:1; 고전 9:16-23; 갈 1:10; 빌 1:1; 디도서 1:1; 고전 7:22; 엡 6:6; 골 4:12; 딤후 2:24.

250 바울은 자신이 그리스도의 포로(엡 3:1; 4:1; 딤후 1:8; 몬 1, 9; 또한 "함께 갇힌 자[전쟁으로]", 롬 16:7; 골 4:10; 몬 23)와 사슬에 매인 사신(엡 6:20)임을 구체적으로 밝히고 있다.

251 H. Koester, "συνέχω…," *TDNT* 7:87–89.

252 P. B. Duff, "The Mind of the Redactor: 2 Cor. 6:14–7:1 in Its Secondary Context," *NovT* 35 (1993): 166.

서 행사하므로 "일반적인 사회적 지위와 일반적인 계급 계층 지위에 근거하지 않는 더 교묘하고 분명하지 않은 권위"가 된다.[253]

5. 승리의 은유는 또한 바울이 하나님의 마지막 구원에 대한 확신에 부합할 수 있다. 군중 앞에 전시된 포로들은 기병대가 목적지에 도달했을 때 처형으로 끌려가고 있다는 사실을 그들 중 많은 사람들이 알고 있었다. 그러나 일부는 승리를 축하하는 사람의 은혜의 행위로 목숨을 건졌다. 바울은 하나님을 구원자와 위로자로 알고 있다(1:3-7). 하나님은 그를 죽음에서 건져 냈고 최종 죽음에서 건져내실 것이다(1:9-10; 11:23). 그는 하나님의 자비를 보여주는 주요 증거로 제시된다. 그래서 절망에 빠졌지만 하나님께 하는 복종이 멸망이 아니라 구원을 가져오기 때문에 하나님께 넘치는 감사를 드린다. 그는 세상에서 죽은 자로 취급되지만 그리스도 안에서 살아 있다. 징계를 받는 자 같지만 죽임을 당하지 아니한 자 같다(6:9).

하나님께 대한 바울의 즐거운 감사는 그리스도 안에 있는 승리의 역설에 대한 이해에서 비롯된다(고전 15:57). 하나님의 승리의 표본으로 전시된 정복된 종의 이미지는 12장 10절의 다음과 같은 그의 주장과 일치한다. "내가 그리스도를 위하여 약한 것들과 능욕과 궁핍과 박해와 곤고를 기뻐하노니 이는 내가 약한 그 때에 강함이라." 하나님에 의한 정복은 이제 하나님과 화해한 사람으로서 하나님의 승리의 행진에 참여할 수 있게 해준다. 바울의 신학은 역설적인 의미에서 주목할 만하다.[254] 그는 그리스도와 함께 영광을 받기 위하여 고난도 함께 받는다(롬 8:17, 37). 승리는 패배에서, 영광은 굴욕에서, 기쁨은 고난에서 온다(골 1:24). 십자가의 미련한 것이 하나님의 지혜를 나타낸다(고전 3:18). 부요하신 그리스도는 "그의 가난함"으로 우리를 "부요하게 하시기 위해" 가난하게 되셨다(고후 8:9).

바울은 자신이 다른 사람들보다 앞서 행진하는 효과를 언급하면서 또 다른 은유를 선택한다. 그분을 아는 지식의 향기가 사방에 퍼진다. "그분을 아는 지식"은 하나님이나 그리스도를 가리킬 수 있다. 이 단락의 마지막 구절 4장 6절에서 빛의 은유가 하나님에 대한 지식에 사용되었기 때문에 바울은 아마도 하나님에 대한 지식을 언급했을 것이다.[255] 스랄은 "향기가 모든 곳에서 대

---

253 D. B. Martin, *Slavery as Salvation: The Metaphor of Slavery in Pauline Christianity* (New Haven: Yale University Press, 1990), 135.

254 Williamson, "Led in Triumph," 325.

255 이 속격은 "그를 아는 것에서 나오는 향기"(근원의 속격) 또는 "그를 아는 향기"(동격의 속격)보다 "그에 관하여 아는 지식"(목적격적 속격)일 가능성이 더 높다.

기 중으로 퍼지듯이 하나님의 계시는 모든 곳에 퍼져 있고 거부할 수 없다"라고 말한다.[256] 바울의 비유에서 복음의 향긋한 향기는 모든 사람이 주의를 기울이도록 모든 것에 스며든다. 예수님의 씨 뿌리는 비유에서처럼 씨를 뿌리는 사람은 씨를 널리 뿌렸지만 그 씨가 뿌려진 땅은 똑같이 생산적이지 않다. 어떤 토양에서는 씨앗이 뿌리를 내리기도 전에 죽는다. 다른 씨앗들도 결국 죽는다. 좋은 땅에서는 많이 생산된다. 그리스도의 향기도 마찬가지이다. 어떤 사람들은 향기로운 향기라고 생각한다. 다른 사람들은 치명적인 악취로 거부한다. 이와 같이 멸망하는 사람들은 십자가의 도를 미련한 것으로 여긴다. 구원받는 사람들은 그것을 하나님의 능력으로 여긴다(고전 1:18).

2:15-16. 2장 14절에서 바울은 자신이 이 세상에 하나님께서 그리스도를 드러내는 것으로 인도되는 은유를 사용한다. 2장 15절에서 바울은 은유를 바꾸어 하나님을 기쁘시게 하는 그리스도의 향기를 지니고 있음을 확증한다.[257] 바울은 향기의 근원이 아니다. 그것은 바울이 사역에서 예수님의 삶과 죽음을 살아가면서 그리스도의 십자가에 대한 그의 메시지에서 비롯된다.

이 이미지는 아마도 구약 제의 언어의 적용에서 유래했을 것이다.[258] 홍수 후에 노아가 드린 제사의 향기로운 향기가 하나님의 인류를 향한 자비로움을 일으켰다(창 8:20-22). 바울은 십자가 위에 그리스도 그분의 제사로 모든 제사를 대치했다고 주장한다. "그리스도께서 너희를 사랑하신 것 같이 너희도 사랑 가운데서 행하라 그는 우리를 위하여 자신을 버리사 향기로운 제물과 희생제물로 하나님께 드리셨느니라"(엡 5:2). 우리를 향한 하나님의 사랑을 보여 주는 이 제사는 바울 선포의 전부이며 본질이다. 그것은 그리스도의 사도로서 그의 삶을 지배한다. 그러므로 죽음의 냄새가 바울의 선포와 사

---

256 Thrall, *II Corinthians*, 1:197.

257 Savage, *Power through Weakness*, 104. 바울은 2:14의 "냄새"(ὀσμή, 모든 종류의 냄새를 가리키는 중립적인 용어)에서 2:15의 "향기"(εὐωδία, 향기로운 향기)로 바꾼다. 그리고 2:16에서 "냄새"(ὀσμή)로 돌아간다.

258 70인역에서 명사 ὀσμή가 80번이 나타나는데 다음을 참조하라. 레 1:9, 13, 17; 2:9, 12; 3:5, 16; 4:31; 6:15, 21; 8:21, 28; 17:6; 23:13, 18; 26:31. 이 단어를 이해하는 데, 로마의 승리자의 길을 따라 향을 든 사람들보다 구약이 전경으로 사용되었을 가능성이 높다(Appian, *Civil Wars* 66). 그러한 암시는 승리의 그림와 일치할 것이다(따라서 Breytenbach, "Paul's Proclamation," 265-69). 해프먼(Hafemann)은 "냄새"와 "향기로운 향기"(εὐωδία)라는 용어가 의미에서 병합되어 희생이라는 개념에 대한 환유로 함께 기능한다고 주장한다(*Suffering and Ministry*, 40). 스랄(Thrall)은 그 이미지가 "희생, 토라, 지혜의 개념과 각각의 모티프를 결합한"(*Second Epistle*, 1:207) 복잡한 연결을 연상시킨다고 지적한다. 그럼에도 불구하고 "제사의 개념이 우선"이다.

역에 스며든다.[259] 예수님에게서 보았던 것을 이제 바울에게서도 볼 수 있다. 즉 그의 사역에 하나님의 확증을 주는 고난이다. 여기에서 핵심 어구은 "하나님 앞에서"이다. 바울은 자신이 하는 모든 일로 하나님을 기쁘시게 하는 것에만 관심이 있다.

향기로운 향기의 이미지는 바울의 문화에서 다른 연관성을 가질 수 있으며 일차 독자과 연결했을 것이다. 고대 종교 의식에서 향기는 미묘하면서도 예리하게 감지된 신의 임재를 전달했다. 신과 관련된 이미지와 의복이 행렬로 도시를 통해 운반되는 종교 축제 기간 동안 숭배자들은 신이 오는 것을 알리기 위해 길을 따라 향이나 향이 나는 물질을 퍼뜨렸다.[260] 더프Duff는 다음과 같이 제안한다. "그리스도의 즐거운 향기"로서 바울이 "하나님을 아는 지식"이 알려지기 때문에 바울이 자신을 신의 임재의 선구자로 묘사한다"(참조. 4:6).[261] 바울은 이후에 하나님이 그리스도의 사신으로서 우리를 통해 권면하신다고 쓸 것이다(5:20).

바울은 2장 15-16절에서 교차대구로 자신의 생각을 표현한다.[262]

A 구원받는 사람들에게나
B′ 망하는 사람들에게나
B 이 사람에게는 사망에 이르는 냄새요
A′ 그러나 저 사람에게는 생명에 이르는 냄새라

하나님을 아는 지식은 복음 전파를 통해 모든 곳에서 드러나며, 이는 누구든지 중립을 유지하거나 지켜보는 태도를 허용하지 않는 결정을 내려야 하는 위기를 만든다. 바울도 고린도전서 1장 18절에서 이와 비슷한 평가를 한다. "십자가의 도가 멸망하는 자들에게는 미련한 것이요 구원을 받는 우리에게는 하나님의 능력이라." 사람들이 복음에 어떻게 반응하느냐에 따라 그들의 최종

259 그는 자신이 하나님의 복음의 제사장으로 섬기고 있음을 이해하고 그가 얻은 이방인들이 "성령 안에서 거룩하게 되어 받으실 만한 제사"(롬 15:16)가 되기를 소망한다. 그는 자신의 죽음을 하나님께 드리는 제사로 생각할 수 있지만(빌 2:17-18), 엡 5:2에서 그리스도의 죽음에 대해 사용하는 것과 같은 용어인 *ὀσμὴ εὐωδίας*를 사용하지 않는다.

260 Apuleius, *Metam*. 11.9는 그러한 행렬에 대한 좋은 설명을 제공한다.

261 Duff, "The Mind of the Redactor," 168–69.

262 카레즈(M. Carrez)는 2:15-16를 대칭 구조로 이해하지 않는다. 그는 문구가 평행하며 냄새가 두 그룹 모두에게 긍정적인 결과를 가져온다고 주장한다. 어떤 사람은 그리스도의 죽음의 능력으로 회심한다. 다른 하나는 그리스도의 생명의 능력으로 회심한다(*La Deuxième Épitre de Saint Paul aux Corinthiens, Commentaire du Nouveau Testament*, 2nd ed. [Geneva: Labor et Fides, 1986], 79–80).

운명이 영생인지 영원한 죽음인지 결정된다. 현재 분사 "구원받는 자들"(τοῖς σῳζομένοις, 토이스 소조메노이스)과 "죽어가는 자들"(τοῖς ἀπολλυμένοις, 토이스 아폴뤼메노이스)의 사용은 그들이 어느 한쪽으로 예정되었다는 생각에 반대할 것이다.[263] 그들은 메시지를 받아들이거나 거부하기로 선택했기 때문에 구원을 받거나 멸망당한다.

우리는 일반적으로 죽음이나 생명을 일으키는 냄새에 대해 생각하지 않는다. 그러나 그러한 개념은 고대의 이해와 일치했다(참조. 욥 14:7-9 참조).[264] 우리는 냄새가 치명적인 것을 경고하고 거절할 수 있거나 우리를 끌어들이는 자극적인 냄새가 될 수 있다는 것을 알고 있다. 하지만 바울은 단순히 치명적인 냄새나 매력적인 향기 이상을 염두에 두고 있다. "생명으로부터"(전치사 ἐκ[에크])는 사도가 전하는 메시지의 근원이나 성격을 나타낸다. 전치사 εἰς(에이스)는 "생명에"라는 뜻으로 결과를 나타낸다. "그리스도"는 헬라어로 "기름 부음 받은 자"를 의미하며, 그 향유는 하나님이 사도로 "기름 부으신"(1:21) 자들을 장식하는 향기가 난다. 그러므로 생명을 주는 그리스도의 향기가 그리스도의 이름으로 섬기는 사도들에게 퍼졌다. 그러나 하나님을 아는 지식을 퍼뜨리는 향기는 죽음에 이르게 할 수 있다. 어떤 사람에게는 십자가의 도가 미련한 것이고 거치는 것이며 그 응답은 사망에 이른다. 그들은 십자가에 부끄럽게 매달려 있는 시체만 본다. 십자가의 도를 믿는 자에게는 그것이 하나님의 능력이요 지혜이다(고전 1:18, 23). 이 응답이 생명과 구원으로 인도한다.[265] 그들은 부활하신 주님께서 하나님 우편에 앉으시고 영광 가운데 통치하시는 것을 본다(롬 8:34).

바울은 많은 사람들이 이미 그를 경멸했고 계속해서 그를 경멸할 것이라는 점을 인정하고 그의 사역을 뒤덮고 있는 것처럼 보이는 매서운 죽음의 악취에 몸을 움츠린다. 라피드Lapide는 마샬Martial의 풍자시를 인용한다.

"항상 달콤한 냄새가 나는 사람은 달콤한 냄새가 나지 않는다."[266] 항상 향기로운 냄새를 풍기는 사람은 인위적인 향으로 부끄러운 불결함을 감추려 한

---

263 필슨(F. Filson)은 다음과 같이 말한다. "바울은 이것이 어떻게 일어나는지 말하지 않고 사실만을 진술한다."("II Corinthians," *IB* [Nashville: Abingdon, 1953], 10:301).

264 참조. G. Delling, "ὀσμή," *TDNT* 5:493–94; G. Dautzenberg, "εὐωδία / ὀσμή," *EDNT* 2:90.

265 벨빌(Belleville)은 나쁜 것에서 더 나쁜 것으로 또는 좋은 것에서 더 좋은 것으로의 진행에 중점을 두고 있다고 주장한다. "파멸의 길에 있는 사람들에게 복음은 부주의한 사람들을 죽음으로 몰아넣는 유독 가스와 같다. 구원의 길에 있는 사람들에게 그것은 그것을 접하는 모든 사람을 상쾌하게 하는 매혹적인 향기에 비할 수 있다"(*2 Corinthians*, 84).

266 Lapide, *II Corinthians*, 21.

다는 뜻이다. 바울은 십자가에 못 박히신 그리스도를 전하고 그리스도의 사도로서 항상 예수를 위하여 죽음에 넘겨졌기 때문에(4:11) 모든 사람에게 향기로운 냄새가 나는 것은 아니다. 그는 고린도 교인들에게 이것으로 그를 버리지 말라고 경고한다. 왜냐하면 죽어가는 사람들만이 그 소식을 전하는 자와 그의 십자가의 메시지에 의해 거절되기 때문이다. 하나님께 이 사역은 그리스도의 사랑의 제사의 향기로운 향기를 발산한다. 구원받는 사람들에게 그것은 하나님께서 그들에게 보증하신 생명의 향기이다(참조. 5:4; 롬 5:21; 6:23).[267] 고린도에 있는 어떤 사람이 바울의 사도적 고난, 나약함, 죽음에 대한 가까움을 멸시한다면 그들은 복음이나 그리스도의 죽음의 중요성을 완전히 이해하지 못한 것이다.

다른 사람들에게 그 영원한 결과를 가져오는 메시지를 전파하는 막중한 책임은 감당하기 힘든 무거운 짐이다. 어떤 사람들에게는 그리스도에 관한 말씀이 생명의 길을 열어준다. 다른 사람들에게 그것은 하나님께 대해서 더욱 굳게 저항하게 하고 그들을 멸망으로 몰아넣는다. 하비는 "선과 악을 구별하는 일종의 리트머스 종이, 즉 삶과 죽음에 대한 신의 대리인이라는 관점에서 자신을 말하는 것, 즉 자신의 동기가 완벽하게 투명하고 하나님의 목적에 완전히 정직하다는 엄청난 주장을 하는 것이다."[268] 바울은 묻는다. 누가 그것에 적합한가? "적합한"(ἱκανός, 히카노스. 개역개정, "감당하리요")으로 번역된 명사는 "충분한, 수나 양이 충분하고, 더 일반적으로 적합한, 적절한, 유능한, 자격이 있는, 능력 또는 가치가 있는"을 의미한다.[269] 바울은 그 어떤 인간도 그러한 신뢰에 스스로 충분하다고 기대할 수 없다는 것이 명백하다고 믿기 때문에 직접적으로 대답하지 않는다. 그럼에도 불구하고 바울 자신이 이러한 일에 충분하지만 오직 하나님의 은혜 때문이라고 넌지시 나타낸다. 하나님을 섬기는 데 있어서 바울 자신의 환난은 자기를 의지할 수 없고 오직 죽은 자를 살리시는 하나님만 의지해야 한다는 것을 그에게 가르친다. 그러므로 그의 담대함은 하나님이 새 언약 안에서 그에게 직무를 주셨음을 믿는 믿음에 의존한다(참조. 고전 15:9; 골 1:12). 그리고 하나님께서 그러한 사역을 맡기실 때

267 랍비들은 율법을 생명의 향기로 여겼으나(b. Ta'an. 7a; b. Yoma 72b; b. Šabb. 88b; b. 'Erub. 54a), 바울은 율법이 잘못 읽혀지면, 죽음으로만 연관될 수 있다고 주장한다.

268 Harvey, *Renewal through Suffering*, 46.

269 다음을 참조하라. K. H. Rengstorf, "ἱκανός," *TDNT* 3:293–96; F. T. Fallon, "Self-Sufficiency or God's Sufficiency," *HTR* 76 (1983): 369–74.

또한 그것을 수행하기에 충분함도 주셨다.[270]

바울은 이어지는 내용에서 자신을 모세와 비교하기 때문에, 하나님께서 이스라엘을 노예 상태에서 이끌어 내도록 모세를 부르셨을 때 모세가 말했던 거리낌을 암시하는 것일 수 있다. 70인역의 해석적 번역에서 모세는 "나는 적합하지 않다"라고 말한다("충분한", ἱκανός, 히카노스; 출 4:10). 하나님은 "사람에게 입을 주신 자"가 "네 입을 열어" "네가 할 말을 너에게 가르칠"(출 4:11-12)것이라고 확언함으로 응답하신다.[271] 바울의 경우에도 하나님께서 똑같이 하신다(12:9). 하나님은 개인적인 부족에도 불구하고 그를 선택하시고 주어진 임무를 완수할 수 있는 하나님의 충분함을 주셨다. 바울은 계속해서 하나님이 모세를 통해 하신 것보다 훨씬 더 영광스러운 방법으로 그를 통해 역사하신다고 말할 것이다. 왜냐하면 성령의 사역이 훨씬 더 영광스럽기 때문이다. 모세와 마찬가지로 하나님은 바울에게 충분함을 공급하시고, 이 충분함은 특히 그의 말이 설득하는 일과 사역의 능력에 적용된다. 그러나 비교는 무너진다. 바울은 새롭고 더 큰 성령의 사역에서 자신이 섬기는 데서 비롯된 자신과 모세 사이의 극명한 대조를 강조한다.

많은 사람들은 바울이 사도로서의 자격에 의문을 제기하는 고린도 교인의 반대자들에 대해 자신을 변호한다고 결론지었다.[272] 그러나 고린도 교인들은 그의 사도적 합법성에 의문을 제기하지 않는다.[273] 그들은 그의 사도로서의 방식에 의문을 제기한다. 이 부분(2:14-7:3)에서 질문은 다음과 같다. 당신의 담대함의 근원은 무엇인가? (3:4, 12; 참조. 10:10) 아니, 당신은 다른

270 바울은 아무런 설명 없이 "새 언약"을 언급하는데, 이는 그가 교회를 설립할 때 그들에게 렘 31:31-33의 새 언약에 대해 가르쳤음을 제시한다(참조. 고전 11:25; 히 8:10).

271 참조. S. J. Hafemann, *Paul, Moses, and the History of Israel: The Letter/Spirit Contrast and the Argument from Scripture in 2 Corinthians 3* (Peabody: Hendrickson, 1996), 42–47.

272 반대자들의 정체성에 대한 다양한 학계의 조사는 그들을 식별하는 것이 얼마나 문제가 되는지 보여 준다. 참조. J. L. Sumney, *Identifying Paul's Opponents: The Question of Method in 2 Corinthians*, JSNTSup 40 (Sheffield: Sheffield Academic Press, 1990), 15–67; Sumney, "Studying Paul's Opponents: Advances and Challenges," in *Paul and His Opponents*, ed. S. E. Porter, Pauline Studies 2 (Leiden: Brill, 2005), 7–58; Thrall, *II Corinthians*, 2:925–40; Harris, *Second Corinthians*, 67-87; T. R. Blanton IV, *Constructing a New Covenant: Discursive Strategies in the Damascus Document and Second Corinthians*, WUNT 2/233 (Tübingen: Mohr Siebeck, 2007), 109–21.

273 우리는 게오르기(Georgi)가 주장하는 것처럼 침입자들이 그러한 용어를 도입했다고 믿을 이유가 없다(*The Opponents of Paul*). 바울은 고린도전서 15:9에서 반대자들이 현장에 나타나기 훨씬 전에 자신이 사도라고 불리는 것이 "감당하지 못할"(ἱκανός)이라고 말한다(참조. 마 3:11; 8:8; 눅 7:6). 퍼니시(Furnish)는 헬레니즘 유대교에 비슷한 용어가 있음을 지적한다(*II Corinthians*, 196).

사람들에 비해 합법적인 사도인가?

바울은 이 질문에 대해 다음 이유로 담대하게 말한다.

1. 그는 하나님을 경외하는 가운데 사역을 하는, 하나님의 위임을 받은 자로서 진리를 말한다(2:17, 3:5, 4:1-2, 5:9-10).

2. 그의 선포와 가르침이 교회를 세웠으므로 그들이 그의 마음에 쓴 추천서이다(3:2). 그들은 그의 사랑하는 자녀이며 그는 그들을 그렇게 권면할 권리가 있다(참조. 6:13; 고전 4:14-15).

3. 그의 사역이 그리스도를 통하여 이루어지고 하나님을 향하기 때문에 하나님이 그를 충분하게 하셨다. 그것은 성령의 사역이기 때문에 모세보다 더 큰 영광을 가지고 있다(3:4-18). "담대함"은 공허한 과대망상증이나 자기 중요성에 대한 잘못된 인식에서 비롯된 것이 아니라 그가 섬기는 섬김의 탁월함에서 비롯된다.

4. 그는 자신을 선포하지 않고 예수 그리스도를 주님으로 선포하며(4:5-6), 그리스도의 사랑이 그가 하는 일을 강권한다(5:14).

5. 그는 하나님이 다른 사람들에게 생명과 영광을 주기 위해 자신의 삶의 모든 위협적인 경험을 통해 역사하신다는 확신 때문에 담대하게 말한다(4:7-18; 6:2-10).

6. 그의 유일한 목표는 하나님을 기쁘시게 하는 것이며(5:9-10), 하나님께서 그를 통해 그들에게 호소하신다는 것을 알고(5:20), 그들에게 간청하는 가운데 하나님께서 함께 일하신다는 것을 안다(6:1).

2:17. "시장에서 팔다", "팔다", "행상하다"로 다양하게 번역된 단어 καπηλεύω(카페류오)는 "부패시키다", "희석시키다", "거짓으로 만들다" 또는 REB 성경이 번역한 대로 "우리는 많은 사람들이 하는 것처럼 유익을 위해 하나님의 말씀에 불순물을 섞지 않는다"를 의미할 수 있다.[274] 그것은 속임수와 탐욕과 관련이 있었다. 이사야는 포도주를 물로 희석하는 장사꾼을 질책한다(사 1:22 LXX).[275] 집회서(Sirach)는 "상인은 악행을 피할 수 없고 장사꾼도

---

274 따라서 Windisch, *Der zweite Korintherbrief*, 100. 프로방스(T. E. Provence)는 다음과 같이 쓴다. "'많은 사람'을 '물로 적시는' 복음은 멸망에 이르게 할 만큼 공격적이지도 않고 구원에 이르게 할 만큼 강력하지도 않았다(참조. 고전 1:18). 그러나 바울의 복음은 하나님께로부터 온 순수한 복음이었기 때문에 그러한 말이었다"("'Who Is Sufficient for These Things?' An Exegesis of 2 Corinthians ii 15-iii 18," *Novt* 24 [1982]: 59).

275 프레드릭슨(Fredrickson)은 κάπηλος(상인)라는 단어가 포도주를 섞는 것으로 악명 높은 여관 주인을 가리키는 데 사용되었다는 증거로 클레버그(T. Kleberg, *Hôtels, restaurants et*

죄에서 순결함을 피할 수 없다"(Sir 26:29)는 견해를 냉소적으로 표현한다. 그러나 주요 증거에 대한 해프먼의 연구는 바울이 "소매상이 자기 상품을 시장에서 파는 것과 같이 하나님의 말씀을 파는 것"을 언급한다고 보여 준다.[276] 바울은 자신의 사도적 소명을 사업으로 여기지 않으며, 복음을 전파함으로써 물질적 이득을 취하기를 거부하는 일은 고린도 교인들에게 잘 알려져 있었고 그들에게 상처를 주었다(고전 9:3-18; 고후 11:7-11). 그는 "어떤 궁극적인 관심도 없이 단순히 전파하는 일을 하지 않았다."[277] 그의 사역은 자신과 세상 모두에게 궁극적인 의미가 있다. 그는 이익을 위해 복음을 "팔지" 않는다. 시장에서 살아남기 위해 상인은 고객이 사고 싶은 것을 제공하는지 확인하거나, 고객이 원하는 것을 가지고 있다고 생각하도록 속이거나 유인함으로써 고객에게 적응해야 했다. 설교자는 많은 액수의 금액을 가져다 주는 박수를 받으려는 목적으로 사람들이 듣고 싶은 것을 나눔으로 상인이 된다(참조. 렘 6:13-14, 8:10-11, 미 3:5, 11).

바울은 자신을 전문 수사학자와 대조할 수 있다. 페트로니우스의 사티리콘에서 수사학 교사는 자신이 빵을 버는 수단을 변호하려고 한다.

> 남에게 빌붙어 먹고 사는 사람들은 부유한 친구들에게 저녁을 얻어 먹으려고 할 때 주된 목적은 친구들이 가장 듣고 싶은 말을 찾는 것이다. 그들이 원하는 것을 얻을 수 있는 유일한 방법은 청중을 설득하는 것이다. 그것은 수사학 교사와 동일하다. 어부처럼 그는 작은 물고기가 떠오를 것이라고 알고 있는 미끼로 낚시를 해야 한다. 그렇지 않으면 그는 고기들이 물 것이라는 희망도 없이 바위 위에 남겨진다.[278]

바울은 또한 어떤 방식으로든 너무 많은 비용을 청구하거나, 판매한 제품을

---

cabarets dans l'antiquité romaine: Études historique et philologique, Bibliotheca Ekmaniana Universitatis Regiae Upsaliensis 61 [Upssala: Almqvist & Wiksell, 1957], 1–6)를 인용한다. 이 단어는 속임수에 대한 상투적인 문구가 되었다("ΠΑΡΡΗΣΙΑ," 174).

276 Hafemann, *Suffering and Ministry*, 12. 그는 바울이 이렇게 언급함으로 반대자들을 겨냥하지 않고 자신의 사역에 대한 긍정적인 주장을 한다고 주장한다. 그것은 자신의 선포를 고소하는 것에 대한 대비가 아니라 자신을 지원하려는 반대되는 실천에 대비한다(161p). 바울은 가르침의 대가를 받는 것이 원칙적으로 문제가 없다고 생각하지만(고전 9:6-12), 하나님께로부터 거저 받은 복음의 특성상 불신자들과 거저 나누어야 한다고 믿었을 것이다(마 10:8).

277 J. I. H. McDonald, "Paul and the Preaching Ministry: A Reconsideration of 2 Cor 2:14–17 in Its Context," *JSNT* 17 (1983): 42.

278 Petronius, *Satyricon 3*, 다음에서 인용. J. P. Sullivan, trans., *Petronius, the Satyricon, and Seneca, the Apocolocyntosis* (New York: Penguin, 1965), 30.

허위로 표시하거나, 상품을 변조하여 순진한 구매자에게 바가지를 씌우는 듯한 듯한 느낌을 주기 위해 상인 이미지를 의도했을 수 있다.[279] 4장 2절에서 바울은 자신이 "숨은 부끄러운 일을 버렸다"고 주장한다. 그는 변함없는 진리를 선포한다. 그는 하나님 앞에서 확신(3:4)과 담대히(3:12) 그리스도 안에서 말하는 진실한 사람으로 자신을 추천한다. 우리가 주장하는 바와 같이, 바울이 고린도 교인들에게 한 자신의 담대한 설교를 변호한다면, 그는 그가 판매를 위해 윤리적 원칙을 타협하면서 상품을 옮기려는 어떤 상인이 아니라는 것을 암시한다. 그는 이윤이나 시장 점유율에 대해 걱정하지 않기 때문에 정직하고 직설적이고 솔직할 수 있다. 그는 자기의 메시지를 더 입맛에 맞게 만들거나 대중의 구미를 맞추기 위해 자신의 규율을 더 관대하게 만들지 않는다.

"수많은"이 특정 그룹을 가리킬 필요는 없지만 "많은 교사들"을 경멸하는 표현일 수 있다.[280] 이 설명은 기독교 교사와 이교도 교사 모두에게 적용될 수 있다. 돈에 대한 관심은 청중에게 가르침을 맞춤으로써 그들의 진실성을 약화시킨다. 그것은 성공과 돈이 있는 자들만 기르는 일에 집착하게 만든다. 반대로 (1) 바울은 진실한 사람처럼 말한다(참조. 1:12). 세상의 교활함이 아니라 그의 삶에 있는 하나님의 은혜가 그의 방식과 방법을 결정한다.[281] (2) 그는 "하나님께로부터 온" 메시지를 가진 사람처럼 말한다." (3) 그는 하나님 앞에서 말하며(4:2; 12:19) 하나님께서 자기를 심판하실 것을 알고 있다. (4) 그는 "그리스도 안에" 있는 사람처럼 말한다. 그리스도 안에서 말하는 것(12:19; 13:3)은 성령의 가르침을 받는 것과 동의어이다(고전 2:13; 7:40; 12:3; 고후 4:13). 그의 회심자들을 세우고자 하는 바울은 그의 사역의 충분

---

279 스랄은 "그 동사는 부정직한 거래로 의심되는 소상공인의 이미지를 불러일으키고 부정직의 상투적인 형태는 탐욕의 동기에서 나온 제품의 변질이었다"고 주장한다(*Second Epistle*, 1:214). 퍼니시는 같은 주장을 한다. "상인에 대한 고대의 고정관념은 오로지 이익에만 관심을 가지고, 그것을 위해서 제품을 더럽히거나 적은 양을 기꺼이 제공하는 사람이었다"(*II Corinthians*, 178). 윈터(B. W. Winter)는 알렉산드리아와 고린도의 소피스트에 대한 유용한 초상을 제공하여 "부에 대한 만족할 줄 모르는 욕구"를 보여 준다. 플라톤 시대부터 그들의 탐욕은 속담이 되었다. 플라톤은 다음과 같이 질문했다(*Prot.* 313c–d): "소피스트가 실제로 영혼이 공급받는 자양분을 파는 일종의 상인이나 판매자라고 할 수 있는가? 그리고 같은 방식으로 도시를 돌아다니며 자신들의 교리를 가지고, 그것을 원하는 이상한 구매자에게 판매하는 사람들이다."(*Philo and Paul Between the Sophists*, SNTSMS 96 [Cambridge: Cambridge University Press, 1997], 163–64.)

280 Plummer, *Second Epistle of St. Paul to the Corinthians*, 73.

281 플루타르크(*Praec. ger. rei publ.* 802f-803a)는 정치가의 연설은 영향을 받지 않는 성격, 진정한 고상함, "아버지의 솔직함, 선견지명, 다른 사람들에 대한 사려 깊은 관심"으로 가득 차 있어야 한다고 말한다(다음의 인용이다. S. B. Marrow, "Parrhsia in the New Testament," *CBQ* 44 [1982]: 443–44).

함뿐만 아니라 그 우월함을 생각한다. 이 사역은 그리스도를 중심으로 하고 있으므로 하나님이 그리스도 안에서 행하신 일을 공개적으로 선포할 때에만 담대할 수 있다.

2.2.1.2. 바울의 편지로서의 고린도 교인들(3:1-3)

다른 사람들이 자신의 사역을 비판할 때, 그 사역을 판단하기 위해 그들 자신의 잣대를 부과하려고 할 것이다. 이 비판을 견디기 위해서는 하나님께서 사역을 평가하실 때 사용하시는 잣대로 자신을 평가해야 한다. 하나님의 부르심에 신실함을 유지하는 것은 오직 하나님의 기준만이 중요함을 인식하는 것을 의미한다. 고린도 교인들의 도전에 직면하여 바울은 하나님의 섭리에서 자기 위치를 예리하게 이해하고 있음을 보여 준다(참조. 고전 4:1-5). 그는 자신이 누구인지 알기 때문에, 즉 하나님께서 그분의 임무를 위해 충분하게 만드신 새 언약의 일꾼이 누구인지 안다.

3:1. 3장 1절에서 바울은 편지 전체에 다시 나타나는 추천의 주제를 설명한다.[282] 언뜻 보기에 "자천하는"은 자기 자랑을 의미하는 것처럼 보인다. "다시"라는 말은 고린도에 있는 어떤 사람이 바울이 너무 교만하다고 비난했음을 암시할수있다. 바울은자신의권위를과시하려는경향으로돌아간다는비판이있을가능성을확인한다.[283] 그러나 동사 "찬양하다"(συνιστάνειν, 쉬니스타네인)는 "자랑하다," "칭찬하다," "높이다"를 의미하지 않는다. "자천"은 고대 세계에서 우정과 추천의 맥락에서 이해되어야 한다. 바울은 자천을 자화자찬으로 사용하지 않는다. 오히려, 자천은 우정을 구축하는 인정된 방법을 나타낸다.

> ... 자천은 제 3자의 서면 추천과 거의 같이 수용되는 일반적인 관례였다. 찬양 또는 칭찬 문구는 제 3자 및 자천 모두의 필수 요소는 아니지만 전통적이다. 그리고 공격적이지 않은 경우 허용된다. 추천인의 지나친 칭찬조차도 수용할 수 있었으며, 특히 추천된 사람이 자신이 그 일을 할 가치가 있는 것으로 입증된 경우에는 더욱 그렇다.[284]

---

282 동사 συνιστάνειν와 형용사 συστατικός는 3:1; 4:2; 5:12; 6:4; 7:11; 10:12, 18; 12:11에 등장한다.

283 휴즈는 바울이 이 질문에 대해 침입자들을 아이러니하고 냉소적으로 언급한다고 주장한다(*Second Epistle*, 85). 많은 학자들은 고린도 교인들이 바울이 자신을 추천한 것을 비난했다고 결론을 내린다(예. *Furnish, II Corinthians*, 245).

284 Marshall, *Enmity in Corinth*, 266–67. 고대 세계의 추천 관행에 대해서는 268-71p를 참조

REB 성경은 이러한 전문적인 의미에 더 가깝다. "자격 증명을 만들어 내기 위해 처음부터 다시 시작하는가?" 마샬은 "자기 추천은 신뢰에 기반한 상호 관계를 형성하려는 의도로 상호 연결의 도움이 되든, 되지 않든 다른 사람에게 자신을 헌신하는 일반적인 형태의 추천"이라는 것을 보여 준다.[285] 자기 추천은 단순히 자신을 소개하는 것 이상이다. 그는 다른 사람에게 자신을 맡긴다. 그러므로 추천의 관습은 도덕적인 문제가 아니라 사회적인 문제이다.[286] 3장 1절에서 "다시"는 바울이 고린도를 처음 방문했을 때, 그가 "그의 첫 회심자들이나 그리스도인들에게 헌신했을 때"를 가리킨다.[287] 바울이 그의 사역을 시작한 여러 곳에서 돌보아 주는 사람(식주, ξένος, 크세노스)를 찾았을 때, 그는 아마도 신뢰의 유대를 확립한 자기 추천의 일반적인 관습을 따랐을 것이다.[288] 그러므로 바울은 고린도 교인들에게 첫 방문 때 제 3자의 편지를 전하지 않고 자신을 직접 맡김으로써 우정을 공고히 했음을 상기시킨다.

최근에 그 교회에서 바울에 대한 불화가 본래의 신뢰 관계를 뒤흔들었고, 고린도의 일부 교인들은 그 관계가 깨진 것에 대해 바울을 비난했을 것이다. 만일 바울이 그들에게 다시 자신을 추천한다면, 그는 자신이 우정을 위태롭게 하는 일을 저질렀고 이제 그들의 신뢰를 회복하기 위해 무엇인가 해야 한다는 것을 인정하는 것일 수 있다(3:1; 5:12).[289] 그 대신에 고린도 교인들은

하라. 로마서는 바울이 로마 교회 회중에게 보낸 자기 소개서이다. 그가 스페인 선교의 토대를 마련하기 위해 로마에 편지를 썼을 때, 그는 자신이 영향력을 행사할 수 없는 곳에 세워진 교회에 갈 것을 인식했다. 그는 다른 사람들로부터 추천을 받지 않는다. 그 대신에 그는 자신이 전파하는 복음을 펼쳐서 그들이 스스로 하나님의 신비에 대한 그의 통찰력을 볼 수 있도록 한다.

285 Marshall, *Enmity in Corinth*, 268.

286 이러한 추천을 위한 사회적 맥락의 인식은 바울이 어떤 경우에는 이기적인 자기 자랑을 염두에 두고 있고 다른 경우에는 합법적인 자기 추천을 염두에 두고 있다고 주장함으로써 이 편지에서 자기 추천에 대한 그의 진술에 대한 명백한 모순을 설명하려고 할 필요가 없다. 어떤 학자들은 동사 앞에 대명사가 있는 ἔαθτιν συνιστάνειν(3:1;5:12; 10:12, 18)가 이기적 추천이지만 동사 뒤에 위치하면 합법적인 추천이라고 주장한다(J. H. Bernard, "The Second Epistle," 3:53; 다음도 참조하라. Plummer, *Second Epistle*, 77.)

287 Marshall, *Enmity in Corinth*, 271.

288 Marshall, *Enmity in Corinth*, 271–72.

289 Marshall, *Enmity in Corinth*, 272–73. 스랄은 바울이 제 3자로부터 증거를 가져와야 하는 필요성은커녕 자기 소개 과정을 다시 반복해야 한다는 생각을 거절한다는 데 동의한다(*Second Epistle*, 1:218). 이 해석은 바울이 경쟁자를 겨냥한 것이 아님을 의미한다. 이 구절에서 그의 목적은 논쟁이 아니라 변증이다(1:221). 그녀는 이 부분이 논쟁적이라는 게오르기의 주장은 "순전히 추측에 불과하다. 그가 염두에 두고 있는 어떤 편지의 예도 만들어 낼 수 없다"고 바르게 주장한다.

그의 사도적 사역을 목격하고 유익을 얻었기 때문에 그를 사도로 추천했어야 했다(3:2-3, 12:11). 그의 생애와 사역은 펼친 책이며 항상 경건한 진실함과 사랑으로 행했다(1:12, 2:17). 그는 그들에 대한 사랑을 다른 사람에게 결코 옮기지 않았다(2:4, 6:11-13, 7:2-4, 11:11, 12:15). 그러나 그는 궁극적으로 자신을 가장 잘 아시는 분은 하나님이시며 사도들을 추천하시는 분이라는 점을 강조할 것이다(5:11-12; 10:12, 18). 인간의 승인은 사도를 만들지 않는다. 결과적으로 바울은 오직 하나님의 칭찬만을 구하고(10:18) 하나님께서 그에게 나누어주신 정도에 따라 사도직을 평가한다("그를 헤아리다", 10:12). 그는 "그에 대한 하나님의 추천은 성령으로 지워지지 않게 기록되었으며, 철회될 수 없었다"(3:3)라고 굳게 믿는다.[290] 그것은 그가 다른 사람들처럼 자신의 굴욕, 환난, 고난, 결점(고전 4:9-13; 고후 4:8-9; 6:4-10; 11:23-33)을 숨기려고 하지 않는 이유를 설명한다. 그 대신 그는 자신의 결점을 자랑한다(11:30; 12:9). 왜냐하면 그것이 하나님의 능력이 어떻게 그 안에서 그리고 그를 통해 역사하는지를 가장 분명하게 보여주기 때문이다.

이러한 배경은 바울이 "왜 우리가 어떤 사람들처럼 너희에게 또는 너희로부터 추천서가 필요한가?"라는 질문에 아니라는 답을 기대하기 위해 틀을 짜는 이유를 설명한다. 바울은 추천서를 무시하지 않는다.[291] 추천서는 고대 세계에서 우정을 시작하고 기르는 데 필수적인 부분이었다. 추천서는 동료 그리스도인들이 전 세계를 여행할 때 서로를 소개하는 일반적인 수단이었다.[292] 그러므로 바울은 자신을 칭찬하는 추천서를 과시하는 사람들에 대해 논쟁을 벌이지 않는다.[293] 그럼에도 불구하고, 그 전체 문제는 그에게 약간의 고통을

290 Marshall, *Enmity in Corinth*, 273.

291 추천서에 관하여 다음을 참조하라. Marshall, *Enmity in Corinth*, 90–129; Kim Chan-Hie, *Form and Structure of the Familiar Greek Letter of Recommendation*, SBLDS 4 (Missoula: Scholars Press, 1972).

292 아볼로가 추천서와 함께 아가야로 파견되었고(행 18:24-27) 바울이 이 편지에 다른 사람들의 추천서를 포함시켰다는 것은 주목할 만하다(8:16-24). 신약의 추천서의 다른 예를 참조하라(행 15:23-29; 21:25; 롬 16:1-2; 고전 16:3, 10; 빌 2:19-23; 골 4:7-9; 몬). 또한 다음을 참조하라. 행 9:2; 22:5.

293 10:12에서 침입자들은 동일한 부정 복수 대명사 "어떤 자"(τινες)로 언급된다. 3:1에 언급된 "어떤 사람"이 고린도 교인들과의 관계를 확립하기 위해 다른 사람들에게서 편지를 가져온 그의 경쟁자들을 언급한다면, 바울은 관습에 반대하는 것이 아니라 그들의 편지들로 인한 관계의 본질에 반대한다. 그들은 우정을 사용해서 그를 반대하고 배제하려고 했다(Marshall, *Enmity in Corinth*, 128). 벨빌은 바울이 편지를 사용하지 않았다고 주장한다. "복음의 선포자가 고린도와 같은 복음화되지 않은 지역에 가져올 수 있는 유일한 추천 편지는 듣는 사람에게 복음 메시지의 진리를 확신시키도록 역사하시는 성령의 임재와 능력이기 때문이다(3

준다. 바울은 그들에게 안타까운 질문을 한다. "우리 관계가 너무 나빠져서 이제 외부 당사자에게 보증을 요청해야 하는가?"

3:2. 바울은 고린도 교인들에게 추천서를 보낼 필요가 없다고 주장한다. 왜냐하면 그들이 그의 추천서이기 때문이다. 이미지는 다시 인상적이다. 종이에 펜과 먹으로 쓴 것 대신에 그는 살아계신 하나님의 영이 인간의 마음에 새긴 하나님의 편지를 묘사한다.[294] 고린도 교인들은 바울이 세상에 보낸 편지로서 그의 마음에 새겨져 모든 사람이 알고 읽게 된 것이다. 모울Moule은 바울의 자격이 "종이에 있는 것이 아니라 사람에게 있는 것"이라고 적절하게 설명한다.[295] 해리스는 바울이 고린도 교인들에게 추천서를 요구하는 것은 "쓸모없을 것"이라고 설명한다. 왜냐하면 "그들의 '그리스도 안에'서 남자와 여자로서의 삶'은 바울의 사역에 작용한 그리스도의 은혜의 결과였기 때문에 그가 결코 잊을 수 없고 모든 사람이 읽을 수 있는 웅변적인 편지였기 때문이다."[296] "하나님의 교회"와 성령 충만한 "성도"(1:1)로서 그들의 존재는 사도로서의 그의 참됨을 증명한다(고전 9:2). 오늘날 교회의 대부분 사람들은 목회자를 진정으로 추천하는 내용은 학위 취득이 아니라 다른 사람의 삶에 대한 관심과 그들을 위해 얼마나 기꺼이 희생하는가 하는 것임을 알고 있다.

바울이 고린도 교인의 마음이 아니라 "우리 마음"에 기록된 편지를 언급하는 것은 이상하게 보일 수 있다.[297] 그러나 추천받은 사람은 자주 추천서를

절)"("Paul's Polemic and Theology of the Spirit," 290). 키워드는 '미복음화 현장'이다. 다른 그리스도인의 추천 편지는 그리스도인이 아닌 사람들에게 거의 영향을 미치지 않을 것이다. 이것은 그가 추천 편지나 자기 추천의 관행을 의심했다는 의미가 아니다.

294 은유는 자연적인 힘이 작용했음을 배제한다(J. Murphy-O'Connor, *Paul on Preaching* [New York: Sheed & Ward, 1963], 78.).

295 C. F. D. Moule, "2 Cor 3:18b," in *Neues Testament und Geschichte*, ed. Heinrich Baltensweiler and B. Reicke (Tübingen: Mohr Siebeck, 1972), 232.

296 Harris, "2 Corinthians," 261.

297 "너희 마음"은 약하게 증명되는 사본 변형이다(א 33 88 436 1175 1881). 일부 학자들은 그것이 문맥에 가장 잘 맞는다고 주장함으로써 정당화한다. 고린도 교인들이 편지를 원한다면(참조. "너희에게", 3:1) 이미 그들의 마음에 편지를 가지고 있다. 하비는 다음과 같이 주장한다. "만일 추천서가 고린도 교인들 가운데서 그의 사역의 결과로서 고린도 교인들의 마음에 쓰였다면, 그리고 이것이 예레미야가 예언한 '새 언약'이 사람의 마음에 쓰여진 것으로 묘사될 수 있다면, 바울은 그 자신이 사람들을 돌에 쓰여진 율법에서 자발적 순종으로 옮기는 과정에서 대리자로 간주될 수 있었다. 그는 '새 언약의 사역자'였다"(Renewal through Suffering, 47-48; 또한 다음을 참조하라. Bultmann, *Second Letter*; Barrett, *Second Epistle*, 96; Murphy-O'Connor, *Theology*, 32n23; and Thrall, *II Corinthians*, 1:224). 슬로안(R. B. Sloan Jr.)은 하나님께서 백성의 마음에 율법을 기록하실 것이라고 확언하는 예레미야의 구절이

가지고 다녔다.[298] 바울은 그의 선포에 대한 그들의 반응을 마음 속에 간직한다. 이 은유는 공동체에 대한 그의 사랑을 표현하는 동시에 그가 사도로서 충분하다는 분명한 증거를 제시한다. 그는 고린도에서 자신의 선포에 대한 그들의 반응을 확증으로 호소한다. 하나님만이 그의 사역을 입증하실 수 있다. 실제로, 교회가 그의 복음 선포에 응답했을 때 성령을 통한 하나님의 능력이 교회를 세웠다는 의미에서 하나님께서 자신을 위해 추천하는 편지를 쓰신 것이다(참조. 고전 3:6). 그는 고린도 교인들이라는 편지를 가지고 있다. 헤이즈 Hays는 "그들은 공동체로서 자기들의 기원에 대한 정당성을 의심하지 않고서 동시에 바울 사역의 정당성에 의문을 제기할 수 없다"라고 쓴다.[299] 따라서 바울은 고린도 교인들을 "주 안에서 행한 나의 일"과 "주 안에서 나의 사도됨을 인친 것"이 너희(고전 9:1-2)라고 여긴다. 그러한 언어는 그가 빨리 회심시키고 떠나는 데 결코 만족하지 않았음을 보여 준다. 그의 삶은 그들의 삶과 얽혀 있었다. 펜과 먹으로 쓴 편지는 소수에게만 보이지만, 이 편지는 모두에게 보인다. "쓴"(ἐγγεγραμμένη, 엥게그라메네, '기록된')에서 완료 분사의 사용은 이 편지가 "일시적인 인간의 권면"과 상당히 다름을 암시한다.[300] 현재 시제 분사 "알고 읽는"으로의 전환은 복음을 위한 선교 사역에서 그를 만나는 모든 사람이 알고 읽고 있음을 의미한다.

3:3. 바울은 이 구절에서 편지의 세 가지 특징을 제시한다. 첫째, 사람이 아닌 살아계신 하나님의 영이 쓰신 편지이다.[301] 바울에게 이 이미지는 다른

고후 3:2-3의 의미를 결정해서는 안 된다고 반박한다. 그는 바울이 고린도 교인들이 아니라 자신의 마음에 기록된 것을 언급했다고 주장한다("2 Corinthians 2:14–4:6 and 'New Covenant Hermeneutics'-a Response to Richard Hays," *BBR* 5 [1995]: 135–36) "우리의 마음"이라는 읽기는 광범위한 지리적 분포와 함께 초기 사본들이 지원한다($\mathfrak{P}^{46}$ A B C D G K P Y 614 1739 it vg syr^{ph} cop). 어떤 학자들은 바울의 마음에 적힌 편지를 다른 사람들이 어떻게 읽을 수 있는지 묻는다. 이 질문은 "우리의 마음"이 읽기가 가장 어렵게 보이게 할 것이다. 필사가는 본문을 명확하게 하기 위해 변경했을 수도 있다. 반면에 "우리"(ἡμῶν)와 "너희"(ὑμῶν)의 헬라어 발음이 구분할 수 없기 때문에 실수로 변경되었을 수 있다.

298 Wolff, Der zweite Brief, 58n44; 다음을 인용한 내용이다. C. W. Keyes, "The Greek Letter of Introduction," *American Journal of Philology* 56 (1935): 28–44.

299 R. B. Hays, *Echoes of Scripture in the Letters of Paul* (New Haven: Yale University Press, 1989), 127.

300 E. Richard, "Polemics, Old Testament, and Theology: A Study of II Cor. III, 1–16,6," *RB* 88 (1981): 346.

301 CSB 성경는 동사 φανερούμενοι을 중간태로 번역한다. "너희들이 그것을 보여 준다." 그러나 수동태로도 가능하다, "너희들이 그렇게 드러난다."

사람들은 사람이 쓴 편지를 가질 수 있지만 고린도 교인에게 바울은 하나님이 쓰신 편지를 가지고 있음을 의미한다. 그리스도가 이 편지의 저자이시고 성령을 통하여 믿는 자들의 마음에 쓰신 분이라면 그리스도는 "손가락으로 두 돌판에 율법을 기록하신 출애굽기 31장의 여호와에 대해서 새 언약에서 대응하는 분이시다."[302] 부활하신 그리스도는 기독교 공동체 안에서 계속 함께 하시고 역사하신다.

사이프리드Seifrid는 그들(그리고 우리)에게 그리스도의 편지가 무엇을 의미하는지 설명하기 위해 팔림프세스트(palimpsest, 거듭 쓴 양피지)의 적절한 이미지를 사용한다. 값비싼 재료에 새 글을 겹쳐 재사용하기 위해 원고, 양피지 또는 서판에 있는 원래 글을 문지르는 고대 관습을 말한다. 그러나 옛 글의 흔적은 여전히 남아 있다. 그리스도의 팔림프세스트(palimpsest)로서, 그것은 "살아계신 하나님의 영이 죄와 반역이 새겨져 있는 매우 강팍한 마음 위에" 덮어쓰심으로써 "당신 자신의 새로운 비문, 새롭게 창조하는 비문을 만드신다"는 것을 의미한다.[303]

둘째, 이 편지는 바울의 사역을 통한 성령의 역사의 결과이다. "우리로 말미암아"으로 번역된 구는 문자적으로 "우리로 말미암아 섬김을 받은" (διακονηθεῖσα ὑφ' ἡμῶν, 디아코네데이사 휘프 헤몬)의 의미이다. 바울은 써서 전달하는 자이다.[304] 성령께서 쓰신 편지는 그 편지를 가진 자가 그리스도와 복음의 공인된 사역자임을 보증한다. 그러나 동사 "섬기다"와 명사 "사역자" 그리고 "사역"은 복음을 위한 바울의 사역을 가리킨다.[305] 그는 고린도 교회를 세우는 결과를 가져온 자신에게 맡겨진 사명을 이룬 그의 사역과 성령께서 쓰신 편지를 암시한다.[306] "생명으로부터 생명에 이르는 냄새"(2:16)로서 그리고 하나님께서 씨를 공급하시고 자라게 하신 씨를 뿌리는 일(고전 3:6-7)로서 그의 사역은 그를 추천하는 그리스도의 편지이다. "섬김을 받은"이라

302 M. Fatehi, *The Spirits Relation to the Risen Lord in Paul: An Examination of its Christological Implications*, WUNT 2/128 (Tübingen: Mohr Siebeck, 2000), 201. 다음에서 각주로 설명된다. Tilling, *Paul's Divine Christology*, 148.

303 Seifrid, *Second Letter*, 117.

304 W. Baird, "Letters of Recommendation: A Study of II Cor 3:1–3," *JBL* 80 (1961): 166–72. 다음에서 배어드에 대한 비평을 참조하라. Hafemann, *Suffering and Ministry in the Spirit*, 200–205.

305 참조. διακονέω(3:3; 8:19-20); διακονία(3:7-9, 4:1, 5:18, 6:3, 8:4, 9:1, 12-13, 11:8, 롬 11:13); διάκονος(3:6; 6:4; 11:15, 23; 고전 3:5; 엡 3:7; 골 1:23, 25).

306 Hafemann, *Suffering and Ministry in the Spirit*, 204.

는 표현은 새 언약의 사역자(3:6, διάκονος, 디아코노스)와 성령과 의의 사역(3:8-9, διακονία ,디아코니아)으로서의 그의 역할에 대한 바울의 주장을 예상하게 만든다.

셋째, 바울은 "먹으로" 기록된 것(시듦)과 성령으로 기록된 것(시들지 않음), 돌판에 새긴 것과 사람의 마음에 새긴 것을 대조한다. "육의"(σαρκίναις, 사르키나이스)는 비하의 의미가 없다(참조. 히 7:16). 육신으로 창조된 인간을 말한다. 이 개념을 전달하기 위해 라이트는 그것을 "박동하는 심장"으로 번역한다.[307] "성령 또는 살아계신 하나님"은 무생물인 돌 위에서보다 살아 있는 사람을 통해서 역사하신다는 것을 의미한다. 종이에 먹이 쓰여지면 종이에 이미지가 그려지지만 응답하지 않는다. 글자를 이해하고 답할 무언가가 없으면 글자는 생명 없는 구불구불한 선으로만 남는다.[308] 바울이 생각한 응답은 복음의 말씀이 뿌려지고 뿌리를 내리고 열매를 맺을 수 있도록 성령으로 부드러워지고 받아들여지는 육체적인 인간의 마음에서 나오는 것이다. 그리스도의 편지로서 그들은 하나님께서 그리스도 안에서 행하신 일과 인류와 이 세상에 대한 하나님의 목적이 무엇인지를 세상에 전한다.

추천 편지는 파피루스나 양피지에 쓰고 돌에 거의 새기지지 않았기 때문에 육체의 마음과 돌판의 대조가 이상하게 보일 수 있다. 그러나 돌들은 3장 6-18절에서 바울이 그리스도를 위한 그의 사역과 율법을 위한 모세의 사역을 비교하기 위해 준비된다. 그의 주된 관심은 "그리스도로 말미암아 하나님을 향하여 이같은 확신"(3:4)에 대한 근거를 제시하는 것이며, 그는 돌에 새겨진 율법을 주신 것을 새 언약의 약속을 마음에 새긴 것과 대조하기를 원했다(출 24:12; 31:18; 32:15-16; 34:1; 신 9:10). 인류를 위한 살아계신 하나님의 목적이 무엇이며 생명을 주는 성령의 임재가 무엇을 할 수 있는지 더 잘 전달할 수 있기 때문에 하나님은 죽은 돌보다 산 마음을 더 좋아하신다. 3장 3절을 쓰면서 바울은 성경을 성경으로 해석하는 다양한 구약 본문을 암시하는 것으로 보인다.

> 여호와께서 두 돌판을 내게 주셨나니 그 돌판의 글은 하나님이 손으로 기록하신 것이요 너희의 총회 날에 여호와께서 산상 불 가운데서 너희에게 이르신 모든 말씀이니라 (신 9:10)

---

307 N. T. Wright, *Paul and the Faithfulness of God*, book II, parts III and IV (Minneapolis: Fortress, 2013), 981.

308 헤이즈는 "글씨는 ... 추상적이고 죽은 채로 남아 있다. 왜냐하면 그것이 구체화되지 않았기 때문이다"(*Echoes of Scripture in the Letters of Paul*, 131)라고 쓴다.

> 여호와께서 시내산 위에서 모세에게 이르시기를 마치신 때에 증거판 둘을 모세에게 주시니 이는 돌판이요 하나님이 친히 쓰신 것이더라 (출 31:18)
>
> 내가 그들에게 한 마음을 주고 그 속에 새 영을 주며 그 몸에서 돌 같은 마음을 제거하고 살처럼 부드러운 마음을 주어 (겔 11:19)
>
> 또 새 영을 너희 속에 두고 새 마음을 너희에게 주되 너희 육신에서 굳은 마음을 제거하고 부드러운 마음을 줄 것이며 (겔 36:26).
>
> 그러나 그 날 후에 내가 이스라엘 집과 맺을 언약은 이러하니 곧 내가 나의 법을 그들의 속에 두며 그들의 마음에 기록하여 나는 그들의 하나님이 되고 그들은 내 백성이 될 것이라 여호와의 말씀이니라 (렘 31:33)[309]

해프먼은 돌과 마음의 대조는 흔히 주장하는 것처럼 외부와 내부, 의식주의와 영성, 율법과 복음 사이의 대조가 아니라고 주장한다. 우리는 돌판에 대한 언급이 부정적이라고 자연스럽게 가정해서는 안 된다. "돌판에 쓴 것"은 시내산에서 모세에게 주어진 계시를 설명하는 데 사용된 표준적인 표현이며 율법을 주신 것에 대한 성경의 설명에서 왔다. 유대적 맥락에서 그것은 율법이 하나님으로부터 온 기원과 "영원한 영속성과 확실성"을 강조하는 율법이 가지는 영광스러운 특징이었다.[310] 바울은 랍비 문헌에서 사용하는 것과 같은 존경을 나타내는 의미로 이 구절을 사용하지 않을 수도 있지만 율법이 영광 중에 왔다는 그의 주장에는 맞을 것이다(3:7, 9, 11).

스랄은 일부 상황에서 "문자 그대로의 비문과 실제로 쓰는 일은 지식을 전달하고 기억을 보장하는 등의 열등한 수단으로 간주되었다. 중요한 것은 내적 기억, 마음과 생각의 덕에 대한 내적 이해이다."[311] 그녀는 "이 구절에서 '돌판'이라는 문구가 부정적인 의미라는 것을 부정하기 불가능해 보인다"고 생각

309 참조. 출 32:15, "모세가 돌이켜 산에서 내려오는데 두 증거판이 그의 손에 있고 그 판의 양면 이쪽 저쪽에 글자가 있으니." 또한 다음을 참조하라. 잠 7:3, "이것을 네 손가락에 매며 이것을 네 마음판에 새기라." 참조. 잠 3:3.

310 Hafemann, *Suffering and Ministry in the Spirit*, 215. 참조. Jub. 1:1, 26; 2:1; 6:23; 15:25-26; 16:30; 32:10-11, 15; 49:8; 1 En. 81:1-2; 103:2-4; 2 Bar. 6:7-9; Tg. Ps.-J. to Exod 31:18; b. Ned. 38a; Exod Rab. 41:6; 46:2; Lev. Rab. 32:2; 35:5; Cant. Rab. 5.14 § 3. 후기 랍비들은 인간이 돌로된 마음을 가졌기 때문에 하나님이 그 돌이 돌을 보호하도록 정하셨다고 믿었다(참조. H. Räisänen, *Paul and the Law*, WUNT 29 [Tübingen: Mohr Siebeck, 1983], 244).

311 Thrall, *II Corinthians*, 1:227. 이 견해를 지지하기 위해 요세푸스는 자기 나라의 평범한 사람이 "자기 이름보다 더 쉽게 법을 반복할 수 있음"을 칭찬한다. 그러므로 지능의 첫 시작부터 우리가 율법에 철저하게 기초한 결과는, 말하자면 우리의 영혼에 새기는 것이다."(*Ag. Ap.* 2.18 § 178 [Thackeray, LCL).

한다. 갈라디아서 3장 19-20절에서 바울은 율법을 언급하기 위해 "천사들을 통하여 베푸신"("하나님에 의해 명령되고 천사들을 통하여 주어진")이라는 구절을 사용한다.[312] 그 개념은 율법을 높이려는 유대 본문에 나타나지만 바울은 그것을 부정적인 효과로 바꾼다. 하나님은 아브라함에게 한 약속과 같은 가장 강력한 목적을 이루기 위해 중보자를 이용하지 않으신다. 그러므로 바울이 "돌판"이라는 용어를 사용한 이면에 긍정적인 의미가 숨어 있거나 고린도 교인들이 그것을 긍정적인 의미로 받아들였을 가능성은 거의 없다.

바울이 이 비유를 사용하게 된 동기는 무엇인가? 게오르기Georgi는 반대자들이 십계명을 그들의 소개 편지로 사용했기 때문에 그렇게 했다고 주장한다.[313] 스랄은 이 견해를 올바르게 반박하고 바울 자신이 "그리스도를 저자로 하는 은유적 소개 편지에 대한 개념과 하나님의 손가락으로 기록된 십계명의 개념을 결합하고 새로운 질서의 우월성을 강조하기 위해 그것을 종속되는 모티브로 삼았다"라고 가장 단순하게 설명한다.[314] 살아계신 하나님의 영이 그들의 "육의 마음판"에 기록했다는 것은 에스겔이 예언한 대로 하나님께서 이미 돌 같은 마음을 제거하시고 육의 마음으로 바꾸셨음을 요구한다. 성령의 새 시대가 도래했다는 뜻이다.

해프먼은 바울의 논증의 맥락을 잘 파악한다. "'옛 시대'에서는 하나님의 역사와 계시의 중심이 율법이었던 반면, 에스겔에 따르면 '새 시대'에서는 하나님께서 마음 가운데 역사하실 것이다."[315] 그러므로 바울은 "사람의 마음을 변화시킬 수 없는, 옛 언약에서 일반적으로 기능했던 율법과 새 언약 안에서 마음 가운데 역사하는 성령의 능력을 대조한다. 그 결과는 율법은 지켜질 수 없다는 것이다." 해프먼은 "바울은 단지 에스겔의 종말론적 약속이 지금 성취되고 있다는 사실을 지적하고 있는 것이 아니다. 성령이 고린도 교인들에게 임하게 한 사람이 바로 그 바울이기 때문에 그것이 자신의 사역을 통해 성취되고 있다고 주장한다."고 결론을 내린다.[316] 결론은 바울이 자신을 "지금 복음 안에서 성령이 부어지도록 한 종말론적 계시의 대리인"으로 이해한다는 것이다.[317] 그는 하나님께서 마음에 율법을 기록하셨다는 예언이 그의 사역을 통

312 신 33:2(LXX); 행 7:38, 53; 히 2:2; Jub. 1:27; 2:1; Josephus, *Ant*. 15.5.3§136.

313 Georgi, *Opponents of Paul*, 248–50.

314 Thrall, *II Corinthians*, 1:228.

315 Hafemann, *Suffering and Ministry in the Spirit*, 221.

316 Hafemann, *Suffering and Ministry in the Spirit*, 222.

317 Hafemann, *Suffering and Ministry in the Spirit*, 224.

해 이루어졌다고 자신 있게 선언한다.

그러한 선언의 의미는 무엇인가? 해프먼은 이렇게 말한다.

> (1) 바울은 율법이 하나님의 계시 역사의 중심이 되는 시대는 끝났다고 단언한다. 따라서 고린도 교인들은 그리스도와 그들의 관계에 대해 율법에 나타난 하나님의 계시가 아니라 성령을 통하여 그들의 마음을 변화시키시는 하나님의 사역에 빚지고 있다. 반대로 고린도 교인들의 회심과 새 생명은 새 시대가 도래했다는 증거이다.[318]

율법은 순종을 요구했지만 순종을 낳을 수는 없었다. 의무를 명시했지만 준수하게 할 수 없었다. 성령은 "율법이 요구하는 바를 이제 마음에 기록하였으므로" 그 편지를 쓸모없게 만든다.[319] (2) 성령을 통한 그들의 회심은 에스겔이 예언한 새 시대의 도래를 증거한다. (3) 행위가 하나님의 영으로 인도되고 옛 반역이 순종이 되는 새 언약으로 바뀌었기 때문에 옛 언약은 더 이상 유효하지 않다(롬 8:1-13). 바울이 "육"(σάρκινος, 사르키노스, "인간의")을 사용한 다른 곳은 로마서 7장 14절의 율법에 대한 논의이다. "우리가 율법은 신령한 줄 알거니와 나는 육신에 속하여 죄 아래에 팔렸도다." 문제는 "거룩하고 의롭고 선한"(롬 7:12) 율법이 아니라 인간을 죽음의 그물에 쉽게 가두는 죄에 있다. 육신이 그 간계에 너무나 영향을 잘 받기 때문이다. 율법은 죄를 있는 그대로 하나님에 대한 반역으로 폭로하고 인간에게 책임을 묻게 할 수 있지만 죄의 노예로 만드는 사슬을 끊을 수 있는 능력은 없다. 돌에 새겨진 율법의 문제는 육신의 영역에 있는 인간의 삶을 연약하게 변화시킬 수 없다는 것이다. 오직 성령만이 사람의 마음을 변화시켜 하나님께 순종하게 하실 수 있다(롬 8:1-10).

복음은 "더 향상된 영성, 더 나은 도덕 규범, 새롭게 만들어진 신학과 같은 새로운 종교적 조언" 그 이상이다. 복음은 "예수님의 유일한 삶과 그의 죽음과 부활 안에서 온 우주가 어둠에서 빛으로 바뀌었다"고 선포한다.[320] 복음은 옛 사람을 새 사람이 되게 하는 성령의 새 언약의 본질을 설명한다(엡 4:22, 24; 골 3:9-10). 그리고 바울은 이 새 언약의 사역자이다.[321]

---

318 Hafemann, *Suffering and Ministry in the Spirit*, 222.

319 Fee, *God's Empowering Presence*, 306.

320 N. T. Wright, "Thy Kingdom Come: Living the Lord's Prayer," *Christian Century* 114 (Mar 12, 1997): 268.

321 거울 읽기 기법을 사용하여 다음은 바울이 새 언약에 대한 이해를 고린도전서와 고린도후서 사이에 전환했다고 주장한다. T. R. Blanton IV ("Spirit and Covenant Renewal: A Theolo-

2.2.1.3. 새로운 언약의 사역에 충족하는 바울(3:4-6)

3:4. 그의 사역에서 성령의 역사는 사도로서의 확신을 정당화하고 그것을 설명한다. 그것은 자신의 능력과 장점에 근거하거나 종교적 능력을 응원하는 다른 사람들의 찬사에 근거하는 환상뿐인 자신감이 아니다. 바울은 확신의 내용, 즉 그리스도를 언급한다.[322] 그의 확신은 그리스도로 말미암은 부르심에 근거한다. 그는 "하나님께 받은 것 같이 하나님 앞에서"(2:17) 선포하면서 자신의 합당한 위치를 끊임없이 스스로 상기한다. 자신에게 주어진 이 직무를 수행하는 데 얼마나 충분했는지는 오직 그리스도를 통한 하나님의 은혜로 말미암는다(참조. 고전 15:9-10). "하나님의 전능하심"을 대면할 때 우리는 우리 자신의 인간적 한계를 더 분명히 본다.[323] 또한 우리는 인간의 불완전함과 연약함을 통해 강력하게 역사하시는 하나님의 능력을 더 분명히 본다.

---

goumenon of Paul's Opponents in 2 Corinthians," *JBL* 129 (2010): 129–51. 고린도후서는 언약 갱신에 대한 자신들의 의견을 조장한 경쟁 선교사들의 주장 때문이었다. 그는 이 주장을 바울이 자신을 "새 언약의 일꾼"(3:6) 중 한 사람으로 언급하고 렘 31:33과 겔 36:26-27을 암시한 것에 둔다. "의"가 언약적 의미를 가진다고 가정하면서 바울이 "의를 가져오는 사역(의의 직분)"에 참여한다는 주장이다.

내가 보기에 블랜턴의 증거는 약한데, 그는 다음에서 바울이 이방인의 율법 준수가 새 언약을 작동시킨다는 경쟁자들의 견해에 응답한다고 주장한다. Blanton claims in "Paul's Covenantal Theology in 2 Corinthians 2:14–7:4," in *Paul and Judaism: Crosscurrents in Pauline Exegesis and the Study of Jewish-Christian Relations*, ed. by R. Bieringer and D. Pollefeyt, LSNT 461 (London / New York: T&T Clark, 2012), 61–71. 그들의 견해는 일종의 언약적 율법주의(61p)이며 다음 전제에 기초한다. (1) 하나님의 백성은 이 실패에 대한 위협적인 저주를 가져온 언약의 규정에 순종하지 않았다(신 28:47-68; 렘 31:32; 욥 1:22-23). (2) 렘 31:31(1QS 4.22; 히 8:8)에 그려진 새 언약은 이 실패에 대한 하나님의 응답으로, 언약을 어기고 범한 죄에 대한 용서를 포함한다(겔 36:25, 삿 1: 23, 1QS 4:20-21). (3) 새 언약을 어기는 일이 일어나지 않도록 성령을 주셨고 율법을 온전히 지키게 하셨다(겔 36:27, 욥 1:23-24, 삼상 4:22-23, 히 8:10-11; 10:16). (4) 새 언약은 성령이 사람의 마음을 변화시켜 새 시대에 온전하게 율법을 행할 수 있게 하심으로 말미암아 영영히 존속한다(삿 1:23, 1QS 4:23-24, 히 9:15, 13: 20). 바울은 이 견해를 "성령의 임재가 토라의 모든 계율을 고수할 수 있는 하나님의 권위를 부여받은 능력이라기보다는 토라와 관련된 상대적인 '자유' 상태에 영향을 미친다는 그의 주장으로" 수정한다(70-71p). 또한 다음을 참조하라. Blanton, *Constructing a New Covenant*, 107-238.

바울이 "새 언약"이라는 용어를 사용한 것은 그의 반대자들이 그 용어를 사용했기 때문이라기보다(Oropeza, *Exploring Second Corres*, 216) 예수님께서 주의 만찬에서 그것을 세우신 전통 때문이라는 것(고전 11:26)이 훨씬 더 가능성이 높다. 또한 2:14-17의 승리에 반하는 어조와 11:1-12:21에서 그들의 주장에 대한 신랄한 거부는 바울이 그의 환상이나 계시적인 경험에 대한 경쟁자들의 주장에 반응한다. 바울은 새 언약이 어떻게 효력이 생기는지에 대한 그들의 견해에 단순히 반응하지 않는다. 나는 갈라디아서와 대조적으로 그의 반대자들이 고린도 교인들이 율법을 지켜야 한다고 주장한다는 암시를 이 편지에서 찾을 수 없다.

322 다음을 참조하라. Hafemann, *Paul, Moses, and the History of Israel*, 94.

323 Thrall, *II Corinthians*, 1:229.

3:5. 히브리인 중의 히브리인, 곧 열심 있는 바리새인이며 율법 아래에서 의에 따라 흠이 없다고 생각하던 바울의 이전 확신을 하나님께서 무너뜨리셨다(빌 3:3-6). 그는 더 이상 자신의 유산, 헌신 또는 타고난 은사를 신뢰하지 않는다. 그러나 이제 그가 끌어낼 수 있는 유일한 자원은 능력을 주시는 하나님의 영이 제공하는 무한한 은혜의 저장소라는 것을 인식한다. 바울은 우리가 우리에게서는 조금도 충분하다고 여기지 않는다고 말하면서 거짓 겸손에 의지하지 않는다. 그는 자신이 사역을 수행하기에 충분하다고 주장하지만 동시에 그의 충분함은 전적으로 그를 통해 역사하시는 하나님의 영으로부터 온다는 것을 인정한다. 모세에 대한 하나님의 부르심을 해석하면서 테오도렛은 "만물의 하나님이 모세를 당신의 사역자로 사용하실 때 왜 말을 더듬고 혀가 느린 사람을 택하셨는가?"라고 질문한다. 그의 대답은 다음과 같다. "이것이 하나님의 능력을 더욱 드러냈기 때문이다. 어부와 세리를 택하여 진리를 전파하며 경건을 가르치는 자로 택하신 것 같이 약한 음성과 느린 혀로 애굽 박사들을 부끄럽게 하셨다." 바울은 복음의 일꾼으로 그를 선택하신 하나님의 선택에도 동일하게 적용된다는 데 동의했을 것이다.

3:6. 바울은 2장 16절의 "누가 이 일을 감당하리요?"라는 질문에 대한 대답으로 이 단락을 마친다. "우리는" 하나님의 능력을 통해 (이 일을 감당한다). 바울은 '하나님이 명백히 부적합한 자들을 섬기기에 합당하게 하신다'(고전 15:9)는 점을 강조하기 위해 하나님이 "나를 부르셨다"(갈 1:15)라고 말하는 대신 하나님이 "우리를 만족하게 하셨다"고 말한다.[324] 세상의 통치자들은 개인에게 책임 있는 지위를 부여할 수 있지만, 그러한 임명은 결코 권위를 효과적으로 행사할 수 있는 능력을 줄 수 없다. 하나님은 권위와 능력을 모두 주신다.

일꾼(διάκονος, 디아코노스)라는 단어는 단순히 겸손한 섬김를 의미하지 않는다. 이 문맥에서 이것은 메시지를 전달하는 대리인의 책임을 말하며, 바울은 하나님의 말씀을 전파하기 위해 그에게 부과된 책임과 관련하여 이 용어를 일관되게 사용한다.[325] 그것은 자신이 하나님께서 그들에게 전하는 메시지

324 람브레흐트(J. Lambrecht)는 "바울이 하나님의 사역자라는 것이 문제가 아니다. 그가 사역자로서 행동하는 방식에 의문을 제기할 뿐이다"라고 말한다("The Favorable Time: A Study of 2 Corinthians 6, 2a in Its Context," in *Bieringer and Lambrecht, Studies on 2 Corinthians*, 523). 마틴은 적절하게 말한다. "그는 자신이 종이라는 것 증명하지 않는다. 오히려 그가 종이기 때문에 그가 하는 일을 하나님의 능력의 본보기로 나타낼 수 있다(12:9)"(*2 Corinthians*, 172).

325 참조. 고전 3:5; 고후 6:4; 엡 3:7; 골 1:23, 25.

를 맡은 하나님의 중재자라는 확신을 전달한다.[326] 이 개념은 마음에 기록된 새 언약에 대한 예레미야의 예언(렘 31:33)을 소개하기 위한 추천서의 문제를 넘어선다. 그것은 또한 돌판에 기록된 옛 모세 언약과 바울이 3장 7-18절에서 취한 성령에 의해 시작된 새 언약 사이의 대조를 불러 일으킨다.

"율법 조문은 죽이는 것이요"라는 문구는 성경을 너무 문자 그대로 읽는 것부터 도덕적 제약에 이르기까지 모든 것을 공격하기 위해 일상적인 말로 전달되었다. 바울은 아마도 "중심의 확신을 표현하는 편리한 공식"으로 문자(조문)와 성령의 대조를 사용했을 것이다. 세 구절에만 나타나므로(롬 2:29; 7:6; 고후 3:6), 그가 의미한 바는 분명하지 않다.[327]

율법은 "영적"(롬 7:14)이지만, 육신의 연약함을 규정하고 금지할 뿐 능히 극복하지 못하며, 죄가 율법을 빼앗아 사망의 도구로 바꾸어 버렸다(롬 7:5-11). 율법은 순종을 강요할 수 없다. 불순종에 대한 심판을 선언할 뿐이다. 오리게네스는 "문자"가 성경의 문자적 외적 의미를 가리키고 "성령"이 성경의 영적 내적 의미를 가리킨다고 주장함으로써 바울의 의미를 잘못 표현했다. 그 후 이 구절은 그가 옹호했으며 수세기 동안 성경 주석을 지배했던 성경의 알레고리적 해석을 뒷받침하는 근거가 되었다.[328] 오늘날 본문에서 두 의미의 수준을 동일하게 구별하는 사람은 거의 없다. 일부 학자들은 여전히 바울이 본문을 이해하는 두 가지 다른 방법, 즉 문자적 의미와 영적 의미를 대조한다고 주장한다.[329] 성령은 성경을 이해하기 위한 해석학적 열쇠로 이해된다.

---

326 J. N. Collins, *Diakonia: Re-interpreting the Ancient Sources* (New York/Oxford: Oxford University Press, 1990), 73–191에서 용어 분석을 참조하라. 침입자들은 또한 자신을 "그리스도의 종"(11:23)으로 이해한다.

327 S. Westerholm, "Letter and Spirit: The Foundation of Pauline Ethics," *NTS* 30 (1984): 229.

328 Westerholm, "Letter and Spirit," 229. 문자와 성령에 대한 오리겐, 몹수에시아의 테오도르, 어거스틴, 글로사 오디나리아의 저자들, 토마스 아퀴나스, 라이라의 니콜라스, 마틴 루터 등의 대표적인 인물들의 해석의 역사를 위해서는 다음을 참조하라. W.-S. Chau, *The Letter and the Spirit: A History of Interpretation from Origen to Luther*, American University Studies, Series VII, Theology and Religion, 167 (New York: Peter Lang, 1995).

329 헤링(Héring)은 문자와 영 사이의 대립 이후, 바울이 "모세의 율법을 읽는 두 가지 방법, 즉 문자적 방법과 영적인 방법을 기술한다"고 주장한다(*Second Epistle*, 23). 프로방스("Who Is Sufficient for These Things?," 63)는 칼 바르트의 입장을 인용한다. "고린도후서 3장에서 성령의 역사가 없으면 성경의 영광과 그 기원이 아무리 크더라도 모든 것이 가려져 있다는 사실에 달려 있다"(*Church Dogmatics* 1/2, ed. G. W. Bromiley and T. F. Torrance [Edinburgh: T&T Clark, 1956], 515). 그러나 프로방스는 바울이 3장 14절에서 옛 언약 위에 있는 수건을 언급할 때 "이 수건은 굳은 마음의 수건으로 성경의 뜻을 가리는 것이 아니라 하나님의 영광을 가린다"고 지적한다("'Who Is Sufficient for These Things?'" 63–64). 개인이 영적으로 변화되어 주님의 영광을 볼 수 있을 때 휘장이 벗겨진다(3:18).

이 원칙이 사실일 수도 있지만, 바울이 문자와 성령을 구별할 때 염두에 두었던 것은 그것이 아니다. 바울은 성령의 역사를 성경의 참뜻을 여는 하나님의 영감을 주는 성령의 역사라기보다 생명을 주는 하나님의 능력이라고 말한다. 성령은 신자들로 하여금 그들이 할 수 없는 일, 즉 율법에 순종할 수 있게 하심으로써 그리스도 안에서 하나님의 새로운 행동을 성취하신다(롬 8:1-4).[330]

비교 가능한 견해는 "문자"(조문)를 율법에 대한 율법주의적 해석을 의미하는 것으로 해석한다. 이 해석은 그 문자(조문)를 이스라엘에서 옛 언약의 낭독을 듣는 자들의 마음을 강퍅케 하는 수건과 관련시킨다(3:14). "'문자'(조문)는 오히려 율법주의자가 율법을 오해하고 남용한 결과로 남겨진 것이다"라는 크랜필드의 말이 자주 인용된다.[331] 그러므로 "문자와 영"은 인간이 하는 일과 하나님이 하는 일 사이의 대조로 간주된다. 거룩하고 의롭고 선한 율법(롬 7:12)은 사람의 마음을 꿰뚫을 수 없다. 죄는 우리를 육신의 상태에 얽매이게 하고 율법을 왜곡하여 사망에 이르게 한다. 확실히 인간이 율법으로 무엇을 하는지에 대한 이러한 분석은 사실이다. 너무나 자주 우리는 하나님의 계시를 엄격하고 치명적인 명령으로, 또는 우리 자신의 의를 확립하거나 확인하는 일련의 규칙으로 바꾼다. 그러나 이 해석은 바울이 문자와 영의 대립으로 의미한 것이 아니다. 율법을 오해하거나 잘못 적용하는 것은 3장 6절에서 문제가 되지 않는다. 이 해석은 바울이 하나님이 돌에 율법을 새기신 것과 성령을 통하여 사람의 마음에 새기신 하나님(3:3)을 특별히 대조한다는 것을 무시한다.

"문자"(조문)를 율법에 대한 왜곡된 인식이나 오용을 의미하는 것으로 해석하는 것은 그것이 나타나는 다른 구절의 문맥에 잘 맞지 않다. 로마서 2장 27절에서 "문자"(조문)는 하나님의 율법에 대한 왜곡된 이해를 의미하는 것

---

330 1:22에서 바울은 고린도 교인들에게 하나님께서 그들을 인치시고 그들의 마음에 성령의 보증을 두셨다는 것을 일깨운다. 바울은 겔 39:29의 약속이 성취되었음을 확언한다. "내가 다시는 내 얼굴을 그들에게 가리지 아니하리니 이는 내가 내 영을 이스라엘 족속에게 쏟았음이라 주 여호와의 말씀이니라"

331 C. E. B. Cranfield, *A Critical and Exegetical Commentary on the The Romans*, ICC (Edinburgh: T&T Clark, 1975), 1:339. 바렛(Barrett)은 "문자"를 율법의 오용을 가리키는 것으로 이해한다. "따라서 문자는 (바울의 관점에서) 많은 동시대 유대인들이 그들의 종교의 기반이 된 율법을 이해한 방식을 지적하며, 이를 통해 율법주의적이든, 반율법적이든, 신비주의적이든 인간이 만든 종교 일반에 대해 설명한다"(*Second Epistle*, 113). 수년 전에 케제만(E. Käsemann)은 영향력 있는 에세이에서 율법에 있는 하나님의 본래의 신성한 의도가 인간에 의해 왜곡되어 "문자"가 만들어졌다고 주장했다("The Spirit and the Letter," in *Perspectives on Paul* [Philadelphia: Fortress, 1971], 138–66). 또한 다음을 참조하라. Provence, "Who Is Sufficient for These Things?" 65–67.

이 아니라 소유를 의미한다. 로마서 2장 29절에서 "문자"(조문)는 바울이 영적 할례와 대조한 외적인 할례를 가리킨다.[332] 쓰인 법전을 소유하고 할례를 받는 것은 잘못된 안전에 대한 의미로 이어질 수 있다.[333] 모두를 사형에 처하게 하는 것이 교도소의 안전이기 때문에 거짓되다. 로마서 7장 6절에서 "문자(조문)의 묵은 것"과 "영의 새로운 것"은 각각 옛 시대와 새 시대에 섬기는 다른 방식을 나타낸다. "문자"(조문)는 하나님의 백성이 순종할 의무가 있었지만 순종할 수 없었기 때문에 죄와 죽음의 속박을 초래했다는 구약 율법의 구체적인 요구를 가리킨다. "문자"(조문)는 단순히 기록된 것을 의미하며, 바울이 그것을 성령과 대조할 때, 신자들을 하나님의 형상으로 변화시킬 수 있는 내주하는 능력과 외적 법전을 대조시킨다(3:18).[334]

바울은 갈라디아서 3장 10-14절에서 율법이 순종하지 않는 모든 사람에게 저주를 선고한다고 주장한다. 모든 면에서 순종할 수 있는 사람은 아무도 없으므로,[335] 모두가 이 저주 아래 있다.[336] 율법의 저주는 그리스도의 죽음을 통해서만 제거되며, 이는 또한 모든 믿는 자에게 약속된 성령을 주신다(갈 3:13-14). "성령"은 하나님의 영을 의미한다. 내면으로부터 그리스도인의 행위를 지시하는 성령의 능력은 우리 스스로 토라의 율법에 주의를 기울이려는 모든 미약하고 헛된 시도를 대체했을 뿐만 아니라 정죄와 죽음 대신 의와 생명을 가져왔다.[337] 그러므로 우리는 "문자"(조문)가 구원 역사에서 신성하게 주어진 특정한 역할을 하였기 때문에 과도하게 부정적인 의미를 부여해서는 안 된다. 그 문자(조문)는 순종해야 했지만 인간은 순종하지 않았다. 문제는 인간과 문자(조문)가 복종을 만들 수 없다는 데 있다. 그 문자(조문)에 복종하려는 가장 용감한 시도조차 실패한다. 그 문자(조문)에는 하나님의 요구와 불

332 Westerholm, "Letter and Spirit," 233–36.

333 퍼니시(Furnish)는 다음과 같이 말한다. "율법 조문이 죽이는 이유는 참된 의가 오직 하나님의 선물로서만 오는데, 율법을 행하는 데 의가 내재되어 있다는 가정에 노예가 되기 때문이다('나 자신의 의' / '하나님의 의' 빌 3:9)"(*II Corinthians*, 201).

334 핫지(C. Hodge)가 말했듯이, "언약은 단순히 조건에 따라 유예된 약속이다. 그러므로 행위의 언약은 완전한 순종의 조건으로 유예된 생명의 약속에 지나지 않는다"(*Commentary on the Second Epistle to the Corinthians* [Grand Rapids: Eerdmans, 1950], 57).

335 유사한 가정이 에스라 4서 9:26-10:58에서 발견된다. 율법이 우리 안에 뿌려졌지만, 우리가 그것을 지킬 수 없다.

336 율법의 저주의 실재는 회당에서 매로 채찍질 당함으로 바울의 마음에 낙인이 찍혔을 것이다(고후 11:24). 채찍질을 당하는 동안 율법에 규정된 저주(신 28:58-59)를 큰 소리로 읽어야 했다(A. Deissmann, *Paul: A Study in Social and Religious History* [1927; reprint, New York: Harper & Row, 1957], 62, 다음 인용. 막 3:10-14).

337 Furnish, *II Corinthians*, 239.

순종에 대한 형벌만 명시되어 있기 때문에 불순종한 자는 사형에 처할 뿐 생명도 의도 주지 않는다(갈 3:21). 성령은 신자들을 자유롭게 하여 도덕적인 삶을 살게 하는 하나님의 능력이다. 그러므로 성령은 순종과 생명을 주고 옛 것을 새 것으로 변화시키기 때문에 율법을 주시는 하나님의 역사를 완성하신다(5:17; 엡 4:22, 24; 골 3:9-10).[338]

바울이 3장 6절에서 하나님을 섬기는 일이나 사역에 대해 이야기하기 때문에 문자(조문)와 성령은 두 가지 다른 언약 아래서 하나님께 드리는 두 가지 다른 방법을 가리킨다.[339] 하나는 순종을 요구하지만 순종하게 할 수 없는 문자로 돌판에 새겨져 있다. 다른 하나는 인간의 마음에 기록되어 있으며 하나님의 대리자를 통해 순종을 촉구한다. 훅Hooke은 다음과 같이 기민하게 관찰했다.

> 포도나무는 의회법에 따라 포도를 생산하지 않는다. 그것들은 포도나무 스스로 맺는 생명의 열매이다. 그러므로 왕국의 표준에 부합하는 행위는 어떤 요구에 의해서도, 심지어 하나님의 요구에 의해서도 생성되지 않는다. 그러나 그것은 하나님이 그리스도 안에서, 그리스도에 의해 행하신 일의 결과로 주시는 신성한 본성의 열매이다.[340]

바울에게 이 문자(조문)는 성령 시대에 의해 시작된 새 언약으로 초월된 옛 언약의 일부이기 때문이다.

바울은 로마서 8장 1-7절에서 영과 육의 대조를 충분히 설명한다. 율법 아래 있는 자들은 정죄(8:1), 죄와 사망의 법(8:2), 종됨(8:3), 육신의 무능함(8:3), 육신의 것(8:4-5), 사망(8:6), 원수됨(8:7)으로 결정되는 존재와 함께 살아야 한다. 성령이 거하시는 자들은 정죄함을 경험하지 않고(8:1), 그리스도 안에 있는 생명의 성령의 법으로 말미암아 창조된 자유(8:2), 하나님의 능력(8:3), 성령의 것으로 결정된 존재(8:4-5)와 생명과 평화를 경험한다(8:6). 나는 바울은 많은 사람들이 주장하는 것처럼 이 부분에서 반대자들에 대해 논쟁을 벌이는 것이 아니라 고린도 교인들에게 그가 성령의 능력으로 인도되는 새 언약의 사역자임을 상기시키려고 한다고 주장한다. 다음으로 그는 자신을 옛 언약의 사역자인 모세와 비교할 것이다(3:7-18). 옛 언약 아래서 모

338 바울은 고린도 교인들 가운데서 그의 사역이 성령과 능력을 나타내었고(고전 2:3-5), 그것이 그들 안에 생명을 가져온다고 주장한다(고후 4:12).

339 Furnish, *II Corinthians*, 240.

340 S. H. Hooke, “What Is Christianity?,” 264.

세의 사역이 영광이었다면, 새 언약 안에서의 바울의 사역은 "비할 데 없이 더 큰" 영광이 특징이다. 해프먼Hafemann이 적절하게 묘사한 것과 같이, "모세는 율법 아래 있는 율법을 순종할 수 없는 목이 곧은 백성에게 율법을 중보하도록 부름을 받았다. 바울은 마음이 변화되어 율법의 언약에 순종하는 백성에게 그리스도의 십자가의 결과로 부어지고 있는 성령을 중재하도록 부름을 받았다."[341]

2.2.2. 옛 사역과 새 사역(3:7-18)

7 돌에 써서 새긴 죽게 하는 율법 조문의 직분도 영광이 있어 이스라엘 자손들은 모세의 얼굴의 없어질 영광 때문에도 그 얼굴을 주목하지 못하였거든 8 하물며 영의 직분은 더욱 영광이 있지 아니하겠느냐 9 정죄의 직분도 영광이 있은즉 의의 직분은 영광이 더욱 넘치리라 10 영광되었던 것이 더 큰 영광으로 말미암아 이에 영광될 것이 없으나 11 없어질 것도 영광으로 말미암았은즉 길이 있을 것은 더욱 영광 가운데 있느니라 12 우리가 이같은 소망이 있으므로 담대히 말하노니 13 우리는 모세가 이스라엘 자손들에게 장차 없어질 것의 결국을 주목하지 못하게 하려고 수건을 그 얼굴에 쓴 것 같이 아니하노라 14 그러나 그들의 마음이 완고하여 오늘까지도 구약을 읽을 때에 그 수건이 벗겨지지 아니하고 있으니 그 수건은 그리스도 안에서 없어질 것이라 15 오늘까지 모세의 글을 읽을 때에 수건이 그 마음을 덮었도다 16 그러나 언제든지 주께로 돌아가면 그 수건이 벗겨지리라 17 주는 영이시니 주의 영이 계신 곳에는 자유가 있느니라 18 우리가 다 수건을 벗은 얼굴로 거울을 보는 것 같이 주의 영광을 보매 그와 같은 형상으로 변화하여 영광에서 영광에 이르니 곧 주의 영으로 말미암음이니라

3장 7-18절의 의미를 풀기 위한 수 많은 학문적 연구는 그 어려움을 증명한다. 바울의 이 논증 부분에서 모세의 사역과 율법을 주신 것과 관련된 영광을 자신의 사역과 관련된 영광, 그리고 복음과 관련된 영광을 대조한다. 그는 경쟁자들이 "구약을 지나치게 강조하고 그리스도의 새로움을 과소 평가하

341 Hafemann, *Paul, Moses, and the History of Israel*, 173.

는" 것에 관심을 가지지 않는다.[342] 바울은 그의 영역을 침범하여 사도적 권위를 약화시키고 자기들의 의제를 발전시키기 위해 출애굽기 34장에 호소했던 것으로 가정할 수 있는 거짓 사도들을 반대해서 논쟁하지 않는다. 바울은 고린도 교인들을 바로잡는 자신의 담대한 연설을 변호한다. 바울은 고린도 교인들이 두 사역, 즉 죽음만을 낳는 모세의 사역과 생명을 가져오는 그리스도 안에서의 새 사역의 서로 다른 영광에 대해 기꺼이 받아들일 것이라는 전제에서 논증한다. 그는 그리스도 안에서 새로운 사역의 대리자이며 그 지극히 큰 영광에 참여한다. 율법과 은혜의 대조가 아니라 영광이 이 단락의 핵심 주제이다.[343] 바울은 그의 사역이 성경에서 가장 빛나는 인물인 모세의 사역보다 훨씬 더 영광스럽다는 놀라운 주장을 한다. 그는 이 영광스러운 사역의 사도이기 때문에 그것은 눈물로 쓴 편지에서 솔직한 연설의 근거가 된다.

그러나 일부 해석가들은 고린도에 있는 바울의 반대자들이 이미 바울과 모세를 부정적으로 비교했으며 바울이 그 상황을 바로잡으려 한다고 주장한다. 이 반대자들은 시내산 언약의 중보자보다 바울이 영광스럽지 않다고 주장했던 것 같다. 스랄Thrall은 바울이 직접 비교했다면, 고린도 교인들은 거부했을 것이라고 주장한다.[344] 그것이 사실이라면 왜 그들은 이러한 소위 반론

342 Best, *2 Corinthians*, 28, 30, 32, 33에 반대된다. 비슬리-머레이도 바울이 이 지점에서 새 언약의 개념을 도입했다고 주장한다. 왜냐하면 "고린도의 반대자들은 유대교 전통을 자랑하는 유대인 교사들이었기 때문이다"("2 Corinthians," 22). 플러머는 요한 크리소스토무스(John Chrysostom)를 인용하는데, 그는 그 주장이 "유대주의적 관점에서 나온 근거를 없앤다"고 말한다(*Hom 2 Cor.* 89). 이 주장이 사실일 수 있지만 그것이 바울의 목적은 아니다. 여기에서 그는 옛 언약을 반대해서 새 언약을 지지하려고 하지 않는다.

343 해프먼은 "바울의 요점은 비록 이것이 그의 논증이 함축하는 근거이기는 하지만 새 언약 자체가 옛 언약보다 우월함을 입증하는 것이 아니라 새 언약의 사역자가 되기 위한 자신의 자격을 입증하는 것"이라고 주장한다("Paul's Argument from the Old Testament and Christology in 2 Cor 1-9," in Bieringer, *The Corinthian Correspondence*, 290–91).

344 Thrall, *II Corinthians*, 1:246. 어떤 학자들은 바울이 여기에서 이미 존재했던 "미드라쉬"를 출애굽기 34장에 삽입했다고 주장한다(Windisch, *Die zweite Korintherbrief*, 105, 112–13). 이 구절들이 본문에 없어도 바울의 주장이 일관성을 유지한다고 하더라도 그것이 본문에 대한 별로 관계가 없거나 독립적이고 괄호 안에 있는 해석임을 의미하지 않는다. B 부분이 본문에서 벗어난 것처럼 보이는 ABA′ 구조의 특징이다. 운니크(Willem C. van Unnik)는 "사도가 이전에 존재하는 문서나 가르침에 대해 언급했다는 증거가 전혀 없으며 바울 자신이 출애굽 이야기를 적용할 수 없었다는 이유도 분명하지 않다"라고 주장한다("'With an Unveiled Face,' An Exegesis of 2 Corinthians iii 12–18," *Novt* 6 [1963]: 262.). 반대자들이 모세와 율법을 높이기 위해 이 본문을 사용했다는 슐츠(S. Schulz)의 견해("Die Decke Moses. Untersuchungen zu einer vorpaulinischen Überlieferung in 2 Kor. 3:17–18," *ZNW* 49 [1958]: 1-30)와 바울이 그 구절에 대한 라이벌의 주해를 다시 썼다는 게오르기(Georgi, *Opponents of Paul*, 264-71)의 견해는 근거 없는 추측으로 거부되어야 한다. 반대자들은 출애굽기 34장을 사용하여 모세를 신적인 사람으로 높이며 그들이 성경에 대해 더 깊은 통찰력을 가진

에 더 확신을 가졌을까? 본문의 어떤 내용도 고린도에 있는 누구도 모세를 본보기로 이해하거나 바울을 모세에 비우호적으로 비교했다는 암시가 없다.[345] 이러한 "거울 읽기"의 예는 바울이 쓴 내용으로 고린도 교인들이 무엇을 말하고 있는지 추측하려고 하는 것인데, 이것은 본문을 잘못 이해하는 것이다. 3장 12절의 결론은 "그러므로 우리가 그리스도를 섬김으로 영광스러운 사도의 직분을 얻었다"가 아니다. 그것은 "우리가 그리스도를 섬기고 성령의 능력을 받기 때문에 더욱 담대히 행한다"이다.

바울은 공동체를 선동하는 자들의 그릇된 가르침을 반박하는 것이 아니라, 자신의 사역과 성령의 사역을 모세의 것과 율법 조문의 사역과 대조함으로써(3:4) 새 언약에 합당한 사도로서 자신의 담대함과 확신(3:6)을 정당화한다. 그는 부족함에도 불구하고 하나님과 백성 사이에 중개자로서 섬기기 때문에 자신의 충분함과 모세의 충분함을 병행시킨다.[346] 그는 자신의 솔직함의 근거를 확립하는 데 관심을 두고 있지 자기 사역의 영광을 세우는 데 관심이 없다. 이 본문은 상대방을 노골적으로 비난하는 논쟁적인 부분이 아니기 때문에 그것을 이해하는 가장 좋은 절차는 자체 문맥에서 내적인 논리를 파악하려고 시도하는 것이다. 바울이 출애굽기 34장의 주석에 대한 이전 배경이나 예상되는 반대자들의 가르침에 대한 재구성에 관련된 가상의 시나리오에 바울이 반대한다는 해석은 우리를 훨씬 멀리 가도록 할 것이다.[347]

신적인 사람이었다고 주장한다(3장). 본문은 그러한 가정을 지지하지 않는다. 바울은 어떻게 그의 반대자들의 글에 접근할 수 있었을까? (따라서, J.-F. Collange, *Énigmes de la d euxième épître de Paul aux Corinthiens: étude exègetique de II Cor 2:14–7:4*, SNTSMS 18 [Cambridge: Cambridge University Press, 1972], 68). 바울이 다른 시기에 회당에서, 그리고 아마도 고린도 교회에서도 이 구절을 가르쳤다는 것은 불가능한 일이 아니다. 그는 고린도전서 10:1-22에서 성경의 같은 부분인 출애굽기 32:1-34:35을 인용했다. 참조. C. J. A. Hickling, "Paul's Use of Exodus in the Corinthian Correspondence," in Bieringer, *The Corinthian Correspondence*, 367–68. 덤브렐(W. J. Dumbrell)은 바울이 출애굽기 34장의 사상의 흐름을 충실하게 파악했다고 주장한다("Paul's Use of Exodus 34 in 2 Corinthians 3," in *God Who Is Rich in Mercy*, ed. P. T. O'Brien and D. G. Peterson [Homebush, Australia: Lancer Books, 1986], 179-94). 해프먼(Hafemann)의 철저한 연구는 요점을 더욱 강력하게 만든다(*Paul, Moses, and the History of Israel* [Peabody: Hendrickson, 1996], 189-254.) 바울은 출애굽기 32-34장의 해석에서 임의적인 미드라쉬에 관여하지 않는다. 핵심 단어는 임의적이며, 이는 원래 의미를 완전히 무시하고 본문을 해석하는 것을 의미한다. 그것은 여전히 해석이지만 바울은 본문과 모순되는 추가를 통해 구약 구절을 의도적으로 잘못 해석하지 않았다. 반대자들에 대해 자신의 입장을 지지하거나 자신의 사역에 대해 주장한다.

345 바울이 자신에 대해 말한 것은 모든 복음 사역자들에게 적용된다.

346 Hafemann, *Paul, Moses, and the History of Israel*, 34.

347 다음 논의를 참조하라. Furnish, *II Corinthians*, 242–44; 또한 다음을 참조하라. M. Hooker, "Beyond the Things That Are Written? St. Paul's Use of Scripture," *NTS* 27 (1981): 295–309.

구 조

바울은 출애굽기 34장 29-35절의 설명을 통해 율법 조문이 사람을 죽인다는 진술을 확장한다. 이 설명은 모세가 언약의 두 돌판을 가지고 시내산에서 내려왔을 때 모세의 빛나는 얼굴을 묘사한다. 첫 번째 부분인 3장 7-11절에서 바울은 모세가 섬긴 옛 사역과 새 사역의 영광을 비교하기 위해 세 가지 조건문을 사용한다. 그는 영광이 옛 언약을 동반한다는 부인할 수 없는 사실을 생각하는 것으로 시작한다. "영광"(δόξα, 독사)은 3장 7-11절에서 여덟 번, 3장 18절에서 세 번 나오는 핵심 단어이다(참조. 4:4, 6). 동사 형태(δοξάζω, 독사조)는 3장 10절에 두 번 나타난다. 그는 먼저 "영의 직분은 더욱 영광이 있지 아니하겠느냐"(3:8)라는 질문으로 영광과 함께 왔던 정죄의 사역보다 성령의 사역이 훨씬 더 영광스럽다고 강조한다. 그 다음에는 세 가지 진술이 이어진다. "의의 직분은 영광이 더욱 넘치리라"(3:9), 그 사역이 "영광되었던 것"의 영광을 "뛰어넘으며"(3:10), 그 사역은 "인내"하므로 "없어질 것" 보다 "더욱 영광 가운데"(3:11) 있다. 비교할 때마다 두 사역과 관련된 영광은 점점 더 비교할 수 없다.

바울은 자신의 요점을 설명하기 위해 작은 것에서 큰 것으로 진행하는, 일반적으로 사용되는 논리적 논증을 채택한다.[348] 돌에 써서 새긴 사역의 영광이 일시적이요 정죄에 이르게 한다면, 더 큰 영광이 성령의 사역에 수반된다. 이 성령의 사역은 마음에 새기고 함께 거하며 정죄보다는 무죄 선언을 이끈다. 두 사역의 서로 다른 효과를 비교하면 이전에 영광이었던 것이 이제는 새 것의 지극히 큰 영광에 가려 그 영광이 흐려졌음을 알 수 있다(3:11). 성령의 영광스러운 사역은 담대히 말하게 한다(3:12).[349]

바울은 3장 12-18절에서 모세가 이스라엘 자손들 앞에서 자신을 가린 이유에 대한 수수께끼 같은 설명으로 주장을 계속한다. 그는 자신의 담대함과 모세의 주의 깊은 자제를 대조한다. 출애굽기 34장에 대한 바울의 해석은 그가 주장하는 담대함(3:12), 자유(3:17), 영광(3:18)은 개인의 성품과는 아무

348 랍비 문헌에서 이러한 형태의 논증에 대한 용어는 qal wāhômer(칼 와호메르. 문자적으로, 작은 것과 큰 것)이다. 현대 논리에서는 "아 포르티오리"(a fortiori, 더 강력하게 논증하는 방식)라고 불린다. 그것은 로마서 5:9-10, 15, 17; 11:12, 24 그리고 자주 예수님의 가르침(마 6:30, 7:11, 10:25), 특히 그의 비유(눅 11:5-8, 15:1-7, 8-10, 18:1-8)에서 나타난다. 또한 다음을 참조하라. 히 9:13-14; 10:28-29; 12:9.

349 Fredrickson, "ΠΑΡΡΗΣΙΑ", 177.

상관이 없고 그가 섬기는 사역의 본질적인 영광과 관련이 있음을 보여 준다. 그는 자신이 흠이 있는 그릇이지만 완전한 보배가 들어 있는 그릇인 줄 안다(4:7). 바울이 주장하는 영광은 자기 갈채나 남의 환호가 주는 공허한 영광(*κενοδοξία*, 케노독시아)이 아니다. 성령의 사역으로 섬기는 모든 자에게 하나님이 주시는 영광이다.

2.2.2.1. 이제는 없어진 사역의 영광(3:7-9)

3:7-8. 이스라엘이 금송아지를 숭배하는 것은 우상을 만들지 말며 위로 하늘에나 아래로 땅에 있는 어떤 것의 형상에게도 절하지 말라는 계명을 어긴 것이다(출 20:4-5). 그것은 모세로 하여금 언약의 두 판을 부수게 하였다(출 32:1-35). 모세는 큰 죄를 지은 백성을 책망하고 속죄할 수 있기를 바라는 마음으로 시내산에서 여호와의 임재로 돌아갔다(출 32:30). 그러나 주님은 "누구든지 내게 범죄하면 내가 내 책에서 그를 지워 버리리라"(출 32:33)라고 말씀하시며 돌이키지 않으실 것이다. 금송아지를 만들었기 때문에 전염병이 백성을 휩쓸었다(출 32:35). 모세는 백성을 대신하여 성공적으로 하나님을 중재했고(출 33:12~17), 주님의 영광을 보았다(출 33:18~23). 그가 언약의 판을 가지고 두 번째로 내려올 때에 그의 얼굴은 하나님 임재 앞에 빛났다(출 34:29). 그의 광채는 백성에게 두려움을 일으켜서 여호와께서 그에게 말씀하신 모든 것을 그들에게 전한 후에 수건으로 얼굴을 가렸다. 그때부터 모세는 하나님의 계명을 밝히기 위해 이스라엘에게 다가갈 때 수건으로 얼굴을 가렸다.

바울은 율법을 주신 것이 영광스러운 순간이었다고 여긴다. 그 영광은 모세가 하나님과의 만남에서 빛나는 빛을 발산했을 때 그의 얼굴에 새겨졌다. 그는 모세와 그의 영광을 폄하하지 않고 자신의 사역에 더해진 영광이 얼마나 더 큰지를 보여 주기 위해 강조한다. 그러나 바울은 모세와 관련된 사역을 죽음을 가져온 사역으로 밝힌다. 로마서 7장 11-14절은 바울이 "사망에 이르게 한 사역"이 무엇을 의미하는지 가장 잘 설명한다. 거기에서 "죄가 기회를 타서 계명으로 말미암아 나를 속이고 그것으로 나를 죽였는지라"라고 주장한다. 죄는 "선한 그것으로 말미암아 나를 죽게 만들었으니 이는 계명으로 말미암아 죄로 심히 죄 되게" 한다. 사망은 죄로 말미암아 세상에 이미 이르렀기 때문에 율법이 사망을 가져오지 않았다(롬 5:12-14). 그 대신에 율법은 죄를 죄로 규정하고 불순종을 고의적인 범법으로 규정하고 죽음을 형벌로 규정했다. "사망을 가져온 직분"은 율법에 대하여 죄를 지은 자들에게 죽음을 가져왔다는 것을 의미한다.

시내산의 경험을 죽음을 가져온 사역으로 이해하는 것은 유대인이라면 누구나 놀라워할 주장이다. 유대인들은 정반대로 선포했다. 율법은 생명을 주었다. 후대의 랍비는 이렇게 표현했다. "이스라엘이 그들의 창조주를 노엽게 하기 위하여 조각한 우상 아래에 서 있는 동안 하나님은 그들에게 생명을 주실 높은 조각판 위에 앉으셨다."[350] 바리새인으로서 바울은 율법과 선지자들에게서 생명을 얻었다고 믿었기 때문에 율법과 선지자를 연구한 다른 독실한 유대인과 다르지 않았다(참조. 요 5:39). 바움Baum은 바울이 "새 것과 함께 일어난 일의 관점에서 옛 것을 돌이켜보고 이제 옛 것을 사망의 사역으로 보는 것(고후 3:7)은 성령의 사역에 비하면 그것이 부정적임을 드러낸다.[351] 부활하신 주님을 만난 후(4:6), 그는 율법이 그리스도를 증거한다는 것을 깨달았다(참조. 눅 24:44-47). 또한 율법 외에 하나님의 의가 예수 그리스도 안에 나타났음을 확신하게 되었다(참조. 롬 3:22; 고전 1:30; 고후 5:21). 만일 구원이 그리스도를 통해서만 오면 구원은 기록된 율법으로 말미암지 못할 것이다. 율법이 생명에 이르게 하지 아니하고 순종하지 아니하는 모든 자에게 사망을 선고한다면 하나님께서는 그리스도의 죽으심과 부활로 말미암아 생명의 새 길을 예비하신다(롬 7:10; 갈 3:21; 고전 15:56). 그리스도를 믿는 믿음 때문에 바울은 율법 곧 거룩하고 의롭고 선한 것(롬 7:12)을 죽음을 가져온 사역으로 보게 되었다. 돌에 글자를 새겼다는 것은(3:7) 문자(조문)가 죽인다는 말의 또 다른 표현일 뿐이다(3:6).

바울은 모세의 사역이 네 가지 이유로 마음이 변하지 아니한 자들에게 죽음을 준 것이라고 말할 수 있다. 첫째, 율법은 죄에 대한 형벌로서 죽음을 규정한다(롬 5:12-21). 그것은 불순종하는 자를 저주 아래 놓이게 한다. "이 율법의 말씀을 실행하지 아니하는 자는 저주를 받을 것이라"(신 27:26).[352]

둘째, 율법은 범법을 규정한다. 무지로 죄를 지을 수 있다. "율법은 진노를 이루게 하나니 율법이 없는 곳에는 범법도 없느니라"(롬 4:15; 참조 5:13).

350 Exod. Rab. 41:1. 또한 다음을 참조하라. Arist. Ex. 31, 127; 2 Bar. 38:2; 46:4-5; 48:22; Ps. Sol. 14:2. 집회서(Sir 17:13)에 따르면, "그들의 눈은 그의 영광스러운 위엄을 보았고 그들의 귀는 그의 음성의 영광을 들었다"(또한 45:5 참조).

351 G. Baum, *Is the New Testament Anti-Semitic?* (Glen Rock: Paulist, 1965), 269.

352 또한 신명기 30:17-18을 참조하라. "그러나 네가 만일 마음을 돌이켜 듣지 아니하고 유혹을 받아 다른 신들에게 절하고 그를 섬기면 내가 오늘 너희에게 선언하노니 너희가 반드시 망할 것이라."

범죄는 옳고 그름에 대한 인정받는 표준을 요구하며, 율법은 범법 행위를 설명함으로 죄를 죄로 알려지게 한다(롬 3:20; 7:7, 13; 갈 3:18). 범죄는 표준을 고의적으로 위반하는 것이며 결과적으로 죄보다 더 심각하다. 율법은 죄가 의식적이고 고의적인 범죄임을 밝혀 세상의 도덕적, 종교적 상황을 분명히 했다. 죄인들은 하나님의 뜻을 어겼을 뿐만 아니라, 이제 그들이 하는 일이 하나님의 뜻을 어기는 것임을 알고도 반항적으로 죄를 짓고 있다. 율법은 하나님께 대한 의식적이고 능동적인 반역임을 드러냄으로써 악행의 죄악된 성격을 폭로한다. 그 효력은 범죄를 더하여 사망에 이르게 한다(롬 5:20).

셋째, 율법은 죄인들이 율법주의적인 궤변으로 하나님의 명령을 왜곡하고 하나님께서 요구하시는 것을 행했다고 생각하도록 스스로를 속이는 기회를 제공한다. 그런 다음 그들은 하나님을 신뢰하기보다 자신의 우스꽝스러운 업적과 인종 및 종교 유산에 의존한다(롬 3:19-31). 그들의 율법주의는 내면의 반역을 조장하여 그들이 하나님이 아닌 규율에 의해 다스려지도록 할 수도 있다.

넷째, 율법은 생명을 줄 능력이 없으므로 생명을 줄 수 없다(참조. 롬 7:10; 8:1-11). 율법은 그 누구도 순종할 수 있도록 돕지 않으며 상대평가 하지 않는다. 실패하는 자에게 죽음의 형벌만을 선포할 뿐이다. 99.99%의 복종도 낙제점을 받는다.

그 치명적인 결과에도 불구하고 죽음을 가져 왔던 이 사역은 분명하게 하나님의 영광을 반영하는 광채와 함께 왔다. 주님의 영광은 불 같은 하나님의 광채로 묘사된다(출 24:16-17; 40:34-35[70인역에서 "영광"으로 번역됨], 16:10, 32:22-23, 34:29-35). 모세가 율법의 판을 가지고 시내산에서 내려왔을 때 그의 얼굴은 남은 하나님의 영광의 빛을 발했다. 바울은 이스라엘 사람들이 "영광 때문에 그(모세의) 얼굴을 주목하지 못하였다"(*διὰ τὴν δόξαν τοῦ προσώπου*, 디아 텐 독산 투 프로소푸)라고 말한다. 결과적으로 모세는 이 영광을 이스라엘 사람들의 시선에서 가려야 했다.

이렇게 실행하도록 만든 영광은 어떠한 것인가? 출애굽기 이야기는 의롭고 거룩하신 하나님의 영광을 보는 것이 사악한 인간에게 극도로 위험하다는 것을 분명히 한다. 모세는 하나님의 영광을 보기를 간구했지만(출 33:18), 하나님은 하나님의 얼굴을 직접 쳐다보는 것은 죽음에 이른다고 경고하셨다(출 33:20). 모세는 불타는 떨기나무에 대해 얼굴을 가리고 하나님 뵈옵기를 두려워했다(출 3:6). 하나님께서 모세를 반석 틈에 안전하게 두시고 손으로 덮으시고 등만 드러내셨을 때(출 33:21-23), 모세의 얼굴은 하나님을 만남으로 빛났다. 모세만이 하나님의 두려운 위엄과 광채를 잠깐 보았고 그것에 대해 이야기하기 위해 살았다(출 33:17-23).[353] 이와 대조적으로 이스라엘 백성은 계속해서 하나님께 원망하고 모세를 원망하며 금송아지에게 절했다. 그들의 죄악된 상태는 모세의 얼굴에 비치는 하나님의 영광의 빛을 흘끗 보기조차 위태로웠다. 프로방스Provence는 바울의 개념를 잘 요약한다. "이미 반역하기로 결심한 사람들에게 하나님의 진리는 그들로 하여금 더욱 반역하게 할 뿐이다. 그러므로 바울의 의도는 하나님의 영광이 성령으로 마음이 변화되지 않은 자들을 더 완고하게 만드는 효과를 분명히 하는 것이다."[354] 모세가 자신을 가리지 않았다면 하나님의 거룩하심이 백성을 멸망시켰을 것이다.

본문에 대한 바울의 논평, "이스라엘 자손들은 모세의 얼굴의 없어질 영광 때문에도 그 얼굴을 주목하지 못하였거든"은 해석이 어렵다.[355] 동사 καταργεῖν(카타르게인, "없어질"로 번역됨)이 "쇠퇴하다"를 의미하는 것으로 간주된다면, 바울은 모세의 얼굴에 있는 영광이 쇠퇴했음이 틀림없다고 추측했을 것이다.

그러면 이 쇠퇴하는 영광은 율법의 사역의 영광이 그리스도의 오심과 함께 사라져야 함을 드러낼 수 있다(3:11). 율법 조문의 언약은 일시적일 뿐이었으며(갈 3:19-25; 참조. 롬 10:4) 이제 "옛" 것으로 이해될 수 있다(3:14; 참조. 롬 7:6). 분사의 현재 시제는 무언가 "쇠퇴하다"는 생각에 적합하다. 브루스는 바울이 출애굽기 34장 33-35절에서 모세의 얼굴에 광채가 사라졌다고 추론했을 수 있다고 주장한다. 이것은 모세가 회막에서 하나님 앞에 나아

353 명사 "영광"(δόξα)은 고린도후서에서 20회, 3:7-4:6에서 13회, 4:15, 17에서 2회 더 나온다. 그 의미의 역사에 대해서는 다음을 참조하라. J. Jervell, *Imago Dei. Gen. 1, 26f im Spätjudentum, in der Gnosis und in den paulinischen Briefen*, FRLANT 76 (Göttingen: Vandenhoeck & Ruprecht, 1960), 176–80; G. H. Boobyer, *Thanksgiving and Glory of God in Paul* (Borna-Leipzig: Noske, 1929); C. C. Newman, *Paul's Glory-Christology*, NovTSup 69 (Leiden: Brill, 1992). 바울의 "영광"이라는 용어는 창조에서 하나님의 가시적인 드러남(롬 1:20-23; 참조. 시 19:1), 하나님의 임재(롬 9:4, 참조 출 40:34-35, 왕상 8:10-11; 시 26:8), 그리고 그리스도인들에게 나타날 미래의 영광(롬 8:18, 골 3:4)을 가리킬 수 있다. 그것은 또한 하나님의 현재 변화시키는 능력을 나타낼 수 있다(롬 8:30). 영광은 그리스도를 죽은 자 가운데서 살리신(롬 6:4), 그리스도인을 강하게 만드는(골 1:11; 참조. 엡 1:19), 그리스도인을 변화시키는(고후 3:18) 하나님의 능력을 가리킬 수 있다.

354 Provence, "Who Is Sufficient for These Things?," 71. 하나님의 영광은 항상 인간의 죄를 예리하게 구원한다(사 6:1-7, 롬 3:23).

355 신약에서 καταργεῖν 동사의 27 용법 중 25회가 바울에서 나타난다. 이 단락에는 4회 나온다(3:7, 11, 13, 14).

갈 때마다 모세의 얼굴이 영광으로 "다시 채워졌음"을 암시할 수 있다.[356] 이 해석의 주요 문제는 καταργεῖν(카타르게인)이 다른 바울 본문에서 이 의미가 아니고, 본문을 과도하게 읽는다는 것이다.[357] 또한 모세의 광채가 줄어들지 않았다는 유대교 전통에도 어긋난다.[358]

바울은 일반적으로 καταργεῖν을 "없애다", "무효화하다", "무능력하게 하다", "쇠퇴하다" 또는 "폐기되다"의 의미로 사용한다.[359] 이 의미는 동사 "거하다"(개역개정. "있을 것은")의 반의어로 사용되는 3장 11절에 가장 잘 맞다. 그것은 또한 바울 논증의 기본 전제에 부합한다. 즉, 성령의 사역이 율법 조문의 사역을 대체한다. 현재 시제는 그것이 시작될 때부터 "영광이 폐지되는 과정에 있었다"는 것을 의미한다.[360] 수동태는 실행자로서 하나님을 가리킨다.

해프먼은 이 동사가 바울의 편지에서 이 시대와 내세 사이의 불연속성을 표현하는 종말론적 의미를 갖고 있다고 주장한다.

> 문맥은 일관성 있게 종말론적이며 그 의미는 "(무엇인가) 작동하지 않거나, 효과가 없거나, 무력하게 만든다" 또는 "효과와 관련해서 (무엇인가)를 무효로 만들다"로 가장 잘 번역된다. 사실, 바울이 καταργέω[카타르게오]를 사용한 것은 이 세상의 구조를 위한 그리스도의 오심과 재림의 중요성을

356 Bruce, *I & II Ancients*, 191. 하비(Harvey)는 그리스 철학 전통에서 δόξα가 "지식에 반대되는 '의견', 종종 거짓으로 판명될 수 있는 인식, 사물의 실제 본성이 아니라 겉보기에 근거한 것"을 의미한다고 주장함으로 이 견해를 지지하려고 한다. 그는 히브리어 명사 כָּבוֹד를 번역하기 위해 δόξα와 같은 양쪽의 의미를 가진 단어를 사용한 이유에 대한 가능한 설명이 "히브리 종교의 심리학에 깊숙이 자리 잡고 있다"고 제안한다. 인간은 결코 하나님을 볼 수 없다. "하나님을 경험할 수 있는 것은 그와 비슷한 것, 어떤 겉보기뿐이었다." 모세는 하나님의 영광, 하나님의 강렬한 임재를 보았지만 헬라어 독사(δόξα)는 "실재에서 어느 정도 거리를 둔다"는 의미를 가졌다. 바울은 모세가 본 것이 "모세의 모습에서조차 쇠퇴할 정도로 불완전한 '형상'"이었다고 제안할 수 있다. 기독교 사역자에게 약속된 것은 또 다른 질서였다. 그것은 영구적이었다(τὸ μένον, 3:11)"(*Renewal through Suffering*, 51–52). 바울이 여기에서 그러한 미묘한 의미를 다루고 있는지 의문의 여지가 있다.

357 해프먼(Hafemann)은 그것이 "현실의 어떤 측면의 점진적인 '사라짐'"을 결코 언급하지 않는다고 주장한다(*Paul, Moses, and History of Israel*, 309; 그의 전체 논의는 다음을 참조하라(301-9p).

358 벨빌(Belleville)은 모세의 얼굴이 빛나는 것이 일시적인 현상이라는 상충되는 증거에 대한 해석은 다른 해석이 가능하다(*Reflections of Glory: Paul's Polemical Use of the Moses-Doxa Tradition in 2 Cor 3,1–18*, JSNTSup 53 [Sheffield : JSOT Press, 1991], 41–42, 67). 다양한 해석에 대한 해프먼의 비판(*Paul, Moses, and History of Israel*, 287–98)을 참조하라.

359 참조. 롬 3:3, 31; 4:14; 고전 13:8(2회), 10, 11; 갈 3:17; 5:4, 11. 이 동사는 고전 2:6; 6:13; 15:24, 26; 살후 2:8; 딤후 1:10(히 2:14 참조)에서 "멸망하다" 또는 "파괴하다"라는 의미를 가지고 있다.

360 Barrett, *Second Epistle*, 116, 183n23.

표현하기 위한 바울의 전문 용어(terminus technicus)로 고려하는 것을 정당화한다.[361]

그는 "이스라엘 자손은 없어지는 모세의 얼굴의 영광을 인하여 그 얼굴을 유심히 볼 수 없었다"라고 번역한다.[362] "없어지다"는 로마서 6장 6절, 7장 6절, 고전 1장 28절의 동사 용법에 잘 맞는다.

해프먼은 성령의 사역과 관련된 영광이 더 영광스러운 것이 아니라고 강력하게 주장한다. 왜냐하면 죽음의 사역과 관련된 영광이 어떤 면에서 질이나 양적으로 열등했기 때문이다. 그는 다음과 같이 말한다. "새 언약 안에 있는 하나님의 영광이 시내산에 나타난 하나님의 영광이나 모세의 사역을 통하여 율법과 관련된 것보다 더 낫거나 더 강하거나 더 찬란한 것 같지 않다."[363] 그는 동사 καταργεῖν을 "모세의 얼굴에 있는 영광이 그 효과와 관련하여 지속적으로 없어지고 끝난다"라는 의미로 해석한다.[364] 그는 바울이 우월함과 열등함을 비교하지 않고 두 영광의 유사성에서 논증한다고 주장한다. 차이점은 하나가 죽음과 정죄에 연결된다는 것이다.[365] 해프먼은 다음과 같이 중요한 점을 지적한다. 바울의 성령 사역은 죽음을 가져온 모세의 사역과 달랐다. 왜냐하면 그것은 다른 이들로 하여금 "멸망되지 않고 하나님의 영광을 만나게 하기" 때문이다.[366] 그러나 이 사역을 비교하는 데 함축된 의미는 하나가 다른 것과 비교하여 열등하다는 것이다. 하나는 생명을 주는 효과가 있기 때문에 더 큰 영광을 가지고 있다.[367]

바울이 동사 καταργεῖν으로 의미한 바를 정확히 알지 못한다고 해서 바울의 논증의 의미를 이해할 수 없다는 것은 아니다. 시내산에서 율법을 주신 것과 모세의 사역은 모든 결함에도 불구하고 장엄한 영광을 얻었으며, 우리는 이제 그리스도의 오심 이후에 그것을 더욱 분명하게 인식하게 되었다. 어떤 면에서 그것은 일시적인 영광이었다. 바울의 요점은 '영광이 사망에 이르게

361 Hafemann, "Paul's Argument," 288; 또한 다음을 참조하라. Hafemann, *Paul, Moses, and the History of Israel*, 301–13.

362 Hafemann, "Paul's Argument," 288.

363 Hafemann, *Paul, Moses, and the History of Israel*, 323.

364 Hafemann, "Paul's Argument," 288.

365 Hafemann, *Paul, Moses, and the History of Israel*, 271.

366 Hafemann, *Paul, Moses, and the History of Israel*, 313.

367 랍비들은 복됨이 하나님의 영광을 묵상하는 것이라고 믿었다(b. Ber. 34a). 바울은 그리스도를 믿음으로 말미암아 오는 성령의 변화시키는 능력이 없이는 그러한 묵상이 복이 아니라 멸망만을 가져올 것을 확신한다.

하는 일을 동반한다면(고전 10:1-12 참조) 생명에 이르게 하는 성령의 사역에는 얼마나 더 영광이 따르겠는가(3:8)' 하는 것이다.[368] 우리 마음에 비취는 그리스도의 얼굴에 나타난 하나님의 영광(4:6)은 훨씬 더 크다. 결코 없어지지 않을 것이며, 그것을 바라본다고 해서 사망에 이르지 아니하고 믿는 자들이 그 온전한 영광으로 변화하기 시작할 수 있게 하는 것이다(3:18).

바울의 요점은 모세의 사역이 쇠약해지고 폐하고 가려지게 되어도 영광과 능력이 있었다면 복음의 사역은 얼마나 더 영광과 능력이 있어 쇠하지 않고 영원한 효력이 있겠는가 하는 것이다(참조. 계 14:6). 그리고 죄인들을 멸망시킬 수 있는 하나님의 위엄 있는 거룩함으로부터 보호하기 위해 가려질 필요가 없다. 바울은 두 사역의 효과를 대조한다. 율법의 명령은 순종할 수 없는 자들을 죽음에 이르게 한다. 복음은 순종을 가능하게 하는 하나님의 영을 통해 생명을 준다. 해프먼은 바울이 "율법 자체의 어떤 신학적 부적절성 때문에" 율법을 폄하하는 것이 아니라 "더 이상 최종 완성을 준비하는 수단이 될 수 없기" 때문에 율법을 신뢰하지 않는다고 강조한다. 그리스도의 오심은 예레미야 31장과 에스겔 36장에 약속된 새 언약을 시작시켰다. 하나님의 백성은 그리스도 안에 있고 성령으로 변화되어야만 심판 날에 합당해질 수 있다.[369] 옛 사역과 새 사역의 차이는 "인간의 마음 안에 있는 성령의 역사하는 것, 또는 역사하지 않는 것이다."[370]

3:9. 3장 9절에서 바울은 정죄의 직분과 의의 직분이라는 다른 용어로 다시 대조한다.[371] 의는 정죄의 반대가 되어야 하며 이 경우 무죄를 의미해야 한다(참조. 고전 1:30; 4:4; 6:11; 고후 5:21).[372] 하나님의 의의 성품은 아브라

---

368 3:8의 동사 ἔσται는 미래형이다. 만일 우리가 이것을 바울의 관점에서 미래로 이해한다면, 그 영광은 끝날 때 나타난 마지막 때의 영광을 가리킬 것이다(롬 6:5, 8:18). 그러나 3:9에서 의의 사역은 지금 영광이 넘친다. 그러므로 미래 시제는 논리적 순서를 나타낼 가능성이 더 크다(따라서, Plummer, *Second Epistle*, 91; Bultmann, *Second Letter*, 81; Thrall, *II Corinthians*, 1:245). 성령의 사역이 더 큰 영광을 반영한다는 뜻이다. 퍼니시(Furnish)는 동사에 대한 시간적 의미와 논리적 의미 모두를 주장한다(*II Corinthians*, 228).

369 Hafemann, *Paul, Moses, and History of Israel*, 343.

370 Provence, "Who Is Sufficient for These Things?, 77.

371 사본들은 여격 τῇ διακονίᾳ 대신에 주격 ἡ διακονία을 제시한다. 앞의 절의 주격으로 동화되었을 가능성이 더 크다. 여격은 "정죄의 사역에 영광이 있었다면"으로 번역될 것이다.

372 "정죄의 직분"과 "의의 직분"은 둘 다 주격적 속격이므로 "정죄하는 직분"과 "의를 가져오는 직분"(또는 "의롭게 하는 일")을 가리킨다. 11:15에서 바울은 방해하는 자들을 의의 일꾼으로 가장하는 사탄의 일꾼을 조롱한다.

함과 맺은 언약에 신실하심으로써 그분의 의로운 행동으로 이끈다. 신자의 삶에 미치는 영향은 하나님 앞에서의 올바른 신분과 올바른 삶으로 나타난다. 그렇기 때문에 새 사역은 더욱 영광스럽다. 이스라엘 백성이 죄를 지었을 때 모세는 용감하게 그들을 대신하여 중재를 시도할 수 있었지만 그들의 죄(출 32:31-33)나 자신의 죄를 없애는 데 무력했다. 그는 그들을 의롭게 만들 수 없었다. 그는 범죄를 명시하고 처벌을 규정한 문자(조문)의 사역만을 맡았다. 그가 이스라엘에게 준 율법은 저주와 정죄만을 초래할 뿐이었다. 바울은 아무도 그것을 온전히 순종할 수 없다고 믿었다. 이런 의미에서 율법은 일시적인 것이었다. 왜냐하면 하나님의 목적은 정죄하는 것이 아니라 구원하는 것이기 때문이다(롬 3:21-26). 하나님은 사망의 심판이 아니라 생명으로 인도하는 의를 원하신다. 성령의 새 사역은 이것을 분명히 한다. 성령은 돌처럼 굳은 마음을 하나님의 의를 받아들이는 마음으로 변화시키신다. 3장 3절에서 에스겔 11장 19절, 36장 26절, 예레미야 31장 33절의 암시는 새 언약이 율법을 완전히 폐기하는 것이 아니라 변화된 마음을 통해 율법을 지키는 새로운 길을 제시한다는 것을 분명히 한다.

그리스도께서 정죄받은 자들을 위해 중보하실 뿐만 아니라(롬 8:26, 34), 그의 죽음이 그들의 죄를 효과적으로 속죄하시기 때문에(롬 3:25; 고후 5:21) 성령께서 용서하신다(롬 5:16, 18, 8:1).[373] 율법은 순종을 요구한다. 성령이 그것을 할 수 있게 하신다(롬 8:3). 율법은 사형을 선고하여 죄인을 없애버린다. 성령은 주의 영광(3:18), 하나님의 진리(4:2), 부활의 약속(4:13-14)을 나타내심으로써 그들을 비춰주신다. 그러므로 성령의 역사는 새 언약과 옛 언약을 구별하는 중요한 차이점이다(3:17-18). 이러한 구분으로 인해 바울은 다음과 같이 주장한다. '정죄에 이르는 직분이 영광을 얻었으면 의로 인도하는 직분이 얼마나 더 영광이 있겠습니까?'

373 롬 3:25에 있는 동사 προτίθημι의 번역은 많은 논란이 있지만 "작정했다, 의도했다"(purposed)가 "세웠다"(set forth, NRSV)나 "제시했다"(presented, CSB)보다 나은 것 같다. 바울은 1:13에서 이 동사를 사용하여 로마 교인들에게 몇 번이나 그들에게 오고 싶었는지 말했다. 명사 형태는 8:28과 9:11에 나타나며 선택의 목적을 나타낸다. 그러므로 바울은 십자가가 하나님의 영원한 목적을 반영한다고 믿는다. 로마서에서 그는 그리스도의 죽음이 공표하는 문제에 관심이 있는 것이 아니라 하나님께서 죄를 넘어가신다는 명백한 신학적 문제를 설명하는 데 관심을 두고 있다. 단순히 죄를 간과하는 것은 하나님이 악을 용납하신다는 것을 의미하기 때문에 하나님의 신실하심과 양립할 수 없다. 바울은 하나님께서 의를 타협하지 않고 죄를 간과하셨다고 설명한다. 왜냐하면 하나님은 십자가를 통해 죄를 단번에 처리하기로 작정하셨기 때문이다. 죄는 죽음을 요구하고 죽음은 어둠과 고통 속에서 십자가에 달려 있다. 예수님의 죽으심은 인간의 죄를 속죄하기 위한 하나님의 오랫동안 의도된 해결책이었다.

완고하게 회개하지 않는 사람들에게는 이 의의 사역이 여전히 죽음으로 이어질 수 있다(참조. 2:15-16). 차이점은 이제 하나님께서 완악한 마음을 치료하는 치료제인 성령을 주셨다는 것이다. 여기에서 "의"로 번역된 헬라어 디카이오쉬네(δικαιοσύνη)는 믿음의 반응과 관련된 "칭의"(따라서 NRSV 성경 "justification")로도 번역될 수 있다. 그리스도 안에 있는 하나님의 영광의 계시는 그것을 보는 사람들을 멸망으로 이끌지 않는다. 성령으로 마음이 변화되어 믿음으로 하나님의 의에 복종하는 자들을 생명으로 인도한다. 칭의/의는 신자들의 현재 존재에 적용할 수 있는데, 이는 하나님께서 의롭다고 여기시고 그들의 믿음으로 말미암아 죄에서 사함을 받았기 때문이다. 의의 사역의 종들이 복음을 전파하여 다른 사람들은 믿고 구원을 받는다(고전 3:5, 15:2, 11). 이 용어는 또한 정죄와 장차 올 진노에서 구원을 얻는 시대의 마지막에 하나님의 무죄 판결을 기대하는 신자들에게 적용될 수 있다.

샌더스는 이러한 전통적 관점에 도전하고 "의"를 하나님의 이스라엘과의 역사적 언약에 따른 행위로 해석한다. 행위는 신실한 유대인들이 언약 안에서의 의무를 단순히 이행했다는 표현이기 때문에 행위의 종교로서의 유대교의 관점에 반대한다("언약적 율법주의"라고 부름). 그리고 그들이 이미 언약을 통해 하나님과 관계를 맺었기 때문에 그들의 행위를 통해 하나님과의 의로운 관계의 지위를 얻으려고 하지 않는다. 샌더스의 결론이 미친 영향을 설명하는 데 있어 "바울에 대한 새로운 관점"이라는 표현을 만든 제임스 던은 "율법의 행위"를 "하나님의 백성인 이스라엘이 요구하는 것"으로 정의한다.[374] 믿음으로 말미암는 칭의는 어떻게 구원을 받는가와 관련이 없고 어떤 사람(이방인)이 할례, 음식법, 안식일 준수와 같이 율법이 요구하는 유대인 경계 표지들을 따르지 않고 어떻게 언약 공동체의 일원이 될 수 있는지를 나타낸다.

이 견해에 대해서 무Moo는 다음과 같이 주장한다. "바울의 논쟁은 허공에 매달려 있고, 바울이 그의 반대자들을 오해(또는 잘못 표현)했다고 비난하거나 그가 비판하는 새로운 반대자를 찾아야 한다."[375] 샌더스는 바울이 유대교는 "기독교가 아니다"라는 이유로 유대교를 비판한다고 주장한다.[376] 이 구절

374 J. D. G. Dunn, *Theology of Paul the Apostle* (Grand Rapids / Cambridge: Eerdmans, 1998), 355.

375 D. Moo, "Paul and the Law in the Last Ten Years," *SJT* 40 (1987): 293.

376 E. P. Sanders, *Paul and Palestinian Judaism: A Comparison of Patterns of Religion* (Philadelphia: Fortress, 1977), 552.

에서 바울이 이해하고 있는 문제는 유대인들이 생명과 의를 가져다주는 율법이 아니라 죽이고 정죄하는 율법에 묶여 있다는 사실로 이해하는 것이 더 정확하다. 고린도후서가 아니라 바울이 로마서 7장 7-25절에서 발전시킨 문제인 죄와 죽음과의 연관성은 그것이 사람을 밝히거나 자유케 하기보다는 오히려 마음을 완악하게 하고 노예화한다는 것을 의미한다. 율법 아래서 그들은 "그(주님)와 같은 형상으로 변화하여 영광에서 영광"에 이르지 않는다. 오히려 곤고한 자로 만든다(롬 7:24). 그러므로 율법은 의/칭의의 소망이 오직 그리스도를 믿는 믿음과 신자들이 성령 안에서 누리는 자유를 통해서만 오기 때문에 소망을 주지 않는다. 그것은 단순히 더 좋고 더 영광스러운 의가 아니다. 그것은 유일한 의이다.

2.2.2.2. 옛 것을 가리는 새 것의 더 큰 영광(3:10)

3:10. 바울은 앞의 주장에 대해 다음과 같이 설명한다. "사실 예전의 영광스러운 것이 이제는 영광스러운 것이 아니다."[377] 율법을 주신 것과 관련된 영광의 효과는 의를 가져다주는 사역의 영광과 비교할 때 오래 가지 않는다.[378] 그러므로 바울은 율법이 더 이상 그리스도의 오심 이후 세상에 하나님의 영광을 계시하는 시금석이 아니라고 믿는다.[379] 새 것의 숨막히는 영광은 옛 것보다 더 빛나서 그 영광이 없는 것처럼 보이게 한다.[380] 새 것이 도래하면 시내산 언약도 옛 것이 되게 한다. "밤에는 등불이 빛나지만 정오에는 태양이 그것을 덮는 것처럼 모세의 영광도 그리스도에 가려졌다."[381] 하나의 광채가 다른 하나를 능가한다.

377 바울은 완료 시제 τὸ δεδοξασμένον에서 중성 분사를 사용한다. 이것은 율법(남성)이나 언약(여성) 또는 영광의 사역(여성)을 지칭할 수 없고 대신 "옛 언약의 사역 전체, 특히 그 신학적 목적(9a절)과 그 결과(7절)"를 의미한다(Hafemann, "Paul's Argument," 291).

378 ἐν τούτῳ τῷ μέρει구는 "이 관점에서", "이 경우에"를 의미한다(참조. 9:3). 이 경우 정죄를 받은 직분은 영광이 전혀 없는 것처럼 보인다.

379 Hafemann, "Paul's Argument," 291.

380 "더 넘치는"으로 번역되는 분사(ὑπερβαλλούσης) 명사 형태(ὑπερβολή)는 4:17에 나타난다. "우리가 잠시 받는 환난의 경한 것이 지극히 크고 영원한 영광의 중한 것을 우리에게 이루게 함이니"(참조. 9:14).

381 다음에 인용된 내용이다. Lapide, *II Corinthians*, 32. 이 서술의 변형이 많은 주석에 나타난다. 플러머는 "해가 뜨면, 등불이 더 이상 소용 없다"고 기록한다(*Second Epistle*, 91).

2.2.2.3. 이제는 없어진 사역의 영광(3:11)

3:11. 세 번째 qal wāhômer(칼 와호메르. 문자적으로, 작은 것과 큰 것, 역자주) 비교에서 바울은 모세의 얼굴에 있는 영광을 묘사하는 데 사용된 용어를 일반적으로 옛 언약에 적용한다. 그는 "없어지는" 것과 "길이 있을" 것을 대조한다.[382] 옛 언약은 믿음으로 말미암아 유대인과 헬라인을 구원하시려는 하나님의 궁극적인 목적을 나타내지 않았기 때문에 영원하지 않았다(갈 3:19-25; 롬 10:4). 그래서 처음부터 없어질 운명이었다. 그리스도께서 오셨을 때 옛 사람은 그 길을 갔다. 값 없는 은혜에 근거한 용서와 하나님께 직접 나아가는 복음은 하나님의 마지막 말씀이며 영원하다. 복음은 하나님의 의와 같이 영원하다(9:9, 시 112:9 인용).

2.2.2.4. 수건을 벗은 바울(우리, 사도)(3:12-13)

논쟁의 다음 단계는 출애굽기 34장 29-35절을 해석하는데, 여기에서 모세가 이스라엘 백성 앞에서 자신을 가리고 주님과 이야기하기 위해 그 앞에 들어갔을 때 자신을 드러낸 것을 자세히 설명한다.[383] 이 구절에 대한 바울의 설명은 다음과 같이 요약될 수 있다.[384]

---

382 바울이 전치사를 바꾸는 것에 주해적인 의미를 부여할 필요는 없다. "없어질 것은 영광으로(διὰ δόξης) 말미암는다." "길이 있을 것은 영광 가운데(ἐν δόξῃ) 있다." 두 사역 모두 3:7-8에서 "영광 가운데"(ἐν δόξῃ) 온다고 말해진다. 전치사들의 동일한 변화가 고린도전서 12:8-9에 나타난다(참조. 롬 5:10; 3:30; 갈 2:16).

383 학자들은 이 구절을 종종 "미드라쉬"라고 부른다. 이것은 독자들로 하여금 원래의 맥락이나 의미를 고려하지 않고 임의적이고 변덕스러운 것으로 생각할 수 있다. 너스너(J. Neusner)는 "미드라쉬"가 모든 것에 적용될 수 있기 때문에 본질적으로 의미가 없다고 생각한다. 이것은 "고대의 유대인이 성경을 읽고 해석하는 데 있어서 거의 모든 것을 의미한다"(*What Is Midrash?* [Philadelphia: Fortress, 1987]). 미드라쉬는 "고대 유대 권위자들에 의한 성서 주석"으로 정의될 수 있다. 이것은 그 주해가 상상이거나 경박하다는 것을 의미하지 않는다.

384 다음에서 채택. Belleville, *Reflections of Glory*, 177; Hafemann, *Paul, Moses, and the History of Israel*, 336-62, N. T. Wright, "Reflected Glory: 2 Corinthians 3," in *The Climax of the Covenant: Christ and the Law in Pauline Theology* [Minneapolis: Fortress, 1992], 184. 벨빌(Belleville)은 3:13b-14a에 출애굽기 34:33 본문이 포함되어 있고 이에 대한 주석이 3:14b에서 시작된다고 생각하지만 해프먼(Hafemann)은 바울의 주해가 3:13b에서 시작하는 더 나은 사례를 제시한다. Richard, "Polemics, Old Testament, and Theology," 358–59.

3:12 시작하는 말	"우리는 담대하다"
3:13a / 출애굽기 34:33의 본문	백성 앞에서 자신을 가리는 모세의 습관과 대조
3:13b-15 주해	모세의 습관에 대한 설명과 그것의 이스라엘에 계속되는 의미
3:16 / 출애굽기 34:34의 본문	모세가 주께 돌아갈 때 수건을 제거한 것과 그것의 현재 의미
3:17 주해	"주"라는 단어의 의미와 자유에 대한 선언
3:18 주해과 결합된 출애굽기 34:35 본문	주의 영광 앞에서 모세의 드러냄은 그의 변화를 가져온다. 그리스도인의 드러냄은 더 큰 변화를 가져온다

3:12. 바울은 3장 7-11절에서 "(그러므로) 우리가 이같은 소망이 있으므로 담대히 말하노니"라고 결론을 내린다. 이것은 출애굽기의 수건에 대한 해석을 위한 첫 문장으로 사용된다. 이제 그의 사역을 모세의 사역과 대조하여 성령의 사역이 더 영화로우면 그 사역자들도 더 큰 담대함을 가질 수 있고 더 큰 소망을 가질 수 있다는 점을 지적한다. 우리 문화에서 "소망"이 일반적으로 사용되는 것처럼 현실에 거의 근거가 없을 수도 있는 백일몽이나 공허한 낙관주의를 말하지 않는다. 바울은 "이것이 사실이기를 바란다"라고 말하지 않는다. 그에게 "소망"은 하나님의 실재에 근거한 최고의 확신을 의미한다(참조 3:4).[385] 소망은 너무나 확실해서 현재의 모든 것을 이해하고 반응하는 방식을 변화시킨다. 이러한 맥락에서 바울의 소망, 그의 확신과 담대함의 근원은 마음이 하나님을 받아들이게 하는 성령의 사역을 섬기는 것이다. 그는 죄인을 의롭게 하는 의를 가져오는 사역과 영원히 있는 사역으로 섬긴다.[386] 그러므로 그의 사역은 모세의 사역보다 훨씬 더 영광스럽다. 그는 하나님의 영광을

385 해프먼(Hafemann)은 소망이 "과거에 하나님의 약속과 행동으로 인해 미래에 대한 확고한 확신을 의미한다"라고 설명한다(*Paul, Moses, and History of Israel*, 337). 벨빌(Belleville)은 바울이 "아직 그 완전한 영광을 보지 못하기 때문에" 소망이라고 불렀다고 주장한다(*2 Corinthians*, 102). 그러나 그것은 단순히 미래에 대한 희망이 아니다. 바울은 고린도 교회(참조 1:7; 1:24; 7:4, 14, 16; 8:7)의 흔들리지 않는 확신(소망)과 그들의 믿음이 "오직 너희 믿음이 자랄수록 우리의 규범을 따라 너희 가운데서 더욱 풍성하여지기를" 확신(소망)한다(10:15).

386 다른 선택들에 대해서는 휴즈(Hughes)를 참조하라(*Second Epistle*, 107).

세상에 알리는 도구이기 때문이다. 이 확고한 확신은 그에게 담대함을 준다.

"담대히"(πολλῇ παρρησίᾳ, 폴레 파레시아)라는 말로 바울은 "대담함"을 의미한다면, 그 "담대함"은 죽음을 가져온 사역과 성령의 사역을 비교하는 것에서 자신을 모세와 직접적으로 비교하는 것으로 옮겨감으로 즉시 명백해진다. 여기서 "담대함"(παρρησία)은 "뻔뻔한" 또는 "건방진"을 의미하지 않는다. 바울은 사실을 말한다. 모세는 얼굴에 비치는 영광을 수건으로 덮었다. 바울은 그의 사역에서 덮은 것이 벗겨진다. 그는 모든 그리스도인들과 함께 주님의 영광을 바라보며 영광에서 다른 영광으로 변화되고 있다(3:18). 이러한 현실은 그가 왜 담대함으로 "행동"하거나 담대함을 "사용"하는지 설명한다. 그가 대담한 행동을 말한다면, 그것은 모호하고 숨겨진 것과는 대조적으로 공개적이고 공적이다. 벨빌Belleville은 그것을 "새 언약의 사역자에게 합당한 행위"라고 부르며 구어체 표현을 사용하여 다음과 같이 말한다. "자신의 사역이 쇠퇴하는 성격을 대중들이 유심히 보는 것을 피하기 위해 얼굴을 가리는 모세와 달리 새 언약의 사역자는 매우 두드러진다."[387] 그의 마음의 상태를 말한다면, 그는 "사도로서 두려움 없이 공개적으로 그의 사역을 수행하기 위해 담대해진 용기를 묘사한다."[388] 해프먼은 그것이 복음을 선포하는 데 있어서 그의 용기와 열려 있음을 의미한다는 데 동의한다.[389] "담대함"이라는 단어는 신약에서 두려움이 없고 강한 증언을 나타내기 위해 사용되었다. 사도행전에서 성령의 오심은 제자들이 어두움에 움츠러드는 마음이 약한 나약한 자에서 담대히 말씀을 선포하는 용감한 영웅으로 변화되는 결과를 가져왔다.[390] 해프먼

---

387 Belleville, *2 Corinthians*, 102.

388 Furnish, *II Corinthians*, 231. 또한 다음을 참조하라. Belleville, *Reflections of Glory*, 194–98.

389 Hafemann, *Paul, Moses, and History of Israel*, 340. 확실히 복음을 선포하는 것은 "하나님이 예수 그리스도의 인간의 모양 안에서 유일하게 계시되었다는 주장을 포함하기 때문에 담대함이 요구된다"(A. T. Hanson, "The Midrash in II Corinthians 3: A Reconsideration," *JSNT* 9 [1980]: 15). 바울은 자신의 담대함과 모세가 보여주는 담대함의 부족을 대조하고 있는가? 아니다. 필론는 담대하고 용감한 연설의 대표적인 예로서 하나님과 교제하는 모세를 호소했다. 필론는 출 32:32; 민 11:12-13, 22; 출 5:22-23을 인용하면서, 모세는 하나님께 큰 소리로 말하고 부르짖었을 뿐만 아니라, "참된 확신에서 나오는, 참된 감정을 표현하는 책망으로 부르짖을" 만큼 담대했다고 주장한다(Heir 5.19 [Colson and Whittaker, LCL]). 필론은 솔직한 말을 하나님의 선물로 여겼다. "하나님의 은혜로운 선물로 가득 찬 영혼의 담대함은 얼마나 큰가!"(*Drunkenness*, 149 [Colson and Whittaker, LCL]). 그는 또한 그 덕이 사람을 자유롭고 담대하게 말할 수 있게 해주며(*Good Person*, 152) 그것이 지혜의 열매라고 주장했다(*Heir* 5.14).

390 행 2:29; 4:13, 29, 31; 9:28; 13:46; 14:3; 18:26; 28:31; 또한 엡 6:19-20; 빌 1:20. 매로우(Marrow)는 행 4:29에서 믿음의 공동체의 기도에 주목한다. "주여 이제도 그들의 위협함을 굽어보시옵고 또 종들로 하여금 담대히 하나님의 말씀을 전하게 하여 주시오며"는

은 지혜서(Wis 4:20–5:1)를 찾는다. "의인은 그들을 압제하는 자들과 그들의 수고를 경시하는 사람들 앞에서 큰 확신을 가지고 설 것이다."[391] 바울이 자기를 괴롭게 하는 무법한 자들에게 담대하고 공개적으로 복음을 전한 것에 대해서 고린도 교인들에게 자신을 변호해야 하는 이유는 무엇인가? 이 주장은 그가 자신의 의도에 대해 그들에게 덜 공개적이었다는 비판으로 시작되지 않았다.[392] 만일 그들이 바울은 자신들에게 덜 솔직하고 불명예스러운 동기를 가지고 있다고 느낀다면, 자신과 모세 사이에 대조를 호소하는 것은 그들에게 설득력이 거의 없을 것이다.

이 문맥에서 παρρησία(파레시아)는 도덕적 성장을 도모하기 위해 자유롭고 공개적으로 말하고 솔직한 비판을 할 권리를 언급하는 것으로 더 잘 이해된다. 바울은 자신의 행동뿐만 아니라 말에 대해서도 이야기한다. 이 단어의 용법은 정치적 맥락에서의 표현의 자유를 의미하는 것에서 직접적이고 직설적으로 말하는 개인적인 솔직함으로 바뀌었다.[393] "담대함"은 표현의 자유와 관련이 있으며 "가장 고통스러운 것에 대해 제한 없이 말하는 것", "단도직입적으로 말하는 것이다."[394] 그러나 그것은 참된 친구의 특징이지 아첨하는 사람의 특징이 아니다(참조 살전 2:2; 몬 8; 빌 1:20).[395] 플루타르코스는 이것

"담대함"이 "기도할 하나님의 은사"임을 드러낸다. 왜냐하면 개인적인 적용이나 반복적인 연습을 통해 얻을 수 있는 도덕적인 덕이 아니기 때문이다"("*Parrhēsia* in the New Testament," 443). 하나님은 "무리가 다 성령이 충만하여 담대히 하나님의 말씀을 전할 때" 그들의 기도에 응답하신다(행 4:31).

391 Hafemann, *Paul, Moses, and the History of Israel*, 341–42.

392 Thrall, *II Corinthians*, 1:254–55.

393 2:17에서 바울은 하나님의 임재 앞에 서 있는 "우리는 순전함으로"라고 말하고 4:2에서 그는 진리의 드러내어 말함으로 자신을 추천한다(참조. 4:13과 6:11).

394 W. C. van Unnik, "The Semitic Background of ΠΑΡΡΗΣΙΑ in The New Testament," in *Sparsa collecta: The Collected Essays, Part Two*, NovTSup 30 (Leiden: Brill, 1980), 290–306. P. Joüon, "Divers sens de parrhsiva dans le Nouveau Testament," *RSR* 30 (1940): 239–42; H. Schlier, "Παρρησία, παρρησιάζομαι," *TDNT* 5:871–76; Fredrickson, "ΠΑΡΡΗΣΙΑ in the Pauline Epistles," 163–83. 슐리어(Schlier)는 정치 영역 내에서 이 단어가 세 가지 의미가 있음을 주목한다. (a) 모든 것을 말할 권리, (b) "어떤 것을 숨기려는 경향과 그것을 자신에게 숨기려는 인간의 경향에 저항하는" 진리에 대한 개방성, 그리고 (c) 솔직함. 이 단어의 용법에 대한 매로우(Marrow)의 조사에 따르면 παρρησία의 공식적인 사용은 "민주주의 이상이 쇠퇴한 결과 위태롭게" 되었지만 "솔직하고 공개적으로 말할 자유는 개인적인 표현에서도 그 기본 의미를 고수했다"("*Parrhēsia* in the New Testament," 434).

395 글래드(Glad)는 필로데모스(Philodemus)의 핸드북에 대한 분석에서 제논(Zeno)의 강의 중 "솔직히 말하는 사람"이 "친구들을 올바로 인도한다"는 것에 주목한다. 결과적으로, 솔직함은 우정의 핵심 요소이다("Frank Speech, Flattery, and Friendship in Philodemus," 29, 32; 또한 다음을 참조하라(Glad, *Paul and Philodemus*). 플루타르크는 솔직함이 "우정에서 가장 강력한

을 "아버지의 솔직함, 통찰력, 다른 이들에 대한 사려 깊은 관심"과 연결시킨다.[396] 잠언 10장 10절 70인역은 바울이 의미하는 것을 이해하기 위한 배경을 제공한다. 그것은 아마도 슬픔에 이르게 하는 주술에 대한 언급으로 "교활함으로 눈짓하는" 사람과 화평에 이르게 하는 "담대히 책망하는" 사람을 대조한다. 바울은 자신이 그들을 속임수로 취하였다 하지 않았고(12:16), 분명히 그들을 슬프게 할 의도가 없었으며(2:2, 4; 7:8=9), 그들이 화평하기를 원했다(13:11)고 주장한다.

바울은 이 구절에서 그가 다른 사람들을 도덕적으로 개혁하도록 큰 확신을 가지고 권면한다는 것을 의미한다. 필로데모스Philodemus는 많은 사람들이 솔직한 비판에 분개하는 것을 관찰했다. 특히 야망이 있고 유명하게 되는 것과 명성을 원기 원하는 사람들이 그러했다.[397] 고린도 교인들에 대한 바울의 훈계는 분노를 불러일으켰다. 고린도 서신은 사회적으로 열등해 보이고 너무 지쳐 보이는 사람의 공개적이고 솔직한 꾸지람에 대해 일부 사람들이 문제를 제기했음을 알려준다. 어떤 사람들은 바울이 그의 편지에서 너무 노골적이며, 바울이 강요하고 강력하게 요구하는 것은 조용하고 단조로운 그의 존재와 일치하지 않는다고 생각했다(10:10). 필로데모스는 완고한 학생을 "강한", 자신의 죄를 인식하지 못하는 불순종하는 사람으로 이해했다. 그는 다양한 학생의 다양한 성품을 분류했으며 그 중 일부는 고린도 교인에 대해 우리가 알고 있는 표현에 적합하다. "저항하는", "완고한", "교만한", "불순종하는", "과격한", "고치기 어려운" 등이다. 필로데모스에 따르면 "강한" 자들은 "다른 사람들의 솔직한 비판을 용인하지 못하거나 폭력적으로 저항하는 사람들"이다.[398]

> 그들은 책망을 받았을 때 자신이 죄를 지었다거나 자신의 죄가 드러날 것이라고 생각하지 않는다. ... 꾸지람을 받으면 짜증이 나서 죄성, 허세가 드러난다. ... 자신이 온전하다고 생각하기 때문에 비판 받기 보다 남을 솔직히 비판하는 일을 더 좋아한다. 그들은 지식이 더 풍부하고 지도자로 인정

약"이라고 말한다(*Adul. amic* 74d [Babbitt, LCL]). 필론(Philo)은 모세가 하나님께 부르짖는 것을 보고 "말의 솔직함은 우정에 가깝다"고 결론짓는다(*Heir* 5.19, 21). "담대함"(고후 7:16, 10:1)은 친구의 특징이다.

396 Plutarch, *Praec. ger. rei publ.* 802f–803a (Fowler, LCL).

397 Glad, "Frank Speech, Flattery, and Friendship in Philodemus," 34–35. 필로데모스(110-40/35 BC)는 시리아의 가다라에서 태어 났으며 다양한 주제에 대해 글을 쓴 에피쿠로스 학파였다. 그는 당대 가장 학식 있고 영향력 있는 로마인들에게 영향을 미쳤다.

398 D. Konstan, D. Clay, C. E. Glad, J. C. Thom, and J. Ware, *Philodemus on Frank Criticism: Introduction, Translation, and Notes*, SBLTT (Atlanta: Scholars, 1998), 11,12.

> 하는 사람들로부터 솔직한 비판을 받는 것을 분개하기까지 한다. 따라서 그들은 다른 사람들을 훈계할 만큼 충분히 "더 현명하고 지혜롭다"라고 주장한다.[399]

고린도 교인들이 시험을 통과하여 믿음 안에 있는지 확인하고 완전히 성숙함을 나타내려면(13:5-8) 그들의 행동에 대한 바울의 책망에 긍정적으로 반응하고 죄를 회개해야 한다(12:19-21). 그리고 그들의 관계를 치유하기 위해서 침입자들을 반대하고 그를 사도로 추천할 것이다(12:11).

그러므로 출애굽기 34장에 대한 설명에서 바울은 모세를 높이려는 반대자들에 대항하는 것이 아니라 자신의 담대함의 근원을 설명한다.[400] 그의 담대함은 하나님께서 모세를 선택하신 것처럼 생명과 죽음의 소식을 전하기 위해 그를 선택하셨고(2:17), 하나님이 모세를 그 일에 충분하게 하신 것처럼 하나님께서 그 일에 그를 충분하게 만드셨다는 확신에서 비롯된다. 그러므로 그는 담대하게 다른 사람들을 설득하고(5:11) 하나님과 화해하도록 호소하려고 한다(5:20). 그는 자신의 사소한 불만을 토로하지 않는다. 그는 다른 사람들을 책망하여 죽음 대신 구원의 길로 인도하는 하나님의 뜻대로 하는 근심을 일으킨다(7:9-10).

3:13. 바울은 출애굽기 34장 33절을 인용하여 출애굽기 34장에 대한 설명을 시작한다. "모세가 그들에게 말하기를 마치고 수건으로 자기 얼굴을 가렸더라." 모세가 시내산에서 하나님의 임재를 떠났을 때(출 34:27-29), 그의 빛나는 모습은 아론과 백성이 그에게 가까이 오는 것을 두려워하게 만들었다(출 34:30).[401] 모세는 마침내 그들을 재촉하여 주의 계명을 그들에게 제시했다(출 34:31-32). 모세는 그들과 말을 마치고 수건으로 얼굴을 가렸다.[402]

---

399 Konstan, et al., *Philodemus on Frank Criticism*, 44.

400 벨빌(*2 Corinthians*, 96)은 다른 학자들에 반대된다. 그들은 침입하는 선교사들이 모세를 영성의 본보기로 호소했다고 생각한다. 대신에 바울은 모세에게 호소해서 접근할 수 있는 가능성과 드러남이 옛 언약과 대조되는 새 언약의 특징임을 확증한다(Bultmann, *Second Letter*, 85).

401 출애굽기 34장 30절의 70인역에는 그의 얼굴의 겉모습이 "영화롭게 되었다"(*ἦν δεδοξασμένη ἡ ὄψις τοῦ χρώματος τοῦ προσώπου αὐτοῦ*)로 되어 있다. Tg. Ps.-J.은 출애굽기 34장 29절에 대한 해석적 번역을 제공한다. "모세는 그의 용모의 광채가 영화롭게 된 줄을 알지 못하였으니 이는 여호와의 쉐키나의 영광의 광채로 말미암아 자기에게 일어난 것이다."

402 바울의 인용은 그가 동사(*ἐτίθει*)의 미완료 시제를 사용한다는 점을 제외하고는 70인역(*ἐπέθηκεν ἐπὶ τὸ πρόσωπον αὐτοῦ κάλυμμα*)과 일치하는데, 이는 모세가 습관적으로 했음을 암시한다.

출애굽기의 본문은 모세가 왜 수건을 썼는지 분명하게 드러내지 않는다. 3장 13b-14절에서 이 행동에 대한 바울의 설명이 나온다.

필론은 "그[모세]는 그가 올라갈 때보다 훨씬 더 아름다운 용모로 내려왔으므로 그를 보는 자들이 경외함과 놀라움으로 가득 찼다. 또한 그에게서 번쩍이는 눈부신 광채를 그들의 눈으로 계속 볼 수 없었다"고 설명한다.[403] 필론은 이스라엘 사람들이 모세의 얼굴을 쳐다볼 수 없음을 "눈부신 광채" 때문이라고 말한다. 나중에 랍비들의 전통은 이스라엘이 금송아지에게 죄를 지었기 때문에 모세의 얼굴을 볼 수 없었다고 설명한다.[404] 수건 뒤에 있었던 이유에 대한 바울의 해석은 매우 모호하며, 그 결과 수많은 상충되는 설명이 나왔다.[405] 바울의 생각을 파악하려면 세 가지 질문에 답해야 한다. "결국"으로 번역된 명사의 뜻은 무엇인가? "없어질"("쇠퇴할", "사라질", "끝날", "무효가 될")로 번역된 현재 수동태 분사(καταργούμενον, 카타르구메논)의 뜻은 무엇인가? 모세가 얼굴을 가린 이유는 무엇인가?

3장 7절의 주석에서 나는 동사 καταργεῖν이 "없애다", "무효화되다"를 의미한다는 해프먼Hafemann의 의견에 동의했다. 이 구절에서 같은 의미이다. 이 해석에 따르면 3장 7절에서 바울의 말은 죽음에 이르게 한 사역이 이와 같은 영광으로 와서 "이스라엘 자손이 모세의 얼굴의 영광이 없어짐으로 말미암아 그 얼굴을 주의 깊게 볼 수 없었다"라고 번역해야 한다. 3장 13절에서 그는 추가적인 정보를 제공한다. 모세는 "이스라엘 자손이 없어지는 것의 결국을 주의 깊게 쳐다보지 않게" 자신의 얼굴에 수건을 씌웠다.

모세는 왜 얼굴을 가렸는가? 해석은 두 가지 기본적인 대안으로 나뉜다. 모세가 백성들에게 무엇인가 숨기고 싶어서 자신을 가리거나, 백성을 보호하기 위해 자신을 가리었다. 한 가지 유명한 견해는 3장 13절의 분사(τοῦ καταργουμένου, 투 카타르구메누)를 "쇠퇴하다"라는 의미로 보고 쇠퇴하는 것을 모세의 얼굴에 있는 영광으로 식별한다. "마지막"을 의미하는 텔로스(τέλος)는 시

403 Philo, *Moses* 2.70(Colson, LCL). *Flight* 165에서 필론은 "그 중요한 본질을 보고자 하는 사람은 그것을 보기도 전에 그의 빛의 극도의 광채로 눈이 멀게 될 것"이라고 주장한다(Colson and Whittaker, LCL). 댕커(Danker)는 *Iliad* 18:203-6을 인용하며, 여신 아테나(Athena)로 덮인 아킬레우스의 머리를 황금 구름과 그의 머리를 둘러싸고 있는 찬란한 불꽃으로 묘사한다(*II Corinthians*, 5). 이 병행은 이교도 배경에서 온 사람들이 모세의 빛나는 얼굴의 신성한 의미를 이해했을 것임을 보여 준다.

404 다음을 참조하라. Exod. Rab. 41:1.

405 핸슨(Hanson)은 3장이 "난이도가 바울 본문의 에베레스트산이다. 복잡함보다는 수수께끼 같은 특징으로 어렵기 때문에 바울 본문 중에 스핑크스라고 불러야 하지 않을까?"라고 말한다("The Midrash in II Corinthians 3," 19).

간적 의미를 가지고 있으며 그의 얼굴에서 빛이 사라지는 것을 의미한다.[406] 모세는 얼굴을 가리고 백성들이 그 쇠약해지는 영광의 끝을 보지 못하도록 막았다. 예를 들어, 브루스Bruce는 모세가 자신의 얼굴을 가리었다고 주장한다. 모세가 하나님의 임재를 떠날 때 그의 얼굴은 계속해서 충전을 해야하는 쇠퇴하는 영광에 불과하다는 것을 이스라엘 사람들이 알지 못하도록 했다.[407] 따라서 모세의 얼굴에 있는 사라져가는 광채는 그리스도의 얼굴에 있는 하나님의 시들지 않는 영광과 대조된다(4:6).

바렛Barrett은 "그들이 영광이 없어지는 것을 보지 못하고 모세를 일시적인 중요성을 가진 존재로 폄하할 수 있다"라고 모세가 얼굴을 가리는 일의 결론을 내린다. 사람들이 이 사람이 어떻게 하나님의 대리자가 될 수 있냐고 물었을 것이므로 모세는 그의 인간적인 연약함을 숨기려 했다. 바렛은 그가 목회적 관심에서 행동했다고 주장함으로써 모세 편에서 속임을 변명하려고 한다. "모세는 진리를 숨기려는 것이 아니라 이스라엘 자손이 진리를 받아들이도록 설득하기 위해 행동했다. 그들이 영광의 마지막을 보지 못했다면 그렇게 할 가능성이 더 컸을 것이다."[408]

이 해석은 명사 "영광"(δόξα, 독사)이 여성이고 분사(τοῦ καταργουμένου, 투 카타르구메누)가 중성이거나 남성이기 때문에 틀렸다. 없어진 것은 모세의 얼굴에 있는 영광일 수 없다. 모세가 영광의 근원에서 멀어질 때 그의 광채가 없어지기 시작했다는 사실에 왜 이스라엘 사람들은 환상이 깨지고 놀라기까지 했을까? 그들은 모세를 하나님으로 여기지 않았다. 더구나 이 설명은 모세가 어느 정도 속임수를 썼다고 간주한다. 바울이 모세의 행동을 너무 부정적으로 해석하여 자신의 솔직함과 정직함을 논했을 가능성은 거의 없다.

이 견해에 대한 대안은 사라지고 있는 것을 옛 언약으로 이해하는 것이다. 이 견해는 모세가 사라질 운명인 옛 언약의 영광의 일시적인 특성을 숨기려고 했다고 주장한다.[409] 모세는 시내산에서 맺은 옛 언약과 관련된 영광이 일시적이며 그리스도와 함께 끝날 것임을 알았다. 예를 들어, 마틴Martin은 모세의 얼굴에서 희미해지는 빛을 "유대주의적 종교의 일시적인 본질"의 상징으

406 Thrall, *II Corinthians*, 1:256.

407 F. F. Bruce, *Paul: Apostle of the Heart Set Free* (Grand Rapids: Eerdmans, 1977), 121; 또한 다음을 참조하라 *I & II Corinthians*, 192.

408 Barrett, *Second Epistle*, 120. 또한 van Unnik, "With Unveiled Face," 161.

409 J. D. G. Dunn, "2 Corinthians III.17–'The Lord Is the Spirit,'" *JTS* 21 (1970): 311.

로 해석한다.[410] 그는 바울이 모세 시대부터 "오늘날까지" 유대인들이 그것을 "하나님의 구원의 최종적인 구현"으로 봄으로써 그들의 보지 못함을 드러낸다고 말한다고 생각한다.[411]

다른 학자들은 τέλος(텔로스)를 로마서 10장 4절에 호소함으로써 율법의 목적을 언급하는 것으로 해석한다. "그리스도는 율법의 마침(τέλος, 텔로스)이 되시니라"(롬 10:4). 핸슨Hanson은 모세가 성막 안에 계신 선재하신 그리스도를 보았고 따라서 "이스라엘 사람들이 메시아의 영광을 보지 못하도록" 수건을 썼다고 이것을 해결하려고 한다. 모세는 이스라엘이 눈이 멀고 메시아를 믿지 않아 이방인들에게 믿음의 기회를 주신 하나님의 계획의 일부라는 것을 알았기 때문에 그러한 도구에 의존했다.[412] 이 해석은 아마도 모세와 바울의 대조를 설명해보려고 한다. 그러나 그의 얼굴에 수건을 씌우는 것이 언약의 목적을 어떻게 숨기는지 설명하지 못한다. 그 해석은 바울이 본문을 해석

---

410 Martin, *2 Corinthians*, 68.

411 Martin, *2 Corinthians*, 68. 마틴(Martin)과 꼴랑주(Collange, *Énigmes*, 96–97)는 바울이 모세의 의도를 어떻게 해석하는지 이해하기 위한 핵심 단어는 오직 7절과 13절에서만 나오는 동사 ἀτενίσαι("주목하다")라고 주장한다. 이 단어는 일반적으로 "보다"(RSV, KJV)로 번역된다. 그러나 일반적인 의미로 번역하면 "의도적으로 보다"이다. 모세가 단순히 그의 얼굴에서 빛나는 영광을 흐릿하게 보는 것을 막고 싶어하지 않았다는 의미로 해석될 수 있다. 그는 그들이 단지 지나가는 것에 주의를 기울이지 못하도록 하고 싶었다. 즉, 바울이 돌판에 기록된 것(3:3, 7), 죽이는 것(3:6), 죽음과 정죄의 사역(3:7, 9), 없어질 것(3:11)으로 묘사하는 언약이다. 사람들은 율법 수여에 참여한 영광 때문에 없어질 것을 영원한 것으로, 그들의 궁극적인 희망으로 착각하기 쉬웠다. 바울은 그의 해석에서 모세가 그 큰 영광에도 불구하고 그의 율법 조문의 사역이 물러나게 될 것을 인식하고 백성들이 단지 영원하지 않은 것에 초점을 맞추지 못하게 하려고 했다고 가정한다. 그러므로 바울의 견해에 따르면 모세는 그 백성이 다른 것이 능가할 것으로 결정된 것에 주의를 기울이지 못하도록 백성을 속이기 위해 수건을 쓴 것이 아니다. 이것은 3:14에 있는 "그러나"(ἀλλά)로 설명될 수 있다("그러나 그들의 마음이 완고하여"[신 29:4; 사 6:10; 29:10]). 이것은 모세의 시도가 실패했음을 나타낸다. 사람들은 오해를 하고, 여전히 시선을 율법 조문에만 집중한다는 사실에서 알 수 있듯이 여전히 미혹에 빠진다.

412 Hanson, "The Midrash in II Gothic 3," 13. 이 견해를 뒷받침하기 위해 우리는 갈 3:22-23을 비교할 수 있다. "그러나 성경이 모든 것을 죄 아래에 가두었으니 이는 예수 그리스도를 믿음으로 말미암는 약속을 믿는 자들에게 주려 함이라 믿음이 오기 전에 우리는 율법 아래에 매인 바 되고 계시될 믿음의 때까지 갇혔느니라." 그러나 이 해석은 출애굽기 34장에 대한 바울의 읽기를 이 개념을 도입함으로써 본문에 반대되는 것은 아니더라도 본문을 넘어서게 한다. 스랄(Thrall)은 모세가 "옛 언약의 궁극적인 중복에 대한 부정적인 표시, 즉 하나님의 계획을 따라 그 목적은 그리스도의 사건으로 대체될 때까지 잠정적 기능을 한다는 사실을 숨겼다"고 주장한다(*Second Epistle*, 1:258). 계속해서 그녀는 바울이 바울이 이러한 의도적인 속임수를 모세의 탓으로 돌렸을 수도 있다고 말한다. 모세에 비교해서 그를 비방하는 자들로 그것으로 고발당했기 때문이다. 그러나 그러한 주장은 바울에 대한 반대자들의 고발에 대한 사변적 가설을 허락해서 바울이 의미하는 바를 결정하는 것이 얼마나 문제가 되는지 보여준다.

하기 위해 풍유적 방법을 사용한다고 가정한다. 수건이 사라지거나 치워진 것은 역사적 사건에 대한 설명이 아닌 다른 것을 나타내는 암호에 불과하다.[413]

이 구절을 이해하기 위한 두 번째 기본적인 대안은 모세가 무엇인가를 보호하려 했다는 것이다. 존스Jones는 그것이 하나님의 영광의 거룩함이었다고 주장한다. "모세는 백성들이 하나님의 묵시에 대한 그의 체험에 참여할 수 없었기 때문에 얼굴을 숨길 수밖에 없었다."[414] 히클링Hickling은 모세가 숭배를 근거로 행동했다는 데 동의한다. "모세는, 바울이 생각할 수 있는 것처럼, 이스라엘에게 그 빌려온 빛이 아직 빛나고 있다고 생각하게 하려고 그 빛의 마지막 소멸을 보는 것을 아낀 것이 아니었다. 다만 변화된 기간의 시작과 끝은 인간의 눈으로 보기에 너무 거룩한 것이었기 때문이었다."[415] 그러나 바울은 그 거룩함에 특별한 관심을 기울이지 않고 오히려 그것이 없어지고 있다는 점에 주목한다.

이 구절들에 대한 해프먼의 철저한 연구는 출애굽기 34장 29-35절에 대한 바울의 해석이 출애굽기 32-34장의 원래 문맥에 얼마나 충실한지 알도록 도와줌으로써 최상의 해결책을 제공한다.[416] 바울은 모세의 행동에 기독교 신학에서 파생된 어떤 신학적 동기를 부과함으로써 본문을 넘어서거나 본문에

413 해프먼은 다음과 같이 결론을 내린다. "이러한 시도는 바울이 역사적 사건을 계속해서 묘사하고 있는 상징과 은유를 본다"(*Paul, Moses, and History of Israel*, 349n45).

414 P. Jones, "L'Apôtre Paul: un second Moise pour la communauté de la nouvelle Alliance–Une étude sur l'autorité apostolique paulinienne," *Foi et Vie* 75 (1976): 49.

415 C. J. A. Hickling, "The Sequence of Thought on II Corinthians, Chapter Three," *NTS* 21 (1974): 391.

416 비록 본문이 제기한 다양한 문제들에 대해 서로 다른 답을 제시하고 있지만, 최근 연구들은 바울이 출 34:29-35을 다루는 문제 대한 합의를 보여 준다. 바울은 자의적일 뿐 아니라 본문의 본래 의미에 반대되는 모형론적/알레고리적 의미를 찾기 위해 본문에 기독교적 전제를 부과했다고 가정한다. 예를 들어, D. Boyarin, *A Radical Jew: Paul and the Politics of Identity* (Berkeley: University of California Press, 1994) 100–101; Hays, *Echoes of Scripture in the Letters of Paul*, 122–53; O. Hofius, "Gesetz und Evangelium nach 2. Korinther 3," in *Paulusstudien*, WUNT 51 (Tübingen: Mohr Siebeck, 1989), 75–120; M. Hooker, "Beyond the Things That Are Written? St. Paul's Use of Scripture?" *NTS* 27 (1980): 295–309; P. von der Osten Sacken, "Die Decke des Moses. Zur Exegese und Hermeneutic von Geist und Buchstabe in 2 Korinther 3," in *Die Heiligkeit der Tora. Studien zum Gesetz bei Paulus* (München: Kaiser, 1989), 150–55; C. K. Stockhausen, *Moses' Veil and the Glory of the New Covenant: The Exegetical Substructure of II Cor 3, 1–4, 6*, AB 116 (Rome: Pontifical Biblical Institute, 1989). 덤브렐(Dumbrell)은 그러한 견해의 심각한 의미를 다음과 같이 이해한다. "여기에서 바울의 논증이 그의 교묘한 솜씨라면, 바울이 편지를 쓴 헬라인 교회들은 그들이 의지해야 하는 주요 권위로 바울이 따르고 있는 것으로 보이는 것이 구약이 아니라 바울로 간주하도록 초대받고 있다."("Paul's Use of Exodus 34 in 2 Corinthians 3," 180).

반대되게 하지 않는다. 그는 모세가 그들의 죄와 그에 따른 형벌에 대해 정당하게 두려워했던 이스라엘 사람들을 보호하기 위해 자신을 가렸다고 주장한다. 출애굽기 본문이나 현대 유대 전통에서 모세의 얼굴에 있는 영광이 쇠퇴한다는 암시는 전혀 나타나지 않는다.[417] 하나님의 영광이 모세의 얼굴에 전달되었고, 반복되는 수건은 모세의 얼굴의 영광이 없어지도록(중지되도록) 했다.[418] 수건이 주님의 영광을 가리는 것은 그 수건이 벗겨질 때 우리가 주님의 영광을 보기 때문이다(3:18).

명사 τέλος(텔로스)는 여기서 "목표"를 의미하지만 로마서 10장 4절에서와 같이 그리스도를 율법의 "마지막"(또는 "목표")으로 언급하지 않는다. 속격이 뒤따를 때 τέλος는 "'끝이 아니라 결과, 목적 및 운명'과 관련이 있다. 이 맥락에서 그 의미는 성경적인 문헌에서 나타날 때 시간적이라기보다는 '목적론적'이다."[419] 모세는 백성이 그의 얼굴에서 비치는 하나님의 반사된 영광을 계속 바라볼 때 일어날 무서운 결과로부터 백성을 보호하고 있었다. 모세의 얼굴에 있는 영광의 텔로스(τέλος)는 어떤 목적이나 목표나 그리스도를 가리키는 것이 아니라 그 결과를 나타낸다. 그것은 하나님의 영광이 "강퍅한 마음"에 가하는 죽음에 관한 것이다. 금송아지를 가진 이스라엘의 우상 숭배는 백성의 완악한 상태를 드러내는 것이었다.[420] 그것은 약간의 실수가 아니라 그들의 고칠 수 없는 사악함의 징후였다. 옛 언약의 목적은 하나님의 영광을 나타내는 것이었지만 마음이 완악한 자에게는 죽음과 정죄에 이르게 하는 것이었으며 영광으로 변화하는 것이 아니었다(참조. 3:18).[421] 만일 그들의 완악

417 랍비 전통은 모세의 수건에 대해 거의 말하지 않는다. 늦은 시기 문헌 중 하나는 모세가 죽은 후에도 신성한 빛이 계속되었다고 제시한다. "모세의 무덤에 구멍이 뚫렸다면 세상은 빛으로 가득 찼을 것이다"(Pesiq. Rab. 21). 또한 다음을 참조하라. Tg. Onq. Deut 34:7.

418 Hafemann, "Paul's Argument," 288–89. 없어진 것은 먼 미래에만 일어난 일이 아니라 모세가 얼굴을 가릴 때 일어난 일을 말한다(참조. Hafemann, *Paul, Moses, and the History of Israel*, 358).

419 Thrall, *II Corinthians*, 1:257. 다음을 인용. R. Badenas, *Christ the End of the Law: Romans 10:4 in Pauline Perspective*, JSNTSup 10 (Sheffield: JSOT, 1985), 79–80; 또한 다음을 참조하라. Hafemann, *Paul, Moses, and the History of Israel*, 357.

420 Ps. Philo 12:1–10은 모세의 휘장 이야기를 다시 하며 흥미로운 순서를 제공한다. 먼저 모세가 해와 달의 광채를 능가하는 빛을 받아 산에서 내려온 후 자기를 위하여 수건을 만들었다고 기록되어 있다. 다음으로 산에 있을 때 백성들의 마음이 얼마나 부패했는지 이야기하고 금송아지 사건에 대해 설명한다. 하나님은 백성을 버리려고 하시지만 그들을 살려 달라는 모세의 간청에 굴복하신다. 이 기록은 모세의 수건이 백성의 죄와, 하나님의 거룩한 진노와 하나님의 오래 참으시는 자비를 분명히 연결한다.

421 이 개념의 세속적이고 조잡한 표현은 영화 '레이더스'에서 대중의 상상을 사로 잡았다. 나치 악당들이 회복된 언약궤를 열었을 때, 그들은 그로부터 나오는 영광스러운 힘을 바라보면서

한 상태에서 하나님의 영광이 그들 가운데 계속되었더라면 백성은 완전히 멸망되었을 것이다(출 33:3, 5).[422] 이스라엘의 우상 숭배 때문에 모세는 백성과 하나님 사이의 유일한 연결고리가 되었다(민 12:7-8). 그는 홀로 하나님의 영광을 체험하고 그것을 백성들에게 중개한다(출 33:18).[423] 그들의 완악한 마음은 모세가 그들의 악함에 대한 보상으로 수건을 써야 함을 의미했다. 그러므로 수건은 옛 언약에서 죄인으로 정해진 자들에 대한 "하나님의 영광이 주는 죽음의 심판"으로부터 보호하는 방법이었다. 그것은 그들이 모세의 얼굴에 중재된 영광을 위험할 정도로 오랫동안 바라보는 것을 막았다.[424]

해프먼은 시내산 기슭 주위에 쳐진 울타리처럼(출 19:12), "모세의 수건은 비록 지금은 모세를 통해 중재되기는 하지만 하나님의 영광이 그 백성을 죽이지 않고 그들 가운데 있게 만들어 준다."[425] 수건은 하나님의 심판을 표현

파괴되었다. 주인공과 여주인공은 등을 돌리고 눈을 가리면서 구원받는다.

422 Hafemann, *Paul, Moses, and the History of Israel*, 207. 하나님의 형언할 수 없고 강력한 영광은 백성이 그들을 멸망시키지 않도록 엄격한 보호 장치를 따를 것을 요구했다. 거룩한 산 가까이에는 제사장들만이 올 수 있음에도 불구하고 의식적으로 씻고 거룩해져야 했다. 그들은 산의 가장자리조차 만질 수 없었고, 하나님은 모세에게 그들이 "보기 위해" 경계를 돌파하지 못하도록 경고하셨다. 그렇지 않으면 그들 중 많은 사람이 멸망했을 것이다(출 19:21). Lev. Rab. 20:10 전통에서 아론의 아들들인 나답과 아비후가 일찍 사망한 것은 시내산에서 사형 선고를 받은 결과라고 주장한다. 그들은 모세처럼 쉐키나를 바라보았지만 죄를 지었다. 이스라엘의 하나님에 대한 약혼의 상징으로 율법을 주는 것을 상상하는 병행이 그들이 즉시 죽지 않은 이유를 설명하기 위해 제공된다(참조. 민 3:4; 26:61; 대상 24:2). 왕이 딸의 결혼식을 축하할 때 가장 좋은 사람에 대해 믿을 수 없는 사실을 발견한다면 지금 그를 죽여서 그녀의 기쁨을 해치지 않고 다른 때를 기다릴 것이다. 오토(R. E. Otto)는 베드로와 다른 두 제자가 산에서 예수님의 변화를 목격했을 때 베드로의 반응 뒤에 이러한 두려움의 분위기가 있었다고 설득력 있게 주장한다. 그는 자신의 대답을 "우리가 여기 있는 것이 좋습니까?"라는 질문으로 번역한다(막 9:6). 거룩해지거나 종교적인 의식으로 깨끗해지지 않은 상태에서 예수님의 장엄한 영광이 드러나는 것을 바라보는 것은 두려움을 불러일으켰다. "성막"(천막)을 짓겠다는 베드로의 제안는 그의 두려움과 이 접근할 수 없는 영광에 의해 죽임을 당하지 않도록 자신을 보호하려는 그의 열망에 의해 일어났다. 성막은 하나님의 영광을 가리고 스스로 죄인임을 알던 세 제자가 멸망하는 것을 막는 것이었다. 제자들에게 수건을 벗은 영광은 "은혜롭게도 짧았다"("The Fear Motivation in Peter's Offer to Build ΤΡΕΙΣ ΣΚΗΝΑΣ," *WJT* 59 [1997], 106-7, 110–12). 예수님의 변화과 제자들의 두려움에 대한 설명은 두 언약에 대한 바울의 주장에서 또 다른 대조가 나타난다. 성령의 오심은 이제 예수의 얼굴에 나타난 하나님의 계시된 영광 앞에서 두려움을 몰아낸다.

423 Hafemann, *Paul, Moses, and the History of Israel*, 209, 215.

424 Hafemann, *Paul, Moses, and the History of Israel*, 358. 또한 다음을 참조하라. D. W. Oostendorp, *Another Jesus: A Gospel of Jewish-Christian Superiority in 2 Corinthians* (Kampen: Kok, 1967), 39–40 (하나님의 영광이 공개적으로 드러남은 그들의 멸망을 가져왔을 것이며 그의 거룩한 임재 앞에 설 수 없었을 것이다); D. A. Renwick, *Paul, The Temple, and the Presence of God*, BJS 224 (Atlanta: Scholars, 1991), 54, 138-44.

425 Hafemann, *Paul, Moses, and the History of Israel*, 223.

한다. 하나님의 반사된 영광은 그들의 죄된 상태 때문에 가려져야만 한다. 그렇지 않으면 그것이 그들을 멸망시킬 것이다.[426] 수건은 또한 하나님의 긍휼를 표현한다. 모세를 통하여 하나님의 영광이 백성 가운데 임하게 하는 것이다.[427] 수건은 "새 언약의 긍휼"을 부여하면서도 하나님의 거룩한 심판을 구현한다. 백성은 "모세가 이스라엘에게 여호와의 말씀을 전하던 때에 하나님의 영광을 누릴 수 있었으나 더 이상 그들 가운데에서 가리지 않는 하나님의 임재를 누릴 수 없었다."[428] 출애굽기 32-34장에 대한 바울의 해석은 모세의 사역이 하나님의 긍휼과 은혜의 행위일 뿐만 아니라 반역한 백성에 대한 심판의 사역으로 해석된 긴 정경적인 해석의 끝에 서 있다.[429]

모세는 백성들의 완악한 상황에 대해 아무것도 할 수 없었다. 그 결과 옛 언약의 온전한 축복을 받지 못했다.[430] 잘못은 옛 언약이나 모세에게 있는 것이 아니라 죄 많은 백성에게 있다.[431] 백성은 멸망하지 않고는 주님의 영광을 볼 수 없었다. 바울에 따르면 주님께로 향하는 것은 오직 성령을 통해서만 그리스도 안에서 이루어질 수 있다.[432] 생명을 주고 변화시키는 영은 이제 현재에 실재한다. 성령이 하나님 앞에서 백성의 성품을 근본적으로 바꾸셨기 때문에 바울은 모세에 비해 담대하다. 결과적으로 하나님의 영광은 더 이상 "그가 보내진 자들에게 가려질 필요가 없으니 그 τέλος(텔로스)는 생명이요 사망이 아니다."[433] 수건을 벗는 것은 복음이 구원과 함께 빛을 가져오는 하나님께로 향할 때 일어나는 일이다. 이제 그리스도 안에 있는 자들에게는 옛 언약의

---

426 모세가 그렇게 하지 않았다면 "'목이 곧은' 상태로 인해 이스라엘은 멸망되었을 것이다(출 33:3, 5 참조). ... 모세의 얼굴을 가리는 수건은 출애굽기 32-34장과 고후 3장 7절의 요점을 강조한다. 즉 금송아지의 죄에서 나타난 이스라엘의 완고한 본성 때문에 모세가 중개한 것이다. 하나님의 영광은 이제 죽음의 사역이다. 모세의 수건은 반역적인 백성에 대한 여호와의 심판을 나타낸다"(Hafemann, "Paul's Argument," 288-89).

427 Hafemann, *Paul, Moses, and the History of Israel*, 224.

428 Hafemann, *Paul, Moses, and the History of Israel*, 354.

429 참조. 민 14:26-35; 신 1:34-46; 2:14-16; 9:6-8; 29:4; 시 78:21-22; 95:10; 106:23, 26; 렘 7:24-26; 겔 20:21-26.

430 바울은 하나님의 영광을 없애고 백성을 하나님의 즉각적이고 지속적인 임재의 위험으로부터 보호한 모세의 수건을 정죄의 사역이 "처음부터 '새' 언약으로 대체될 운명이었다는 것을 알린다고 이해했다"(Hafemann, "Paul's Argument," 294).

431 H. A. Kent Jr., "The Glory of Christian Ministry: An Analysis of 2 Corinthians 2:14–4:18," *GTJ* 2 (1981): 179.

432 필론(Philo)는 모세가 하나님을 대신하여 말할 때 그는 "외모와 생각이 모두 변화되고 성령으로 충만한 다른 사람"이 되었다고 말했다(Moses 2.271 [Colson and Whittaker, LCL]).

433 Hafemann, *Paul, Moses, and the History of Israel*, 361.

정죄가 영영히 없어지기 때문에 신자들은 하나님의 영광을 만나고 이 체험을 통해 살 수 있다.[434] 성령의 새 언약은 이스라엘 백성이 파기한 옛 언약과 같지 않기 때문에 바울은 모세와 같지 않다(렘 31:32).

2.2.2.5. 수건에 가려진 이스라엘(그들, 이스라엘) (3:14-17)

3:14-15. 바울은 출애굽기 34장에 있는 수건에 대한 해석을 계속하고 그것이 "오늘날까지" 이스라엘 자손에게 미치는 의미를 숙고한다.[435] 3장 14절에 나오는 "그러나"(ἀλλά, 알라)는 모세가 자신을 가렸을 때 의도와 반대되는 이스라엘의 반응을 소개하는 해석이 가능하다.[436] 모세는 자신을 가리었지만 그들의 마음은 완악하였다. 그러나 우리는 우상 숭배와 관련된 이스라엘의 완고한 본성이 모세로 하여금 그들의 죄 많은 상태에서 하나님의 영광을 보는 위험한 결과를 피하기 위해 수건으로 들어갔다고 주장해 왔다. 그러므로 수건은 완고함의 원인이 아니라 그 결과였다. "그러나"는 일반적인 반대 의미를 가져야 하며 3장 13절의 진술과 대조여야 한다.[437] 바울은 마음이 완악한 이스라엘과 다르기 때문에 성령의 변화를 받는 성도들에게 모세와 달리 담대하게 대할 수 있다(3:18).

이스라엘 사람들은 단순히 둔한 마음이 아니라 돌처럼 굳은 마음으로 고통을 받았다.[438] 성경의 증언은 그들의 죄악된 상태를 보고 들을 수 없는 무

---

434 이러한 현실은 마음이 완악하고 눈이 멀었기 때문에 복음의 진리를 막는 자들을 하나님께서 더 이상 심판하지 않으신다는 뜻이 아니다(참조. 롬 1:18-32). 금송아지를 이용한 이스라엘의 우상 숭배의 맥락은 우상의 제물을 먹는 것에 대해 거리낌이 없는 고린도 교인들에게 엄중한 경고 역할을 해야 한다(고전 8:1-13, 10:1-30, 고후 6:14-7:1).

435 두 절은 3:14b의 "오늘", "읽을 때", "모세"("옛 언약"), "수건", "쓰다"("남아 있음")와 병행을 이룬다. "모세"는 3:15에서 옛 언약을 가리킨다(참조. 행 15:21; 막 10:3-4; 12:26; 대하 25:4; 느 13:1).

436 Belleville, *Reflections of Glory*, 219.

437 οὐ... ἀλλά 구조이다. 다음을 참조하라. Hafemann, *Paul, Moses, and History of Israel*, 363-65. 3:14의 ἀλλά는 3:13a의 οὐ와 긍정적인 대조를 나타낸다. 그는 대조가 "모세의 의도와 이스라엘의 '강퍅한 마음' 사이가 아니라 바울의 담대함과 이스라엘의 마음이 완악한 사실 사이에 있다"(365p)고 주장한다. 라이트(Wright)는 다음과 같이 설명한다. "이스라엘의 마음이 완악하여 모세가 수건을 쓸 수밖에 없었다(새 언약 백성과 달리, 이것이 14절의 시작 부분에 있는 '그러나'의 요점이다)"("Reflected Glory: 2 Corinthians 3," 180). 이 의미에 반대하는 주장(참조. Thrall, *II Corinthians*, 1:262–63)은 설득력이 없다.

438 2:11에서 바울은 우리 그리스도인들이 사탄의 계획(τὰ νοήματα)을 알고 있다고 말한다. 같은 단어가 3:14에서 "마음"으로 번역된다. 바울은 사탄이 그릇 인도하려고 시도하려고 하는 자기 마음을 조심해야 한다고 경고하고 있을 것이다(11:3; Hafemann, *Paul, Moses, and*

능력의 탓으로 돌린다(참조. 사 6:9-10; 29:10-12; 렘 5:21-24; 겔 12:2; 막 4:10-12; 요 12:39~40, 행 28:25-27).[439] 바울은 로마서 11장 25절에서 "굳게 하다" 동사의 명사형을 사용하여 대부분의 이스라엘 사람들이 복음에 반응하지 않는 이유를 설명한다. "우둔함이 이스라엘에게 이르렀다"(참조. 로마서 11:7-8 참조).[440] 여기서 바울은 자신의 논증의 맥락에서 성령의 사역에서 나타나는 하나님의 영광을 보지 못하는 사람은 고대 이스라엘과 같은 완고한 상태에 있음을 암시한다. 완악한 자들에게 바울의 사역은 죽음의 냄새를 풍긴다.

그러므로 수건은 단순히 보면서도 이해하지 못하는 이스라엘의 은유가 아니다. 바울이 보기에 이스라엘의 근본적인 문제는 율법을 깨닫지 못한 것이 아니라 순종하지 않는 데 있다(롬 2:17-29, 갈 6:13). 그들은 지적 결함으로 고통받는 것이 아니라 보고도 믿지 못하고 듣고도 이해하지 못하는 도덕적 결함으로 고통받는다.[441] 수건은 율법을 소중히 여기고 변호하고 부지런히 연구하는 자들로 하여금 그리스도 안에 계시된 하나님의 참 영광을 깨닫지 못하게 하여 완고하게 하고 불순종하게 하는 굳어진 상태를 나타내기 위한 것이다(롬 11:7, 25). 모세가 처음 언약을 낭독할 때부터 그들은 영적인 동맥이 굳어버리는 고난을 겪었다. 바울은 오늘날 율법이 그들에게 읽힐 때 사람들이 그와 같은 상태에 머물러 있다고 주장한다.[442] 바울은 그의 독자들에게 잘 알려

History of Israel, 369).

439 또한 Provence, "Who Is Sufficient for these things?," 80. 그것은 지각을 가리는 것이 아니라 의지가 굳어지는 것을 의미한다. 수건은 당시 대부분의 유대인의 불신앙을 설명하는 영적 상태를 나타낸다(77p). 새비지(Savage)는 하나님께서 이스라엘을 강퍅케 하셨다고 말한다. "이스라엘이 교만하여 그것을 보기를 거부하는 바로 그 곳에 그의 영광을 나타내기로 선택함으로써. 그 방식으로 이스라엘이 영광을 보러 왔을 때, 하나님의 뜻대로 될 것이라는 것이 보장될 수 있었다. 그 때는 이스라엘이 십자가의 수치 속에서 영광을 볼 수 있을 만큼 충분히 겸손했을 때였다."(*Power through Weakness*, 143)

440 람브레흐트(Lambrecht)는 "이 용어의 사용은 회심하지 않은 유대인('그들')에 대한 바울의 다소 슬프고 고통스러운 태도를 전달하는데, 이는 자신과 기독교인('우리')에 대한 그의 자랑스럽고 자신감 있고 소망이 있는 견해와 반대된다"("Structure," 270).

441 이 해석은 이스라엘이 모세가 최종적인 말이라고 생각하거나 모세의 영광이 소멸된 것을 인식하지 못함으로써 옛 언약의 목적과 그리스도의 인격 안에 있는 하나님의 영광을 오인할 뿐이라는 견해(Bultmann, *Second Letter*, 86), 옛 언약은 낡았다는 견해(Barrett, *Second Epistle*, 120), 또는 그것이 그리스도에 의해 대체되었다는 견해(Bruce, *I & II Corinthians*, 192)를 배제한다.

442 해프먼(Hafemann, "Paul's Argument", 293)은 초점이 옛 언약과 새 언약의 목적과 결과에 있다고 주장한다. 새로운 것은 유지되는 동안 오래된 것은 무효가 된다. "이스라엘의 굳어진 마음 때문에 하나님의 정죄의 표현이 되어(3:9) 수건으로 계속해서 없어진(τὴν καταργουμένην) 하나님의 영광에 대한 시내산 언약의 중재는 이제 그 자체로 '계속 없어지고 있었다'(τὸ

진 고린도에서의 첫 설교의 상황을 언급하고 있을지도 모른다. 그 때 그곳의 유대인들이 그를 반대하고 욕하고 회당에서 쫓아내었다(행 18:5-11). 그들은 율법의 죽음에 이르게 하는 결과와 사라져가는 영광을 볼 수 없다. 그들은 하나님께서 그리스도의 피로 기록된 새 언약(고전 11:25)을 제정하시고 그 언약을 대체하셨다는 것과 불경건한 자들을 위한 그리스도의 희생적인 죽음은 하나님께서 그들을 자신과 화목하게 하시고 그들을 의롭다고 선언하시며 화평을 베푸시는 유일한 길이라는 것을 볼 수 없다(롬 5:1-11).

전치사 ἐπί(에피)는 모세가 시내산에서 하나님께서 그에게 주신 계명을 읽을 때를 가리키며(출 34:32-33) "옛 언약을 읽을 때에"로 정확하게 번역된다.[443] 옛 언약을 읽는 것은 신약이 아직 존재하지 않았기 때문에 신약과 반대되는 구약을 언급하지 않는다. 또한 "옛"은 모세의 사역을 낡고, 지저분하고, 구식으로 평가하는 것도 아니다.[444] 대신 시내산에서 모세와 맺은 언약을 가리킨다.[445] 프로방스Provence는 "성령이 구약의 사역 중에 부어지지 않았기 때문에 바울은 구약을 읽는 것(14절)위에 중요하게는 이스라엘의 자녀들의 마음(15절)위에 덮인 수건을 말할 수 있다"라고 지적한다.[446] 옛 언약이 가려지지 않고 이스라엘이 가려진다.

바울은 대부분의 이스라엘 사람들이 여전히 목이 뻣뻣하고 주님께로 돌이키거나 그분의 뜻에 복종하기를 거부한다고 믿는다. 그러나 그 잘못은 모세나 율법이 아니라 듣는 자들에게 있다.[447] 그는 율법이 이제 무효라고 주장하는 것이 아니라 기독교의 관점에서 그리스도의 오심과 함께 그 광채가 희미해진 죽음과 정죄를 가져온 사역임을 인식한다고 주장한다. 이러한 결함은 새 언

καταργούμενον, 3:11)고 묘사된다. 그렇게 함으로써 바울은 출 34:29 이하에서 모세의 영광에 무슨 일이 일어났는지 καταργέω의 사용에 대한 언어유희를 만든다. 그것은 그것이 일부였던 옛 언약에 대한 환유가 된다." 바울이 회당에서 토라 두루마리를 가리는 것에 대한 언급을 염두에 두었을 것 같지는 않다. 회당에서 공개적으로 낭독하는 율법에 대해서는 행 13:15과 딤전 4:13을 보라.

443 Hafemann, *Paul, Moses, and the History of Israel*, 370–71.

444 참조. 마 13:52, "'그러므로' '천국의 제자된 서기관마다 마치 새것과 옛것을 그 곳간에서 내오는 집주인과 같으니라.'"

445 Furnish, *II Corinthians*, 208. 그들이 현재에 계속 굳어져 있다고 말하는 것은 πάντες οἱ ἄρχοντες τῆς συναγωγῆς("회당[회중]의 모든 어른")라는 구절이 70인역 출애굽기 34:31에 나타나기 때문에 쉽게 뛰어넘을 수 있다.

446 Provence, "Who Is Sufficient for These Things?," 77.

447 참조. Calvin, *Second Epistle*, 47. 람브레히트Lambrecht는 3:14-17이 모세가 어떤 식으로든 그들의 눈을 보지 못하도록 한 책임을 발견하지 못하도록 유대인들의 불신에 대한 죄를 강조한다고 주목한다("Structure," 272).

약의 긴급한 필요성을 지적한다.[448] 두 언약의 대조는 죽음을 가져오는 문자로 율법을 만나는지 아니면 생명을 가져오는 마음에 기록된 살아계신 하나님의 영의 역사를 통해 만나는지에 있다.[449] 오직 그리스도 안에서만 수건이 없어진다.[450] 3장 14절에 있는 동사 καταργέω(카타르게오)의 주어가 명시적으로 표현되지 않는다. 그러나 바울은 이 구절의 첫 부분에서 주어가 "그 수건"에서 바뀌었다는 암시를 주지 않으며, 수건은 3장 15절에서 수동태 동사의 주어다. 수건을 제거할 수 있는 유일한 분을 이스라엘이 거부한 것은 그들이 계속해서 그들의 완고한 상태를 유지하도록 정죄하는 것이다.[451]

해프먼은 다음과 같이 말한다. "성령으로 마음이 변화된 자만이 (그리스도 안에서) (새) 언약의 구속을 받아들이고 성령으로 말미암아 율법에 나타난 대로 그 조건을 지킬 수 있게 될 것이다."[452] 그리스도인들이 신뢰하는 메시아의 수치스러운 성격은 이스라엘의 문제를 더욱 복잡하게 만든다. 그리스도는 이방인 압제자들을 무찌르고 세상에서 이스라엘의 부를 회복한 영광의 인물이 아니라 십자가에서 고난을 받고 돌아가신 분이셨다. 그분의 운명은 "유대인의 기대를 조롱하고" "그 기대를 십자가에 효과적으로 못 박았다."[453] 그분은 "걸림돌과 거치는 바위"가 되셨다(롬 9:33; 참조. 막 12:10-11). 그러나

448 F. Avemarie, "The Notion of a 'New Covenant' in 2 Corinthians 3: Its Function in Paul's Argument and Its Jewish Background," in *Second Corinthians in the Perspective of Late Second Temple Judaism*, ed. R. Bieringer, E. Nathan, D. Pollefeyt, and P. J. Tomson, Compendia Rerum Iudaicarum ad Novum Testamentum 14 (Leiden: Brill, 2014), 77.

449 J. Dennis, "The Letter and the Spirit in 2 Corinthians 3,6 and Romans 2,29: An Exercise in Pauline Theologizing," in *Theologizing in the Corinthian Conflict: Studies in the Exegesis and Theology of 2 Corinthians*, ed. R. Bieringer, et al., BTS 16 (Leuven: Peeters, 2013), 119.

450 CSB 성경은 ὅτι를 올바르게 읽고 "때문에"로 번역한다. KJV 성경은 중성 단수 관계 대명사 ὅ τι로 읽는다. "그것[수건]은 그리스도 안에서 없어진다"(개역개정도 관계대명사로 읽는다).

451 로마서 11:11-32에서 바울은 하나님께서 그의 목적을 이루시기 위해 고의적인 불순종을 어떻게 사용하실 수 있는지 보여 준다. 이스라엘의 눈멂은 이방인들이 믿고 하나님의 백성의 일원이 될 기회를 제공했다. 그러나 우리는 모든 이스라엘이 복음을 거부한 것은 아니라는 것을 기억해야 한다. 누가복음-사도행전을 제외하고 우리의 신약은 유대 기독교인들이 썼다. 사도행전은 복음에 대한 백성들의 엄청난 반응을 기록하고 있지만, 유대인들에게 복음을 전할 때마다 분열된 반응을 일으켰다는 기록도 있다. 그것은 전면적인 회개나 전면적인 거부가 아니다(행 2:12; 4:4; 13:43-45, 51; 18:4-8; 28:23-24). 사실 예수님의 제자들 사이에 반응이 엇갈렸다. 유다는 자기 처소로 가려고 돌이켰다(행 1:25). 베드로는 다음과 같이 선언한다. "누구든지 그 선지자의 말을 듣지 아니하는 자는 백성 중에서 멸망 받으리라"(행 3:23, 참조. 눅 1:16, 2:34). 바울은 예수를 믿는 유대인과 이방인을 "하나님의 이스라엘"(갈 6:16, 참조. 롬 9:6)로 간주한다.

452 Hafemann, *Paul, Moses, and the History of Israel*, 368.

453 Savage, *Power through Weakness*, 140.

십자가에서 죽으심의 굴욕을 견디신 이 겸손한 메시아와 동일시하는 것은 이전의 교만과 육체의 자랑을 없애는 것이다. 또한 그리스도 안에 있는 하나님의 영광을 가리는 수건을 걷어낸다. 바울 자신도 이스라엘이 보지 못하게 하는 눈멂으로 고통을 겪었다. 그는 육신적인 관점에서 그리스도를 바라보았다(5:16). 하나님께서 그의 마음에 신성한 빛을 비추셨을 때, 그는 십자가에 못 박히신 예수님을 다른 방식으로, 즉 자신의 죄 때문에 자신을 위해 죽으신 분으로 보았다. 이 새로운 관점은 의에 대한 모든 망상을 파괴했다. 바울은 자신의 이기적인 욕망과 이스라엘을 세속적 명성으로 높이고 율법에 대한 모범적인 순종을 칭찬할 메시아에 대한 어떠한 희망적인 생각도 비워야 했다. 그리스도와 함께 십자가에 못 박혔다는 것은 자신의 고귀한 유산과 칭찬할 만한 업적, 심지어 율법에 대한 열정까지도 쓰레기로 버려야 한다는 것을 의미했다. 그는 깊은 굴욕과 수치 속에서 그리스도 안에 있는 하나님의 놀라운 영광을 보았다. 바울은 더 이상 자신을 위해 살 수 없었다. 오히려 다른 사람들을 위해 살고 죽기 위해 자신을 그리스도께 드려야 한다.

3:16. 바울은 출애굽기 34장 34절을 자유롭게 인용한다. 모세는 회막에서 여호와 앞에 나아갈 때 수건을 벗고 백성에게 말하러 돌아올 때 얼굴을 가렸다. 바울의 인용과 70인역(번역하면, "모세가 그에게 말씀하려고 주 앞에 들어갈 때마다, 다시 나갈 때까지 수건을 벗었다.") 사이의 차이점을 주목하면 본문에 대한 그의 이해를 설명하는 데 도움이 된다.

첫째, 바울의 인용에서 "모세"가 생략되었고 동사 "돌아가다"에는 분명한 주어가 없다. 둘째, 70인역에서 미완료형 동사 "들어가서"(εἰσεπορεύετο, 에이세포류에토)는 "돌아가면"으로 바뀐다. 이 동사는 부정과거 가정법이다.[454] 셋째, 동사 "벗겨지리라"(περιαιρεῖται, 페리아이레이타이)는 70인역의 미완료 시제에서 현재 시제로 바뀌었다. 출애굽기 구절에서 동사는 분명히 중간태이므로 모세가 주의 임재 앞에 올 때 베일을 벗는다. 바울의 본문에서 이 동사는 베일이 "벗겨졌다"를 의미하는 수동태로 읽어야 한다.

"들어가다"의 공간적 개념에서 동사 "돌아가다"로의 변화는 암시적이다. 회개와 회심에 대한 언급으로 돌이키는 개념은 구약과 신약에서 찾아볼 수 있다(참조. 신 4:30; 30:2, 9-10; 대하 30:9; 사 6:9; 호 6:1; 행 9:35, 11:2, 15:19, 26:20, Tob 13:6). 바울은 모세가 수건을 벗고 주의 영광을 본 경

454 이것은 출 34:31의 동사 ἐπιστρέφω로 제안되었을 수 있다.

험을 믿는 자가 주께로 돌아가는 경험의 원형으로 해석한다. 이 해석은 또한 믿지 않는 유대인들에게 일어날 일에 대한 바울의 소망과도 일치한다(롬 11:23-24). 바울은 모세의 행동을 당시 이스라엘 민족의 불신자들에게 전형적인 것으로 해석한다.[455] 그들이 주님께로 돌아오면, 하나님은 그들의 마음과 "보지 못할 눈과 듣지 못할 귀"(롬 11:8)를 가리는 "혼미한 심령"인 수건을 제거하실 것이다. 돌아오는 것은 "이스라엘이 스스로 수건을 제거하기 위해 행동해야 한다는 의미가 있음을 나타낸다."[456] 반면에 주님께 돌아오는 것은 이방인 신자에게도 적용된다(살전 1:9, 갈 4:9). 새 언약에서 모든 그리스도인은 주님의 임재에 들어갈 수 있지만, 오직 돌처럼 굳은 마음을 제거하고 우리 마음에 하나님의 법을 기록하는 성령의 힘으로만 안전하게 들어갈 수 있다. 라이트는 "그리스도 안에 있는 새 언약 백성은 마음이 굳어 있지 않기 때문에 수건이 벗겨졌다(3.1-3, 4-6)"라는 바울의 주장의 핵심을 포착한다.[457] 이 변화는 본성적으로 "허물과 죄로 죽었던" 사람들에게(엡 2장) 하나님의 영이 영혼에 새로운 성품을 심는(롬 8:7-9) "중생"으로 설명될 수 있다.

이 해석은 출애굽기 34장이 계속해서 바울의 사상을 이끌고 "주"는 그리스도가 아니라 여호와를 가리킨다고 가정한다.[458] 바울이 구약에서 인용한 다

455 동사 "돌아오다"의 주제에 관한 모호성은 그것이 모세가 여호와의 임재로 돌아가서 휘장을 벗는 것을 묘사하고 또한 모세의 본을 따르는 자들을 언급하는 출애굽 이야기를 참조하도록 허용한다. 후자의 문맥에서 동사는 도덕적-종교적 의미를 갖는다(Hughes, *Second Epistle*, 114n10). 슬론(Sloan)은 바울이 여기서 모세의 이름을 구체적으로 언급하지는 않았지만 여기서 그를 언급한다고 주장한다. 그는 바울이 다른 사람들을 위해 수건을 제거하는 방법에 관심이 있는 것이 아니라 그의 사역을 모세의 사역과 대조하는 데 관심이 있다고 주장한다. 모세는 주님 앞에 나아가 그의 얼굴에서 수건을 벗었다("New Covenant Hermeneutics," 141–42). 그러나 바울은 단순히 모세와 자신을 대조한 것이 아니다. 백성들의 완악함 때문에 모세는 어쩔 수 없이 수건을 써야 했다. 바울은 완악한 사람들을 위한 사역과 하나님의 영광에서 그들을 보호하기 위해 수건이 필요한 사람들을 위한 사역과 성령으로 말미암아 마음이 온유해진 백성을 위한 사역을 구별한다. 문제는 15절에 나와 있다. "수건이 그 마음을 덮었도다." 해결책은 16절에 나와 있다. 그 수건은 영이신 주께로 돌이킴으로써 제거된다. 댈톤(W. J. Dalton)이 주장하는 것처럼 바울은 고린도에 있는 그리스도께 돌아가야 하는 그의 유대인 적대자들만을 염두에 두고 있으며 그리스도께 돌아오는 것을 언급하지 않는다고 주장하는 것은 바울에 대한 심각한 오해이다("Is the Old Covenant Abrogated [2 Cor 3:14]?," *AusBR* 35 [1987]: 88–94). 로마서 11:11-21 참조.

456 Savage, *Power through Weakness*, 135. 고린도의 일부 유대인들이 이렇게 행했다(행 18:8).

457 Wright, "Reflected Glory: 2 Corinthians 3," 183. 이 해석은 백성을 하나님의 영광으로부터 보호하기 위해 자신을 가리워야 했던 모세와 그렇지 않은 바울 사이의 기본적인 차이점을 설명하는 데 도움이 된다. 듣는 자의 영적 상태가 결정적인 구별이다.

458 Moule, "2 Cor 3:18b," 236; Dunn, "2 Cor III.17," 314–20; Furnish, *II Corinthians*, 211; Hafemann, *Paul, Moses, and the History of Israel*, 392.

른 모든 인용문에서 주에 대한 언급은 하나님을 가리킨다.[459] 이것은 데살로니가전서 1장 9절의 병행되는 언급("너희가 어떻게 우상을 버리고 하나님께로 돌아와서 살아 계시고 참되신 하나님을 섬기는지와")과 잘 맞는다.[460]

"그들이 돌아가면"은 이스라엘이 그렇게 하지 못하도록 막는 것이 무엇인지 묻게 만든다. 빌립보서 3장 2-9절와 갈라디아서 1장 13-14절에 있는 바울의 간략한 자서전적인 스케치와 로마서 9장 30절-10장 12절에서 이스라엘에 대한 그의 애가가 약간의 단서를 제공할 수 있다.[461] 조상들의 전통에 열심이었던 바울은 교만과 "자신을 높이고자 하는 참을 수 없는 충동"으로 가득 차 있었다.[462] 자신의 공로에 대한 그의 확신은 육적인 삶의 범주에서 나온 것으로, 그로 인해 동시대인보다 뛰어난 종교적 스타로서 다른 사람에게 뽐낼 수 있는 근거가 되었다(갈 1:13-14). 그것은 그에게 자기 의를 제공했고(빌 3:6, 9) 우월감을 느끼게 했다. 그는 자기 도취적인 열심을 가졌는데, 자기 도취에 빠져 그리스도 안에 있는 하나님의 영광을 볼 수 없었고 그것을 파괴하려고 했다. 율법은 잘못 해석될 때 이러한 스스로 만드는 의를 조장하는 것처럼 보였고 다른 사람들을 멸시하는 민족적 자랑을 불러일으켰다.[463] 그는 자신의 성취를 기뻐했고 자신이 가진 모든 것이 하나님의 선물이라는 것을 인식하지 못했다. 우리가 하나님께 대한 우리의 열심과 같은 칭찬할 만한 덕을 위해서 우리 자신을 높일 때, 우리는 하나님의 높으심을 보지 못하게 된다. 자기 영광과 교만과 자랑으로 멸망한 자들은 그리스도 안에 나타난 하나님의 영광을 그리워할 것이다. 그것은 십자가의 굴욕에서 나오는 독특한 종류의 영광이기 때문이다.

---

459 롬 4:8; 9:28, 29; 10:16; 11:3, 34; 15:11; 고전 2:16; 3:20; 10:26; 14:21; 고후 6:17-18; 8:21 (참조. Dunn,"2 Cor 111.17," 317; Furnish, *II Corinthians*, 211).

460 다른 이들은 3:14의 그리스도에 대한 언급에서 "주"가 그리스도를 가리킨다고 주장했지만(Hermann, *Kyrios und Pneuma. Studien zur Christologie der paulinischen Hauptbriefe*, SANT 2 [Munich: Kösel, 1961]), 여전히 다른 사람들은 3:18에서 주가 그 영이시라는 진술에서 그 영을 언급한다고 주장한다(참조. Belleville, *Reflections of Glory*, 256-63). 벨빌(Belleville)은 성령이 하나님이라고 주장하기 위해 삼위일체적 논쟁에 이 구절을 사용하는 교부적 경향에 주목한다. 그녀는 이것을 "주"라는 용어의 알레고리화라고 이해한다. "주"는 그 영을 가리킨다(3:18). "이제 모세가 돌아간 주는 여호와이시니 오늘날 유대인이 돌이켜야 할 주는 그 영이시다"(Belleville, "Paul's Polemic," 301).

461 다음은 Savage, *Power through Weakness*, 135–38에서 채택한 것이다.

462 Savage, *Power through Weakness*, 138.

463 율법에 대한 이스라엘의 맹목적인 열심은 지식을 따른 것이 아니다(롬 10:2). 왜냐하면 그들은 행위로 의를 구하기 때문이다(롬 9:32). 그것은 그들이 "그들이 마치 '자신의 의'를 세우는 것처럼"(참조. 롬 10:3) 오만해지도록 이끈다(Savage, *Power through Weakness*, 137).

3:17. 바울은 이제 출애굽기 34장에서 "주"의 의미를 설명한다. 3장 17a절의 "주님은 영이시니"는 3:16a, "그러나 언제든지 주께로 돌아가면"을 설명한다. 바울은 출애굽기 34장 34절을 해석하고 있으며 "주"는 여호와를 가리킨다. 그의 의미는 "이 구절이 말하는 주는 성령이시니"(NEB)라는 의역으로 요약된다.[464] 메이트라Matera는 다음과 같이 말한다.

> 바울은 그리스도와 그 영을 동일시하지 않고 그 영이 하나님이심을 나타내려고 하지도 않는다. 오히려 그는 처음부터 이 장의 특징이었던 신학적, 성령론적 초점을 계속한다. 주님은 바울의 새 언약 사역에 능력을 주는 하나님의 영이시다. 따라서 출애굽기의 본문은 누구든지 성령께로 돌아갈 때마다 수건이 벗겨진다는 것을 의미한다.[465]

하나님의 임재가 가까워짐으로 모세의 얼굴이 변했다. 바울은 모든 신자가 성령을 통한 하나님의 임재와 영광스러운 변화를 경험할 수 있다고 주장한다. 바울의 사역은 신자들의 삶을 점진적으로 그리스도의 형상으로 변화시키는 기능을 하는 성령을 중재한다.[466]

3장 17절의 "주의 영이 계신 곳에는 자유가 있느니라"는 3장 16절은 "수건이 벗겨지리라"를 설명한다.[467] 바울은 성령이 우리를 무엇으로부터 해방시

---

464 따라서 Dunn, "2 Corinthians III.17," 313; Furnish, *II Corinthians*; Thrall, *II Corinthians*, 1:274. 바울은 성경의 한 구절을 인용하면서 앞 문장에서 한 단어를 취한다. 그리고 고전 10:4과 갈 4:25에서 정관사와 δέ를 반복하여 그 의미를 설명한다. 유대 문헌에서 이 공식의 다른 예를 보려면 Belleville, *Reflections of Glory*, 256–57을 참조하라. 우리가 주장한 바와 같이 바울이 출애굽기 34장을 공상적으로 해석하지 않았다면, "주"가 그리스도를 지칭한다는 제안은 있을 수 없다(다음에 반대된다. David Greenwood, "The Lord Is the Spirit: Some Considerations of 2 Cor 3:17," *CBQ* 34 [1972]: 467–72). 해프먼(Hafemann)은 다음과 같이 주장한다. "바울은 그리스도와 그 영을 동일시하지 않는다. 그러나 모세가 회막에서 여호와를 체험한 것이 바울이 3:3에서 살아계신 하나님의 영으로서 그의 사역에서 나타나시는 영을 언급할 수 있었던 것처럼 바울의 사역에서 성령이 현재 체험된 것과 동등하다는 것을 분명히 한다" (*Paul, Moses, and History of Israel*, 399). 본문이 손상되었다는 추측은 훨씬 더 가능성이 없다. 나이젤 터너(Nigel Turner)는 οὗ("where", ~곳)가 원래 οὐ("not", ~이 아닌)이었다고 제안했다("The Spirit is not free from Lord" in *Grammatical Insights into the New Testament* [Edinburgh: T&T Clark, 1965], 128). 바렛(Barrett, *Second Epistle*, 124)은 바울이 속격 사용하지 않고 전치사 ἀπό 또는 ἐκ를 사용하여 "~로부터의 자유"를 표현했다고 반박한다(참조. 롬 6:18, 22; 7:3; 8:2, 21; 고전 9:19).

465 Matera, *II Corinthians*, 96.

466 Bruce, *Paul*, 121.

467 Belleville, *Reflections of Glory*, 257–62. 다른 학자들은 δέ가 성경 본문에 대한 설명을 소개하는 고전 10:4; 15:27, 56; 갈 4:25에서 사용되었음을 주목한다(Dunn, "2 Corinthians III.17," 312; Furnish, *II Corinthians*, 212; Thrall, *II Corinthians*, 1:274). 3:17b에서 τὸ πνεῦμα κυρίου는 바울의 편지 다른 곳에 나타나지 않는다. 바울은 두 명사 모두에 정관사를 포함하거나

켜 준다고 생각하는가? 그것은 율법으로부터의 자유가 아니다.[468] 직접적인 문맥이 결정을 돕는다. 이 본문을 해석하려고 바울의 다른 편지에서 신학적 문제를 바로 가져오는 것을 피해야 한다.[469] 이 문맥에서 "자유"는 주님께로 돌아올 때만 오는 수건으로부터의 자유를 의미한다(3:16, 18). 이스라엘 백성은 마음으로 하나님의 율법을 받아들이게 하는 성령이 없었기 때문에 하나님의 영광을 보지 못하였다. 연결된 개념을 대신하는 용어를 이용하는 환유를 사용하여, 바울은 하나님의 영광을 가장 충만하게 체험하는 능력을 방해한 백성의 완악함을 나타내기 위해 "수건"이라는 용어를 사용한다.[470] 만일 그 수건이 목이 곧은 이스라엘의 죄성을 나타낸다면, 그 수건이 제거될 때 죄와 죽음으로부터 자유는 필연적 결과이다.

성령 시대의 그리스도인들은 수건이 필요하지 않다. 이것이 바울과 모세의 대조이다. 새 언약의 일꾼으로서 바울은 자신과 복음을 가리지 않고 모든 사람이 보게 하고(2:14, 4:6) 하나님을 아는 지식을 전한다(3:2). 하나님을 우러러보는 바울의 가리지 않은 얼굴은 다른 사람들에게도 드러나게 된다. "자유"는 3장 12절의 담대함과 유사하다.[471] 바울이 염두에 두고 있는 자유는 "복음을 선포하고 변호하는 데 있어서 말의 자유, 담대함, 개방성, 정직함"이다(참조, 2:17; 4:1 이하).[472] 바울은 새 언약의 일꾼이기 때문에 자유로우며 담대할 수 있다. 복음을 전하며, 거리낌이 없이 담대하게 고린도 교인들을 책망한다. 말허비Malherbe는 바울의 παρρησία(파레시아) 사용이 당시의 다른 도덕 철학자들과 어떻게 다른지 주목한다.

> 도덕 철학자는 이성과 자신의 의지에 따라 획득한 자신의 도덕적 자유에 대한 자각에 힘입어 인간의 조건에 대해 담대히 말하고 개혁을 요구하는

두 명사 에서 모두 생략한다.

468 바렛(Barrett)은 "하나님의 법이 그 마음에 성령으로 기록된 그리스도인은 율법주의적으로 이해되는 종교에 매이지 않는다"고 주장한다(*Second Epistle*, 124). 스랄(Thrall)은 바울이 "(율법)과 함께 하는 죄와 죽음의 운명"에서의 자유를 염두에 두고 있다고 믿는다(*Second Epistle*, 124). 그러나 바울은 고린도전서 7:19에서 중요한 것은 율법의 계명을 지키는 것이라고 확언한다.

469 참조. 롬 6:18, 22; 8:2, 21; 고전 9:1, 19; 10:29; 갈 2:4; 4:22-31; 5:1, 13.

470 바울의 환유 사용에 관해서는 다음을 참조하라. Hafemann, *Paul, Moses, and History of Israel*, 371-74.

471 퍼니시(Furnish)는 그것이 "두려움 없이 말하고 행동할 자유"를 의미한다고 주장한다. "사도적 담대함은 주의 영의 활동으로 마음에 기록된 새 언약 아래 부여된 자유에서 나온다"(*II Corinthians*, 237–38).

472 Wright, "Reflected Glory: 2 Corinthians 3:18," 179.

> 반면, 바울은 그의 사역 전체를 그 기원, 동기, 내용, 방법 등을 하나님의 인도하심으로 여긴다. 하나님은 그에게 담대히 말할 수 있는 능력을 주셨고 그가 하는 말은 인간의 조건에 대한 철학적이거나 이성적인 분석이 아니라 하나님의 복음이다.[473]

만일 이 해석이 옳다면 바울은 고린도 교인들을 이스라엘 사람들과 호의적으로 비교함으로써 그들에게 경의를 표한다. 백성들의 마음이 완악해져서 모세는 수건을 써야 했다. 바울의 사역이 더 큰 영광을 받기 위해서는 백성을 보호하기 위해 더 두꺼운 수건이 필요하지 않지만 성령께서 백성의 마음의 성품을 근본적으로 변화시키기 때문에 수건이 전혀 필요하지 않다. 라이트Wright는 바울의 주장을 다음과 같이 요약한다.

> "우리가 담대함을 갖는 이유는 다음과 같다. 너희는 그 앞에서 옛 언약의 영광을 가려야 했던 이스라엘 사람들과 달리 새 언약 안에 있기 때문에 성령을 소유하고 하나님의 영광을 담대하고도 직접적으로 감당할 수 있다." 바울이 말하고 있는 요점은 그와 그의 청중이 공유하는 조건, 즉 완고하지 않은 마음과 결과적으로 하나님의 영광을 볼 수 있는 성령께서 주신 능력 때문에 그가 사용하는 드러내는 사역 방식이 적절하다는 것이다.[474]

모세의 사역과 바울의 사역 사이의 가장 큰 차이점은 모든 신자가 "돌아가" 주님의 임재 안으로 들어갈 수 있게 하는 성령의 역사이다.

2.2.2.6. 수건을 벗은 그리스도인(우리, 그리스도인) (3:18)

3:18. 바울은 출애굽기 34장 35절의 본문을 주석과 결합하여 이 부분을 끝맺는다. 모세는 여호와께 말씀하러 들어갈 때까지 빛나는 얼굴에 수건을 썼다. 바울은 모든 그리스도인이 모세처럼 수건을 벗은 얼굴로 주의 영광에 나아가서 동일한 변화를 경험할 수 있다고 주장한다. 강조된 "우리 모두"(개역개정, "우리가 다")는 바울이 단순히 모세와 자신을 대조한 것이 아니기

---

473 A. J. Malherbe, "Exhortation in 1 Thessalonians," in *Paul and the Popular Philosophers* (Minneapolis: Fortress, 1989): 59.

474 Wright, "Reflected Glory: 2 Corinthians 3:18," 184. 해프먼은 다음과 같이 덧붙인다. "모세가 자신을 가려야 했던 곳에서 바울이 담대해질 수 있었던 것은(3:12-13), 바로 바울이 멸망 대신에 마음이 변화된 사람들이 그리스도의 얼굴에 나타난 하나님의 영광을 만나 변화될 것이라고 기대할 수 있기 때문이다(3:18; 4:4-6)" ("The Glory and Veil of Moses in 2 Cor 3:7-14: An example of Paul's Contextual Exegesis of the OT-a Proposal," *HBT* 14 [1992]: 43).

때문에 사도나 기독교 사역자만이 아니라 모든 기독교인의 경험을 말한다.[475] 그것은 믿지 않는 유대인들과 반대되는 "우리"이다. 마음에 수건을 씌운 이스라엘 사람들과 대조적으로(3:15), 그리스도인들은 수건을 벗었다(3:16).[476] 그리스도인들은 마음의 상태가 바뀌었기 때문에 "하나님의 영광의 담대하고 직접적인 계시를 견딜 수 있다."[477]

그것은 또한 모세와 대조되는 "모두"이다. 모든 기독교인은 모세가 시내산에 올라 주님의 임재 앞에 섰던 것처럼 주님 앞에 나아갈 수 있다. 결과는 비슷하다. 수건을 벗은 얼굴로 주님의 영광을 바라보면 그분과 같은 형상으로 변화된다.

"거울을 보는 것처럼"으로 번역된 잘 등장하지 않는 동사 *κατοπτριζόμενοι*(카토프트리조메노이)는 "거울처럼 반사하는"을 의미할 수도 있다.[478] 이 번역은 바울이 계속해서 자신을 모세와 대조한다는 것을 의미한다. 모세와 달리 바울의 얼굴은 백성들에게 주님의 영광을 나타내기 위해 수건을 벗었다. 그러나 우리는 바울이 "우리 모두"라는 강조와 함께 고린도 교인들을 포함하고 있으며 어휘의 증거가 "거울을 보는 것 같이" 번역에 기울어진다고 주장했다.[479]

---

475 슬론(Sloan)은 𝔓[46]사본을 따라 "모든"(개역개정은 "다")이 생략되어 바울이 사도만을 언급한 것이라고 주장한다. 필사자는 진술을 보다 포괄적으로 만들기 위해 "모든"을 추가했을 가능성이 있다("New Covenant Hermeneutics," 149–50). 또한 다음도 참조하라. Belleville, *Reflections of Glory*, 276. 그러나 피(Fee)는 바울이 1:21-22에서 그의 독자들을 성령의 은혜에 참여하는 것으로 언급함으로써 그의 사도적 진실함에 대한 비슷한 변호를 결론지었다고 보다 설득력 있게 주장한다. 그는 또한 4:14 에서 "너희와 함께" 하는 부활을 언급하며, 5:10에서 "우리 모두"라는 심판을 언급하며 고린도 교인들을 포함시킨다(*God's Empowering Presence*, 314n99).

476 3:14에서 바울은 이스라엘이 주님의 영광을 보지 못하는 이유를 설명하기 위해 동사 ἀνακαλύπτω("벗기다")를 사용한다. 3:16에서 동사의 완료 시제를 사용하여 그 수건이 그리스도 안에 있는 자들을 위해 벗겨졌고 그것이 벗겨진 채로 있다고 말한다.

477 Wright, "Reflected Glory: 2 Corinthians 3:18," 144. 그는 바울이 "자신의 사역을 다루지 않고 그의 청중의 마음의 상태를 다루고 있다"고 주장한다.

478 van Unnik, "With Unveiled Face," 167–68; G. B. Caird, "Everything to Everyone: The Theology of the Corinthian Epistles," *Int* 13 (1959): 392; Plummer, *Second Epistle*, 105–6; Belleville, *Reflections of Glory*, 278–81.

479 바울은 이 부분에서 본다에 다른 동사들(ἀτενίζω, 3:7, 13; αὐγάζω, 4:4; σκοπέω, 4:18; βλέπω, 4:18)을 사용한다. 필론은 민 12:7-8을 모세가 거울을 통해 하나님의 형상에 대한 분명한 환상을 받았다는 의미로 해석한다(*Alleg. Interp.* 3.100–101). N. Hugedé, *La métaphore du miroir dans les épîtres de Saint Paul aux Corinthiens* (Neuchatel: Delachaux & Niestlé, 1957); R. Kittel, "κατοπτρίζομαι," *TDNT* 2:696; Bultmann, *Second Letter*, 93–97; F. W. Danker, "The Mirror Metaphor in 1 Cor 13:12 and 2 Cor 3:18" *CTM* 3 (1960): 428–29; Collange, *Énigmes*, 116–18; Furnish, *II Corinthians*, 214; Wolff, *Der zweite Brief*, 77; Lambrecht, "Transformation," 298–99. 동사 κατοπτριζόμενοι이 "반사하는"을 의미한다는 대안적 견해는 어휘적으로 확립되어

거울 이미지는 고린도전서 13장 12절에서 찾을 수 있다.

"우리가 지금은 거울로 보는 것 같이 희미하나 그 때에는 얼굴과 얼굴을 대하여 볼 것이요 지금은 내가 부분적으로 아나 그 때에는 주께서 나를 아신 것 같이 내가 온전히 알리라."[480] 4장 3-4절에서 바울은 수건, 영광, 형상의 세 가지 주제를 반복하면서 이 시대 신에게 눈 멀게 된 사람들이 "그리스도의 영광의 복음의 광채가 비치지 못하게 함이니"(4:4)라고 쓴다. 그러므로 바울은 성령의 사역의 효과를 말하는 것이다. 믿는 모든 사람은 이제 거울로 그 영광을 볼 수 있다.

거울로 본다는 것은 우리가 "'분명하지 않게' 또는 '왜곡된 방식으로 본다'는 뜻이 아니라 우리가 하나님을 '직접적으로' 보는 것과 반대되는 간접적으로 본다"는 의미이다."[481] 이 거울에서 우리는 하나님의 영광의 반영인 형상을 본다. 인간이 이 궁극의 실재에 도달할 수 있다는 것과 가깝다. 결과적으로 그것은 잠정적이다. 하나님을 직접 보는 것은 "이 세상을 위한 것이 아니라" 세상의 종말을 기다린다.[482] 그러나 그리스도는 하나님의 형상이다(4:4; 롬 8:29; 골 1:15). 그리고 우리는 그리스도의 얼굴에서 하나님의 영광을 볼 수 있는 특권이 있다(참조. 4:6; 요 14:9).[483] 하나님은 더 이상 먼 산꼭대기에 계시지 않고 주님께로 향하는 신자의 마음에서 만날 수 있다.[484] 람브레흐트는 "보는 것"이 "확실히 시각적 또는 지적인 활동 이상"이라고 주장한다.

> 그것은 복음 전파에 포함된 실존적 만남과 관련되어야 한다. 그리하여 우리는 하나님께서 그리스도 안에서 행하신 일에 직면하게 된다. 우리는 그리스도를 거울과 복음 안에서 그리고 복음이 영감을 주는 특정한 그리스

있지 않더라도 여전히 매력적이다. 라이트는 그리스도인들이 주님의 반사된 영광을 보는 거울이 다른 그리스도인들이라는 흥미로운 주장한다. 그는 "하나님께서 예수 그리스도의 복음의 빛으로 당신 백성의 마음에 비추시며, 그 마음은 그의 빛을 반사하여 다른 사람들이 하나님의 영광을 볼 수 있는 거울이 된다"고 주장한다. 4:7-11에서 "거울에 비치는 것 같이 보이는 영광이 바울의 사역에 있어 고난으로 말미암아 비치는 영광이다"("Reflected Glory: 2 Corinthians 3:18," 188, 189–90).

480 훌륭한 청동 거울을 생산한다는 고린도의 명성은 아마도 바울이 이미지를 사용한 이유일 것이다.

481 Fee, *God's Empowering Presence*, 317.

482 Barrett, *Second Epistle*, 125.

483 바울이 이 이미지를 사용한 이유는 "그리스도가 하나님의 '거울'임을 제안하고 싶기 때문이다. 그 거울에서 우리는 주의 영광을 본다. 그리스도 안에서 우리는 하나님이 그의 모든 영광에 반영된 것을 본다!" (Lambrecht, "Transformation," 300–301).

484 Moule, "2 Cor 3:18b," 236.

도의 삶의 방식으로 본다. 그것은 또한 그리스도 안에서 우리와 함께 하시는 하나님의 행하시는 "화려하고" 강력한 임재에 대한 내적 체험이다.[485]

우리는 결코 하나님을 대면할 수 없고 변함없이 남아 있을 수 없다. 이 영광을 바라보는 것은 우리가 참으로 그분의 형상으로 변화되는 변화를 가져온다. 고린도전서 11장 7절에서 바울은 사람을 "하나님의 형상과 영광"이라고 불렀다(참조. 창 1:26-27; 5:1; Wis 2:23; Sir 17:3). 타락은 그 형상과 영광을 더럽혔지만 돌이킬 수 없는 것은 아니다. 이제 회복되고 있다.[486] 이 변화는 신자들이 자라야 할 형상이신 그리스도를 통해 이루어진다(엡 4:24). 거울을 보는 이미지를 탐색하면 더 많은 통찰력을 얻을 수 있다. 우리는 거울을 볼 때 거울이 반사하는 빛에 의해 비춰지는 우리 자신의 얼굴을 본다. 누군가는 타락한 "아담"의 형상을 볼 것으로 예상할 수 있다(고전 15:45-49). 그 대신 우리 안에 살아계시는 그리스도의 얼굴의 눈부신 형상과 성령으로 말미암아 우리가 그의 형상으로 변화되는 것을 본다.[487] 켄트Kent는 "그 사도가 그러한 위업을 달성할 수 있는 기독교 사역에 참여했을 때처럼 기뻐한 것도 놀라운 일이 아니다"라고 쓴다.[488]

우리는 바울이 "같은 형상을 위하여"가 아니라 "같은 영광을 위하여"라고 쓰기를 기대했을 것이다. 바울은 외모가 변하는 것이 아니라 속사람이 변하는 것임을 알기에 신중하게 말을 선택했다. 겉모습은 여전히 기만적이다(5:12, 16). 하나님은 마음에 신성한 빛을 비추신다(4:6). 우리의 마음에는 진정한 영광이 있으며 우리가 육신으로 하는 모든 일에 영향을 미친다. 우리가 섬기는 신들처럼 된다는 것은 도덕적인 잠언이다(참조. 롬 1:18-32). 그리스도 안에 반사되는 주님의 참된 영광을 바라볼 때 우리의 마음은 변화되어(롬 12:2) 이 세상과 세상의 인식과 가치를 본받지 않고 그리스도와 그의 고난과 부활의 역설적인 패턴을 본 받게 된다(롬 8:29, 빌 3:10, 21-22). 수동태 "변화되고 있다"는 이 변화가 하나님이 하신 일임을 가리키며, 바울의 주해는 그것이 성령을 통해서 일어난다는 것을 분명히 한다.

485 Moule, "2 Cor 3:18b," 302–3.

486 "영광에서 영광에"는 영광의 근원이신 성령으로부터 신자들이 소유한 영광까지를 의미할 수 있으며(따라서 Wright, "Reflected Glory: 2 Corinthians 3:18," 188) 또는 영광의 한 등급에서 다른 등급으로, 즉 "영원히 증가하는 영광"을 의미할 수 있다(NIV).

487 R. Griffith-Jones, "Turning to the Lord: Vision, Transformation and Paul's Agenda in 2 Corinthians 1-8," in *Bieringer et al., Theologizing in the Corinthian Conflict*, 264.

488 Kent, "The Glory of Christian Ministry," 180–81.

피츠마이어는 개인이 "이교 신화가 암시하는 것처럼 그리스도 자신으로 변화되지 않는다. 오히려 반사된 영광에 대한 끊임없는 복종을 통해 그 사람은 점차 그와 같은 모습으로 변화된다"라고 말한다.[489] 신비 종교와 달리 기독교는 주로 인간의 도덕적 개혁에 관심이 있었다(참조. 골 3:10). 해프먼은 "새 언약의 여명은 그러므로 새 창조를 특징짓는 하나님의 자비로운 구속과 회복에 대한 응답으로 하나님께 대한 순종의 시작이다(고후 3:18, 5:17)"라고 말한다.[490] 변화는 순간적인 것이 아니라 지속적으로 현실화되어야 한다. 바울은 이 과정에서 갈라디아 교인들의 되돌아가는 것을 한탄한다. "나의 자녀들아 너희 속에 그리스도의 형상을 이루기까지 다시 너희를 위하여 해산하는 수고를 하노니"(갈 4:19). 분명히 이 과정은 부활할 때까지 완성되지 않을 것이다. "우리가 흙에 속한 자의 형상을 입은 것 같이 또한 하늘에 속한 이의 형상을 입으리라"(고전 15:49). 그러나 바울의 요점은 우리가 이제 성령을 통해 더욱 그리스도와 같은 삶을 살고 그리스도의 구원 사업에 참여하고(5:20) 하나님께 더 큰 영광을 돌릴 수 있다는 것이다.

많은 기독교인들은 중생의 건전한 교리를 잃어버렸거나 배운 적이 없다. 중요한 것은 하나님이나 교회에 관한 자신의 지위가 유일하다고 믿는다. 그들은 그리스도에 대한 과거의 결정이나 회중과 연합하기로 한 결정이 하나님

489 J. A. Fitzmyer, "Glory Reflected on the Face of Christ (2 Cor 3:7–4:6) and a Palestinian Jewish Motif," *TS* (42 (1981): 644. 헬라어 *μεταμορφόω*("변화하다")는 그 목적이 신의 형상으로의 변형이었던 신비 종교에서 사용된다. 머피-오코너(J. Murphy-O'Connor)는 바울이 "신이나 여신의 환상이 그것을 보는 사람을 변형시키게 하는 효과가 있었다는 널리 퍼진 헬레니즘적 믿음"에서 가져왔다고 주장한다("Pneumatikoi and Judaizers in 2 Cor 2:14–4:6," *AUSBR* 34 [1986]: 54). 예를 들어, 아풀레이우스(Apuleius)의 소설에서 영웅 루시우스(Lucius)는 마법의 물약에 손을 댄 후 당나귀의 형태로 변형된다. 그는 이시스 여신을 숭배하면서 다시 남자로 변한다. 그 여신의 입문자로서 그는 그녀의 찬란한 빛을 보았을 때 그녀처럼 빛나기 시작한다 (*Metam*. 11.23-24). 이 동사는 묵시 문학에서도 새 시대(부활)에 택함을 받은 자의 변화를 나타내기 위해 나타난다. 바룩 2서(2 Bar. 50:3)에 따르면, "내 율법으로 말미암아 의인이 인정된 자들과 삶에 지혜를 가진 자들과 마음에 지혜의 뿌리를 심은 자들의 영광에 대하여 그들의 광채는 영화롭게 변화될 것이며 그들의 얼굴 모양은 그들의 아름다움의 빛으로 변하여 그들로 하여금 그들에게 약속된 불멸의 세계를 얻고 받게 될 것이다." 다음을 참조하라. 2 Bar. 48:49; 51:4–10; 1 En. 1:8; 5:7; 38:2, 4; 45:4; 50:1; 58:3–6; 62:16; 108:11–14. 산 위에서 변화하신 예수님은 제자들이 그들에게 보이지 않는 세상을 보았을 때, 이 변화시키는 영광을 미리 맛보게 하셨다(막 9:1-8/마 17:1-9/눅 9:28-36). "그 장면은 홀로그램과 같은 기능을 한다. 고난의 수건을 통해 하나님의 영광이 빛날 때 제자들은 잠시 진리를 엿볼 수 있다"(D. E. Garland, *Mark*, NIVAC [Grand Rapids: Zondervan, 1996], 343–44). 마 13:43을 참조하라. "그 때에 의인들은 자기 아버지 나라에서 해와 같이 빛나리라 귀 있는 자는 들으라." 바울의 변화에 대한 비전은 바룩 2서와 다르다. 그것은 그들의 마음에 그리스도가 심긴 자들 안에 하나님의 영에 의해 역하사는 것이다.

490 Hafemann, "The Glory and Veil of Moses in 2 Cor 3:7-14," 43–44.

앞에서 그들의 위치를 결정한다고 가정한다. 그런 결정을 한 후에 그들은 성령께서 새롭게 하시도록 노력하지 않으며 거룩하지 않은 삶에서 만족할 위험에 처해 있다. 더 노력한다고 해결되는 것이 아니다. 내 힘으로 하고 싶은 선한 일을 하고자 하는 마음과 노력은 항상 '내 속에 거하는 죄'가 나를 인도하여 악을 행하게 하는 현실에 의해 방해를 받는다(롬 7:18-20). 해결책은 성령의 일(롬 8:5)을 생각하여 "예수를 죽은 자 가운데서 살리신 이가 너희 안에" 거하시고(롬 8:11) 성령의 열매를 맺게 하는 것이다(갈 5:22-25). 바울은 의도적으로 "육체의 일"(갈 5:19-21)과 "성령의 열매"를 구별한다. "육체의 일"이 우리가 하는 일이기 때문이다. 사람은 일을 할 수 있지만 누가 열매를 맺을 수 있는가? 우리가 스스로 육신의 일을 행하나 성령의 열매는 성령의 은혜와 협력으로만 주어진다. 그 열매는 우리를 변화시키는 우리를 초월한 능력의 결과이다. 이 개념은 예수님께서 요한복음 15장 4절에서 말씀하신 바와 같다. "내 안에 거하라 나도 너희 안에 거하리라 가지가 포도나무에 붙어 있지 아니하면 스스로 열매를 맺을 수 없음 같이 너희도 내 안에 있지 아니하면 그러하리라." 바울은 "너희 안에 계신 그리스도"(롬 8:10)를 "너희 안에 계신 영"(롬 8:11)과 동일시한다. 성령은 우리에게 강요되지 않으며 신자들은 근본적인 차원에서 우리 삶을 변화시키는 데 성령의 역사가 가능하도록 영적인 훈련을 받아야 한다. 우리 안에 있는 성령은 우리가 하고 싶은 일을 할 수 있는 능력을 주시고 우리가 하고자 하는 일을 옳은 것으로 만들어 그리스도를 닮아가는 것이 자연스럽게 흘러나오게 하신다.

이 구절에서 바울의 결론은 문자적으로 "성령의 주께로부터"로 읽혀지며, 이 표현은 동격의 속격 "성령이신 주에게서 오는"으로 가장 잘 번역된다.[491] 바울에게 인간의 변화는 오직 성령에 의해서만 가능하다. 성령의 사역은 그의 사역을 모세의 사역과 구별하고(3:6, 8) 훨씬 더 영광스럽게 만든다.[492] 하나님께서는 그에게 성령으로 무장한 자들에게 성령이 수여된, 성령의 능력으로 이루어지는 사역을 주심으로 충분하게 하셨다. 피Fee는 바울의 주장을 잘 요약한다.

491 바울은 다양한 방식으로 하나님의 영을 언급할 수 있다. 참조. 롬 8:9의 "영", "하나님의 영", "그리스도의 영", 롬 8:13의 "영", 고전 12:3의 "하나님의 영", "성령", "영", 고후 3:3의 "살아계신 하나님의 영", 3:6의 "영"이다.

492 피츠마이어는 율법이 의의 교사나 제사장의 얼굴을 비춰 많은 사람들을 비춘다고 주장하는 사해 사본의 언급과 대조되는 점에 주목한다("Glory Reflected on the Face of Christ (2 Cor 3:7-4:6) and a Palestinian Jewish Motif," *TS* 42 [1981]: 643).

> 바울의 사역은 이제 모든 사람이 성령을 받을 수 있는 약속이 성취된 때에 속한다. 성령의 오심은 옛 것을 끝내고 타락의 결과를 근본적으로 역전시킨 그리스도의 사역을 전유했다. 참으로 우리는 그리스도를 통하여 그리고 성령으로 말미암아 처음에 의도되었던 모양을 갖도록 변화된다. 성령이 주시는 자유 안에서 우리는 우리 주 예수 그리스도의 얼굴에서 우리에게 분명히 나타난 바와 같이 하나님 그분의 영광을 보았고 우리는 그 영광을 경험하게 되었으며 영원히 그렇게 할 것이다. 우리가 최종 영광에 이를 때까지 점점 더 길을 가신다.[493]

신자들이 그리스도를 닮아가는 성장은 궁극적으로 오는 시대에 영광으로 완성될 것이라는 생각은 찰스 웨슬리Charles Wesley의 찬송가 "하나님의 크신 사랑"("Love Divine, All Loves Excelling", 새찬송가 15장, 역자주)에서 시적으로 포착된다.

> 당신의 새로운 창조를 이루시고,
> 우리로 순결하고 죄없이 하소서.
> 우리로 주의 크신 구원 받아,
> 당신 안에서 온전하게 하소서.
> 영광에서 영광으로 변화되어,
> 하늘나라 갈 때까지,
> 우리가 주님 앞에 왕관을 던질 때까지,
> 감격과 사랑에 빠져 찬양하게 하소서.

그러나 바울의 주장은 그의 변호에 초점을 맞춘다. 고린도 교인들이 하나님의 영광을 볼 수 있게 하는 계시의 체험은 성령과 새 언약의 일꾼인, 궁극적 권세이신 하나님의 인정을 받은 자로서 자신의 사역을 통해 중재되었다고 주장한다.

---

493 Fee, *God's Empowering Spirit*, 319.

2.2.3. 기독교 사역: 진리의 공개적인 선언 (4:1-6)

1 그러므로 우리가 이 직분을 받아 긍휼하심을 입은 대로 낙심하지 아니
하고 2 이에 숨은 부끄러움의 일을 버리고 속임으로 행하지 아니하며 하나
님의 말씀을 혼잡하게 하지 아니하고 오직 진리를 나타냄으로 하나님 앞에
서 각 사람의 양심에 대하여 스스로 추천하노라 3 만일 우리의 복음이 가리
었으면 망하는 자들에게 가리어진 것이라 4 그 중에 이 세상의 신이 믿지 아
니하는 자들의 마음을 혼미하게 하여 그리스도의 영광의 복음의 광채가 비
치지 못하게 함이니 그리스도는 하나님의 형상이니라 5 우리는 우리를 전파
하는 것이 아니라 오직 그리스도 예수의 주 되신 것과 또 예수를 위하여 우
리가 너희의 종 된 것을 전파함이라 6 어두운 데에 빛이 비치라 말씀하셨던
그 하나님께서 예수 그리스도의 얼굴에 있는 하나님의 영광을 아는 빛을 우
리 마음에 비추셨느니라

이 장을 4장 1절에서 나누는 것은 쉽지 않다. 4장 1-6절이 앞의 내용과 밀접하게 연결되어 있기 때문이다. 우리는 앞에서 이 단락이 ABA′ 구조의 결론 부분으로서 바울의 논증의 구조에 어떻게 들어맞는지 보여주었다. 이 단락은 또한 3장 7-18절의 주제를 계속 이어간다.

1. "이 직분을 받음"(διακονία, 디아코니아; 4:1)은 3:7-9의 "사역"과 연결된다.
2. "비겁하지 않음", "물러나지 않음"으로 더 잘 번역되는 "낙심하지 않음"(4:1)은 3:12의 바울의 사도적 솔직함(담대함)을 말한다.
3. 멸망하는 자들에게 복음의 가리어짐(4:3)은 3:14-16의 수건의 주제를 택한다.
4. 혼미하게 된 마음(4:4)은 3:14의 완고한 마음과 병행된다.
5. 볼 수 없음(4:4; 개역개정, '비치지 못함', *αὐγάσαι*, 아우가사이)은 3:13의 주목하지 못함(*ἀτενίσαι*, 아테니사이)과 병행된다.
6. 3:7-18의 중심적인 영광이라는 주제가 4:4, 6에 다시 나타난다.

그분의 사역에 대한 바울의 선언 마지막 부분은 세 부분으로 나뉜다. 첫 번째(4:1-2)는 바울이 진리의 공개적인 선언을 통해 다른 사람들의 양심에 어떻게 자신을 추천했는지 반복한다(참조. 살전 2:1-12). 두 번째(4:3-4)는 "우리의 복음"에서 그리스도의 영광을 보지 못하는 자들의 영적 상태를 특징짓는다. 세 번째(4:5-6)는 바울의 설교의 기본 요지를 요약한다.

2.2.3.1. 진리의 공개적인 선언으로 자신을 추천(4:1-2)

4:1. 바울은 3장 18절의 모든 그리스도인의 일반적인 경험에서 새 언약의 사도로서의 자신의 특별한 경험으로 이동한다(참조 3:6; 5:18).[494] "우리"는 저자의 우리이다.[495] "그러므로"(διά τοῦτο, 디아 투토)는 선행하는 것, 즉 하나님께서 사역을 위해 그를 충족시켰다는 것을 의미한다. 그의 사역은 하나님의 율법을 인간에게 전한 모세의 사역과 같다. 모세와 달리 성령을 통한 그의 사역은 이러한 율법을 사람들의 마음에 기록한다.[496] 그는 이 부르심을 하나님의 긍휼(고전 7:25, 딤전 1:13, 16)과 하나님의 은혜(고전 15:9-10, 갈 1:15)로 이해한다.[497] 하나님은 모독하는 자, 박해하는 자, 오만한 자를 택하셔서(딤전 1:13) 헌신된 사도와 교회의 겸손한 종이 되게 하셨다.

바울은 "긍휼을 받았다"고 말할 때 자신의 소명을 언급하며, 그러한 표현은 그의 사역을 어떤 개인적인 야망의 성취가 아니라 하나님의 선물로 여기고 있음을 보여 준다. 이 은사에는 막중한 책임이 따른다. 충실하게 복음을 전파하고 솔직하게 진실을 말해야 한다. 자비에 대한 언급은 또한 그의 독자들에게 하나님께서 그를 사망의 박해에서 구원하시고(1:10) 그의 사역을 계속할 수 있는 힘을 주셨음을 상기시켜 준다. "우리는 낙심하지 않는다"로 번역된 동사(ἐγκακοῦμεν, 엥카쿠멘)는 다양한 의미를 가질 수 있다.[498] 그것은 "낙심하다" 또는 "낙담하다"를 의미할 수 있다. 이어지는 내용에서 바울은 그가 낙심할 수 있는 많은 이유를 열거한다(참조. 4:8-9; 6:4-5. 참조. 눅 18:1). 박해의 끊임없는 위협, 때로 그것이 삶의 절망에 빠지게 했고(1:8), 동료 기독교인들의 중상으로 열등한 사람으로 여겨져 사기가 저하되었을 것

---

494 어떤 학자들은 "그러므로"(διά τοῦτο)가 다음 어구 "이 직분을 받아 긍휼하심을 입은 대로"를 앞에서 언급한다고 주장한다. 그러나 이 구절은 3:12과 병행을 이루는데, 여기서 οὖν("그러므로", 개역개정)은 앞 부분을 언급한다. 바울이 언급한 "이 사역"은 성령의 사역(3:8)과 칭의의 사역(3:9)으로 그와 같은 영광스러운 결과(3:12, 18)로 바울을 담대하게 행할 수 있게 만든다.

495 다음의 논증을 참조하라. S. Kim, *The Origin of Paul's Gospel* (Grand Rapids: Eerdmans, 1981), 5–6.

496 Harvey, *Renewal through Suffering*, 53.

497 모세가 하나님의 영광의 이상을 받기 전에 하나님은 모세에게 "내가 긍휼히 여길 자를 긍휼히 여기리라"(출 33:19, 롬 9:15에 인용됨)라고 말씀하셨다.

498 동사 ἐγκακοῦμεν(𝔓[46], ℵ, A, B, D)가 ἐκκακοῦμεν(C, Ψ, 0243 등)보다 선호된다.

이다.[499] 다른 학자들은 그 동사가 "지치다"(참조 갈 6:9; 살후 3:13)[500] 또는 "태만하다", "게으르다" 또는 "꺼리다"를 의미한다고 주장한다.[501] 바울은 우리가 큰 어려움에 직면하여 "용기를 잃지" 않거나 "비겁한" 또는 "소심한" 사람이 되지 않는다는 것을 의미할 수 있다. 이것이 여기서 동사의 의미라면, 이 단락의 시작 문장은 3장 12절과 병행을 이룰 것이다("우리가 이같은 소망이 있으므로 담대히 말하노니"). 부정 표현을 사용하여 3장 12절의 생각을 다시 서술할 수 있을 것이다. "우리가 이 직분을 받아 ... 두려워하지 않는다." 4장 1절과 4장 16절에 나오는 이 동사의 KJV 번역 "우리는 낙심하지 아니하노라"가 적절하다. 그러므로 바울은 4장 1절에서 낙심하거나 포기하지 않는다는 것 이상을 말한다. 그에게는 이러한 사역과 소망이 있기 때문에(3:6-18), 비겁하게 만드는 압력에도 불구하고 "그는 소극적이 되지 않는다."[502] 플러머는 다음과 같이 설명한다. "이러한 비겁함이 비판을 피하기 위한 침묵과 아무것도 하지 않음 뒤에 숨어 있게 하므로 *παρρησία*(파레시아)의 반대이다."[503] 성령은 바울로 하여금 계시된 복음을 전하게 하시고 그가 고발하는 가르침으로 도덕적 변화를 이루기 위해 순수한 진실함을 사용하게 만드신다.

4:2. 바울은 자신이 거부하는 세 가지 불명예스러운 행위를 열거하고 대신에 그가 하는 일을 말한다. 첫째, 그는 "우리가 은밀하고 부끄러운 일을 버렸다"(문자적으로, 개역개정, "숨은 부끄러움의 일")라고 확언한다.[504] CSB 성경는 이 구를 성질을 나타내는 속격인 "부끄러운 일"로 해석한다.[505] 이 어구는

---

499 엡 3:12-13에서 담대함의 언급 뒤에 같은 동사가 나온다. "우리가 그 안에서 그를 믿음으로 말미암아 담대함과 확신을 가지고 하나님께 나아감을 얻느니라 그러므로 너희에게 구하노니 너희를 위한 나의 여러 환난에 대하여 낙심하지 말라 이는 너희의 영광이니라."

500 하비(Harvey)는 그것이 "피로와 나태함, 육체적 약점의 자연스러운 결과"를 의미한다고 제시한다(*Renewal through Suffering*, 53).

501 Thrall, *II Corinthians*, 1:298–99는 다음의 광범위한 논의에 대해서 조사한다. Baumert, *Täglich Sterben und Auferstehen*, 318-46.

502 Bultmann, *Second Letter*, 99.

503 Plummer, *Second Epistle*, 110. 퍼니시는 동사 *ἐγκακοῦμεν*가 "많은 담대함(3:12)에 대한 개념을 전달하는 방식으로 번역되어야 하며 두려워 하거나 떨지 않고 하나님 앞에서 그들의 행위를 다른 사람들에게 추천하는 사도들에 일치하는 방식으로 번역되어야 한다(4:2)." 그는 "물러나다"로 번역한다(*II Corinthians*, 217).

504 동사 *ἀπειπάμεθα*의 중간태는 "우리는 우리를 위해 포기했다"를 강조한다. 다른 사람들은 그렇게 하지 않았음을 의미할 수 있다(Murphy-O'Connor, "Pneumatikoi," 47).

505 스랄(Thrall)은 이것을 "수치스러운 행동의 비밀스러운 습관"으로 번역한다(*Second Epistle*, 1:300–303).

"부끄러움에 이르게 하는 것" 또는 "부끄러워서 숨겨지는 것"으로 해석될 수 있다("그들의 매우 수치스러움으로 숨기는 행위", REB 성경). 바울은 아마도 모세가 아니라 2장 17절에 언급된 하나님의 말씀을 혼잡하게 하는 사람들의 방법을 언급했을 것이다. 마치 바울이 그의 얼굴을 가리는 행위를 속이는 것으로 여겼기 때문이다. 이 단락에서는 모세가 전혀 등장하지 않는다. 바울이 그러한 부끄러운 행위를 버리라고 말할 때 그 행위에 가담했다는 의미도 아니다. 그는 그들에게 의지하지 않았다. 그는 자신의 담대함을 부끄럽게도 진짜 의도를 숨기는 사람들과 대조한다. 바울처럼 명예롭게 행동하는 사람들은 자신의 행위를 은밀하게 숨길 필요가 없으며 기독교인과 비기독교인을 막론하고 온 세상이 볼 수 있도록 열려 있다.[506]

둘째, 그는 모든 속임수를 거부한다. 명사 "속임"은 문자 그대로 "무엇이든 할 준비"(πανουργία, 파누르기아)를 의미하는 헬라어의 번역이다. 부정적인 의미로 사용될 때, 그것은 음흉하고, 교활하고, 속이고, 간사한 사람에게 적용된다. 그러한 사람들은 자신의 불명예스러운 목적을 달성하기 위해 비굴하게 책략을 세워 대개 비밀 음모와 음모에 의존한다. 11장 3절에서 바울은 그러한 교활함을 하와를 꾀었던 사탄과 연결시킨다. 이 단어는 고린도전서 3장 19절에도 나오는데, 여기에서 바울은 욥기 5장 13절, "하나님은 지혜 있는 자들로 하여금 자기 꾀에 빠지게 하시는 이라 하였고" 인용하여 하나님을 능욕할 수 있다고 생각하는 이 세상의 어리석은 지혜를 비난한다. 세상적인 영리함은 일시적인 성공을 제공할 뿐이며 결국에는 영리한 사람들을 그들 자신의 얽혀있는 속임수의 그물망에 가두게 될 것이다.[507] 속이는 사람은 숨김

---

506 필론(Philo)은 다음과 같이 썼다.

> 악을 행하는 자는 수치를 당하여 땅의 구멍과 모퉁이와 깊은 흑암을 찾고 거기에서 그 많은 죄악을 가리워 모든 사람의 눈에 보이지 않게 한다. 그러나 그 행위로 공동의 이익을 위해 봉사하는 사람들은 언론의 자유(παρρησία)를 사용하고, 대낮에 시장을 거닐며 붐비는 사람들과 대화할 준비가 되어 있고 맑은 햇빛이 그들 자신의 삶을 비추도록 하고(ἀνταυγάσοντες) 가장 믿을만한 감각인 시각과 청각을 통해 모여 있는 그룹에 좋은 봉사를 제공할 준비가 되어 있다(*Spec. Laws* 1:321 [Colson, LCL]).

비밀에 대한 이 언급은 또한 솔직함의 부족과 관련이 있을 수 있다. 필로데모스(Philodemus)의 한 구절은 비밀을 비우호적인 행동과 솔직하지 못한 행동과 연결한다. "그러나 비밀하게 행동하는 것은 의심할 여지 없이 가장 비우호적이다. 잘못을 보고하지 않는 사람는 가장 두드러진 친구에게도 이런 일을 은폐하는 것이 분명하다. [물건]을 숨기는 자에게는 이익이 없을 것이다. 아무도 주의를 피할 수 없었다"(Fr. 41 Philodemus, *On Frank Criticism*, 55).

507 바울은 고후 12:16에서 두 단어를 모두 사용한다. "내가 너희에게 짐을 지우지는 아니하였을지라도 교활한 자(πανοῦργος)가 되어 너희를 속임수(δόλος)로 취하였다 하니." 고린도에 있는 누군가가 연보를 다루는 일에 대해 질문을 제기했을 가능성이 있다.

이 없고 솔직한 사람과 반대된다.[508]

셋째, 그는 하나님의 말씀을 교활하게 오용하는 것을 거부한다. 고린도 교인들이 바울이 하나님의 말씀을 왜곡했다고 비난한 것은 아닐 것이다.[509] 다시, 그는 2장 17절에서 자신을 하나님의 말씀을 어지럽히는 사람들과 대조시킨다. 바울은 "단순히 자기 이익을 위해 사기를 치는 철학 교사들"에 대한 고대 세계의 만연한 의심과 비판을 활용한다.[510] 그는 그런 사기꾼들과는 달리 청중의 자존심을 짓밟거나 화가 나도록 하는 일을 피하기 위해 복음을 조정하거나, 희석하거나, 변조하지 않았다고 주장한다. 그는 청중을 기쁘게 하기 위해 하나님의 말씀을 사용하여 아첨하는 사람이 아니며, 청중의 성품이나 신자로서의 삶을 살피도록 결코 도전하지 않는 매혹적인 해석으로 청중을 현혹시키지 않는다.

마지막으로 그는 자신이 하는 일을 설명한다. 그는 진리를 분명하게 제시한다.[511] 이 마지막 어구는 그의 대담한 연설과 다시 연결된다(참조 6:6;

---

508 세네카는 다음과 같이 썼다. "선한 사람은 자신이 하는 것이 명예롭다고 생각하는 일을 할 것이다. 비록 수고스럽더라도 그것을 할 것이다. 해가 될지라도 그것을 할 것이다. 위험을 수반할지라도 그것을 할 것이다. 다시 말하지만, 그는 돈이나 쾌락이나 권력을 가져다준다 해도 비열한 일을 하지 않을 것이다. 그 어떤 것도 명예로운 일을 하는 것을 막을 수 없으며, 그를 비열하게 만드는 것은 아무것도 없을 것이다"(*Ep*. 76.18 [Gummere, LCL]).

509 마틴이 "바울의 글이 고린도 교회에서 비방자들과 계속 논쟁을 벌이는 동안 전체적으로 논쟁의 여지가 있다"는 말은 순전히 추측이다(*2 Corinthians*, 81). 그들이 그처럼 합당하지 않은 동기로 그를 비난했다면, 왜 그들이 도덕적 훈계에서 경건한 슬픔으로 회개할 뿐만 아니라 그의 말에 귀를 기울이려고 애쓰겠는가? 이 해석은 거울 읽기가 잘못된 고전적인 사례이다.

510 Furnish, *II Corinthians*, 218. 그는 Lucian, *Hermotimus* 59를 인용한다. "철학자가 와인 상인으로서 자신의 교훈을 와인으로 판다는 점을 제외하고는 철학과 와인이 어떻게 비교될 수 있는지 나는 확실히 말할 수 없다. 대부분 음란과 속임, 잘못된 조치를 취한다." 디온 크리소스토무스(Dio Chrysostom)는 또한 아첨하는 사람을 다음과 같이 비판한다.

> 그러나 진실로 남자답고 고상한 사람은 그러한 일에 결코 굴복하지 않을 것이며 권력이나 재물을 위한 불명예스러운 지불을 위해 자신의 자유와 언론의 자유(παρρησία)를 희생하지도 않을 것이다. 그러한 상을 받기 위하여 자기의 모양과 의복을 바꾸는 자들을 시기하지 않을 것이다. 오히려 그런 사람을 인간에서 뱀이나 다른 동물로 변해가는 자들에 비교하여 방탕하다고 시기하거나 헐뜯는 것이 아니라 통곡하고 가엾게 여겨야 할 것이다(*Invid*. 77/78.37 [Cohoon, LCL]).

511 필론(Philo)는 소피스트를 "사기꾼, 아첨꾼, 교활한 가능성을 만들어내는 사람으로, 속임수와 오도 방법을 잘 알고 있지만 정직한 진실에 대해서는 생각하지 않는 사람"(*Heir* 302)으로 설명한다. 그것은 바울이 자신을 누구와 무엇과 비교하는지 이해하기 위한 가능성 있는 배경을 제공한다. 그는 소피스트를 "기만적인 말과 생각의 궤변"(*Heir* 85 [Colson and Whittaker, LCL])에 몰두하고 진실이 아니라 논증을 위한 논증에만 관심이 있다고 언급한다(*Worse* 36). 다음 책이 이 언급에 주의를 기울인다. B. W. Winter, *Paul and Philo among the Sophists*,

7:14). 그리고 10-13장에서 그는 그리스도의 진리를 가진 자요(11:10), 어리석은 자랑으로 여겨질지라도 진리를 말하고(12:6), 진리를 거슬러 아무것도 하지 않고 오직 진리를 위해서 일한다(13:8; 참조. 고전 2:12-13). 눈물과 괴로운 마음으로 쓴 편지는 그러한 진리의 서술이었다. 그는 그 편지를 보낸 후 그 영향이 두려워 잠시 불안해했다. 그는 고통을 줄 생각이 없었고 단지 사랑을 보여주고 회개를 불러일으키기를 원했다(2:4). 그들이 회개했다는 디도의 소식(7:6-9)은 바울이 사랑 안에서 진리를 말씀했다는 것을 확인시켜 준다(엡 4:25). "그러므로 내가 떠나 있을 때에 이렇게 쓰는 것은 대면할 때에 주께서 너희를 넘어뜨리려 하지 않고 세우려 하여 내게 주신 그 권한을 따라 엄하지 않게 하려 함이라"(13:10).

바울은 자신에게 불리한 상황이 압도적으로 보일 때에도 복음의 진리를 결코 타협하지 않는다. 복음의 진리를 열렬히 선포함으로 그는 예루살렘의 기둥인 사도들 앞에서 자신의 복음을 변호하고 "그리스도 예수 안에서 우리가 가진 자유를 엿보고 우리를 종으로 삼고자" 가만히 들어온 거짓 형제들을 막아내었다(갈 2:4). 갈라디아서 2장 1-10절에 나오는 이 만남에 대한 바울의 설명은 바울의 전파한 복음에 대한 그들의 승인이 어느 정도 양면성이 있음을 보여 준다. 이러한 거리낌은 복음 진리의 의미에 대한 바울의 기본적인 이해에서 비롯된다(2:5, 14). 그는 편지에서 이 복음을 위해 아무에게도 의존하지 않았으며(1:17-18) 기둥인 사도들이 그에게 아무것도 추가하지 않았음을 분명히 한다(2:6). 복음의 진리는 "사람에게서 난 것이 아니므로"(갈 1:11) 어떤 사람의 증명에 달려 있지 않다. 바울은 이전 사도들이 그의 복음과 사명을 승인했다는 기록을 바로잡고자 하지만 그들의 승인이 복음의 진리를 더 참되게 만들지 않는다는 것을 알고 있다. 그의 깊은 확신은 복음의 진리는 개인이나 집단이 아무리 존경받고 거룩하더라도 인간의 공증에 의존하지 않는다는 것이다. 바울은 하나님의 진리를 증명하거나 하나님의 백성이나 하나님의 사도들을 확인하기 위해서 인간의 외적인 모든 기준을 비난한다. 기둥인 사도들의 복음 진리의 인식은 바울의 복음보다 그들의 성품과 영적 분별력에 대해 더 많은 것을 말해준다. 그들의 권위는 전적으로 복음의 진리를 지지하는지 여부에 달려 있다. 결과적으로 바울은 복음 진리를 직접적으로 선포하는 것이야말로 자신을 복음의 진정한 설교자로 추천하는 유일한 방법이라고 믿는다.

그리스-로마의 맥락에서 "스스로 추천하노라"를 부정적인 것으로 이해해

SNTSMS 96 (Cambridge: Cambridge University Press, 1997), 93.

서는 안 된다. 바울이 자신을 추천하는 것이 원칙에 어긋나는 일인 것처럼 비난한 사람은 아무도 없다.[512] 고린도 교인들은 이것이 고대 세계에서 관계를 수립하는 정상적인 수단이었기 때문에 자신을 추천했다고 비난하지 않았을 것이다. 바울은 여기서 고린도 교인들과 다른 사람들에게 자신을 추천한 방식이 다른 사람들이 편지를 통해 자기를 추천한 방식과 다르다는 점만 강조한다(3:1). 그는 모든 사람이 스스로 판단하게 하기 위해 복음을 분명하게 전함으로써 자신을 추천한다.

이 복음을 어떻게 판단하느냐에 따라 그들은 하나님의 평가를 받을 것이다. "각 사람의 양심에"라는 표현은 특별히 고린도 교인들이 아니라 일반 사람들을 가리킨다. 우리는 1장 12절의 주석에서 "양심"이 옳고 그름, 도덕적 행위의 규범을 인식하는 인간의 능력을 의미한다고 언급했다. 인간은 그가 말하는 것을 점검할 수 있고, 사탄이 그들의 마음을 눈멀게 하지 않았다면 그 진실을 볼 수 있다. 바울은 복음이 모든 사람에게 접근 가능하다고 믿는다. 그러나 어떤 사람은 소식을 전하는 자를 외면하거나 거리를 둔다. 이것이 바울이 인간적인 판단에 의존하지 않는 이유이다. 왜냐하면 인간은 너무 자주 "육체적인" 범주에 의존해서 판단을 내리기 때문에, 바울은 인간적인 판단을 의존하지 않는다(고전 4:3, 고후 5:16).

2.2.3.2. "우리의 복음"에 나타난 그리스도의 영광에 눈이 가리어진 자들의 영적 상태(4:3-4)

4:3. 바울은 그의 복음이 멸망하는 자들에게 죽음의 냄새라는 주제로 돌아간다(2:15-16). 불트만은 복음을 전하는 것은 사람들에게 결단의 중대한 기로를 안겨준다고 바르게 강조한다. "믿음의 문제에서 문제가 되는 것은 하나님이든 사탄이든 둘 중 하나다. 그 사이에 제 3의 것은 없다."[513] 만일 어떤 사람들이 복음을 거부한다면 그것은 결코 바울의 사역을 믿지 못하도록 하는 것이 아니다.[514] 그의 복음은 멸망하는 자들에게만 가려진다(4:3). 하지Hodge는 "이 사실의 이유나 원인은 복음의 본질이나 표현 방식에서 찾는 것이 아니라 복음을 거부한 사람들의 상태와 성격에서 찾아야 한다. 소경이 보지 못하더

512 다음과 다른 많은 학자들에 반대된다. Furnish, *II Corinthians*, 245. 3:1의 주석을 참조하라.

513 Bultmann, *Second Letter*, 103.

514 바울은 고린도에 있는 믿지 않는 유대인들을 염두에 두고 있었을 것이다(행 18:4-6).

라도 해는 계속해서 뜬다"라고 말한다.[515] 앞 단락에서 바울은 사람들의 완악함을 상징하는 수건을 은유적으로 사용한다. 복음이 어떤 사람들에게 가려져 있다면 그것은 그들의 마음이 응답하지 않거나 응답할 수 없는 생명 없는 껍질로 시들어버렸기 때문이다.

무엇이 바울의 복음을 가리는가? 십자가의 스캔들을 전파하는 데 있어 타협하기를 거부한 것이다(고전 1:23, 2:2). 수건으로 가리는 것은 마치 그것이 너무 비밀스럽거나 지루하거나 무미건조한 것처럼 여겨질 수 있는 바울의 복음 전달 방법과는 아무 관련이 없다. 복음의 근본적인 메시지를 헬라인은 어리석은 것으로, 유대인은 수치스러운 것으로 여긴다. 그들은 하나님께서 그리스도의 희생을 통해 죽음과 악을 이기고 세상을 화목하게 하신다는 것을 볼 수 없다. 이것은 인간의 모든 자랑도 끝내 버린다. 하나님께서 이스라엘을 구원하기 위해 보내신 메시아는 이스라엘을 압제하는 이교도들을 몰아내고 세상의 부를 회복시킨 영광의 인물이 아니었다. 그 대신에 그는 고난 받고 십자가에 달려 돌아가셨다. 그러한 운명은 "유대인의 기대를 조롱하는 것"이었고 "그 기대를 십자가에 효과적으로 못 박았다."[516] 그리스도는 "시온의 걸림돌과 거치는 바위"가 되셨다(롬 9:33; 막 12:10-11). 기독교 복음은 더 고상하게 여겨지고 부담이 적은 구원 계획을 원하는 사람들을 불쾌하게 만든다.[517] 니체가 복음의 중심에 있는 "십자가에 못 박히신 분"이 "죽음의 원리, 즉 죄에 대한 의식과 하나님의 권위를 예고하는, 삶에 병적인 원리를 부과하는 반자연적 원리"라고 평가한 것은 옳았다.[518] 대신 그는 하나님이 하신 일을 "슈퍼맨"이 할 수 있다는 희망에서 틀렸다.

바울은 이스라엘에 있는 사람들이 보지 못하도록 하는 것과 같은 눈멂으로 고통스러웠다. 그는 한때 약속된 그리스도를 육신의 관점에서 바라보았고(5:16), 이스라엘을 세상에서 탁월하게 되는 그리고 지배가 되는 소망을 이룰 메시아를 기대했다. 같은 시대 사람들을 능가하는 열심으로 선한 유대인이 되려는 그의 운동(갈 1:14)은 이방인에게 그리스도의 사도가 되게 하시려

515 C. Hodge, *An Exposition of the Second Epistle to the Corinthians* (1860; repr., Grand Rapids: Eerdmans, 1950), 84–85.

516 Hodge, *An Exposition of the Second Epistle to the Corinthians*, 140.

517 이 이미지는 니체의 『즐거운 학문(The Gay Science)』의 "이제 기독교에 대해 결정적인 것은 우리의 취향이지 더 이상 우리의 이성이 아니다"라는 언급에서 가져 왔다(다음에 인용됨. S. N. Williams, "Dionysius against the Crucified: Nietzsche Contra Christianity, Part II," *TynBul* 49 [1998]: 132).

518 Williams, "Dionysius against the Crucified," 131.

는 하나님의 뜻을 막았다. 그리스도께서 그를 사로잡은 후에(2:17; 빌 3:12) 그는 하나님의 의에 복종하고 그리스도 안에 있는 하나님의 영광을 깨달았다. 하나님이 그의 마음에 빛을 비추셨을 때 그는 십자가에 못 박힌 예수님을 그의 죄 때문에 죽으신 분으로 보았다. 십자가에 못 박히시고 부활하신 그리스도 안에 있는 하나님의 놀라운 영광을 보았을 때 그의 모든 교만과 자랑은 사라졌다. 십자가에서 죽으심의 굴욕을 참으신 이 겸손한 메시아와 동일시함으로써 그리스도 안에 하나님의 영광을 가렸던 그의 완악함의 수건이 벗겨진 것이다. 자기를 비워 그리스도와 함께 십자가에 못 박혔고(갈 2:19), 육신의 기준에 따라 자랑을 쓰레기 같이 버렸다(빌 3:4-6). 그 결과 바울은 더 이상 자신을 위해 살지 않고 그리스도와 다른 사람들을 위해 살게 되었다(롬 14:7-8).

나를 우선시하는 문화의 안경을 통해 보는 사람들은 다른 사람을 위해 자신의 생명을 바치는 영광이나 능력을 볼 수 없다. 바울이 선포한 복음은 영광을 약속하지만 세상의 권세를 얻음에서 오는 것이 아니다. 대신에 자신과 자신의 능력을 하나님께 무조건 항복함으로써 온다. 이 하나님의 패러다임은 인간의 사고 방식, 행동 방식과 상충되어 그것을 영생으로 인도하는 진리로 인식하는 사람은 거의 없다.

바울 자신의 고난도 그의 복음을 가렸다. 사람들은 자기 십자가를 지고 따르도록 초청하는 고난 받는 메시아를 원하지 않는 만큼이나 사슬에 매인 전쟁 포로처럼 보이는 고난 받는 사도를 원하지 않기 때문이다. 세속적 승리, 성공, 탁월함을 가장 화려하게 여기며 최소한의 비용과 노력으로 그것을 원한다. 그러한 태도는 이기적인 야망을 추구하는 파렴치한 행상인에게 쉽게 먹이가 된다.

세상적인 욕망은 많은 사람들을 멸망으로 인도한다. 바울은 이 사람들을 지금 멸망하고 있다고 묘사한다. 신자들은 그리스도의 영광의 형상으로 변화되고 있지만 하나님의 형상이신 그리스도를 거부하는 사람들은 그들이 섬기는 이 시대의 신의 형상으로 변형되고 있다. 이 신은 영적인 실명과 죽음과 파멸만을 가한다. 그 결과 도덕적 기형과 사회적 붕괴가 따른다(롬 1:18-32). 바울은 그릇된 그리스도인을 고려하고 있지 않았지만 고린도에 있는 어떤 사람이 바울의 사역에서 하나님의 영광을 볼 수 없다면 그들은 멸망당하는 자들과 가까울 정도로 위험하게 떨어질 것이다.

4:4. 바울은 믿지 못하게 하는 것을 믿지 않는 자들의 마음을 눈멀게 하는 이 세상의 신의 탓으로 돌린다. "이 세상의 신"이라는 구절은 신약성경에서 여기에만 나오며 대부분 학자들은 그것을 사탄에 대한 언급으로 이해한다.[519] 그러나 어떤 학자들은 철저한 유일신론자인 바울이 신성을 악한 영에게 돌리지 않을 것이라고 반대한다. 고린도전서 8장 5절에서 바울은 그들을 "신이라 불리는 자"라고 일축한다. 다른 신이 있다는 제안은 교부 해석가들을 곤란하게 만들었다. 왜냐하면 신학적 혁신가들이 이 구절로 다른 사람들에게 자신의 오류를 억지로 떠넘기기 때문이었다. 마르시온Marcion은 이 본문으로 열등한 창조주 하나님과 최고의 구원자 하나님이라는 견해를 만들었다. 마르시온을 논박하면서 테르툴리아누스Tertullian는 바울이 불신자들의 마음을 눈멀게 하는 하나님을 말했다는 마르시온(*Marc.* 5.11)에 논증했다. 그는 하나님은 이 시대와 다음 세대의 유일한 하나님이라고 주장했다. 플러머는 "두 신, 하나는 선이고 다른 하나는 악이라는 마니교의 교리에 대한 두려움이 의심할 여지 없이 이 불가능한 해석을 낳았다"고 지적했다.[520] 아리우스파는 사탄이 이 세상의 신이라고 불리기 때문에 그리스도를 신이라고 부르는 것이 그의 참된 신성의 증거가 아니라는 주장을 위해 이 구절에 호소했다. 여기서 바울이 하나님을 언급했다면 단순히 이 시대의 하나님이 아니라 모든 시대의 하나님으로 규정하지 않는 것은 이상하다.[521] 바울은 사탄을 "신"이라고 부를 수 있다. 왜냐하면 사탄은 한 분 참되신 하나님에 의해 제한된다 할지라도 지배권을 가지고 있기 때문이다. 그에게는 바울이 "불신자들"과 "이 시대의 통치자들"(고전 2:6, 8)이라고 부르는 신하들이 있다.[522]

바울은 그의 사역을 반대하는 최대의 적인 사탄이 인간을 악한 영역의 어둠에 가두려고 한다고 묘사한다.[523] 문제는 바울의 복음이 아니라 그 복음에

---

519 "사탄"이라는 용어는 롬 16:20; 고전 5:5; 7:5; 고후 2:11; 11:14; 12:7; 살전 2:18; 살후 2:9; 딤전 1:20; 5:15에 나타난다. 그는 다른 별명이 있다. "마귀"는 엡 4:27, 6:11, 딤전 3:6-7, 딤후 2:26에 나타난다. 그는 고후 6:15에서 "벨리알"로, 고후 11:3에서 "뱀"으로 불린다. 바울은 또한 그를 "시험하는 자"(살전 3:5), "악한 자"(살후 3:3), "공중의 권세 잡은 자 곧 지금 불순종의 아들들 가운데서 역사하는 영"이라고 부른다(엡 2:2).

520 A. Plummer, *The Second Epistle of Paul the Apostle to the Corinthians* (Cambridge: Cambridge University Press, 1911), 39.

521 칼뱅은 논쟁의 열기가 이 해석자들로 하여금 성경을 얼마나 왜곡시켰는지 관찰한다. 그들은 "바울을 설명하기보다" 그들의 신학적 반대자들을 "논박하기를 더 열렬히 한다"(*Second Epistle*, 54).

522 Calvin, *Second Epistle*, 54.

523 S. R. Garrett, "The God of This World and the Affliction of Paul: 2 Cor 4:1–12," in *Greeks,*

대한 사탄의 공격이다. "마음"(νόημα, 노에마)은 사탄의 책략의 주요 대상이다 (2:11). 이 이미지는 빛의 왕자와 어둠의 천사가 다른 영역을 통치하고 우주적인 삶과 죽음의 투쟁에 참여하는 것을 묘사한 유대 종말론적 관점과 일치한다. 그것은 창조된 질서의 열등함이나 본질적인 악을 의미하지 않는다.[524] 사탄이 불법, 흑암, 불신앙, 우상 숭배, 도덕적 더러움을 조장하는 지배권을 통치한다고 단언한다(6:14-7:1). 이 권세는 근본적으로 하나님의 사랑하시는 아들이 다스리는 빛의 나라와 싸운다(골 1:13). "이 세상의 신"은 청중에게 사탄이 오직 이 세상을 다스리고, 그 세상은 없어질 것을 일깨운다(갈 1:4, 고전 2:6, 7:31). 사탄은 인간이 무엇인가 더 나은 사람이라고 생각하도록 속이는 사기꾼 신일 뿐이다. 사탄은 그리스도의 십자가로 패배했고(골 2:15), 바울은 "평강의 하나님께서 속히 사탄을 너희 발 아래에서 상하게 하시리라"(롬 16:20)라고 확신한다. 그러나 그의 최후의 발악에서 사탄은 여전히 인간의 마음을 포위하고 선동하여 하나님보다 악을 포용하고 높이도록 부추기는 힘이 있다.[525] 그는 사람들로 하여금 십자가의 스캔들을 멸시하고 다른 곳에서 영광을 찾도록 이끌어서(고전 2:8) 사람들로 하여금 자신의 패배에 대해 눈을 멀게 하여 그 형상이 그리스도 안에서 보이는 한 분이신 참 하나님의 밝히심을 받은 백성이 되지 않도록 한다.[526] 인간은 일시적이고 영적이지 않으며 세속적

Romans, and Christians, ed. D. L. Balch, E. Ferguson, and W. A. Meeks (Minneapolis: Fortress, 1990), 109. 요한은 이사야서 6장 10절을 인용한다. "그들의 눈을 멀게 하시고 그들의 마음을 완고하게 하셨으니 이는 그들로 하여금 눈으로 보고 마음으로 깨닫고 돌이켜 내게 고침을 받지 못하게 하려 함이라." 이 구절로 사람들이 많은 표적에도 불구하고 예수를 믿지 않는 이유를 설명한다(요 12:37-40). 눈을 멀게 하는 분은 하나님이시다(참조. 롬 11:8) 해리스는 바울이 "이 세상의 신"이 사람들을 눈멀게 하여 하나님의 심판을 실행할 수 있다고 가정한다고 올바르게 추론한다. "사탄의 행위조차도 하나님의 주권 아래 있다"(*Second Epistle*, 329).

524 Furnish, *II Corinthians*, 220, 247. 그는 한 분 주권적인 하나님이 계시다고 주장한 필론(*Confusion* 171–82)을 인용한다. 그는 자신의 목적을 위해서 더 낮은 권세와 섬기는 천사들을 임명하셨다. T. Jud. 19:4의 본문 "속임수의 왕자가 나를 눈멀게 하였고 내가 사람과 육신과 같이 죄를 지어 죄로 말미암아 부패하여…"은 종종 바울의 생각과 병행을 이루는 것으로 인용된다. 우리는 불트만처럼 이 용어에 대한 영지주의적 배경을 찾을 필요가 없다(*Second Letter*, 104–5). 바울은 하나님이 사탄을 사용하여 잘못된 신자를 징계하고(고전 5:5, 딤전 1:20) 신실한 사도에게 메시지를 보낼 수 있다고 주장한다(고후 12:7-9).

525 씨 뿌리는 비유의 해석에서 사탄은 길가에 뿌려진 씨가 뿌리를 내리기도 전에 빼앗는다(막 4:15).

526 동사 *αὐγάζω*는 "날카롭게 보다"를 의미하지만 "빛나다"를 의미할 수도 있다. 후자라면, 동사는 자동사로 "빛이 [그들에게] 비치지 못하게 하려 함이라"(REB "비치다")이다. 눈이 멀었다는 문맥에서, 3:13과 3:18의 병행이다. 그러나 3:18 동사는 "보다"를 의미해야 하며 타동사이므로 "[그들이] 빛을 보지 못하게 하려 함이다"(JB)이다. 필론는 "거울을 보는 것 같이"라는 동사를 사용한다(*Moses* 2.139 [Colson, LCL]).

인 영역에 몰두하기 때문에 그의 간계에 스스로를 취약하게 만든다. 사탄에게 눈이 먼 마음은 바르게 생각하지 못하고 하나님의 진리를 거역한다(3:14).[527]

"빛"으로 번역된 단어(φωτισμός, 포티스모스)는 신약에서 여기에서만 나타나며 "밝히는 광채"라는 더 적극적인 의미를 가질 수 있다.[528] 영적인 소경이 보지 못하는 것은 하나님의 형상이신 그리스도의 영광이다. 바울의 세계에서 형상은 마치 그것이 단지 복사나 복제품인 것처럼 그것이 나타내는 대상과 구별되는 어떤 것으로 간주되지 않았다.[529] 하나님의 형상이신 그리스도께서는 가까이 갈 수 없는 빛 가운데 사시는 영원한 보이지 않는 하나님에 대한 우리의 흐릿한 개념을 명확하게 해 주신다(딤전 1:17, 6:16).[530] 오직 "그리스도 안에서" 우리는 "창조주이시며 구주이신 하나님을 볼 수 있다. 하나님은 어떤 분인가? 자비와 사랑의 하나님이시다. 하나님이 하시는 일은 무엇인가? 곧 당신의 아들을 보내어 사람들을 흑암의 권세에서 구원하시고 십자가에서 죽이심으로 모든 피조물을 화목하게 하시는 것이다."[531] 그리스도의 십자가에서 죽으심과 부활하심이 하나님의 사랑과 능력을 가장 분명하게 드러내는 반면, 십자가는 많은 사람을 완전한 바보들로 혼란에 빠뜨리고 거절한다. 그들은 이런 부끄러움과 수치에서 나오는 영광을 보지 못하며 약함과 굴욕이 권세와 영광과 함께 하는 것을 알지 못한다(고후 13:4). 그들은 또한 복음을 섬기고 그리스도의 겸손한 섬김과 고난을 본받는 사람들의 얼굴에서 똑같은 영광이 비

---

527 람브레흐트는 "사탄의 간섭이 없었다면 그리스도의 영광을 담고 있는 복음의 빛을 간단하고 직접적으로 묵상할 수 있었을 것이다(실제로 그리스도인들은 복음의 빛을 이렇게 본다)"라고 말한다("Transformation, Transformation," 301).

528 Furnish, *II Corinthians*, 221. 필론은 하나님은 빛이라고 주장한다(시 27:1). "다른 모든 빛의 원형, 아니 모든 원형보다 더 높은 원형, 전형 중의 전형의 위치이다"(*Dreams* 1.75).

529 H. Kleinknecht, "εἰκών," *TDNT* 2:389.

530 하나님의 지혜는 또한 하나님의 형상으로 여겨졌다. "그녀는 영원한 빛의 반영이요, 하나님의 일하심의 흠 없는 거울이요, 그의 선하심의 형상이기 때문이다"(Wis 7,26). 바울의 개념에서 그리스도는 하나님의 지혜의 모든 기능을 가지셨다. 참조. H.-J. Klauck, "Erleuchtung und Verkündigung. Auslegungen zu 2 Kor 4, 1-6," in *Paolo Ministro del Nuovo Testamento (2 Co 2,14-4, 6)*, ed. L. de Lorenzi, Monographic Series of "Benedictina": Biblical Ecumenical Section 10 (Rome: Benedictina, 1987), 286; Thrall, *II Corinthians*, 1:310. 필론은 로고스를 하나님의 형상이자 창조의 맏아들로 간주했다(*Alleg. Interp.* 1.43; *Confusion* 97; 146; *Flight* 101; 146; *Spec. Laws* 1.81). 영지주의(G. W. MacRae, "Anti-Dualist Polemic in 2 Cor. 4:6," *SE* IV [TU 102: Berlin, 1968]: 426–27)에서 나온 εἰκών 개념을 상정하는 견해는 본문과 관련 없는 것으로 무시되어야 한다.

531 Garland, *Colossians, Philemon*, 87. 칼뱅은 골 1:15에 대해 그리스도 안에서 하나님께서 우리에게 "그의 의, 선하심, 지혜, 능력, 요컨대 그의 온전한 자아"를 보여주신다고 말한다(*Commentaries on the Epistles of Paul the Apostle to the Philippians, Colossians and Thessalonians*, trans. and ed. J. Pringel [Grand Rapids: Eerdmans, 1948], 150).

취는 것을 보지 못한다. 그러나 바울은 하나님을 안다고 하면서 예수 그리스도 안에 있는 하나님의 형상을 인정하지 않는 사람은 참 하나님을 알지 못한다고 주장한다. 하나님의 말씀을 들었다고 주장하고 예수 그리스도 안에서 말씀하시는 하나님의 말씀을 듣지 않는 사람은 하나님의 메세지를 듣지 못하는 사람이다. 의미는 분명하다. 그리스도의 사도로서 바울의 고난에 비치는 그리스도의 영광을 보지 못하는 그리스도인들은 눈먼 불신자들과 다를 바 없다.

2.2.3.3. 바울 설교의 기본 신념: 그리스도의 주되심, 우리의 종됨(4:5-6)

4:5. 바울은 4장 3절에서 "우리의 복음"이 가리어진 것에 대해 썼지만 그 진술은 그가 택정함을 받아 전파해야 하는 복음과 자신을 얼마나 밀접하게 동일시하는지 보여 준다(참조. 갈 2:2, 6). 그러나 그는 복음이 자신에 관한 것이 아님을 잘 알고 있다. "우리는 우리를 전파하는 것이 아니다." 바울의 사역은 모세의 사역보다 훨씬 더 영광스러울 수 있으며, 그들은 하나님의 영광과 그 안에 비치는 그리스도의 얼굴을 바라볼 수 있지만 그것은 바울과 그의 개인적인 영광에 관한 것이 아니다. 4장 7-12절에 이어지는 내용은 이 실재를 분명히 한다. 복음은 바울의 능력이나 덕과는 아무 상관이 없다. 연약하고 깨지기 쉬운 인간에게 능력과 덕을 주시고 사탄의 속박에서 건져주시는 하나님이 그리스도 안에서 하신 일이다.

어떤 사람들은 바울이 자신을 전파하지 않는다는 주장은 자기를 전파한다고 믿었던 경쟁자들을 비난하기 위한 것이라고 주장했다(참조 10:12; 11:18). 그들은 자기 기만과 자랑으로 교회에 침투하고 복음을 왜곡하여 자신의 이기적인 목적을 위해 일했다. 그러나 이 서술을 이해하기 위해 경쟁자에 대한 언급을 가져올 필요는 없다. 우리는 바울의 편지에 있는 모든 서술을 외부 비판에 대한 응답으로 또는 적들로 그려지는 자들을 겨냥한 집중적인 공격으로 보는 잘못된 경향을 경계해야 한다. 바울은 여기에서 사실을 진술할 뿐이다(참조. 1:24; 10:8). 그는 이기적인 동기로 움직이지 않는다. 바울의 목표는 고린도 교인들을 가르치는 것이다. 이것이 참 기독교 사도들이 일하는 방식이다.[532] 자신을 전파하는 것은 자신의 우월한 자격을 과시하고

532 그는 고대 세계의 설교가와 철학자들에 대한 일반적으로 부정적인 이미지와 자신을 대조할 수 있다. 예를 들어, 디온 크리소스토무스(Dio Chrysostom)는 "올림피아의 전령들이 승자를 선언하는 것처럼, 그러한 스타일의 철학자들의 대다수[οἱ πολλοί, 참조. 고후 2:17]가 스스로를 그렇게 선언한다"고 주장했다(*1 Serv. lib.* 14.11; 다음에 인용됨. Furnish, *II Corinthians*, 223).

방송하는 것이며 그리스도의 보좌를 임시로 만든 연단으로 바꾸어 자기 자랑의 주제와 편견을 뿜어낸다. 공동체를 세우거나 복음의 "드라마, 파토스, 엄숙함, 위엄을 이용하기 보다는 자신의 힘, 능력, 말재주, 유머, 배움, 인기 있는 해설을 하는 은사를 과시하기 위해서 추종자를 만들기 위해 사역의 역할을 조작하려는 유혹에서 누구도 자유롭지 못하다."[533] 어떤 사역자들은 노골적이고 조잡한 방법으로 이것을 할 수 있다. 다른 사역자들은 더 미묘하고 세련된 방식으로 그것을 할 수 있다. 크랜필드는 다음과 같이 관찰한다. "얼마나 자주 개인적인 추종자들을 얻는 데 성공하는 것과 마찬가지로 성공적인 사역으로 환호를 받는가!"[534] 우리 자신을 전파하려는 유혹은 "대접 받으려 하고 사역자의 자기 과시를 즐기는 경향이 있고 개인 숭배에 탐닉하는 성도들로 부추겨진다."[535] 고린도가 그런 회중이었던 것 같다. 그들은 모여서 사역에서 영웅의 중요성을 과장하고 예배를 통해 개인의 은사를 과시했다(고전 14:26). 그들은 바울이 사도로서의 능력을 더욱 극적으로 나타내기를 기대했을 것이다.

바울은 이 부분 전체에서 시각 이미지를 사용했지만(참조. 3:7, 13; 4:4; 4:18), 복음의 진리는 전파된 말씀을 들을 때만 적절할 수 있다. 보지 못하는 것은 눈 먼 사람이 아니라 듣지 않고 순종하지 않는 마음이다.[536] 바울은 다메섹으로 가는 길에서 부활하신 그리스도를 보았지만, 아나니아를 통한 하나님의 메시지는 그의 삶을 인도하고 사랑의 섬김의 길로 인도했다(행 9:10-19; 또한 22장 17-21절에 있는 그의 이상과 그리스도의 명령을 참조하라). 보지 못하게 만드는 비늘이 벗겨진 후에 바울은 그리스도의 얼굴에 있는 하나님의 영광을 볼 수 있었고, 기독교의 방향이 성육신에서는 아래로, 다른 사람을 위

그 맥락에서 디온는 그의 망명을 반성하고 그것이 일부 사람들이 상상하는 것만큼 비참하지 않다고 선언한다. 성전에서 아폴로 신과 논의하면서 그는 사람들이 거지나 철학자로 생각하도록 겸손한 옷을 입고 계속 배회하라는 명령을 받았다고 느꼈다. 그는 자신을 그렇게 선언하지 않았지만 청중들로부터 그 명성을 얻었다.

533 C. E. B. Cranfield, "Minister and Congregation in the Light of II Corinthians 4:5–7," *Int* 19 (1965): 163–64.

534 Cranfield, "Minister and Congregation in the Light of II Corinthians 4:5–7," 164.

535 Cranfield, "Minister and Congregation in the Light of II Corinthians 4:5–7," 164.

536 이와 대조적으로 고대 신비 종교는 시각적 경험을 강조했다. 고대 신비 종교의 제의에서 신비 의식의 사제라고 불리는 사람이 있었다. 그는 거룩한 것들을 보여주는 사람이다. 그리고 신비에 입문한 사람을 "보는 사람"이라고 불렀다. 그 신봉자들은 밤에 입회 의식을 개최하여 "빛과 어둠의 대조가 깨달음의 원초적인 경험을 눈과 감정에 훨씬 더 생생하게 만들었다"(M. W. Meyer, *The Ancient Mysteries: A Sourcebook* [San Francisco: Harper & Row, 1987], 5).

한 희생적인 수고에서는 밖으로 향해있음을 깨달았다. 따라서 그는 두 가지를 전파한다. 오직 예수 그리스도께서 주 되신 것과 "예수를 위하여 우리가 너희의 종 된 것이다."

첫 번째는 놀랍지 않다. 예수 그리스도는 주님이시다. 그리스도 없는 선포는 순식간에 공허한 도덕주의로 타락하고 더 나빠진다. 하지Hodge는 이 오류에 대해 다음과 같이 날카롭게 비판한다. "덕을 심어주는 설교를 끝내고 사람들을 정직하고, 냉철하며, 자비롭고 충실하게 만드는 것은 하나님께 어리석은 세상 지혜의 일부분이다. 나무 없이 열매를 맺으려 하는 것이다."[537]

바울은 이미 그리스도를 통하지 않고는 어떤 변화도 일어날 수 없다고 주장했다(3:18). 고린도전서 1장 23절에서 바울은 자기가 십자가에 못 박힌 예수 그리스도만 전파했다고 말한다. 바울이 그리스도를 주로 전파한다는 진술은 십자가에 못 박히신 예수 그리스도와 주님이신 예수 그리스도라는 두 개념이 동일하다는 것을 나타낸다. 굴욕은 그분의 주권과 함께 온다(롬 10:9; 고전 12:31; 빌 2:10-11; 3:8). 그분의 영광이 마음이 완악하여 그것을 깨닫지 못하는 많은 사람들에게 가리워졌지만 십자가에 못 박히신 그리스도는 영광의 주이시다(고전 2:8).

바울이 전파하는 두 번째 요소 "우리가 너희의 종 된 것"은 더 놀랍다.[538] "종"으로 번역하는 것은 바울이 자발적으로 하나님을 섬기는 것을 의미할 수 있다. 바울은 그렇게 하지 않는다. 그는 그리스도의 종이며 항상 그분의 명령에 순종할 준비가 되어 있다. 그러나 여기에서만 바울은 자신을 회심한 자들의 종이라고 말한다. 바울의 자격은 "그리스도 때문에" 두 주인의 종이 아님을 분명히 한다. 고린도 교인들을 위해 죽으신 그리스도의 종이 되는 것(참조. 고전 3:5; 4:1; 롬 1:1; 빌 1:1)은 그를 그들의 종으로 만든다.[539] 그리스도의 종이 되는 것은 모든 소유, 열망, 시간, 노동이 전적으로 그에게 속한다는 뜻이다. 그것은 또한 그리스도가 주님이라면 그의 주되심을 선포하는 자들은 스스로의 주인이 될 수 없다는 것을 의미한다(참조. 눅 22:24-27; 막

537 Hodge, *Second Epistle*, 88.

538 헬라어 δοῦλος는 "하인"이 아니라 "노예"로 가장 잘 번역된다. 현재 영어 관용구에서 "하인"는 자원 봉사를 의미하는 경향이 있지만 종의 일은 자발적이지 않았다. 노예는 자신에 대한 권한이 없고 완전히 주인의 처분에 달려 있었다. 이것이 바울과 그의 주님과의 관계였다. 노예에 대한 그의 권면은 주인이 당신을 바라보고 있을 때 그에게 비위를 맞출 뿐만 아니라 "주를 두려워하여 성실한 마음"(골 3:22-24)을 그 자신에게도 적용한다.

539 우리는 바울이 11:20에서 거짓 사도들이 고린도 교인들을 종으로 삼거나 잡아먹거나 빼앗거나 스스로 높이거나 뺨을 친다고 비난하고 있음을 주목해야 한다.

10:40-45). 그리스도께서 종의 형체를 취하셨다면 그를 따르는 사람들은 다른 사람들을 섬기기 위해 기꺼이 자신을 내어주어야 한다.[540] 크랜필드가 말했듯이, "누군가가 매일 자신의 삶에서 그리스도를 주님으로 정직하게 순종하려고 노력하지 않는 한 강단에서 그리스도를 주님으로 진심으로 또는 효과적으로 전파할 수 없다."[541]

바울이 예수님을 위하여 자신을 그들의 종으로 묘사한 것은 바울이 그들을 지배하기를 거부하고(1:24) 뒤따르는 고난의 목록을 위해 준비하는 앞의 진술을 다시 강조한다. 하나님의 영광은 "역설적으로 자기 비움의 겸손"과 "희생적 봉사" 라는 그리스도의 십자가에서 나타난 것과 같은 방식으로 바울의 사역에서도 나타났다.[542] 십자가 위에서 그리스도의 낮아짐이 하나님의 능력의 빛을 더욱 강렬하게 비추는 것처럼, 그리스도의 죽음을 전하는 사람들의 낮아짐은 같은 빛이 설교자가 아니라 하나님을 가리키며 더 찬란하게 빛나게 한다.

그가 사도로서 겪는 수모는 이 단락에 퍼져 있는 하나님의 영광의 이미지와 현저하게 대조된다. 그를 비난하는 자들이 바울이 사역에 충분하다는 사실을 보지 못하는 이유는 그들의 눈이 이스라엘을 가리는 것과 같은 수건, 곧 교만과 자만의 수건으로 가려졌기 때문이다. 이 수건은 자기 중심주의와 자랑에 부여된 문화에서 만들어져 있다. 자랑하는 것은 특별히 바울이 이전에 열심 있는 바리새인으로서 하나님 앞에 뽐내던 것과는 다를 수 있지만 모든 자랑은 처음 인간을 타락하게 한 어리석은 사람의 교만에 뿌리를 두고 있다.

4:6. "ὅτι"(호티, 왜냐하면)는 바울이 그리스도를 주로 선포하고 그분의 순종하는 종이 된 이유를 설명한다. 하나님은 그의 마음의 가장 어두운 곳에 빛을 비추셨다. 그러므로 빛의 하나님은 사람의 눈을 멀게 하고 깊은 어둠에 던지고 마음을 완악하게 하는 이 세상의 신과 다르게 행하신다(4:4). 바울은 창세기 1장 3-4절의 창조 이야기를 언급한다. "하나님이 이르시되 빛이 있으라."[543] "하나님", "말씀하셨다", "빛", "어둠"이라는 핵심 용어는 두 가지 맥

540 이것이 바로 이스라엘의 임무이다. "내게 이르시되 너는 나의 종이요 내 영광을 네 속에 나타낼 이스라엘이라 하셨느니라"(사 49:3).

541 Cranfield, "Minister and Congregation," 165.

542 Savage, *Power through Weakness*, 152, 154.

543 저벨(Jervell)은 3:18-4:6이 창세기 1장의 미드라쉬라고 제안한다(*Imago Dei*, 173–76; 194–97; 214–18).

락에서 모두 나타난다. 바울은 창조에서 혼돈 가운데 빛을 창조하신 바로 그 하나님께서 자신의 어두워진 마음에도 초자연적인 빛을 비추셨다고 증언했을 것이다.[544]

빛이 비치는 이미지는 대부분의 해석자들에게 사도행전에 기록된 바울 자신의 회심 경험에 대한 설명을 생각나게 한다.[545] 사도행전은 하늘에서 온 빛이 그를 둘러 비추는 것을 묘사한다(행 9:3; 22:6, 11; 26:13). 사도행전 22장 11절에서 빛은 "영광"(δόξα, "광채"로 번역됨)과 연결되어 있다. 사도행전은 이 사건을 어떤 내적 깨달음이 아니라 외적 실재로 묘사한다.[546] 바울은 외적 실재가 내적 실재가 되는 것을 묘사한다. 이 영광스러운 하나님의 빛은 그 안에 있는 어둠을 밝혀주었을 뿐만 아니라 그가 그의 죄로 정의되지 않는다는 것을 바울에게 보여주었다. 새비지Savage는 "'그리스도 안에' 있고 십자가에 못 박히신 메시아에게 선언된 심판에 참여하는 사람은 너무나 겸손하고 교만에서 벗어났기 때문에 주님의 높으신 영광을 볼 수 있다."[547] 그러므로 그리스도와 함께하는 죽음은 "분명한 비전"을 가져온다. 창세기의 배경은 바울이 회심을 하나님의 새로운 창조의 행위로 이해하는 방법을 설명한다(고후 5:17).[548] 하나님은 그에게 새로운 가능성과 새로운 소명을 주셨다.

그러나 창세기와의 병행은 정확하지 않으며 바울의 주장에 대한 배경으로

---

544 스트라챈은 다음과 같이 적절하게 설명한다. "우리 종교의 많은 부분이 어둠 속에서의 탐구, 믿음의 모험으로 간주된다. 신은 발견되기를 기다리는 존재로 여겨진다. 유대교와 기독교의 개념은 하나님이 자기 백성을 선택하시고 그들에게 자신을 계시하신다는 것이다(요 15:15)" (*Second Epistle*, 83). 맥레(MacRae)는 이원론적 세계관(고린도의 문제)을 지향하는 경향이 있는 사람들이 4:4과 이 세상의 신에 대한 언급을 잘못 해석하지 않도록 바울이 이 진술을 했다고 주장한다. 깨우침을 주시는 하나님은 세상을 창조하신 하나님이시다("Anti-Dualist Polemic," 420-31).

545 퍼니시는 바울이 갈 1:15-16과 고전 15:8에서 자신의 회심을 언급할 때 조명의 언어보다는 계시의 언어를 사용하기 때문에 이 연결에 반대한다고 주장한다(*II Corinthians*, 251). 우리는 바울이 그의 회심과 부르심을 언급할 때마다 같은 언어로 제한할 필요가 없다. 이 두 구절은 또한 그가 그리스도인이 되었을 때 그의 삶이 완전히 변화된 경험을 다루고 있는 빌 3:3-17과 크게 다르다.

546 스랄(Thrall)은 다음과 같이 설명한다. "그러나 그는 조명이 특별한 종류가 아니라 단순히 어떤 종교적 진리로 구성된 것처럼 여기에서도 순수하게 내적인 깨달음의 경험만을 언급하지 않는다"(*Second Epistle*, 1:317). 김세윤은 바울에게 "부활하신 주님에 대한 객관적인 비전이 있다. 이것은 바울의 삶의 가장 깊은 부분까지 영향을 미쳤고, 그의 이해와 생각과 느낌과 의지의 자리에 그에게 나타난 것은 그리스도시요 하나님의 영광 가운데 나타난 것이라는 확신을 갖게 하셨다"라고 말한다(*The Origin of Paul's Gospel*, 7).

547 Savage, *Power through Weakness*, 146.

548 Kim, *The Origin of Pauls Gospel*, 8-9.

이사야 9장 1절(70인역)을 제안하게 만든다.[549] 헬라어에서 미래 시제를 사용하면 "어두운 데서 빛이 비치라 말씀하셨던 하나님"께서 "바울이 그의 영광을 예언의 성취로, 따라서 종말론적 빛으로 이해함"을 암시할 수 있다.[550] 새비지는 다음과 같이 결론을 내린다.

> 그의 마음에 비치는 빛은... 다름이 아니라 하나님 그분의 영광이라는 가까이할 수 없는 광채요, 태양의 광채를 능가하는 광채이며, 창조 이후로 볼 수 없는 광채이다. 참으로 그것은 새로운 창조를 예고하고 구원의 날을 시작하는 오랫동안 기다려온 종말의 빛이다. 그 자체로 그것은 역설적인 영광이며, 심판을 통해 교만이 산산조각이 났으며, 바로 이 빛의 다시 창조하는 에너지에 의해 촉발된 심판을 받은 사람들에게만 보인다.[551]

만일 바울이 이사야서 본문을 염두에 두고 있다면, 그것은 그에게 비추는 하나님의 빛이 "모세의 빛보다 더 찬란하고 창조의 빛보다 더 강력함"을 의미할 것이다. 그것은 "선지자들에게 예언된 위대한 종말론적 영광이며 인류의 교만한 길을 뒤집음으로써 역사를 완성할 것"이기 때문이다. 출애굽기 33-34장에 대한 바울의 해석에 비추어 볼 때 이 구절의 기독론적 의미는 인상적이다. 라이트는 출애굽기 이야기에서 모세가 하나님께 자신의 얼굴을 보여달라고 간청했지만 하나님은 그렇게 하지 않으셨다고 지적한다. 그는 바울을 다음과 같이 해석한다.

> 모세에게 자신의 얼굴을 보여주지 않으셨던 하나님은 자신의 백성에게 예수님 안에서 자신의 얼굴을 보여 주셨다. "메시아 예수의 얼굴에서 하나님의 영광"을 보는 것은 출애굽기 33-34장에 대한 긴 논의의 맥락에서 한 가지 의미일 수 있다. 우상 숭배와 죄 때문에 포로 생활 중에 이스라엘을 버리셨으나, 출애굽 때와 같이 언젠가는 돌아오겠다고 약속하신 하나님은 그의 임재를 철회하겠다고 위협하셨다." 마침내 예수 그리스도로 그리

---

549 헬라어 *φῶς λάμψει*라는 문구는 고후 4:6과 사 9:1(LXX; *ὁ λαὸς ὁ πορευόμενος ἐν σκότει, ἴδετε φῶς μέγα, οἱ κατοικοῦντες ἐν χώρᾳ καὶ σκιᾷ θανάτου, φῶς λάμψει ἐφ' ὑμᾶς*). 창세기 1:3의 70인역 표현은 부정과거 가정법(*γενηθήτω φῶς*)을 사용한다. 바울은 영적 소경을 책망하기 위해 다른 곳에서 이사야서를 인용하고 있기 때문에(롬 2장, 3장, 9-11장, 11번 인용), 고전 1장과 2장(2번 인용), 고후 4-6장(3번 인용) 그는 이사야서 본문을 염두에 두고 있는 것 같다(Richard, "Polemics, Old Testament, and Theology," 360; Collange, *Énigmes*, 138–39; Savage, *Power through Weakness*, 112-14). "빛", "어둠", "빛나다", "눈먼", "나타내다", "밝히다"는 나머지 모든 선지자를 합친 것보다 이사야서에 더 많이 나타난다.

550 Savage, *Power through Weakness*, 112.

551 Savage, *Power through Weakness*, 126.

고 메시아로 돌아오셨다.[552]

하나님의 영광은 이제 사도들이 전하고 실천한 메시아 예수에 대한 복음에서 볼 수 있다.

이사야서의 구절은 또한 열방의 빛이 된다는 주제를 상기시킨다(사 42:6-7, 16; 49:6; 60:12). 바울은 하나님께서 자신을 이 빛을 만국에 전하는 자로 부르셨다고 굳게 믿는다. 하나님은 개인적으로 빛을 밝히시는 데 관심이 없으시며 빛이 우리 마음속에 숨겨져 있기를 바라지 않으신다.[553] 하나님께서는 바울로 하여금 이방인들에게 복음을 전하게 하시려고 그의 마음에 하나님의 빛을 폭발하게 하셨다(갈 1:15).

바울은 누가 이 일을 하기에 충분한 사람인지 물으면서 이 단락을 시작했다. 이 일을 하기에 적합한 사람은 아무도 없다. 그러나 빛과 지혜와 힘의 유일한 근원이신 하나님은 그를 충분하게 하시고 하나님의 반사된 영광으로 얼굴이 환해진 모세보다 더 영광스러운 사역을 그에게 주셨다. 바울은 고린도 교인들이 하나님께서 사도로서 부르심을 수행하기에 충분하게 만드셨다는 것을 확증하기 원한다. 바울은 그의 사역이 새 시대의 빛과 새 창조와 하나님의 형상이신 그리스도의 영광을 반영한다고 단언하면서 이 부분을 끝맺는다. 이어서 고린도에 있는 어떤 사람들은 바울에 대한 영광을 전혀 보지 못하기 때문에 이 영광스러운 사역이 어떻게 약함과 고난 가운데 성육신화 될 수 있는지 그는 설명해야 한다. 바울이 자발적으로 수치를 받아들인다고 해서 사역의 영광이 손상되지 않는다. 복음은 "십자가를 상징하는 상한 몸에 의해 전달되고 섬겨진다"(참조. 4:7-12).[554] 바울은 자신의 육체적인 연약함을 덮으려 하지 않고 그것을 통해 하나님이 참된 위로와 복음의 영광을 더 잘 전달할 수 있다고 주장한다. 그는 외모와 달리 겉으로 드러난 육체의 허약함과 환난과 질병과 고난을 겪으면서도 모든 그리스도인들과 함께 변화되고 있다. 그러므로 지금 그들에게 보이는 것은 미래에 기대되는 영광과 다르다. 그리스도의 부활이 그분의 연약하고 썩어질 몸을 영광과 능력의 몸으로 변화시켜 더 이상 썩음과 죽음에 이르지 않게 하셨듯이(고전 15:42-43; 고후 13:4; 빌 3:20-21), 바울의 부활에서 동일하게 일어날 것이다.

552 Wright, *Paul and the Faithfulness of God*, 679.

553 플러머는 *πρὸς φωτισμὸν τῆς γνώσεως τῆς δόξης τοῦ θεοῦ*을 "하나님의 영광을 아는 지식으로 사람들을 비추기 위하여" 하나님이 바울의 마음에 빛났다는 의미로 번역한다. 김세윤은 이에 반대한다.

554 Sloan, "New Covenant Hermeneutics," 144.

2.2.4. 자기 방어: 환난의 목록. 항상 죽음에 넘겨짐(4:7-15)

**7 우리가 이 보배를 질그릇에 가졌으니 이는 심히 큰 능력은 하나님께 있
고 우리에게 있지 아니함을 알게 하려 함이라 8 우리가 사방으로 욱여쌈을
당하여도 싸이지 아니하며 답답한 일을 당하여도 낙심하지 아니하며 9 박해
를 받아도 버린 바 되지 아니하며 거꾸러뜨림을 당하여도 망하지 아니하고
10 우리가 항상 예수의 죽음을 몸에 짊어짐은 예수의 생명이 또한 우리 몸에
나타나게 하려 함이라 11 우리 살아 있는 자가 항상 예수를 위하여 죽음에 넘
겨짐은 예수의 생명이 또한 우리 죽을 육체에 나타나게 하려 함이라 12 그런
즉 사망은 우리 안에서 역사하고 생명은 너희 안에서 역사하느니라 13 기록
된 바 내가 믿었으므로 말하였다 한 것 같이 우리가 같은 믿음의 마음을 가졌
으니 우리도 믿었으므로 또한 말하노라 14 주 예수를 다시 살리신 이가 예수
와 함께 우리도 다시 살리사 너희와 함께 그 앞에 서게 하실 줄을 아노라 15
이는 모든 것이 너희를 위함이니 많은 사람의 감사로 말미암아 은혜가 더하
여 넘쳐서 하나님께 영광을 돌리게 하려 함이라**

바울이 항상 죽기까지 내어주었다는 사실을 시인하는 것이 그의 사도직에 대한 혼란과 불평의 핵심이 된다. 성령의 사역의 비할 데 없는 영광이 어떻게 가치 없는 죽음과 조화를 이루는가? 어떻게 그처럼 보잘것없는 질그릇에 그토록 경이로운 보물을 적절하게 전시할 수 있겠는가? 바울은 자신의 환난을 숨길 수 없으며 그렇게 하기를 원하지 않는다. 그 대신에 그는 그것들을 기뻐하며 깨어지기 쉽고 연약한 몸이라는 질그릇에 하나님의 영광이 담겨 있어야 하는 이유를 설명한다.[555] 그것은 그의 비범한 사도적 능력이 오직 하나님에게서만 올 수 있고 자신에게서 올 수 없다는 것을 보여 준다. 애슐리Ashley는 그리스도께서 "약함으로 십자가에 못 박히셨으나" "하나님의 능력으로 말미암아" 사신 것이 바울의 기독교 사역의 모범이었음을 보여 준다.[556] 하나님은 그 안에서 그리고 그를 통해 일하신다. 이 설명은 복음의 핵심이다. 사역

555 Hafemann, *Suffering and Ministry in the Spirit*, 63–64. 그는 고후 4:7-12의 고난 목록이 고난을 통해 하나님의 능력이 알려진다고 주장하는 고전 4:8-13의 목록과 유사하지만 고전 4:8-13은 권면적이고, 고난의 대가가 무엇이든 다른 사람들을 섬기기 위해 자신의 권리를 기꺼이 포기한 바울을 본 받게 하기 위해 고린도 교인들에게 집중한다. 고후 4:7-12의 요지는 바울에게 초점을 맞추고 그의 고난이 복음 메시지와 어떤 관련이 있는지 설명하는 변증이다.

556 E. Ashley, *Paul's Defense of His Ministerial Style: A Study of His Second Letter to the Corinthians* (Lewiston, NY: Edwin Mellen, 2011), 289.

의 영광은 십자가와 부활의 관점에서 볼 수 있어야 한다(참조 5:1-10). 바울은 십자가를 그의 모든 경험으로 읽고 그의 사역의 오르내림을 신학적으로 그의 몸에 예수의 죽음을 짊어지고 예수의 생명(부활)을 나타내는 것으로 해석한다. 그의 모든 고난은 복음을 전파하기 위한 하나님의 계획의 일부이다.[557]

다음 구조는 바울의 사상의 흐름을 보여 준다.

4:7	우리가 이 보배를 질그릇에 가졌으니	
	이는(ἵνα) 심히 큰 능력은	
	하나님께 있고(ᾖ) 우리에게 있지 아니함을	
4:8	사방으로	
	우리가 욱여쌈을 당하여도	싸이지 아니하며
	우리가 답답한 일을 당하여도	낙심하지 아니하며
4:9	우리가 박해를 받아도	버린 바 되지 아니하며
	우리가 거꾸러뜨림을 당하여도	망하지 아니하고
4:10	우리가 항상	
	예수의 죽음을 몸에 짊어짐은	
	예수의 생명이 또한 우리 몸에 나타나게 하려 함이라(ἵνα)	
4:11	우리 살아 있는 자가	
	항상 예수를 위하여 죽음에 넘겨짐은	
	예수의 생명이 또한 우리 죽을 육체에 나타나게 하려 함이라	
4:12	그런즉 사망은 우리 안에서 역사하고	
	생명은 너희 안에서 역사하느니라	

4:7. 바울은 우리가 이 보배를 질그릇에 가지고 있다고 선언하면서 이 단락을 시작한다. 그는 5장 1절에서 "하나님께서 지으신 집 곧 손으로 지은 것이 아니요 하늘에 있는 영원한 집이 우리에게 있는 줄 아느니라"라고 말한다.[558] 그 건물은 아직 오지 않은 시대이다. 지금은 질그릇(4:7), 환난(4:17), 주와 따로 있음(5:6)의 시대이다.[559] 이 시대에 보배는 질그릇에 저장되고 옮

557 Ashley, *Paul's Defense of His Ministerial Style*, 67.

558 또한 3:4, 12; 4:1,13의 동사 "가지다"(ἔχω)에 주목하라.

559 J. Koenig, "The Knowing of Glory and Its Consequences (2 Corinthians 3-5)," in *The Conversation Continues: Studies in Paul and John*, ed. R. T. Fortna and B. R. Gaventa (Nashville: Abingdon, 1990), 166.

겨지고 있다. 바울은 보배가 무엇을 의미하는지 구체화하지 않는다. "예수 그리스도의 얼굴에 있는 하나님의 영광을 아는 빛"(4:6)을 염두에 두고 있을 수 있다. 그러나 그것은 또한 그리스도의 영광의 복음의 광채(4:3-4)를 포함할 것이다. 그는 아마도 그의 사도적 사역보다 복음에 의해 계시된 빛을 언급했을 것이다(3:7-9; 4:1). 하나님의 영광의 복음을 선포하는 관점에서 설명하기 때문에 그 보배에 그의 사역도 포함될 수 있다(3:18; 4:4, 6). 바울은 자신을 메시지를 담고 전달하는 그릇으로 이해한다.[560]

"질그릇"(ὀστρακίνοις σκεύεσιν, 오스트라키노이스 스큐에신)은 깨지기 쉽고 열등하고 소모되기 쉬운 것을 의미한다. 자신을 값진 보물을 나르는 평범한 일상 도구로 상상하는 것은 바울이 자신을 하나님의 승리 행렬에서 행진하는 패배했지만 즐거운 죄수로서 묘사한 것처럼(2:14) 인상적인 이미지이다.[561] 첫째, 이런 이미지는 그의 약점을 강조한다. 질그릇은 "본질적으로 부서지기 쉬우며" 깨지기 쉽고 쉽게 이가 빠지고 금이 간다.[562] 부서지기 쉬운 그

560 바울은 몸이 영혼이나 마음을 위한 그릇이라는 관점을 가지고 있지 않다(참조. 예를 들어, Cicero, *Tusc*. 1.22.52; Philo, *Dreams* 1.26; *Migration* 193). "영혼"(ψυχή)은 4:7-5:10에 전혀 나오지 않는다(1:23과 12:15에만 나타남). 그릇은 심리적 고통을 겪기 때문에 바울은 그것을 단지 육체적인 것으로 생각하지 않는다(Thrall, *II Corinthians*, 1:323).

561 이 이미지는 인체의 경멸적인 본성에 대한 영지주의적 은유에서 파생된 것이 아니다(W. Schmithals, *Gnosticism in Corinth: An Investigation of the Letters to the Corinthians* [Nashville: Abingdon, 1971], 160–62). 또한 그것은 인간을 약하고 부패하기 쉬운 그릇으로 보는 견유학파-스토아 학파 이미지에서 파생되지 않는다(J. Dupont, ΣΥΝ ΧΡΙΣΤΩΙ. *L'union avec le Christ suivant St. Paul: lère partie: 'avec le Christ' dans le vie future* [Bruges: Éditions de l'Abbaye de Saint André, 1952], 120–24.) 세네카(Seneca)는 우리의 몸이 "가장 작은 흔들림에도, 조금만 던져져도 부서지는 그릇이다. 몸은 약하고 깨지기 쉬우며 벌거벗었으며 본질적으로 무방비 상태이다... 운명의 모든 모욕에 노출되어... 부패할 운명이다"라고 썼다(*Marc*. 11.3 [Gummere, LCL]). 퍼니시는 바울이 죽을 몸과 불멸의 영혼을 대조할 의도가 없다고 지적한다(*II Corinthians*, 278). 바울은 구약에서 이미지를 얻었을 것이다. 구약은 하나님께서 흙으로 사람을 지었으며(참조. 창 2:7; 고전 15:42-48) 일반적으로 하나님을 토기장이로 본다고 고백하면서 시작한다(욥 10: 9, 33:6, 사 29:16, 41:25, 45:9, 64:8, 렘 18:1-10, 롬 9:21-23). 토기장이로서 하나님의 형상은 사해 두루마리에서 훨씬 더 두드러진다(1QS 11:22; QH 1:21-23; 3:20-21; 4:29; 10:5; 11:3; 12:24- 31; 13:15-16).

562 Fitzgerald, *Cracks in an Earthen Vessel*, 167–68. 질그릇의 약함은 욥기 4:18에서 비교 대상이 된다. "하나님은 그의 종이라도 그대로 믿지 아니하시며 / 그의 천사라도 미련하다 하시나니 / 하물며 흙 집에 살며 / 티끌로 터를 삼고 / 하루살이 앞에서라도 무너질 자이겠느냐!" 또한 애가 4:2를 참조하라. "순금에 비할 만큼 보배로운 시온의 아들들이/ 어찌 그리 토기장이가 만든 / 질항아리 같이 여김이 되었는고" 그리고 사 30:14를 참조하라. "그가 이 나라를 무너뜨리시되 / 토기장이가 그릇을 깨뜨림 같이 아낌이 없이 부수시리니 / 그 조각 중에서, 아궁이에서 불을 붙이거나 물 웅덩이에서 / 물을 뜰 것도 얻지 못하리라." 또한 렘 19:1-2, 10-11을 참조하라. "여호와께서 이와 같이 말씀하시되 가서 토기장이의 옹기를 사고 백성의 어른들과 제사장의 어른 몇 사람과 하시드 문 어귀 곁에 있는 힌놈의

릇은 (먼지와 물을 제외하고) 보배를 보호하지 못한다. 그러므로 이 이미지는 불쌍한 바울 자신의 연약함과 하나님의 크신 능력 사이의 대조를 강조한다.

둘째, 이미지는 바울의 비천함을 강조한다. 그는 자신을 정교하게 세공된 그리스 항아리나 청동 그릇, 금박을 세공한 섬세한 잔과 같은 예술품처럼 묘사하지 않는다. 그는 질그릇이나 아마도 작고 값싼 도자기 램프를 염두에 두고 있을 것이다. 아름다운 것도 아니었다. 그것들은 보배와 대조되는 광택이 없었다. 값이 싸다는 사실은 가치 있는 것이 전혀 들어있지 않다고 위장한다.[563] 대조는 바울의 상대적으로 무가치함과 비교해서 보배의 귀중한 가치를 강조할 것이다. 질그릇에 담긴 것은 그 그릇에 중요성을 부여하는 유일한 것이다. 바울은 창조 기사에서 이 이미지를 가져 왔을 수 있다. 하나님은 창조가 심히 좋았다고 하셨다(창 1:31). 그러나 아담은 "흙"으로 만들어졌으며(참조. 고전 15:47) "흙"으로 돌아갈 것이다(창 3:19). 그는 "인간의 몸이 가지는 연약함과 상대적으로 작은 가치를 그 안에 있는 하나님의 영광을 아는 빛"으로 대조한다.[564]

셋째, 이 이미지는 바울의 소모성을 강조한다. 질그릇은 영원한 가치가 없었고 너무 값이 싸서 부서졌을 때 아무도 수리하려고 하지 않았다. 그들은 단순히 그것들을 버렸다. 깨진 유리를 녹여서 새로운 유리를 만들었다. 한 번 가마에서 굳힌 토기는 재활용이 불가능했다.[565] 깨지기 쉽고 수리가 불가능했던 토기는 필수 도구이기 때문에 간단히 교체했다. 후기의 랍비 전통에서는 다음과 같이 비교한다.

아들의 골짜기로 가서 거기에서 내가 네게 이른 말을 선포하여. ... 너는 함께 가는 자의 목전에서 그 옹기를 깨뜨리고 그들에게 이르기를 만군의 여호와께서 이와 같이 말씀하시되 사람이 토기장이의 그릇을 한 번 깨뜨리면 다시 완전하게 할 수 없나니 이와 같이 내가 이 백성과 이 성읍을 무너뜨리리니 도벳에 매장할 자리가 없을 만큼 매장하리라"

563 마우어(C. Maurer)는 탈무드(Ta'an. 7a)에서 로마 황제의 딸이 랍비의 외적인 추함을 조롱하면서 "거추장스러운 그릇에 담긴 영광스러운 지혜"("σκεῦος," *TDNT* 7:360)라고 말한 것을 언급한다. 플러머는 방문하는 연설가에게 그의 기구(그릇, σκεύη)는 금으로 만들어졌지만 그의 담론(말)은 토기로 만들어졌다고 말한 에픽테투스(Epictetus, *Diatr*. 3.9.18)를 인용한다(ὀστράκιον τὸν λόγον; *Second Epistle*, 127).

564 P. Han, *Swimming in the Sea of Scripture: Paul's Use of the Old Testament in 2 Corinthians 4.7–13.13*, LNTS 519 (London / New Dehli / New York / Sydney: Bloomsbury, 2013), 27.

565 유대의 정결법에 따르면, 질그릇이 더러워지면 의식적으로 깨끗하게 하기 불가능하므로 단순히 깨뜨려 버렸다(레 6:28, 11:33-34, 15:12). 랍비의 전통은 깨진 토기 조각을 다시 결합할 수 없다는 전제에서 이단자가 개혁될 수 있는지에 대한 논쟁을 한다. 아직 굽지 않은 그릇만 개조할 수 있다(창 14:7).

> 포도주가 은이나 금그릇에 담을 수 없고 지극히 천한 질그릇에만 담는 것과 같이 토라의 말씀은 자기를 은그릇이나 금그릇과 같게 여기는 자에게는 잘 지켜지지 아니하고 자기 자신을 가장 낮은 그릇, 즉 질그릇과 같다고 여기는 사람에게서만 지켜진다.[566]

그러므로 사역자들이 비록 세상과 심지어 다른 그리스도인들에 의해 그렇게 간주되거나 취급되는 경향이 있지만 우리는 바울의 이미지를 값이 싸고 무가치하다는 의미로 받아들여서는 안 된다. 바울은 자신이 새 언약의 일꾼으로서 자기를 멸시하는 자들에게도 좋은 소식을 전하는 자요 하나님의 영광스러운 보배임을 알고 있다. 디모데후서 2장 20-21절에서 그는 다음과 같이 쓴다.

> 큰 집에는 금 그릇과 은 그릇뿐 아니라 나무 그릇과 질그릇도 있어 귀하게 쓰는 것도 있고 천하게 쓰는 것도 있나니 그러므로 누구든지 이런 것에서 자기를 깨끗하게 하면 귀히 쓰는 그릇이 되어 거룩하고 주인의 쓰심에 합당하며 모든 선한 일에 준비함이 되리라

솔로몬의 술그릇은 금으로 만들었다고 말한다(대하 9:20). 하나님이 이 보배를 붓는 그릇은 금이 아니라 땅의 흙으로 만든 진흙이다. 그것들은 그 일에 충분할 뿐만 아니라(참조. 2:16; 3:5), 그 안에 들어 있는 보물 때문에 금그릇보다 훨씬 더 가치가 있다. 또한 질그릇처럼 그 수단은 그 메시지이기 때문에 중요하다.

질그릇의 형상은 하나님의 지혜를 나타낸다. 하나님께서는 "세상의 미련한 것들을 택하사 지혜 있는 자들을 부끄럽게 하려 하시고", "세상의 약한 것들을 택하사 강한 것들을 부끄럽게 하려 하시며 하나님께서 세상의 천한 것들과 멸시 받는 것들과 없는 것들을 택하사 있는 것들을 폐하려 하시나니"(고전 1:27-28). 이 구절은 왜 하나님께서 하나님의 보화를 질그릇에 넣어 두셨는지 설명한다. 그것은 그 보화가 그릇과 아무 상관이 없음을 밝히고 그릇이 아니라 하나님께로부터 오는 "특별한 능력"을 보여 준다. 그 결과 사도들을 포함하여 아무도 하나님 앞에서 자랑하지 못하게 되었다(고전 1:29). 그러므로 바울의 이미지는 "그의 사역의 역설, 즉 상대적으로 열등한 사람들이 전하는 영광스러운 복음, 약한 사람들이 전하는 능력 있는 복음"을 포착한다.[567] 그는

566 Sipre Deut. 48 to 11:22, trans. by R. Hammer, *Sifre: A Tannaitic Commentary on the Book of Deuteronomy* (New Haven: Yale University Press, 1986), 193.

567 Savage, *Power through Weakness*, 166.

자신이 금이 간 항아리요, 남에게 버려지기도 하고, 환난을 당하고 늘 위험에 노출되어 있음을 인정한다. "그의 연약함과 상처받기 쉬움은 복음의 보배를 올바르게 전달하는 데 필요하다."[568] 세상의 구원을 위해 그분이 주시는 능력(롬 1:16)이 그에게서 나오는 것이 아니라 오직 하나님에게서만 나온다는 것을 모든 사람이 알 수 있다.

바울은 어떤 고린도 교인들을 화나게 하는 너무 두드러진 약점이 하나님의 능력을 강조하기 위한 하나님의 의도임을 먼저 지적함으로써 그들을 솔직히 비판할 사도적 권리를 행사한 것에 대해 계속 변호한다. 하나님은 이 보배를 이처럼 천한 그릇에 담아 두어 다른 사람들이 보배와 권세의 참 근원을 보고 하나님이 누구라도 능히 쓰실 수 있음을 알게 하신다. 바울은 그의 사역의 충분함, 영광, 담대함에 대해 이야기해 왔지만, 위험은 한 사람(특히 고린도 교인)이 하나님의 근원보다 이 영적 능력의 전달자를 숭배하려는 유혹을 받을 수 있다는 것이다. 이 보물을 눈에 띄지 않는 가정 용품에 넣어 두는 것은 복음의 사역자들에게 "허세와 성취"가 그들에게 권세가 있지 않다는 사실을 흐리게 만드는 것을 막아준다.[569] 바울은 그를 바라보는 사람이 위대하다고 착각하거나 그의 은혜와 아름다움에 너무 매료되어 세상을 화해시키기 위해 그를 통해 역사하고 계시는 능력의 근원을 오인하지 않을 것이라고 고백한다. 이렇게 바울은 방식이 매우 다른 화려하고 과시적이며 허세 부리는 경쟁자들을 제압한다.

둘째, 바울은 하나님의 능력이 인간의 연약함과 부끄러움 속에서만 나타난다고 단언한다. 새비지는 바울이 7절에서 "~을 할 수 있다", "나타날 수 있다", 또는 "찾을 수 있다"가 아니라 "~일 수 있다"(ᾖ, 현재 가정법)라고 쓴 이유를 질문한다. 그는 그 대답이 바울의 의도가 "능력이 하나님의 것인 약함에서만 그것이 존재한다"는 것이라고 답을 제안한다. 바울의 연약함은 "어떤 의미에서는 실제로 신적 능력의 근거로 작용"한다.[570] 그렇다면, 12장 1-10절은 이 구절에 대한 도움이 되는 주석을 제공한다. "바울 안에 있는 그리스도의 능력 바로 그 존재 자체는 그 사도의 우선하는 겸손과 나약함을 전제로 했다."[571] 인간의 오만과 교만은 하나님의 능력을 받아들이지 않는다. 왜냐하면 그것은 "신자를 강하게 함으로써 나타나지" 않기 때문이다. 바울은 이것을 12장 9절

568 Thrall, *II Corinthians*, 1:324.

569 Harvey, *Renewal through Suffering*, 56.

570 Savage, *Power through Weakness*, 166.

571 Savage, *Power through Weakness*, 167.

에서 분명히 밝힌다. "능력은 약함을 몰아내지 않는다. 반대로, 그것은 약함 안에서 그리고 약함을 통해서만 완전한 힘을 발휘한다."[572] 그러므로 바울은 자신의 자원과 능력에 가장 덜 의존할 때 자신이 가장 강하다고 주장한다.[573]

셋째, 바울은 이 이미지로 독자들에게 뒤따르는 고난의 목록을 준비한다. 그러한 부서지기 쉬운 그릇이 그의 사역이 만들어내는 타격과 충격에서 온전하게 살아남을 수 있다면, 그 칭찬은 그릇의 내구성이 아니라 하나님의 지탱하게 하시는 능력에 돌려야 한다. 이것이 그가 왜 모든 고난 가운데서도 멸망되지 않았는지에 대한 유일한 설명이다. 고통은 질그릇에 약간의 금이 가게 만들었지만 하나님이라는 접착제가 그것을 서로 붙들고 있기 때문에 온전한 상태로 남아 있다.

바울은 고린도에 있는 일부 사람들이 이 중요성을 깨닫지 못한 것을 한탄한다. 그에 대한 그들의 반응은 십자가에 못 박히신 그리스도의 메시지에 대한 세상의 반응과 거의 다르지 않다. 이것은 헬라인에게는 미련한 것이고 유대인에게는 거리끼는 것이다(고전 1:23). 바울은 그리스도를 위한 사람임에도 불구하고 어리석은 것처럼 보인다. 그는 약하고 평판이 좋지 않고 굶주리고 가난하게 옷을 입고 구타를 당하고 집이 없고 쉽게 쓰레기와 만물의 찌꺼기로 내쫓기고 있다(고전 4:1-13). 그는 그리스도인이 되는 이점을 매력적으로 지지하는 역할을 거의 하지 않는다. 그들은 더 장엄한 태도와 지혜와 힘과 명예를 더 많이 나타내는 사람의 권고와 책망을 더 쉽게 받아들일 것이다. 그러므로 고린도 교인들은 바울의 고난 속에서 역사하시는 하나님의 능력을 보지 못했는데, 이것은 그들이 십자가의 완전한 의미를 이해하지 못했다는 것을 암시한다. 그들은 하나님의 능력이 사도에게서 어떻게 나타나야 하는지에 대해 서로 다른 견해를 가지고 있었다. 어떤 사람들은 그러한 무가치한 그릇이 어떻게 하나님의 영광을 위한 대리인이라고 주장할 수 있는지 묻고 있었다. 플러머는 "보배를 받은 사람은 그것을 가져온 그릇의 초라한 모습을 조롱해서

572 Dunn, *Jesus and the Spirit*, 329.

573 벡(B. Beck)은 런던에서 폭격을 받은 중세 교회의 재건을 둘러싼 상황에 대해 이야기한다. 그 건물은 하나의 벽과 두 부분의 일부만 남아 있다. 교회 재건을 지지하는 한 사람은 다음과 같이 큰 소리로 주장했다. "하나님은 모든 상황에서 승리하셔야 한다. 그는 절대 2등으로 떨어져서는 안 된다. 여기에는 테러가 에텔부르가 교회(St. Ethelburga)에서 승리하지 못하게 하는 것이 포함된다." 벡은 교회가 폐허가 된 상태라면 복음에 대한 더 나은 증거가 될 것이라고 생각한다. 하나님은 승리하신다. "그러나 그는 십자가의 파멸을 통해 정확하게 그렇게 하셨다. 십자가는 그가 행한 일을 증거하기 위해 영원히 엄숙함 속에 서 있다"("Reflections in 2 Cor 5:11-6:2," Epworth Review 21 [1994]: 92).

는 안 된다"라고 말한다.[574] 무엇보다 초라한 외모를 꿰뚫어 보고 그리스도와 같이 고난 받는 자 안에 있는 하나님의 영광을 볼 수 있어야 한다.

하나님께서 사도들에게 복음의 영원한 보화를 맡기실 때 질병이나 고통이나 다른 인간의 고난에 대해 면제하지 않으셨다. 항아리는 그 안의 보배를, 보배도 항아리를 보호하지 못한다. 그러나 바울의 비유는 이 지점에서 무너진다. 자기 안에 있는 보배는 모든 고난을 통해 그들을 지탱하며, 고난 목록은 이 점을 지적한다. 이 비유는 또한 육체가 쓸모없는 물건처럼 버려지는 무가치한 쓰레기로 멸시받는 것으로 해석되어서는 안 된다. 바울은 몸의 부활을 믿으며 이 몸은 더 나아가 영원한 신령한 몸을 입게 될 것이다(5:4, 고전 15:42-44).

편지의 뒷 부분에 나오는 고난의 목록과 대조적으로 바울은 여기에서 일반론적으로 말한다. 6장 4-10절과 11장 23-27절에서 목록은 더 구체적이 된다. 매맞음, 돌로 맞음, 강도, 옥에 갇힘, 수고함, 난파, 강도, 자지 못함, 헐벗음, 목마름, 굶주림이다. 사역을 수행하면서 겪은 고난의 실제 경험은 가정해서 만들어낸 문학적인 고난 목록 아니라 바울이 겪은 고난 목록을 만들어냈다. 그러나 고난을 이야기하는 다른 그리스-로마 작가들과의 유사점은 바울의 독자들이 그러한 목록에 익숙했을 수 있음을 보여 준다. 호슬리Horsley는 이렇게 주장한다. "고대에 대다수의 사람들은 생활이 어려웠기 때문에 그들이 직면한 다양한 역경이 문학적, 철학적 공통 관심사였다는 것은 놀라운 일이 아니다."[575] 우리는 바울이 사도로서 정당성을 뒷받침하기 위해 자신을 이상적인 성인으로 제시하기 위해 자신의 어려움을 나열함으로써 수사학적 관습을 채택했다는 주장을 받아들이기에 조심해야 한다.[576]

---

574 Plummer, *The Second Epistle of Paul the Apostle to the Corinthians*, 43.

575 G. H. R. Horsley, "Review of Fitzgerald's, Cracks in an Earthen Vessel," *AUSBR* 37 (1989): 83–84.

576 호슬리의 피츠제럴드가 쓴 *Cracks in the Earthen Vessel*에 대한 리뷰는 고통이 드러나는 암시가 있는 모든 것을 단지 고난의 문학적 목록이라고 식별하고 단락을 선택할 때 무차별적이라는 주장("잡다한 것들을 모아둔 것과 같은 접근")에 대해 날카롭게 비판한다(Horsley, "Review of Fitzgerald's, Cracks in an Earthen Vessel," 82–87). 환난 목록에 대한 이전 연구는 다음을 참조하라. A. Fridrichson, "Zum Stil des paulinischen Peristasenkatalogs 2 Kor. 11, 23ff.," *SO* 7 (1928–29): 25–29; "Peristasenkatalog und res gestae: Nachtrag zu 2 Kor. 11, 23ff.," *SO* 8 (1929): 78–82. 프리드릭슨(Fridrichson)은 현명한 현자에 대한 그리스-로마의 설명이 기본 배경이라고 주장한다. 그것이 어떤 형식이 아닐지라도 고난 목록의 내용을 결정하는 데 있어 구약과 유대 묵시를 기본으로 보는 학자들은 다음과 같다. Collange, *Enigmes*, 149; W. Schrage, "Leid, Kreuz und Eschaton: Die Peristasenkataloge als Merkmale paulinischer theologia crucis und Eschatologie," *EvT* 34 (1974): 141–75; K. T. Kleinknecht, *Der leidende Gerechtfertigte. Die alttestamentlich-jüdische Tradition vom leidenden Gerechten und ihre Rezeption bei Paulus*, WUNT 2/13 (Tübingen: Mohr Siebeck, 1984), 208–304. 바울이 4:3

그러나 고난에 대한 다른 고대 도덕주의자들의 태도는 바울의 고난에 대한 확연히 다른 태도를 매우 분명하게 하는 데 도움이 된다.

1. 자신이 처한 상황보다 그들이 더 우월하다는 것을 증명하기 위해 학대나 역경에 호소했다. 에픽테투스는 어려움(περίστασεις, 페리스타세이스)이 "인간이 무엇인지를 보여 준다"고 믿었다.[577] 그들이 견뎌낸 것은 진정한 투지와 도덕적 불변성을 보여 주었다. 바울에게 있어 고난은 인간이 무엇으로 만들어졌는지를 드러내는 것이 아니라 하나님의 부르심에 순종하기 위해 헌신한 사람 안에서 역사하시는 하나님의 능력을 드러내는 것이다. 고난은 인간의 연약함을 드러냈지만, 비교할 수 없을 그 능력은 전적으로 하나님께 있고 아무리 용감한 인간이라도 그 자신에게 있지 않다는 것을 보여 준다. 지혜로운 자들은 자신의 힘을 알고 있다고 주장하고 스스로 충분하다는 이유로 자신감이 넘치는 반면, 바울은 자신의 힘, 자기 훈련 또는 강인함을 자랑하지 않는다.[578] 그는 어떤 공로도 인정하지 않으며 복음이 성공을 위한 인간의 힘에 달려 있지 않다는 것을 알고 있다. 그가 환난 앞에서 마음이 굳건하다면 그것은 오직 하나님의 위로와 은혜 때문이다. 바울은 오직 하나님의 능력만을 알고 하나님만을 신뢰한다(1:9-10).

2. 스토아 철학자들과 견유학파 철학자들은 그러한 어려움이 어떻게 그들의 평온함이나 정서적 평형에 영향을 미치지 않았는지 보여주기 위해 고난을 언급했다. 그들은 개인이 고난을 견디고 행복할 수 있는 철학적 신념을 가지고 내면의 힘을 얻는다고 가정했다. 에픽테투스에게 어려움은 이성과 용기로 극복된다.[579] 그는 이렇게 썼다. "아프더라도 행복하고, 위험에 처해도 행복하고, 죽어가는 것이 행복하고, 추방을 당하더라도 행복하고, 평판이 좋지 않아도 행복한 사람을 나에게 보여주십시오. 그를 보여주십시오! ... 나는 스토아

에서 시편 115:1(LXX)을 인용하고 6:2에서 이사야 49:8을 인용한 것은 구약이 그의 환난을 이해하기 위한 기본 틀을 제공한다는 견해를 뒷받침한다. 다음을 참조하라. E. Kamlah, "Wie beurteilt Paulus sein Leiden?" *ZNW* 54 (1963): 217–32; C. G. Kruse, "The Price Paid for a Ministry among Gentiles: Paul's Persecution at the Hands of the Jews," in *Worship, Theology, and Ministry in the Early Church: Essays in Honor of R. P. Martin, ed. M. J. Wilkens and T. Paige*, JSNTSup 87 (Sheffield: JSOT, 1992): 260–72.

577 Epictetus, *Diatr*. 1.24.1 (Oldfather, LCL).

578 세네카는 다음과 같이 썼다. "고통과 우리가 고난이라고 부르는 것에는 어떤 악의 요소가 있는가? 마음이 축 늘어지고 구부러지고 무너지는 악이 있는 것처럼 보인다. 그러나 이러한 일 중 어느 것도 현자에게 일어날 수 없다. 그는 어떤 무게에도 똑바로 서 있다. 그 무엇도 그를 굴복시킬 수 없다. 견뎌야 하는 그 어떤 것도 그를 귀찮게 하지 않는다"(*Ep*. 71.26 [Gummere, LCL]).

579 Epictetus, *Diatr*. 4.7.6–15.

학파를 보게 될 것입니다!"[580] 대조적으로, 바울은 어떤 지적인 신조가 고통을 극복하는 데 유리하다고 생각하지 않으며 개인의 행복에 대해 결코 말하지 않는다.[581] 다시 말하지만, 예수님의 죽음과 부활에서 계시된 하나님의 능력은 그에게 힘을 주고 강하게 만든다. 따라서 바울은 섬김(4:5), 믿음(4:13), 소망(4:14), 감사(4:15), 하나님께 영광 돌림(4:15), 하나님을 기쁘시게 함(5:9)에 관련해서만 생각한다. 바울의 풍성한 기쁨은 그를 사랑하고 그를 위해 죽으신 주님께 자신을 드리는 것과 다른 사람들에게 자신을 드리는 일의 부산물이다.

3. 다른 철학자들과 달리 바울은 자신의 고난을 하찮은 것으로 여기지 않는다.

> 스토아 철학자, 그리고 더욱이 견유학파는 육체적, 정신적 고통에 대한 무관심을 자랑스러워했으며, 그러한 고통을 극복할 수 있게 하는 철학의 힘을 보여주기 위해 종종 그가 겪었던 일을 낭독하곤 했다. 그것은 순전히 외부적이고 단기적인 우여곡절을 극복할 수 있도록 하기 위한 것이다.[582]

바울은 자신을 기다리는 영원한 영광에 비해 자신의 고난을 하찮은 것으로 여겼다(4:17). 그 동안 그는 절망(1:8, 4:8), 자지 못함, 염려(11:27-28)에 영향을 받지 않았다고 자유롭게 고백한다. 그는 자신에게 일어난 일에 대해 원망하지 않고 육체의 가시 같은 것이 제거되기를 간절히 하나님께 기도했다(12:8). 그는 한 사람이 그것에 대해 올바른 태도(아파테이아, 즉 격정에 사로잡히지 않는 것과 같은)를 갖는다면 그 어떤 것도 재앙이 아니라고 믿지 않는다. 그의 목록에 있는 어휘는 시편(참조. 시 4:13 참조)과 이사야서의 고난받는 종의 언어(참조. 사 6:2)와 관련이 있다.[583] 세상의 작가들과는 반대로 시편 기자는 "내면적인 책임의 면제가 아니라 구원에 대해 말한다."[584] 그가 겪

---

580 Epictetus, *Diatr*. 2.19.24 (Oldfather, LCL). 스토아 학파는 고통, 고난, 개인적인 재난에 영향을 받지 않아야 했다.

581 Furnish, *II Corinthians*, 282.

582 Harvey, *Renewal through Suffering*, 15–16.

583 M. C. Pate, *Adam Christology as the Exegetical and Theological Substructure of 2 Corinthians 4:7–5:21* (Lanham, MD: University Press of America, 1991), 92–96.

584 Pate, *Adam Christology*, 329. 그러므로 T. Jos. 1:3b–7에서 발견되는 태도는 하나님의 구원 행위에 대한 강조와 함께 바울의 태도에 더 가깝다.

> 내 형제들은 나를 미워하였으나 주님은 나를 사랑하셨다. 그들이 나를 죽이려 하였으나 내 조상의 하나님이 나를 지키셨도다. 그들이 나를 구덩이에 낮추었고 가장 높으신 분이 나를 일으켜 세우셨다. 그들은 나를 노예로 팔았다. 그러나 만유의 주님께서 나를 자유롭게 하셨다. 나는 포로로 잡혀갔고 그분의 손의 힘이 나를 도왔다. 나는 굶주림에 사로잡혔고, 주님께서 친히 나를 아낌없이 먹이셨다. 나는 혼자였고 하나님은 나를 도우러 오셨다. 나는 연약했지만 주님은 나에게 관심을

고 있는 일은 엄청난 슬픔의 짐으로 그를 짓누르지만, 하나님께서 고난으로부터가 아니라 고난을 통해 그를 구원하실 것이라는 최고의 확신으로 소망을 가질 것이다. 또한 사도로서 하나님께서 그를 구원하실 수 있지만 또 다른 날에는 고난을 당할 수 있다는 것을 안다. 궁극적인 구원은 하나님께서 그리스도와 함께 그를 일으키실 때를 기다려야 한다.

이 마지막 요점은 바울이 역경을 나열한 목적을 이해하는 데 가장 중요하다. 그는 단순히 사도로서 정당성을 증명하거나 공감을 불러일으키거나 "복음과 그의 회중을 위해" 영웅적으로 위험을 무릅쓰고 있음을 보여주려는 것이 아니다.[585] 그는 자신을 "압도감, 절망, 버림받음, 멸망"으로만 보는 사람들이 더 자세히 살펴보기를 원한다. 바울의 모든 고난이 그를 멸하지 않는 것은 그것에 면역이 되었기 때문이 아니라 그를 붙드시는 하나님의 손 안에서 안전하게 안식하기 때문이다. 그는 거절과 낙담에 직면하지만, 하나님의 사랑과 능력 때문에 궁극적으로 그를 패배시키거나 멸할 수 있는 것은 없다. 확실히, 고난에 대한 그러한 견해는 신이 개인에게 내적 힘을 부여할 수 있다는 에픽테투스의 견해와 일치한다. 신은 "우리가 그것에 의해 타락하거나 짓밟히지 않고 일어나는 모든 일을 견딜 수 있게 하는" 내적 힘을 개인에게 부여할 수 있다는 것이다.[586] 그러나 바울의 사상은 주로 성경과 그리스도의 죽음과 부활에 의해 결정된다. 그러므로 고난의 목록은 의인을 도우시는 하나님의 성경적 주제를 상기시킨다. 다니엘은 질문하는 왕에게 이렇게 대답한다. "살아 계시는 하나님의 종 다니엘아 네가 항상 섬기는 네 하나님이 사자들에게서 능히 너를 구원하셨느냐"... "사자들이 나를 상해하지 못하였사오니 이는 나의 무죄함이 그 앞에 명백함이오며 또 왕이여 나는 왕에게도 해를 끼치지 아니하였나이다 하니라"(단 6:20, 22).[587]

바울은 그의 고난이 사역을 보증하지 않는다고 비난하는 사람들에게 대답한다. 오히려 그것은 바울이 그의 삶을 그리스도의 십자가에 일치시킬 때 하

보이셨다. 나는 감옥에 있었고 구주께서는 나를 대신하여 은혜롭게 행동하셨다. 나는 속박되어 있었으나 그분은 나를 풀어주었다. 거짓 고발을 당했지만 그분이 나를 대신하여 증언하였다. 애굽 사람의 비열한 말로 습격하였지만 나를 구원하셨다. 나는 노예였으나, 그분은 나를 높였다.

585 다음과 반대된다. *Witherington, Conflict and Community, 388.*

586 Epictetus, *Diatr*. 1.6.40 (Oldfather, LCL). 그는 또한 시련이 필요하다고 말했다. "그분[하나님]께서 나를 훈련시키시고 다른 사람들에게 증인으로 나를 사용하시기 때문이다"(*Diagr*. 3.24.113 [Oldfather, LCL]). 바울은 그의 시련을 비슷하게 이해했지만 그의 고통의 증거는 자신으로부터 그리스도와 하나님의 구속하는 능력을 가리키는 것으로 보았다.

587 여호와는 자기를 경외하는 자들을 흑암이나 결박이나 환난이나 가장 궁핍한 가운데서도 버리지 아니하시나니"(T. Jos. 2:4).

나님의 능력을 증거한다. 로첼Roetzel의 관찰은 도움이 된다. "그 자체가 규정되지 않았기 때문에 고통은 나약함, 소외, 죽음, 비천함, 실패, 심지어 하나님의 거부의 표시로 읽힐 수 있다. 아니면 그들은 예수의 죽음에 대한 상징적 참여로 볼 수 있다(4:10)."[588] 바울은 그의 고통, "인간 경험의 어두운 면"을 부활로 인도하는 십자가의 어두운 면으로 해석한다. 4장 8-9절의 경험은 죽고 살아 남아있다는 관점에서 제시되며 4장 10-11절에서 예수님의 죽음과 부활과 직접적으로 연결되어 있다. 비록 바울이 죽음처럼 보일지라도 그의 고난은 사실 생명으로 가는 길이며 하나님께서 복음을 계시하고 전파하기 위해 택하신 길이다.[589]

4:8-9. 4장 8-9절에서 대조적인 네 쌍의 분사는 바울이 연약함과 하나님의 능력이 그를 회복시키는 것에 대해 무엇을 의미하는지 설명한다. "모든 면에서"는 구절의 구조에 요약된 대로 네 가지 모든 고난에 적용된다. "고난당하다"(θλιβόμενοι, 들리보메노이)의 첫 번째 분사는 바울이 최근 아시아에서 겪은 고난에 대해 처음 언급한 것을 상기시켜 준다. 고난의 주제는 다음 단어들과 같이 나타난다. "고난"(θλῖψις, 들립시스)이라는 명사가 아홉 번 편지에 나타난다(1:4[2회], 8; 2:4; 4:17; 6:4; 7:4; 8:2 , 13). 동사 형태는 세 번 나타난다(1:6; 4:8; 7:5). 연약한 그릇은 "사방으로 욱여쌈"을 당하지만, 하나님의 능력이 역사하여 그는 "싸이지" 않는다. "으스러지다"의 명사 형태(στενοχωρία, 스테노코리아)는 고통의 동의어로 사용된다. 여기에서 동사는 "갇히거나 눌리는 것"을 생생하게 전달한다. 그는 "힘들게 눌린" 사람일지 모르지만, 그의 영혼을 짓누르는 구석으로 너무 세게 밀린 적이 없다.

깨지기 쉬운 그릇은 "낙심"한다(REB, "어찌할 바 모르는"). 바울은 자신의 괴로움에 대해 냉정하지 않다. 그는 낙담을 고백한다(참조 1:8; 갈 4:20). 보컴Bauckham은 그러한 감정이 어떤 사역자에게도 일어날 수 있음을 인정한다.

> 바울의 경력에 육체적인 위험이 없더라도 어떤 종류든지 바울이 했던 헌신의 절반정도라도 기독교 사역에 자신을 던진 사람은 바울이 말하는 약점을 경험할 것이다. 그것은 문제가 풀리지 않는 시간, 순전히 과로로 인한 피로감의 시간, 결과가 없는 것처럼 보이는 우울증의 시간일 것이다.[590]

588 Roetzel, "As Dying, and Behold We Live," 9.

589 4:10-11에서 "생명"은 세 번 나온다.

590 R. J. Bauckham, "Weakness–Paul's and Ours," *Themelios* 4 (1982): 5–6.

그러나 하나님의 능력이 일하여 그는 "절망에 빠지지 않는다." 헬라어 ἀπορούμενοι(아포루메노이)-ἐξαπορούμενοι(엑사포루메노이)를 사용한 언어 유희를 이해하기는 쉽지 않다. 전치사적 접두사 ἐκ은 완료적인 의미를 표시한다. "마지막까지 답답한 일을 당하다"라는 의미이다. 그리고 "스트레스를 받지만, 낙심하지 않는다"로 표현할 수 있다.[591]

바울은 연약한 그릇이 "박해를 받지만", 하나님의 능력이 일하여 그는 "버려지지" 않는다. 나는 "버림받지 않은"이라는 번역을 선호한다. 왜냐하면 십자가 위에서 예수님의 부르짖음을 번역한 동사이기 때문이다. "나의 하나님, 나의 하나님, 어찌하여 나를 버리셨나이까?" (막 15:34; 마 27:46, 시 22:2 인용).[592] 바울은 다른 사람들이 그를 버렸을지 모르지만(딤후 4:16 참조) 하나님은 결코 그렇지 않으셨다는 것을 의미한다. 그는 자신의 경험을 통해 하나님께서 자신의 것을 버리지 않으신다는 것을 안다(신 4:31; 31:6, 8).[593] 그렇기 때문에 고린도 교인들이 그를 버린 것처럼 보일지라도 으스러지거나 낙담하거나 망하지 않는다. 하나님은 그 모든 것을 통해 붙드시고 그가 계속해서 하나님을 대변할 수 있게 하신다(4:13). 바울은 또한 하나님께서 자신을 죽어서도 버리지 아니하시고 다시 살리실 것임을 안다(4:14; 딤후 4:16-17).

깨지기 쉬운 그릇은 "쓰러뜨려진다"(개역개정. '거꾸러뜨림을 당하여도', καταβαλλόμενοι, 카타발로메노이)로 표현되는데, 이는 "공격이나 무기에 의해 쓰러지고, 학대 또는 괴롭힘을 당하고, 버림받거나 거부당하고, 질병에 걸리거나, 심지어 살해당함"을 의미할 수 있다.[594] 바울은 박해 중에 여러 차례 육체적 폭력을 당해 넘어질 수 있지만 하나님의 능력이 항상 역사하여 결코 완전히 넘어지지 않는다.

이 질그릇에 다양한 여러 가지 타격이 가해지면서 분명히 스트레스로 깨지지만, 하나님께서 묶어 주셨기 때문에 온전한 상태를 유지한다. 피츠제럴드Fitzgerald는 우리가 바울이 주장하는 신학적 목적을 이해하도록 도와준다.

전체적으로 볼 때, 바울이 목록에 열거한 고난은 말하자면 질그릇처럼 그에게 금이 갔지만 그릇 자체는 온전한 상태로 남아 있다. 그릇은 하나님께서

591 퍼니시는 "절망적으로 만들지만 완전히 절망적이지는 않다"(*II Corinthians*, 254)라는 번역으로 단어의 유희를 포착하려고 노력한다.

592 예수님의 외침에 대한 해석은 다음을 참조하라. D. E. Garland, *A Theology of Mark's Gospel, Biblical Theology of the New Testament* (Grand Rapids: Zondervan, 2015), 326–33.

593 참조. 창세기 28:15; 수 1:5; 대상 28:20; 시 16:10(70인역); 36:25, 28(70인역); 렘 15:20; Sir 2:10; 히 13:5. 다음을 보라. 합 3:17-18.

594 Furnish, *II Corinthians*, 255.

접착하시는 힘으로 결합되어 있으며 이 틈을 통해 비추는 빛(4:5-6)은 다름 아닌 예수님의 생명의 빛(4:10-11)이다.

하나님께서 바울과 같이 깨지기 쉬운 그릇을 사용하신 것은 십자가에 못 박히심에 나타난 하나님의 어리석음에 비추어서만 설명할 수 있다. 바울의 연약함에 대한 하나님의 일하심은 그리스도 안에 있는 하나님의 일하심과 일치한다. 실제로, 그의 사역이 십자가에서 발견되는 낮아지심/약함과 높아지심/능력 사이의 불일치를 보여주기 때문에 그 자체가 그가 선포하는 그리스도에 관한 메시지의 일부이다.[595] 믹스Meeks는 이러한 차이를 역설적이라고 언급하는 것은 덜 정확하다고 지적한다.

> 즉, 바울이 말하는 것들 중 어떤 내용은 그렇게 받아들일 수 있지만, 일반적으로 약함의 표시로 간주되는 것들은 십자가에 못 박히신 예수님의 약점을 모방하기 때문에 단순하게 강력하다고 다시 정의되지 않는다. 그 패턴은 변증법적이거나 순차적인 경우가 더 많다. 그리스도는 처음에는 약했다. 그리고 강하셨다. 오늘날 그리스도인들도 약하고 환난을 당하지만 신원되고 영광스럽게 될 것이다.[596]

갈라진 틈을 통한 하나님의 빛은 다른 사람들을 밝히기 위해 비치고 있음을 반복한다. 바울이 슈퍼맨이라면 "날아가는 총알보다 빠르고 기관차보다 강력하고 한 번에 고층 빌딩을 뛰어 넘을 수 있다!" 그러나 그는 십자가의 메시지를 선포할 수 없었을 것이다. 그러나 바울의 연약함과 그 연약함 안에서 그리고 그 연약함을 통해 역사하시는 하나님의 능력은 십자가의 어리석음과 일치한다. 십자가에 못 박히신 그리스도는 그의 메시지일 뿐만 아니라 그의 본보기이기도 하다. 그는 고통받는 메시아의 고통받는 사도이다.

많은 사람들이 단순히 다른 사람들을 섬기기보다는 다른 사람들의 눈에 훌륭하게 보이려고 노력하는 엄청난 부담을 안고 힘들어한다. 우리는 바울의 모범에서 사역자가 훌륭할 필요가 없고 단지 신실할 필요가 있다는 것을 배울 수 있다. 많은 목회자들이 눈에 잘 띄는 빛나는 프로그램을 운영하려고 하고, 출석을 유지시키면서 갈등을 억제하고, 그리스도를 설교하는 대신 눈에 띄는 설교를 함으로써 번아웃을 겪는다. 바울은 많은 사람이 상상할 수 없는 고난을 겪었지만 부활의 능력을 체험했기 때문에 인내했다(13:4). 보통의 경건한

595 Fitzgerald, *Cracks in an Earthen Vessel*, 176.

596 W. A. Meeks, *The First Urban Christians: The Social World of the Apostle Paul* (New Haven: Yale University Press, 1983), 182.

대부분의 사람들은 그러한 역경으로 인해 무너질 것이다. 그러나 경건은 바울을 고무시키지 않는다. 그 일을 하는 것은 바울 안에서 역사하시는 하나님의 능력이다. 사역은 그가 줄 수 있는 모든 것을 요구한다. 바울이 자신의 모든 것을 바쳤지만 충분하지 않다는 것을 알게 될 때, 하나님의 능력이 그를 이끈다. 이 진리는 바울이 혼자서 모든 것을 할 수 있다고 생각하지 못하게 했다. 그것은 또한 그가 약해 보이거나 실패자로 보일 수 있는 것을 피하기 위한 그 무엇도 하지 못하도록 막았다. 그는 자신의 한계와 실패를 통해서도 하나님이 일하신다는 것을 알았다. 그리스도의 사랑에 지배를 받는 사람으로서 그는 자신이 하는 모든 일을 복주고 구원할 수 있는 하나님의 능력을 믿었기 때문에 자신의 한계를 넘어서려고 하였다.

4:10-11. 바울은 그의 사도적 사역을 다음과 같은 말로 요약한다. "우리가 항상 예수의 죽음을 몸에 짊어"진다. 4장 11절에서 바울은 이 말이 의미하는 바를 발전시킨다.[597] "죽음"에 대한 그의 일반적인 용어는 *θάνατος*(다나토스)이다(참조. 1:9-10; 2:16; 3:7; 4:12; 7:10; 11:23). 그러나 여기서 "죽음"으로 번역된 그가 사용하는 단어는 *νέκρωσις*(네크로시스)이다. 그것은 죽음의 최종 상태(참조. 롬 4:19)를 가리킬 수도 있고, 더 엄밀히 말하면 죽고 썩어가는 과정, 즉 뻣뻣하고 부풀어버린 부식되어 가는 썩어가는 살을 가리킬 수도 있다. 바울은 두 가지 생각을 모두 염두에 두고 있을지 모른다. 바울은 공개적으로 그리스도를 십자가에 못 박히신 분으로 묘사하면서 자신을 그리스도의 관을 짊어지고 가는 사람으로 그린다(갈 3:1).[598] 그는 또한 그리스도의 죽으심과 그와 함께 십자가에 못 박힘(갈 2:19)을 나타내고 모든 사람이 자신의 몸으로 볼 수 있도록 나타낸다. 그렇게 함으로써 그의 현재 고난은 죽음에서 생명을 낳는 하나님의 구원 활동을 계속해서 드러낸다.

더프Duff는 바울이 그리스-로마 주현절 행렬의 이미지를 사용해 헌신자들과 새로운 개종자들이 개선 행진의 제의에 관심을 기울이게 한다는 흥미로운 제안을 한다. 헌신자들이 신이나 여신의 제의와 구원 행위와 관련된 상징, 신성한 물건, 형상을 나르는 화려한 행렬은 점점 더 화려해졌다. 바울은 그러한 일반 종교의 광경을 염두에 두고, 자신의 고난을 평가하기 위해 또 다른 놀라

---

597 J. Lambrecht, "The *NEKRŌSIS* of Jesus: Ministry and Suffering in 2 Cor 4,7–15," in *Studies on 2 Corinthians*, BETL 112 (Leuven: Leuven University Press, 1994), 326.

598 피츠제럴드(Fitzgerald)는 *νεκροφόρος*와 동사 *περιφέροντες* 를 병행시킨다(*Cracks in an Earthen Vessel*, 178).

운 은유를 사용한다.[599] 이것은 2장 14절에서 개선 행진인 로마의 승리에 관한 그의 다른 말들과 병행된다.

	2 : 14	4 : 10-11
시간적인 요소	(그들을) 항상	우리가 항상
행진	그리스도 안에서 승리의 행진으로 이끎	예수의 죽음을 짊어짐
바울의 관련성	우리로 말미암아	우리 몸에
그리스도에 대한 신뢰	그리스도를 아는 냄새	예수의 생명
나타남	각처에서 나타내시는	우리 몸에 나타나게

이교도의 행렬에 사용한 허세를 부리는 듯한 금 그릇과 대조적으로 복음은 위압적이지 않으며 호화로운 창문 장식이나 화려함과 그러한 상황이 필요하지 않다.[600] 이렇게 드러내는 것의 위험은 사람들이 그릇의 화려함과 반짝임으로 산만해져 그릇에 들어 있는 것을 무시하게 된다는 사실이다.

바울은 질그릇이며 그의 삶과 죽음은 그리스도를 가리킨다. 그는 이그나티우스Ignatius가 잘못한 것처럼 그리스도의 고난을 모방하려고 노력하지 않는다(참조. Ign. *Rom*. 6:3). 그리스도의 고난은 그의 삶에서 저절로 이루어진다.[601] 하비는 다음과 같이 설명한다.

> 육체적인 쇠약함과 쇠퇴는 복음에서 선포된 생명의 약속과 명백히 모순되는 것이 아니라 이제 신자가 죽음의 마지막 시간에 예수와 동일시되어 새 생명을 "표현"하는 수단으로 밝혀진다. 그것은 그 죽음의 결과였다.[602]

바울은 십자가에 못 박히신 그리스도를 전파했고(고전 1:23), 그의 삶과 사역은 예수님의 겸손과 수치와 일치한다.[603] 따라서 고린도 교인들은 "예수

599 P. B. Duff, "Apostolic Suffering and the Language of Processions in 2 Corinthians 4:7–10," *BTB* (1991): 158–65.

600 더프(Duff) 행렬의 화려함으로 의식의 중요한 요소가 "쓸모없고 불필요한 것 밑에 묻히게 된다"고 말한 플루타르크(Plutarch)를 인용한다("Apostolic Suffering," 161).

601 Furnish, *II Corinthians*, 285.

602 Harvey, *Renewal through Suffering*, 59.

603 동사 *παραδιδόμεθα*("건내주다", "넘겨주다")는 예수님의 죽음에 대해 "그가 잡히시던 밤에"

님을 위한" 그의 고난을 폄하하면 안 된다. 바울에게 그의 "사도적 고난과 연약함은 반대와 박해로 인한 인간이 부여하는 고통만이 아니다. 예수님 자신의 죽음이 그 안에 있고 사도의 몸에서 그것을 볼 수 있다."[604]

1. 그는 그것을 "항상" 견딘다(참조. 고전 15:30-31). 부사 "항상"은 강조를 위해 4장 10절의 시작 구에서 처음 배치되고 현재 시제 분사로 강화된다. 그는 4장 11절에서 "항상"이라는 개념을 반복한다(*πάντοτε*, 판토테에서 "영구적인"이라는 개념을 전달하는 *ἀεί*, 아에이로 바꿈). 이따금 괴로움을 겪었다가 잠시 괴로움에서 벗어날 수 있는 문제가 아니다.[605] 사도로서의 고난은 이례적인 것이 아니다. 그것은 평소에 일어나는 일이다. 새비지는 다음과 같이 말한다.

> 믿음으로 바울은 복음을 전한다. 그 복음이 고난을 낳고 그것이 그에게 더 큰 믿음을 낳고 이것이 더 큰 담대함을 낳게 하므로 더한 고난을 당하게 한다. 그리스도의 사역자에게 믿음-선포-고난의 패턴은 피할 수 없고 영구적이다.[606]

2. "우리가 넘겨짐은"(*παραδιδόμεθα*, 파라디도메다)은 예수님을 죽음에 넘겨 주다는 의미로 바울이 사용하기도 한다(고전 11:23; 롬 4:25; 8:32; 갈 2:20). 바울은 자신을 예수님처럼 "넘겨진" 것으로 이해한다.[607] 그는 자신의 고난 뒤에 하나님의 목적이 있음을 굳게 믿고 받아들인다. 이 수동태는 신적 수동태이다. 하나님은 실행자이시다. 예수님을 위한 바울의 고난은 세상에 복음을 심으려는 하나님의 역설적인 계획의 일부를 형성한다. 하나님은 아시아에서 그를 시련에서 건져내셨을지 모르지만, 그는 거듭해서 죽음에 넘겨진다. 림Lim은 "바울의 고난은 목적이 없는 것이 아니라 십자가에 못 박히신 주

(참조. 고전 11:23; 막 9:31; 10:33)라는 문구와 함께 바울이 고린도 교인들에게 전한 전통의 일부이다. 바울의 "*γὰρ ἡμεῖς οἱ ζῶντες εἰς θάνατον παραδιδόμεθα*"(우리 살아 있는 자 … 죽음에 넘겨짐은)은 사 53:12의 *παρεδόθη εἰς θάνατον ἡ ψυχὴ αὐτοῦ*("그의 영혼이 죽음에 넘겨졌다")와 매우 비슷하다.

604 Lambrecht, "The *NEKRŌSIS* of Jesus," 325.

605 Thrall, *II Corinthians*, 1:330.

606 Savage, *Power through Weakness*, 181.

607 이 동사는 중간태일 수 있다. "우리는 항상 예수님을 위해 자신을 죽음에 내맡긴다." 피츠제럴드(Fitzgerald)는 중간태를 주장해 바울이 그리스도를 본받는 일의 일부로 자신을 포기한다고 말한다(*Cracks in the Earthen Vessel*, 180). 그러나 바울은 여기에서 자신을 영웅적이라고 표현하지 않으며 수동태일 가능성이 더 크다.

님과 고린도 성도들을 위한 것"이라고 말했다.[608] 그것은 그리스도 안에 있는 그의 삶이 보여 주는 십자가적인 모양이 사도직에 대한 그의 이해를 어떻게 결정하는지에 대한 증거이다.[609]

3. 그는 육체적으로 그것을 견딘다. 바울은 원칙적으로 자기도 그리스도와 같은 연약함을 가지고 있으며 같은 고난을 받는다는 놀라운 주장을 한다. 이 연약함과 고난을 통하여 죽을 육신에 있는 예수의 생명을 나타낸다는 것은 훨씬 더 놀라운 주장의 기초가 된다(4:11). 4장 11절에서 바울은 "몸"(σῶμα, 소마)에서 "육체"(σάρξ, 사륵스)로 전환한다. 몸은 죽음의 파괴에 무방비 상태이며, 예수의 죽음은 사도들의 깨어짐에서 새로운 육체적 표현을 찾는다. 여기서 바울의 진술은 갈라디아서 6장 17절에서 그가 말한 것과 유사하다.[610]

죽음	흔적(στίγμα)
예수의	예수의
몸에	몸에
짊어짐은(περιφέροντες)	지니고(βαστάζω)

이 서술은 1장 5절에서 "그리스도의 고난이 우리에게 넘쳤다"는 그의 일반적인 서술에 적합한 내용이다.

4. 그의 환난은 위로(1:6-7)와 생명을 낳음으로 다른 사람들에게 유익하다. 핍박과 고난으로 말미암아 바울의 육신적인 연약함이 더욱 커지는 것을 누구나 볼 수 있었다. 그들은 항상 그 안에서 그리고 그를 통해서 하나님의 생명이 시작됨을 알아차리지 못한다. 그러나 바울은 그분의 부활 생명을 드러내기 위해 예수님의 죽음을 짊어지고 간다. 이는 다른 사람들을 구원하기 위함이다. 보컴Bauckham은 바울의 생각 뒤에 있는 논리를 정확히 찾아낸다. "하나님의 결정적인 구원 행위가 십자가에 못 박히신 예수의 연약함을 통해 일어났다면, 십자가에 못 박히신 예수의 구원하는 복음이 그분의 사도의 연약함을 통해 이방인들에게 도달하는 것은 놀라운 일이 아니다."[611]

극심한 환난에도 불구하고 바울은 이 땅에서 비참함과 죽음이 끝이 없을

608 Lim, "Sufferings," 38.

609 M. J. Gorman, *Apostle of the Crucified Lord: A Theological Introduction to Paul and His Letters* (Grand Rapids: Eerdmans, 2003), 291.

610 다음에 기록됨. Tannehill, *Dying and Rising with Christ*, 84.

611 Bauckham, "Weakness—Paul's and Ours," 5.

것이기 때문에 압도되지 않는다. 생명이 승리할 것이다. 예수를 죽음에서 일으키신 동일한 하나님의 능력이 그 안에서도 역사한다.[612] 비록 그 새로워짐이 어떤 사람들에게는 보이지 않을지라도 그는 계속해서 새로워지고 있다(참조 4:16). 새비지는 다음과 같이 결론을 내린다.

> 옛 시대의 권세가 가하는 고통에 복종하는 것이 바울이 바로 그 권세를 물리칠 수 있었던 점이라는 것은 가장 큰 아이러니이다(8-9절). 그는 두 시대의 교차점에서 살아온 것처럼 새 질서의 "생명"을 받기 위해 옛 질서의 "죽음"을 견딘다(10-11절).

바울은 10절("예수의 생명이 또한 우리 몸에 나타나게 하려 함이라[ἵνα, 히나]")과 11절("예수의 생명이 또한 우리 죽을 육체에 나타나게 하려 함이라")에서 하나님께서 고난의 결과를 의도하신 바를 선언한다. 그의 고난을 통해 하나님의 능력이 나타나며, 이 사실이 고난을 견디게 한다. 마지막 때에 이 능력이 공개적으로 드러날 것이라는 뜻이 아니라 지금 바로 영적인 지각을 가진 자들이 연약함과 죽어가는 것을 꿰뚫어 보고 "많은 승리와 권세와 영광"을 알아볼 수 있다는 뜻이다.[613]

4:12. "그러면"(ὥστε, 호스테)은 4장 10-11절에서 놀라운 결론을 제시한다. 죽음은 우리 안에서 역사하지만 생명은 고린도 교회에서 역사한다.[614] 바울은 자신의 고난이 고린도 교인들에게 유익이 되는 것으로 이해하며(참조. 5:15, "너희들을 위하여", 그리고 골 1:24), 이는 1장 6절에서 "우리가 환난 당하는 것도 (θλιβόμεθα, 들리보메다, 4:8에서도 같은 단어) 너희가 위로와 구원을 받게 하려는 것이요"라는 바울의 말과 일치한다. 그러나 우리는 바울의 고난에 구원의 능력이 있다고 추론해서는 안 된다. "바울이 그리스도의 고난에 참여하였기 때문에 그의 고난이 다른 사람에게 유익이 되는" 것이다.[615] 그는 그리스도 안에서 새 생명을 살아가며, 다른 사람들을 위해 생명을 줌으로

---

612 J. Lambrecht, "The Eschatological Outlook in 2 Corinthians 4:7–15," in *Studies on 2 Corinthians*, BETL 112 (Leuven: Leuven University Press, 1994), 340.

613 Lambrecht, "The NEKRŌSIS of Jesus," 326.

614 "역사하고"는 동사 ἐνεργεῖται를 중간태로 번역한다. 바우메르트(Baumert)는 수동적 의미, "일해지고 있다"고 주장하는데, 이것은 4:10-11의 신적 수동태와 일치하게 한다(*Täglich sterben und auferstehen*, 72–73, 267–83) 신적 수동태로서 이것은 하나님의 능력이 죽음을 통해 역사하고 있음을 의미한다.

615 M. D. Hooker, "Interchange and Suffering," in *Suffering and Martyrdom in the New Testament*, ed. W. Horbury and B. McNeil (Cambridge: Cambridge University Press, 1981), 78.

써 생명을 얻는 역설을 산다. 그는 더 이상 이기적이거나 제멋대로 하지 않고 그리스도처럼 자기를 비운다. 다른 사람에게 증거하는 그의 일은 점점 더 육체적으로 두들겨 맞게 하지만, 육체적 환난은 다른 사람들에게 점점 더 많은 영적인 축복을 가져다 줄 것이다. 이러한 고난, 죽음, 축복의 패턴은 바울의 사도적 소명을 확증해 준다. 왜냐하면 그것이 바울 자신의 삶과 사역의 근원이신 예수님의 부활의 생명과 하나님의 능력을 가장 충분히 나타내기 때문이다.

또한 바울이 고난의 짐을 견디는 데 도움이 되는 것은 고난이 다른 사람들의 삶에 열매를 맺는다는 그의 확신이다. "생명"은 그리스도를 통하여 하나님께로부터 받은 생명을 의미한다. 그것은 그들이 환난을 피할 것이라는 의미가 아니다(1:6-7). 오히려 그리스도를 위해 목숨을 잃으면 더 큰 생명을 얻는다는 역설적인 메시지를 받아들이고 실천할 때 참된 삶을 경험하게 된다.[616]

바울의 고난은 항상 고난을 받아 온 하나님의 의로운 백성의 긴 행렬에 그가 합류한다는 것을 의미한다(마 5:11-12). 그러나 예수님의 십자가 죽음은 제자들의 고통에 새로운 의미를 부여한다. 더 이상 단순히 의인의 고통이 아니다. 그리스도의 죽으심과 같이 되는 것이다(13:4). 예수님의 죽음과 부활은 또한 "옛 질서의 전복을 상징한다."[617] 바울을 박해하는 자들은 사라져가는 옛 질서에 속해 있다. 그를 통해 역사하시는 하나님의 능력은 바울을 대적하는 삼류 세력을 훨씬 능가한다. 그들이 조롱과 고문과 죽음의 도구로 끝낼 때, 그들은 끝난 것이다. 하나님은 그렇지 않다. 그들은 단지 사람들을 죽일 수 있다. 하나님의 능력은 죽은 자를 살리신다. 그러므로 바울은 완전히 짓밟힌 것이 아니다. 하나님께서 그를 부활시키실 것이다.

4:13. 4장 13-15절에서 바울은 계속해서 말하는 이유를 설명한다. 그의 고난과 설교(서로 연결되어 있음)는 고린도 교인들을 위한 것이며 더 많은 사람들이 응답하여 더 큰 하나님의 영광으로 인도할 것이다. 그것은 하나님의 영광에 대한 감사를 증가시킬 것이다(참조. 1:11).

바울은 시편 115편 1절(LXX; 시 116:10 MT)을 인용하여 편지에서 자신의 고난에 대한 이 첫 번째 논의를 마무리한다. "기록된 바 '내가 믿었으므

---

616 바울은 칼뱅이 주장하는 것처럼 인생을 "행복한 삶"이라고 역설적으로 말하지 않는다(*Second Epistle*, 60). 칼뱅은 바울이 "바울이 무한한 고난과 씨름하던 바로 그 때에" 그들이 행복하게 자유롭게 살고 안식을 취하는 것을 꾸짖고 있다고 생각한다.

617 *Savage, Power through Weakness*, 176.

로 말하였다.'" "같은 믿음의 영"(개역개정. 같은 믿음의 마음)은 (1) 시편 기자를 감동시킨 견고하고 지속적인 믿음의 영을 가리킬 수 있다. 이 해석은 어떤 경향으로 이해한 CSB 성경 번역에 영향을 미친다. 시편 기자도 고난을 당했지만 자기를 구원하신 하나님을 믿었다. 그러므로 하나님은 자신의 구원을 분명히 하는 말씀을 하셨다.[618] (2) 이 구절은 믿음을 일으키시는 성령을 가리킬 수도 있다(고전 12:9; 롬 8:14-16; 갈 3:2, 5, 14; 5:5; 또한 다음을 참조. 고전 2:4-5; 살전 1:5-7). 시편 기자의 믿음을 일으키고 그의 말에 스며든 동일한 성령(참조. 행 1:16)께서 바울을 통해 역사하신다.

시편 기자의 문맥은 바울의 고난의 문맥과 일치한다. 시편 기자는 자신을 둘러싼 "사망의 줄", 압도적인 "스올의 고통", "환난과 슬픔"(시 116:3)에 직면했다. 그는 소란 중에 여호와께 부르짖었고(시 116:3, 4, 13), 주님은 그를 들으시고 구원하셨다(시 116:1-2, 6). 한Han은 "여기에서 바울의 초점은 그의 믿음과 시편 기자의 믿음이 어떻게 같은 종류인지인데, 그것이 동일한 성령으로 말미암기 때문이 아니라(그것은 사실이지만), 반대와 박해에 직면해 있음에도 불구하고 목소리를 내기로 결정했기 때문이다."[619]

618 "믿음의 영"이라는 문구는 내용의 속격, "믿음이라는 영"으로 해석될 수도 있다(따라서 J. Murphy-O'Connor, "Faith and Resurrection in 2 Cor 4:13-14," *RB* 95 [1988]: 548).

619 Han, *Swimming*, 34; K. Schenck, "2 Corinthians and the πίστις Χριστοῦ Debate," *CBQ* 70 (2008): 524–37. 쉥크는 바울은 시편 기자가 말하는 것이 예표라고 가정하고 메시아적으로 시편 115:1 LXX를 읽었다고 주장한다. 그리스도께서 말씀하신 것, 그러므로 그는 믿는 그리스도를 가리킨다. 인용은 하나님께서 그를 죽은 자 가운데서 살리실 것이라는 그의 믿음을 표현하는 예수의 말씀으로 읽을 수 있는 예언적 단어가 포함되어 있다. 바울은 하나님께서 또한 그를 죽은 자 가운데서 살리실 것이라는 동일한 믿음을 나눴다. D. A. Campbell, "2 Corinthians 4:13: Evidence in Paul that Christ Believes," *JBL* 128 (2009): 337–56. 캠벨 또한 이 사실을 확인하고 다음과 같이 번역한다. "[그리스도와] 같은 믿음의 영을 가졌으니 기록된 바 [그가 말씀하셨다], '내가 믿었으므로 내가 말한 것 같이 우리도 믿었으므로 또한 [너희에게] 말하였다." 또한 다음을 참조하라. T. D. Stegman, "*ἐπίστευσα, διὸ ἐλάλησα* (2 Corinthians 4:13): Paul's Christological Reading of Psalm 115:1a LXX," *CBQ* 69 (2007): 725–45. 이 해석은 "그리스도의 믿음"이라는 구절의 의미에 대한 논쟁에 적용된다. 그것이 "그리스도를 믿는 믿음"(롬 3:22; 갈 2:16; 3:22)을 의미한다고 주장하는 사람들은 그리스도가 결코 "믿다"(πιστεύω)라는 동사의 주어가 아니기 때문에 그것이 그리스도의 믿음이나 신실함을 나타낼 수 없다고 주장한다. 4:13에 대한 이러한 해석은 그 주장을 훼손한다.

그러나 바울이 시 68:10(69:9 MT)을 인용하고 롬 15장에서 그리스도에게 적용할 때와 같이 그리스도와 그리스도의 믿음을 언급하기를 원했다면 덜 모호했을 것 같다. 람브레흐트는 쉥크(Schenck)와 캠벨(Campbell)을 논박하고 "같은 믿음의 마음을 가졌다"는 것은 바울이 시편 기자처럼 같은 마음 상태를 공유했다는 것을 의미한다고 주장한다. J. Lambrecht, "A Matter of Method (II). 2 Cor 4,13 and the Recent Studies of Schenck and Campbell," *ETL* 86 (2010): 441–48. 다음도 참조하라. Lambrecht, "A Matter of Method. 2 Cor 4,13 and Stegman's Recent Study" *ETL* 84 (2008): 175–80. 바울은 다음을 의미한다. "그[바울]는 시편의 의로운 고난을 당한 자 같이 사망의 무저갱에 이르렀으나 하나님이 거듭거듭 그를 건지셨다. ... 그와 바울이 이 구절의 후반부에서 시편을 반복하지만 현재 시제와 1인칭 복수형으로 바꾸고 강조를 위해 *καί*('카이', "~도", "또한")를 두 번 넣기 때문에 첫 번째 선택지가 가장 좋은 것 같다. "우리도 믿었으므로 또한 말하노라." 그는 불의한 자들의 손에 고난을 받았음에도 불구하고 믿음이 그의 담대한 설교를 고무시키는 자신의 상황을 시편 기자의 상황에 비유한다. 둘 다 의로운 고난을 겪는 자들이며, 그들의 다양한 고난은 그들을 잠잠하게 하지 못할 것이다. 그러나 바울의 믿음의 내용은 예수 그리스도의 죽으심과 부활의 복음에 근거한 것이기 때문에 시편 기자의 믿음과 다르다. 이것이 그가 전하는 복음이다(4:2, "진리를 나타냄", 4:4, "복음", 4:5, "예수 그리스도를 전파함") 바울에게 복음은 지적인 동의나 그 이상을 요구하는 추상적인 이론이 아니다. 그것은 또한 선포가 필요하다. 적대적인 세상에 복음을 선포하는 것은 위험하다. 바울은 이 복음을 믿지 않는 자들이나 믿음에서 벗어난 신자들에게 어떤 결과를 초래하든 담대하게 이 복음을 전하는 것을 주저하지 않는다. 그것이 그리스도 안에서 그의 부르심이기 때문이다.

4:14. 바울은 담대하게 말한다. 하나님께서 세상의 환난을 넘어서서 그를 부활시키실 것이라는 확신이 있음을 그의 믿음이 그에게 나타내기 때문이다. 그리스도에게 속해 있고 이생에서 그분의 살아 있는 능력을 경험하는 사람들도 죽음이라는 반대편에 있는 그리스도께 속하게 될 것이며 그분과 함께 일어나게 될 것이다. 이생에서 그리스도의 죽으심을 본 받은 자도 그분이 부활에서 받으신 동일한 의를 체험하게 될 것이다(빌 3:10-11). 그리스도의 죽음이 우리에게 생명을 가져다준 것처럼 그리스도의 부활은 내세의 생명을 가능하게 한다. 바울의 모든 선포 사역은 "최종 결과에 대한 그의 믿음에 근거한다. 그 믿음은 죽음 이후의 그의 부활(과거 그리스도의 부활에 확고히 기초함)이다. 그리고 하나님 앞에서 예수님과 함께 모이는 모든 그리스도인의 영원한 모임이라고 할 수 있는 것이다."[620] 죽음이 그를 깎아서 부수어 버리지만, 죽음이 그를 지배할 최종적인 능력은 없다. 이러한 이유로 그는 기꺼이 담대하게 말하고, 매 시간 자신을 위험에 빠뜨리고, 날마다 죽고, 문자적 및 은유적 짐승과 싸우려고 했다(고전 15:30-32). 이 소망이 사실이 아니라면, 그들은 바울을 불쌍한 바보라고 조롱할 수 있는 이유가 될 것이다(고전 15:17-19).

시편 기자는 믿음을 같이 나눈다"(Matera, *2 Corinthians*, 112). 다음도 참조하라. Schmeller, *Zweite Korinther* (2 Kor 1,1–7,4), 265.

620 Lambrecht, "The Eschatological Outlook," 348.

그것은 또한 그들이 바울의 본보기를 따르지 않고 지금 여기에서 소위 좋은 삶을 얻고 보존하려는 노력에 모든 에너지를 투자하는 것을 정당화할 것이다. 그러나 이 소망은 참되며 바울의 고난에 대한 열시는 그리스도의 죽음과 부활로 확립된 복음에 대한 심각한 오해를 드러낸다.

"서게 하다"(*παρίστημι*, 파리스테미)는 동사는 (1) 무엇인가를 공개적으로 제시하여 나타내기 위해, (2) 제사를 바칠 때(롬 12:1), (3) 어떤 사람이나 물건을 배치하는 데 무엇인가를 둘 때(눅 1:19; 롬 6:13, 16), (4) 궁궐에서 어떤 사람을 왕 앞에 내세울 때, (5) 재판관 앞에 사람을 내세울 때(행 22:33; 27:24) 사용된다. 이 문맥에서 마지막이 가장 가능성이 높다. 바울은 모든 사람이 그리스도의 심판의 보좌 앞에 올 것이라고 선언한다(5:10; 또한 롬 14:10-11; 골 1:22). 그 다음 이 구절은 4장 16절-5장 10절을 소개하는데, 여기서 바울은 갑자기 부활의 확실성에 대해 논하는 것(4:16-5:8)에서 그리스도의 심판대 앞에 나타나는 것(5:9 -10)으로 옮겨간다.

"너희와 함께"라는 말을 간과해서는 안 된다. 바울은 자신이 다른 그리스도인들과 긴밀하게 연결되어 있음을 이해한다. 그는 자신의 사도적 소명이나 그리스도를 위한 다양한 고난 때문에 더 높은 영적인 고지에 서 있다고 믿지 않는다. 자신이 그들을 그리스도 앞에 신부로 드리는 사람임을 이해하고(11:2), 그들을 순결한 처녀로 드리고자 한다(참조. 골 1:28). 그러므로 그는 그들과 함께 서 있는 것으로 본다.[621] 고린도 서신에서 그의 목표는 이러한 유대감과 공동체 의식을 세우는 것이다. 그들은 스스로를 경제적으로나 종교적으로 자급자족하고 다른 신자들과 최소한으로만 상호의존하는 개인으로 보는 경향이 있다. 바울은 공동체를 세우려고 한다. 그는 그들이 동일한 고난과 위로를 공유하고(1:5-7), 주 예수 앞에서 서로 자랑하고(1:14), 그리스도 안에서 함께 세움을 받았음을(1:21) 일깨워준다. 그들은 서로 기쁨의 근원이며(2:3-5), 주님 앞에 함께 서게 될 것이다. 그리스도를 주로 시인하는 사람들은 서로 다를 수 있지만, 그들은 하나님 앞에서 서로 분리되지 않을 것이다.

4:15. 이 단락에서 바울은 마지막 문장으로 그리스도의 사도로서 그의 궁극적인 목표가 하나님께 영광을 돌리는 것이라고 선언한다.[622] "모든 것"은 바

621 그의 회심자들과의 이러한 연대감은 마게도냐 교인들을 자신의 기쁨과 면류관으로 언급한 데서 아름답게 표현된다(빌 2:14-18, 살전 2:19-20). 그가 홀로 그리스도 앞에 서 있는 것과 교회에서 하는 일이 모두 헛된 것임을 깨닫는 것은 수치가 될 것이다.

622 이 구절의 후반부의 구문은 문제가 있다. 문자적으로는 "은혜가 더욱 풍성하게 되어 하나님

울의 고난과 그의 말을 가리킨다. 그가 견딘 모든 고난은 이방인들에게 복음을 충실히 전한 데서 기인한다. 그러므로 그것은 그들을 위한 것이다. 그가 안전하게만 했거나 첫 위험의 징후에 후퇴했다면 그들은 결코 복음을 듣지 못했을 것이다. 그들의 윤리적 잘못에 대한 가혹한 질책을 포함한 그의 설교 역시 그들을 위한 것이다. 그의 솔직한 말은 그들에 대한 사랑의 부족에서 나온 것이 아니며(6:11-12), 그들을 얕잡아 볼 의도도 없다(7:8). 그는 단지 그들을 하나님과 화목시키기를 원할 뿐이다. 그리스도께서 다른 사람들을 위해 자신의 생명을 주려고 종의 형체를 취하셨듯이(빌 2:7), 그의 모든 일과 고난은 "너희를 위한 것"(개역개정. '너희를 위함이니,' 4:5)이다.

일부 고린도 교인들은 바울의 사역을 통해 받은 유익을 온전히 인식하지 못한다. 바울은 그들이 받은 복음의 완전한 의미를 이해하지 못하는 이유가 아니라면 태만과 조롱을 신경쓰지 않을 것이다.

로마서 5장 20절에서 바울은 죄가 증가하는 것을 묘사하기 위해 동사 πλεονάζω(플레오나조, 개역개정. '더하여')를 사용하지만 여기서 은혜도 또한 증가한다고 단언한다. 이 구절에서 "은혜"는 단순히 하나님의 죄 용서를 의미하는 것이 아니라 "수신자들의 마음과 삶에 역사하시는 은혜로운 하나님의 능력"을 의미한다.[623] 바울은 하나님의 은혜는 항상 인간의 감사로 이어져야 함을 이해한다. 그의 목표는 더 많은 사람들이 이 은혜를 받아(참조. 롬 4:20) 가능한 많은 사람들을 믿게 하고(고전 9:19-23) 더 많은 감사가 하나님의 영광에 돌려지게 하는 것이다. 바울은 회심자의 숫자로 사도로서의 성공을 평가하지 않았지만, 그렇다고 해서 회심하는 사람의 숫자가 늘어나는 것이 중요하

의 영광에 더 감사하게 하려 함이라"로 읽을 수 있다. 전치사구 *διὰ τῶν πλειόνων*("더 많은 사람들로 말미암아")는 분사 *πλεονάσασα*("더하여") 또는 *περισσεύσῃ*("넘쳐서")와 함께 할 수 있다. 두 동사 *πλεονάσασα*("더하여") 또는 *περισσεύσῃ*("넘쳐서")은 타동사 또는 자동사일 수 있다. 스랄(Thrall)은 네 가지 선택을 나열한다(*Second Epistle*, 1:345-46). (1) "은혜가 더하여, 더 많은 사람으로 말미암아 감사가 넘치게 하여 더 많은 사람들이 하나님께 더 영광을 돌리기 위함이다." (2) "은혜가 더하여 감사하는 사람이 점점 많아져 하나님께 더 영광을 돌리기 위함이다." (3) "은혜가 더 많은 사람으로 말미암아 감사함을 더하게 하여 하나님께 더 영광을 돌리기 위함이다." (4) "은혜가 점점 더 많은 사람으로 말미암아 더하여 감사함으로 하나님께 더 영광을 돌리기 위함이다."

바넷(Barnett)은 다음 구조로 구문을 간략히 한다(*The Second Epistle to the Corinthians*, 244).

모든 것이 당신을 위한 것이기 때문이다.

더하는 은혜가 넘치게 하여	목적
더 많은 사람의 감사로 말미암아	수단
하나님의 영광을 위함이다	목표

623 Thrall, *II Corinthians*, 1:344.

지 않다는 의미는 아니다. 그의 고난은 점점 더 많은 사람들을 그리스도께 이끌려는 그의 선교 사역의 중요한 부분이다. 사도적 고난을 가져오는 그의 선포는 점점 더 많은 사람들에게 복음을 듣고 응답할 기회를 준다. 그의 말씀에 대한 그들의 감사한 응답은 하나님께 점점 더 큰 영광을 돌린다.

바울은 자신의 고난이 하나님의 영광을 위한 것이며 일시적이며 속사람을 새롭게 하며 하나님께서 그를 위해 (그리고 다른 그리스도인들을 위해) 무한한 영광을 예비하고 계시다는 확신을 표현한다. 그는 영원하고 보이지 않는 실재에 시선을 둔다.

2.2.5. 부활의 소망(4:16-5:10)

**16 그러므로 우리가 낙심하지 아니하노니 우리의 겉사람은 낡아지나 우
리의 속사람은 날로 새로워지도다 17 우리가 잠시 받는 환난의 경한 것이 지
극히 크고 영원한 영광의 중한 것을 우리에게 이루게 함이니 18 우리가 주목
하는 것은 보이는 것이 아니요 보이지 않는 것이니 보이는 것은 잠깐이요 보
이지 않는 것은 영원함이라 5:1 만일 땅에 있는 우리의 장막 집이 무너지면
하나님께서 지으신 집 곧 손으로 지은 것이 아니요 하늘에 있는 영원한 집이
우리에게 있는 줄 아느니라 2 참으로 우리가 여기 있어 탄식하며 하늘로부터
오는 우리 처소로 덧입기를 간절히 사모하노라 3 이렇게 입음은 우리가 벗은
자들로 발견되지 않으려 함이라 4 참으로 이 장막에 있는 우리가 짐진 것 같
이 탄식하는 것은 벗고자 함이 아니요 오히려 덧입고자 함이니 죽을 것이 생
명에 삼킨 바 되게 하려 함이라 5 곧 이것을 우리에게 이루게 하시고 보증으
로 성령을 우리에게 주신 이는 하나님이시니라 6 그러므로 우리가 항상 담대
하여 몸으로 있을 때에는 주와 따로 있는 줄을 아노니 7 이는 우리가 믿음으
로 행하고 보는 것으로 행하지 아니함이로라 8 우리가 담대하여 원하는 바는
차라리 몸을 떠나 주와 함께 있는 그것이라 9 그런즉 우리는 몸으로 있든지
떠나든지 주를 기쁘시게 하는 자가 되기를 힘쓰노라 10 이는 우리가 다 반드
시 그리스도의 심판대 앞에 나타나게 되어 각각 선악간에 그 몸으로 행한 것
을 따라 받으려 함이라**

2.2.5.1. 영원한 영광의 중한 것을 우리 내면에 준비하신 하나님(4:16-18)

4:16. "그러므로"(διό, 디오)는 4장 7-15절의 추론을 가져온다. 바울은 4장 1절(οὐκ ἐγκακοῦμεν, 우크 엥카쿠멘, '우리는 낙심하지 않는다')의 진술을 반복한다. 자신이 왜 그렇게 담대하게 사역하고 설교하는지를 더욱 정당화하는 새로운 주장을 발전시킨다. 그러나 4장 1절의 ἐγκακέω(엥카케오)는 "낙심", "낙담", 또는 "포기"로 연결되기보다 바울의 사도적 담대함과 관련이 있다. 바울은 고린도 교인들에게 자신의 "불굴의 정신"에 대한 이유를 설명할 필요가 없다.[624] 대신에 그는 괴로움을 당하고 항상 죽기까지 내맡기는 부끄러운 처지(4:8-11)임에도 불구하고, 그가 "움츠리지" 않고, "겁내지 않고", 오히려 담대하게 된 이유를 설명해야 한다. 퍼니시는 "여기 문맥(특히 4:2-6, 7, 10-12, 13, 15절 참조)은 바울이 죽음에 직면하는 담대함을 말하는 것이 아니라 온갖 환난과 어떤 사람들의 그릇된 해석에도 불구하고 복음을 전하는 담대함을 말한다"라고 말한다.[625]

"그러나"(ἀλλά, '~하나')는 앞의 내용을 고려하고 질그릇이 없어질 것과 신실한 자들을 위한 부활의 몸에 대한 확실한 약속과 관련된 자신의 다음 주장을 소개한다. 문자적으로 "그러나 우리의 겉사람은 낡아지지만 우리의 속사람은 날로 새롭도다"이다. 이중적인 대조는 강조하고 현재의 고난과 앞으로 올 영원한 영광 사이의 대조를 시작한다.

겉사람 / 속사람 (4:16)
낡아짐 / 새로워짐 (4:16)
경한 것 / 지극히 크고 중한 것 (4:17)
잠시 / 영원 (4:17, 18)
환난 / 영광 (4:17)
보이는 것 / 보이지 않는 것 (4:18)
장막 / 하나님께서 지으신 집 (5:1, 2)
땅에 있는 / 하늘에 있는 (5:1)
무너지면 / 영원한 (5:1)
벗은 / 덧입는 (5:2-4)
죽을 것 / 생명 (5:4)
보는 것 / 믿음 (5:7)
몸으로 있든지 / 주에게서 떠나든지 (5:7-9)

---

624 다음이 주장하는 대로, Martin, *II Corinthians*, 91.

625 Furnish, *II Corinthians*, 288.

겉사람과 속사람의 이미지는 헬레니즘 철학에서 익숙했다. 바울이 "시장에서 유행하는 철학적 용어"를 채택했을 가능성이 있다.[626] 그러나 바울은 이 대조를 외적인 육체와 대조되는 사람의 어떤 내면을 가리키는 것으로 이해하지 않는다. 스랄은 겉사람을 "다른 사람들이 외부에서 볼 수 있는" 전체적인 사람으로 설명하고 속사람을 "하나님과 (부분적으로) 그 자신에게만 보이는 보이지 않는 인격"으로 설명한다.[627] 퍼니시는 "겉사람"을 "역사적 존재의 다양한 공격과 고통을 겪을 수 있는 인간성의 측면으로(4:8-9), 이것들에 대한 취약성 때문에 질그릇에 비유될 수 있다(4:7)"고 정의한다.[628] 바울의 죽을 존재는 끊임없이 쇠퇴하고 죽음을 향해 질주한다. 그러나 그리스도와 연합된 새로운 피조물로서 그의 내적 존재는 항상 새롭게 되며 점점 더 커지는 영광을 향해 나아가고 있다(3:18, 4:11). 그는 육신과 영혼을 대조하는 것이 아니라 속사람과 겉사람을 대조하고, 세상의 상황과 가능성에 의해 결정되는 존재와 그리스도를 죽은 자 가운데서 살리신 분의 능력으로 결정되는 존재를 대조한다. 겉사람은 이 세상에 속한 것, 일시적이고 부수어지는 것, 육신의 관점으로만 평가하는 사람이 볼 수 있는 것을 말한다. 속사람이란 하나님의 비할 데 없는 능력으로 변화되어 부활 생명을 준비하는 궁극적인 의미를 지닌 사람을 말한다.

바울이 그리스도를 섬길 때 매를 맞은 것은 그를 더 나약하게 만들고 세상의 눈에 수치스러운 인물로 만들었다. 그의 악화된 몸 상태와 수치스러운 곤경으로 인해 고린도 교회의 어떤 사람들은 이러한 사실을 고려하면서 그의 사도로서의 능력에 대해 크게 놀라워했다. 그들은 하나님께서 복음의 권위 있는 사자를 보호하고 명예를 돌리는 일을 더 잘하실 것으로 생각했을 것이다. 고대의 어떤 사람들은 고통을 신의 심판의 표시이자 불명예로 해석했다. 로마

626 Harvey, *Renewal through Suffering*, 62. 참조. Windisch, *Der zweite Korintherbrief*, 152–53. 그는 다음에서 인용한다. Plato, *Resp*. 589a; *Symp*. 216d-e; Plotinus, *Enn*. 6.1.10; 6.4.14; 1.4.4.; 21.3.9; the *Corpus Hermeticum* 1.18; XII.7–8. 퍼니시(Furnish)는 다음에서 가져온다. *Marcus Aurelius* III.3; X.38; Philo, *Good Person* 111; *Agriculture* 9; *Planting* 42; *Worse* 22-23 (*II Corinthians*, 261). 뤼거(H. P. Rüger)는 속사람과 겉사람의 개념이 선의 충동과 악의 충동 사이의 랍비들의 구별과 일치하고 바울이 청중을 수용하기 위해 헬레니즘 용어를 선택했음을 보여 준다("Hieronymous, die Rabbinen und Paulus. Zur Vorgeschichte des Begriffspaars 'innerer und äusserer Mensch,'" *ZNW* 68 [1977]: 132-37).

627 Thrall, *II Corinthians*, 1:349–50. 이 견해는 바울이 로마서 7:22–23에서 겉으로는 보이지 않지만 율법을 지키려고 애쓰는 사람의 내적 투쟁을 묘사하기 위해 속사람과 (외적) 지체를 대조하는 것으로 뒷받침된다. 이 병행은 겉사람은 이 시대에 속한 사람이고 속사람은 내세에 속한다는 견해에 반대한다.

628 Furnish, *II Corinthians*, 289.

로 가는 여정에서 난파선에서 살아남고 멜리데 섬에 안전하게 착륙한 후, 섬 주민들은 바울의 손에 매달린 독사를 보았을 때 바울이 어떤 큰 범죄를 저질렀다고 확신했다. "바다에서는 구조를 받았으나 공의가 그를 살지 못하게 함이로다"라고 말한다(행 28:4). 그들은 그가 "붓든지 혹은 갑자기 쓰러져 죽을 줄로 기다렸다가 오래 기다려도 그에게 아무 이상이 없음을 보고 돌이켜 생각하여 말하되 그를 신이라"라고 말한다(행 28:6). 멜리데 섬 사람들과 마찬가지로 일부 고린도 교인들은 겉모습으로만 그리고 하나님이 이 세상에서 어떻게 일하시는지, 하나님이 신실하게 섬기는 자들을 위해 예비하신 것이 무엇인지에 대한 그릇된 견해로만 바울을 판단했다. 바울은 5장 16절에서 자신도 한때 그리스도를 동일하게 겉으로 그리고 세속적 기준으로 판단했고 그 결과 완전히 잘못 판단했다고 고백할 것이다. 회심한 후에야 그는 나무에 달린 모든 사람이 하나님께 저주를 받은 자라는 율법의 저주스러운 심판을 넘어서(신 21:22-23; 갈 3:13) 십자가에 못 박히신 예수님이 "나를 사랑하사 나를 위하여 자기 자신을 버리신 하나님의 아들"(갈 2:20)이심을 인정한다. 그는 이제 더 이상 겉으로 그리고 세속적인 관점에서 사람을 바라보지 않는다. 고린도 교인들도 그렇게 해서는 안 된다. 특히 그리스도의 희생적인 고난과 죽음을 따라 살아가는 하나님의 사도들을 그렇게 바라보면 안 된다.

고린도 교인들은 그리스도인의 내적 생명이 땅의 형상이 썩어 죽어가는 동안에도 끊임없이 영광으로 변화되고 있음을 이해할 필요가 있다. 현재 시제인 "새로워지도다"(ἀνακαινοῦται, 아나카이누타이)은 계속되는 과정을 가리킨다(참조. 골 3:10). "날로"는 "점진적으로 이루어지지 않고 매일 반복된다"는 뜻이다.[629] 바울은 이 새로워짐이 부활하신 그리스도와 성령의 능력과의 지속적인 교제를 통해 이루어지며 신자는 점점 더 커지는 영광과 함께 그의 형상으로 변화된다고 말했다(3:18). 그의 이미지는 오스카 와일드의 소설, 『도리언 그레이의 초상』의 줄거리와 정확히 반대이다. 그 이야기에서 허영심이 가득한 도리언 그레이는 그의 초상화를 그렸다. 그리고 끝나면 한탄한다. "얼마나 슬픈가! 나는 늙고 끔찍할 것이지만 이 그림은 결코 늙지 않을 것이다. 언제나 젊다면, 그리고 그림은 늙어간다면! 나는 그것을 위해 내 영혼을 바칠 것이다!" 그는 소원을 성취했다. 초상화는 악과 늙음의 모든 조짐을 보여주는 그의 영혼의 거울이 되었다. 세상이 자신의 진실을 보지 못하도록 가두어 놓고 어리고 순수하고 잘생긴 외모로 남을 속였다. 광기와 탐욕이 깃든 캔버스

629 Furnish, *II Corinthians*, 262.

위의 역겹고 사악하고 주름진 얼굴과 절묘한 외모의 대조는 나날이 두드러졌다. 바울의 경우에 다른 사람들은 쇠하고 짓눌린, 극심한 고난에 두들겨 맞는 사도일 뿐이다. 만일 그들이 믿음의 눈으로 그를 바라보지 않는다면, 그들은 그리스도의 형상으로 변화되고 있는 하늘에 갇혀 있는 초상화에서 진짜 바울을 보지 못할 것이다. 겉으로 보이는 생명이 십자가에 못 박히신 그리스도와 더욱 밀접하게 일치함에 따라 그의 내적 생명은 영광스럽게 되신 그리스도와 더욱 밀접하게 일치된다.

하비는 다음과 같이 말한다.

> 속사람은 외부의 변화에 영향을 받지 않으며, 불멸의 영혼은 죽을 몸이 분해되는 것으로는 해를 입을 수 없다고 철학자는 말한다. 또는 실제로 대적자들이 성품이 징계되고 순결하게 되는 내적인 시험일 수 있다고 경건한 유대인이 말한다. 그러나 바울이 그러한 경험이 실제로 긍정적인 가치가 있으며 "새로워짐의 원천"이라고 말한 것은 완전히 다른 것이었다.[630]

바울은 바로 그것을 강조한다. 그는 고난을 통해 그리스도의 죽음을 공유하고 새 생명을 얻었음을 이해한다(참조. 빌 3:10-11). 새비지는 바울의 생각을 다음과 같이 파악한다.

> 그의 속사람이 날로 새로워지는 것은 그의 겉사람이 후패하기 때문이다(16절). 그의 외적인 고난은 속사람의 영광을 더하는 데 기여한다(17절). 바울을 비판하는 자들은 이 커지는 영광의 무게가 겉만 관심을 가지는 시선에 숨겨진 장소인 그의 마음에 축적되고 있기 때문에 그것을 보지 못한다(6절).[631]

대부분은 인간의 겉모습만 보기 때문에 이러한 변화를 볼 수 없다. 이런 관점에서 보면 바울은 영광스럽게 새로워지기는커녕 무너지고 있는 것처럼 보인다. 케어드Caird는 이 과정을 묘사하고 하나님께서 왜 그렇게 설계하셨는지를 잘 설명한다.

> 그러나 그것은 외부인과 신자 자신 모두에게 보이지 않는 은밀한 과정이며 오직 믿음에만 알려진다. 영적인 새로워짐을 은혜의 선물로 받아들이지 않고 인간의 성취로 바꾸는 교만의 침범으로부터 믿음을 보호하기 위해 하나님은 그 과정을 고통에 시달리는 부패하기 쉬운 몸인 "질그릇" 안

630 Harvey, *Renewal through Suffering*, 63.

631 Savage, *Power through Weakness*, 183.

에 감추도록 마련하셨다(참조. 4:7; 12:7-9). 눈에 보이는 것과 일시적인 것이 아니라 보이지 않는 것과 영원한 것을 보는 사람들은 날마다 새로워지는 내면의 삶을 겉모습이 가지는 특징들이 쇠퇴하는 가운데 감지할 수 있다(4:16-18).[632]

그리스도인의 생명은 "그리스도와 함께 하나님 안에 감추어졌다"(골 3:3). 고린도 교인들이 이 사실을 인식하지 못하는 것은 바울을 괴롭게 한다. 믿음의 눈만이 그리스도의 죽으심과 부활을 통하여 하나님께서 하신 일과 그분이 신자들에게 하시겠다고 약속하신 일을 볼 수 있기 때문이다. 그들의 눈멂은 그리스도의 수치스러운 죽음의 완전한 의미와 그들의 삶에서 알 수 있는 성령의 임재가 이 미래의 영광을 보장한다는 것을 이해하지 못했음을 의미한다. 고난은 영원한 영역에 존재하지 않는다. 현세적인 영역에서 고난은 다른 어떤 것보다 자신이 그리스도를 따르는 사람임을 나타낸다.

다음 다섯 문장은 접속사 "왜냐하면"(γάρ)으로 시작하여 자신의 고난에 대한 바울의 입장을 더 설명한다.

4:17 우리가 잠시 받는 환난의 경한 것이 지극히 크고 영원한 영광의 중한 것을 우리에게 이루게 함이니
4:18b 보이는 것은 잠깐이요 보이지 않는 것은 영원함이라
5:1 만일 땅에 있는 우리의 장막 집이 무너지면 하나님께서 지으신 집 곧 손으로 지은 것이 아니요 하늘에 있는 영원한 집이 우리에게 있는 줄 아느니라
5:2 참으로 우리가 여기 있어 탄식하며 하늘로부터 오는 우리 처소로 덧입기를 간절히 사모하노라
5:4 참으로 이 장막에 있는 우리가 짐진 것 같이 탄식하는 것은 벗고자 함이 아니요 오히려 덧입고자 함이니 죽을 것이 생명에 삼킨 바 되게 하려 함이라

4:17. 바울은 환난이 특징인 현재를 하나님께서 신자들을 위해 예비하신 것에 비교해 짧고 하찮은 것으로 특징짓는다. 그는 아시아에서 참을 수 없을 정도로 으스러졌다고 말할 때(1:8, ὑπερβολή, 휘페르볼레, '몹시', [개역개정, '심한'], ἐβαρήθημεν, 에바레데멘, '우리가 무거운 짐을 졌다', [개역개정, '고난을 당하여']), 고통을 묘사하는 데 사용한 이 영광을 설명하기 위해 동일한 단어를 사용한다.[633] 그는 자신을 기다리고 있는 영광에 비추어 그 모든 환난

632 Caird, *Paul's Letters*, 202.

633 문자적으로 καθ' ὑπερβολὴν εἰς ὑπερβολὴν는 "넘어서는 것을 더 넘어서는"으로 읽을 수 있다. 퍼니시는 그것이 "n번 정도까지(무한대까지)"(*II Corinthians*, 262)를 의미한다고 제시하고

을 평가한다. 람브레흐트는 다음과 같이 말한다.

> 흔히 사람들은 명성과 영광을 일시적으로, 이로 인해 가벼운 것으로 고통을 지속적으로, 이로 인해 무거운 것으로 경험한다. 그러나 바울은 그 관계를 반대로 한다. 영원한 영광에 비하면 환난은 짧고 가볍다.[634]

비교할 수 없을 정도로 놀랍고 영원한 영광의 무게는 세상의 어떤 환난도 능가하며 그 환난들을 찻잔 속의 작은 폭풍처럼 보이게 한다(롬 8:18; 살후 1:5 참조). "영광의 중한 것"이라는 표현은 영광에 대한 히브리어 כָּבוֹד(카봇)의 어원학적 깊이를 반영하며, "무게"와 "무거움"을 의미하고 재물의 무거움을 의미할 수도 있다. 그리스도를 위한 고난에 대한 바울의 태도는 고난에 대한 욥의 태도와 다르다. "나의 괴로움을 달아 보며 나의 파멸을 저울 위에 모두 놓을 수 있다면 바다의 모래보다도 무거울 것이라!"(욥기 6:2-3a). 바울은 자신의 환난이 쇠약해지는 겉사람의 특징에 닿을 뿐임을 안다. 그것은 지나가고 훨씬 더 영광스러운 것으로 대체될 운명을 가진다. 지상에서 우리의 환난은 압도적이고 끝이 없는 것처럼 보이고 더 숭고한 순간은 순식간에 지나가는 것 같다. 하나님의 새 시대라는 관점에서 삶과 우리를 기다리는 영광을 바라보는 것은 슬픔과 환난, 그 밖의 모든 것을 참된 관점에서 바라보는 것이다.

퍼니시는 상황을 추리하는 능력으로 자신의 고난을 사소한 것으로 취급하는 사람에 대한 세네카의 칭찬과 바울의 주장을 대조한다. 바울은 자기를 구원하실 하나님께 대한 믿음과 소망 때문에 자신의 고난을 이렇게 여긴다.[635] 그는 일반적인 사람을 압도하는 역경에 직면하여 자신의 개인적인 훈련이나 평정을 칭찬하지 않는다. 그는 하나님의 영이 그 안에서 그리고 환난을 통해 내적 변화를 가져오도록 역사하시는 하나님을 찬양한다. 이 서술에 내포된 의미는 하나님께서 우리 안에 영원한 영광의 충만을 가져오기 위해 고난에도 불구하고 이 고난을 통해 역사하고 계시다는 바울의 믿음이다.[636]

"절대적으로 비교할 수 없는"으로 번역한다. 명사의 다른 용법은 1:8, 4:7, 12:7, 부사는 11:23을 참조하라.

634 J. Lambrecht, "The Paul Who Wants to Die: A Close Reading of 2 Cor 4,16–5,10," in Bieringer et al., *Theologizing in the Corinthian Conflict*, 157.

635 Furnish, *II Corinthians*, 290 (다음을 인용한다. Seneca, *Ep*. 41.4–5). 바울의 견해는 현재의 고통이 궁극적으로 신자들의 구원과 신원으로 신적 필연성과 연결되어 있다는 종말론적 관점과 일치한다. 예를 들어, 다음을 참조하라. 바룩 2서(2 Bar 48:49), "진실로 너희가 살고 있는 이 덧없는 세상에서 잠시 동안에 많은 수고를 하였나니 이와 같이 끝없는 세상에서 너희가 큰 빛을 받으리라"(또한 다음을 참조하라. 15: 7-7, 21:22-23, 51:14).

636 수동태 "우리에게 이루게 함이니"(κατεργάζεται ἡμῖν)는 실행자이신 하나님을 가리킨다(참조.

4:18. "우리가 주목하는 것은 보이는 것이 아니요"는 속격 독립구문(분사 구문에서 주문장의 주어와 분사 구문의 주어가 다를 때, 분사와 분사의 주어를 속격으로 사용하는 것. 역자 주)을 앞선 내용의 결론으로 바르게 번역한다(NIV 성경). 바울은 정말 실재하고 있는, 궁극적으로 중요한 것에 관심을 집중한다(참조. 빌 3:14). 바울의 고난을 폄하하는 고린도 교인들이 바울의 사역에서 하나님의 영광을 전혀 볼 수 없기 때문에 모든 잘못된 것에 시선을 고정했다는 의미이다. 영적 근시안을 공개적으로 질책하기보다는 오히려 역설을 펼치려 한다. 그들의 문화는 가짜 영광과 명예만을 보고 평가하는 조건을 가졌다. 이 문화에서 명예로운 사람들은 자존심을 지키려고 주변 사람들을 무자비하게 때려눕힌 엘리트들이었다. 고린도 교인들이 그러한 왜곡된 가치 체계에 계속 미혹되도록 내버려 둔다면, 악의 세계에 짓밟혀있는 자들의 마음에는 덜 드러나지만 하나님께서 일으키실 자들에게는 있는 진정한 영광과 명예를 놓치게 될 것이다.

고통은 너무나 눈에 잘 띄고 내적 변화는 믿음의 눈을 제외하고는 너무나 눈에 띄지 않는다.[637] 부활의 진리가 과학적으로 증명될 수 없는 것처럼 영적 변화는 경험적 실험을 하는 실험실에서 문서로 만들어질 수 없다. 그러한 수치스러운 죽음 이후에 하나님께서 그리스도를 죽은 자 가운데서 살리셨다는 것을 믿으려면 특별한 믿음이 필요하다. 하나님께서 그의 죽음을 본 받은 그리스도의 추종자들을 위해 똑같이 하실 것이라고 믿으려면 모든 외적 증거의 차이로 그만큼 많은 믿음이 필요하다. 하나님의 약속과 하나님의 능력에 대한 바울의 최고 확신은 죽음 이후에 오는 영광스러운 하늘의 존재를 보지 못하게 하는 고통과 눈물의 수건을 벗겨낸다(참조. 빌 3:19). 보이는 것과 보이지 않는 것, 일시적인 것과 영원한 것의 대조는 보이는 것과 일시적인 것이 지상의 장막으로 설명된 5장 1절로 이어진다. 보이지 않고 영원한 것은 하나님께서 지으신 하늘의 집이다.

5장 1절의 장 구분은 불행하게도 5장 1-10절의 부활에 대한 바울의 논의

빌 2:12-13). 그 생각은 "하나님을 사랑하는 자 곧 그의 뜻대로 부르심을 입은 자들에게는 모든 것이 합력하여 선을 이루느니라"(롬 8:28)와 병행된다. "모든 것"은 하나님을 사랑하는 자들의 고난을 가리킨다(롬 8:18, 35-39, 5:3-4). '선'은 삶에서 일어나는 좋은 일이 아니라 궁극적인 구원을 의미한다. 바울은 로마서에서 자기 삶을 하나님께 드리는 자들에게는 아무것도 해가 될 수 없다고 단언한다. 아무리 힘든 일이라도 그들을 구원에 이르게 하여 믿음을 굳게 하고 하나님께 가까이 나아가게 한다.

637 참조. 삼상 16:7. "여호와께서 사무엘에게 이르시되 그의 용모와 키를 보지 말라 내가 이미 그를 버렸노라 내가 보는 것은 사람과 같지 아니하니 사람은 외모를 보거니와 나 여호와는 중심을 보느니라 하시더라."

를 4장 16절에서 시작하는 문맥과 나눈다. 이 인위적인 구분은 이 구절들이 바울의 전체 논증에서 어떻게 기능하는지 이해하지 못하게 한다. 이 단락에서 바울은 어떤 학자들의 주장처럼 인간의 영이 지상의 육체를 벗고 신적 충만에 참여하기 위해 "벗고" 하늘로 올라갔다고 믿는 영지주의적 견해에 반대하며 동떨어진 논쟁에 참여하지 않는다.[638] 또한 바울은 우리가 가질 미래 하늘의 실존이라는 주제 자체만을 추구하지 않는다. 대신에 그는 분명한 그리스도인의 부활에 대한 확신을 자신의 현재 행동을 정당화하기 위해 인용한다.[639] 5장 1절의 "왜냐하면"(개역개정은 생략)은 뒤의 내용과 앞의 내용을 연결하여 5장 1-10절은 분리되지 않고 바울의 사도로서의 담대함을 계속 변호한다(2:14-7:4). 이것은 바울이 힘들게 눌리고 쫓기고 매맞은 자로서 그의 사도적 고난을 논의한 맥락에서 해석될 필요가 있다.[640] 그는 이제 자신의 궁극적인 위로, 즉 자신의 고통을 합당한 관점에서 바라보는 부활로 눈을 돌린다.[641]

이 구절은 고린도전서 15장 42-58절에서 육체의 부활에 대한 그의 이전 논쟁과 병행된다. 두 단락 모두 옷의 이미지를 사용한다. "이 썩을 것이 반드시 썩지 아니할 것을 입겠고 이 죽을 것이 죽지 아니함을 입으리로다 이 썩을 것이 썩지 아니함을 입고 이 죽을 것이 죽지 아니함을 입을 때에는"(고전 15:53-54a; 참조. 고후 5:2-4) 고린도전서 15장 50, 53절에서 "썩는 것"(φθορά, 프도라)는 몸의 멸망을 의미한다(고후 5:1). 두 구절 모두 동일한 성경을 인용하거나 암시한다. "사망을 영원히 멸하실 것이라"(사 25:8).

> (그 때에) 사망을 삼키고 이기리라고 기록된 말씀이 이루어지리라(고전 15:54b)
> 죽을 것이 생명에 삼킨 바 되게 하려 함이라(고후 5:4b)

---

638 따라서 Bultmann, *Second Letter*, 135–37.

639 F. G. Lang, *2 Korinther 5,1–10 in der neueren Forschung*, BGBE (Tübingen: Mohr Siebeck, 1973), 194. 랑(Lang)은 이 구절에 대한 108명의 다른 학자들의 견해를 연구한다.

640 J. Gillman, "A Thematic Comparison: 1 Cor 15:50–57 and 2 Cor. 5:1–5," *JBL* 107 (1988): 445. 퍼니시(Furnish)는 5:1의 기능이 "새로운 주제를 소개하는 것이 아니라 4:16a에서 사도적 확신에 대한 새로운 진술을 뒷받침하는 데 도움을 주는 것"이라고 설명한다(*II Corinthians*, 291). 스랄(Thrall)은 또한 이 단락에서 "바울이 4:16-18의 주제, 즉 썩어짐과 염려라는 이 땅의 실존과 보이지 않는 영원한 영역 사이의 대조를 자세히 설명한다"고 주장한다(*Second Epistle*, 1:357).

641 페리맨(A. C. Perriman)은 "이 구절들은 독단적이지도 않고 논쟁적이지도 않으며, 육체적 고통의 경험과 미래의 희망 사이에 깊이 느끼는 모순에서 나온 지극히 개인적인 것"이라고 정확하게 파악한다("Paul and the Parousia: 1 Corinthians 15:50-57 and 2 Corinthians 5:1–5," *NTS* 35 [1989]: 519).

두 구절 모두 성경에 선언된 승리(고후 5:5)나 승리를 성취(고전 15:57)하기 위해 우리를 준비시키신 하나님을 찬양한다.

부활에 대한 두 논의는 서로 다르다. 먼저 바울은 고린도전서 15장 1절에서 "내가 너희에게 알게 하노니"라고 말하고 시작하고 15장 50절에서 "내가 이것을 말하노니"라고 말하면서 시작한다. 그는 죽은 자의 몸의 부활, 즉 어떻게 죽은 자들이 살아나는지에 대해 주장한다. 고린도후서 5장 1절에서 그는 "아느니라"라고 말하면서 시작하여 몸의 부활, 즉 어떻게 부활이 우리의 고난을 경미하고 일시적으로 보이게 하는지에 대해 논증한다. 수치가 그의 사역을 삼키고 있는 것처럼 보이는 고통의 급류는 부활로 상쇄되는 것 이상일 것이다. 그는 자신이 믿는 것이 부활 소망에 대한 공통된 믿음이라고 주장한다.

둘째, 고린도전서 15장에 나오는 대조적 이미지는 "육과 피"와 "하나님의 나라", "썩을 것"과 "썩지 아니할 것"이다. 고린도후서 5장에서 그는 "땅에 있는 장막"을 "손으로 지은 것이 아닌 하늘에 있는 영원한 집"과 대조한다. 고린도전서 15장의 강조점은 두 가지 상반된 것이 양립할 수 없음에 있다. 고린도후서 5장에서는 멸망 후에 교체에 강조점을 둔다.

셋째, 고린도전서 15장에서 바울은 그리스도의 파루시아(재림)를 언급함으로써 종말의 언어를 사용한다(고전 15:52). 그 언어는 고린도후서 5장에 없고 변화의 신비에 대한 언급도 없다(고전 15:51). 비록 본문이 유사한 주제인 부활을 다루지만, 다루어지는 문제는 다르다.

5장 1-10절의 바울의 말은 그의 사역과 정직한 말을 계속 변호하는 맥락에서 읽어야 한다. 바울은 우리의 미래의 천상적 존재가 어떻게 현재 존재에 영향을 미치는지와 그 이유를 설명하는 것보다 이 미래 존재에 대한 자신의 확신이 어떻게 현재 존재에 영향을 미치는지에 더 관심이 있다.[642] 그의 목적은 내세와 우리가 영적인 몸을 받는 때에 대한 사변적인 질문에 답하는 것이 아니라 내세에 대한 확신이 그리스도인이 현재를 평가하는 방식을 어떻게 변화시키는지를 보여 주는 것이다. 그것은 이 죽을 수 밖에 없는 삶에서 그가 겪는 고통에 의미를 부여하고 그의 행위와 사역에 활기를 불어넣는다. 이 단락의 끝 부분(5:9-10)에서 그가 하나님을 기쁘시게 하는 것을 목표로 한다는 선언은 우리가 몸으로 행한 것에 따라 그리스도의 법정 앞에서 심판을 받을 것이기 때문에 그가 하는 일을 계속 하도록 그를 지지하는 것이 무엇인지 보여 준다.

642 Lang, *2 Korinther 5,1-10*, 194.

만일 바울이 누군가에 대해 논쟁한다면, 그것은 성령 안에서의 삶이 이 세상에서 인간의 경험에 어떻게 영향을 미치는지를 잘못 읽은 사람들일 것이다. 오는 시대의 생명에 대해서 바울은 다음과 같이 주해한다.

> 이 나누어진 두 편에서 예수님을 따른다는 것은 인간의 나약함, 신체적 장애, 나이가 들어감, 기량이 부족하거나 성공하지 못함과 같은 다양한 형태의 죽음의 짐에서 즉각적으로 벗어나게 하지 않는다. 부활하신 분의 현현으로서 이 세상에 살아 있는 죽음은 절대 소외와 동의어가 아니다.[643]

인간과 신 사이의 간극을 이미 메웠다고 주장하는 고린도의 어떤 사람들에 반대해 그는 그 간극이 여전이 남아 있다고 주장한다. 즉 그가 경험하지 않았다고 반대할 수 없는 바울의 연약함과 고통이 여전히 남아 있다. 삶의 가혹한 현실이 여전히 우리를 압박한다. 우리가 지금 여기에서 모든 것 위에 있을 수 있다는 확신을 주는 사람들에 대해 바울은 미래의 부활에 대한 약속만을 제시한다. 그 가운데 그리스도와 함께 고난을 받아야 한다. 자신이 인간의 한계를 넘어섰다고 생각하는 사람들에 대해 바울은 우리가 하나님으로부터 영원한 집을 받을 때까지 그러한 한계가 여전히 존재한다고 주장한다. 바울은 자신을 이미 심판하고 그의 부끄러운 상태 때문에 사도로서의 낙제점을 준 자들에 반대하여 최후의 심판은 아직 오지 않았으며 모든 사람은 심판대 앞에 서게 될 것이라고 주장한다. 그는 자신의 변호를 전적으로 확신하지만 그 무죄를 당연하게 여기지 않고 모든 것이 결정되지 않은 것처럼 주님을 섬긴다. 지금 여기에서 하나님의 영광을 소유한다고 주장하는 자들에 대해 바울은 이생에서 주어진 영광은 장차 올 부활의 영광에 비하면 덧없다고 주장한다. 십자가가 없이도 영광이 있다고 생각하는 자들에 대하여 바울은 십자가를 성실히 지는 자에게만 영광이 임한다고 주장한다(참조. 빌 3:10).

그러므로 이 단락에서 그의 환난이 복음이나 선포자를 욕되게 하는 것이 아니라 속사람을 새롭게 하는 표적이요 방편이라는 주장을 이어간다. 속사람이 새롭게 될 뿐만 아니라, 그의 연약하고 죽을 수 밖에 없는 흙으로 된 몸이 마침내 굴복할 때 하나님의 모든 것을 초월한 능력이 그에게 영원한 천국의 거처를 입히실 것이다. 바울은 고린도 교인들에게 하나님의 은혜로 죽음의 문턱에서 구원을 받은 것에 대해 이야기하면서 이 편지를 시작했다. 하비는 다음과 같이 묻는다. "하지만 그것이 죽음을 초래했다고 가정해 보자. 그것이 논

643 Roetzel, "As Dying, and Behold We Live," 16-17.

쟁을 무효화할까?"[644] 분명히 대답은 아니오이다.

여러 번 하나님은 신실한 사람들을 구원하신다. 그러나 그렇지 않은 경우도 많다. 죽음에 가까운 체험과 지상의 고난에서 살아남는 것이 그리스도인들에 대한 하나님의 신원을 경험하는 유일한 방법은 아니다. 그들은 또한 죽은 자 가운데서 부활할 때 그것을 경험할 것이다. 우리 모든 그리스도인들은 우리가 죽을 때 "손으로 지은 것이 아니요 하늘에 있는 영원한 집"(5:1)을 갖는다는 것을 안다. 그러므로 바울은 자신의 겉사람으로 경험하는 현재의 굴욕이 지상의 말과 이미지로 묘사하기 힘들고 결코 완전히 포착할 수 없는 영광스러운 변화와 하늘의 몸이라는 절정에 달할 것이라는 최고의 확신을 표현한다.

2.2.5.2. 하나님의 영원한 집(5:1-5)

5:1. "(이제 우리가) 아느니라"(Οἴδαμεν γὰρ, 오이다멘 가르)는 바울 서신 다른 곳에도 나타난다(롬 7:14, 8:22).[645] 바울은 고린도 교인들이 이미 알고 믿고 있는 것을 상기시킨다.[646] 그는 자신의 새로 발전된 생각을 그들에게 나타내지 않는다. 그는 1장 9절와 4장 14절에서 부활에 대한 자신의 믿음을 표현했으며, 믿는 자들이 이 땅의 장막 집이 무너질 때 하나님께서 지으신 집을 갖게 될 것임을 알아야 한다고 가정한다.

죽음과 부활을 묘사하는 바울의 은유에서 길을 잃기 쉽다. 장막, 손으로 지은 집이 허물어지는 것, 벗고 입는 것, 벌거벗은 것, 집을 떠나 집에 있는 것이다.[647] 그는 이 현세에 속한 우리 몸을 가리키는 "땅에 있는 장막"이라는 은유로 시작하며, 이것은 우리의 하늘의 부활한 생명에 적합한 "하늘에 있는 집"와 대조된다(고전 15:40). 그것은 우리의 몸(4:10), 우리의 죽을 육체(4:11),

---

644 Harvey, *Renewal through Suffering*, 66.

645 "(~을) 아노라"(εἰδότες ὅτι)라는 변형이 4:14과 5:6에 나타난다. 또한 8:9의 "너희가 알거니와"(γινώσκετε γὰρ)과 13:6의 "너희가 알기를"(γνώσεσθε ὅτι)을 참조하라.

646 Windisch, *Der zweite Korintherbrief*, 158; Barnett, *Second Epistle*, 259. 어떤 주석가들은 그것이 그들이 그것을 알 수 있거나 알아야 한다는 의미를 전달한다고 믿는다(Furnish, *II Corinthians*, 446). 바울은 전부는 아닐지라도 대부분의 그리스도인들이 받아들이는 기본적인 신조에 호소한다. 그러나 고린도 교인들이 이 믿음을 받아들이지 않는다면 그것은 그의 주장을 약화시키는 것이다. 그러므로 바울이 받아들여진 신조에서 논증했다고 가정하는 것이 가장 좋다.

647 바울이 사용하는 이미지는 (1) 대치: 한 종류의 집이 다른 집으로 바뀜(5:1); (2) 추가: 옷을 입음. (3) 제거: 죽을 것이 삼켜짐. 교체 및 제거는 불연속성을 의미한다. 추가는 연속성을 의미한다(Gillman, "A Thematic Comparison," 453).

"우리의 겉사람"(4:16), 낡아지고 깨지기 쉬운 질그릇 형상(4:17)과 동의어이다.[648] 장막 생활은 이 세상에서 인간의 짧은 체류에 대한 은유이며, "죽을 수밖에 없는 인간 존재의 불안정, 따라서 취약성"을 묘사한다.[649]

"무너지면"으로 번역된 동사는 "파괴되다"의 의미도 있다. 특히 장막을 세게 때린다는 이미지에 적합하다.[650] 이것은 육신의 죽음을 의미한다.[651] 죽음

---

648 미카엘리스(W. Michaelis)는 데모크라테스의 말을 인용한다. "세상은 천막이고 인생은 지나간다. 너희는 오고, 보고, 떠난다"("σκηνή." *TDNT* 7:369). 가장 적절한 병행은 지혜서(Wis 9:13–18)에서 찾을 수 있다.

> 누가 하나님의 뜻을 배울 수 있겠는가?
> 아니면 누가 주님의 뜻을 분별할 수 있겠는가?
> 죽을 자의 이성은 무익하기 때문이다.
> 그리고 우리의 계획은 실패할 가능성이 높다. **썩어질 몸**이 영혼을 짓누르며 **이 흙으로 된 천막**은 사려 깊은 마음을 짓누른다. 우리는 땅에 무엇이 있는지 거의 추측할 수 없다.
> 그리고 우리는 노동으로 손에 있는 것을 발견한다.
> 그러나 누가 하늘에 있는 것을 추적하였는가? 당신이 지혜를 주지 않고 위로부터 온 성령을 보내지 아니하였다면 누가 당신의 조언을 배웠겠는가?
> 그리하여 땅에 있는 자들의 길은 곧게 되었고,
> 사람들은 당신을 기쁘게 하는 것이 무엇인지 배웠다.
> 그리고 지혜로 구원을 받았다.

그것이 더 일반적으로 지상의 존재를 언급하거나(참조. 사 38:12; 욥기 4:19) 성막에 대한 암시(참조. 대상 9:23[LXX] 및 T. W. Manson, "Hilasterion," *JTS* 46 [1945]: 1–10)라고 제안한다. 그러나 가능성이 낮다. 스랄(Thrall)은 "성막이 이스라엘 백성의 광야 방랑 기간 동안 하나님의 임시 거처였던 것처럼 지상 생활에서 인간은 일시적이며 잠시의 성전에 불과하다. 아니면 신자의 지상 생활이 순례와 주님과의 분리의 삶이라는 것이 요점일 수도 있다." 그러나 그녀는 바울의 주장에서 작은 부분을 차지 하는 것 외에 이 선택을 하지 않는다(*Second Epistle to the Corinthians*, 1:361).

649 Furnish, *II Corinthians*, 293.

650 많은 학자들이 고후 5:1과 막 14:58에 있는 예수님의 말씀, "내가 헐고"(καταλύσω)/"무너지면"(καταλυθῇ), "내가 지으리라"(οἰκοδομήσω)/"집"(οἰκοδομὴν) 그리고 "손으로 지은 것이 아닌"(ἀχειροποίητον)사이의 흥미로운 병행을 지적한다. 그러나 어떻게 관련될 수 있는지는 밝히기 어렵다.

651 링컨(A. Lincoln)은 이 동사가 "파루시아 이전의 신자의 죽음에만 적용되며 그리스도의 재림 때 살아 남아 있는 사람들에게 일어나는 일에는 적용되지 않는다"고 주장한다(*Paradise Now and Not Yet: Studies in the Role of the Heavenly Dimension in Paul's Thought with Special Reference to His Theology*, SNTSMS 43 [Cambridge: Cambridge University Press, 1981], 62) 그리스도의 재림 때 아직 살아 있는 사람들은 "멸망"되지 않을 것이다. 길먼(Gillman)은 또한 "천막과 같은 집의 파괴는 ... 주로 신자들의 육체적 죽음을 의미하지만, 또한 파루시아에 아직 살아 있는 사람들의 지상 생활의 끝도 포함한다"("A Thematic Comparison," 446). 해리스(M. J. Harris)는 ἐάν이 여기에서 정상적인 조건부 의미가 아니라고 주장한다. 왜냐하면 "내가 죽는다면"이라는 진술은 "파루시아 전"으로 한정되어야 하기 때문이다("2 Corinthians 5:1–10: Watershed in Paul's Eschatology?," *TynBul* 22 [1971]: 34–35). 이 해석은 구체적으로 언급되지 않은 경우 텍스트에 파루시아의 개념을 투영하고 질문을 던진다. 고린도후서에서 다른 모든 ἐάν은 조건의 의미를 지닌다(3:16; 8:12; 9:4; 10:8; 12:6; 13:2).

은 여전히 두려운 적이며 죽음에 대한 두려움은 사역에 담대함을 발휘하지 못하게 할 수 있다. 바울은 매일의 위험에 직면하여도 움츠러들지 않고 계속 담대하게 말하는 이유를 설명한다.

그러나 죽음이라는 주제는 보편적인 관련성이 있으며, 바울은 그것에 대해 자주 이야기한다. 미니어Minear는 다음과 같이 관찰한다.

"언제든지 그의 서신들을 만지고 사역의 역동성을 검토하라. 모든 논의에서 논쟁을 엿들으라. 그러면 죽음의 모습에 대한 언급을 만날 것이다."[652] 그러나 바울은 죽음에 대해 말할 때마다 삶에 대해서도 말했다. 우리는 이 구절을 바울이 최근에 아시아에서 죽음에 접촉하고 자신의 죽음을 받아들였음을 보여 준다고 해석해서는 안 된다. 그는 오래 전에 그렇게 했다. 그것은 그가 죽음을 좋아하는 것으로 여길지라도 그것을 선하다고 받아들이지 않았음을 보여 준다(빌 1:23). 죽음은 죄와 연결되어 있다(롬 6:23; 7:9, 11) 모든 사람이 죄를 지었기 때문에 모든 사람을 얽매이게 하고(롬 5:12) 따라서 죽음은 하나의 권세로서 보이지 않게 군림하며 멸망할 마지막 원수이다(고전 15:26). 오직 선한 죽음은 그리스도와 함께 죽는 것, 자기에 대하여 죽는 것(롬 6:6), 죄에 대하여 죽는 것(롬 6:2, 10), 율법과 그 폭정에 대하여 죽는 것(갈 2:19-20), 세상에 대하여 죽는 것(갈 6:14), 세상의 초등 학문에 대하여 죽는 것(골 2:20)이다. 바울은 그리스도의 죽음과 부활이 죽음의 힘을 다 소진시켰음을 알았기 때문에 육체적 죽음을 두려워하지 않았다.

이 구절에서 죽을 때 어떤 일이 일어나는지에 대한 구체적인 세부 사항을 배우고 싶다면 바울은 우리를 실망시킬 것이다. 그는 우리에게 "내생의 청사진을 주지 않고 그 본질에 대한 힌트만 준다."[653] 바울은 우리가 부활의 몸을 받을 때(죽을 때나 파루시아에서), 중간 상태의 특징이 무엇인지(존재한다면), 또는 하나님이 지상의 몸을 어떻게 변화시키고 어떤지와 같은 질문에 대해 체계적으로 대답하지 않는다.[654] 바울은 우리가 가질 수 있는 질문에 답하기 위해 이 구절을 쓴 것이 아니라 죽음 이후의 삶에서 그리스도인의 변화에 대한 자신의 확신을 확언했을 뿐이다.

"하나님께서 지으신 집 곧 손으로 지은 것이 아니요 하늘에 있는 영원한 집"이라는 문구는 해석가들의 상상력을 자극했다. 스랄은 "건물"의 의미를

---

652 P. S. Minear, "Some Pauline Thoughts on Dying: A Study of 2 Corinthians," in *From Faith to Faith*, ed. D. Y. Hadidian (Pittsburgh: Pickwick, 1979), 91.

653 Thrall, *II Corinthians*, 1:363–68.

654 Gillman, "A Thematic Comparison," 441.

9개 이상 제안한다.[655] 문맥은 바울이 개인의 부활의 몸을 염두에 두고 있음을 제시한다. 지상의 장막이 지상의 몸을 가리킨다면, 하나님의 집은 그 반대인 영적인 몸을 가리킬 가능성이 크다.[656] 고린도전서 15장과의 병행은 또한 바울이 고린도후서 5장 1절에서 영적인 부활의 몸을 염두에 두고 있다는 견해를 뒷받침해 준다. 그는 부활의 몸을 하나님께로부터 온 몸(고전 15:38), 신령한 몸(고전 15:44, 46), 썩지 않는 몸(15:42, 52-54), 하늘에 속한 몸(15:40, 48-49)이라고 언급한다.

"우리에게 있다"는 주장은 다음과 같은 질문을 제기한다. 우리는 그것을 언제 가지는가? 그리고 우리는 무엇을 가지는가? 우리는 죽을 때 임시적인 건물을 받고 부활의 몸을 받기 전에 그리스도의 오심과 부활을 기다려야 하는가? 아니면 죽을 때 받는가? 바울은 우리가 파루시아에서 이 부활의 몸을 가진다고 믿는다는 주장을 하는 학자들은 바울이 현재 시제("우리에게 있다")를 사용한 것이 이 미래의 소유가 이미 현실로 간주될 수 있을 정도로 확실하다는 그의 확신을 표현한다고 주장한다.[657]

---

655 Thrall, *II Corinthians*, 1:363–68. 그것이 부활의 몸을 의미한다는 우리의 해석에 더하여, 어떤 학자들은 (1) "건물"이 예수께서 제자들에게 하신 말씀, "내 아버지 집에 거할 곳이 많도다 ... 내가 너희를 위하여 거처를 예비하러 가노니"(요 14:2)를 반향한다고 주장한다. 그것은 이미 실재가 된 이 하늘의 처소를 가리킨다(Hodge, *Second Epistle*, 485-88). 이 견해의 문제는 "집"(οἰκία)이 두 가지 다른 의미를 가진다는 것이다. 어떤 구절에서 땅의 집은 몸을 가리키고 손으로 짓지 않은 집은 거처를 가리킨다. (2) 다른 학자들은 "집"이 인간론적인 차원이 아니라 교회론적인 차원이며(참조. 롬 14:19; 15:12; 고전 14:3, 5, 12, 26; 고후 10:8; 12:19; 13:10) 그리고 그리스도의 몸인 교회를 가리킨다고 주장한다(J. A. T. Robinson, *The Body*, SBT 1 [Naperville: Allenson, 1952], 76; E. E. Ellis, "II Corinthians v.1-10 in Pauline Eschatology," *NTS* 6 [1960]: 217–18) 문제는 교회를 위한 건물의 이미지가 나타나는 문맥이 고후 5:1-10과 다르며, 바울의 이미지 사용을 한 가지 의미로만 제한할 수 없다. (3) 또 다른 견해는 그 건물을 하늘의 성전으로 해석한다. 이스라엘 역사에서 천막이 건물이 된다는 것은 성막과 성전을 가리킬 수 있다. 그리스도인들이 기대하는 성전은 손으로 짓지 아니한 성전이나 습격하는 군대의 잔해에 굴복하지 아니한 성전으로 그가 주의 임재의 성전에 거하는 것을 가리킨다(막 14:58, 고전 3:16, 엡 3:10, 히 9:11). 따라서 K. Hanhart, *The Intermediate State* [Groningen: V. R. B. Kleine, 1966], 160-61). 다른 학자들은 그것을 (4) 임시적인 하늘의 몸, (5) 속사람, (6) 그리스도의 부활한 몸, (7) 종말론적 시대(새 예루살렘)의 영광에 대한 은유, 또는 현재 존재의 하늘 차원(Furnish, *II Corinthians*, 294–95)을 나타낸다고 해석한다.

656 Harris, "2 Corinthians 5:1-10," 39.

657 따라서 Windisch, *Der zweite Korintherbrief*, 160; Barrett, *Second Epistle*, 134; H. Hanse, "ἔχω," *TDNT* 2:825; Martin, *2 Corinthians*, 104; 그리고 로벗슨(Robertson)은 다음과 같이 말한다. "조건은 미래 개념이지만 결론은 현재 실재이므로 바울은 천국의 복을 확신한다"(*Grammar*, 1019). 퍼니시(Furnish)는 문장이 조건이라는 것과 바울의 부정과거 가정법과 함께 있는 ἐάν과 현재 직설법의 예들은 따라오는 내용을 조건의 성취에 종속되게 만든다. 이 경우 현재 시제가 분명한 공식의 표시가 된다고 관찰한다(롬 7:2-3; 고전 7:39; 8:8; 14:23; 15:36)"(*II Corinthians*, 265).

바울은 기독교인들이 죽음과 동시에 부활의 몸을 받는다고 믿었을 가능성이 크다. 이 하늘의 처소가 장차 올 일의 또 다른 부분적인 성취일 뿐이라는 것과 그 처소가 완성될 때까지 림보(천국에 들어가지 못하고 예수 그리스도의 파루시아까지 있어야 하는 임시적인 상태, 역자주)에서 기다려야 한다는 것은 그저 작은 위안이 될 뿐이다.[658] 이 본문을 어떤 형태의 중간 상태를 언급하는 것으로 해석하는 해석가들은 바울이 이러한 림보의 상태를 바람직하지 않다고 생각하고 결과적으로 그가 그것을 피하기 위해 그리스도의 파루시아까지 살아 있는 것을 선호한다고 주장한다. 바렛Barrett은 바울이 죽음을 두려워한다고 쓴다.

> 왜냐하면 파루시아까지 살아남는 것, 즉 죽지 않고 묻히지 않고 얼마 동안 벗은 몸으로 지냈다가 일으킴을 받는 것, 자연적인 몸을 영적인 몸으로 대치함으로(고전 15:44) 즉시 변화되는 것(고전 15:51), 옛 처소 위에 새 처소를 입는 것이 더 행복한 일이기 때문이다.[659]

그러한 해석은 빌립보서 1장 23-24절에 있는 바울의 서술과 모순되는 것 같다. 죽음이 임박한 상황에서 그는 개인적으로 죽음이 좋다고 고백한다. 그는 그리스도와 함께 있을 것이기 때문에 훨씬 더 낫다고 말한다. 우리는 그것이 이 땅의 "고난"(빌 1:29), "근심 위에 근심"(빌 2:27), "괴로움"(빌 4:14)을 끝내기 때문에 더 낫다고 추측할 수 있다. 그러나 그는 자신의 개인적인 바람이 하나님의 섭리 안에서 압도될 것이며 그들의 믿음을 굳건하게 하기 위해 빌립보 교인들에게 돌아갈 필요가 있다고 결론 지었다(빌 1:24-26). 이 결론은 하나님께서는 항상 자기 백성의 가장 좋은 유익을 위해 행하신다는 바울의 이전 확신에서 비롯된 것이다. 그리스도의 종으로서(빌 1:1) 그는 자기 뜻대로가 아니라 주인의 뜻대로 섬기고 있다. 그러므로 그는 하나님께서 자신의 목회적 책임 때문에 감옥에서 구출해 주실 것이라고 믿었다. 빌립보서에 반영된 태도는 죽음이 그를 던질 수 있는 불확실한 상태를 피하기 위해 계속 살고자 하는 태도가 아니다.

"우리에게 있다"의 현재 시제는 그가 지상의 장막 집이 파괴되는 것과 하나님께로부터 집을 받는 것 사이에 집이 없는 간격이 존재한다고 상상하지 않는다는 것을 의미한다. 해리스Harris는 하늘의 몸이 그리스도의 파루시아에서

---

658 그가 이 불완전한 상태를 피하기 위해 지상에 살아 있는 동안 영적인 몸을 그에게 주기를 갈망한다고 주장하는 것은 바울이 말한 것과 다른 것이다.

659 Barrett, *Second Epistle*, 156.

받게 될 것이라는 견해에 반대하여 다음과 같이 주장한다.

"위로가 필요한 순간은 위로가 주어지는 순간이어야 한다. 그리고 죽을 때 받는 위로는 살아 있는 동안 이미 가지고 있는 부활의 몸을 장래에 얻을 것이라는 확신과 단순히 같을 수 없다."[660] "우리에게 있다"는 "두 몸이 오래 지속되거나 심지어 일시적으로 공존함을 의미하지 않고 두 가지 형태 사이의 즉각적인 연속을 가리킨다."[661] 해리스는 이 구절을 다음과 같이 바꾸어 말한다. "우리의 지상에 있는 장막 집이 무너지는 즉시 우리는 하나님의 집을 받는 사람이 된다."[662] 그러므로 그리스도인들은 결코 "집이 없는 사람"이 되지 않을 것이다. "손으로 지은 것이 아닌 하늘에 있는 영원한 것"으로 집을 묘사하는 것은 "집"의 의미를 해석하는 열쇠이다. "손으로 지은 것이 아닌"은 (손으로 만들어진) 일시적이고 순결하지 않고 불완전한 것을 영원하고 더럽혀지지 않고 완성된 것, 즉 하나님이 만드신 것과 대조한다.[663] "하늘에 있는 영원한"은 임시 거처를 거의 묘사하지 않으며, 이는 다소 낮은 형태의 존재를 의미한다. 이 형용사는 죽을 때 신자가 영원한 (손으로 만들지 않은) 영적인 존재 형태를 받는다는 바울의 확신을 표현한다.[664] 바울은 그리스도인들이 죽을 때 부활의 몸을 갖는다고 말한다.[665] 영생이 이미 실재하고 성령을 지닌 사람

660 Harris, "2 Corinthians 5:1–10," 41. 오세이-본수(Joseph Osei-Bonsu)는 바울이 데살로니가전서 4:13-18에서 정확히 같은 생각으로 파루시아 이전에 죽은 사람들에 대해 걱정하는 사람들을 위로하려고 한다고 반박한다("Does 2 Cor 5.1–10 Teach the Reception of the Resurrection Body at the Moment of Death?," *JSNT* [1986]: 87).

661 Harris, "2 Corinthians 5:1–10," 43.

662 Harris, "2 Corinthians 5:1–10," 43.

663 성경에서 "손으로 만든" 것은 우상 숭배와 연결되어 부정을 의미한다(레 26:1, 30, 사 2:18, 10:11, 16:12, 19:1, 단 5:4, 23, 6:26; 행 7:48; 17:24; 골 2:11).

664 Thrall, *II Corinthians*, 1:369–70.

665 Talbert, *Reading Corinthians*, 160. "언제"에 대한 질문은 이 구절을 해석하는 학자들의 관심을 지나치게 끌었다. 바울은 이 문제를 다루고 있지 않다. 이 문제에 대한 어려움은 우리와 너무나 다른 시간과 공간의 조건에서 일어나는 일을 파악하려는 엄청난 어려움으로 인해 더욱 복잡해진다(참조. William Lillie, "An Approach to II Corinthians 5:1-10," *SJT* 30 [1977]: 59–70) 캐서디(R. Cassidy)는 "시간은 단순히 인간의 장치, 즉, 우리가 육체적 존재에서 경험하는 사건을 연결하는 방법"이라고 주목한다("Paul's Attitude to Death in II Corinthians 5:1–10," *EvQ* 43 [1971]: 216–17). 시간과 물질에 대한 우리의 인식에 제한되어 우리는 하나님의 시간 순서를 이해할 수 없다. 제4에스드라서(4 Ezra 5:41-42)는 우리보다 먼저 죽는 자들이 무엇을 할 것이며 우리 후에 죽는 자들이 무엇을 할 것인지에 대한 질문에 답 하려고 한다. 죽음은 시작과 끝이 같은 원과 같다고 설명한다. 모든 죽음은 영원으로부터 같은 거리에 있다. "나중 된 자에게는 더딤이 없다. 먼저 온 자에게는 서두름이 없다." 브루스(Bruce)는 죽은 자들에게 지상의 시간은 의미가 없으며 죽은 신자에게는 죽음과 부활 사이의 시간 간격에 대한 의식이 없을 것이라고 지적한다(*Paul: Apostle of the Heart Set Free*, 312n40).

들의 삶에서 파악 가능하다면(5:5), 그들은 죽을 때 하늘의 몸을 갖게 될 것이며 부활을 기다리기 위해 영혼의 잠으로 전환되지 않을 것이다.[666] 여기서 논증의 요지는 로마서 8장 11절의 논리와 일치한다. "예수를 죽은 자 가운데서 살리신 이의 영이 너희 안에 거하시면 그리스도 예수를 죽은 자 가운데서 살리신 이가 너희 안에 거하시는 그의 영으로 말미암아 너희 죽을 몸도 살리시리라"(참조. 고후 4:14).

이 해석은 바울의 해석자들을 사로잡았던 또 다른 질문을 제기한다. 죽은 자의 부활에 대한 바울의 견해는 그가 데살로니가전서 4장 13-18절과 고린도전서 15장을 쓴 이후 발전하였는가? 고전적 견해는 바울의 최근 죽음과의 접촉으로 죽음, 특히 자신의 죽음에 대해 더 많이 생각하게 되었다고 가정한다. 최근의 위험 때문에 갑자기 그가 그리스도의 재림 전에 죽을 가능성이 더 높다는 것을 깨닫게 되었다고 생각한다. 그는 이후에 데살로니가전서 4장과 고린도전서 15장에서 입증된 바와 같이 파루시아에서 일어날 일반적인 부활에서 고린도후서 5장에 있는 죽음에서의 부활에 대한 믿음으로 자신의 견해를 바꾸었다.[667] 바울의 생각에서 이렇게 추정되는 성숙에 대한 다드Dodd의 유명한 재구성은 그가 또한 "가혹하고 광적인 이원론에서 경험의 성숙으로" 쓸 때와 고린도후서 사이에 두 번째 회심을 겪었다고 주장한다.[668] 특히 다드가 데살로니가전서 4장에서 발견되는 조잡한 유대 묵시론으로 간주한 것에서 이해할 수 있는 단절에서 소위 회심은 그대로 나타났다.[669]

다른 사람들은 바울이 마지막 때의 부활에 대한 견해를 바꾸지 않고 부활 전에 죽은 사람들의 중간 상태에 대한 견해를 바꾸었다고 주장한다. 파루시아가 올 때까지 무덤에서 잠자고 있는 그리스도인들의 스올 같은 존재에서

부활에 대한 하나님의 시간표가 무엇이든, 기다리지 않고 부활하는 것이 그리스도 안에서 죽은 자가 체험하는 다음 일이라고 바울은 믿는다.

666 Hanse, "ἔχω...," *TDNT* 2:825.

667 마이어(B. F. Meyer)는 이 견해의 발전을 다음에서 찾는다 O. Pfleiderer, *Paulinism: A Contribution to the History of Primitive Christian Theology*, 2 vols. (London: Williams & Norgate, 1877; German, 1873); E. Teichmann, *Die paulinische Vorstellungen von Auferstehung und Gericht und ihre Beziehungen zur jüdischen Apokalyptik* (Freiburg-Leipzig: Mohr, 1896). 그들이 이해한 바에 따르면, 바울은 "초자연적인 유대인의 공상에서 합리적인 헬레니즘적 지혜로" 발전시켰다("Did Paul's View of the Resurrection of the Dead Undergo Development?," *TS* 47 [1986]: 384). 가장 최근에 뤼더만(G. Lüdemann)은 이 오래된 견해를 부활시켰다(*Paul the Apostle to the Gentiles: Studies in Christology* [Philadelphia: Fortress, 1987], 212).

668 C. H. Dodd, "The Mind of Paul: 1," *NTS* (Manchester: Manchester University Press, 1953): 81.

669 Dodd, "The Mind of Paul: 1," 126.

그리스도와의 연합이라는 더 복되고 의식이 있는 상태로 견해를 바꾸었다.[670]

신자가 죽을 때 어떤 일이 일어나는지에 대한 바울의 견해가 변하지 않았다는 더 강력한 예시가 가능하다. 바울은 자신이 믿는 것을 때려부수고 새로운 경험이나 새로운 아이디어를 접할 때마다 자신의 믿음을 조정하려고 애쓰는 신학생이 아니었다. 데살로니가전서, 고린도전서, 고린도후서에서 바울이 논의한 주제는 완전히 다르다. 그러한 제한된 증거 때문에 또한 우리가 바울의 마음 상태에 대한 완전하게 접근할 수 없다.[671] "발전"에 대한 강조는 케네디가 오래 전에 언급한 바와 같이 본문에 대한 현대적인 강요이다. "그러나 발전의 개념이 모든 문제의 핵심으로 여겨지는 시대에 학자들이 바울 서신에서 이율배반처럼 보이는 어떤 현상을 설명할 때 그것을 사용하는 것은 어쩌면 당연할 것이다."[672] 마이어Meyer는 그들의 이론의 기초에 "본질적으로 왜곡되고 환상적이라는 묵시론에 대한 공통적인 거부감"[673]이 있을 때 부활에 관한 바울의 믿음이 발전한다는 상상의 궤적을 발전시키면서 객관적인 척하는 학자들을 꾸짖는다. 우리는 또한 바울이 아시아에서 겪은 최근의 경험이 그를 너무 불안하게 만들어 파루시아까지 살아남을 것이라는 확신을 잃어버리고 그리스도 안에서 죽은 사람들에 대한 견해를 재고하기 시작했는지 의문을 가져야 한다. 죽음의 위험은 바울에게 새로운 것이 아니었다. 11장 25절에서 그는 돌로 맞았고(행 14:19에 따르면 루스드라에서 돌에 맞아 죽은 채로 버려져 있었다) 세 번 파선했다고 보고한다. 고린도전서 15장 30-32절에서 그는 매 시간 위험과 매일 죽음에 직면한다고 선언한다. 아시아에서 당한 불행이 닥친 지금에서야 죽음의 종소리가 들리고 주님이 다시 오실 때까지 살아남지 못할까봐 걱정하기 시작한다고 우리가 믿어야 하는가? 장례와 부활 사이에 있는 죽은 자의 상태를 고려하는 것은 지금 뿐일까? 베리Berry는 적절하게 질문한다. "그가 다른 사람의 죽음을 고려할 때 한 가지 견해를 가지고, 자신의 죽음이 임박했을 때 더 마음에 드는 다른 견해를 채택하는 그런 사람이었다고 가정해야 하

670 호프만(P. Hoffmann)은 이러한 견해를 가진 저자에 대해 요약한다(*Die Toten in Christus: Eine Religionsgeschichtliche und exegetische Untersuchung zur paulinischen Eschatologie*, NTAbh n.s. 2 [Münster: Aschendorff, 1978], 4–20). 따라서 Bruce, *I & II Corinthians*, 200-206; *Paul: Apostle of the Heart Set Free*, 309–13.

671 Furnish, *II Corinthians*, 292.

672 H. A. A. Kennedy, *St. Paul's Conception of the Last Things* (London: Hodder & Stoughton, 1904), 24; 다음에 인용됨. Meyer, "Paul's View of the Resurrection," 368.

673 Meyer, "Paul's View of the Resurrection," 384.

는가?"[674] 만약 그렇다면 바울은 자신의 신학을 개인적인 꿈에 맞추어 조정하는 죄를 짓는다. 1장 8-11절에서 바울이 아시아에서 겪은 고난에 대한 간략한 설명에 따르면, 그것은 하나님에 대한 그의 확신을 흔들리지 않고 더 깊게 했다. 마지막으로, 우리는 이 구절의 "우리가 아느니라"가 "바울이 여기 교리에서 새로운 출발을 한다"는 것을 암시하지 않는다는 점을 이미 주목했다.[675]

우리는 고린도후서 5장의 병행에서 바울이 고린도전서 15장에 있는 자신의 주장을 변경하기 보다는 확장했다는 결론을 내린다.[676] 그러나 두 구절의 초점은 다르다. 고린도전서 15장에서 바울은 몸의 변화의 필요성을 강조한다. 그는 많은 고대 철학자들이 주장한 것처럼, 지상의 몸은 해의 왕국으로 올라가기에 부적합하다는 고린도의 일부 사람들의 인식에 도전한다.[677] 그는 고린도 교인들에게 부활 때에 "그들의 땅의 몸이 완전히 영적인 몸으로 옮겨질 것"이라고 가르친다.[678] 그는 "아담 안에 있는 자들이 땅에 있는 그들의 집에서 아담의 특징을 지니고 있는 것과 같이 그리스도 안에 있는 자들은 그리스도와 같을 것이며, 그들의 새로운 하늘의 실존에 적합한 영의 몸을 가질 것"이라고 주장한다.[679] 부활 때에 "모두는 변할 것이다"(고전 15:50-58). 고후 4장 16-5장 10절에서 그는 사도적 고난의 궁극적인 해결책을 제시한다.[680]

---

674 R. Berry, "Death and Life in Christ: The Meaning of 2 Corinthians 5:1–10," *SJT* 14 (1961): 61.

675 Berry, "Death and Life in Christ," 62. 바울이 고린도전서 15:35–58에 표현된 자신의 견해를 보완하거나 변경했다면, 그 단락, 즉 부활(15:42)과 변화(15:52)에 사용된 핵심 용어가 이상하다. 그리고 파루시아(15:52)에 대한 언급은 고후 5:1-10에서 나타나지 않는다(참조. Furnish, *II Corinthians*, 292). 그러나 브라운(C. Brown)은 데살로니가전서 5:1-11(바울의 초기 저작의 예)와 로마서 13:11-13(바울의 나중 저작의 예) 사이의 병행을 주목함으로 바울이 그의 종말론적 언어와 사상을 바꾸지 않았다는 증거를 제시한다. 두 구절에서 바울은 마지막으로 임박한 것으로 간주하고(살전 5:2; 롬 13:11) 밤과 낮(살전 5:4; 롬 13:11), 잠자는 것과 깨는 것(살전 5:6, 롬 13:11), 술취함과 단정히 행함(살전 5:7; 롬 13:13) 사이에 동일한 대조를 사용한다. "입다"라는 동사도 나타난다(살전 5:8; 롬 13:12)("Present," *NIDNTT* 2:925).

676 듀퐁(Dupont)은 고린도후서 5장이 고린도전서 15장에서 바울이 말한 것에 대한 설명이라고 주장한다(ΣΥΝ ΧΡΙΣΤΩΙ, 139).

677 J. R. Asher, *Polarity and Change in 1 Corinthians 15: A Study of Metaphysics, Rhetoric and Resurrection*, HUT 42 (Tübingen: Mohr Siebeck, 2000), 82, 91–145.

678 Garland, *1 Corinthians*, 735-36.

679 Garland, *1 Corinthians*, 737.

680 Gillman, "A Thematic Comparison," 441. 길먼(Gillman)은 두 구절을 "동전의 양면"으로 볼 수 있다고 주장한다. 어떤 순간에 바울은 동전의 한 면(예를 들면, 1절에서 죽을 때 육신의 멸망)을 보고 있는 것처럼 보이고, 다음 순간에는 동전의 뒷면(예를 들면, 부활의 몸을 받음, 살전 4:13-18, 고전 15장, 빌 3:20-21과 관련하여 파루시아에서 발생한다) 사이의 간격에 집중하지 않고 있다. 그것은 제쳐두고, 논쟁의 주요 요점은 고전 15:50-57에 명시되어 있는

바울은 하나님이 그를 위해 준비한 하늘의 몸으로 입혀지고 현재 죽을 수 밖에 없는 몸에서 겪고 있는 고통에서 벗어나기를 갈망한다.

부활에 대한 바울의 견해는 단순히 유대인 배경에서 파생된 것이 아니다. 부활과 불멸에 대한 유대인의 견해는 매우 다양했다.[681] 바울의 유대교적 개념은 아마도 죽은 자는 죽은 상태에 있거나 부활 때 하나님의 능력이 그들을 다시 살릴 때까지 어떤 중간 상태에 머물렀다는 견해일 수 있다. 그러나 그의 삶을 다시 방향 짓게 하신 부활하신 그리스도와의 만남은 또한 부활에 대한 그의 견해를 결정지었을 것이다. 하나님의 능력이 이미 그리스도를 죽은 자들의 첫 열매로 다시 살리셨다(고전 15:20). 브루스는 다음과 같이 말한다.

> 이전에 바울에게 있었던 부활의 소망은 이제 예수에 관련된 소망 이상이었다. 그것은 당연한 일이었다. 하나님이 예수를 죽은 자 가운데서 살리셨으니 예수님의 파루시아 전에 즉, 그들의 부활이 일어날 때 영광 중에 강림하시기 전에 죽음에 머무르고 있는 자들, 즉 옛 시대의 족장들이든, 선지자들이든 또는 새 시대의 신자들이든 분명히 일으키실 것이다.[682]

그리스도의 부활에 대한 바울의 이해와 하나님의 능력이 우리의 겸손한 몸도 그분의 영광스러운 몸을 닮도록 변화시킬 것이라는 확신(빌 3:21)은 제 2성전기 유대교의 구절들을 고린도후서 5장 1-10절을 이해하는 배경으로 삼는 것은 유용하지 않을 것으로 보인다.

세 가지 전제가 다음 구절의 해석을 이끈다. (1) 예수님의 죽으심과 부활에 대한 바울의 논의에서 발산되는 불타는 확신은 그의 죽으심을 본받아 함께 고난을 받는 자들은 반드시 그와 함께 영광을 받으리라는 사실이다(롬 8:17). (2) 죽음은 이생에서 잠시라도 그리스도인과 그리스도와의 친밀한 연합을 깨뜨리지 못한다. 반대로 죽음은 그 연합을 완성한다(빌 1:23, 살전 4:17, 5:10). (3) 우리에게 하나님의 집이 있다는 바울의 선언은 "사람이 영혼을 소

몸의 변화가 고후 5:1-5에 암시되어 있다는 것이다(442p). 그는 바울이 자신의 견해를 바꾸지 않고 "고린도전서 15:50-55의 보다 문자적이며 추상적이고 인류학적인 용어에서 고후 5:1-4의 은유적 언어의 다소 복잡한 발전"으로 전환했을 뿐이라고 결론지었다(454p).

681 니켈스버그(G. W. E. Nickelsburg)는 제2성전 유대교에서 부활의 시간, 방식, 장소에 대한 광범위한 견해를 기록한다(*Resurrection, Immortality, and Eternal Life in Intertestamental Judaism*, HTS 26 [Cambridge: Harvard University Press, 1972]). 캘버린(H. C. C. Cavallin)은 중간 상태에 대한 8개의 언급을 확인시킨다. 4 Ezra 7:78, 100; 4:35–42; 2 Bar. 30:1-5; 50:1-51:16; Josephus, *J.W.* 2.8.14 §163; 3.8.5 §§374–75; *Ant*. 18.1.3 §14(*Life after Death: Paul's Arguments for the Resurrection of the Dead in 1 Cor 15*, ConBNT 7/1 [Lund: Gleerup, 1974]).

682 F. F. Bruce, "Paul on Immortality", *SJT* 24(1971): 461.

유하였거나 영혼이기 때문에 불멸이라는 사실은 아니라는 것이다. 하나님이 그를 죽은 자 가운데서 살리심으로 그를 변화시키셨기 때문에 그는 죽지 않는다."[683]

5:2. 바울은 하늘의 집에 대한 열망을 표현한다. "참으로"로 번역된 그리스어 구 *καὶ γὰρ*(카이 가르)는 추론에 대한 설명이나 이유를 표시하는 "왜냐하면"(γὰρ, 4:17; 5:1, 4)으로 시작하는 이 단락의 네 구절 중 하나이다. 바울은 그의 눈이 보이지 않는 것에 고정되어 있는 이유를 설명한다(4:18). 번역에서는 종종 "참으로" 뒤에 오는 "여기 있어"(*ἐν τούτῳ*, 엔 투토)라는 문구를 생략한다. "여기 있어"는 이 땅의 몸을 가리키며, 우리가 "이 땅의 장막에서" 탄식한다는 뜻이다. 그는 우리가 탄식하는 이유를 충분히 설명하지 않았지만 그 이유를 쉽게 유추할 수 있다. 우리의 땅의 상태는 고통과 환난으로 특징 지어진다(참조. 1:8; 4:7-15; 6:4-10; 11:23-27). 그리고 우리는 하나님과 함께 하늘에 거처를 가지고 있다는 것을 안다. "*στενάζω*"(스테나조)에 대한 번역 "탄식하며"(5:4 참조)는 여기에서 자신의 죄악과 몸이 쇠약해져 힘이 약해지는 것에 대한 시편 기자의 탄식에 반영된 절망, 고뇌 또는 비통한 낙담을 의미하지 않는다(시 31:11; 30:11. 70인역). 바울의 신음은 소망적인 갈망을 표현한다. 그는 절망적인 허무함 때문에 탄식하는 것이 아니라 우리를 기다리고 있는 구원의 절정을 받고자 하는 간절한 열망에서 탄식한다. 누군가는 탄식이 마음의 자연스러운 언어라고 말했다. 바울에게 탄식은 마음이 하나님께로 향하고 하나님의 최종 구속을 갈망하는 사람의 자연스러운 언어이다.

고린도에 있을 때 쓴 로마서 8장 17-27절은 여기서 바울이 의미하는 바를 이해하는 데 중요한 병행이다. 두 구절에서 탄식은 영원한 영광에 이르는 예비 단계로 해석된다(롬 8:17-18, 고후 4:17). 보이지 않는 것에 대한 소망은 두 구절 모두에서 나타난다(롬 8:24-25, 고후 4:18, 5:7). 두 문맥 모두 하나님의 영이 제공하는 보증을 가리킨다(롬 8:23, 고후 5:5). 로마서 8장 23절에서 바울은 성령의 처음 익은 열매를 받은 신자들이 "속으로 탄식하여(*στενάζομεν*, 스테나조멘) 양자 될 것 곧 우리 몸의 속량을 기다리느니라"고 말한다.[684] 로마서 8장 26절에서 성령은 말할 수 없는 탄식으로(*στεναγμοῖς ἀλαλήτοις*, 스테나그모이스 알랄레토이스) 간구하신다. 이

683 M. J. Harris, "Resurrection and Immortality: Eight Thess," *Themelios* 1(1976): 53.

684 이 병행들은 다음에 언급되어 있다. Furnish, *II Corinthians*, 295–96.

병행은 탄식이 "고난과 소망 사이의 긴장"을 어떻게 표현하는지 보여 준다.[685] 바넷Barnett은 다음과 같이 이해한다. "이것은 '의심이나 두려움, 심지어 죽음에 대한 신음'이 아니라 출산을 앞둔 여성의 희망적인 '갈망'이다(참조. 롬 8:23-25)."[686] 그는 계속해서 "그런 신음 소리는 단지 실존적이며 피조물의 불안이나 절망감이 아니다. 오히려 그것은 종말론적이며 확실한 소망으로 가득 차 있다(따라서 4:16)."[687]

바울의 탄식은 "보이지 않는" 것과 "영원한 것"에 대한 갈망에서 비롯된다(4:18). 윈디쉬Windisch는 에픽테투스Epictetus를 인용하여 다음과 같이 말했다. "외적인 상황에 대처하는 법을 배운 사람은 진흙으로 만들어진 이 보잘것없는 몸에서 더 이상 '탄식하지 않을' 것이다."[688] 이와 대조적으로 부서지기 쉬운 질그릇 바울은 자기를 무너뜨릴 수 있는 험난한 외적 환경에 용감하게 대처한다. 그러나 신자들이 우리를 위해 준비된 멸망하지 않는 하늘의 처소가 있음을 알기 때문에 탄식한다. 그는 그것을 소유하기를 갈망한다. 이생에서 자신의 진정한 고향이자 궁극적인 운명이라고 생각하는 곳과의 단절의 고통을 느낀다.

그러므로 그는 우리의 하늘 처소를 "입는 것"(또는 "덧입다", "무엇으로 더 입다")을 갈망한다.[689] 어떤 학자들은 이 이중 합성 동사(ἐπί+εν+δύομαι)가 신약에서 여기와 5장 4절에서 나타난다고 주장한다. 동사 ἐνδύω(엔뒤오, "입다")가 나오는 고린도전서 15장 53-54절와는 다른 것을 의미한다. 그들은 고린도전서 15장에서 "이 썩을 것이 반드시 썩지 아니할 것을 입겠고 이 죽을 것이 죽지 아니함을 입으리로다"(고전 15:53)라고 말할 때. 바울이 죽음과 부활을 언급하기 위해 "입다"라는 동사를 사용했다고 주장한다. 이와 대조적으

685 Thrall, *II Corinthians*, 1:371.

686 Barnett, *Second Epistle*, 261.

687 Barnett, *Second Epistle*, 264. 하비(Harvey)는 자신의 탄식 소리가 그가 겪는 고난에 대한 취약성 때문이 아니라 "그리스도인으로서 우리 존재 자체의 일부"라고 주장한다(*Renewal through Suffering*, 67). "그리스도인에게 있어 '탄식'의 정당화는 세례를 받았지만 그리스도 안에 있는 새 생명이 요구하고 가능하게 하는 모든 것을 아직 완전히 '입지' 못했다는 의식과 더 많은 옷을 입으려는 끊임없는 열망이었다. 인간의 조건이 그의 탄식을 일으키는 것이 아니라 이 지상의 몸에 있다는 것은 우리가 "아직 완전한 구속의 상태에 있지 않다"는 것을 의미한다(J. Schneider, "στενάζω ..." *TDNT* 7:601).

688 Windisch, *Der zweite Korintherbrief*, 163; Furnish, *II Corinthians*, 296은 다음을 인용한다. Epictetus, *Diatr*. 1.1.9–12.

689 옷에 관해서는 다음을 참조하라. 마 17:2; 계 3:4; 6:11; 7:9; 사 7:22; 8:14, 26; 9:2, 9, 17, 24-26. *Hymn of the Pearl*의 82p 이하에서 "밝은 수 놓은 옷"이 "높은 집에서 준비되었다"라고 표현된다. 이러한 생각이 일반적이었다는 것을 보여 준다.

로 "덧입다"(ἐπενδύομαι, 에펜뒤오마이)는 고린도후서 5장 2, 4절에서 그리스도의 파루시아에 있는 신자들이 "덧입게" 될 신자들의 경험에 적용된다. 이 해석은 전치사가 전달할 수 있는 것보다 더 많은 무게를 둔다.[690] 해리스는 바울이 이중 복합 동사를 사용하여 지상의 천막 집에서 하늘의 처소로 이동하는 과정의 연속성을 강조한다고 제안한다. 하늘의 옷을 입기 전에 먼저 땅의 몸을 벗어야 하는 것은 아니다. 그러므로 바울은 자신이 옷을 입기 전 벗은 것으로 묘사하지 않는다.[691] 이중 합성 동사는 "죽는 순간이 입는 순간이기도 함을 강조함으로써" "우리에게 있다"의 효과를 강화한다.[692] 이 해석은 다음 구절에서 바울이 강조한 것을 설명하는 데 도움이 된다.

5:3. CSB 성경은 "우리가 벗었을 때"(ἐκδυσάμενοι, 엑뒤사메노이)라는 본문을 각주로 가능성을 제안했는 데, 아마도 "입었다"(ἐνδυσάμενοι, 엔뒤사메노이, 개역개정, '입음은')가 진부한 동어반복처럼 보이기 때문일 것이다. 본문은 다음과 같이 말한다. "이렇게 입음은 우리가 벗은 자들로 발견되지 않으려 함이라." 그러나 "입었다"는 중요한 본문 증거가 있으며 가장 사본적으로 읽기가 어렵다. 나중에 필사가들이 바꾸었을 가능성이 있기 때문에 가장 어려운 읽기가 일반적으로 원문으로 선호된다.[693] 바울이 원래 "벗다"라고 썼다면 왜 나중의 필사가는 그것을 "입다"로 바꾸었을까? 내 견해로는 동어반복은 우리가 육체가 없는 유령이나 천상의 영이 되지 않고 죽을 때 구원을 체험하고 하늘의 몸을 받을 것임을 강조하기 위한 바울의 의도였을 것이다.[694] 그는 육체

---

690 물톤(J. H. Moulton)은 단순 합성 동사 ἐνδύω가 이중 합성 동사 ἐπενδύομαι와 의미가 다르지 않다고 주장한다(*Grammar of the New Testament Greek*, Vol. I, Prolegomena [Edinburgh: T&T Clark, 1908], 115). 해리스는 또한 고린도전서 15장 53-54절에서 동사 "입다"가 죽은 자의 부활만을 가리키는 것이 아니라 죽든 살아 있든 모든 죽을 수 밖에 없는 인간이 변화될 때 경험하는 것을 가리킨다고 지적한다("2 Corinthians 5:1–10," 44.) 또한 다음을 참조하라. Bultmann, *Second Letter*, 134.

691 해리스가 말했듯이, "미리 빼는 것이 없는 더하는 경우여야 한다. 그것은 벗긴 후 입히는 것이 아니라 벗기는 것이 아닌 '더 덧입는' 경우이다"(Harris, "2 Corinthians 5:1–10," 44.).

692 Harris, "2 Corinthians 5:1–10," 44–45.

693 오직 소수의 사본(D* a fc Tertullian)만이 ἐκδυσάμενοι("벗은")라고 읽는다. 대부분의 사본은 ἐνδυσάμενοι("입은")로 읽는다. 또 다른 읽기 ἐκλυσάμενοι는 ΕΚΔ을 ΕΚΛ로 필사가의 오독일 수 있다. M. E. Thrall, "'Putting on' or 'Stripping off' in 2 Corinthians 5:3," in *New Testament Textual Criticism: Its Significance for Exegesis: Essays in Honour of Bruce M. Metzger*, ed. E. J. Epp and G. D. Fee (Oxford: Clarendon, 1981), 221–37.

694 Thrall, *II Corinthians*, 1:377. "옷을 입었다"는 세례(참조. 갈 3:27. 그리스도를 옷 입음)를 가리키고, "덧입다"는 그것의 최종적인 성취를 의미한다는 퍼니시의 주장은 설득력이 없다(*II Corinthians*, 298).

가 없는 상태가 더 낫다는 생각을 여전히 품고 있던 고린도의 사람들에게 이 점을 강조할 필요가 있다고 생각했을 것이다.[695] 바울은 내세에서 육체가 없는 존재를 믿지 않거나 가치 있게 여기지 않는다.[696]

바울은 벌거벗은 형상을 통해 무엇을 암시하려고 하는가? 어떤 해석가들은 윤리적인 의미에서 우리의 죄가 있는 도덕적 상태를 언급하여 옷을 입거나 벗는 것이 하나님의 은혜로운 또는 은혜롭지 않은 심판과 관련이 있다고 생각한다.[697] 바울은 심판의 전망에 대해 무관심하지 않았지만(빌 3:8-11), 그는 그리스도 안에 있는 사람으로서 하나님 앞에 유죄 판결을 받는 것을 두려워하지 않았다. 그리고 "벌거벗은 것"은 그리스도로부터의 영적 소외를 의미하지 않는다.[698] 바울은 믿는 이들처럼 그리스도로 옷을 입지 않았거나 그의 의로 옷을 입지 않았기 때문에 영광스러운 몸을 받지 못하는 경건하지 않은 자들의 곤경을 언급하고 있지 않다.[699] 직접적인 문맥은 벌거벗은 것은 육체가 없는

---

695 불트만은 바울이 죽을 때 육체가 없어지기를 바라는 사람들을 반대한다고 주장한다(*Second Letter*, 135; 또한 다음을 참조하라. T. F. Glasson, "2 Corinthians v. 1–10 Versus Platonism," *SJT* 43 [1990]: 145–55). 이 문제는 고전 15장을 해석하는 것과 관련이 있지만(참조. Garland, *1 Corinthians*, 681–749), 여기서 바울의 주요 관심사는 아니다. 그는 여기에서 내세에 대한 영지주의적 견해에 대한 논쟁이나 부활의 세부 사항 대신에 그는 몸의 부활의 확실성을 주장한다.

696 J. N. Sevenster, "Some Remarks on the GYMNOS in II Cor. V. 3," in *Studia Paulina in honorem Johannis de Zwaan septuagenarii*, ed. J. N. Sevenster and W. C. van Unnik (Haarlem: Bohn, 1953), 202–14. 헬라어 εἴ γε καὶ 표현, 조건을 표현하는 εἴ 강조를 표현하는 γε, 그리고 접속사 καὶ가 처음에 나오면 기본 전제의 건전함을 강조하기 위해 "만일 사실이면"으로 번역될 수 있다. 로벗슨은 "γε가 있을 때 감정과 날카롭게 관련되어 있다"고 관찰한다(*Grammar*, 1147). 이 단어에 해당하는 영어가 없다.

697 이 견해는 많은 교부들이 공유한다. 참조. K. Staab, *Pauluskommentare aus der griechischen Kirche* (Münster: Aschendorff, 1933), 27. 또한 다음을 참조하라. Murphy-O'Connor, *Theology*, 52; W. Mundle, "Das Problem des Zwischenzustandes in dem Abschnitt 2 Kor. 5,1–10," in *Festgabe für Adolf Jülicher* (Tübingen: Mohr, 1927), 101; R. F. Hettlinger, "2 Corinthians 5:1–10," *SJT* 10 (1957): 190; Ellis, "2 Corinthians 5:1–10," 219–21. 이 학자들은 벌거벗은 것을 히브리적 의미로 해석해야 한다고 생각한다. 창 3장에서 아담과 하와의 벌거벗은 죄가 그들의 죄를 상징했듯이 여기에서도 그렇다(겔 16:37, 39; 23:26, 29 참조). 대조는 아담 안에 있는 것과 벌거벗은 것 또는 그리스도 안에 있는 것과 옷을 입은 것 사이에 있다.

698 다음에 반대 된다. Collange, *Énigmes*, 215-18, 225; Furnish, *II Corinthians*, 298; Harvey, *Renewal through Suffering*, 68. 그들의 논리는 바울의 다른 서신에서 "옷을 입는다"는 그리스도를 입는 것을 의미한다는 것이다. 벗은 것은 그 반대여야 한다. 그러나 옷 은유는 바울이 사용하는 모든 곳에서 동일한 의미를 가질 필요는 없다. 바울이 그리스도의 심판대 앞에 설 것이 두려워서 그리스도에게 신실하게 남아 있기로 결심했다고 말하지만(5:9-10), 이 구절에서 그는 분명히 몸, 장막과 집, 그리고 옷의 이미지를 언급한다.

699 Calvin, *Second Epistle*, 67.

상태, 즉 영혼이 육체를 벗는 것을 암시한다.[700] "옷을 입다"는 육체가 있음을 의미한다.[701] 벌거벗음은 육체적 존재가 없다는 것을 의미한다. 바울은 신자가 육신이 없는 상태에서 결코 발견되지 않을 것임을 강조하기 위해 본질적으로 5장 1-2절에서 말한 것을 반복한다.[702] 구원은 몸으로부터의 구원이 아니라 몸의 구원이었다(롬 8:23). 벌거벗음, 즉 어떤 무형의 존재는 그리스도의 부활 때문에 바울에게 불합리하다. 우리가 발견되지 않을 것이라는 그의 주장은 "내세는 육신의 삶"이라는 고린도전서 15장 35-44절의 초기 주장과 밀접하게 연관이 있다.[703] 만일 우리가 이 구절에서 은유적인 언어를 제거한다면, 바울은 단순히 죽은 자는 몸으로 산다고 말한다. 이것이 맞다면 우리는 그의 이미지를 임시 기간이나 임시 상태로 읽어서는 안 된다. 또한 우리는 이 구절에서 벌거벗은 상태에 대한 두려움을 읽어서는 안 된다. 그 대신, 이 주장은 바울의 부활 소망이 그에게 주는 위로를 표현하는 것으로 이해되어야 한다. "우리는 벗은 자들로 발견되지 않으려 함이라."

5:4. 바울은 5장 2절에서 표현된 변화를 대한 개인적인 열망을 반복하고 확장한다. "참으로 이 장막에 있는 우리가 짐진 것 같이 탄식하는 것은"이라는 바울의 말은 아시아에서 그를 거의 부서뜨릴 뻔했던 환난의 짐(1:8)과 4장 8-12절에 있는 사도적 고난의 목록을 생각나게 한다. 죄와 죽음의 세상에서 우리는 좌절과 역경에 시달린다. 세네카는 "몸의 무거운 짐"에 속박되어 있는 것에 대해 불평했고 그 짐은 몸이 죽음으로 없어져야만 완화될 것이라고 믿었다(*Lucil*. 24:17–18). 바울은 다른 짐을 생각하며 이 몸을 벗어 버리기를 탄식하지 않는다. 그는 질그릇과 같이 죽을 수 밖에 없는 존재가 일시적인 것을 알지만 그리스도 안에 있는 사람으로서 영광을 향한다. 그러므로 그는 하늘의

700 그러한 이미지는 헬레니즘 맥락에서 쉽게 이해되었을 것이다(참조. Plato, *Crat*. 403b; *Gorg*. 523e–524d). 필론은 모세의 죽음을 이렇게 묘사한다. "그는 필멸의 존재에서 불멸의 삶으로 넘어가기 시작했고 점차 자신을 구성하는 요소들의 해체를 의식하게 되었다. 그를 감싸고 있던 껍질과 같은 성장인 몸은 벗겨지고 영혼은 벌거벗고(ἀπόγυμνουμένος) 자연적으로 제거되기를 갈망했다"(*Virtues* 76 [Colson, LCL]). 그는 또한 자신의 죽음을 아포이키아(ἀποικία), 즉 "집을 떠난 정착"(*Virtues* 77)이라고 설명한다. 어떤 학자들은 고린도전서 15:37-38을 새로운 영적인 몸을 받기 위해 죽을 때 육신을 벗은 영혼을 언급하는 것으로 해석한다.

701 우리는 몸의 형상을 사람을 입히는 옷으로, 죽음과 부활을 썩을 옷을 벗고 썩지 아니할 것을 입는 것을 4 Ezra 2:45; 2 En. 22:8; 2 Bar. 49:3; Apoc. Abr. 13:15; T. Ab. 15:7에서 발견한다.

702 Thrall, *II Corinthians*, 1:379.

703 E. Schweizer, "σῶμα," *TDNT* 7:1060. 이것은 유대인들이 내세에서 육체가 없는 존재를 생각할 수 없었다는 것을 말하는 것이 아니다(참조. 1 En. 102–4.).

몸을 받고 주님과 함께 있기를 탄식한다.

"벗고자 함이 아니요 오히려 덧입고자 함이니"라는 말은 그가 육체를 벗거나 어떤 불완전한 임시 상태에 놓이게 될 것이라는 전망에 움츠려들며, 그곳에서 부활의 몸, 즉 덧입는 옷을 받기 전에 재림을 기다려야 한다는 것을 의미하지 않는다.[704] 그는 5장 8절에서 몸을 떠나 있는 것, 즉 육체적인 죽음은 주님과 함께 있게 된다는 것을 의미한다. 그는 왜 이 상태를 싫어할까? 죽음 자체에 대한 자연스럽고 인간적인 혐오감을 표현했을 가능성이 더 크다. "벗다"라는 은유는 단순히 죽음을 가리키며 동사의 부정과거 시제의 측면에 잘 맞는다. 바울은 죽음을 죄에 대한 형벌로 이해한다(롬 6:23; 고전 11:29-30). 그러므로 죽음은 인간에게 두려운 경험이다. 그것은 단순히 세상의 수고와 고난으로부터의 해방이 아니다. 하나님의 궁극적인 응답인 부활에 대한 극단적인 위협이다.[705] 바울은 아마도 그리스도의 사도로서 잠을 자다가 평안히 죽을 것이라고 생각하지 않았을 것이다. 새로운 육체적 건강을 약속하는 수술을 두려워하는 것처럼, 죽음이 새롭고 영광스러운 삶을 약속하지만 죽음에 대해서 건강하게 두려워할 수 있다. 무서운 죽음을 앞두고 있는 예수님의 극심한 고통은 강렬한 기도로 극복되었다(막 14:32-42; 히 5:7).

그럼에도 불구하고 바울은 자기 안에 있는 모든 것이 생명으로 삼키도록 "옷을 입기" 원한다. 다시 말하지만, 이것은 파루시아에서 살아 있는 것과 무덤에서 썩지 않도록 어떻게든 지상의 몸에서 끌어낸 영적인 몸에 대한 언급이 아니다. "죽음"은 4장 11절에서 고난의 목록이 시작될 때 예수님의 죽음을 가리킨다. "우리 살아 있는 자가 항상 예수를 위하여 죽음에 넘겨짐은 예수의 생명이 또한 우리 죽을 육체에 나타나게 하려 함이라"(참조. 롬 6:12; 8:11; 고전 15:53-54). 바울은 이 땅의 몸으로 고난을 받는다고 말한다. 죽음에 대한 바람이 없지만, 그는 영광스러운 몸과 생명을 덧입고 하늘의 몸을 받기를 간절히 원한다.[706]

---

704 모든 유대인들이 그러한 육체가 없는 상태를 혐오스럽게 여겼던 것은 아니다. 희년서(Jubilees 23:31)는 "그들의 뼈는 땅에 쉬고 그들의 영은 기쁨을 더하리라"고 말한다.

705 참조. O. Cullmann, "Immortality of the Soul or Resurrection of the Dead," in *Immortality and Resurrection*, ed. K. Stendahl (New York: Macmillan, 1965), 12–20.

706 동사 "덧입다"은 "육체를 버림으로 영혼이 천국에 들어간다는 대안적 견해에 대한 거절"을 반영한다(P. Perkins, *Resurrection: New Testament: Witness and Contemporary Reflection* [Garden City: Doubleday, 1984], 309). 이 관점은 바울이 개인적인 하늘의 몸을 받을 때, 파루시아 이전의 죽음의 가능성과 죽음과 파루시아 사이에 영혼이 육체 없이 존재("벌거벗음")하는 간격을 상상하고 두려워하는 묵상을 했다고 가정하는 고후 5:1-10의 전통적인 해석에 반대한다. 이 견해는 다음이 제안한다. G. Vos, "Alleged Development in Paul's Teaching on

"생명에 삼켜졌다"는 고린도전서 15장 54절에도 인용된 이사야 25장 8절을 암시한다. "이 썩을 것이 썩지 아니함을 입고 이 죽을 것이 죽지 아니함을 입을 때에는 사망을 삼키고 이기리라고 기록된 말씀이 이루어지리라." 길먼Gillman은 고린도전서 15장 54절의 이사야 25장 8절 인용에서 세 가지 변형이 있다. 첫째, 바울은 성취 공식을 생략하고 결과를 표현하는 ἵνα(히나) 절을 쓴다("죽을 것이 생명에 삼킨 바 되게 하려 함이라"). 둘째, 바울은 우주적 능력으로 의인화된 "죽음" 대신 인간의 삶에 직접적으로 스며드는 "죽음"을 사용한다(고전 15:26, 54-55). 셋째, 그는 "승리 중에"라는 구절을 실행자인 생명으로 대체한다.[707] 그러므로 생명은 죽음을 삼키는 실행자로 의인화된다. 바울은 4장 10-11절에서 "예수님의 생명"을 언급했다. 앞에서 언급한 내용을 고려하면 이것이 단순히 부활이라는 주제에 대한 설교가 아님을 일깨운다. 이러한 암시는 바울이 이 부분의 주요 쟁점인 자신의 사도적 방식을 옹호하는 것을 강화한다. 예수의 죽음을 짊어지고 이 지상 생활에서 그리스도를 위한 그의 고통은 보상을 받을 것이다. 지금 사도의 어울리지 않고 너덜너덜해진 죽을 육체에 나타난 예수의 죽음을 하나님의 능력은 부활하신 그리스도의 형상을 닮아 영광스러운 몸으로 변화시킬 것이다. 부활은 우리의 구원을 완전하게 한다. 그것은 우리가 완전한 실재가 아니라 보증만을 받은 이 몸에서는 부분적일 수 있다. 이 세상에서 짓눌리고 쇠약해지는 이 몸은 부활 때에 변화될 것이다.

5:5. 바울은 이제 성경에 약속된 모든 것을 성취하시는 하나님께서 우리를 "이 목적을 위하여"(문자적으로, "바로 이 일을 위하여", 개역개정 '이것을') 이루게 하셨다(κατεργάζομαι, 카테르가조마이, "준비된," "예비된")고 확증한

the Resurrection," *PTR* 27 (1929): 206–21. 그리고 최근에는 Osei-Bonsu, "Does 2 Cor 5.1–10 Teach the Reception of the Resurrection Body at the Moment of Death?" 81–101이 제안한다. 나는 바울이 영광스러운 몸으로 주님 안에 있는 집에 거하는 최상의 상태와 주님과 함께 집에 있지만 몸에서 떨어져 있는 두려운 상태(벌거벗음) 사이의 "진퇴양난"의 위치에 있는 자신을 발견하지 않는다는 견해를 가진다. 크레이그(W. L. Craig)가 주장하는 것처럼("Paul's Dilemma in 2 Cor 5:1–10: A 'Catch 22'?" *NTS* 24 [1988]: 145–47). 바울은 "예수를 죽은 자 가운데서 살리신 이의 영이 너희 안에 거하시면 그리스도 예수를 죽은 자 가운데서 살리신 이가 너희 안에 거하시는 그의 영으로 말미암아 너희 죽을 몸도 살리시리라"(롬 8:11)라고 쓴다. 죽을 몸은 부활에 참여하지만 영광스러운 육체로 옷을 덧입을 것이다(Schweizer, "σῶμα," 1061).

707 Gillman, "A Thematic Comparison," 450; 또한 G. Dautzenburg, "'Glaube' oder 'Hoffnung' in 2 Kor 4, 13-5, 10," in *The Diakonia of the Spirit (2 Co 4:7-7:4)*, ed. L. de Lorenzi, Monographic Series of "Benedictina": Biblical Ecumenical Section 10 (Rome: Benedictina, 1989), 91–92.

다.[708] "이것"은 5장 4절에 언급된 옷 사건, 즉 썩어질 것이 썩지 아니할 것으로 완전히 변형되는 사건이다. 또한 동일한 동사 κατεργάζομαι(카테르가조마이)가 나오는 4장 17절은 다음과 같이 말한다. "우리가 잠시 받는 환난의 경한 것이 지극히 크고 영원한 영광의 중한 것을 우리에게 이루게 함이니." 하나님께서 주신 생명은 죽을 수 밖에 없는 생명을 압도한다.[709] 어떤 고린도 교인들은 이 보이지 않는 힘이 그리스도인들 안에서 역사하고 그들을 그리스도를 본받게 함으로써 그들을 하늘로 형성해 가는 것을 보지 못한다. 내적인 변화(4:7-15) 그리고 이 변화(3:18)가 영원한 영광으로 인도하는 것도 보지 못한다. 이 세상의 많은 사람들이 보존하기 위해 수십억 달러를 쓰고 소중히 여기는 우리 삶의 일시적이고 표면적인 현실은 결국 파괴될 것이다. 그때에 중요한 것은 속사람에게 무슨 일이 일어났느냐 하는 것인데, 그리스도 안에 있는 사람은 쇠약해지고 썩어가는 겉모습이 상상할 수 없는 영원한 영광으로 바뀌게 될 것이다.

하나님은 이 약속의 보증으로 믿는 이들의 삶에 성령을 부어 주셨다. 고린도전서에 있는 바울의 말은 일부 고린도 교인들이 성령에 대한 경험을 잘못 해석한 것에 대해 화를 내었음을 보여 준다. 그들은 성령을 그들의 삶에 하늘의 능력이 임하여 자랑하게 하는 것으로만 여겼다. "신령한 사람"으로 자만하는 그들의 교만은 우리 모두를 하나님 앞에 평등하게 세우려는 복음의 목표를 손상시켰다. 이 구절은 성령의 체험이 의미하는 바를 명확히 하지 않는다. 그것은 속사람과 다가오는 시대에 대한 그의 주장의 모퉁잇돌로서 믿는 이들의 삶에 성령의 부인할 수 없는 임재에 호소한다. 그리스도인들은 믿음으로 그리스도와 연합하고 그리스도의 영을 받았으며, 그리스도의 영은 그들에게 내세의 삶을 미리 맛보게 한다.[710] 성령께서 일으키시는 내적인 새로워짐은 결

708 일부 사본(D F G 81)은 부정과거 κατεργασάμενος("준비한")보다 현재 κατεργαζόμενος("준비하는")를 사용한다. 페리먼(Perriman)은 서술을 시작하는 δέ가 "하나님이 매우 인간적이고 실현 불가능한 욕망을 만드신 분이라는 역설을 가리킨다"고 주장한다. 이는 새로운 생명에 대한 이른 갈망이다("Paul and Parousia," 520).

709 로마서 8장 11절은 "예수를 죽은 자 가운데서 살리신 이의 영이 너희 안에 거하시면 그리스도 예수를 죽은 자 가운데서 살리신 이가 너희 안에 거하시는 그의 영으로 말미암아 너희 죽을 몸도 살리시리라"라고 말한다.

710 참조. S. Cox, "The Earnest of the Spirit," *Exp* 24 (1884): 416–26; H. A. A. Kennedy, "St. Paul's Conception of the Spirit as Pledge," *Exp* 4 (1901): 274–80; C. L. Mitton, "Paul's Certainties 5: The Gift of the Spirit and Life beyond Death–2 Corinthians v. 1–5," *ExpTim* 69 (1957–58): 360-63; K. von Erlemann, "Der Geist als ἀρραβών (2 Kor 5,5) im Kontext der paulinischen Eschatologie," *ZNW* 83 (1992): 202–23.

국 그리스도인의 완전한 변화로 절정에 달한다. 이생에서 받은 영은 실제적인 변화가 아니라 미래의 변화에 대한 보증일 뿐이다(1:22; 5:5; 또한 다음을 참조하라. 엡 1:14; 롬 8:23, "성령의 첫 열매").[711] 이생에서 그리스도인들은 고난을 감수하고 믿음으로 살아야 한다. 바울에 비유하자면 그들의 보물은 질그릇, 즉 변하기 쉽고 부패하기 쉬운 장막에 있다.

우리의 인간됨이 주님과의 완전한 교제를 막기 때문에 이 죽을 수 밖에 없는 생명은 짐을 지고 신음하고 갈망하는 특징이 있다. 그럼에도 불구하고 보이지 않는 능력과 실재가 바울을 모든 외적인 고통 속에서 지탱해 준다. 바울의 전 생애는 부활의 확신으로 말미암아 확신에 차 있다(고전 15:12-34,49). 이것은 그가 천국을 꿈꾸며 다른 세상의 안개 속에 살고 있다는 것을 의미하지 않는다.[712] 그는 고난에도 불구하고 성령으로 말미암아 이생에서 큰 기쁨과 위안을 얻는다. 믿는 이들의 삶에 성령이 임재하심은 장차 올 세상의 어떤 영광이 이미 이 악한 시대에 들어왔음을 암시한다. 히브리서 기자는 "한 번 빛을 받고 하늘의 은사를 맛보고 성령에 참여한 바 되고 하나님의 선한 말씀과 내세의 능력을 맛보고도"(히 6:4-5)라고 말할 때 이 진리를 인식한다.

그리스도인들은 하늘에 있다는 약속이 실재한다는 것을 어떻게 아는가? 바울의 대답은 지금 그들의 삶에서 변화시키고 높이는 성령의 능력을 경험하는 것이 하나님의 약속이 실재한다는 것을 보여주는 경험적 증거의 한 조각이라는 것이다. 바울은 성령의 변화시키는 능력에 대해 고린도 교인들에게 확신을 줄 필요가 없었고, 그리스도인들이 죽을 때까지 기다리고 있는 놀라운 변화를 주장하기 위해 성령에 호소했다. 만일 그들이 그의 말을 받아들인다면, 더 이상 왜곡된 세속적 가치와 희망을 따라 바울과 다른 이들을 판단하지 않을 것이다. 그들은 이 내적 변화를 숨기고 있는 물질적 존재 너머를 바라보고 하나님께서 최종적이고 영광스러운 변화를 위해 바울 그들을 준비시키는 방법을 보게 될 것이다.

2.2.5.3. 그리스도의 심판대 앞에서 우리의 영원한 운명(5:6-10)

5:6-8. 바울의 전 생애는 부활의 소망 때문에 확신으로 충만했다(고전 15:12-34, 49). 그것은 그로 하여금 자신에게 닥쳐오는 고난을 이겨내고 담

711 바울은 고린도전서에서 영적인 사람의 참된 표지는 그리스도를 위하여 기꺼이 육체의 고난을 참는 것이라고 주장한다.

712 다음을 더 참조하라. Garland, *Colossians, Philemon*, 214–15.

대하게 복음을 선포하도록 강권한다. 또한 그가 고린도 교인들에게 자유롭게 말하고 불성실한 아첨이나 교활한 간계 뒤에 자신의 생각을 숨기지 않는 이유도 설명한다. 그는 하나님께서 자신을 죽음으로 내버려 두지 않으실 것임을 알기 때문에 자신의 사명에 온전히 자신을 버릴 수 있다. 그는 그리스도께서 하늘에 계시다는 것을 안다. 신자는 "죽음 후에 있기를 바라는" 방식으로 그분과 함께 있을 수 없다.[713] 이 상황은 신자가 지금 "그리스도와 함께" 있지 않다는 것을 의미하지 않는다(참조. 갈 2:20). 또는 어떤 면에서 그분에게서 소외되었고 신자가 그리스도와 온전히 함께 있지 못함을 뜻하지도 않는다. 다음 서술 "우리가 믿음으로 행하고 보는 것으로 행하지 아니함이로라"(5:7)에서 소망의 동의어로 사용된 "믿음"은 바울이 보이지 않는 영원한 것에 눈을 고정하는 것에 관해 언급한 4장 18절을 떠오르게 한다.[714] 그는 이 악한 시대에 진정한 고향에서부터 유배에 처해진 자신을 아는 사람들의 갈망을 표현한다.[715] 그 분리는 공간적, 질적 분리이다. 그는 불완전한 교제에서 완전한 교제로, 간접적이고 부분적이며 수수께끼 같은 비전에서 직접 얼굴을 보는 것으로, 성취되지 않은 소망에서 성취로 이동하기를 갈망한다.

보는 것이 아니라 믿음으로 산다는 것은 우리가 하나님과 동행할 때 옛 이스라엘처럼 우리를 인도할 문자 그대로의 구름 기둥이나 불 기둥이 없다는 것을 의미한다.[716] 바울은 그리스도 안에 있는 우리의 생명이 숨겨져 있다고 믿는다(참조. 골 3:1-4). 그래서 그는 겉으로 그것을 증명할 수 없다(참조 4:18). 겉모습(육체의 약함, 고통, 죽음에 가까운 경험)으로만 사물을 판단하는 사람들은 자신이나 다른 기독교인에 대한 모든 진실을 볼 수 없다(참조. 요일 3:2). 오직 믿음만이 현재의 이 모든 연약함과 죽을 수 밖에 없는 생명이 숭고한 것으로 변하게 될 다음 시대의 보이지 않는 영원한 현실을 측정할 수 있다.

바울은 몸을 떠나(죽음에 대한 은유) 주님과 함께 집에 있는 것(부활에 대한 은유)을 선호한다고 표현한다.[717] 그가 그리는 그림은 우리가 육신을 떠나

713 Thrall, *II Corinthians*, 1:386.

714 로마서 8:24-25와 병행된다. "우리가 소망으로 구원을 얻었으매 보이는 소망이 소망이 아니니 보는 것을 누가 바라리요 만일 우리가 보지 못하는 것을 바라면 참음으로 기다릴지니라."

715 바울이 5:6b에서 그의 반대자들인 신령한 자들(πνευματικοί)의 슬로건을 인용한다는 머피-오코너(J. Murphy-O'Connor)의 주장은 설득력이 없다. "'Being at home in the body we are in exile from the Lord'(2 Cor 5:6b)," *RB* 93 (1986): 214–21.

716 Plummer, *The Second Epistle of Paul the Apostle to the Corinthians*, 49.

717 헬라어 μᾶλλον은 "우리는 떠나는 것보다 더 만족한다" 또는 "더 많이 생각한다"를 의미할

자마자 이 육신 안에서 주님의 임재를 경험하는 것과 질적으로 다른 새로운 차원에서 주님과 함께 있음을 보여 준다.[718] 그러나 그는 죽음을 구하지 않는다. 그는 1장 10절에서 하나님께서 과거에 구원하신 것을 기뻐하며 자신을 다시 구원하실 것을 온전히 기대한다. 그 간절한 소망은 생명을 향한 그의 지향점을 드러낸다.

5:9-10. 이 단락의 결론에서 바울은 부활에 대한 확신에서 지금 여기에서의 삶에 대한 윤리적 결과로 전환한다.[719] 우리 모두가 하나님의 심판대 앞에 나타나야 한다는 것은 엄숙한 예고가 된다.[720] 궁극적으로 중요한 것은 빌라도(마 27:19, 요 19:13)나 갈리오(행 18:12, 16-17)의 심판대가 아니고 여론의 재판이 아니라 하나님의 심판대(βῆμα, 베마)이다. 그리스도인들을 포함하여 누구도 그것을 피할 수 없다.[721] 우리는 개인의 행동과 약속에 대해 책임을 진다. 우리 무의식의 생각까지 아시는 하나님을 속일 가능성은 거의 없다. 바울의 말은 고린도인들에게 특히 중요한 네 가지 점을 납득시킨다.

1. 그는 우리의 미래의 생명, 구원 또는 저주가 전적으로 하나님의 손에 달려 있음을 상기시킨다. 이 죽을 몸에서 행한 일에 대해 심판을 받은 후에만 하나님은 은혜로 그리스도인들에게 영생을 주신다(롬 2:5-6, 16, 14:10, 고전 4:5, 딤후 1:16, 18).

수 있다.

718 해리스(Harris)는 주님과 함께 거한다는 이미지는 "특히 그리스도인의 영원한 운명이 지상에서 믿음으로(διὰ πίστεως) 걷는 동안 그리스도와 교제하는 경험보다 질적으로 열등한 것으로 묘사되지 않을 것이기 때문에 어떤 높아진 형태의 관계를 가리키는 것임에 틀림없다"고 주장한다." 이 동사는 "안정된 영원한 서로 간의 교제를 암시한다"("2 Corinthians 5:1–10," 46–47).

719 헬라어 δὲ καὶ는 "또한 이어서"는 뜻이다.

720 공개 선언과 판결이 내려진 βῆμα는 고린도의 낮은 아고라 중앙에 눈에 띄게 위치했다(참조. E. Dinkler, "Das Bema zu Korinth," in *Signum Crucis* [Tübingen: Mohr Siebeck], 118-23). 고린도 교인들이 훨씬 더 위엄 있고 신성한 심판대 앞에 설 것이라고 바울이 상기시키는 것은 그들의 마음을 사로잡았을 것이다.

721 Han, *Swimming*, 40–41은 문맥이 다음과 같이 확신한다고 지적한다. "주 예수를 다시 살리신 이가 예수와 함께 우리도 다시 살리사 너희와 함께 그 앞에 서게 하실 줄을 아노라"(고후 4:14). 그는 바울이 그들의 구원이 아니라 득실을 결정할 심판대 앞에 서 있는 신자들을 언급한다고 주장한다. 그는 이것을 사람의 행위를 불로 시험하는 고린도전서 3장 12-15절에 비교한다. 불타면 해를 받는다. 견디면 상을 받는다. 이 해석은 매력적이지만, 보상을 받는 맥락은 아닌 것 같다. 그럼에도 불구하고 벧전 5:4("목자장이 나타나실 때에 시들지 아니하는 영광의 관을 얻으리라")와 엡 6:8과 골 3:25에서 동사 κομίζω의 사용은 상을 받는 것을 의미할 수 있음을 시사한다.

2. 인간이 몸에서 하는 일은 도덕적 중요성과 영원한 결과를 낳는다.[722] 던은 "신자들은 그들이 구원을 받는 과정에 있기 때문에 행동의 도덕적 결과로부터 면제될 것이라고 생각함으로써 바울이 이스라엘을 비판한(로마서 2장) 실수를 하면 안 된다"라고 쓴다.[723] 그러므로 자신의 죽음을 염두에 두는 사람은 누구나 자신의 도덕성을 염두에 두어야 한다. 슈바이처는 몸이 "신적 영혼을 위한 부담스러운 봉투가 아니라 인간이 시험을 받고 심판에서 심문을 받게 될 바로 그 장소이다"라고 지적한다.[724] 하나님 앞에서 우리의 도덕적 책임은 성적 부도덕(고전 5:1-13), 그리스도인들이 불의한 자들의 법정에서 다른 사람들보다 이익을 얻으려함(고전 6:1-8), 매춘부와 동침(고전 6:12-20), 우상/귀신의 상에서 식사 교제(고전 10:14-22), 그리스도 안에서 다른 형제자매들을 욕되게 함(고전 11:7-22)과 같은 것들에 결코 무관심할 수 없다는 것을 의미한다. 바울은 고린도전서 6장 9-10절에서 불의한 자들은 하나님의 나라를 유업으로 받지 못할 것이라고 경고하면서 다음과 같이 요약한다. "불의한 자가 하나님의 나라를 유업으로 받지 못할 줄을 알지 못하느냐 미혹을 받지 말라 음행하는 자나 우상 숭배하는 자나 간음하는 자나 탐색하는 자나 남색하는 자나 도적이나 탐욕을 부리는 자나 술 취하는 자나 모욕하는 자나 속여 빼앗는 자들은 하나님의 나라를 유업으로 받지 못하리라." 그는 12장 21절에서 어떤 사람들이 아직도 "죄를 지은 여러 사람의 그 행한 바 더러움과 음란함과 호색함을 회개하지 아니"한 것(12:21)에 대한 걱정을 표현한다. 그러므로 그들이 그리스도의 심판대에서 하나님의 마지막 시험을 받기 전에(참조. 고전 3:10-15; 4:5; 롬 2:4-6; 14:10-12). 자신을 시험해야 한다(13:5).[725]

우리가 다음 생에서 그리스도의 영광스러운 몸을 받기를 바란다면 우리는 이 생에서 그의 성품을 본받아야 한다. 바넷Barnett은 그 요점을 다음과 같이 잘 요약한다.

> 모든 신자가 가야 할 심판대에 대한 가르침은 우리가 구원을 받은 것은 목적 없는 삶이나 무관심한 삶이 아니라 주님을 닮아 살아가기 위해 구원받

722 바울은 고린도의 일부 사람들이 몸의 도덕적 중요성을 폄하했기 때문에 "몸"에서 행해지는 일을 지적하면서 강조했을 수 있다. E. Synofzik, *Die Gerichts-und Vergeltungsaussagen bei Paulus. Eine traditionsgeschichtliche Untersuchung* (Göttingen: Vandenhoeck & Ruprecht, 1977), 75–76.

723 Dunn, *Theology of Paul*, 490.

724 Schweizer, "σῶμα," 1062.

725 이 심판의 주제는 성경 전체에 걸쳐 나온다. 참조. 전 12:14; 마 16:27; 계 20:11-15.

> 았다는 사실을 일깨워준다(5:15). 신자에 대한 심판의 보편성에 관한 이 교리는 하나님의 도덕적 심각성을 유지한다. ... 심판대에 대한 확실한 전망은 고린도 교인들과 모든 믿는 자들에게 그들이 오직 믿음으로 말미암아 그리스도 안에서 의인이 되지만 의롭게 하는 믿음은 사랑과 순종으로(갈 5:6, 롬 1: 5) 그리고 주님을 기쁘시게 함으로(9절) 표현되어야 함을 상기시킨다.[726]

3. 우리가 몸으로 행한 일에 대한 언급은 4장 10절의 "나타나게"(φανερωθῇ, 파네로데)로 번역된 동사와 여기서 "나타나게"(φανερωθῆναι, 파네로데나이)로 번역된 동사와 나타난다. 바울은 "우리가 항상 예수의 죽음을 몸에 짊어짐은 예수의 생명이 또한 우리 몸에 나타나게 하려 함이라"(4:10)고 말한다. 고린도 교인들은 "사도들의 고난은 '몸'으로 말미암아 하나님의 능력과 예수의 생명이 나타나는 것이다"라고 이해해야 한다.[727]

4. 모든 사람이 그리스도의 심판대 앞에 나타나게 될 것이다. 그곳에서 그들이 이생에서 어떻게 살았는지를 나타낼 것이다. 바울은 심판의 장면이 아니라 하나님의 심판을 기대하는 데서 일어나야 할 주님을 두려워하는 것에 초점을 맞춘다. 그것은 모든 사람의 행동에 영향을 주어야 한다.[728] 그는 긴장 가운데 확신과 경고를 유지한다. 그는 그리스도께서 죽은 자 가운데서 다시 살아나신 것처럼 우리를 죽음에서 구원하려는 하나님의 초월적인 목적에 대한 확신을 제시한다. 그는 신자들이 그때까지 우리를 지탱하는 성령의 "보증금"을 받았다고 주장한다(5절). 그는 이 확신을 하나님의 심판도 확실하다는 경고와 결합시킨다(고전 3:1-17, 4:1-5, 5:1-5, 6:9-11, 9:24-27, 10:1-12; 11:27-34). 그것은 두려움을 불러 일으키고 하나님께 대한 우리의 순종을 자극해야 한다.

바울은 다른 사람들에 대한 그의 경고를 마음에 새긴다. 그의 열망은 몸 안에 있든지 몸 밖에 있든지 그리스도의 인정을 받는 것이라고 말한다. 바울은 주님과 "집"에 거하기를 원하지만 "그의 주된 관심사는 그가 어디에 있든지 주님을 기쁘시게 하는 것이다."[729] "몸"은 악이나 의의 도구, 더러움이나 의

---

726 Barnett, *Second Epistle*, 277. 토마스 아 켐피스(Thomas á Kempis)는 다음과 같이 썼다. "심판의 날이 이르면 우리가 무엇을 읽었는지가 아니라 무엇을 했는지 물을 것이다. 우리가 얼마나 말을 잘했는지가 아니라 얼마나 경건하게 살았는지 물을 것이다."(*Imitation of Christ*, 6 [1.3.5])

727 Perriman, "Paul and the Parousia," 516.

728 Schmeller, *Zweite Korinther (2 Kor 1,1–7,4)*, 309.

729 Han, *Swimming*, 40.

의 종으로 사용될 수 있는 우리의 피조물됨을 말한다(롬 6:19).[730] 바울은 고린도 교인들에게 "너희 몸으로 하나님께 영광을 돌리라"(고전 6:20)라고 명령했다. 그것이 그가 주님을 기쁘시게 함으로써 행하고자 하는 것이다. 우리는 문맥에서 바울이 복음을 담대히 선포하고(3:12; 4:1, 13; 5:20; 6:7, 11), 선한 용기를 뒤따르는 고난을 감수하며(4:7-12, 16-17; 6:4-5, 8-10) 믿음으로 살고, 부활을 완전히 확신하며(4:13-14, 17-18; 5:7), 그리스도의 화목케 하는 죽음의 메시지를 살아냄으로(5:19-21) 하나님께 영광을 돌리며(4:15) 그렇게 할 것을 추론할 수 있다. 바울은 복음을 섬기는 일에 있어 여러 가지 고난을 피하지 않고 여러 박해자들을 두려워하지 않는다. 그는 고린도 회중의 영향력 있는 회원이나 나중에 언급할 과장된 슈퍼-사도 앞에서 물러서지 않는다. 왜냐하면 그는 자신의 영원한 운명을 결정할 하나님의 심판만을 두려워하기 때문이다. 그러므로 심판대에 대한 언급은 6장 14절-7장 1절에서 날카로운 훈계를 준비한다. 그리스도를 삶의 기초로 삼는 고린도 교인(고전 3:10)은 구원을 받지만 우상 숭배의 오염을 피하지 않으면 주를 기쁘시게 하지 못하며 하나님께 영광을 돌릴 수 없다.

2.2.6. 하나님과 화목하도록 설득하기(5:11-21)

11 우리는 주의 두려우심을 알므로 사람들을 권면하거니와 우리가 하나님 앞에 알리어졌으니 또 너희의 양심에도 알리어지기를 바라노라 12 우리가 다시 너희에게 자천하는 것이 아니요 오직 우리로 말미암아 자랑할 기회를 너희에게 주어 마음으로 하지 않고 외모로 자랑하는 자들에게 대답하게 하려 하는 것이라 13 우리가 만일 미쳤어도 하나님을 위한 것이요 정신이 온전하여도 너희를 위한 것이니 14 그리스도의 사랑이 우리를 강권하시는도다 우리가 생각하건대 한 사람이 모든 사람을 대신하여 죽었은즉 모든 사람이 죽은 것이라 15 그가 모든 사람을 대신하여 죽으심은 살아 있는 자들로 하여금 다시는 그들 자신을 위하여 살지 않고 오직 그들을 대신하여 죽었다가 다시 살아나신 이를 위하여 살게 하려 함이라 16 그러므로 우리가 이제부터는 어떤 사람도 육신을 따라 알지 아니하노라 비록 우리가 그리스도도 육신을 따라 알았으나 이제부터는 그같이 알지 아니하노라 17 그런즉 누구든지 그

730 Garland, *1 Corinthians*, 238.

리스도 안에 있으면 새로운 피조물이라 이전 것은 지나갔으니 보라 새 것이 되었도다 18 모든 것이 하나님께로서 났으며 그가 그리스도로 말미암아 우리를 자기와 화목하게 하시고 또 우리에게 화목하게 하는 직분을 주셨으니 19 곧 하나님께서 그리스도 안에 계시사 세상을 자기와 화목하게 하시며 그들의 죄를 그들에게 돌리지 아니하시고 화목하게 하는 말씀을 우리에게 부탁하셨느니라 20 그러므로 우리가 그리스도를 대신하여 사신이 되어 하나님이 우리를 통하여 너희를 권면하시는 것 같이 그리스도를 대신하여 간청하노니 너희는 하나님과 화목하라 21 하나님이 죄를 알지도 못하신 이를 우리를 대신하여 죄로 삼으신 것은 우리로 하여금 그 안에서 하나님의 의가 되게 하려 하심이라

2.2.6.1. 변호: 편지의 주제 반복(5:11-13)

5장 11-13절에서 바울은 1장 12-14절에 언급된 편지의 주제를 반복한다. 그의 어조는 희망적이고 거의 간청하는 어조이다. 그는 자신이 하나님께 책임이 있다는 것을 알고 있으며 하나님의 최종 심판에 대해 경외의 두려움을 가진다. 가장 높으신 분을 두려워하지만 가장 높으신 분을 섬길 것이다. 바울은 여호와를 경외하는 것을 지혜의 근본(잠 1:7)으로 이해하는 구약 전통에 푹 빠져 있지만, 그것이 신실한 섬김의 기초라는 것을 이해한다. 하나님에 대한 바울의 극도의 경외심은 행동의 동기를 부여하고 자신의 빈약한 자원에 헛되이 의지하지 않도록 한다. 그는 주님과 함께 있기를 갈망하므로 하나님께서 자신을 정죄하실 것을 두려워하지 않는다(5:8).[731] 그의 생애는 하나님과 고린도 교인들에게도 공개된 책이다. 그는 하나님이 마음을 심판하신다는 것을 알기 때문에 하나님 앞에서 담대하다. 그는 고린도 교인들이 외모로 판단하기 때문에 괴로워한다. 하나님은 그를 아시고 그의 사역을 지지하신다. 고린도 교인들도 그를 알아야하고 그들의 사도의 직무를 더 지지해야 한다.

5장 14-21절에서 바울은 "하나님의 전체 구원 계획 안에 그리고 그리스도 사건과 관련하여 그의 사도로서의 삶의 방식을 위치시킨다."[732] 이 단락의 첫 부분인 5장 14-17절에서 초점은 그리스도 중심적이다. 그는 새로운 창조를 가져오고 그리스도인들이 이제 다른 사람들을 대하는 방식에 극적인 변

731 오직 하나님께 불순종하는 자만이 하나님의 보좌 앞에 설 것을 두려워해야 한다(롬 2:1-11).

732 J. Lambrecht, "Reconcile Yourselves ..! A Reading of 2 Corinthians 5, 11–21," in *Bieringer and Lambrecht*, Studies on 2 Corinthians, 366.

화를 필요로 하는 그리스도의 죽음의 의미를 설명한다. 두 번째 부분인 5장 18-21절에서 초점은 하나님 중심적이다. 그는 하나님께서 그리스도 안에서 화해의 형상으로 행하신 일을 예시한다. 논쟁은 또 다른 ABA′ 패턴을 따른다. 이 단락은 5장 18절, "모든 것이 하나님께로서 났으며"라는 구절로 시작한다.

A 하나님의 화목하게 하심(5:18b-19b)
B 화목의 사역(5:19c-20)
A′ 하나님의 화목케 하는 사역(5:21)

그리스도 안에서 하나님의 화목케 하는 사역은 그리스도의 죽으심과 부활로 끝나지 않았다. 그것은 세상에 선포하는 사명을 받은 바울과 같은 사도들의 사역에서 계속된다.

5장 20절과 6장 1절에서 사용된 "우리가 권하노니"(παρακαλοῦμεν, 파라칼루멘)는 두 구절을 묶는다. 장을 나누기는 부적절할 수 있다. 이사야서 6장 2절의 인용은 바울의 호소 뒤에 있는 긴급성을 설명하여 6장 1-2절이 앞의 내용을 요약하고 뒤따르는 내용을 준비함으로써 6장 3-10절에 나오는 내용을 연결한다.

5:11. 주님을 두려워한다는 것은 사도들을 포함하여 모든 사람이 하나님 앞에 서서 자신이 한 일에 대해 책임을 지게 될 것이라는 바울의 확신과 관련이 있다(5:10). 고린도전서 3장 10-15절에서 바울은 자신을 십자가에 못 박히신 그리스도를 전파하여 이 교회를 세우는 견고한 기초를 놓은 노련한 건축자로 묘사한다. 그는 건물을 지을 때 불의 시험을 견디어 낼 금, 은, 값비싼 돌로 지었는지 아니면 불에 타 없어질 나무, 풀, 짚으로 지었는지 하나님의 심판이 알려 주실 것임을 알았기 때문에 어떻게 건축하는지에 주의를 기울였다.[733] 두려움은 삶의 방식을 인도하는 종교적 의식, 하나님을 두려워하는 경외심을

733 집회서(Sirach) 1:30은 주님에 대한 두려움을 언급한다(다음에 인용됨. Furnish, *II Corinthians*, 322).

자신을 높이지 말라. 넘어질 수 있다.
그리고 자신에게 불명예를 가져올 것이다.
주님께서 당신의 비밀을 밝히고
온 회중 앞에서 너희를 엎드러뜨릴 것이다.
왜냐하면 너희가 여호와를 경외함으로 오지 아니하였고
그리고 너희 마음은 속임수로 가득했기 때문이다.

집회서(Sirach)의 문맥은 "주를 경외함"에 대한 이 논의를 분열된 마음과 위선과 결부시킨다.

의미한다. 바울은 그를 위해 자신을 내어주신 그리스도의 사랑을 알기 때문에 하나님의 심판에 대한 건강하지 못한 두려움 속에서 살지 않는다. 그러나 하나님의 사랑과 용서에 대한 놀라운 경험은 하나님이 거룩하고 의로운 하나님으로 남아 계시다는 그의 의식을 없애버리지 않는다. "여호와를 경외함"은 7:1에 다시 나타난다(7:11 참조).

예수께서는 수천 명의 군중에게 몸만 죽일 수 있는 자들을 두려워하지 말고 오직 "죽인 후에 또한 지옥에 던져 넣는 권세 있는 그분"(눅 12:4-5)을 두려워하라고 경고하신 후 어리석은 부자(눅 12:13-21) 비유를 말씀하셨다. 어리석은 부자는 주님을 두려워하지 않는 전형적인 예이다. 그는 성공적인 비즈니스 계산에 하나님을 포함시키는 것을 잊었고 하나님은 그를 바보라고 부르셨다(눅 12:20). 이 별명은 "어리석은 자는 그의 마음에 이르기를 하나님이 없다 하는도다"(시 14:1; 롬 3:18에서 인용된 시 36:1 참조)라고 말한 시편 기자의 말을 상기시킨다. 이렇게 큰 소리로 내뱉는 일은 절대 없을지 모르지만, 하나님이 없는 것처럼 살아가며, 자신의 미래를 어떻게 하면 더 행복하고 안전하게 만들지 계획하면서 돈과 권력 같은 세상의 현실이 어떻게든 흔들리는 유한성으로부터 자신을 지켜줄 것이라고 스스로 속인다. 다른 사람들은 하나님에 대한 불안한 두려움에서 벗어나 자신을 마취시키려고 할 수 있다. 그들은 우리가 하는 모든 일에 윙크하는 관대하고 관용적인 하나님과 함께 설탕 같은 신학을 고안한다. 대조적으로 바울은 하나님께서 그가 하는 모든 말과 행동을 면밀히 살피시리라는 것을 알고 일한다. 그는 하나님을 두려워하여 낙심하지 않고 오직 두렵고 떨림으로 자기 삶에 역사하시는 하나님의 구원에 복종한다(빌 2:12-13). 그는 그리스도의 대사로서(5:20) 자신이 섬기는 자를 특별히 염두에 두어야 한다. 고대 세계에서 "사절은 그들의 임무에 대한 책임이 있었고 이 책임이 항상 잘 정의되지는 않았지만 사절이 임무에 실패하거나 비준 기관이 수용할 수 없는 조건에 동의했을 때 그리스 도시국가와 로마에서 재판을 받고 처벌을 받는 경우가 있었다."[734]

하나님의 두려우심은 사도로서 바울의 존재를 결정한다. 이것은 마치 하나님 없는 곤경의 심각성과 그리스도 안에 있는 하나님의 풍성한 자비에 대해 설득하려고 애쓰는 것과 같다. 동사 *πείθομεν*(페이도멘)은 "우리는 사람들을 설득하려고 노력한다"라는 능동적인 의미로 번역되는데, 이는 반드시 성공하는 것은 아닌 시도를 의미한다(참조. 행 26:28). 그러나 바울은 사람들을

734 S. Perlman, "Interstate Relations," in *Civilization of the Ancient Mediterranean: Greece and Rome*, ed. M. Grant and R. Kitzinger (New York: Scribner's, 1988), 1:672.

잘 설득했다. "노력"은 "설득"이라는 개념에 내재되어 있다.[735] 자신이 화려한 수사나 유혹적인 속임수로가 아니라 하나님의 수단과 하나님의 표준에 따라 다른 사람들을 설득하고 있음을 분명히 하고 싶어하며, 다른 사람들에게 그들의 믿음을 지배함으로써 그들이 무엇을 믿도록 지시하지도 않는다. 역설적이고 수치스러운 복음의 장점을 믿으며 정직한 시험을 통과하고 청중이 복음의 진리를 스스로 결정할 수 있도록 한다.

바울은 갈라디아서 1장 10절의 논쟁적인 맥락에서 "설득하다"라는 동사를 "기쁘게 하다"의 부정적인 언급과 함께 사용한다. "이제 내가 사람들에게 좋게 하랴 하나님께 좋게 하랴 사람들에게 기쁨을 구하랴 내가 지금까지 사람들의 기쁨을 구하였다면 그리스도의 종이 아니니라." 일부 해석가들은 갈라디아서 1장 10절이 고린도후서 5장 11절과 병행되고 바울이 파렴치한 수단으로 회심자를 얻었다고 비난하는 사람들에 대한 답변임에 틀림없다고 주장한다.[736] 이러한 관점에서 설득한다는 개념은 "그가 듣는 자들을 기쁘게 하려고 복음을 더럽히는 것"과 연결될 것이다.[737] 고린도후서에서 "설득하다"라는 동사를 사용하는 데 약간의 비뚤어진 수사학적 스타일이 내포되어 있다고 생각할 만한 설득력 있는 이유는 없다. 바울이 자신의 전도의 임무를 염두에 두고 있었다는 것이 직접적인 맥락에서 볼 때 더 가능성이 높다(롬 15:17-19).[738] 이 진술은 그가 "진리를 나타냄으로 하나님 앞에서 각 사람의 양심에 대하여"(4:2; 참조. 4:13) 자신을 추천한다는 이전 주장과 연결된다. 다른 사람들을 휘젓는 그의 방법에 대한 일부 비판에 반응한다고 주장하는 것은 적합하지 않은 거울 읽기이다.[739] 지금 전체 단락, 2장 14절-7장 3절은 고린도 교인들에게 그들의 오류를 설득한 눈물의 편지에 대한 변호로서 바울이 "그들과 함께 있을 때 의심스러운 사역 방법"을 사용했다는 일부 비판에 대한

735 Lambrecht, "Reconcile Yourselves," 367–68.

736 불트만(Bultmann)은 그 단어가 반대자의 가시돋힌 말이라고 믿는다(*Exegetische Probleme des zweiten Korintherbriefs* [Darmstadt: Wissenchaftliche Buchgesellschaft, 1963], 13). 퍼니시는 바울을 비판하는 사람들이 "그가 사악한 방법으로 '사람들을 설득'하려고 했다고 비난했다"고 주장한다. 그는 이 단어를 인용 부호로 묶어야 한다고 제안한다(*II Corinthians*, 322). 스랄(Thrall)은 비판이 처음에 고린도의 유대인 반대자들로부터 왔고 이들은 차례로 유대인 그리스도인들에게 영향을 미쳤다고 생각한다(*Second Epistle*, 1:402–3).

737 따라서 Kruse, *2 Corinthians*, 119.

738 따라서 Windisch, *Der Zweite Korintherbrief*, 176.

739 화려한 수사학적 표현에 대한 고린도 교인들의 관심을 감안할 때 그들이 그러한 "설득"을 부정적인 의미로 보았을 것 같지는 않다. 그들은 왜 바울을 비난했을까?

대답으로 더 유익하게 읽힌다.[740] 바울은 이 단락의 마지막 부분에서 하나님께서 자신들을 통해 그들을 하나님과 화목하게 하라고 권면하신다고 주장한다(5:20). 이것은 5장 11절의 진술을 적절한 문맥에 놓는다.[741] 다른 사람들에게 이 역설적인 복음의 진리를 확신시키고 그들을 하나님께 인도하기 위해서는 설득이 필요하다.[742] 그것은 또한 분열하고 반항하는 회중을 다룰 때 필수적이다. 설득에는 또한 다른 사람들이 경건한 슬픔에 빠지도록 그들의 죄를 깨닫게 하는 것도 포함될 것이다. 여호와를 경외하는 자는 참된 확신을 낳는다. 그러므로 바울의 말은 액면 그대로 받아들여야 한다. 그는 자신을 아시는 주님을 경외함으로 다른 사람들을 설득하는데, 이것은 그가 하나님께 대답할 수 있는 사람으로서 정직하고 명예롭게 그 일을 한다는 것을 의미한다.

바울은 사람이 경건한 모습으로 남을 속이고 심지어 자신도 속일 수 있다는 것을 알고 있다. 그러나 모든 숨겨진 죄를 탐지하는 레이더와 같이 우리의 영혼을 살피시는 하나님은 결코 속일 수 없다. 그러므로 그는 거룩해 보이는 것에는 관심이 없고 오직 진정한 거룩함을 추구하는 것에만 관심이 있다. 바울은 하나님이 자신의 참 모습을 알고 계시며 자신의 사역과 동기가 하나님의 뜻과 완전히 일치한다는 확신을 쏟아 내고 있다. 바울은 자신이 알고 있는 것이 고린도 교인들에게도 분명하기를 원하지만(참조. 1:14), 그들의 행동은 모든 사람이 그의 사역에 감사하지 않는다는 것을 드러낸다.[743] 5장 11절에 있는 이 서술은 1장 12-14절에 표현된 편지의 주제를 선택한다.

> 우리가 세상에서 특별히 너희에 대하여 하나님의 거룩함과 진실함으로 행하되 육체의 지혜로 하지 아니하고 하나님의 은혜로 행함은 우리 양심이 증언하는 바니 이것이 우리의 자랑이라 오직 너희가 읽고 아는 것 외에 우리가 다른 것을 쓰지 아니하노니 너희가 완전히 알기를 내가 바라는 것은 너희가 우리를 부분적으로 알았으나 우리 주 예수의 날에는 너희가 우리

---

740 바넷이 주장한 바와 같다(*Second Epistle*, 281).

741 퍼니시가 읽으려고 하는 바와 같다(*II Corinthians*, 323).

742 불트만(Bultmann)은 이것이 "사람을 얻으려고 노력하다"를 가장 자연스럽게 의미한다고 주장한다("πείθω ...," *TDNT* 6:2). 사도행전에서 동사 πείθειν("설득하다")는 설득하는 사람을 믿게 한다는 긍정적인 의미로 가장 자주 나타난다(참조. 13:43; 17:4; 18:4; 19:8, 26; 23:23; 26:28; 28:23-24). 이것은 사도행전 14:19; 19: 26, 23:21에서 부정적인 의미이다. 람브레흐트는 "바울은 복음 선포로 사람들을 설득하기 위해 메시지를 전파함으로 사람들을 설득하려고 한다"("Reconcile Yourselves," 166)라고 결론지었다.

743 "알리어지다"는 2:14, 3:3, 4:10, 11, 5:10, 11(2회), 7:12, 11:6에 나온다. 여기에서는 다시 5:10의 "나타나게"를 가리킨다. 두 동사(πεφανερώμεθα, πεφανερῶσθαι)의 완료 시제는 그의 과거 사역이 그들 가운데 확립되었다는 지속적인 상황을 나타낸다.

의 자랑이 되고 우리가 너희의 자랑이 되는 그것이라

바울은 성숙한 그리스도인들이 분별의 은사를 가지고 있으며 스스로 문제를 판단할 수 있다고 가정한다. 그는 증거를 평가하기 위해 양심에 맡길 수 있다. 그러나 만일 바울의 마음 구석구석을 살피시는 하나님이 아는 방식으로 그들이 바울을 안다면, 그에 관한 친절하지 않은 견해를 바꿀 것이며 그들의 이교 문화가 그토록 매혹적이고 설득력이 있다고 생각하는 외적인 과시와 매력에 너무 취하지 않을 것이다. 이 편지를 쓰는 바울의 소망은 자신이 아니라 그들을 섬기고 있다는 것과 하나님 앞에서 자신이 아니라 그들을 높이길 원한다는 것이다. 그리고 바울의 담대한 훈계로 그들 모두 하나님의 화해를 받아들여 하나님 앞에서 바울과 함께 죄 없이 서게 하려 하는 사역의 일부라는 사실을 마침내 깨닫는 것이다.[744] 그들은 자신의 양심을 성찰하고 자신이 하나님을 경외하는 삶을 살고 있는지 질문할 필요가 있다.

5:12. 바울이 "우리가 다시 너희에게 자천하는 것이 아니요"라고 한 말은 그들이 그의 변호를 교만한 길로 되돌아가는 것으로 오해할까봐 염려한다는 의미가 아니다. 나는 이미 바울의 문화에서 자신을 추천하는 것이 본질적으로 잘못된 것이 없다고 주장했다. 그것은 자기 소개를 말한다.[745] 키워드는 "다시"이다.[746] 자랑은 바울에 대한 고린도의 불평이 아닌 것 같다. 적어도 그들의 문화적 관습에 따르면 바울은 자신이 충분히 자랑스럽지 않다고 느낄 수 있다. 그러므로 바울이 고린도 교인들이 혐오스러워 하는 자신에 대한 과장된 견해를 말하는 것 같지 않다. 그 대신에 그는 자신을 하나님의 사도로 그들에게 다시 소개하고 있지 않다고 주장한다. 바울은 단지 그들이 자신을 자랑스럽게 여기기 원한다(직역하면, "우리를 위하여 자랑하기 위함").[747] 여기서 자랑한다는 것은 긍정적인 의미를 내포한다. 바울은 마게도냐 교인들에게 그들에 대하여 자랑한 것 같이 그들도 자기[우리]에 대하여 자랑하게 하기만을 바란다(9:2).

744 바넷은 "너희에게"가 바울이 외부의 반대자들에 대항하여 고린도 교인들에게 자신을 변호한다고 주장한다(*Second Epistle*, 278). 그는 그들을 "그림자인 적들"이라고 부른다. 이 구절에서 그들은 너무 그림자처럼 보이며 단순히 해석자들의 상상의 그림자일 수 있다.

745 3:1에서 자기 추천 개념에 대한 논의를 참조하라.

746 또한 Thrall, *II Corinthians*, 1:403.

747 다른 사본은 ὑμῶν(𝔓[46] ℵ B 33)을 제시한다. 이 읽기는 그들이 그를 신뢰할 수 있고 용감한 사도로 알고 있기 때문에 자신에 대해 자랑할 수 있음을 의미할 것이다(Collange, *Énigmes*, 248-49). 그러나 ἡμῶν이 이 단락에서 바울의 논증의 의미를 가장 잘 뒷받침한다.

그들이 4장 8-12절과 6장4-10절에 묘사된 "완전히 관대하고 진정하게 자기에게 몰두하는 일"을 가치 있게 여기기를 바랐다는 것을 문맥으로 알 수 있다.[748] 그는 단지 세상적인 가식에서 비롯된 자랑을 하는 사람들에게 말하기 위해 쓴다. 바울의 목표는 그들에게 증거를 해석하는 새로운 방법을 제시해 그들이 하나님의 관점에서 그의 사역을 재평가하고 비방자로부터 자신을 변호할 수 있도록 하는 것이다. 바울은 이러한 비방자들이 누구인지 명시하지 않는다. 그는 "외모로 자랑하는 자들"(문자적으로, "얼굴을 자랑하는 자들")을 제한하지 않고 말해서 그 기준에 속해 사도를 조롱할 수 있는 모든 사람에게 적용되도록 할 가능성이 있다. 암시되는 비판자들은 고린도 교회 회중의 반항적인 구성원, 경계를 넘어선 최근 침입자, 또는 그를 반대하고 욕했던 초기 유대인 적대자들과 같은 외부 적대자들일 수 있다(행 18:6, 12-13). 우리는 이러한 비판의 배후에서 특정 반대자를 지적할 필요가 없다. 겉모습에 자부심을 느끼는 경향은 경쟁적인 유대인, 경쟁적인 선교사, 소외된 고린도 그리스도인에게 영향을 미쳤다고 바울이 믿는 인간들 사이에서 흔히 볼 수 있는 도덕적 실패이다. 복음과 사역의 영광과 보화를 질그릇에 가지는 것과 그리스도 안에서 죽은 자들에게 측량할 수 없는 영광이 기다리고 있다는 하나님의 약속을 믿음으로 사는 것에 관해 바울은 말한다. 이 말은 회중의 일원이든 간섭하는 손님이든 악의적인 외부인이든 상관없이 거짓된 세상 가치 때문에 심판이 더해진 자를 대적하는 데 사용될 수 있다.

그들이 누구든지 마음 대신에 외적이고 피상적이며 일시적인 것을 자랑한다.[749] 바울은 자신이 어떤 사람인지 하나님께 분명하게 알려졌음을 안다.

---

748 Lambrecht, "Reconcile Yourselves," 169.

749 "외모"로 번역된 단어는 문자적으로 "얼굴"(πρόσωπον)이다. 이 단어는 1:11; 2:10; 3:7, 13, 18; 4:6; 5:12; 8:24; 10:1, 7; 11:20에 나온다. 퍼니시는 얼굴을 자랑하는 것을 "육체를 따라 자랑하는 것이라고 할 수 있다"고 정확하게 지적했다(참조 11:18; *II Corinthians*, 308). 스랄은 3:7-18에서 모세의 얼굴에 관해서 언급할 때, 비판이 "그리스도인이 아닌 유대인들로부터 나온 것"이라고 추측한다. 그들은 모세의 영광스러운 형상과 변형된 얼굴에 바울의 불리한 점을 비교한다. 그들은 모세의 영광스러운 모습을 옛 언약의 영광스러운 영광을 증언하는 것으로 호소하고 새 언약의 마음에 기록된 영광을 알아보지 못한다. "그들은 외적인 '모세의' 영광보다 바울의 부족함을 파악하고 바울이 설립한 공동체에서 그의 자격을 인식하지 못한다. 바울이 3-4장을 쓴 것은 그의 개종자들에게 이 사람들에게 대답할 수단을 제공하는 것이다"(*Second Epistle*, 1:404–5). 이 견해는 바울이 모세를 언급한 것이 그에게 호소한 반대자들에 의해 촉발되었다고 가정한다. 이 경우가 아니라면, 우리가 주장한 바와 같이, 이 주장은 근거가 없다. 또한 바울이 이미 바울을 지지하고 있는 고린도 교인들이 유대인 반대자들과 논쟁을 벌이는 것을 도우려고 한다고 가정한다. 그러나 이 장의 어조는 바울이 내부 반대에 맞서 자신을 변호해야 함을 암시한다. 외부인들의 그를 향한 비판은 고린도에 있는 일부 사람들이 그에게 느끼는 불만을 부추길 수 있지만 바울을 변호하는 주된

사무엘상 16장 7절은 그의 확신에 대한 신학적 근거를 제공할 수 있었다. 여호와께서는 이새의 맏아들 엘리압이 선지자의 기름 부음을 받을 자가 아니라고 사무엘에게 경고하셨다. "여호와께서 사무엘에게 이르시되 그의 용모와 키를 보지 말라 내가 이미 그를 버렸노라 내가 보는 것은 사람과 같지 아니하니 사람은 외모를 보거니와 나 여호와는 중심을 보느니라 하시더라." 하나님은 가장 기대하지 않는 막내를 택하셨다. 인간은 외모와 정상적인 기대를 근거로 판단할 때 잘못된 판단을 내리기 쉽다. 눈에 보이는 영역은 불완전하고 환상에 불과하며 부패가 만들어내는 황폐화에 노출되어 있다. 세상적인 으뜸과 권세, 심지어는 교회의 권세도 하나님이 보시기에 항상 성공적이지는 않다. 영원한 영역은 건전한 영적 판단을 내릴 수 있는 유일하고 결정적이고 지속적인 가치를 제공한다. 고린도 교인들은 육신의 외모로 편향되는 경향이 있어서 바울의 반대자들에게 빠졌고 바울의 마음을 하나님처럼 보지 않았다. 세상의 지위, 세상의 명예, 외모 등을 보지 않고 성령의 관점에서 판단해야 한다.

5:13. 바울은 자신이 하는 모든 것이 하나님이나 그들을 위한 것이요 자신을 위한 것이 아니라고 단언한다. "우리가 미쳤어도"(ἐξίστημι, 엑시스테미)는 마가복음 3장 21절에서 사용된 것과 유사할 것이다. 사람들은 예수님이 "미쳤다"고 말했다. 이 동사는 "황홀경"을 가리킬 수도 있다(행 10:10, 11:5, 22:17). 사도행전 22장 17절에서는 바울이 예루살렘에서 본 환상을 묘사한다.[750] 그러므로 어떤 학자들은 바울이 신비한 경험과 방언으로 표현된 종교적 황홀함을 암시하는 것으로 이해한다.[751] 이 견해는 바울이 하나님과 특별한 교통을 할 때 영적 황홀의 드문 순간을 동료들과 교제할 때의 정상적이고 합리적인 상태와 구별한다고 가정한다. 바울은 고린도전서 14장 2-4절에서

대상은 외부인이 아니라 고린도 교인들이다.

750 스랄(Thrall)은 필론(Philo)이 명사 μανία와 ἔκστασις를 "정신이상"(Heir 264)의 동의어로 사용하고 "바울이 μαίνομαι에 해당하는 ἐξίστημι의 자동사 형태를 사용할 수 있다고 가정하는 것이 합리적이라고 생각한다"라고 주목한다(*Second Epistle*, 1:406). 허바드(Hubbard)는 이 두 동사가 거의 동의어라는 견해에 심각하게 도전하는 반증을 제시한다("Was Paul Out of His Mind?"). 동사 ἐξίστημι는 신약에서 기적(마 12:23, 막 2:12, 5:42, 6:51, 눅 8:56, 24:22, 행 2:7, 12, 8:9, 11, 13, 9:21, 10:45, 12: 16) 또는 하나님의 계시(눅 2:47)에 대해 겁에 질리거나 놀란 반응을 설명하기 위해 더 자주 사용된다. 명사 ἔκστασις를 기적에 대한 반응(막 5:42, 16:8, 눅 5:26, 사도행전 3:10)을 설명하는 데 사용되었으며 계시를 받는 환상을 묘사한다(행 10:10, 11:5, 22:17).

751 동사 ἐξέστημεν는 무시간적 부정과거로 간주된다. 그러한 황홀경의 일반적인 사실을 강조하면서 시상이 시간적이지 않을 것이다.

이렇게 구분한다.

> 방언을 말하는 자는 사람에게 하지 아니하고 하나님께 하나니 이는 알아 듣는 자가 없고 영으로 비밀을 말함이라 그러나 예언하는 자는 사람에게 말하여 덕을 세우며 권면하며 위로하는 것이요 방언을 말하는 자는 자기의 덕을 세우고 예언하는 자는 교회의 덕을 세우나니

그 구분이 여기에 적용된다면, 바울의 요점은 그의 황홀한 경험이나 이성적인 경험이 "나 자신의 이익이나 영광을 위해 수행된" 것이 아니라는 것이다.[752]

다른 한편으로, 바울은 사도의 자격 일부로 환상에 큰 비중을 두는 더 화려한 반대자들과 대조적으로 황홀한 환상의 가치를 가볍게 여길 수 있다. 그는 12장 1-7절에서 자신의 황홀한 환상에 대해 마지못해 이야기하는 반면, 반대자들은 그들의 천상의 계시에 대해 공개적으로 자랑스러워한다. 그러나 바울은 영원히 광적인 황홀경에 빠진, 사도들이 분별 있는 지도가 필요한 공동체에 별로 도움이 되지 않을 것임을 알고 있다.[753] 바울은 이렇게 말할 수 있다. "만일 우리가 황홀경을 경험한다면 그것은 우리와 하나님 사이의 어떤 것이다[우리 사역의 영적 성격을 증명하기 위해 다른 사람들 앞에 보여야 할 것이 아니다], 그러나 우리가 바른 정신이라면[그리고 합리적이고 이해하기 쉬운 말을 한다면] 그것은 너희들에게 유익하다."[754] 그러나 그러한 것들에 대한 고린도 교인들의 집착은 감동적인 환상이 부족한 바울을 비난하는 경향이 있음을 시사한다. 스랄Thrall은 "그들이 증언할 수 있는 황홀한 상태의 바울을 보고 싶었을 수도 있다"라고 제안한다.[755] 그러면 그들은 외부의 비판자들에게 바울이 영적으로 진짜임을 자랑할 수 있었을 것이다. 바울은 그러한 비판에 대해 그들이 그의 현란한 종교적 황홀경이 아닌 냉철하고 합리적인 주장에만

---

752 Barrett, *Second Epistle*, 166–67.

753 퍼니시는 다음과 같이 주장한다. "바울은 자신의 사도직의 진정성이 황홀경을 공개적으로 표시하는 형태의 '종교적' 증거로 뒷받침되지 않았다는 비판을 염두에 두고 있다. 이에 대한 응답으로 그는 사도성의 질문에 대한 황홀한 경험의 적절성을 부인하고(13a절), 대신에 복음 전파(11a절)와 복음을 받은 사람들을 돌보는 일에 대한 그의 사도직의 헌신을 강조한다(13b절)." "하나님을 위한 것"은 이러한 황홀한 경험이 "그 자신과 하나님 사이의 문제"라는 것을 의미한다(Furnish, *II Corinthians*, 321, 324). 바넷(Barnett)은 바울이 그러한 황홀한 경험이 그의 사역을 정당화하지 못한다고 주장한다는 데 동의한다. 목회는 사적인 것이 아니라 공적인 영역에서 찾아야 한다"(*Second Epistle*, 278–79).

754 Kruse, *2 Corinthians*, 121.

755 Thrall, *II Corinthians*, 1:407.

의존할 수 있다고 대답한다.

이러한 해석은 바울의 말을 너무 지나치게 읽는 것이다.[756] 바울의 사도로서의 자격은 여기에서 볼 수 없다. 이러한 맥락에서 바울은 황홀한 경험이 부족하다는 비판에 대해 아무런 반응을 보이지 않는다. 그것을 제정신 아닌 것에 연결하는 번역이 더 정확할 수 있다. 황홀경은 절제의 반대이며 비합리적으로 보일 수 있는 모든 종류의 행동을 나타낼 수 있다.[757] 유대인 반대자들과 같은 누군가는 바울을 정신적으로 불안정하다고 비난할 수 있다. 바울이 미쳤다는 것이다.[758] 또는 고린도의 그들, 즉 "자신과 자신의 외적 지위와 과시를 높고 자신 있게 생각하는 사람들은 바울을 비정상적이라고 여겼을 것이다."[759] 바울은 아마도 그들의 취향에 비해 너무 괴짜였을 것이다.

동사의 부정과거 시제가 과거를 가리키는 것으로 해석되고("만일 우리가 한때 제정신이 아니었다면") 현재 상태(즉, 무시간적)를 언급하지 않는 것으로 해석되면, 바울의 어떤 과거 행위를 암시할 수 있다. 올바른 정신 상태를 나타내기 위해 현재 시제를 사용하기 때문에, 바울이 지금 편지를 쓰고 있는 것을 이전에 일어난 일과 의도적으로 대조하여 미친 것으로 해석될 수 있다.[760]

---

756 프레이저(J. W. Fraser)는 다음과 같이 관찰한다. "ἐξέστημεν에 대한 바울의 고유한 사용을 그들에게 적용하고 황홀한 경험을 그들에게 돌릴 실제적인 근거가 없다"("Paul's Knowledge of Jesus: II Corinthians V.16 Once More," *NTS* 17 [1971]: 308).

757 허바드(Hubbard)는 아리스토텔레스가 ἐξίστημι 동사를 해로운 웅변가 스타일을 언급한 것으로부터(*Rhet*. 1408b, 1418a), 그의 연설이 세련되지 않고 과도하다는 비판을 암시한다고 주장한다("Was Paul Out of His Mind?," 57–64).

758 사도행전 26:24-25에서 로마 총독 베스도는 바울이 미쳤다(μανία)고 비난했고, 바울은 제정신(σωφροσύνης, 고후 5:13의 σωφρονοῦμεν 참조)이라고 대답했다.

759 Fraser, "Paul's Knowledge of Jesus," 308. 벨빌(Belleville)은 다른 사람들을 위해 고난을 받는 것을 기뻐하는 것이 미친 것처럼 보일 수 있고(4:8-9), 세상이 미쳤다고 여기는 것을 하나님을 위한 것이라고 바울이 반박한다고 언급한다(*2 Corinthians*, 148). 크루즈(Kruse)는 또 다른 선택지를 제공한다. "[어떤 사람들이 말하듯이] 우리가 미쳤을지라도 이는 순전한 복음을 전하는 일에 하나님께 신실한 결과일 뿐이나 만일 우리가 [지금과 같이] 정신이 바르면 [맑은 정신의 진리에서 유익을 얻는] 너희를 위함이다"(*2 Corinthians*, 121).

760 람브레흐트는 자신을 추천하는 과거의 과장된 행동을 언급한다고 주장하고 "만약 우리가 경솔했다면"이라고 번역한다. 이것은 바울이 11:23에서 "정신없는 말을 하거니와"로 말하는 그의 자랑과 병행될 수 있다. 그는 "숨김이 없다" 동사가 5:13에 있어야 한다고 생각한다. "만일 우리가 이해할 수 없게 행하였으면 우리의 뜻은 하나님께 숨김이 없었고 하나님께 열려 있었다. 지금 우리가 합리적이고 통제된 방식으로 행동한다면 우리는 완전히 당신에게 정직하고 숨김이 없다." 바울은 자신의 과거 과장이 잘 의도된 것임을 하나님께서 알고 계시며 "고린도 교인들은 제정신인 사도의 생활이 그들에게 투명하다는 것을 인정해야 한다"("Reconcile Yourselfs," 172-173)라고 자신을 변호할 것이다. 마샬(Marshall)은 이것이 "통제되지 않은 열정"(*Enmity in Corinth*, 333)을 말하는 것이라고 생각한다. 그는 반대자들이 "그의 연설은 억제되지 않고 충동적이며 수반되어야 하는 사교적인 예의에 대한 교육 부족을 드러

REB 성경은 다음과 같이 번역한다. "만일 이것이 미친 말이라면 하나님께 하는 말처럼 받아들여라. 의미가 있다면, 당신에게 하는 말처럼 받아들여라." 그러나 우리는 이 큰 단락이 바울이 그들의 죄에 대해 담대하게 직면한 열정적인 눈물의 편지에 대한 변호를 포함하고 있으며 부정과거의 사용은 이전의 눈물의 편지(2:4)를 언급한다고 주장했다. 바울은 너무 슬퍼서 편지를 보내는 순간 자신이 그렇게 강한 언어로 편지를 쓴 것을 후회했다고 말한다(7:8). 자신과 하나님 사이에서, 이 격렬한 책망은 그들을 자신과 하나님과 화해시키려는 선한 의도를 가진 시도였다. 11장 2절에서 바울은 딸을 남편이신 그리스도와 결혼시키기로 약속하고 그녀를 "순결한 처녀로"(11:2) 드리려는 아버지로서 그들에 대해 "하나님의 질투"를 느꼈다고 인정한다(11:2). 고린도 교인들에 대한 그러한 깊은 애착은 눈물의 편지에서 터져 나오는 고뇌와 자책을 설명한다. 7장 9절에서 바울은 그들이 "하나님의 뜻대로 근심하게 된 것은 우리에게서 아무 해도 받지 않게 하려 함이라"고 설명한다. 그는 이 편지에서 더욱 자제하며 그것이 또한 유익을 위한 것임을 보증한다.

"정신이 온전하여도 너희를 위한 것이니." "정신이 온전하다"는 "정신적인 절제"를 의미한다. 그들은 바울이 하는 모든 것이 자신을 위한 것이 아니라 하나님을 위한 것임을 깨닫도록 바울을 잘 알아야 한다. 바울의 이전 편지는 그를 화나게 하거나 그들을 슬프게 하는 사람에 대한 개인적인 비하로 쓰인 것이 아니다. 그 편지는 그들을 하나님께로 돌아오게 하기 위함이었다(2:9-11; 7:9, 12). 바울은 지금 더 바른 정신으로 절제하면서 같은 목적으로 그들에게 쓴다.

2.2.6.2. 화해를 위한 그리스도의 사신(5:14-21)

5:14-15. 바울이 하나님과 다른 사람들에게 자신을 헌신하도록 이끄는 이유는 무엇인가? 이사야서의 네 번째 종의 노래(사 52:13-53:12)에 대한 바울의 암시는 이 전통이 "바울이 그의 사도적 지위와 사역을 이해하고자 하는 중요한 패러다임을 제공"했음을 보여 준다.[761] 기그닐리엇Gignilliat은 이사야 40-66장의 모든 최종 형태가 하나님께서 그리스도 안에서 행하신 일과 그 종말론적 사건의 결과로 하나님이 계속 하시는 일에 대한 그의 이해를 이끌었다

낸다"고 불평했다고 주장한다(339-40p). 비슷하게, 댕커(Danker)는 바울의 감정주의가 불균형과 광신주의의 방향으로 기울어진 것처럼 보였다고 제안한다(*II Corinthians*, 78).

761 Han, *Swimming*, 47.

고 주장한다. 예수님이 종의 독특한 정체성을 채우고,[762] 바울의 종말론적 역할이 그 종의 종으로서 역할이라고 결론지었다.[763] 종들은 "그 종의 약속된 후손"(사 53:10)이며 "그 종은 종들 안에서 계속 살아간다."[764]

바울은 그리스도의 죽음이 자신의 삶과 사역에 무엇을 의미하는지에 대한 교리적 설명으로 동기를 확장한다.[765] 헬라어와 영어 모두에서 "그리스도의 사랑"이라는 문구는 (a) 바울에 대한 그리스도의 사랑(주격적 속격), (b) 그리스도에 대한 바울의 사랑(목적격적 속격), 또는 (c) 그리스도의 사랑과 바울의 사랑 둘 다를 의미할 수 있다. 그리스도의 사랑이 다른 사람들을 위해 자신의 생명을 내어주신 데 우선순위를 두었지만, 바울은 미약하고 불안정하지만 자신의 사랑으로 하나님의 긍휼에 응답한다. 바울은 하나님께서 그리스도 안에서 행하신 일을 사랑의 표현이자 화해의 수단으로 묘사하기 때문에 그를 향한 그리스도의 사랑(갈 2:20, 엡 5:21, 살후 2:16)이 주된 내용이 될 것이다. 그러나 바울은 자신의 그리스도에 대한 사랑의 반응을 무시할 수 없었다(엡 6:24).[766]

동사 "강권하시는도다"(συνέχει, 쉰에케이)는 빌립보서 1장 23절에서만 나타난다. 그것은 "함께 붙들다", "묶다", "굳게 붙들다", "제약하다"를 뜻할 수 있다. 많은 학자들이 긍정적인 의미로 해석한다. 그리스도의 사랑은 그를 행동하게 만든다. 부정적인 의미는 2장 14절의 포로 은유에 적합할 것이다. 우리를 위한 죽음으로 표현된 그리스도의 사랑은 바울의 삶을 통제하는 요소로 그를 굳게 붙들고 있다.[767] NEB 성경은 그리스도의 사랑이 "우리가 선택의 여지가 없게 만든다"라고 번역한다.[768] 스랄Thrall은 이것을 "그리스도의 자기 희생적인 사랑이 바울의 자기 추구를 제약한다"는 의미로 이해한다. 볼트Robert Bolt의 『4계절의 사나이A Man for All Seasons』에서 토마스 모어 경의 딸 마

762 M. S. Gignilliat, *Paul and Isaiah's Servants: Paul's Theological Reading of Isaiah 40–66 in 2 Corinthians 5:14–6:10*, LNTS 330 (London: T&T Clark, 2007), 55–107.

763 Gignilliat, *Paul and Isaiah's Servants*, 108–42.

764 Gignilliat, *Paul and Isaiah's Servants*, 130, 86. 또한 다음을 참조하라. 사 56:6; 63:17; 65:8-15.

765 5:14의 γάρ은 5:11–13에서 그가 말한 것에 대한 이유를 제시한다.

766 따라서 C. Spicq, "L'étriente de la charité," *ST* 8 (1954): 124; M. Zerwick, *Biblical Greek* (Rome: Pontifical Biblical Institute, 1963), 13; 그리고 Wallace, *Biblical Greek*, 120, 그는 "전체의 속격"으로 분류한다.

767 이 이미지는 오비디우스의 "사랑의 기술"(*Art of Love* 1.2.27-30)에 나타나며, 그는 자신을 "저항하지 않는 마음을 가진 새로운 유대"를 지닌 "최근의 전리품"이라고 밝혔다.

768 Thrall, *II Corinthians*, 1:408.

가렛은 그에게 왕에 대한 저항을 계속하지 말라고 간청하고 이렇게 요청한다. “하지만 이유가 있습니다! 하나님께서 합당하게 원하시는 만큼 하지 않았을까요?” 모어는 “글쎄 ... 결국 ... 그것은 이성의 문제가 아니다. 결국 사랑의 문제이다.”[769] 그리스도의 사랑은 바울로 하여금 자신을 위해 살지 못하게 하고 오히려 다른 사람들을 위해 자신의 생명을 쏟게 한다. 바넷은 바울에 대해 “자기 중심주의가 기독교 중심주의에 자리를 내주었다“고 말한다.[770]

“우리가 이 결론에 이르렀으니”(개역개정, ‘우리가 생각하건데’)는 과거의 판단과 현저하게 다른 현재의 판단을 나타낸다(참조. 행 26:9). 그는 이제 “한 사람이 모든 사람을 위해 죽으셨다”는 것을 이해한다. 일반적으로 헬라어 전치사 ἀντί(안티)는 그리스도께서 모든 것 “대신” 돌아가셨음을 표현한다는 것을 부정할 수 없지만, 여기에서 전치사 ὑπέρ(휘페르)는 바울이 대속을 표현하기 위해 쓸 때 더 널리 사용되었다.[771] 문맥도 마찬가지로 대속의 의미를 가지고 있음을 제시한다.

모든 인간은 죄 아래 있었고 정당한 죽음의 형벌을 받아야 했다(롬 3:9-18, 23, 5:12). 우리는 그리스도께서 모든 사람을 대속하여 죽으심으로 모든 사람이 받아야 할 형벌을 짊어지고 모든 사람에게 유익을 주셨다고 말할 수 있다. 던은 “대속”이 이야기의 절반만 설명한다. 그는 예수의 죽음에 대한 대표성에 대한 견해를 주장한다. 다음과 같이 쓴다.

> 물론 예수께서 다른 사람들을 대신하신다는 중요한 요소가 있다. 즉, 결국 희생적 은유의 핵심이다. 그러나 바울의 가르침은 그리스도께서 (대속의 논리가 의미하는 바와 같이) 다른 사람들을 “대신해서” 죽으셔서 그들이 죽음을 피한다는 것이 아니다. 오히려 그리스도께서 그들의 죽음을 함께 나누심으로써 그들이 그리스도의 죽음을 함께 나누는 것이 가능하게 된 것이다.[772]

그는 “대표”와 “참여”라는 용어도 부적절하지만 “그의 죽음 안에서, 그의 죽음을 통해, 그리고 그의 죽음을 너머까지 그리스도와 계속 동일시된다는 의

---

769 R. Bolt, *A Man for All Seasons* (New York: Vintage, 1960) 81; 다음에 인용됨. W. H. Gloer, “2 Corinthians 5:14-21,” *RevExp* 86 (1989): 397.

770 Barnett, *The Message of 2 Corinthians*, 111.

771 참조. A. T. Robertson, *The Minister and His Greek New Testament* (Nashville: Broadman, 1977), 35–42; Wallace, *Biblical Greek*, 383–89.

772 J. D. G. Dunn “Paul’s Understanding of the Death of Jesus as Sacrifice,” in *Sacrifice and Redemption: Durham Essays in Theology* (Cambridge: Cambridge University Press, 1991): 35–56.

미"를 전달하는 이점이 있다고 분명히 밝힌다.[773] 예수께서 우리를 대신해서 살아나지 않으신 것은 사실이지만, 그의 죽음에 관해서는 그리스도께서 "그들의 대속이 되심으로" 모든 인간을 대표하셨다.[774]

"한 분이 만인을 위해 죽었다면, 그 '한 분'은 유일하게 중요성을 가진다."[775] 많은 사람들이 자신이 하나님을 믿는다고 주장하지만 나사렛 예수의 보편적인 중요한 점에 걸려 넘어진다. 그분의 간결한 말에 감탄하고 그분의 비극적인 순교를 슬퍼할 수 있지만 그분을 주님으로 고백하지는 않는다. 그러나 복음의 가장 중요한 부분은 그리스도 안에서 하나님이 인류와 하나가 되셨고, 그분이 모든 사람을 위해 죽으셨으며, 그분의 부활이 사망의 완전한 지배를 깨뜨렸다는 중심 진리에서 출발한다. 이 놀라운 일하심의 동기는 모든 사람을 향한 하나님의 사랑이었다.

얼마나 많은 사람들이 "모두"에 포함되는가? 하나님의 화목케 하심을 말하는 골로새서 1장 20절 같은 본문들이다. "그의 십자가의 피로 화평을 이루사 만물 곧 땅에 있는 것들이나 하늘에 있는 것들이 그로 말미암아 자기와 화목하게 되기를 기뻐하심이라." 로마서 8장 32절은 다음과 같이 확언한다. "자기 아들을 아끼지 아니하시고 우리 모든 사람을 위하여 내주신 이가 어찌 그 아들과 함께 모든 것을 우리에게 주시지 아니하겠느냐." 이것은 하나님께서 그리스도의 죽음의 유익이 모든 사람에게 미치도록 의도하셨음을 의미한다(참조. 히 2:9; 요일 2:2). "모두"는 모든 인류를 포함한다. 그리스도의 죽으심의 유익은 유대인들로 제한되지 않고 한계를 넘어 남성과 여성, 종과 자유인, 유대인과 이방인을 포함하도록 확장된다.[776] 그러나 완고하게 그리스도에게 복종하기를 거부하고 하나님의 화해를 거부하는 사람들은 정죄를 선택한다. 결과적으로 신자들만이 그리스도의 죽음으로부터 유익을 얻는다.

이 주장에서 바울은 "모든 사람은 죽는다"는 추론을 이끌어낸다.[777] 이 결론의 근거는 무엇인가? 어떻게 "모두"가 죽는가? 우리는 바울이 대신 다음과 같이 썼을 것으로 예상할 수 있다. "한 분이 죽었다. 그러므로 모든 사람이 사

773 Dunn, *Theology of Paul*, 223.

774 Harris, *Second Epistle*, 421.

775 Barnett, *Second Epistle*, 289.

776 바울은 고린도에서 쓴 로마 교인들에게 보낸 편지에서 그리스도께서 의인이나 선한 사람을 위하여 죽으신 것이 아니라 모든 불의한 인류를 위하여 죽으신 것에 대한 경이로움을 표현한다. 우리가 아직 원수였을 때 하나님께서는 원수를 하나님과 화목한 자로 변화시키려는 계산된 위험을 감수하셨다.

777 그는 "그러므로", "따라서", "결과적으로"를 의미하는 추론을 의미하는 ἄρα를 사용한다.

망에서 구원 받았다."[778] 바울의 서술은 신학적인 줄임말로 기록되었다. 태스커Tasker는 그 전체 의미를 잘 표현한다. "그리스도의 죽으심은 그들이 죽어야 한다는 의미에서 모든 사람의 죽음이었다. 그들의 죄에 대한 형벌은 그분이 짊어지셨다(고전 15:3; 고후 5:20). 그분은 그들을 대신해서 죽으셨다."[779] 이 부분에서 바울의 목적은 그리스도의 죽음을 설명하는 것이 아니라 그 죽음으로부터 논증한다. 따라서 그는 고린도 교인들이 이미 알고 있던 그리스도의 죽음에 대한 신학적 이유에 대한 몇 가지 기본 전제를 생략했다. 즉, 모든 사람은 그들의 죄로 인해 죽음에 이르게 되었고, 하나님은 죄를 처리하고 죄인을 회복시키기 위해 자신의 아들을 죄 있는 육신의 모양으로 보내셨다(롬 8:3). 이 삼단 논법은 다음 생략된 전제가 있다.

> [모든 인류는 죄로 말미암아 사형 선고를 받았다.]
> [그리스도께서는 모든 죄인과 동일시되어 죽으셨다.]
> 그러므로 모든 사람이 죽었다.

"그리스도께서 죽으셨으므로 모든 사람이 죽었다"라는 결론은 그리스도께서 모든 인류를 대신하거나 대속물로 죽으신 경우에만 의미가 있다. 그러나 인간이 우리를 위해 죽도록 그리스도를 선택하지 않았다. 하나님께서 하셨다. 하나님의 뜻에 대한 그리스도의 순종은 자기를 내어주는 사랑의 최고의 행위였다.

다음 구절(5:15)은 이 속죄의 죽음이 수반하는 것을 더 설명하고 그것에 자격을 부여한다. "그가 모든 사람을 대신하여 죽으심은 살아 있는 자들로 하여금 다시는 그들 자신을 위하여 살지 않고 오직 그들을 대신하여 죽었다가 다시 살아나신 이를 위하여 살게 하려 함이라."[780] 5장 14절의 재언급은 바울이 그리스도와 함께 자기 자신에 대해 죽는 모든 신자를 언급함을 보여 준다. "모든 사람"는 더 이상 자신을 위해 살지 않는 모든 사람에게 적용된다(참조. "믿는 모든 자", 롬 4:11; 그리고 "그를 부르는 모든 사람", 롬 10:12). 그가 꿈꾸는 죽음은 자아에 대한 죽음으로, 따라서 그리스도와 함께 생명을 가질

778 Windisch, *Die zweite Korintherbrief*, 182.

779 R. V. G. Tasker, *The Second Epistle to the Corinthians*, TNTC (Grand Rapids: Eerdmans, 1958), 86.

780 바울의 주장에는 고린도 교인들을 위한 참신한 사상이 들어 있지 않다. 그는 이전에 이 신학을 그들과 공유했으며 그가 의미하는 바를 더 자세히 설명할 필요를 느끼지 않는다. 그러나 우리는 그의 주장의 공백을 채워야 한다.

수 있다.[781] 태너힐Tannehill은 이 진술이 "그리스도와 함께 죽는 주제에 관한 다른 표현이다"라고 주장한다.[782] 그리스도와 연합하는 모든 사람은 그와 함께 죽어야 한다. 그러므로 바울은 여기서의 죽음을 "뇌파가 멈추고 심장이 우리 몸을 통해 피를 밀어내는 것을 멈출 때" 내리는 의학적 정의 이상으로 이해한다.[783] 그것은 죄와 육과 옛 것에 대한 죽음이다.[784] 우리가 믿음으로 그리스도의 죽음이 선포하는 화해의 메시지를 받아들이고 그의 죽음과 합하여 세례를 받을 때 우리는 모든 사람을 위한 그리스도의 죽음의 혜택을 누린다. 예수님의 수난은 모든 인류의 이야기이고 죄에 대한 하나님의 심판과 형벌을 반영한다는 점에서 모든 인류의 이야기이다. 우리가 그리스도와 함께 죽을 때 우리는 율법의 심판과 죽음의 손아귀에서 벗어난다.

예수의 희생적인 죽음에 관한 바울의 언어는 여전히 자기 사랑의 노예인 고린도 교인들에게 미묘한 압력을 가할 수 있도록 한다. 이 구절은 "당신은 더 이상 자신을 위해 살지 말아야 한다"를 의미하며, 따라서 "그 논쟁을 격동적인 당신-대-나에서 그리스도-대-우리로 옮겨간다."[785] 그렇게 함으로써 바울은 근본적인 신학적 문제가 그들 사이의 논쟁에 관련되어 있음을 분명히 한다. 그리스도의 죽음은 단순히 우리가 하나님의 영원한 임재로 들어가는 것을 보장하지 않는다. 그것은 우리가 지금 여기에서 사는 방식을 바꾸어야 한다. 영원한 생명을 기대하는 사람은 누구나 그리스도의 죽음에 적절하게 반응해야 한다. 이 반응은 그리스도의 죽음이 죄를 속죄한다는 명제에 대한 지적인 동의 이상을 요구한다. 그것은 어떻게 살아야 하는지 틀을 잡아야 한다. 이 응답은 누가 진정으로 그리스도에게 속해 있고 누가 그렇지 않은지를 분별하는 필수적인 기준을 제공한다. 그리스도께 속한 사람은 자기를 위하여 살지 않는

---

781 이러한 선택은 람브레흐트가 다음과 같이 주장하는 것처럼 문맥상 바울이 죄 가운데서 죽는 모든 사람들을 염두에 두고 있다고 가정하는 것보다 더 큰 의미가 있다. "로마서 5:15에서 아담의 죄로 말미암아 많은 사람이 (죄 가운데서) 죽었던 것과 같이 고후 5:14에서 새 아담이신 그리스도의 구속의 죽음에서 모든 사람이 그들의 [죄로 말미암아 죄에 대하여 죽었다]. 즉, 그들은 생명을 얻는다(참조. 15b절)."("Reconcile Yourselfs," 378n31). 또한 모든 사람은 잠재적으로 죽고 실제 죽음은 믿음으로 응답을 기다리고 있다고 가정하거나(Barrett, *Second Epistle*, 168-69), 옛 것이 끝났다고 가정하는 것(종말론적 관점에서 해석; Furnish, *II Corinthians*, 327-28)보다 더 의미가 있다.

782 Tannehill, *Dying and Rising with Christ*, 66.

783 Minear, "Some Thoughts on Dying," 100.

784 로마서 5:1-11에서 바울은 화해를 가져오는 그리스도의 죽음을 언급하고, 다음 단락에서 그는 그리스도의 죽음과 합하는 세례(6:3-7), 율법에 대한 죽음(롬 7:4-5), 부활(롬 6:4-5, 9-10), 새 생명 가운데서 행함(롬 6:4), 사망에서 생명으로 옮겨짐(롬 6:13)에 대해 말한다.

785 Minear, "Some Thoughts on Dying," 101–2.

다. 자기 홍보, 자기 성취, 방종에 빠진 사회에서 그리스도인은 뚜렷하게 구별된다. 그들은 오직 그리스도를 위해 살고 다른 사람의 선을 위해 자신의 권리를 포기하고 자신의 방식을 고집하지 않는다.

바울과 같은 1세기 그리스도인들의 자기 부인이 동시대인들에게 신비감을 주기만 했다면 그들의 관심을 끌기는 했을 것이다. 저지Judge는 다음과 같이 관찰한다.

> 성 바울 사상의 특징은 그리스도의 자기를 낮춤과 속죄의 의미에 대한 그의 매력이다. 그는 인간의 모든 기대와 달리 분명한 환난의 놀라운 결과를 볼 수 있었다. 따라서 좌절과 굴욕을 겪은 자신의 경력에서 그리스도의 고통에 대한 유비에 이끌려 윤리 철학자들의 이상, 즉 다른 사람들을 위해 자신을 포기할 수 있는 사람의 이상과 정반대의 이상을 보았다. 바울이 근본적으로 거부한 그리스 사상의 첫 번째 측면은 자기보호였다.[786]

그리스도의 죽음과 부활을 통해 오는 구속의 선물은 우리가 사는 방식을 바꿀 것을 요구한다. 우리는 더 이상 이기적인 욕망이 다른 사람을 대하는 방식을 왜곡하도록 허용하지 않는다. 우리 자신의 갈망과 목적과 안전을 죽음에 이르게 하기 위해 그리스도와 함께 죽음을 받아들이려면 위험한 믿음의 모험이 필요하다. 그러나 바울은 그리스도께서 그의 삶의 고삐를 통제하셔서 그가 더 이상 가시채를 뒷발질하지 않도록 하신다고 주장한다. 그는 대신 다른 사람들, 특히 고린도 교인들을 섬기기 위해 살아간다(4:12, 15; 5:13). 바울이 이 부분에서 결정적으로 중요하다고 생각하는 것은 그리스도의 죽음이 다른 사람들을 어떻게 평가해야 하는지 그들이 그를 어떻게 평가해야 하는지에 대한 의미이다. 다른 사람들이 지금 바울을 잘못 읽은 것처럼 그는 한때 그리스도를 잘못 읽었다.

5:16. 그리스도를 위해 산다는 것은 무엇을 의미하는가? "그러므로"(ὥστε, 호스테)는 5장 14-15절의 결론을 이끌어 낸다. 이제부터 우리는 아무도 "육신을 따라"(κατὰ σάρκα, 카타 사르카) 알지 않는다.[787] 강조점은 "다시는"(μηκέτι, 메케티), "이제부터는"(ἀπὸ τοῦ νῦν, 아포 투 뉜), "더 이상"(개역개정, '이제부터는 그같이 ~아니하노라', νῦν οὐκέτι, 뉜 우케티)에 있다. 그러나

786 Judge, "St. Paul as a Radical Critic of Society," 195.

787 바울은 "알다"를 의미하는 동사 οἴδαμεν, ἐγνώκαμεν, γινώσκομεν를 사용한다. 히브리어 성경을 배운 사람에게 "아는 것"은 사람이 행동하는 방식에 직접적인 영향을 미친다 (Lambrecht, "Reconcile Yourself," 383).

"이제부터는"은 종말론적 의미를 내포한다. 따라서 바울이 모든 평가와 결정을 십자가의 지혜에 맡겼을 때 회심의 지점을 넘어선 어떤 것을 가리킨다.[788] 그리스도의 죽음은 시대의 전환이다. 그것은 이 세상이 지나가고 있음을 보여주고 그것에 대한 모든 집착이 중요하지 않고 헛됨을 보여 준다. 태너힐은 다음과 같이 쓴다.

> 만일 바울이 옛 세상은 "나에게는" 또는 "내가 보기에" 이미 지나가 버렸다고 주장할 수만 있다면, 그는 다른 사람들이 더 이상 자기를 육신으로 판단하지 못하도록 주장할 수 없을 것이다. 왜냐하면 그들은 바울이 자신의 관점에서 본 것처럼 그들의 관점을 가질 권리가 있기 때문이다. 이 구절에서 바울의 전체 논증은 새 시대의 실재에 달려 있다.[789]

바울에게 진리는 상대적이거나 개인적인 취향의 문제가 아니다. 그것은 하나님께서 그리스도 안에서 행하신 일의 객관적인 실재에 의존한다.

바울은 "우리가 이제부터는 어떤 사람도 육신을 따라(*κατὰ σάρκα*) 알지 아니하노라 비록 우리가 그리스도도 육신을 따라 알았으나 이제부터는 그같이 알지 아니하노라"라고 확언한다. "우리가 한때 그리스도를 이렇게 여겼으나"는 여러 가지 다른 해석을 낳는다.[790] 한 유명한 견해는 "육신을 따라"가 "어떤 사람도"와 함께 명사 "그리스도"를 수식하는 것으로 간주한다. 그러면 이 서술은 역사적 예수를 가리킨다. 그러므로 바울은 역사적 예수에 관심이 없었고 하늘에 계신 그리스도께만 관심이 있었던 것으로 추론된다. 불트만은 이 견해에 대해서 고전적으로 말한다. "바울에게 그리스도는 개인으로서의 정체성을 잃어버렸다. 바울은 더 이상 '육신을 따라'(고후 5:16) 그분을 아는 것이 아니다. 그 대신에 예수는 믿음과 세례를 통하여 그에게 결합된 모든 사람이 속한 몸인 우주적 형상이 되셨다."[791]

---

788 이 어구는 눅 22:69에서 종말론적 의미를 가지고 있지만 다른 신약의 경우에는 그렇지 않다(눅 1:48; 5:10; 12:52; 22:18; 요 8:11; 행 18:6).

789 Tannehill, *Dying and Rising with Christ*, 69.

790 *κατὰ σάρκα*("육신을 따라")에 대한 다양한 번역은 이 문제를 드러낸다. CSB 성경은 "세속적 관점에서", NRSV 성경은 "인간적 관점에서", GNT 성경은 "인간의 기준에 따른", JB 성경은 "육체에", 모팻(Moffatt)은 "외부적인 것", 필립스 성경은 "남자로서"라고 번역한다. 우리는 *κατὰ σάρκα*가 5:11-15에서 5:17까지의 생각의 흐름을 방해하는 영지주의적 용어라는 견해를 버릴 수 있다(Schmithals, *Gnosticism in Corinth*, 302-15).

791 R. Bultmann, *Primitive Christian in Its Contemporary Setting* (New York: Word, 1956), 197. 불트만은 자신의 주석에서 다음과 같이 쓴다. "*Χριστός κατὰ σάρκα*는 죽으시고 부활하시기 전에 세상에서 만날 수 있는 그리스도이시다. 그분은 더 이상 그렇게 여겨져서는 안 된다." (*Second Letter*, 155). 또한 다음을 참조하라. J. Weiss, *Paul and Jesus* (London: Harper, 1909),

몇 가지 고려 사항으로 이 견해는 유지될 수 없다. 바울은 결혼과 이혼에 대한 조언에서 예수님께서 이혼에 대해 말씀하신 전통을 인용했다(고전 7:12). 그는 또한 주의 만찬에서 고린도 교인들의 잘못됨을 바로잡기 위해 그들에게 전한 예수님의 마지막 만찬의 전통을 인용했다(고전 11:23-25). 지상의 예수께서 말씀하시고 행하신 일에 대한 그 전통은 분명히 중요하고 권위 있는 것이었으며 바울의 전파 활동에서 중요한 부분이었다.[792] 이 견해에 반대하는 핵심 논거는 바울이 다른 곳에서 *κατὰ σάρκα*(카타 사르카)를 사용함으로 확립된 패턴이다. 바울이 명사나 고유명사와 함께 *κατὰ σάρκα*라는 구를 사용할 때, 그 어구는 명사 뒤에 온다(롬 1:3; 4:1; 9:3, 5; 고전 1:26; 10:18).[793] 이 문장에서 대명사 "아무도"와 명사 "그리스도"가 이 어구 앞에 나오므로 부사로 읽어야 한다. 이 패턴에 더하여 프레이저Fraser는 고린도후서 전체에서 예수님과 그리스도에 대한 언급이 바울이 두 이름을 모두 사용하여 그리스도의 사역의 전체 영역, 수난 전의 그리스도, 수난과 부활의 그리스도, 그리고 이 사건 후에 그리스도에게 무슨 일이 일어났는지에 대해 주목한다. 그는 "그리스도는 역사적 예수를 벗어나서 고려될 수 없다"고 결론지었다.[794] 마지막으로, 바울은 아무도 육신을 따라(*κατὰ σάρκα*) 아는 사람이 없다고 말한다. 일관성을 유지하기 위해, 이 해석은 그가 육신으로 아무도 만나지 않았다는 의미를 요구할 것이다. 이것은 말도 안 된다. 그러므로 그가 더 이상 그리스도를 육신에 따라(*κατὰ σάρκα*) 모른다는 이 진술은 지상의 예수에 가정되는 무관심과는 아무런 관련이 없다. 바울은 사람들이 세상의 기준으로 다른 사람을 판단하는 육신의 기준을 말한다. 바울은 "육신 이후의 그리스도"에 대한 지식을 거부하지

41-53; W. Bousset, *Kyrios Christos* (Nashville: Abingdon, 1970), 169.

792 참조. Dunn, *Theology of Paul*, 182–206.

793 Fraser, "Paul's Knowledge of Jesus," 298; Furnish, *II Corinthians*, 313; F. W. Danker, "Exegesis of 2 Corinthians 5:14–21," in *Interpreting 2 Corinthians 5:14–21*, ed. J. P. Lewis (New York: Mellen, 1989), 114–15. 이 문구가 동사를 수식할 때는 동사 앞이나 뒤에 올 수 있다(롬 8:4, 12, 고후 1:17, 10:2-3, 11:18, 갈 4:23).

794 Fraser, "Paul's Knowledge of Jesus," 299. 브루스는 다음과 같이 쓴다. "바울에게는 십자가에 못 박히신 예수님과 높으신 주님 사이에 인격적 연속성과 동일성이 있었다. 지상의 예수님의 말과 행동이 높으신 주님을 아는 지식과 관련이 있는 한, 그것에 대한 관심은 육신을 따라 그리스도를 알고자 하는 노력과 다를 바 없었다. 육신을 따라 그리스도를 안다는 것은 바울의 초기를 특징짓는 거듭나지 못한 평가를 소중히 여겨야 했다. 이후로 바울에게 그리스도는 십자가에 못 박히시고 높임을 받으신 예수님과 동일하셨고, 그와 관련된 모든 사람을 보는 것은 그들을 '육신을 따라,' 즉 거듭나지 않은 관점에서 아는 것과 관련이 있다 ("Further Thoughts on Paul's Autobiography," in *Jesus und Paulus*, ed. E. E. Ellis and E. Grässer [Göttingen: Vandenhoeck & Ruprecht, 1978], 25).

않고 단지 "육신을 따른" 견해를 따라 가진 그리스도에 대한 견해를 거부한다.

세상의 기준이나 죄의 관점에서 다른 사람을 판단하는 것은 화해를 조장하기보다 분열과 불화를 조장할 뿐이다. 바울은 이러한 기준이 무엇인지 명시하지 않았지만 문맥에서 그것들은 외양과 관련되어 있다(5:12). 이 문제를 제기하는 주된 이유는 고린도 교인들이 자신들이 더 좋아하는 세속적 패러다임에 따라 평가한 바울의 사역에 대한 잘못된 판단 때문이다. 바울은 자신이 (저자의 "우리"를 사용하여) 다른 사람을 측정하기 위해 인간의 잣대로만 사용하는 육적인 관점에서 현실과 사람을 보았다고 고백한다. 거짓되고 피상적인 기준으로 그는 현명하고 영향력 있고 고귀하고 강해 보이는 사람들을 존경하고 이러한 사람들이 아닌 사람들을 경멸했다. 그가 그리스도에게 사로잡히기 전에 죄의 속박 아래 살고 수건으로 가려진, 천박한 마음이 하나님의 진리를 가리는 모든 사람들처럼 세상적인 규범이 그의 판단을 왜곡시켰다.

고린도전서에서 바울의 첫 번째 일격, "하나님께서 세상의 미련한 것들을 택하사 지혜 있는 자들을 부끄럽게 하려 하시고 세상의 약한 것들을 택하사 강한 것들을 부끄럽게 하려 하시며"(고전 1:26-27)라는 언급과 같은 주제로 들린다. 그리스도의 십자가에 못박히심의 비굴한 수치를 어리석음이나 스캔들로 여기는 바로 그 사람이 바울의 비천한 상태로 물러날 것이다. 이 세상의 지혜롭고 강하고 존귀한 자들에 비하여 바울은 약하고 불명예스러운 어리석은 자처럼 보인다. 배고프고, 목마르고, 누더기가 되고, 무자비하게 대우받고, 집이 없고, 저주받고, 손으로 일하는 노동자로서 그는 "세상의 더러운 것과 만물의 찌꺼기"(고전 4:8-13)로 간주된다. 다른 사람들은 바울에게서 죽음만을 본다. "보라 우리가 살아 있다!" 그는 또한 지금 말세에 살고 있음을 인식하는 사람들은 그에 따라 인식론을 바꿔야 한다고 주장한다. 어떤 사람이 말하듯이 이제 우리는 십자가를 따라 알아야 한다.[795] 이 척도는 부활과 성령을 포함하도록 확장되어야 한다. 우리는 십자가에 따라, 부활에 따라(참조. 4:14; 5:1-10), 성령에 따라(3:16-18; 4:13) 안다. 십자가와 부활의 온전한 의미를 이해하고 성령을 온전히 체험하는 것은 그리스도인들이 사물과 다른 사람을 새로운 방식으로 볼 수 있도록 깨우쳐 준다. 그리스도인들은 "날마다 새롭게" 되고 인간의 눈에는 보이지 않는 "지극히 크고 영원한 영광의 중한 것"(4:16-17)을 위해 준비되고 있다. C. S. 루이스가 자주 인용하는 말은 다음과 같다.

---

795 J. L. Martyn, "Epistemology at the Turn of the Ages: 2 Corinthians 5:16," in *Farmer, Moule, and Niebuhr, Christian History and Interpretation*, 285.

> 많은 신들과 여신들의 사회에서 사는 것은 심각한 일이다. 당신이 이야기하는 가장 둔하고 흥미롭지 않은 사람이 언젠가는 지금 그것을 본다면 숭배하고 싶은 강한 유혹을 받을 수 있는 피조물이 될 수 있음을 기억하라. 그렇지 않으면 지금 당신이 만나는 것과 같은 악몽 속에서만 만날 수 있는 공포와 부패가 될 것이다.[796]

결과적으로 바울은 이제 그리스도와 함께한 그들의 신분에 따라 다른 사람들을 보고(참조. 롬 14:8-12) 다른 사람들에 대한 이전의 모든 판단이 틀렸음을 인정한다. 우리의 죄에 대한 하나님의 심판의 선언은 우리 모두를 정죄하고 우월감이나 열등감에 대한 모든 환상을 파괴한다. 유대인과 헬라인, 종이나 자유인, 남자와 여자는 모두 하나님 앞에서 같은 수준에 있다. 모든 사람은 죄 때문에 또한 그리스도께서 모든 사람을 구속하기 위해 죽으셨기 때문에 서로 가족이 된다. 우리가 모두 죄인이고 죄로 죽어서 하나님과의 화해가 필요함을 알고 십자가에서 그리스도의 부끄러운 죽음을 우리의 죽음으로 받아들일 때 우리는 다른 사람을 평가하는 데 사용되었던 이전의 모든 기준을 폐기해야 한다.[797]

이 구절 후반부에 나오는 "εἰ καὶ"(에이 카이, "~일지라도", 개역개정 '비록')는 어떤 이들은 가설적인 조건으로 해석하는데, "우리"는 바울에게만 해당되지 않는다고 이해된다. 우리가 누구든지 육신에 따라 그리스도를 이해했다고 할지라도 더 이상 그렇게 하지 않는다. 제1조건문(εἰ가 이끄는 조건문. 역자주)은 사건의 현실을 가정하지만 실제로 그랬을 필요는 없다. 어떤 이는 그랬을 수 있다. 그러나 바울이 교회를 박해하는 열심에 대한 고백(고전 15:9; 갈 1:13-15; 빌 3:6)과 나무에 달린 자에게 저주를 선언한 신명기 21장 23절의 인용(갈 3:13)은 그의 죄 많은 성품이 처음으로 그리스도에게 반응한 방식을 통제했음을 제시한다. 그는 빌립보서 3장 4-6절에서 그리스도에게 사로잡히기 전에 전 생애가 육체의 범주에 초점을 맞추었다고 고백한다.

그러므로 바울은 여기에서 그리스도인이 되기 이전의 예수에 대한 자신의 평가를 언급할 가능성이 더 높으며, 그의 평가로는 예수님은 메시아가 될

---

796 C. S. Lewis, *The Weight of Glory and Other Addresses*(rev. ed.; New York: Harper, 1980), 45.

797 바울은 모든 인류가 율법의 저주 아래 있고 사형에 처해 있었지만 그리스도의 죽음을 통해 하나님께서 각 사람에게 구원을 받을 수 있는 수단을 마련하셨다는 것을 이해하게 되었다. 우리가 우리의 죄와 하나님의 과분한 자비에 대한 이 심판을 기꺼이 받아들여야 하고 다른 사람들도 그리스도께서 대신하여 죽으신 우리의 형제자매로 받아들여야 한다는 것이 유일하게 파악해야 할 것이다.

수 없었다.[798] 프레이저가 주장하듯이, "바울은 자신의 특별한 경험을 사용하지 않는 단순히 기독교 인식론이나 기독론과 무관한 학문적 설명을 하고 있는 것 같지 않다."[799] 열심 있고 율법을 준수하는 바리새인이 예수님을 십자가에 못 박혀 하나님의 저주를 받은 자임을 드러낸 사기꾼이자 신성모독자라고 생각하는 것은 상상할 필요도 없다.[800] 그는 십자가에 못 박히신 예수님을 약속된 메시아로 선포하는 사람에게 분노했을 것이다. 그의 부활에 대한 소문은 원래의 장난을 계속하고 확대시켰을 뿐이었다. 율법에 대한 바울의 자기 중심적 헌신은 그리스도의 인격 안에 있는 하나님의 영광에 대해 그를 눈멀게 하였다. 주님께서 다메섹 도상에서 예수님을 만난 후에야 그는 진리를 인정할 수밖에 없었다. 이 강렬한 만남은 바울로 하여금 이전에 소중하게 여겼던 모든 것에 대한 마음을 바꾸게 했고, 또한 마음이 죄에 의해 더럽혀지고 가려졌던 사람에서 이제 하나님의 마음을 볼 수 있는 사람으로 바뀌었다. 예수님은 하나님의 능력으로 살아나셨다. 그분은 하나님의 아들이시며 높아지신 주님이셨다. 바울은 예수님의 십자가 처형이 거짓 선지자가 저지른 신성모독에 대한 하나님의 징벌이 아니라 인류의 죄를 위한 대속 희생임을 배웠다. 하나님께서는 나사렛 사람들이 그리스도라 하는, 바울의 원한과 미움의 대상이신 예수님께서 그를 위하여 죽으심으로 말미암아 엄청난 희생의 사랑을 받은 수혜자가 되었음을 알려 주셨다(롬 5:6-8). 그는 또한 율법에 따른 자신의 의로움(빌 3:6)이 더러운 옷에 불과하다는 것도 배웠다. 십자가에 못박히심은 자신의 마음속에 숨어 있던 악을 드러냈다.

인간의 기준에 따라 그리스도를 판단하는 것은 다양한 형태로 계속되고 있다. 오늘날 많은 사람들이 1세기에 그랬던 것처럼 그리스도를 부정적으로

798 바울이 예수님에 대해 알았거나 예루살렘에서 만났다는 것은 불가능하지 않지만 우리는 이 구절에서 그것을 논증할 수 없다. 바울이 다메섹 도상에서 만난 예수님과 약간의 사전 지식이 있었다고 주장하는 것이 더 합리적이다. 유대 학자인 클라우스너(Joseph Klausner)는 바울이 아마도 예수님이 바리새인들과 논쟁을 벌였을 때 그리고 아마도 십자가에 못 박혔을 때 "[그의] 생애 동안 예수를 한 번 이상 보지 않았더라면," 그 환상은 가능하지 않았을 것이라고 주장했다(*From Jesus to Paul* [New York: Macmillan, 1943], 312–16). 바울이 여기서 역사적 예수를 안다고 언급했다면, 그는 "육신을 따라"라기보다는 "육신으로" 기록했을 가능성이 더 크다(Fraser, "Paul's Knowledge of Jesus," 298). 이 문맥에서 그는 그리스도에 대한 자신의 태도를 포함하여 모든 사람에 대한 이전의 견해를 언급한다. 그는 모든 사람과의 개인적인 친분에 대해 말하는 것이 아니므로 우리는 그 해석을 그리스도를 안다는 그의 서술에 투영해서는 안 된다.

799 Fraser, "Paul's Knowledge of Jesus," 310.

800 프레이저는 그 구절의 의미에 대한 다양한 견해를 나열하고 많은 사람들이 당시의 "신학적 유행"에 부합시킨다고 일축했다(Fraser, "Paul's Knowledge of Jesus," 301-7).

여기는 사람은 거의 없다. 많은 사람들은 그를 비극적인 죽음을 맞이한 착하고 현명한 사람으로 여긴다. 학문적 전문 지식을 가진 현대 학자들은 예수님을 자기 마음대로의 형상으로 만들고 그 과정에서 예수님께서 자신의 삶에 미칠 수 있는 영원한 주장을 제거하는 경향이 있다. 어떤 사람들은 그를 억압받는 농민들의 사회적 해방을 위해 한 무리의 절망적인 사람들을 모은 혁명가로 묘사한다. 다른 사람들은 그를 간결한 금언을 내뱉는 순회하는 비폭력적인 교사로 표현한다. 또 다른 사람들은 유대교를 개혁하려는 카리스마적인 치료자로서 표현한다.[801]

이 모든 평가는 표적을 놓치고 있다. 그리고 그 평가들은 예수님의 동시대 사람들의 무지한 추측보다 더 진실에 가깝지 않다. 당시 사람들은 예수님을 다시 살아난 선지자, 세례 요한, 엘리야 또는 다른 사람으로 상상했다(막 8:28). 그러나 성령을 따라 그를 판단하는 사람들은 다른 결론에 도달한다. 그는 인류를 구속하고 화목하게 하기 위해 하나님이 보내신 하나님의 아들이시다. 그리스도께서 하신 일의 중요성은 14-15절에 요약되어 있다. 바울은 여기에서 헬라어 전치사 ὑπέρ로 시작하는 세 개의 구로 전치사의 서로 다른 의미를 오간다.

> "그가 모든 사람을 대신하여 죽으셨다"("대신에" 및 "대표하여").
> "한 사람이 모든 사람을 위하여 죽으셨다"
> ("~을 위하여", 개역한글 '한 사람이 모든 사람을 대신하여 죽었은즉').
> 그는 "그들을 대신하여 죽었다가 다시 살아나셨다"("대표하여").[802]

5:17. 그 다음에 바울은 네 가지 단호하면서도 정반대의 진술을 한다. 그들은 "누구든지 그리스도 안에 있으면"이라는 조건으로 시작된다. "그리스도 안에"라는 구절은 상호 배타적이지 않은 여러 가지를 의미할 수 있다. 즉, 한 사람이 그리스도에게 속해 있다는 것, 그리스도의 능력의 영역 안에 살고 있다는 것, 그리스도와 연합되어 있다는 것, 그리고 믿는 공동체인 그리스도의 몸의 일부라는 것이다. 바울은 새 창조가 전적으로 그리스도 안에 있다는 것과 그리스도 안에 있다는 것이 사람의 삶에 근본적인 변화를 가져온다고 가정한다.

---

801 Garland, *Mark*, 336.

802 R. Bieringer, "Dying and Being Raised For: Shifts in the Meaning of ΥΠΕΡ in 2 Cor 5:14-15," in Bieringer et al., *Theologizing in the Corinthian Conflict*, 163–75.

추가 주석 1. "그리스도 안에"의 의미

"그리스도 안에"(2:17; 3:14; 5:17, 19; 12:2, 19)는 바울의 편지에 160회 이상 나온다("그 안에"[ἐν αὐτῷ] 포함, 그리스도를 선행사로 한 "그 사람 안에"[ἐν ᾧ, 엔 호], "주 안에"[ἐν κυρίῳ, 엔 퀴리오]). 그 의미는 많은 논쟁을 일으켰다. 부분적으로는 전치사 ἐν이 광범위한 의미에 적합하기 때문이다. 캠벨 Constantine R. Campbell은 "그리스도 안으로"(εἰς Χριστὸν, 에이스 크리스톤), "그리스도와 함께"(σὺν Χριστῷ, 쉰 크리스토), "그리스도를 통하여"(διὰ Χριστοῦ, 디아 크리스투)와 함께 바울이 사용하는 그 의미를 철저하게 조사한다.[803] 그는 20세기 동안 그리고 오늘날 바울의 "그리스도 안에"라는 말의 의미와 특히 씨름한 16명의 학자들의 견해를 요약한다. 다섯 가지 해석이 가장 중요하다. "그리스도 안에"는 (1) 신자가 그리스도 "안에" 있고 그리스도가 신자 "안에" 계시는 공간적-영적 관계,[804] (2) 그리스도와의 개인적, 영적 관계에 대한 강렬한 느낌,[805] (3) 그리스도와의 연합을 새 시대를 기대하면서 신자를 부활하신 그리스도와 연결시키는 것으로 보는 종말론적 이해,[806] (4) 하나님이 그리스도 안에 계시기 때문에 그리스도와 교제의 성격은 하나님과 성령과도 함께 한다는 삼위일체적 견해,[807] (5) 그리스도와 연합은 그리스도와 연대를 나타내므로 그리스도께서 체험하신 것이 신자의 실제 체험과 실존의 일부가 된다는 체험적 견해를 말한다.[808] 이러한 견해 중 어느 것도 그리스도와의 연합이 신자의 정체성을 가린다고 믿지 않는다. "그리스도 안에" 있는 자들은 하나님이 되지 않는다.

바울의 이 구절에 대한 다양한 해석은 충분한 결론을 내리기 쉽지 않다는 것을 보여 준다. 캠벨은 신자와 그리스도의 연합이 다음을 포함한다고 결론지었다.

(1) 신자들은 죄와 죽음의 영역이 아니라 그리스도의 영역에 위치한다

---

803 C. R. Campbell, *Paul and Union with Christ: An Exegetical and Theological Study* (Grand Rapids: Zondervan, 2012).

804 A. Deissmann, *Paul: A Study in Social and Religious History*, 2nd ed.; trans. E. Wilson (London: Hodder & Stoughton, 1926), 130–70.

805 W. Bousset, *Kyrios Christos: A History of Belief in Christ from the Beginnings of Christianity to Irenaeus*, trans. J. E. Steely (Nashville: Abingdon, 1970), 153.

806 A. Schweitzer, *The Mysticism of Paul the Apostle*, trans. W. Montgomery (Baltimore: John Hopkins University Press, 1998).

807 K. Barth, *Church Dogmatics IV/3.2; The Doctrine of Reconciliation*, ed. G. W. Bromiley and T. F. Torrance; trans. G. W. Bromiley (Edinburgh; T&T Clark, 1962), 536–49.

808 R. B. Gaffin, *The Centrality of the Resurrection: A Study in Paul's Soteriology* (Grand Rapids: Baker, 1978), 50–59, 130–32.

(408p).

(2) 신자는 타락한 아담에게 속하고 하나님을 대적하는 모든 것에 헌신하는 것과는 대조적으로 그리스도께 속하고 그리스도의 주권 아래 있다는 의미에서 그리스도와 동일시된다(408p).

(3) 신자들은 "그리스도의 죽으심과 장사, 부활, 승천과 영광을 포함한 그리스도의 내러티브 사건"에 참여한다. 신자들은 그리스도와 함께 십자가에 못 박히고 세례로 그리스도와 함께 장사되었다가 그리스도와 함께 다시 살아날 것이다(롬 6:3-11).

(4) 신자들은 그리스도의 신비한 몸과 성전, 곧 "그리스도에 의해 세워지고 형성되고 인도되는" 공동체에 합체된다(409p).

(5) 신자는 그리스도라는 수단을 통해 그들을 향한 하나님의 뜻의 효력을 받는다. 그들은 "그리스도 안에" 있기 때문에 "그리스도를 통하여" 구원을 받는다.

(6) 신자들은 단순히 그리스도와의 관계에 국한되지 않고 삼위일체의 내적 생명에 잠기게 된다. "아버지의 뜻은 아들을 통하여, 성령에 의해, 그리고 그리스도의 영광과 인류의 유익을 위해 제정된다"(409p).

다시 말해서 "그리스도 안에 구속과 용서와 택하심과 구원과 화목과 화평과 은혜와 성소와 거룩함이 있다."[809]

다음 문장은 주어나 동사 없이 문자 그대로 "새 창조"로 읽는다. 번역은 일반적으로 두 가지 선택지 중 하나를 골라 주어와 동사를 제공한다. "~이다"(그 사람이 새로운 존재임을 의미) 또는 "~이 있다"(새로운 상황이 발생했음을 의미). "누구든지"라는 대명사는 바울이 개인을 염두에 두고 있음을 암시하는 것 같다("누구든지 그리스도 안에 있으면"). 문맥에서 그는 사물을 보는 관점을 바꾸는 것에 대해 말한다. 회심할 때 일어나는 이 변화는 주관적인 경험이다. 후기 랍비의 본문에서는 개종자가 새로운 피조물이 되는 것을 언급하며 바울도 비슷한 생각을 염두에 두고 있었을 것이다.[810]

다른 한편으로, 바울은 또한 그리스도의 죽음과 부활이 옛 시대와 새 시대 사이의 근본적인 종말론적 단절을 표시한다고 생각한다.[811] 그리스도는 "역사

809 G. P. Anderson, *Paul's New Perspective: Charting a Soteriological Journey* (Downers Grove: IVP Academic, 2016), 397.

810 "요셉과 아스낫의 이야기"에서 아스낫(Asenath)이 유대교로 개종했을 때 그녀는 "너는 새로워지고 새롭게 형성되고 다시 살아날 것이다"라는 말을 듣는다(Jos. Asen. 15:4). 후에 랍비들은 이교도를 하나님께 가까이 오게 하는 것은 마치 누군가가 "그를 창조"한 것과 같다고 주장했다(Gen. Rab. 39:4).

811 만일 우리가 τὰ πάντα("모든 것")를 "새 것"보다 먼저 읽는다면 그것은 온 우주를 포괄할 것이다(참조. 롬 11:36; 고전 8:6; 15:27-28; 엡 1:10-11; 골 1:15-20).

를 나누는 분"이시다.[812] 바울은 또한 "창조"(κτίσις, 크티시스)로 개인을 의미하지 않는다(참조. 롬 1:2, 25; 8:19-22, 39). 그리고 새로운 창조에 대한 개념은 새로운 시대를 개인의 변화보다 훨씬 더 포괄적인 어떤 것, 즉 새 하늘과 새 땅을 시작하는 것으로 묘사하는 유대 묵시 문헌에서 두드러지게 나타난다.[813] "새 창조가 있다"라는 번역은 새 창조가 단지 개인의 변화를 포함할 뿐 아니라 그리스도 안에서 인간과 자연을 재창조하는 종말론적 행위를 포함한다. 또한 여기에는 할례와 무할례라는 인위적인 장벽을 없애버린 새로운 공동체도 포함될 것이다(참조. 갈 6:15-16; 엡 2:14-16).

그리스도인은 세상을 새로운 방식으로 바라보고 그리스도와 연합할 때 새 사람이 된다. 비슬리-머레이Beasley-Murray는 다음과 같이 설명한다. "부활하신 주님과 연합하여 신자는 그리스도가 근원이자 생명이신 새로운 창조에 참여한다."[814] 대명사나 동사를 넣거나 느낌표를 추가하지 않고 "새 창조"를 문자 그대로 번역하면 두 가지 선택지가 모두 허용된다. 그리스도의 재림으로 영향을 받은 새로운 창조의 종말론적 실재는 그리스도 안에서 새로운 창조가 된 개인의 주관적인 변화를 가능하게 하기 때문이다. 바울의 선언은 우리가 변화되고 있다고 앞에서 확증한 내용의 필연적인 결과이다(3:16, 18; 4:16-17) 따라서 신자는 새로운 피조물이 된다. 새 하늘과 새 땅과 믿는 자들의 완전한 변화는 미래의 소망으로 남아 있지만, 그리스도인들에게는 그것이 성취될 것이 너무나 확실하기 때문에 그들의 삶은 아직 완성을 기다리고 있는 이 새로운 현실로 통제된다. 개인이 이 새로운 창조의 일부가 되기 위해서는 그리스도 안에 있기를 선택해야 한다.

"이전 것은 지나갔으니!" 다시 말하지만, 이 어구는 "옛 질서" 또는 개인의 기독교 이전 존재를 통제했던 모든 것을 가리키는 것으로 해석될 수 있다. 둘 다 사실이다. 옛 질서가 무대를 떠나고 있다(고전 7:31). 개인의 전 존재, 가치 체계, 행동도 회심을 통해 변화된다. 우리는 죄에 대하여 죽었지만 그리스도 안에서 하나님께 대하여 산 것이다(롬 6:11). 데니Denney는 바울에 대해 다음과 같이 쓴다. "그에게 과거는 죽었고, 십자가에 달린 그리스도처럼, 모든 생각, 모든 희망, 모든 야망이 그리스도 안에서 죽었고, 그는 다른 우주에 있는 또 다른 사람이었다."[815] 그러나 "이전 것"은 이사야 43장 18-19절에서와 같

812 Barnett, *Second Epistle*, 287.

813 참조. 사 65:17-25; 66:2. 그리고 새로운 창조에 대한 성경 이후의 기대는 다음을 참조하라. 1 En. 45:4-5; 72:1; 91:15-16; 2 Bar. 32:6; 44:12; 57:2; 73-74; 4 Ezra 7:75; Jub. 1:29; 4:26; Ps.-Philo 3:10; 16:3; 32:17; 1QHa 3.19-23b; 11.9-14; 13.1, 11-12; 15.13-17a; 1QS 4.23-26; 11QT 29.7b-10.

814 Beasley-Murray, "2 Corinthians," 42.

815 J. Denney, *The Second Epistle to the Corinthians*, The Expositor's Bible (London: Hodder & Stoughton, 1908), 206.

이 과거에 하나님의 강력한 구속 행위를 가리킬 수 있다. 이사야에게는 모세 시대의 첫 번째 출애굽이었고, 첫 번째를 능가할 새로운 출애굽을 고대했다.[816]

"새 것이 되었도다!" 바울은 이사야가 하나님께서 하실 것이라고 예언한 "새 일"이 이제 그리스도 안에서 이루어졌다고 믿는다.[817] 그것은 출애굽(출 14-15장)과 바벨론에서의 구원(사 43:18-19)을 능가한다. 하나님은 그리스도 안에 있는 자들을 죄의 속박에서 건져주셨고, 그들을 하나님께로부터 멀어진 추방에서 건져내셔서 새로운 화해 관계에 이르게 하셨다. 이 문장을 시작하는 "보라"(ἰδού, 이두)는 옛날 식으로 들릴 수 있으므로 번역에서는 생략하고 대신 문장 끝에 느낌표를 넣는다. 그러나 이 단어는 "보통 성경 저자들이 특이한 순간이나 행동을 표시하는 데 사용한다"(참조. 계 21:5, "보라 내가 만물을 새롭게 하노라").[818] "보라"는 또한 6장 2절에서 이사야 49장 8절에 대한 바울의 해석을 시작한다. "보라 지금은 은혜 받을 만한 때요 보라 지금은 구원의 날이로다." 새 것의 중요함은 우리를 하나님의 의가 되게 하고(5:21) 구원하시는(6:2) 하나님의 화목이다. 이 새로운 현실은 새로운 가치를 낳을 뿐만 아니라(더 이상 외모를 자랑하지 않음, 12절. 더 이상 이기적으로 살지 않음, 14-15절. 더 이상 세상적인 관점에서 사물을 평가하지 않음, 16절) 새로운 행위를 낳기도 한다(고전 6:9-11).

5:18. 5장 18-21절에서 바울은 그리스도에 대한 초점을 하나님이 하신 일에 초점을 맞추고 세상을 화목케 하는 하나님의 구속 계획에서 그의 사도직이 수행하는 역할에 대해 숙고한다.[819] 고린도 교인들은 바울의 사도적 사역을 세상을 화해시키기 위한 하나님의 사역의 일부로 이해할 때에만 그것을 이해할 수 있다. 하나님의 영광을 보고자 한다면 자기 희생이 필요하고 필연적으로 고난을 받는 바울의 화목케 하는 사역에서 가장 분명하게 볼 수 있다. 이것은 이 구절이 바울을 변호하는 데 나타나는 이유를 설명한다. 바울은 여기서 자신의 속죄 교리를 설명하는 데 주로 관심을 두는 것이 아니라 화목하게 하는 사역의 기초를 세우는 데 관심을 둔다. 모든 것은 하나님으로부터 시

816 Han, *Swimming*, 50.

817 사 42:9; 43:16-21; 48:6; 65:17; 66:22.

818 퍼니시는 다음과 같이 말한다. "여기서 그 표현은 다음에 나오는 것에 주의를 환기시킬 뿐만 아니라 그 확언에 거의 승리의 의미를 부여한다"(*II Corinthians*, 315–16).

819 Lambrecht, "Reconcile Yourselves," 376. 스랄(Thrall)은 다음과 같이 언급한다."십자가의 사도적 메시지(고전 1:18)가 죄인을 향한 하나님의 사랑의 메시지(롬 5:8)이기 때문에 한 주제[사도 사역]가 다른 주제를 불러일으키는 것은 당연하다."("Salvation Proclaimed V. 2 Corinthians 5:18-21: Reconciliation with God," *ExpTim* 93 [1982]: 227).

작한다. "모든 것이 하나님께로서 났으며," 그런 다음 그는 두 개의 병행되는 서술로 자신이 의미하는 바를 증폭시킨다.

5:18	하나님은 "그리스도로 말미암아 우리를 자기와 화목하게 하시고 또 우리에게 화목하게 하는 직분을 주셨다."
5:19	"하나님께서 세상을 자기와 화목하게 하시고 그들의 죄를 그들에게 돌리지 아니하시고 화목하게 하는 말씀을 우리에게 부탁하셨느니라."

바울은 하나님께서 시작하신 그 결과를 나열하는 것으로 결론을 맺는다.

5:20	"우리가 그리스도를 대신하여 사신이 되어 하나님이 우리를 통하여 너희를 권면하시는 것 같이 그리스도를 대신하여 간청하노니 너희는 하나님과 화목하라."
5:21	"하나님이 죄를 알지도 못하신 이를 우리를 대신하여 죄로 삼으신 것은 우리로 하여금 그 안에서 하나님의 의가 되게 하려 하심이라."

이 단락은 그리스도의 죽음에 대한 핵심적인 신학적 주장을 포함한다. (1) 하나님은 인류 구속의 원동력이시다. 화해는 전적으로 하나님의 주도로 온다. (2)하나님은 그리스도의 죽음을 통하여 역사하셨고, 그리스도만이 하나님과의 화목의 방편이다. (3)하나님은 화목케 된 자들을 통해 계속 역사하신다. 그들은 이 위대하고 신성한 사업에 참여할 특권과 책임이 있으며 다른 사람들을 하나님과 화해하도록 불러야 한다.

그리스도인들은 그들 자신이 화해하지 못할 때마다 이 위대한 소명을 훼손시킨다. 바울은 유대인이 이방인을 받아들이지 않는 화해되지 않은 교회를 남긴다면 화해의 복음을 전파하기 위해 스페인에 가는 그의 비전을 성취할 수 없다는 것을 이해한다(참조. 롬 15:24). 유대인 그리스도인들과 이방인 그리스도인들을 하나로 모으려는 이러한 관심은 8-9장에서 다루어지는 주제인 예루살렘을 위한 연보의 주된 동기이다.[820]

바울이 "모든 것[문자적으로. "이 모든 것"]이 하나님께로서 났으며"라고 말할 때, 그는 새 창조(5:17)가 전적으로 하나님의 일임을 분명히 한다. 그는 인간

---

820 F. Stagg, "Exegesis of 2 Corinthians 5:14–21," in *Interpreting 2 Corinthians 5:14–21: An Exercise in Hermeneutics*, ed. J. P. Lewis, SBEC 17 (Lewiston/Queenston/Lampeter: Mellen, 1989), 165.

이 하나님과 화해하기 위해 아무 일도 하지 않았다고 주장함으로써 이 방식을 계속 이어간다. 하나님께서 오히려 그들을 화해시키기 위해 행동하셨다. 그러므로 화해는 일방적으로 역사하시는 하나님으로부터 시작된다. 그것은 그리스도를 통해 이루어진다. 그의 죽음은 화해의 장벽(참조. 사 59:2)을 제거했다. 기그닐리앗Gignilliat은 이사야서 40-55장과 고린도후서 5장 14-21절에 묘사된 고난받는 종을 통한 하나님의 행동과 그리스도 안에서 하나님의 행동에 대한 묘사 사이의 겹치는 패턴이 "하나님의 화목케 하시는 역사의 전형적, 섭리적, 역설적 성격을 드러낸다. 하나님께서는 고통받는 자의 행위로 당신의 백성을 화해시키신다"라고 주장한다. 바울은 이사야서에서 고통받는 자를 "예수 그리스도를 통한 하나님의 구속 사역을 가리키는" 인물로 읽는다.[821] 로마서 5장 10절의 병행, "그의 아들의 죽으심으로 말미암아 하나님과 화목하게 되었은즉"은 "그리스도를 통하여"가 "그의 죽음을 통하여"를 의미하며 십자가에 못박히심, 곧 모든 사람을 위하여 죽으심을 가리킨다(5:14). 그러나 그리스도의 구속의 죽음이 유효하기 위해서는 하나님과의 화해가 필요하며, 자신의 노력으로 이룰 수 없고 오직 그리스도를 통해서만 온다는 것을 받아들이는 믿음의 응답이 필요하다. 하나님의 은혜는 선물로 오지만 그 선물은 우리의 삶에서 효력을 발휘하기 위해 포장을 풀어야 한다. 선물은 신자는 화해의 메시지를 선포하고 다른 사람들과의 화해를 선포하도록 이끈다.

바울은 명사 "화해"(καταλλαγή, 카탈라게)와 동사 "화해하다"(καταλλάσσω, 카탈라쏘)를 사용한 유일한 신약 저자이다.[822] 능동태일 때 그리스도 또는 하나님이 항상 주어이다. 수동태일 때는 사람이 주어이다. 다시 말해서, "하나님은 화목하게 하신다. 인간은 화해됐다."[823] 화해는 단절된 관계, 소외, 불만

821 Gignilliat, *Paul and Isaiah's Servants*, 107.

822 명사는 네 번(롬 5:11; 11:15; 고후 5:18, 19), 동사는 여섯 번(롬 5:11[2회]; 고전 7:11; 고후 5:18, 19, 20). 동사 ἀποκαταλλάσσω는 엡 2:16과 골 1:20, 22에 나온다.

823 Thrall, "Salvation Proclaimed," 227–28. 반대로 동사는 2 Macc 1:5; 5:20; 7:33; 8:29에 나타난다. 여기에서는 사람이 하나님과 화목하게 하려고 하는 일이다. 이교도 신들은 인간과 개인적인 관계가 있는 것으로 간주되지 않았기 때문에 이것은 헬레니즘 종교의 필수적인 부분이 아니었다(F. Büchsel, "αλλάσσω..." *TDNT* 1:254). 마샬(Marshall)은 αλλάσσω라는 단어가 바울의 용법과 크게 다른 방식인 네 가지 다른 언어로 사용되었음을 보여 준다("The Meaning of Reconciliation," in *Unity and Diversity in New Testament Theology*, ed. R. A. Guelich [Grand Rapids: Eerdmans, 1978], 120–21):

a. 능동적 의미: 두 그룹 사이를 중재하는 사람.
b. 수동적/디포넌트: 누군가가 자신에 대한 적대감을 버리도록 설득하는 사람.
c. 수동적: 자신의 적대감을 포기하도록 설득된 범죄를 당한 사람.
d. 화해를 필요로 하는 범죄를 언급하는 직접적인 목적어

을 가정한다. 인간이 반역한 어떤 잔인한 일을 맡기는 사람인 것처럼 문제가 하나님께 있는 것이 아니다. 인간의 죄가 문제를 일으켰고, 화해가 일어나기 전에 죄악된 상태를 처리해야 했다. 죄는 하나님의 거룩한 진노를 불러일으키므로 가볍게 처리하거나 비밀로 할 수 없다. 하나님은 결코 죄와 화해하실 수 없다. 하나님은 죄인들을 혐오스럽게 외면해서 그들을 단지 나중에 처리할 일로 남겨두지 않으신다. 그 대신, 인간이 여전히 공개적으로 반역하고 있는 동안, 하나님은 사랑으로 행동하여(롬 5:8) 적대감을 없애고 평화를 가져오셨다(참조. 롬 5:1; 사 32:17). 이 평화는 단순히 적대 행위의 중단이나 불안한 휴전이 아니다. 그것은 하나님께서 믿음으로 우리를 의롭다 선언하시고(우리를 의롭게 하시고) 원수에서 친구로 변화시키심으로 말미암아 깨어진 관계를 고치는 것을 말한다. 죄 많은 인간이 진노하신 하나님과 화해하지 않음을 인식하는 것이 중요하다. 그 대신에 사랑의 하나님이 화해에 앞장서셨고, 우리의 화해와 의롭다 함은 그리스도의 죽음과 그리스도 안에 있는 우리의 존재를 통해 온다(5:21).

크랜필드Cranfield는 바울이 로마서 5장 1-9절의 칭의 비유에서 로마서 5장 10-11절의 화해의 비유로 전환한 것에 대해 다음과 같이 통찰력있게 말한다.

> 칭의는 법원에서 사용되는 사법 용어이다. 판사는 피고인과 개인적인 관계를 맺지 않고 무죄를 선고할 것이다. 단지 선고만 한다. 피고인은 판사가 저녁 식사에 초대할 것이라고 거의 기대하지 않으며 아마도 다시는 그를 보지 않기를 바랄 것이다.[824]

화해 은유로의 전환은 하나님이 그리스도를 통해 하신 일을 한 단계 더 발전시킨다. 판사는 피고인과 개인적인 관계를 맺는다. 이것은 재판관이 죄의 대상이고 개인적인 적대감이 그에게 맞춰져 있기 때문에 필요하다. 하나님은 단순히 우리에 대한 혐의를 취하하여 기록을 변경하지 않으신다. 하나님은 우정으로 우리에게 자신을 주셨다. 하나님에 대한 우리의 극도의 적대감 때문에 이 투자는 이루 말할 수 없는 대가를 치르게 된다.

화해는 신성한 선물이다. 그리스-로마의 맥락에서 선물을 주는 것은 호혜성을 기대했다. 바클레이Barclay가 보여주듯이, 그리스도 안에 있는 하나님의 부조리한 은혜의 선물은 완전히 무료지만 받는 사람에 대한 의무를 수반한다. 갚는 것이 예상된다. 그러나 무가치하고 공로가 없는 자가 그 대가로 무엇을 할 수 있겠는가? 은혜 아래 있는 사람은 가치관의 방향을 자기 중심에서 하나

824 Cranfield, *Romans*, 1:259.

님과 타인에 대한 이기심 없는 중심으로 바꾸어야 한다. 그들은 믿음의 순종을 나타내도록 삶을 새롭게 해야 한다.[825] 고먼Gorman은 다음과 같이 쓴다. "그리스도의 죽음의 목적은 단순히 사람들이 즐거운 길을 갈 수 있도록 죄를 용서하는 것이 아니다. 오히려 그 목적은 자기 자신이 아닌 그리스도를 위한 삶으로 표현되는 인간 존재를 완전히 하나님께로 향하게 하는 것(화해)이었다(5:15)."[826] 하나님과 죄인 사이의 인격적 관계는 그들이 회개하고 그리스도께 자신을 내어드릴 때 변화되어 그분이 이제 그들 안에 거하신다(갈 2:20). 성령의 능력으로 말미암아 그들의 새로운 순종이 가능해진다(롬 8:1-17).

바울은 하나님께서 "우리에게 화목하게 하는 직분을 주셨다"고 주장하면서 그의 사역에 대한 신학에 통찰력을 제공한다. 그는 그의 사도적 섬김을 위해 명사 "사역"(διακονία, 디아코니아)을 사용한다.[827] 이 이미지는 식탁에서 기다리는 겸손한 하인에게서 유래할 수 있다. 롤로프Roloff는 초기 기독교 전통에서 사역을 나타내기 위해 이 용어를 사용한 것은 예수께서 최후의 만찬에서 하신 일에서 유래했다고 주장한다(요 13:1-17; 또한 막 10:45 참조).[828] 만일 그렇다면, 바울의 개념은 사도직은 십자가에서 그리스도의 희생적인 죽음을 모델로 하고, 사도적 봉사는 그리스도의 봉사를 나타낸다. 다른 이들은 그 이미지가 이사야 51장 16절과 59장 21절에서 이스라엘의 종의 역할에서 나왔다고 주장한다. 이 문맥에서 바울이 이 용어를 사용하는 방식은 그 일의 천박한 성격을 강조하거나 약간의 겸손한 지위를 암시하지 않는다. 그 대신에 "다른 사람을 대신하여 행한" 행위를 가리킨다. 그는 자신을 하나님의 권위 있는 대변인으로 여기며 선교 사역에서 하나님의 계시의 중보자가 되도록 권한을 부여받았다고 여긴다.[829] 이 주장은 사도가 무엇인지에 대한 바울의 이

825 Barclay, *Paul and Gift*, 562-63.

826 M. J. Gorman, *Apostle of the Crucified Lord: A Theological Introduction to Paul and His Letters* (Grand Rapids: Eerdmans, 2004), 307.

827 "사역하다"(διακονέω) 동사와 "사역"(διακονία)과 "사역자"(διάκονος)라는 명사는 신약에서 바울 서신에 신약에서 백 번 중 35번 나온다. 이 35번 중 20번이 고린도후서에 있다. 참조. R. Bieringer, "Paul's Understanding of Diakonia in 2 Corinthians 5, 18," in Bieringer and Lambrecht, *Studies on 2 Corinthians*, 413–28; S. Aalen, "Versuch einer Analyse des Diakonia-Begriffes im Neuen Testament," in *The New Testament Age: Essays in Honor of Bo Reicke*, ed. W. C. Weinrich (Macon: Mercer, 1984), 1:1–13. 또한 다음을 참조하라. Collins, *Diakonia*.

828 J. Roloff, "Anfänge der soteriologischen Deutung des Todes Jesu," *NTS* 19 (1972–73): 38–64.

829 바울은 여기에서 자신의 사도직에 대해서만 언급한다. 왜냐하면 그것이 그가 변호하고 있는 것이며 따라서 모든 그리스도인의 일반적인 임무를 언급하지 않기 때문이다. 3:8-9에서 그는 자신의 사도적 사역과 복음 전파를 언급하기 위해 διακονία라는 용어를 사용한다. 사도들은 하나님께서 그리스도의 죽음과 부활을 통해 하신 일을 사람들에게 가장 먼저 선포한

해를 포착한다. "하나님을 섬기는 일"을 하는 사람이다. 그러나 이 역할은 "그를 공동체 위에 높이거나 특권을 주지 않는다." 오히려 그것이 그의 큰 고통의 근원이다.[830] 바울이 6장 4-10절에서 열거한 고난은 "바울의 διακονία(디아코니아, 섬김)가 διακονία(디아코니아, 섬김)가 되게 하는 이유를 설명한다."[831] 그는 역설적이게도 11장 23-28절에 있는 자신의 고난 목록이 자신이 경쟁자 슈퍼-사도보다 더 나은 "그리스도의 종"임을 보여주고 있다고 주장한다.

"화목의 사역"이라는 말은 바울의 사역이 근원이 있고 화해의 은혜로 가능하다는 뜻(근원의 속격)을 의미할 수도 있고, 그의 사역이 화목하게 하는 사역(질적인 속격)을 특징으로 한다고 의미할 수도 있다. 또는 그의 사역이 화해를 선포, 제시, 일으키게 하는 것을 의미할 수도 있고(목적격적 속격) 화목이 사역의 내용을 의미할 수도 있다(내용의 속격). 다양하지만 각각 어느 정도 사실일 가능성이 있기 때문에 결정하기 어렵다.[832] 마지막 선택이 바울이 "화목하게 하는 말씀"(5:19)을 언급한 맥락과 어떻게 하나님께서 화해를 이루기 위해 행하신 일을 신학적으로 확장하는지 고려할 때 가장 좋은 대안인 것 같다. 바울은 단순히 무엇인가, 즉 십자가가 세상의 죄를 지고 가는 과거의 사건이었다고 선포하지 않는다. 그는 현재의 메시지를 살아낸다(4:10).[833] 그러므로 화목의 사역은 하나님께서 그리스도 안에서 행하신 일을 단순히 다른 사람들에게 설명하는 것 이상을 포함한다. 적극적인 화해자가 되어야 한다. 그리스도처럼 화해의 사역자는 혼돈을 화합으로, 소외를 화해로, 증오를 사랑으로 바꾸기 위해 위해 인간의 소란 속에 뛰어든다.

고린도 교인들과 바울의 긴장된 관계는 화해 은유를 적절하게 만든다. 화해자로서 그의 역할은 바울이 고린도 교인들에게 보낸 두 편지에서 분명하다. 고린도전서에서 바울은 분열시키는 영과 다툼을 불러일으키는 "나"라는 질병

사람들이다. 그렇다고 해서 이 일이 사도들에게만 맡겨진 것은 아니다. 게티는 "칭의는 과거 역사에서 일어난 사건이 아니라 모든 신자가 세상을 하나님과 화목하게 하는 일에 참여하도록 도전하는 믿음의 역동성이다"라고 말한다(M. A. Getty, "The Primacy of Christ," *TBT* 23 [1985]: 23). 모든 그리스도인은 사역으로 부르심을 받았고, 그러므로 모든 사람은 화해의 사역으로부르심을 받았다. 게오르기는 이러한 하나님의 대사라는 개념이 냉소적 배경에서 비롯된 것이며 고린도후서에서 이 용어가 비정상적으로 집중된 것은 반대자들이 사용했기 때문이라고 믿는다(Georgi, *Opponents of Paul*, 28). 이 견해에 반대하는 J. N. Collins, "Georgi's 'Envoys' in 2 Cor 11:23," *JBL* 93 (1974): 88–96의 설득력 있는 주장을 보라.

830 Bieringer, "Paul's Understanding of Diakonia," 425–26.

831 Bieringer, "Paul's Understanding of Diakonia," 427.

832 3:9에서 그는 "의의 직분"을 언급한다.

833 Bieringer, "Paul's Understanding of Diakonia," 427-28.

을 치료하려고 한다. "나는 바울에게, 나는 아볼로에게, 나는 게바에게, 나는 그리스도에게 속한 자라"(고전 1:12). 이교도 법정에서 가난한 회원에 대한 법적 조치를 취함으로써 부유한 회원이 다른 사람보다 이익을 얻으려는 시도를 억제하려고 바울은 개입한다(고전 6:1-11). 그는 결혼에 관한 갈등을 중재하며 하나님께서 그들을 평화로 부르셨다는 것을 상기시킨다(고전 7:15). 그는 지식이 있는 사람들에게 우상과 관련된 모든 일에 대해 약한 자들의 양심을 배려하라고 경고한다(고전 8:1-13). 바울은 가난한 성도들을 굴욕과 굶주림으로 만드는 주의 만찬을 거행하는 전체 회중을 꾸짖는다(고전 11:17-34). 고린도후서에서 그는 회개한 자를 용서하라고 주장하며(2:5-11), 전체 편지는 바울 자신과 교회 사이에 화해를 가져오는 것을 추구한다. 화해는 조화를 유지하기 위해 죄를 얼버무리거나 무시하는 것을 의미하지 않는다. 바울은 눈물의 편지에서 그것을 직접적이고 강력하게 대면하여 일시적으로 고린도 교인들과의 관계에서 단절이 심화되었고 이 편지로 상처받은 감정을 고칠 수 있었다. 그러나 바울은 죄를 인정하고 회개하지 않고는 화목할 수 없음을 안다.

5:19. 어떤 학자들은 "곧"으로 번역된 ὡς ὅτι(호스 호티)는 구절이 바울이 교회 예배에서 사용되는 전통적인 공식을 사용한다고 제시한다.[834] ὡς(호스, "~처럼")가 전환을 만들고 ὅτι(호티)가 인용문을 이끈다("이렇게 말해진 것"). 그러나 바울이 신약의 다른 곳에서는 나타나지 않는 가정된 전통을 인용하는 것은 이상하다. 화해의 이미지가 바울 고유의 것이기 때문이다. 마샬은 바울이 이전에 설교의 일부로 공식화한 언어를 사용한다는 보다 합리적인 결론을 내린다.[835] 만일 이것이 옳다면, 그 구절은 "당신이 알아야 하는 것처럼" 또는 "그것은 잘 알려져 있다"로 번역될 수 있다. 왜냐하면 다음 내용은 고린도 교

---

834 케제만(E. Käsemann)은 바울이 여기에서 인용한 바울 이전의 찬송가 단편을 소개한다고 주장한다("Some Thoughts on the Theme 'The Doctrine of Reconciliation' in the New Testament," in *Future of Our Religious Past*, ed. J. M. Robinson [New York: Harper & Row, 1971], 52–57) 그는 다음을 기초로 이 결론을 내린다. (1) 서론 공식, (2) 바울에게서 드물게 나타나는 미완료 완곡어법, (3) 바울이 더 자주 사용하는 단수형이 아니라 명사 "죄들"(개역개정, '죄')이라는 복수형, (4) 5:18-19에서 1인칭 "우리"와 반대되는 3인칭 대명사 "그들의" 및 "그들", (5) 부정과거와 반대되는 현재 분사 "돌리지 아니하고"(화목하게 하시고, 주셨으니, 18절). 퍼니시는 그것을 "말씀하신대로"(*II Corinthians*, 317)로 번역한다. 마틴(Martin)은 인용문을 도입하여 인용을 소개한다고 생각한다(*2 Corinthians*, 153). 내 생각에는 가정하는 원문의 문구와 바울이 그것을 어떻게 변경했는지 추측하는 것은 비생산적이다. 스랄(Thrall)은 이러한 견해를 철저히 비판하고 바울이 전통을 인용한 이론을 거부한다(*Second Epistle*, 1:445-49).

835 Marshall, "The Meaning of 'Reconciliation,'" 129–30.

인들에게 새로운 것이 아니기 때문이다.[836] 다른 한편, 이어지는 내용은 바울이 5장 18절에서 방금 쓴 것을 반복하고 명확하게 한다. 그러므로 CSB 성경처럼 ὡς ὅτι를 "곧"으로 번역하는 것이 가장 좋다.[837] 그것은 "하나님은 세상을 자신과의 용서된 관계로 되돌리고 계시며, 사도들에게 맡겨진 '말'을 통해 이것을 하고 계신다"는 것을 설명한다.[838]

"하나님이 그리스도 안에서 세상을 자기와 화목하게 하시려고"는 성육신을 강조하는 것으로 해석될 수 있다. "하나님께서 그리스도 안에 계시사 세상을 자기와 화목하게 하시며"라는 의미이다. 그러나 이러한 맥락에서 바울의 신학적 의제는 성육신을 확인하는 데 초점을 맞추지 않는다. 이 어구는 주격 술어로 번역하는 경우에도 마찬가지라고 할 수 있다. "그리스도 안에서 세상을 자기와 화목하게 하신 이는 하나님이시다." 이 문구를 미완료 완곡어법으로 표현하기 위해 CSB 성경이 선택한 것이 가장 좋다('곧, 그리스도 안에서 하나님은 만물을 자신과 화목하게 하신다'). "그리스도 안에"는 '그리스도를 통해서'라는 도구적 의미이다. 바울은 하나님께서 그리스도의 죽음과 부활을 통해 이루시려고 의도하신 바를 설명한다. "하나님이 화목하게 하시며"라는 미완료 시제는 불완전한 행위의 개념을 전달할 수 있지만, 하나님의 화해의 행위에는 인간의 반응이 필요하다는 의미에서만 불완전하다.[839] 벡Beck이 올바르게 말한 것처럼, "한쪽이 과거를 뒤로 하려고 하고 다른 쪽이 단순히 그것을 이용한다면 화해는 없다."[840] 그는 화해를 위해서는 양측이 잘못을 인정하고 상처를 입은 당사자가 고통을 잊게 해야 한다고 지적한다. 하나님은 우리의 범죄에 직면하셨지만 그들이 만든 문제를 해결하기 위해 그리스도 안에서 주도권을 잡으셨다. 하나님은 우리의 고의적인 반역의 고통을 내버리셨고 우리의 죄를 우리에게 돌리지 않으셨다. 우리는 잘못을 저질렀음을 인정하고 회개하며 하나님의 우정의 제안을 받아들여야 한다. 모두가 그렇지 않을 것이다. 어떤 사람들은 계속해서 하나님을 무시할 것이다.

"세상"은 이 문맥에서 인류를 가리키며 창조된 질서 전체를 가리키는 것

836 Lambrecht, "Reconcile Yourselves'," 184.

837 또 다른 선택은 ὡς ὅτι를 "때문에"의 의미로 사용하는 것이며, 따라오는 내용은 5:18에서 말한 것에 대한 설명을 제공한다는 것이다.

838 Barnett, *Second Epistle*, 306.

839 왜 5:18에서 부정과거에서 미완료로 바뀌었는가? 미완료는 작업이 완료되지 않았음을 의미한다. 스랄(Thrall)은 그것을 "스타일과 리듬을 위해 사용된 '변장한 부정과거'"(*Second Epistle*, 1:434)라고 부른다.

840 Beck, "Reflections on 2 Corinthians 5:11–6:2," 88.

이 아니다(참조. 골 1:20, 22).[841] 그것은 5장 14-15절에서 "모든 사람"을 선택하고 "그들의 죄"와 "그들에 반대하여"(개역개정, '그들에게')에 대한 언급을 가리킨다.[842] 하나님의 화해 대상은 '우리'에 국한된 것이 아니라 '세상'도 포함되기 때문에 하나님의 역사에 응답한 우리는 '세상'을 업신여기거나 무시해서는 안 된다. 한때 우리도 세상의 바로 그 일부였고 또한 하나님과의 화해가 필요했다(고전 6:9-11).

하나님의 화목케 하시는 역사는 죄의 빚을 탕감하는 것으로 요약된다(골 2:13-14). "죄"는 단순히 무지에서 저지를 수 있는 죄가 아니다. 죄를 범하는 것으로 우리는 하나님에 대한 불순종이 된다고 알고 있는 일을 고의적으로 행한다. 이 도전적인 반란은 훨씬 더 심각하며 우리와 하나님 사이에 메울 수 없는 간극을 만들어 냈다. 그러나 하나님은 그리스도의 죽음을 통하여 죄의 기록을 깨끗이 지워 버리셨다. 우리의 결점 및 위반 사항에 대한 기록이 포함된 파일은 삭제되었다. 스랄Thral)은 "인간의 죄성을 무시하는 것은 사랑의 표현이 아니라 초월적인 무관심의 표현일 것이다. 그렇다면 변한 것은 인간에 대한 하나님의 근본적인 성품이 아니라, 소외된 상태를 초래한 죄를 처리하는 방법이다."라고 지적한다.[843]

"화목하게 하는 말씀을 우리에게 부탁하셨느니라"라는 바울의 주장은 하나님이 모세와 아론에게 그들이 행한 말과 표적을 두셨다고 주장하는 시편 104편 27절(LXX; 시 105:27 MT)과 일치할 수 있다.[844] 이 성경의 반향은 바울이 이미 3장에서 자신을 모세와 비교했기 때문에 가능한 것 같다. 그러나 호피우스Hofius는 사도들에게 무엇을 말해야 할지 지시하기보다는 오히려 하나님이 그의 말씀을 직접 성취하시는 것을 바울이 언급한다고 주장한다.

그는 시편 77편 5절(70인역; 78:5 MT)을 더 나은 병행으로 인용하여 다음을 강조한다. (1) 하나님 자신에 의한 말씀의 성취, (2) 말씀이 이스라엘에서 공개된 언약적 지시, (3) 말씀 선포에 의한 순종이다.[845] 이 패턴은 5장

841 로마서 11장 15절은 "그들을 버리는 것이 세상의 화목이 되거든 그 받아들이는 것이 죽은 자 가운데서 살아나는 것이 아니면 무엇이리요"라고 한다. 여기에서 "세상"은 "이방인"을 의미한다(11:12).

842 Barnett, *Second Epistle*, 307. 그러나 바렛(Barrett)은 명사 κόσμος("세계") 앞에 정관사가 없기 때문에 "동사의 목적어의 특수성보다는 본질이 강조된다. 아마도 골 1:19f의 반역적인 하늘의 세력을 포함하여 화해된 세상 전체이다"라고 말한다(*Second Epistle*, 177).

843 Thrall, *II Corinthians*, 1: 431.

844 시편 104:27, ἔθετο ἐν αὐτοῖς τοὺς λόγους τῶν σημείων αὐτοῦ καὶ τῶν τεράτων ἐν γῇ Χαμ.

845 시편 77:5, καὶ ἀνέστησεν μαρτύριον ἐν Ιακωβ καὶ νόμον ἔθετο ἐν Ισραηλ, ὅσα ἐνετείλατο τοῖς

18-20절의 문맥과 일치한다. 문맥은 다음과 같다. (1) 화목의 말씀의 성취(5:19), (2) 화해를 전파하는 사역을 사도에게 위임(5:18). (3) 이 사역을 선포로 수행하는 것(5:20).[846] 이 절의 후반부는 바울을 변호하는 중요한 부분이다. 사도들의 선포는 모두 하나님의 화목케 하시는 활동의 일부이다. 사도들은 이 화해를 말과 행동으로 선포한다. 그들은 소외가 가장 명백하고, 원망이 가장 불타오르고, 상처가 가장 곪아 터지는 곳으로 간다. 이는 필연적으로 고통으로 이어진다.

하나님은 사람들로 하여금 자신과 하나님과의 관계에 대해 좋게 느끼도록 하기 위해서가 아니라 진정한 평화를 이루기 위해 바울을 임명하셨다. 이 과업은 그가 항상 자기 자신이 아니라 하나님이 그리스도 안에서 하신 일, 그가 그리스도를 위해 하고 있는 일이 아니라 자기 너머에 있는 무엇인가를 가리켜야 한다는 것을 의미한다.

5:20. 바울은 "우리가 사신이 되어"를 의미하는 동사(*πρεσβεύομεν*, 프레스뷰오멘)의 1인칭 복수형을 사용하여 자신이 그리스도의 대사임을 밝히고 있다. 대사를 다른 사람보다 앞서 대표하기 위해 정부가 선택하고 인증한 가장 높은 직급의 관리로 인식하는 대사에 대한 우리의 현대적 인식은 바울의 주장의 중요성을 이해하는 데 도움이 된다. 그는 세상에서 그리스도의 대변자이다. 그는 자신의 권위로 행동하지 않고 그를 보내신 더 큰 능력과 권위를 위임받아 행동한다. 그러므로 바울은 평화에 대한 하나님의 용어를 세상에 선포할 수 있는 하나님의 권한을 가지고 있다고 이해한다.[847]

대사들이 고대 세계에서 일반적으로 기능한 방식을 비교하면 바울의 사명에 대해 다소 주목할 만한 차이점을 알 수 있다. 첫째, 고대에 대사는 존중받아 결코 투옥되지 않았다. 대사를 모욕하거나 학대하거나 폭행하는 경우도 있었지만, 이러한 학대는 보편적으로 통용되는 관습에 어긋난다는 비난을 받았고, 리비Livy는 이를 '사절에 관한 국가법'이라고 부른다.[848] 그러한 학대는

πατράσιν ἡμῶν τοῦ γνωρίσαι αὐτὰ τοῖς υἱοῖς αὐτῶν.

846 O. Hofius, "Gott has unter uns aufgericht das Wort von der Versöhnung (2 Kor 5:19)," *ZNW* 71 (1980): 11–13.

847 그리스도의 대사라는 이 언급은 바울이 고린도 교인들로부터 독립했음을 암시한다. 포브스(Christopher Forbes)는 대사의 위치가 "보냄을 받는 사람이 아니라 보낸 사람이 보증한다"고 지적한다("Comparison, Self-Praise and Irony: Paul's Boasting and Conventions of Hellenistic Rhetoric," *NTS* 32 [1986]: 14).

848 Livy, *Hist*. 30.25; 또한 다음을 참조하라. Caesar, *Bell. gall.* 3.9. 펄만(Perlman)은 다음과

대사가 더 큰 권력을 대표한다면 신속한 보복을 당했다. 대조적으로, 그리스도의 대사가 된 것은 바울에게 이 세상의 눈에 하나님의 지위나 외교적 면제를 주지 않았다. 그는 사슬에 묶인 대사(엡 6:20)이며 투옥되고 매맞고 욕을 당한다(고후 6:4-10). 다른 대사들은 그들이 대표하는 사람들의 부와 권력의 표시로 금 사슬과 펜던트를 착용할 수 있지만, 바울이 행하는 대사의 휘장은 죄수의 쇠사슬이다. 사슬은 부끄러워할 것이 아니라(딤후 1:16), 세상 권세에 의해 죽임을 당하신 예수 그리스도의 사절에게 합당한 신임장이다.[849] 그러나 하나님은 그리스도의 대사들이 형벌 없이 학대받는 것을 가볍게 여기지 않으실 것이며 허락하지 않으실 것이다.

둘째, 고대 외교에 대한 일부 기록을 보여주는 남은 문서와 비문은 사절이 일반적으로 우정과 선의의 표시로 다른 사람에게 파견되어 관계를 수립하거나 우호 관계를 갱신하거나 동맹을 맺기 위해 파견되었음을 분명히 한다. 그들의 목적은 "친선", "우정", "동맹"을 갱신하거나 확립하는 것이었다.[850] 그리스도와 그의 사절들을 보내신 하나님의 목적은 적대 행위를 종식시키고 화해를 이루는 것이다. 하나님은 지금이 구원과 화해의 날임을 계속 알리기 위해 사신을 보내신다.

셋째, 바울 시대에 여러 도시와 지방은 일반적으로 로마에 대사를 파견하여 황제 앞에서 소송을 제기하거나 제국의 호의를 얻기 위해 조공을 바쳤다. 필론은 그의 책(*On the Embassy to Gaius*)에서 동료 시민의 손에 잔인한 박해를 겪고 있는 알렉산드리아 유대인을 대신하여 호소하기 위해 황제 칼리굴라에게 보내는 사절단에 참여하는 것을 설명한다. 세계의 모든 사람에게 영향을 미치는 법령을 보내는 로마 황제(눅 2:1)는 협상을 위해 대사를 도시나 지방으로 보내지 않았다(2 Macc 11:34-38에서와 같이). 대신에 그는 이미 예속된 자들을 다스리기 위해 총독을 보내거나 저항을 진압하기 위해 군대를 보

같이 말한다. "모든 경우에 사절은 전쟁 중에도 보호되고 안전한 출구를 제공받았다. 그러나 사절의 존중은 헬레니즘 세계와 로마에서보다 그리스(전령은 신성시되었음에도 불구하고)에서 덜 준수되었으며, 로마에서는 준수하지 않는 것을 국가법을 위반하는 것으로 간주되었다. 원로원은 로마 사절을 받아들이기 거부하는 것을 전쟁의 명분(casus belli)으로 간주했으며, 로마 원로원도 이와 유사한 거부를 적대적인 의도를 나타내는 것으로 간주했다"("Interstate Relations," 672).

849 예수님은 제자들에게 "제자가 그 선생보다, 또는 종이 그 상전보다 높지 못하나니 제자가 그 선생 같고 종이 그 상전 같으면 족하도다 집 주인을 바알세불이라 하였거든 하물며 그 집 사람들이랴!"(마 10:24-25)라고 경고하신다.

850 R. K. Sherk, *Rome and the Greek East to the Death of Augustus* (Cambridge: Cambridge University Press, 1984).

냈다. 결과적으로 이 정복된 왕국의 대사들이 로마로 몰려들었다.[851] 아우구스투스는 제국의 외딴 변두리와 그 너머에서 그에게 온 모든 대사를 자랑스럽게 여긴다.

> 이전에는 로마 장군이 한 번도 본 적이 없는 인도 왕실 대사가 종종 나에게 파견되었다. 대사를 통해 바스타르니아인과 스키타이인, 그리고 돈 강 양쪽에 사는 사르마티아인의 왕과 알바니아인과 이베리아인과 메디아인의 왕이 우리의 우정을 찾았다.[852]

이 자랑에서 우리는 하나님과 황제 아우구스투스 사이의 현저한 대조를 볼 수 있다. 전능하신 하나님은 인류가 자신에게 호소하기를 기다리지 않고 대사를 보내어 인류에게 호소한다.

네 번째 요점은 고대 세계에서 대사로 선택된 사람들과 관련이 있다. 외국 대사관에 상주하는 직업 외교관으로서의 대사에 대한 우리의 이미지는 1세기의 상황과 맞지 않다. 대사관에 가도록 선발된 사람들은 고국의 명문대에서 뽑혔다. 어떤 사람들에게는 사절로 가는 기회가 지역사회에서 인정받는 영예를 부여했고 많은 사람들이 표창을 받았다.[853] 어떤 사람들에게는 대사관에 가는 것이 지배 엘리트층의 일부가 되는 책임 중 하나였다. 많은 사람들은 장기간 집을 떠나거나 가야 할 곳이면 어디든지, 보통 로마로 가는 길고 힘든 여행을 하게 될 전망을 환영하지 않았다. 마침내 도착한 사신이 호의를 얻기 위해 연설을 할 때 황제가 대사관에 청중을 허락할 때까지 불명확한 기간을 기다려야 했다. 황제와 그의 관리들 앞에 나타난 이 모습에 대한 두려움은 콘스탄티누스 시대의 다음과 같은 설명에 표현되어 있다.

> 스스로를 대신하여 천하의 황제에게 청하고, 그런 위엄 앞에서 용감한 얼굴을 하고, 표정을 짓고, 용기를 내고, 옳은 것을 선택하고. 두려움 없이 말하고, 적절한 순간에 멈추고, 대답을 기다리는 것은 작은 일이 아니다.[854]

---

851 플루타르코스는 로마에 내려온 수많은 사절들에게 왜 이 대사들이 먼저 사투르누스 신전으로 가서 그곳의 재무장관에게 등록했는지를 설명하면서 간접적으로 증언한다. 그는 과거에 이 신전의 관리들이 외국 대사가 아프면 돌보고 죽으면 묻었다고 언급했다. 그는 계속해서 많은 수의 사절들로 인해 수행을 계속하기에는 비용이 너무 많이 들었지만 대사들은 그 사원을 방문하는 전통을 계속 이어갔다고 말한다(*Quaest. rom.* 43).

852 *The Accomplishments of Augustus, Res Gestae Divi Augusti* 31.

853 마게도냐 레테의 비석(기원전 119년)은 사절로 봉사하면서 그의 도시에 대한 의무를 다른 무엇보다 우선시한 아니우스(M. Annius)에게 경의를 표한다(Sherk, *Rome and Greek East*, #48).

854 *Panegyrici Latini* VIII (5) 9,3, 다음에 인용됨. F. Millar, *The Emperor in the Roman World* (31

여러 번 사절들에게 자비로 여행을 떠맡아야 하는 사회적 압력이 가해졌다. 그러므로 플루타르코스는 망명자가 자신이 살 수 있는 가장 좋은 곳을 스스로 선택해야 한다고 말한다. "'특별세를 내라', '로마 대사관에 가라', '총독을 접대하라', '자신의 비용으로 공무를 수행하라'라고 명령하지 않는" 본토를 선택하라.[855] 대조적으로 바울은 그리스도의 대사가 되는 것을 힘든 일이 아니라 세상에서 하나님의 구속 사역의 일부가 되는 엄청난 특권으로 생각한다. 그는 자신의 방식대로 비용을 지불해야 한다고 걱정하지 않는다. 그는 수없이 감옥에 갇히고, 수없이 구타를 당하고, 돌에 맞고, 난파되고, 수 많은 여행으로 인한 치명적인 위험을 견디는 것에 대해 불평하지 않는다. 그는 일등석으로 다니지 않았고 자주 배고프고 목마르고 추위에 노출되었다(고후 11:23-28). 그가 이것을 참은 것은 개인의 영광이나 상을 위함이 아니라 하나님이 그의 마음에 비추셔서 그리스도의 얼굴에 있는 하나님의 영광을 아는 빛을 주셨기 때문이다(고후 4:6). 그는 단순히 집에 머물러 잠잠할 수 없었다(고전 9:16). 복음(고전 9:23)과 바울 자신을 사랑하시고 그를 위하여 자기 몸을 버리신 이(갈 2:20)를 위하여 이 일에 몸을 맡겼다. 바울을 두려워하게 하는 것은 그가 지상의 어떤 왕들의 위엄 앞에서 접견하는 것이 아니라 그가 높고 낮은 자들에게 하나님의 말씀을 전하라는 사명을 받았기 때문이다.

대사는 자신을 보낸 사람의 입장을 대변한다. 그는 선포하고, 호소하고, 간청하고(5:20), 촉구한다(6:1). 그러나 바울은 그가 단순히 하나님의 대리자로서 말하는 것이 아니라 살아계신 주님이 그를 통해 직접 말씀하신다는 것을 의미한다. 이 말은 하나님의 말씀이 사도들이 전파할 수 있는 모든 것이며 자신의 목적을 위해 속이는 사람들을 파렴치하게 조종하는 거짓 사도들에게 문을 열어준다는 의미로 잘못 해석될 수 있다. 참 사도들은 하나님의 가르침을 받았고, 바울은 10-13장에서 참 사도와 거짓 사도의 문제, 그리고 어떻게 구별하는지를 다룰 것이다. 여기서 그는 하나님의 말씀이 사도의 말을 쓰는 것이지 그 반대의 경우가 아니라는 점을 지적한다. 이 개념의 의미는 가시가 돋쳐있다. 고린도 교인들이 그들에 대한 바울의 권고에 주의를 기울이지 않는다면, 그들은 사도만이 아니라 하나님께 등을 돌리는 것이다. 이 의미가 이 단

BC-AD 337) (Ithaca: Cornell University Press, 1977), 385. 키케로(Cicero, *Verr*. 2.44.109)는 라이벌들이 대사의 부재를 이용하여 그에 대한 법적 절차를 시작하려고 시도한 것으로 알려져 있음에 주목했다. 여행 경비는 일반적으로 대사관에 할당되었지만 때로는 그렇지 않았다. 키케로는 여행 경비를 지원하지 않고 출항을 거부한 로도스에서 아테네로 가는 대사의 경우를 제시한다(*Inv*. 2.29.87).

855 Plutarch, *Exil*. 602C (De Lacy and Einarson, LCL).

락의 핵심 주제이다. 바울은 고통스럽고 솔직한 편지에서 단순히 화풀이 하는 것이 아니다. 하나님은 바울을 통해 그들에게 화해하라고 호소하셨다. 하나님께서 우리를 통해 호소하신다는 바울의 말은 그가 고린도 교인들에게 이 말씀을 쓴 지 2천 년이 지난 지금도 여전히 유효하다. 그의 말은 여전히 강력하고 설득력이 있으며 큰 위험이 있을 때만 무시될 수 있다.

바울은 갑자기 고린도 교인들에게 하나님과 화해하라고 간청함으로써 그의 신학적 논의의 절정을 이룬다.[856] 글로어Gloer는 이 호소의 의미를 올바르게 읽는다. 바울은 불신자들이 아니라 고린도 교인들에게 요구한다. "이것은 참으로 세상에 대한 교회의 '보편적인 선교의 간청'이며, 이 문맥에서 바울에게서 소외된 고린도 그리스도인들에게 하는 것이며 그리스도 안에서 새로운 삶의 방식에 대한 지속적인 요청을 강조하는 것이다."[857] 만일 그들이 이미 복음의 소식을 받아들였다면 왜 그는 그들에게 하나님과 화해하라고 간청하는가? 칼뱅은 우리가 매일 죄를 짓는다고 설명한다. 그러므로 우리는 날마다 화목해야 한다.[858] 바렛은 고린도 교인들이 십자가에서 수행되고 삶에서 작용하는 모든 인간에게 값없이 제공되는 하나님의 은혜의 결과로 받은 화해를 이루지 못한 것이 문제라고 말한다.[859] 그들의 삶의 일부가 화해하지 못한 채 남아 있다. 그리스도의 사도이자 대사인 바울로부터의 소외는 하나님께서 "우리를 통해 호소"하셨기 때문에 그들이 하나님으로부터 소외되었다는 신호이다. 오로페자Oropeza는 다음과 같이 설명한다. "바울의 사역과 메시지의 타당성에 의문을 제기함으로써 그들은 본질적으로 하나님께서 바울에게 선포하도록 위임하신 예수에 관한 복음의 타당성에 의문을 제기한다. 만일 그들이 바울을 거부한다면 그를 위임하신 분을 거부하는 것이다. 그러므로 바울의 관점에서 볼 때 그들은 하나님과 예수님에게서 멀어질 위험에 처해 있다."[860] 하

856 "화해"(καταλλάσσω)의 어휘적 배경에 대해서는 S. E. Porter, Καταλλάσσω in *Ancient Greek Literature, with Reference to the Pauline Writings*(Cordoba: Ediciones El Almendro, 1994)를 참조하라.

857 Gloer, "2 Corinthians 5:14–21," 403. 크루즈(Kruse)는 그것이 "그의 복음주의적 설교의 언어를 반영할 수 있지만, 여기에서는 호소가 고린도 교회의 교인들에게 향한다"고 말한다(*2 Corinthians*, 128). 포터(S. E. Porter)는 문법과 담론 구조를 "화해되지 않은" 사람들에게 호소하는 것으로 더 잘 이해된다고 주장한다. 하나님은 청중들을 화목하게 하셨고 바울은 그들에게 "화해의 메시지를 전하는 일꾼이 되라"고 요청한다("Reconciliation and 2 Cor 5, 18–21," in Bieringer, *The Corinthian Correspondence*, 702–4).

858 Calvin, *Second Epistle*, 80.

859 다음에 나오는 바렛의 언급이다. Lambrecht, "Reconcile Yourselves," 411.

860 Oropeza, *Exploring Second Corinthians*, 380.

나님의 화해가 온전히 이루어지려면 먼저 그들에게 하나님의 화해의 복음을 전한 사람과 화목해야 한다.

바울에 대한 고린도의 오해와 그로 인한 마찰의 이면에 있는 근본적인 문제는 그들이 하나님과 완전히 화해하지 못했다는 데 있다.[861] 그것은 과도한 파벌주의와 적개심과 권력을 가진 이교 사회의 가치가 다른 사람들에 대한 우월함과 영향력을 얻기 위해 계속해서 그들의 삶에 영향을 미치고 하나님께 대한 그들의 순종을 방해하는 이유를 설명한다. 그것은 그들이 거짓 사도들에게 그렇게 쉽게 속는 이유를 설명한다. 바울은 그들에게 다툼과 죄악된 행동과 우상 숭배로 말미암는 부족함 때문에 하나님과 화목하라고 말한다.[862] 바울은 고린도 교인들과 그를 학대한 도발자(2:5-11)와 화해하고자 하는 열망을 밝혔고, 나중에 편지에서 그들의 회개를 기뻐한다(7:12). 그는 그들을 되찾고 불확실한 평화를 얻기 위해 힘든 감정을 만들어 낸 자신의 대담한 비판을 철회하지 않을 것이다. 그 틈은 심각한 죄로 발생했고 지나간 일로 치부해버리는 것만으로는 충분하지 않다. 그는 그들 사이에 화해를 쌓고 유대를 강화하며 그리스도인의 헌신을 강화할 수 있도록 자신에 대한 모든 적개심과 불안을 제거하기를 원한다. 따라서 하나님과 화해하라고 새롭게 간청한다.

그러나 하나님과 화해하라는 간청은 복음 전파의 보편적인 호소이다. 사람들에게 화해를 제공할 때, 하나님은 죄에 대한 자신의 진노를 억제하시고 그리스도의 죽음을 통한 속죄를 시작하시며 "더 이상 그들의 죄를 그들에게 돌리지 않으신다." 그들의 삶에서 화해가 효과를 거두려면 특정한 방식으로 대응해야 한다. 이것은 바울의 "화해하라"는 명령을 설명한다.[863]

1. 그들은 수동적으로 하나님의 화해를 받는 자가 되어서는 안 된다. 믿음으로 응답해서 받아야 한다. 우리 자신의 조건으로 하나님과의 평화를 위해 소송을 제기하려는 모든 종교적 시도는 비참할 정도로 무익하다. 하나님은 우리의 제안을 기다리지 않으시고 그리스도의 죽음과 부활 안에서 행동을 취하셨다. 화해는 오직 하나님의 일이며 그리스도를 믿음으로 말미암아 하나님의 조건으로 받아들여야 한다. 인간은 화해를 시작할 수 없고 단지 회개와 죄의 고백을 통해서만 반응할 수 있다.

---

861 Oropeza, *Exploring Second Corinthians*, 391.

862 마틴(Martin)은 다음과 같이 말한다. "그 탄원은 그들의 적대적 성향과 그의 메시지와 사역에 대한 의심을 버리고 이미 주동자에게 주어진 그가 제안한 화해를 받아들이라는 새로운 요청이다(고후 2:5-11, 7:12)"(*2 Corinthians*, 137).

863 동사의 수동태는 고린도전서 7:11에 나오는데, 여기서 바울은 소원해진 결혼 상대가 단순히 받아들이는 것이 아니라 화해를 이루기를 기대한다(참조. 마 5:24).

2. 화해는 우리가 하나님으로부터의 소외와 그 소외에 대한 우리의 책임을 받아들이도록 한다. 우리는 단절된 관계에 대해 책임이 있으며 치명적으로 잘못된 길을 갔다. 우리는 우리가 관계를 깨고 스스로 하나님의 "적"이 되었음을 고백해야 한다. 그 결과 우리는 깨어지고 로마서 1장 28-31절에 열거된 모든 악과 그 이상의 악이 초래되었다.

3. 바울은 이전에 "세상적인 관점"(5:16)을 통해서만 그리스도를 보았기 때문에 그리스도를 거부했다. 화해는 우리가 그리스도를 거부하고 그 거부를 합리화하기 위해 사용된 모든 세상적 기준을 버릴 것을 요구한다.

4. 화해하라는 부르심의 핵심은 "하나님께로"이다. 인간은 서로 화해하려고 할 수 있지만, 하나님과도 화해하지 않으면 다른 사람과 진정한 화해를 이룰 수 없다. 하나님과의 화해는 우리로 하여금 하나님을 중심으로 삶을 재정비하도록 강요한다.

5. 하나님과 화목한 자가 화목케 한다.[864] 하나님께서 우리와 함께 화해를 주도하셨듯이, 하나님의 종인 우리도 다른 사람들에게 화해를 가져오는 데 주도적으로 나서야 한다. 그러기 위해서는 하나님의 관점에서 그들을 바라보고 그들을 향한 하나님의 사랑을 인식해야 한다. 미드Mead는 서기 400년부터 1900년까지 서방 교회의 역사에 대해 다음과 같이 주장한다.

> 교회의 신앙은 하나님의 역사적이고 객관적인 행위를 표현하는 교리의 보증으로 여겨졌다. 교리는 신조로 진술되었고 진술된다. 사람들에 대한 교회의 임무는 사람들을 교리와 믿음으로 연결시키는 것이었다. 따라서 하나님이 하신 일, 그것을 표현하는 교리, 그리고 인간에게 "그것"을 적용하는 도구로서의 교회의 기능이라는 세 가지가 있었다.[865]

이것은 건전한 교리를 보존하는 것이 중요하지 않다는 말은 아니다. 좋은 교리를 살아야 한다는 뜻이다. 하나님과의 화해는 신자들에게 다른 사람들, 즉 교회 안에 있는 사람들, 교회 밖에 있는 사람들, 모든 피조물과의 화해를 이루는 과업을 부여한다. 그 과업은 교회가 종의 역할을 받아들이고 돕고 치유하는 사역에 적극적으로 참여해야 하지만 주로 모든 사람을 위한 그리스도의 죽음을 통해서만 화해가 이루어진다는 진리를 적대적인 세상에 선포하는 일에 참여해야 한다. 라이트Wright는 바울이 "그의 중심적인 부르심"으로 보는

864 C. B. Cousar, "II Corinthians 5:17-21," *Int* 35 (1981): 183.

865 R. T. Mead, "Exegesis of 2 Corinthians 5:14–21," in *Interpreting 2 Corinthians 5:14–21: An Exercise in Hermeneutics*, ed. Jack P. Lewis, SBEC 17 (Lewiston, NY: Edwin Mellen, 1989), 161.

화해의 사역이 가진 더 큰 목적을 확인한다. 그것은

> 단순히 개인들을 한 하나님과 화목하게 하거나 그러한 개인들을 교회의 한 가족으로 모으는 것에 관한 것이 아니다. 이러한 작업은 여전히 중요하고 중심적이지만, 그 자체를 넘어선 것을 가리키고 전체 피조물의 창조주와의 화해의 수단이 되도록 설계되었다. 이것은 항상 그렇듯이 강탈자의 통치에서 구출하는 것을 포함한다.[866]

5:21. 바울은 이제 하나님께서 어떻게 우리의 죄를 알지 않으시고(5:19) 화목을 가능하게 하셨는지를 설명한다. 암브로시아스터와 아우구스티누스 시대부터 해석가들은 바울이 그리스도가 "속죄 제물"이 되셨다는 것을 의미한다고 주장해 왔다.[867] 이 견해는 70인역 53장 10절과 잘 맞는 것으로 보인다. 주께서는 "저를 심히 부수시고", "그를 속건 제물"로 만드셨다. "죄"(ἁμαρτία, 하마르티아)라는 단어는 70인역에서 때때로 속죄제물로 사용된다.[868] 그리고 바울은 로마서 3장 25절과 고린도전서 5장 7절에서 그리스도의 죽음을 제사의 희생제물으로 묘사한다(참조. 롬 8:3). 그러나 문제가 있다. 그러나 이러한 관점에서 ἁμαρτία는 신약의 다른 곳에서는 "속죄 제물"라는 의미를 가지고 있지 않으며, 바울이 여기서 그 의미를 의도했다면 같은 문장에서 이 단어를 두 가지 다른 의미로 사용했을 것이다. 첫 번째 예에서 그는 그리스도께서 죄를 알지 못하셨다고 말한다. 두 번째 경우에 "죄"라는 단어로 다른 의미를 의도했다는 것이 나타나지 않는다. 바울이 "속죄제물"의 다른 의미로 이 명사를 사용하려고 했다면 "삼으신"보다는 "내어놓은" 또는 "바친" 동사를 사용하는 것이 더 적절했을 것이다. "죄"는 또한 "의"와 대조되며 이 단어를 "속죄제물"로 해석하면 문장의 병행 구조가 파괴된다.

> 죄를 알지도 못하신 그리스도를
> 하나님이 죄로 삼으셨다
> [죄인인] 우리로 하여금
> 하나님의 의가 되게 하려 하심이다

그러므로 바울은 그리스도께서 죄인이 되셨다고 말하고자 한다. 그러나 신약은 그리스도께서 죄가 없으셨다고 선언한다(요 8:46; 14:30; 히 4:15;

866 Wright, *Paul and the Faithfulness of God*, 1504.

867 이 구절의 해석에 대한 역사는 다음을 참조하라. S. Lyonnet and L. Sabourin, *Sin, Redemption, and Sacrifice: A Biblical and Patristic Study*, AB 48 (Rome: Biblical Institute, 1971), 185–296.

868 참조. 레 4:8, 20, 21, 24, 25, 29, 32; 5:9, 12; 6:17, 25; 8:2, 14; 호 4:8; 민 6:14.

벧전 2:22; 요일 3:5). 바울은 환유를 통해 보다 구체적인 용어 대신 추상적인 용어를 사용하고 그것이 "우리를 위한 것"이라고 말함으로써 그리스도의 무죄함을 지킨다.[869] 갈라디아서 3장 13절은 중요한 병행을 제공한다. 바울은 그리스도께서 저주가 되신 것은 축복이 다른 사람에게 이르게 하려는 것이라고 주장한다. 이 진술은 그가 여기에서 말한 것과 일치한다.

그리스도께서 죄가 되신 것은 다른 사람들로 하나님의 의가 되게 하려는 것이다. 바울은 예수님의 인간적인 삶이 아니라 그분의 영광스러운 죽음에 초점을 맞춘다. 그리스도께서는 인간의 죄에 대한 결과를 경험하셨다. 죄 없는 삶을 사신 그분이 하나님에게서 멀어진 진노의 대상으로 죄인의 죽음으로 죽으셨다. 그는 죽으실 때 죄인으로 대우 받으셨다.[870]

다음 질문은 바울이 이 죽음을 대표성("우리를 위해서", "우리의 유익을 위해")으로 보는지 아니면 대속적("우리를 대신하여")으로 보는지이다. 후커는 대표성의 입장을 다음과 같이 주장한다. "대체자로서가 아니라 인간의 대표자로서 그리스도께서 고난을 받으신다. 그리고 그분은 완전한 인간으로서, 그분만이, 말하자면 인간을 하나님과의 순종적인 관계로 끌어올리심으로 인류를 위하여 효력이 있는 무엇인가를 하실 수 있다.[871] 그러나 "다른 사람 대신해서" 또는 "다른 사람을 대체하여"를 의미하는 대속적인 의미로 전치사 ὑπέρ(휘페르)를 사용했다는 증거가 퍼져 있다.[872] 맥린McLean은 "그리스도는 인류와 연대를 위해 인간이 된 것이 아니라 그 자리에 서서 이중 전가에 참여하기 위해 인간이 되셨다. 인간은 하나님의 의를 받는 반면 그분은 인간의 죄의 짐을 짊어지신다."라고 주장한다.[873] 대체의 개념이 위협받는 공동체를 대신하고 이 짐을 떠맡음으로써 희생자가 대체적인 역할을 하는 지중해에서 널리 퍼진 아포트로페이스(액막이적인, apotropaeic) 의식에 부합한다고 주장한다. 그녀는 다음과 같이 결론을 내린다.

> 그리스도는 대속 행위를 통해 범죄자가 되셨다. 바울은 이성적인 과정에

869 Lambrecht, "Reconcile Yourselves," 388.

870 윈디시(Windisch)는 대속죄일의 희생양(레 16:21)에 대한 암시를 본다(*Der zweite Korintherbrief*, 198).

871 M. D. Hooker, "Interchange in Christ," *JTS* 22 (1971): 358.

872 참조. 70인역 사 43:3-4("너희를 대신해서"); 요 11:50; 1 Clem 5:1,"우리 육체를 대신하는 그의 육체"; Diogn. 9.2,5, 여기에서 전치사 ὑπέρ는 속격과 함께 6번 나타나며 "오! 얼마나 아름다운 교환인가!"(ἀντάλλαγμα)로 결론을 내린다.

873 B. H. McLean, *The Cursed Christ: Mediterranean Expulsion Rituals and Pauline Soteriology*, JSNTSup 126 (Sheffield: Sheffield Academic Press, 1996), 112.

> 만족하지 않는다. 하나님이 인류를 의롭다고 여기시는 것만으로는 충분하지 않으며 그리스도인들 사이에 새로운 자기 이해도 충분하지 않다. 죄와 저주를 그리스도께로 옮기는 것이 필수적이었다. 그리스도는 진정으로 더럽혀져야 한다. ... 구원받은 그리스도인들과 죄의 권세 사이에 진정한 거리를 두려면 진정한 죽음이 필요했다.[874]

하나님은 죄 많은 인류를 대신할 예수님을 주셨다. 예수님은 죄가 없으시지만, 하나님은 그를 저주받은 죽음으로 내버려 두심으로 마치 그를 죄인처럼 취급하신다. 유대인의 제의에서 죄를 속죄하기 위해 바쳐진 동물은 "제사장과 제물을 바치는 사람이 그 죽음이 자신의 죽음이 아님을 확신할 수 있도록 흠이 없고 거룩해야 했다."[875] 이 거래의 결과는 다음과 같다. "우리가 하나님의 의가 되게 하려 하심이라." 우리는 단순히 하나님으로부터 오는 의를 가진 것이 아니라 그리스도 안에 있기 때문에 하나님의 의이다(참조. 고전 1:30; 6:11). 우리가 그 안에 있을 때만 그의 의가 우리에게 주어지고 다시 살아날 것이다.[876] "그 안에 있는 것"은 정죄를 가져 오는 죄와 죽음의 영역에서 벗어나 의를 가져 오는 그리스도의 영역으로 하나님에 의해 옮겨지는 것을 말한다. 그것은 또한 신자들이 하나님의 의가 되는 도구이신 그리스도를 가리킬 수도 있다(5:18). 캠벨은 이 구절의 "내적 논리"가 하나님의 의가 "그리스도와 연합함"으로 온다는 것을 가리킨다고 주장한다.[877] 십자가에서 죄 없으신 그리스도께서 저주 아래(갈 3:13)에서 속죄제물이 되시고 인간 죄인들과 자신을 일치시키셨다. 하나님은 믿음을 통해 그리스도와 연합한 신자들에게 자신의 의를 부여하신다(참조. 롬 5:17-18; 고전 1:30). 해리스는 설명하기를, "하나님이 그리스도에게 낯선 것, 즉 죄를 전가하신 결과로 신자들은 그들에게 낯선 전가된 것, 즉 의를 가진다."[878] 빌립보서 3장 8-9절의 병행은 바울이 여기에서 말하는 것을 명확히 하는 데 도움이 된다. 그는 "그리스도 예수를 아

---

874 McLean, *The Cursed Christ*, 144. 스랄(Thrall)은 이 견해에 동의한다. "그리스도는 죄 많은 인간과 동일시되셨고, 인간의 죄의 결과로 인한 조건을 위해 자신의 무죄에 합당한 상황을 바꾸셨다. 이 후반부에서 두 번째 요소에 대해 설명한다. 그리스도와의 관계를 통해 남자와 여자는 '하나님의 의'로 정의되는 상태를 위해 자신들의 죄된 상태를 교환할 수 있다"(*Second Epistle*, 1:442).

875 Dunn, *The Theology of Paul*, 221.

876 로마서 5:1-11에서 바울은 칭의로 시작하여 화목으로 끝맺는다. 여기서 그는 화해로 시작하여 칭의로 끝맺는다.

877 Campbell, *Union with Christ*, 185-87.

878 Harris, *Second Epistle*, 455.

는 지식이 가장 고상함"과 "그 안에서 발견되려 함"을 즐겁게 기뻐한다. 그 안에서 발견됨은 "내가 가진 의는 율법에서 난 것이 아니요 오직 그리스도를 믿음으로 말미암은 것이니 곧 믿음으로 하나님께로부터 난 의"이기 때문이다.

해리스는 또한 이사야서 53장이 바울이 5장 21절을 썼을 때 그의 생각 저변에 있는 틀로서 어떤 역할을 하는지 설명한다.

(1) "죄를 알지도 못하신" 그리스도(21절) = 사 53:9(그는 강포를 행하지 아니하였고 그의 입에 거짓이 없었으나).

(2) 그리스도는 "죄로 삼으신 것은"(21a절) = 사 53:10("여호와께서 그에게 상함을 받게 하시기를 원하사 질고를 당하게 하셨은즉 그의 영혼을 속건제물로 드리기에 이르면").

(3) "하나님의 의"(21절b)가 되는 결과로 얻는 유익 = 사 53:11("그가 자기 영혼의 수고한 것을 보고 만족하게 여길 것이라 나의 의로운 종이 자기 지식으로 많은 사람을 의롭게 하며 또 그들의 죄악을 친히 담당하리로다")[879]

2.2.7. 자기 변호:
고난의 목록. 고린도 교인들이 그의 호소를 존중해야 하는 이유 (6:1-10)

1 우리가 하나님과 함께 일하는 자로서 너희를 권하노니 하나님의 은혜를 헛되이 받지 말라 2 이르시되 내가 은혜 베풀 때에 너에게 듣고 구원의 날에 너를 도왔다 하셨으니 보라 지금은 은혜 받을 만한 때요 보라 지금은 구원의 날이로다 3 우리가 이 직분이 비방을 받지 않게 하려고 무엇에든지 아무에게도 거리끼지 않게 하고 4 오직 모든 일에 하나님의 일꾼으로 자천하여 많이 견디는 것과 환난과 궁핍과 고난과 5 매 맞음과 갇힘과 난동과 수고로움과 자지 못함과 먹지 못함 가운데서도 6 깨끗함과 지식과 오래 참음과 자비함과 성령의 감화와 거짓이 없는 사랑과 7 진리의 말씀과 하나님의 능력으로 의의 무기를 좌우에 가지고 8 영광과 욕됨으로 그러했으며 악한 이름과 아름다운 이름으로 그러했느니라 우리는 속이는 자 같으나 참되고 9 무명한 자 같으나 유명한 자요 죽은 자 같으나 보라 우리가 살아 있고 징계를 받는 자 같으나 죽임을 당하지 아니하고 10 근심하는 자 같으나 항상 기뻐하고 가난한 자 같으나 많은 사람을 부요하게 하고 아무것도 없는 자 같으나 모든 것을 가진 자로다

879 참조. Harris, *Second Epistle*, 456.

6장 3-10절에서 바울은 고린도 교인들이 왜 그를 존경하고 그의 호소에 주의를 기울여야 하는지에 대한 사례를 제시하며, 이는 다음 구조에 적합하다.

6:3a	선언: "무엇에든지 아무에게도 거리끼지 않게 하고."
6:3b	이유: "우리가 이 직분이 비방을 받지 않게 하려고."
6:4a	선언: "오직 모든 일에 하나님의 일꾼으로 자천하여."
6:4b-10	바울 자신의 사역에 대해 스스로 추천할 내용의 개요

바울 사역의 이력은(6:4b-10)는 다음 패턴에 속한다.

6:4b-5	전치사 ἐν("~으로")으로 시작하고 "많이 견디는 것으로"
	(이 목록 중에 형용사로 수식된 유일한 명사)로 소개되는 9가지 고난[880]
6:6-7b	전치사 ἐν("~으로")으로 시작하는 바울 사역의 여덟 가지 특징[881]
6:7c-8b	διά("~으로"와 "~을 통하여")로 도입되는 3가지 조합
6:8c-10	ὡς("같으나")에 의해 도입되는 일곱 쌍의 대조

6:1. "함께 일하는 자로서"는 헬라어 συνεργοῦντες(쉰에르군테스)의 번역이며 목적어는 없다. 대부분의 번역은 그것이 하나님과 함께 일하는 것을 의미한다고 가정한다. 바울은 그의 인간 동역자들을 언급할 수도 있었지만, 이 구절은 5장 20절과 연결되는데, 여기서 그는 하나님께서 그에게 화목의 직분을 주셨고 하나님께서 그를 통해 호소하신다고 주장한다. 바울은 그의 사역에서 하나님과 함께 일한다고 믿는다.[882] 그러므로 바울은 청중들에게 그가 하는 일

880 "고난"은 4장 8-12절의 첫 번째 고난 목록에 공통적으로 사용되며, "매를 맞음", "옥에 갇힘", "수고함", "자지 못함", "굶음"이라는 단어는 11:23-28의 세 번째 목록에 공통적이다.

881 퍼니시(Furnish)는 마지막 용어인 "하나님의 능력으로"가 적절한 결론과 요약을 제공한다고 지적한다(*II Corinthians*, 355).

882 바울은 데살로니가전서 3:2에서 디모데를 하나님의 동역자로 이해한다. 바울은 또한 고린도전서 3:9에서 아볼로와 자신을 "하나님의 동역자"라고 언급하지만 퍼니시는 이 용어가 "하나님을 위한 동역자"를 의미한다고 이해한다(*II Corinthians*, 341).

이 하나님의 사역이지 그의 사역이 아니라고 단언함으로써 자신에게 주어진 하나님의 사명과 권위를 떠오르게 한다. 그것은 바울이 자신의 목적이 아니라 하나님의 목적을 성취하고자 하는 것을 의미한다. 그 목적은 문맥을 고려하면 화해를 포함한다. 하나님은 화해를 가능하게 하기 위해 그리스도를 그의 대리자로 보내셨다. 하나님은 바울과 같은 대리자를 사용하여 그 의제를 계속하도록 하셨다. 사람들에게 하나님과 화해하도록 요청하고, 하나님께서 그들의 죄를 그들의 것으로 여기지 않으심을 알리고, 하나님이 그들을 사랑하시며 그들이 회개하기를 갈망하신다는 것을 선포하기 위해서이다.

그러나 바울은 특히 고린도 교인들에게 화해에 대한 그의 요청을 지시하고(5:20) 하나님의 은혜를 "헛되이" 받지 말라고 간청한다. "은혜"는 그리스도 안에서 하나님의 화목케 하시는 일을 의미한다. 바울은 이 경고를 마음에 새기고 사도로 부르심을 받은 일에 대해 고린도전서 15장 10절에서 이렇게 썼다. "그러나 내가 나 된 것은 하나님의 은혜로 된 것이니 내게 주신 그의 은혜가 헛되지 아니하여 내가 모든 사도보다 더 많이 수고하였으나 내가 한 것이 아니요 오직 나와 함께 하신 하나님의 은혜로라." 그들도 하나님의 은혜를 받았는데 무엇이 그 은혜를 헛되이 하겠는가? 라피드Lapide는 안셀무스를 인용한다. "그는 은혜를 헛되이 받는다. ... 함께 일하지 않고, 마음을 쓰지 않고, 게으름으로, 선한 일을 나타내기 위해 최선을 다하지 않음으로 인해 은혜를 효과 없게 만든다."[883] 이 해석은 이 서술을 모든 그리스도인에게 적용할 수 있는 경고로 만들지만, 바울은 보다 구체적인 것을 염두에 두고 있다. 그는 단순히 하나님의 은혜가 삶에서 열매를 맺지 못하도록 그들이 막는 것에 대해 염려하지 않는다. 6장 14절-7장 1절에 이어지는 엄한 훈계는 그들이 계속해서 우상과 교제하는 것이 그들의 믿음을 바위 위에 무너지게 할 것을 두려워한다는 것을 나타낸다.[884]

6:2. 바울은 이사야 49장 8절(히브리어 본문이 아니라 70인역 인용)을 그대로 인용하여 상황이 중요하다는 것을 설명한다. 은혜 받을 만한 때는 이스라엘의 구원을 위해 하나님께서 자비롭게 응답하시고 행하신 때이다. 바울은 이 구절이 현재 무엇을 의미하는지 주해한다. 그것은 바벨론 포로 생활에서 돌아오는 것보다 훨씬 더 큰 것을 가리킨다. "지금"은 그리스도의 죽음(롬

883 Lapide, *II Corinthians*, 84.

884 다음을 더 참조하라. J. Gundry-Volf, *Paul and Perseverance: Staying in and Falling Away*, WUNT 2/37 (Tübingen: Mohr Siebeck, 1976), 277–80.

3:21, 26, 5:9, 11, 6:22, 7:6, 8:1)으로 시작된 시대의 종말론적 변화와 "구원의 날"을 가리킨다. 이제 예수님의 십자가와 부활을 통해 죄의 포로 상태에서 구원받는 것을 의미한다. 은혜 받을 만한 때란 인간의 관점에서 옳고 그름을 완전히 무시하는 하나님의 시간표를 반영한 것이다. 하나님께 받아들여지기 위해서는 하나님의 화해의 제안을 받아들여야 한다. 그러나 약속을 듣는다고 해서 그 약속이 반드시 받아들여진다는 보장은 없다. 그들은 그 날을 붙잡고 그것이 아직 "오늘"일 때 순종해야 한다(히 3:13).

바울은 이사야의 경우가 자신의 경우와 비슷했기 때문에 이사야서 구절로 눈을 돌렸을 수도 있다. 이사야의 문맥(사 49:1-6)에서 선지자는 자신이 자격 있음을 드러낸다. 주님은 그를 모태에서부터 지으시고 그분의 종으로 이스라엘을 화목하게 하여 열방의 빛이 되게 하셨다. 이는 하나님의 구원이 땅 끝까지 미치게 하려 함이다(참조. 갈 1:15). 그러나 선지자가 자신의 메시지를 전했을 때 그는 사람들로부터 열광적이지 않은 반응을 보았다. 그는 "내가 헛되이 수고하였다"(사 49:4)는 쓰라린 실망을 표현하면서 동시에 자신의 사역이 여호와께 있다는 확신을 표현했다.

"내가 여호와 보시기에 영화롭게 되었으며 나의 하나님은 나의 힘이 되셨도다"(사 49:5). 플러머는 이렇게 서술한다. "사람들이 그를 멸시할지라도 하나님께서는 그의 말씀을 확증하심으로 그를 영화롭게 하실 것이다. 이스라엘의 죄에도 불구하고 긍휼히 여기신 하나님께서 모든 민족을 긍휼히 여기실 것이다. ... 말 그대로 이것은 사도에게 해당된다."[885] 바울은 자신을 "이스라엘이 새 시대의 유익에 참여하도록 초대함과 동시에 하나님의 은혜를 이방인들에게 선포하도록" 초대하는 종과 같다고 이해한다.[886] 하나님께서 이사야를 일으키사 그를 통하여 말씀하시고 이스라엘을 위로하고 훈계하시게 하신 것과 같이 하나님은 "구원의 날"에 고린도 교인들을 위로하고 훈계하시기 위하여 바울을 하나님의 대변자로 세우셨다.

기그닐리엇Gignilliat는 바울이 자신이 이사야 49장 8절에 언급된 종이라고 생각하지 않는다고 반박한다. 바울은 "자신이 이사야가 증거하고 예수 그리스도의 인격과 사역에서 성취된 하나님의 역사의 시대인 종말론적 현재 한가운데에 있다고 이해한다. 그분은 세상의 화해를 위해 아버지께서 쓰러뜨리신

885 Plummer, *Second Epistle*, 190–91; 또한 다음을 참조하라. J. Lambrecht, "The Favorable Time: A Study of 2 Corinthians 6, 2a in Its Context," in Bieringer and Lambrecht, *Studies on 2 Corinthians*, 524.

886 Danker, *II Corinthians*, 85.

참되고 신실한 이스라엘의 구현이신 그 종이다."[887] 그 종은 바울보다 더 큰 분 곧 그리스도이시다. 그리스도와 연합한 사람으로서 그는 그리스도의 고난에 참으로 참여하여 "항상 예수를 위하여 죽음에 넘겨짐은 예수의 생명이 또한 우리 죽을 육체에 나타나게 하려" 한다(4:11). 그리스도와의 연대는 그가 그리스도와 같이 고난을 받아야 한다는 것을 의미하며, 이것은 세상을 화목하게 하는 하나님의 수단이기 때문에 그의 사역을 인증한다.[888] 고린도 교인들은 바울의 나약함과 고난에 대한 부정적인 관념을 버리고 대신에 바울이 그 종의 종으로 부르심을 받은 부르심에 순종하는 성취로 그것들을 보아야 한다. 그는 이 세상에서 아무것도 소유하지 않고 오는 세상에서는 모든 것을 소유하게 될 이 시대에 의로운 고난을 받는 자이다(6:10).[889]

6:3. 바울은 그의 사역에 추천할만한 점을 설명한다. 그는 순결한 동기와 모든 시련과 고난을 통해 그를 지탱해 주신 하나님의 분명한 능력으로 자신을 추천한다. 그의 행동은 그의 말과 일치한다.[890] 길모퉁이, 좁은 길, 신전 문에서 인파를 모으던 견유학파와는 다르다. 동시대 사람들은 일반적으로 그들을 "냄새나는 사기꾼"으로 여겼다.[891] 크리소스토무스Dio Chrysostom는 그들의 뻥소니 전술에 대해 다음과 같이 불평했다.

> 그러나 명료하고 간교하지 않고 솔직하게(*παρρησιαζόμενον*, 파레시아조메논) 자신의 생각을 말하는 사람을 찾는 것은 평판(*δοχῆς*, 도케스)이나 이익이나 거짓된 가식을 위해서 하는 것이 아니라 그의 동료들에 대한 선의와 관심에서 나오는 것이다. 필요하다면 조롱과 무질서와 폭도의 소란에 굴복할 준비가 되어 있다. 그런 사람을 찾는 것은 쉬운 일이 아니다. 그것

887 Gignilliat, *Paul and Isaiah's Servants*, 108.

888 Gignilliat, *Paul and Isaiah's Servants*, 111; 다음도 참조하라. U. Manus, "Apostolic Suffering (2 Cor 6:4-10): The Sign of Christian Existence and Identity," *AJT* 1 (1987): 42.

889 Gignilliat, *Paul and Isaiah's Servants*, 132–42.

890 댕커(Danker)는 이어지는 내용에서 바울이 이사야서의 그 유대인 종을 그리스-로마 청중이 이해하고 감상할 수 있는 용어로 번역했다고 주장한다(*II Corinthians*, 91). 그는 철학자들이 기념하는 로마의 미덕의 편리한 요약을 제공한다. 고통을 견디는 능력(*patientia*), 정의(*iustitia*), 진리에 대한 신뢰(*fides*), 목적의 확고함(*constantia*), 행동에 대한 지혜와 숙고(*concilium*), 삶의 단순함(*frugalitas*), 어려움과 위험에 직면했을 때 확고한 수행(*fortitudo*), 신과 권위에 대한 존경심(*pietas*), 특히 결혼을 존중하는 도덕성(*castitas*)이다. 그리스인들은 올바름(*δικαιοσύνη*), 절제(*σωφροσύνη*), 인내(*ὑπομονή*), 용기(*ἀνδρεία*)"를 강조했다(89).

891 S. K. Stowers, "Social Status, Public Speaking and Private Teaching: The Circumstances of Paul's Preaching Activity," *Nov* 26 (1984): 62은 다음을 인용한다. Seneca, *Ep*. 5.1; 29:1; Martial, *Epigrams* 4.5.3; Dio Chrysostom, *2 Tars*. 34.2; *Alex*. 32.9.

> 은 오히려 운이 매우 좋은 도시의 행운이다. 고귀하고 독립적인 영혼의 부족함과 두꺼비[아첨꾼, *κολάκων*, 콜라콘], 협잡꾼, 소피스트의 많음은 얼마나 큰일인가.[892]

바울은 고린도 교인들에게 하나님께서 모든 압제 속에서도 견딜 수 있게 해 주신 바로 그분이라는 것을 알게 한다. 그는 자신의 자질을 나열하면서 간접적으로 자신의 십자가의 삶을 닮도록 격려하려고 노력한다. 그의 삶과 일은 "그가 전하는 메시지의 모범이자 예"이다.[893]

바울은 자신이 "누구에게도 실족할 기회를" 주지 않았다고 주장한다. 십자가에 못 박히신 그리스도의 복음은 실족하게 할 수 있지만(고전 1:23), 그는 사역에서 자신의 증언을 훼손하고 다른 사람들을 복음에서 멀어지게 하는 일을 하지 않았다.[894] 그들이 만일 하나님의 은혜를 헛되이 받아들였다면, 바울이 한 일 때문이 아니다.

바울은 올바른 행동의 목적을 "이 직분이 비방을 받지 않게 하려고"라고 표현한다. 즉 조롱하거나 불명예를 당하지 않게 하려는 것이다. 사도는 자신의 개인적인 평판이 아니라 사역의 평판과 그 효과에 관심을 둔다(참조. 빌 1:15-18). 그가 두려워하는 책망은 사람에게서가 아니라 하나님께로부터 온다(고전 4:2-5). 인간 앞에서 불명예를 받는 것이 하나이며 하나님 앞에서 불명예를 받는 것은 다른 또 하나이다. 사람들은 사역자에게 잘못을 찾는 경향이 있어 보인다.

방어적으로 사역을 하고 불만을 피하려고 하고 비판을 유발할 수 있는 모든 것을 무시하는 것은 여전히 비판을 받을 것이다. 설상가상, 하나님의 관점에서 볼 때 다른 사람들이 생각하는 대로 이끌리는 사역은 너무 무력화되어 궁극적으로 무가치하다.

6:4-5. 바울은 "일꾼으로" "모든 일에 스스로"를 추천한다. 고린도 교인들의 승인하지 않는 것과 소외를 시키는 것이 아닌 그들의 인정과 사랑을 받을 긴 목록을 제공한다. 여기에서 "일꾼"으로 번역된 명사 *διάκονοι*(디아코노이)는 "일꾼" 또는 "종"으로 번역된다. "하나님의 일꾼"이 주격이기 때문에 바울

---

892 Dio Chrysostom, *Alex*. 32.11 (Cohoon, LCL).

893 Stowers, "Social Status, Public Speaking and Private Teaching," 80.

894 "거리낌의 원인"(*προσκοπήν*)은 일부 사람들로 하여금 복음의 공격적인 성격을 거부하게 만드는 "거리낌"(*σκάνδαλον*)으로 번역된 명사와 다르다(참조. 고전 1:23). "거리낌의 원인"은 다른 사람들로 하여금 복음을 멸시하게 하는 목사의 도덕적인 실패를 의미한다.

의 의미는 우리가 하나님의 일꾼으로 우리 자신을 추천한다는 것이 아니다.[895] 자신을 추천하는 것에 대한 그의 다른 말은 혼란스러울 수 있다. 그는 5장 12절에서처럼 그들에게 자신을 추천하지 않는다(참조. 3:1). 바울은 4장 2절에서 "각 사람의 양심에 대하여 스스로 추천"하는 것과 같이 일반적으로 자신을 추천하는 것을 말한다. 바울은 여기에서 이것이 그가 세상의 다른 사람들에게 자신을 칭찬하는 방식임을 의미한다. 이것이 고린도 교인들이 다른 사람들에게 그를 칭찬해야 하는 방식임을 암시한다(12:11). 그는 또한 이것이 신자로서 그들이 하나님의 은혜를 헛되이 받지 않도록 하기 위해 본받아야 하는 것이라고 암시할 수도 있다. 하나님은 그들을 하나님의 종들의 헌신적인 희생의 섬김에 박수를 보내는 구경꾼으로 부르지 않으셨다. 그들은 또한 희생적으로 섬기도록 부름을 받았다.

하나님을 위한 바울의 섬김은 많은 어려움을 가져온다. 그는 그리스도의 대사로서 부드러운 임무를 받지 않았다. 화해의 사역은 화해하지 않고 회개하지 않는 자들에게 가서 사탄이 주장하는 자들을 되찾고 악과 무지와 마귀의 굴레로 담대히 나아가는 것을 요구한다. 그리스도의 십자가에 못박히심에서 알 수 있듯이 그것은 위험한 일이다. 마귀의 권세는 복음이 전파될 때 순종적으로 굴복하지 않는다. 그들은 자리에서 일어나 그것을 막으려는 필사적인 시도로 사납게 공격한다.

만일 6장 4절의 "많이 견디는 것"이라는 어구가 "우리가 많이 견디는 것으로 하나님의 일꾼으로 스스로 추천한다"라는 구절과 함께 간다면 다음은 바울이 인내한 것을 보여 주는 것이다. 고난은 그 자체로 누구를 추천하지 않지만 고난의 큰 인내는 바울 자신을 추천한다(참조. 롬 5:3-4; 15:4; 골 1:11).[896] 어떤 사람들은 그의 고난을 자격이 없는 것으로 여길 수도 있다. 그러나 바울의 관점에서 볼 때 사도적인 섬김에서 오는 고난을 피하려고 하면 자격이 없게 된다. 그것을 견디는 것은 그가 하나님의 일꾼이며 하나님께서 그 모든 것을 통해 그를 붙드시는 것을 확인시켜 준다. 그러므로 그는 사도로서의 고난을 지루한 우회로로 여기지 않는다. 고속도로이다. 그것은 의인의 고난이다.

이어지는 아홉 가지 고난의 목록은 일반적인 고난, 다른 이들에게 받은 괴로움, 스스로의 훈련으로 인내한 고난, 세 가지로 분류할 수 있다.[897] 첫 번

895 Furnish, *II Corinthians*, 343.

896 Hafemann, *Suffering and Ministry in the Spirit*, 73–74.

897 Bruce, *I and II Corinthians*, 212; Harris, "2 Corinthians," 357; Barnett, *Second Epistle*, 326–27.

째 묶음은 "환난"의 넓은 범주에 속한다. "환난"은 고린도후서(1:4, 8; 2:4; 4:17; 7:4; 8:2, 13)에서 널리 사용되는 단어이며, "고난"(참조. 고전 7:26)과 "곤고"("재앙", 참조. 4:8; 12:10)를 포함한다. 다음 세 묶음은 그가 학대의 대상으로 보다 구체적이다. "매맞음"(11:23), "갇힘"(11:23), "난동"(그가 폭도를 당하는 다음 내용을 참조하라. 행 13:50; 14:19; 16:19-20; 17:5-8, 13; 19:23-20:1). 마지막 세 묶음은 선교 사역에 대한 그의 헌신에서 비롯된다. "수고로움"으로 번역된 단어는 피로를 가져오는 수고를 암시할 수 있다. 데살로니가전서 2장 9절에서 그는 자신을 부양하기 위해 밤낮으로 일하는 것에 대해 이야기하는데, 이것이 그의 "자지 못하며"를 설명할 수 있다. 11장 27절에서 "자지 못하며"는 목록에서 "수고하며 애쓰며" 다음에 나온다. 그는 "다른 사람들도 새벽부터 해질녘까지 바쁠 것이기 때문에"(참조. 행 20:7-12) 밤 시간을 사용하여 설교하고 가르쳤을 것이다.[898] "먹지 못함"으로 번역된 단어는 신약의 다른 곳에서 금식에 대해 사용된다. "그가 전도 사역에 더 많은 시간을 할애하기 위해 식사를 게을리한" 때를 가리킬 수 있다.[899] 또는 그가 섬기고 있는 사람들의 지원을 받아들이기를 거부해서(11:9) 먹지 못함을 의미할 수도 있다(고전 4:11; 11:27). 이러한 고난은 그를 부숴버리지는 못하는 타격을 받았다는 것을 보여 준다.

6:6-7b. 이제 목록이 고난에서 그의 사역을 특징짓는 덕으로 바뀐다. "깨끗함"은 그의 죄 없는 행위를 가리킨다(살전 2:3). "이해"(CSB 성경)는 "지식"(γνῶσις, 그노시스)을 가장 잘 번역한다. 바울은 단순히 지적인 지식을 말하는 것이 아니라 하나님과 함께하는 지식을 말한다(11:6). 이는 "상황을 파악하고 적절한 조치를 취하는" 능력을 나타낸다.[900] 사역에서 이런 종류의 이해가 부족하면 진실함이 결여된 것만큼이나 큰 혼란을 일으킬 수 있다.

"오래 참음"와 "자비함"은 그가 모든 학대에 어떻게 반응하는지를 나타낸다. 바넷Barnett은 "오래 참음은 반응이고 자비함은 능동적인 성격이다"라고 말

---

898 Furnish, *II Corinthians*, 355.

899 Plummer, *Second Epistle*, 195. 한슨(A. T. Hanson)은 그것을 자발적인 금식으로 해석하는 것은 바울이 하나님께 대한 금식을 자랑하는 바리새인과 세리에 관한 예수님의 비유에서 바울을 더 바리새인처럼 보이게 할 것이라고 지적한다(*The Paradox of the Cross in the Thought of St. Paul*, JSNTSup 17 [Sheffield: JSOT, 1987], 64).

900 Danker, *II Corinthians*, 91. 바렛(Barrett)은 벧전 3:7에서 "지식"의 사용을 지적하고 그것이 "기독교적인 통찰력과 재치"를 의미할 수 있다고 생각한다(*Second Epistle*, 186).

한다.[901] 바울은 공격을 받을 때 화를 내며 반격하지 않는다(참조. 고전 4:13, "비방을 받을 때, 은혜롭게 반응한다." 그리고 고후 2:5-10에서 자신을 근심하게 한 자에 대한 그의 응답). 라피드Lapide는 어떤 사람이 선교사들 중 한 명에게 침을 뱉음에도 그 자리에 머물면서, 그저 얼굴을 닦고 아무 고통도 받지 않은 것처럼 계속 설교를 했던 일본 선교사들의 옛 이야기를 들려준다. 그들은 이 강인함에 감탄하여 그들을 "하늘에서 내려온 사람"으로 존경하고 이 사람들을 전파했을 뿐만 아니라 그들이 살아냈던 믿음을 받아들이기 시작했다.[902] "오래 참음과 자비함"은 바울이 솔직한 비판을 받아야 할 때 그의 회중을 대하는 방식에도 적용된다. 견유학파에 대한 크리소스토무스Dio Chrysostom의 불만 중 하나는 그들이 "때로는 청중에게 유익을 주기보다는 잔인하게 가혹했다"는 것이었다.[903] 바울의 자비함은 일시적인 자극일 수 있는 꾸짖음을 누그러뜨려 받는 사람이 그것이 그들 자신의 유익을 위한 것임을 알게 한다.

"거짓이 없는 사랑"은 다른 사람들이 사랑을 가장할 수 있다는 것을 의미한다(참조. 롬 12:9). 그들에 대한 바울의 솔직한 비판은 그들에 대한 바울의 거짓이 없는 사랑의 가장 확실한 표시 중 하나이다. "진리의 말씀"은 바울이 1장 17-20절에서 말한 것을 기억할 수 있으며 아첨과 대조될 것이다. "진리의 말씀으로"은 목적격적 속격으로 가장 잘 해석되며, 이는 "진리를 선언함으로"를 의미한다. 이것은 그의 복음 전파를 말할 수 있다(4:2; 엡 1:13; 골 1:5; 딤후 2:15). 그러나 고린도후서의 문맥에서는 그의 신실성을 언급할 가능성이 더 크다(7:14). 바울의 신실한 말은 얼버무리지 않고(1:17-20) 또는 그가 사람들의 죄를 바로잡아야 할 때 말을 어지럽히지 않는다는 것을 의미한다. 그는 지나치게 아첨하거나 조롱하지 않고 사랑 안에서 진실을 말한다(엡 4:15). 그리스도 안에 있는 그의 자유는 그러한 말이 슬픔을 불러일으킬 때에도 진실하게 말하도록 이끌며(7:8-10), 그것은 그들을 향한 그의 거짓이 없는 사랑의 가장 확실한 표시 중 하나이다.

6절의 "성령의 감화"는 7절 목록의 최종 특성인 "하나님의 능력"과 완벽히 연결되어 있다(참조 4:7, 롬 1:16, 15:19, 고전 1: 18; 2:4-5; 살전 1:5) 두 어구 모두 바울이 그의 삶과 사역에 작용하는 하나님의 능력의 관점에서

901 Barnett, *Second Epistle*, 328.

902 Lapide, *II Corinthians*, 87.

903 A. J. Malherbe, "'Gentle as a Nurse': The Cynic Background to 1 Thessalonians 2," in *Paul and the Popular Philosophers*, 45. 스토워즈(Stowers)는 에픽테투스(Epictetus)가 철학자들이 초심자를 참지 못하고 거친 언어로 외면하는 것을 우려했다고 지적한다("Social Status, Public Speaking and Private Teaching," 69).

생각하고 있음을 보여 준다. 그러나 바렛은 바울이 "일련의 인간의 윤리적 자질("지식, 오래 참음, 자비함, 성령, 사랑…") 가운데 삼위일체의 세 번째 위격을 언급한다"고 놀라움을 표현한다. 그는 바울이 인간의 영을 가리키는 "한 거룩한 영"를 의미하며 "거룩함은 그 윤리적 자질에 대한 설명"이라고 주장한다.[904] 그는 고린도전서 7장 34절에 호소하는데, 여기서 바울은 "시집 가지 않은 자와 처녀"가 "몸과 영을 다 거룩[ἁγία, 하기아]하게 하려" 주님의 일에 대해 염려한다고 말한다(또한 7:1; 12:18).[905] "거룩한 영"이라는 어구는 고린도전서 7장 34절에 나타나지 않는다. 왜냐하면 바울은 일반적으로 "성령"이라는 단어에 "거룩한"을 적용하고(참조 롬 5:5; 9:1; 14:17; 15:13, 16; 고전 12:3; 살전 1:5-6; 딛 3:5), 로마서 14장 17절, 15장 13절에 "평강과 희락"의 윤리적 특성을 지닌 "성령"을 나열하기 때문에 "영의 거룩함으로"가 아니라 "성령으로"가 가장 좋다. 바울은 "지식"(고전 12:8), "오래 참음", "자비함", "사랑"(갈 5:22)을 믿는 이들의 삶에 열매를 맺는 성령에 돌리기 때문에 바렛이 가정하는 대로 성령을 포함하는 것은 그리 이상한 일이 아니다. 바울은 성령의 사역에 참여하고 있으며(3:6, 8, 17-18), 성령은 그의 덕을 행하는 일에 능력을 부여한다(갈 5:22-25; 롬 8:4-6).

성령 안에서 행하는 것은 하나님 앞에서 신뢰를 잃어버리지 않을 효과적인 사역을 위한 가장 중요한 요구 사항이다. 그것은 목회가 순결하게 수행되도록 보장하기 때문에 목회자의 필수 자격이다. 신자의 삶에서 하나님의 목적을 수행하기 위해 하나님 아버지로부터 나오는 능력인 성령의 역사는 우리 삶에서 작용하는 방식의 비범함으로 특징지어지기보다는 신자들이 신자가 될 수 있도록 그리고 그렇게 살 수 있도록 하신다는 사실에 의해 특징지어진다. 성령은 그리스도인에게 믿음의 삶을 살 수 있는 능력을 주신다. 이것은 고린도 교인들이 높이 평가하는 황홀한 환상이나 예언 또는 기타 기적적인 현상을 경험하는 것보다 더 중요하다(참조. 고전 12장; 14장). 마찬가지로 바울은 사도의 자격이 웅장하고 외적인 과시에서 발견되지 않는다고 주장한다. 성령의 진정한 나타남은 사도의 영적 성품에서이다. 성령은 바울이 열거한 덕을 기르고 육신의 소욕을 이기게 하며 우리 삶에 열매를 맺게 하신다(갈 5:16-23).

---

904 Barrett, *Second Epistle*, 187.

905 Barrett, *Second Epistle*, 187. 또한 플러머는 "성 바울이 인간의 덕 목록에서 성령을 맨 먼저 이끌거나 마지막으로 나머지 모든 것을 요약하지 않는 하위 위치에 위치시킬 것이라는 사실은 거의 신뢰할 수 없다"라고 발견한다(*Second Epistle*, 196).

이러한 덕에 따라 생활하는 것은 성령의 "내주하는 임재"의 증거가 된다.[906]

"하나님의 능력으로"는 바울이 자신의 힘으로 행하는 것이 아니라 구원을 주시는 하나님의 능력으로 행함을 강조한다. 그는 고린도전서 2장 4-5절에서 이것을 더 자세히 설명한다. "내 말과 내 전도함이 설득력 있는 지혜의 말로 하지 아니하고 다만 성령의 나타나심과 능력으로 하여 너희 믿음이 사람의 지혜에 있지 아니하고 다만 하나님의 능력에 있게 하려 하였노라." 바울이 그리스도 안에 있기 때문에 바울 자신의 연약함에도 불구하고 그의 사역에서 역사하시는 하나님의 능력은 이 편지의 지배적인 주제이다(1:9; 4:7; 6:4; 10:4; 12:9; 13:4).

바울은 그가 6-7절에 열거한 자질들로 그의 사도됨을 추천할 수 있다고 가정한다. 그는 또한 사역자에 대한 신임과 그들이 선포하는 복음이 정반대의 특성을 나타내거나, 음란하고, 정결하지 않고, 무지하고, 거만하고, 분개하고, 무례하고, 성마르고, 불친절하고, 사랑에 있어서 위선적이라면 그 신임과 복음이 훼손된다고 가정해야 한다. 어떤 식으로든 자신에게 도움이 될 수 있다고 생각하는 사람들만 키울 때 그들의 사역은 조롱거리가 된다. 그런 사역자들은 성령도 없고 하나님의 능력도 없다.

6:7c-6:8b. 다음으로 바울은 전치사 "가지고"(διά, 디아)에 의해 소개되는 세 가지 조합으로 전환한다. 속격의 모호성은 첫 번째 구절인 "의의 무기"를 여러 가지로 이해하게 만든다.

1. 이 어구는 내용의 속격이 될 수 있으며 "의로 이루어진 무기"를 의미한다. 그것은 우리의 의가 우리의 무기가 된다는 생각을 전달할 것이다. 이것은 로마서 6장 13절과 병행된다. 여기서 바울이 "불의의 도구"와 대조되는 "의의 도구"로서 그들의 지체를 하나님께 바치라고 권면하는 것은 바울이 여기서 인간의 의를 염두에 두고 있음을 제시할 수 있다.[907]

2. "의의 무기"는 또한 질적 속격일 수 있으며 "의로운 무기"를 의미한다. 바울은 "의"로 형용사가 아니라 하나님의 의나 인간의 의를 가리킨다.

3. "의의 무기"는 주격적인 속격일 수 있으며 "의로 주어지는 무기"를 의미한다. 이 마지막 선택은 의를 하나님의 것으로 이해하고 가장 좋은 해석이다. 바울은 방금 하나님의 능력을 언급했고 하나님의 의는 인간의 도덕적 자

906 Bruce, *I and II Corinthians*, 212.

907 따라서 Thrall, *II Corinthians*, 1:462.

질보다 훨씬 더 강력한 무기이다. 복음에 계시된 하나님의 의는 "모든 믿는 자에게 구원을 주시는 하나님의 능력"(롬 1:16-17)이다. 이 편지의 뒷부분에서 그는 자신의 전쟁 무기가 "육신에 속한 것이 아니요 오직 어떤 견고한 진도 무너뜨리는 하나님의 능력이라 모든 이론을 무너뜨리며 하나님 아는 것을 대적하여 높아진 것을 다 무너뜨리고"라고 일깨워 줄 것이다(10:4-5).

왜 그는 오른손과 왼손을 위한 무기를 가지고 있다고 말하는가? 해석가들은 종종 전투에서 오른손은 공격(검, 창, 장창)에 사용되고 왼손은 방어(방패)에 사용된다는 점에 주목한다. GNT 성경은 이를 "공격과 우리를 방어하는 모두에 무기로 의를 가지고 있다"라고 표현한다. 군사적 이미지(참조. 롬 13:12; 엡 6:11-17; 살전 5:8)는 바울이 보호받지 못한 채 세상에 나가서 사탄의 탄두를 최대한 피하도록 내버려 두지 않았다는 것을 의미할 수 있다. 그는 하나님의 보호를 받았다. 왼손은 활을, 오른손은 화살을 잡을 수 있다(겔 39:3). 내 생각에 바울이 염두에 두고 있는 무기는 보호용 갑옷이 아니다. 의는 공격하는 힘이 될 수도 있다(계 19:11). 하나님은 그의 원수와 싸우기 위해 갑옷을 입었다고 하셨기 때문에(사 59:15-17), 바울은 사도로서의 그의 임무를 속박된 자들을 해방시키기 위해 하나님이 하시는 일을 본보기로 볼 수 있다. 하나님은 모든 반대를 무찌르고 승리를 가져오기 위해 그를 완전히 무장시키셨다.

하나님의 무기는 전장에서 방해가 되는 것처럼 보이는 것을 제거하지 않는다. "영광과 욕됨", "악한 이름과 아름다운 이름"이 있을 것이다. 이들은 교차대구법에 어울린다.

A 영광
  B 욕됨
  B′ 악한 이름
A′ 아름다운 이름

바울은 모욕을 당하면서 복음을 통해 다른 사람들에게 가져다 준 은혜를 찬양했다. 예를 들어, 루가오니아인들은 바나바와 바울을 신으로 숭배하고 바로 돌로 치고 그 다음 죽은 자로 내버려 두었다(행 14:8-19). 바울은 수치(욕됨)와 관련하여 그에 대한 반응의 변화가 매우 극적일 때 균형을 유지하는 데 도움이 되는 하나님의 내부 자이로스코프가 있었기 때문에 명성과 학대에 무관심했다. 모욕은 그를 황폐화시키지 않았다. 칭찬은 그를 부풀어 오르게 하지 않았다. 하나님의 능력이 그를 싸움에서 붙들었고, 오직 하나님만을 기쁘시게 하려는 그의 열망이 그를 곤경에 빠뜨렸다.

6:8c-10. 다음 목록은 모두 "같으나"(ὡς, 호스)로 도입된 일곱 쌍의 반대로 옮겨간다. 이것들은 여러 가지 방법으로 이해할 수 있다.[908] 첫 번째 항목은 겉모습을, 두 번째 항목은 바울의 삶의 본질적이고 내적인 현실을 가리킬 수 있다.[909] 또는 첫 번째 항목은 세속적 기준에 따라 그를 판단하는 사람들이 만들어낸 잘못된 평가를 언급할 수 있고, 두 번째 항목은 그리스도 안에 있는 자들의 참된 심판을 반영한다."[910] 다시 말해서, 첫 번째 항목은 사도에 대한 세상적인 평가를, 두 번째 항목은 사도에 대한 하나님의 심판을 나타낸다.[911] 이 견해의 문제는 대조의 첫 번째 세부 사항에 있다는 것이다. 바울은 자신이 참으로 "죽고" "맞고" "가난"함을 인정한다.

대조의 첫 번째 항목은 아마도 참이든 거짓이든 바울의 평판을 나타낸다. 두 번째는 그 실재를 나타낸다. 두 가지 반대되는 항목은 보완적이지만 역설적으로 바울의 존재에 대한 진실이다.[912] 첫 번째 대조들과 달리, 바울은 무명하지 않고, 죽은 자가 아니고, 징계를 받은 것이 아니고, 근심하지 않고, 가난하지 않고, 아무것도 없는 것은 아니다. 그러나 그것이 전부가 아니다. 첫 번째 요소는 질그릇을 고통스럽게 하는 짧고 어두운 세속적 현실을 나타낸다. 두 번째 요소는 그의 삶에서 하나님으로부터 온 전지전능한 능력의 임재와 관련이 있다(4:7). 첫 번째는 일시적이며 사라질 운명이다. 둘째는 영원하다(4:18).

바울은 영광과 수치, 비방과 칭찬을 동시에 받았다. 그는 다른 사람들을 그릇 인도하는 미혹하는 자(참조. 요이 7)와 진실을 말하는 자로 여겨진다. 대부분 주석가들은 바울이 부정적인 평가를 언급할 때 마음 한구석에 그의 경쟁 사도들이 있다고 생각한다. 그들은 "그의 사도직을 인정하기를 거절"했다.[913] 그러나 고린도 교인들은 그가 진정한 사도임을 부인하지 않았고 그가 바로잡고자 하는 문제에 있어서 그와 크게 달랐다. 교회들은 어떤 이유에서든 마음에 들지 않는 사역자들의 스타일로 목회자들과 어려움을 겪을 수 있지만 그러

908 참조. Thrall, *II Corinthians*, 1:463.

909 Talbert, *Reading Corinthians*, 170–71.

910 Furnish, *II Corinthians*, 357.

911 Bruce, *I and II Corinthians*, 212.

912 Thrall, *II Corinthians*, 1:464.

913 Barrett, *Second Epistle*, 189.

한 목회자들이 목회에 부름받은 적이 있다는 사실을 부정하지는 않는다. 그들은 어떤 곳에서 섬기도록 부름 받기를 바랄 뿐이다. 고린도 교인들이 바울이 사기꾼 사도라고 생각했다면 그들은 결코 그의 편지를 읽거나 그가 보낸 사람들에게 주의를 기울이지 않았을 것이다. 이 구절은 어떤 학자들이 생각하는 것처럼 "사도직에 대한 긴 변명(2:14-7:4)"의 일부가 아니라 고린도 교인들에 대한 그의 솔직한 비판에 대한 변호이다.[914] 적대적인 세상의 관점에서 볼 때 그는 하나님의 사역자가 아니라 어리석음을 설교하고 추종자들을 파멸의 동산 길로 인도하는 사기꾼일 뿐이다.[915]

다음 대조는 바울의 정체성에 대한 이러한 혼란을 확장시킨다. 그는 대부분 사람들이 알지 못한다. 그는 적어도 여러 곳에서 그리스도인들 사이에서 알려져 있기 때문에 자신을 무명하다고 말하는 것이 아니다(갈 2:14). 문제는 그가 하나님이 그를 안다고 주장하는 것처럼 그들이 정말로 그를 아는가 하는 것이다(5:11).

"죽은 자 같으나 보라 우리가 살아 있고"와 "징계를 받는 자 같으나 죽임을 당하지 아니하고"는 바울이 4장 16절에서 그의 고난에 대한 해석을 떠오르게한다(참조. 4:10, 12). 사도행전에서 바울이 선교에서 경험한 모험에 대한 기록은 바울이 매질을 당했지만 아직 죽지 않은 시기를 생생하게 그린다. 이 언급은 시편 118편 17-18절(LXX 117:17-18)을 반영한다.

> 나는 죽지 않고 살아서
> 여호와께서 하시는 일을 선포하리로다
> 여호와께서 나를 심히 견책하셨어도
> 죽음에는 넘기지 아니하셨도다

성경의 반향은 바울의 오래 참음과 균형의 근원이 당대의 대중적인 철학자들이 선포한 바와 같이 그의 철학에서 나오는 것이 아니라 하나님에게서 온

---

914 다음과 반대된다. Barnett, *Second Epistle*, 317.

915 우리는 일찍이 잠시 기독교인이 되었지만 파렴치한 사기꾼으로 묘사되는 견유학파 철학자에 관한 루시안의 풍자 이야기인 페레그리누스의 죽음(*The Passing of Peregrinus*)과 비교할 수 있다. 그는 기독교 지식을 배우고 "선지자, 제의-지도자, 회당과 모든 일의 우두머리"가 되어 그들의 책을 해석하고 쓰기까지 했다. 루시안(Lucian)은 그를 단순한 생각을 가진 기독교인의 지원으로 이익을 얻은 사기꾼이자 악명 추구자로 묘사한다. 그는 그들이 불멸의 존재가 될 것이라고 확신했기 때문에 그들을 "가난한 가련한 사람들"로 여겼고, 따라서 기꺼이 갇힐 수 있었다. 영리한 거짓말쟁이들에게 먹힌 그들은 쉽게 받아들여지고 "확실한 증거 없이" 교리를 믿는다(*Peregr*. 11-14 [Harmon, LCL]).

다는 것을 상기시켜 준다.[916] 11장 24-25절에서 바울은 사십에서 하나 감한 매를 다섯 번, 태장으로 세 번, 돌로 맞아 죽게 버려진 때를 언급한다. 이렇게 맞는 것은 하급 신을 섬기는, 보다 낮은 인간을 파멸시킬 것이다.

바울은 슬픔을 인정한다. 고통스러운 방문과 고린도 교인들의 반역적인 불순종은 그에게 측량할 수 없는 슬픔을 안겨주었다(2:1-3). 하나님의 약속을 상속받은 자기의 친족 유대인들이 메시아를 등진 것을 보고 마음이 아팠다(롬 9:2). 그는 동료들에게 질병과 재난이 닥쳤을 때, 특히 그를 도왔던 에바브로디도처럼 목숨을 걸고 그에게 도움을 제공했을 때 마음이 아팠다(빌 2:27). 바울은 에바브로디도가 살지 않았다면 자신이 "근심 위에 근심"을 가졌을 것이라고 말했다. 그러나 비록 그가 감옥에서 생사가 어떻게 될지 모르는 상태에서 이 편지를 썼음에도 불구하고 기쁨이 이 편지 전체에 퍼져 있다(또한 행 16:19-26 참조). 바울이 모든 박해를 통해 발산하는 기쁨은 팔복을 연상시킨다(또한 벧전 1:6-7 참조).[917]

6:4-5 환난과 궁핍과 고난과 매 맞음과 갇힘과 난동으로	의를 위하여 박해를 받은 자는 복이 있나니(마 5:10)
6:6 깨끗함으로	마음이 청결한 자는 복이 있나니(마 5:8)
6:8 영광과 욕됨으로 그러했으며 악한 이름과 아름다운 이름으로 그러했느니라 우리는 속이는 자 같으나 참되고	나로 말미암아 너희를 욕하고 박해하고 거짓으로 너희를 거슬러 모든 악한 말을 할 때에는 너희에게 복이 있나니(마 5:11)
6:10 근심하는 자 같으나 항상 기뻐하고	애통하는 자는 복이 있나니 (마 5:4)
6:10 가난한 자 같으나 많은 사람을 부요하게 하고 아무것도 없는 자 같으나 모든 것을 가진 자로다	심령이 가난한 자는 복이 있나니(마 5:3; 눅 6:20)

그를 기다리는 보이지 않는 영원한 영광에 눈을 고정하면 그의 영이 고양되어 항상 기뻐하게 된다.

바울은 그리스도를 자신의 본으로 삼는다(8:9). 그의 사역은 그를 가난하게 만들지만 많은 사람을 부유하게 했다. 복음으로 부유해졌다고 아무도 그를 비난할 수 없었다(행 20:33). 그는 자신이 단지 돈을 위해 복음 안에 있는

---

916 Harvey, *Renewal through Suffering*, 75.

917 Hanson, *The Paradox of the Cross*, 69.

것처럼 보일 수 있기 때문에 복음을 타협하지 않기 위해 자신의 가난을 선택했다(6:3). 그는 이 세상의 염려에 얽매이는 것을 피하고(고전 7:31), 다른 사람들에게 짐이 되지 않기를 원했다(11:9, 12:16). 그러나 그는 자신의 설교를 통해 다른 사람들을 부유하게 한다고 확신한다. 고린도 교인들에게 하나님의 선물의 풍성함에 참여함을 상기시키면서(참조. 고전 3:22, "모든 것이 너희의 것이요") 8-9장에서 물질적 풍요를 다른 사람들과 나누어야 한다는 호소를 준비한다(참조 8:9; 9:11). 바울은 "아무것도 없는 자 같으나" "모든 것을 가진 자"라고 주장한다. 바울 시대의 인기 있는 철학자들은 이 격언을 그들 자신에게 적용했지만 바울은 종교적인 관점에서 그것을 이해한다. 모세에게 이 말을 적용한 필론의 확신은 바울의 확신에 어울린다.

> 잠언에 이른 것처럼 친구의 것은 공동의 것이고 선지자가 하나님의 친구라 일컬어지면 사용할 수 있는 하나님의 소유도 나눌 수 있을 것이다. 하나님은 모든 것을 소유하시지만 아무것도 필요하지 않으신다. 선한 사람은 합당한 의미에서 아무것도 소유하지 않고 심지어 자기 자신도 소유하지 않지만, 가능한 한 하나님의 귀한 것에 참여한다.[918]

이 단락에서 바울은 고린도 교인들에게 하나님의 사역자로서 자신을 추천한다. 그것은 6장 11-13절이 열어 주는 6장 14절-7장 3절에서 절정에 이르는 윤리적 호소를 위한 길을 열어준다.

2.2.8. 고린도 교인들이 마음을 열도록 간구함(6:11-13)

11 고린도인들이여 너희를 향하여 우리의 입이 열리고 우리의 마음이 넓어졌으니 12 너희가 우리 안에서 좁아진 것이 아니라 오직 너희 심정에서 좁아진 것이니라 13 내가 자녀에게 말하듯 하노니 보답하는 것으로 너희도 마음을 넓히라

6:11-12. 바울은 히브리어 관용구를 사용한다. "우리의 입이 너희를 향하여 열려 있다[완료시제]." 이것은 그가 그들에게 자유롭게 또는 솔직하게 말했고 계속 그렇게 하고 있음을 의미한다(REB 성경, "우리는 매우 솔직하게

---

918 Philo, *Moses* 1.156-57(Colson, LCL).

말했다").[919] 한 번의 거짓된 발을 내디디면 영적 파멸에 이르는 위험한 벼랑에 섰을 때 침묵할 수 없기 때문에 그는 진실하지 않은 아첨으로 말을 부드럽게 하거나 교묘한 꾀로 위장하지 않았다. 크리소스토무스John Chrysostom는 이 진술을 "우리는 아무것도 금하지 않고 아무것도 아끼지 아니하고 사랑받는 자들에게 하듯이 모든 점에 대하여 자유롭게 너희에게 말한다"라는 의미로 해석한다."[920]

오직 여기에서만 바울이 고린도 교인들과의 서신에서 직접 그들을 "고린도인"이라고 말한다.[921] 스랄은 이 언급이 "'고린도에 있는 하나님의 교회에' 라는 머리말의 인사 이후에 그가 쓴 모든 것"을 언급한다고 제안한다.[922] 바울이 독자들을 직접 말하는 다른 경우와 비교하면서 해리스는 바울이 "감정이 크게 흔들릴 때"에만 그렇게 한다고 주장한다.[923] 크리소스토무스는 이름이 추가된 것이 "큰 사랑과 따뜻함과 애정의 표시이다. 왜냐하면 우리는 우리가 사랑하는 사람들의 이름을 계속해서 반복하는 데 익숙하기 때문이다"라고 주장한다.[924] 이 두 가지 선택은 바울이 고린도 교인들에게 직접적으로 말하는 이유를 설명하기 위해 결합되어야 한다.

완료 시제("우리의 마음이 넓어졌으니")는 그가 전에 그들을 사랑했고 지금도 계속 사랑하고 있음을 의미한다. 관계의 파탄은 원인이 아니라고 말하는 것과 같다. 그들의 행실을 못마땅하게 여기고 엄하게 꾸짖어서 그들이 변하도록 했을지 모르지만 그러한 솔직한 비판이 그들에 대한 애정을 버린 것은 아니다. 바울은 마음에 그들을 위한 충분한 공간이 있다. 예수님의 가르침, "마음에 가득한 것을 입으로 말함이라"(마 12:34; 눅 6:45)는 바울의 의미를 설명한다. 그가 하는 말은 그들을 향한 사랑에서 나온다. 그것이 우리 마음에 기록된 그의 추천서라면(3:2) 그는 그들이 좋은 추천서가 되기를 원한다. 이것은 그의 징계를 설명한다. 그는 단순히 평화와 조화를 위해 그 삶이 하나님

919 퍼니시(Furnish)는 관용구를 "자신의 생각과 감정을 자유롭고 솔직하게 표현하는 것"으로 묘사한다고 생각한다. 참조. 삿 11:35-36(LXX); 욥 3:1(LXX); Sir 51:2; 마 5:1. 이 해석은 바렛의 부정적인 표현보다 정확하다. "내 혀가 나와 함께 달아나게 하였다"(*Second Epistles*, 191).

920 John Chrysostom, *Hom. 2 Cor.* 13.1. 필로데무스는 다음과 같이 말한다. "마음에 있는 것을 말할 사람이 있고 말할 때 들어줄 사람이 있다는 것만큼 위대한 것은 없다"(Fr. 28; Philodemus, *On Frank Criticism*, 45).

921 갈 3:1, "어리석도다 갈라디아 사람들아", 빌 4:15, "빌립보 사람들아"를 보라.

922 Thrall, *II Corinthians*, 1:468.

923 Harris, "2 Corinthians," 358.

924 John Chrysostom, *Hom. 2 Cor.* 13.1.

께 옳지 않은 사람들과 좋은 관계를 회복하는 데 관심이 없다. 그는 윤리적 순결에 대한 하나님의 절대적인 요구를 선포하는 데 물러서지 않을 것이다(참조. 12:20-21).

바울은 그들에 대한 애정을 억제하지 않고 그들이 자기에게 마음을 닫았다고 솔직하게 비난한다. 문자 그대로 읽으면, "너는 우리에 의해 좁아지는 것이 아니라 네 내장이 좁아진다"이다(개역개정. '너희가 우리 안에서 좁아진 것이 아니라 오직 너희 심정에서 좁아진 것이니라'). 내장은 감정과 연민의 좌소이다(참조. 요일 3:17). 동사(στενοχωρέω, 스테노코레오)는 "좁아지다", "경련을 일으키다", "수축하다"는 뜻이다. 영어에는 "좁은 마음"이라는 표현이 있지만 "좁은 심장"이라는 표현은 없다. 그러므로 우리는 애정과 애정의 상실을 표현하기 위해 다른 언어 표현을 채택해야 한다. 그들의 사랑은 식어버렸지만, 그는 여전히 뜨거운 열정으로 그들을 사랑한다고 고백한다. 그는 그들에게 마음을 열었다. 그들은 마음을 닫았고, 사실상 그를 불신과 의심으로 대함으로써 그를 마음에서 밀어냈다.

그들이 그를 사랑한다면, 그 사랑은 그의 가르침에 순종함으로써 가장 잘 나타난다. 만일 그들이 그의 책망을 받아들이기를 거절한다면 그들은 그에게만 아니라 성령에 대해서도 마음을 닫은 것이다.

6:13. "보답하는 것으로"는 문자 그대로 "같은 보상"(τὴν δὲ αὐτὴν ἀντιμισθίαν, 텐 데 아우텐 안티미스디안)이며, 또한 "공정한 대가로", "동일한 보상으로", "같은 방식의 교환으로"로 번역할 수 있다. 바울은 그들에게 고대 세계에서 우정의 핵심 요소인 적절한 호혜성을 나타내도록 요청한다. 세네카는 귀한 것을 받고도 인정하지 않고 빚을 갚지 않는 것은 부끄러운 일이라고 썼다.[925] 고린도 교인들은 그들이 모든 것을 "받았다"는 것과 그것이 그토록 낮은 자의 사역을 통해 왔다는 사실을 받아들이는 데 어려움을 겪을 수 있다(고전 4:7). 그러나 그들은 새로운 영적 생명이 바울의 화목하게 하는 사역에 빚지고 있음을 부인할 수 없다(5:17-20). 세네카는 또한 주어진 수당을 반환해달라고 요구하는 것은 "매우 민감한 사회적 행위"라고 설명한다.[926] 그는 "수당을 거절하는 것이 더 부끄러운 일인지, 상환을 요구하는 것이 더 부끄러운 일인지 말하기가 쉽지 않다"고 말했다.[927] 그들에게 동일하게 보답하라

925 Seneca, *Ben.* 4.6.2–3 (Gummere, LCL).

926 Seneca, *Ben.* 2.11.1; 2.17.7; 5.25.1; 6.27.2.

927 Seneca, *Ben.* 1.1.3.

는 바울의 호소는 일반적으로 민감한 문제이지만, "내가 자녀에게 말하듯 하노니"라고 말하면서 그는 자신이 그들의 아버지라는 것을 그들에게 떠오르게 함으로(고전 4:14-15) 사회적 당혹감을 피한다.[928] 이것은 그가 "자녀들에게 하는 것처럼" 말하는 것을 의미하지 않는다.[929] 그들은 그의 자녀이고, 그가 하는 대로 말할 수 있게 해주기 때문에 아이들에게 부모의 사랑에 대한 보답을 요구하며 그가 이 자녀 관계를 가져온다. 영적 부모로서 바울은 그들을 사랑하고 양육했다. 그리고 그들은 그 대가로 그에게 사랑을 빚지고 있다. 집회서(Sirach 7:28)는 보편적으로 받아들여지는 자녀의 의무를 이렇게 강조한다. "당신은 부모에게서 태어났음을 기억하라. 그들이 당신에게 준 것을 어떻게 갚을 수 있는가?" 필론은 "자녀와 관련하여 부모보다 진정으로 은인이라고 부를 수 있는 사람은 없다"라고 썼다.[930] 그러므로 바울은 자신이 보여준 사랑에 대한 대가로 자녀들에게 사랑을 기대하고 요구할 모든 권리가 있다.

그는 그들에게 하나님과 화목하고(5:20) 자신에게 마음을 열 것을 요구한다. 바울에게 이 둘은 서로 얽혀 있다. 이렇게 서로 연결된 점은 분쟁의 맨 아래 문제가 우상 숭배와 관련이 있는 경우이다. 그들이 계속 이교적인 관습을 따른다면 하나님과 바울과 화목할 수 없다. 어떤 학자들은 신명기 11장 16절에서 다른 신들을 숭배하지 말라는 구약의 경고와 넓혀진 마음과 관련이 있다는 것에 주목했다. "너희는 스스로 삼가라 두렵건대 마음에 미혹하여 돌이켜 다른 신들을 섬기며 그것에게 절하므로"(신 11:16).[931] 70인역에는 "마음을 넓히지 말라"는 말씀이 있다.[932] 신명기에서 넓혀진 마음은 부정적인 의미를 가지며 땅의 은혜로 인해 백성이 부풀어 오르는 교만과 관련이 있는 반면, 바울은 이 관용구를 긍정적인 의미로 사용하여 열려있고 기쁜 애정을 나타낸다.[933] 그러나 바울이 그들이 우상보다 그를 향한 마음을 넓히기를 의도했을 가능성은 희박하다.[934]

---

928 "나의"는 헬라어 본문에 없다.

929 Barrett, *Second Epistle*, 192.

930 Philo, *Spec. Laws* 2.229. 또한 다음을 참조하라. *Decalogue* 112; Aristotle, *Eth. Nic.* 8.11.1–4; Seneca, *Ben.* 5.5.2.

931 Thrall, "The Problem of 2 Corinthians V1.14–VII.1." 147; Murphy-O'Connor, "Relating 2 Corinthians 6.14–7.1 to Its Context," 272–75.

932 신 11:16 LXX, *πρόσεχε σεαυτῷ, μὴ πλατυνθῇ ἡ καρδία σου καὶ παραβῆτε καὶ λατρεύσητε θεοῖς ἑτέροις καὶ προσκυνήσητε αὐτοῖς.*

933 Webb, *Returning Home*, 170–71.

934 그 대신에 비일(Beale)은 그 이미지가 시 119:32(LXX 118:32)의 표현과 일치하는 사 60:5에서 왔다고 제안한다. 그것은 포로 귀환과 이스라엘 백성의 회복의 주제를 회상할 것이다

2.2.9. 솔직한 호소: 우상 숭배자들로부터 멀어지라(6:14-7:1)

**14 너희는 믿지 않는 자와 멍에를 함께 메지 말라 의와 불법이 어찌 함께
하며 빛과 어둠이 어찌 사귀며 15 그리스도와 벨리알이 어찌 조화되며 믿는
자와 믿지 않는 자가 어찌 상관하며 16 하나님의 성전과 우상이 어찌 일치가
되리요 우리는 살아계신 하나님의 성전이라 이와 같이 하나님께서 이르시되
내가 그들 가운데 거하며 두루 행하여 나는 그들의 하나님이 되고 그들은 나
의 백성이 되리라 17 그러므로 너희는 그들 중에서 나와서 따로 있고 부정한
것을 만지지 말라 내가 너희를 영접하여 18 너희에게 아버지가 되고 너희는
내게 자녀가 되리라 전능하신 주의 말씀이니라 하셨느니라 7:1 그런즉 사랑
하는 자들아 이 약속을 가진 우리는 하나님을 두려워하는 가운데서 거룩함을
온전히 이루어 육과 영의 온갖 더러운 것에서 자신을 깨끗하게 하자**

퍼니시는 6장 14절-7장1절을 "수수께끼", "즉 그 기원이나 문맥에서 그 위치가 완전히 명확하지 않다"라고 말한다. 그것은 고린도 교인들에 대한 바울의 사랑에 대한 따뜻하고 감정적인 확증과 그들에게 마음을 열어달라고 간곡한 호소를 남기고(6:11-13), 뜻밖의 감정이 없이 불신자들로부터 스스로를 분리하고 정결하게 하라는 강한 권고를 시작한다. 7장 2-3절에서 바울은 그들에 대한 사랑의 맹세와 그들에게 동일한 애정을 보여 달라는 호소를 상기시킨다. 6장 14절의 전환은 너무 갑작스러워 어떤 학자들은 7장 2-3절이 6장 11-13절을 더 자연스럽게 따라온다고 주장한다.

> 고린도인들이여 너희를 향하여 우리의 입이 열리고 우리의 마음이 넓어졌으니 너희가 우리 안에서 좁아진 것이 아니라 오직 너희 심정에서 좁아진 것이니라 내가 자녀에게 말하듯 하노니 보답하는 것으로 너희도 마음을 넓히라(6:11-13). ... 마음으로 우리를 영접하라 우리는 아무에게도 불의를 행하지 않고 아무에게도 해롭게 하지 않고 아무에게서도 속여 빼앗은 일이 없노라 내가 이 말을 하는 것은 너희를 정죄하려고 하는 것이 아니라 내가 이전에 말하였거니와 너희가 우리 마음에 있어 함께 죽고 함께 살게 하고자 함이라(7:2-3).[935]

("The Old Testament Background of Reconciliation in 2 Corinthians 5–7," 569, 576–77; 또한 다음을 참조하라. Webb, *Returning Home*, 151-54).

935 W. O. Walker, "2 Cor 6.14–7.1 and the Chiastic Structure of 6.11-13; 7.2–3," *NTS* 48(2002): 142–44, 6:11-13과 7:2-3이 결합될 때 교차대구를 발견한다고 주장하지만 이 독자에게는 분명하지 않다.

구약 인용 모음과 함께 6장 14절-7장 1절의 권면은 이 신랄한 간청에서 벗어나는 것으로 보이며 어떤 학자들은 그것을 본문에 삽입된 이질적인 것이라고 생각한다. 그러나 현존하는 고린도후서의 본문은 이 부분을 생략하지 않는다. 고유한 어휘도 높은 비율로 포함되어 있다.[936] 바울은 6장 16절에서와 같이 "하나님께서 이르시되"로 구약의 다른 인용문을 도입하거나 6장 18절에서와 같이 "전능하신 주의 말씀이니라"로 결론 짓지 않는다. 또한 바울은 일반적으로 자신의 성경 인용문을 서로 구분짓기 때문에(참조. 롬 9:25-29; 10:18-20; 15:9-12) 그렇게 주장한다. 여기에서 구약 인용이 합쳐져 있기 때문에, 다른 사람이 미리 형성된 구약 본문의 묶음을 집어 넣었다는 주장이 있다.[937] 이 본문은 또한 사해 사본의 기록과 유사하다.[938] 베노아Benoit는 이 구절을 "쿰란 문헌의 하늘에서 바울의 서신으로 떨어진 유성"이라고 다채롭게 묘사했다.[939] 바울의 생각과 완전히 양립할 수 없는 것은 아니지만 다른 학자

936 다음 여섯 단어는 신약에서 여기에만 등장한다. ἑτεροζυγέω("멍에를 메다"), μετοχή("함께 하다"), συμφώνησις("조화"), Βελιάρ("벨리알"), συγκατάθεσις("일치"), μολυσμός("더러운 것"). 바울의 편지에서 여기에서만 나오는 세 단어는 구약 인용에서 온다. ἐμπεριπατέω("두루 행하여"), εἰσδέχομαι("영접하다"), παντοκράτωρ("전능하신 주"). 헬라어 구약에는 다음 네 단어가 나오지 않는다. ἑτεροζυγέω(형용사 제외, 신 19:19), συμφώνησις, συγκατάθεσις, Βελιάρ. θυγάτηρ("딸")이라는 단어는 바울의 편지에서 여기에서만 나타난다.

937 J. A. Fitzmyer, *Essays on the Semitic Background of the New Testament*, SBLSBS 5 (Missoula: Scholars Press, 1974), 217은 6:17-7:1을 "에세네파 글의 단락을 기독교적으로 재작업한 것으로 간주한다. 이것이 바울의 구절에 도입된 것이다." 바울은 레 20:12; 사 52:11; 삼하 7:14을 인용하지 않기 때문에 그의 편지 다른 곳에서 어떤 사람들은 이 구절이 바울에 의해 기록되지 않았다고 결론짓는다. Han, *Swimming*, 93은 본문을 합친 것이 바울 이전에 있었다는 증거가 없다고 반박하고 롬 3:10-18에서 유사한 패턴을 지적한다. 6:18-18에서와 같이, 롬 3:10-18은 "유사한 삼중 구조를 가진 여섯 개의 성경 본문을 합친다." 그는 다음과 같이 결론을 내린다. "(한[Han]이 입증하는) 이 연속적인 내용을 단락에 맥락에 긴밀하게 통합하는 것은 바울이 구절들을 합치는 데 있어서 그의 편집적인 기능과 결부되어 있다. ... 이 통합은 또한 바울 이전의 전통을 배제하는 것을 선호한다." 그는 "구약 전체에 걸쳐 동일한 주제, 즉 그들의 하나님이 되고 그들이 하나님의 백성이 될 것이라는 언약이 강하게 존재한다"는 것은 바울이 이 성경 구절을 인용할 때 "주제의 일관성만큼 정확한 참조에 관심을 두지 않는다"는 의미라고 주장한다(97p).

938 이 병행은 다음에 언급되고 있다. Fitzmyer, *Essays*, 205–17; J. Gnilka, "2 Cor 6:14–7:1 in the Light of the Qumran Texts and the Testaments of the Twelve Patriarchs," in *Paul and Qumran. Studies in New Testament Exegesis*, ed. J. Murphy-O'Connor (Chicago: Priory, 1968) 48–68. 그들은 이원론, 우상을 반대하는 것, 구약 본문의 유사한 사용, 육체를 정결케 하는 것, 벨리알, 분리를 주장하는 내용들에 주목한다. 달(N. Dahl)은 다음과 같이 설명한다. "나와 같이 쿰란 분파가 신약성경에 직접적인 영향을 미치는 것을 꺼리는 사람이라도 고린도후서 6:14–7:1은 쿰란 신학이 다소 기독교화된 부분이라는 것을 인정해야 할 것이다"("A Fragment and Its Context: 2 Corinthians 6:14–7:1," in *Studies in Paul* [Minneapolis: Augsburg, 1977], 63).

939 P. Benoit, "Qumran and the New Testament," in *Paul and Qumran*, 5.

들은 본문에서 교파주의가 이질적이라고 발견한다. 이러한 문제로 인해 지난 세기의 학자들은 이 구절이 고린도후서와 관련이 없다고 결론지었고 그 기원에 관한 많은 이론을 가정했다.[940] 이렇게 가정된 삽입의 출처에 대해서 합의되지 않았지만, 이러한 연구의 결과는 그것을 입증하는 책임이 이 삽입이 바울의 손에서 나온 것이며 그의 주장에 필수적이라고 주장하는 사람들에게 달려 있다는 것이다. 결과적으로, 우리가 이 단락의 해석을 시작하기 전에, 우리는 먼저 그 기원과 그것이 바울의 주장에 어떻게 들어맞는지에 관한 이러한 중요한 문제를 해결할 필요가 있다.[941]

6장 14절-7장 1절이 원래 이 편지에서 그 위치가 아니라고 주장하는 해석자들은 그 출처에 대해 다양한 이론을 제시한다. 어떤 사람들은 그것이 바울에게서 나온 것이 아니라 에세네파 단락을 다시 작업하거나 편지를 편집할 때 소개한 무명의 그리스도인에 의해 작성되었다고 제안한다. 베츠Betz는 바울에 반대하는 유대인 그리스도인 분파의 누군가가 쓴 "바울을 반대하는" 단편으로 파악하기까지 한다.[942] 어떤 학자들은 바울 자신이 문제를 다루기 위해 다른 출처, 아마도 에세네파의 본문을 삽입했다고 주장한다.

다른 학자들은 그 단락이 바울에게서 온 것이지만 원래 고린도후서에 속하지 않았다고 더 합리적으로 주장한다. 그들은 그것이 고린도전서 5장 9-10절에서 언급한 고린도 교인들에게 보낸 이전 편지의 일부, 아마도 눈물의 편지 또는 바울이 그들에게 쓴 첫 번째 편지라고 제안한다.

"내가 너희에게 쓴 편지에 음행하는 자들을 사귀지 말라 하였거니와 이 말은 이 세상의 음행하는 자들이나 탐하는 자들이나 속여 빼앗는 자들이나 우상 숭배하는 자들을 도무지 사귀지 말라 하는 것이 아니니 만일 그리하려면 너희가 세상 밖으로 나가야 할 것이라"(고전 5:9-10). 세상은 부도덕한 사람들로 가득 차 있고 그들과 접촉하지 않을 수 없다. "음행하는 자들"이란 부도덕, 탐욕, 우상 숭배, 욕설, 술 취함, 강도의 죄를 지은 그리스도인이라는 이름을 가진 자들을 의미했다. 교회는 외부인을 심판하는 일을 하는 것이 아니라 내

940 종교 개혁에서 20세기까지 이 구절의 해석에 대한 간략한 역사는 다음을 참조하라. W. J. Webb, *Returning Home: New Covenant and Second Exodus as the Context for 2 Corinthians 6.14-7.1*, JSNTSup 85 (Sheffield: JSOT, 1993), 16–30.

941 람브레흐트Lambrecht가 그것에 대한 소논문 제목을 붙인 것은 이 구절에 대한 학문적인 상황을 말해준다. "The Fragment 2 Corinthians 6, 14–7, 1, A Plea for Its Authenticity," *NovT* 48 (1978): 143–61; 다음에 다시 실렸다. Bieringer and Lambrecht, *Studies on 2 Corinthians*, 531–49.

942 Betz, "2 Cor. 6:14–7:1," 88–108.

부의 권징을 행해야 한다.

어떤 학자들은 이 첫 번째 편지의 내용에 대한 설명이 고린도후서 6장 14절-7장 1절과 잘 맞는다고 생각한다. 그들은 고린도전서에서 고린도 교인들이 잘못 해석한 이 구절을 취하여 명확히 하는 것으로 해석한다. "너희는 믿지 않는 자와 멍에를 함께 메지 말라"는 믿지 않는 자와의 결혼에 대한 바울의 지시(고전 7:12-15)로 더 자세히 설명된다. "하나님의 성전과 우상이 어찌 일치가 되리요?"는 이교도의 성전과 누군가의 집에서 우상의 음식을 먹는 것에 대한 논의에서 더 자세히 다루어진다(고전 8-10장). "너희는 그들 중에서 나와서 따로 있고"는 것은 이 세상의 부도덕이 아니라 부도덕한 기독교인을 가리키는 것이 분명하다(고전 5:9-11).[943] 그러나 이러한 상관 관계는 6장 14절-7장 1절이 원래 바울이 고린도 교인들에게 보낸 첫 번째 편지의 일부였음을 증명하지 않는다. 그 대신 바울이 우상 숭배, 이교 문화와 너무 밀접하게 섞일 위험에 대해 반복해서 경고할 필요가 있었음을 보여 준다.

다른 사람들은 이 부분이 원래 고린도전서의 일부였다가 여기에 삽입되었거나 고린도후서의 원래 문맥에서 벗어난 것으로 생각한다. 이 모든 이론은 해결하는 척하지만 그보다 더 많은 문제를 만들어내며, 이를 채택한 대부분의 해석가는 일반적으로 그러한 삽입이 행해진 방법 또는 행해진 이유에 대한 메커니즘을 설명하는 기본 작업을 건너뛴다. 이 해석자들에 따르면 문맥과 너무 잘 맞는 독특한 삽입 뒤에 숨은 동기는 무엇이었을까? 댕커Danker는 다음과 같이 주장한다. "지금의 고린도후서의 초기 편집자들은 이음새를 능숙하게 수선했다. 11-13절은 적절한 전환이 된다."[944] 그것은 현대 학자들의 전문적인 발견을 속일 만큼 능숙하지 않은 것 같다. 댕커는 그러한 편집의 목적에 대해 추측하지 않는다. 반면에 이것이 "적절한 전환"이라면 왜 바울에게서 나올 수 없는가? 웹Webb은 신약에서 인정된 다른 삽입은 그 구절을 생략한 사본의 증거와 "나중의 필사자가 본문을 삽입"한 이유를 설명하는 "합당한 이유"가 있다고 지적한다.[945] 이 본문이 나중에 삽입된 것이라고 주장하는 사람

943 이 견해의 문제는 성적 부도덕이 고후 6:14-7:1에서 명시적으로 언급되지 않았으며, "불신자들"은 "믿지 않는 이교도"라는 의미가 더 잘 맞는 것처럼 보이는 것이 아니라 부도덕한 기독교인이어야 한다는 점이다.

944 Danker, *II Corinthians*, 96.

945 Webb, *Returning Home*, 163. 그는 요 5:3b-4; 7:52-8:11; 행 8:37; 요일 5:7-8을 언급한다. 또한 막 16:9-20을 참조하라. 웹(Webb)은 그들이 "답변하기 어렵다"(G. Bornkamm, "Die Vorgeschichte des sogenannten Zweiten Korintherbriefes," in *Gesammelte Aufsätze*, BEVT 53 [Munich: Evangelischer Verlag, 1971], 193n3), "불분명하다"(Gnilka, "2 Cor 6:14–7:1," 67);

들은 왜 이 소위 단편이라고 하는 부분을 그렇게 거슬리게 삽입했는지에 대한 단서를 제공하지 않는다.

바울의 논증에서 어긋나는 것이 받아쓰기의 일시 중지로 생겼다거나 그가 갑자기 그의 주요 논증과 관련이 없는 부가적인 내용을 만들어내는 염려를 갑자기 했다고 주장하는 것은 올바르지 않다. 그렇게 멈췄다면 7장 2절이 6장 13절의 생각을 그토록 멋지게 포착한 이유를 설명할 수 없다. 또한 그리스도인이 재구성한 기독교 이전의 에세네파 전통을 바울이 삽입했다고 주장하는 것도 만족스럽지 않다. 6장 14절-7장 1절과 사해 사본 사이의 유사점이 이 단락이 에세네파에서 시작되었다는 것을 필수적으로 만들지 않는다. 이 개념들, 특히 구약 본문에 뿌리를 둔 개념들은 그런 경로들을 따라 흘러가지 않는다.[946] 이 본문을 사해 사본과 연결하는 이론은 사본의 발견과 출판에 대한 관심이 처음으로 불타올랐을 때 나타났으며, 그 당시 사본이 신약에 미치는 영향이 만연한 것으로 나타났다. 사본의 중요성에 대한 수년 간의 숙고를 통해 사해 사본이 신약 기록에 미친 영향을 보다 신중하게 평가할 수 있다. 머피-오코너는 다음과 같이 일깨운다.

> 쿰란은 폐쇄된 공동체였다. 그 가르침의 전파는 금지되었고(1QS 9:16-17), 특정 문서를 암호로 기록하여 비밀이 강화되었다(예: 4Q186). 그러므로 특히 쿰란 사상은 팔레스타인에서 유대인의 삶에 침투했을 가능성이 극히 낮고 디아스포라에서는 더욱 적다.[947]

"미해결 상태로 남아 있다"(Fitzmyer, *Essays*, 217); "알 수 없는 이유 때문에"(Betz, "2 Cor. 6:14–7:1: An Anti-Pauline Fragment?" 108), "고린도에 대해서 어떤지 말할 수 없다"(Georgi, *Opponents of Paul*, 12)라고 말함으로써 문제를 일축한다는 점에 주목한다. 설명을 시도하는 사람들은 이 단락의 저자가 바울일 가능성이 훨씬 더 높아 보인다는 상상력의 확장이 필요하다. 랑(F. Lang)은 마음을 넓게 하라는 바울의 요청이 그리스도인들의 마음이 이교적인 세계에 너무 열려 있을 수 있으므로 그들이 이러한 구속의 말을 만들었다고 믿는 믿는 사람들 사이에서 우려를 불러일으켰을 수도 있다고 주장한다(*Die Brief an die Korinther*, NTD [1936; revised, Göttingen: Vandenhoeck & Ruprecht, 1986], 310–11). 한슨(R. P. C. Hanson)은 고린도 교인들이 바울의 세 편지, 하나는 완전한 편지(고후 1-9장), 111 단어로 이루어진 단편(고후 6:14-7:1), 그리고 불완전한 편지(고후 10-13절)를 가지고 있다고 주장한다. 그는 고린도 교회의 지도자들이 위대한 사도 바울의 편지가 유실되도록 허용했다는 사실을 인정하기를 원하지 않았고 그들의 편지가 훼손되거나 편집되지 않은 채로 회람되기를 원하지 않았다고 추측한다. 결과적으로 그들은 세 가지를 함께 출판했다(*II Corinthians*, 21-22).

946 샌드멜(S. Sandmel)은 이러한 종류의 함정에 빠지지 않도록 주의하기 위해 병행구절광증("parallelomania")이라는 문구를 만들었다("Parallelomania," *JBL* 81 [1962]: 1–13; 다음에서 언급된다. Martin, *2 Corinthians*, 193).

947 J. Murphy-O'Connor, "Philo and 2 Cor 6:14–7:1," *RevBib* 95 (1988): 59. 그는 "소아시아에서 더 넓은 에세네파 운동의 요소들이 있었지만, 그들의 가르침은 쿰란의 성립보다 앞선 문서

그는 6장 14절-7장 1절의 언어와 사상이 열두 족장의 유언Testaments of the Twelve Patriarchs과 필론Philo과 유사하다는 점에서 헬레니즘 유대교에 완벽하게 들어맞는다고 결론을 내린다.[948]

점점 더 많은 학자들이 바울이 이 구절을 썼고 그것이 바울이 논증하는 논리적 흐름에 부합한다고 다양한 관점에서 주장함에 따라 6장 14절-7장 1절의 신빙성에 관한 흐름이 바뀌었다.[949] 바울의 저작에 대한 반대는 면밀한 조사를 견디지 못한다. 바울은 다른 구절에서도 희귀한 어휘를 사용한다. 피Fee는 "성경에 단 한번 기록된 단어(hapax legomena)가 있다는 것이 결코 저자를 결정하는 유일한 요소가 될 수 없다."라고 말한다.[950] 그것은 매우 높은 비율의 고유한 어휘가 발생할 때만 결정적일 수 있다. 그리고 그것은 많은 고유한 단어를 만들어내는 요인으로 주제를 배제할 수 있을 때와 이러한 단어가 유사한 개념을 표현하기 위해 저자의 일반적인 어휘와 크게 다르거나 저자의 시대와 완전히 다른 경우에만 해당된다. 이 경우 이러한 기준 중 어느 것도 적용되지 않는다. 성경에 단 한번 기록된 단어(hapax legomena)의 숫자는

로만 알려져 있다." 그는 열두 족장의 유언(Testaments of the Twelve Patriarchs)과 필론(Philo)의 유사점이 훨씬 더 중요하다는 것을 발견했다. 사스(Gerhard Sass)는 DSS(사해문서)의 유사한 구절이 이 구절에 없는 축복과 저주의 개요에서 발생한다고 지적한다("Noch Einmal: 2 Kor 6, 14-7, 1 Literarkritische Waffen gegen einen 'unpaulinischen' Paulus," *ZNW* 84 [1993]: 42–44).

948 참조. T. Levi 19:1, "그리고 이제 나의 자녀들아, 너희는 모든 것을 배웠다. 빛이나 어둠, 여호와의 법이나 벨리알의 일을 택하라." T. Dan 6:10, "모든 불의를 버리고 하나님의 의를 붙들라." T. Naph. 2:6은 벨리알의 법을 말하고 2:10에서는 "네가 어두움에 있을 때에는 빛의 일을 할 수 없다"고 했다.

949 이 구절에 대한 전문적인 연구에 대해서는 다음을 참조하라. "II Corinthians vi. 14–vii. 1," 140-61; M. E. Thrall, "The Problem of II Cor, V1.14–VII.1 in Some Recent Discussion," *NTS* 24 (1977): 133–38; J. D. M. Derrett, "2 Cor 6, 14ff. a Midrash on Dt 22, 10," *Bib* 59 (1978): 231-50; Lambrecht, "The Fragment 2 Corinthians 6, 14–7, 1; J. Murphy-O'Connor, "Relating 2 Corinthians 6.14–7.1 to Its Context," *NTS* 33 (1987): 272–75; "Philo and 2 Cor 6:14–7:1," 55-69; G. K. Beale, "The Old Testament Background of Reconciliation in 2 Corinthians 5-7 and its Bearing on the Literary Problem of 2 Corinthians 6.14–7:1," *NTS* 5 (1989): 550–81; D. A. DeSilva, "Recasting the Moment of Decision: 2 Corinthians 6:14–7:1 in Its Literary Context," *Andrews University Seminary Studies* 31 (1993): 3–16; Webb, *Returning Home*; Franz Zeilinger, "Die Echtheit von 2 Cor 6:14–7:1," *JBL* 112 (1993): 71–80; Sass, "Noch Einmal: 2 Kor 6, 14–7, 1," 36–64; R. Bieringer, "2 Korinther 6, 14–7, 1 im Kontext des 2. Korintherbriefs: Forschungsüberblick und Versuch eines eigenen Zugangs," in *Bieringer and Lambrecht, Studies on 2 Corinthians*, 551–70; M. Goulder, "2 Cor. 6:14–7:1 as an Integral part of 2 Corinthians," *NovT* 36 (1994): 47–57; J. M. Scott, "The Use of Scripture in 2 Corinthians 6:16C–18 and Paul's Restoration Theology," *JSNT* 56 (1994): 73–99; Y. Liu, *Temple Purity in 1–2 Corinthians*, WUNT 2/343 (Tübingen: Mohr Siebeck, 2013), 196–98.

950 Fee, "II Corinthians vi. 14–vii. 1," 148.

특별하지 않다. 고린도전서 4장 7-13절의 구절은 거의 같은 수(8번)이다.[951]

성경 저자들을 구별하지 않고 바울이 인용한 구약 인용의 사슬은 로마서 3장 10-18절에도 나타난다. 그는 4장 6절에서 "하나님께서 이르시되"(6:16)와 비슷한 "말씀하셨던 그 하나님께서"를 사용한다. 로마서 12장 19절에서 바울은 "주께서 말씀하시니라"를 사용한다. 구약 인용이 문맥에 맞도록 변경되는 것에 대해서 분명하게 주의하고 있는 점은 이전에 편찬된 증언이나 기존의 단편의 사용에 반대된다.[952] 인용은 또한 구조에 바깥 부분(6:14-15 및 7:1)과 밀접하게 들어맞는데, 이것은 구절이 우연히 함께 던져진 이전에 있던 일련의 인용문이 아니라 바깥 부분에 맞도록 선택되고 수정되었음을 나타낸다.[953] 올리Olley는 이어지는 인용의 논리를 추적하고 선택된 본문이 "하나님의 성전/사람/자녀가 되는 것과 다른 신을 숭배하는 데 참여하는 것이 양립할 수 없음"에 초점을 맞춘다고 결론지었다.[954] 올리의 연구는 6장 17d-18절에 있는 구약 구절이 이 권면의 주요 문제인 우상 숭배 문제와 어떻게 관련되는

951 세 단어는 구약 인용에서 나왔다. ἐμπεριπατέω("~가운데 걷다"), εἰσδέχομαι("받다") παντοκράτωρ("전능하신 주"). 다른 표현은 바울이 사용하는 어휘이다. (1) 빌 4:3에는 σύζυγος("함께 멍에를 진 사람", 동역자 συνεργός와 병행, 참조. 6:1, συνεργοῦντες)가 나타난다. 그 반대의 가능성은 비-그리스도인과 "다른 멍에를 진"(ἑτεροζυγοῦντες, 6:14)이며 완전히 다른 개념은 아니다. (2) 명사 μετοχή(6:14, "사귐")은 동사 형태 μετέχω("함께 나누다")로 고전 9:10, 12, 10:17, 21:30에 나온다. 명사 κοινωνία("동반자")와 동사 μετέχω는 고린도전서 10:16-17에 함께 나타난다. 또한 엡 3:6, 5:7의 συμμέτοχος("함께 참여하는 자")를 참조하라. (3) συμφώνησις("조화", 6:15)는 고린도전서 7:5에서 형용사 σύμφωνος("조화로운")로 나타난다. (4) μολυσμός("더러움", 7:1)는 고전 8:7에서 동사형태로 나타난다 고전 8:7에서는 μολύνω("더러워지다")이 나타난다. (5) 동사 καθαρίζω("정결하게 하다", "정화하다", 7:1)의 반의어는 고전 7:14에서 형용사로 나타난다. 신자와 결혼한 배우자는 거룩해진다. "그렇지 아니하면 너희 자녀도 깨끗하지 못하니라(ἀκάθαρτά) 그러나 이제 거룩하니라." 여기에서 정결함은 거룩함과 밀접하게 연관되어 있으며 거룩함은 바울의 권면(parenesis)에서 정결하지 않음의 반대말로 나열되어 있다(참조. 롬 6:19; 살전 4:7; 고전 6:11). (6) 벨리알은 유대 묵시전통에서 흔히 사용되는 이름이다. (7) συγκατάθεσις는 συμφώνησις의 동의어이며 출 23:32을 반영할 수 있다. "너는 그들이나 그들의 신들과 언약을 맺어서는 안 된다." 문법적으로 여격과 πρός와 함께 나타나는 "동역자 관계"는 바울과 병행되지 않지만, 람브레흐트는 이 단락에서 몇 가지 바울의 문법적 특성을 나열한다("The Fragment 2 Corinthians 6, 14–7, 1: A Plea for Its Authenticity," 545). 다음과 같다. μή γίνεσθε("하지 말라", 롬 12:16; 고전 7:24), "왜냐하면 우리[너희는]..."(6:16; 빌 3:3; 갈 5:5), "그러므로 이것을 가지고"(고후 3:12; 4:1, 13), ἐπιτελέω("온전히 이루다", 7:1; 롬 15:28; 고후 8:6, 11[2번]; 갈 3:3; 빌 1:6) 등이다.

952 Lambrecht, "The Fragment 2 Corinthians 6, 14–7, 1," 544.

953 Webb, *Returning Home*, 66–70.

954 J. W. Olley, "A Precursor of the NRSV? 'Sons and Daughters' in 2 Cor 6:18," *NTS* 44 (1998): 204–12.

지 설명하는 데 도움이 된다.[955]

논증하는 데 있어 가정되는 변화는 또한 속이는 것으로 여겨질 수 있다. 바울은 주요 주제를 떠나서 논의를 진행한다. 6장 11-13절 및 7장 2-4절이 6장 14절-7장 1절을 둘러싸게 해서 바울의 편지에서 일반적인 ABA′ 구조를 만든다. 우리는 바렛Barrett이 주장하는 내용에 동의하지 않는다. "바울은 자주 자신의 요점에서 벗어나 논점을 벗어나게 하고, 얼간이처럼 되돌아간다."[956] 이 단락은 바울의 요점에서 벗어나지 않는다. 바로 가까운 문맥에서 바울은 고린도인들에게 회개하라고 호소한다.

> 우리가 그리스도를 대신하여 간청하노니 너희는 하나님과 화목하라(5:20)
> 우리가 하나님과 함께 일하는 자로서 너희를 권하노니 하나님의 은혜를 헛되이 받지 말라 이르시되
>
> 내가 은혜 베풀 때에 너에게 듣고
> 구원의 날에 너를 도왔다 하셨으니
>
> 보라 지금은 은혜 받을 만한 때요 보라 지금은 구원의 날이로다(6:1-2).[957]

바울은 자신에게 마음을 넓게 열라고 명령하고(6:13), 6장 14절에서 또 다른 2인칭 복수 명령을 계속한다("메지 말라").[958] 바울에게 마음을 넓게 여는 것(6:13)은 그가 지시한 대로 행하는 것을 요구한다. 그들은 그가 지시한 대로 한다. 7장 2절에서 그는 6장 13절의 개념을 다시 시작하지만 "그 표현은 항상 6장 13절 이후에 불일치가 있었음을 보여 준다."[959] 6장 11절의 진술을 반복하는 7장 3절의 "내가 전에 말하였노라"가 바로 뒤에 나온다면 이상할 것이다. 잠시 중단한 후 6장 11-13절을 의도적으로 언급하는 것이 더 합리적이다.[960]

여기 고린도후서에서 이 구절을 배치하는 것은 바울의 다른 곳에서 볼 수

---

955 따라서 올리(Olley)의 기여는 피(Fee)의 주장을 발전시킨다. 피(Fee)는 우상 숭배 문제와 관련된 모든 인용문을 파악하지 못하고 기존의 그 연속이 "단순히 전해진 것"이라고 제안했다.

956 Barrett, *Second Epistle*, 194. Jerry McCant, *2 Corinthians, Readings: A New Biblical Commentary* (New York: T&T Clark, 1999), 62–68는 갈등을 일으킨 것에 대해 수사학적으로 넘치게 고린도 교인들을 비난하는 것이 주제를 벗어난 것이라고 주장한다.

957 사스(Sass)는 형식이 이미 회심한 자들에 대한 권고에 부합한다고 주장한다("Noch einmal: 2 Kor 6, 14-7, 1," 48; 참조 롬 6:17-19; 고전 9-11; 살전 4 :3-12).

958 우리는 6:14-7:1이 4:16-5:10 전체에서 발견되는 뚜렷한 대조를 계속 사용하고 있음을 주목해야 한다.

959 Lambrecht, "The Fragment 2 Corinthians 6,14–7,1," 540.

960 Tasker, *The Second Epistle to the Corinthians*, 101–2.

있는 논증의 패턴에 적절하다. 스콧Scott은 바울이 로마서 3장 10-18절에 있는 성경 구절들을 묶어서 인용한 것이 그 서신에서 바울의 주장의 주요 부분(롬 1:18-3:20)의 마지막을 나타낸다고 지적한다. 성경 구절들을 묶어서 인용하는 것은 2장 14절-7장 4절에서 논증의 마지막을 나타낸다.[961] 굴더Goulder는 고린도전서 4-6장의 논증 순서가 고린도후서 5-7장의 논증 순서와 어떻게 병행을 이루는지를 보여 준다.[962] 굴더에 따르면, 고린도전서의 논증 4-6장은 다음과 같이 진행된다.

A. 바울은 자신을 잘못 판단하는 사람들(고전 4:3)에게 자신을 그리스도의 일꾼이요 하나님의 비밀을 맡은 청지기로 여겨야 함을 상기시키신다(고전 4:1-5). 주께서 오시면 마음의 뜻을 밝히시고 각자 하나님께 칭찬을 받을 것이다(고전 4:5).
B. 자기들이 이미 통치한다고 생각하는 고린도 교인들과 대조적으로 바울은 사도로서의 자신의 궁핍과 박해를 열거한다. 이 아이러니한 약점은 바울의 사도됨의 진정한 징표이다(고전 4:6-13).
C. 그는 자녀의 아버지와 같이 그들에 대한 자신의 권위를 주장한다(고전 4:14-21). 그는 그들을 부끄럽게 하고(고전 4:1) 교만한 자를 채찍으로 징계하기를 원하지 않는다. 그는 "사랑과 온유한 마음으로"(고전 4:21) 가기를 원한다.
D. 그는 공동체의 노골적인 죄 때문에 자신의 권위를 주장한다. 즉 아버지의 아내와 살아가는 남자와 서로 소송하는 법 문제이다(고전 5:1-13; 6:1-11). 그것은 침묵으로 용인하는 것 같다. 그는 그들이 그러한 행동을 용인하고 그 부패한 결과에 대해 경고하는 것에 소름이 끼쳤다. 그들은 새롭고 누룩 없는 자가 되어야 하므로(고전 5:6-8), 그런 사람들과 아무 상관도 하지 말라고 촉구한다. "이 악한 사람은 너희 중에서 내쫓으라"(고전 5:13).

고린도후서 5-7장의 논증은 교만한 자들에 대한 반응과 유사하며(5:12) 다음과 같이 진행된다.

A. 바울은 예수 그리스도의 종(그리고 그들의 종, 2:14-4:6)과 하나님의 종(6:4)으로서 그의 사역이 모세의 사역보다 더 크다고 확언한다. 그리고 하나님께서 그에게 화목의 직분을 주셨음(5:18)과 그를 그리스도의 대사로 임명하셨음(5:20)을 주장한다. 또한 하나님이 자신이 누구인지 알고 계시며 고린도 교인들도 알게 되기를 희망한다고 확언한다(5:11). 결론적으로 그는 그들에

961 Scott, "The Use of Scripture in 2 Corinthians 6:16C–18 and Paul's Restoration Theology," 96.
962 Goulder, "2 Cor. 6:14–7:1 as an Integral part of 2 Corinthians," 48–49.

게 다시 자신을 추천할 필요가 없다(5:12). 그는 더 이상 인간의 기준에 따라 다른 사람을 평가하지 않으며 이러한 기준을 사용해서는 안 된다고 암시한다(5:16).

B. 그런 다음 그는 자신의 궁핍과 고통을 더 자세히 이야기한다(4:8-12; 6:4-10; 고전 4:11-12).

C. 그는 그의 자녀로서 고린도 교인들의 사랑에 호소한다(6:11-13; 고전 4:14-15).

D. 그는 고린도 교회의 거룩함을 다른 부정한 사람들과 대조하여 강조한다(6:14–18; 참조. 고전 5:7-8; 6:9-11).

E. 마지막으로, 그는 그들이 부패의 근원에서 스스로를 분리할 것을 요구한다(고후 6:17; 고전 5:7; 5:13).[963]

논증의 이러한 유사성은 6장 14절-7장 1절이 지금 편지에 있는 위치에 있어야 함을 강력하게 제시한다.

대답해야 하는 주요 질문은 이 구절이 어떻게 바울의 토론의 흐름에 맞는가 하는 것이다. 만일 2장 14절-7장 3절이 우리가 주장한 바와 같이 하나의 단락이라면, 바울이 그 끝에서 논의의 흐름에서 벗어나는 것은 이상할 것이다. 마지막이 주장의 절정이 될 가능성이 더 크다. 이 단락의 모든 명령은 마지막에 나타난다. "화목하라"(5:20). "하나님의 은혜를 헛되이 받지 말라"(6:1). "너희도 마음을 넓히라"(6:13). "멍에를 함께 메지 말라"(6:14). "나와서 따로 있고 ... 만지지 말라"(6:17). "마음으로 우리를 영접하라"(7:2). 바울은 6장 14절-7장 1절에서 논지를 벗어나 옆 길로 새지 않는다. 오히려, 이 단락은 그의 주장의 절정이다.[964] 그 주요 주제는 우리가 제안하는 우상 숭배와의 연결성 문제이며, 이것이 고린도 분쟁의 뿌리 중 하나이며 이전의 가혹한 서신의

---

963 굴더는 고후 10-13장("2 Cor 6:14–7:1," 52)에서 동일한 논증 패턴을 발견한다.

A. 그가 또한 그리스도께 속했고(10:7), 그가 슈퍼-사도들보다 열등하지 않으며(11:5), 그들이 그들보다 더 나은 "그리스도의 종"(11:23)이라고 반대자들이 생각하게 만든다.

B. 그는 자신의 결핍과 약점을 훨씬 더 길게 확장한다(11:23-33).

C. 그는 12:14-18에서 아버지처럼 호소한다.

D. 그 다음 12:19-21에서 순결한 영적 삶으로 그들에게 도전한다.

E. 그 다음 그는 징계 문제를 제기하여 그가 돌아올 것이라고 경고하고 그가 권위를 심하게 행사하지 않아도 된다는 소망을 나타낸다(13:10).

964 위더링턴(Witherington)은 퀸틸리아누스(Quintilian, *Inst*. 4.3.12; 4.3.9)를 인용하여 논지 이탈이 어느 시점에서든 발생할 수 있으며 주변적인 논의보다 더 격렬하고 자유로운 것이 특징일 수 있다고 말했다(*Conflict and Community*, 402–4). 그러나 바울이 여기에서 수사학적인 이탈을 한다는 것을 증명하지 않는다. 페이트(D. Patte)는 다른 방법론(구조 주의)을 사용하여 이 구절이 담론의 결론으로 기능한다고 주장한다("A Structural Exegesis of 2 Corinthians 2:14–7:4 with Special Attention on 2:14–3:6 and 6:11–7:4," *SBLSP* [1988]: 23–49).

초점이었다. 2장 14절-7장 3절은 이 편지에서 고린도 교인들에 대한 바울의 솔직한 비판에 대한 변호라고 주장했다. 이제 바울은 문제의 심각성을 강조하기 위해 6장 14절-7장 1절에서 그 편지에서 바울이 권고한 내용을 되풀이한다고 주장한다. 바울은 그의 솔직한 비판에 대한 긴 변호 끝에 그리고 그의 편지와 사절인 디도에게 응답한 것에 대한 기쁨에 찬 확언 앞에 이 강력한 단어의 경고를 배치하면서 수사학적 기술과 목회적 재치를 사용한다. 가혹한 편지에서 그가 말한 것과 동일한 최후의 말을 담대하게 반복한 후, 그는 다음으로 넘어가 그들의 경건한 슬픔과 회개를 높일 것이다(7:4-16). 그는 이 최고조의 경고를 아마도 독약을 삼키기 쉽게 하는 것처럼 그들에 대한 사랑의 고백으로 묶는다.[965] 그러나 바울은 또한 그들이 자신에게 다시 마음을 열어 그의 사랑과 보살핌에 보답해야 한다고 주장한다. 이것은 그의 경고에 주의를 기울이고 반항과 중얼거리는 것을 중단하도록 요청한다.

만약 이 제안이 맞다면, 이 단락은 "이방인 세계의 여러 위험 가운데 살고 있는 그리스도인들을 위한 '공통적인' 내용"이 아니다.[966] 그것은 특별히 무역 길드와 협회, 그리고 눈에 보이는 곳곳에 이교 신전으로 가득한 고린도의 상황에 맞게 기독교 공동체가 그들의 세계에서 우상 숭배의 해로운 영향을 막기 위해 적절하게 경계하도록 격려하기 위해 특별히 구성되었다. 굴더는 6장 14절과 7장 1절, 고린도전서 8장과 10장 사이에 언어가 강하게 겹치는 점을 지적하는 것에 집중한다.[967] 우리는 하나님과 우상(6:14 및 고전 8:4-6)과 그리스도/주와 벨리알/귀신(6:14; 고전 10:21) 사이의 동일한 대조를 발견한다. 6장 14절에 나오는 *κοινωνία*(코이노니아, "사귐")와 *μετοχή*(메토케, "함께 함")는 고린도전서 10장 16-17절(동사형태 *μετέχω*[메테코] 사용)에서도 주의 만찬을 우상 축제와 비교할 때 함께 나타난다. 7장 1절의 잘 등장하지 않는 단어 *μολυσμός*(몰뤼스모스, "더러운 것")조차도 고린도전서 8장 7절에서 동사 형태로 나타나며 양심이 "더러워진" 연약한 사람을 말한다. 고린도전서에 나오는 "우상 숭배자가 되지 말라"(10:7), "우상 숭배하는 일을 피하라"(10:14), "먹지 말라"(10:28)에 나오는 훈계는 6장 14절-7장 1절에 나오는 명령의 취지와 일치한다("그들 중에서 나와서", "따로 있고", "부정한 것을 만지지 말라",

965 브라운(R. E. Brown)은 다음과 같이 보충한다. "현재 순서에서 이 구절은 고린도에서 모든 것이 치유되지 않았음을 나타내는 지표 역할을 하며 고치기 위한 11-13장을 준비한다(*Introduction to the New Testament*, 546).

966 Lambrecht, "The Fragment 2 Corinthians 6,14–7,1," 548.

967 Goulder, "2 Cor 6:14–7:1," 50–51.

"온갖 더러운 것에서 자신을 깨끗하게 하자"). 이 중복되는 어휘로부터 이끌어 낼 수 있는 가장 합리적인 결론은 우상-고기 문제가 사라지지 않았다는 것이다. 바울은 12장 21절에서 그것을 다시 암시할 수 있다. 여기서 그는 고린도에 돌아가서 "전에 죄를 지은 여러 사람의 그 행한 바 더러움과 음란함과 호색함을 회개하지 아니함"을 발견하게 될 것이라는 두려움을 표현한다. 그는 우상 신전의 제의에 참여하고 우상의 고기를 먹는 것에서 구별되지 않아서 일어난 더러움과 고린도전서 5-6장에 나오는 성적인 죄와 "모든 것이 가하다"(고전 10:23)라고 주장하는 교만을 염두에 두고 있다.[968]

이방인 개종자들은 우상 숭배의 배경에서 나왔기 때문에 다른 신들에 대한 엄격한 경계의 필요성을 쉽게 이해하거나 받아들이지 않았을 수 있다. 그들의 종교적 배경에서 "어떤 신도 자신의 신도들에게 독점적인 숭배를 요구하지 않았다."[969] 혼합주의가 관례였다. 개인은 카페테리아에서 기다리면서 숭배할 신들을 선택할 수 있었고, 대개 성공적인 삶을 영위하는 데 가장 큰 도움이 되기를 바라는 신들을 선택했다. 신들이 숭배자의 필요를 채운다면 신들은 많을수록 좋았다. 이스라엘의 하나님과 언약을 맺는 이방인 개종자들에 대한 배타적 주장은 새로운 개념이었고 그들의 사회 생활과 일하는 삶에 어렵게 조정했을 것이다.

바울은 고린도전서 10장 19-20절에서 우상의 음식을 우상 숭배와 연결시킨다. 우상의 음식인 줄 아는 사람에게는 전혀 허락하지 않는다. 그는 "약한 자들이 실족하지 않는다면 우상의 음식을 먹으라"고 말하지 않았다. 그는 육류 시장에서 사거나 다른 집에서 제공되는 모든 음식을 어디에서 나왔는지 그 이력을 묻지 않고 먹을 수 있도록 허용한다. 그러나 만일 음식이 제사를 지낸 것인 줄 안다면 바울은 삼가야 한다고 주장한다.[970] 바울은 유대인과 이방인 그리스도인 사이에 장벽을 세운 유대인의 음식법을 거부했을지 모르지만 그는 우상이라고 알려진 음식을 먹는 것을 결코 용납하지 않았다. 그는 한 분 참 하나님에게만 배타적으로 묶여 있는 그리스도인들을 많은 신들과 주들과

968 참조. Garland, *1 Corinthians*, 347–504.

969 Best, *Second Corinthians*, 65.

970 만일 바울이 우상 음식 먹는 것을 묵인했다면 그는 그렇게 한 최초의 기독교인일 뿐만 아니라 유일한 초기 기독교인이었을 것이다(Peter J. Tomson, *Paul and the Jewish Law: Halaka in the Letters of the Apostle to the Gentiles*, CRINT [Assen/Maastricht: Van Gorcum; Minneapolis: Fortress, 1990], 185). 서구의 해석자들이 범하는 일반적인 오류를 수정하는 문제에 대한 철저한 연구는 A. Cheung, *Idol Food in Corinth: Jewish Background and Pauline Legacy*, JSNTSup 176 (Sheffield: Sheffield Academic Press, 1999)을 참조하라.

관련된 이교도들로부터 분리시키는 제한들을 거부하지 않았다.[971] 신전에서 사회적인 교제를 위한 식사는 우상 숭배 의식이 음식과 관련해 자주 거행되었기 때문에 결코 순전히 세속적이거나 명목상의 우상 숭배일 수만은 없었다.[972]

고린도전서 8-10장에서 이 문제에 대한 바울의 논의는 그가 이 주제를 처음으로 제기한 것이 아닐 수 있다. 우상 숭배를 비난하고 우상과의 교제를 피하는 것은 그의 선교 설교의 일부였다. 우리는 갈라디아서 5장 20절의 악행 목록에서 우상 숭배에 대한 그의 타협하지 않는 태도, 고린도전서 6장 9절에서 우상 숭배자들에 대한 정죄, 그리고 우상에서 하나님께로 돌이킨 데살로니가 교인들을 칭찬한 것을 볼 수 있다(살전 1: 9). 사도행전 19장 11-40절에 따르면 바울은 우상 숭배에 반대하는 설교를 해서 에베소에서 소란을 일으켰다. 우상 숭배가 만연한 세상에서 이 문제는 새로 개종한 그리스도인들에게 즉각적으로 다루어져야만 했을 것이다. 청Cheung은 우상 음식이 많은 신과 많은 주가 숭배되는 곳에서 새로운 개종자들이 직면하는 가장 이른 그리고 가장 중요한 문제라고 지적한다.[973] 결론적으로, 고린도전서 8-10장에서 논의된 문제들은 강한 자들이 우상의 축제에 자유롭게 참여함으로 약한 자들이 반대했을 때, 갑자기 몇달 후 그들에게 떠오르지 않았을 것이다. 바울은 고린도에서 18개월 동안 체류하는 동안 그러한 문제를 해결해야 했을 것이다.[974]

이 시나리오는 우상 음식을 둘러싼 논쟁이 고린도 교인들 가운데 강한 자와 약한 자의 싸움이 아니라 바울과 고린도 교인들 사이의 논쟁이라는 것을 제시한다. 약한 자는 우상의 음식을 먹는 강한 자의 권리에 도전하지 않았다. 바울은 이 문제로 교회에서 일어나는 분파주의를 두려워하지 않았다. 그는

971 로마서 14:1-15:13에서 음식에 대해 다른 그리스도인들을 판단하지 않는 일에 대한 바울의 논의에서, 음식이 복이 있을 수 있음을 가정한다. 고린도전서 10장에서 문제는 음식이 복될 수 있느냐 하는 것이다. (음식과 관련해) "하나님께 감사"한다(롬 14:6). 고린도전서 10장의 문제는 음식이 축복될 수 있느냐 하는 것이다. 유대인들에게 우상 숭배와 관련된 것을 금지하는 것은 순결하고 불결한 음식에 관한 규정에 반대하는 설명이 필요하지 않았다. 그것은 하나님께 대한 그들의 전적인 충성에서 보면 자명했다.

972 참조. P. D. Gooch, *Dangerous Food: 1 Corinthians 8–10 in Its Context, Studies in Christianity and Judaism 5* (Waterloo: Wilfrid Laurier University Press, 1993), 15–45.

973 Cheung, *Idol Food in Corinth*, 141n82.

974 윈터(B. W. Winter)는 대안적인 시나리오를 구성한다. 그는 이 문제가 이스트미아의 포세이돈 신전에서 55년에 개최된 4년마다 열리는 카이사르 경기와 제국의 시합을 축하하는 축제에 참여하는 일부 고린도의 로마 시민이 소유한 시민권과 관련이 있다고 주장한다. 이러한 권리를 소유한 고린도 그리스도인들은 당연히 사회적 특권을 포기하거나 시민의 충성심을 나타내지 않는 것을 꺼렸다("The Achaean Federal Imperial Cult II: The Corinthian Church," *TynBul* 46 [1995]: 169–78).

소위 강한 자가 약한 자의 양심을 파괴할까봐 걱정한다. 지식이 있는 사람들은 고린도 교회에서 의견을 형성하고 있었다. 분명히 그들은 우상 음식에 관해 이전에 바울이 금지한 것을 문제 삼아 교묘한 논증과 구호로 반박한 것 같다. 그들은 "우상의 음식을 먹을 수 있습니까?"라고 묻지 않았다. 그런데 "우상의 음식은 왜 못 먹나요?"라고 질문한다. 허드Hurd는 고린도 교인들의 도전을 재구성한다.

> 우리는 우상 고기를 먹는 데 아무런 문제가 없다. 결국 우리에게는 지식이 있다. 우상은 실체가 없다는 것을 안다. 우리는 하나님이 한 분밖에 없다는 것을 안다. 그리스도 안에 있는 자들에게는 모든 것이 가하며 음식에 관한 한 모든 사람은 "음식은 배를 위하고 배는 음식을 위함"을 안다. 우리는 우상의 고기를 피함으로써 얻을 수 있는 것이 무엇인지 알지 못한다. 당신이 우리와 함께 있을 때 당신이 무엇을 먹고 마셨는지에 대해 당시 결코 의문을 제기하지 않았다는 것을 알고 있다. 또한 시장은 어떠한가? 우리가 사는 각 고기 조각의 이력에 대해 물어야 하는가? 그리고 우리 친구들은? 우상의 고기로 더럽혀질 수 있다는 이유로 그들의 잔치 초대를 거절해야 하는가?[975]

우리는 무슨 일이 일어났는지 추측할 수 있을 뿐이다. 바울은 그 자리에 있을 때 우상과 관련된 모든 것을 비난했다. 그가 떠난 후에는 회중의 더 유명한 구성원들이 사회적 압력 때문에 우상의 음식을 먹고 싶은 강한 유혹을 받았을 것이었다. 그들은 이러한 압력에 굴복했고 그리스도인의 자유에 대한 "계몽된" 견해로 그것을 정당화했다. 카터Carter는 다음과 같이 지적한다. "우상의 축제에 참석하거나 법정과 창녀를 이용하여 외부 세계와 접촉한 사람들은 공동체의 경계에 대해서 사도가 우려한 것이나 그들의 경계 밖 도시 생활에 대해서 그가 거부한 것을 공유하지 않았음이 분명하다."[976] 그들은 자신의 사회적 선을 추구한 다음 그것이 다른 사람들에게 어떤 영향을 미칠지 관심 없이 신학적으로 정당화했다.[977] 부모의 제한에 도전할 수 있는 완고한 십대들처럼 이 고린도 교인들은 바울의 금지에 이의를 제기했다. 고린도전서 8-10장에서 바울은 그들의 반박에 응답하고 다른 방법으로 그들을 설득하려 한다.[978] 그는 주로 주변 사회와 하나님의 교회를 구별하는 경계를 유지

975 J. C. Hurd Jr., *The Origin of 1 Corinthians* (New York: Seabury, 1965), 146.

976 T. L. Carter, "'Big Men'in Corinth," *JSNT* 66 (1997): 50.

977 Cheung, *Idol Food in Corinth*, 118–24.

978 Cheung, *Idol Food in Corinth*, 108–17. 참조. D. E. Garland, "'Becoming All Things to All

해야 하는 그들의 기독교적 정체성과 사회적 일치를 강화하는 데 관심이 있다. 하나님께 구별된 "성도"로서의 거룩함(고전 1:2; 6:1; 고후 1:1)은 그러한 것을 피하는 그들에게 아무리 비합리적이고 불편하고 사교적이지 않은 것처럼 보일지라도 우상 숭배의 흔적을 분명히 드러내는 모든 것을 피해야 한다.

이 편지와 6장 14절-7장 1절은 대부분의 논쟁과 마찬가지로 우상 숭배와 관련된 이 논쟁이 하룻밤 사이에 해결되지 않았음을 보여 준다. 그것은 계속 끓어 올랐고 아마도 바울의 후퇴와 눈물을 흘리며 가혹한 편지를 촉발한 대립의 배후에 있었을 것이다. 바울은 어떤 모양이든지 우상 숭배적인 교제를 강력히 반대했다. 그러나 다음 부분(7:5-16)에서 알 수 있듯이 바울은 그들이 경고를 진지하게 받아들였다는 데 더 큰 확신을 가지고 있다.

추가 주석 2.

6:14 - 7:1의 구조

크리소스토무스John Chrysostom는 바울의 수사학적 전략을 목회적인 것으로 잘 이해했다. 바울은 자신의 사역을 추천하는 것에서 고린도 교인들에 대한 사랑을 고백하고 나서 그들을 솔직하게 책망하는 것으로 옮겨간다. 사랑을 표현함으로써 바울은 그들에 대한 그의 책망을 덜 공격적으로 만든다(*Hom. 2 Cor.* 13). 휴즈Hughes는 또한 바울이 6장 14절-7장 1절에서 그들에 대한 애정을 표현하는 두 구절 사이에서 자신의 직접적이고 분명한 경고를 "은혜롭게 완충"했다고 주목한다(6:11-13; 7:2-3). 훈계는 "직접적이고 요점에 가깝지만" "아직도 검열이 아니라 사랑의 정신으로 시행되고 있다." 그는 그것을 다른 목회자들이 본받을 수 있는 본보기로 삼는다. 바울은 가장 심각한 영적 위험에 처한 사람들을 고치는 데 있어 "압박하고 가혹"하지 않고 "솔직하게 말한다."[979]

6장 11-13절에 이어지는 요청은 주요 훈계가 포함된 도입으로 시작한다. "믿지 않는 자와 멍에를 함께 메지 말라"(6:14). 이 명령의 기초는 5개의 수사학적 질문(6:14b-16a)과 이어지는 일련의 성경적 증거 본문(6:16b-18)의 형태로 제공된다. 5개의 수사학적 질문은 "무엇"(*τίς*, 티스)으로 시작하여 상호 배타적인 두 영역이 서로 관련이 있는지 묻는다. 각 질문은 부정적인 대답을 기대한다. 합리적인 사람은 "함께 함"(*μετοχή*, 메토케), "사귐"(*κοινωνία*, 코이노니아)

People': Mission in a Context of Idolatry: Accommodation or Fidelity?," *Missionalia* 33 (2005): 287–302.

979 Hughes, *Second Epistle*, 244.

"조화"(συμφώνησις, 쉼포네시스), "상관"(μερίς, 메리스), "일치"(συγκατάθεσις, 싱카타데시스)가 모두 동의어로 근본적으로 다른 영역으로 생각할 수 없다. 각 질문은 고린도 교인들에게 그들이 그리스도인으로서 누구이며 무엇이 아닌지를 떠오르게 한다.

기독교적 특징	비기독교적 특징
"의" (참조. 5:21; 고전 1:30)	"악"
"빛" (참조. 4:6)	"어둠" (4:6)
"빛" (참조. 4:6)	"어둠" (4:6)
"그리스도의 [몸]" (참조. 고전 6:15)	"벨리알" (4:4)
"믿는 자" (참조. 고후 5:7)	"불신자들" (4:4)
"하나님의 성전" (참조. 고전 6:19)	"우상" (참조. 고전 5:10-11; 6:9-10; 10: 14; 12:2)

"하나님의 성전"에 대한 언급은 "우리는 살아계신 하나님의 성전"(6:16; 참조. 고전 3:16)이라는 주장과 하나님의 언약은 거룩이 요구되는 그의 백성들 가운데 거한다는 약속으로 이어진다(참조. 레 26:12; 레 11:45; 19:2; 20:7; 신 23:14; 겔 37:27). 구약 인용의 혼합은 의와 불법 등이 상호 배타적인 이유를 설명한다. 그것들은 "하나님께서 이르시되"와 "전능하신 주의 말씀이니라"(6:16b-18)라는 공식으로 묶여있다.

7장 1절의 결론에는 "이 약속을 가진 우리는 ... 거룩함을 온전히 이루어"라는 하나님의 약속에 근거한 권면이 포함되어 있다. 하나님의 약속에 참여하는 것은 그들의 도덕적 정직성과 우상의 더럽히는 것을 피하는 데 달려 있다. 고린도 교인들은 정결하지 못함과 우상 숭배와 도덕적으로 오염시키는 것들로부터 스스로를 구별해야 한다.

바울은 논쟁의 여지가 있는 주제와 논쟁을 불러일으키는 반대를 다루며, 질문을 사용하여 독자들이 스스로 답을 제시할 수 있게 한다. 성경의 증거는 그 답을 뒷받침한다. 문제에 대한 이러한 접근 방식은 바울이 문제를 스스로 생각해 보기를 원하고 억지로 바울의 의견을 그들에게 주입시키고 싶어하지 않다는 것을 보여 준다. 화해를 위해서는 바울이 이 문제에 대해 옳고 "하나님이 말씀하신"것과 완전히 일치한다는 것을 마음으로 확신해야 한다.

6:14. 바울은 생생한 이미지로 주요 훈계를 설명한다. "너희는 믿지 않는 자와 멍에를 함께 메지 말라." 동사 ἑτεροζυγοῦντες(헤테로쥐군테스)는 해석하기 쉽지 않다. 문자적으로 "다른 멍에를 메다"를 의미하며 "같지 않은 멍에를 메다"로 번역할 수 있다. 레위기 19:19(LXX)에서 형용사 형태는 RSV 성경에서 "다른 종류와 교미하는"을 설명하는 다른 종의 소 짝짓기 금지에서 나타난다. 그것은 "외국인과의 결혼으로 동반자 관계"로 들어가는 것을 금지하는 것과 관련이 있을 수 있다.[980] 동사 "멍에를 같이 하다"(συζεύγνυμι, 쉬쥬그뉘미)는 결혼의 맥락에서 사용된다(참조. 마 19:6; 막 10:9; 참조. Sir 26:7). 배우자가 될 수 있는 사람이 우상 숭배와 연결되어 있다는 우려가 있을 것이다(참조. 신 7:3-4; 출 34:16; 수 23:6-13). 그러므로 바울은 과부의 재혼이 "주 안에서만" 이루어지기를 기대하지만(고전 7:39), 믿지 않는 사람이 계속 결혼을 유지하기 원한다면 신자가 믿지 않는 사람과 이혼하지 말라고 조언한다. 믿는 배우자는 믿지 않는 배우자를 그 관계에서 거룩하게 한다(고전 7:12-16). 그러나 이러한 문맥에서 다른 멍에를 메고 있다는 이미지는 결혼을 넘어서는 교제, 즉 믿지 않는 사람과의 긴밀한 유대를 의미해야 한다.[981]

플루타르크Plutarch는 이 문맥에 가장 적합한 "동맹"과 유사한 의미로 이 단어를 사용한다.[982] 바렛Barrett은 "너희는 믿지 않는 자들과 이중적인 관계를 맺어서는 안 된다"고 잘 바꾸어 표현한다. "믿지 않는 자들과 동역자가 되지 말라"는 번역은 바울의 의미를 포착한다. 그는 영적으로 반대되는 사람들과 동맹을 맺고 영적으로 정반대되는 사람에게 자신을 이용함으로써 재앙을 예고한다. 그리스도의 멍에를 멘 자(마 11:30)는 그리스도를 부인하는 자와 함께할 수 없다. 불신자들과 함께 힘쓰는 자들은 곧 사탄의 밭을 갈고 있는 자신을 발견하게 될 것이다. 그리스도인은 동료 그리스도인들과 "참으로 나와 멍에를 같이한" 자(빌 4:3)가 될 수 있다.

"믿지 않는 자"(ἄπιστοί, 아피스토이)은 그리스도를 믿지 않는 사람들만을 지칭하는가? 몇 가지 다른 후보지가 제안된다.[983]

1. 어떤 학자들은 그들이 부도덕하거나 믿음이 없는 그리스도인이라고 주

980 Philo, *Spec. Laws* 3.29.

981 신명기 22장 10절은 소와 당나귀가 함께 쟁기질을 하는 것을 금지하지만 동사 ἑτεροζυγέω는 LXX(70인역)에 나오지 않는다.

982 Plutarch, *Cim*. 16.10; 다음에 인용된다. Scott, "The Use of Scripture in 2 Corinthians 6:16C-18 and Paul's Restoration Theology," 75n7.

983 다양한 견해에 대한 요약과 비판은 Webb, *Returning Home*, 184–99를 참조하라.

장한다.[984] 그들은 이 구절을 고린도전서 5장 9-10절에 비추어 읽고 바울이 이교도를 피하라고 말하지 않았다고 가정한다. 그렇지 않으면 그들은 세상에서 물러나야 할 것이다. 그 대신에 그는 같은 죄, 즉 부도덕, 탐욕, 우상 숭배, 욕설, 술 취함, 도둑질을 행하는 그리스도인이라는 이름을 가진 사람들을 피하라고 말한다. 그들은 그런 사람들과 함께 식사(주의 만찬)를 하지 말고 이 악한 사람들을 그들 가운데서 몰아내야 한다.

2. 또 다른 견해는 "믿지 않는 자"가 일반적으로 바울과 같은 신뢰할 수 있는 사람들과 대조적으로 "신뢰할 수 없는 사람들"을 나타낸다고 주장한다.[985] 따라서 바울은 고린도 교인들에게 자신을 추천한다. 그러나 바울의 편지에서 "믿지 않는 자"라는 단어는 결코 이런 의미가 아니다.

3. 6장 14절-7장 1절이 바울의 유대인-그리스도인 반대자들에 의해 구성되었다는 삽입 이론에 기초하여, 베츠Betz는 "불신자들"이 토라를 지키지 않는 이방인 그리스도인들을 가리킨다고 주장한다.[986] 이 문제는 편지에서 결코 등장하지 않기 때문에 이 견해는 지지할 수 없다.

4. 다른 사람들은 바울이 침입하는 거짓 사도들을 언급한다고 주장한다.[987] "다른 멍에"가 되는 것은 그들의 가르침을 따르는 것을 의미할 것이다. 그러나 이 견해는 6장 16절에서 우상을 은유적 의미로 받아들일 것을 요구한다. 그러나 "살아계신 하나님"을 대적하여 "우상"을 세워 놓는 것은 바울이 실제 우상을 염두에 두고 있음을 시사한다. 또한 "우상"이 유대주의 거짓 사도들과 어떤 식으로든 연결될 수 있는지 궁금하다. 6장 17절에 있는 이사야 52장 11절의 인용 역시 정결하지 않은 이교도들 가운데서 나오는 이스라엘을 시각화하기 때문에 의미가 없다. 자신을 정결하게 하고 부정한 것을 만지지 말라는 명령은 그리스도인 사도들보다 이교 신들로부터 자신을 구별하려는 데 더 적합하다.[988]

---

984 굴더(Goulder)는 그들을 "부도덕한/비-바울 그리스도인"으로 파악한다("2 Cor 6:14–7:1," 53-55).

985 Derrett, "2 Cor 6, 14ff.," 231–50.

986 Betz, "2 Cor. 6:14–7:1: An Anti-Pauline Fragment?"

987 따라서 Collange, *Énigmes*, 305-6; D. Rensberger, "2 Corinthians 6:14–7:1–a Fresh Examination," *Studia Biblica et Theologica* 8 (1978) 25–49; Goulder, "2 Cor. 6:14–7:1 as an Integral part of 2 Corinthians," 53–57; Beale, "The Old Testament Background of Reconciliation in 2 Corinthians 5–7," 573.

988 이 견해에 대한 9가지 주요 문제에 대해서는 웹(Webb)을 참조하라(*Returning Home*, 193–96).

5. 문맥상 가장 합리적인 선택은 믿지 않는 자들을 비그리스도인으로 이해하는 것이다. 바울은 고린도 서신에서 이 단어를 일관되게 사용하여 외부인을 지칭한다(참조. 고전 6:6; 7:12, 13, 14[2회] 15; 10:27; 14:22[2회], 23, 24; 고후 4:4). 우상에 대한 언급, 이방 신과의 구별과 관련된 용어, 타협을 허용하지 않는 날카로운 대조는 "믿지 않는 자들"이 비록 그릇된 인도를 받았지만 그리스도에 대한 충성을 주장하는 거짓 형제들을 가리키는 것이 아니라 기독교 신앙에 반대되는 가치, 믿음, 관습을 지지하는 비기독교인을 가리킨다. "믿지 않는 자들"은 "고린도와 같은 도시에 우상 숭배와 부도덕의 어두운 세계에 거하는 회심하지 않은 이방인들"이다.[989]

바울은 고린도 교인들에게 둘 중 하나의 상황을 제시한다. 하나님과의 교제는 다른 모든 교제, 특히 우상 숭배와 관련된 교제를 배제한다. 고린도 그리스도인들은 이교적 가치와 관습에 둘러싸여 있었다. 성령이 그들을 인쳤다고 해서 그들이 세상과의 관계와 동역자 관계에 대해 부주의할 수 있다는 의미는 아니다.

그러나 고린도전서 5장 9-10절에서 바울의 설명은 그들에게 이교도를 완전히 피하라고 요구하는 것이 아님을 분명히 한다. 바울은 그들이 시장에서 구입할 것을 가정하고(고전 10:25), 초대를 받고 가려고 한다면 이교도의 집에서 저녁을 먹으러 가도록 격려한다(고전 10:26). 그러나 그는 영적 정체성을 형성하여 그들을 둘러싼 이교 사회와 구별되고 그에 따라 가치를 재정렬하기를 원한다. 고린도 그리스도인들은 그들의 문화에서 대다수가 거부하는 가치를 소중히 여겨야 한다. 그들은 기독교 신앙에 적대적인 믿음을 가지고 있으며 불가피하게 궤도에서 벗어나게 할 사람들과 같은 멍에를 매도록 내버려 두어서는 안 된다. 그러므로 바울은 그들에게 이 거룩하지 못한 동맹에서 물러나라고 간청한다.

바울은 특정한 동역자 관계를 염두에 두고 있는가? 퍼니시는 "특정한" 권고라고 믿지 않고 그것을 "자기를 지켜 세속에 물들지 않게 하라"는 야고보서 1장 27절에서 발견한 것과 유사한 일반적인 권고라고 본다.[990] 그러나 문맥은 바울의 권면이 이교 법정에서 불만을 제기하는 것(고전 6:1-11), 성전 매춘부를 방문하는 것(고전 6:12-20), 결혼하는 문제(고전 7:39) 우상 숭배에 위험하게 참여하는 것(참조. 신 7:3-4; 출 34:16; 수 23:6-13)을 언급할 수 있다.

989 Barnett, *Second Epistle*, 345.

990 Furnish, *II Corinthians*, 372.

물론 결혼 문제에서 바울은 그러한 결혼 생활을 불필요하게 끝내는 것을 분명히 반대했다(고전 7:12-15). 웹Webb은 이러한 권면이 "이교 제의의 구성원 자격 유지, (무역 길드 또는 출생, 사망 및 결혼, 또는 이스트미아 경기과 관련된) 이교 신전의 의식 참여, 이교 사원에 고용되는 일, 가정에서의 이교 숭배 등 고린도서신에 명시적으로 언급되지 않은 경우"를 포함할 수 있다고 이해한다.[991] 그는 가장 가능성 있는 것은 신전의 매춘부를 방문하고 이교도 신전의 축제에 참여하는 것이라고 생각한다. 나는 이교도 후원자나 동료의 집에서 우상에 드려진 고기를 먹는 일을 추가할 것이다. 바울은 참된 복음을 배반하는 기독교와 이교의 종교 관행과 믿음이 혼합된 혼합주의적인 종교 생활을 하는 모든 것을 거부한다. 바울은 이 음식을 먹는 그리스도인이 우상을 섬기기 위해 몸을 굽힐 의도가 없더라도 그러한 행위를 우상 숭배와 연관시킨다.

바울은 의와 불법(ἀνομία, 아노미아) 사이의 정반대로 시작하는 일련의 수사학적 질문으로 그의 훈계를 정당화한다.[992] "함께 함"(μετοχή, 메토케)으로 번역된 명사는 "목적과 활동을 공유하는 관계"를 의미한다.[993] "의"는 "우리가 하나님의 의가 되었다"(5:21)라는 그의 주장을 생각나게 한다.[994] 그러므로 "불법"은 하나님의 법을 쉽게 범하는 자들을 가리켜야 한다. "의"와 "불법"의 대조는 로마서 6장 19절에 나타난다. "너희가 너희 지체를 부정과 불법에 내주어 불법에 이른 것 같이 이제는 너희 지체를 의에게 종으로 내주어 거룩함에 이르라." 이 서술은 그들이 거룩하지 않은 동맹을 통해 우상 숭배의 불법에 다시 빨려 들어가는 위험을 감수하기보다는 오히려 "하나님을 두려워하는 가운데서 거룩함을 온전히 이루어"라는 7장 1절의 권면과 병행된다. 그가 여기서 말하는 것은 성경적, 신학적 언어의 엄격한 내용으로 표현된 점을 제외하고는 고린도전서 15장 33절에 나오는 메난드로스Menander에서 가져 온 인용문과 같다. "악한 동무들은 선한 행실을 더럽히나니."

---

991 Webb, *Returning Home*, 214.

992 일련의 수사학적 대조가 집회서(Sir 13:15-20)에 발견된다.

> 그리고 모든 사람은 이웃이다. 모든 살아있는 존재는 같은 존재와 연합하고, 사람들은 자신과 같은 사람들에게 가까이 붙어 있다. 늑대와 양의 공통점은 무엇인가? 더 이상 독실한 사람과 함께 하는 죄인은 없다. 하이에나와 개 사이에 어떤 평화가 있는가? 부자와 가난한 자 사이에 어떤 평화가 있는가? 광야의 들나귀는 사자의 먹이가 된다. 마찬가지로 가난한 사람들은 부자들을 위한 먹이가 된다. 겸손은 교만한 자의 가증한 것이다. 이와 같이 가난한 자는 부자에게 가증한 자이다.

993 J. P. Louw and E. A. Nida, *Greek-English Lexicon of the New Testament Based on Semantic Domains*, 2nd ed. (New York: UBS, 1989), 1:447.

994 바울은 로마서 6:19에서 윤리적 의미에서 의를 사용한다.

“빛과 어둠이 어찌 사귀리요?”[995] 바울은 그리스도인이 되기 전 이방인의 삶을 윤리적이고 신학적인 흑암으로 규정한다(엡 5:8, 살전 5:4-5, 참조. 벧전 2:9, 요일 1:5-7).[996] 음행, 분노, 분쟁, 복수, 폭력, 압제가 그러한 어둠 속에서 번성한다. 회심하기 전에 이방인들은 흑암의 왕과 그의 악한 권세(참조. 엡 6:12)에 속박되어 있었다(“광명의 천사”로 가장함, 고후 11:14). 그는 독실한 유대인으로서 자신의 삶을 흑암의 권세 중 하나로 묘사하기까지 한다(4:6). 그러나 하나님은 그리스도인들을 흑암의 권세에서 구속하시고 그들을 흑암의 권세에서 빛의 나라(골 1:12-13)로 옮기셨다. 그러므로 “어둠의 일”을 버려야 한다(롬 13:12, 살전 5:5).

하나님은 또한 그리스도인들을 당신의 아들 예수 그리스도와 교제하도록 부르셨다(고전 1:9). 그러므로 그들은 오직 그분과 다른 그리스도인들과 참된 교제를 가질 수 있다. 초대교회는 엄밀한 의미로서 서로의 교제를 특징으로 했다(행 2:42, 갈 2:9). “그리스도에 대한 공유된 믿음은 결속력을 가지고 있으며 우리를 같은 믿음의 경험을 공유하는 다른 사람들과 연결시켜 준다.”[997] 그러나 이 문맥에서 “사귐”(*κοινωνία*, 코이노니아)은 일종의 동역자 관계를 나타낸다. 기독교적 동역 관계는 바울의 빌립보 교인들과 빌레몬과의 관계에서 가장 잘 설명된다. 바울은 복음을 전파하는 동역자로서 그와 함께 했기 때문에 빌립보 교인들에게 특별히 애착을 가지고 있다(빌 1:5, 4:15). 바울은 빌레몬을 동역자라고도 부른다(17절). 빌레몬이 이 동역자 관계가 아니고 기독교적 신념에 확신이 없다면 오네시모를 노예가 아닌 형제로 다시 받아 달라고 빌레몬에게 그런 전례 없는 요청을 할 수 없었을 것이다(16절). 이교도 동료라면 그런 상상도 할 수 없는 요구에 얼굴을 찡그리거나 더 심하게는 비웃었을 것이다.

6:15. “그리스도와 벨리알이 어찌 조화되겠는가?” “조화”(*συμφώνησις*, 쉼포네시스)는 어떤 상호 협정(마 20:2, 13)이나 동맹(창 14:3, 사 7:2 LXX)을 암시한다. 댕커Danker는 이를 다음과 같이 바꾸어 표현한다. “하나님이 우상

995 이 단어는 왕하 17:11(LXX)에 산당의 신들과 교제관계에 들어가는 것을 표현하는 데 등장한다(참조. 왕하 17:11-12).

996 구약에서 어둠은 죽음(욥 10:22, 시 143:3), 스올(시 88:12), 하나님의 심판(시 105:28, 렘 23:12, 겔 32:8, 암 5:18,20; 습 1:15)을 상징한다.

997 Garland, *Colossians Philemon*, 320.

과 계약을 맺을 것이라고 생각하는 사람이 있는가?"[998] 질문은 그리스도인이 어떻게 하나님의 유익을 타협하는 활동에 참여할 수 있는가 하는 것이다. "조화"(συμφώνησις)로 번역된 헬라어 단어는 영어로 "심포니"(교향곡)로 음역된다. 그것은 또 다른 불협화음의 이미지를 불러일으킨다. 바이올린과 드릴 기계로 구성된 교향곡을 상상할 수 있을까?

"빛과 어두움"과 "그리스도와 벨리알"의 대조는 4장 4절에서 "이 세상의 신이 믿지 아니하는 자들의 마음을 혼미하게 하여 그리스도의 영광에 복음의 광채가 비치지 못하게 함이니"라고 언급한 바울의 확신에 뿌리를 두고 있다. 이 세상의 신(벨리알)은 사람들을 눈멀게 하여 어둠을 퍼뜨린다. 따라서 빛이신 그리스도와 어둠의 벨리알이 조화를 이룰 수 없다. 벨리알은 "무가치함"(미련함, 삼상 25:25), "파멸" 또는 "악"을 의미할 수 있는 히브리어(בליעל)이다. 루시퍼가 한때 영어로 사탄의 대중적인 이름이었던 것처럼 구약 시대에는 이 단어가 사탄의 이름으로 사용되었다. 사해 사본에서 벨리알은 하나님의 백성을 압제하는 하나님의 대적(1QM 13:11, "적의 천사, 그의 영역은 흑암이며, 그의 모략은 악과 사악을 위한 것")으로 나타난다(1QHa 2:16–17; 3:27-32; 4:9-14).[999] 바울은 아마도 그리스도와 대조되는 개인적인 이름을 원했기 때문에 벨리알이라는 용어를 선택했을 것이다.[1000] 고린도전서 10장 20절에서 그는 이교도 축제에 참여하는 것은 귀신 숭배에 참여하는 것이라고 경고한다. 그리스도와 귀신은 같은 식탁에 있지 않다.

"믿는 사람과 믿지 않는 사람의 공통점이 무엇인가?"라고 묻는다면 대답은 "모든 면에서 많다"이다.[1001] 두 사람 모두 하나님의 사랑을 받는 죄인이며,

---

998 Danker, *II Corinthians*, 99.

999 다음을 참조하라. 1QM 1:1, 5, 13, 15; 1QS 1:18, 24; 2:19; CD 4:13; 5:18; 12:2; 4QFlor 8–9; 4QMMT; and Jub. 1:20; T. Reu. 4:11, 6:3; T. Sim. 5:3; T. Levi 18:12; 19:1; T. Jud. 25:3; T. Dan 1:7; 5:10-11; T. Naph. 2:6; T. Jos. 20:2; T. Benj. 6:1; Mart. Isa. 1:8; 2:4; 3:11.
Sib. Or. 3:63, 73는 벨리알의 법을 말하고 2장 10절은 "네가 어두움에 있는 동안에는 빛의 일을 할 수 없다"고 말한다.

1000 머피-오코너(Murphy-O'Connor, "Philo and 2 Coron 6:14–7:1," 62)는 사탄이 신자들과 연합될 수 있기 때문에 바울이 "사탄"이라는 용어를 사용하지 않는다고 제안한다(롬 16:20; 고전 5:5; 7:5; 고후 2:11; 11:14; 12:7; 살전 2:18; 살후 2:9). 벨리알(Belial)이 "멍에가 없는"(beli Jol)이라는 단어가 나오는 랍비 문헌에서 발견되는 언어유희라는 제안은 가능성이 적다(Sipre Deut. 117; b. Sanh. 111b; 따라서 Barrett, *Second Epistle*, 198; Martin, *2 Corinthians*, 200; Barnett, *Second Epistle*, 348).

1001 바울은 피스토스(πιστός)를 다른 곳에서 "신자"를 언급하는 데 사용하지 않으며 머피-오코너는 그것이 "믿음"을 의미한다고 주장한다. 그는 본문을 다음과 같이 바꾸어 말한다. 그러나 바울은 믿지 않는 자를 가리킬 때 ἄπιστος를 사용하며 대조되는 의미는 "믿는 자"이다

인간 존재의 고통과 근심을 경험한다. 그러나 "상관"(μερίς, 메리스)로 번역된 단어는 "제비", "몫", "부분"을 의미하며 이 의미는 다른 그림을 제시한다.[1002] 그리스도인들은 아버지께 감사를 드린다. 그들이 "빛 가운데서 성도의 기업의 부분을 얻기에"(골 1:12) 합당하도록 자격을 부여하셨기 때문이다. 불신자는 공동체나 약속에 참여하지 않으며 신자는 벨리알과 동조하는 자들과 동역하지 않아야 한다. 바울은 보편주의자가 아니다. 신자는 빛과 어둠 사이의 회색 지대에서 살려고 해서는 안 된다. 빛과 어두움, 그리스도와 벨리알, 하나님과 우상의 영역을 나누는 경계는 명확하고 불변하며 그들의 거룩함은 분리를 요구한다.[1003]

6:16. "하나님의 성전과 우상이 어찌 일치가 되리요?"(참조. 왕하 21:7; 23:6). "일치"(συγκατάθεσις, 쉉카타데시스)는 사람들이 공통의 원인으로 함께 하는 것과 같은 합의된 제휴를 의미한다. 동사 형태는 출애굽기 23장 33절(LXX)에서 우상 숭배와 멸망으로 이어질 심각한 위험 때문에 그 땅의 주민들과 어떤 계약을 맺는 것을 금지하는 것으로 나온다. 바울의 질문은 가설이 아니다. 그는 우상 숭배와 관련하여 고린도전서에서 제기된 특정 문제에 대해 우려한다.

"나는 너희가 귀신과 교제하는 자가 되기를 원하지 아니하노라 너희가 주의 잔과 귀신의 잔을 겸하여 마시지 못하고 주의 식탁과 귀신의 식탁에 겸하여 참여하지 못하리라"(고전 10:20-21). 바울은 공동체를 살아계신 하나님의 성전(고전 3:16-17; 6:19-20)과 무가치하고 생명도 없고 마귀 우상의 신전과 대조한다.[1004] 유대인과 이방인 청중 모두 성전을 더럽힐 수 있는 모든 것과 분리되어야 하는 신성한 공간으로 성전의 이미지를 이해했을 것이다. 유대인과 기독교인에게 우상 숭배는 치명적인 결과로 하나님의 성전을 더럽힌다. 하나님의 성전으로서 그들은 하나님의 "구원의 효력과 그의 거룩하심과 진실

(Talbert, *Reading Corinthians*, 172).

1002 웹(Webb)은 "우상을 섬기는 자들의 운명은 종종 여호와를 섬기는 자들의 운명과 대조된다(예, LXX 사 17:14; 57:6; 렘 10:16; 13:25, 28 [51]:18-19)"라고 지적한다(*Returning Home*, 61n1).

1003 J. R. Levison, "The Spirit and Temple in Paul's Letters to the Corinthians," in *Paul and His Theology*, ed. S. E. Porter (Leiden: Brill, 2006), 214.

1004 J. C. Coppens, "The Spiritual Temple in Pauline Letters and Its Background," *SE VI* (Texte und Untersuchungen 112; Berlin: Töpelmann, 1973), 63은 "인류에 실현되어야 할 영적 성소에 대한 개념이 유대인 그룹에 만연해 있었음을 보여 준다" 고후 6:14, 17, 고전 3:16의 2인칭에 동화된 "너희는 ~"보다 "우리는 ~"이 더 좋다.

하심이 세상에" 나타나야 한다.[1005] 정반대로 그들은 우상 숭배로 더럽혀진 신전으로 나타날 것이다. 한 분이신 창조주 하나님의 성전은 모든 그리고 잡다한 신에게 열려 있는 널리 적용될 수 있는 성소가 되어 버린다. 그리스도의 대속 죽음 안에서의 하나님의 구속은 아무 소용이 없다. 그의 거룩함과 진실함은 우상 숭배의 더러운 시궁창에 끌려간다.

성경의 증거들은 6장 14절의 중요한 훈계를 강화한다. "하나님께서 이르시되"(6:16b)와 "전능하신 주의 말씀이니라"(6:18b)는 다름 아닌 하나님의 말씀이라는 선언으로 단호하게 시작한다. 바울이 "이스라엘에게 하신 말씀이 이제 고린도 교인들에게 적용될 수 있다"고 믿는다는 점이 중요하다.[1006] 이것은 좋은 소식이기도 하고 나쁜 소식이기도 하다. 이스라엘에 대한 하나님의 복은 신자들에게 적용되지만 하나님의 말씀에 불순종하면 역사에서 이스라엘이 우상 숭배에 빠졌을 때 그들에게 닥친 재앙과 같은 재앙이 닥칠 것이다(고전 10:1-11).

바울이 이 구절들을 인용하기로 선택한 이유는 무엇인가? 그 대답은 이 단락에서 그의 목적을 밝히는 데 도움이 될 것이다. 웹Webb은 본문이 교차대구법을 따르고 새 언약과 두 번째 출애굽/귀환 신학에 적합하다고 주장한다.[1007]

A 임재의 약속 6:16
　　관계의 약속 - 언약 공식
　　　　B 구별의 명령(6:17ab)
　　　　B′ 구별의 명령(6:17c)
A′ 임재의 약속(6:17d)
　　관계의 약속 - 언약 공식 (6:18)[1008]

올리Olley는 각 본문이 "성전과 연결되거나 다른 신을 숭배하는 것에 반대하는 하나님을 예배하는 맥락에서" 선택되었음을 보다 설득력 있게 보여 준

1005 Liu, *Temple Purity*, 200.

1006 Han, *Swimming*, 97.

1007 Webb, *Returning Home*, 32–33.

1008 웹(Webb)은 다음과 같이 주장한다. "다시 모으는 일, 새 마음, 언약의 결속(너의 하나님 나의 백성)에 관한 약속은 모두 우상 숭배를 버리는 것과 관련이 있다. 애굽과 바벨론은 우상 숭배의 패러다임이 되어 예루살렘으로 돌아가는 자는 우상을 버려야 했다. 궁극적으로 예루살렘으로 돌아가는 여정은 새로운 종말론적 성전에서 여호와를 예배하는 것이었다" (Webb, *Returning Home*, 59-60).

다.[1009] 텍스트 사이의 연결 고리는 이교 숭배에 대한 항의이다. 첫 번째 인용인 6장 16b절은 레위기 26장 11-12절에서 나온다. 그 문맥은 살아계신 하나님의 백성을 생명 없는 우상을 숭배하는 것과 구별하여 그들이 하나님의 성소를 합당하게 경외하도록 하는 것을 다룬다.

> 너희는 자기를 위하여 우상을 만들지 말지니 조각한 것이나 주상을 세우지 말며 너희 땅에 조각한 석상을 세우고 그에게 경배하지 말라 나는 너희의 하나님 여호와임이니라 너희는 내 안식일을 지키며 내 성소를 경외하라 나는 여호와이니라(레 26:1-2)

6장 17절의 인용은 이사야 52장 11절과 에스겔 20장 34절(LXX)을 결합한다. 이사야서 52장 11절은 6장 17ab절에 인용되었으며, 그 문맥은 여호와의 전의 기구를 바벨론에서 옮기는 것을 가리킨다. 이 신성한 제의적 임무(참조. 민 1:50-51 참조)는 우상으로 오염되는 것을 막는다. 에스겔 20장 34절(LXX)은 6장 17d절에 인용되었으며, 반역하는 자들을 제하기 위해 백성을 모으는 것을 말한다(겔 20:38). 그 문맥은 다른 신들에 대한 지속적인 숭배를 다시 암시한다(겔 20:39). 그러므로 이 인용문은 "경고"를 포함하고 있으며 "만일 청중이 '하나님의 백성'이 되려면 우상 숭배에서 분리되어야 할 필요성"을 강조한다(겔 20:41 참조).[1010]

바울은 6장 18절에서 사무엘하 7장 14절과 신명기 32장 18-19절을 합친다.[1011] 그러나 이 동일시가 정확하다면 신명기의 문맥은 이스라엘 백성이 하나님을 버리고(32:15), 다른 신들을 섬기고(32:16), 마귀와 새로운 신들에게 제사를 드렸다고(32:18) 고발한다. 더욱이, 신명기 32장 18절은 그들의 아버지가 되시고 그들을 낳은 부모로서 하나님을 구체적으로 언급한다.[1012] 신명기 32장 20-21절은 그들이 다른 신을 숭배하는 반역적인 자녀로 꾸짖지만, 경결하게 될 것을 약속한다.

성경 인용과 그 문맥에 대한 올리의 분석은 이 인용들을 우연히 선택하지 않았음을 확인해준다. 그는 다음과 같이 결론을 내린다. "각각은 그 나름의 방식으로 하나님의 '백성', 그분의 '아들과 딸'로서 온전히 충성하라는 부

1009 Olley, "A Precursor of the NRSV? 'Sons and Daughters' in 2 Cor 6:18," 212.

1010 Olley, "A Precursor of the NRSV? 'Sons and Daughters' in 2 Cor 6:18," 208.

1011 나는 이 부분에서 올리(Olley)에게 빚을 졌다(Olley, "A Precursor of the NRSV? 'Sons and Daughters' in 2 Cor 6:18," 210–11).

1012 Olley, "A Precursor of the NRSV? 'Sons and Daughters' in 2 Cor 6:18," 210–211.

르심을 경고하고 약속하는 것을 강화한다."[1013] 우리가 다른 근거로 주장하는 우상 숭배는 고린도 교인들에 대한 바울의 관계 악화와 갈등을 일으키는 많은 원인의 핵심이 되고 있다.

첫 번째 인용은 레위기 26장 11-12절이다. "내가 내 성막을 너희 중에 세우리니 내 마음이 너희를 싫어하지 아니할 것이며 나는 너희 중에 행하여 너희의 하나님이 되고 너희는 내 백성이 될 것이니라." 에스겔 37장 27절도 그 출처로 제시된다. "내 처소가 그들 가운데에 있을 것이며 나는 그들의 하나님이 되고 그들은 내 백성이 되리라."[1014] 문제를 해결하기 쉽지 않지만, 다른 구절들에서 다른 신들을 숭배하는 것에 대한 일관된 반대와 인용문을 둘러싼 내용에서 강조된 우상 숭배에 대한 경고는 레위기를 더 선호하게 만든다.

레위기 26장 11-12절에서 인용한 구절은 약간 수정되었다. 2인칭은 3인칭으로 변경된다. "당신"이 "그들"로 바뀐다(아마도 겔 37:27의 영향을 받았을 것이다). "내가 그들 가운데 두루 행하며"라는 문구를 해석하는 데 도움이 되도록 "내가 내 처소(또는 장막, 성막)를 너희 중에 세우리니"(레 26:11) 대신에 "내가 그들 가운데 거하리라"가 더해졌다. 이 구절은 그들이 하나님이 거하시는 하나님의 성전임을 확인하는 역할을 하며, 또한 물리적인 성전이나 그리스도를 믿는 성막이 없는 성도들에게 이제 언약의 약속이 현실이 됨을 증거한다. 그러나 강조점은 하나님께서 개인의 몸인 성전이 아니라 공동체 전체에 거하신다는 것이다(고전 6:19). 성전은 하나님의 집으로 여겨졌고 "내가 그들과 함께 거하리라"는 하나님이 그들 가운데 거하신다는 것을 의미한다. 고대 세계는 어떤 식으로든 성전을 더럽히는 것은 재앙을 초래하는 심각한 범죄라는 것을 알고 있었다. 레위기 26장 11-12절의 문맥은 하나님의 백성이 하나님의 거룩한 곳을 합당하게 경외할 수 있도록 우상 숭배에서 스스로를 구분해야 할 절대적인 필요성을 강조한다

6:17. 두 번째 인용문은 이사야 52장 11절을 인용한다.

> 너희는 떠날지어다 떠날지어다 거기서 나오고
> 부정한 것을 만지지 말지어다

1013 Olley, "A Precursor of the NRSV? 'Sons and Daughters' in 2 Cor 6:18," 212.

1014 웹(Webb)은 겔 37:27이 그가 이 구절에서 찾은 종말론적 회복 주제에 부합하기 때문에 주요 인용이라고 주장한다(*Returning Home*, 33–37). 스콧(Scott)은 레 26:11-12을 37:27b와 결합하여 "시내 언약과 의식적으로 연속되는 새 언약의 약속을 제시한다"고 주장한다("Scripture," 81-82). 이것은 바울의 의도를 지나치게 읽은 것으로 보인다.

그 가운데에서 나올지어다 여호와의 기구를 메는 자들이여
스스로 정결하게 할지어다

다시 약간의 변화가 나타난다. 인용은 접속사 "그러므로"(διό, 디오)가 더해져 하나님과의 관계에 요구되는 제약 조건을 제시한다. 그들은 거룩해져야 한다("정결하게 할지어다"). 본문은 "여호와의 기구를 메는 자들"에 대한 언급이 없이 축약되어 있다. 새로운 문맥에 더 잘 맞도록 순서도 전환된다. 세 번째와 네 번째 줄은 두 번째 줄 앞에 온다.[1015] 마지막으로 바벨론에 대한 언급이 생략되어 있다(참조. 계 18:1-4). 대명사는 바벨론을 가리키는 "그녀 가운데에서 나오다"인 그녀(αὐτῆς, 아우테스)에서 "그들 중에서 나와서"의 "그들"(αὐτῶν, 아우톤)로 바뀌었다. 본문은 더 이상 바벨론에서 실제로 나오는 것에 적용되지 않고 은유적으로 나오는 것에 적용된다. "주의 말씀이니라"도 본문에 추가되었다.

"내가 너희를 영접하여"는 짧은 설명이 아니라 에스겔 20장 34절(LXX)의 인용이다. 동사 εἰσδέξομαι(에이스덱소마이)는 단순히 "받다", "환영하다", "수용하다" 이상을 의미한다. 에스겔의 문맥에서 "하나님은 우상을 숭배하는 반역하는 자들을 제거하고 정결하기 위해 사람들을 모으고 계신다."[1016] 바울은 이사야서의 인용문을 해석하기 위해 에스겔을 인용한다. 하나님은 능한 손으로 건지신 다음 정결케 하신다(겔 20:38). 그러므로 "내가 너를 영접하여"라고 번역된 구절은 영접보다는 경고의 내용을 담고 있다. "그것은 듣는 사

1015 롬 11장 3절이 왕상 19장 10절을 바꾸는 것을 참조하라.

1016 Olley, "A Precursor of the NRSV? 'Sons and Daughters' in 2 Cor 6:18," 212. 겔 20:34-41의 전체 문맥은 καὶ εἰσδέξομαι ὑμᾶς, "그리하면 내가 너를 영접하리라"가 두 번 나오는 것과 관련이 있다. "능한 손과 편 팔로 분노를 쏟아 너희를 여러 나라에서 나오게 하며 너희의 흩어진 여러 지방에서 모아내고(LXX, καὶ εἰσδέξομαι ὑμᾶς) 너희를 인도하여 여러 나라 광야에 이르러 거기에서 너희를 대면하여 심판하되 내가 애굽 땅 광야에서 너희 조상들을 심판한 것 같이 너희를 심판하리라 주 여호와의 말씀이니라 내가 너희를 막대기 아래로 지나가게 하며 언약의 줄로 매려니와 너희 가운데에서 반역하는 자와 내게 범죄하는 자를 모두 제하여 버릴지라 그들을 그 머물러 살던 땅에서는 나오게 하여도 이스라엘 땅에는 들어가지 못하게 하리니 너희가 나는 여호와인 줄을 알리라 주 여호와께서 이같이 말씀하셨느니라 이스라엘 족속아 너희가 내 말을 듣지 아니하려거든 가서 각각 그 우상을 섬기라 그렇게 하려거든 이후에 다시는 너희 예물과 너희 우상들로 내 거룩한 이름을 더럽히지 말지니라 주 여호와의 말씀이니라 이스라엘 온 족속이 그 땅에 있어서 내 거룩한 산 곧 이스라엘의 높은 산에서 다 나를 섬기리니 거기에서 내가 그들을 기쁘게 받을지라 거기에서 너희 예물과 너희가 드리는 첫 열매와 너희 모든 성물을 요구하리라 내가 너희를 인도하여 여러 나라 가운데에서 나오게 하고 너희가 흩어진 여러 민족 가운데에서 모아(LXX, καὶ εἰσδέξομαι ὑμᾶς) 낼 때에 내가 너희를 향기로 받고 내가 또 너희로 말미암아 내 거룩함을 여러 나라의 목전에서 나타낼 것이며"

람들이 '하나님의 것'이 되려면 우상 숭배에서 구별되어야 할 필요성을 강조한다."[1017]

이 혼합 인용문은 하나님의 백성이 열방과 그들의 우상 숭배에서 구별되어야 함을 강조한다. "부정한 것을 만지지 말라"는 오염된 것과 신체적 접촉으로 인한 더러움에 대한 두려움을 반영하며 7장 1절에서 "자신을 정결하게 하라"는 명령을 준비한다.[1018]

6:18. 마지막 인용은 주로 사무엘하 7장 14절에서 나온다. "나는 그에게 아버지가 되고 그는 내게 아들이 되리니 그가 만일 죄를 범하면 내가 사람의 매와 인생의 채찍으로 징계하려니와"(삼하 7:14). 인용문에서 다윗의 자손을 가리키는 3인칭 단수 "그"는 교회를 가리키는 2인칭 복수 "너희"가 된다.[1019] 복수 "자녀"(아들들과 딸들)가 더해진다.

"딸들"은 바울의 글에서 여기에서만 나타나며 왜 추가되었는지에 대한 질문을 불러일으킨다.[1020] 어떤 학자들은 그리스도 안에서 남성과 여성의 평등을 주장하고 여성을 남성과 동등한 위치에 올리려는 바울의 열망을 표현한다고 주장한다. 원래 남자 왕에게 하신 약속은 이제 그리스도 안에서 왕이신 하나님 앞에서 동등한 지위를 가진 남자와 여자에게 적용된다.[1021] 이 견해의 문제는 바울이 "아들"이라는 단어를 사용할 때 항상 일반적으로 그렇게 이해한다는 것이다. 그는 이 문맥에서 "아들"이라는 단어가 여성을 배제하고 있고 여성이 포함된다는 것을 확인하기 위해 "딸"을 더 넣어야 한다고 생각하지 않았을 것이다. 퍼니시는 바울이 남자와 여자의 평등을 언급하는 문맥에서 갈라디아서 3장 26절에서 "하나님의 아들들"이라는 표현을 사용했다고 지적한

1017 Olley, "A Precursor of the NRSV? 'Sons and Daughters' in 2 Cor 6:18," 208. 다른 제안은 겔 11:17, 습 3:20, 사 52:12b, 삼하 7:14의 해석이다. 참조. Webb, *Returning Home*, 44–47.

1018 레 5:2-3; 7:19, 21; 11:8, 24-28; 민 19:11-13. 이사야의 문맥은 예루살렘으로 돌아가 여호와의 기구를 지고 가는 거룩한 행렬에 있는 백성을 묘사한다. 이와 같은 신성한 임무로 그들은 다른 신들과 연합하여 더럽혀질 수 없다(민 1:50-51).

1019 주엘(D. Juel)은 그것을 메시아적 약속의 "민주화"라고 부른다(*Messianic Exegesis: Christological Interpretation of the Old Testament in Early Christianity* [Philadelphia: Fortress, 1988], 108n34). 웹(Webb)은 그것을 "공동체 지향적인 새 언약에 비추어 다윗 언약을 다시 읽는 것"이라고 말한다(*Returning Home*, 54).

1020 베츠(Betz)는 구절이 바울적이지 않다고 주장한다. "그리고 사도와 같이 그리스도 안에서 남자와 여자의 구별이 폐지되었다고 믿는 사람은 아무도 사용하지 않았을 것이다"("2 Cor 6:14–7:1, an Anti-Pauline Fragment?," 106).

1021 Plummer, *Second Epistle*, 210; Barrett, *Second Epistle*, 201; Héring, *Second Epistle*, 51; Martin, *2 Corinthians*, 207; Witherington, *Conflict and Community*, 406.

다(참조. 갈 4:5-7). 그리고 그는 차별적으로 하지 않기 위해 "딸"을 넣을 필요가 없다고 느꼈다.[1022] "아들들과 딸들"이라는 문구를 설명하는 또 다른 이유를 찾아야 한다.

바울이 구약을 인용하고 다른 구절을 함께 융합하기 때문에 이 문구에 대한 더 분명한 출처는 구약이 될 것이다. 비일Beale은 "딸들이 종종 '아들'과 함께 언급되는 이스라엘의 회복에 대한 구약의 약속으로 사용된 경우"(사 43:6; 49:22; 60:4)라고 주장한다.[1023] 이 추론 방식은 도움이 되지만 신명기 32장 19절이 이 문구의 배경이라는 올리의 제안만큼 설득력이 없다. 다시 말하지만 문맥이 중요하다.

> 그들이 다른 신으로 그의 질투를 일으키며
> 가증한 것으로 그의 진노를 격발하였도다
> 　　그들은 하나님께 제사하지 아니하고 귀신들에게 하였으니
> 　　곧 그들이 알지 못하던 신들
> 근래에 들어온 새로운 신들
> 　　너희의 조상들이 두려워하지 아니하던 것들이로다
> 너를 낳은 반석을 네가 상관하지 아니하고
> 　　너를 내신 하나님을 네가 잊었도다
>
> 그러므로 여호와께서 보시고 미워하셨으니
> 　　그 자녀가 그를 격노하게 한 까닭이로다
> 그가 말씀하시기를 내가 내 얼굴을 그들에게서 숨겨
> 그들의 종말이 어떠함을 보리니
> 　　그들은 심히 패역한 세대요 진실이 없는 자녀임이로다
> 그들이 하나님이 아닌 것으로 내 질투를 일으키며
> 　　허무한 것으로 내 진노를 일으켰으니
> 나도 백성이 아닌 자로 그들에게 시기가 나게 하며
> 　　어리석은 민족으로 그들의 분노를 일으키리로다
> 그러므로 내 분노의 불이 일어나서
> (신명기 32:16-22)

바울은 고린도전서 10장 20절(신 32:27)과 10장 22절(신 32:17)에서 우상 숭배에 참여하는 것에 대한 경고와 반석이신 그리스도를 언급했다(고전

1022 Furnish, *II Corinthians*, 375.

1023 Beale, "The Old Testament Background of Reconciliation in 2 Corinthians 5–7," 572.

10:4; 신 32:18).[1024] 바울은 분명히 신명기 32장을 우상 숭배의 문제와 싸우기 위한 중요한 성경적 기초로 간주한다. 구약의 인용문은 우상과 관련된 모든 것을 공격하는 문맥에서 나온다.

구약 인용문 묶음의 결론은 "전능하신 주의 말씀이니라"로 표시되어 있다. 이것은 바울의 편지에서 "전능하신 주"(*κύριος παντοκράτωρ*, 퀴리오스 판토크라토르)라는 이름이 나오는 유일한 곳이다.[1025] 이 단어는 하나님을 전능하신 만물의 통치자라고 말한다. 올리Olley는 다음과 같이 결론을 내린다.

> 고린도후서 6장 14-18절에서 인용되거나 암시된 모든 구약 구절이 하나님에 대한 예배와 섬김을 다른 신들에게 드리는 것과 결합하여 하나님을 가볍게 대하는 것에 대한 경고라는 표면에 나타나지 않는 흐름을 포함한다면, 더 두려운 하나님의 명칭, 전능하신 주(*κύριος παντοκράτωρ*)가 사용되는 것이 적절하다.[1026]

7:1. "이 약속을 가진 우리는"라는 문구는 이 구약 구절을 하나님의 백성의 회복과 관련된 하나님의 약속으로 파악한다. 또한 이 편지에서 바울의 시작하는 말을 떠올리게 한다. "하나님의 약속은 얼마든지 그리스도 안에서 '예'가 되니 그런즉 그로 말미암아 우리가 '아멘' 하여 하나님께 영광을 돌리게 되느니라"(1:20). 그러나 약속은 또한 경고의 문맥에 놓여져 있다. 그것들은 무조건적인 것이 아니다. 왜냐하면 그것들은 큰 위험에서만 소홀히 될 수 있는 엄숙한 책임을 수반하기 때문이다. 그리스도인들은 약속을 가지고 있지만 아직 성취되지 않았다.[1027] 백성들은 회복되어 하나님의 면밀한 조사를 받을 것이다. 바울은 "하나님을 경외함"이 사역의 동기가 된다고 말한다(5:11; 참조. 고전 2:3; 고후 7:11). 하나님을 경외하는 것은 심판의 날과 하나님의 진노의 날을 기다리며 이것이 현세에 거룩함의 동기가 된다.[1028] 따라서 바울

1024 Olley, "A Precursor of the NRSV? 'Sons and Daughters' in 2 Cor 6:18," 211. 그는 "무엇보다도 신 32장의 "반석"은 하나님에 대한 묘사(그리고 우상은 보호를 제공하지 않는 '반석'으로 묘사됨)"라고 쓴다.

1025 더 짧은 어구인 *κύριος παντοκράτωρ*는 יהוה צבאות로 번역된다(여호와 츠바오트; "만군의 여호와", 참조. 삼하 5:10; 7:8, 그리고 다른 구절들). 계시록에는 *κύριος ὁ θεὸς ὁ παντοκράτωρ*(계 1:8, 4:8, 11:17, 15:3, 16:7, 14, 19:6, 15, 21:22)라는 보다 완전한 표현이 있다.

1026 Olley, "A Precursor of the NRSV? 'Sons and Daughters' in 2 Cor 6:18," 210.

1027 Thrall, *II Corinthians*, 1:480.

1028 E. Kim, "The Fear of God in 2 Corinthians 7:1: Its Salvation-Historical, Literary, and Eschatological Contexts" (PhD diss., St. Andrews University, 2017), 144.

은 6장 14절의 첫 번째와 관련된 두 번째 경고를 한다. 그들은 오염시키는 모든 것에서 자신을 정결케 해야 한다.[1029] 우리는 이 명령을 고린도전서 6장 10-11절과 비교할 수 있다. 하나님께서 그들을 깨끗하게 하셨으나 그들의 삶을 더럽히는 우상 숭배와 교제를 계속한다면 이 깨끗함은 헛된 것이다. 우상 숭배로 하나님의 성전을 더럽히면 하나님의 약속을 받지 않고 하나님의 진노를 받게 된다.

"더러운 것"(μολυσμός, 몰뤼스모스)은 신약에는 여기에서만 나타나고 70인역에는 세 번 나온다. 이 단어는 다른 신을 숭배하여 종교적으로 더러워지는 것을 말한다. 에스드라 1서(1 Esd 8:80)에서 그 땅의 주민들이 우상 숭배로 인해 생긴 더러워짐을 나타낸다. 마카비 2서(2 Macc 5:27)에서 그것은 유다 마카베오가 광야로 물러난 원인을 말한다. 그는 안티오쿠스 에피파네스가 부과한 성전의 우상 숭배와 더러워짐을 벗어나고 싶었다. 이 단어는 또한 소돔과 고모라보다 더 심한 예루살렘을 더럽힌 거짓 선지자들에 대한 심판의 예언에도 나온다(렘 23:15 [LXX]). 바울은 고린도전서 8장 7절에서 동사를 사용하여 우상 숭배, "우상에 바쳐진 음식"으로 인한 "약한" 신자의 양심이 더렵혀짐(또한 사 65:4; 렘 23:11; 2 Macc 14:3)을 가리킨다.

"육과 영의 더러운 것"은 창녀와 성관계를 가지는 것이 몸과 영을 모두 부패시키는 것과 같은 방식으로, 외적으로나 내적으로 전체 사람이 우상 숭배에 의해 부패하는 것을 의미한다(고전 6:15-18). 바울은 여전히 우상과 관련된 모든 공개적인 활동에 참여하는 것이 그들의 영적 생명을 위험에 빠뜨릴 수 있다는 것을 고린도의 일부 사람들에게 확신시켜야 한다.

그러므로 바울은 그들에게 그들의 "거룩함"을 온전히 이루라고 요청한다. 동사 "온전히 이루다"(ἐπιτελέω, 에피텔레오)는 "온전케 되다", "원하는 목표에 이르다"를 의미하며 그들이 완전해져야 한다는 의미는 아니다.[1030] 고린도 교인들에게 보낸 두 편지의 인사에서 바울은 그들이 "거룩하여지고", 즉 구별되었고(고전 1:2), "성도", 즉 구별된 자들이라고 부름을 받았다(고전 1:2, 고후 1:1)고 강조한다. 바넷Barnett은 "완성되어야 할 거룩함은 성품이 발전되거

1029 제의적인 순결에 대한 관심은 유대인만의 문제가 아니었다. 고대 세계의 모든 사람들은 신전에 순결하게 들어가야 하고 제사 의식을 순결하게 수행해야 한다는 것을 알고 있었다. 이 법은 도덕적 의미로도 이해되었다(다음에 인용되는 예를 참조하라. Danker, *II Corinthians*, 99–100; P. N. Richardson, *The Influence of Hellenistic Philosophy on Paul's Figurative Temple Language Applied to the Corinthians* [Eugene, OR: Pickwick, 2018], 43–153).

1030 참조. G. Delling, "τέλος ...," *TDNT* 8:61–62.

나 진보하는 것이라기보다는 언약적"이라고 말한다.[1031] 거룩함은 "하나님께서 그리스도인들에게 주시는 것(고전 1:30; 살후 2:13)일 뿐만 아니라 그리스도인들이 완성하기 위해 애쓰는 것(고전 7:34; 살전 4:1-8; 롬 6:19), 그리고 하나님께서 궁극적으로 완성하실 것이다(살전 3:13)."[1032] "거룩함을 온전히 이루어"라는 분사구는 "자신을 깨끗하게 하자"라는 권면을 성취한 결과이다. 갈라디아서에서 바울은 그들의 문제를 다루기 위해 "우리는 성령으로 산다"라는 직설법을 "성령으로 행할지니"라는 명령법과 결합시킨다(갈 5:25). 같은 방식으로 고린도전서 6장 11절에 나오는 직설법, 즉 "주 예수 그리스도의 이름과 우리 하나님의 성령 안에서 씻음과 거룩함과 의롭다 하심을 받았느니라"는 자신을 깨끗하게 하여 거룩함을 온전케 하라는 호소로 균형을 이룬다. 이러한 문맥에서 자신을 정결케 하고 거룩함을 온전하게 하는 것은 우상 숭배와 관련된 모든 불경건한 동맹이나 연합에서 물러나는 것을 의미한다.

2.2.10. 다시 새롭게 고린도 교인들의 마음을 열도록 하는 간구(7:2-3)

2 마음으로 우리를 영접하라 우리는 아무에게도 불의를 행하지 않고 아무에게도 해롭게 하지 않고 아무에게서도 속여 빼앗은 일이 없노라 3 내가 이 말을 하는 것은 너희를 정죄하려고 하는 것이 아니라 내가 이전에 말하였거니와 너희가 우리 마음에 있어 함께 죽고 함께 살게 하고자 함이라

7:2. 바울은 6장 13절의 "(우리에게) 마음을 넓히라"는 요청을 반복하고 강조한다. 고린도 교인들은 마음의 경계를 넓혀 바울을 영접하는 한편 우상 숭배와 관련될 가능성을 차단하기 위해 그 경계를 더 좁혀야 한다. "(우리는) 아무에게도 해롭게 하지 않고 아무에게서도 속여 빼앗은 일이 없노라"는 바울이 돈을 잘못 취급했다는 비난에 대한 반응일 가능성은 적다(참조. 12:16-

---

1031 Barnett, *Second Epistle*, 357.

1032 Talbert, *Reading Corinthians*, 172–73. 이 구절이 바울에게서 온 것이라고 믿지 않는 왓슨은 신자들을 "자신의 깨끗케함의 실행자이자 그들의 구별함와 거룩함을 완성하거나 온전케할 수 있는 자"으로 부르는 것이 "바울의 펜에서 나온 비범한 진술"임을 발견한다. 그는 "갈라디아서와 로마서의 저자가 하나님 외에 다른 사람을 정결케 하는 실행자이거나 거룩함의 온전케 하는 자로 생각하는 것은 상상하기 어렵다"(*Second Epistle*, 76)라고 결론지었다. 그러나 "두렵고 떨림으로 너희 구원을 이루라 너희 안에서 행하시는 이는 하나님이시니 자기의 기쁘신 뜻을 위하여 너희에게 소원을 두고 행하게 하시나니"(빌 2:12-13)라고 쓴 빌립보서의 저자에게는 상상할 수 없는 일은 아니다.

18). 우상 숭배자들과의 모든 동맹 관계를 끊으라는 그의 단호한 주장으로 누군가에게 사업 손실을 입혔다는 불평에 더 가까워 보인다. 바울의 관점에서 볼 때 비기독교적인 사업에서 얻은 이익은 기독교인에게 이익이 될 수 없다. 또한 그가 촉구한 엄격한 징계를 의미할 수도 있다. 고린도전서 5장에서 또는 다른 그리스도인들을 법정에 세우지 않고 오히려 부당한 대우를 받거나 사기를 당하는 것을 받아들인다는 그의 주장(고전 6:7)을 의미할 수도 있다. 하비Harvey는 바울이 특정 고발에 대해 전혀 대응하지 않고 전통적인 변호만 한다고 주장한다.[1033]

7:3. 고린도 교인들이 자신을 의심하는 것에 대한 바울의 비난은 누그러진다. 그들을 정죄할 생각이 없다고 말하고 그의 마음에서 중요한 위치를 차지한다고 반복함으로 그렇게 한다(6:11). 이 부분 전체에 걸쳐 그는 고린도 교인들이 자신에 대해 부당한 비난을 제기했고 그들이 믿지 않더라도 용인되었음을 암시한다. 문제는 하비가 지적한 것처럼 "성공적인 변호가 효과적인 기소가 될 수 있다. 자신의 결백을 입증함으로써 먼저 기소함으로 원고의 범죄에 판사가 주의를 기울이게 될 것이다."[1034] 댕커Danker는 "수치에 대한 기본적인 사회적 관심"이 그의 발언 뒤에 숨어 있음을 알아 차리고 있다. 바울은 그들이 그의 동기를 이해하고 있는지 확인하기를 원한다. 그는 그들에게 수치를 주기 위해 무엇인가 하지 않는다. 온 마음을 다해 자식을 사랑하는 좋은 부모처럼 자식을 고치려고 할 때, 그 자식의 자아를 부수고자 하는 마음이 아니라 이기심과 자기 도취만을 없애려고 할 뿐이다(참조. 골 3:21). 이 말은 그의 온유한 성품과 그들에게 솔직하게 맞서는 선의를 확인시켜준다. 바울은 그들에게 그러한 애정을 갖고 있기 때문에 그들을 정죄하는 데 관심이 없다. 그는 오히려 그들에 대해 자랑하기 원한다. 사실 마음에 진정으로 있는 사람들을 폄하할 수는 없다. 이 고린도의 아이들은 그에게 엄청난 자부심과 비교할 수 없는 기쁨을 준다. 그러나 그들을 진정으로 사랑하기 때문에 잘못되었을 때 솔직히 도전할 것이다. 그의 목표는 단순히 휴전을 협상하는 것이 아니라 그들

1033 Harvey, *Renewal through Suffering*, 77. 그는 다음과 같이 덧붙인다. "이 단어들은 그의 환난에서 해로운 증거를 끌어낸 사람들 앞에서 의인이 자신의 결백을 항의하기 위해 사용된 표준적인 레퍼토리에서 나왔을 것이다. 비슷한 표현이 시편과 지혜 문헌(바울의 마음 한구석에 있었음이 분명함)에서 찾을 수 있으며, 실제로 바울이 최근에 특히 생명을 위협하는 경험에서 살아 남았다면 그것은 그의 결백과 '의인이 ... 그를 억압하는 자들에게 맞서는 확신'(παρρησία)을 반복하는 적절한 방법이 될 것이다(Wis 5.1)."

1034 Harvey, *Renewal through Suffering*, 77.

의 오류를 수정하는 것이다.

바울은 그들과 끊을 수 없는 연합에 대한 측량할 수 없는 사랑을 생생하게 표현한다. 그들은 "함께 죽고 살게 하고자"하는 그의 마음에 살아 있다. 대부분의 번역은 목적의 의미를 무시하고(그리스어 본문 εἰς와 관사와 결합된 부정사로 표현됨) 단순한 문장으로 바꾼다.[1035] 람브레흐트는 이를 "우리가 함께 죽고 함께 살기 위해"를 의미한다고 간주한다.[1036] 그러나 바울은 단순히 고린도 교인들에 대한 깊은 애정과 변함없는 우정을 표현할 수 있다. 그는 군인이 자신의 사령관에 대한 충성심을 표현하는 것 같은 군사적 이미지로 사용할 수 있다. 예를 들어 잇대는 다윗에게 "여호와의 살아 계심과 내 주 왕의 살아 계심으로 맹세하옵나니 진실로 내 주 왕께서 어느 곳에 계시든지 사나 죽으나 종도 그 곳에 있겠나이다"라고 맹세한다(삼하 15:21). 이것이 배경이라면 바울은 어떤 희생을 치르더라도 고린도 교인들에 대한 충성스러운 헌신을 표현했을 것이다.

헬라어 본문에서 "죽다... 살다"라는 순서가 이상해 보이지만 의도적이며 그리스도와 함께 살기 위해 그리스도와 함께 죽는 것을 가리키는 기독론적인 의미가 가능하다(참조. 롬 6:11; 딤후 2:11).[1037] 바울은 그리스도 안에 있는 자들과 함께 그들의 최종 운명을 언급할 수 있다. 람브레흐트는 이 문구가 절대적인 충성을 표현하는 일상적인 언어 사용에 그 뿌리를 두고 있을 수 있지만 여기서는 더 이상 그런 의미가 아니라고 주장한다. 바울은 단순히 고린도 교인들과의 동지애를 표현한 것은 아니다. 그는 세속적 표현 "살고 죽다"를 "죽고 살다"로 변경하여 "그 자신과 고린도 교인들을 기다리는 기독론적 운명"을 반영했다.[1038] 그의 표현은 "그리스도 안에 있는 미래의 죽음과 죽음 이후 그리스도 안에 있는 미래의 생명"을 가리킨다. 그리스도의 죽음에 참여하는 것(롬 6:3-10)은 그리스도와 함께 죽는 다른 사람들과의 유대를 형성하여 부활 때에 이 세상을 넘어 영원으로 확장될 것이다.

그러나 바울은 이미 그들을 위해 죽고 있었으며(4:12), 고린도에서 일부 사람들을 쫓아버리는 죽음과 같은 상태를 초래했다. 그에 대한 사랑을 불러일

1035 J. Lambrecht, "To Die Together and to Live Together: A Study of 2 Corinthians 7,3," in Bieringer and Lambrecht, *Studies on 2 Corinthians*, 572.

1036 Lambrecht, "To Die Together and to Live Together," 573.

1037 G. Stählin, "Um mitzusterben und mitzuleben,' Bemerkungen zu 2 Kor 7,3," in *Neues Testament und christliche Existenz*, ed. O. Betz and L. Schottroff (Tübingen: Mohr Siebeck, 1973), 503–21.

1038 Lambrecht, "To Die Together and to Live Together," 579, 586.

으키기보다는 그의 희생으로 그를 경멸하게 되었다. 그의 십자가의 삶과 사역을 이해하고 감사하게 될 때, 그들은 또한 그리스도 안에서 상호 운명을 더 잘 이해하게 될 것이다.

이 구절은 오늘날 어떻게 적용될 수 있는가? 바클레이는 중요한 소논문에서 데살로니가전서에서 다룬 문제와 고린도전서에서 다룬 문제 사이의 극명한 대조를 관찰했다. 비록 이 두 교회가 서로 몇 달 안에 바울에 의해 설립되었지만 "이 형제 공동체는 기독교 신앙에 대해 현저하게 다른 해석을 발전시켰다."[1039] 그는 이 현상을 설명할 수 있지만 무시되는 한 가지 요소, 즉 외부인과의 각자 사회적 관계를 따로 떼어 낸다.

데살로니가전서에서 교회가 외부인들과 갈등을 겪고 있고(살전 1:6; 2:2, 14-16; 3:3), 사회로부터 소외되고 사회의 적대감의 고통을 느끼고 있다는 분명한 증거를 발견한다(살전 4:5, 13; 5:7). 그러나 기독교인과 외부인의 관계에서 갈등에 대한 언급은 고린도전서나 고린도후서에 나오지 않는다. 반대로 바울은 고난과 수치에 관한 자신의 상황을 그들의 상대적인 평온함과 대조한다(고전 4:9-13; 15:30-32; 16:9). 고린도 교인들은 지역 사회에서 잘 지내고 있는 것 같다. 지도자들은 이교도의 거실에서 잔치에 참여하고(고전 8:10), 어떤 이들은 불신자들의 집에서 식사를 하도록 초대받는다(고전 10:27). 불신자들은 예배를 보기 위해 가정 교회에 들른다(고전 14:24-25). 따라서 고린도 교회의 일부 구성원들은 이교도 사회에 너무 잘 통합되어 있으며 불신자들과의 교제에 대해 종교적으로 양심의 가책을 느끼지 않는다. 고린도에서는 십자가 설교의 핵심인 반문화적 영향이 거의 없음이 분명하다(고전 1:18-25). 그들의 신앙은 삶의 중요한 사회적, 도덕적 재조정을 만들어내지 않는다. 일부 사람들에게는 한 분 하나님께 절대적인 충성을 나타내거나 연약한 그리스도인 형제자매들의 감정을 존중하는 것보다 이교도 지인과 가족과 우호적인 관계를 유지하고 좋은 평판 유지하는 것이 더 중요했다. 그 결과 고린도 교인들은 데살로니가 교인들이 직면한 사회적 배척을 거의 경험하지 않는다.

바울은 그들이 세상에서 완전히 물러나기를 기대하지도 않고(고전 5:10), 특히 복음을 증거하기 위해 일상 생활에서 믿지 않는 사람들과의 접촉을 거부하지도 않는다(고전 9:19-23; 10:32-33). 그러나 바울은 세상을 어두운 묵시적인 안경으로 바라보고 있다. 그것은 "모든 불의가 가득"(롬 1:29)하고

1039 Barclay, "Thessalonica and Corinth," 50.

"지금의 모양은 지나갈 것"(고전 7:31)이다. 고린도 교인들은 이교도들과 함께 멍에를 메는 것을 허용해서는 안 되며, 하나님께 대한 배타적인 언약의 일환으로 자신을 정결케 하고 거룩함을 온전케 해야 한다. 그러나 바클레이는 다음과 같이 쓴다.

> 고린도 교회는 응집력 있는 공동체가 아니라 클럽이며, 그들의 모임은 영적 통찰력과 고양의 중요한 순간을 제공하지만 도덕적, 사회적 변화의 세계적 영향을 미치지 않는다. 고린도 교인들은 그들의 삶의 한 부분으로 기꺼이 이 교회에 참여할 수 있었다. 그러나 그 부분은 아무리 중요하더라도 전체가 아니고 중심이 아니다. 그들의 교회와 믿음의 중요성에 대한 그들의 인식은 고린도 사회에 완전히 통합된 생활 방식과 잘 연관될 수 있다.[1040]

모든 시대의 교회는 세상 안에 있지만 세상에 속해 있지 않기 때문에 좁은 줄타기를 해야 한다. 이를 위해 그리스도인들은 자신의 정체성과 적절한 경계에 대한 적절한 감각이 필요하다. 그리스도인은 주변의 이교도의 유혹에 항상 경계해야 하며, 그리스도에 대한 충성과 헌신을 타협하고 그들의 증언과 궁극적인 운명을 위태롭게 하는 종교적 얽힘에 저항해야 한다.

이 구절에 나타난 그러한 분파주의는 바울을 안디옥에서 이방인 그리스도인들과 함께 먹는 것을 그토록 열렬히 옹호한 사람으로 알고 있는 현대 독자들에게는 낯설 수 있다(갈 2:11-21). 상대주의와 관용의 시대에도 그것은 마음에 들지 않는다. 이 구절에 반영된 배타주의는 죄인과 함께 먹고 영접하는 것에 대해 끊임없이 예수님을 원망했던 바리새인들을 괴롭혔던 까다롭고 편협한 마음과 별반 다르지 않다고 일부 사람들을 괴롭힐 수 있다. 차이점은 예수님은 복음을 선포하고 그들을 개혁하기 위해 죄인들에게 손을 내미셨다는 것이다. 바울 자신도 같은 일을 한다(고전 9:20-23). 그러나 그는 그리스도인들이 그리스도의 이름을 훼손하는 활동에 가담하거나 공개적으로 그리스도를 부인하는 사람들과 동맹을 맺는 것을 결코 허용하지 않는다.

1040 Barclay, "Thessalonica and Corinth," 71.

2.3. 디도의 보고(7:4-16)

**4 나는 너희를 향하여 담대한 것도 많고 너희를 위하여 자랑하는 것도 많
으니 내가 우리의 모든 환난 가운데서도 위로가 가득하고 기쁨이 넘치는도
다 5 우리가 마게도냐에 이르렀을 때에도 우리 육체가 편하지 못하였고 사
방으로 환난을 당하여 밖으로는 다툼이요 안으로는 두려움이었노라 6 그러
나 낙심한 자들을 위로하시는 하나님이 디도가 옴으로 우리를 위로하셨으니
7 그가 온 것뿐 아니요 오직 그가 너희에게서 받은 그 위로로 위로하고 너희
의 사모함과 애통함과 나를 위하여 열심 있는 것을 우리에게 보고함으로 나
를 더욱 기쁘게 하였느니라 8 그러므로 내가 편지로 너희를 근심하게 한 것
을 후회하였으나 지금은 후회하지 아니함은 그 편지가 너희로 잠시만 근심
하게 한 줄을 앎이라 9 내가 지금 기뻐함은 너희로 근심하게 한 까닭이 아니
요 도리어 너희가 근심함으로 회개함에 이른 까닭이라 너희가 하나님의 뜻
대로 근심하게 된 것은 우리에게서 아무 해도 받지 않게 하려 함이라 10 하
나님의 뜻대로 하는 근심은 후회할 것이 없는 구원에 이르게 하는 회개를 이
루는 것이요 세상 근심은 사망을 이루는 것이니라 11 보라 하나님의 뜻대로
하게 된 이 근심이 너희로 얼마나 간절하게 하며 얼마나 변증하게 하며 얼마
나 분하게 하며 얼마나 두렵게 하며 얼마나 사모하게 하며 얼마나 열심 있게
하며 얼마나 벌하게 하였는가 너희가 그 일에 대하여 일체 너희 자신의 깨끗
함을 나타내었느니라 12 그런즉 내가 너희에게 쓴 것은 그 불의를 행한 자
를 위한 것도 아니요 그 불의를 당한 자를 위한 것도 아니요 오직 우리를 위
한 너희의 간절함이 하나님 앞에서 너희에게 나타나게 하려 함이로라 13 이
로 말미암아 우리가 위로를 받았고 우리가 받은 위로 위에 디도의 기쁨으로
우리가 더욱 많이 기뻐함은 그의 마음이 너희 무리로 말미암아 안심함을 얻
었음이라 14 내가 그에게 너희를 위하여 자랑한 것이 있더라도 부끄럽지 아
니하니 우리가 너희에게 이른 말이 다 참된 것 같이 디도 앞에서 우리가 자랑
한 것도 참되게 되었도다 15 그가 너희 모든 사람들이 두려움과 떪으로 자기
를 영접하여 순종한 것을 생각하고 너희를 향하여 그의 심정이 더욱 깊었으
니 16 내가 범사에 너희를 신뢰하게 된 것을 기뻐하노라**

이제 바울은 2장 13절에서 중단한 주제인 디도의 소식을 간절히 기다리는 것으로 돌아간다. 이 단락은 7장 4절이 연결점으로 앞의 내용과 이어지는 것을 연결한다. 다음과 같이 구성될 수 있다.

7:4. 고린도 교인들에 대한 바울의 담대함은 기쁨을 가져다준다.
7:5-7 디도의 도착은 고난 중에 있는 바울을 위로한다.
7:8-13a 눈물의 편지의 목적과 효과
7:13b-15 디도의 보고는 바울의 자랑임을 입증했다.
7:16 고린도 교인들에 대한 바울의 담대함은 기쁨을 가져다준다.

바울이 고린도 교인들에 대한 확신에 대한 기쁨에 찬 선언은 디도를 성공적으로 만난 이야기와 고린도 교인들의 반응에 대한 격려를 둘러싸고 있다.

2.3.1. 고린도 교인들에 대한 바울의 담대함의 결과: 기쁨(7:4)

7:4. 많은 번역들은 7장 4절을 2장 14절에서 시작하는 부분의 결론 문장으로 간주하지만, 그 대신 연결점 역할을 하여 이전 구절을 끝내고 다음 구절을 시작한다.[1041] 이어지는 구절들에서 어휘의 반복은 다음 내용을 준비한다는 것을 보여 준다.

"담대함" (παρρησία)	7:16 "신뢰하게 됨" (θαρρῶ, 참조. 3:12)
"교만" (καύχησις)	7:14 (참조. 1:12; 8:24; 11:10, 17)
"위로" (παράκλησις)	7:6(동사 형태, παρακαλέω), 7:7(명사와 동사 형태), 7:13(참조. 1:3, 4, 5, 6; 8:4, 17)
"기쁨" (χαρά)	7:7(동사 형태, χαίρω), 7:9(동사 형태), 7:13, 16(동사 형태; 참조 1:15, 24; 2:3)
"우리의 모든 환난 가운데도" (θλῖψις)	7:5 (동사 형태, θλίβω)
"기쁨이 넘치는다" (ὑπερπερισσεύομαι τῇ χαρᾷ)	8:2 "넘치는 기쁨" (περισσεία τῆς χαρᾶς)

편지의 서두에서 바울은 자신이 그들을 슬프게 한 것에 대한 걱정을 표현

1041 Barnett, *Second Epistle*, 362–64. 그는 7:5-16이 단지 2:12-13을 다시 시작하는 것이 아니라 "서신의 나머지 부분으로 이어지는 역할을 한다"고 지적한다(365p). 퍼니시는 다음 내용과의 연결이 영리한 편집자의 노력으로 인한 것이 아니라고 말한다(*II Corinthians*, 393; 또한 Bultmann, *Second Letter*, 181; Martin, *2 Corinthians*, 216).

했다(2:2; 7:8-9 참조). 바울이 그들을 근심하게 하면 누가 그를 기쁘게 하겠는가? 그의 자녀로서 그들은 그를 기쁘게 해야 하며(2:3), 이제 우리는 7장에서 그들이 사실 그것을 가지고 있음을 배운다(7:4, 13). 그들에 대한 그의 확신(2:3)은 근거가 있는 것으로 입증되었다(7:4, 14). 바울은 자신이 너무 통명스러웠을 수도 있는 자신의 가혹한 편지의 민감한 주제를 주의 깊게 살펴 본다. 바울은 결코 그들을 슬프게 할 의도가 없었지만(7:4) 그 편지가 초래한 슬픔이 하나님의 슬픔으로 밝혀진 것을 기쁘게 생각한다고 부드럽게 확신한다(7:8-9). 많은 사람들이 감정을 숨기려고 하지만 바울은 자신의 감정을 자유롭게 표현했다. 고린도 교인들은 그에게서 애정을 철회했을 때 몹시 고통스러웠으며, 그에 대한 사랑을 다시 불태웠음에 매우 기뻐했다.

바울은 "나는 너희들에게 매우 솔직하여" 또는 "나는 당신을 매우 신뢰한다"라고 말할 수 있다. 그가 자신감을 표현한다면 "저자가 자신의 제안에 대해 또는 자신에게 응답할 것이라고 생각하는 방식을 진정으로 반영한다기 보다 설득하는 기법"으로 해석하는 것이 가장 좋다.[1042] 이러한 관점에서 바울은 예루살렘 성도들의 가난한 이들을 위한 헌금에 대한 그들의 열심을 새롭게 하는 일에 대한 요청을 하기 전에 그들을 누그러뜨리기 위해 이 관례에 의존한다. 왜냐하면 그러한 열광적인 찬양은 의무감을 조성할 것이기 때문이다. 그는 그러한 교활한 전술에 의존하지 않는다. 그의 반응은 뜨겁다. 그의 기쁨은 진실하고 심오하다. 자신의 담대함을 언급함으로 솔직한 편지의 주제로 돌아간다. 고린도 교인들은 그 편지에서 솔직한 말을 부당한 대담함으로 오해할 수 있었고, 그것은 그들의 적개심을 불태우게 될 수도 있었다(6:11). 그는 그들에 대해 큰 자부심과 확신이 있기 때문에 그들에게 솔직하다고 말한다.[1043]

고대 아라비아 속담에 솔직한 이야기는 마음에 좋은 비누라고 하지만, 이는 또한 뻔뻔스러운 추측을 일으킬 수 있다. 솔직한 비판을 하는 사람이 사회적 구조의 낮은 층에 위치한다고 인식되는 경우, 대담한 말과 진실을 말하

1042 Olson, "Pauline Expressions of Confidence," 282–95.

1043 매로우(S. B. Marrow)는 다음과 같이 주장한다. "RSV가 번역한 대로, 그가 그들을 많이 신뢰하는 것이 문제가 아니라 그들에게 공개적으로, 숨김없이 말하고, 담대하게 권면하는 솔직함을 갖는 것이 문제이다." "Parrhesia and the New Testament," *CBQ* 44 [1982]: 445). 또한 다음을 참조하라. W. C. van Unnik, "The Christian's Freedom of Speech," *BJRL* 44 (1961–62): 466–88, 특별히 473–74p. 퍼니시(Furnish)는 그것을 "나는 당신에게 아주 솔직하게 말할 수 있다고 생각한다"(*II Corinthians*, 385)라고 번역한다. 윈디쉬(Windisch)는 필론(Philo, Heir 6)를 인용했다. "종은 자신이 잘못한 것이 없고 그의 말과 행동이 주인을 위한 것임을 알 때 주인에게 솔직하게 말한다."(*Der zweite Korintherbrief*, 223). 또한 다음을 참조하라. Fredrickson, "ΠΑΡΡΗΣΙΑ," 163–64.

는 것은 적개심을 일으킬 수 있다. 바울은 이 곤란한 상황에 민감하다. 그는 다른 사람의 잘못을 바로잡는 데 필요한 솔직함이 항상 쉽지 않다는 것을 알고 있다. 특히 직접 방문이 아닌 편지가 더욱 그렇다. 갈라디아 교인들에게 "어리석도다"와 "속임을 당한"("누가 너희들을 꾀더냐", 갈 3:1)라고 말한 논란이 될 수 있는 편지에서 "내가 너희에게 참된 말을 하므로 원수가 되었느냐?"(갈 4:16)라고 한탄한다. 마샬Marshall은 다음과 같이 말한다. "많은 사람들은 *παρρησία*(파레시아, 담대함)가 친구가 아니라 적의 증거라고 생각했고 그 비난을 견딜 수 있는 우정의 능력을 의심했다. 비난은 그리스 사회에서 모욕과 결코 멀지 않았다."[1044] 따라서, 고린도에서 바울은 의도를 오해하지 않도록 그들의 내부적인 공격에 대한 그의 솔직한 고발을 더 부드럽게 하려고 했다. "내가 너희를 부끄럽게 하려고 이것을 쓰는 것이 아니라 오직 너희를 내 사랑하는 자녀 같이 권하려 하는 것이라"(고전 4:14).[1045]

고발하는 편지의 주제로 돌아가서, 바울은 매우 솔직하게 그들에게 말한 이전 장들의 주요 주제를 다시 말하는데, 그것은 그리스도의 사도와 그들을 진정으로 사랑하는 사람에게 합당한 솔직함이다. 2장 14절부터 지금까지 바울은 그들에게 매우 솔직한 것이 옳음을 보여주었으며 이제 솔직함이 그들에게 칭찬이 된다고 설명한다. 신뢰하는 사람에게 말할 때 말의 자유가 있다(6:11). 바울은 그들을 자랑스럽게 여기며(문자적으로, "내가 너희를 위한 나의 자랑이 크다"), 그들로부터 "크게 격려"를 받는다(문자적으로, "나는 위로가 가득하다[완료 시제]"). 편지에서 상호 격려(위로)가 중요하다(1:3-7). 그는 고난 중에 기쁨이 넘친다(1:4에서 사용된 동일한 문구). 그들이 그의 솔직함에 너무 잘 반응했기 때문이다.

환난에 대한 언급은 그가 마게도냐에서 디도를 찾으러 갔을 때 계속되었던 고난에 대한 기억으로 이어진다. 디도가 고린도에서 좋은 소식을 가지고 도착한 후 마음에 솟아오른 기쁨은 모든 고통을 덜어주었다(참조. 살전 3:6-10). 그들의 신실함에 대한 자랑은 7장 4-16절의 주제를 설정한다. 7장 14절에서 디도에 대한 자랑이 허황된 헛소리가 아니라 사실임이 입증되었다고 결론지었다.[1046] 그들의 긍정적인 반응은 그가 디도에 대한 자랑이 얼마나 근거

1044 Marshall, *Enmity*, 152–53; 또한 다음을 참조하라. Malherbe, "Gentle as a Nurse," 208–14.

1045 다음을 더 참조하라. B. Fiori, "'Covert Allusion' in 1 Corinthians 1–4," *CBQ* 47 (1985): 85–102; D. R. Hall, "A Disguise for the Wise: ΜΕΤΑΣΧΗΜΑΤΙΣΜΟΣ in 1 Corinthians 4:6," *NTS* 40 (1994): 143–49.

1046 필로데모스(Philodemus)는 그의 핸드북 *On Frank Criticism*에서 현명한 사람은 "찬양과 비난을 섞는다. 제자는 '그런 식으로, 즉 비난의 화살 뒤에 칭찬이 따를 때 회복될 것이다'"(다

가 있었는지 보여 준다. 그는 이미 마게도냐 교인들과 큰 신뢰를 나누었다고 그들에게 말할 것이다(9:2). 연보에 대한 고린도 교인들의 초기 열심은 이 프로젝트에 대한 마게도냐 교인들의 열정을 불러 일으켰다. 그는 그러한 자랑이 근거가 있다는 것이 입증될 것이라고 믿는다(9:3-5).

2.3.2. 디도의 도착으로 환난 중에 있는 바울이 위로 받음 (7:5-7)

7:5. 7장 3-4절의 갑작스러운 전환은 2장 13절과 2장 14절 사이의 갑작스러운 전환과 일치한다. 여기서 바울은 디도로부터 그들에 대한 소식을 기다리면서 불안에 대한 설명을 중단했다. 이 전환은 단편적인 부분이 편지에 삽입되었음을 의미하지 않는다. 그러나 이음새로 가정되는 부분은 질문을 일으킨다. 바울은 왜 디도를 찾지 못했다는 이야기를 생략하고 편지에서 훨씬 더 나중에 그것을 이야기 하는가?[1047] 이 부분은 단순히 2장 12-13절을 다시 말하는 것이 아니다. 이것은 그가 이 점에 대해 많은 호소를 할 수 있었던 근거를 제공한다. 즉, 그들의 회개에 대한 기쁨이 그들에 대한 최고의 확신을 확인한다.[1048] 또한 그들이 그렇게 소망을 가지고 시작한 연보를 완성하기 위해 다음과 같은 호소를 준비한다. 디도는 고린도 교인들이 연보를 준비하도록 돕는 데 중요한 역할을 해야 한다. 그리고 그들이 자신을 영접했다는 열렬한 보고는 바울이 돌아올 준비를 하도록 만들었다. 바울은 그들을 하나님의 은혜를 순종하는 청지기로 세우려고 한다.

그는 마게도냐에 온 후에도 자신의 고통이 계속되었다고 먼저 밝혔다. "우리의 몸(문자적으로 "우리 육체", 개역개정 "우리 육체가 편하지 못하였고)은 쉬지 않았다." 육신이 쇠하여지고 온갖 화를 당하였다. 완료 시제는 이 고난이 계속되고 있음을 알 수 있다. 여기서 "육체"는 우리가 연약하고 깨지기 쉬운 피조물임을 의미하는 중립적인 의미를 갖는다(참조. 4:11, "육체," 12:7, "육체의 가시"; 참조. 막 14:38). 아시아에서 치명적인 위험에 직면한 후, 한숨을 돌리는 대신(1:8-11), 그의 고난은 마게도냐에서 계속되었다. "모든 면에서"는 4장 8-9절에 나오는 재난 목록을 다음과 같이 떠오르게 한

음에 인용됨. Glad, "Frank Speech, Flattery, and Friendship in Philodemus," 38).

1047 우리는 바울이 디도의 방문 동안 일어난 일에 대해 더 자세한 내용을 포함할 것을 바랄 수 있지만, 고린도 교인들이 이미 알고 있는 정보를 그들에게 줄 필요는 없었다. 그들에게 중요한 것은 디도가 바울에게 보고한 것과 바울이 어떻게 반응했는가 하는 것이다. 따라서 바울은 이 단락에서 그의 즐거운 반응에 초점을 맞춘다.

1048 Furnish, *II Corinthians*, 392.

다. “우리가 사방으로 욱여쌈을 당하여도 싸이지 아니하며 답답한 일을 당하여도 낙심하지 아니하며 박해를 받아도 버린 바 되지 아니하며 거꾸러뜨림을 당하여도 망하지 아니하고.” 그가 마게도냐에 있었는지, 정확히 어떤 고난이 있었는지 정확히 알지 못하지만, 바울은 사도로서 이 시대의 신이 다스리는 세상에서 고난에서 쉼을 기대할 수 없다고 설명했다.

“밖으로는 다툼이요 안으로는 두려움이었노라”는 고통이 외부와 내부 모두에 있음을 시사한다. 바울은 이전에 마게도냐에서 심한 박해를 받았으며(행 16-17; 빌 1:30; 살전 2:2), 데살로니가에 있는 교회가 계속해서 심한 압제에 직면했음을 알게 된다(살전 1:6-8, 2: 2, 14, 3:1-5, 살후 1:4). “다툼”은 에베소에서 짐승과 싸운 것과 같은 물리적 위협을 말하는 것 같지 않고(고전 15:32), 오히려 다툼(딤후 2:23, 딛 3:9, 약 4:1, 요 6:52; 행 7:26; 딤후 2:24; 약 4:2)의 동사 형태로, 아마도 계속해서 그를 괴롭히는 유대인의 반대가 있었을 것이다.[1049]

“내부의 두려움”은 걱정이 외부 압력을 악화시켰음을 시사한다. 바울은 편지가 어떻게 받아들여질까 걱정하고 있음을 암시하며, 아가야의 수도인 고린도에서 하는 일이 헛되지 않을까 걱정했을 수도 있다(6:1). 바울은 그가 현장을 떠난 후 어떤 교회에서도 그의 일이 “끝났다”고 믿지 않았다. 그는 **“나는 내 역할을 했다. 이제 다른 누군가가 그들을 걱정할 차례이다”**라고 생각하지 않았다. 해리스는 다음과 같은 점에 집중한다. “인간적인 관점에서 볼 때 이방인의 사도로서 바울은 그의 전체 미래가 디도가 전한 편지에서 권위를 주장한 것에 대한 고린도 교인의 반응과 관련이 있다고 생각했을 것이다. 디도가 도착하지 않은 것이 그의 가장 큰 두려움을 확인시켜주는 것 같았다.”[1050] 바울은 또한 특히 여행자로 강, 산적, 거짓 형제의 위험과 도시와 시골과 바다의 위험에 직면했을 때(11:26), 디도의 안전에 대해 걱정했을 수도 있다. 디도가 좋은 소식을 가지고 나타날 때까지 그의 영이 드로아에서 쉬지 못하였듯이(2:13) 그의 몸도 마게도냐에서 쉬지 못하였다.

1049 퍼니시(Furnish)는 *μάχη*를 “다툼”으로 번역한다(*II Corinthians*, 386). 사도행전은 적대적인 유대인 형제들이 바울을 이 도시에서 저 도시로 쫓아갔다고 보고하며, 그들은 바울과 교회를 계속 괴롭혔을 것이다(참조. 살전 2:14-16; 빌 3:2-3).

1050 Harris, “2 Corinthians,” 362. 마샬(Marshall)은 고대 세계의 우수한 사람들은 부의 상실을 두려워하는 것보다 우정의 상실과 타인에 대한 충성심이 상실되는 것을 더 깊이 두려워했다고 지적한다. 왜냐하면 그것은 아마도 영구적으로, 서비스, 혜택, 지위, 평판을 잃는 것이었기 때문이다(*Enmity in Corinth*, 280–81). 지위와 명성의 상실은 고린도 교회를 그들의 거짓 복음을 가진 거짓 사도들에게 빼앗기고 복음을 이방인들에게 전하는 세계적인 선교에서 전략적 톱니바퀴로서의 지원를 잃는 것만큼 바울에게 심각하지 않았다.

7:6. 바울은 "외부 갈등"과 "내부의 두려움"으로 괴로움을 당한다고 고백하지만, 그 싸움에 대한 대답은 7장 6절을 시작하는 외침, "그러나 하나님!"에서 나온다. 로마서 8장 31절에서 바울은 "만일 하나님이 우리를 위하시면 누가 우리를 대적하리요"라고 기뻐한다. 정답은 '많다'이지만 그 적은 절대 우리를 이길 수 없다. 여기서 바울은 편지의 서두로 돌아가서 모든 위로의 하나님을 찬양한다(참조. 1:34). 우리는 이 구절에서 그 위로가 무엇을 수반했는지 더 정확하게 배운다. 디도의 안전한 도착, 디도를 따뜻하게 환영하는 고린도의 좋은 소식, 바울에 대한 열망과 일어난 일에 대한 슬픔, 일을 바로잡으려는 열심이다.

바울은 하나님이 "낙심한"(ταπεινός, 타페이노스, "겸손한", "낮은") 자들을 위로하신다고 말하고 불행한 고통을 당한 자들을 위로하신다는 선지자 이사야와 하나님의 약속을 다시 암시한다.

> 하늘이여 노래하라
> 땅이여 기뻐하라
> 산들이여 즐거이 노래하라
> 여호와께서 그의 백성을 위로하셨은즉
> 그의 고난 당한 자를 긍휼히 여기실 것임이라(사 49:13)[1051]

그러나 고린도의 위기로 인해 바울은 낮아지고 굴욕을 당했다. 그러므로 바울은 또한 그에 대한 비판을 암시하고 있을지도 모른다. 10장 1절에서 ταπεινός가 다시 나타난다. "너희를 대면하면 유순하고 떠나 있으면 너희에 대하여 담대한 나 바울은 이제 그리스도의 온유와 관용으로 친히 너희를 권하고." 10장 1절에서 이 단어는 "'노예', '비열한', '무능한', '열등한'" 사람이라는 경멸적인 의미를 담고 있다.[1052] 사실 외부의 싸움과 내부의 두려움으로 괴로움을 당하는 사람은 비천하고 비참한 사람이다. 그러나 하나님은 환난과 가난과 패배를 당하는 자들이나 잘난체하지 않고 자기를 낮추는 자들을 세상이 그들을 대하는 것과 같이 보지 않으신다. 하나님은 겸손한 사람들을 은혜로 돌보시고 위로하신다. "여호와는 마음이 상한 자를 가까이 하시고 / 충심으로 통회하는 자를 구원하시는도다"(시 34:18). 바울은 비천함과 풍족함을 알고 있었다(빌 4:12). 어떤 상황에서도 그는 하나님의 위로가 그를 강하게 할 것이라고 믿는다. 그는 "낙심"했지만 오래가지 않았다.

1051 τοὺς ταπεινοὺς τοῦ λαοῦ αὐτοῦ ("그 백성의 굴욕").

1052 W. Grundmann, "ταπεινός …," *TDNT* 8:19.

7:7. 동역자들이 하나님의 위로를 경험할 때 바울은 기뻐한다. 디도는 고린도 교인들과 함께 있을 때 위로를 받았고, 그 위로를 바울에게 그들이 회개했다는 보고와 함께 전달했다. 이 편지에서 "위로"의 이미지는 우리가 힘들고 지치는 시합에서 경쟁할 때 다른 그리스도인에게 전달되는 (릴레이 경주용) 바톤 같은 것이다. 상처, 회개, 우정의 회복은 바울, 디도, 고린도 교인들 세 당사자 모두의 관계를 심화시켰다.

고린도 교인들은 바울을 만나고 싶어 했고(참조. 살전 3:6) 바울이 떠나고 돌아오지 않는 것을 후회하고 있었다. "사모함"이라는 단어는 부드러운 애정, 불안이나 고통의 뉘앙스가 혼합된 바울에 대한 애착을 의미할 수 있다(참조. 9:14; 빌 1:8).[1053] 만일 그들이 바울을 다시 보기를 간절히 바란다면, 그것은 바울이 돌아오는 것을 위한 준비가 되어 있다는 의미이며, 바울은 다음에서 이것을 반복해서 언급할 것이다(9:4; 10:2, 6; 12:14, 20, 21; 13:1, 2, 10). 그러므로 그들의 열망은 그의 다음 방문이 또 다른 고통스러운 방문이 아닐 것이라는 징조이다.

그들의 애통함(ὀδυρμός, 오뒤르모스, "애가", "애도")은 과거의 행동에 대한 통회일 수도 있고, 고린도를 계속 멀리하기로 한 바울의 결정에 대한 상실감일 수도 있다.[1054] 그들의 이전 무관심은 그를 위한 "열렬한 관심"으로 바뀌었다(ζῆλος, 젤로스, 참조. 7:11). 이 열심은 범죄가 해가 되기 전에 바울이 억제하려고 애쓰는 범죄한 자에 대한 징계와(2:6) 상황을 고치고 피해를 복구하려는 그들의 열망에서 나타난다. 바울은 그들이 연보에 대한 지시를 수행하고 그를 괴롭히고 조롱하려는 사람들로부터 그를 더욱 강력하게 변호하는 데 이 열심을 적용하기를 바란다.

바울은 7장 4절에서 표현한 기쁨의 표현을 반복한다. 디도는 그의 기쁨을 배가시킨 좋은 소식을 가져왔다. 다섯 가지가 이 기쁨을 불러일으켰다. (1) 디도의 안전한 도착, (2) 고린도 교인들이 바울을 사모하고 그 불쾌한 사건에 대한 애도와 개혁에 대해 열심이라는 위로의 소식, (3) 그들의 경건한 슬픔으로 인한 회개, (4) 이 상황에 대한 디도의 기쁨, (5) 그들에 대한 그의 자랑의 확증이다. 그의 기쁨의 표현은 그들 사이의 유대가 그가 두려워했던 것처럼 회복할 수 없을 정도로 깨지지 않았음을 확인시켜준다.

1053 Spicq, *Theological Lexicon*, 2:60.

1054 Thrall, *II Corinthians*, 1:489.

2.3.3. 눈물의 편지의 목적과 효과(7:8-13a)

7:8. 바울은 그의 편지가 그들에게 고통을 가한 것에 대해 부분적으로 사과하지만 궁극적인 결과에 대해서는 기뻐한다. 그 편지는 바울이 2장 4절에서 언급한 것과 같은 눈물의 편지이다.[1055] 바울은 그들을 괴롭게 한 것이 그를 괴롭힌다고 말한다. 이것은 이전의 대립의 편지에서 대담함이 그들을 더 멀어지게 했을지도 모른다는 바울의 근본적인 두려움을 드러낸다. 바울은 다른 사람의 감정을 거칠게 다루면서 효과적으로 사역할 수 없다는 것을 알고 있으며, 다른 사람에게 상처를 주는 것을 기뻐하지 않는다. 그의 "무게가 있고 힘이 있는"(10:10) 말은 관계를 파탄시키려는 의도가 아니다. 그러나 그는 날카로운 편지가 목적을 이루어서 기뻐한다.

댕커Danker는 관계 회복에 대한 리바니우스Libanius의 조언(*Epistles* 15)을 적절한 병행으로 인용한다.

> 내가 너에게 한 말을 깊이 생각하지 아니하였으니 그 말이 너를 괴롭게 하리라고는 생각지 아니하였다. 그러나 네가 그것들로 인해 괴로웠다면, 가장 훌륭한 사람이여, 나는 그것들 중 하나도 되풀이하지 않을 것을 알라. 나는 단지 내 친구들을 섬기는 데 관심이 있고 그들을 고통스럽게 하지 않기 때문이다.[1056]

바울의 말과 이 고대의 조언 사이의 대조는 주목할 만하다. 첫째, 바울은 거짓된 사과로 그들에게 비위를 맞추지 않는다. 둘째, 자신의 편지가 괴로운 반응을 불러일으킬 수 있다는 것을 충분히 알고 있었다. 셋째, 필요하다면 다시 그렇게 할 것이다. 바울은 그들의 유익을 위해 그들을 징계하였다. 마지막으로, 사도로서 그는 복음 전파를 통해 다른 사람들에게 도덕적으로 개혁할 책임이 있다. 그것은 때로 고통을 주기도 한다. 그러나 모든 사람을 기분 좋게

1055 헬라어 τῇ ἐπιστολῇ의 정관사(편지)는 단지 "편지"가 아니라 특정 편지를 나타낸다. 퍼니시는 바울이 그의 동료들을 암시하지 않기 위해 1인칭 단수를 사용했다고 지적한다(*II Corinthians*, 397). "~한 줄을 앎이라"로 번역된 "βλέπω γὰρ"는 다양한 본문 전통 사이에서 폭넓은 지지를 받고 있으며, 그것을 생략하거나 분사 βλέπων로 바꾸어 구성을 명확히 하려는 다른 해석을 가장 잘 설명한다. 메쯔거(Metzger)는 UBS 헬라어 신약 위원회가 결정에서 나누어졌다고 지적한다. "필사가들은 담화의 새로운 부분이 εἰ καὶ μετεμελόμην(여기서 사본 B는 εἰ 뒤에 δέ를 부사적 접속사로 삽입)로 시작한다는 것을 올바르게 감지했으며 따라서 주요 절은 βλέπω에서 시작하여 결과적으로 γάρ가 생략되었다. 또는 νῦν χαίρω에서 βλέπω γὰρ에 대한 대체로 분사 형태 βλέπων를 대체하는 것이 가장 설득력이 있다"(*A Textual Commentary*, 581). 또한 다음을 참조하라. Barrett, *Second Epistle*, 210; Thrall, *II Corinthians*, 1:490–91; Harris, *Second Epistle*, 533.

1056 Danker, *II Corinthians*, 107.

만드는 일은 그의 일이 아니다.

바울은 고린도에 있는 순종하지 않는 자들에게 진노를 분출할 의도가 없었다. 골로새서 3장 21절에서 아버지들에게 자녀들을 노하게 만들어 낙심하게 하지 말라는 권고는 다른 사람들을 징계하는 것이 선을 행하는 것을 의미한다는 것을 알고 있음을 보여 준다. 무자비한 징벌은 나태함과 무관심 못지않게 해로운 결과를 가져올 수 있다. 그는 아마도 자신이 잘못한 것이 아닐까 하는 불안을 가지고 있다고 고백하지만, 이미 편지로 자신의 목적을 그들에게 말했다. 그는 다음 방문이 고통 대신 기쁨을 가져다주고(2:3), 사랑을 나타내기 위해(2:4), 그들의 순종을 시험하기 위해(2:9) 가혹한 편지를 썼다. 이제 자신도 큰 자신감에서 담대하게 썼음을 분명히 한다. 그들의 순종은 바울에 대한 그들의 진정한 간절함을 드러낼 것이다(7:11-12).

자신의 솔직함이 가한 고뇌에 대해 후회하지 않는 이유는 그들의 슬픔이 잠시뿐이었고, 그것이 하나님의 뜻대로 된 근심이었고, 회개하게 되어 잘못을 바로잡고 싶게 했기 때문이다. 결과적으로 그들은 어떤 식으로든 해를 입지 않았다("아무 해도 받지 않게 하려 함", 7:9).

7:9. 바울은 그들의 이전 행동에 대한 후회를 의미하는 회개와 "하나님을 따라" 슬퍼하는 것을 기뻐한다. CSB 성경(개역개정)은 그들이 "하나님의 뜻대로" 슬퍼한 것으로 적절하게 번역한다.[1057] 하나님은 이 슬픔을 느끼도록 의도하셨고, 하나님은 그들에게 어떤 해도 받지 않게 하셨다. 헤링Héring은 바울이 말하는 "해가" 고린도에 돌아가지 못한 것을 의미한다고 주장하지만 그 해는 그보다 훨씬 더 중요하다. 내세의 상급과 그들의 구원을 상실하게 함(7:10)을 말한다. 바울은 고린도 교인들에게 하나님께서 그에게 주신 은혜의 기초 위에 세우는 방법에 대해 경고하면서 "잃다" 또는 "해를 받다"라는 동사를 사용한다(고전 3:10-15). 마지막 심판 때에 이 기초 위에 세우는 자들이 불로 시험을 받을 때에 그 행위(공적)가 어떠한지 나타날 것이다. "만일 누구든지 그 위에 세운 공적이 그대로 있으면 상을 받고 누구든지 그 공적이 불타면 해를 받으리니 그러나 자신은 구원을 받되 불 가운데서 받은 것 같으리라"(고전 3:14-15). 크루즈는 "바울은 '심한' 편지에 대한 고린도 교인들의 긍정적인 반응이 그들을 그러한 해에서 구했다고 느꼈을 것이

1057 Martin, *2 Corinthians*, 230.

다"라고 주장한다.[1058] 그렇다면 그 편지는 그들을 해롭게 하는 것이 아니라 구원하는 것이다.

7:10. 바울과 동료들이 어떤 사람에게는 생명의 향기가 될 수 있지만 어떤 사람에게는 사망에 이르는 냄새가 될 수도 있다(2:15). 그는 화해의 사역자로서 사망보다 생명의 길을 여는 소식을 선포한다. 경건한 근심이 긍정적인 결과를 가져왔기 때문에 그가 후회한 것은 후회할 일이 아니다.

경건한 근심은 여러 면에서 세상적인 근심과 다르다. 첫 번째 차이점은 근심의 원인이다. 세상적인 근심은 우리가 우리 자신을 위해 원하는 것을 상실하거나 거부할 때 발생한다. 그것은 자기 중심적이다. 자기가 마땅히 받아야 할 인정을 받지 못하고, 원하는 만큼의 돈이 없고, 탐내는 것을 얻지 못하는 것과 같은 세속적인 것을 한탄한다. 땅의 왕들은 "바벨론"의 멸망에 대해 울고 애통하며, 곧 닥칠 고통을 두려워하며, 땅의 상인들은 "더 이상 그들의 상품을 사는 자가 없기 때문에 그를 위하여" 울며 애통한다(계 18:9-11). 이것은 세상적인 근심의 예이다. 그들의 상품 목록이 그 뒤를 따르고(계 18:12-13), 목록의 마지막은 노예에 대한 일반적인 단어인 "몸"이다. 기독교적 신념 때문에 요한은 계속해서 그들을 아리스토텔레스가 분류한 노예처럼 "살아 있는 도구"가 아니라 "인간의 영혼"으로 이해한다.[1059] 이 상인들은 물건을 팔아서 무자비한 이익을 얻을 곳이 없어 슬픔에 잠긴 노예 상인들이다. 이와는 대조적으로, 회심한 노예 무역상인 존 뉴턴은 경건한 근심의 훌륭한 예를 썼다. 그는 찬송가 "Amazing Grace"("나 같은 죄인 살리신")에서 자신의 비참함과 눈이 멀었음을 인정하고 그것을 고백하게 되었다.

두 번째 차이점은 결과와 관련이 있다. 세상적인 근심의 이기심은 절망과 비통함과 마비를 일으킬 뿐이다. 그것은 우리의 영혼을 자기 연민에 빠지게 하거나 근심을 상처로 만들어버린다. 장자권을 판 에서처럼(히 12:17) 후회로 가득 찬 삶을 사는 사람이 많다. 가룟 유다는 주님에 대한 배신으로 슬픔에 잠겼지만, 절망과 회개가 아닌 스스로 목숨을 끊는 절박한 행동을 하게 되었다. 반면에 경건한 근심은 회개를 이끈다.[1060]

1058 Kruse, *2 Corinthians*, 145; 다음도 참조하라. Hughes, *Second Epistle*, 269–70. 참조. 빌 3:7-11.

1059 Aristotle, *Pol*. 1.2.4.

1060 이와 비슷한 생각이 집회서(Sir 4:20-22)에 나타난다.

> 때를 잘 살피고 악을 조심하라.
> 그리고 자신을 부끄러워하지 말라. 죄에 이르게 하는 부끄러움이 있기 때문이다.

하나님은 사람을 행동으로 옮기시기 때문에 이 경건한 슬픔을 사용하실 수 있다. 그 대표적인 예가 "정신을 차리고" 집으로 가서 아버지에게 자신의 무가치함을 고백한 탕자이다. 그러므로 경건한 슬픔은 후회할 일이 아니다. 그것은 우리로 하여금 하나님께 나아가도록 동기를 부여하는 채찍을 부수고 우리의 구원이 그 안에 뿌리를 내리게 한다. 크리소스토무스John Chrysostom는 슬픔은 죄 외에는 아무 소용이 없다고 주장했다. 대부분의 질병을 고치지 못한다. 예를 들어, 돈을 잃은 것에 대한 슬픔은 돈을 회복시키지 못한다. 아이를 잃은 슬픔은 아이를 다시 살리지 못한다. 질병에 대한 슬픔은 질병을 고칠 수 없다. 그러나 죄에 대한 슬픔은 그 슬픔이 회개에 불을 붙일 때 긍정적일 수 있다.[1061] 그것은 우리로 하여금 과거 시제를 취하여 하나님께서 그것을 미래 시제로 바꾸시도록 함으로써 문제에 대해 뭔가를 하도록 부추긴다. 존 뉴턴은 자신을 가장 큰 죄인으로 알고 있었지만 하나님께 나아온 후에 다음과 같은 말을 남겼다.

> 예수님의 이름이 얼마나 감미롭게 들리는가
> 믿는 자의 귀에!
> 그의 슬픔을 달래고 그의 상처를 치유하며
> 그리고 그의 두려움을 몰아낸다.

고린도 교인들에 대한 바울의 걱정(참조. 5:20; 6:1, 14-7:1)은 분명하다. 편지의 뒷부분에서 그는 모두가 "그 행한 바 더러움과 음란함과 호색함"(12:21)을 회개하지 않았다는 두려움을 표현할 것이다. 그는 그들의 경건한 근심이 회개로 이어져 구원에 이를 것이라고 기대한다. 신약에서 회개는 일반적으로 죄인이나 불신자들이 하나님께로 돌아오는 것을 묘사한다(롬 2:4, 벧후 3:9). 우리는 그리스도인들이 이미 구원의 확신을 가지고 있다고 생각할 것이다.[1062] 회개는 또한 하나님을 상하게 하고 화나게 하는 죄에 대한 뉘우침과 고치고 다시 죄를 짓지 않으려는 소망을 의미한다. 바울은 만일 그들이 자신의 죄를 자백하기를 거부하고 회개하지 않으면 마음이 완악해

> 영광과 은총이 있는 부끄러움이 있다.
> 너에게 해가 되는 것을 편애하지 말고
> 너의 몰락을 존중하지 말라.

1061 John Chrysostom, *Hom. 2 Cor.* 15.2.

1062 T. Gad 5:7은 다음과 말한다. "하나님의 진리에 따르면 회개는 불순종을 멸하고 흑암을 물리치며 이상을 밝히며 영혼의 지식을 제공하며 깊이 생각하는 힘을 구원에 이르게 한다."

져서 참된 회개를 더 어렵게 만들고 구원을 위협하게 될 것을 두려워한다.[1063]

7:11. 바울의 담대한 편지는 문제의 심각성에 대해 고린도 교인들을 깨웠다. 2장 9절에서 그들의 증거(δοκιμή, 도키메)를 보기 위해 편지를 썼다고 말하며, 이제 그것을 증명했다고 주장한다. 좋든 싫든 "인간 존재는 스스로를 증명해야 하는 하나님의 시험 아래 놓여 있다."[1064] 고린도 교인들은 하나님과 하나님의 사도가 살피는 눈 아래에 있다.

바울은 그의 편지와 디도의 방문 결과에 대한 두 번째 목록(참조. 7:7)을 제공한다. 방문은 그들의 "간절함"(σπουδή, 스푸데, "열정", "열심")을 보여주었다. 그들은 스스로를 증명하고 싶어 한다.[1065] 디도의 방문은 또한 아마도 바울에게 잘못을 저지른 사람에 대한 "분노"(ἀγανάκτησις, 아가낙테시스)와 "두려움"(φόβος, 포보스)을 불러일으켰을 것이다. 두려움은 바울에 대한 두려운 존경심과 바울이 돌아올 때의 어떤 사도적 처벌을 의미할 수 있다(참조. 고전 4:21 여기서 그는 "매를 가지고" 오겠다고 위협한다).[1066] 또는 이것은 하나님을 위해 일한다고 주장하는 사람을 거절한 것을 하나님께서 갚으시는 것에 두려워함을 나타낼 수도 있다(5:20).[1067] 그것은 그들이 이제 문제의 심각성을 인식하고, 그것이 믿음의 공동체로서 그들의 미래에 무엇을 의미할 수 있는지, 또는 그것이 어떻게 바울을 그러한 고통으로 일으켰는지에 대한 경각심을 의미할 수 있다.[1068]

바울은 아마도 그가 돌아오는 것에 관해 그들이 사모함(ἐπιπόθησις, 에피포데시스)을 다시 언급하는데, 이는 관계가 완전히 회복되기를 원한다는 신호이다. 그들은 또한 열심을 나타내고 있지만 바울은 무엇을 위한 열심인지 명시하지 않는다. 열심만으로는 잘못된 방향으로 갈 수 있기 때문에 항상 좋은 것은 아니다(롬 10:2). 그것은 아마도 바울에 대한 그들의 다소 무기력한 변호 후에 다시 바울에 대한 회복된 열심을 의미하는 것 같다(7:7). 여기에는 바울

1063 아마도 "구원"은 그들의 궁극적인 구속이 아니라 공동체의 영적 건강만을 의미할 것이다(참조. 1:6; 빌 2:12). 회개는 화해를 가져온다. "죽음"은 궁극적인 죽음이 아니라 그들의 영적 죽음을 가리킬 것이다. 그러나 "구원"이라는 단어는 6:2에서 "구속"을 의미한다.

1064 W. Grundmann, "δόκιμος ...," *TDNT* 2:257.

1065 아이러니하게도 고린도 교인들은 바울로 하여금 이 편지에서 그들의 비난에 대해서 자신을 변호하도록 강요했다(참조 12:19).

1066 Barrett, *Second Epistle*, 211; Hughes, *Second Epistle*, 274.

1067 Plummer, *Second Epistle*, 223; Héring, *Second Epistle*, 55; Martin, *2 Corinthians*, 235.

1068 Belleville, *2 Corinthians*, 197; Harris *Second Epistle*, 542.

이 범죄한 자에 대한 처벌의 가혹함을 완화하고 그를 회복시키도록 격려할 필요를 느꼈기 때문에 징계 문제에 대한 이전의 무관심을 되돌리는 것도 포함될 수 있다(2:5-11). 그들은 이제 정의가 행해지는 것을 볼 준비가 되었으며(ἐκδίκησις, 엑디케시스) 이것은 범죄한 자에 대한 형벌을 의미해야 한다(2:6).

그들은 또한 "그 일에 대하여 일체 … 깨끗함"을 나타냈다. 바울은 "그 일"이라고만 섬세하게 언급하여 오늘날 독자들이 그것이 무엇일지 의아해하게 한다. 바렛Barrett은 죄를 범한 자가 고린도 교인이 아니라 외부인이라고 주장한다. 그는 "그 일에 대하여"를 "참조의 여격"으로 해석한다. "그 일에 관련해서는 그 사람들은 깨끗하다(ἁγνοί, 하그노이)." 그런 다음 그는 고린도 교인들이 항상 그 문제에 대해 죄가 없었으며 이제 디도에게 그들의 결백을 증명했다고 주장한다.[1069] 그러나 7장 7절에서 "깊은 애통함"에 대한 언급은 그들이 어느 정도 죄책감을 가지고 있음을 시사하며, 그들은 고치기 위한 조치를 취했다. 대부분의 고린도 교인들이 이 사건에 연루되어 있든지 아니든지, 아마도 논쟁에서 바울의 편을 드는 데 실패했을 뿐이겠지만, 바울은 지금 회개한 것에 대해 그들을 칭찬하는 데에만 관심이 있다.

7:12. 바울은 가혹한 편지를 다시 구체적으로 언급한다. "그 불의를 행한 자를 위한 것도 아니요 그 불의를 당한 자를 위한 것도 아니요 오직 우리를 위한 너희의 간절함이 하나님 앞에서 너희에게 나타나게 하려 함이로라"는 말은 그가 가해자를 징계하고 피해자를 옹호하기 위해 글을 쓰지 않았음을 의미한다. 그는 자신의 더 큰 목적이 교회의 궁극적인 선이라는 것을 전달하는 비교의 한 형태를 사용한다. 이 관용구는 어구의 마지막 부분을 강조한다. 호세아 6장 6절 "나는 인애를 원하고 제사를 원하지 아니하며"와 비교할 수 있다.[1070] 하나님께서 제사를 원하지 않으신 것이 아니라 특별히 자비를 원하시는 것이다. 바울은 그들이 범죄자를 징계하기를 원했지만 그들이 참으로 그에게 헌신했음을 보여 주기 위해 썼다. 그들의 긴장된 관계를 치유하고 우정을 회복하는 것이 그의 마음에 가장 중요했다. 죄를 범한 자의 저항에도 불구하고 그들이 아무것도 하지 않았기 때문에 바울에 대한 진정한 충성이 일시적으로 제한되었을 수 있다. 그러므로 그의 책망은 개인만이 아니라 교회 전체를 향한 것이었다.

1069 C. K. Barrett, "Ο ΑΔΙΚΗΣΑΣ (2 Cor 7:12)," in *Essays on Paul* (Philadelphia: Westminster, 1982), 112.

1070 Plummer, *Second Epistle*, 224.

고통스러운 질책은 그들로 행동하게 함으로써 효과가 있었다. 범죄한 자를 처벌하려는 그들의 열심은 바울과 복음에 대한 헌신을 보여주었다. 그 편지에 대한 바울의 설명은 화해의 사역자가 처벌을 받아야 하는 사람들에게 가해지는 형벌을 분명히 하려는 의도가 아니고 자기 개인이나 사역의 명예를 보호하려고 하는 것이 아님을 드러낸다. 그는 반격을 원하지 않고 잘못된 것을 해결하고 화해를 일으키기를 원한다.

다시 말해, 바울의 섬세한 표현은 우리를 어둠 속에 빠뜨린다. 피해 당사자는 누구인가? 상처를 입은 회중의 구성원이었을 수 있다. 마지막 방문에서 홀대를 당한 디모데였을 수 있다. 이것은 바울이 디모데 대신 디도에게 그들을 방문하도록 보낸 이유를 설명할 수 있다. 그는 재치 있는 언변으로 자신을 말하고 있을지 모른다. 바울은 앞서 "내가 누구를 용서하면", 즉 내가 용서했다면(2:10)이라는 표현으로 범죄한 자를 용서했다고 주장했다. 이 용서는 편지의 공동 발신자인 디모데에게도 적용될 것이다. 따라서 상처를 입은 사람들이 바울과 디모데가 아닌 다른 사람인 것 같지만 확신할 수는 없다. 명확한 증거가 없으면 추측만 할 수 있다. 우리는 또한 바울이 고린도 교인들이 행한 학대에 직접적인 언급을 피하기 위해 극도로 섬세한 표현에 의아해할 수도 있다. 바울은 오래된 상처를 불러일으키지 않기 위해 원래의 논쟁을 빙빙 돌면서 의도를 암시했을 것이다. 그러나 바울은 그 일어난 일로 교회 전체가 잘못되었다고 다시 주장한다(2:5). 그 사건은 하나님 앞에 알려졌고 하나님께서 그 사건의 합당한 심판자가 되신다.

2장 4절에서 바울은 자신이 그들을 얼마나 아끼는지 알리기 위해 편지를 썼다고 말한다. 그는 개인적인 문제가 공동체와 그들 사이의 지속적인 관계를 보존하는 것만큼 중요하지 않다는 것을 분명히 한다. 그는 그들을 돌보고 그들이 그를 얼마나 아끼고 그에게 빚을 지고 있는지 인정하기를 원한다.

2.3.4. 디도의 보고: 고린도 교인들에 대한 바울의 자랑이 사실임을 증명함 (7:13b-15)

7:13b. 바울은 "디도의 기쁨"으로 그리고 "그의 마음이" 너희 무리로 말미암아 "안심함을 얻었음"으로 "더욱 많이 기뻐"했다. "위로하다" (παρακεκλήμεθα, '파라케클레메다'는 문자적으로 "우리가 위로를 받았고"이며, "우리가 용기를 받았다"로 번역할 수 있다)는 완료 시제이며 이 단어는 디도의 도착(7:6)과 전체 편지(1:3-7)에 대한 이야기를 시작한 위로의 주제와 관련이 있다.

바울은 신자들이 다른 그리스도인들을 괴롭히기보다는 새롭게 하고(개역개정, '안심함을 얻었음이라'), 염려를 악화시키기보다는 진정시키고, 보살핌과 기도를 통해 다른 사람들에게 기쁨과 내적 안식을 가져다주어야 하기 때문에, 위로를 그리스도인 공동체로부터 나오는 결과로 이해한다(참조. 고전 16:17-18, 7, 20).

고린도후서 10-13장이 이후에 쓴 편지였다면, 디도는 지나치게 낙관적이었고 그들의 회개의 깊이를 잘못 읽었다. 고린도 교회에 대한 바울의 확신은 12장 20-21절에 나타난 두려움이 이 확신과 모순되는 것처럼 보이기 때문에 잘못된 위치일 것이다. 그러나 우리는 디도가 고린도에서 가져온 모든 소식이 환호할 것만은 아니었음을 유추할 수 있다. 바울은 방문이 취소된 것에 대해 어떤 사람들이 여전히 화를 내고 있다는 것을 알게 되었다(1:15-2:2). 1-7장 전반의 암시는 광범위한 호소와 함께 교회에 여전히 남아 있는 문제가 있음을 제시한다. 바울은 유능한 사역자이며 부정적인 것에만 초점을 맞추지 않고 긍정적인 발전을 강조하여 격려한다. 그는 고린도 교인들의 자아를 파괴함으로 굴복하게 만들려고 하지 않는다. 모든 것이 완전히 좋지는 않지만 바울은 그들의 호의적인 반응에 대해 정직하게 기쁨을 나눴다.

7:14. 그들의 긍정적인 반응은 바울의 진실성을 확인시켜 준다. 그가 그들과 디도에게 한 말은 사실이었다. 그의 말에서 우리는 상황에 대해 두 가지 중요한 점을 유추할 수 있다. 첫째, 그들은 "디도가 사도에게 공개적으로 반역한 교회를 처리하기 위해 파견되었다는 개념을 확실히 배제한다."[1071] 몇몇 해석가들이 묘사한 고린도와 바울 사이의 극도로 격렬한 논쟁은 너무 부정적이고 경계심이 많다. 둘째, 디도는 이 여행 전에 고린도에 가본 적이 없었을 것이다. 디도는 고린도 교인들에 대한 바울의 열렬한 보고를 통해서만 고린도 교인들에 대해 알고 있는 것 같다. 이 가능성은 10-13장이 1-9장 이전에 쓰여졌다는 가설을 배제시킬 것이다. 바울이 12장 18절에서 다음과 같이 질문하기 때문이다. "내가 디도를 권하고 함께 한 형제를 보내었으니 디도가 너희의 이득을 취하더냐 우리가 동일한 성령으로 행하지 아니하더냐 동일한 보조로 하지 아니하더냐"

바울이 디도에게 그들을 자랑한 것이 헛되지 않은 것은 그가 마게도냐 교인들에게 그들을 자랑하는 것도 헛되지 않을 것이라고 믿었기 때문이다(참

1071 Furnish, *II Corinthians*, 397.

조. 9:2; 8:24). 이 말로 바울은 연보에 대한 열심을 새롭게 하라는 호소를 위해 그들을 준비시킨다. 그들이 안심하게 한 디도(완료 시제, 계속되는 결과를 나타냄)는 연보를 마무리하기 위해 그들에게 다시 보내질 것이다(8:16-24).

7:15. 디도는 교회가 행악자를 징계하는 일에 순종했다고 보고했다. 그는 고린도 교인들을 불러 모으기 위해 엄청난 분노로 공동체에 보내진 것이 아니라 그들이 "두려움과 떨림으로" 그의 권위에 답했다고 보고한다. 이와 동일한 태도가 바울이 그들에게 처음으로 복음을 전파한 특징이었다(고전 2:3). 비슬리-머레이는 다음과 같이 설명한다.

> 그 당시 바울은 하나님의 말씀이 적합하지 않아서 낙심하지 않기를 간절히 바랐다. 하나님의 긍휼과 은혜가 없이는 아무것도 이룰 수 없음을 알고 하나님의 긍휼과 은혜를 의지했다. 디도는 고린도 교인들이 그를 주의 사자로 영접하는 것과 같은 태도를 취함을 깨달았다. 왜냐하면 그들도 하나님의 말씀에 복종하고 죄에 대하여는 하나님의 긍휼에 스스로를 맡기고 더욱 온전한 순종을 위하여 그의 은혜를 구했기 때문이다.[1072]

"두려움과 떪"은 "하나님의 뜻을 행하는 데 한계가 있음을 아는 사람의 불안을 말한다. 그러나 마찬가지로 주님은 심판자이실 뿐만 아니라 구주이시며, 그가 은혜의 믿음을 의지한다면 그 은혜가 임무를 적절하게 행할 수 있게 한다는 그의 믿음을 말한다."[1073] "두려움과 떪"은 하나님의 능력에 대한 인간의 반응을 설명한다. 그 방향은 하나님을 향한다. 이 어구는 고린도 교인들이 디도를 바울의 사자로 어떻게 영접했는지로 그들이 하나님께 응답할 수 있음을 깨달았음을 의미해야 한다.[1074]

2.3.5. 고린도 교인들에 대한 바울의 담대함의 결과: 기쁨(7:16)

7:16. "내가 너희를 온전히 신뢰함을 기뻐한다"(개역개정, '내가 범사에 너희를 신뢰하게 된 것을 기뻐하노라')라는 번역이 널리 받아들여진다. 그러나 그것은 조건이 있어야 한다. 바울의 확신은 단지 그들 안에 있는 것이 아니라 그들을 통해 역사하시는 주님에 근거한다. 이 편지에서 이전의 호소와 주장(1:13-14; 2:17; 5:11-12; 6:11-13; 7:2-3)과 10-13장을 통해 울려 퍼지

1072 Beasley-Murray, "2 Corinthians," 56.

1073 Beasley-Murray, "2 Corinthians," 56.

1074 Harris, *Second Epistle*, 552.

는 비난은 바울과 회중이 7:5-16에서 말하는 것처럼 완전히 치유되지 않았음을 제시한다. 10:6에서 시작되는 7장 5-16절과의 어조의 변화("너희의 복종이 온전하게 될 때에 모든 복종하지 않는 것을 벌하려고 준비하는 중에 있노라")는 10-13장이 별도의 편지라는 것을 의미하지 않는다. 대신에 바울은 7장 5-16절에서 "화해에 대한 이상적인 묘사"를 제시한다.[1075] 그는 "완전한 화해를 권면하기 위해 이루어진 부분적인 화해를 찬양하고 확장시킨다."[1076] 칭찬은 칭찬받는 사람에게 의무를 지우기 때문에 이 단락은 "온전한 화해를 위한 암묵적 호소"가 포함되어 있다.[1077] 고린도 교인들의 새로운 열심과 순종을 칭찬한 후에 그는 이제 그들의 뒤처진 연보를 위한 준비를 되살리는 데 관심을 돌린다. 그들은 여전히 예수님에 대한 회복된 열심과 화해에 대한 증거를 보여야 하며, 이는 예루살렘 성도들을 위한 연보를 모으는 프로젝트를 열렬히 반응하는 것으로 보일 수 있다. "나는 신뢰한다"(θαρρέω, 다레오)로 번역된 동사는 10장 1절에 다시 나오지만 다음과 같이 번역된다. "너희에 대하여 담대하다"(θαρρῶ εἰς ὑμᾶς, 다로 에이스 휘마스). 틴데일Tyndale은 다음과 같이 번역했다. "내가 모든 일에 너희에 대하여 담대한 것에 기뻐한다." 그룬드만Grundmann은 여기서 그 의미가 "신뢰하다"가 아니라 "담대하다"라는 의미라고 주장한다.[1078] 스피크Spicq는 동사의 이러한 스토아적 의미가 여기와 10장 1-2절 모두에 적용된다고 주장한다. 바울은 이것을 바울이 "범사에 고린도 교인들을 담대히 대하고 복음적 자유와 권위를 가지고 비외교적으로 그들에게 말하여 그들에게 고통스러운 진리를 전할 수 있는 것"을 기뻐한다는 의미로 해석한다.[1079] 번역가는 선택을 해야 하고 대부분 학자들이 "나는 신뢰한다"로 번역하기 때문에, 회중에서 자신에게 반대하는 적들을 책망하고 그들과의 관계를 손상시킨 간섭하는 침입자들을 물리치기 위해서, 그들에 대한 그의 확신은 그들을 칭찬하고 그와 화해하기를 바라는 비방하는 자들에게 담대할 수 있게 해준다. 그의 궁극적인 희망은 다음 방문 때 그들이 완전히 화해하는 것이다.

1075 Vegge, *2 Corinthians*, 93–140.

1076 Vegge, *2 Corinthians*, 139.

1077 Vegge, *2 Corinthians*, 133.

1078 W. Grundmann, "θαρρέω …," *TDNT* 3:25.

1079 Spicq, *Theological Lexicon*, 2:192.

| 단락 개요

3. 성도를 위한 연보에 대한 가르침(8:1 - 9:15)
3.1. 연보에 대한 고린도 교인들의 헌신을 새롭게 함(8:1-15)
3.1.1. 예시: 마게도냐 교인들에게 주신 하나님의 은혜(8:1-5)
3.1.2. 지시: 이 은혜의 행위를 완성하라(8:6-8)
3.1.3. 예시: 예수 그리스도의 희생에 나타난 하나님의 은혜(8:9)
3.1.4. 지시: 하던 일을 성취하라 (8:10-12)
3.1.5. 하나님의 원칙: 균등하게 함 (8:13-15)

추가 주석 3: 연보의 중요성

3.2. 디도와 칭찬 받은 형제들의 연보 관리(8:16 - 9:5)
3.2.1. 디도와 형제들을 추천(8:16 - 24)

추가 주석 4: 9장은 다른 편지인가?

3.2.2. 형제를 보내고 수치를 피하는 것에 대한 설명(9:1-5)
3.3. 베풂에 대한 하나님의 원칙:
고린도 교인들이 너그럽게 베풀어야 하는 이유(9:6-15)
3.3.1. 하나님의 원칙: 성경 인용(9:6-7)
3.3.2. 하나님의 원칙: 성경 인용과 해석(9:8-10)
3.3.3. 이 섬김이 이룰 일에 대한 결론적인 요약(9:11-15)

3. 성도들을 위한 연보에 대한 가르침(8:1-9:15)

3.1. 연보에 대한 고린도 교인들의 헌신을 새롭게 함(8:1-15)

**8:1 형제들아 하나님께서 마게도냐 교회들에게 주신 은혜를 우리가 너희
에게 알리노니 2 환난의 많은 시련 가운데서 그들의 넘치는 기쁨과 극심한 가
난이 그들의 풍성한 연보를 넘치도록 하게 하였느니라 3 내가 증언하노니 그
들이 힘대로 할 뿐 아니라 힘에 지나도록 자원하여 4 이 은혜와 성도 섬기는
일에 참여함에 대하여 우리에게 간절히 구하니 5 우리가 바라던 것뿐 아니라
그들이 먼저 자신을 주께 드리고 또 하나님의 뜻을 따라 우리에게 주었도다
6 그러므로 우리가 디도를 권하여 그가 이미 너희 가운데서 시작하였은즉 이
은혜를 그대로 성취하게 하라 하였노라 7 오직 너희는 믿음과 말과 지식과
모든 간절함과 우리를 사랑하는 이 모든 일에 풍성한 것 같이 이 은혜에도 풍
성하게 할지니라 8 내가 명령으로 하는 말이 아니요 오직 다른 이들의 간절
함을 가지고 너희의 사랑의 진실함을 증명하고자 함이로라 9 우리 주 예수
그리스도의 은혜를 너희가 알거니와 부요하신 이로서 너희를 위하여 가난하
게 되심은 그의 가난함으로 말미암아 너희를 부요하게 하려 하심이라 10 이
일에 관하여 나의 뜻을 알리노니 이 일은 너희에게 유익함이라 너희가 일 년
전에 행하기를 먼저 시작할 뿐 아니라 원하기도 하였은즉 11 이제는 하던 일
을 성취할지니 마음에 원하던 것과 같이 완성하되 있는 대로 하라 12 할 마
음만 있으면 있는 대로 받으실 터이요 없는 것은 받지 아니하시리라 13 이는
다른 사람들은 평안하게 하고 너희는 곤고하게 하려는 것이 아니요 균등하
게 하려 함이니 14 이제 너희의 넉넉한 것으로 그들의 부족한 것을 보충함은
후에 그들의 넉넉한 것으로 너희의 부족한 것을 보충하여 균등하게 하려 함
이라 15 기록된 것 같이 많이 거둔 자도 남지 아니하였고 적게 거둔 자도 모
자라지 아니하였느니라**

8-9장에서 갑자기 주제가 유대 교회를 위한 모금으로 바뀐다. 이러한 논쟁의 갑작스러운 전환으로 인해 많은 학자들은 누군가가 이 시점에서 독립적인 편지를 삽입했다고 생각했다. 7장 6-7절, 13-15절에서 디도에 대한 언급은 디도가 중요한 역할을 하게 될 프로젝트에 대한 바울의 지시와 적절한 연결을 제공한다(8:6, 16-24). 연보의 새로운 주제를 다루기 위해 추천 및 관리

에 관한 편지 형식으로 전환은 적절하다.[1] 바울은 자신이 마게도냐에 도착할 때까지 환난이 계속되었고(7:5), 마게도냐 교인들도 혹독한 시련을 겪었다고 (8:2) 말한다. 8장 1-2절에서 이 환난에 대한 설명은 1장 8절에서 바울이 아시아에서 겪은 고난에 대한 언급과 일치한다. 이 편지의 주제 중 하나는 자신의 고난이 다른 사람들의 "생명"에 어떻게 영향을 미칠 수 있는지 설명하려는 그의 관심이다(4:12).[2] 고난과 극도의 빈곤에서도 마게도냐 교인들의 넘쳐나는 기쁨과 남을 도우려는 남다른 열망은 이 주제에 부합한다.[3]

크랜필드Cranfield는 다음과 같이 말한다. "돈에 대한 교회의 필요는 은혜롭지만 민감하며 품위 있게 다루기 어려운 문제이다."[4] 바울은 이 문제를 능숙하게 다루며 그의 긴 토론은 모든 사역의 성공에 계획과 관리가 얼마나 중요한지 보여 준다. 전장의 참호에서 일선 선교사로 전도에 임하는 바울은 감수성 있는 목회자이자 지혜로운 신학자이며, 엄청난 신학적 파급력을 지닌 세계적인 프로젝트를 기획한 비전가이며, 처리를 소홀히 하지 않는 행정가이기도 하다. 필수적인 세부 사항, 작업에 무관심해진 사람들에게 신학적 격려 연설을 전달하고, 책임을 위임하고, 화를 가라앉힌다.

예루살렘 프로젝트는 고린도 교인들에게 그들 자신보다 더 큰일에 참여할 기회를 제공한다. 이타적인 관대함은 인간에게 타고난 것이 아니다. 세네카Seneca는 사람들이 기꺼이 주고, 받고, 돌려주는 방법을 배워야 한다는 것을 인식했다.[5] 이것은 그리스도인들에게도 마찬가지이다. 이 두 장에서 바울은 고린도 그리스도인들이 이 기금을 왜 그리고 어떻게 기부해야 하는지를 보여

1 하비(A. E. Harvey)는 다음과 같이 기술한다. "바울은 분명히 고린도 교인들에게 긴급한 요청을 하였지만, 그는 항상 어느 정도 간접적으로 말하는 것을 선호했다. 그는 또한 이 일을 도와줄 디도에 대한 개인적인 확신을 표현할 필요가 있었던 것 같다. 그가 더 공식적인 어조를 채택하고 잘 시도된 설득의 몇 가지 기술을 사용하는 것보다 더 자연스러운 것이다(Renewal through Suffering, 81). 베르브루게(Verbrugge)는 그리스-로마 사회의 모금과 그러한 선물을 요청하는 편지에 대해 논의한다(*Paul's Style of Church Leadership* [San Francisco: Mellen Research University Press, 1992], 145–243). 우리는 다양한 방법을 사용하여 다양한 출처로부터 기부에 대한 호소를 받는 데 익숙해졌지만 이러한 관행은 "고대에는 거의 알려지지 않았다"(244p)라고 그는 말한다. 한 그룹의 사람들을 위한 기금을 요청하는 바울의 요청은 독특하다.

2 바울은 1:4-6, 8, 2:4; 4:8, 17; 6:4에서 "환난"을 언급한다. 하지만 10-13장에는 없다.

3 Harvey, *Renewal through Suffering*, 82.

4 C. E. B. Cranfield, "The Grace of Our Lord Jesus Christ: 2 Corinthians 8, 1-9," *Communio viatorum* 32 (1989): 105.

5 Seneca, *Ben.* 1.4.3.

준다. 그의 논의는 다음과 같이 요약될 수 있다.[6]

A 8:1-15 고린도 교인들의 연금을 완료해야 함

8:1-5 예: 마게도냐 교인들에게 주신 하나님의 은혜
8:6-8 지시: 이 은혜의 행위를 성취하라(이 베푸는 은혜에 탁월함)
8:9 예: 예수 그리스도의 희생에 있는 하나님의 은혜
8:10-12 지시: 그 일을 성취하라(자진해서 은사를 거룩하게 함)
8:13-15 하나님의 원칙: 균등하게 하려 함(성경 인용)

B 8:16-9:5 디도와 칭찬 받은 자들에 의한 모금 관리

8:16-24 디도와 형제들을 추천
9:1-5 형제를 보내고 수치를 피하는 것에 대한 설명

A′ 9:6-15 나눔에 대한 하나님의 원칙:
고린도 교인들이 아낌없이 베풀어야 하는 이유

9:6-7 하나님의 원리: 성경 인용
9:8-10 하나님의 원리: 성경 인용과 해석(9:8-10)
9:11-15 이 섬김이 이룰 일에 대한 결론 요약

3.1.1. 예시: 마게도냐 교인들에게 주신 하나님의 은혜(8:1-5)

8:1. 바울은 고린도 교인들에게 어떻게 하나님의 은혜가 마게도냐, 아마도 빌립보, 데살로니가, 베뢰아에 있는 교회들에 임했는지 알리는 것으로 호소를 시작한다.[7] "은혜"는 이 두 장에 걸쳐 열 번이나 나오는 핵심 단어이다. 각각의 뉘앙스는 다르다.[8] 여기에서 은혜는 인간의 관대함을 의미하며, 바울은 그것을 하나님께 받은 것으로 이해한다. 은혜는 우리를 향한 하나님의 무

6 다음도 참조하라. C. H. Talbert, "Money Management in Early Mediterranean Christianity: 2 Corinthians 8-9," *RevExp* 86 (1989): 361.

7 "우리가 너희에게 알리노니"는 바울의 편지에서 전환의 표시로 자주 사용되지 않는다(참조. 갈 1:11; 고후 1:8; 빌 1:12) D. De Silva, "Measuring Penultimate against Ultimate Reality: An Investigation of the Integrity and Argumentation of 2 Corinthians," *JSNT* 52 (1993): 42–43.

8 "은혜"는 이 편지에서 18번 중 이 부분에 10번(8:1, 4, 6, 7, 9, 16, 19; 9:8, 14, 15)이 나온다. CSB 성경은 그것을 "은혜"(8:1, 9; 9:8, 14), "은혜의 행위"(8:6, 7), "은혜로운 선물"(8: 19), "특권"(8:4), "감사"(8:16, 9:15)로 번역한다.

조건적인 긍휼이다. 우리에게 주신 은혜는 항상 다른 사람에게로 가고 있다(엡 3:2). 사람들이 자발적으로 다른 사람들에게 관대할 때 바울은 그것을 하나님의 은혜가 그들 안에서 그리고 그들을 통해 역사한다는 분명한 증거로 받아들인다.[9] 달Dahl은 다른 이에게 주는 돈의 선물을 "보이지 않는 은혜의 가시적 표시"라고 부른다.[10] 그들의 관대함을 하나님의 은혜로 돌리는 것은 바울이 이 프로젝트가 어떻게 "개인적인 개입 없이 전개되었고 이 모든 것이 마치 마게도냐 교인들을 위해 행하신 하나님의 은혜의 몸짓인 것처럼 일어난다(8:1)"고 경탄한 것을 반영할 수 있다.[11] 바울은 하나님의 은혜가 마게도냐 교인들의 고통을 덜어주거나 깊은 빈곤에서 건져내지 않는다는 것을 이해한다. 오히려 마음을 열어 다른 사람에게 주기 위해 지갑을 열게 해준다.

바울은 고린도 교인들이 마게도냐 교인들의 모범을 마음에 새기기를 바란다. 그는 한 교회를 다른 교회, 가난한 교회를 부유한 교회, 북쪽의 교회를 남쪽의 교회와 경쟁시키는 것처럼 보일 수 있다. 그러나 바울은 모금을 위해서 어떤 속임수에도 허리를 숙이지 않는다. 그는 교회들 사이에서 누가 가장 많이 모을 수 있는지 경쟁을 부추김으로써 더 많은 액수를 모으려는 것이 아니다. 금액은 중요하지 않다. 배푸는 일 뒤에는 성령이 계신다. 고린도 교인들이 마게도냐 교인들과 경쟁하기를 원한다면 기부된 금액이 아니라 가장 즐겁고 기꺼이 하고자 하는 태도를 놓고 경쟁해야 한다. 그러나 마음의 태도는 측정하고 비교하기가 훨씬 더 어렵기 때문에 인간은 주는 것과 영성을 평가하기 위해 육체의 범주(5:16)에 의존하는 경향이 있다. 대조적으로 바울은 마게도냐 교인들의 넘치는 기쁨과 고통 속에서 다른 사람들을 위해 기꺼이 희생하는 것에 대해서만 칭찬한다.

마게도냐 교인들은 이 즐겁고 자발적인 관대함에 공로가 없다. 그것은 인간의 성취가 아니다. 그것은 그들에게 주신 하나님의 은혜에서 오는 것이며, "은혜의 본질은 어떤 상황이나 어떤 그릇에든지 주어진 것에서 넘치게 되는 것이다."[12] 그러므로 바울은 고린도 교인들에게 호소하는 근거를 그리스도인

---

9 바울은 로마서 12장 8절에서 은혜로 주신 선물로 다른 이들의 필요에 도움이 되는 것을 열거한다.

10 N. A. Dahl, "Paul and Possessions," in *Studies in Paul* (Minneapolis: Augsburg, 1977), 31.

11 D. Georgi, *Remembering the Poor: The History of Paul's Collection for Jerusalem* (Nashville: Abingdon, 1992), 72.

12 A. Binz, "He Who Supplies Seed to the Sower and Bread for Food': The Pauline Characterization of God in 2 Corinthians 8–9," in Bieringer et al., *Theologizing in the Corinthian Conflict*, 311. 참조. J. M. Bassler, *God & Mammon: Asking for Money in the New Testament* (Nashville:

의 삶에 계속 풍성하게 부어지는 하나님의 은혜에 둔다. 모금에 대한 바울의 접근 방식은 신학적 원칙에 근거하고 있으며, 고린도 교인들 스스로 "하나님이 우리에게 주신 은혜의 증거를 어디에서 보여 주는가?"라고 묻게 해야 한다.

8:2. 마게도냐 교인들은 고난의 혹독한 시험 중에 관대함이 솟아나는 것을 경험했다. 신약의 증거는 그들이 박해에 낯선 사람이 아니었음을 제시한다(행 16:20; 17:50; 빌 1:29-30; 살전 1:6; 2:14; 3:3-4). "시험"(δοκιμή, 도키메)으로 번역된 단어는 유혹과 관련된 시험(πειρασμός, 페이라스모스)과 다르다.[13] 그것은 "시험 자체보다 그러한 시험이 가져오는 긍정적인 결과를 더 가리킨다."[14] 그들은 이 시험을 통과함으로써 그리스도인으로서 성품이 증명된다.

마게도냐 교인들은 또한 바울이 "극심한 가난"라고 생생하게 표현한 극심한 빈곤에 시달렸다. 박해와 사회적 배척은 이러한 빈곤의 바닥에 이르는 것에 기여했다. 그들의 가난은 핍박으로 인한 예루살렘 성도들의 가난에 필적하며, 그들에 대한 더 깊은 공감을 불러일으켰을 것이다.[15]

박해와 가난에도 불구하고 그들은 풍성한 기쁨을 경험했고 그 결과 많은 관대함을 낳았다(헬라어는 동족어를 사용하여 "그 풍성한 기쁨의 풍성함...").[16] 신약에서 그리스도인의 기쁨의 경험은 외적 환경과 아무 상관이 없다. 역설적으로 그리스도인들은 극심한 박해와 개인적인 고통 속에서도 기쁨을 경험할 수 있다.[17] 부유함에 빈곤이 넘쳐 흐르는 것은 역설적으로 보일 수 있지만, 그것은 복음의 조각으로 만든 퀼트에 적합하다. 기쁨 + 극심한 환난 + 가난 = 부이다. 여기서 부는 관대함과 기쁨이 크게 증가되는 부와 관련이 있다.[18] 반면에 물질적 부는 라오디게아에 있는 부유하지만 미지근한 교

Abingdon, 1991), 109.

13 ἡ δοκιμή("시험", "시련")라는 단어가 2:9; 9:13; 13:3에 나온다. 동족어인 τὸ δοκίμιον("시험", "시험으로 참됨이 증명됨")는 야고보가 그들의 믿음의 시험이 인내를 낳는다고 말한 야고보서 1:3과 불로 받는 그들의 믿음의 시험이 칭찬과 영광과 존귀를 낳는 벧전 1:7에 나타난다.

14 Betz, *2 Corinthians* 8, 9, 43.

15 R. Jewett, *The Thessalonian Correspondence: Pauline Rhetoric and Millenarian Piety* (Philadelphia: Fortress, 1986), 165–66. 참조. 살전 2:1.

16 "넘쳤다"로 번역된 동사(ἐπερίσσευσεν)는 8:7(2회), 9:8(2회), 9:12에도 나온다. 또한 다음을 참조하라. 1:5; 3:9; 4:15. 하나님의 은혜는 넘치는 관대함을 낳는다.

17 마 5:10-12; 행 5:41; 빌 1:12-18; 약 1:2; 벧전 1:6-7.

18 퍼니시(Furnish)는 "그들의 풍성한 관대함"(개역개정, '그들의 풍성한 연보')이라는 어구을 "그들의 부, 즉 관대함"(*II Corinthians*, 400)라고 해석한다. "관대함"(ἁπλότης)으로 번역된

회에 대한 그리스도의 정죄가 계시하는 것처럼 영적 빈곤을 은폐할 수 있다(계 3:14-22). 그 교회는 스스로 부요하고 형통하다고 여겼으나 주님은 그 교회를 "곤고한 것과 가련한 것과 가난한 것과 눈 먼 것과 벌거벗은 것"으로 여기셨다. 이와 대조적으로 그리스도께서는 가난에 시달리는 고난에 처한 서머나 교회를 부요하다고 칭찬하신다(계 2:8-11). 마게도냐 교회는 서머나 교회와 같이 주님이 보시기에 특별히 축복받은, 부유하지만 가난한 교회 중 하나였다. 머피-오코너는 마게도냐 교인들의 자선에 대해 다음과 같이 숙고한다.

> 그들 자신의 모든 어려움에도 불구하고 내부로 향하지 않았다. 그들의 관심은 "진정한 사랑"(고후 8:2-8)의 유일한 증거인 다른 사람들에 대한 것이었다. 이것은 하나님의 능력을 세상에 자유롭게 했다. 고린도 교회의 내부 분열로 인해 유대인과 헬라인 모두의 회심에 걸림돌이 될 위험이 있었고 다른 그리스도인들도 위험에 빠뜨릴 수 있었던 교회와 얼마나 대조되는가(고전 10:32-33)![19]

바울은 직설적으로 표현하는 데 있어서 너무 재치 있다. 고린도 교인들의 본보기인 극도의 빈곤에 직면한 마게도냐 교인들의 최고의 희생을 지지한다. 박해와 가난에 휩싸인 다른 사람들을 돕기 위해 이기심 없이 주는 것은 가난을 기꺼이 받아들이고 다른 사람들을 위해 부로 바꾸신 예수 그리스도의 본을 따른다(8:9).

8:3-4. 바울은 그들이 할 수 있는 정도로 그리고 그 이상으로 주었다고 말한다.[20] 그는 어떤 특정한 금액이나 비율을 요구하지 않았다. 마게도냐 교인들은 부유하지 않았고 남은 것에서 베풀지 않았다. 그 대신에 그들은 예상보다 더 많이 또는 지혜롭다고 생각하는 것보다 더 많이 기부했다. "자원하여"는 자발적인 기부(NRSV) 또는 "나누는 특권을 위해 간절히 우리에게"(8:4) 구하는 것이라고 수정할 수 있다.[21] 후자의 해석은 바울이 원래 그들에게 참여를 요청하지 않았다는 것을 의미한다. 빌립보 교인들은 다른 도시에서의 선

단어는 신약에서 바울의 서신에만 나타나며 "단순함", "전심", "진실함", "자발적인 마음", "진지한 관심", "친절함"을 의미한다. 다른 사람의 필요에 대해 전심으로 관심을 가진 사람들이 도움을 제공할 준비가 되어 있기 때문에 관대함을 의미하게 된다.

19 J. Murphy-O'Connor, "Paul and Macedonia: The Connection Between 2 Corinthians 2.13 and 2.14," *JSNT* 25 (1985): 102.

20 "힘", "능력"을 의미하는 *δύναμις*는 재정적 능력을 가리킬 수 있다.

21 *αὐθαίρετοι*(*αὐτός* + *αἱρέομαι*)라는 단어는 "스스로, 자발적으로 선택하다"를 의미한다. 이 형용사는 8:17에서 고린도로 돌아갈 전망에 대한 디도의 반응을 언급하기 위해 나타난다.

교 사업에서 그를 도왔다(빌 4:15-16). 바울은 고린도 교회와 갈라디아 교회에 연보를 지시하는 것만 언급한다(고전 16:1-4).

바울은 마게도냐 교인들이 “자원하여” 반응했음을 분명히 하면서 어떤 식으로든 그들을 제한하지 않았다는 점을 강조한다. 그들은 자발적으로 참여하고 희생적으로 베풀었다. 바울이 고린도 교인들에게 기꺼이 베풀라고 권하기 때문에 마게도냐 교인들이 베푼 방법을 언급한 것일 수 있다. 마게도냐 교인들은 연보를 특권으로 여겼다. “특권”(CSB 성경)으로 번역된 단어는 이 두 장 전체에 걸쳐 나타나는 헬라어 “은혜”(개역개정은 은혜로 번역)와 동일한 단어이다. 그들은 어떤 의무를 회피하기 위해 가난을 이유로 탄원하지 않았다. 그들은 바울에게 대신 이 섬김에 참여하도록 허락해 달라고 간청했다. 대조적으로, 바울은 더 부유한 고린도 교인들에게 그들의 첫 번째 서약을 따르도록 간청해야 한다.

바울은 마게도냐 교인들의 열심과 관대함에 놀랐다는 인상을 준다. 그들은 능력 이상으로 주었으며 바울의 주장은커녕 격려 없이도 그렇게 했다. 그것이 “은혜”에서 나온다면 강요일 수 없다. 그들은 스스로 주었기 때문에 바울이 기대한 것 이상을 주었다.

그들이 준 양이 바울에게 중요한 것이 아니라 그들이 준 정신이 중요하다. 하나님께서 함께 한다면 아주 “약간”이 1톤의 금괴보다 훨씬 더 무거울 수 있다. 이러한 하나님의 관점에 따라 바울은 이 프로젝트에 대해 이야기할 때 돈이라는 단어를 결코 언급하지 않는다. 그는 형식적으로는 행정적이고 신학적으로 심오한 언어로 전체 사업을 가리고 있다. 그 단어는 “섬기는 일”이다. “섬기는 일”(διακονία, 디아코니아)은 유대교에서 가난한 사람들의 필요를 지원하는 전문적인 의미이다.[22] 바울은 이 사역을 단순히 가난한 사람들에게 도움을 주는 것 이상의 것으로 간주한다. 그것은 중대한 신학적 결과를 낳았고 바울이 실행하려고 목숨을 걸고 준비한 것이었다. 그러므로 비즈니스 언어로는 그것을 설명하기에 적합하지 않으며, 그래서 바울은 신학적 언어에 의지한다.

“은혜”, “특권”(χάρις, 카리스, 8:4, 6, 7, 19)[23]

---

22 참조. 행 6:1; 11:29; 12:25; 롬 15:25, 31; 그리고 여기 8:4; 9:12-13에서 사용. 퍼니시(Furnish)는 또한 욥의 유언(T. Job 11:1-3; 12:2; 15:1, 4, 8)을 언급한다(*II Corinthians*, 401).

23 “은혜”라는 단어는 이 두 장의 시작(8:1)과 끝(9:14-15)에 나타나며, 이 두 장은 하나의 단위(inclusio)로 구분된다. Harris, *Second Epistle*, 558–59는 핵심 용어로서 이 부분에 10번 등장하지만 여섯 가지 다른 의미로 나타난다는 것에 주목한다.

1. “은혜”, 아낌없이 나타내신 하나님의 무조건적인 선하심(8:9).

"동역자 관계", "참여함"(κοινωνία, 코이노니아, 8:4)
"직무", "섬기는 일"(διακονία, 디아코니아, 8:4; 9 :1, 12, 13)
"간절함"(σπουδή, 스푸데, 8:8) "사랑"(ἀγάπη, 아가페, 8:7, 8, 24)
"열심"(προθυμία, 프로뒤미아, 8:11, 12, 19; 9:2)
"너그러움"(ἁπλότης, 하플로테스, 8:2; 9:11, 13)
"넉넉한 것"(περίσσευμα, 페리슈마, 8:14)
"거액" "관대한 선물"(ἁδρότης, 하드로테스, 8:20)
"사업", "상황"(ὑπόστασις, 휘포스타시스, 9:4)
"복" "후한 선물"(εὐλογία, 율로기아, 9:5)
"착한 일"(ἔργον ἀγαθόν, 에르곤 아가돈, 9: 8)
"너희 의의 열매"(τὰ γενήματα τῆς δικαιοσύνης ὑμῶν,
타 게네마타 테스 디카이오쉬네스 휘몬, 9:10)
"봉사"(λειτουργία, 레이투르기아, 9:12).[24]

그 과정에서 바울은 κοινωνία(코이노니아, "동역자 관계", "교제")라는 단어에 대한 새로운 의미를 만들어 냈다.[25] 이것은 재정적인 연보에 대한 첫 번째 사용이다.[26] 빌립보 교회(빌 1:5, 4:15), 마게도냐의 모든 교회는 유대에 있는 다른 그리스도인들과 동역자가 되기를 원한다. 그들은 참여하기를 간청한다.[27] 머피-오코너는 다음과 같이 말했다.

또는 특히 연보에 합당하게 참여할 수 있게 만드는 능력(8:1; 9:8, 14).
2. 헌금에 참여하는 명예나 기회에 사용되는 "특권" 또는 "은혜"(8:4).
3. "은혜의 행위". 헌금 자체가 자선적이고 관대한 행위임을 나타냄(8:6).
4. "주는 은혜", 나눔이나 도움을 베푸는 고결한 행위를 가리킴(8:7).
5. 연보를 선의로 표현하는 것 및 선의의 증거로 설명하는 "헌금" 또는 "자선"(8:19).
6. "감사", 자선 행위에 대한 감사를 말로 표현(8:16; 9:15).

24 로마서 15:28에서 바울은 그것을 "열매"(καρπός)라고 부르기도 한다.

25 "은혜와 나눔"이라는 헬라어 구는 "나눔의 특권"을 뜻하는 중언법(hendiadys)이다.

26 J. M. McDermott, "The Biblical Doctrine of KOINΩNIA, II. Part," *BZ* 19 (1973): 222. "여기서 처음으로 그리스도인들 사이의 영적 연합이 물질적 것이 요구되는 나눔의 기초로 간주된다." 맥더모트는 바울이 "연보의 종교적 맥락"의 영향을 너무 많이 받아 "세속적 λόγια 대신 긍정적인 종교적 의미를 지닌 단어"를 선택했다고 말한다(McDermott, "The Biblical Doctrine of KOINΩNIA," *BZ* 19 [1973]: 72–73).

27 T. Job 11:1–3에서 유사점을 찾을 수 있는데, 욥이 가난한 사람들을 돌보는 것에 대한 다른 사람들의 반응을 인용한다. "나의 간절함을 본 낯선 사람들도 있었고 그들도 이 봉사를 돕고 싶어 했습니다. 또 그 때에 재물이 없고 투자할 능력이 없는 또 다른 사람들이 와서 내게 간청하여 가로되 '청컨대 우리도 이 봉사에 참여하게 하소서. 그러나 우리는 아무것도 소유하지 않습니다. 우리에게 자비를 베푸시고 돈을 빌려 주셔서 우리가 사업차 먼 도시로 떠나 가난한 사람들을 섬길 수 있게 해주십시오. 그러면 우리가 당신의 것을 갚겠습니다.'"

> 사랑을 기독교의 본질로 자연스럽게 인식한 덕분에 다른 어떤 공동체도 열망할 수 없는 그의 애정이 그들에게 자리를 잡았고 "복음의 동역자"(빌 1:5, 7)라는 찬사를 받았다. 그들은 은혜의 능력을 보여줌으로써 복음을 현실적이고 생생하게 만들었다.[28]

바울은 "섬김"을 받는 "성도들"을 구체적으로 밝히지 않는다(롬 15:26와 대조적).[29] 그들이 누구든지 성도들에 대한 사랑을 물질적으로 표현하는 것(골 1:4, 몬 5)은 하나의 척도이다. 바울은 그 척도를 교회나 개인의 믿음의 성숙도를 측정하기 위해 사용한다. 그리스도인은 어린아이처럼 타고난 자기 중심에서 벗어나 다른 사람들과 나누는 법을 배워야 한다. 그들이 이 큰 마음의 증거를 보이자 바울은 그들을 크게 칭찬한다.

8:5. "우리가 바랐던 대로가 아니다"(개역개정. "우리가 바라던 것뿐 아니라")라는 헬라어의 문자적 번역은 실제로 그들이 한 일이 바울이 바라던 것보다 많았을 때 바울이 실망하는 것처럼 들린다. "우리가 바랐던 대로" 앞에 "단지"를 덧붙인 것은 그들이 주었던 것이 합리적인 소망을 뛰어넘는다는 것을 분명히 한다. "첫째" 그들은 자신을 주님께 드렸다. "첫째"는 시간이 아니라 중요성의 우선순위를 나타낸다. 또한 이것은 그들이 바울의 프로젝트에 헌신했음을 의미한다. 바울은 프로젝트의 성공이 그와 교회의 관계에 달려 있음을 인식한다. 만일 그들이 그에게 헌신할 준비가 되어 있지 않다면, 모금하지 않을 것이다. 바울과 고린도 교인들 사이의 적의가 그들의 참여를 중단하게 만드는 위협이 되었다. 참여하려는 마게도냐 교인들의 열의로 바울은 그들을 고린도 교인들의 본보기로 삼을 수 있었다. 그렇게 함으로써 그는 이 놀라운 사건의 전환이 전적으로 주님께 대한 그들의 헌신에서 비롯되었음을 분명히 한다. 바울은 그들의 관대함을 기독교적 헌신의 맥락에 두었을 뿐만 아니라 그를 향한 그들의 충성심에 미묘하게 주의를 이끈다. 다시 말하지만, 바울은 고린도 교인들이 자신들에 대해 적절한 추론을 이끌도록 한다. 관대함은 그들의 주님이신 그리스도에 대한 헌신에서 비롯된다. 서약을 어기면 그들이 먼저 자

---

28 J. Murphy-O'Connor, *The Theology of the Second Letter to the Corinthians* (Cambridge: Cambridge University Press, 1991), 80.

29 바울이 "예루살렘에 대하여 내가 섬기는 일"을 언급한 롬 15:31에 기초하여, 바넷은 이 장들에서 바울이 "사역"에 대해 여러 번 언급한 것은 그의 교회들이 기부하는 예루살렘에 대한 바울의 사역을 가리킨다고 믿는다(*Second Epistle*, 397; 또한 다음도 참조하라. Furnish, *II Corinthians*, 401).

신을 주님께 바쳤는지에 대한 의문이 제기된다. 바울은 그리스도에 대한 헌신이 그리스도의 사도됨을 지지하게 될 것이라고 암시한다.

바울은 "하나님의 뜻을 따라"로 관대함의 원동력은 하나님으로부터 오는 것이며 하나님의 은혜와 관련이 있다고 구체화한다. 퍼니시는 바울의 "성공적인 사역 때문도 아니고 ... 자신의 이타적인 행동 때문도 아니다. 고린도 교인들이 모금 기부를 완료했을 때와 마찬가지로 하나님께서 그들 안에서 일하고 계신다"라고 지적한다(9:4).[30]

3.1.2. 지시: 이 은혜의 행위를 완성하라(8:6-8)

8:6. 바울은 이제 마게도냐 교인들의 모범에서 이 사역에 대한 고린도 교인들의 책임으로 돌아간다. 그 사업에 대한 그들의 초기 열정은 꺾였고 약속을 이행할 수 있도록 더 많은 격려가 필요하다. 이 사역에 대한 헌신이 약해지는 것은 고통스러운 방문과 고통스러운 편지로 바울과 그들 사이의 절정에 달한 악화된 관계 때문이다. 그늘진 반대자들은 바울의 영향력을 약화시키려는 희망으로 헌금의 목적을 의심했을 수 있다.[31] 사기 혐의도 이면에 숨어 있을 수 있다. 바울이 고린도 교회의 지원을 받아들이기를 거부한 것은 그가 모금에서 돈의 일부를 빼돌리려고 계획했다는 악의적인 소문을 퍼뜨리게 했을 것이다. 그런 다음 그들의 피후견인로서 의무를 피하면서 은밀히 지원을 받을 것이다. 우리는 그들이 미루는 이유가 무엇인지 모르지만 바울은 그 문제를 다시 제기하려고 공동체의 자신에 대해 새롭게 한 선의를 활용한다.

바울은 디도에게 고린도로 돌아가서 그들이 이전의 약속을 성취하도록 도우라고 촉구했다.[32] 동사 ἐπιτελέω(에피텔레오)는 "이미 시작된 일을 성공적

---

30 Furnish, *II Corinthians*, 413. 그러나 바넷(Barnett)은 "하나님의 뜻을 따라"는 일반적으로 바울의 사도됨에 제한된다고 주장한다(고전 1:1, 엡 1:1, 골 1:1, 딤후 1:1). 그리고 바울은 자신의 사도직과 권위에 대한 마게도냐 교인들의 인정을 언급한다. 주님께 자신들을 드림으로써 그들은 또한 바울을 사도로 인정했다(*Second Epistle*, 399). 그러나 바넷(Barnett)은 "하나님의 뜻을 따라"라는 어구의 사용에 대한 예외로 롬 15:32을 가리키며 바울의 사도직이나 권위는 이 장에서 문제가 되지 않는다. 그 어구는 마게도냐 교인들의 기부와 연결된 것으로 가장 잘 이해된다.

31 만일 바울과 고린도 교인들 사이의 소외됨 뒤에 외부 적대자들이 있다면 우리는 그들이 고린도 교인들을 이용하기 부끄러워하지 않는다는 것을 알게 된다(11:20). 연보를 줄이면 그 돈을 자신들이 사용할 수 있다.

32 베츠(Betz)는 동사 παρακαλέσαι("권하여")가 행정 문서에서 볼 수 있는 "소환" 또는 "임명"이라는 전문적인 의미를 가지며 바울의 다른 곳에서 의미하는 것처럼 "간청"을 의미하지 않는다고 주장한다(*2 Corinthians 8 and 9*, 54). 동사를 "공식적인" 용어로 해석하는 것은

으로 완수하다" 또는 "무언가를 결론 짓다"를 의미한다. 바울은 연보를 재개하고 그와 그들이 시작한 일을 끝내도록 디도를 보냈다. 확신할 수는 없지만 바울은 디도가 바울에 대한 헌신을 되살리기 위해 고린도에 머물면서 가혹한 편지를 전한 최근의 일을 언급한 것 같다. 이 구절은 고린도 교인들에게 처음 약속을 끝까지 지키라는 섬세한 훈계가 된다. 바울은 고린도 교인들이 일을 마치지 못했다고 꾸짖기보다는 처음 열정을 칭찬한다. 그러나 그들은 처음 단계에 머물러 있다. 바울은 그것을 끝내도록 도울 책임을 디도에게 위임한다. 고린도 교인들의 따뜻한 환영은 그를 그 임무를 수행하기에 이상적인 후보자로 만든다.

8:7. 바울은 믿음과 말과 지식과 간절함과 사랑이 뛰어난 그들을 칭찬함으로써 계속해서 확언한다. 어떤 사람들은 이것을 가시 돋친 감사의 말로 해석한다. 예를 들어 머피-오코너는 다음과 같이 주장한다. "그가 완전히 신실할 때는 공동체의 믿음, 소망, 사랑(살전 1:3, 살후 1:3, 골 1:4-5)이나 복음 안에서의 동역자 관계(빌 1:5)에 대해 공동체를 칭찬한다."[33] 그럼에도 불구하고 바울은 고린도 교인들이 잘못된 길을 갈 수 있다는 날카로운 말을 해서 고린도 교인들을 소외시키는 위험을 감수하려 하지 않았다. 흐로티우스Hugo Grotius는 17세기에 이렇게 말했다. "바울은 칭찬으로 사람을 감동시키는 수사학을 모르는 것이 아니다."[34] 사람들은 그것이 아이러니한 공격의 단면임을 알면 화를 낼 것이다. 이것은 비꼬는 말이 아니다. 그는 고린도 교인들에게 "모든 일 곧 모든 언변과 모든 지식에 풍족하므로"(고전 1:5)라고 진심으로 감사한다.[35] 그들은 "모든 은사에 부족함이"없다(고전 1:7). 여기서 바울은 그들의 풍요로운 은사 "같은 넉넉한 관대함으로" 채우기 원한다.[36] "풍성하

진지한 요청으로 너무 많이 해석하는 것이다. 디도가 바넷(Barnett)이 이해하는 것처럼 연보를 모으는 일을 시작했을 가능성은 거의 없다(*Second Epistle*, 401n53). 연보는 분명히 바울이 고전 16:1-4을 썼을 때 이미 고린도에서 시작되었고, 디도가 최근에 교회를 방문한 것에 대한 바울의 설명은 그것이 그의 첫 방문임을 암시한다(7:14). 이 방문 동안 디도는 프로젝트에 대한 관심을 되살리기 위해 노력했다.

33 Murphy-O'Connor, *Theology*, 81.

34 다음에 인용됨. Betz, *2 Corinthians 8 and 9*, 8.

35 동사 πλουτέω("부요해지다")는 고전 4:8; 8:9에 나타나고, 형용사 πλοῦτος와 πλούσιος("부요한")가 고후 8:2, 9에서 나타나고, 동사 πλουτίζω("부유하게 만들다")가 고전 1:5, 고후 6:10; 9:11에서 나타난다. 기독교 신앙은 부자의 의미를 재정의한다.

36 Cranfield, "The Grace of Our Lord Jesus Christ," 106. 게오르기(Georgi)는 바울이 "고린도 교인들이 연보에 참여하는 것이 그들이 이전에 받은 모든 은혜의 은사(χαρίσματα)의 결과라는

다”(περισσεύετε, 페리슈에테)로 번역된 동사는 8장 2절에서 마게도냐 교인들의 빈곤의 깊이가 어떻게 풍성한 관대함으로 “넘쳤는지”를 설명하는 데 사용되었다. 마게도냐 교인들은 관대함으로 “넘쳤고” 고린도 교인들은 영적인 은사로 “넘쳤다.” 바울은 이러한 풍성한 선물이 “이 은혜 안에서” 넘치는 관대함으로 이어지기를 바란다.

바울은 각각 “모든”(πᾶς, 파스)으로 시작하는 두 종류의 세 가지 은사를 나열한다.

> 모든 믿음, 말, 지식,
> 모든 간절함, 사랑, 은혜.

고린도 교인들은 하나님을 신뢰한다는 의미에서 믿음이 성숙하여 바울은 그것을 지금 그들이 많이 가졌다고 언급할 수 있다(1:24).[37] 그러나 그 “믿음”은 고린도전서 12장 8-10절의 영적 은사 목록에 해당하며 구원하는 믿음이 아니라 기적을 행하는 믿음(고전 13:2)을 가리킨다.[38] “말”은 그들의 웅변을 가리킬 수 있다. 그러나 다시 말하지만, 그것은 그들을 사로잡는 방언과 예언과 같은 영적인 말을 언급할 가능성이 더 크다(고전 12:10, 28; 13:1-2). “지식”은 그들의 영적인 통찰력, 즉 모든 비밀을 이해하는 지식을 말한다(고전 13:2). 고린도전서에서 바울이 그들에 대한 논의에 비추어 이러한 부요함을 해석하는 것은 바울이 그러한 은사를 가치 있게 여기지만 공동체를 건설하는 데 가장 중요하다고 생각하는 목록의 맨 위에 있지는 않다는 것을 인식하는 데 도움이 된다(고전 8:1-3). 이러한 은사는 공동체보다는 개인을 세우는 데 잘못 사용될 수 있다. 결과적으로, 그는 그들이 다른 사람들에게 더 외적으로 초점을 맞추도록 하는 그러한 은사를 계발하기를 더 좋아할 것이다.

두 번째 은사는 다른 사람의 유익에 초점을 맞춘다. 바울은 그들의 “부지런함” 또는 “열심”을 확인하고 디도에 대한 그들의 열렬한 반응을 말할 수 있다(7:11-12). 바울은 그들이 죄를 범한 형제에 대해 옳은 일을 하기 원한 것을 기뻐하며, 연보와 관련하여 옳은 일을 하는 데 동일한 열심을 나타내기를 바란다.

다음 은사는 복잡하게 얽힌 본문 문제를 나타낸다. 증거가 나뉜다. 일부

것을 알게 하기”를 원한다고 주장한다(*Remembering the Poor*, 82).

37 그래서 베츠는 다음과 같이 주장한다. “고전 1:4-7, 15:58의 목표가 이르렀다”(*2 Corinthians 8 and 9*, 56–57).

38 따라서 Furnish, *II Corinthians*, 415.

사본은 "[우리 가운데 있는] 너희의 사랑"(문자 그대로 "우리 안에 있는 당신의 사랑")이라고 되어 있다. 다른 학자들은 "너희 안에 있는 우리 사랑"이라고 읽는다.[39] 두 가지 사본 변형은 다음의 발음 때문일 것이다. ὑμῶν("너희의", 휘몬)/ἡμῶν("우리의", 헤몬), ἡμῖν("우리 안에", 헤민)/ὑμῖν("너희 안에", 휘민)이다.[40] 본문을 동시에 복사하는 필사자는 누군가가 원본을 읽을 때 다른 단어를 들었을 수 있다. 이렇게 잘못 들어서 변형이 발생할 수 있다. 가장 좋은 읽기는 무엇인가? "너희를 향한 우리의 사랑"은 그들이 마음에서 억지로 나오게 했다는 그의 이전 책망(6:12)과 그들의 마음에 그를 위한 자리를 마련해 달라고 간청하는(7:2) 내용으로 뒷받침된다. 바울은 그들이 자신을 향한 사랑이 넘쳤다고 짐작할 수 없었다. 반면에 바울은 그들에 대한 깊은 사랑을 선언하지만(6:11; 7:3) 여기서 "고린도 교인들의 은혜"에 대해 말한다. 그들에 대한 사랑을 그들이 탁월한 어떤 것으로 말하는 것은 그 의미를 어지럽힐 것이다.[41] 7장 12절에서 바울의 설명에 따르면, 바울은 가혹한 편지를 써서 그들이 그를 향한 열심을 가지도록 했다. 이 서술은 열정이 잠시 사그라들었지만 완전히 사그라진 것은 아니라고 가정한다. 바울의 편지와 디도의 방문에 대한 그들의 긍정적인 반응은 이제 그들이 그를 사랑한다고 말할 수 있게 해주었다.[42] 바울은 8장 8절에서 그들의 사랑의 진정성을 시험한다고 말한다. 그러므로 그는 여기서 바울의 그들에 대한 사랑보다는 그들의 사랑에 대해 이야기해야 한다.

"믿음과 말과 지식과 모든 간절함과 우리를 사랑하는"은 CBS 성경에서는 대시로 시작하여 생각이 나누어지고 있음을 보여 준다. "이 모든 일에 풍성한 것 같이—믿음과 말과 지식과 모든 간절함과 우리를 사랑에서—이 은혜에도

---

39 헬라어 본문 ἡμῶν ἐν ὑμῖν는 $\mathfrak{P}^{46}$ B 1746 it^{r} rrit cop $^{sa\ bo}$ Origen에서 찾을 수 있다. ὑμῶν ἐν ἡμῖν은 ℵ C D F G K L P Ψ에서 지리적으로 더 널리 증명된다.

40 헬라어 발음은 C. C. Caragounis, "The Error of Erasmus and Un-Greek Pronunciation of Greek," *FNT* 8 (1995): 151–85을 참조하라. ὑμῶν와 ἡμῶν 사이의 동일한 변형이 8:9에 나타난다. 그리스도는 "우리를 위하여" 또는 "너희를 위하여" 가난하게 되셨다.

41 J. H. Bernard, "Second Epistle," 3:86. 바로 이러한 이유로 어떤 학자들은 필사자가 더 어려운 읽기에서 본문을 변경했을 수 있다고 주장한다. 그러나 이 읽기에 대해 논쟁하는 학자들은 바울이 6:12과 7:2에서 말한 것을 고려할 때 바울에 대한 고린도 교인들의 사랑을 그들이 탁월했던 것 중 하나로 열거하지 않았을 것이라고 생각한다. 이 주장은 "우리에 대한 당신의 사랑"을 더 어려운 읽기로 만든다.

42 이것은 예를 들어 그들의 사랑이 빌립보 교인들의 사랑과 같다거나 그들의 사랑이 온전하다는 것을 말하는 것이 아니다. 베츠는 "고린도 서신에는 사도가 사랑의 개념을 이해하도록 하는 데 상당한 어려움을 겪었음을 보여주는 충분한 증거가 있다"라고 설명한다(*2 Corinthians 8 and 9*, 58). 참조. 고전 4:21; 8:1; 13:1-13; 14:1; 16:14, 24; 고후 2:4, 8; 8:8, 24; 9:7; 11:11; 12:15; 13:11, 18.

풍성하게 할지니라(CBS 성경).” 마지막 어구는 문자적으로 “이 은혜에도 풍성하게 하기(ἵνα) 위해서이다”로 읽을 수 있다. 헬라어 ἵνα(히나)는 예상되는 결과를 표현할 수 있다. “내가 이것을 지적함으로 너희도 이 은혜로운 일에 뛰어날 수 있을 것이다.” 또는 명령의 대안 형태로 “이 은혜의 일에 뛰어나라”를 의미할 수 있다. 그리고 소망 또는 권면일 수 있다. “나는 너희가 이 은혜로운 일에도 탁월하기를 원한다, 또는 권면한다.” 이 마지막이 가장 좋다.[43] 베르부르게Verbrugge는 이것이 “바울이 명령의 개념를 표현하는 데 사용할 수 있는 가장 직접적인 방법 중 하나”라고 주장한다. 그것은 “명령이라기보다 소원을 나타내었고, 편지를 받는 사람보다 우월하거나 권위 있는 위치에 있지 않은 사람들이 그것을 사용하는 경향이 있었다.”[44] 이것은 고린도전서 16장 1-2절의 단순 명령과 현저한 대조를 이룬다. “성도를 위하는 연보에 관하여는 내가 갈라디아 교회들에게 명한 것 같이 너희도 그렇게 하라 매주 첫날에 너희 각 사람이 수입에 따라 모아 두어서 내가 갈 때에 연보를 하지 않게 하라.” 바울은 더 이상 이전과 같이 직접적인 명령을 내리는 데 자유롭지 않다. 그는 항상 규칙을 말하는 것보다 원칙을 제시하는 것을 선호한다(고전 8-10장에서 우상숭배에 대한 그의 긴 논의를 비교하라). 연보에 관한 이 두 장에서, 바울은 고린도 교인들에게 그가 원하는 것을 명령하기보다 관대함을 북돋아 주는 원리를 설명하는 데 대부분의 시간을 보낸다.

바울은 그들에게 은혜와 사랑이 풍성해야 한다고 말하는 것을 부끄러워하지 않는다. 첫 번째 세 은사(믿음, 말, 지식)에 영적인 가치가 있는지 여부는 두 번째 세 은사(간절함, 사랑, 은혜)의 풍성함으로 알 수 있다. 후자의 결핍은 그들의 믿음, 말, 지식이 어떤 식으로든 하나님께 의미가 있는지에대한 의문을 불러일으킨다. 바울은 하나님의 은혜가 그들에게 주어졌다는 확실한 표징으로 마게도냐 교회들이 헌금에 참여하는 것에 대해 이야기했다(8:1). 고린도 교인들의 참여는 하나님의 은혜가 그들 가운데서도 일하는 것을 드러낼 것이다.

8:8. 바울은 조심스럽게 발걸음을 옮겨 그들에게 명령을 내린다는 인상을 남기고 싶어하지 않는다(고전 7:6, 25; 대조. 고전 16:1-2). 그는 그들

---

43 참조. C. J. Cadoux, “The Imperatival Use of iva in the New Testament,” *JTS* 42 (1941): 165–73; A. R. George, “The Imperatival Use of ἵνα in the New Testament,” *JTS* 45 (1944): 56–60; W. G. Morrice, “The Imperatival ἵνα,” *BT* 23 (1972): 326–30.

44 Verbrugge, *Paul's Style of Church Leadership*, 47–51.

의 믿음을 지배하는 모든 비난에 민감하다(1:24). 그는 또한 어떤 외부 강박 때문에 그들이 주는 것을 원하지도 않는다. 빌레몬에게 보낸 편지에서 그는 동료 그리스도인을 같은 방식으로 대하고 무엇을 하라고 명령하지 않는다(몬 1:8, 14).[45] 바울은 그리스도인의 자유를 진지하게 생각한다. 그들은 참여 여부를 선택할 수 있다. 그들의 참여는 순전히 자발적이며(고후 9:5, 7), 자발적인 연보는 기부하는 사람의 호의에 달려 있다. 따라서 바울은 명령하는 것이 아니라 성경에서 모은 하나님의 원칙에 초대하고 그것을 격려하며 제시한다. 그는 그들이 복음으로 해방되고 하나님의 은혜로 불타오르는 마음으로 반응하기를 희망한다. 이것은 그가 옳은 것을 선택할 것이라는 희망적인 기대 속에 수동적으로 앉아 있다는 것을 의미하지 않는다. 그는 영적 지도자이며 그들이 참여해야 하는 이유를 설명하는 두 장을 쓰고 있다. 바울은 그들이 잘못된 이유에서 베풀기를 원하지 않는다. 그럼에도 불구하고 오늘날 우리는 베푸는 훈련이 잘못된 이유라 하더라도 결국 올바른 이유로 베풀게 될 수 있다는 사실을 무시해서는 안 된다. 바울은 고린도 교인들이 올바른 이유로 베풀 것이라고 가장 높은 기대를 가지고 있으며, 왜 그들이 베풀어야 하는지에 대한 신학적 근거를 제시한다.

믿음의 삶은 항상 시험을 동반하며 바울은 연보를 시험과 동일시한다. 그는 2장 9절에서 그들이 시험을 견딜 수 있는지 알아보기 위해 눈물의 편지를 썼다고 말한다. 그들은 바울의 권위에 복종하여 그 시험을 통과했다. 이제 그는 다른 시험으로 이동한다. 마게도냐 교인들은 고난의 혹독한 "시험"을 이겨내고 관대하게 베풀었다(8:2). 고린도 교인들에게 그것은 그들의 사랑, 즉 바울이 더 많은 노력이 필요하다고 생각했던 것(고전 12:31-13:13)이 진정한 것인지 알아보는 시험이다. 바울은 "그들이 시험에 직면했을 때 무엇을 할 것인가?"라는 암묵적인 질문을 남긴다.[46]

---

45 나는 빌레몬에 대한 바울의 요청을 읽을 때, 그는 "기대에 대한 피상적인 일치에 불과한 강제적인 순종이 아니라 참된 순종을 얻고자 한다('눈가림', 골 3:22). 바울은 빌레몬의 그리스도인으로서의 신앙을 신뢰하고 그의 믿음이 그의 결정을 인도할 것이라고 믿는다. 그는 자신이 해야 할 일을 지시함으로써 도덕적 책임을 회피하기를 거부한다. 도덕적으로 지혜로운 그리스도인을 키우는 것은 아이가 자전거 타는 법을 배우도록 돕는 것과 같다. 아이는 격려와 안정, 올바른 방향을 가리키는 것이 필요하다. 그러나 아이가 혼자 페달을 밟고, 조종하고, 균형을 잡는 법을 배우려면 부모는 마침내 놓아주어야 한다. 그리스도인들이 그리스도 안에서 성장하려면 지도자들은 그들을 올바른 방향으로 가르칠 필요가 있다. 그러나 그들은 놓아주어야 하며 그리스도께서 그들에게 요구하시는 순종을 스스로 결정하도록 해야 한다"(Garland, *Colossians Philemon*, 368).

46 바넷(Barnett)은 바울이 *δοκιμάζω* 동사를 사용하여 "기독교 신앙의 원리"를 표현했다고 지적한다(롬 2:18; 12:2; 14:22; 고전 11:28; 고후 13:5; 갈 6:4; 엡 5:10). 그는 또한 다음과 같이

이 문장에서 "사랑"은 목적어가 없으며 바울에 대한 사랑(8:7) 또는 그리스도에 대한 사랑을 나타낼 수 있다. 바울은 이전에 그가 하는 모든 일에 그를 강권하시는 그리스도의 사랑에 대해 말했다(5:14). 그는 동료 그리스도인들에 대한 사랑을 보여줌으로써 그리스도에 대한 그들의 사랑과 그들에 대한 그리스도의 사랑을 나타내도록 의도했을 가능성이 있다. 바울은 사랑을 표현하는 말이 값싸게 오고 속일 수 있다는 것을 알고 있다. 진정한 사랑은 그들이 내는 연보에 나타날 것이다.

3.1.3. 예시: 예수 그리스도의 희생에 나타난 하나님의 은혜(8:9)

8:9. 바울은 이제 우리 주 예수 그리스도의 모범에 호소함으로써 호소에 힘을 더한다. 다른 사람을 위한 마게도냐 교인들의 희생과 그리스도의 희생은 또 다르다. 크랜필드가 말했듯이, "우리 주 예수 그리스도의 은혜는 하나님의 완전히 과분하지만, 왕처럼 자유롭고, 효과적이고, 지치지 않고, 무궁무진하며, 예수 그리스도 안에서 그리고 그분을 통해 역사하는 하나님의 효력 있고 넘치는 자비를 나타낸다."[47] 이것은 인간에 대한 하나님의 자비로우신 역사를 요약한다. 우리가 그러한 과분한 은혜를 받은 사람이라면 어떻게 참 그리스도인으로서 궁핍한 형제자매들에게 마음이나 지갑을 닫고 다른 사람들과 나누는 한 푼을 아끼겠는가(요일 3:16-20)? 은혜의 선물에 대한 하나님의 아낌없는 희생과 그리스도의 희생의 깊이는 그리스도인들이 다른 사람들에게 베푸는 일에 관대할 것을 요구한다. 냉담한 반응은 그리스도께서 우리를 위해 치르신 전적인 희생에 합당하지 않다.

바울은 자신의 윤리적 권고를 위해 간략한 기독론적 고백을 사용한다(빌 2:5-11처럼). "부요하신 이로서"라는 말은 그리스도께서 자신의 이익을 위해 자신의 지위를 이용하지 않으셨다는 의미이다. 그 대신에 다른 사람들을 섬기기 위해 그 지위를 포기했다(빌 2:6).[48] 그분의 부요함은 "신약의 다른 곳에서 "창세 전에 내가 아버지와 함께 가졌던 영화"로 제시되는 선재하신 그리스도의 지위를 묘사한다"(요 17:5). 또는 "근본 하나님의 본체"시며 "하나님과 동

언급한다. "δοκιμάζειν는 πειράζειν과 대조되어야 한다. 후자는 일반적으로 실패를 만들기 위한 유혹을 의미한다"(*Second Epistle*, 406n7).

47 Cranfield, "The Grace of Our Lord Jesus Christ," 106.

48 바울도 같은 일을 했다(6:10: "가난한 자 같으나 많은 사람을 부요하게 하고 아무것도 없는 자 같으나 모든 것을 가진 자로다"). 그는 개인적인 위안을 위한 준비를 하지 않고 오직 그리스도의 전파에만 관심을 둔다(참조. 빌 1:18).

등됨"(빌 2:6)을 갖는다.[49]

그리스도께서 우리를 위해 가난하게 되셨다는 확언은 경제적 의미에서 그리스도의 지상 생애 동안 문자적 가난을 가리키는 것으로 받아들여졌다. 그러나 예수님은 가난하셨지만, 로마의 지배와 꼭두각시 의뢰인 왕과 제사장 귀족에 의해 예속되어 땅이 없는 팔레스타인 사람들보다 경제적으로 더 나쁘지 않았을지도 모른다. 일관성 있게, 경제적인 해석은 그리스도의 물질적 가난을 통해 다른 사람들이 물질적으로 부자가 되었음을 의미한다. 그것은 마게도냐 교인들에게는 거의 적용되지 않는다. 그러므로 부요함은 물질적 소유를 무의미하게 만드는 영적 부요함 뿐이다. 그리스도의 "빈곤"은 머리 둘 곳이 없는 것 이외의 다른 것을 가리켜야 한다(마 8:20).

"가난하게 되심"은 성육신, 즉 그리스도께서 이 죽을 수 밖에 없는 생명을 취하실 때 취하신 상태를 가리키는 진행의 부정과거일 가능성이 높다. 가난해진다는 것은 그가 "자신을 비우는 것"을 의미하며(빌 2:6; 또한 롬 15:3; 히 12:2 참조) 이것이 그가 자발적으로 한 일임을 암시한다. 쉘클Schelkle은 다음과 같이 말한다.

> 그리스도께서는 아버지와 함께 거하시던 신성한 능력의 충만함을 버리셨고, 하나님의 아들로서 자신에게 있었던 하늘의 영광을 버리셨다. 그분은 인간 존재의 빈곤을 선택하셔서 자신의 가난을 통해 가난하게 된 모든 사람의 가난에 영원한 구속의 풍성을 나누어 주실 수 있었다.[50]

이 자기 내어줌이 어떻게 우리를 부자로 만드는가? 바울은 십자가 위에서 그리스도의 죽음에 대해 생각해야 한다고 말한다. "그리스도께서는 모든 것이 그분에게서 빼앗긴 모멸적이고 굴욕적인 죽음의 근본적인 빈곤을 받아들이심으로써 '가난'해지셨다."[51] 그리스도의 성육신은 그분의 죽음에서 그리고 교환의 원칙에서 절정을 이루었다. 그 교환의 원칙은 그분이 가난하게 되셨

49 F. B. Craddock, *The Pre-existence of Christ in the New Testament* (Nashville/New York: Abingdon, 1968), 166.

50 Schelkle, *Second Epistle*, 123–24. 크래독(Craddock)은 다음과 같이 말한다. "우주의 모든 창조된 권세들에 대해 자유롭고 주권적이지만, 그분 자신이 이 권세들 아래로 오셨으며, 십자가에 이르기까지 그들의 공격을 온전하게 맛보셨다. 이것은 그가 우리를 위해 한 일이다" (*The Pre-existence of Christ in the New Testament*, 168).

51 Murphy-O'Connor, *Theology*, 83. 데니(J. Denney)는 다음과 같이 말한다. "신약은 속죄와의 관계를 떠나서 정의될 수 있는 성육신에 대해 아무것도 모른다. 베들레헴이 아니라 갈보리가 계시의 초점이다."(*The Death of Christ* [London: Tyndale, 1960], 179; 다음에 인용됨. Barnett, *The Message of 2 Corinthians*, 144).

고 우리는 부요케 되었다는 것이다. 이것은 5장 21절과 동일하다. "예수님이 자신의 의(죄가 되셨음)를 주신 것은 우리로 하나님의 의가 되게 하려 하심이다."[52] 라피드Lapide는 나지안주스Nazianzus의 그레고리우스Gregory가 그토록 아름답게 표현한 그리스도의 궁핍으로부터 우리가 받은 유익을 말한다.

> 그리스도께서 가난하게 되심은 그분의 가난함을 통하여 우리를 부요케 하려 하심이라. 그분은 우리가 자유를 되찾게 하시려고 종의 형체를 가지셨다. 그분은 우리가 높아지도록 내려오셨다. 그분은 우리가 극복할 수 있도록 시험을 받으셨다. 그분은 우리를 영광으로 채우시기 위해 멸시를 받으셨다. 그분은 우리가 구원받을 수 있도록 죽으셨다. 그분은 죄의 걸림돌을 통해 땅에 엎드려 있는 자들을 당신께로 이끌기 위해 승천하셨다.[53]

구원의 부요함은 영광 가운데 우리를 기다리는 어떤 것이 아니라 바로 지금 경험할 수 있는 영적인 복이다(참조. 고전 1:4-5, 3:22). 고린도 교인들에 대한 시험은 이러한 영적 풍요로움이 그들이 경제적 부를 다른 사람들과 나누는 방식에 가시적인 영향을 미칠 것인지 여부이다.[54] 바울은 다음 장에서 하나님께서 우리를 부요하게 하셔서 우리가 다른 사람들에게 관대하게 베풀 수 있게 하신다는 점을 강조한다(9:11).

우리를 위한 그리스도의 희생에 응답하는 것이 형제 공동체를 모방하거나 능가하려고 하지 않고 베푸는 일의 진정한 동기가 된다. 바울은 그들에게 그리스도께서 그들을 위해 하신 일에 대해 응답하라고 요청한다. 그러나 퍼니시는 바울이 그리스도를 따라야 할 모범으로 제시하지 않았다고 주장한다. 그는 바울이 "그리스도께서 하신 일을 하라" 또는 "그리스도께서 당신을 위해 하신 일을 다른 사람들을 위해 하라"는 의미를 제시하지 않는다고 주장한다. 오히려 "그리스도의 은혜로 풍성하게 된 자로서 너희 지위에 합당한 일을 하라"는 것이다.[55] 자선을 베푸는 일은 그 자체가 목적이 아니라 그리스도 안에 있고 새로운 피조물이 되는 데서 자라난다(5:17).

---

52 Furnish, *II Corinthians*, 417.

53 Lapide, *II Corinthians*, 114에서 다음을 인용한다. Gregory of Nazianzus, *Oratio in laudem Basilii* 1.5.

54 크랜필드(Cranfield)는 "진정한 부는 이 세상의 일시적인 재물과 다르다"고 설명한다. 인간은 "그토록 치열하고 가차 없는 경쟁"과 "어떠한 수치도 모르는" 이 지상의 재물을 추구한다. 그들은 "다른 사람들을 더 가난하게 만드는 대가를 치르고서야 소유될 수 있다(부자가 더 부유해질수록 가난한 사람들은 더 가난해진다)"("The Grace of Our Lord Jesus Christ," 108).

55 Furnish, *II Corinthians*, 418.

그리스도의 자기를 내어주심은 어떻게 돈을 주어야 하는지를 포함하여 모든 그리스도인의 자기 내어줌의 모범이다.[56] 그리스도인에게 모범이 되는 그리스도의 자기 비움은 그들이 가진 것에 비례해서 다른 사람들에게 베풀도록 해야 한다. 바울은 다른 사람을 위하여 자신을 비워 가난하게 되고 큰 고난을 겪으며 복음을 전하는 삶의 방식에서 그리스도의 모범을 따랐다. 그러나 바울은 고린도 교인들에게 그리스도께서 그들에게 하신 것처럼 그들의 삶을 바치라고 요구하거나 마게도냐 교인들이 행한 것처럼 그들의 궁핍함에서 내어주기를 요구하지 않는다. 바울은 그들이 가진 것의 일정 비율만 공평하게 나누어 줄 것을 요구하며, 복을 다시 돌려 받을 것이라고 약속한다. 그는 그리스도께서 공평하게 주신 것이 아니라는 이 요청으로 그들을 상기시킨다! 그분의 선물은 너무 많았고, 이 형언할 수 없는 선물에 대한 감사가 넘쳐날 것이라는 보장은 없었다. 그들의 주님으로부터 오는 그러한 값없는 은혜는 고린도 교인들이 도움이 필요한 사람들에게 은혜를 베풀도록 영감을 주어야 한다. 크래독은 다음과 같이 말한다. "구속의 드라마는 우리가 사는 곳, 역사에서 나사렛 예수 안에서 일어났다. 그러므로 바울은 우리가 사는 곳에서, 매일의 삶의 상황에서, 예를 들어 도움이 필요한 사람들과 지갑을 나누는 것과 같이 그것을 표현해야 한다고 말한다."[57]

마게도냐 교인들과 그리스도의 모범에서 고린도 교인들은 다음을 배울 수 있다.

1. 참된 베풂은 단순히 돈을 주는 것이 아니라 자신을 드리는 것이다. 복음은 우리가 하나님께로부터 얻을 수 있는 것이 아니라 하나님께서 우리 자신을 다른 사람에게 줄 수 있도록 우리에게 주신 것에 관한 것이다.

2. 극심한 빈곤에서도 베풀 수 있고 한량없는 부요함에서도 구제할 수 있다. 가난할 때 관대하기를 꺼려하는 사람들이 부자가 될 때 갑자기 관대해지지는 않을 것이다.

3. 주는 것은 그리스도 안에서 체험된 하나님의 은혜와 관련이 있다. 받는 사람은 도움이 필요한 경우를 제외하고는 선물을 받을 만한 일을 하지 않아도 된다. 베푸는 사람들은 그들 위에, 그들 안에서, 그리고 그들을 통해 도움이 필요한 다른 사람들에게 베푸는 하나님의 은혜로 관대해진다.

---

56 D. Horrell, "Paul's Collection: Resources for a Materialist Theology," *Epworth Review* 22 (1995): 77.

57 Craddock, "The Poverty of Christ," 168.

3.1.4. 지시: 하던 일을 성취하라 (8:10-12)

8:10. 바울은 이 문제에 대해 고린도 교인들에게 명령하지 않고 권위 있는 조언을 한다. 타인에 대한 진정한 자비는 명령으로 만들어지는 것이 아니기 때문에 논리적인 사고를 통해 동기를 부여하고자 한다. 그는 또한 비판하는 것처럼 보이기 원하지 않지만 그가 생각하는 최선의 것을 말하고 싶어 한다. 원래 의도는 좋았더라도 실행하지 않으면 좋지 않게 보일 것이다.[58] 바울은 칭찬받을 만한 것, 즉 그들이 기꺼이 그 사역에 헌신하려는 의지를 칭찬하고 "고린도 교인들의 자존감이 내적 동기로 작용하도록 허용함"으로써 자신의 확고한 리더십 스타일을 보여 준다.[59] 그는 미묘하게 전달한다. 그러나 말은 쉽다. 이제 만들어야 할 때이다. 지옥으로 가는 길은 선의로 포장되어 있다는 보스웰의 격언이 적용된다. 따라서 바울은 다음과 같은 이유로 기꺼이 시작하려는 일을 성취하는 것이 가장 좋다고 생각한다. (1) 그들은 이미 시작했고, 아직 완성하지 못한 일을 미루어서는 안 된다(8:11). (2) 시작한 것이 끝나지 않으면 아무것도 성취되지 않는다. (3) 그 사역이 끝나기 전에 무너지는 처음 열심에 대해서는 인정받지 못한다.[60]

8:11-12. 8장 11절에 이 장의 유일한 명령, "하던 일을 성취할지니"가 나타난다. 바울이 그들에게 쓴 편지의 결과로 무엇을 기대하는지 간결하게 표현한다. 그들이 먼저 시작했다. 이제 질질 끄는 것을 멈춰야 한다. 이 일의 성취가 지연되면 의욕이 줄어들 뿐만 아니라 처음 의지에 의문이 생긴다. 세네카Seneca는 다음과 같이 말한다. "그 유익은 ... 늦게 주어져서는 안 된다. 왜냐하면 모든 섬김에서 베푸는 자가 기꺼운 마음으로 하는 것이 중요하기 때문에 늦게 행동하는 자는 오랫동안 내키지 않기 때문이다."(*On Benefits* 1.1.8).

"네가 가진 대로"(개역개정. "있는 대로")는 8장 3절의 "그들이 힘대로"와

58 "작년"(ἀπὸ πέρυσι, 아포 페루시, 개역개정, '일 년 전에')은 영어 관용구에서와 같이 반드시 1년 전을 의미하는 것이 아니라 작년을 의미한다. 한 달에서 23개월 전일 수 있다. 정확한 기간은 명시되어 있지 않다(Furnish, *II Corinthians*, 405). 보편적으로 인정되는 달력이 없었기 때문에 유대인의 새해는 가을에 시작하고 로마인은 1월에 시작하고 아테네는 한여름에 시작해서 날짜 문제는 더욱 복잡해졌다. 우리가 유일하게 확신하는 것은 고린도 교인들이 마게도냐 교인들보다 먼저 연보를 시작했으며 시간이 지났다는 것뿐이다. 바울이 고린도전서를 썼을 때 연보가 시작되었다(고전 16:1-4). 그 사이에 바울은 고통스러운 방문을 하고 가혹한 편지를 썼고 디도는 그들을 방문하고 바울에게 돌아왔다. 바울은 그 이후로 에베소에서 드로아, 마게도냐로 이동했다. 확실히, 많은 개월이 지나갔다.

59 Murphy-O'Connor, *Theology*, 84.

60 Betz, *2 Corinthians 8 and 9*, 64.

병행을 이룬다. 바울은 그들에게 오직 가진 것을 따라 베풀기 요청한다. 그들은 빚을 지거나 과중한 짐이 되어서는 안 된다. 그의 목표는 합리적이다. 그는 기록적인 금액을 올리려고 하지 않는다. 매주 일정 금액을 따로 떼어 두라는 고린도전서 16장 2절의 바울의 지시는 제한된 자원을 가진 많은 사람들에 대한 것이며 시간이 지나면서 상당한 금액이 축적될 수 있다는 것을 알고 있음을 보여 준다. 그들이 후하게 내어 주는 것은 무엇이든지 하나님께서 기뻐하실 것이라고 확신시켜 준다. 하나님은 과부의 헌금, 즉 "자기의 모든 소유 곧 생활비 전부"(막 12:44)를 기대하지 않으시지만, 인색하지 않은 관대함을 기대하신다. 하나님께 중요한 것은 주는 자의 마음에 있는 것뿐이다. 고린도 교회의 경우 가장 작은 선물이 성취되지 않는 가장 큰 의도보다 더 크다.

신약에서 "네게 있는 대로"(고전 16:2, "수입에 따라")의 원칙은 구약에서 발견되는 십일조의 원칙을 대체한다. 어떤 이들은 십일조보다 훨씬 더 많이 내어 줄 수 있지만 여전히 생활에 필요한 것을 모든 것을 주기에 충분하다. 토빗서Tobit는 자신이 가진 것에 따라 기부한다는 개념을 자선과 관련하여 다음과 같이 말한다.

> 진리에 따라 행동하는 사람들은 모든 일이 형통할 것이다. 의를 행하는 모든 자에게 네 소유에서 자선을 베풀고 예물을 바칠 때에 네 눈이 인색하지 않게 하라. 가난한 사람에게서 얼굴을 돌이키지 말라. 그러면 하나님께서 그 얼굴을 당신에게서 돌이키지 않을 것이다. 소유가 많으면 그에 비례하여 선물을 만들라. 적더라도 있는 그대로 베푸는 것을 두려워하지 말라. 그러므로 당신은 필요한 날에 대비하여 자신을 위해 좋은 보물을 쌓아 두게 될 것이다. 선을 베푸는 일은 죽음에서 건져내고 당신이 어둠 속으로 들어가는 것을 막아주기 때문이다. 실제로 선을 베푸는 일은 그것을 행하는 모든 사람에게 지극히 높으신 분 앞에서 훌륭한 제물이다.[61]

아가야의 번성한 수도인 고린도는 마게도냐의 도시들보다 훨씬 부유했으며 회중에는 부유한 교인도 있었다. 바울은 그들의 빈곤을 말하지 않는다. 그들은 마게도냐 교인과 같은 재정적 곤경에 있지 않았다고 가정할 수 있다. 그렇다면 바울이 다른 사람들에게 쉽게 무시당하고 굴욕을 당하는 가난한 회중

61 요세푸스는 가난한 사람들이 추수에 참여할 권리를 설명한다. "사람이 관대하게 취하는 것을 지출로 여기지 말라. 하나님이 이 많은 좋은 것을 우리만 누리게 하시려는 것이 아니다. 다른 사람과 함께 후히 나누게 하심이다. 그리고 그는 이러한 방법으로 이스라엘 백성에게 특별한 호의를 베풀기를 원하신다. 우리의 그 모든 풍부함 중에서 그들이 우리에게서 나눔을 받을 때, 그의 선물의 풍요로움은 다른 사람들에게도 나타날 수 있다"(*Ant*. 4.8.21 §237 [Thackeray, LCL]).

의 사람들을 위해 재력에 따라 베푸는 것에 관한 지혜를 공유하지 않는지 궁금할 것이다(참조. 고전 11:20-22). 고린도 교회의 노예들도 모금에 기부했다면, 매우 작은 금액일 수 있다. 바클레이Barclay는 그들이 기부할 수 있는 유일한 돈은 "언젠가 자유를 살 수 있는 희망을 가지는 저축에서 나왔을 것이다! 관대함이 크면 클수록 노예 해방의 기회는 적어진다"라고 말한다.[62] 바울은 그러한 대담한 희생을 요구하지 않는다. 우리 마음을 아시는 하나님께서는 인색함으로 드리는 것인지, 간절한 마음으로 드리는 것인지 분별하신다.

3.1.5. 하나님의 원칙: 균등하게 함 (8:13-15)

8:13-15. 인색은 다른 사람을 의심하고 엄격한 방법을 합리화한다. 바울은 회중의 일부 비참한 구성원들이 "다른 사람들은 우리가 힘들게 번 돈으로 이익을 얻을 것이다," "가난한 사람들이 우리에게서 부를 가져가는 동안 우리는 그 짐을 져야 한다," "우리는 우리 자신의 재정적 문제가 충분하다. 왜 우리가 알지도 못하는 다른 사람들을 도와야 하는가?"라고 불평할 수 있다는 것을 알고 있다. 바울은 현실적이다. 그리스도의 영이 없으면 다른 사람을 구원하기 위해 더 큰 짐을 지고 싶지 않아 한다. 그러므로 그는 예루살렘 교회가 이러한 선물들로 더 나은 삶을 살지 않을 것이라고 확신시켜 어떤 불평도 피하려고 한다.

바울은 고린도 교인들이 더 잘 살기 때문에 또는 그들의 모든 자원을 고갈시키기 위해 다른 사람들보다 더 많이 베풀도록 요구하지 않는다. 그는 할 수 있는 만큼만 베풀라고 요구한다. 마게도냐 교인들의 예는 바울이 그들에게 동등하지 않은 짐을 지우는 것이 아님을 보여 준다. 바울은 그들이 다른 사람들에게 구제하는 데 어려움을 겪는 것을 원치 않는다. "곤고"(θλῖψις, 들립시스)로 번역된 단어는 8장 2절에서 마게도냐 교인의 "환난"을 가리키는 동일한 단어이다. 고린도 교인들이 모금에 기부한 것은 희생적이라 할지라도 마게도냐 교인들이 견뎌낸 극심한 고통과 비교할 수 없을 것이다. 열악한 상황에도 불구하고 마게도냐의 그리스도인들은 할 수 있는 것 이상으로 베풀어서 너무 압박을 받는다고 믿지 않았다.

전체 프로젝트를 뒷받침하는 원칙은 "정의" 및 "공정"과 관련된 균등함

62 J. M. G. Barclay, "Paul, Philemon and the Dilemma of Christian Slave Ownership," *NTS* 37(1991): 179–80.

(ἰσότης, 이소테스, "평등")의 하나이다.[63] 바울은 그들이 주는 목적, 즉 균등함을 이루기 위한 것이 아니라 공정함을 바탕으로 주는 것의 근거를 말한다.[64] 남는 것에서 나누는 것은 균등함과 물질적인 것에 관한 하나님의 원칙과 일치한다. 칼뱅은 다음과 같이 주해한다.

> 우리 형제들을 희생하여 쌓아 둔 재물은 저주를 받아 곧 멸망하고 그 주인도 그들과 함께 파멸될 것이므로 우리가 부자가 되는 길은 우리 자신의 먼 미래를 준비하는 것이라고 상상하지 말라. 우리의 가난한 형제들이 마땅히 받아야 할 도움을 기만하지 말라. 나는 부자가 가난한 사람보다 더 우아하게 사는 것이 잘못된 것처럼 우리가 평등에 매여 있지 않다는 것을 인정한다. 그러나 아무도 굶어죽는 사람이 없고 다른 사람을 희생시키면서 자신의 풍요로움을 모으는 사람이 없을 정도로 평등해야 한다.[65]

바울의 논의에서 두 가지 원칙이 나온다. 첫째, 가진 것에 비례하여 베푸는 것이다. 둘째, 각자가 충분히 가질 수 있도록 형평성에 기초하여 베푸는 것이다. 고린도 교인들의 현재 풍부함이 받는 사람들의 현재 부족함을 채워 줄 것이다.

바울은 8장 13절에서 문장을 끝내지 않고 미완성으로 남겨두고 8장 14절에서 다른 문장을 시작한다. 게오르기Georgi은 8장 14-15절을 다음과 같이 제시한다. "이제 너희의 넉넉함이 그들의 부족함에 더하여 균등함이 있게 하려 하는 것이다. 기록된 것 같이, '많이 가진 사람은 더 가진 것이 없고, 적게 가진 사람은 덜 가진 것이 아니다.'"[66] 대부분의 학자들은 "이제"라는 표현이 특별한 종말론적 의미가 아니라 고난을 겪는 현재의 시기를 가리킨다고 생각한

---

63 Georgi, *Remembering the Poor*, 87.

64 필론(Philo)는 ἰσότης("균등함")을 우주적 본질에 주입되고 δικαιοσύνη("정의")와 밀접하게 관련된 신성한 힘으로 이해했다. 그것은 위로부터 부여된 은총으로서 신비적인 요소와 카리스마적인 요소를 가지고 있었다. 따라서 공동체의 연결이 끊어져 있다. 핵심 구절은 *Heir* 141-206(특히 145)에서 필론이 사용한 단어이다. 게오르기(Georgi)는 바울이 그 단어에 대해 같은 이해를 가지고 있다고 주장한다(*Remembering the Poor*, 88–89). 이 견해에 반대하여 바렛(Barrett)은 바울이 근본적으로 도덕적인 개념을 취하고 "우주와 신비로운 방향으로 그것을 의인화"하는 경향이 있다 필론과 같은 종류의 사상가가 아니었다고 주장한다(*Second Epistle*, 227). 균등함은 "기본적으로 도덕적인 개념으로 남아 있다." 크리소스토무스(Dio Chrysostom)는 유리피데스(Euripides)를 인용한다. "균등함은 ... 친구를 친구로, 도시를 도시로, 동맹은 동맹으로 만든다"(*Avar*. 17.9-10, 다음에 인용됨. Furnish, *II Corinthians*, 407). 그러나 바울은 바울은 광야에서 만나를 통해 방황하는 동안 하나님이 정하시고 통제하신 것과 균등함을 연결한다.

65 Calvin, *Second Epistle*, 114.

66 Georgi, *Remembering the Poor*, 89.

다. 그러나 바울이 로마서 3장 26절, 8장 18절, 11장 5절, 고린도후서 6장 2절에서 이 어구를 종말론적 의미로 사용한다.

> 하나님께서 광야 순례 기간 동안 이스라엘 안에 "균등케 됨"을 부과하셨듯이, "새 언약"(3:2-6; 6:16 참조) 아래서 "이때"에, "균등케 함"의 성취가 있어야 한다. 하나님의 종말론적 성취(14절)의 이때에 "균등케 함"은 자발적이어야 하고(3, 8-9절), 기뻐하고 관대해야 한다(2절).[67]

로마서 15장 25-31절에서 바울은 다음을 분명히 한다. 복음은 물질적 선물을 돌려줌으로 보이는 감사의 의무를 만드는 은사이다. 바울은 구체적으로 마게도냐 교인들과 아가야 교인들을 예루살렘에 있는 자들에게 영적으로 빚진 자로 언급한다(롬 15:26-27; 참조. 몬 17-19). 그는 설명하기를, "만일 이방인들이 그들의 영적인 것을 나눠 가졌으면 육적인 것으로 그들을 섬기는 것이 마땅하니라"(롬 15:27; 참조. 요 4:22, "이는 구원이 유대인에게서 남이라"). 피터맨Peterman은 고대 세계에서 "사람이 혜택을 받을 때 감사를 표시하는 것은 사회적 의무로 간주된다. 이 감사는 주로 갚아주는 선물이나 호의로 표시된다"는 것을 보여 준다.[68] 연보는 예루살렘에 있는 사람들에게 영적인 빚을 갚는 방법이 된다. 이방인 신자와 예루살렘에 있는 유대인 신자는 유대인 신자가 이방인과 영적인 것을 나누어 주고 이방인이 핍박과 궁핍한 가운데 있는 유대인 신자에게 물질적인 것을 나눌 수 있게 된 상호 관계를 맺고 있다(살전 2:14). 그 관계는 양쪽만의 관계가 아니다. 하나님께서 이 관계의 일부이다. 하나님은 다른 사람들을 섬기기 위한 돈을 공급하시고, 관대함의 대가는 받는 사람에게서가 아니라 하나님께로부터 온다. 그들은 차례로 그 선물에 대해 하나님을 찬양하고 감사를 돌린다.

그러나 고린도 교인들이 그러한 사회적 관계의 복잡성에 민감하다는 점을 감안할 때 바울은 그들이 예루살렘에 있는 모교회에 빚진 자들이라고 바로 말하지 않는다. 또한 미래적인 상호주의를 강조하여 시대의 사회적 규칙에 대한 민감성을 보여 준다. 이 문화에서 선물을 주는 규약은 선물 교환에 불균형이

---

67 Barnett, *Second Epistle*, 416. 멜릭(R. R. Melick Jr.)은 비슷한 점을 지적한다. "하나님이 광야에서 초자연적으로 그들의 필요를 공급하실 때와 같이 자원의 분배를 감독하셨다면 모든 사람에게 적절한 공급과 공평한 분배가 있었을 것이다. 고린도 교인들은 자원을 관리하는 일에서 하나님처럼 행동할 책임이 있었다"("The Collection for the Saints: 2 Corinthians 8–9," *CTR* 4 [1989]: 110).

68 G. W. Peterman, *Paul's Gift from Philippi: Conventions of Gift Exchange and Christian Giving*, SNTSMS 92 (Cambridge: Cambridge University Press, 1997), 177.

있을 때마다 다른 사람에게 주는 사람이 상위 지위를 얻고 받는 사람이 지위 사다리에서 한 단계 아래로 내려가는 것을 당연하게 여겼다. 그렇기 때문에 바울은 고린도 교인들의 남는 것이 이제 성도들의 필요를 채워 "그들의 넉넉한 것으로 너희의 부족한 것을 보충하여"라고 그 강조하는 이유를 설명한다. 아무도 남에게 베풀지 않고 다른 사람보다 더 높은 지위를 얻지 못한다. 한슨 Hanson은 그것을 다음과 같이 표현한다.

> 고린도 교인들이 지금 주는 것은 부유한 지체들이 겸손하여 가난한 형제들에게 주려 하는 것이 아니라 그리스도 안에서 지금 예루살렘에 있는 그리스도인들의 필요를 공급하는 것이 예루살렘 사람들에 의해 어떤 방식으로든 언젠가는 그들의 필요를 공급할 것임을 아는 형제로서 베푼다.[69]

바울의 고린도 교인들이 필요할 때 물질적 선물로 갚을 가능성을 열어 둔다. 9장에서 바울은 선물을 주는 관습을 기독교적으로 바꿀 것이다. 그는 하나님께서 가난한 자를 관대하게 베푸는 자에게 상을 주신다고 강조한다. 이 신학적 확언은 서로 은혜를 베푸는 것에 대한 기대와 함께 선물 교환 배후의 역동성을 완전히 바꾼다. 바울은 그것을 복음과 일치시킨다. 그 의미는 하나님께서 가난한 자에게 관대하게 베푸는 자에게 갚으시기 때문에 그들 사이의 유대가 삼각 관계라는 것이다(9:6-11). 그는 또한 그들의 상호성을 영성화한다. 그들의 재산이 뒤바뀔 가능성이 있다면 예루살렘 그리스도인들은 고린도 교인들과 물질적 선물을 나눌 것이다. 현재 그들은 하나님께 감사의 기도와 그들을 위한 중보 기도를 드릴 것이다(9:12-14).

바울은 선물 교환과 사회적 호혜에 관한 문화적 기대의 복잡한 미로를 조심스럽게 헤쳐 나가지만, 복음을 보낸 그리스도인들이 굶주리는 동안 한가로이 앉아 있을 수 없다는 점을 분명히 의미한다. 하나님은 사람들이 살아가는 데 필요한 것을 공평하게 분배하기를 원하신다. 그들은 그리스도 안에서 궁핍한 형제자매들과 나누는 일에서 아무것도 잃지 않을 것이다. 그러나 그들이 생존 위기에 처한 다른 사람들을 돕는 데 사용할 수 있는 넉넉함을 스스로 보관하기만 한다면 하나님의 심판을 받게 될 것이다. 그들은 필요를 매일 공급해 주시겠다는 하나님의 약속에 대한 탐욕과 불신에 대해 하나님께 응답해야 할 것이다.

만나의 기적(출 16:18)에 대한 인용은 바울 논증의 이 단계를 마무리 짓는다. 문맥이 중요하다.

---

69 Hanson, *II Corinthians*, 69.

> 오멜로 되어 본즉 많이 거둔 자도 남음이 없고 적게 거둔 자도 부족함이 없이 각 사람은 먹을 만큼만 거두었더라 모세가 그들에게 이르기를 아무든지 아침까지 그것을 남겨두지 말라 하였으나 그들이 모세에게 순종하지 아니하고 더러는 아침까지 두었더니 벌레가 생기고 냄새가 난지라 모세가 그들에게 노하니라 (출 16:18-20)

만나가 "각 사람의 필요에 따라" 분배되었으며, 바울은 이것을 물질적 소유의 분배를 위한 하나님의 본보기로 간주한다. 다른 많은 학자들 중에서 스트라챈Strachan은 그 인용이 어떻게 관련이 있는지 이해하는 데 실패한다. 그가 말하기를, 물질에 관한 하나님의 계획에서는 이기적인 것이 정당화되지 않는다는 것을 제외하고는 그것은 주고 받음의 원칙을 설명하기 때문이다.[70] 하나님의 공의는 평등을 요구하며 바울은 이것을 나눔의 평등에 적용하는 것으로 해석한다. 공평한 몫 이상을 모으려 하거나, 쌓아두거나, 필사적으로 움켜쥐는 것은 헛된 에너지 낭비이다. 그것은 썩은 더미로 끝난다. 바울은 출애굽기를 모든 것이 하나님께로부터 왔기 때문에 다른 사람들과 많이 나누어도 여전히 충분하다고 가르치는 것으로 해석한다.

"충분함"은 필요와 관련이 있다. 불행하게도 광야의 만나 이야기가 계속되는 것은 어떻게 인간이 충분하다고 느끼지 않는지 보여 준다. 죄 많은 인간은 단지 "두 오멜"(출 16:16)에 만족하지 않고 항상 자신을 위해 더 감춰두고 비오는 날을 위해 저축하기 원한다. 그들은 또한 하늘에서 내려온 평범한 만나에 만족하지 못하고 사치를 갈망한다(참조. 민 11:5-6). 그러한 것들을 소유하고 유지하는 것에 대한 염려는 우리가 우리 자신을 위해 충분하지 않을 수도 있다고 걱정하면서 관대함을 억제한다. 그러나 우리의 이기심과 탐욕은 우리의 과도한 전리품을 하늘에서 악취가 나는 부패물로 바꾸는 하나님의 평등 원칙으로 억제될 수 있다.

이 하나님의 원칙에는 아무도 넉넉함을 가지지 않는다. 부족한 사람은 없다. 광야 시대에 하나님께서 이것을 실행하셨다. 이제 그것은 자발적이며, 그

---

70 Strachan, *Second Epistle*, 138. 헤이즈(Hays)는 바울이 의도한 것과 정확히 반대되는 의미로 이 성경을 왜곡할 수 있다고 지적한다. 누군가는 다음과 같이 논쟁할 수 있다. "하나님이 궁핍한 사람들에게 기적적으로 공급해 주신다면 왜 물건을 나누는 일에 대해 걱정하는가? 따라서 문자적으로 반대하는 사람은 바울이 그 이야기로 호소하는 것이 설득력이 없고 비논리적이라고 항의할 수 있다. '어떻게 바울이 초자연적인 하나님의 은혜에 대한 설명을 교회에서 상호 나눔에 대한 승인으로 바꿀 수 있겠는가'라고 질문한다"(*Echoes of Scriptures in the Letters of Paul*, 88–89). 그러므로 어떤 사람들은 인용과 이야기의 연결을 무시하고 하나님이 그의 백성들 사이에 평등을 의도하신다는 의미로 축소한다(Plummer, *Second Epistle*, 245도 동일하게 주장한다).

리스도인들의 마음 속에 하나님의 은혜가 역사하는 것에 달려 있다. 이 원칙은 돈을 다루는 것에 관한 바울의 조언을 지배한다. 그는 앞서 고린도 교인들에게 돈에 의존하지 말고 그것에 독립해서 살아야 한다고 말했다(고전 7:29-31). 그는 신자들에게 탐욕을 경계하고(롬 1:29; 고전 6:10; 고후 3:5; 엡 4:19; 5:3, 5; 딤전 6:10) 도움이 필요한 사람들에 베풀라고 경고한다(롬 12:13; 고후 9:8; 갈 6:6-10; 엡 4:28; 살후 3:13). 가장 주목할 만한 서술은 에베소서 4장 28절에 나오는데, "가난한 자에게 구제할 수"(참조. 살전 4:12) 있도록 일해야 한다. 동시에 그는 다른 신자들에게 형제자매들의 관대함을 이용하지 말라고 경고한다(살후 3:8-12).

바울은 예루살렘에 있는 가난한 사람들과 물질적 은사를 나누는 일에 균등케 함의 하나님의 원칙을 적용한다. 헤이즈Hays는 바울이 만나에 관한 이야기를 "성도들의 필요를 공급하기 위해 이용할 수 있고 또 이용해야 하는 넉넉한 저장소로 고린도 교인들의 물질적 '풍요'(고후 8:14)를 묘사하는 데 좋은 효과를 발휘한다"고 결론지었다."[71] 하나님은 신자들이 관대할 수 있도록 은혜를 부어 주신다. 그러나 물질적 은사를 나누는 것은 영적 평등의 표시이기도 하다. 그러므로 바울은 이 계획을 그리스도 안에서 세계적인 교제를 창조하는 훨씬 더 큰 하나님의 원리의 실증으로 본다. 이방인 그리스도인과 유대인 그리스도인은 그리스도에 대한 믿음과 하나님의 은혜에 대한 동등한 접근으로 연결된다. 그들이 하나님의 매일 공급하심을 진정으로 신뢰한다면 물질적 축복을 쌓아두어서는 안 된다. 하나님께서 공급하신다(참조. 마 6:25-32). 그들에게 부족한 것이 있다면 초조해할 필요가 없다. 하나님은 또한 다른 신자들에게 도움을 주기 위해 풍부하게 공급하신다.

추가 주석 3: 연보의 중요성

바울은 왜 예루살렘 성도들을 위해 이 연보에 그토록 많은 에너지를 투자하는가? 여러 가지 이유가 가능하다. 첫째, 예루살렘 성도들의 가난을 구제하기 위한 자선 행위였다.[72] 비록 바울이 예루살렘 성도의 필요를 거의 언급하지

---

71 Hays, *Echoes of Scriptures in the Letters of Paul*, 90.

72 사도행전 24:17에서 바울은 이것을 "내 민족"(문자적으로, "나라")을 위한 "구제할 것[문자적 의미: "자선"]과 제물"이라고 언급한다. 사도행전은 주로 이 부분에서 민족에 대한 바울의 충성과 이스라엘의 소망을 보여주는 데 관심이 있으며, 제물이나 그것을 받는 일에 대한 신학적 중요성에 대해서는 자세히 설명하지 않는다.

않지만, 로마서 15장 26절에서 "예루살렘 성도 중 가난한 자"를 구체적으로 언급한다. "성도 중에"는 부분의 속격으로 번역된다("'성도들의'는 성도에게 속한 가난한 자를 가리킴"). 바울은 8장 14절과 9장 12절에서 그들의 필요(결핍)를 언급한다. 우리는 기근이 낯선 것이 아니었음을 안다(참조. 행 11:28). 어떤 사람들은 공동체의 다른 사람들을 돕기 위해 자발적으로 재산을 포기했다(행 4:32-37). 교회도 박해에 직면했음을 추측할 수 있다(갈 1:22-23; 살전 2:14-15). 이는 믿지 않는 유대인 공동체로부터 도움을 받았을 것 같지 않았기 때문에 그들의 빈곤은 더욱 악화되었다.

자선은 유대교의 종교적 경건의 한 부분이었고 바울은 그것에 깊은 영향을 받았을 것이다(롬 12:13; 엡 4:28). 가난한 사람들을 돌보라는 구약의 명령과 초대 예루살렘 교회가 서로 재정적 책임을 지는 관행(행 2:43-47; 4:32-37; 6:1)은 그에게 충분한 동기가 되었을 것이다. 예루살렘에서 고난을 겪고 있는 사람들의 필요에 응답하기 위해 바울은 이 헌금을 그들을 위한 사랑의 행위로 여겼지만 그에게는 그보다 더 큰 의미가 있었다. 예루살렘의 필요가 그토록 긴급했고 따라서 연보 준비에 오랜 시간이 걸렸다(8:10). 심각한 구제의 노력 외에 다른 이유들이 바울의 노력에 영감을 주었을 것이다.

둘째, 어떤 사람들은 바울이 의무를 이행하기 때문에 연보를 행했다고 주장한다. 가난하고 궁핍한 사람들의 필요에 대한 바울의 유대적인 민감성(시 112:9)은 그들이 도움을 받는 데 관한 그의 관심을 뒷받침하지만, 예루살렘의 가난한 사람들에 관한 바울의 구체적인 관심은 설명이 필요하다. 갈라디아서 2장 6-10절은 예루살렘 교회의 "기둥" 사도들인 야고보, 베드로, 요한과 바울 사이의 협약을 기록한다. 바울은 그들이 자신의 복음에 아무것도 더하지 않고 그의 사역을 인정하고 확증하며 교제의 오른손을 내밀었다고 말한다. 그들은 가난한 자들을 기억해 달라고 요청할 뿐이다(갈 2:10).[73] 가난한 사람들을 도

73 홀(K. Holl)은 "성도들"과 "가난한 사람들"은 가난한 사람들이 아니라 예루살렘 교회의 성도들을 가리키는 전문 용어라고 주장했으며, 그 헌금은 예루살렘 교회에 대한 바울의 충성심이나 그 권위, 그리고 유대인의 연합의 표시로 디아스포라의 회당 사이에서 징수된 성전세의 한 버전이었다"고 주장한다("Der Kirchenbegriff des Paulus in seinem Verhältnis zu dem der Urgemeinde," in *Gesammelte Aufsätze zur Kirchengeschichte* [Tübingen: Mohr Siebeck, 1928], 2:44–67). 돈은 그들에게 부과되는 일종의 세금이다. K. F. Nickle, *The Collection: A Study of Paul's Strategy*, SBT 48 (Naperville: Allenson, 1966), 74-99; Bruce, "Paul and Jerusalem," *TynBul* 19 (1968): 10; B. Holmberg, *Paul and Power: The Structure of Authority in the Primitive Church as Reflected in the Pauline Epistles* (Philadelphia: Fortress, 1978), 39-41. 켁(L. E. Keck)은 이 견해에 설득력 있게 도전했다("The Poor among the Saints in the New Testament," *ZNW* 56 [1965]: 100–129). 그는 갈 2:10 과 로마서 15:26에서 가난한 자들을 가난한 사람들 이외의 다른 의미로 생각하는 것이 의심스럽다는 것을 보여 준다. 그 세금 징수는 성전을 유지하기 위해 전 세계에 있는 유대인들에게서 거둬들인 반 세겔과 같은 세금이 아니었다. 성전을 위한 모금이 선례를 제공하지만, 그것은 바울이 하는 일과 관련이 없다. 성전세는 퇴행적이었다. 부자와 가난한 사람은 같은 금액을 빚졌다. 바울이

우려는 바울의 열심의 표현은 자발적으로 그렇게 했을 것임을 나타낸다.[74] 다른 편지들에 반영된 연보의 성공에 대한 바울의 열망은 사도들이 그에게 부여한 의무라면 설명할 수 없을 것이다. 그는 이방인들이 예루살렘 교회에 빚을 지고 있다고 말하지만(롬 15:27), 그것을 영적인 빚으로 이해한다. 헌금에 대한 바울의 용어는 하나님의 은혜를 위한 기회로서 그 신학적 중요성을 강조하고, 그는 순전히 자발적인 성격을 강조한다. 로마서 15장 31절에 표현된 성도들이 헌금을 받아들이지 않을지 모른다는 두려움은 이것이 세금이었을 가능성을 배제한다. 이방인들이 예루살렘에 지불해야 하는 세금이 있다면 바울은 그 세금이 받아들여지지 않는다고 초조해할 필요가 없었을 것이다. 그들이 요구했던 것을 어떻게 거절할 수 있겠는가?

"은혜"(χάρις, 카리스)는 이 프로젝트를 설명할 때 바울이 선호하는 단어이다(고전 16:3; 고후 8:6, 7, 19). 베르브루게Verbrugge는 "은혜"가 "곧 그리스도 안에서 하나님께서 우리에게 주는 것이나 우리가 하나님께나 다른 사람에게 주는 것"을 언급한다고 주목한다. 그것은 분에 넘치는 것이며, 그것을 받기 전에 합당한 일을 하도록 요구하지 않는다.[75] 평판으로만 알던 이방인 그리스도인들의 관대함은 그들의 삶 속에 역사하시는 하나님의 은혜의 표징이었다. 그들은 복음 전파를 통해 유대인 그리스도인들의 복을 받았고, 복음에는 다른 이들에게 복이 되어야 할 의무가 따른다. 바울은 이 선물을 영적 빚을 갚는 것으로 보고 있지만(롬 15:27), 이것이 그의 노력 뒤에 있는 주된 동기는 아니다.

바울은 여러 가지 이유로 모교회에 대해 어느 정도 부채감을 느꼈을 것이다. 그는 그 교회를 핍박하고 멸하려 하였다(갈 1:13). 그러나 갈라디아서 2장 1-10절에서 보고하는 기둥 사도들과의 관계는 과거의 죄를 속죄해야 한다는 그의 의식을 드러내지 않는다. 그렇다면 연보는 빚을 갚는 것 이상이다.

셋째, 로마서 15장 31절에 나타난 그의 섬김이 성도들에게 받아들여지지 못할까 하는 바울의 염려는 결정적인 증거가 된다. 그는 로마 교인들에게 이렇게 묻는다. "나로 유대에서 순종하지 아니하는 자들로부터 건짐을 받게 하고 또 예루살렘에 대하여 내가 섬기는 일을 성도들이 받을 만하게 하고 나로 하나님의 뜻을 따라 기쁨으로 너희에게 나아가 너희와 함께 편히 쉬게 하라"(롬 15:31-32). 이것이 단순히 굶주린 사람들을 위한 긴급 구호 활동이었다면

고린도 교인들에게 구하는 것은 가진 것에 비례하여 자원하는 선물이다. 베르거(K. Berger)는 그 연보를 자선으로 식별하고 이방인 교회가 할례를 받고 희생을 드리는 대신에 그것을 대용품으로 보았을 것이라고 주장한다. 그 선물은 구원 역사에서 이스라엘의 우선 순위를 인식하고 이스라엘에 대한 충성을 나타내었을 것이다("Almosen für Israel: Zum Historischen Kontext der Paulinischen Kollekte," *NTS* 23 [1976–77]: 180–204).

74 게오르기(Georgi)는 바울이 두 개의 연보를 만들었다고 주장한다. 하나는 기둥 사도들의 선동으로 이것은 자신의 주도로 만든 것이다(*Remembering the Poor*, 43-49).

75 Verbrugge, *Paul's Style of Church Leadership*, 328.

바울은 왜 로마 교인들에게 가난한 사람들이 그것을 "받아들일 수 있는" 것으로 알게 해달라고 기도하도록 요청해야 하는가? 그 답은 더 전통적이고 율법을 준수하는 유대인 그리스도인들이 할례를 받지 않은 이방인 그리스도인들을 받아들이는 것에 대한 오랜 갈등의 역사에서 찾을 수 있다. 이것은 이방인의 돈이었다. 유대인 그리스도인들이 이방인 그리스도인에게서 사랑과 빚이라는 이 유형의 표지를 받아들인다면, 사실상 그들을 그리스도 안에 있는 형제이자 약속의 공동 상속자로 받아들인 것이다. 연보는 기독교 신앙이 이전에 유대인과 이방인을 분리했던 가장 깊은 인종적 장벽을 극복했음을 보여 준다.

그리스도 안에서 유대인과 헬라인 사이의 교제를 보여주고자 하는 이러한 관심은 연보의 주된 동기이다. 호렐Horrell은 바울이 박해와 가난을 겪었던 다른 교회들을 위해 연보를 많들지 않았기 때문에 예루살렘을 위한 헌금에서 특별한 영적 의미를 보았다고 지적한다.[76] 바울은 그들에게 구제를 보내는 것 이상의 일을 하기를 원한다. 그는 예루살렘에 있는 유대인 그리스도인들과 그가 세운 이방 교회들 사이에 가시적인 교제의 상징을 전달하기 원했다. 바울은 모든 그리스도인들이 그리스도께 속해 있기 때문에 우리 모두가 서로에게 속해 있다는 것을 이해하기를 갈망한다. 이 연보는 사람들 사이의 적대감을 무너뜨리기 위한 그의 화해 사역의 일부이다. 그러면 교회는 화평의 매는 줄로 성령이 하나되게 하신 것을 알게 될 것이다. "몸이 하나요 성령도 한 분이시니 이와 같이 너희가 부르심의 한 소망 안에서 부르심을 받았느니라 주도 한 분이시요 믿음도 하나요 세례도 하나요 하나님도 한 분이시니 곧 만유의 아버지시라 만유 위에 계시고 만유를 통일하시고 만유 가운데 계시도다"(엡 4:4-6). 바울이 예루살렘에 구제금을 보내기만 했다면 교회의 사자들과 함께 보낼 수 있었을 것이다. 그러나 그는 선물을 직접 전달하기로 결정했다. 바울은 관련된 모든 위험을 충분히 알고 있었지만 그 선물을 그리스도 안에서 유대인과 이방인 사이의 유대의 증거로 적절하게 해석하는 것이 중요하다고 느꼈을 것이다.[77]

넷째, 바울은 믿지 않는 유대인에 대한 이방인 선교의 성공을 보여주기 위해 연보 프로젝트를 원할 수 있다. 그것은 하나님이 참으로 이방 가운데서 역사하고 계시며, 하나님은 유대 민족만의 신이 아니요 모든 경건하지 아니하고 믿음으로 복종하는 자를 의롭다 하시는 만민의 하나님이심을 드러내는 것이다(롬 3:29-30). 그러므로 바울에게는 종말론적 의미가 어느 정도 있었을 것이다.[78] 바울은 이 계획이 세상의 종말을 가져올 것이라고 생각하지 않았지

---

76 Horrell, "Paul's Collection," 77.

77 Dahl, "Paul and Possessions," 32.

78 따라서 J. Munck, *Paul and the Salvation of Mankind* (Atlanta: John Knox, 1959), 299–308; Nickle, *The Collection*, 129–42; F. F. Bruce, "Paul and Jerusalem," 22–25; Barrett, *Second Epistle*, 27-28.

만, 이방인 가운데 행하신 하나님의 사역이 그들이 시온에 선물을 보냈을 때 옛 예언이 성취되었음을 보여줄 것이라고 믿었을 수도 있다(사 2:2-4, 60:1-9, 미 4:1-3, 학 2:7, 슥 14:14). 바울은 이스라엘의 불신에 대한 자신의 고통을 로마 교인들과 함께 나누었다. 그의 백성들이 믿는다면 바울은 기꺼이 자신의 구원을 잃을 것이다(롬 9:2-3). 그는 이방인들이 이스라엘을 위한 축복을 받는 것을 믿지 않는 유대인들이 목격할 때 질투를 느끼기 바랐으며, 이 헌금이 이방인들이 시온에 선물을 가져 올 것이라는 옛 예언의 성취임을 인식하고 그것이 그들의 회심을 일으킬 수 있기를 바랐다(롬 10:19; 11:11-14). 이 연보는 바울이 항상 희망했던 것처럼 아직 로마에 갈 수 없었고 뒤로 물러나야 하는 이유를 설명한다. 그는 자신이 이방인의 사도이지만 이스라엘 백성을 포기하지 않을 것이라고 말한다. 이 헌금은 이스라엘에 임한 완악함을 깨뜨릴 수 있다. 그들의 순종이 이방인에게 복음을 전하여 이방인에게 복을 가져다 주었다면, 하나님의 구원의 계획에 우선순위를 두었던 사람들이 믿고 전 세계에 복음을 전하는 일을 전심으로 지원한다면 얼마나 더 큰 복이 오겠는가?

우리는 로마서 15장 25-26절에서 아가야와 마게도냐가 연보에 기여했다고 읽는다. 갈라디아는 생략되었지만 고린도전서 16장 1절에 따르면 원래 그 사역의 일부였다. 갈라디아 교인들에게 보낸 바울의 편지가 그 목적을 달성하지 못하고 교회들이 그 계획에서 물러났을 가능성이 있다. 아가야나 마게도냐와 달리 그 지방의 사람들은 로마 교회와 아무런 관련이 없었기 때문에 언급되지 않았을 가능성이 더 크다. 교회가 계속 파편화되기 때문에 일치의 목표는 항상 파악하기 어려웠다. 악트마이어Achtemeier는 사도행전이 연보 프로젝트가 실패했기 때문에 침묵한다고 제안한다.[79] 그럴 수도 있지만 궁극적으로는 아니다. 바울은 그리스도인의 연합을 위한 순교자로서 예루살렘에서 체포되었다. 그는 자신의 투옥을 복음의 장애물로 여기지 않았다. 오히려 그는 그것을 복음을 전진시키는 것으로 여겼다. 왜냐하면 그는 자기를 사로잡은 각 사람에게 복음을 소개했기 때문이다(빌 1:12). 그는 그리스도의 몸의 연합에 대한 그의 장대한 비전을 결코 포기하지 않는다. 예루살렘 교회와의 관계는 그 도시와 그 성전이 곧 그을린 폐허 속에 놓이게 됨에 따라 의견이 분분한 논점이 될 것이었다. 그러나 문화를 초월한 구체적인 사랑의 행위를 통해 그리스도의 몸의 일치를 보여야 할 필요성은 여전히 적절하다.

79 P. Achtemeier, "An Elusive Unity: Paul, Acts, and the Early Church," *CBQ* 48 (1986): 1–26.

3.2. 디도와 칭찬 받은 형제들의 연보 관리(8:16-9:5)

바울은 연보를 위해 세심한 준비를 한다고 설명한다. 많은 사역자들이 현실적인 계획, 세심한 감독, 명확한 지침, 결단력 있는 실행이 부족하여 실패하는 원대한 계획을 세운다.

3.2.1. 디도와 형제들을 추천(8:16-24)

**16 너희를 위하여 같은 간절함을 디도의 마음에도 주시는 하나님께 감사
하노니 17 그가 권함을 받고 더욱 간절함으로 자원하여 너희에게 나아갔고
18 또 그와 함께 그 형제를 보내었으니 이 사람은 복음으로써 모든 교회에서
칭찬을 받는 자요 19 이뿐 아니라 그는 동일한 주의 영광과 우리의 원을 나타
내기 위하여 여러 교회의 택함을 받아 우리가 맡은 은혜의 일로 우리와 동행
하는 자라 20 이것을 조심함은 우리가 맡은 이 거액의 연보에 대하여 아무도
우리를 비방하지 못하게 하려 함이니 21 이는 우리가 주 앞에서뿐 아니라 사
람 앞에서도 선한 일에 조심하려 함이라 22 또 그들과 함께 우리의 한 형제를
보내었노니 우리는 그가 여러 가지 일에 간절한 것을 여러 번 확인하였거니
와 이제 그가 너희를 크게 믿으므로 더욱 간절하니라 23 디도로 말하면 나의
동료요 너희를 위한 나의 동역자요 우리 형제들로 말하면 여러 교회의 사자
들이요 그리스도의 영광이니라 24 그러므로 너희는 여러 교회 앞에서 너희
의 사랑과 너희에 대한 우리 자랑의 증거를 그들에게 보이라**

8:16-17. 이제 바울은 고린도 교인들에게 마지막 준비를 돕기 위해 보낸 사절에 대해 알린다. 그들이 아는 디도는 복음 사역으로 여러 교회에서 유명한 형제이다. 또 다른 형제는 바울이 진지하게 찾은 사람이다. 그들은 연보에 대한 바울의 권면을 강하게 하겠지만, 바울은 고린도 교인들이 그들이 오는 것을 과한 압력으로 인식하지 않도록 이 문제를 섬세하게 대한다.

고린도 교인들은 다시 디도를 그렇게 빨리 보게 된다면 놀랄지도 모른다. 그래서 바울은 칭찬의 설명을 한다.[80] 바울의 주된 의도는 그의 편에서 어떤 강압의 암시도 없애는 것이다. 바울은 고린도 교인들에게 돌아가라고 강요하지 않는다는 점을 분명히 한다. 자기 의지대로 그들에게 돌아

80 동사 ἐξῆλθεν는 서간체 부정과거이며 "너에게 가고 있다"로 정확하게 번역된다(또한 συνεπέμψαμεν ["함께 보내다"] 8:18, 22; ἔπεμψα ["내가 보낸다"] 9:3; 참조. 행 23:30, 빌 2:28, 몬 12).

가고 싶어 하는 동등한 파트너인 디도를 보낸다. 머피-오코너는 이 "작은 삽화가 바울이 그를 돕는 사람들을 어떻게 대했는지를 보여 준다. 그는 아랫사람에게 명령하지 않고 '동역자'에게 요청한다(8:23)."[81] 바울은 자기보다 어린 돕는 사람들을 이곳 저곳으로 갈 것을 요구하는 작업 관리자가 아니다. 그는 디도에게 고린도로 가도록 강력히 권한다. 바울은 디도가 이 책임을 하나님의 또 다른 은혜로 기꺼이 받아들일 준비가 되어 있는 것으로 해석한다. 따라서 바울은 하나님께 감사한다.[82]

디도는 바울이 고린도 교인들을 사랑하듯이 그들을 사랑한다. 그 프로젝트에 대한 그의 열정은 바울과 동일하다. 하나님은 디도에게 바울이 그들에 대해 느끼는 "관심"(*σπουδή*, 스푸데, 개역개정. "간절함", "열심"으로 번역될 수도 있음)을 주셨다. 바울은 고린도 교인들(8:7; 7:11, 12)과 마게도냐 교인들(8:8)의 열심을 언급했다. 이제 그는 디도의 열심을 언급하는데, 이것이 그들에게 본보기가 된다. (1) 디도는 스스로 돌아오라는 바울의 호소를 받아들였다. 그들은 자발적으로 바울의 기부 요청을 받아들여야 한다. (2) 디도는 이 프로젝트에 관해 애를 쓰는 것 이상이다. 그들도 애쓰는 것 이상이어야 한다.[83]

8:18. 모든 교회는 복음을 위해 봉사한 디도와 함께 파견된 유명한 형제를 칭찬한다. 바울은 이 교회들을 밝히지 않는다. 바울의 선교지와 그 너머의 모든 곳에서 그는 알려져 있을지 모르지만, 마게도냐와 아가야에 있는 모든 교회를 의미할 가능성이 더 크다. 교회들은 복음을 위해 그가 한 일로 칭송한다(*ἐν τῷ εὐαγγελίῳ*, 엔 토 유앙겔리오, 직역하면 "복음 안에서"). 이 어구는 복음에 봉사하는 다양한 활동을 포함할 수 있는 "그의 복음 사역"을 가리킬 수 있다. 바울은 유오디아와 순두게가 "복음 안에서"(빌 4:3) 그와 나란히 다투고 있다고 언급한다.[84] 그러나 "복음 안에서" 가장 중요한 임무 중 하나는 그것을 선포하는 것이다. 로마서 1장 9절, 고린도전서 9장 18절, 고린도후서 10장 14절, 데살로니가전서 3장 2절에서 디모데가 "그리스도의 복음 안에서 하

81 Murphy-O'Connor, *Theology*, 85. 베츠(Betz)는 8:17에 있는 *παράκλησις*("호소", 개역개정, '권함')가 법적 명령에 대한 전문 용어라고 주장한다(*2 Corinthians 8 and 9*, 70–71). 단순히 바울의 긴급한 호소나 격려를 가리키는 것일 가능성이 더 크다.

82 "바울은 그가 요청했지만 그것이 불필요하다는 것을 알았다는 뜻이다. 디도는 이미 가기를 열망하고 있었다"(Barrett, *Second Epistle*, 228).

83 K. Quast, *Reading the Corinthian Correspondence* (New York/Mahwah: Paulist, 1994), 144.

84 이 해석이 맞다면 설교로 유명한 형제들도 행정에 참여한다!

나님의 동역자"로 밝혀졌다. 바울이 이 어구를 사용한 것은 그 형제가 설교로 유명하다는 것을 암시한다.

이름을 밝히지 않고 사람을 추천하는 것은 이상한 일이며, 바울은 일반적으로 지지자가 아니라 적의 이름을 생략하기 때문에 디도와 함께한 형제들의 이름을 언급하지 않는 이유에 대한 추측을 불러 일으켰다.[85] 몇 가지 제안이 있다. (1) 어떤 학자들은 그들이 이단에 빠지는 것과 같은 이유로 부적합하다고 판단되어 후대의 필사자들이 이름을 삭제했다고 주장한다.[86] 이 선택은 억지스러워 보인다. (2) 바울이 임명한 것이 아니라 교회에서 선출하였기 때문에 대표단에서 그들이 주목받지 못하게 했을 가능성이 있다. 그들에게 필요 이상의 지위를 주고 싶지 않았고, 바울이 선택한 핵심 인물인 디도의 권위를 떨어뜨리고 싶지 않았다. 바울은 그들의 이름을 생략함으로써 "대표단 내에 두 가지 수준의 권한이 있음을 암시한다. 디도만이 완전한 의미에서 권위를 받았지만 형제들은 그에게서 권위를 얻었다." 그들이 디도 없이 도착했거나 독립적인 조치를 취했다면 추천서를 받지 못했을 것이다.[87] (3) 베츠Betz는 바울의 임명 방법이 사도적 명령에 의한 것이라고 주장한다. 그리스의 지역교회는 민주적 절차를 통해 운영되었다.[88] 따라서 바울은 자신이 임명하지 않은 사람들의 이름을 밝히지 않았다. (4) 또 다른 가능성은 이 첫 번째 사절이 복음 사역을 위해 마게도냐에 갔던 고린도 그리스도인이었다는 것이다(고후 11:9; 살전 1:7-8의 고린도와 마게도냐 사이의 접촉을 참조하라). 바울의 칭찬은 고린도 교인들을 추켜세우고 안심시켰을 것이다. 그 사절은 "비판적인 마게도냐인"이 아니라 그들 중의 한 사람이었고 복음 선교에 대한 공헌으로 널리 인정받았다.[89] 이 선택은 외교적 제스처였을 수도 있다.[90]

(5) 그 사절은 고린도 교인들에게 이미 알려진 사람이었을 것이다. 그가 편지를 가지고 도착했기 때문에 이름을 쓸 필요가 없었을 것이다. 그러나 바

85 바울은 고린도전서 3:10; 5:1, 5; 고후 2:5-10; 7:12; 10:10; 11:5에서 그의 대적들을 언급한다. 그는 고전 16:10-15; 롬 16:1; 빌 2:20-25; 골 4:7-10; 딛 3:12-14에서 그의 지지자들의 이름을 언급한다. 참조. 행 15:22, 25, 27.

86 Windisch, Der zweite Korintherbrief, 262. 이단자들의 이름은 악명을 피하기 위해 생략되었다(참조. Ign. *Smyrn.* 5:3). 게오르기(Georgi)는 또한 그 편지의 나중 판에서 이름이 삭제되었다고 믿고 있지만 그 이유는 모른다(*Remembering the Poor*, 73).

87 Betz, *2 Corinthians 8 and 9*, 73-74.

88 Betz, *2 Corinthians 8 and 9*, 75.

89 Murphy-O'Connor, *Theology*, 86.

90 로벗슨(A. T. Robertson)은 "형제" 앞의 관사가 소유 대명사로 기능하여 디도가 자신의 형제와 함께 왔다는 뜻밖의 암시와 함께 이름의 부재를 설명하려고 한다(*Grammar*, 770).

울은 디도와 동행한 두 사람을 교회의 사자로 밝히고 있다(8:22). 이것은 그들이 고린도에 가서 헌금을 마치게 돕도록 택함을 받은 것이 아니라 예루살렘에 있는 마게도냐 교회들을 대표하기 위해 택함을 받았음을 의미한다(8:8: 19; 참조. 고전 16:3). 그들은 지금 디도와 함께 프로젝트의 진실성에 의문을 제기하는 사람에게 그것이 의심할 여지가 없는 방식으로 수행되고 있음을 확신시켜준다. 누군가가 부정 행위를 의심하거나 음모가 벌어지고 있다고 생각하면 마게도냐 교회도 연관시켜야 한다. 바울은 고린도 교인들과 함께 일하도록 보냄을 받지 않았기 때문에 함께 하는 사람들의 이름으로 추천하지 않는다.[91] 디도와 함께 이 사업의 확실성을 지킬 사람들의 자격은 바울에게만 중요하다. 첫 번째 사절은 복음 안에서의 그의 사역, 그 사역에 대란 모든 교회들의 인정, 교회들에 의한 그의 임명으로 두드러진다(8:19).[92]

8:19-20. 돈은 자주 의심을 불러일으키는 민감한 문제이다. 그러므로 바울은 이 모금이 주님께 영광을 돌리고 선한 뜻을 나타내기 위한 목적으로 "섬기는" "은혜"임을 상기시킨다(8:19). 그런 다음 그는 책망이 없도록 모든 예방 조치를 취한다고 설명한다.[93] 이 유명한 마게도냐 대표자들이 디도와 함께

91 그 형제의 신원에 대한 추측에는 바울과 관련된 거의 모든 사람이 포함된다. 디모데는 편지를 보낸 사람이기 때문에 아니다(1:1). 고대의 전통은 다음과 같은 추론으로 누가로 오랫동안 확인시켜 왔다(참조. 몬 24; 골 4:4; 딤후 4:1). 사도행전의 첫 번째 긴 "우리 단락"은 바울이 마게도냐에서 그의 사역을 시작할 때인 16:11에서 시작된다. "우리 단락"이 누가를 바울의 여행 동반자로 언급했다면 그는 마게도냐 교인들에게 친숙했을 것이다. 행 20:4에서 빌립보의 대표자는 언급되지 않았으며 누가일 수도 있다. 바넷(Barnett)은 "누가와 같이 복음을 기록할 수 있었던 사람은 복음을 전파하는 것으로 유명했을 것이다"라고 말한다(*The Message of 2 Corinthians*, 149). 다른 그럴듯한 후보자들은 행 20:4에 열거된 측근 중에서 바울과 함께 예루살렘으로 여행한 사람들이다. 마게도냐아인, 베뢰아의 소바더, 데살로니가의 아리스다르고와 세군도, 아시아 사람 두기고와 드로비모, 그리고 갈라디아 교인들, 더베의 가이오이다. 또 다른 제안은 유다 바르사바와 같은 유대 출신의 사람이었다는 것이다(행 15:22; Nickle, *The Collection*, 18-22). 확실히 알 수는 없지만 가장 가능성 있는 선택은 행 20:4에 나오는 이 사절 목록이다. 두기고는 행 20:4 뿐만 아니라 엡 5:21; 골 4:7; 딤후 4:12; 딛 3:12에 나타난다. 그는 바울의 가까운 동반자로서의 자격을 갖추고 있다.

92 χειροτονηθεὶς는 원래 손을 들어 선출한 다음 일반적으로 선출하는 것을 의미했다. 성전의 반 세겔 세금(모든 유대인 남성에게 부과됨, 출 30:11-16)을 예루살렘으로 운송하는 방법을 논의하면서 필론(Philo)는 모든 도시에서 가장 평판이 좋은 사람들이 자금을 전달하기 위해 선택되었다고 보고한다(*Spec. Laws* 1.78).

93 최근의 사건들로 인해 예루살렘을 위한 모금이 더욱 민감한 문제가 되었다. 요세푸스는 팔레스타인 유대인과 세 집단이 로마에 있는 사람들에게 율법을 가르치고 있었다고 보고 한다. 그들은 유명한 개종자 중 한 명인 풀비아에게 예루살렘 성전을 위해 귀중품을 보내도록 유도했다. 그들은 물건을 예루살렘으로 옮기지 않고 함께 도주했다. 그들의 부정직이 밝혀졌을 때, 그것은 큰 소란을 일으켜 디베리우스 황제가 모든 유대인을 로마에서 추방하도록

하도록 함으로써 바울은 이 프로젝트가 자신의 주머니를 채우려는 의도가 아님을 분명히 했다.[94] 바울이 아니라 다른 교회에서 임명한 사람이라면 그 모금에 어떤 일이 일어날지에 대한 그의 정직성에 의심의 여지가 없을 수 있다. 바울은 증인의 능력이 성실성에 대한 평판과 직접적으로 관련되어 있음을 인정한다. 그는 이 프로젝트가 모든 것이 정상이 아니라는 악의적인 소문에 가려지는 것을 허용할 수 없다.[95] 따라서 그는 조금도 부적절하지 않도록 조치를 취한다.

8:21. 바울은 8장 21절에서 잠언 3장 4절(70인역)을 인용한다. "이는 우리가 주 앞에서뿐 아니라 사람 앞에서도 선한 일에 조심하려 함이라"(로마서 12:17에서 다시 인용). 이것은 그의 명예로운 의도를 강조한다. 그의 동기와 행동은 그를 면밀히 살피시는 하나님께 공개되지만, 그는 또한 다른 사람들에게 완전히 투명하기를 원한다. 이것은 4장 2절에서 바울이 하나님 앞에서 각 사람의 양심에 대하여 자신을 의탁한다는 말을 상기시킨다. 그는 평판이 나쁘다는 것을 받아들일 수 있지만(6:8; 고전 4:10), 불명예를 받아들이지 않으며 그것을 정당화하기 위해 아무 일도 하지 않을 것이다(참조. 벧전 2:20; 3:13-17). 그는 자신이 전파하는 복음이 수치스러울 수 있다는 것을 알고 있다. 예를 들어, 그가 잠언에서 인용한 구절에서 "주"를 그리스도로 이해하고 구약에서 "여호와"(YHWH)의 신적 대권을 예수께 이전한다는 것은 많은 유대인들을 수치스럽게 할 것이다.[96] 그는 다른 사람들의 기분을 상하게 할 수 있는 자신의 신학적 신념을 타협하지 않는다. 바울은 자신의 행동과 성실이

명령했다(*Ant*. 18.3.5 § 81).

94 동사 στέλλεσθαι은 여기와 신약의 살후 3:6에만 나온다. 살후 3:6에서 "피하다," "떠나다"를 의미하고 CSB 성경은 유사하게 "우리는 이 예방 조치를 취한다"로 번역한다. 바넷은 그것이 ἀπόστολοι(8:23)의 동족어로 "보내다"라는 의미를 가질 수 있으며 8:18, 22에서 동사 συμπέμπω와 병행을 이룰 수 있다고 생각한다. 그는 필론이 이 의미로 사용한다고 지적한다(*Embassy*, 216). 그것은 "내가 그것을 보거나 조치를 취하는 한"("στέλλω ...," *TDNT* 7:588-90)이라는 개념을 표현한다고 주장한다. 헤링(Héring)은 또한 그것을 "일을 시작하다, 착수하다"(*Second Epistle*, 63)라는 의미로 이해한다. 퍼니시는 그것을 "우리는 이 조치를 취한다"로 번역한다(*II Corinthians*, 423). 이런 식으로 동사를 해석하는 것의 장점은 다음과 더 잘 연결된다는 것이다. "누구든지 우리를 탓할까 염려하여 우리가 [디도와 그 형제]를 보내노라."

95 이교도와 기독교인은 진실함의 중요성을 인식한다. 퍼니시(Furnish, *II Corinthians*, 434)는 키케로(Cicero, *Off*. 2.21.75)를 인용한다. "그러나 모든 공공 행정과 공공 서비스에서 가장 중요한 것은 이기심에 대한 약간의 의심도 피하는 것이다."

96 G. D. Fee, *Divine Christology: An Exegetical-Theological Study* (Peabody: Hendrickson, 2007), 189.

주님과 신자들과 불신자들에게 모범으로 간주되도록 한다.

그리스도인들은 너무 자주 기부를 잘못 취급하거나 복음 안에서 "봉사"에 대한 과도하게 높은 사례를 받아 세상의 눈에 그들 자신과 기독교 신앙에 대한 평판을 떨어뜨렸다. 바울은 부정직과 부패 혐의에 대해 민감하게 반응한다(참조. 2:17; 4:2; 7:2; 11:7-12; 12:14-18 참조). 그러므로 그는 모든 것을 공개하고 공적으로 유지하고 특히 상당한 액수의 돈을 모으는 것과 관련하여 그의 사역에서 이기적인 인상을 조금이라도 피하려고 매우 노력한다(6:3).

8:22. 도덕적 적절성에 대한 이러한 관심은 디도와 동행할 다른 사람에 대한 언급으로 이어진다. 그는 "형제"로 첫 번째 언급된 사람과 구별되는 "우리 형제"로 파악된다. 이것은 그가 바울의 잘 알려진 오랜 동역자임을 의미할 수 있다. 교회가 그를 선택한 것에 대해 언급하지 않았지만 추측할 수 있다. 바울은 그를 완전히 알고 있고 자신을 여러 번 많은 일에 열심이었음을 증명했다는 것을 강조한다. 이제 그는 그들에 대한 확신 때문에 더욱 열심이다. 이 마지막 말은 두 지역 사이의 잠재적인 경쟁을 제거한다. 마게도냐 교회를 대표하는 사람은 고린도 교인이 훌륭히 행할 것을 분명히 확신한다.

8:23. 바울은 디도와 형제들과 그들의 자격을 마지막으로 언급하면서 프로그램의 관리에 대한 이 단락을 마무리한다. 헬라어가 "디도인지 ... 우리 형제인지"라고 갑자기 제시하는 방식은 의미를 이해하기 위해 동사를 추가해야 한다. 바넷Barnett은 "[누군가가] 디도 또는 형제에 대해 묻든지"라는 번역을 제안한다.[97] 누가 디도에 대해 질문을 제기하면 대답은 그가 바울의 파트너이자 "너희들을 위한"(εἰς ὑμᾶς, 에이스 휘마스) 동료라는 것이다. 바울의 동역자로서 "그는 고린도 교회를 위하여 바울과 함께 일한다."[98] "형제들"은 교회의 대리인으로서 "보냄을 받은 자들"이라는 의미에서 "사도"이다(참조. 빌 2:25). 그들은 고린도에 있는 바울의 동역자들이 아니라 대부분 이 일이 공명정대함을 보증하기 위해 파견된 대표자들이다.

이 문장은 "그리스도의 영광"(δόξα Χριστοῦ, 독사 크리스투)으로 끝난다. 그것은 교회를 말하는가 아니면 소식을 전하는 자를 그리스도의 영광으로 지칭하는가? 후자가 가능성이 더 높다. 그 의미는 이러한 소식을 전하는 자의 삶

---

97 Barnett, *Second Epistle*, 425–26.

98 J. Y. Campbell, "KOINΩNIA and Its Cognates in the New Testament," *JBL* 51 (1932): 362.

의 높은 품격과 그리스도의 영광을 위한 복음에 대한 헌신이 그리스도께 영광을 가져온다는 것이다(4:4). 바울이 "그리스도의 향기"(2:15)이고 고린도 교인들이 "그리스도의 편지"(3:3)인 것처럼 그들은 그리스도의 자랑으로 가장 높은 평판을 받는다. 구약과 신약 모두에서 "영광"은 계시와 관련되어 있다(참조. 출 24:16; 레 9:6; 사 40:5; 겔 3:23; 눅 2:9; 고후 3:18). 왓슨은 "하나님의 영광은 보이지 않으시는 하나님을 보이게 하는 것이고 하나님을 알게 하는 것이다"라고 말한다. 그들을 "그리스도의 영광"으로 구별한다는 것은 이 대표자들을 통해 그리스도가 알려진다는 의미이다.[99] 그들은 그리스도의 영광을 자기 자신에게로 돌리지 않고, 그리하여 이 시대의 신이 하는 것처럼 그리스도의 영광을 다른 사람들에게서 가리지 않는다(4:4). 다른 사람들을 그리스도께로 인도하는 방식으로 복음을 실천함으로써 복음을 전한다.

고린도에 온 세 사람은 사절 그 이상이다. 그들은 고린도 교인들이 본받아야 할 그리스도인 생활의 표준이 된다. 8장 24절에서 바울은 고린도 교인들에게 그들에 대해서 자신이 자랑하는 것에 합당하게 살라고 간청한다. "보이라"(ἐνδεικνύμενοι, 엔데이크뉘메노이)로 번역된 분사는 보기 드문 명령의 의미인데, 이는 바울이 고린도 교인들에게 베풀라고 요청하는 간접적인 접근 방식이다.

8:24. 바울은 8장 7-15절의 헌신을 성취하라는 호소를 다시 강조한다. 그들은 이 사람들과 교회에 대한 사랑의 증거를 보여야 한다. 이 권고는 그들의 사랑의 증거가 단순히 이 사자들을 두 팔 벌려 영접하는 것이 아니라 성도들을 돕기 위해 아낌없이 기부함으로써 나타난다는 것을 암시한다.

믿음이나 사랑의 증거를 보여주는 개념은 신학적으로 위험할 수 있다. 하나님은 "네가 나를 사랑하면 이것을 하거나 이것을 주어 증명하라"고 말씀하지 않으신다. 그러나 바울은 고린도 교인들의 관대함이 그들 안에서 하나님의 은혜가 역사한다는 증거임을 이해한다. 참된 선행은 항상 시기를 당하기 때문에 위조하거나 요구해서 만들어낼 수 있는 것이 아니다. 그것은 당연히 하나님의 은혜의 결과이다.

다른 사람들에게 관대함을 보이려고 하는 그들의 자랑에 바울이 호소하는 것 또한 신학적으로 위험하다. 그러나 그리스도인과 교회는 스스로에게 맡겨졌을 때 항상 올바른 윤리적 결정을 내리지 않는다. 다른 사람들에 대한 책임

99 Watson, *Second Epistle*, 95.

은 항상 우리가 원하는 것을 하는 것과 우리 자신의 이기적인 욕망에 봉사하는 것을 막는다. 바울은 그리스도인들이 공동체적 맥락에서 살고 행동하며 서로에게 책임을 져야 한다고 생각한다. 이 문제에 관해 고린도 교인들이 내린 결정은 전체 교회에 즉각적인 영향을 미칠 것이다. 동료 그리스도인들이 우리가 하는 일을 지켜보고 있다는 사실을 아는 것은 하나님의 은혜가 우리 삶에 역사하도록 하는 데 더 많은 책임을 지도록 도움이 될 수 있다.

추가 주석 4: 9장은 다른 편지인가?

연보에 대한 바울의 논의 개요에서 우리는 편집자가 나중에 9장을 8장에 합친 다른 편지로 여기지 않는다. 일부 해석가들은 9장이 아가야 교회에 보내진 다른 회람 편지로 구성되어 있는 반면 8장은 특별히 고린도에 보내졌다고 주장한다.[100] 논의를 계속하기 전에 이 문제를 해결해야 한다.

인사, 관례적인 감사, 그리고 마지막 축복이 삭제된 두 번째 편지라고 상상하는 것은 9장 1절의 사소한 문제보다 훨씬 더 복잡한 문제를 만든다. 성도를 섬기는 일을 8장에서 쓴 이후에 9장 1절에서 바울은 성도를 섬기는 일에 대하여 쓸 필요가 없다고 말하고 9장 2-15절의 열네 절에서 그것에 대해 논의를 진행한다. 바울은 왜 같은 내용의 두 번째 편지를 써야 했을까? 이 두 번째 편지(9장)가 아가야의 다른 교회에 보내졌다는 베츠의 주장은 엄격한 조사를 견뎌내지 못한다. 어떤 아가야 도시들이 그러한 편지를 받을 후보지일까? 다른 학자들은 아가야가 "오늘날 '프랑스'가 파리를 제외한 나라를 가리키지 않는 것과 마찬가지로 고린도를 제외한 속주의 도시들"을 언급할 수 없다고 반대한다.[101] 1장 1절에서 아가야가 언급되었으므로 편지에서 아가야가 다시 언급되는 것은 놀라운 일이 아니다. 9장 2절에서 아가야의 지역적 언급은 8장 1절의 마게도냐의 지역적 언급과 균형을 맞추는 역할을 한다.

베츠는 주로 8장과 9장에 수사학적 연설의 나누어진 두 부분이 포함되어 있다는 가정에 근거하여 주장한다. 그의 수사학적 분석이 옳다 해도, 그것이 이 두 장이 원래 별개의 문서였다는 것을 증명하지는 않는다. 전체 편지는 다양한 주장과 수사 스타일로 구성되어 있다.[102] 가설에 가설을 쌓기보다 본문에

100 참조. Betz, *2 Corinthians 8 and 9*, 94; Windisch, *Der zweite Korintherbrief*, 286-88; Georgi, *Remembering the Poor*, 75–79; Martin, *2 Corinthians*, 249–50, 281.

101 Harvey, *Renewal through Suffering*, 88.

102 Witherington, *Conflict and Community in Corinth*, 413n7.

있는 그대로 이해하려고 하는 것이 더 나은 전략이다.

많은 다른 주석가들이 9장은 8장 다음에 오는 것이 의미가 잘 통한다고 주장한다. 성도들을 위한 사역을 쓰고 난 후 반복된 호소가 불필요하다고 말하는 것은 놀라운 일이다. 퍼니시는 다음과 같이 말한다. "앞의 토론의 연속으로 구절을 읽는 데 심각한 어려움은 없다. 바울은 예루살렘을 위한 모금(2a절)을 위한 아가야 교회들(고린도 포함)의 헌신에 대해 마게도냐 교인들에게 자랑하기 때문에 헌금에 대해 그들에게 쓰는 것은 불필요하다는 것을 알고 있다"(1절).[103]

바울이 "성도 섬기는 일"을 마지막으로 언급한 것은 8장 4절에서 마게도냐 교인들의 예상치 못한 관대함에 대해 이야기할 때였다. 바울은 이제 그들이 그 이유에 대한 아가야 교인들의 헌신에 대해 들었을 때 모금에 기부하도록 영감을 받았다고 덧붙인다. 그는 그들에 대한 자신의 자랑이 헛되지 않기를 원한다고 강조하며 다른 마게도냐 교인들이 그와 함께 올 수 있다고 경고한다. 마게도냐 교인들이 나타나 고린도 교인들이 이 프로젝트에 기여할 준비가 되어 있지 않다는 것을 알게 되면 그와 그들 모두에게 매우 당혹스러운 일이 될 것이다.[104]

스토워스는 8, 9장이 두 개의 개별 편지라는 가설에 치명적인 타격을 준다. 그는 9장 1절에서 "이제 ~에 대하여는"(Περὶ μὲν γὰρ, 페리 멘 가르)이라는 표현이 "'객관적' 검증 또는 반증과 유사한 모든 것에 취약한" 8장과 9장의 구분에 대한 유일한 논거임을 결론적으로 보여 준다. 그것은 선행하는 내용과 맞물린다.[105] 베츠는 그 구절이 선행하는 것과 연결되지 않고 대신에 고린도후서의 가상의 편집자가 인사를 제거한 후 붙인 새로운 편지의 본문을 도입한다고 주장했다.[106] 스토워즈는 다른 본문에 나타나는 90개의 사례를 네 가지 방식으로 사용된 것으로 분석한다.

(1) "방금 말한 것에 대한 이유, 보증, 설명을 소개"하기 위해서(참조. 행 28:22), (2) "이제 ...의 경우로 돌아가서"로 번역될 수 있는 일반적인 진술 또는 주장 뒤에 구체적인 사례를 제시하기 위해서", (3) "논의되었거나 논의될 수

103 Furnish, *II Corinthians*, 438.

104 해리스는 다음과 같이 지적한다. 이것은 이 두 장의 통일성을 주장한다"("2 Corinthians," 10:374).

105 S. K. Stowers, "ΠΕΡΙ ΜΕΝ ΓΑΡ and the Integrity of 2 Cor. 8 and 9," *Novi* 32 (1990): 340–48. 람브레흐트는 9:1-5가 원래 8:24에 연결되어 있고 8장과 9장이 처음부터 함께 였다는 의문의 여지가 없는 주장을 한다("Paul's Boasting about the Corinthians: A Study of 2 Cor. 8:24–9:5," *NovT* 40 [1998]: 352-68).

106 Betz, *2 Corinthians 8 and 9*, 26–27, 90–91. 그의 견해는 다음을 반영한다. A. Halmel, *Der zweite Korintherbiref des Apostels Paulus: geschichtliche und literarkritische Untersuchungen* (Halle: Niemeyer, 1904), 11–18; Windisch, *Der zweite Korintherbrief*, 268–69.

있는 여러 주제 중 주요 또는 가장 중요한 주제 또는 하위 주제를 소개하기 위해서", (4) "이전에 말한 것에 대한 이유, 설명 또는 예"를 제공하는 "다른 사람들이 말한 것에 대한 인용이나 참조를 소개하기 위해서"이다.[107] 그는 그 문구가 "앞에 있는 내용과 밀접한 관계, 즉 이유, 보증, 설명, 소주제를 표현한다" 고 결론을 내린다.[108]

중요한 권면는 8장 24절에 나타난다. "그러므로 너희는 여러 교회 앞에서 너희의 사랑과 너희에 대한 우리 자랑의 증거를 그들에게 보이라." 9장 1-4절에 이어지는 내용은 바울이 그들에게 준비하라고 강조하는 이유에 대해 "보증과 설명을 제시"한다. 마게도냐에서 온 사절이 도착했는데 준비가 되지 않았다면 양쪽 모두 당황할 수 있다.[109] 스토워즈Stowers는 다음과 같이 결론을 내린다. "이 연구 결과는 8장과 9장을 두 편지의 단편으로 생각하는 것을 신뢰할 수 없도록 하낟. 실제로, 입증해야 할 내용에 대한 유일한 주장은 잘못되었다."[110]

고린도 교인들이 후하게 베풀도록 동기를 부여하기 위해 9장 6-15절에서 계속해서 논의하는 것은 주고 받는 것에 관한 고린도의 문화적 관습과도 관련이 있을 수 있다. 이러한 관습은 주는 것의 영적 의미에 대한 바울의 성경적 이해와 상반된다. 그는 다른 사람들에게 주는 것이 무엇을 의미하는지 그들을 재교육할 필요가 있다. 바울은 유대인의 구약적 관점에서 주는 일에 접근한다. "땅에는 언제든지 가난한 자가 그치지 아니하겠으므로 내가 네게 명령하여 이르노니 너는 반드시 네 땅 안에 네 형제 중 곤란한 자와 궁핍한 자에게 네 손을 펼지니라"(신 15:11; 출 23:10-11; 참조. 신 14:28-29; 24:19-22). 이 견해는 그리스-로마 세계의 관점과 크게 다르다. 피터맨Peterman은 다음과 같이 지적한다.

> 일반적으로 말해서 ... 그리스-로마 사회에서 가난한 이들을 불쌍히 여기는 마음으로 베푸는 것은 선한 행위로 간주되지 않았으므로 하나님의 보상을 기대할 수 없었다. 그리스와 로마에서는 베푸는 것이 받는 것보다 더 축복받은 일이었다. 그 안에 있는 동정심 때문이 아니라 베푸는 것이 개인의 미덕과 사회적 힘을 나타내었기 때문이다.[111]

피터맨Peterman은 계속해서 샐러Saller의 연구를 인용한다. "로마인들이 시작한 가장 기본적인 전제는 다른 사람들이 필요로 하거나 원하는 것을 줄 수 있는

107 Stowers, "ΠΕΡΙ ΜΕΝ ΓΑΡ and the Integrity of 2 Cor. 8 and 9," 341–43.

108 Stowers, "ΠΕΡΙ ΜΕΝ ΓΑΡ and the Integrity of 2 Cor. 8 and 9," 345.

109 Stowers, "ΠΕΡΙ ΜΕΝ ΓΑΡ and the Integrity of 2 Cor. 8 and 9," 346–47.

110 Stowers, "ΠΕΡΙ ΜΕΝ ΓΑΡ and the Integrity of 2 Cor. 8 and 9," 347.

111 Peterman, *Paul's Gift*, 156. 그는 다음을 인용한다. H. Bolkestein, "Almosen," *RAC* 1 (1950): 302.

힘에서 나오는 명예와 명성이었다."[112] 따라서 선행은 일반적으로 스스로를 찬양하기 위해 행해진다. 이런 마음가짐에서 명예를 받는 것이 더 복되고, 따라서 주는 이유가 된다. 피터맨은 "그리스-로마 세계에서 주는 사람이 기대할 수 있는 유일한 비물질적 보상은 받는 사람이 주는 사람에게 지불하는 명예뿐이다."라고 말한다.[113] 예를 들어, 세네카는 '선물에서 기대할 수 있는 유일한 보상은 하나님으로부터가 아니라 받는 사람으로부터이다'라고 주장한다.[114] 가난하고 사회적으로 열등한 사람들은 어떤 물질적 방법으로 혜택을 갚을 수 없다. 그들은 명예를 주어야만 갚을 수 있다. 이러한 문화적 맥락에서 사람들은 물질적으로 갚는 것을 통해서 또는 공개적으로 명예를 돌리거나 칭찬하는 것을 통해서 대가로 무언가를 줄 수 있는 사람들에게 주었다.

반대로 바울은 고린도 교인들이 한 번도 만난 적이 없는 가난한 사람들에게 선행을 베풀어 그들 자신이 아니라 하나님께 영광을 돌리기를 기대한다. 또한 바울의 요청은 신명기 15장 11절에서 상상한 것 이상이다. 그 땅은 약속의 땅이 아니며 형제들은 동료 유대인이 아니다. 그리스도인들은 어느 한 땅에 속박되어 있지 않으며, 그들의 형제들은 어느 한 부족이나 국가에 의해 제한되지 않는다. 그리스도 안에 있는 형제들은 국경과 인종의 장벽을 넘어 확장된다. 예루살렘에서 멀리 떨어진 땅에 있는 이방인 그리스도인과 유대교 그리스도인은 그곳에서 고통받는 가엾은 유대인 그리스도인을 돌보아야 할 의무가 있다. 그러면 이 선물을 받는 사람들은 고린도 교인들이 아니라 하나님께 감사와 찬양을 돌릴 것이다. 왜냐하면 그들은 하나님이 모든 베푸는 것의 참 근원이심을 알기 때문이다. 이교 문화에 빠져 있고 이교 가치로 가득 찬 사람들에게 새로운 것은 하나님께서 가난한 사람들을 위한 사랑을 요구하시고, 하나님께서 사랑에 영원한 보상을 주시고, 사랑이 궁극적인 영광을 우리가 아닌 하나님께 돌리는 것이라는 사실이다.

일부 고린도 교인들이 베푸는 것에 대한 로마의 관점에 영향을 받는다면 이 길고 반복적인 토론은 그것에 도전하는 성경적 관점을 제시한다. 대부분 고린도 그리스도인들은 도움이 필요한 사람들과 나누는 것이 하나님을 섬기는 것이며, 예루살렘에 있는 가난한 사람들에게 마음을 열고 후하게 베풀면 그들의 영적인 안녕이 높아지며, 하나님께서는 그러한 관대함을 풍성하게 보상하신다는 것은 새로운 개념이다.[115] 고린도는 이러한 개념을 흡수하기 어려웠을

112 R. P. Saller, *Personal Patronage under the Early Empire* (Cambridge: Cambridge University Press, 1982), 126.

113 Peterman, *Paul's Gift*, 149. 다음을 인용함, Aristotle, *Eth. Nic*. 8.14.2, Plutarch *Praec. ger. rei publ*. 808d.

114 Peterman, *Paul's Gift*, 68, 89.

115 참조. 마 6:4; 19:21; 눅 6:38; 7:4-5; 12:33; 14:12-14; 18:22; 행 10:4.

것이다.[116] 주고 받는 것을 바라보는 이 새로운 방식은 고린도 교인들이 서약을 어떻게 이행해야 하고 헌금이 어떻게 관리되어야 하는지에 대한 형식적인 서신 이상의 것을 요구한다. 깊이 있는 신학 교육이 필요하다. 이것이 바울이 9장에서 성도를 섬기는 일에 대한 고린도의 열심에 다시 불을 붙이기 위해 계속해서 제공하는 것이다.

마지막으로 8장의 시작과 9장의 끝이 서론에서 나온 단어를 결론에서 반복함으로써 인클루지오(수미쌍관)을 형성한다는 점에 유의해야 한다.

"하나님의 은혜"(ἡ χάρις τῷ θεῷ, 헤 카리스 토 데오), 8:1; 9:14
"직무", "봉사"(διακονία, 디아코니아), 8:1; 9:12, 13
"시련"(δοκιμή, 도키메) 8:2; 9:13
"넘치는"(ἁπλότης, 하플로테스) 8:2; 9:13 (9:11)
"풍성한"(περισσεύω, 페리슈오, 8:2; 9:12 (8:7[2회], 9:8[2회])

두 장(8, 9장)은 같은 편지의 일부로 고린도인들에게 보내졌다.

3.2.2. 형제를 보내고 수치를 피하는 것에 대한 설명(9:1-5)

9:1 성도를 섬기는 일에 대하여는 내가 너희에게 쓸 필요가 없나니 2 이는 내가 너희의 원함을 앎이라 내가 너희를 위하여 마게도냐인들에게 아가야에서는 일 년 전부터 준비하였다는 것을 자랑하였는데 과연 너희의 열심이 퍽 많은 사람들을 분발하게 하였느니라 3 그런데 이 형제들을 보낸 것은 이 일에 너희를 위한 우리의 자랑이 헛되지 않고 내가 말한 것 같이 준비하게 하려 함이라 4 혹 마게도냐인들이 나와 함께 가서 너희가 준비하지 아니한 것을 보면 너희는 고사하고 우리가 이 믿던 것에 부끄러움을 당할까 두려워하노라 5 그러므로 내가 이 형제들로 먼저 너희에게 가서 너희가 전에 약속한 연보를 미리 준비하게 하도록 권면하는 것이 필요한 줄 생각하였노니 이렇게 준비하여야 참 연보답고 억지가 아니니라

---

116 그리스도인들이 가난한 사람들에게 동정심을 나타내고 희생적으로 베풀었을 때, 그들은 사물을 매우 다르게 보는 동시대 사람들보다 두드러졌다. 탈버트(Talbert, *Reading Corinthians*, 155)는 순교자 유스티누스(Justin Martyr)을 인용한다. "또한 행하기를 잘하고 자원하는 자는 각각 적당하다고 생각하는 대로 주라. 모은 것은 고아와 과부와 질병이나 다른 이유로 궁핍한 자들과 결박된 자들과 우리 중에 우거하는 나그네를 돕는, 한마디로 도움이 필요한 모든 자를 돌보는 그 다스리는 사람에게 맡겨진다."(*1 Apol.* 67).

9:1-3. 이 장의 시작 부분에서 "(이제) ~에 대하여는"(περί μὲν γὰρ, 페리 멘 가르)으로 번역된 어구는 고린도전서 7:1, 25; 8:1; 12:1; 16:1, 12에서 새로운 주제를 소개하는 "~에 대하여"(περί δέ, 페리 데)로 번역된 어구와 다르다(참조. 살전 4:9; 5:1). 이 문구는 "왜냐하면 ~으로 시작한다"가 가장 적합한 의미이다.[117] "왜냐하면"(γάρ, 가르)은 이전의 내용을 다시 시작하며, 이 문맥에서 바울이 다른 사람들에게 그들의 사랑에 대해 그토록 자신있게 자랑한 이유를 설명한다(8:24). 이 설명 접속사를 번역하지 않거나 "지금"으로 번역하면 이 문장과 선행하는 내용의 연결이 모호해진다.

바울은 이 프로젝트에 대한 그들의 기부에 대해 더 이상 말할 필요가 없다고 말하면서 재치 있게 시작한다. 그는 연보가 새로운 것이 아니기 때문에 더 이상 말할 필요가 없다고 생각할 수도 있다. 그는 이미 얼마 전에 성도를 위한 이 사역의 목적에 대해 논의했고 고린도 교인들이 준비하기 위해 취해야 할 단계를 설명했다(고전 16:1-4). 그들은 설립 초기부터 열정적으로 참여했으며 의무가 무엇인지 알고 있다. 디도는 또한 도착하면 질문이나 세부 사항에 대해 대답할 수 있을 것이다. 그것이 디도가 돌아가는 목적이기 때문이다.

그러나 바울은 그것에 대해 거의 또는 아무것도 말할 필요가 없다고 공언함으로써 역설적으로 주제를 강조하는 문학적 장치를 사용했을 가능성이 더 크다. 하비Harvey는 이것을 다음과 같이 말한다. "당신에게 상기시킬 필요는

117 베츠는 그 구절이 "이전의 것과 관련이 없이 이어지는 것"을 의미한다고 잘못 주장한다(인용. 행 28:22; 2 *Corinthians 8 and 9*, 90; 다음도 참조하라. Windisch, *Der zweite Korintherbrief*, 268–69). 행 28:22의 περί μὲν γὰρ는 앞의 내용을 가리킨다. 스토워즈는 그것이 "소개하는 기능을 거의 수행하지 않는다"고 지적하지만 대신 바울의 연설에 대한 유대 지도자들의 반응의 마지막에 나온다. 그가 말해야 할 것에 대해 더 듣고 싶어하는 이유를 제공하는 데 있어서 선행하는 것과 밀접한 관련이 있다("ΠΕΡΙ ΜΕΝ ΓΑΡ and the Integrity of 2 Cor. 8 and 9," 341). 브루스는 새로운 주제를 소개하기보다는 "재개하는" 것이라고 말한다(*I and II Corinthians*, 225). 다시 시작하는 내용은 무엇인가? 플러머는 이것이 형제들을 파송하는 것을 의미한다고 믿는다(Plummer, *Second Epistle*, 253). 바렛(Barrett)은 이것이 8:24(*Second Epistle*, 232)에 있는 자랑의 문제를 언급한다고 믿는다. 달(Dahl)은 이것이 8:16-24("Paul and Possessions," 39)에 있는 형제들의 추천 이전의 주제를 언급한다고 믿는다. 퍼니시(Furnish)는 μέν으로 9:3에서 δέ를 예상할 수 있다고 제안한다. "한편으로는 너희에게 쓸 필요가 없고... 다른 한편으로는 내가 형제들을 보내니 ..."(*II Corinthians*, 426). 스토워즈(Stowers)는 바울이 마게도냐 교인들에게 바울이 그들에 대해 자랑하는 것을 고려하여 그 구절이 바울이 8:24, 즉 "고린도 교인들이 대표들을 영접하고 준비함"에 표현된 요점을 다루고 있음을 보여주는 "표지" 문구라고 제시한다("ΠΕΡΙ ΜΕΝ ΓΑΡ and the Integrity of 2 Cor. 8 and 9," 347). 그는 이렇게 결론을 내린다." 이 표현은 바울의 자랑으로 인해 야기될 수 있는 당혹스러운 상황의 소주제를 소개한다. 동시에 9:1-4은 8:24에서 바울의 권고에 대한 정당성과 설명을 제공한다"(347-48).

없지만 ..."[118] 대부분의 사람들은 레이더에 포착된 돈에 대한 호소를 피해가기 위해 무의식적으로 대공 방어 시스템을 사용한다. 바울은 이러한 저항을 예상하고 그들이 방심하지 않기를 원한다.[119] 그가 연보에 대해 더 많이 쓸 필요가 없다고 말함으로써 확신을 표현한다. 그것은 7장 5-16절에서 이상적으로 그린 그들의 자신에 대한 화해 때문에 그들의 반응이 풍성할 것이라는 확신이다. 그는 고린도 교회에 대한 믿음이 있다. 그는 마게도냐 교인들에게 이미 그들의 열심을 자랑했다고 말하며, 이는 그들이 그에게 충성하지 않았을 때에도 그들에게 충성했음을 보여 준다. 다른 사람들에게 그것을 자랑하는 것은 암묵적인 권고이다. 그들이 열심으로 준비를 마칠 것이라고 말했기 때문에 더 이상 말할 필요가 없다.[120] 그것은 예의를 갖춘 명령이다. "준비를 마치십시오!"

"분발하게 하다"(ἠρέθισεν, 에레디센)는 "성나게 하다" 또는 "도발하다"(골 3:21)라는 부정적인 의미일 수도 있고, "경쟁을 통해 자극하다"(스포츠 또는 교육에서와 같이)라는 긍정적인 의미일 수도 있다. 여기서 그것은 그들의 열심이 마게도냐 교인들을 기부하도록 자극했음을 의미한다. 그는 8장 1-5절에서 마게도냐 교인들을 예로 들어 고린도 교인들에게 베풀라고 촉구한다. 이제 그는 고린도 교인들의 예가 "대부분의" 마게도냐 교인들이 기부하도록 자극한 예라고 말한다. 그것이 보편적인 성공을 거두지 못한 이유는 낯선 사람에 대한 사랑이 바울 시대의 지배적인 문화적 관습에 낯설었기 때문이다. 자신을 위해 돈을 벌어야 했고 자신과 가족이 즐겨야 했다. 모르는 사람들과 다른 인종에게 보낼 돈을 모으는 것만큼 전례가 없는 일이 모든 사람의 열렬한 지원을 받을 것이라고 기대할 수 없었다.

이제 바울은 고린도 교인들에 대한 자신의 자랑이 다른 사람들을 자극한 헛된 것이 될 수 있다는 우려를 표명한다. 프로젝트에 대한 그들의 초기 열정은 이미 바닥을 쳤다. 그들이 빈 상태로 돌아오면 그와 그들 모두에게 큰 고통이 될 것이다. 바울은 형제들을 보내는 또 다른 이유를 추가한다(8:16-24).[121] 마게도냐 교인들이 바울과 함께 온다는 것은 고린도 교인들이 선물을 준비하도록 격려하게 만든다. 그들이 모두 도착하기 전에 기부가 완료되면 당황

118 Harvey, *Renewal through Suffering*, 87. 참조. 살전 4:9; 5:1.

119 참조. Betz, *2 Corinthians 8 and 9*, 91.

120 베츠는 동사 *παρασκευάζω*("줄 준비가 된")가 완료된 것이 아닌 군사적 행동을 위한 준비를 설명하는 군사 용어라는 점에 주목한다(*2 Corinthians 8 and 9*, 92).

121 바울은 이미 했기 때문에 형제들을 다시 소개하거나 그들이 몇 명인지 말하지 않는다. 이것은 이 두 장이 하나라는 것 대한 또 다른 주장이다.

하지 않을 것이다. 바울은 마지막 순간에 성급한 연보를 원하지 않는다. 그는 프로젝트를 잘 관리하여 올바르게 수행될 뿐만 아니라 다른 사람들이 이 일을 하도록 위임한다.

9:4. 바울은 2장 3절, 12장 14절, 13장 1절에서 임박한 방문을 언급한다. 그리고 마게도냐에서 어떤 사람들이 자기와 함께 올 것이라고 생각한다. 고린도 교인들이 성도들을 위한 모금에 더하지 않는다면 바울은 그들이 느끼는 당혹감은 말할 것도 없고 그들에 대한 헛된 자랑으로 인해 굴욕을 당할 것이다. 바울은 자신의 명예를 고린도 교인들에게 묶음으로써 그들을 함께 연결하는 또 다른 연결 고리를 만든다. 고린도 교인들이 끝까지 따르지 않으면 둘 다 명예를 잃게 될 것이다. 그러나 바울은 가장 큰 우려를 말하지 않았다. 불이행이 전체 프로젝트를 위험에 빠뜨릴 수 있다는 것이다.[122] 그들의 열심이 다른 사람들로 하여금 기여하도록 부추겼듯이 그들의 무관심은 그 반대의 결과를 낳을 수 있다. 바울은 그들이 참여하지 않는 것이 예루살렘 선교 전체에 큰 타격을 줄까 걱정할 수 있다.

이 구절의 끝은 "당신에 대해 아무 말도 하지 않지만, 이 프로젝트(사업)에서 또는 '이 상황에서' 우리는 수치를 당할 것이다"로 더 잘 번역된다. 바울은 그들에 대한 믿음이 잘못된 것으로 드러날 경우 당혹스러울 것이라는 전망에만 관심을 두지 않는다. 그들이 원래 약속을 철회하면 전체 프로젝트가 흔들릴 수 있으며 이는 그에게 수치를 안겨줄 것이다. 바울이 이 사업에 부여한 신학적 중요성은 그 실패를 삼키기 힘든 쓰라린 것으로 만들 것이다.

9:5. 바울은 그들이 이미 관대한 선물을 주기로 약속했다고 말한다. 그들이 약속을 어기면 약속을 회피하는 자가 될 것이다. 베츠는 약속 회피자의 이름이 아테네의 아고라에 게시되었다는 것에 주목한다.[123] 고린도 교인들은 그러한 공적인 불명예에 익숙할 것이며 바울은 그들에게 "당신은 약속 회피자로 알려지기를 원하십니까?"라고 묻고 있을지 모른다.[124]

그러나 단순히 수치를 피하기 위해 기부하도록 동기를 부여해서는 안 된

---

122 Furnish, *II Corinthians*, 427-28.

123 Betz, *2 Corinthians 8 and 9*, 96.

124 가장 악명 높은 약속을 피하는 자는 아나니아와 삽비라이다(행 5:1-11). 아마도 고린도 교인들에게는 알려지지 않았을 이 이야기는 속이거나 약속된 것보다 적게 주려는 시도가 교회에서 알려지지 않은 것이 아님을 보여 준다.

다. 그러므로 바울은 그들에게 준비하라고 권면하는 것은 탐욕이 아니라 복의 선물이다. "복의 선물"이라는 새로운 용어는 받은 은혜에 대한 감사의 제사와 관련이 있다.[125] 고린도전서 4장 7절에서 바울은 그들에게 다음과 같이 상기시킨다. "누가 너를 남달리 구별하였느냐 네게 있는 것 중에 받지 아니한 것이 무엇이냐 네가 받았은즉 어찌하여 받지 아니한 것 같이 자랑하느냐." 탐심과 탐욕은 공동체의 어떤 사람들에게 문제가 된 것 같다(고전 5:10, 11; 6:10). 연보 프로젝트는 이방 교회와 유대 교회의 연합 관계를 증명하기 위한 것이었다. 만일 바울이 그들에게 기부하도록 간청하거나 강요해야만 한다면 그것은 그들의 사랑의 증거가 아니라 오히려 그들이 내키지 않는다는 증거가 될 것이다. "억지가 아니니라"(*μὴ ὡς πλεονεξίαν*, 메 호스 플레오넥시안)는 바울의 불안을 포착하지 못한다. 헬라어 *πλεονεξία*(플레오넥시아, 개역개정, '억지')는 "탐욕" 또는 "욕심"을 의미하며, 바울은 탐욕으로 인해 마땅히 받아야 할 것보다 적게 베풀 수 있음을 의미할지 모른다. 그러나 2장 11절과 7장 2절에서 이 명사의 동사 형태는 "속이다"와 "착취하다"의 의미로 나타나며 명사는 여기에서 그 뉘앙스를 전달할 수 있다. 만일 그들이 바울과 다른 사람들이 도착한 후에야 그들이 기부한 금액을 올리면 그가 그들을 어떤 식으로든 착취하는 것처럼 보일 것이다. 그것은 "갈취"로 보일 수 있다.[126] 모팻Moffatt은 아마도 "돈을 짜내는 것이 아니라"로 가장 잘 번역한다. 바울이 그들에게 베풀도록 팔을 비틀어 놓은 것처럼 보인다면 그들은 감사할 줄 모르고 인색하게 베푸는 사람으로 보일 것이다. 성도들에게 기부된 돈이 그들에게서 짜낸 부담으로 나온다면 가난한 사람들에게 필요한 지원을 제공할 수 있지만 프로젝트의 전체 의도를 약화시킬 것이다. 이 선물은 세금이 아니며 죄책감으로 그들을 짓누르는 짐도 아니다. 사람들은 너무 자주 기쁜 마음보다는 죄책감으로 헌금을 한다. 바울은 고린도 교인들이 이 헌금이 어떤 식으로든 그들에게 부과되었다는 느낌을 받는 것을 원하지 않는다. 관대한 기부는 자발적인 경우에만 가능하다.

바울은 이 구절에서 헌금에 대해 "복"(*εὐλογία*, 율로기아, 개역개정, '연보')이라는 새로운 용어를 사용한다. 그것은 축복을 줌으로써 오는 풍성한 은혜를 의미하기 때문에 "관대한 선물"을 암시한다. 성경에서 축복의 행위는 다

125 Betz, *2 Corinthians 8 and 9*, 97. 퍼니시는 바울이 고전 16:1에서 사용한 연보에 대한 용어인 *λογεία*와 *εὐλογία* 사이에 언어유희가 있을 수 있음을 보여 준다(*II Corinthians*, 428).

126 플러머는 다음과 같이 반대한다. '강탈하지 않음'은 *πλεονεξία*를 사도와 그의 세 명의 사절에게 적용한다. '우리가 당신에게 그렇게 하라고 강요해서가 아니라 당신이 기꺼이 주기 때문에 이것이 준비되게 하려는 것이다.' 이 의미는 오히려 '마지못해 하는 기부가 아닌 관대한 선물로 준비될 것이다'라는 의미이다'"(*Second Epistle*, 256).

른 사람에게 하나님의 은혜를 불러일으키며 성도들과 물질을 나누어 영적으로 물질적으로 축복하는 것이다.

3.3. 베풂에 대한 하나님의 원칙: 고린도 교인들이 너그럽게 베풀어야 하는 이유(9:6-15)

**6 이것이 곧 적게 심는 자는 적게 거두고 많이 심는 자는 많이 거둔다 하
는 말이로다 7 각각 그 마음에 정한 대로 할 것이요 인색함으로나 억지로 하
지 말지니 하나님은 즐겨 내는 자를 사랑하시느니라 8 하나님이 능히 모든 은
혜를 너희에게 넘치게 하시나니 이는 너희로 모든 일에 항상 모든 것이 넉넉
하여 모든 착한 일을 넘치게 하게 하려 하심이라 9 기록된 바 그가 흩어 가난
한 자들에게 주었으니 그의 의가 영원토록 있느니라 함과 같으니라 10 심는
자에게 씨와 먹을 양식을 주시는 이가 너희 심을 것을)주사 풍성하게 하시
고 너희 의의 열매를 더하게 하시리니 11 너희가 모든 일에 넉넉하여 너그럽
게 연보를 함은 그들이 우리로 말미암아 하나님께 감사하게 하는 것이라 12
이 봉사의 직무가 성도들의 부족한 것을 보충할 뿐 아니라 사람들이 하나님
께 드리는 많은 감사로 말미암아 넘쳤느니라 13 이 직무로 증거를 삼아 너희
가 그리스도의 복음을 진실히 믿고 복종하는 것과 그들과 모든 사람을 섬기
는 너희의 후한 연보로 말미암아 하나님께 영광을 돌리고 14 또 그들이 너희
를 위하여 간구하며 하나님이 너희에게 주신 지극한 은혜로 말미암아 너희를
사모하느니라 15 말할 수 없는 그의 은사로 말미암아 하나님께 감사하노라**

교회가 주는 일에 게을리하는 것을 책망하는 것이 한 가지 이유이며, 교회의 개인들이 기부하는 일에 자유롭고 이기적이지 않은 동기를 부여하는 것이 또 다른 이유이다. 개인이 기부하는 일과 관련해서 행복한 마음을 어떻게 키울 수 있는가? 여러 시대에 걸쳐 교회 지도자들은 바울이 직면했던 것과 동일한 도전에 직면해 있다. 바울은 전체로서의 고린도 교회가 아니라 교회의 선물을 만드는 기여를 하는 개인들에게 네 가지 원칙을 제시한다. 첫째, 그는 아낌없이 베풀면 많은 상을 받는다는 점을 강조하기 위해 잠언에 호소한다. 인색하게 베풀면 상을 아끼게 만든다(9:6). 둘째, 하나님이 즐겨 내는 자를 사랑하시기 때문에 후하고 거저 주는 것을 격려하기 위해 성경을 인용한다(9:7). 셋째, 관대함을 위해 필요한 모든 것을 제공하시려는 하나님의 준비

를 말한다(9:8-10). 바울은 풍성한 수확을 거두기 위해 뿌릴 씨가 충분하지 않다고 걱정하는 사람들을 안심시킨다. 하나님은 그들에게 필요한 모든 것을 공급하실 것이다. 넷째, 그들의 관대함이 하나님께 대한 감사의 큰 수확을 가져올 것이다(9:11).

바울이 이 단락에서 설명하는 유익은 다음과 같이 요약할 수 있다.

1. 그것은 그들을 영적으로 부요하게 할 것이다(9:8-10).
2. 하나님께 감사를 돌릴 것이다(9:11-13).
3. 받는 사람이 그들을 위해 기도로 응답할 것이다(9:14).
4. 전 세계 그리스도인 공동체의 복지와 연대를 증진할 것이다(9:13-14).

3.3.1. 하나님의 원칙: 성경 인용(9:6-7)

9:6. 바울의 첫 번째 요점은 잘 알려진 농사의 비유에 근거한다. 많이 심는 사람은 풍성한 수확을 얻을 것이다.[127] "많이"로 번역된 단어는 문자적으로 "복으로"(ἐπ' εὐλογίαις, 에프 율로기아이스)를 의미하는 헬라어를 번역한 것이다. 이것은 "복의 원리에 따라"로 설명될 수 있다. 어떤 농부도 씨를 잃는 것으로 여기지 않는다. 왜냐하면 추수는 다음 계절의 씨를 주기 때문이다. 결과적으로, 씨 뿌리는 사람은 자신이 땅에 뿌린 씨를 아까워해서 가능한 한 적게 씨를 뿌리려고 하지 않는다. 그는 자신이 할 수 있는 모든 것을 기꺼이 심고 하나님께서 풍성한 수확으로 씨 뿌리는 것을 축복하실 것이라고 믿는다. 농부가 어떤 이유에서인지 씨 뿌리는 일에 인색하면 그는 추수에서 자신을 속이게 될 것이다. 더 많이 뿌릴수록 더 많이 거둘 것이며 다음 추수를 위해 더 많이 심을 것이다. 베푸는 일에 이 비유를 적용하면 많이 베풀면 풍성한 수확이 생긴다는 의미이다. 관대함은 어떤 수확을 거두는가?

가난한 자에게 관대하게 베풀면 그 대가로 넘치는 축복을 받을 것이라는 생각은 유대 개념에서 일반적이었다(참조. 잠 11:24-25; 말 3:10; 집회서 [Sir] 35:10-11). 최근에 파렴치한 목사들은 사람들이 더 많은 돈을 낼수록 더 많은 돈을 돌려받을 수 있다고 믿도록 이 생각을 왜곡시켰다. 그들은 탐욕에 호소하여 다른 사람들이 지갑을 열도록 부추기고, 더 많은 것을 얻기 위해 기부한다.[128] 이 구절은 다음과 같은 관점에서 해석되어야 한다. 바울은 이

127 잠언 11:24은 다음과 같은 성경적 병행을 제공한다. "흩어 구제하여도 더욱 부하게 되는 일이 있나니 과도히 아껴도 가난하게 될 뿐이니라."

128 오래된 영어 속담은 이렇게 경고한다. "돈으로 하나님을 섬기는 자는 더 나은 삯을 받고

원칙을 다른 사람들에게 나누어줌으로써 더 큰 물질적 축복을 거두는 방법에 대한 슬기로운 투자 전략으로 보지 않는다. 물질적 번영을 바라는 마음으로 헌금을 하면 영적인 가난만 거두게 될 것이다. 바울이 "그들이 자기의 관대함의 결과로 후히 거둘 것"이라고 주장하고,[129] 이어서 그는 하나님께서 사람들이 훨씬 더 관대해질 수 있도록 물질적 풍요로 관대함을 보상하신다는 점을 분명히 한다.

9:7. 바울의 두 번째 이유는 특별히 개인에 관한 것이다. "각각 그 마음에 정한 대로 할 것이요." 동사 "할 것이요"는 헬라어 본문에 없고 보충하는 단어이다. 플러머는 동사의 부재가 요청을 더 강제적으로 만든다고 주장하지만 베르부르게Verbrugge는 정반대로 주장한다.[130] 바울은 명령을 생략하고 따라서 그들이 하기를 원하는 일의 강조를 부드럽게 한다.[131] 이 두 장 전체에 걸쳐 나타나는 바울이 이 프로젝트를 그들에게 강요한다는 인상을 주지 않기 위한 방법이다. 고린도 교인들이 해야 할 일은 분명하지만 바울은 직접 나서서 그들에게 그렇게 하라고 말하지 않는다.[132] 이 접근 방식은 그들이 순응한다면 그들을 위해 자신을 내어주신 주님에 대한 순종으로 그렇게 하는 것이지 바울에게 순종해서 하는 일이 아니다.

바울은 후하게 베풀어야 할 필요성을 강조하기 위해 성경을 반복한다. 하나님은 자발적으로 마음에서 우러나오는 자들을 귀하게 여기신다. 구약에서 마지못해 베풀거나 억지로 베푸는 것은 그 선물에서 받을 수 있는 모든 유익을 취소하고 기쁜 마음으로 드리는 것으로 하나님의 상급을 약속하는 것으로 묘사된다. "너는 반드시 그에게 줄 것이요, 줄 때에는 아끼는 마음을 품지 말 것이니라 이로 말미암아 네 하나님 여호와께서 네가 하는 모든 일과 네 손이 닿는 모든 일에 네게 복을 주시리라"(신 15:10). 성경은 그 양이 아니라 베푸는 자의 마음가짐이 중요하다고 본다. 우리의 마음을 아시고 감찰하시는 하나님은 우리 영혼의 가장 깊은 부분을 자유롭게 표현하는 선물만을 귀하게 여기신다. 어떤 외부적인 강제에서 주어진 선물은 항상 마음이 없는 것이다. 그렇

마귀를 섬길 것이다."

129 Thrall, *II Corinthians*, 2:574–75.

130 Plummer, *Second Epistle*, 231.

131 Verbrugge, *Paul's Style of Church Leadership*, 259.

132 바울은 오네시모에 관해 빌레몬에게 요청하면서 비슷한 전략을 사용한다.

기 때문에 기쁜 마음으로 주어진다면 그 양은 중요하지 않다(8:12).[133] 화를 내며 우울한 표정으로 드리면 아무리 많은 양을 드려도 그 마음이 상하게 된다.

바울은 히브리어 본문에는 없는 잠언 22장 8절(LXX, 70인역)의 한 구절로 이 점을 강조한다. "하나님은 즐겨 내는 자를 사랑하시느니라."[134] 70인역은 하나님은 즐겨 내는 자를 "복" 주신다고 말한다. 히브리어 본문은 잠언 22장 9절에 있는 축복의 개념을 반영한다. "선한 눈을 가진 자(관대한 자)는 복을 받으리니 이는 양식을 가난한 자에게 줌이니라." 하나님께서 마지못해 베푸는 자를 사랑하지 않으신다는 것이 아니다. 하나님은 다른 사람에게 주기를 기뻐하는 자를, '인정한다'는 의미에서, 사랑하신다는 것이다. 하나님은 기쁘게 주시는 분이시다.

호렐은 이 구절이 어떻게 바울이 의도한 것과 다른 의미로 왜곡될 수 있는지에 대해 숙고한다.

> 안락한 부자들이 이것을 정말 조금만 기쁘게 드린다는 의미로 해석하기를 원하고 그리고 더 많이 주는 것을 원망한다면 하나님은 그들에게 조금만 주실 것이다. 바울은 분명히 다르게 해석한다. 하나님의 은혜가 넘치

---

133 세네카는 다음과 같이 쓴다. "우리가 받고 있었다면 받아들였을 방식으로 베풀자. 무엇보다 기꺼이, 신속하게, 주저하지 말고 베풀자. ... 베푸는 사람의 손에 오랫동안 남아 있을 때, 베푸는 사람이 그것을 놓아주는 것이 안타까운 것처럼 보이고 자신을 약탈하는 자의 분위기로 베풀면 이익에 대해 감사하지 않는다. 비록 약간의 지연이 있어야 하지만, 모든 면에서 고의적으로 지연된 것처럼 보이는 것을 피하도록 하자. 망설임은 거절 다음으로 감사를 얻지 못한다. 왜냐하면 이익의 경우 가장 큰 기쁨은 베푸는 사람의 의도에서 나오므로 주저하여 마지못해 베풀었다는 것을 보여준 사람은 '주는 것'이 아니다. 그리고 그는 그것을 빼내려는 노력을 견디지 못한 것이다"(*Ben.* 2.1.1–2 [Basore, LCL). 랍비의 전통에는 네 가지 유형의 자선을 베푸는 사람이 나타난다. "줄 생각은 있지만 남에게 주지 않는 사람은 남에게 속한 것을 시기하는 사람이다. 남에게 베풀어야 한다고 생각하지만 베풀어서는 안 된다고 생각하는 사람은 자기 자신에게 속한 것에 인색하다. 줄 마음이 있는 사람과 다른 사람도 주려고 하는 사람은 성스러운 사람이다. 자기 자신을 주지 않으려고 하고 다른 사람도 주지 않으려고 하는 사람은 사악한 사람이다"(m. 'Abot 5:13).

134 다양한 유대 전통은 주는 즐거움을 강조한다(특히 신 15:7-11 참조). 후대의 랍비 전통에서는 "만인을 즐거운 얼굴로 영접하라"는 가르침을 "사람이 세상의 모든 좋은 선물을 침울한 얼굴로 동료에게 줄지라도 성경은 그에게 아무것도 주지 않은 것처럼 여긴다"는 가르침으로 해석한다. 그러나 만일 그가 아무것도 주지 않을지라도 그가 동료를 유쾌한 얼굴로 받아들인다면 성경은 그가 세상의 모든 좋은 선물을 그에게 준 것처럼 여긴다"('Abot R. Nat. 13). 필론(Philo)은 이웃의 불행을 덜어주는 데 친절을 베푸는 것만큼 하나님을 닮은 행동은 없다고 주장한다. "그러므로 부자는 금과 은을 많이 모아 자기 집에 쌓아 두지 말라. 그러나 기쁘게 베풀어 주신 관대함의 기름 부음으로 궁핍한 자들의 곤경을 누그러뜨리기 위해 그것을 사용하라"(*Spec. Laws* 4.74). T. Job 12:1에서 욥은 다음과 같이 말한다. "때로는 기쁜 마음을 가진 사람이 내게 와서 '나는 가난한 사람을 도울 만큼 부자가 아닙니다. 그러나 나는 오늘 당신의 식탁에서 가난한 사람들을 섬기고 싶습니다.'"

는 곳에는 성경에서 가난한 자들에게 거저 주는 선물을 흩어 주는 것으로 묘사하는 의로운 자와 같이(9:9) 자신들의 의지로 선을 행하는 사람들이 많다(9:8).[135]

3.3.2. 하나님의 원칙: 성경 인용과 해석(9:8-10)

9:8. 베푸는 세 번째 이유는 하나님이 우리에게 아낌없이 관대하시며 우리 자신의 쓸 것과 우리가 다른 사람에게 관대하게 하는 데 필요한 모든 것을 넉넉히 공급하시기 때문이다. "모든 은혜"는 물질적 축복과 그것을 나누려는 영적 동기를 포함하여 그 범위가 상당히 넓다. 대부분의 사람들은 자신에게 충분하지 않을 것이라고 걱정하기 때문에 베푸는 일에서 인색해진다. 바울은 하나님께서 항상 그들의 필요를 충분히 공급해 주실 것이라고 확신한다. 그는 두운 반복을 사용하여 자신의 요점을 강조한다. "하나님이 능히 모든 은혜를 너희에게 넘치게 하시나니 이는 너희로 모든 일에 항상 모든 것이 넉넉하여 모든 착한 일을 넘치게 하게 하려 하심이라."

관대하게 씨 뿌리기를 꺼리는 것은 하나님이 우리의 필요를 공급하시기에 충분하고 은혜로우신 분이라는 믿음을 거부하는 것을 반영한다. 그것은 또한 우리가 번영하고 우리 자신에게 필요하지 않은 여분의 것이 있을 때만 줄 수 있다고 가정한다. 바울은 하나님께서 우리에게 필요한 모든 것을 항상 공급해 주셨기 때문에 우리가 관대할 수 없는 때를 결코 경험하지 않을 것이라고 말한다.

9장 8절에서 "(필요한) 모든 것이 넉넉하여"라는 문구는 그리스어 작가들이 "자급자족" 또는 "만족"에 적용했던 단어(αὐτάρκεια, 아우타르케이아)의 번역이다. 바울 시대의 견유학파와 스토아 학파는 자급자족이 "외부 환경과 다른 사람들로부터의 자유"와 관련이 있다고 이해했다.[136] 이 전통에서 인간의 필요와 다른 인간으로부터 자신을 분리함으로써 이러한 자급자족을 발전시켰다. 바울은 이 용어를 철학적 의미가 아니라 경제적 의미로 사용한다. 충분하다고 해서 물질에 대한 갈망이 줄어들고 모든 사람으로부터 독립하는 것은 아니다. 그것은 자신이 원하는 것을 줄여서 다른 사람들과 충분히 공유할 수 있도록 함으로 그들과의 상호의존성을 만드는 것을 의미한다.[137] 충분

135 Horrell, "Paul's Collection," 79.

136 Furnish, *II Corinthians*, 442.

137 Furnish, *II Corinthians*, 447.

한 것을 소유한다고 해서 자급자족하게 되는 것은 아니지만 그리스도인들이 "다른 사람들과 더 효과적으로 관계를 맺을 수 있고, 그들에게서 물러나지 않도록" 도와준다.[138]

바울에게는 필요한 모든 것을 가진다는 것은 모든 선한 일을 하기에 충분함을 의미한다. "하나님이 후히 거두실 것이라는 확신을 가지고 후히 씨를 뿌릴 수 있도록 관대하게 심을 수 있는 수단을 마련하실 것"이 바울의 요점이다.[139] 스랄은 다음과 같이 말한다. "고린도 교인들은 다른 사람들과 나누고 특히 헌금에 아낌없이 기부할 수 있을 만큼 충분한 수입과 생계, 물질적 재화를 갖게 될 것이다. ... 그들에게 이 넘치는 것이 없더라도 그들은 하나님께서 나중에 그 부족을 채워주실 것이라는 확신을 가지고 후히 주어야 한다."[140] 우리가 더 많이 줄수록 하나님은 다른 사람들과 나누기 위해 더 많이 주실 것이다. 우리는 원하는 모든 돈을 가지고 있지 않을 수도 있지만, 다른 사람들에게 주는 데 필요한 모든 돈을 풍부하게 가지게 될 것이다.

하나님께서 우리에게 자원을 주실 때, 우리가 더 많이 가질 수 있도록 하기 위해가 아니라 다른 사람들에게 더 많이 줄 수 있도록 필요로 하는 것보다 더 많이 주신다. 하나님은 물질적 축복을 쌓아두거나 빼돌리지 않고 남과 나누게 하기 위해 베푸신다. 그러므로 연보의 전체 목적은 예루살렘에 있는 유대인 그리스도인들부터 이방인 그리스도인들의 독립을 확립하는 것이 아니라 상호의존성을 심화시키는 것이다.[141]

바울은 또한 자족이 열렬한 자기 훈련에서 나온다는 가정에서 *αὐτάρκεια*(아우타르케이아)를 사용하는 견유학파나 스토아 학파와 다르다. 그것은 하나님의 선물이다. 그러므로 "자족"은 자기 자신이 아니라 하나님에게서 오는 것이므로 잘못된 명칭이다(참조. 빌 4:11-13).[142] 바울은 하나님이 관대함의

---

138 Furnish, *II Corinthians*, 448.

139 Furnish, *II Corinthians*, 447.

140 Thrall, *II Corinthians*, 579–80.

141 이 개념은 바빌론 탈무드에서 발견되는 자선에 대한 비슷한 이해와 잘 어울린다. "티니우스 루퍼스가 물었다. '어찌하여 궁핍한 자를 사랑하시는 하나님께서 친히 그들을 부양하지 아니하십니까?' 아키바(R. Akiba)는 다음과 같이 대답했다. '자선을 통해 부는 구원의 수단이 된다. 부자와 가난한 자의 아버지 하나님은 한 사람이 다른 사람을 돕고 따라서 세상이 사랑의 가정이 되기를 원하신다.'"(b. B. Bat. 10a).

142 호레이스(Horace)의 풍자시에서 노예 다부스(Davus)는 자유롭게 말하도록 허락을 받고 다음과 같이 말한다. "그러면 누가 자유인인가? 지혜로운 사람은 자기 자신을 다스리고 가난도 죽음도 속박도 두려워하지 않고 용감하게 자신의 열정을 거스르고 야망을 경멸하며 그 자체가 온전하고 매끄럽고 둥글어서 외부의 어떤 것도 위에 앉을 수 없다. 광택이 나는 표면, 그리

정신과 관대할 자원을 모두 부여하신다고 믿는다. 그가 "관대함"을 영적 은사로 열거한 이유를 설명한다(롬 12:8).

바울은 돈에 관하여 우리가 모든 선한 일에 그것을 사용할 수 있다는 것이 가장 귀중하다고 가정한다. 그는 복수형 "행위들"을 피한다. 그는 "율법의 행위들"과 할례 및 음식 법규 준수와 같은 경건의 의식과 관련된 행위와 연결하는 경향이 있다. 여기에서 "모든 선한 일"은 자선 행위를 말하며(고전 15:58), 벌거벗고 일용할 양식이 없는 형제나 자매에게 필요한 것을 공급하는 것에 대해 야고보가 말한 것과 다르지 않다(약 2:14-17).[143] 모든 선한 일을 넘치게 하는 것은 하나님의 은혜가 넘치는 데서 온다. 모든 선한 일은 은혜를 얻지 못한다. 이미 받은 은혜가 선한 일을 낳는다.

돈의 가치에 대한 바울의 가르침은 고린도 문화(그리고 대부분의 고대 문화와 현대 문화)에서 돈에 부여된 가치와 크게 다르다. 피터맨은 바울이 여기 9장 8-13절에서 쓴 것과 그가 빌립보 교인들에게 쓴 것 사이의 일치를 보여준다. 그는 천박한 물질주의가 만연한 모든 문화와 특히 관련이 있는 이러한 본문에서 중요한 결론을 도출한다.[144]

1. 그리스도인은 모든 상태에서 만족(αὐτάρκεια, 아우타르케이아, "넉넉하여")을 알아야 한다.
2. 돈은 다른 사람을 위해 사용되어야 하는 봉사(λειτουργία, 레이투르기아)이지, 자신의 미덕을 공개적으로 과시하거나, 명예를 얻거나, 다른 사람을 자신의 권력 궤도로 끌어들이는 것이 아니다.
3. 보상은 다른 사람에게서가 아니라 오직 하나님에게서만 기대할 수 있다. 이는 그리스-로마의 사회적 기대에 반대되는 구약적 견해이다. 도움이 필요한 다른 사람들에게 베푸는 것은 하나님으로부터 영적 배당금을 거두는 것이다.

고 그녀의 시작에 행운은 항상 불구가 되었다"(2.7.83-87).

143 딤전 6:18-19을 참조하라. "선을 행하고 선한 사업을 많이 하고 나누어 주기를 좋아하며 너그러운 자가 되게 하라 이것이 장래에 자기를 위하여 좋은 터를 쌓아 참된 생명을 취하는 것이니라."

144 피터맨(Peterman)은 다음과 같은 유사점을 파악한다.

9:8 αὐτάρκεια (명사)	빌 4:11 αὐτάρκης (형용사)
9:10-11 하나님의 상급	빌 4:19
9:12 λειτουργία	빌 2:25, 30
9:12 하나님께 감사.	빌 1:3
9:13 κοινωνία	빌 1:5; 4:15
9:13 ευαγγέλιον	빌 1:5; 4:15

4. 하나님은 우리가 다른 사람과 나누는 물질적 재물을 주시므로 주는 사람이 아니라 하나님께 영광과 감사를 드려야 한다.
5. 다른 그리스도인들과 나누는 것을 코이노니아(κοινωνία)라고 한다. 베푸는 사람은 어떤 경우에도 선물을 받는 사람이 사회적 열등한 존재가 되거나 물질적 혜택으로 은혜를 갚을 의무가 있다고 가정해서는 안 된다.
6. 남에게 베푸는 것은 그리스도께서 주님이심을 고백하는 것이 참됨을 증명하는 것이다. 그리스도는 물질적 축복이 어떻게 사용되는지에 대한 주권을 가지고 있다.

9:9. 바울은 그의 요점을 뒷받침하기 위해 시편 111편 9절(70인역, MT, 112:9)을 인용한다. "그가 흩어 가난한 자들에게 주었으니 그의 의가 영원토록 있느니라." "극빈자"를 가리키는 "가난한"(πένης, 페네스)은 신약에서 여기에서만 나타난다. 그리스-로마 문화는 가난한 사람에게 무엇이든 주는 것이 무의미하다고 생각했다. 그가 할 수 있는 유일한 보답은 칭찬뿐이었는데, 그것은 가치가 없었다. 가난한 비참한 자들에 대한 성경적 관심은 이러한 관점과 현저하게 다르다. 가난하고 궁핍한 사람들에게 자비를 베푸는 것은 구약에서 의의 표시이며 예수님의 가르침의 주요 주제 중 하나이다(눅 12:12-14).

그러므로 "그의 의"는 시편에서처럼 경건한 사람의 도덕적 올바름을 가리킬 수 있다. 가난한 이들에게 베푸는 것은 하나님과의 올바른 관계의 표시이다(단 4:27). 하나님의 의가 강력한 힘 있는 행위로 증명되듯이 인간의 의는 행동으로, 특히 가난한 자들에게 베푸는 것으로 나타난다. "의"는 마태복음에서 발견한 것과 더 가까운 의미를 가진다. 의는 사람이 하는 것이다. 그리고 여기에는 마태복음 6장 1-4절에서와 같이 가난한 자에게 자선을 베풀고 억눌린 자에게 자비를 베푸는 것이 포함된다. 인애와 자비가 있는 사람의 의가 어떻게 영원한가? 그것은 간단히 의인이 하나님에 의해 "영원히 기억될 것"(시 112:6)이라는 의미일 수 있다.

그러나 시편 111편 3절에서 "의"는 영원히 있는 하나님의 의를 가리킨다. 바울은 하나님의 의를 언급하는 인용문에서 "그의 의"를 이해했을 가능성이 더 크다. 하나님은 앞 절의 주어이다. "하나님이 능히 모든 은혜를 너희에게 넘치게 하시나니"(9:8). 그리고 다음 절에서 시편에 대한 바울의 해석(9:10)은 그 시편의 주어가 하나님이라고 가정한다("씨를 베푸시는 그가..."). "그의 의"가 하나님의 의를 가리킨다면 그 의미는 바울이 이 부분 전체에서 주장하는 것과 일치할 것이다. 사랑은 하나님께로부터 온다. 주님은 우리에게 필요한 모든 것을 공급해 주시는 은혜롭고 자비로우시며 가난한 사람들에게 선물을 나누어 주심으로 당신의 의를 나타내신다. 그러므로 그리스도인의 자선 행위는 모두 "그들이 살고 그 안에서 영원히 거할 하나님의 더 큰 의의 일부"이다(9절).[145] 그들의 의로운 행위는 "하나님의 일하심로 간주"된다.[146]

9:10. 하나님은 공급하시고, 흩으시고, 풍성하게 하시는 분이시다.[147] 하나님은 의에 비유된 씨(사 55:10-11)의 근원이시며(호 10:12), 열매를 맺으신다. 시편에 대한 바울의 해석은 농사를 짓는 과정을 관찰한 데서 비롯된다. 심은 씨는 수확을 제공하고 내년 수확을 심을 수 있는 충분한 씨를 제공한다. 이 서술은 또한 하나님이 자연의 모든 은혜를 은혜롭게 베푸신다는 유대교의 기본 고백을 반영한다. 예수님의 유대인 청중은 어리석은 부자에 대한 비유의 첫 구절인 "한 부자가 그 밭에 소출이 풍성하매"(눅 12:16)라는 말씀을 하나님께서 작물을 생산하셨다는 의미로 이해했을 것이다. 이 개념은 또한 스스로(αὐτομάτη, 아우토마테) 열매를 맺는 씨와 어떻게 그렇게 되었는지 알지 못하는 농부 비유에서 나타난다(막 4:26-29). 바울은 심고 아볼로는 물을 주었으나 하나님께서 자라게 하셨다는 바울의 말(고전 3:6)은 모든 추수는 농부가 아니라 하나님에게서 온다는 이 기본 전제를 공유하고 있음을 보여 준다. 관대한 사람은 하나님이 씨를 뿌리는 사람에게 빵을 풍성하게 공급하시고 미래의 추수를 위해 씨를 더 많이 주실 것이라는 확실한 믿음에 따라 행동한다.

"너희 의의 열매"는 이제 "의"를 인간에게 적용한다. 의의 추수는 밭의 추수와 같이 우리에게서 난 것이 아니라 오직 하나님께로 말미암는다. 그것은 한 번 거두는 것이 아니라 하나님이 계속 씨를 공급하심으로 계속된다. 그리스도의 희생적인 죽음으로 말미암아 우리에게 의가 된 것(5:21)은 다른 사람을 위한 우리의 희생적인 관대함으로 역사한다. 관대함이 없으면 우리가 진정으로 하나님의 의를 받았는지 의심스럽다. 바울의 요점은 하나님께서 그리스도를 통하여 우리를 의롭게 하시고 관대하게 추수할 종자돈을 주신다는 것이다. 더 많이 뿌릴수록 더 많은 수확을 거둘 수 있다. 그리고 지금 추수할 것이 많을수록 미래에도 더 많이 추수할 것이다.[148] 바울은 하나님께서 주신 은혜

145 Furnish, *II Corinthians*, 449.

146 Murphy-O'Connor, *Theology*, 92. 그는 그것이 시편 110-111편(LXX)의 통일성에 부합한다고 주장한다.

147 Betz, *2 Corinthians 8 and 9*, 114.

148 퍼니시(Furnish)는 다음과 같이 말한다. "자유롭게 씨를 뿌리면 풍성한 수확으로 이어지기

가 다른 사람들의 삶에 넘치도록 의도하신다는 것을 이해한다(참조. 엡 3:2). 이 경우에 은혜로운 베풂은 이방인 그리스도인과 유대인 그리스도인 사이에 친족 관계를 형성할 것이다. 빈츠Binz는 다음과 같이 숙고한다.

> 하나님께서 풍성한 자원을 주시는 이유는 다른 사람으로부터 독립을 도모하기 위함이 아니다. 오히려 그것은 다른 사람들을 도울 수 있고 따라서 인류 가족의 공동체적 차원을 구축할 수 있다. 개인이 그 자체로 최종적인 존재라는 개인의 우월성에 반대하여 바울은 기독교 신앙의 공동체적 성격을 실현할 것을 암시하고 그것을 요구한다.[149]

바울이 제시하는 원리는 부자는 더 부자가 되고 가난한 사람은 더 가난해진다는 천박한 경제 원리와 비슷하지만 바울은 그것을 바꾸고 있다. 관대한 사람은 더 부자가 된다. 인색한 사람은 더 가난해진다. 이것은 세속 문학에서 스크루지Ebenezer Scrooge와 사일러스 매너Silas Marner 같은 사람들이 보여 주는 인상깊은 진실이다. 그러나 더 부유해진다고 해서 세상이 부를 측정하는 방식의 부를 의미하는 것은 아니다. 그들은 영적으로 더 부유하고 그들이 소유할 수 있는 모든 물질적 자원이 자신에게 충분하고(딤전 6:8) 아무것도 없는 다른 사람들에게 주기에 충분하다고 생각한다. 주먹을 꽉 쥐는 것의 문제는 그 쥔 주먹이 우리가 하나님께로부터 더 많이 받는 것을 막는다는 것이다. 우리가 다른 사람들에게 손을 뻗을 때, 우리는 또한 하나님께로부터 더 많은 것을 받기 위해 우리의 손을 펼친다. 맥그리거는 다음과 같이 쓴다.

> 이기적인 사람은 결코 부자가 아니다. 그의 하루는 이웃의 날만큼 길지만, 그는 자신의 오락 외에는 여가가 없고, 자신의 곤경을 넘어선 동정과 관심이 없고, 자신의 싸움을 싸우는 것 외에는 힘이 없으며, 자신의 필요 외에는 돈이 없다. 매번 그의 마음을 괴롭히는 것은 자신을 위해 너무 적은 것을 가지는 것에 대한 두려움이다.[150]

때문에(6절 참조), 다음 계절에 파종할 수 있는 씨가 더 많아져서 점진적으로 더 많은 수확을 기대할 수 있다. 고린도 교인들이 연보에 아낌없이 기부한다면, 그들은 하나님께서 더 많은 헌금을 위해 그들의 자원을 어떻게 늘리실 수 있는지 알게 될 것이다"(*II Corinthians*, 449).

149 Binz, "He Who Supplies," 312.

150 W. M. MacGregor, *Jesus Christ Son of God*, 3rd ed. (Edinburgh: T&T Clark, 1909), 215, 다음에 인용됨. Strachan, *Second Epistle*, 143-44.

3.3.3. 이 섬김이 이룰 일에 대한 결론적인 요약(9:11-15)

9:11. 이 구절의 전반부는 이전 구절이 제시하는 바울의 요점을 요약한다. 하나님께서는 그들이 관대해질 수 있는 수단을 마련해 주실 것이다. 그들은 부요하지 않으며 편안히 앉아서 속으로 다음과 같이 말하는 어리석은 부자와 같이 되지 않을 것이다. “영혼아 여러 해 쓸 물건을 많이 쌓아 두었으니 평안히 쉬고 먹고 마시고 즐거워하자 하리라 하되”(눅 12:19). 그들은 다른 사람들에게 관대할 수 있는 모든 기회를 주기 위해서만 부유하다. 바울은 고린도 교인들의 “부”를 “너그러운 부”(8:2; 9:11)로 재정의한다. 하나님은 사람들에게 후하게 부를 주셔서 남에게 관대하게 베풀 수 있게 하신다. 그러므로 우리가 돈으로 하는 일은 하나님과 우리의 관계에 대한 리트머스 시험지가 된다. 우리가 그것을 비축하거나 자신을 위해 모든 것을 쓰려고 하면, 그것은 하나님과 우리의 관계가 균형이 맞지 않거나 더 나쁘거나 관계가 없다는 경종을 울려야 한다. 엄청나게 많은 작물과 가득찬 헛간을 가진 부자 바보는 자신을 위해 보존하기 위한 모든 좋은 것을 어디에 저장할 수 있는지 궁금했다. 궁핍한 사람들의 입에 넉넉한 저장고가 있다는 사실을 결코 생각하지 못했다. 어리석은 부자가 자신의 풍성한 보금자리에 깃털을 꽂을 방법을 찾는 데 결정력과 재주가 있었던 것처럼, 다른 사람들을 돕기 위해 하나님의 은혜를 사용하는 방법을 찾는 데 결단력 있고 재주가 있는 사람들은 하나님 보시기에 의로운 사람들이며 하나님의 의를 행하는 자들이다(참조. 8:2).

고린도 교인들이 관대해야 하는 이유를 설명하는 원칙에 관한 윤곽을 그리면서 바울은 자신이 일반적인 관대함을 말하는 것이 아님을 상기시킨다. 그는 고린도 교인들이 “우리로 말미암아 일하고 있는” 이 프로젝트에 관대하기를 원한다. 바울은 관대함이 그들을 위한 의의 추수를 낳고 또한 그리스도의 교회에 세계적인 영향을 미치도록 하는 사업을 시작한 대리인이다. 그가 집행하는 프로젝트는 그 중요성을 증폭시키는 기부에 초점을 맞춘다. 그러므로 그것은 성도들을 위해서 봉사할 때 먼저 자신을 주님께 드린 다음 바울에게 드리는 데 있어서 마게도냐 교인들을 본받을 것을 요구한다(8:5).

이 구절의 후반부는 다음 구절에서 발전되는 은사를 받는 자들의 감사의 주제를 소개한다(참조. 1:11; 4:15). 남에게 베푸는 것은 저절로 늘어나는 하나님께 드리는 감사의 제물이 된다. 우리는 우리가 받은 것에 대해 하나님께 감사한다. 다른 이들은 우리에게서 받은 것에 대해 하나님께 감사한다.

9:12. 바울은 이제 "관대함이 하나님께 감사하는 결과를 낳는" 이유를 설명한다. "이 봉사의 직무"는 "성도를 섬기는 일"(8:4; 9:1)을 상기시키지만, 여기서는 어떤 일을 행하는 것을 가리킨다. "봉사"(*λειτουργία*, 레이투르기아)로 번역된 단어는 도시 국가의 부유한 주민들이 특정 목적을 위해 돈이나 서비스를 기부하는 것과 같은 공공 서비스를 위한 세속적 맥락에서 사용되었다.[151] 부자는 일정 부분을 지출해야 했다. 그들의 부가 공동선을 증진하기 위해. 그들은 그 대가로 대중의 찬사와 봉사를 칭찬하고 사후 명예를 보존하는 영예로운 비문과 같은 명예를 받았다.[152] 이 단어는 부유한 사람들이 도시나 사회 집단의 후원자로서 베풀었던 은혜를 회상할 것이다. 바울이 실행하는 "봉사"에 참여하는 것은 매우 부유한 사람만이 할 수 있는 것이 아니라 가장 가난한 사람도 교회의 공적인 후원자가 될 수 있다.

종교적 맥락에서 *λειτουργία*는 제사장의 봉사에 사용되었다(민 8:22). 바울은 이 단어를 공적 봉사의 의미(빌 2:30)와 종교적 희생의 의미(빌 2:17, 4:18)로 사용한다. 그는 이 구절에서 두 가지 의미를 결합한다. 그들의 봉사의 직무는 공동선을 위한 자선 행위이자 하나님께 드리는 제사장적 영적 제물이다.

여기서 연보의 목적은 물질적인 것과 영적인 것 두 가지이다. 첫째, 그것은 성도들의 필요를 공급하고 공동의 복지를 창조하며 다양한 인종과 문화적 배경을 가진 그리스도인들 사이에 연대를 확립한다. 그러나 그들의 선물은 가난한 사람들을 위한 봉사만이 아니다. 둘째, 비록 중요성의 순위에서 두 번째는 아니지만, 하나님께 영광을 돌릴 감사함으로 하나님께 드리는 것이다. 선물을 받은 사람들은 하나님을 찬양하고 감사하는 목소리를 높이지 않을 수 없다.

9:13. "이 직무의 증거"는 8장 2절에서 마게도냐 교인들에 대한 바울의 설명을 상기시킨다. 그들은 심한 환난 중에 자신을 증명했다(8:2). 고린도 교회의 사역이 제공하는 증거는 무엇인가? 그것은 그들의 순종과 관대함의 증거

151 Verbrugge, *Paul's Style of Church Leadership*, 147–48.

152 예를 들어 에라스도(Erastus)라는 이름의 비문이 있는데(로마서 16:23에서 바울이 언급한 것과 같은 이름일 것이다), 그는 극장 지역의 광장을 아크로코린트식 석회암으로 포장했다. 약어가 나와 있는 비문은 다음과 같다. [ ] Erastus pro aedilitate sua pecunia stravit. 켄트(J. H. Kent)는 그것을 다음과 같이 번역한다. 에라스도는 자신의 비용으로 재무관 직무의 대가로 (바닥을 포장)했다(*The Inscriptions 1926-1950, Vol 8 Part 3 of Corinth* [Princeton: ASCSA, 1966], no. 232).

가 될 수 있다. 하나님은 항상 고난을 통해 우리를 시험하시는 것은 아니다. 가장 어려운 시험 중 일부는 상대적으로 번영한 시기에 하나님께 순종함을 증명해야 할 때 온다. 고린도 교인들이 이 사역에 대한 헌신을 아낌없이 따른다면 그들은 이 시험을 통과했을 것이다.

고린도의 문화적 맥락에서 베푸는 한 사람의 목표는 대중의 명예를 얻는 것이었다. 바울은 헌금 기여의 목적이 하나님께 영광과 명예를 돌리는 것임을 이해한다. 그들의 순종은 받는 이들로부터 하나님께 영광을 돌리게 하여 하나님을 찬양하게 한다. 바울이 예루살렘에 도착하여 하나님께서 그의 사역을 통해 이방인들 가운데서 행하신 일을 보고했을 때, "그들이 하나님께 영광을 돌렸다"라고 사도행전은 기록한다(행 21:19-20). 그들이 그리스도 안에서 형제자매로서 유대인 그리스도인들과 나누는 것은 인종과 민족적 유산의 분리된 벽이 실제로 무너졌다는 증거를 제공한다. 이 구체적인 사랑의 몸짓은 교회의 연합을 의미하며, 이는 "하늘에 있는 것이나 땅에 있는 것이 그리스도 안에서 통일되게 하시려는"(엡 1:10) 하나님의 뜻이 이루어지고 있다는 증거이다.

"너희의 순종적인 고백"(개역개정, 너희가 믿고 복종하는 것)은 "너희의 고백으로 만들어진 순종"으로 주격적 속격, "너희의 고백에 대한 순종"으로 목적격적 속격, "너희의 고백인 순종"으로 동격적 속격이 될 수 있다. 첫 번째가 가장 좋은 것 같다. 고백은 경건한 진부한 말 이상의 것이어야 한다. 그것은 말보다 더 큰 소리로 말하는 행동으로 이어져야 한다. "예수 그리스도는 주님이시다"라는 고백은 예루살렘 성도들에 대한 그들의 관대함을 불태우고 예수가 복음의 완전한 동역자인 유대인과 이방인의 주님이심을 선포한다. 유대인 그리스도인들은 이방인으로부터 오는 진정한 사랑의 표현을 모든 사람에게 부어진 하나님의 "그 은혜의 풍성함"(엡 2:7)의 표시로 해석해야 한다. 그리스도의 하나의 복음은 "그리스도 밖에 있었고 이스라엘 나라 밖의 사람이라 약속의 언약들에 대하여는 외인이요 세상에서 소망이 없고 하나님도 없는 자"들과 화목하게 하는 것이다(엡 2:12).

9:14. 다른 사람에게 선물을 주는 것은 감사를 받을 것으로 예상되었지만 바울은 도움을 받는 사람들이 하나님께 감사하고 그들에게 베푸는 자들을 위한 중보 기도로 응답할 것이라고 가정한다. 그들이 주는 것에 나타난 은혜가 삶 속에서 역사하시는 하나님의 지극히 크신 은혜에서 온다는 것을 인식할 것이다. 바울은 로마서 15장 31절에서 표현한 자신의 두려움을 털어놓지 않는다. 예루살렘에 있는 성도들은 그가 바라는 만큼 감사가 넘치지 않을 수 있다.

성도들을 위한 예물과 함께 예루살렘으로 떠나기 전, 그는 로마 교인들에게 받아들여질 수 있도록 기도해 달라고 성령으로 요청한다. 바울은 공중에 성을 쌓으려 하지 않는다. 그는 예루살렘에 있는 일부 유대인 그리스도인들이 여전히 할례받지 않은 이방인들에 대한 편견을 품고 있다는 것을 알고 있다. 그러나 이 선물이 하나님의 은혜가 "이방인들에게도"(행 10:45) 부어지고 있음을 인식함으로써 그러한 편견을 깨는 데 도움이 되기를 바란다. 선물을 주는 것은 고대 세계에서 우정이 확립되는 주된 방법이었고, 바울은 선물이 유대인과 이방인 그리스도인 사이에 유대를 형성할 것이라고 예상한다. 그러나 그의 초점은 고린도 교인들과 그들의 선물이 어떻게 하나님께 영광을 돌리는지에 있다. 고린도 교인들의 사랑이 진실하다면, 관대함을 자극하는 것은 그들의 감사한 응답에 대한 기대가 아니라 예루살렘 성도들의 필요이다. 바울은 하나님께서 역사하실 것을 믿으며, 예루살렘 성도들은 하나님께 감사하는 마음으로 이 희생제물을 감사히 받을 것이다. 그들은 "너희를 사모"할 것이며 너희를 위해 중보할 것이다.[153]

9:15. 바울은 고린도 교인들이 참으로 순종할 것이라는 확신을 가지고 이 부분을 끝맺는다. 결과적으로 그는 이 단락 전체에 걸쳐 "은혜"(*χάρις*, 개역개정, "감사하노라")라는 단어로 하나님께 감사드린다. 바울의 웅대한 계획을 잘 받아들이고 지갑을 다른 사람들에게 열어 준 고린도 교인들에게 감사를 표하지 않는다. 대신 모든 완전한 은사의 저자이신 하나님께로 향한다. 바울은 구원의 선물, 하나님의 아들의 선물, 그리고 하나님의 은혜의 선물을 포함하는 "지극한" 은사에 대해 감사한다(8:1, 4, 6, 7, 9, 16, 19; 9:8) . 하나님의 은사는 "바울의 설교와 연보가 함께 서 있는 그리스도인의 삶과 교제의 전체적인 틀을 확립했다."[154]

이러한 감사의 말은 바울이 고린도 교인들에게 그 일에 대한 열심을 새롭게 하고 그들의 약속을 성취하도록 호소하는 것으로 끝맺는다. 그들은 "모든 그리스도인의 기부는 하나님의 형언할 수 없는 선물에 비추어 행해진다"라고 밝힌다.[155] 감사하게도 그리스도의 희생(8:9)과 인간의 말로는 포착할 수 없는

153 탈버트(Talbert)는 Herm. Sim. 2:5–6("Money Management in Early Mediterranean Christianity," 367)을 인용하면서 바울이 "가난한 자들의 기도가 특히 효과적이었다"고 가정한다고 믿는다.

154 Barrett, *Second Epistle*, 241.

155 Kruse, *2 Corinthians*, 169.

하나님의 은혜를 기억함으로써 그들은 부지런하고 이타적이며 즐겁게 선물 준비를 마칠 수 있을 것이다. 그러면 그들의 선물은 하나님께서 그들에게 주신 형언할 수 없는 선물에 대한 작은 방식으로 본보기가 될 것이다.

로마서 15장 25-27절이 어떤 암시라면 바울의 호소는 성공적이었다. 그는 마게도냐와 아가야가 유대인들의 영적 축복을 기꺼이 나누고 그들의 물질적 축복을 그들과 나누는 대가로 기뻐했다고 보고한다.

| 단락 개요

4. 바울의 다음 방문을 위한 경고(10:1-13:10)
4.1. 바울의 방문을 위한 준비(10:1-11)
4.1.1. 벌하려는 바울의 준비(10:1-6)
4.1.2. 벌하거나 세우는 바울의 권위(10:7-11)
4.2. 합당한 추천 (10:12 - 18)
4.3 . 바울의 변호(11:1-21a)
4.3.1. 약간의 어리석음을 참아 달라는 호소 (11:1)
4.3.2. 어리석음에 대한 정당화: 교회에 대한 그의 열심(11:2-3)
4.3.3. 어리석음에 대한 정당화: 다른 복음을 용납하는 교회의 자세(11:4)
4.3.4. 어리석음에 대한 정당화:
슈퍼-사도들보다 열등하지 않은 바울(11:5-6)
4.3.5. 바울과 슈퍼-사도의 대조(11:7-15)
4.3.6. 어리석음에 대한 정당화:
어리석은 자들을 참는 교회의 자세(11:16-21a)
4.4. 바울의 어리석은 자랑(11:21b-12:13)
4.4.1. 자랑의 주제: 유대인 혈통(11:21b-22)
4.4.2. 자랑의 주제: 더 큰 고난(11:23 - 29)
4.4.3. 하나님의 능력은 약한 데서 온전하여짐:
다메섹에서 탈출(11:30-33)
4.4.4. 하나님의 능력은 약한 데서 온전하여짐: 육체의 가시(12:1-10)
4.4.5. 어리석은 자랑과 참 사도의 표지(12:11-13)
4.5. 바울의 고린도 귀환 (12:14-21)
4.6. 경고: 바울의 방문 때 권위를 엄하게 사용할 가능성(13:1-10)

4. 바울의 다음 방문을 위한 경고(10:1-13:10)

10-13장의 고린도후서와의 관계

바울은 고린도 교인들에게 보낸 가혹한 편지(2:14-7:3)에서 자신의 솔직한 비판을 변호했으며 디도가 방문하는 동안 그에게 충성을 나타냈음을 기뻐했다(7:4-16). 잘못된 점을 고치려는 그들의 열심에 대한 디도의 보고는 바울로 하여금 연보를 완료하고 후하게 베풀도록 강조하는 일을 격려했다(8:1-9:15). 기대되는 것과 다르게 10-13장에서 그는 달래는 자세에서 보다 전투적인 자세로 바뀐다. 바울은 두려워하는 고린도 교인들이 여전히 계속하고 있는 여러 가지 악덕에 대해 고발하고(12:20-21) 다음에 방문할 때 그들에게 가혹해야 할 수도 있다고 경고한다(13:10). 그는 다른 복음과 다른 예수에 속아서 그리스도에 대한 순수한 헌신에서 빗나간 그들을 꾸짖는다(11:2-4). 어리석은 자를 참아주면서도 지혜롭다고 생각하는 자들을 꾸짖는다(11:19). 그러나 바울은 이름 없는 비방자들로부터 자신을 변호하는 데 대부분의 관심을 쏟고있다. 그는 교만한 침입자들을 하나님의 일꾼으로 가장하는 우매하고 더 악한 자들, 거짓 사도들, 속이는 일꾼들, 사탄의 일꾼들을 공격한다(11:13-15). 바울이 반대자들을 "불법과 무지하게 자만하는" 자(10:2, 7, 12, 15; 11:5, 13-15; 12:11)로 비난했기 때문에 많은 학자들은 이와 같은 혐의가 그에게도 동일하게 적용되었다고 가정한다. 이 장에서 그는 고발자들에게 혐의를 되돌리는 반격을 시작한다.[1] 그는 고린도 교인들을 자기 편으로 끌어들이고 그들을 속이고 괴롭히는 이 거짓 교사들을 거부하기 위해 모든 수단을 다 동원한다.

많은 해석가들은 이 장들에 나오는 맹렬한 폭발이 어떻게 돈에 대한 호소에 뒤따를 수 있는지 의아해했다. 이 갑작스러운 어조 변화와 열정적으로 고조된 바울의 말로 몇몇 해석가들은 이 장을 고린도 교인들에게 보낸 별도의 편지의 일부로 간주하게 되었다. 이 장들은 어떤 사람이 알 수 없는 이유로 다른 편지(또는 다른 편지들)에 편집 및 추가했다는 것이다.[2] 어떤 학자들은 증

---

1 J. T. Fitzgerald, "Paul, the Ancient Epistolary Theorists, and 2 Corinthians 10–13: The Purpose and Literary Genre of a Pauline Letter," in *Greeks, Romans, and Christians: Essays in Honor of Abraham J. Malherbe*, ed. D. L. Balch, E. Ferguson, and W. A. Meeks (Minneapolis: Fortress, 1990), 198.

2 많은 학자들은 1-7장과 10-13장에서 발견된 서술 사이에 논리적 불일치가 보인다고 지적했다. (1) 바울이 1:24에서 "너희가 믿음에 섰음이라"라는 첫 문장은 13:5에서 "너희가 믿음 안에 있는가 너희 자신을 시험하라"는 그의 마지막 경고와 모순되는 것 같다. (2) 바울이 회개의 표징에 대해 기쁨과 위로를 표현한 것(7:4, 11)은 여전히 그의 권위에 저항하거나 경시하는 사람들(10:2)과 계속해서 음행하는 자들(12:20-21)에 대해 엄격한 징계를 행사할

거가 너무 설득력이 있기 때문에 서신의 통일성을 지키는 사람들에게 증명의 책임이 있다고 생각한다. 우리는 주석 전체에 걸쳐 편지의 통일성을 주장하려고 노력했다. 정경을 있는 그대로 이해할 수 있다면 편지가 나누어졌다고 주장하는 사람들이 증명의 책임을 지는 것이 타당해 보인다. 그들은 그렇게 불만족스러운 방식으로 서신을 편집한 방법과 이유를 설명해야 한다. 그럼에도 불구하고, 이 단락이 편지의 나머지 부분과 원래 하나였다는 몇 가지 주장을 준비할 필요가 있다.[3] 편지의 앞 부분에 나타난 몇 가지 핵심 주제가 이 장에서 다시 나타난다.

첫째, 바울은 고린도 교인들에게 5장 20절에서 하나님과 화해하라고 호소(δέομαι, 데오마이)하고, 이제 그는 10장 1-2절에서 이전 편지에서 보여준 것과 같은 담대함을 개인적으로 행사하지 않도록 그들을 회개하게 하기 위해서 더 광범위한 호소(δέομαι)를 시작한다. 그 담대함은 바울이 편지 전체에 걸쳐 주장한 확신(πεποίθησις, 페포이데시스)에 근거한다(1:15, 3:4, 10:2). 바울은 2장 3절에서 또 다른 고통스러운 대면을 피하기 위해 가혹한 편지를 썼다고 말한다. 그것은 그의 관심사로 남아 있다. 그는 그들을 용서하기를 간절히 원하지만(1:23), 모든 불순종에 대한 벌을 준비하고 있으며(10:6) 또 다시 유예하지 않을 것을 경고할 필요가 있다(13:2). 가혹한 편지에 영감을 준 동일한 목적이 이 편지에 동기를 부여한다. "그러므로 내가 떠나 있을 때에 이렇게 쓰는 것은 대면할 때에 주께서 너희를 넘어뜨리려 하지 않고 세우려 하여 내게 주신 그 권한을 따라 엄하지 않게 하려 함이라"(13:10).[4]

필요가 있을지 모른다는 엄중한 경고로 무효가 된 것 같다. 플러머는 두려움과 경고의 표현이 즐거운 칭찬보다 앞서는 것이 더 합리적이라고 주장하고 이러한 불일치가 10-13장이 더 빠르고 거친 편지임을 주장한다고 제안한다(*Second Epistle*, xxxi). 그러나 7장에서 바울의 칭찬과 기쁨은 그들의 경건한 근심과 악을 행한 자로 인한 문제를 다루는 것과 관련이 있으며(7:11-12), 6:14-7:1의 엄중한 경고는 바울은 교회의 모든 문제가 해결된 것으로 여기지 않았다는 것을 보여 준다.

3 어조의 변화에 대한 가상의 심리학적 설명은 문제를 해결하는 데 충분하지 않다. 바울의 편지를 받아쓰는 일이 잠 못 이루는 밤에 방해를 받아 기분이 좋지 않았거나, 고린도가 디도가 믿게 한 것만큼 안전하게 바울의 진영에 있지 않다는 위험을 알리는 나쁜 소식이 갑자기 도착했다고 추측할 필요는 없다.

4 플러머는 바울이 예상대로 그들을 방문하지 않은 것에 대한 설명과 그들을 보호하고 싶었기 때문에 가혹한 편지를 대신 쓴 것에 대한 설명(1:23; 2:3)과 13:2, 10에 있는 진술 사이의 유사점을 인용한다. 이 편지의 목적은 놀라운 우연의 일치이다. 그것은 그를 위해 편지의 장들을 확인한다. 10-13장은 원래 가혹한 편지로 구성되었다(*Second Epistle*, xxxi). 그러나 바울은 다가오는 고린도 방문에 대해 계속 불안해하며 또 다른 고통스러운 경험을 피하기 위해 모든 예방 조치를 취하고 있을 것이다. 그는 그들을 징계하기 위해 자신의 권위를 행사해야 한다는 전망을 기뻐하지 않으며, 그들이 순종하는 문제에 대해 더 긍정적으로

둘째, 그는 어리석은 승리주의에 대해 계속해서 반박한다(2:14-16). 하나님은 인간의 연약함을 통해서 일하신다. 바넷Barnett은 8-9장에서 하나님의 은혜에 대한 강조가 "10장 12절-12장 13절의 승리주의와 대조되는 그의 약함 속에서 능력이 나타남에 대한 적절한 서곡을 형성한다"고 제안한다.[5]

셋째, 바울은 자신이 사도로서 어떤 식으로든 충분하지 않다는 제안에 계속해서 반박한다(2:16; 3:5-6). 그는 소위 슈퍼-사도들과 동등하다. 사실, 그는 "어리석은 자랑"(11:17)을 통해 자신이 훨씬 더 우월하다는 것을 보여 준다. 고린도에 교회가 세워진 것은 그가 사도의 표지를 행했다는 증거가 된다.

넷째, 추천의 문제가 다시 제기된다(참조. 3:1, 4:2, 5:12, 6:4, 10:12, 10:18, 12:11). 바울은 자신이 고린도 교인들과의 관계의 파탄에 책임이 없기 때문에 다시 고린도 교인들에게 자신을 추천할 필요가 없다고 주장했다. 그러나 경쟁자들은 자신을 거짓으로 칭찬하고 헤아릴 수 없이 많은 자랑을 하며 공동체 생활에 끼어들었다. 그들이 바울의 자격에 도전했을 때 고린도 교인들은 그를 변호하고 칭찬했어야 했다(12:11).

다섯째, 우리는 2장 14절-7장 3절이 주로 바울의 가혹한 편지에서 바울의 담대함과 고린도에 대한 솔직한 비판을 옹호한다고 주장한다. 연보에 대한 그들의 서약을 새롭게 해달라는 호소를 하고 난 후, 그는 이제 얼굴을 맞대고 만났을 때 이전 편지에서보다 덜 담대하지 않을 것이라는 점을 이해하도록 자신의 담대함이라는 주제로 돌아간다. 무거운 편지를 쓰는 바로 그 사도가 직접 방문하여 필요한 경우 징계의 조치를 취하기도 할 것이다.[6] 그러므로 2장 14절-7장 3절은 과거를 변호하는 반면 10-13장은 미래, 즉 그의 다음 방문을 준비한다(10:2, 6; 11:9; 12:14, 20, 21; 13:1, 2, 10; 참조. 9:4). 그는 다시 솔직한 비판으로 가혹하게 글을 썼지만, 그의 목적은 그들을 파괴하는 것이 아니라 세우는 것이며(10:8; 13:10), 예상되는 방문이 고통스러운 이전 방문의 반복이 되지 않도록 하는 것임을 분명히 한다. 그는 도착했을 때 권위를 가혹하게 사용하는 것을 원하지 않는다.

자신감을 표현한 후에 그러한 격렬함이 이상하게 보일 수 있지만, 그것은 바울의 목회 방법의 일부일 수 있다. 우리는 이전에 크리소스토무스Dio

---

칭찬함으로 그 권위가 필요하지 않도록 하고 그들이 계속 불순종하는 경우에는 엄중하게 경고하기를 희망한다.

5 Barnett, *Second Epistle*, 451n6.

6 2장 17절과 12장 19절의 "우리는 그리스도 안에서 하나님 앞에 말하노라"(κατέναντι θεοῦ ἐν Χριστῷ` λαλοῦμεν)는 바울의 서신 어디에도 나오지 않으며, 하나님의 권위로 그들을 책망하는 사람으로서 그의 담대함의 문제를 다루고 있다.

Chrysostom의 이상적인 견유학파에 대한 스케치를 인용했는데, "어떤 사람을 미련한 것에서 건져내려 부분적으로는 권면하고 부분적으로는 욕하고 책망함으로" 그는 모든 사람을 덕과 절제로 이끌려고 노력한다. 그런 다음 그는 호메로스(Homer, *Iliad* 12.267), "때로는 부드러운 말로, 때로는 가혹하게"를 인용한다.[7] 이 장에서 바울의 더 거친 어조는 마지막 감정적 호소에서 이전 주제를 모으는 수사학적 전략과 관련이 있을 수 있다. 바넷Barnett은 다음과 같이 제안한다. "바울은 청중을 적절한 태도와 행동 변화로 이끌기 위해 계산된 강력한 열변으로 결론을 내리는 헬레니즘 시대의 (쓰인) 연설에서 기존의 수사학적 관습을 관찰하고 있을지도 모른다."[8] 그는 이 단락이 의도적으로 "감정적인 어조, 사건의 부당함에 분노를 불러일으키기 위한 것이다"라고 말한다.[9] 편지의 통일성에 대한 문제를 해결하기 위해 제안하지는 않았지만, 디치코DiCico는 바울이 고린도 교인들에게 사도로서 정당성을 증명하고 그를 비방하는 자들의 불법성을 보여주기 위해 아리스토텔레스와 다른 고전 수사학자들이 다른 사람들을 설득하기 위한 절대적 필수 조건으로 주장한, 그의 좋은 성품에 호소하고(에토스), 감정을 불러일으키고(파토스), 주장의 논리를 제시하는(로고스) 수사학적 전략의 예를 제시한다고 주장한다.[10] 바울과 고린도 교회 사이의 불화는 양쪽 모두에게 고통을 주고 있다. 이 마지막 장에서 바울은 고린도 교인들을 복음과 일치시키기 위해 광범위한 수사학적 장치, 아이러니, 풍자, 조롱하는 겸손, 대조를 사용한다.[11] 그러므로 그는 다음 방문을 하기 전에 감정에 호소하고 논리적인 논증을 통해 절정에 도달하는 호소를 한다.[12] 바울은 그들의 영적 능력에 대한 확신의 근거를 어느 정도 마련했

7 Dio Chrysostom, *Invid*. 38 (Cohoon, LCL). 다음에 인용됨. C. E. Glad, *Paul and Philodemus: Adaptability in Epicurean and Early Christian Psychagogy*, NovTSup 81 (Leiden: Brill, 1995), 72.

8 Barnett, *Second Epistle*, 452.

9 Barnett, *Second Epistle*, 18.

10 M. M. DiCicco, *Paul's Use of Ethos, Pathos, and Logos in 2 Corinthians 10–13*, Mellen Biblical Press Series 31 (Lewiston: Mellen Biblical Press, 1995).

11 람브레흐트J. Lambrecht는 다음과 같이 말한다. "그 스타일은 생생하고 감정적이다. 탄원과 망상, 날카로운 아이러니. 씁쓸한 풍자, 위협, 비난이 함께 한다. 어조는 변증적(고린도의 신실한 사람들에 대한 자기 방어)이며 간접적으로 논쟁적(반대자, 침입자에 대한 공격)이다"("Dangerous Boasting: Paul's Self-Commendation in 2 Corinthians 10–13," in *The Corinthian Correspondence*, ed. R. Bieringer, BETL 125 [Leuven: Leuven University Press, 1996], 328.).

12 저지(E. A. Judge)는 제자 파보리누스(Favorinus)가 쓴 것으로 여겨지는 크리소스토무스(Dio Chrysostom)의 고린도 담화(*Corinthian Discourse*, Or. 37)에서 바울이 고린도 교인들과의

기 때문에 이제 그들의 현명한 판단에 호소하여 자신에 대해 올바른 결정을 내릴 수 있게 한다.

여섯째, 이 장들, 특히 11장 1절-12장 10절에 퍼져있는 아이러니의 사용은 흥미로운 증거를 제공한다. 홀란드Holland는 아이러니를 "말한 것이 독자에게 '숨겨진' 것처럼 보이지만 사실은 드러내는 것"이라고 정의한다.[13] 아이러니는 "해야 할 말을 변호를 위해 '바보처럼 말하지만' 그가 '**적절한 페르소나(인물)로** 말할 수 없는 것'이 말해지도록 한다."[14] 바울은 특히 그가 바보처럼 말함으로써 이러한 수사적 전략을 사용한다는 사실에 청중의 주의를 환기시킨다. 그것은 그가 "텍스트의 더 깊고 '진정한' 의미를 찾기 위해 본문의 표면적 의미를 지나치도록" 초대할 수 있게 해준다. 홀란드는 다음과 같이 계속한다. "'어리석다'는 담론과 고린도후서 10-13장 전체의 의도는 독자로 하여금 사물을 올바른 방식으로 보도록, 즉 '육체를 좇지' 않고 기독교 신자에게 고유한 영적 통찰력을 갖도록 유도한다."[15] 이런 형태의 논쟁은 독자들이 쉽게 오해할 수 있기 때문에 편지에서 위험하다.[16] 그 아이러니는

관계에 대한 우려와 병행을 이루는 것을 인용한다. "바울처럼 그는 고린도 교인들로부터 멸시를 받았으며, 처음 명사로 대우를 받은 후에 그는 그가 다시 호의를 얻은 후에 그들에게 우아하게 자기 중심적인 질책을 한다"("Paul's Boasting in Relation to Contemporary Professional Practice," *AusBR* 16 [1968]: 46).

13 G. Holland, "Speaking like a Fool: Irony in 2 Corinthians 10–13," in *Rhetoric and the New Testament: Essays from the Heidelberg Conference*, ed. S. E. Porter and T. H. Olbricht, JSNTSup 90 (Sheffield: Sheffield Academic Press, 1993), 250. 홀란드는 아이러니가 반드시 "한 가지를 말하고 그 반대를 의도하는 것"을 의미하는 것은 아니라고 다른 곳에서 지적한다. "말한 것의 의도된 의미는 겉보기 의미와 다를 뿐이다." 그것은 "종종 완서법 및 과장, 즉 실제로 의미하는 것보다 적거나 더 많이 말하는 것과 관련이 있다." 자랑하는 자(ἀλαζών)는 "자신이 아닌 척 가장하며, 반면에 εἴρων(아이러니에 영향을 미치는 사람)는 자신이 아닌 척하면서 가장한다"("Paul's Use of Irony as a Rhetorical Technique," in *The Rhetorical Analysis of Scripture: Essays from the 1995 London Conference*, ed. S. E. Porter and T. H. Olbricht, JSNTSup 146 [Sheffield: Sheffield Academic Press, 1997], 235). 다음 책(PseudoAristotle, *Rhetoric to Alexander*)에서 우리는 아이러니를 "말하지 않는 척하면서 무언가를 말하거나 반대 이름으로 부르는 것"으로 정의된 것을 발견한다. '이 명예로운 신사가 우리 동맹에게 많은 피해를 입힌 반면, 우리 비천한 생물은 그들에게 많은 이익을 가져다 준 것 같다.' ... 비꼬는 것에서도 아이러니를 사용하고 상대방이 자랑스러워하는 것에 대해 상대를 조롱해야 한다" (1434a; 1141b 23, 다음에 인용됨. Forbes, "Comparison, Self-Praise and Irony," 10).

14 Holland, "Speaking like a Fool," 251.

15 Holland, "Speaking like a Fool," 251.

16 Holland, "Paul's Use of Irony," 234.

> 수사학의 정치적 지지자들에게 투명하도록 위장함으로써 간접적으로만 그 요점을 취하는데, 그것의 적절한 해석은 대부분의 다른 형태의 수사학보다 청중의 입장에서 훨씬 더 복잡한 정신적 거래를 수반한다. 수사를 사용하는 사람의 아이러니가 오해를 받을 가능성이 있고 그가 의도한 메시지를 전달하지 못할 가능성이 항상 있다.[17]

홀란드Holland는 부스Booth의 주장을 인용한다.

> 아이러니를 파악하고 해독하는 데 관련된 정신적 과정 자체가 수사학을 사용하는 사람에 대한 동정적인 견해에 도움이 된다는 것이다. 수사학을 사용하는 사람은 "우리와 같은 사람"이라는 믿음에 기반하기 때문이다. 아이러니를 해석하는 작업은 수사학을 사용하는 사람과 청중 사이에 약간의 의사소통에 있어서 공모를 한다.[18]

저자는 청중이 아이러니를 이해하고 너무 난해하지 않을 것을 알고 있다는 것을 청중도 안다. 그 모의는 작가와 청중 사이에 유대감을 형성한다. 규범을 조롱하면서 작가는 수치심을 유발하여 분노나 회개, 규범에 대한 거부를 이끌어낼 것이다.

내 생각에 바울은 이러한 수사학적 전략이 더 많은 분노를 유발하지 않고 오히려 이러한 잘못된 규범에 대한 더 많은 회개와 거부로 이어질 것이라고 믿을 만한 이유가 있기 때문에 이러한 전략을 건다. 그들 사이를 바로잡고자 하는 열렬한 열망을 선언하는 디도의 말은 이러한 확신의 기초이다.[19]

---

17 Holland, "Paul's Use of Irony," 234.

18 Holland, "Paul's Use of Irony, 238, 다음을 인용한다. W. C. Booth, "The Pleasures and Pitfalls of Irony: or, Why Don't You Say What You Mean?" in *Rhetoric, Philosophy, and Literature: An Exploration*, ed. D. M. Burks (West Lafayette: Purdue University Press, 1978), 11.

19 나는 바울이 책망하는 주된 대상이 그의 온유함과 관용을 연약함으로 오해하고(10:2, 10) 바울의 경쟁자들의 죄를 지은 공동체 구성원의 거짓 규범에 매료되었던(12:21; 13:2; 참조. 6:14-7:1) 고린도 교인들, 즉 고린도 교회 회중의 구성원들이 바울의 주된 책망의 대상이었다고 주장할 것이다. 회중의 선한 은혜에 잠입한 경쟁자들은 기본적으로 바울이 무시하고 간접적으로만 언급된다.

10-13장의 구조

이 장의 개요는 교차대구구조를 반영한다.

A. 10:1-11

그가 그의 편지에서처럼 그들 가운데 있을 때 불순종을 처벌하는 데 담대할 수 있음을 경고한다.

["함께 있을 때", "우리가 떠나 있을 때"라는 표현과 동사 λογίζομαι(로기조마이, "여기는" 10:2, "알지라" 10:11)와 그의 편지에서 그리고 함께 있을 때 사이의 불일치(10:1b와 10:10)에 대한 바울의 말과 함께 구성되는 인클루지오(수미쌍관)][20]

B. 10:12-18

스스로 칭찬하는 것과 하나님의 칭찬[동사 "추천하다" *συνίστημι* (쉬니스테미, 10:12, 18)로 구성되는 인클루지오(수미쌍관)]

C. 11:1-21a

어리석은 태도를 참음["참다"(ἀνέχομαι, 아네코마이, 11:1, 4, 19, 20)로 구성되는 인클루지오(수미쌍관)]

C′. 11:21b-12:13

바울의 어리석은 자랑[그가 어리석은 자로 말하는 그의 선언(11:21; 12:11)으로 구성되는 인클루지오(수미쌍관)(11:21; 12:11)][21]

B′. 12:14-21

바울의 고린도로 돌아옴 귀환(그들에게 다시 오는 것을 언급하는 것(12:14, 21)으로 구성되는 인클루지오(수미쌍관)]

A′. 13:1-10

자신의 권위를 가혹하게 사용해야 할지도 모른다는 경고. 그가 떠나 있음과 함께 있을 것(10:1-2; 13:10)에 대한 언급과 세우고 무너뜨리

---

20 피터슨B. K. Peterson의 수사학적 분석은 바울이 논증(probatio)에서 논의할 세 가지 주요 주제를 제시하는 명제 제시(propositio)로 10:1-11을 확인한다. (1) 바울 역시 그리스도께 속한다(10:7). 이것은 다음에 발전된다(11:1-15). (2) 그는 부끄러움이 없는 그의 권위를 자랑할 수 있다(10:8-10). 이것은 다음에 발전된다(11:16-12:1). (3) 그는 일관성을 가지고 행동할 것이다(10:11). 이것은 다음에 발전된다(12:14-18). (*Eloquence and the Proclamation of the Gospel in Corinth*, SBLDS 163 [Atlanta: Scholars Press, 1998], 93).

21 자랑과 약함을 자랑할 필요성은 세 하부구절들 각각의 시작 부분에서 반복된다(11:30-33; 12:1-5; 12:6-10).

지 않기 위해 주님께서 그에게 주신 권위에 대한 언급(10:8; 13:10) 이 포함되어 있는 10:1-11 및 13:1-10으로 구성되는 인클루지오(수미쌍관).[22]

4.1. 바울의 방문을 위한 준비(10:1-11)

10:1 너희를 대면하면 유순하고 떠나 있으면 너희에 대하여 담대한 나 바울은 이제 그리스도의 온유와 관용으로 친히 너희를 권하고 2 또한 우리를 육신에 따라 행하는 자로 여기는 자들에 대하여 내가 담대히 대하는 것 같이 너희와 함께 있을 때에 나로 하여금 이 담대한 태도로 대하지 않게 하기를 구하노라 3 우리가 육신으로 행하나 육신에 따라 싸우지 아니하노니 4 우리의 싸우는 무기는 육신에 속한 것이 아니요 오직 어떤 견고한 진도 무너뜨리는 하나님의 능력이라 모든 이론을 무너뜨리며 5 하나님 아는 것을 대적하여 높아진 것을 다 무너뜨리고 모든 생각을 사로잡아 그리스도에게 복종하게 하니 6 너희의 복종이 온전하게 될 때에 모든 복종하지 않는 것을 벌하려고 준비하는 중에 있노라 7 너희는 외모만 보는도다 만일 사람이 자기가 그리스도에게 속한 줄을 믿을진대 자기가 그리스도에게 속한 것 같이 우리도 그러한 줄을 자기 속으로 다시 생각할 것이라 8 주께서 주신 권세는 너희를 무너뜨리려고 하신 것이 아니요 세우려고 하신 것이니 내가 이에 대하여 지나치게 자랑하여도 부끄럽지 아니하리라 9 이는 내가 편지들로 너희를 놀라게 하려는 것 같이 생각하지 않게 함이라 10 그들의 말이 그의 편지들은 무게가 있고 힘이 있으나 그가 몸으로 대할 때는 약하고 그 말도 시원하지 않다 하니 11 이런 사람은 우리가 떠나 있을 때에 편지들로 말하는 것과 함께 있을 때에 행하는 일이 같은 것임을 알지라

4.1.1. 벌하려는 바울의 준비(10:1-6)

바울에 관한 고린도 교인들의 관심은 그들이 잘못 해석한 바울의 행동과 바울을 자신들과 경멸적으로 비교하는 고린도 교회에 침입한 경쟁자들이 잠입으로 꾸준히 약화되었다. 이 나쁜 짓을 하는 사람들은 당혹스럽게도 성공

22 다음은 본문을 다르게 나눈다(M.-A. Chevallier, "L'argumentation de Paul dans II Corinthiens 10 à 13," *RHPR* 70 [1990]: 3–15).

을 거두었기 때문에 바울은 그들의 성가신 비방에 맞서 자신을 변호하고 사도로서 그의 태도를 설명해야 하는 불편한 위치에 있다는 것을 알게 되었다. 바울은 자신이 약하고 비굴하고(10:1, 10; 11:7; 13:3-4), 사도적 능력이 다소 부족하고(12:12), 고린도 교인들로부터 금전적 지원을 받기를 거부하고 대신에 장사를 하는 것이 그의 사도직을 폄하하게 만들고, 바울이 그들을 나쁘게 생각한다는(11:7-9; 12:13-18; 참조. 고전 9:3-18) 비난에 답해야 했다. 그는 차례로 가짜 사도들이 바울과 그들 사이에 쐐기를 박는 것을 허용하고 그의 인격에 대한 명예 훼손에 대해 변호하지 않은 고린도 교인들을 책망한다(12:11). 바울은 그들에 대한 자신의 사랑을 재확인하면서(11:11; 12:15) 그들의 잘못에 대해 괴로움을 표하고 그들이 진리를 그릇되게 무시하는 것에 대해 엄중하게 경고한다(10:5-6, 11; 13:1-4, 10). 그의 소망은 그들의 순종이 온전히 이루어지고(10:6), 믿음이 자라나고(10:15), 온전하게 되어(13:9), 믿음을 붙들게 되는 것이다(13:5). 그 믿음은 바울이 그들에게 처음 전파한 믿음이다. 그러나 경쟁자에 대한 그의 태도는 다르다. 바울은 "그들이 자기로써 자기를 헤아리고 자기로써 자기를 비교"하는 죄를 범한다고 말하며, 그 결과는 지극히 자기를 칭찬한다(10:12). 그들은 또한 바울의 선교지에 침입하고(10:14), 권위의 참된 근원이신 주님을 모르고(10:12b, 17-18), 사탄이 하와를 미혹한 것처럼 고린도 교인들을 미혹한다(11:2-3). 다른 예수와 성령과 복음을 전파하고(11:4) 부당하게 자랑함으로써(10:15, 11:12, 참조. 5:12) 자신들을 그리스도의 사도로 가장했을 뿐인 그들을 거짓 사도요, 속이는 일꾼이며, 사탄의 사자라고 분명하게 낙인찍었다(11:13, 15).

바울은 이러한 경쟁자들의 이름을 직접 언급하거나 부르지 않았다. 이것은 그들의 정체성에 대한 많은 가설을 불러 일으켰다. 그들은 "어떤 사람들"로 이름이 없는 채 남아 있다. 이 적들에 대해 알 수 있는 것은 본문에서만 추론할 수 있다. 그들은 분명히 자신들의 유대교적 유산을 자랑스럽게 여기고(11:22), 수사학에 능숙하며(11:6, 따라서 헬레니즘 환경의 영향을 크게 받음), 그리스도께서 그들 안에 말씀하신다는 증거로서 주장하는 다양한 성취, 환상 및 계시를 자랑한다(13:3). 그러나 바울의 관점에서 볼 때 그들은 악의 세력과 결탁되어 있고 그 자체가 철저히 악하므로 공동체에 영향력을 행사하지 못하도록 막아야 한다.

다툼의 핵심은 고린도 교회에 대한 바울의 권위에 관한 것이지만, 바울 자신이 주장하는 것처럼 단순히 개인 변호에 관여한 것이 아니다(12:19). 바렛Barrett은 현명하게 다음과 같이 말한다. "위기에 처한 것은 사도적 복음의 본질과 그 배후에 있는 사도적 권위이다."[23] 바울은 자신의 평판과 품행을 변호하지만, 자신의 평판을 구원하는 것보다 어리석은 사람들과 거짓 복음으로부터 공동체를 구원하는 것이 더 중요하다.

10:1. 바울은 고린도 교인들에게 예루살렘 성도들을 위한 연보에 대한 열심을 새롭게 하라고 간청한 후에 다시 고린도 교인들과 가까이 있을 때 담대함이 부족하다는 고발을 언급한다. 그는 자신이 싸움을 위해 망치고 있는 것이 아님을 분명히 한다. 다음에 고린도에 돌아갈 때 그들을 가혹하게 만들고 싶지는 않지만 대면하면 용기가 부족하다고 여겨지는 모든 의심을 없애고 싶어 한다. 그는 그들과 직접 대면할 준비가 되어 있다. 바울은 다음 방문이 또 다른 고통스러운 방문이 되지 않도록 간섭하는 거짓 사도들에 대한 모든 가능한 지원을 차단하기 위해 이 호소를 시작했다.[24] 1-2절에서 바울은 그가 다룰 두 가지 핵심 개념을 소개한다. (1) 편지에서의 담대함과 개인적으로는 소심함 사이에서 흔들리는 사람들의 잘못된 의견, (2) 자신의 사역 방식이 그리스도를 본받았다는 확신. 바울은 "나 바울은"(αὐτὸς δὲ ἐγὼ Παῦλος, 아우토스 데 에고 파울로스)이라고 강조하면서 이 부분을 권위 있게 시작한다.[25] 고린도 교인들에게 그를 변호하고 있는 것은 디도가 아니다. 이제 바울 자신이 그들의 완전한 화해에 여전히 남아 있는 장애물을 다루어야 한다. 바울은 그들과 함께 있다는 '있음'의 언어로 일부 사람들이 자신에 대해 가지고 있는 불만을 냉소적으로 제기한다. "너희를 대면하면 유순하고 떠나 있으면 너희에 대하여 담대한 나 바울은 ... 너희를 권하고... ." 이 말은 바울 자신의 행위에 대한 자기 평가가 아니라 고린도에 있는 일부 사람들의 비판을 반영한 것이다(10:10). 그는 동료가 전달하는 안전한 거리에서 뜨거운 편지를 쓸 때만 대담하다는 환상을 깨뜨리려고 한다. 그는 이 편지를 통해 그들과 함께하고 있음을 분명히 한다. 그럼에도 불구하고 그는 직접 함께 하는 것과 편지를 통해 함께하는 것의 차이를 알고 있다. 따라서 그는 자신의 편지가 강력하다고 인정한 것이 거짓이 아님을 강조한다. 그는 종이 사도가 아니다. 이 편지들을 쓰는 사도와 곧 그들에게 직접 올 사도 사이에는 연속성이 존재한다.

---

23 Barrett, *Second Epistle*, 245.

24 바울의 편지에 있는 παρακαλῶ 서술은 하나님께 드리는 감사나 찬미가 앞에 온다. 이 호소는 9:12-15에서 감사가 선행되며 따라서 다음에 동일한 패턴이 나타난다. 롬 12:1에서 11:33-36의 송영이 선행되고, 살전 4:1에서 3:11-13의 송영 기도가 선행된다(Witherington, *Conflict and Community*, 432). 이 패턴은 편지의 통일성에 대한 또 다른 주장을 제공한다.

25 바울은 갈 5:2; 엡 3:1; 골 1:23(참조 몬 9)에서 "나 바울은"을 사용하여 강조한다.

피터슨은 주장한다. "그러므로 우리 단락에서 강조하는 자기 언급은 바울의 사도적 권위의 무게를 소개하고 고린도 교인들에게 누가 그들에게 말하고 있는지 상기시키며 바울이 희망하는 바에 그들이 듣게 하기 위한 것이다."[26] 바울은 이 장들에서 인사말에 이름이 언급된 공동 저자 디모데와 따로 있을지도 모른다(1:1).[27] 그러나 디도와 형제들이 고린도를 방문한 것에 대해 논의한 후(8:6, 16-19, 22, 24; 9:3-5) 이제 자신이 고린도를 방문할 가능성에 대해 언급했을 가능성이 더 크다(10:2). 그는 이 표현을 사용하여 그가 말하는 것과 형제들이 말할 수 있는 것을 구별한다.[28] "그리스도의 온유와 관용으로"는 또한 "그리스도의 온유와 관용을 통해서"로 번역될 수 있으며 그가 어떻게 호소하는지 설명한다. 그것은 "그의 행동은 그리스도의 성품에 의해 알려지고 형성된다"라는 의미이다.[29] 그의 온유함과 관용이 그리스도의 것을 닮는다면, 그들은 약점으로 착각해서는 안 된다. 그들의 문화에서는 나약함으로 조건지어져 있다. 베지Vegge는 "부드러움, 온유함, 인간애는 쉽게 나약함과 비굴함과 관련된다"고 제시한다.[30] 남성은 공격적이고 자신의 명예와 명망을 맹렬히 보호할 것으로 기대되었다. "온유함"이 반드시 미덕은 아니다. 그는 아리스토텔레스의 주장을 인용하여 "화를 내는 것이 옳은 일"에 화를 내지 않으면 정신이 없고 어리석고 나약한 사람으로 간주된다. "상처를 느끼지 않거나 분개하지 않으며, 결코 화를 내지 않는다면 자신을 지지하지 않을 것이라고 생각될 것이다. 자신에 대한 모욕을 참거나 친구가 모욕 당하는 것을 참는 것은 모욕적인 것으로 여겨진다."[31]

하지만 "온유"(πραΰτης, 프라위테스, "절제", "온화함")는 고전 문학에서 "분노와 야만성"과 대조되는 "조용하고 부드러운 성품"으로 사용되기도 했다. "그것은 화해를 허용하는 절제를 의미한다."[32] 그것은 화를 내는 데 더디하고 수용할 줄 알아야 하고 동정심을 나타낼 수 있는 지도자를 위한 미덕으로 환영받았다. 이 용법에 따라 요세푸스는 이것을 예의 바르거나 온화한 성

26 Peterson, *Eloquence and the Proclamation*, 76.

27 D. A. Black, *Paul, Apostle of Weakness: Astheneia and Its Cognates in the Pauline Literature*, American University Studies (New York: Peter Lang, 1984), 133.

28 Wolff, *Der zweite Brief*, 195.

29 Campbell, *Paul and Union with Christ*, 251–52.

30 Vegge, *2 Corinthians*, 278–79.

31 Aristotle, *Eth. Nic*. 4.5.6 [LCL, Rackham).

32 Spicq, *Theological Lexicon*, 3:161는 다음을 인용한다. Plato, *Symp*. 197d; Aristotle, *Eth. Nic*. 1125b; 칠런(Chilon)은 다음을 인용한다. Stobaeus, *Flor*. 4.7.24.

품을 갖고 모든 사람에게 호의적인 통치자에게 적용한다.[33] 고대 저자들은 이 미덕을 존경했다. 왜냐하면 그것이 "비록 적에 대해서는 냉담한 상태로 남아 있을지라도 ... 시민들 사이의 모든 관계를 부드럽게 하기 때문이다."[34] 그것은 다른 사람을 압도하는 사람들의 핵심 덕목으로 간주되었다. 그것은 가혹함과 과도한 폭정에서 그들을 보호하고 관대함을 장려하여 적을 이길 수 있도록 도왔다.[35] 온유한 자의 "온유한 외모"와 "부드러운 목소리"는 부적절한 감정을 끓어오르게 하는 자제력을 전제로 한다. 이 미덕은 참을성이 있어야 하고 학생의 실수와 비방하는 사람의 도전에 성급하지 않아야 하는 교사에게 특히 중요했다.[36]

헬라어 구약 성경은 하나님의 뜻에 복종하는 사람들에게 이 단어를 적용할 때 뚜렷한 뉘앙스를 추가한다(시 132:11). 신약에서 예수님은 자신을 "마음이 온유하고 겸손하니"(마 11:29)라고 제시하여 피곤하고 무거운 짐을 지고 괴로움을 당하고 무기력한 자들에게 그의 "멍에"가 쉬운 이유를 설명하신다(마 9:36). 예수님의 멍에는 쉽다. "제자들을 짐을 질 약대와 나귀가 아니라 함께 멍에를 질 동료로 대하시기 때문이다"(23:4).[37]

바울은 전에 고린도 교인들을 대할 때 자신의 온유함을 언급했다. 그는 그들에게 그리스도 안에서 만 명의 스승이 있을 수 있지만 아버지는 많지 않다고 말했다(4:15). 스승(παιδαγωγός, 파이다고고스)은 그리스 연극에서 거칠고 어리석은 공사 감독으로 희화화 된 우스꽝스러운 노예로 아이를 돌보는 사람들이었다. 그리스 도자기에서 스승은 지팡이를 들고 있는 것으로 알아볼 수 있다.[38] 바울은 고린도 교인들에게 아이를 돌보는 지팡이로 가혹한 징계를 내리기 원하는지 아니면 아버지로서 사랑과 온유의 영으로 오기를 원하는지 묻는다(고전 4:21; 참조. 고전 4:15, 여기에서 일만 παιδαγωγοί를 "아버지"에 반

33 Josephus, *Ant*. 14.3.3 § 46; 19.7.3 §330.

34 Spicq, *Theological Lexicon*, 3:162은 다음을 인용한다. Isocrates, *Paneg*. 116; Xenophon, *Cyn*. 2.1.29; Plato, *Resp*. 2.375; *Tim*. 18a.

35 이것은 모세에게 적용된다(민 12:3; Sir 45:4; Philo, *Moses* 1.26; 2.279; Josephus, *Ant*. 3.5.7 § 97).

36 Spicq, *Theological Lexicon*, 164.

37 D. E. Garland, *Reading Matthew: A Literary and Theological Commentary on the First Gospel* (New York: Crossroads, 1993), 133. 바울이 예수님의 지상 생활의 특징을 언급하는 것을 볼 때, 그는 고린도 교인들이 예수를 온유하고 관용하는 분으로 묘사한 전통에 대해 어느 정도 알고 있었음에 틀림없다고 가정한다.

38 H. D. Betz, *Galatians*, Hermeneia (Philadelphia: Fortress, 1977), 177.

대되는 "규율에 엄격한 자" 대신 "스승").[39] 그는 온화하고 평화로운 아버지로 오는 것이 바람직하다고 분명히 밝혔다. 그는 그들을 비난하기보다 설득하기를 더 좋아하고, 그들을 때려 굴복시키기보다는 이성적인 논증으로 굴복시키기를 더 좋아한다. 앞의 구절은 징계에 대한 바울의 기본 입장을 보여 준다. 그는 항상 자신의 자녀로 여기는 사람들에게 온화할 수 있는 위치에 있기를 원한다.[40] 그는 가혹한 형벌이든 아니든 형벌이 수치심을 주고 비통함을 불러일으킬 수 있으며 범죄한 자를 믿음에서 몰아낼 가능성이 있음을 알고 있다(2:5-11; 참조. 엡 6:4; 골 3:21). 그들의 영적 아버지로서 바울은 교회들로부터 순종을 기대하지만, 아버지의 징계가 사랑과 긍휼과 친절과 인내로 조절되어야 한다고 믿는다(골 3:12). 그리스도의 사도로서 그는 그리스도의 온유과 관용을 본보기로 삼고자 한다. 대조적으로 "매를 가지고" 또는 "사랑과 온유한 마음으로"(고전 4:21) 그들에게 나아간다. "부드러움"이 "권력의 행사와 관련"이 있음이 분명하다. 사랑과 관련하여 "강압과 폭력을 사용하지

---

39 "온유"는 성령의 열매이며(갈 5:23), 바울은 갈라디아 교인들에게 온유한 심령으로 범죄한 자들을 대하라고 권면한다(갈 6:1; 또한 엡 4:12; 골 3: 12, 딤후 2:25, 딛 3:2 참조). 디모데는 하나님의 사람으로서 "의와 경건과 믿음과 사랑과 인내와 온유"(딤전 6:11)를 추구해야 한다.

40 레이브스태드R. Leivestad는 "그리스도의 온유과 관용"은 그리스도의 너그러움과 관용이 아니라 그리스도께서 세상에 오시는 방식을 말하는 중언법(hendiadys)이라고 주장한다("'The Meekness and Gentleness of Christ' II Cor X.1," *NTS* 12 [1966]: 156–64). 기독교 본문에서 두 용어는 "권위가 행사될 때 관대함과 너그러움이 아니라 일반적인 기독교 이상으로서 온화하고 낮으며 겸손한 태도"(160p)를 설명한다. 레이브스태드는 *Diogn.* 7:4–5의 "관용과 온유로"에 호소하며 그 의미를 다음과 같이 해석한다. "진정한 역설은 하나님이 폭군 대신 온화하고 자비로운 통치자를 보내신 것이 아니라, 왕의 영광이 전혀 없는 평범하고 단순한 사람의 모습으로 아들을 보내셨다는 것이다. 요점은 겸손한 행동보다 겸손한 상태이다"(161p). 그는 고후 10:1에서 그 사용법에 대해 결론을 내린다. "바울은 하늘에 계신 재판관의 관대함과 너그러움이나, 심지어 그의 지상 생애 동안의 온화하고 은혜로운 태도에 대해서 언급하지 않는다. 그는 케노시스, 문자 그대로 주님의 나약함과 비천함을 암시한다"(163p). 바울은 고린도 교인들이 겸손한 사람의 모습이 "그리스도의 케노시스, 인간의 ἀσθένεια를 통해 역사하시는 하나님의 δύναμις의 역설적인 표현의 모방이자 연속임"(164p)을 인식하기를 원한다.
두 용어에 대한 이러한 해석은 10-13장에서 바울의 논증의 전체적인 취지와 잘 어울린다. 고전 4:21과의 병행은 대신에 바울이 특히 권징의 문제에서 고린도 교인들을 대하는 방식을 가리킨다. 레이브스태드는 문맥이 용어의 기능을 정의하고 이 문맥에서 바울의 태도와 권위의 사용이 문제가 된다고 주장한다. 고린도 교인들은 그의 위협적인 편지와 온화하고 소심한 모습 사이에 불일치가 있다고 생각하기 때문에 흥미를 잃었다. 그의 경쟁자들은 고린도 교인들과의 대면에서 그의 온유와 관용을 이용하여 그가 진정한 권위가 없다고 제안한다. 그는 실속이 없는 허풍만 가득하다는 제안이다. 바울은 그의 태도가 그리스도의 온유와 관용을 본받는 것이라고 설명한다. D. D. Walker, *Paul's Offer of Leniency (2 Cor 10:1)*, WUNT 2/152 (Tübingen: Mohr Siebeck, 2002), 331–40도 참조하라. 그는 πραΰτης와 ἐπιείκεια가 "너그러움과 관용"을 의미한다고 주장한다.

않는다."[41] 바울은 그들을 지배하기 원하지 않는다. 그는 먼저 그들에게 간청함으로써 자신의 권위를 행사한다(참조. 2:8; 5:20; 6:1).[42] 그는 여전히 그리스도 안에 있는 진리에 근거한 설득만 하며 고린도 교인들이 자기의 글을 보고 올바른 판단을 내릴 것이라고 믿는다. 고린도에 있는 누군가가 바울이 거만한 침입자들만큼 강하지 않다고 잘못 생각한다면, 바울은 그들을 바로잡고 싶어 한다. 그는 성능이 매우 좋은 하나님의 무기를 가득 쌓아두고 있지만, "그리스도의 온유과 관용"으로 그 무기들을 사용한다. 그러므로 그는 대사의 역할로 대표하고 자기 사역의 본보기인 그리스도의 미덕을 강조함으로써 호소를 시작한다(4:10; 13:3-4). 그는 예수께서 훨씬 더 뛰어난 온유와 관용을 사용하신 뛰어난 능력에 호소한다.[43]

명사 "관용"(ἐπιείκεια, 에피에이케이아, "친절함", "합리성", "공정함", "관대함", "중용")은 동정어린 너그러움의 개념을 강화한다. 정의는 긍휼과 함께 가야 하기 때문에 판사에게 필수적인 자질로 여겨졌다.[44] 스피크스Spicq는 다음과 같이 쓴다.

"우월한 위치에 있는 사람들에게 ἐπιείκεια(에피에이케이아)는 융통성 없는 가혹함을 완화시키는 느긋한 특성이며, 법을 엄격하게 적용할 때 혐오스럽거나 부당할 수 있는 모든 것을 시정하는 공정함이다."[45] 요세푸스는 헤롯이 아직 어린 시절에 "유대인의 왕"이 될 것이라고 예언하고 "하나님께는 공의와 경건을 사랑하고 시민에게 온유함을 사랑하라"고 권고한 에세네파 장로를 기록한다.[46] 이 단어의 명사, 형용사, 부사는 하나님의 온유와 관용을 묘사하기 위해 70인역에서 하나님께 적용된다.[47] "온유"는 교회 지도자의 필수적인 특성으로 나타난다(딤전 3:3). 감독은 폭력이나 보복을 하려고 하지 말아야 하며 온건하고 온화하며 침착해야 한다. 야고보에 따르면 위로부터 지혜를 가진 사람들은 온유함을 나타낼 뿐만 아니라 순결하고 화평하며 양보하기를 좋아

---

41 T. Stegman, *The Character of Jesus: The Linchpin to Paul's Argument in 2 Corinthians*, AnBib 158 (Rome: Pontifical Biblical Institute, 2005), 123.

42 고전 1:10; 4:16; 16:15 참조.

43 스테그먼(Stegman, *The Character of Jesus*)은 바울이 이 편지 전체에서 어떻게 예수의 이야기를 암시하고 끌어들이는지 보여 준다.

44 Spicq, *Theological Lexicon*, 2:34–35.

45 Spicq, *Theological Lexicon*, 2:35.

46 Josephus, *Ant*. 15.10.5 § 375 (Marcus and Wikgren, LCL).

47 삼상 12:22; 시 85:5; Wis 12:18; Bar 2:27; Dan 3:42; 4:27; 2 Macc 9:27; 3 Macc 3:15; 7:6. Pr Azar 19 (단 3.42 LXX)에서 아자랴는 하나님께 "당신의 인자하심에 따라"(ἐπιείκεια) 풍성한 자비를 베풀어 주시기를 기도한다.

하며 긍휼이 충만하다(약 3:17).

온유와 관용라는 그리스도의 덕에 호소하는 것은 두 가지와 관련이 있다. 첫째, 그것은 바울이 그들의 영적 지도자로서의 권위있는 지위를 당연히 여기고 있음을 보여 준다. 왜냐하면 이것이 "자신의 우월한 지위가 정당하게 허용하는 권한을 자발적으로 다 사용하지 않는" 덕목이기 때문이다.[48] 그들의 주님과 재판관인 그리스도는 온유하시고 관용하신 것으로 알려져 있다. 그의 고발에 대해 오만하고 지배적인 태도를 거부하는 것은 바울이 어떤 사람들이 추측하는 것처럼 권위가 없다는 것을 의미하는 것이 아니라 오히려 그가 그리스도와 같다는 것을 의미한다.[49] 명예를 위해 공개적인 경쟁에서 도전자를 받아들일 준비가 되어 있는 그의 온유한 태도와 공격성이 없음은 확신이나 꺾이지 않는 의지가 없다는 표시가 아니라 그리스도의 모범에 순응한다는 증거로 받아들여야 한다. 온유함에도 불구하고 바울은 불순종하는 자를 엄하게 징계하고 적의 과대한 찬사를 찌르는 능력과 의지가 있다.[50] 둘째, 이러한 덕목에 대한 언급은 그들에 대한 기본적 선의를 나타낸다. 그는 열려있고 화해를 이룬다. 그의 온건함과 너그러움이 권위에 대한 엄중한 과시를 불필요하게 만들기를 희망한다.[51] 만약 실패한다면, 다시 올 때 너그럽지 않을 것이라고 약속한다(13:2).

반대자들은 바울이 편지에서 담대하고 가혹할 수 있다고 인정한다. 바울의 목표는 도착했을 때 징계 조치를 취하는 것을 불필요하게 하는 것이었다. 그들은 그의 낮은 태도를 비겁하거나 무력한 것으로 착각해서는 안 된다. 오히려 그것은 주 예수 그리스도의 온유와 관용의 모범을 따른다.

---

48 Fitzgerald, "Ancient Epistolary Theorists," 194n26에서 다음을 주목한다. J. de Romilly, "Fairness and Kindness in Thucydides," *Phoenix* 28 (1974): 95–100.

49 바넷은 바울이 "그 자신을 '그리스도'의 본보기로 사역에서 그들에게 제시한다"고 말한다. 그는 "구체적이고 가시적인 방식으로 그리스도 자신에게서 듣고 본 생활 방식을 예시하고 있으며, 이로써 그는 이제 고린도 교인들에게 호소한다"(*Second Epistle*, 459–60).

50 람브레흐트Lambrecht는 10장과 13장에 나타나는 여러 모티프를 지적한다("Dangerous Boasting: Paul's Self-Commendation in 2 Corinthians 10-13," 330n10). 바울은 자신의 부재/함께 함(10:1-2, 11; 13:2, 10), 예상되는 도착(10:2, 4-6, 11; 13:1, 2, 10), 그들의 불순종(10:6; 13:1-2, 5, 9-10), 그의 편지(10:9-11; 13:10), 그의 세우는 하나님의 권세와 허물지 아니하는 하나님의 권세(10:8; 13:10), 시험 받고 인정을 받은 권세(10:18; 13:3, 5-7), 그리스도께 속함(10:7; 13:3, 5)을 말한다.

51 이러한 덕의 예는 고후 2:6-11에서 찾을 수 있는데, 여기서 그는 공동체가 가해자에게 사려 깊고 친절하며 용서해야 한다고 주장한다. 살전 2장에 있는 바울의 온유함과 비교하라. 그는 자신이 유모처럼 온유하게 왔고 학대하지 않았다고 말한다(참조. Malherbe, "'Gentle as a Nurse,'" 203–17.)

세속 문헌에서는 관용과 온유를 주로 권력자들의 미덕으로 여겼지만 "겸손"(개역개정, '유순', ταπεινός, 타페이노스)은 그렇지 않았다. 적당한 도덕적 감성이 있는 것과 지나친 교만이 없는 것은 긍정적이지 않았다. 바울은 7장 6절에서 "겸손"이라는 단어를 "낮고", "의기소침한" 사람(개역개정, '낙심한')이라는 의미로 사용한다. 반대자들이 바울을 "겸손"하다고 묘사할 때 그것을 비난으로 이해한다. 겸손은 자존심이 강한 사람의 태도가 아니라 "비천하거나 천박하거나 멸시받는" 사람에게 적합한 태도였다.[52] 루시안Lucian은 다음과 같이 썼다. "겸손한 사람은 ... 친구가 찾지도 않고 적이 두려워하지도 않는다 ... [그러나] 항상 위에 있는 사람에게 움츠러든다."[53] 여기에 문제가 있다. 바울은 세상이 그를 불명예를 당하고 평판이 없는 사람으로 여겼다는 것을 인정했다(6:8). 그리스도의 사도에 대한 세상의 멸시가 불행하게도 교회에 침투했다. 고린도 교인들은 바울의 온유함을 소심함으로 오해했는데, 이것은 높으신 그리스도의 사도라기보다 비굴하고 품위가 떨어지고 멸시당하는 사람에게 더 적합하다고 여겼다.[54] 크리소스토무스Dio Chrysostom는 다음과 같이 말한다. "확실히 어리석은 사람들은 보편적으로 평판이 좋지 않은 사람들을 경멸하고, 비록 가장 훌륭한 조언을 할 수 있을지라도 그들에게 주의를 기울이지 않는다. 그러나 다른 한편으로 군중이나 가장 큰 권력을 가진 사람들이 존경받는 것을 볼 때 그들에게 인도되는 것을 경멸하지 않는다."[55]

어떤 사람들은 사도는 슈퍼스타와 같은 리더십 스타일이어야 한다는 이상과 비교하면 바울이 너무 비천하다고 평가했다.[56] 이에 대한 응답으로 바울은 11장 20-21절에서 그들을 대할 때 더 무자비하게 대하는 것을 선호하는지 조롱하며 질문한다. 고린도 문화는 "활력과 힘으로 자신을 투영하는 사람들"을 열렬히 받아들였다.[57] 그들은 바울의 교만한 반대자들을 기꺼이 종으로 삼고 약탈하고 이용하며 지배하고 뺨을 때린다(11:20). 어떤 사람들은 이러

52 Spicq, *Theological Lexicon*, 3:369.

53 Lucian, *Gall*. 9. 다음에 인용됨. Savage, *Power through Weakness*, 24n39.

54 바울의 관대함의 예는 2:6-11에서 찾을 수 있다. 여기서 그는 공동체가 징계할 것을 요구했던 사람에게 친절을 베풀 것을 요청했다.

55 Dio Chrysostom, *Nest*. 57.3 (Cohoon, LCL).

56 섬니J. L. Sumney는 "진정한 사도는 인상적이어야 한다는 고린도 교회의 가정에는 갈등이 소용돌이치고 있다. 그들은 역동적이고 설득력 있는 연설가여야 하며 위풍당당한 태도를 가져야 한다"(J. L. Sumney, *Identifying Paul's Opponents: The Question of Method in 2 Corinthians*, JSNTSup 40 [Sheffield: Sheffield Academic Press, 1990], 162).

57 Savage, *Power through Weakness*, 69.

한 방식으로 권위를 휘두르는 것을 발견했다. 즉, 큰 소리로 말하고 큰 막대기로 세게 때렸다(참조. 고전 4:21). 이것은 바울의 겸손하고 소심한 접근보다 훨씬 더 인상적이다. 그는 비꼬는 답변을 한다. "나는 우리가 약한 것 같이 욕되게 말하노라"(11:21). 이 장들에서 요점은 연약한 것처럼 보일 뿐이지만 그 연약함을 통해 역사하시는 그리스도 안에서 그가 강력하다는 것이다. 그들은 그의 연약함을 잘못 읽었고 하나님의 능력이 어떻게 연약함을 사용하고 극복하는지를 보지 못했다. 그러므로 그는 논쟁으로 판을 뒤집는다.

"그가 약하지 아니하였다면 하나님의 능력이 그 속에서 온전할 수 없었다."[58] 그러면 그의 연약함은 자랑할 수 있는 것이 된다(11:30; 12:9-10).

이 부분에서 바울의 첫 문장 "나 바울은 이제 그리스도의 온유와 관용으로 친히 너희를 권하고"는 불완전한 문장이다. 10장 2-6절에 이어지는 내용은 그의 호소의 성격을 분명히 한다. 그는 편지에서처럼 직접 만나서도 대담하고 겉보기에 흔들리지 않는 것처럼 보이는 논쟁을 무너뜨리는 능력을 가지고 있다. 그러므로 그를 반대하거나 그의 훈계를 가볍게 여기는 사람들은 미리 경고를 받는다. 그는 전쟁을 벌일 수 있지만 그렇게 할 필요가 없다고 간청한다. 그들이 바울 안에서 목격한 그리스도의 온유하심은 공동체에서 그의 권위를 무시하는 사람들이 도전할 때 다른 쪽 뺨을 계속 돌리게 만들었다. 또한 대담한 침입자, 사탄의 사역자가 이 교회를 그의 영향력에서 빼앗기 위한 적대적으로 탈취할 때 그 온유함은 바울을 가만히 앉아 있게 만들지 않는다. 바리새인과 대제사장들이 성전에서 그분의 권위에 도전했을 때 담대하게 대적했던 그리스도와 같이, 바울은 총을 들고 고린도에 올 준비가 되어 있다. 또는 마치 군대 사령관이 도시를 포위하고 요새를 무너뜨리고 포로를 잡을 준비가 된 것처럼 비유를 사용할 준비가 되어 있다. 그러나 그는 먼저 고린도 교인들에게 최후의 결전을 강요하지 말라고 간청한다. 바울은 자신의 직무를 침해한 침입자들에게 복수하려고 하지 않지만 자신을 변호할 것이다. 그의 변호는 다른 복음과 다른 예수에게 미혹될 위험에 처한 공동체의 유익을 위한 것이지(롬 12:19), 단순히 그의 비방된 평판을 살리기 위함이 아니다(롬 12:19).

10:2. 바울이 다음에 방문할 때 온유하고 관용할지는 그들이 이 편지에 어떻게 반응하느냐에 달려 있다. 그는 온유함을 선호하지만 필요하다면 강력함을 보일 것이다. 사이프리드Seifrid는 일반적인 번역에 도전한다. "내가 함께

58 Leivestad, "The Meekness and Gentleness of Christ," 162.

있을 때 담대할 필요가 없기를 간청한다." 그리고 "내가 없을 때 담대하기를 요청한다."[59] 이 표현이 맞다면, 아이러니하게도 그가 부재 중일 때만 편지에서 과감하다고 비난하기 때문에 실제로 그들과 함께 있지 않을 때 이 편지에서 담대한 것을 허락하도록 구한다. 그러나 이 간청에는 앞으로 그의 방문을 위한 무대를 설정하는 은밀한 위협이 포함되어 있다.[60] 그들은 이 편지에 응답하고 철저한 도덕적 개혁으로 자신을 준비하여 바울이 올 때 그가 담대하지 않도록 해야 한다. 말하자면 매를 아끼도록 해야 한다. 그러면 그와 그들 모두 고통스러운 또 다른 방문을 피할 수 있을 것이다. 그들은 또한 그와 함께 올 마게도냐 교인들 앞에서 부끄럽지 않도록 연보 모으는 일을 마무리하여 바울의 도착을 준비해야 한다.

이 첫 구절에서 바울은 그의 명성을 훼손하고 영향력을 훼손하려는 사람들이 제기한 비난을 언급한다. 첫째, 그의 강력한 편지와 함께 할 때의 약함 사이에 있는 불일치에 대한 언급은 끔찍하게 대면해서 만날 때 공개적으로 굴욕을 당했지만 싸우기 위해 머물지 않고 조용히 물러났던 2장 1절에서 암시된 고통스러운 방문으로 거슬러 올라간다. 그는 가혹한 편지로 답장을 보냈고 기대한 것처럼 돌아가지 않았다. 그들을 징계하겠다는 이전 편지에서의 위협(고전 4:18-21)과 그것을 명백하게 실행하지 않은 것과 다툼 이후의 갑작스러운 이탈은 바울이 영적으로 권위 있는 사도가 아니고 비겁하고 무능한 육신의 사람이라는 의혹을 신뢰하게 만들었을 가능성이 있다.[61] 그는 말하자면 "종이" 사도에 불과했다. 반대로, 침입자들은 바울을 비방하는 사람들이 부족하다고 주장한 사도적 이상을 구현하는 것처럼 보였다. 그들은 더 위엄 있는 영적 임재를 보여주었고 더 웅변적으로 말했으며 하나님의 권위에 대한 더 눈에 띄는 증거를 보여 주었다(11:20). 인기 있는 영화의 이미지를 사용하면서 고린도의 어떤 사람들은 바울이 마침내 사기꾼으로 밝혀졌을 때 그를 마치 오즈의 마법사처럼 취급하는 경향이 있었다. 마법사는 커튼 뒤에 숨어 레버를 당기고 시끄러운 음향 효과와 함께 큰 화면에 위협적인 이미지를 투사해서 사람들을 놀라게 했다. 그는 자신을 보호할 정교한 소품 없이 얼굴을 맞대고 만났을 때 말을 더듬고 소심한 것으로 판명되었다. 어떤 고린도 교인들은 바울

59 Seifrid, *Second Letter*, 376–77.

60 칼뱅은 다음과 같이 설명한다. "모든 기독교 교사는 이것을 불변의 방법으로 삼아야 한다. 먼저 청중을 순종으로 이끌고 친절하게 호소하기 위해 온유함으로 노력해야 하며, 반역에 대한 처벌 전에 먼저 온유하게 노력해야 한다"(*Second Epistle*, 131).

61 플러머는 그들이 그를 "겁쟁이이자 깡패"로 본다고 주장한다(*Second Epistle*, 275).

이 그들과 함께 있을 때 미안한 표정을 짓고 안전하게 손이 닿지 않는 곳에 있을 때만 편지로 그들을 비난한다고 생각한다(10:1, 10).

두 번째 비난은 바울이 "육신을 따라 행하고" 있다는 첫 번째 비난과 관련이 있을 수 있다. "육신을 따라 행하고"는 문자적으로 다양한 해석이 가능하다. 그것은 그가 세상적인 동기에서 행동한다는 그들의 견해를 가리킬 수 있다. 일관성이 없고 신뢰할 수 없다는 비난과 관련이 있을지도 모른다(참조 1:12, 17).[62] 그는 말과 다르게 생각나는 대로 다른 일을 한다. 다른 한편으로, 실제로 그들이 그토록 경멸하는 나약함, 시련, 고통을 참으로 자신이 겪고 있다는 사실을 스스로 인정하는 것일 수도 있다. 그러나 그가 확언하듯이 담대함을 뒷받침하는 그의 전쟁 무기는 "육신에 속한 것이 아니요 하나님의 능력"이다(10:4). 이 문맥에서 "육신을 따라 행함"이 그의 육신의 연약함을 가리킨다면, 세 번째 비판과 관련이 있을 수 있다. 개인적으로 그는 경외심을 불러일으키지 않는다. 그의 육체적 임재(parousia)는 약하다(10:10). 그는 세상이 인정하는 것처럼 성공을 계획하지 않는다.[63] 그의 말은 가치가 없다(10:10; 11:6). 그들이 높이 평가하는 수사학적 기준에 따르면 바울의 웅변술은 많은 것을 남겼다. 아마도 그의 외모와 버릇과 말투는 무력하고 무능해 보이게 만들었을 것이다.

---

62 타이센(G. Theissen)은 독일 학자들이 제안한 다양한 이론에 주목했다(*The Social Setting of Pauline Christianity: Essays on Corinth* [Philadelphia: Fortress, 1982], 64n44): (1) 바울은 고린도에서 다툼을 일으키는 자들을 육신의 방식으로 행한다고 책망했다(고전 3:1-3). 바울도 다툼을 일으켰으므로 그들도 같은 비난을 한다. (2) 사탄의 천사가 그에게 병을 일으켜 그가 육신의 방식으로 행함을 드러냈다. (3) 바울은 일종의 마술사로 여겨진다. (4) 바울은 영적인 사람이 아니라 육신의 존재 영역에 사로잡혀 있었다.

63 블랙(Black)은 바울이 하나님과 관련하여 인간의 일반적인 무력함을 언급하기 위해 인간론적으로 "약함"(ἀσθένεια)이라는 용어를 사용하고, 하나님이 기독론적으로 그의 능력을 나타내시는 장소로서 약함을 언급하기 위해 그리고 윤리적으로 정죄를 받아서는 안 되는 미성숙한 신자의 특징으로 약함을 언급하기 위해 사용했음을 보여 준다(Paul, *Apostle of Weakness*, 84–168; 228–46). 약점에는 계급과 지위의 관계도 있다. "'약함'은 부끄럽고 종종 하층민들과 연결된다. 반면에 '강하다'는 묘사는 중요하고 영향력 있는 사람들, 일반적으로 귀족이나 부유한 사람들을 의미한다"(Stansbury, "Corinthian Honor," 428). 스탠스베리(Stansbury)는 다음과 같이 주장한다. "언어는 ... 공동체의 다른 구성원과 관련하여 영향력과 명예의 우월성을 의미하지만 이러한 불평등한 지위를 정의하는 근거는 상황에 따라 다르다. 강한 사람의 표시는 지혜, 자유, 부, 사회적 지위, 생활 방식을 포함한 다양함을 포함할 수 있다. 사람은 자신을 '강하다'고 간주하기 위해 이러한 모든 다양한 특징을 소유할 필요가 없다. 왜냐하면 공동체의 명예 체계는 아직 유동적이었고 개인은 어떤 특징을 다른 특징보다 높게 평가할 수 있기 때문이다"(430p). 바울은 사회적으로 사람들을 강자와 약자로 분류하고 사람들이 다른 사람들보다 우월성을 주장하도록 허용하는 전체 가치 체계를 뒤엎을 의도이다(참조. 고후 12:10).

우리는 행간에서 그에게 향할 수 있는 다른 고발을 읽는 것으로 추측만 할 수 있다. 사람들이 그를 어떤 식으로든 그리스도에게 속하지 않았다고 비난하는가(10:7)? 이것은 영적 부적절함을 반영하는 것으로 여겨지는 그의 수사학적인 서투름에 대한 그들의 일반적인 견해와 관련이 있는가? 그들은 그가 사도에게 합당한 은사적인 능력이 부족하다고 생각하는가(12:12; 13:3-4)? 그들은 그가 계속해서 일하는 것에 만족하지 않는다. 그들은 그러한 일이 그의 지위를 낮추는 것으로 간주한다(11:7-9; 참조. 고전 9:3-18). 어떤 사람들은 그가 연보에서 돈을 걷어내려고 계획하기 때문에 그들로부터 어떤 물질적 지원도 받기를 거부한 것에 대해 교활하다고 비난하는가(11:7-9; 12:14-18)? 그는 또한 하나님께서 자신에게 주신 환상과 황홀한 경험에 대한 이야기로 다루지 않았기 때문에 침입자보다 못하게 비교했을 수 있다. 이 환상이 부족하다고 여겨지는 것은 하나님과의 영적 연결성에 대해서 그들의 존경심을 낮추게 했을 수 있다.

바울의 목적은 비방자들과 말다툼을 하는 것이 아니라 듣는 청중의 호의를 되찾아 그들이 그 자신과 그가 예시한 복음에 대해 호의적인 판단을 내리도록 하는 것이다. 그는 자신의 성품을 진정한 사도로 확립하고, 감정적으로 화가 나게 하고, 반대자들의 어리석음을 보여주기 위해 아이러니를 사용하고, 합리적인 재판관이 동의할 수 있는 건전한 논증을 제시함으로써 그렇게 한다.

10:3-6. 반대자들은 바울이 "비천"하다고 생각하지만 그는 자신을 비방하는 자들 앞에서 움츠러들고 투덜거리지 않을 것이다. 바울은 이 점을 강화하기 위해 10장 3-6절에서 싸움의 은유를 이어서 사용한다. 그는 전쟁하고 있으며(10:3), 견고한 진, 요새를 파괴할 전쟁 무기를 가지고 있으며(10:4), 높아진 장애물을 허물어 버리고(10:5), 사로잡으며(10:6), 반역자들을 처벌할 준비가 되어 있는 군사적 경계 자세를 취한다(10:6).[64] 오늘날 많은 사람들은 바울이 완고하고 타협이 없었으며, 어울리기 어려웠으며, 이런저런 적들과 항상 전쟁을 벌였다는 인상을 받는다.[65] 그들의 사도에 대한 고린도 교인들의 관

---

64 말허비(Malherbe)는 "준비하는"이 군사적인 준비를 나타내는 표현이었다고 지적한다("Antisthenes and Odysseus and Paul at War," in *Paul and the Popular Philosophers*, 93, 다음을 인용. Polybius, *The Histories* 2.34.2; Philo, *Embassy* 259; Dionysius of Halicarnassus, *Ant. rom.* 8.17.1;9.35.6; 9.12.14). 또한 마카비 1서(1 Macc) 7:29; 12:50.

65 베스트(E. Best)의 의견은 인용될 만한 예이다. "바울은 쉽게 친해질 수 있는 사람이 아니었다. 그는 다른 사람들을 지배했다. 그의 언어는 지나치게 격렬했다"("Paul's Apostolic Authority–?," *JSNT* 27 [1986]: 21). 이것이 사실이라면, 롬 16장에서 그를 지지한 사람들의

점은 반대였다. 바울은 고린도 교인들에게 자신이 소심하지 않고 담대하다고 확신하도록 만들었다고 느낀다. 일부 사람들이 가지고 있는 전투적이고 변덕스러운 바울의 모습은 재평가될 필요가 있다.[66]

바울은 그의 사역 스타일에 대한 부정적인 평가에 대해 반어법으로 변호하기 시작한다. "우리가 육신 가운데 살지라도"(다시 직역하면 "우리가 육체으로 행하지만")는 앞 구절과 동일한 어구를 반복하는데, 그 구절은 그에 대해 부과된 혐의 중 하나에 대해 설명한다. 이 구절의 반복은 이에 대한 바울의 이해가 부정적이지 않으며 그것을 거부하지 않는다는 것을 나타낸다. 바울은 자신이 "육신적"임을 인정한다. 그것은 그릇된 육신의 기준에 따라 행동한다는 뜻이 아니라, 우리의 육신이 우리에게 부과하는 모든 한계에 굴복하는 인간 존재로 산다는 것을 의미한다. "육신으로 산다"는 것은 그가 초자연적인 능력을 소유하지 않고 쇠약하고 죽음에 넘겨지는 질그릇에 불과하다는 것을 의미한다(4:7-10, 16; 6:4-5). 바울은 자신이 육신 가운데 행함을 시인한다. 즉, 육체의 존재가 질그릇과 같이 깨어지고 육체의 가시덤불을 가지고 있음을 뜻한다. "육신을 따라 싸우다"는 하나님의 능력이 전혀 없는 허약한 인간의 자원에 의존하고 원하는 승리를 얻기 위해 부끄럽고 비열한 수단에 의존하는 것을 의미한다. 바울에게 있어 육신의 삶은 영적인 무기와 싸워야 한다(6:7). 그는 승리를 보장하기 위해 자신의 교활함이나 속임수에 의존하지 않는다. 그의 능력은 하나님의 능력이며, 이는 그가 하나님의 교전 규칙에 따라 싸운다는 것을 의미한다. 그는 마음대로 사용할 수 있는 강력한 하나님의 무기를 가지고 있다. 다음 내용에서 바울은 고대 포위 전쟁(στρατευόμεθα, 스트라튜오메다에 종속되는 세 분사와 함께)에서 방어 요새를 파괴하고, 포로를 잡고, 도시가 마침내 항복했을 때 저항을 처벌하는 세 단계에 호소한다.[67] 그

긴 목록과 바울이 예루살렘에서 위험한 상황에 빠지지 않도록 설득하려는 시도와 그가 계속하기로 결정했을 때 울었던 것(행 20:37-38과 21:12-13)을 설명하는 것은 어렵다.

66 피터슨(N. R. Peterson)은 다음과 같이 주장한다. "고린도에 있는 일부 사람들은 분명히 다른 사도들로부터 바울이 고린도에서 그의 권위를 행사하는 것이 위압적이며 그의 개인적인 자격에 부합하지 않는다고 설득했다"(*Rediscovering Paul: Philemon and the Sociology of Paul's Narrative World* [Philadelphia: Fortress, 1985], 113). 그러나 오히려 그 반대가 사실이다.

67 이미지는 고대 세계에서 공성전의 잘 알려진 사실에서 나온다. 마카비 전쟁의 기록에서 유다와 그의 형제들은 "헤브론과 그 마을들과 그 요새들을 허물고 그 망대들을 사방에서 불살랐다"(1 Macc 5:65). 그리스인을 공격하는 로마인에 대한 설명은 다음과 같다. "그들 중 많은 사람이 부상을 입고 넘어졌고, 로마인들은 그들의 아내와 자녀들을 포로로 잡았다. 그들은 그들을 약탈하고, 땅을 정복하고, 그들의 요새를 파괴하고, 오늘날까지 그들을 노예로 삼았다"(1 Macc 8:10, 아마도 로마가 그리스의 아가야 동맹을 패배시키고 BC 146년에 고린도가 파괴된 시기를 언급할 것이다). 바울은 자신을 불경건을 공격하는 지혜로운 사람으로 이해할 수

는 약하게 걸을 수 있지만 강하게 싸운다.[68]

하나님의 강력한 영적 무기를 통해 그는 적들을 포위할 수 있지만, 그가 염두에 두고 있는 영적 공성전 기술이 무엇인지는 구체적으로 밝히지 않는다. 그는 앞서 좌우에 가진 의의 무기로 자기를 통하여 일하시는 하나님의 능력을 말했다(6:7). 고린도 서신의 다른 곳에서 우리는 그가 십자가의 말씀으로 요약되는 복음의 진리(고전 1:18, 23-24; 2:5; 고후 6:7; 참조 롬 1:16)와 하나님을 아는 지식(2:14; 4:6)을 고려한다고 가정할 수 있다.[69] 진리를 제시하는 것이 거짓 가르침을 공격하는 가장 좋은 방법이다. 기도, 하나님의 지혜, 거룩한 행위와 같이 신약에서 언급된 다른 영적 무기들도 그의 무기고의 일부로 간주될 수 있다. 그러나 바울이 이 장들에서 논증을 발전시키면서 하나님의 손 안에서는 연약함도 하나님이 강력하게 역사하시는 강력한 무기가 됨을 드러낸다. 아마도 그것이 무장해제시키기 때문일 것이다.

바울은 자신이 사용할 수 있는 무기에 대해 자세히 설명하지 않았지만, 그 효과를 강조하고 반대자들을 고린도에 은둔하고 그들의 성벽과 흉벽이 그들을 보호할 것이라고 잘못 계산한 반란군에 비유한다. 그러나 고대 세계의 모든 사람들은 요새화된 도시가 아니라 공성 무기를 사용하는 공격자의 편에 이점이 있다는 것을 알고 있었다. 아무리 잘 방어된 도시라도 결국에는 유능하고 결단력 있는 장군에게 넘어질 것이다.[70] "도시"가 하나님의 무기를 대적할 때 영적인 차원에서는 얼마나 더 그렇겠는가? 인간의 성벽과 난간은 아무리 난공불락이라 할지라도 하나님의 능력을 결코 견딜 수 없다.

바울은 자신에게 요새를 무너뜨릴 능력이 있다고 확신한다. 그는 하나님을 아는 지식을 반대하는 주장과 관련이 있다는 말 외에는 이 높은 성벽이 무엇을 나타내는지 밝히지 않는다. 따라서 이러한 방벽은 인간이 복음의 진리를 저지하기 위해 구성하는 일련의 지적 논증을 가리킬 수 있다. 고린도의 저항에 대해 좀 더 구체적으로 말하자면, 그들은 바울의 도덕적, 신학적 교정에 대한 그들의 도전을 합리화하기 위해 세운 개념적 장벽을 언급할 수 있다.

있다. "지혜로운 자는 용사의 성에 올라가서 그 성이 의지하는 방벽을 허느니라"(잠 21:22; LXX에는 "경건하지 아니한 자들[οἱ ἀσεβεῖς]이 신뢰하는"). 말허비(Malherbe)는 그 이미지가 철학적 논쟁에서 당시의 것임을 지적하고 다음과 같이 주장한다. 바울은 "엄격한 견유학파의 자기 묘사와 스토아 학파의 현자를 강하게 연상시키는 면에서 그의 적대자들의 요새화에 가까운 용어로 자신의 무기를 설명한다"("Antisthenes and Odysseus and Paul at War," 112).

68 Savage, *Power through Weakness*, 66.

69 Furnish, *II Corinthians*, 462.

70 난공불락으로 보이는 마사다 요새의 포위와 함락의 특별한 예가 있다.

바울이 우리가 "이론"(*λογισμός*, 로기스모스)을 무너뜨린다고 말할 때 우리가 좀 더 경멸적인 번역인 "궤변"을 선택한다면, 간접적으로 복음을 훼손하고 적개심을 조장하는 그에 관한 논쟁을 언급하는 것이다. 굴더는 올바른 질문을 제기하고 분명한 답을 제시한다. "바울은 왜 자신의 권위를 주장하려고 하는가? 사람들이 올바르게 행동하지 않고 있기 때문에 그는 이를 막아야 한다."[71]

"대적하여 높아진 것"은 또 다른 방어적인 요새인 "높은 성벽"을 의미한다.[72] 이 망대는 하나님을 아는 지식을 대적하여 세워진 것이다. 하나님의 승리로 인도되어 하나님을 아는 지식이 그를 통하여 향기와 같이 각처에 퍼졌다고 바울은 앞서 말했다(2:14). 그는 자신이 하나님을 아는 통로임을 이해한다. 왜냐하면 하나님께서는 "예수 그리스도의 얼굴에 있는 하나님의 영광을 아는 빛"(4:6)을 주시려고 어두움에서 빛을 비추고 그의 마음에 비치게 하셨기 때문이다. 바울은 이것을 "하나님의 형상"(4:4; 골 1:15 참조)이라고 주장한다. 그는 하나님을 아는 지식과 그의 정결함, 오래 참음과 자비와 거짓이 없는 사랑과 진리의 말씀 때문에 자신을 하나님의 종으로 추천했다(6:6). 따라서 그는 자신의 말이 특정 사람들의 수사학적 기준에 맞지 않을 수 있다는 점만 인정할 것이다. 그는 그들이 하나님에 대한 그의 지식에 의문을 제기할 수 없다고 주장한다(11:6). 유일한 지식이 중요한 의미일 때 그는 훈련받지 않은 연습생이 아니다. 다시 말하지만, 하나님을 아는 지식에 대한 언급은 개인적으로 바울의 사도 직분과 연결되어 있다. 하나님을 아는 지식을 막는 바리케이드를 세운 사람들은 공동체에서 바울의 영향력을 막는 장애물을 세웠고 복음의 의미에 대한 그의 통찰력을 논박하려고 했다.

그러므로 바울은 그리스도를 위하여 모든 생각을 사로잡으려는 의도를 가지고 있다. "생각"(*νόημα*, 노에마)으로 번역된 단어는 다른 곳에서 "마음"과 "의도"로 번역된다. 그것은 이 편지에서 우리를 속이려는 사탄의 계획의 일부로 또는 사탄의 공격 대상으로(2:11) 사탄의 활동과 연결되어 있다. 3장 14절에서 이스라엘 사람들의 마음은 완악해져서 모세의 수건이 필요했다. 바울은

---

71 M. Goulder, "2 Cor. 6:14–7:1 as an Integral part of 2 Corinthians," *NovT* 36 (1994): 48.

72 말허비(Malherbe)는 아에네아스 탁티쿠스의 글(Aeneas Tacticus, *On the Defense of Fortified Positions* 32.2)에서 *ὕψος*라는 단어를 사용하는 "나무 탑이나 다른 높은 구조물 반대편으로 던지다"를 인용한다. "바울이 덜 일반적인 *ὕψωμα*를 사용한 것은 *ὀχύρωμα*와 *νόημα*로 제안되었을 수 있으며 BDF 488.3에 따르면 에 속하는 -*μα*로 끝나는 명사에 대한 언어유희의 한 예로 '헬레니즘 작가들 스타일의 섬세함'에 속한다"고 그는 설명한다("Antisthenes and Odysseus and Paul at War," 92–93) 바울은 언어 유희를 한다. 그는 높아진 것(*ἐπαίρω*)을 무너뜨릴 것이다(*καθαιρέω*).

4장 4절에서 이 세상 신이 믿지 않는 자들의 마음을 혼미하게 하여 그리스도의 영광스러운 복음의 빛을 보지 못하게 하였다고 말한다. 11장 3절에서 그는 사탄이 하와를 속인 것과 같은 방법으로 고린도 교인들의 "생각"을 올무에 가두었다고 솔직하게 말한다. 사탄은 그들의 마음을 인질로 잡고 있고, 바울은 그들을 해방시키기 위해 치열한 전투를 벌일 준비가 되어 있다. 그는 앞서 자신을 그리스도의 포로가 되어 승리의 길로 인도하는 모습을 상상했기 때문에(2:14), 이제 진리를 보지 못하도록 방해하는 요새를 무너뜨려야 하는 장군으로 자신을 묘사하는 것은 아이러니하다. 그리스도의 죄수들은 공세를 취하여 복음을 위해 사탄의 손아귀에서 잡힌 다른 사람들을 사로잡을 수 있다. 바울은 그들을 포로로 잡고자 하며, 역설적이게도 이것이 사탄에게서 자유로울 수 있는 유일한 길이다. 그들의 생각은 그리스도의 주권 아래 있어야 하고 사탄의 포로 상태에서 해방되어야 한다.

바울은 또한 모든 불순종을 벌할 준비가 되어 있다.[73] 누구의 불순종을 고려하는가? 많은 해석가들은 그가 외부인을 생각한다고 추정한다. 고린도에 가면 그의 사역을 훼손하고 다른 복음을 전하는 침입자들과 담대히 맞서야 한다(11:4). 그것은 그가 "너희의 복종이 온전하게 될 때에"(10:6) 그들을 벌하겠다고 약속한 이유를 설명할 수 있다. 퍼니시는 "바울이 회중의 기본적인 기독교적 헌신에 대해 충분히 확신할 때, 그 자신은 침입자들의 모든 불순종을 처리할 수 있는 능력을 갖게 될 것"이라고 말했다.[74]

바울은 이 침입자들을 쫓아내는 것 외에 어떻게 벌할 것인가? 바울의 관심은 주로 고린도 교인들의 불순종을 바로잡는 것이다. 불순종하는 사람들은 바울이 육신을 따라 행한다고 생각하고 음행을 범하고 계속 우상 숭배에 가담하는 자들을 포함한다(12:21; 13:2). 바울이 고린도 교인들과 협력하여 침입자들을 잘라 버릴 수 있도록 고린도 교인들을 자기 편으로 모을 필요가 있다는

73 모팻(Moffatt)의 번역은 "복종하지 않는 사람을 법정에 세우는 것"으로 번역하여 군사적 은유를 포착한다.

74 Furnish, *II Corinthians*, 461, 464; 또한 Barrett, *Second Epistle*, 253–54; Martin, *2 Corinthians*, 306–7. 피터슨(Peterson)은 "고린도 교인들의 예상된 순종은 침입자들의 절망적이고 운명적인 불순종과 구별된다"(*Eloquence and Proclamation*, 86)라고 말했다. 브루스(Bruce, *I and II Corinthians*, 34)와 마틴(Martin, *2 Corinthians*, 316)이 주장하는 바와 같이 갈 2:6-10의 일치에 대한 위반과 관련된 바울의 항의는 반대자들의 신원이 분명히 밝혀질 때까지 증명이 불가능하다. 크루즈는 "바울은 고린도의 상황을 악화시킨 유대인 그리스도인 침입자에게 아가야는 출입 금지지역으로 여겼을 것"이라고 지적한다. 그러나 그는 계속해서 복음의 진리를 변조하고(11:4) 거짓 사도요 속이는 일꾼이 되어 자기를 그리스도의 사도로 가장하는 죄(고후 11:13)가 훨씬 더 중하다고 말한다(Kruse, *2 Corinthians*, 175).

것이 아니다. 바울은 자신을 조사하고 범죄한 자를 징계하는 책임을 스스로 떠맡기를 원하지 않는다(참조. 고전 5:1-5; 6:1-11). 순종이 온전히 이루어지면 대다수가 이전에 죄를 범한 자들을 징계할 때와 같이 행해야 한다(2:6).

바울이 변호하는 시작 구절들에서 우리는 영적 지도력을 행사하는 방법에 대한 바울의 견해에 대한 몇 가지 통찰력을 얻을 수 있다. 첫째, 그의 목적은 반대하는 사람들을 멸망시키는 것이 아니라 그들의 변덕스러운 주장을 파괴하는 것이다(10:4)! 사실 그들의 잘못된 견해들보다 너무 자주 사람들은 공격의 대상이 된다. 적들은 남의 명예를 걸고 일을 하고, 자신의 지위를 확보하기 위해 남을 무너뜨리고 스스로를 쌓아 올린다. 바울이 이름을 밝히지 않은 이유는 그가 강력한 영향력을 행사할 수 있도록 개인들을 이기려는 것이 아니기 때문이다. 그는 단지 그리스도에 대한 불신을 키울 어리석음의 손아귀에서 고린도 교인들을 구출하기를 원할 뿐이다. 반항적인 적을 무너뜨리는 것도 그의 역할이 아니다. 그는 그것을 하나님께 맡긴다(고전 3:17).

둘째, 바울은 서신과 직접 방문을 통해 그들이 복음의 진리와 권위의 근거를 알고 순종하기를 원한다. 그러나 그는 그들을 자신의 경건한 제자로 만들고 싶어 하지 않는다. 그의 목표는 그들이 하나님께 순종하도록 만드는 것이다(참조. 2:9, 7:15, 12:21, 13:2). 퍼니시는 다음과 같이 설명한다. “바울은 고린도 교인들에 대한 영향력을 강화하기 위해 자신의 권위를 사용하기를 원하지 않고, 단지 그들이 복음과 믿음을 굳게 붙잡는 것을 강화하기 원한다.”[75]

셋째, 바울은 10장 5절에서 고린도 교인들의 순종이 온전히 이루어질 때, 곧 그리스도께 완전히 사로잡혀 순종하여 다시 복음을 따라갈 때 불순종하는 자들을 벌하겠다고 약속한다. 그들은 여전히 “그리스도를 향한 진실함과 순수한 헌신에서 마음이 ... 미혹될”(11:3) 위험에 처해 있다.

이 말은 또한 그가 고린도 교인들과 독립적으로 권위를 행사하기를 원하지 않고 그들과 협력하여 행동하려는 의도를 의미한다. 메이May는 리더가 행사할 수 있는 다섯 가지 유형의 권력을 파악한다.[76] (1) 착취적 권력은 물리적인 힘이나 폭력의 위협을 사용하고 다른 사람은 따르는 것 외에 선택의 여지가 없다. (2) 조종하는 권력은 총잡이가 아닌 사기꾼의 은밀한 교활함을 사용한다. (3) 경쟁하는 권력은 내가 이기고/너는 지는 전략을 사용한다. 오직 한 사람만이 승리할 수 있으며, 이는 공동체를 축소시키는 결과를 낳는다. (4) 영

75 Furnish, *II Corinthians*, 477.

76 R. May, *Power and Innocence: A Search for the Sources of Violence* (New York: Norton, 1972), 105–13.

양을 주는 권력은 자녀에 대한 부모의 보살핌에 비유된다. 그들은 선을 행하기 위해 자신의 능력을 행사한다. 문제는 "돌봄"이 억누를 때 그리고 그것이 부모의 방식대로 자녀에게 좋은 일을 하도록 주장할 때 발생한다. 이러한 방법은 종속을 만든다. 나는 다음과 같이 썼다.

> 도덕적으로 지혜로운 그리스도인을 키우는 것은 아이가 자전거 타는 법을 배우도록 돕는 것과 같다. 아이는 격려와 안정, 올바른 방향을 가리키는 것이 필요하다. 그러나 아이가 혼자 페달을 밟고, 조종하고, 균형을 잡는 법을 배우려면 부모는 마침내 놓아주어야 한다. 그리스도인이 그리스도 안에서 성장하려면 지도자가 그들을 올바른 방향으로 가르칠 필요가 있다. 그러나 그들은 놓아주고 그리스도께서 그들에게 요구하시는 순종을 스스로 결정하도록 해야 한다.[77]

(5) 온전하게 하는 권력은 상대방이 정신적으로나 영적으로 성장할 수 있도록 도와준다. 바울이 이 장들에서 문제들을 묘사할 때, 우리는 그의 경쟁자들이 권력을 사용하는 면에서 착취적이고, 교묘하고, 경쟁적이었다는 것을 알게 된다. 그들은 종으로 삼고, 지배하려 하며, 스스로 높이고, 은유적으로 모욕으로 또는 문자 그대로 때리면서 고린도 교인들의 뺨을 친다고 바울은 암시한다(11:20). 일부 고린도 교인들은 이 뻔뻔스러운 행동을 사도적 이상으로 착각하여 자신들의 지배에 쉽게 굴복했다. 그런 다음 그들은 바울의 온유한 자제심을 약점으로 해석했다(10:1). 대조적으로 바울은 온전하게 하는 권력을 사용한다. "오직 너희 기쁨을 돕는 자가 되려 함이니"(참조. 1:24, 13:10). 이 장들은 바울이 자신이 아니라 그리스도인 공동체를 세우는 데 자신의 권위를 주장했음을 보여 준다(12:19; 13:9-10). 그리고 그의 태도는 교회에서 권위를 행사하는 방법에 대한 모델이 된다. 월Wall은 통찰력 있게 다음과 같이 말한다. "우리가 다른 이들에게 하나님의 은혜의 대리인으로 권한을 부여하기보다는 다른 사람들을 지배하는 힘을 계속 얻으려고 한다면 우리 교회와 가족은 우리 세상에서 하나님을 증거하는 데 실패할 것이다."[78]

---

77 Garland, *Colossians Philemon*, 368.

78 R. W. Wall, *Colossians and Philemon*, IVPNTC (Downers Grove: IVP, 1993), 188.

4.1.2. 벌하거나 세우는 바울의 권위(10:7-11)

10:7. *τὰ κατὰ πρόσωπον βλέπετε*(타 카타 프로소폰 블레페테)의 동사 *βλέπετε*를 직설법으로 읽는다면, 바울이 고린도 교인들의 영성의 핵심적인 문제에 주의를 환기시킨다는 의미일 것이다. "당신은 사물의 표면만 보고 있다." 외적인 모습은 피상적일 뿐이며 속일 수 있다(참조 5:12).[79] 세상이 어리석은 것으로 여기는 것이 실제로는 하나님의 지혜의 나타남(고전 1:18-25)임을, 그리고 세상이 연약하다고 여기는 것이 실제로 하나님의 능력의 나타남(12:9; 13:3-4)이라는 것을 외적인 것만 보는 그들은 깨닫지 못한다. 그들은 권위를 겉으로 드러내는 것에 감명을 받기 때문에 자랑하고 뽐내는 사람들에게 쉽게 받아들여진다. 가장의 대가인 사탄을 섬기는 거짓 사도들(11:13-15)은 결과적으로 그들을 현혹시키고 속였다.

그러나 CSB 성경은 동사 *βλέπετε*(블레페테)를 명령형으로 올바르게 번역하고 *τὰ κατὰ πρόσωπον*(타 카타 프로소폰)을 목적어로 직접 응시하는 것으로 해석한다. "분명한 것을 보라." 바울의 편지에서 동사 *βλέπετε*(블레페테)는 모두 명령형이다.[80] 따라서 이것은 다음을 의미한다. "명백하게 분명한 것을 보라!"[81] 또는 "네 앞에 있는 것을 보라."[82] 헬라어 *κατὰ πρόσωπον*은 10:1에서 "얼굴로는" 즉, "직접적으로"(개역개정, '대면하면')는 바울은 낮다(부정적인 의미에서 '겸손하다', 개역개정 '유순하고')는 그들의 평가를 떠오르게 한다. 그들은 그가 "약하다"(10:10)는 잘못된 결론에 이르렀다. 바울은 어떤 차원에서 그 판단을 받아들이지만 그들은 연약함의 영적인 의미를 이해하지 못한다. 또한 그들은 이 명백한 약점이 바울이 그리스도의 것이 아니거나 하나님의 권세와 능력이 없다는 것을 의미하지 않는다는 것을 이해하지 못한다. 그러므로 그는 고린도 교인들에게 그리스도 안에 있는 사람으로서의 지위를 인정하도록 하는 증거를 다시 고려할 것을 요구한다(10:7b).[83] 그들의 교회로서의 존재가 바울의 명백한 약점에도 불구하고 그를 통해 역사하시는 하나님의 능력에 대한 충분한 증거를 제공한다는 것을 이해할 필요가 있다.

"그리스도에게 속함"(문자적으로 "그리스의 것이 됨")은 무엇을 의미하는

79 이 견해는 *τὰ κατὰ πρόσωπον*가 *τὰ κατὰ σάρκα*, "단순한 겉모습"과 동일하다고 가정한다(Bultmann, *Second Letter*, 187).

80 고전 1:26; 8:9; 10:12, 18; 16:10; 갈 5:15; 빌 3:2; 골 2:8.

81 Kruse, *2 Corinthians*, 176.

82 Holland, "Speaking like a Fool," 253.

83 피터슨은 다음과 같이 말한다. "바울이 지금 함께하지 않기 때문에 그들은 여전히 그들 가운데 그가 함께함의 표시를 살펴보아야 한다"(*Eloquence and Proclamation*, 89).

가? 그것은 단순히 신자가 되는 것을 가리킬 수 있지만 고린도 교인들이 이것을 의심하기 때문에 그 사실을 다시 확립할 필요가 있을 것 같지 않다.[84] 바울은 "(누구든지) 믿을진대"라고 가정한다.[85] 이것은 그리스도께서 이 땅의 사역 기간 동안 제자로서 특별한 관계를 가졌다는 것을 의미할 수 있지만 바울은 이런 주장을 할 수 없었다. 그것은 독특한 권위를 부여하는 그리스도와의 특별한 관계를 언급할 가능성이 더 크다. 바울은 예수님의 종으로서 그리스도에게 속하지만 사도의 지위를 가지고 있다. 이것은 11장 13, 23절에 나오는 "그리스도의 사도"와 "그리스도의 일꾼"이라는 어구와 병행을 이룬다.[86] 다음 절에서 그의 권위를 자랑하는 것에 대한 언급은 이 견해를 뒷받침한다. 같은 맥락에서 이것은 또한 13장 3절의 "그리스도께서 내 안에서 말씀하시는 증거"라는 진술과 병행을 이루는 개인 안에서 역사하거나 개인을 통해 말씀하시는 그리스도의 능력을 가지는 것을 가리킬 수 있다.

일부 고린도 교인들은 그리스도께서 그를 통해 말씀하신다는 더 많은 증거를 원하고 있는 것 같다(13:4). 왜냐하면 그들은 바울이 수사학적으로 평균이하로 여기고 연극에서처럼 과장되게 웅변적이지 않으면 사람이 현명할 수 없다고 잘못 가정하기 때문이다.[87] 경쟁자들은 또한 진정한 사도의 표지인 "표적과 기사와 능력"(12:12)에 관해서 인식이 부족하기 때문에 바울의 영적 능력에 의심을 던졌을 수 있다. 바넷은 그들이 "그가 성령의 권능을 받은 사역자였음을 의심"했다고 추론한다.[88] 바울이 단수를 사용하기 때문에("[누구든지] 믿을진대" ... "자기가 그리스도에게 속한 것 같이"..."다시 생각할 것이라"), 반대자들 전체가 아니라 반대자들의 우두머리의 자랑을 인용하고 있을지도 모른다.[89] 이 사람은 그리스도에게 속한 것을 담대히 자랑한다.[90] 11장 13-15절에서 "그는 반대자들의 지위에 대한 자신의 견해를 표현한다. 그들은 실제로는 거짓이고 참된 사도가 아니며(11:13) 그리스도의 종이 아니라

84 바울은 13:5에서 예수 그리스도께서 참으로 그들 안에 계신지 시험을 통과했는지 알아보라고 스스로 시험하라고 도전할 것이다.

85 신약의 다른 곳에서는 동사 πείθειν("설득하다", "확신하다") 뒤에 재귀 대명사가 올 때 부정적인 의미를 내포한다. 참조 눅 18:9 및 롬 2:19-20.

86 따라서 Martin, *2 Corinthians*, 309; Kruse, *2 Corinthians*, 176.

87 참조. D. Litfin, *St. Paul's Theology of Proclamation: 1 Corinthians 1–4 and Greco-Roman Rhetoric*, SNTSMS 79 (Cambridge: Cambridge University Press, 1994), 245.

88 Barnett, *Second Epistle*, 470.

89 Matera, *II Corinthians*, 225.

90 Thrall, *II Corinthians*, 620.

사탄의 종이다(11:15)"[91]

바울은 자신도 그리스도의 것이라고 단순히 주장함으로써 반박하지 않는다. 그는 분명하게 증거에 주목한다. 만일 그들이 그리스도의 것이라면 그리스도께 약혼시킨 그도 그들과 마찬가지로 그리스도의 것이어야 한다. 바울은 육신의 연약함 때문에 비천해 보일 수 있지만 영적인 이해는 겉으로 드러나는 내면을 꿰뚫어 보고 그리스도 안에 있는 그의 참된 본성을 본다. 바울의 주장은 다음과 같이 바꾸어 말할 수 있다. "당신의 눈앞에 있는 증거를 보되 표면 아래에 있는 신성한 실재를 볼 수 있도록 영적 지각으로 그것을 보라. 내가 그리스도의 사람인지 의심하는 사람이 있다면 어떻게 내 설교로 이 교회가 세워지는 일이 일어났겠는가? 그리스도의 교회로서 너희의 존재는 내가 그리스도의 종이요 사도이고 그리스도의 영이 나를 통해 강력하게 역사하신다는 일차적 증거이다."

10:8. 이 장들(10:8, 13, 15-17; 11:10, 12, 16-18, 30; 12:1, 5, 6, 9)에서 그토록 두드러진 자랑의 문제가 먼저 표면화된다. 이 구절에서 바울은 자신의 권위를 부적절하게 자랑했다는 혐의에 대해 변호하는 것 같다. 아마도 이전의 솔직한 비판의 편지에서 누군가가 그의 권위있는 요구에 문제를 제기했을 것이다. 그들의 비난을 받아들이고 이 부분 전체에 걸쳐 풍자와 아이러니로 그들을 전복시키는 바울의 경향은 우리가 이 진술을 자신이 한 일에 대한 바울의 이해로 받아들이지 않도록 주의해야 한다.[92] 자신의 권위를 너무 많이 자랑한다는 비난은 자신의 견해가 아니라 반대자들의 관점을 반영한다.[93] 그들은 고린도와 같은 도시의 계급적인 순서에서 바울의 낮은 위치에 더하여 그의 별로 좋지 않은 말하기와 개인적으로 만들어내는 나쁜 인상이 정당한 권위를 갖고 있다는 주장을 부적절하게 만들기 때문에 그것을 무분별한

91 Harris, *Second Epistle*, 691.

92 참조. "그들의 말이 그의 편지들은 무게가 있고 힘이 있으나 그가 몸으로 대할 때는 약하고 그 말도 시원하지 않다"(10:10). "우리는 자기를 칭찬하는 어떤 자와 더불어 감히 짝하며 비교할 수 없노라"(10:12). "내가 비록 말에는 부족하나 지식에는 그렇지 아니하니"(11:6). "내가 다시 말하노니 누구든지 나를 어리석은 자로 여기지 말라 만일 그러하더라도 내가 조금 자랑할 수 있도록 어리석은 자로 받으라"(11:16). "누가 너희를 종으로 삼거나 잡아먹거나 빼앗거나 스스로 높이거나 뺨을 칠지라도 너희가 용납하는도다 나는 우리가 약한 것 같이 욕되게 말하노라 그러나 누가 무슨 일에 담대하면 어리석은 말이나마 나도 담대하리라"(11:20-21).

93 참조. E. Käsemann, "Die Legitimität des Apostels. Eine Untersuchung zu II Korinther 10-13," *ZNW* 41 (1942): 36.

자랑이라고 말한다.[94]

경쟁자들은 바울의 권위에 도전하고 수사학적인 측면에서 그의 적절성을 얕잡아봄으로써 바울을 교회의 영적 지도자로서의 정당한 역할에서부터 몰아내려고 시도한다. 윈터가 상상하듯이, 그의 반대자들은 "고린도의 세속 ἐκκλησία(민회, 에클레시아)가 연사들에게 웅변 능력을 요구한다면 같은 도시에 있는 ἐκκλησία τοῦ θεοῦ(하나님의 교회, 에클레시아 투 데우)는 그 못지 않는 능력이 있는 교사들이 번성해야 한다고 설득력 있게 주장할 수 있었다. 바울은 이에 필요한 기량이 부족했다."[95] 저지Judge는 바울이 "수사학적으로 까다로운 개종자들을 지지하는 수사학적으로 훈련된 반대자들과 씨름한다"고 주장한다.[96] 이와 관련하여 부족하다고 여겨지는 측면은 바울이 그들에 대한 권위를 주장하는 모든 주장을 헛되고 부당한 자랑으로 폄하하게 만들었다.[97]

바울은 오직 하나님께서 그에게 맡기신 대로 분수를 넘지 않게 과도하지 않았고 지나치게 자랑하지도 않았다고 대답한다(10:13).[98] 그 자랑은 주께 있고 그의 솜씨에 있지 않다(10:17). 따라서 그는 자신의 권위를 하나님이 주신 것으로 변호한다. 그는 그것을 말하는 것에 그리고 그것을 휘두른다고 부끄러움을 당하지 않을 것이다.[99] 수동태 "내가 부끄럽지 아니하리라"(αἰσχυνθήσομαι, 아이스퀸데소마이)는 그가 부끄러워한다는 뜻이 아니라

---

94 듀이(A. J. Dewey)는 자랑을 "사회적으로 도전한 사람들의 눈과 더 많은 대중의 관점에서 인지된 지위의 한계를 넘어선 사람의 행동"을 나타내는 것으로 정의한다("A Matter of Honor: A Social-Historical Analysis of 2 Corinthians 10," *HTR* 78 [1985]: 210). 나는 예루살렘 사도들과 비교하여 예수님의 위임에 대한 의심이 아닌 문화의 기준에 의해 결정되는 바울의 지위에 대한 인식이 비판의 배후에 있다고 주장하고 싶다.

95 B. W. Winter, *Philo and Paul between Sophists*, SNTSMS 96 (Cambridge: Cambridge University Press, 1997), 221.

96 E. A. Judge, *Journal of Christian Education 77* (1983): 13.

97 문제는 사도로서의 그의 부르심의 정당성과 관련이 있는 것이 아니라 그의 사도적 권위를 수행하는 방식에 대한 불만과 관련이 있다. 만일 그들이 그가 합법적인 사도임을 믿지 않는다면 그의 경쟁자들은 그와의 동등함을 자랑하지 않을 것이다(11:12). 그들은 자기 자신을 그와 비교하고 자기들이 더 매력적이고 열광하게 만드는 스타일 때문에 더 나은 사도라고 주장했다.

98 람브레흐트는 10:8이 이 구절에서 특별히 다루어질 세 가지 주제, 즉 권세, 자랑, 칭찬를 소개함으로써 10:8이 10:12-18에 대한 예고 기능을 제공한다고 제시한다("Dangerous Boasting," 329–30). 그는 2:14-7:4가 2:13과 7:5에 끼어드는 것과 같은 방식으로 10:7-12:13이 10:6과 12:14사이에 삽입된 "일종의 어긋남"으로 간주될 수 있다고 제안한다. 그리고 다음과 같은 어휘와 주제의 병행에 주목한다.

99 바울은 레이브스태드(Leivestad, "Meekness," 164)가 주장하는 것처럼 그리스도의 온유함과 관용이 양립할 수 없는 그의 자랑에 대해 사과하지 않는다.

그가 수치를 당하지 않을 것이라는 뜻이다(참조 빌 1:20). 수치는 사회적 경계를 넘을 때 온다. 그는 10장 12-18절에서 주장할 내용과 같이 확실히 넘어서지 않았다. 그는 그리스도의 심판대(5:10)을 염두에 두고 있다. 그곳에서 최종 판결이 내려질 것이다. "나를 심판하실 이는 주시니라"(고전 4:4). 그리스도께서는 하나님께서 그에게 주신 권위를 행사하는 그를 정죄하거나 욕되게 하지 않으실 것이다.[100]

바울은 고린도전서 9장 4-6, 12, 18절에서 다른 사도들처럼 그들에게 지원받을 권리(ἐξουσία, 엑수시아)가 있다고 주장한다. 오른쪽. 여기서 권세(ἐξουσία)는 징계하고 매고 풀 수 있는 권세를 가리킨다(참조. 고전 5:1-5, 7:15). 그는 명백한 약점에도 불구하고 그리스도의 능력이 그를 통해 역사한다고 주장할 것이다. 사실, 하나님의 능력은 십자가에 못박히심과 부활에 나타난 패턴에 따라 그 안에서 역사하고 그의 연약함을 통해 역사한다(12:9). 바울은 13장 4절에서 이 원칙을 다시 설명한다. "그리스도께서 약하심으로 십자가에 못 박히셨으나 하나님의 능력으로 살아 계시니 우리도 그 안에서 약하나 너희에게 대하여 하나님의 능력으로 그와 함께 살리라"(13:4). 바울은 그들에 대한 자신의 권위를 다시 주장하는데 한 치도 물러나지 않을 것이라고 결론을 내린다. "그러므로 내가 떠나 있을 때에 이렇게 쓰는 것은 대면할 때에 주께서 너희를 넘어뜨리려 하지 않고 세우려 하여 내게 주신 그 권한을 따라 엄하지 않게 하려 함이라"(13:10).[101] 그의 편지는 무겁다(10:10). 왜냐하면 그것들은 주님께서 그에게 주신 권위에 뿌리를 두고 있기 때문이다.[102]

그러나 바울은 그의 솔직한 비판에서 표현된 이 권위가 그들을 멸망시키기 위한 것이 아니라(참조. 고전 5:5, "육은 멸하고") 세우기 위한 것이라고 주장한다. 따라서 포위 공격의 이미지는 바울이 하는 일에 전혀 적합하지 않다. 그에게 주어진 하나님의 임무는 다른 사람을 공격하고 무너뜨리는 것이 아니다. 하나님은 그를 부르셔서 회중을 세우고 지어 가라고 부르셨다.[103] 그는 이

---

100 바넷은 이것을 이 단락에서 절제된 표현의 많은 예 중 하나로 해석한다(*Second Epistle*, 473).

101 이는 경쟁자들의 일이 공동체를 파괴하고 불화의 씨앗을 뿌리고 거짓 복음을 퍼뜨리는 데 기여했다는 의미이다.

102 바울의 편지에 적용된 "무게가 있고"(βαρεῖαι)는 그 편지의 심각성과 책망하는 어조를 나타낸다. 우리는 2:14-7:3에서 바울이 가혹한 편지에서 자신의 솔직한 비판을 변호한다고 주장했다. 그리고 8-9장에 있는 성도들을 위한 헌금에 대해 그들에게 권고한 후에, 그는 자신의 책망할 편지의 주제로 돌아간다.

103 고전 3:9, 14; 14:3, 5, 12, 26; 고후 12:19.

단의 냄새를 맡고 형벌을 내리는 신성한 징계자나 종교 재판관으로 선택되지 않았다. 바울은 그들을 돌보고 필요할 때 징계한 것이나 그들의 유익을 위한 것이다. 모든 사람이 하나님과 화목하게 되는 그의 부르심(5:20)은 멸망이 아니라 구원을 위한 부르심이다. 그 이미지는 다음 구절들의 반향이다. 예레미야 1장 10절, "보라 내가 오늘 너를 여러 나라와 여러 왕국 위에 세워 네가 그것들을 뽑고 파괴하며 파멸하고 넘어뜨리며 건설하고 심게 하였느니라 하시니라"와 예레미야 24장 6절, "내가 그들을 돌아보아 좋게 하여 다시 이 땅으로 인도하여 세우고 헐지 아니하며 심고 뽑지 아니하겠고"(참조. 렘 31:28 [24:6 LXX]; 42:10 [49:10 LXX]; 45:4 [51:34 LXX])를 반향한다. 예레미야는 하나님의 임무를 수행하도록 부름을 받은 사람으로서 "하나님이 그를 통해 행하시는 일"을 한다.[104] 바울은 예레미야를 언급하면서 하나님께서 그에게 비슷한 예언적 역할을 주셨음을 암시한다. 그는 반역하는 자들의 요새를 허물고 회개하는 자들을 세우는 하나님의 권세를 가지고 있다. 고린도 교인들은 그의 권위가 누구에게서 나오는지 이해하고 그의 솔직한 비판을 통해 진실을 말하는 것이 단순히 그들을 무너지게 하는 건물을 파괴시키는 철기구가 아니라는 것을 인식해야 한다. 그는 편지에서 하나님께서 주신 권위를 행사하여 그들의 믿음을 강화하고 도덕적으로 세워 준다. 폴리카르포스는 바울의 사역이 다음과 같이 기능했다는 것을 이해했다.

> 나 또는 나 같은 사람은 아무나 능히 복되고 영화로운 바울의 지혜를 따라갈 수 없다. 그는 너희 가운데 있을 그 때에 사람들 앞에서 진리의 말씀을 정확하고 견고하게 가르쳤고 없을 때에 너희에게 편지를 썼으니 그 연구를 통하여 너희에게 주어진 믿음에 스스로를 세울 수 있을 것이다(Pol. *Phil*. 3:2).

바울은 그가 세운 교회들에 대한 영향력을 언급하기 위해 권세(ἐξουσία)라는 용어를 잘 사용하지 않는다. 10장 8절과 13장 10절에는 권위가 도전받았기 때문에 사용한다. 뱅크스Banks는 이 단어가 고대 세계에 널리 퍼졌기 때문에 바울이 사용하지 않는 것은 의도적이라고 추론한다. 그는 다음과 같이 쓴다.

> 고린도에서 그는 분명히 교회의 설립자로서 교회와의 독특한 관계를 재확립하기를 원했지만(고후 10-13장), "거짓 사도들"이 행하는 권위주의적인 방식처럼 하지 않으려고 했다. 그는 부당한 수단으로 회원들에게 영

104 Han, *Swimming*, 156.

> 향을 미치려고 하지 않으며(고후 10:3), 자신의 탁월함을 그들에게 자랑하지 않으며(고후 10:12-15), 수사학으로 교회를 현혹시키지 않으며(고후 11:5-6), 또는 그의 회심자들을 조종하고 통제하지 않았다(참조. 고후 11:16-19; 고후 1:24). 하나님이 그에게 주신 "권세"는 "허물기"가 아니라 "세우기" 위한 것이며 그가 도착했을 때 그것을 가혹하게 사용하기를 원하지 않는다. 실제로 그는 교회에 미리 태도를 고칠 기회를 주어 도착했을 때 갈등이 일어나지 않도록 한다. 이러한 유형의 권위는 기본적으로 카리스마적이며 따라서 전통 사회나 현대 조직에서 볼 수 있는 것과는 다르다. 그것은 일반적으로 자신의 입장을 주장하지 않는 특이한 설립자의 권위이다.[105]

뱅크스는 다음과 같이 결론을 내린다.

> 따라서 바울은 권위를 공식적이거나 성례적인 것으로 취급하지 않는다. 주로 관계적이고 기능적인 측면에서 본다. 그것은 교회의 다른 사람들과 공식적으로 구별되는 지도적인 엘리트를 형성하지 않는다. 오직 그리스도만이 구별되며, 다른 사람들의 근본적인 롤 모델로 간주되어야 하는 사람에 대한 궁극적인 기준이다. 이를 열망하는 것은 사회적 지위가 낮은 사람들을 포함하여 광범위한 사람들에게 분명히 열려 있으며 개인뿐만 아니라 그룹으로도 구현될 수 있다.[106]

하나님께서는 바울에게 다른 사람들을 착취하거나 그것이 가져올 지위를 누릴 하나님의 권세를 주신 것이 아니다. 베스트는 "권세를 소유한다는 주장보다 더 중요한 것은 권력이 행사되는 방식"이라고 지적한다.[107] 바울은 화평을 위해 그리고 서로 세우기 위해 그의 권위를 사용한다(롬 14:19). 그러므로 그는 기뻐하기를 구하고(롬 15:2), 사랑을 나타내기 위해(고전 8:1), 격려하기를 구하며(살전 5:11), 그리고 다른 사람들을 대하는 이러한 방식이 교회를 "세워 주는" 것이기 때문에 그의 책임도 똑같이 하라고 가르친다.

10:9-10. 바울은 자신의 편지에 담긴 담대함과 그가 있을 때의 약함 사이의 불일치에 대한 인식으로 돌아간다. 8절 다음에 멈추고 이어서 9절을 11절에 연결하고 10절을 괄호로 처리하는 것이 가장 좋다. 다음과 같이 읽는다.

---

105 R. J. Banks, "Church Order and Government," *Dictionary of Paul and His Letters*, ed. G. F. Hawthorne, R. P. Martin, and D. G. Reid (Downers Grove/Leicester: IVP, 1993), 132.

106 Banks, "Church Order and Government," 133.

107 Best, *Second Corinthians*, 95.

> 이는 내가 편지들로 너희를 놀라게 하려는 것 같이 생각하지 않게 함이라. (그들의 말이 그의 편지들은 무게가 있고 힘이 있으나 그가 몸으로 대할 때는 약하고 그 말도 시원하지 않다 하니 이런 사람은) 우리가 떠나 있을 때에 편지들로 말하는 것과 함께 있을 때에 행하는 일이 같은 것임을…[108]

"편지"에 있는 정관사는 그가 특정한 편지를 염두에 두고 있음을 나타낸다. 무겁고 강력한 편지가 "심각한 편지"(고후 2:4, 7:8)를 암시한다면, 그럴 듯해 보이지만 일부 학자들이 주장하는 것처럼 심각한 편지는 10-13장일 수 없다.[109] 바울은 3인칭 능동태 단수 동사로서 "그가 말하다"로 번역될 수 있는 "말해지다"(개역개정, "그들의 말이")로 반대자들의 우두머리를 암시하는가? 우리는 이러한 질문에 답한다. 바울의 주장은 그의 강력한 편지와 그의 약한 존재 사이에 파악되는 불일치이다.

바울은 고린도 교인들에게 그가 연약한 것처럼 보이는 것에 속지 말고 온유와 관용을 나약함과 열등함으로 혼동하지 말라고 경고한다. 그는 아첨하는 사람이 아니므로 그의 편지가 무겁고 강하다는 데 동의한다. 그것들은 "요구 때문에 만들어지는 어려움이나 문제의 근원"(BDAG)이다. 그러나 "무게가 있고"(βαρύς, 바뤼스)는 거칠거나 가혹하여 고통이나 슬픔을 유발하는 말들이나 비판들을 특징짓는 데 사용되기도 한다. 그는 솔직한 비판으로 권면하고 고치고 꾸짖으려고 하는데, 책망하는 편지에서 그가 뿌린 독약은 삼키기 어렵고 고통을 주었다(7:8). 베지(Vegge)는 "무게가 있는 말"(λόγοι βαρεῖς, 로고이 바레이스)에 대한 오리게네스의 논의를 인용하여 거침이 어떻게 무게와 연결되는지 명확히 한다. "이런 말을 듣는 자는 비난하는 … 가혹한 … 욕하는

---

108 Harvey, *Renewal through Suffering*, 96n13; Martin, *2 Corinthians*, 310–11. 또한 다음을 참조하라. H. Krämer, "Zum sprachlichen Duktus in 2 K 10, V. 9 und 12," in *Das Wort und die Wörter. Festschrift Gerhard Friedrich zum 65. Geburtstag*, ed. H. R. Balz and S. Schulz (Stuttgart: Kohlhammer, 1973), 97–98. 플러머는 10:10을 괄호로 읽는 것을 "과도한 구성으로 간주하고 10:9가 10:8에 의존한다고 주장한다(*Second Epistle*, 281). 또 다르게는 ἵνα μή을 명령형과 동일하게 해석한다. "내가 너희를 놀라게 하려는 것 같지 않게 하라!" (참조. C. F. D. Moule, *An Idiom Book of New Testament Greek* [Cambridge: Cambridge University Press, 1953], 145). 어떤 학자들은 바울이 그가 그들을 놀라게 하려는 것처럼 보이지 않도록 그의 권위에 호소하지 않을 것이라는 핵심적인 개념을 빼고 있다고 주장한다(따라서 Barrett, *Second Epistle*, 258–59에서 바렛은 내 의견으로는 "바울은 특히 여기에서와 같이 정서적 스트레스를 받을 때 글을 쓸 때 가장 신중하지 않은 저자였다"고 근거없이 주장한다.).

109 왓슨(F. Watson)은 고린도후서 10-13장이 고통스러운 편지라고 주장하며 바울이 고린도전서 4장 14-16절을 고려한다고 제시한다("2 Cor. x-xiii and Paul's Painful Letter to the Corinthians," *JTS* 35 [1984]: 343–44). 그러나 고린도전서 4장 14-16절의 문맥은 분명히 징계하는 사람의 위협적인 야단법석이 아니라 사랑 많은 아버지의 온유한 마음을 나타낸다.

말로 큰 짐을 지는 것과 같은 권세 있는 말에 짓눌려 피곤함을 입는다."[110] 이 "무거운"의 의미는 고린도의 일부 교인들이 그의 편지를 "겁을 주려는" 시도로 해석하고(10:9) 그가 없을 때만 이렇게 담대하다고 주장하는 이유를 설명한다(10:2).[111] 그는 그 자리에 있을 때 자신이 무능하다는 데 동의하지 않는다. 그의 편지는 공허한 위협으로 가득 찬 허풍이 아니다. 그의 행동은 그의 말과 일치할 것이다. 그의 글은 권위 있고, 쏘아붙이며, 위협적이며, 필요한 경우 다음 방문에서 위협을 가할 것이라고 미리 경고한다. 바울은 그들이 만일 "도덕적 더러움과 음행과 호색함"에 더하여 "다툼과 시기와 분냄과 당 짓는 것과 비방과 수군거림과 거만함과 혼란"(12:20-21)으로 인해 여전히 괴로워하는 것을 발견한다면, "관대"하지 않을 것이다(13:2).

"그의 공개적인 설교는 아무 소용이 없다"는 말로 빗나가기 쉽다. 그는 청중을 조종하여 말하는 사람의 주장에 굴복하도록 조종하는 수사학적 웅변을 부인할 수도 있다(고전 2:1-5). 그리고 또한 자신이 "대중 연설에 익숙하지 않은"(11:6), 즉 수사학에 대한 공식적인 훈련이 부족했음을 인정할 수 있다(11:6 주석 참조). 그의 편지의 특징을 인용한 것은 반대자들도 그들이 권력을 가지고 있음을 인식하고 있음을 증명한다. 그들이 문제로 제기한 것은 그가 육체로 함께함과 그의 공개적인 웅변이다.[112] 세련되지 않고 자주 끊어지는 설교는 교육을 받지 못했다는 인상을 주었을 것이다. 교회의 어떤 사람들은 바울이 고린도에서 명사로 대우 받는 다른 황금 혀를 가진 웅변가들처럼 되기를 원했을 것이다. 또는 반대자들은 교회에 대한 영향력을 확대하기 위해 이 약점을 굳게 잡았다. 아마도 둘 다 사실이었을 것이다.

바울의 함께 할 때 인상 깊지 않은 것은 무엇인가? 핵심 문제는 그의 연설이었던 것 같다. 고대 세계는 수사학을 중시했다. 피터슨은 상황을 다음과 같이 간결하게 설명한다.

> 헬레니즘 사회에서는 수사학적 웅변의 관행과 기대가 만연했다. 정치 지도자들은 설득력 있고 유창하게 말해야 할 뿐만 아니라 철학과 종교에서 권위를 주장하는 사람들도 그렇게 해야 했다. 그러한 사람들 사이에는 큰 경쟁이 있었고, 성공은 기적뿐만 아니라 수사학적 표현을 통해서도 자신

110 Vegge, *2 Corinthians*, 312, 다음을 인용. Origen, *Sel. Ps.* 12.1465.

111 Vegge, *2 Corinthians*, 310-16, 320-22.

112 설교자의 복장, 스타일, 배경에 대한 이런 종류의 태도는 교인들이 옷차림과 머리 장식이 자신들의 기준에 맞는지 보기 위해 설교자의 머리부터 발끝까지 훑어보기 때문에 여전히 만연한다.

의 연기에서 신의 능력을 표현하는 능력에 달려 있었다.[113]

다양한 수사학 스타일의 장점에 대해 논쟁이 벌어졌을지 모르지만 "수사 기술의 가치는 의심의 여지가 없었다."[114] 윈터Winter는 그가 육체로 함께 할 때 약하다는 판단이 "수사학적 기준에 따라 내려진 것"이라고 주장한다. 그것은 그의 함께함이 유능한 웅변가로서 실패를 보장하는 것 외에는 모두에게 그러한 책임을 지게 했다는 것을 의미했다."[115] 그는 똑똑한 저자가 되는 것이 말을 잘할 수 있다는 보장이 아니라고 지적한 알키다마스Alcidamas를 인용한다. "그는 '극도의 주의를 기울이고, 운율이 살아 연결되는 문구, 완벽한 스타일'을 쓸 수 있을지 모르지만, 그러나 즉석에서 말해야 할 때 '그는 모든 면에서 좋지 않은 인상을 주며 목소리 없는 사람과 조금도 다르지 않다.'"[116] 퀸틸리아누스Quintilian도 다음과 같이 주장했다. "자신이 쓴 것을 기억하지 못하거나 갑작스러운 긴급 상황에 필요한 언어 능력이 부족하거나 치료할 수 없는 언어 장애로 방해를 받는 사람에게 훌륭한 전달력은 의심의 여지 없이 불가능하다.

113 Peterson, *Eloquence and the Proclamation*, 59. 리트핀(Litfin)은 다음과 같이 단언한다. "그리스-로마 사람들은 웅변을 바탕으로 현대인들이 상상조차 하기 힘든 방식으로 그 수행자들을 명사로 떠받들었다"(St. *Paul's Theology of Proclamation*, 14).

114 Peterson, *Eloquence and the Proclamation*, 65.

115 Winter, *Paul and Philo*, 212. 글래드C. E. Glad는 필로데무스C. E. Philodemus를 인용한다. "현자는 이처럼 훌륭하게 말하여 청중의 영혼을 매료시키고(멋진 사이렌처럼 마음을 요동치게 함) 친구들 사이에서 특별한 명성을 얻는다. 아첨하는 담론과 명백한 유사성에도 불구하고 현명한 사람의 연설 내용은 도덕적이며 부패하지 않는다."("Frank Speech, Flattery, and Friendship in Philodemus," in Fitzgerald, *Friendship, Flattery and Frankness of Speech*, 27) 마샬(Marshall)은 "말하는 능력은 이해력의 가장 분명한 표시"라고 주장한 이소크라테스(Isocrates, *Antid*. 253-57)를 인용한다(*Enmity in Corinth*, 328). 그는 "만일 바울이 수사학에 능숙하지 못한 것으로 인식된다면 그는 무지하거나 무식한 사람으로 기록되었을 것이다." 필론은 웅변이 지혜를 소유하는 데 필수적이라고 생각했기 때문에 이 평가에 동의했을 것이다. 그는 신이 자신에게 충분하고 완전한 "말의 뛰어남"(εὐλογία)을 순종하는 사람들에게 수여한다고 주장했다. 왜냐하면 "그분이 주시는 것을 받는 사람이 가장 고상한 개념을 생각하고 자신의 아이디어를 훌륭하게 표현해야 한다"고 주장하기 때문이다(*Migration* 70-73 [Colson and Whittaker, LCL]). 그는 다른 곳에서 미덕을 사랑하지만 "말로 사기를 치는 꿈을 꾸지 못한" 사람들은 "수다스러운 논쟁에 익숙하지 않기 때문에" 소피스트들의 논쟁에서 패배한다고 주장한다. 그러나 다른 사람들은 더 성공적이다. 왜냐하면 그들의 마음은 "모략과 선행의 지혜로, 그들의 말은 웅변술로 말미암아 굳건하여지기" 때문이다. 이제 일부 사람들의 즐거움은 적들에게 대항할 수 있는 수단으로 준비된 후자에게 매우 적합하지만, 앞의 계급에게는 그렇게 하는 것이 안전하지 않다. 완전히 무장해도 전투가 불공평할 텐데, 비무장한 사람들이 무장한 사람들을 만나고 동등한 조건으로 싸울 수 있는 사람이 어디 있겠는가?" (*Worse* 35–36 [Colson and Whittaker, LCL]).

116 Alcidamas, *On the Writers of Written Discourse or On the Sophists* 9, 16, 다음에 인용된 내용. Winter, *Paul and Philo*, 205.

다시 말하지만, 육체적인 우둔함은 어떤 기술로도 고칠 수 없는 반면 약한 목소리는 최고의 전달력과 양립할 수 없다."[117]

바울은 외모에 대한 평가를 "몸으로 대할 때는 약하고"라는 말로 표현하지 않았지만, 이 문화에서는 귀족, 부, 학력, 혈통, 의복, 매력적인 외모와 같은 자질이 연설에서 좋은 인상을 주고 다른 사람들을 설득하는 데 중요한 요소로 간주했다.[118] 에픽테투스Epictetus는 광장에서 효과적인 설교를 하는 데 필요한 요건을 다음과 같이 규정했다.

> 그리고 그러한 사람에게는 어떤 종류의 몸도 필요하다. 탐욕스럽고 가늘고 창백한 사람이 앞으로 나오면 그의 증언은 더 이상 같은 무게를 지니지 못한다. 왜냐하면 그는 단순히 자신의 영혼의 자질을 보여줌으로써 평신도들에게 그들이 존경하는 어떤 것이 아니라도 선하고 훌륭한 사람이 될 수 있다는 것을 증명할 뿐 아니라 그는 또한 자신의 몸 상태를 가지고 공개적으로 평범하고 단순한 생활 방식이 그의 몸에도 해를 끼치지 않는다는 것을 보여주어야 하기 때문이다. "보라, 나와 내 몸이 다 내 주장이 참되다는 증거이다." 그것이 디오게네스의 방식이었는데, 그는 빛나는 얼굴빛으로 다니곤 했고, 그의 몸의 모습만으로도 서민들의 관심을 끌곤 했다. 그러나 동정심을 불러일으키는 견유학파는 거지로 간주된다. 모두가 그에게서 등을 돌리고 모두가 그에게 적대적으로 대한다.[119]

바울은 이러한 자질에서는 적합하지 않은 것 같다. 그러나 우리는 이 진술을 외경, 『바울과 테클라 행전』에서 나온 바울의 신체적 묘사에 대한 널리 알려진 설명으로 해석하지 않도록 주의해야 한다. 바울은 "몸이 좋은 상태에서 키가 작으며 머리는 대머리고 다리는 굽었으며 눈썹이 붙어있고 코가 약간 구부러져 있고 친근감이 가득하다. 지금은 그가 사람처럼 보였으며 이제는 천사의 얼굴을 가졌다."

바울의 이 초상화는 현대인들에게 못생긴 이미지를 떠올리게 하는 경향이 있다. 그러나 말허비Malherbe는 고대의 관상학에 따르면 이 묘사가 호의적임을 보여 준다.[120] 그랜트Grant는 이 묘사를 키가 작고 다리가 굽은 어떤 장군을 이

117 Quintilian, *Inst*. 11.3.12–13.

118 H. T. Nguyen, *Christian Identity in Corinth: A Comparative Study of 2 Corinthians, Epictetus and Valerius Maximus*, WUNT 2/243 (Tübingen: Mohr Siebeck, 2008), 146–47.

119 Epictetus, *Diatr*. 3.22.86–89 (Oldfather, LCL).

120 A. J. Malherbe, "A Physical Description of Paul," in Nickelsburg and MacRae, *Christians among Jews and Gentiles*, 170–75.

상적으로 묘사한 아킬로쿠스Archilocus의 구절과 연결했다.[121] 말허비는 수에토니우스(Suetonius. *Aug*. 2.79.2)의 아우구스투스 묘사와 헤라클레스와 같은 그리스 영웅들의 묘사에서 비슷한 특징, 즉 작은 키, 구부러진 코, 눈썹이 붙어 있는 것을 지적한다. 그는 눈썹이 붙어 있는 것이 아름다움의 표시, 구부러진 코가 왕족이나 관대함의 표시, 작은 키가 신속함의 표시였던 이상적인 정치 지도자를 묘사하는 이러한 글들에서 바울에 대한 이 외경의 설명이 파생되었다고 결론지었다. 사도행전 18장 18절과 21장 24절에서 바울이 머리를 깎는 것을 말한 데서 바울이 "대머리"라고 유추했을 수 있다.[122] 내 생각에 우리는 바울의 외모에 대한 믿을 만한 증거가 없으며 그에 대한 추측을 피해야 한다.

바울이 무역과 관련해서 일한 것에 대해 불만을 품은 고린도 교인들에 관한 바울의 암시는 이것이 그의 겉모습에 대한 경멸의 주요 요인이었을 수 있음을 보여 준다. 루시안은 참으로 위대한 스승의 '숭고한 말'과 '위엄 있는 모습'을 웅변과 학문을 추구하지 않고 장비를 잡고 있는 장인의 더러운 옷과 단정치 못한 모습을 대조한다. 그는 "자신의 일로 허리를 구부리고 ... 완전히 품위가 떨어졌다[ταπεινός; 참조. 10:2]."[123] 필론Philo은 알렉산드리아의 소피스트들이 "유명하고 부유한 사람들이었으며, 모든 사람들에게 칭찬을 받았으며, 명예를 얻었으며, 건장하고 건강하고 강건했으며 사치스럽고 방탕한 생활을 즐기며 지식이 풍부했다. 아무 노동도 하지 않고, 모든 감각으로 받아들이는 영혼에게 인생의 달콤함을 가져다주는 쾌락에 정통하다"고 전한다. 그들은 철학적 적들을 "생활에 필요한 물건들이 모자라는 ... 더럽고, 창백하고, 해골로 전락하고, 식량 부족에 굶주린 표정을 하고, 질병의 먹이가 되며, 죽음을 훈련한다"고 조롱했다.[124] 이 궤변적인 이상과 이 경쟁자들에 대한 교묘한 경멸이 바울에게 가해진 비판 뒤에 있을지도 모른다. 결과적으로 바울은 소위 우아한 스타일의 전형이라고 불리는 이들의 매력에 매료된 것처럼 보이는 고린도 교인들에게 "메시지의 능력은 소식을 전하는 자의 기술과 스타일에 있지 않고 하나님의 지식과 능력에 있다는 것을 끊임없이 상기시켜야 했다."[125]

이러한 주장에도 불구하고 베지Vegge는 바울이 나중에 그의 신체적 약점

121 R. M. Grant, "The Description of Paul in the Acts of Paul and Thecla," *VC* 36 (1982): 1–4.

122 Malherbe, "A Physical Description of Paul," 173–75. 플러머는 『바울과 테클라 행전』이 초기 전통에 근거할 수 있다고 무비판적으로 생각한다(*The Second Epistle of Paul the Apostle to the Corinthians*, 136-37).

123 Lucian, *Gall*. 13 (Harmon, LCL).

124 Philo, *Worse*, 34 (Colson and Whittaker, LCL), 다음에 기록됨. Winter, *Paul and Philo*, 167.

125 Quast, *Reading the Corinthian Correspondence*, 151.

이 이상하게도 그리스도의 능력이 그에게 나타나게 하는 통로가 되었다고 주장하기 때문에 바울이 자신의 외모나 수사학 기술에 대해 이야기하는 것이 아니라고 주장한다(12:9-10). 대신, 그의 약점은 그가 있을 때 처벌을 할 능력이 없음을 의미하며 결단력이 없는 것으로 판명되었다. 베지는 그의 비평가들이 바울의 연설에서 수사학적 결점을 폄하했다는 것을 배제하지 않았지만, 그의 요점은 바울이 고린도에 돌아올 때 더 "수사적으로 세련되게" 하겠다고 위협하지 않고 편지에서 그가 하겠다고 선언한 것을 직접 할 것이라는 점이다.[126] 그럼에도 불구하고 바울은 고린도와 반대자들의 눈에 수사학적 결점이 있음을 알고 있다.

10:11. 바울은 편지의 효력을 인정하기 때문에 그의 편지의 힘을 변호할 필요가 없다(7:8-12). 그러나 바울은 편지에 있는 것처럼 함께 있을 때 그보다 영향력이 있을 것을 확신시킬 필요가 있다. 그는 자신이 쓰는 것과 자신이 행하는 것, 행하고 싶은 것 사이에 차이가 없다고 주장하며 앞으로의 방문을 계속 준비한다. 바울은 적들이 그를 그렇게 보이게 하는 약하고 비참한 가짜 사도가 아니다. 고린도 교인들이 그의 지시에 순종할 수 있도록 즉각적인 조치를 취해야 한다. 그의 대담함은 그들을 무너뜨리고 싶지 않았기 때문에 함께 할 때 예상치 못한 겸손과 온유의 모습을 보일 수 있다. 그가 매를 아낀 것은 사랑이 많은 아버지이며 교수형을 선언하는 재판장이 아니기 때문이다(고전 4:14-21). 지금도 그는 이 편지가 그들이 회개하도록 북돋우고 평화로운 방문의 토대가 되기를 희망한다(13:10). 그런 인물들이 이미 고린도에 많기 때문에 사도적 무게를 만들어내는 거만하고 위압적인 설교자가 필요하지 않다(11:18-20). 그들은 대신 그가 그들을 대할 때 그리스도의 모범을 어떻게 따르는지 볼 필요가 있다.

먼저 약하고 두렵고 떨림으로 그들에게 복음을 전했고(고전 2:2), 계속해서 그렇게 그들에게 사역했다. 독자들의 마음에 공포를 일으키는 것(10:9)은 궁극적으로 그들을 세우지 않는다. 그것은 세상 근심에 이르게 할 수 있다. 세상 근심은 사망에 이르게 할 뿐이다(7:10). 그는 그들 안에 "하나님의 뜻대로 하는 근심"(7:10)을 만들고 싶어 한다. 사람들을 꾸짖는 것은 깊은 회심자를 만들지 못하고 기독교의 성장을 방해하기 쉽다. 그는 그들을 낮추고 싶어하지 않고 새로운 수준의 이해로 끌어올리고 싶어 한다. 그들이 그 수준에 도달할

126 Vegge, *2 Corinthians*, 322-25. 또한 다음을 참조하라. Francis Watson, "2 Cor. x-xiii and Paul's Painful Letter to the Corinthians," *JTS* 35 (1984): 343–44.

때, 바울이 그리스도의 참된 사역자임을 이해하게 될 것이며 거만하고 자랑하고 횡포하는 바울의 경쟁자들인 사탄의 부하들을 알아볼 것이다. 그는 군대처럼 와서 그들을 포위 공격할 수도 있고, 온유와 관용, 그리고 약해 보이는 모습으로 올 수도 있다. 때로는 전쟁이 필요하다. 그러나 그것은 그 여파로 사상자와 비통함과 슬픔을 남긴다. 그러므로 그는 온유함으로 오는 것을 선호한다. 그는 전쟁이 아니라 그들과 평화 그리고 그들 사이의 평화를 원한다(13:11).

4.2. 합당한 추천(10:12-18)

12 우리는 자기를 칭찬하는 어떤 자와 더불어 감히 짝하며 비교할 수 없
노라 그러나 그들이 자기로써 자기를 헤아리고 자기로써 자기를 비교하니
지혜가 없도다 13 그러나 우리는 분수 이상의 자랑을 하지 않고 오직 하나님
이 우리에게 나누어 주신 그 범위의 한계를 따라 하노니 곧 너희에게까지 이
른 것이라 14 우리가 너희에게 미치지 못할 자로서 스스로 지나쳐 나아간 것
이 아니요 그리스도의 복음으로 너희에게까지 이른 것이라 15 우리는 남의
수고를 가지고 분수 이상의 자랑을 하는 것이 아니라 오직 너희 믿음이 자랄
수록 우리의 규범을 따라 너희 가운데서 더욱 풍성하여지기를 바라노라 16
이는 남의 규범으로 이루어 놓은 것으로 자랑하지 아니하고 너희 지역을 넘
어 복음을 전하려 함이라 17 자랑하는 자는 주 안에서 자랑할지니라 18 옳
다 인정함을 받는 자는 자기를 칭찬하는 자가 아니요 오직 주께서 칭찬하시
는 자니라

이제 바울은 자랑과 타당한 칭찬에 관한 적절한 기본 규칙을 정한다. 그 과정에서 그는 또한 그의 사역 영역을 침범하고 수고의 열매를 부적절하게 자랑하는 경쟁자들에게 관심을 돌린다. 문제의 핵심은 그들이 바울의 권위를 폄하하면서 스스로를 칭찬했다는 것이다. 그는 고린도 교인들이 거센 경쟁자들의 경쟁적인 주장에 직면할 때 무엇이 참인지 또는 거짓인지 평가하기 위해 사용해야 하는 두 가지 기준을 제시한다. 즉, 분수를 따라 자랑하는 것과 주님으로부터 칭찬을 받는 것이다. 자신의 성취를 자랑하는 것은 신학적으로 잘못된 것이다. 남의 일을 자기 일처럼 자랑하는 것은 더욱 나쁘다.

바울은 먼저 하나님이 그에게 맡기신 일을 행했기 때문에 자기 자랑이 합당한 것이라고 주장한다. 그 임무는 새로운 개척지에서 전하는 것이며, 지금도 그는 새로운 영역을 바라보고 있다(10:16, 아마도 서쪽으로, 참조. 롬

15:17-20, 24, 28). 그가 경작되지 않은 고린도에 복음을 "심은" 최초의 사람이었기 때문에(고전 3:6), 고린도 교인들은 그의 권한 아래 속한다. 그들의 존재는 그리스도가 쓴 추천 편지이다(3:2-3).

둘째, 남과 비교하여 자신의 우월함을 주장하지 않기 때문에 그의 자랑은 분수를 따른다. 그는 하나님께서 자기 안에서 행하시는 일에 의해서만 자신을 측정한다(참조. 1:21; 4:7; 5:11). 그는 자신의 업적을 소리치지 않고, 거대한 행렬에서 뽐내지 않는다. 그는 능력이 자기 것이 아니라 하나님의 것임을 알기 때문에 개인적인 공로를 자랑하지 않는다(10:3-6). 스스로 칭찬하는 일은 자신을 칭찬하는 사람들의 이해 부족 외에는 아무것도 증명하지 못한다. 오직 하나님께로부터 오는 칭찬만이 주의를 기울일 만한 가치가 있다(고전 4:5). 그의 경쟁자는 하나님의 목적보다 자기 자신을 앞세우는 교활한 출세주의자들이다. 그들에게 자신보다 더 의미있는 것은 없다. 그들의 목표는 다른 사람들로부터 칭찬을 받고 명성을 얻는 것뿐이다. 자랑하는 사람은 말한 것보다 더 빨리 행하지 않는다고 비난을 당한다. 바울의 경쟁자들은 아무 일도 하지 않고 여전히 헛되게 자랑하는 사람들이다. 그들은 오직 하나님의 진노만 받을 것이다.

10:12. 고린도에서 바울의 영향력을 약화시키고 자신들의 영향력을 높이려는 계략으로 경쟁자들은 그가 편지에는 담대하지만 개인적으로는 담대하지 않다고 비난했다(10:10). 바울은 자신을 칭찬하는 사람들과 같이 분류되거나 비교할 용기가 없다고 이 비판에 대해 냉소적으로 대답한다. "감히 하다"(τολμῶμεν, 톨모멘)는 "자신을 앞으로 나아가게 하는" 확신과 관련이 있다.[127] 바울은 자신이 이와 같은 허풍쟁이들의 가정을 무너뜨릴 분명한 확신이 부족하다는 인식을 이용한다. 그러나 그는 자신이 세상의 기준에 따라 행한다고 생각하는 사람들을 "담대히" 반대할 것이라고 경고했다(10:2). 바울이 이 자랑을 합당한 행실로써 뒷받침하지 못하기 때문이 아니라 하나님께서 그런 어리석은 자랑을 뒷받침하지 않으시기 때문에, 그는 또한 "감히 자랑"하지만 그것이 어리석은 자의 대담함(11:21)임을 인정하는 사람들과 "담대하게" 함께할 것이다. 하나님은 교만한 자들을 낮추시어 그들이 하나님께서 홀로 하신 일을 인정하지 못하게 하신다.

고대 세계에서 "비교"(σύγκρασις, 싱크라시스)는 학교에서 실행되는 일반

127 Martin, *2 Corinthians*, 319.

적인 수사법이었다. 다른 교사와 자신을 비교하는 것은 교사가 학생들과 수업료를 끌어들이기 위한 일반적인 전술이었다.[128] 스탠즈베리Stansbury는 정치적인 영역에서 그리스인의 오만(ὕβρις, 휘브리스)과 로마인의 적의(inimicitia)가 결합하여 경쟁자들에 대한 악의적인 비방을 낳는다고 지적한다. 이 사회의 사람들은 명예가 물질적 부보다 훨씬 더 제한되어 있다고 생각했다. 명예가 한정되어 있었기 때문에, 자신이 가지지 못한 것으로 다른 사람을 원망하고 부러워했다. 스탠즈베리는 다음과 같이 쓴다. "정치적 적들은 수치나 정치적 전복의 상징이 되도록 계획된 과장되게 인물을 암살하는 표적이었다."[129] 찬사와 학생을 얻기 위한 이 치열한 경쟁에서, 다른 경쟁자들의 자질을 명예로 비난하면서 대담한 칭찬으로 자신을 공개적으로 광고해야 했다. 사람들은 얻기 어려운 영광을 얻기 위해 끊임없이 다른 사람들과 경쟁하고 끊임없이 1인자 게임에 몰두했다. 이러한 명예에 대한 갈망은 "자만심과 오만함을 밖으로 표현하도록 부추겼다."[130] 자기 자랑은 명예로운 행위로 간주되었다. 새비지는 "공동체에서 개인의 가치와 그 결과인 존경은 그가 투영할 수 있는 지위에 달려 있었다"고 말한다.[131] 자신의 지위와 업적을 자랑하고 자신을 남과 비교하는 것은 자신의 추종을 노리는 사람들의 일상적인 전술이었다.[132]

128 Marshall, *Enmity in Corinth*, 53.

129 Stansbury, "Corinthian Honor," 278, 다음을 참조하라. B. Malina, *The New Testament World: Insights from Cultural Anthropology* (Atlanta: John Knox, 1981), 71–93; P. Walcot, "The Funeral Speech, a Study of Values," *Greece and Rome* 20 (1973): 117.

130 Savage, *Power through Weakness*, 23.

131 Savage, *Power through Weakness*, 23.

132 새비지는 고대 세계의 지위를 유용하게 관찰한다. "모든 사람은 상류층(honestiores)과 하류층(humiliores), 두 가지 부류 중 하나에 속했다. 전자는 귀족인 원로원 의원, 기사 단원, 로마 밖의 십인대로 구성되었다. 이들은 그들의 여자들과 함께 남성으로서 위엄(dignitas)으로 존경받았고 종종 큰 권력과 재산을 소유했다. 하류층(humiliores)은 평민, 자유민, 노예로 위엄이 없고 귀족은 이들이 명예가 없다고 여겼다. 계급은 유전이었기 때문에 한 계급에서 다른 계급으로 이동하는 것은 거의 불가능했다"(*Power through Weakness*, 20; 다음을 참조하라. P. Garnsey, *Social Status and Legal Privilege in the Roman Empire* [Oxford: Clarendon, 1970], 221-280). 귀족은 인구의 1%를 차지했다. 노예와 빈곤층은 하위 3분의 1을 차지했다. 중간계층은 나머지 3분의 2로 주로 부를 획득함으로 달성할 수 있는 지위 향상에 열중했다. 많은 사람들이 갈망했던 부가 항상 명예를 주는 것은 아니다(페트로니우스[Petronius]의 사티리콘[Satyricon]에서 트리말키오[Trimalchio]의 만찬에 대한 설명 참조). 대부분의 사람들은 부를 얻는 것이 불가능하기 때문에 고귀한 철학자들은 덕이 있는 삶을 통해서도 명예를 얻을 수 있다고 주장했다. 그러나 대부분은 다른 경로를 선택하고 직업, 이웃, 재능, 교육, 종교 또는 운동에서의 성취에서 명예를 추구했다(Savage, *Power through Weakness*, 21-22). 바울의 고린도 경쟁자들은 그들이 그토록 탐내는 명예와 지위를 놓고 경쟁할 분야로 종교를 선택했다.

"비교"에서는 우월성을 나타내기 위해 자신의 선행과 다른 사람의 악행을 더 확대할 것이다. 인종, 양육, 교육, 지위, 체격, 추구, 지위와 같은 주제는 모두 상대적인 장점과 지위를 평가하는 공정한 게임이었다.[133] 크리소스토무스Dio Chrysostom는 군중의 존경을 갈망하고 다른 사람들보다 더 많이 알고 있는 사람들처럼 그들을 우러러보기를 바라는 고린도의 소피스트들을 비웃는다.[134] 윈터Winter는 소피스트가 다툼과 질투를 부채질했고, 강렬한 경쟁이 "두세 사람이 모이는 곳이면 어디든지 일어나는 것 같았다"고 지적한다.[135] 루시안은 자신을 높이기 위해 남과 비교하는 인기 있는 선생들을 비웃었다. 그의 『대중 연설 교수』(*Professor of Public Speaking*)라는 책에서 현명한 베테랑은 대중적 성공을 달성하는 방법에 대해 초보자에게 다음과 같이 지시한다. "자신에 대해 기이한 말을 하고, 자기 칭찬을 과도하게 하고, 그에게 방해가 되게 하라. 내 옆에 데모스테네스는 뭐였지?"[136] 그러한 과한 자기 존중은 다른 진지한 철학자들에 의해 자주 조롱당하는 가짜 철학자들의 특징으로 여겨졌다.

바울은 먼저 "이런 난쟁이는 그런 거인들과 비교할 수 없을 것이다"라고 넌지시 말하면서 경쟁자들의 자랑을 깎아내린다. "나는 그런 명사들과 같지 않다." 그러므로 그는 조롱하는 자기 비하로 그들의 자랑을 폄하한다. 그는 감히 이런 사람들과 자신을 비교하지 않는다. 이런 식으로 빰을 맞대고 말하면 경쟁자가 그와 전혀 비교되지 않는지 미묘하게 의문을 제기할 수 있다.[137] 유사성이 존재하지 않는 곳에서는 비교할 수 없다.[138] 그들은 모든 자랑에서

133 Forbes, "Comparison, Self-Praise and Irony," 6이 인용하는 아엘리우스 데온Aelius Theon의 비교 사용에 대한 수사학적 논의를 담고 있는 핸드북을 참조하라. 다음도 참조하라. Marshall, *Enmity in Corinth*, 54.

134 Dio Chrysostom, *Tyr*. 6.21.

135 Winter, *Paul and Philo*, 132.

136 Lucian, *Rhet. praec.* (Harmon, LCL). 다음에 인용. Forbes, "Comparison, Self-Praise and Irony," 8.

137 크리소스토무스는 알렉산드리아인들에게 연설할 때 이와 유사한 방식을 사용한다. 그는 자신에게 아첨하는 다른 사람들과 "옆에 서기를 거부"한다. "그들은 영리한 사람들, 강력한 궤변가, 기적을 행하는 사람들이다. 그러나 나는 내 주제에서 평범하지 않지만 내 말에서 아주 평범하고 단조롭다"(*Alex*. 32.39, 다음에 인용. Forbes, "Comparison, Self-Praise and Irony," 4).

138 포브스(Forbes)는 다음과 같이 지적한다. "필론에게 합법적인 비교를 위해서는 유사성의 기반이 필요하다. 왕과 평민과 같이 매우 다른 것들 사이에 비교가 이루어질 수 있지만, 오직 그들의 공통된 인간성에 기초해야 한다. 진정한 유사성이 없는 곳에서는 비교할 수 없다."("Comparison, Self-Praise and Irony," 4) 데온(Theon)의 수사학 매뉴얼은 "서로 크게 다른 것들 사이에는 비교가 이루어지지 않는다는 원칙을 명시한다. 아킬레우스가 테르시테스보다 더 용감한지 여부를 논하는 것은 어리석은 일이다"("Comparison, Self-Praise and Irony," 6). 이러한 배경에서 우리는 경쟁자들이 자신들을 바울과 비교하여 자신을 높인다면, 바울의

바울과 동등하다고 생각한다. 그의 평가에 따르면 그들은 거짓 사도들이다(11:12-13). 만일 바울이 그들과 비교하기 위해 몸을 굽히려 한다면 그것은 어리석은 자에 지나지 않을 것이다(11:21-12:11). 그들은 바울과 다른 리그에 있다고 주장한다. 그리고 바울은 기꺼이 동의할 것이다. 그들은 사탄과의 리그에 있다. 그들은 자랑으로 어떤 고린도 교인들의 눈에 지위를 얻었을지 모르지만 그 과정에서 하나님의 심판을 얻었다.

둘째, 그는 비교를 통해 우월함을 보여주는 이 기본적인 수사학 도구를 하나님의 사역자들에게는 완전히 불법적인 것으로 제외시킨다.[139] 그가 너무 "어리석게" 비교의 싸움에 합류할 때조차도, "그들이 그리스도의 일꾼이냐 정신 없는 말을 하거니와 나는 더욱 그러하도다"(11:23)라며 그는 결국 자신의 약점을 자랑스럽게 여긴다. 따라서 그는 자랑 게임을 하는 방법에 대한 기본 규칙을 변경한다.[140]

셋째, 바울은 그들의 기준에 도전한다. 그들은 자신들을 사역의 척도로 세웠다. 바울이나 그의 경쟁자들의 영적 정당성을 결정하는 명확한 성경적 기준은 없었고, 반대자들과 고린도 교인들은 분명히 그들의 문화적 표준으로 되돌아간 것 같았다.[141] 그들은 함께 있을 때 위엄(10:1, 10), 능력과 권위의 구체적인 표시(11:19-20), 인상적인 연설(11:20-21), 완전한 보상을 받기에 합당함(11: 7-11), 유대인의 혈통(11:21b-22), 고난의 인내(11:23-29), 신비한 이상(12:1-6)에 따라 바울과 자신들을 비교했다. 이 기준에 따르면 그들은 멋지게 통과했고 바울은 실패했다. 반대로 바울은 그들이 사역을 평가하시는 하나님의 역할을 훔쳤을 뿐만 아니라(고전 4:4) 잘못된 기준을 사용했고 중요하고 유일한 척도, 즉 하나님이 사역자 안에서 그리고 그를 통해 행하신 일을 무시했다고 주장한다. 그는 10장 18절에서 주님의 판단 기준으로 주님의 칭

사도적 소명이나 정당성에 대해 의문을 제기하지 않는다는 것을 추론할 수 있다. 그들은 사기 또는 불법으로 간주했다. 마샬이 옳다. 논쟁의 쟁점은 사도적 지위가 아니라 고린도의 사도가 누구인가이다. "그것은 정당성보다 권위의 문제이다"(Marshall, *Enmity in Corinth*, 335).

139 Forbes, "Comparison, Self-Praise and Irony," 3.

140 퍼니시는 개인적 성취와 자격에 기초한 자신의 의와 "그리스도를 믿음으로 말미암는"(빌 3:9) 하나님의 의 사이의 바울의 친숙한 구분이 이 원칙 뒤에 놓여 있음을 발견했다(*II Corinthians*, 482).

141 교회는 순회 교사가 진정한 선지자인지 확인하려는 시도에서 볼 수 있듯이 분별력 있는 영적 지도력을 위한 기준을 수립하는 이 문제와 항상 씨름해 왔다. 디다케에서 우리는 진정한 사도가 이틀 이상 머물지 않고, 다음날 밤 묵을 만큼만 돈을 요구하지 않으며, 그들이 성령으로 말한다고 주장할 때 식사를 주문하지 않는다는 기준을 찾을 수 있다(11:1-9). 더 유용한 기준은 참 선지자는 그가 가르치는 대로 행한다는 주장이다(행 11:10-11; 마 7:15-20 참조).

찬을 받지 않으면 인정받지 못한다고 결론지었다. "지혜가 없도다"라는 말은 절제된 표현이다. 그는 갈라디아인들에게 이렇게 말한다.

"만일 누가 아무것도 되지 못하고 된 줄로 생각하면 스스로 속임이라"(갈 6:3). 11장에서 그는 더 직접적일 것이다. 그들은 자기를 속이는 어리석은 자들이며 더 나아가 남을 미혹하여 복음을 굽게 하는 자들이다.

10:13. 바울은 자기가 그들에 대한 자신의 권위를 자랑하는 것(10:8)이 지나친 것이 아니라 하나님께서 맡기신 지역에서 그리스도 안에서 행한 일에 근거한다고 주장한다. 고린도는 하나님의 밭이고(고전 3:9), 하나님은 그를 그곳에서 하나님의 종으로 일하게 하셨다. 그는 심었고 하나님은 자라게 하셨다(고전 3:6). 그러므로 바울은 자신이 고린도에 교회를 세웠다는 사실에 호소한다. 그의 경쟁자들은 이것을 주장할 수 없었다. 이방인의 사도로서 하나님이 맡기신 이 일을 완수하기 위하여 바울은 고린도에 왔다. "거기서 교회를 세우는 선교 사역의 성공은 하나님께서 그의 사역을 승인하셨다는 증거였다."[142] 그는 로마서 15장 17-18절에서 하나님에 관한 일, 곧 그리스도 예수 안에서 자랑한다고 쓴다. "그러므로 내가 그리스도 예수 안에서 하나님의 일에 대하여 자랑하는 것이 있거니와 그리스도께서 이방인들을 순종하게 하기 위하여 나를 통하여 역사하신 것 외에는 내가 감히 말하지 아니하노라 그 일은 말과 행위로…" 그가 자랑할 수 있는 이유는 이방인을 향한 그의 사역과 그 성공이 자신의 행위가 아니라 "전적으로 하나님의 능력으로 말미암은" 것이기 때문이다.[143] 경쟁자들은 하나님의 권위에 대한 자신들의 주장을 뒷받침하기 위해 그들의 추천 편지와 영적 능력의 표현, 수사학적 기술을 가리킬 수 있다. 바울은 십자가에 못 박히신 그리스도를 전파함으로 설립된 고린도 교회의 논쟁의 여지가 없는 존재에 호소한다(고전 1:23; 2:2).[144] 그들의 자랑은 그들 자신에 대한 환상에서 나온 거짓 주장에 근거한다. 단순히 자신의 성취를 기준으로 삼는다면 무슨 객관성이 있겠는가? 바울의 자랑은 부인할 수 없는 사실에 근거한다.

바울은 "오직 하나님이 우리에게 나누어 주신 그 범위의 한계를 따라 하

142 Barrett, *Second Epistle*, 266.

143 D. Moo, *The Epistle to the Romans*, NICNT (2nd ed.; Grand Rapids: Eerdmans, 2018), 908.

144 "그리스도의 복음"이라는 어구는 예수에 대한 잘 표현된 케리그마를 의미한다(J. H. Neyrey, "Witchcraft Accusations in 2 Cor 10-13: Paul in Social Science Perspective," *Listening* 21 [1986]: 165). 참조. 11:4, "다른 예수… 다른 복음".

노니 곧 너희에게까지 이른 것이라"라고 자랑한다. "그 범위의 한계"은 측량하는 막대, 권위 있는 표준 또는 규범(갈 6:16; 빌 3:16; 4 Macc 7:21)또는 측정된 밭과 관할권을 가리키는 데 사용된 헬라어 단어 카논(κανών)의 번역이다.[145] 바울이 사도적인 지도자들에게 할당된 지리적 영역의 관점에서 생각하는 것처럼 보일지 모르지만,[146] 그는 그의 반대자들에게 하나님의 사명이 없다고 암시한다. 고린도에 와서 그들은 한계 없이 돌아다녔다. 그들이 바울의 수고를 빼앗고 그가 한 일의 공로를 취하려고 하고(10:15-16) 그 과정에서 그것을 망치고 있기 때문이다. 바울은 하나님께서 자신에게 "나로 이방인을 위하여 그리스도 예수의 일꾼"이(롬 15:16) 되게 하셨으며 그의 영역은 "그리스도의 이름을 부르는 곳"이며 그곳에서 복음을 전하지 않기를 힘썼노니 이는 남의 터 위에 건축하지 아니하려" 하였다(15:20). 그 부르심은 그로 하여금 예루살렘에서 일루리곤까지 복음을 전파하도록 이끌며(롬 15:19), 결국 스페인에서 복음을 전파하도록 이끌기를 소망한다(롬 15:24, 28).

10:14. 바울은 기본적으로 10장 13절에서 말한 것을 반복하지만 더 구체적으로 한 걸음 더 나아간다.[147] 고린도는 하나님이 그에게 할당한 영역에 속하기 때문에 그는 더 확장하지 않았다. 그는 그곳에서 먼저 증거했고, 하나님은 그가 교회를 세우면서 복음을 심는 것을 축복하셨다. 이 신앙 공동체의 설립자가 되는 것은 권위에 대한 바울의 주장을 평가하는 적절한 기준이다.[148]

사역자들이 "하나님이 우리에게 할당하신 사역의 영역의 정도"에 관한 바울의 말을 숙고하는 데 도움이 될 것이다. 한편으로 그는 하나님께서 고린도에 있는 이 특정한 사역 영역으로 그를 부르셨다는 것을 알고 힘을 얻는다. 그러므로 그는 복음을 왜곡하고 교회를 분열시키려는 자들에게 그것을 버리

---

145 저지(E. A. Judge)는 κανών이 측정된 지역 또는 제한된 서비스 영역을 언급하는 데 사용되었다는 증거를 인용한다("The Regional kanon for the Requisitioned Transport," in *New Documents Illustrating Early Christianity* 1, ed. G. H. R. Horsley [North Ryde: Macquarie University, 1989], 36-45). 다음도 참조하라. J. F. Strange, "2 Corinthians 10:13-16 Illuminated by a Recently Published Inscription," *BA* 46 (1983): 167-68.

146 바울의 항의는 바울과 기둥인 사도들 야고보, 게바, 요한(갈 2:6-10) 사이에 맺어진 영역의 협정에 대한 상상인 위반과 관련이 없다. 다음 학자들의 추측이다. Bruce, *I and II Corinthians*, 34; Martin, *2 Corinthians*, 316; 321; Harris, *Second Epistle*, 709–16.

147 Martin, *2 Corinthians*, 333.

148 해프먼(Hafemann)은 바울의 자랑 뒤에 숨겨진 "표현되지 않은 전제"는 교회의 설립자로서의 그의 기능이 특정 교회에서 사도적 권위가 결정될 수 있는 유일한 적절하고 신성하게 임명된 'κανών'"이라고 주장한다("'Self-commendation' and Apostolic Legitimacy in 2 Corinthians: A Pauline Dialectic?," *NTS* 36 [1990]: 80).

지 않을 것이다. 반면에 그는 하나님께서 그에게 할당하신 것에는 제한이 있음을 알고 있다. 하나님은 부르심 외에 모든 곳에서 모든 일을 하도록 그를 부르지 않으셨다. 그는 슈퍼-사도가 아니며 하나님께서 그에게 맡기신 일을 충실히 수행한다. 그는 또한 다른 사람의 영역을 훔쳐 그들을 대신하는 사람들에게 하나님께서 은혜를 베풀지 않을 것을 암시한다. 왜냐하면 그들은 대개 하나님의 영광보다 자신의 사역을 확대하려는 열망에 의해 동기가 부여되기 때문이다.

10:15a. 바울은 반대자들이 "분수 이상"으로 자랑할 것이며 그리스도의 복음의 분수를 넘어가 버리기 때문에 "제한이 없을 것"이라고 암시한다. 바울에게 있어서 복음의 분수는 그의 권위와 충분함을 측정하는 것이다. 그는 오직 그리스도의 권능을 받고 하나님의 위임을 받아 일한 것 외에는 다른 사람의 수고를 자랑하지 아니하며 자기 수고를 자랑하지 않기 때문에 분수 이상을 자랑하지 않는다.[149] 경쟁자들에 대한 그의 불만은 단순히 그들이 자신에게 정해주신 영역을 부당하게 침범했다는 것이 아니다. 그들은 그가 영향력을 미쳐야 할 곳에서 그의 영향력을 훼손하고 하나님께서 그를 통해 행하신 일에 대해 과도한 공로를 취한다. 바울은 자신이 "남의 영역에 끼어들어서 우리가 행한 일을 그들과 비교"하지 않는다고 말함으로써 그에 대한 그들의 비판에 반박한다.[150] 바울은 다른 사람의 공로를 취하지 않고 오직 자기에게 맡겨진 사역을 통해 이루어진 하나님의 일을 자랑하며 하나님께 모든 공로를 돌린다.[151]

10:15b-16. 바울은 남이 이미 경작한 밭에서 일하지 않기 때문에 남의 수고를 자랑하지 않는다. 이미 다른 사람들이 교회를 세운 곳에서 일하는 것에 대한 자신의 생각을 로마서 15장 20절에서 표현한다. "이는 남의 터 위에 건축하지 아니하려 함이라." 그러나 그의 반대자들은 다른 사람의 기초 위에 세우거나 그들이 세우지 않은 교회에 대해 더 크거나 동등한 권위를 주장하는 것에 대해 거리낌이 없다.[152] 그들은 고린도 교인들에게 유익하지 않았고 하

149 "수고"(κόπος)는 그의 선교 사역이 고되고 힘든 일임을 암시한다(참조 고전 3:8; 고후 6:5; 11:23, 27; 살전 2:9; 3:5; 또한 다음을 참조하라. 고전 15:10).

150 Danker, *II Corinthians*, 158.

151 Lambrecht, "Dangerous Boasting: Paul's Self-Commendation in 2 Corinthians 10–13," 332–33.

152 아리스토텔레스는 자랑의 표시가 자신에 대해 길게 말하고 다른 사람이 한 일에 대해 공로를 취하는 것이라고 주장한다(Aristotle, *Rhet*. 1348a).

나님의 일하심의 장을 넓히는 데 아무 일도 하지 아니하였다. 이단자들은 믿지 않는 사람들이 아니라 믿는 사람들 사이에 침투한다.

지금도 바울은 새로운 선교 분야에 관심을 갖고 있다. 10장 15절의 본문은 어렵다. 문자적으로 읽으면 "그러나 너희 믿음이 자랄수록 우리 *κανών*(카논, 개역개정, "규범")에 따라 너희 가운데(또는 너희로 인하여) 더 풍성해지기를 바란다"이다. 그는 그들 사이에서 활동 영역을 확장하고 싶어하지 않는다. 그 대신에 고린도 너머로 복음을 전파하는 것을 목표로 한다.[153] 로마서 15장 24절에서 우리는 바울이 로마에 갔다가 스페인으로 갈 계획임을 알게 된다. 그러나 그렇게 하기 전에 이방인과 유대인 그리스도인 사이의 영적 친족 관계의 표시로 연보를 가지고 예루살렘으로 돌아가야 한다(롬 15:25). 그전에 그는 고린도 교인들과의 문제를 해결해야 한다. 바울이 계속해서 불을 꺼야 한다면 새로운 밭으로 나아갈 수 없다. 그러나 그는 고린도 교회의 믿음이 참으로 성장할 것이라는 확신을 나타낸다. 그들의 영적 성장은 미전도 지역에서 복음을 증거하려는 노력에 집중할 수 있게 해 줄 것이다. 그의 활동 영역은 고린도가 아니라 그 너머의 영역으로 확장될 것이다.

10:17-18. 바울은 고린도 교인들과의 서신에서 두 번째로 예레미야 9장 23-24절을 바꾸어서 암시한다. "자랑하는 자는 주 안에서 자랑할지니라"(70인역 렘 9:22-23; 참조. 고전 1:31).[154] 예레미야는 "주"(*κύριος*, 퀴리오스)가 하나님이심을 이해했다. 바울은 이 칭호를 예수님께 적용하고 그분이 주님이심을 이해한다.[155] 피(Fee)는 이렇게 바꾸는 것이 얼마나 충격적인지를 강조한다. "예레미야의 문맥은 다른 모든 신들에 대한 충성에 대한 여호와의 절대적인 주장과 관련이 있기 때문이다."[156] 허타도Hurtado는 다음과 같이 주장한다. "예수에 대한 구약의 *κύριος* 구절의 이러한 적용은 어떤 심오한 면에서 그가 하나님과 직접적이고 유일하게 연관되어 있다는 확신을 함축하고 전제한

153 바울은 지도 이전의 문화에서 살았기 때문에 바울이 말하는 "너희 지역을 넘어"가 어디인지 알아내려고 할 필요가 없다.

154 고전 1:31에서 그는 그 권위를 강조하기 위해 "기록된 바"으로 인용한다. J. Schreiner, "Jeremia 9, 22.23 als Hintergrund des paulinischen 'Sich-Rühmens," in *Neues Testament und Kirche*, ed. J. Gnilka (Freiburg/Basel/Vienna: Herder, 1974), 530-42. 바울은 또한 삼상 2:10을 암시할 수도 있다.

155 또한 롬 10:13(욜 2:32); 롬 14:11(사 45:23); 고전 10:22(신 32:21); 고전 10:26(시 24:1); 빌 2:10-11(사 23-25); 살전 3:13(슥 14:5); 살전 4:6(시 94:1).

156 G. D. Fee, *Pauline Christology: An Exegetical-Theological Study* (Peabody: Hendrickson, 2007), 130.

다."[157] 바울이 예레미야의 구절을 사용하여 자랑과 자기 칭찬에 대한 그의 주장을 뒷받침하고 기독론적인 논점은 제시하지 않았기 때문에 초기 기독교 그룹은 그러한 고기독론에 익숙했다는 증거를 제공한다.[158]

바울은 그 안에서 역사하시는 분이 그리스도이기 때문에 주 안에서 자랑한다(빌 3:3 참조). 그러므로 그는 자신이 한 일을 자랑할 수 없다. 주님 안에서의 이 자랑은 혈통이나 타고난 재능이나 힘 있는 웅변과는 아무 상관이 없는 주님께서 그를 통해 이루신 일과 관련이 있다. 그의 자랑은 그리스도께서 그의 삶과 사역에서 행하신 일에 근거한 것이기 때문에 부적절하지 않다. 그 결과는 너무나 자명해서 경쟁자들처럼 자신을 칭찬하고 자신이 주인공이라는 자랑을 할 필요가 없다. 따라서 고린도 교인들이 그를 칭찬해야 한다고 말한다(12:11). 이것은 모든 사람이 알고 읽을 수 있는 그의 추천 편지이다(3:2).

인간의 모든 자랑은 사실이 아니라 외모에 근거하기 때문에 근거가 없다. 또한 변덕스럽다. 인간이 죽을 때 축적되어 있는 찬사는 대개 그들과 함께 죽는다. 그에 반해 주님의 영광은 영원하다. 이것이 바로 그리스도의 칭찬만이 중요한 이유이다.[159] 주님의 검토가 훨씬 더 엄격한 궁극적인 최후의 심판을 기다리고 있다. 그렇다면 자신에 대해 어떻게 생각하거나 다른 사람들이 이 생에서 어떻게 생각할지는 중요하지 않다. 바울은 자신이 다른 사람들에게 전파하다가 하나님의 인정을 받지 못할 수도 있음을 알고 있다(고전 9:27). 그는 끊임없이 자신을 점검하고 고린도 교인들에게도 그렇게 하라고 촉구한다(13:5). 스스로 자만하는 만성적인 자만심에 빠지면 하나님의 징계를 무시하고 자격을 상실하게 되기 쉽다.[160]

---

157 L. W. Hurtado, *Lord Jesus Christ: Devotion to Jesus in Earliest Christianity* (Grand Rapids: Eerdmans, 2003), 112.

158 "고기독론"과 "저기독론" 논쟁은 바울 연구에서 오래 되었다. 요약은 다음을 참조하라. B. D. Smith, "What Christ Does, God Does: Surveying Recent Scholarship on Christological Monotheism," *CBR* 17/2 (2019): 184-208; A. Chester, "High Christology-Whence, When and Why?," *EC* 2 (2011): 22–50.

159 그룬드만(W. Grundmann)은 바울은 "증명에 관한 모든 문제를 사람들의 손에서 들어 하나님의 손에 맡긴다. 하나님만이 문제를 결정하며 인간의 판단 범주에 속하지 않는다. 그러나 이것은 진정한 증명을 구성하는 것이 무엇인지에 대한 질문이 더 긴급하게 제기된다는 것을 의미한다"("δόκιμος...," *TDNT* 2:258).

160 간음한 여자는 "나는 부정하다"고 고백해야 한다(m. Soṭah 3:3; 참조 민 5:28).

4.3. 바울의 변호(11:1-21a)

11:1 원하건대 너희는 나의 좀 어리석은 것을 용납하라 청하건대 나를 용
납하라 2 내가 하나님의 열심으로 너희를 위하여 열심을 내노니 내가 너희를
정결한 처녀로 한 남편인 그리스도께 드리려고 중매함이로다 그러나 나는 3
뱀이 그 간계로 하와를 미혹한 것 같이 너희 마음이 그리스도를 향하는 진실
함과 깨끗함에서 떠나 부패할까 두려워하노라 4 만일 누가 가서 우리가 전파
하지 아니한 다른 예수를 전파하거나 혹은 너희가 받지 아니한 다른 영을 받
게 하거나 혹은 너희가 받지 아니한 다른 복음을 받게 할 때에는 너희가 잘
용납하는구나 5 나는 지극히 크다는 사도들보다 부족한 것이 조금도 없는 줄
로 생각하노라 6 내가 비록 말에는 부족하나 지식에는 그렇지 아니하니 이것
을 우리가 모든 사람 가운데서 모든 일로 너희에게 나타내었노라 7 내가 너
희를 높이려고 나를 낮추어 하나님의 복음을 값없이 너희에게 전함으로 죄
를 지었느냐 8 내가 너희를 섬기기 위하여 다른 여러 교회에서 비용을 받은
것은 탈취한 것이라 9 또 내가 너희와 함께 있을 때 비용이 부족하였으되 아
무에게도 누를 끼치지 아니하였음은 마게도냐에서 온 형제들이 나의 부족한
것을 보충하였음이라 내가 모든 일에 너희에게 폐를 끼치지 않기 위하여 스
스로 조심하였고 또 조심하리라 10 그리스도의 진리가 내 속에 있으니 아가
야 지방에서 나의 이 자랑이 막히지 아니하리라 11 어떠한 까닭이냐 내가 너
희를 사랑하지 아니함이냐 하나님이 아시느니라 12 나는 내가 해 온 그대로
앞으로도 하리니 기회를 찾는 자들이 그 자랑하는 일로 우리와 같이 인정 받
으려는 그 기회를 끊으려 함이라 13 그런 사람들은 거짓 사도요 속이는 일꾼
이니 자기를 그리스도의 사도로 가장하는 자들이니라 14 이것은 이상한 일
이 아니니라 사탄도 자기를 광명의 천사로 가장하나니 15 그러므로 사탄의
일꾼들도 자기를 의의 일꾼으로 가장하는 것이 또한 대단한 일이 아니니라
그들의 마지막은 그 행위대로 되리라 16 내가 다시 말하노니 누구든지 나를
어리석은 자로 여기지 말라 만일 그러하더라도 내가 조금 자랑할 수 있도록
어리석은 자로 받으라 17 내가 말하는 것은 주를 따라 하는 말이 아니요 오직
어리석은 자와 같이 기탄 없이 자랑하노라 18 여러 사람이 육신을 따라 자랑
하니 나도 자랑하겠노라 19 너희는 지혜로운 자로서 어리석은 자들을 기쁘
게 용납하는구나 20 누가 너희를 종으로 삼거나 잡아먹거나 빼앗거나 스스
로 높이거나 뺨을 칠지라도 너희가 용납하는도다 21a 나는 우리가 약한 것
같이 욕되게 말하노라

바울은 자랑과 남과 비교하는 것(우월의식)을 무가치한 것으로 거부했다. 존경받을 만한 유일한 칭찬은 하나님께로부터 온다. 그러나 그는 자랑할 것인가, 자랑하지 않을 것인가라는 딜레마에 빠진다. 그는 자신을 찬양하는 것이 어리석은 일이라는 것을 알고 있지만, 자신을 비방하는 경쟁자들의 비방을 무시하게 된다면 교회는 표적이 되었다고 설득될 수 있다. 그가 자랑하여 그들의 수준에 이르면 그는 어리석은 자이다. 그러나 만일 그가 자신을 변호하지 않는다면 더 어리석은 사람들에게 회중을 빼앗길 수 있다.[161] 잠언 26장 4-5절은 바울의 곤경을 요약한다. "미련한 자의 어리석은 것을 따라 대답하지 말라 두렵건대 너도 그와 같을까 하노라 미련한 자에게는 그의 어리석음을 따라 대답하라 두렵건대 그가 스스로 지혜롭게 여길까 하노라." 궁지에 몰린 바울은 어리석음을 택하고(12:11) 자신의 자랑거리를 말해야 한다고 생각한다. 그는 고린도 교인들에게 자신의 약간의 어리석음을 참으라고 요청한다. 그것은 불로 불과 싸우는 경우 이상이다. 바울의 자랑은 반대자들의 자랑과 다르다. 그들의 자랑과 같이 어리석은 자랑으로 하지 않고 자기에 관하여 말하는 어리석음을 나타내는 말로 한다. 반대자들과 같은 방식으로 자랑하는 것은 어리석은 일이라고 거듭 주장함으로써, 그의 영리한 자랑은 그들의 자랑을 어리석은 것으로 조롱한다. 그는 잃어버린 명분으로 보이는 이 어리석은 반대자들을 직접적으로 언급하지 않고 고린도 교인들에게만 이 자만하는 척하는 자들의 어리석음을 깨닫고 그들의 손아귀에서 벗어나도록 도운다. 고린도 교인들은 경쟁자들의 세상적인 자기 선전에 휩쓸린 것에 대해 죄책감을 덜 가지고 있다. 바울은 어리석은 자로 자랑하면서 그들이 속이는 사기꾼들에게 매혹되어 얼마나 어리석었는지 깨닫게 되기를 희망한다.

약하지만 하나님께 권한을 받은 참 사도인 바울과 사탄 아래에서 일하는 슈퍼-사도이지만 거짓인 사도들 사이에 전쟁의 선이 그어진다.[162] 바울과 경쟁자들의 차이점은 바울은 자신이 하는 일이 어리석은 일임을 인정한다는 것이다. 그들은 그렇지 않기 때문에 반어법을 통해 그들의 자랑스러운 목표를 제거하기가 더 쉽다. 그는 자신의 영광스러운 유산과 성취에 대해 자랑할 뿐만 아니라 일련의 낮아진 경험을 이야기하고 그로 인해 자신이 그리스도의 더 나은 종이라고 담대하게 주장한다(11:23). 그는 그리스도의 "더 나은" 종

161 크리소스토무스(John Chrysostom, *Hom. 2 Cor.* 24.3)은 헬레니즘 수사법에 대한 호소가 아니라 구약의 예(사무엘, 아모스, 다윗)로부터 바울의 자랑을 정당화한다. 바울의 자랑은 다른 사람의 유익과 진리를 위해서 하는 것이기 때문에 유효하다.

162 Neyrey, "Witchcraft," 165–66.

이다. "그의 고통과 연약함은 복음의 중재와 구현을 위한 수단이며, 부정적인 의미가 있음에도 불구하고 십자가에 못 박히신 예수님의 성품"이기 때문이다. 그는 "예수님의 이야기에 근거한 가치로 지배 당하고 고린도의 지위와 권력과 동일시되는 가치를 포기한다."[163]

4.3.1. 약간의 어리석음을 참아 달라는 호소 (11:1)

11:1. 바울은 먼저 청중들에게 자신의 약간의 어리석음을 참아달라고 요청함으로써 자신이 하려는 일에 대해 경고한다.[164] 그는 이 어리석음이 무엇인지 즉시 말하지 않는다. 그것은 십자가의 미련한 것과는 다른 미련함이다(고전 1:25). 하나님 대신 스스로에게 영광을 돌리는 것은 어리석은 인간의 허영심이다.[165] "어리석음", "어리석은"은 이 부분 전체에서 반복되는 핵심 단어이다(11:1, 16, 17, 19, 21, 12:6, 11). 냉철하게 자신을 평가할 수 없는 사람은 어리석은 사람이다.[166] 니체는 "이기주의는 고귀한 영혼의 본질에 속한다"고 말했다.[167] 그러나 하나님의 분리시키는 이기주의는 항상 과도해지거나 어리석은 방향으로 나아간다. 금이 가듯이 스스로를 우주의 중심이라고 자부하는 허영심은 "잘못된 아무것도 아닌 존재"로 시달린다. 바울은 자신과 그의 자아를 전적으로 그리스도의 관점에서 이해한다. "내가 그리스도와 함

163 Lim, *Sufferings*, 180-81.

164 ὄφελον은 일반적으로 실현할 수 없다고 가정되는 소원을 표현한다("오 그렇게 되었으면…"). 여기서 바울은 그것을 사용함으로써 그가 하는 일의 일반적이지 않은 성격을 강조한다 (Héring, *Second Epistle*, 77-78).

165 어리석음을 구성하는 것에 대한 바울의 견해는 주변 문화와 상당히 다르다. 예를 들어 일리아드(The Iliad)에서 네스토르Nestor의 자랑에 대한 크리소스토무스Dio Chrysostom의 변호를 비교할 수 있다. 네스토르는 아가멤논과 아킬레우스 사이의 싸움을 해소하는 그의 기량과 기술을 자랑한다. 그것은 디온Dio의 다음과 같은 언급에 나타난다. "미련한 사람은 칭찬으로 가장 큰 유익을 얻을 수 있는데도 자기를 칭찬하는 것을 부끄러워하지 않는가? 어떤 위험이나 손실이 수반되어야 하는 경우를 대비하여 반대로 널리 알리고 자신에 대해 많은 이야기를 하는 것도 마찬가지이다. 그러므로 네스토르도 자랑한다고 비난받을 수 없을 것 같다. 의사가 환자를 비겁하고 어리석을 줄 알면서 수술이나 뜸을 뜨거나 즐거워하지 않는 약을 먹게 하려고 할 때 기꺼이 복종하여 구원받은 사람들을 언급하는 것과 같다. 이러한 말을 하는 사람이 자랑스럽다고 말하는 사람은 아무도 없다"(*Nest*. 57.5). 대조적으로, 바울은 그의 자랑이 고린도 교인들에게 유익을 주고 영적 재앙에서 구원한다고 해도 여전히 그것을 어리석은 것으로 여긴다.

166 Furnish, *II Corinthians*, 485.

167 F. W. Nietzsche, *Beyond Good and Evil: Prelude to a Philosophy of the Future*, trans. H. Zimmern (New York: MacMillan, 1907), 240.

께 십자가에 못 박혔나니 그런즉 이제는 내가 사는 것이 아니요 오직 내 안에 그리스도께서 사시는 것이라 이제 내가 육체 가운데 사는 것은 나를 사랑하사 나를 위하여 자기 자신을 버리신 하나님의 아들을 믿는 믿음 안에서 사는 것이라"(갈 2:20).

바울이 그를 참아달라는 서두의 말을 고린도 교인들이 바울의 관점에 동정적이라는 의미로 받아들일 수 있다. 그는 이렇게 말할 수 있다."'글쎄, 나는 당신은 나를 참고 있다라고 말하면 안 된다.' 또는 '그러나, 물론 당신이 나를 참는 것을 바랄 필요가 없다.'"[168] 그러나 이 시작 구절은 "너희는 나의 좀 어리석은 것을 용납하라[*ἀνείχεσθέ*, 아네이케스데]"라는 희망적인 명령으로 가장 잘 번역된다. 아무도 자신에 대해 다른 사람의 이야기를 듣고 싶어 하지 않는다. 바울은 자랑을 말하기 위해서 청중을 준비시키려고 애쓴다. 그가 경쟁자들의 부조리한 자랑을 교묘하게 비웃는다는 사실은 이 설명을 재미있게 하는 동시에 바울의 삶에 대해 알려지지 않은 세부 사항을 우리에게 드러낸다. 고린도 교인들이 십자가의 지혜를 더 굳게 잡을 수 있도록 어리석은 말을 한다.

11장 2-6절에서 그는 어리석음에 대한 세 가지 이유와 그들이 적어도 그를 받아 들여야 이유를 설명한다. (1) 그리스도와 약혼한 교회에 대한 그의 열심은 교회를 유혹하여 사탄의 이중 스파이들에게 유혹당하고 더럽혀지지 않도록 보호하려는 노력을 하게 만든다(11:2-3). (2) 공동체에 등장하는 거의 모든 사람의 거짓 복음을 용납하는 공동체는 어리석다는 그의 말을 다시 듣도록 해야 한다(11:4; 참조. 11:19. "어리석은 자들을 기쁘게 용납하는구나"). (3) 그는 화려한 말으로 그들을 매혹시키는 적들보다 조금도 부족하지 않다고 확신한다(11:5-6).

4.3.2. 어리석음에 대한 정당화: 교회에 대한 그의 열심(11:2-3)

11:2. 바울은 이 문제를 약혼과 결혼의 틀에 둔다. 그는 자신을 회중의 아버지로 여긴다(고전 4:15). 오네시모를 그가 낳은 그의 "아들", 즉 사슬에 묶였을 때 믿음을 갖게 된 "아들"이라고 말하면서(10절), 그는 고린도 회중을 "주 안에" 딸로 이해한다. 그들의 아버지로서 그는 많은 남편이 아니라 한 남자, 그리스도에게 약혼시켰다.[169] 유대인들 사이에서 약혼은 결혼의 첫 단

168 Plummer, *Second Epistle*, 293.

169 동사 *ἡρμοσάμην*("나는 약혼했다")는 적극적인 의미를 지닌 중간태이며 바울의 개인적인 참여와 관심 때문에 사용되었다. 이스라엘은 사 54:4-8; 62:4-5; 렘 2:2; 겔 16:1-63; 호

계였으며, 이른 나이에 이루어졌다.[170] 현재 약혼과는 달리, 1세기에 유대인의 약혼은 쉽게 깨지지 않았다. 약혼은 공식 이혼 증서에 의해서만 취소될 수 있었다.[171] 약혼한 여자가 다른 남자와 성관계를 가졌다면 그것은 간음으로 취급된다. 약혼한 부부는 결혼식이 있을 때까지 동거하지 않고 차양 밑에 들어가 혼인 축복문을 낭독했다. 따라서 일반적으로 1년이 지나야 그 여자가 남편의 집으로 이사하여 공동 거주를 할 수 있었다.[172] 이 일이 있기 전까지 아버지는 딸의 처녀성을 보호할 책임이 있었다(신 22:13-21; 참조. Sir 7:24). 이 약혼의 이미지는 바울이 파루시아에서 그리스도 앞에 세울 때 고린도 교인들의 그리스도와의 결혼이 완성되기를 기다리고 있음을 제시한다.[173] 그동안 그녀가 더러워지고 결혼할 자격을 상실하지 않도록 신부의 영적 아버지인 바울을 애태우고 있다.[174] 그는 모든 아버지가 그렇듯이 남편을 위해 신부의 순결함을 보존하기 위해 열심이다.[175] 그러나 바울은 그것을 "경건한 열심", 즉 하나님께서 당신의 백성을 향한 열심으로 규정한다.[176] 바

2:19-20에서 하나님의 신부에 비유된다. 막 2:19; 마 9:15; 눅 5:34-35; 요 3:29; 계 19:7; 21:2, 9; 22:17에서 그리스도는 신랑으로 묘사된다. 엡 5:21-32에서 결혼의 비유를 사용하여 그리스도와 교회의 신비한 연합의 이미지는 발전된다.

170 참조. b. Yebam. 62b.

171 참조. t. Ketub. 8:1; 마 1:18-19.

172 참조. m. Ketub.; m. Ned. 10:5; b. Ketub. 57b.

173 신랑을 기다리는 이미지는 어리석고 슬기로운 처녀의 비유에서 찾아볼 수 있다(마 25:1-13).

174 집회서는 이 문화에서 전형적인 아버지의 걱정을 포착한다.

> 딸은 아버지에게 은밀한 불안이다
> 그녀에 대한 걱정은 그에게서 잠을 앗아간다.
> 그녀가 젊었을 때, 그녀가 결혼하지 못할까봐,
> 또는 결혼한 경우, 그녀가 미움을 받을 수 있다는 두려움 때문에
> 처녀일지라도 유혹을 받을까 두려워하여
> 그리고 그녀의 아버지의 집에서 임신할까
> 또는 남편을 두어 길을 잃을까 두려워하여
> 또는 결혼했지만 임신하지 못할 수 있다는 두려움 때문에
> 완고한 딸을 엄중히 지켜라.
> 그렇지 않으면 그녀가 너를 원수들에게 조롱거리가 되게 하고
> 성읍과 백성의 회중에서 조롱거리가 되게 할 것이며
> 공개적인 모임에서 수치를 당할 것이다.
> 그녀의 방에 집으로 접근하는 것을 볼 수 없는
> 격자창이 없는지 확인하라 (42:9-11)

175 R. Batey, "Paul's Bride Image: A Symbol of Realistic Eschatology," *Int* 17 (1963): 176–82.

176 Harris, *2 Corinthians*, 734.

울이 자신의 갈라디아 회심자들 대한 불명예스러운 열심을 가지고 있다고 비난한 유대주의자들과 달리(갈 4:17), 고린도 교인들에 대한 하나님의 열심은 바울에게 동기를 부여한다.[177] 또 사람들에게 복음을 전도하고 믿음으로 복음에 반응하게 하는 것이 일이 끝났다는 의미가 아님을 보여 준다. 그들이 계속해서 신실하도록 할 목회적 책임이 남아 있다.

바넷은 고린도 교인들에 대한 바울의 열심을 "인간 관계를 손상시키는 사소한 소유욕"과 혼동하는 것을 "하나님의 그의 백성에 대한 언약적 돌보심"(LXX 사 9:6; 37:32; 63:15-16)이라는 주제와 연결함으로 바르게 확인하려고 시도한다.[178] 바울은 회심하기 전에 그리스도인들을 폭력적으로 핍박함으로써 이스라엘의 순결을 지키기 위해 열심히 노력했다(갈 1:16-17). 그의 이전 열심은 이제 그를 향한 그리스도의 사랑으로 바뀌었다. 그는 더 이상 폭력에 의지하지 않는다. 그리고 유대 민족의 전통에 대한 열심보다는 순결과 그리스도에 대한 헌신을 보존하기 위해 열심히 노력한다.

11:3. 진실한("전적인") 헌신과 깨끗함은 그리스도와의 지속적인 관계를 위한 전제 조건이며, 바울은 고린도 교인들이 이미 신실하지 않고 신학적 자유주의자들에 의해 매혹되었을 수 있다는 두려움을 표현한다.[179] 그는 교활한 뱀의 설명을 인용한다. 하와의 속임수(창 3:13; 딤전 2:14)는 유대 전통의 일부에서 성적 유혹으로 발전했다.[180] "미혹되다"라는 동사는 도덕적 파멸이나

---

177 하나님의 열심(θεοῦ ζῆλος)은 질적 속격, "하나님의 질투" 또는 근원의 속격, "하나님으로부터 나오는 질투"일 수 있다. 하나님의 질투에 관해서는 출 20:5, 34:14, 신 4:24, 5:9, 6:15, 수 24:19, 나 1:2을 참조하라. 하나님은 경쟁자를 용납하지 않으시기 때문에 바울은 자신도 그들의 믿음을 부패시키는 경쟁자를 용납하지 않는다는 의미를 내포하고 있는 것 같다. 비어링거R. Bieringer는 하나님의 질투의 이미지로 표현된 고린도 교인들과의 관계에 대한 바울의 관심이 이 편지에서 특히 얼마나 중요했는지 보여 준다("Paul's Divine Jealousy: The Apostle and His Communities in Relationship," *LouvSt* 17 [1992]: 197–231, 다음에 재인쇄. Bieringer and Lambrecht, *Studies on 2 Corinthians*, 223-53).

178 Barnett, *Second Epistle*, 499–500.

179 일부 사본은 ἀπὸ τῆς ἁπλότητος("신실한") 또는 καὶ τῆς ἁγνότητος("그리고 순수한")와 같이 더 짧게 읽는다. 짧은 읽기가 일반적으로 선호되고 11:2의 순결한 신부의 상징과 일치하도록 "순수함"이 추가될 수 있지만 긴 읽기가 최고의 외적 증거를 제공한다(𝔓[46], 124 ℵ* B 33). 같은 어미 -οτητος는 필사자의 눈을 속일 수 있다(homoeoteleuton). ἁπλότης는 8:2, 9:11, 13에서 "넉넉함"을 의미한다. 여기서 그것은 "순전한", "책망할 것이 없는"을 의미한다. 그 근본 의미는 "단순함" 또는 "순전함"이며, 한 마음의 사람은 마음이 나누어진 사람의 반대이다. 그리스도는 그를 따르는 자들에게 전적인 헌신을 요구한다.

180 참조. b. ʿAbod. Zar. 22b; b. Šabb. 145b–146a; b. Yebam. 103b; b. Sota 9b; 1 En. 69:5–6; 2 En. 31:6; Apoc. Abr. 23:5; 4 Macc 18:7–8.

부패에 자주 적용된다(고전 15 :33; 또한 창 6:11; 호 9:9 참조).[181] 바울은 이것을 영적 방탕에 적용한다. 뱀이 교활한 논쟁으로 하와를 사로 잡았듯이(참조. 4:2), 말을 부드럽게 하는 경쟁자들은 바울에 대한 고린도 교인들의 애정 속으로 파고들었고, 복음이 아니기 때문에 치명적인, 겉보기에 더 매혹적인 복음으로 그들의 마음을 사로잡았다.

> 아담과 하와의 최초의 약혼은 뱀의 유혹에 취약하고 생각과 의도가 신실하지 않은 결과를 낳았다. 바울은 이와 유사한 마음의 부패가 교회에 있어 그리스도를 배반하는 것을 두려워한다. 그 표시는 분명히 회중들에게 유입되어 교회에 의해 용인된 "예수", "성령", "복음"의 다른 형태들이다.[182]

바울은 창세기 3장에서 뱀과 사탄을 구체적으로 동일시하지 않았지만, 두 가지는 제 2성전기 유대 문헌과 요한계시록 12장 9절, 20장 2절에서 밀접하게 연관되어 있다. 만일 바울이 창세기 3장의 이야기를 언급한다면, 그는 성경에 정통한 청중들에게 사탄이 속임수의 주인임을 상기시키고 싶을 것이다. 그토록 인상적이고 훌륭해 보이는 대적들을 의의 일꾼으로 가장한 사탄의 일꾼으로 식별하는 발판을 마련한다(11:15). 바울은 하와를 아첨하고 매혹시킨 유혹자가 그들을 속이고, 근거 없는 진리를 설탕이 발린 거짓말로 바꾸도록 속였다고 경고한다.

하와는 최고의 사기꾼에게 속았기 때문에 그녀의 죄에서 면제되지 않았으며 고린도 교인들도 면제되지 않을 것이다. 이미 마음이 속박되어 있는 욕망을 가진 사람들을 속이는 것은 어렵지 않다. "하와가 마음속의 거룩하지 않은 감정을 자극하여 속아 넘어간 것과 같이"[183] 스스로를 이미 통치한 왕이라고 생각하는 고린도 교인들의 과대망상(고전 4:8)은 송곳니가 있는 거만한 적들에게 쉬운 표적이 되었다. 그 송곳니로 그들에게 독을 주입하고 바울과의 관계를 독살시켰다.

4.3.3. 어리석음에 대한 정당화: 다른 복음을 용납하는 교회의 자세(11:4)

11:4. 바울은 반대자들의 이름을 한 번도 언급하지 않고 계속해서 "누

181 Furnish, *II Corinthians*, 487.

182 Harvey, *Renewal through Suffering*, 97-98.

183 Hodge, *Second Epistle*, 253.

가 가서"라고 간접적으로만 언급한다.[184] 바렛Barrett은 이러한 경쟁자들은 단지 그들이 오는 반면에 바울은 사도로서 보냄을 받았다고 말한다(참조 고전 1:17).[185] 바울은 그의 첫 방문을 "나아가"라고 설명하지만 분명한 차이점이 있다.

> 형제들아 내가 너희에게 나아가 하나님의 증거를 전할 때에 말과 지혜의 아름다운 것으로 아니하였나니 내가 너희 중에서 예수 그리스도와 그가 십자가에 못 박히신 것 외에는 아무것도 알지 아니하기로 작정하였음이라 내가 너희 가운데 거할 때에 약하고 두려워하고 심히 떨었노라 내 말과 내 전도함이 설득력 있는 지혜의 말로 하지 아니하고 다만 성령의 나타나심과 능력으로 하여 너희 믿음이 사람의 지혜에 있지 아니하고 다만 하나님의 능력에 있게 하려 하였노라 (고전 2:1-5)

대적자들은 웅변과 과장된 담대함과 설득력 있는 말로 그리스도보다 자기 자신을 증거하는 말로 나아왔다. 그들은 바울에게 정해진 밭을 침범했을 뿐만 아니라 거짓 복음의 가라지를 그 밭에 뿌렸다. 그들의 설교는 거짓이다. 다른 예수, 성령, 복음은 그리스도인들을 그리스도에게서 멀어지게 할 뿐이다. 그러므로 바울은 "오류를 가르치는 교사에게 받은 것과 같은 너그러운 관용이 그에게 주어져야" 한다고 요청한다.[186]

그들이 "다른 예수", "다른 복음", "다른 성령"을 전파한다는 바울의 주장은 비록 해석자들이 시도하는 것을 막지는 못했지만 반대자들을 식별할 수 있는 구체적인 정보를 제공하지 못한다.[187] 해석가들이 자신들의 견해를 서로

---

184 마샬Marshall은 적의 이름을 밝히지 않는 것은 적들이 독자들에게 잘 알려져 있을 뿐만 아니라 이름이 없는 "누가"가 풍자의 더 쉬운 표적이 되기 때문에 좋은 이점을 얻을 수 있는 수사적 장치라고 주장한다. 적대자들의 행동과 관련된 비난할 만한 행동은 바울의 칭찬할 만한 행동과 대조될 수 있으며 직접적인 공격보다 더 효과적으로 그들에게 수치를 가져올 수 있다. 그에 더해, 마샬은 바울과 같이 대중의 공격을 받은 사람이 있을 때 "그는 보복을 하지 않음으로써 자신을 품위 있고 절제된 사람이라고 추천할 수 있었다. 비방하는 사람의 이름을 말하지 않음으로써 그는 말하자면 같은 게임에 참여하지 않는다."(*Enmity in Corinth*, 344). 예를 들어 다음을 참조하라. Dio Chrysostom, *Cor*. 37.35–36. $\mathfrak{P}^{34}$ ℵ D^2 F G H와 비잔틴 사본의 미완료 ἀνείχεσθέ("너희가 용납하고 있었다") 대신 $\mathfrak{P}^{46}$ B D* 33의 현재 ἀνέχεσθε("너희가 용납한다")는 아마도 필사자가 이 상황을 더욱 가설로 만들고 교회가 그러한 사람들을 실제로 환영하는 것처럼 보이려고 하는 시도때문일 것이다.

185 Barrett, *Second Epistle*, 275.

186 Barrett, *Second Epistle*, 275. 퍼니시는 "고린도 교인들이 이미 바울의 경쟁자들의 거짓 가르침을 용납하였으니 저희도 자기 사도의 조금 미련한 것을 용납하는 것이 마땅하다"고 확언한다(*II Corinthians*, 488).

187 한슨은 "예수, 성령, 복음"이라는 삼위 일체가 기독교 신앙에 필수적인 것이 무엇인지를 드러낸다고 언급한다. 이것은 "사랑, 기쁨, 평화"나 "자유, 평등, 박애"와 같은 추상적인

다르게 재구성하는 것은 이러한 용어의 모호성을 확인시켜 줄 뿐이다. 확실한 것은 그들의 복음이 바울의 복음과 크게 달랐다는 것뿐이다. 우리는 그것이 바울이 이에 대해 강조한 것과 얼마나 다른지 추론할 수 있을 뿐이다.[188] 그들의 복음이 자기 자랑과 오만을 허용한다는 것은 그의 비판에서 분명하다. 그것은 또한 그들에게 다른 사람들 위에 군림하고 겸손한 종의 역할을 하는 사람들을 꾸짖는 영적 권위를 가질 수 있는 근거가 된다. 이 복음은 다른 사람을 평가하기 위한 유효한 기준으로서 인간의 기준, 수사학적 쇼맨십, 민족적 유산, 황홀한 환상에 더 큰 강조점을 두고 있는 것 같다.

"다른 예수"는 예수의 삶과 죽음의 사실과 일치하지 않는 예수에 대한 다른 해석을 말한다. 바울이 13장 4절에서 그리스도가 "약하심으로 십자가에 못 박히셨으나"라고 강조한 것은 경쟁자들이 "약하고 고난을 당하거나 부끄러움을 당하지 아니한" 예수를 제시했음을 보여 준다.[189] 그들은 그리스도에 대해 말할지 모르지만 십자가에 못 박히신 그리스도는 그들의 복음의 핵심이 아니며 그들이 사는 방식에도 영향을 미치지 않는다. 갈라디아 교인들에게 침투한 유대주의자들에 대한 공격과 대조적으로, 바울은 고린도의 경쟁자들을 정죄하는 데 있어 어떤 잘못된 교리적 주장도 지목하지 않는다. 우리는 이 사실로부터 그들의 잘못된 신학적 교리를 드러내는 거만한 태도와 행동이 주된 것임을 추론할 수 있다.[190] 그들은 자기를 부인하지 않고 자기를 추구한다. 새

미덕이 아니다(Hanson, *II Corinthians*, 81).

188 갈 1:6-9의 반대자들에 대한 언어의 유사성은 피상적일 뿐이고 반대자들이 유대주의자임을 의미하지는 않는다. 바울은 유대 율법이나 민족주의나 할례에 대해 언급하지 않는다. 이 두 반대자들 사이의 유일한 대응은 그들의 복음이 어떤 면에서 결함이 있다는 것이다.

189 J. Murphy-O'Connor, "Another Jesus (2 Cor 11:4)," *RB* 97 (1990): 248. 우리는 이 생각의 결과가 이후의 외경 복음서에서 발견되는 그리스도의 교리적 그림임을 알 수 있다. 그러나 피Fee는 거짓 기독론이 문제가 되지 않는다고 주장한다. 그는 목록의 핵심 항목이 세 번째인 "다른 영"이라고 생각하며 첫 번째와 두 번째 항목은 그것에 비추어 해석되어야 한다고 생각한다("'Another Gospel Which You Did Not Embrace': 2 Corinthians 11:4 and the Theology of 1 and 2 Corinthians," in *Gospel in Paul: Studies on Corinthians, Galatians and Romans for Richard N. Longenecker*, ed. L. A. Jervis and P. Richardson, JSNTSup 108 [Sheffield: Sheffield Academic Press, 1994], 119).

190 불트만은 반대자들의 오류가 구체적이고 독단적인 그리스도론적 교리를 요구하지 않는다고 주장한다. 비록 거짓 교리가 관련될 수 있지만 바울은 어떤 특정한 거짓 교리를 공격하지 않는다. "바울에게 그의 사도직을 부인하는 것과 거짓 사도직에 대한 오만함(13-15절)은 이미 복음을 거짓되게 하는 것이다"(*Second Letter*, 203; 다음도 참조하라. Furnish, *II Corinthians*, 502). 그러나 우리는 반대자들이 바울의 사도직을 부인하지 않았다고 주장한다. 핵심 쟁점은 그들의 교만과 거짓 자랑, 그리고 그들이 이 교회를 침범하고 바울을 모욕하는 죄악된 동기이다.

비지는 다음과 같이 결론을 내린다.

> "사역"에 대한 그들의 접근 방식은 그들의 "예수"에 대해 많은 것을 말해 준다. 그것은 바울에게 예수에 대한 그들의 이해가 심각하게 부적절할 뿐만 아니라 거의 없다는 것을 제시한다. 그들의 교리는 건전하지 않을 뿐만 아니라 공허하다. 그들은 "예수"라는 이름을 사용하고 그분의 사역자라고 주장하지만, 단지 그들의 이익을 증진시키기 위한 수단일 뿐이다.[191]

그들이 옹호하는 예수는 그들에게 "화려한 지위와 명예"를 준다.[192]

"다른 영"은 인간의 태도(참조. 12:18)나 성령에 대한 그릇된 표현을 가리킬 수 있다. "성령을 받다"는 신약의 성령을 가리키며 그리스도와 복음에 대한 언급에 더 적합할 것이다.[193] 그들이 성령으로 나타내는 이 "다른 영"은 무엇인가? 문맥은 바울이 율법주의의 정신을 생각한다는 의미를 던지지 않는다.[194] 문제는 경쟁자들이 성령을 잘못 해석한 것 같다. 그들은 "성령과 전혀 관계가 없는" 영을 전파한다.[195] 아마도 그들은 성령을 일차적으로 기적, 능력의 과시, 황홀경, 환상만을 낳는 하늘의 능력이 그들의 삶에 임하는 것으로 생각한다.[196] 이러한 경쟁자들로부터 받는 성령은 교회에서 다른 사람들보다 우월하다는 주장을 허용하고 분열을 낳는다. 그들은 하나님이 교회에 성령을 주신 것은 서로를 높이지 않고 조화로운 공동체를 세우도록 하신다는 사실을 깨닫지 못한다.

갈라디아서 1장 8절에서 바울은 누구든지 다른 복음을 전하는 자는 저주를 받을 것이라고 말한다. 바울은 여기에서 그렇게 멀리 가지 않았지만, 일

---

191 Savage, *Power through Weakness*, 158.

192 Savage, *Power through Weakness*, 162. 앤드류스S. B. Andrews는 "바울과 그의 반대자들 사이의 논쟁의 원동력은 누가 '더 나은 신학'을 가지고 있느냐가 아니라 누가 고린도 교회를 인도하기에 더 합당하고 덕이 있는가 하는 것"이라고 주장한다("Too Weak Not to Lead: The Form and Function of 2 Cor 11.23b-33," *NTS* 41 [1995]: 273.).

193 요 7:39; 14:17; 20:22; 행 2:38; 8:15-17; 10:47; 19:2; 롬 8:15; 고전 2:12; 갈 3:2. 피는 "기독교 생활 방식이나 태도의 측면을 어떻게 '받아들이는가?'"라고 묻는다("Another Gospel Which You Did Not Embrace," 121).

194 플러머는 바울이 자유의 정신(3:17)과 기쁨의 정신을 제시했으며 그가 유대교인라고 생각하는 반대자들은 속박과 두려움의 정신을 제시했다고 주장한다(*Second Epistle*, 297). 다음도 참조하라. Hughes, *Second Epistle*, 378; Martin, *2 Corinthians*, 336.

195 Fee, "Another Gospel Which You Did Not Embrace," 122–23.

196 벨레빌Belleville은 다음과 같이 설명한다. "성령의 역할 중 한 가지 측면은 표적, 기사, 기적을 행하는 것이지만 복음을 대체하는 것이 아니라 검증하는 역할이다. 바울에 따르면 복음의 핵심은 십자가에 못 박히신 그리스도이지 기적을 행하신 예수가 아니다. 이것은 *ἄλλον Ἰησοῦν*이 의미하는 것일 수 있다("Paul's Polemic," 296–97).

부 학자들은 그 유사점을 통해 바울이 유대주의 침입자들이라는 동일한 문제를 다루고 있다는 결론을 내린다. 복음이 왜곡될 수 있는 무한한 방법을 고려할 때 이 가정을 너무 빨리 받아들이지는 말아야 한다. 바울은 갈라디아서에서 유대주의자들을 대하는 것과 같은 방식으로 이러한 경쟁자들을 대적하지 않는다. "바울이 복음 전파를 통한 그리스도와 성령과의 첫 만남"과 모순되는 "이 반란자들이 가르치는 것에 대해 바울이 관심을 덜 가지고 이 가르침의 결과로 고린도 교인들에게 무슨 일이 일어나고 있는지에 더 관심을 두고 있다"라고 말하는 피Fee는 옳다.[197] 무슨 일이 그를 그렇게 걱정하게 만드는 걸까? 그가 구체적으로 말하는 유일한 것은 "다툼과 시기와 분냄과 당 짓는 것과 비방과 수군거림과 거만함과 혼란"와 "더러움과 음란함과 호색함"(12:20-21)이 나타났다는 것뿐이다. 이 "다른 예수"와 "다른 영"은 이러한 악을 조장하는 "다른 복음"에 더해진다. 바울을 비방하고, 지나칠 정도로 자랑하고, 다른 사람을 노예로 만들고, 뽐내고, 다른 사람을 착취하고, 뺨을 때리고, 그들의 민족 유산과 종교적 성취와 신비한 경험에 대해 자랑스럽게 확신하며 살 수 있는 권한을 분명히 주는 것이 바울의 경쟁자들의 복음이다. 그리고 회심자들에게 그리스도의 십자가로 살기 위해 요구하는 것은 복음이 아니다.

누가 참 예수와 성령과 복음이 아닌 거짓 예수와 성령과 복음을 전하고 있는지 구별하는 기준은 무엇인가? 고린도 교인들에게 "다른 예수"는 바울이 전파하지 않은 사람이다. 바울이 전파한 예수님은 십자가에 못 박히신 예수 그리스도(고전 1:23)와 주 예수 그리스도(4:5)이다. 주님이신 예수님은 우리 삶에 절대적인 도덕적 요구를 하시는 분에게 겸손한 복종을 요구하신다. 도덕적 핵심이 없고, 자랑을 일으키며, 자기 희생을 부드럽게 만드는 복음은 복음이 아니다. 그러나 문제는 거짓 설교자들에게만 있는 것이 아니다. 듣는 자들에게도 책임이 있으며, 그들은 "바른 교훈을 받지 아니하며 귀가 가려워서 자기의 사욕을 따를 스승을 많이 두고 또 그 귀를 진리에서 돌이켜 허탄한 이야기를" 따를 것이다(딤후 4:3).

4.3.4. 어리석음에 대한 정당화: 슈퍼-사도들보다 열등하지 않은 바울(11:5-6)

11:5. 바울은 10장 12절에서 거부했던 비교 개념을 다시 소개한다. 자신

197 Fee, "Another Gospel Which You Did Not Embrace," 119–20.

을 변호하기 위해 바보의 모습을 채택한 세 번째 이유를 제시하면서 자신이 "슈퍼-사도"보다 결코 열등하지 않다는 확신을 표현한다. 이 진술은 고린도의 일부 교인들이 그가 어떤 면에서 열등하다고 생각한다는 것을 의미하며, 바울은 아이러니, 패러디, 그리고 사실에 대한 명백한 진술을 사용하여 이 가정을 폭로할 것이다. 12장 11절에서 그는 "나는 나 자신을 그 '지극히 크다는 사도들'보다 결코 부족하다고 여기지 않는다"라는 문구를 반복함으로써 자신의 주장을 요약한다.

형용사 ὑπερλίαν(휘페르리안, "최상급의", "지극한")은 신약에서 여기에서만 사용되며 다른 문헌에서도 드물게 사용된다. 바울이 자기 자신으로 가득 찬 경쟁자들의 귀를 막으려고 용어를 만들었거나, 그들이 지나치게 지나치게 부풀어오른 자존심으로 스스로에게 적용했거나, 영웅을 숭배하는 고린도 교인들이 이 지나친 칭찬으로 그들을 높였을 것이다. 이 용어는 아이러니하거나 또는 직접적인가? 그것은 "슈퍼-사도들"을 의미하는가? 아니면 "모든 사도들 중 가장 높은 사도들"을 의미하는가? 이 최고의 사도들은 누구였는가?[198] 이것은 고린도에 있는 그의 경쟁자들을 가리키는 것인가, 아니면 예루살렘, 야고보, 게바[베드로], 요한에서 인정받은 지도자들인 "기둥 사도들"(갈 2:9)을 가리키는 것인가(갈 2:1-10)?

많은 사람들은 슈퍼-사도들이 고린도에 있는 바울의 경쟁자들과 다르다고 주장해 왔다.[199] 경쟁자들은 저명한 권위자들로부터 추천서를 받은 이 예루살렘 지도자들의 사절이라고 주장했을 것이다(3:1). 논쟁은 다음과 같이 진행된다.

198 반대자들은 다음과 같이 파악되어 왔다: (1) 갈라디아서에서 공격을 받은 유대주의자들(F. C. Baur, Paulus, *Der Apostel Jesu Christi* [1866, reprint, Osnabrueck: Zeller, 1968], 1:297, 309); (2) 영적 과시의 경향을 보이는 예루살렘 교회의 사절(Käsemann, "Die Legitimität des Apostels, 41–48); (3) 유대-기독교 영지주의(Schmithals, *Gnosticism in Corinth*); (4) 헬레니즘 유대교 그리스도인인 신적인 사람(Georgi, *Opponents of Paul*, 229–313); (5) 스데반의 그룹으로부터 온 헬레니즘 유대교 그리스도인(G. Friedrich, "Die Gegner des Paulus im II. Korintherbrief," in *Abraham unser Vater*, ed. by O. Betz, M. Hengel, and P. Schmidt, AGJU [Leiden: Brill, 1963], 179–208). 우리는 이 적들에 대해서 본문에서만 추론할 수 있다. 그들이 유대인의 유산을 자랑스럽게 여기고(11:22) 수사학에 능숙하며(11:6, 따라서 헬레니즘 환경의 영향을 많이 받음), 그들이 성취한 다양한 성취, 환상, 계시를 자랑하고 그리스도께서 그들을 통하여 말씀하셨다고 주장하였다고 말하는 것이 안전해 보인다(13:3).

199 Käsemann, "Die Legitimität des Apostels," 41-48; C. K. Barrett, "Paul's Opponents in 2 Corinthians," in *Essays on Paul* (Philadelphia: Westminster, 1982), 60–86; *The Second Epistle to the Corinthians*, 242–44, 249–53, 278; "Christianity at Corinth," 289–91; M. E. Thrall, "Super-Apostles, Servants of Christ, and Servants of Satan," *JSNT* 6 (1980): 42–57.

1. 바울은 반대자들을 거짓 사도(11:13)와 사탄의 일꾼(11:14-15)으로 꾸짖는다. 사기꾼들과 동등한 지위를 주장할 수 없었다. 갈라디아서 2장 1-21절의 기록은 그가 자신을 예루살렘의 유명한 지도자들과 동등한 지위에 있지만 다른 사명을 가지고 있음을 알려 준다. 그는 이방인에게로 가고(이는 그가 이방인 가운데서 일한다는 것을 의미할 수 있음) 그들은 할례자에게로 가야 한다(갈 2:9).

2. 자신이 그들과 같이 사도라 주장하면서 자기가 모든 사도 중에 가장 작은 자라고 시인한다. 그러나 그는 모든 사도보다 더 많이 수고했다(고전 15:9-10; 고후 11:23).[200]

3. 사도적 영역 침해에 대한 바울의 불평(10:14-16)은 "우리는 이방인에게로, 그들은 할례자에게로 가야 한다"는 야고보, 게바, 요한과의 합의하는 문맥과 어울린다(갈 2:9).

4. 바울은 슈퍼-사도들에 대한 언급에 이어서 사도들을 위한 재정적 지원을 언급한다(11:5, 7-12; 12:11, 13-15). 그는 값없이 하나님의 복음을 전한다. 그것은 아가야에서 그의 자랑이다(11:10; 참조. 고전 9:15). 대조적으로, 그들은 지원을 받을 권리를 행사하는데, 이는 바울이 아내를 동반하고 재정적 지원을 받는 "다른 사도들과 주의 형제들과 게바"와 비교하는 고린도전서 9장 3-5절과 유사하다. 그는 그들과 같은 지원을 받을 권리가 있지만 이 권리를 행사하지 않는다(고전 9:3-23).

5. 결론은 침입자들이 그들이 슈퍼-사도라고 규정하는 예루살렘에 있는 사도들에 의해 파견되었거나 지원을 받았다고 주장했다는 것이다.[201]

이 견해에는 큰 문제가 있다.

1. "슈퍼-사도들"이 처음 사도들을 가리킨다면, 바울은 11장 4절에서 그의 고린도의 경쟁자들에 대한 언급에서 11장 5절의 첫째 사도들의 갑작스러운 언급으로 놀라운 도약을 한다. 그가 두 구절에서 같은 그룹을 언급했다면

---

200 어떤 학자들은 바울이 거짓 사도라 부르는 자들과 동등하다고 주장하지 않았을 것이라고 주장하지만, 고린도 교인들은 그들을 그렇게 여기지 않고 바울을 그들과 부정적으로 비교했다. 바울은 사실 그들이 동등하지 않다는 것을 보여 준다. 그는 진정한 사도이며 그들은 비어 있는 허풍쟁이들이다.

201 브루스는 이 용어가 침입자에게 돌아갈 수 있다고 쓴다. 그들은 이 문구를 사용하여 그들이 받은 위임이 바울보다 훨씬 우월한 권위라고 주장하지만, 이 용어의 아이러니한 의미는 "예루살렘 지도자들에 대한 반대자들의 묘사를 요약하는 바울의 방식일 가능성이 더 크다"(*I & II Corinthians*, 237).

이 문제가 되는 전환은 없어질 것이다.

2. 11장 5절의 생각은 11장 6절에서 계속되는데, 여기서 바울은 아마도 슈퍼-사도들과 비교할 때 대중적인 연설에서 훈련이 부족함을 인정한다. 그러한 훈련은 바울보다 수사학에 능하지 못한 예루살렘 사도들에게는 거의 적용되지 않을 것이다. 베드로와 요한의 담대함은 산헤드린을 놀라게 했다. 왜냐하면 산헤드린은 그들을 정식 교육을 받지 않은 사람(ἀγράμματοί, 아그람마토이)과 보통 사람(ἰδιῶται, 이디오타이)으로 여겼기 때문이다(행 4:13). 이러한 구분은 이러한 경쟁자들이 팔레스타인에서 왔을 가능성을 배제하는 경향이 있다. 교육을 많이 받은 요세푸스는 로마에 있는 플라비우스 왕가의 피후견인으로 헬라어를 사용하는 세계에서 안락한 생활을 누렸다. 그는 유대전쟁사를 헬라어로 쓰기 위해 조수들의 도움이 여전히 필요했다.[202] 그는 "유대인은 많은 나라의 말을 통달한 사람이나 부드러운 어법으로 자기 스타일을 꾸미는 사람을 좋아하지 않는다"고 인정한다.[203] 경쟁자들이 팔레스타인에서 온 것이 아니고 본문에서 그들이 팔레스타인에서 왔다고 암시하지 않는다면 그들이 예루살렘 사도들의 지지를 요청했을 가능성은 거의 없다.

3. 침입자들이 열두 제자들의 권위에 호소했거나 그들에 대해 과장된 주장을 했다는 논증은 본문의 내용과 관련하여 읽어야 한다. 12장 11절에서 슈퍼-사도에 대한 언급은 11장 21절-12장 10절의 논증을 마무리 짓고 예루살렘 사도가 아닌 침입자와의 비교로 되돌아간다.[204]

4. 또한 바울이 처음 사도들을 거짓 사도, 속이는 일꾼, 사탄에 의해 그리스도의 사도로 가장한 자들이라고 부르거나(11:13-15), 자신이 그들보다 더 나은 그리스도의 종이라고 주장했을 것 같지 않다(11:23).[205] 그는 자신이 "어

202 Josephus, *Ag. Ap.* 1.9 §50.

203 Josephus, *Ant.* 20.12.1 §264 (Feldman, LCL). 바렛Barrett은 말과 지식이 "고린도 교인들이 사용한 기준"이었으며 경쟁자들의 주장이나 능력에 대한 언급이 아니라고 반박한다(*Second Epistle*, 278). 그러나 팔레스타인에서 온 순회 설교자들이 바울보다 수사학적으로 더 잘 훈련된 것으로 간주될 것이라고 생각하는 것은 놀라운 일이다.

204 불트만은 바울이 자신을 원래의 사도들과 비교한다면 "갈라디아서에서와 같이 그의 부르심에 호소함으로써 그의 권위를 분명히 나타내었어야" 할 것이라고 지적한다(*Second Letter*, 203).

205 바울이 반대자들이 정확히 누구인지 혼란스러워했기 때문에 그들을 비판하는 데 일관성이 없었다는 주장 또는 그가 나중에 복음서에서 발견한 전통을 기억한다는 스랄의 주장은 베드로의 모습이 그리스도의 종과 사탄의 종으로서 두 가지 역할로 나타날 수 있다는 것이다. 사탄의 종(마 16:16-23; 눅 22:31-34)은 설득력이 없다("Super-Apostles, Servants of Christ, and Servants of Satan," 52-54). 다음의 부정적인 반응을 참조하라. Scott E. McClelland, "Super-Apostles, Servants of Christ, Servants of Satan," *JSNT* 14 (1982): 82–87. 퍼니시는 그것을

떤 사도보다도 더 많이 수고하였다"고 말한다. 그러나 또한 그는 "나는 사도 중에 가장 작은 자라 나는 하나님의 교회를 박해하였으므로 사도라 칭함 받기를 감당하지 못할 자니라"라고 말하고 그의 일이 그 자신이 아니라 "내게 주신 그의 은혜"에만 돌릴 수 있다고 말하는 문맥에서 "내가 모든 사도보다 더 많이 수고하였으나"라고 말한다(고전 15:9-10). 예루살렘 성도들을 위한 연보를 완성하려는 그의 열심(참조. 갈 2:10)은 바울과 예루살렘 교회 사이에 서로 적대감이 끓어오르고 있다는 이론을 무너뜨린다.

따라서 "슈퍼-사도"는 고린도에 있는 경쟁자를 가리키며 문맥상 "고린도 그리스도인들의 충성을 얻기 위해 허세를 부리는 반대자들을 지칭하는 매우 반어적인 방식"임을 시사한다.[206] 그들은 사도들처럼 자신들이 누구에게도 뒤지지 않는다고 생각한다. 그러나 그리스도의 참된 사도들 가운데 "우리가 1등이다!"라고 외치는 사람은 없다. 이러한 태도는 바울의 눈에 무엇이 그들을 그토록 악하게 만드는지를 드러낸다. 모든 사도는 오직 한 분 그리스도에 이어 두 번째이다. 이들 모두는 지배자가 아니라 그리스도의 교회의 종이다. 이 경쟁자들은 그리스도 대신에 자신을 영화롭게 하려고 하면서 거짓 사도임을 드러낸다.

11:6. 바울은 고린도 교인들이 그토록 높이 평가하는, 인상적인 말하기가 단련된 부분에 있어서 자신이 그들과 동등하지 않다는 것을 인정하면서 경쟁자들과 비교를 시작한다. 그는 자신이 "대중적인 연설(τῷ λόγῳ, 토 로고, 개역개정, "말에는")을 훈련받지 않았다"(ἰδιώτης, 이디오테스, 개역개정, "부족하나")고 말한다. 이 말은 "그 말(대중적인 연설)도 시원하지 않다"(10:10)라는 비판을 상기시킨다. 어떤 학자들은 그의 말을 영적인 힘이 부족하다는 의미

"오히려 터무니없는 것"이라고 일축했다(*II Corinthians*, 510). 그 수식어는 바울을 사기꾼으로 간주하는 실제 반대자들에게 적용하고 다른 이들의 대표하는 것이 아닌 그들 자신을 대표할 때에만 의미가 통한다.

206 Furnish, *II Corinthians*, 503-5. 베츠(Betz)는 "수퍼-사도"라는 용어가 경쟁자들의 오만함을 지적하면서 바울이 말한 바를 의미한다고 말한다. 그는 그런 바보들과 비교하지 않는다(*Der Apostel Paulus und die sokratische Tradition. Eine exegetische Untersuchung zu seiner "Apologie" 2 Korinther 10-13*, BHT 45 [Tübingen: Mohr Siebeck, 1972], 121). 바렛Barrett은 다음과 같이 지나치게 말한다. 만약 바울이 그의 반대자들을 그리스도의 종이자 사탄의 종, 최고의 사도와 거짓 사도라고 부른다면, 그는 "맹목적으로 꾸짖고 무책임하게 언어를 사용하는 것이다"("Paul's Opponents in 2 Corinthians," 64). 슐루에터(Schlueter)는 다른 맥락에서 바울이 논쟁적으로 과장하고 용어를 일치하지 않게 사용하는 것이 다른 그룹이 있었다고 제안하게 만든다는 주장한다(*Filling Up the Measure: Polemical Hyperbole in 1 Thessalonians 2:14–16*; JSNTSup 98 [Sheffield: JSOT, 1994], 130-31).

로 받아들인다.[207] 바울이 영적인 능력이나 영적인 말에 관해서 자신이 미숙하거나 경험이 없다는 것을 인정하겠는가? 바울은 이 단어를 대중 연설 훈련에 적용할 가능성이 더 크다. 결과적으로 그는 수사학적 기술을 사용하여 설득력 있는 논증으로 웅변하는 숙련된 수사학자의 세련미가 부족할 수 있다. 그는 수사학적 과장에 관해서는 아마추어이다. 바울은 "말이 풍성한"(8:7)이라고 말한 고린도 교인들에게 미숙한 사람으로 여겨진다.[208]

말허비는 다음과 같이 주장한다. "바울이 그 시대 철학자들의 가르침, 연설 방식 및 논증 방식에 완전히 정통했다는 것은 더 이상 의심할 여지가 없다. 그는 모든 것을 자신의 목적에 맞게 채택하고 적용했다."[209] 그는 바울이 "학교에서 그렇게 하는 방법을 배웠기 때문에" 설득력 있게 썼다는 최근 연구의 합의를 대표한다. 이는 바울의 수사학이 강력하지만 교육받지 않았다는 수세기 동안의 합의된 관점에 도전한다. 그러나 쉘렌버그Schellenburg는 바울이 공식적인 수사학 교육을 받지 않았다는 이러한 현대적 견해에 반대해서 설득력 있게 주장한다.[210] 그는 바울이 "공식적인 그리스-로마 수사학의 특정 관습에 익숙했음을 입증하는" 증거를 찾지 못하고 다음과 같이 주장한다. "강력한 연설은 정식 교육을 받은 사람들만의 전유물이 아니다."[211] 그는 "바울과 수사학자 사이에 주장되었던 연관성은 증거를 피상적이거나 잘못되게 다루어진다. 다른 주장들은 너무 일반적이어서 설득력이 없다. 왜냐하면 우리는 형식적인 수사학에 대한 훈련을 전혀 받지 않은 연설가 사이에서도 같은 특징, 비유, 수

207 Georgi, *Opponents of Paul*, 235, 402. 불트만은 그것이 아마도 알렉산드리아적인 알레고리에 의해 전달된 영지주의적 추론을 의미한다고 주장했다(*Second Letter*, 204).

208 E. A. Judge, *TynBul* 35 (1984): 12-14.

209 말허비는 고대 수사학 핸드북, 몇몇 선택된 변증 편지들, 법정에서 말해진 아직 남아 있는 연설 등과의 비슷한 점을 근거로 편지의 통일성을 주장하지만, 바울이 어디에서 이러한 수사학 기술을 배웠는지 논의하지 않는다. A. J. Malherbe, "Paul Hellenistic Philosopher or Christian Pastor?" in *Paul and the Popular Philosophers*, 68. F. J. Long, *Ancient Rhetoric and Paul's Apology: The Compositional Unity of 2 Corinthians*, SNTSMS 131 (Cambridge: Cambridge University Press, 2004). 실바M. Silva는 다음과 같이 말한다. "이 논문 전체의 주장은 바울이 (1) 수사학에 매우 능숙했고 (2) 고린도후서를 작성하는 데 상당한 시간과 노력을 들이고 수많은 기술적 세부사항에 상당한 주의를 기울인 경우에만 의미가 통한다. 롱(Long)이 이 상상할 수 있는 견해에 대해 설득력 있는 사례를 만들었다는 것을 인정해야 하지만 독자들이 이미 그의 결론에 찬성하는 경향이 있지 않다면 그의 결론을 받아들일지는 불확실하다"(*Ancient Rhetoric and Paul's Apology: The Compositional Unity of 2 Corinthians*, by F. J. Long, RBL 9 [2005]의 리뷰).

210 R. S. Schellenberg, *Rethinking Paul's Rhetorical Education: Comparative Rhetoric and 2 Corinthians 10–13*, ECL 10 (Atlanta: Society of Biblical Literature, 2013).

211 Schellenberg, *Rethinking Paul's Rhetorical Education*, 240.

사학적 전략을 발견하기 때문이다."[212] 그는 역사상 많은 사람들이 "나이가 많은 연사를 관찰하고, 모방하고, 연습의 기회를 찾아냄으로써" 대중 연설을 배운 것처럼 배웠을 것이다.[213]

"만일"이라고 말함으로써 바울은 그들의 판단을 완전히 인정하지 않았다. 그는 대중 연설에 대한 정식 훈련을 받지 않았을지 모르지만 대중 연설 능력이 부족함을 의미하지는 않는다. 디치코DiCicco는 바울의 말을 액면 그대로 받아들이면 안 된다고 주장한다. 대신 겸손한 역설로 받아들여야 한다. 진실은 "[연설에 능숙하지 못한 것]이 아니라 ... 그는 뛰어난 설득력을 가진 수사가였다."[214] 그러나 나는 그 설득력이 바울이 전한 십자가에 못 박히신 그리스도의 복음에 있다고 생각한다. 메시지는 그 자체의 힘을 담았다. 바울은 복음에 내재된 능력을 알았기 때문에 교만한 자들의 이기적이고 도도한 말을 배척했다(고전 4:19).[215] 그는 거만한 말로 그들에게 가는 대신에 "두려움과 떨림"(고전 2:1)으로 갔다. 구약에서 이 구절은 두려움을 불러일으키는 하나님의 위엄에 대한 겸손한 반응을 묘사한다(출 15:16; 사 19:16). 나는 다른 곳에서 바울이 "하나님의 능력과 하나님의 지혜"인 십자가의 도(고전 1:17-24)를 위임받은 사람으로서 "날마다 두려움을 불러일으키는 하나님의 위엄에 직면했

---

212 Schellenberg, *Rethinking Paul's Rhetorical Education*, 255.

213 Schellenberg, *Rethinking Paul's Rhetorical Education*, 251. 피츠Pitts는 바울이 수사학에 대한 정식 교육을 받지는 않았지만 예비 수사학 연습기관(progymnasmata)에서 교육을 받았다고 주장한다("Paul in Tarsus: Historical Factors in Assessing Paul's Early Education," in *Paul and Ancient Rhetoric: Theory and Practice in the Hellenistic Context*, ed. B. R. Dyer and S. Porter [Cambridge: Cambridge University Press, 2017], 67). 크레미다스Kremmydas는 이 평가에 동의한다("Hellenistic Rhetorical Education and Paul's Letters," in Dyer and Porter, in *Paul and Ancient Rhetoric*, 84). 그러나 휴즈Hughes는 다음과 같이 주장한다. "바울은 수사학에 대한 실제 교육은 아니더라도 도시의 더 넓은 문화에서 얻은 수사학의 다양한 요소를 의식적으로 사용했다"("Paul and Traditions of Greco-Roman Rhetoric," in Dyer and Porter, *Paul and Ancient Rhetoric*, 95).

214 DiCicco, *Paul's Use of Ethos, Pathos, and Logos*, 15. 위더링턴을 참조하라. 그는 바울을 "'나는 대중 연설이 익숙하지 않다"라고 잘 연습된 리허설로 시작하는" 전문 정치인에 비유한다. "바울은 역설을 효과적으로 사용하는 방법을 잘 알고 있다(*Conflict and Community*, 433n14).

215 Savage, *Power through Weakness*, 72. 고린도 교인들은 그의 편지를 칭찬하기 때문에(10:10), 그의 연설과 크게 다르지 않았을 말의 내용을 문제 삼지 않는다. 바렛은 바울이 말할 때 전달 방식이 잘못되었다고 생각한다. "바울의 글은 연설과 매우 흡사하여 바울이 (12:7에서 언급한 신체적 약점일 수 있는) 연설의 장애로 고통받거나 지나치게 겸손하게 글을 썼다는 결론이 더 강력하다"(*Second Epistle*, 279). 바울의 전달 방식은 그들이 모범적이라고 생각했던 보다 화려한 스타일과는 달랐다. 만일 바울이 사도에게 합당하다는 그들의 기준에 미치지 못했다면, 그는 그들의 기준이 이 악한 이 시대의 유행과 일치하고 그리스도의 십자가의 본을 따르지 않는다고 반박한다.

을 것"이라고 썼다. 그래서 그는 말을 할 때 자신의 아름다움을 뽐내려고 하지 않고(고전 2:1) 겸손과 떨림으로 말을 했다(고전 2:3). 그는 십자가의 메시지가 연설가의 기량에 주의를 끄는 기교를 통해서는 제대로 전달되지 않는다는 것을 알고 있다. 그것은 하나님의 능력을 강조하고 청중을 설득하는 성령의 능력을 불러일으키는 약함을 통해 가장 잘 전달된다.[216]

저지는 바울이 염두에 두고 있는 수사학은 그리스의 위대한 웅변가들의 수사법이 아니라 "'아시아적'으로 알려진 부자연스럽고 훈련되지 않은 매우 화려한 스타일의 수사학이라고 주장한다. 수사학은 바울 시대의 소피스트들 사이에서, 그리고 정확하게 바울이 활동했던 지역에서 대단히 인기가 있었다.[217] 그것은 웅장함을 목표로 했으며 "말장난, 감정적 효과, 과시 및 리듬"으로 특징지어졌다.[218] 대부분의 저명한 철학자들은 내용을 스타일로 대체하거나 심오함을 과시하는 수사학적 화려함을 의심했다. 루시안Lucian은 거리 웅변가를 비꼬아 말했다.

> 당신은 무례하고 대담해야 하며 왕과 평민 모두를 학대해야 한다. 그렇게 하면 그들이 당신을 존경하고 당신을 남자답게 생각할 것이기 때문이다. 당신의 언어가 야만적이게 하라 ... 한마디로, 당신에 관한 모든 것을 짐승과 같이 야만적으로 두라. 겸손, 품위, 절제를 벗어버리고 얼굴의 홍조를 완전히 닦아내라. ... 사람이여! 그러나 그 모든 것은 쉽고 따르기 어렵지 않다. 왜냐하면 당신에게는 교육과 교리와 추진력이 필요하지 않기 때문이다. 그러나 이 길은 명성에 이르는 지름길이다. 당신이 문맹자라도 ... 뻔뻔함과 과감함을 가지고 사람을 제대로 학대하는 법을 배우기만 하면, 당신을 이상하게 여길 일은 없을 것이다.[219]

---

216 Garland, *1 Corinthians*, 81–89.

217 Garland, *1 Corinthians*, 81–89. 새비지는 다음과 같이 말한다. "그를 비판했던 사람들은 아마도 1세기 고린도에서 유행했던 ... 위압적이고 모욕적인 수사에 빠지기를 거부한 바울을 탓할 것이다. 이것은 옛 웅변술의 신중하게 훈련받은 연설이 아니었다. 그것은 '저속한 수사학'이었다. 연설가들이 순전히 전달력을 통해 청중을 지배하려 했던 화려하고 종종 무의미한 독백이 특징인 연설이다"(*Power through Weakness*, 71). 참조 E. Fantham, "Imitation and Decline: Rhetorical Theory and Practice in the First Century after Christ," *CP* 73 (1978): 102–16.

218 M. Winterbottom, "Asianism and Atticism," *OCD*, 3rd ed., 191.

219 Lucian, *Vit. auct.* 10–11 (Harmon, LCL). 새비지는 크리소스토무스(Dio Chrysostom, *Virt*. 8.8–9)를 인용하며, 그는 현인 디오게네스(Diogenes)가 고린도에서 "어리석음, 사악함, 무절제로부터의 해방"이라고 선언했을 때 아무도 듣지 않을 것이라고 불평했다. 대신 그들은 "포세이돈 신전 주변의 비참한 소피스트들이 서로 소리 지르고 욕한다"고 박수를 보냈다. "글을 쓰는 많은 자들이 자신들의 어리석은 작품을 소리 내어 읽는다... 그들의 속임수를 보여주는 마술사들... 점을 해석하는 점쟁이들, 무수히 많은 어그러진 판단을 하는 변호사

당시의 소피스트들에 대한 크리소스토무스Dio Chrysostom의 반응은 그의 경쟁자들에 대한 바울의 반응과 매우 흡사하다. "그들은 영리한 사람들, 강력한 궤변가, 경이로운 일꾼들이기 때문이다. 그러나 나는 대중 연설에서 매우 평범하고 지루하지만 내 주제에 대해서는 평범하지 않다."[220] 그러나 크리소스토무스와 달리 바울의 주제인 십자가에 못 박히신 그리스도의 메시지는 그의 연설 방식을 결정한다.

그러나 바울이 고린도전서 1장 17절에서 "말의 지혜"를 노골적으로 폄하한 것은 그가 교만과 오만의 정신으로 특징지어지는 특정한 수사학적 이상을 경멸했을 수 있음을 시사한다. 고린도전서 2장 1-5절에서 바울은 수사학적 설득 뒤에 있는 전제들을 부인한다. 고린도전서 2장 13절에서 그는 이렇게 주장한다. "우리가 이것을 말하거니와 사람의 지혜가 가르친 말로 아니하고 오직 성령께서 가르치신 것으로 하니 영적인 일은 영적인 것으로 분별하느니라."

고린도전서에서 바울이 기존의 웅변에서 벗어났음이 두드러진다. 첫째, 고대 웅변가들은 주제가 무엇이고 청중이 누구이든 간에 민첩한 재치와 설득력을 발휘할 수 있는 주제를 제시하도록 요청했다. 바울은 십자가에 못 박히신 그리스도만을 선포하고 모든 청중에게 같은 메시지를 전했다.

둘째, 아리스토텔레스는 수사학을 "어떤 주제와 관련하여 가능한 설득 수단을 발견하는 능력"이라고 정의했다.[221] 수사학의 기본 전제는 연설가가 그 사실을 증명할 때 청중이 믿음에 굴복한다는 것이다. 리트핀이 말했듯이, "연설가의 임무는 설득의 논리적, 감정적, 윤리적 수단을 정말 효과적으로 정리하여 청중들에게 확신을 심어주거나 인간적으로 가능한 한 그것에 가깝게

들이다"(*Power through Weakness*, 30-31).

220 Dio Chrysostom, *Alex*. 32.39 (Cohoon, LCL). 유명한 웅변가인 크리소스토무스는 소위 전문 교사 및 철학자(*Dial*. 42.3, 참조. 12.15-16)와 비교하여 자신이 "단순히 모든 것에 대한 경험이 없음을, 특히 내가 전문가가 아닐(ἰδιώτης) 뿐이라는 것을 인식하는 것"을 역설적으로 언급했다. 하비는 플라톤이 철학의 목표(지혜와 진리)와 그것이 다른 사람들에게 전달되는 방식을 구별했다고 지적한다. 자신의 주장이 참인지 거짓인지에 대해(진실을 밝히는 데 관심이 없고 사건을 이기는 데에만 관심을 두는 재판 변호사들) 웅변적인 불꽃놀이에 쉽게 휩쓸리는 약한 사람들에게 약한 사건을 그럴듯하게 보이게 한다(*Renewal through Suffering*, 35; 또한 다음을 참조하라. Litfin, *St. Paul's Theology of Proclamation*, 119–124). 바렛은 다음(Plato, *Ion* 532d)을 인용한다. "당신이 노래하는 구절들을 지은 그리스 서사시 낭송자, 배우, 시인들은 현명하다. 나는 진실만을 말하는 평범한 사람이다(ἰδιώτην ἄνθρωπον)"(*Second Epistle*, 279).

221 Aristotle, *Rhet*. 1.1.1 (Freese, LCL).

다가가는 것이다."[222] 연설가들은 청중의 긍정적인 평가를 얻기 위해 가장 큰 인상을 주기 위해 단어, 논증, 논리구조, 전달을 신중하게 선택하고 수정했다. 바울은 신학적인 이유로 이 접근법을 피했을 수 있다. 그는 수사학적 장치로 청중의 호의적인 반응을 조작하려는 의도가 없었다. 왜냐하면 그것은 그들이 십자가의 능력으로 회심하기보다는 수사학의 능력으로 확신했음을 의미할 수 있기 때문이다. 듣는 사람의 믿음은 믿음을 창조하는 성령의 능력보다는 설교자의 수사력과 설득력 있는 책략, 즉 인간의 지혜의 교묘한 사용에 달려 있다.[223]

리트핀은 설득의 5단계를 (1) 주의, (2) 이해, (3) 굴복, (4) 유지, (5) 행동으로 요약했다.[224] 그리스-로마 수사학은 청중이 굴복하게 만드는 3단계를 강조했다. 바울은 자신의 지식이 부족하지 않다고 강조하는 이유를 설명하는 두 번째 단계인 이해를 강조했다. 그는 수사학에 대한 훈련을 받지 않았다고 인정할 수 있지만 지식이 부족하다는 점은 강력하게 부인한다. 부사 "그러나"는 두 번 반복된다. "내가 비록 말에는 부족하나 (그러나) 지식에는 그렇지 아니하니 (그러나) 이것을 우리가 모든 사람 가운데서 모든 일로 너희에게 나타내었노라." 바울은 세 번째 단계를 떠나 성령께 굴복했다. 그는 굴복을 조장하기 위해 고안된 수사학적 전략이 십자가의 힘을 빼버리고 그 자리에 인간의 지혜를 두었기 때문에 거부했다.[225]

셋째, 수사학적 담화에서 연설가는 재판을 받고 청중은 재판관과 배심원의 역할을 한다. 리프틴은 "수사학적 담화의 영역에서 청중은 항상 주권적"이라고 말했고 고대 청중은 이 역할을 즐겼다.[226] 효과적인 연설을 하려면 연사가 청중을 흔들어야 한다. 바울에게 그 주권은 청중에게 있는 것이 아니라

---

222 Litfin, *St Paul's Theology of Proclamation*, 81. 아리스토텔레스는 이러한 설득 수단을 그의 수사학에서 말하는 사람의 도덕적 성격인 에토스, 청중의 감정을 조작하는 파토스, 논리적 논증인 로고스로 설명했다.

223 리프틴은 다음과 같이 주장한다. "바울은 청중을 유인하는 일을 거부했다. 그는 [믿음]을 창조하는 것이 그리스도의 십자가를 통해 역사하시는 하나님의 영의 유일한 영역이라고 주장했다. 바울에게는 십자가에 못 박히신 그리스도의 구원의 효력에 대한 믿음을 창조하시는 성령의 능력이 십자가의 설득력 있는 힘을 만들었다"(*St Paul's Theology of Proclamation*, 247).

224 *St Paul's Theology of Proclamation*, 81.

225 그러나 바울은 1단계와 2단계, 주의과 이해를 사용하는 데 신학적 거리낌이 없었다. 그는 갈라디아인들에게 예를 들어 "예수 그리스도께서 십자가에 못 박히신 것이 너희 눈 앞에 밝히 보이거늘"(갈 3:1)이라고 말한다.

226 Liftin, *St Paul's Theology of Proclamation*, 86.

메시지에 있다. 어떤 사람들에게는 십자가에 못 박히신 그리스도의 메시지는 미련한 것이다. 다른 사람들에게는 수치스러운 일이다(고전 1:17-25). 그러나 이 부정적인 반응은 선포되고 있는 메시지가 구원에 이르는 하나님의 능력과 지혜라는 진리를 바꾸지는 않는다. 따라서 청중은 진실에 대한 최종 중재자가 아니다. 각각의 효과에 대해 계산된 영리한 단어 바꾸기와 수사학의 교활한 변조에 굴복하는 것은 선포된 내용을 사실로 만들지 않는다. 바울은 십자가에 못 박히신 그리스도가 논리학의 공통 원칙에 부합하거나 믿음이 청중에게 장기적으로 가장 좋은 이익이 된다고 주장함으로써 사람들로 하여금 믿게 하지 않았다. 전령으로서 그는 단순히 하나님께서 그리스도 안에서 행하신 일을 발표했다. 그의 관점에서 선포자로서의 그의 임무는 모든 사람이 듣고 이해하도록 하는 것이다. 성령은 믿는 자에게 복음의 참됨을 보여 주실 것이다(고전 2:4, 13).

키케로Cicero는 웅변을 칭찬했다.

> 그것은 모두가 우러러보고 감탄하며 달성하기를 갈망하는 강력한 물줄기의 포효와 함께 돌진한다. 이 웅변은 사람들의 마음을 흔들고 가능한 모든 방법으로 그들을 움직이게 하는 힘이 있다. 이제 그것은 감정을 휩쓸고, 서서히 스며든다. 그것은 새로운 아이디어를 심어주고 오래된 것을 뿌리 뽑는다.[227]

크리소스토무스Dio Chrysostom는 "수사학이라고 부르는 더 날카롭고 진정으로 강력한 설득의 힘, 토론과 연단 모두를 지배하는 힘"에 대해 말했다.[228] 허바드Hubbard는 키케로와 대조적으로 바울이 "뛰어들어가서 옛 것을 뿌리 뽑고 새 것을 심는 것은 말하는 자의 말이 아니라 오직 성령의 말씀"(2.5, 12-14)이라고 믿었다고 날카롭게 관찰한다.[229] 크리소스토무스와 대조적으로, 바울은 옛 것을 뿌리 뽑고 새 것을 심는 것이 설득의 능력이 아니라 성령의 능력이라고 믿었다(2:4).[230]

그러므로 바울은 박수를 불러일으킬 반짝이는 문구를 돌리는 것보다 믿음을 불러일으키는 십자가의 능력을 선포하는 데 더 관심이 있다. 그는 교묘

227 Cicero, *Or. Brut.* 97 (Hendrickson and Hubbell, LCL).

228 Dio Chrysostom, *1 Tars*. 33.1 (Cohoon, LCL).

229 M. Hubbard, "Was Paul Out of His Mind? Re-Reading 2 Corinthians 5.13," *JSNT* 70 (1998): 62.

230 M. Hubbard, "Was Paul Out of His Mind? Re-Reading 2 Corinthians 5.13," *JSNT* 70 (1998): 62.

한 논증으로 즐겁게 하거나 믿음을 유도하는 것이 아니라 청중들에게 생사를 가르는 결정을 내리게 하는 그리스도의 죽음과 부활을 선포하려고 한다. 그는 자신의 웅변에 대해 그들의 부정적인 판단을 허용할 수 있지만 그들의 평가는 그가 공유하지 않은 전제에 기초한다. 그가 수사학적인 장식에 전문가가 아닌 이유는 그러한 전문 지식이 십자가의 능력을 풀어주기보다는 억제하기 때문이다. 그는 연설에서 경쟁하는 허풍쟁이와 동등하기를 원하지 않는다. 그들의 설교는 기만적이며(11:3), 하나님이 그리스도 안에서 행하신 일보다 화려한 웅변으로 주목하게 만듦으로 십자가의 능력을 빼앗는다. 바울은 "하나님의 능력이 드러난 바로 그 연약함 속에서 십자가의 '어리석음'을 전달하기 위해서는 꾸밈이 없는 말이 더 적절하다고 믿는다."[231]

결과적으로 바울은 하나님의 지혜에 대한 지식이 대중적인 연설을 상쇄하고도 남기 때문에 대중 연설에서 훈련되는 데 실패했다고 여겨지는 것에 동요하지 않는다. 그의 경쟁자들을 특징짓는 그런 종류의 말은 사실 그들의 어리석음과 하나님에 대한 지식이 없다는 표시였다. 거침없는 연설은 자존심이 부풀어 오르고 자기가 주목받고 명예를 얻는 데에만 관심이 있는 흥행사에게서 나온다. 바울의 관점에서 그러한 방법은 하나님에 대한 그들의 무지를 은폐할 뿐이다. 하나님을 아는 지식은 십자가에 못 박히신 그리스도와의 친밀한 관계에서 빛을 발하는 영적 통찰력을 말한다. 모든 면에서 바울은 그가 행하고 말하는 모든 것을 지배하는 하나님의 지혜에 대한 지식을 모든 사람에게 나타낸다.[232] 그것은 자기 자신으로 가득 찬 의기양양하게 미사여구를 늘여놓는 사람들의 화려한 웅변술보다 훨씬 더 영적인 힘을 전달하는 특정한 방식의 말을 바울이 선택하도록 만든다. 바울은 성령이 충만하고 겸손한 말은 영적인 지혜와 능력과 일치한다.[233] 그것이 효과가 없었던 것은 아니다. 그것을 통하여 바울은 고린도 교인들을 그리스도와 약혼시켰다(11:2). 반면에 화려한 경쟁자들은 뱀이 하와를 속인 것과 같이 교활한 웅변으로 그들을 그릇 인도한다.

---

231 Furnish, *II Corinthians*, 505.

232 ἐν πᾶσιν("모든 일로")는 고린도후서(4:8; 6:4; 7:5, 16; 9:8, 11)에 자주 나온다. 고린도 교회는 모든 사람이 알고 읽는 그리스도의 편지이기 때문에 이 지식을 반영한다(3:2-3).

233 모든 설교자는 청중이 칭찬하는 감동적인 설교 이후에 성급한 교만으로 인해 야기되는 위험을 알고 있다. 교만은 그들을 감염시켜 이 박수 갈채를 위해 설교하기 시작하고 심지어 그들이 무엇을, 어떻게 설교하는지 결정하도록 허용할 수 있다.

4.3.5. 바울과 슈퍼-사도의 대조(11:7-15)

11:7-9. 바울은 고린도 교인들의 잘못에 반응하면서 다음과 같이 질문함으로 냉소적인 어조를 계속했다. "내가 너희를 높이려고 나를 낮추어 하나님의 복음을 값없이 너희에게 전함으로 죄를 지었느냐?"[234] 그는 사례를 받을 자격이 있음에도 불구하고 청중들에게 값없이 설교하는 자신만의 규범을 언급한다(고전 9:4-18). 이러한 방식을 "죄를 지음"(11:7) 또는 "다른 교회에서 탈취한 것"(11:8),[235] 또는 교회를 사랑하지 않음(11:11)의 표시로 특징짓는 것은 수사학적 과장이다.[236] 그는 교회로부터 재산을 모으려 하지 않는다. 그들로부터 보수를 받기 거부하는 것은 그들을 불명예스럽게 하려는 것이 아니라 존중하기 위한 것이다. 그리고 거저 주시고 "가난하게 되심은 그의 가난함으로 말미암아 너희를 부요하게 하려"(8:9)하신 그리스도를 높이기 위해서라고 덧붙일 수 있다. 고린도 교인들은 지옥 같은 우상 숭배의 늪에서 일으키기 위해 그들에게 복음을 전파하면서 왜 그가 자발적으로 가난의 굴욕을 받아들이는지 이해하지 못하고, "가난하게 되심은 그의 가난함으로 말미암아 너희를 부요하게" 하시려는 예수님의 본을 따르는 것을 이해하지 못한다. 바울이 왜 이렇게 했는지 이해하지 못하는 것은 그들의 사도를 완전히 이해하는 데 실패했음을 나타내지만(1:14), 그러나 더 심각하게 다른 사람을 섬기기 위해 스스로 높아짐을 스스로 희생하는 것으로 바꾸는 복음을 이해하지 못하는 것이다. 그들은 또한 하나님의 능력이 겸손과 연약함 가운데서 온전해진다는 역설을 이해하지 못한다. 그들의 기본적인 문제는 그들이 신앙과 공동체 실천에 대한 이해를 형성하는 문화의 가치를 허용했으며, 그러한 가치를 어리석은 것으로

---

234 위더링턴Witherington은 "죄"를 "잘못"으로 간주하지만, 이 독해는 바울의 날카로운 비판을 깬다(*Conflict and Community*, 448). 부정과거 시제, "내가 죄를 지었느냐?" (ἁμαρτίαν ἐποίησα)는 자신의 과거 행동을 전체적으로 돌아본다.

235 동사 συλάω("탈취하다")는 전쟁에서와 같이 전쟁에서 "약탈하다"를 의미하며, 다른 지역에서 군사 작전을 계속하기 위해 정복당한 사람들을 약탈하는 군 지휘관에게 사용된다. 바울은 새로운 지역에서 자신의 일을 지원하기 위해 다른 사람들로부터 돈을 받았지만 그것을 약탈로 여기지 않았다. 그것은 그들에게 복음을 발전시키는 동역자 관계에 참여할 수 있는 은혜가 된다.

236 던건D. L. Dungan은 고린도 교인들이 그를 속임수에 빠뜨렸다고 주장한다. 그가 한 일은 고전 9:15에서 말한 것과 다르다. 그는 마게도냐 교인들로부터 돈을 받았다. 그들은 일관성이 없고, 기만적이며, 생각이 뒤죽박죽이 되어 있다는 비난을 그의 얼굴에 다시 던진다(*The Sayings of Jesus in the Churches of Paul* [Philadelphia: Fortress, 1971], 37–39). 마샬은 고린도 교인들이 그가 빌립보를 처음 방문했을 때 선물을 받고 있다는 사실을 알고 있었을 것이라고 반박한다. 그들이 주님의 명령으로 바울을 지원했다면, 그것은 바울이 그들에게 그 명령을 알려 주었기 때문이다(*Enmity in Corinth*, 253).

폭로하는 하나님에 대한 지식이 부족하다는 것이다.

바울은 고린도 교인들의 환대를 받아들였지만(롬 16:23), 그가 재정적 보상을 받기를 거부한 것은 고린도 교인들을 여러 면에서 불편하게 만들었다. 많은 사람들은 바울이 지원 받기를 거부한 것이 그의 사도직의 정당성에 의문을 제기했다고 주장해 왔다. 예를 들어 바렛은 다음과 같이 말한다.

> 고린도 교인들은 그가 짐이 되기를 거부했기 때문에 그를 덜 중요하게 생각했던 것 같다. 일반적으로 그리스 교사들은 손으로 일을 하지 않을 것이고, 고린도 교인들은 안티폰이 소크라테스에 대해 했던 것처럼 바울을 생각했을 것이다. 당신이 사회에 어떤 가치를 부여한다면, 당신도 그에 대한 적절한 대가를 요구할 것이다. 당신은 탐욕(πλεονεξία, 플레오넥시아)으로 사람들을 속이지 않기 때문에 정의로운 사람일 수 있다. 그러나 당신의 지식은 아무 가치가 없기 때문에 당신은 현명할 수 없다(Xenophon, *Mem*. I vi. 12).[237]

경쟁자들은 고린도 교회의 재정적 지원을 받아들였으며, 따라서 바울은 자신을 주장하지 않았기 때문에 사도였다면 열등한 사도였을 것이라고 주장했다. 마틴Martin이 이 문제의 틀을 놓은 것처럼, 그들은 "그는 자신이 사도로서의 지위가 없고 그에 대한 자격이 없다고 공언했음을 알고 있었기 때문에 자신의 (정당한) 권리를 주장하지 않았다"고 암시함으로써 이 점에 대한 책임을 바울에게 맡겼다.[238]

본문을 너무 과하게 읽는 것 외에도, 이 견해의 문제는 고린도 교인들이 바울이 마게도냐 교인들로부터 지원를 받는다는 것을 알고 있다는 것이다(11:9). 동사 προπέμπω(프로펨포, "보내다")은 물품을 제공하는 전문적인 용어이다(고전 16:6; 고후 1:16; 또한 다음을 참조하라. 행 15:3; 롬 15:24; 딛 3:13; 요3 6절), 그리고 바울은 다른 지역에서 복음을 증거하기 위한 그의 여정을 돕기 위한 고린도 교회의 도움을 받아들인다.[239] 이 본문은 재정적 지원의 양과 사도직의 정당성을 연결하지 않는다. 바울의 사도직의 유효성은 위험하

237 Barrett, *Second Epistle*, 281–282. 또한 다음을 참조하라. Barrett, "Opponents," 245–46; Betz, *Der Apostel Paulus*, 100–17; Georgi, *Opponents of Paul*, 238–42; Martin, *2 Corinthians*, 345, 438.

238 Martin, *2 Corinthians*, 354.

239 A. J. Malherbe, *Social Aspects of Early Christianity*, 2nd ed. (Philadelphia: Fortress, 1983), 96n11.

지 않다.[240] 바울의 경쟁자들은 바울이 그들의 지원를 받아들였기 때문에 그가 더 밀접하게 연결된 다른 교회들이 있다고 주장했을 가능성이 있다. 그들은 고린도전서에서 "우리는 바울과 달리 너희를 특별히 사랑하여 너희에게만 헌신할 것이다"라고 약속한다. 그러나 경쟁자들이 주장한 것에 대한 이와 같은 모든 가설은 본문의 증거를 넘어서고 있으며 회의적으로 다루어져야 한다.

그리스-로마 세계에서 관계를 이끄는 사회적 기대를 이해하는 것은 고린도 교인들의 관심사를 이해하는 데 더 유익하다. 이러한 사회적 기대는 고린도 교인들에게 강한 영향을 미쳤다. "자신을 낮추는 것"은 바울에 대한 그들의 주된 관심을 표현한다(10:2; 고전 4:11-12). 그들은 보수를 받지 않고 복음을 전파할 수 있게 해 준 바로 그 일이 품위를 떨어뜨리는 일이라고 여겼다(참조. 살전 2:9).[241] 고대 세계에서 여가를 가질 수 있는 계급은 장인들을 얕잡아 보았다.[242] 키케로는 다음과 같이 말했다. "또한 우리가 예술적 기술이 아니라 노동에 대해 지불하는 모든 고용된 노동자의 직업은 저속하고 신사들에게 적합하지 않다. 이 사람들에게 봉급은 그 자체로 노예에 대한 보상이다. ... 모든 장인들도 저속한 직업에 종사한다. 왜냐하면 작업장이나 공장에는 고상한 것이 있을 수 없기 때문이다."[243] 루시안은 노동자에 대한 이러한 부정적

240 타이센(Theissen)은 고린도 교인들이 바울을 팔레스타인에서 온 순회를 하는 은사주의적인 선교사들에 비유했다고 주장한다(*The Social Setting of Pauline Christianity*, 27-54.) 예수님은 제자들을 돈 없이 이스라엘로 사명을 주어 보내셨고, 누구든지 대접하는 사람으로부터 대접받도록 명하셨다. 그들은 하나님과 다른 사람들의 친절을 전적으로 신뢰해야 했다. 그들은 편지에 대한 예수님의 지시(막 9:41)를 따랐다. 즉, 소유 없이 살고 지원을 받으며 설교에 온전히 전념할 수 있었다. 바울이 돈을 벌기 위해 일했기 때문에 예수 전통에 정통한 비평가들이 바울이 하나님을 신뢰하지 않았다고 말하는 것을 상상할 수 있다. 그는 자신을 부양하는 세상적인 수단에 의존한다. 그러나 본문은 고린도 교인들이 바울이 예수의 가르침을 따르지 않는 것에 대해 염려한다는 암시를 주지 않는다. 경쟁자들은 결국 바울과 같다고 자랑한다(11:12).

241 행 18:3에 따르면 바울은 천막 만드는 일을 했다. 플리니우스(The elder Pliny)는 천막 제작자가 영구적인 건물이 세워지기 전에 임시 대피소, 포장 마차 및 상점을 위한 거친 삼배로 된 차양을 만들고 그늘을 제공했다고 기록한다(*Nat*. 19.23-24). 항구에서 바울은 돛을 만들고 수리하는 일을 할 수도 있었다. 머피-오코너는 또한 바울이 가죽 세공인으로서 가죽 끈, 박, 마구, 안장 및 방패를 만드는 일을 했을 가능성이 있다고 제안한다(*St. Paul's Corinth: Text and Archaeology* [Wilmington, Del.: Michael Glazier, 1983], 168). 스탠즈버리는 다음과 같이 주목한다. "바울의 배경은 그를 사회적으로 여가를 누릴 수 있는 계층과 동등하게 만들었지만 그의 사명감과 후원 방법은 그를 상대적으로 낮은 사회적 지위에 있는 사람들과 동일시하게 만들었다"("Corinthian Honor," 469). 로마의 비문 세 개는 천막 제작자 조합(*CIL* 6.5183b, 9053, 9053a)을 나타낸다.

242 Ramsay MacMullen, *Roman Social Relations*, BC 50–AD 284(New Haven/London: Yale University Press, 1974), 114-15.

243 Cicero, *Off*. 1.42; 2.225 (Miller, LCL). 그는 손으로 일하는 것이 몸과 마음과 예절을 조잡하게

인 평가를 공유하면서 노동자가 개인적으로 눈에 띄지 않게 빈약하고 무자비한 보상을 받는다고 썼다.

> 노동자는 공공장소에서 보잘것없는 인물이며, 친구도 찾지 않고, 적도 두려워하지도 않으며, 동료 시민도 부러워하지 않는다. 그저 노동자일 뿐이고, 떼를 지어 다니는 폭도 중 하나이며, 항상 위의 사람에게 움츠러드는 ... 손 밖에 가진 것이 없는 사람, 손으로 사는 사람이다.[244]

혹Hock은 철학자가 고대 세계에서 지지를 얻을 수 있었던 네 가지 방법을 인용한다. (1) 그는 자신의 가르침에 대해 비용을 청구할 수 있었다. (2) 그는 부유한 후원자의 집에 들어갈 수 있었다(아이들을 가르치며). (3) 그는 구걸할 수 있었다. (4) 그는 일할 수 있었다. 혹은 "바울 시대의 철학자들과 순회 교사들 사이에서 만드는 일을 계속 하는 것은 생활에 필요한 것을 얻는 데 용납되지 않는 방법으로 여겨졌다."[245] 어떤 직업으로 일하거나 다른 사람에게 고용되는 것은 문명화된 삶을 살기 위한 여가를 가지는 것을 막는다.

여가를 가질 수 있는 계급이 돈을 받고 일하는 것에 대한 경멸은 보편적으로 받아들여지지 않았다. 그렇지 않았다면 노동자들은 묘비에 직업을 자랑스럽게 묘사하지 않았을 것이다.[246] 고린도 교인들의 문제는 영광스럽게 부활하신 주님의 사도 바울과 그의 손톱 아래 흙을 묻히며 수고한 일꾼의 부조리한 조합이었다. 그의 기술을 다른 사람들에게 전하는 평범한 장인으로서 바

만드는 더러운 일이라고 생각했다(*Off.* 1.150). 그는 장인들을 "도시의 개"라고 불렀다(*Flac.* 18 [MacDonald, LCL]). 그는 문명화된 생활에는 여가가 필요하다고 생각했다. 당연히 모든 일을 할 수 있는 소작과 많은 노예가 있는 지주 계급에 속한 사람들만이 이 견해를 가질 수 있었다. 다음을 더 참조하라. G. E. M. De Ste. Croix, *The Class Struggle in the Ancient Greek World* (Ithaca: Cornell University Press, 1981), 112–204.

244 Lucian, *Gall.* 9 (Harmon, LCL).

245 R. F. Hock, *The Social Context of Paul's Ministry: Tentmaking and Apostleship* (Philadelphia: Fortress, 1980), 54–59. 새비지Savage는 상류 계층에 속하는 사람들이 기록한 문헌 자료가 비문 증거와 반대된다고 주장한다. 많은 상인들은 자신의 작업 장소를 묘비에 표시하거나 직장에서 자신의 부조를 만들었다. 그들은 분명히 그들의 노동을 비천한 것으로 여기지 않았다. 바울은 데살로니가 성도들에게 손으로 일하라고 권하기 때문에 일을 비천하게 여기지 않았다(살전 4:11). 새비지는 바울이 "일이 피곤할 수 있지만 결코 품위를 떨어뜨리지 않는다는 것을 유지함으로써 유대 전통의 긴 노선을 따른다"고 결론지었다(*Power through Weakness*, 85-86). 참조. 창 3:17-19; 5:29; 신 11:10-15; 16:14-15; Sir 29:4; 31:22; 1 Macc 10:15; 14:6–15; m. 'Abot 1:10; b. Pesah. 118a; and b. B. Qam. 79b. 그러나 문제는 일에 대한 고린도 교인들의 태도에 관한 것이 아니라 사례를 받기보다 스스로를 부양하기 위해 일하는 교사들에 대한 것이다. 이 문제가 바울과 고린도 교인들 사이의 논쟁거리이기 때문에 그들은 그의 수고를 왠지 모를 위엄으로 여겼을 것이다.

246 MacMullen, *Roman Social Relations*, 120.

울은 지위와 권위, 권력과 명성이 부족했다. 그의 상황은 "그의 노동은 몹시 필요했고 아마도 수입이 충분하지 않았을 것이다."[247] 그는 재정적으로 안정되지 않았다.[248] 바울은 "내가 너희와 함께 있을 때 비용이 부족하였으되 아무에게도 누를 끼치지 아니하였음은"(11:9)이라고 말한다. 이 말은 그가 부족하고 궁핍한 때가 있었다는 것을 의미한다(빌 4:12). 그들은 그가 가난을 영적으로 많은 사람을 부자로 만드는 수단으로 자발적으로 받아들이는 것을 이해하지 못했을 것이며(6:10; 8:9), 그것을 비천하게 여겼을 것이며, 이는 그들에게 부정적인 영향을 미쳤다. 부유함은 오늘날 대부분의 사람들이 그렇듯이 고대 세계에서도 개인의 가치를 나타내는 표시였다. 지도자들은 "재정적으로 건전하고 건강한" 사람들의 계급에서 나왔고 결코 "부적절하고 가난한" 사람이 아니다.[249] 새비지는 "가난한 지도자는 용어의 모순"이라고 결론지었다.[250] 이 문제는 부유한 도시에서 특히 중요했다. 시민들이 부(富)에 자부심을 갖고 상승을 열망했던 고린도처럼 "여기에서 부는 다른 곳보다 명예의 전제 조건이었고 가난은 불명예의 식별표시였다."[251] 부(富)는 지위의 표시였기 때문에, 바울이 가난하게 남아 있으라고 주장하면 일부 고린도 교인들은 "가난한 사도와 연합"하는 부끄러움을 짊어지게 되었을 것이다. 그의 빈곤은 단순히 개인적인 것이 아니다.

그것은 그들에 대해 부정적으로 반영된다. 그러나 그들의 태도는 고대 세계의 계급 긴장과 우월의식을 모두 드러낸다.[252] 많은 현대 교회는 목회자가

247 Bultmann, *Second Letter*, 206.

248 버포드(A. Burford)는 "후원자가 없으면 장인은 문자 그대로 그리고 비유적으로 손실을 입었다"라고 썼다(*Craftsmen in Greek and Roman Society* [Ithaca: Cornell University Press, 1972], 124).

249 P.Oxy 3273, 다음에 인용. Savage, *Power through Weakness*, 87; 또한 다음 참조. Pliny the Younger, *Ep*. 1.14; Juvenal, *Sat*. 1.137–40.

250 Savage, *Power through Weakness*, 87.

251 Savage, *Power through Weakness*, 88.

252 부자와 가난한 자 사이의 이 넓은 간격은 대부분의 문화권에서 나타난다. 집회서(Sir 13:15-23에는 다음과 같이 신랄하게 묘사되어 있다.

> 모든 생물은 그와 같은 것을 좋아한다.
> 그리고 모든 사람은 이웃이다.
> 모든 살아있는 존재는 자신의 종류와 결합하고,
> 그리고 사람들은 자신과 같은 사람들에게 가까이 붙어 있다.
> 늑대와 양의 공통점은 무엇인가?
> 더 이상 독실한 죄인은 없다.
> 하이에나와 개 사이에 어떤 평화가 있는가?
> 부자와 가난한 자 사이에 무슨 평화가 있는가?

자랑스럽게 지명할 수 있는 누군가("저분은 우리의 성공적인 목사님")가 되기를 바라는 데 있어 별반 다르지 않다고 생각한다.

빈곤한 마게도냐 교인들로부터 도움을 받고(8:2) 상대적으로 부유한 고린도 교인에게는 받기를 거절하는 것은 그들을 모욕하는 것이었다. 그들은 기꺼이 그와 나누려고 했지만(12:13-14), 그는 그들에게서 받아들이기를 거부했다. 마샬은 고대 세계에서, "선물과 섬김을 거부하는 것은 우정을 거부하는 것이며 베푸는 사람에게 불명예를 안겨주는 것이었다"라고 보여 준다.[253] 지원을 받아들이기를 거부하는 것을 그가 그들을 사랑하지 않고(11:11) 오히려 부끄럽게 만들고 싶어 했다는 표시로 해석했다.[254] 그는 그들을 다른 사람들보다 덜 합당하다고 판단하여 복음에서 바울의 동역자들의 매력적인 무리에서 그들이 제외되었기 때문에(빌 4:15) 호의를 덜 받은 것이다(12:13).

다른 사람의 선물을 거부하는 것은 거의 모든 문화권에서 모욕으로 쉽게 해석될 수 있다. 바울 시대의 협소한 사회적 관습 때문에 그들이 선물 받기를 거부하는 것이 바울에 대한 적대감의 주요 원인이 되었다. 그들의 분노는 바울이 그 연보를 인정할 필요도 없이 그들로부터 지원을 받기 위한 교활한 수단으로 사용하여 그들에게 사회적 의무를 부과한다는 부당한 의심을 불러일으켰을 수 있다. 그것은 "고린도 교인들에게 자신을 의뢰인으로 삼지 않고(참조 12:16) 고린도 교인들로부터 지지를 얻는 속임수였다."[255] 바울은 오해를 바로 잡아야 했다.

광야의 들나귀는 사자의 먹이가 된다.
　　이와 같이 가난한 자는 부자에게 가증한 자니라.
부자가 비틀거릴 때 그는 친구들의 지지를 받고,
　　그러나 겸손한 사람이 넘어지면 친구에게도 밀려난다.
부자가 실족하면 많은 사람이 구하러 온다.
　　그는 부적절한 말을 하지만 그들이 그를 정당화한다.
겸손한 사람이 넘어지면 비난하기까지 한다.
　　그는 제대로 말하지만 듣지 않는다.
부자는 말을 하고 모두 잠잠하다.
　　그들은 그가 말하는 것을 구름에게 칭송한다.
가난한 사람이 말을 하면 "이 사람이 누구냐?"라고 말한다.
　　그리고 그가 걸려 넘어지면, 그들은 심지어 그를 밀어낸다.

253 Marshall, *Enmity in Corinth*, 397. 그는 로마 사회 구조에서 개인의 지위와 영향력이 피후견인의 수에 의해 어떻게 영향을 받는지 보여주고(12-202; 242-47), 자선을 주고 받는 것과 관련된 규약을 설명한다. 자선에 근거한 우정을 거부하는 것은 "사회적 적대 행위"였다(또한 다음을 참조하라. Furnish, *II Corinthians*, 507-8).

254 Marshall, *Enmity in Corinth*, 177.

255 Marshall, *Enmity in Corinth*, 508.

마찬가지로 가난한 사람들은 부자들을 위한 먹이가 된다. 겸손은 교만한 자의 가증한 것이다.

11:10-11. 값없이 복음을 전하는 것이 죄라면(11:7) 그것은 바울이 자랑스러워하는 것 중 하나이며, 앞으로도 계속 그것을 자랑할 것이다. 그는 자신의 행위가 자신의 자랑이며(11:10), 그들을 사랑하기 때문에 그렇게 한다고 설명한다(11:11).[256] 값없이 복음을 선포하는 것은 그의 자랑이다(고전 9:15-18). 그리고 그들의 불만 때문에 그의 확고한 방법을 수정하지 않을 것이다.[257] 우리는 그의 정책이 무엇인지 명확히 할 필요가 있다.

바울은 자신이 지원받을 권리가 있다고 주장하지만(고전 9:11-12) 그 권리를 행사하기를 거부했다(고후 11:9; 12:14). 그러나 그는 다음 선교지로 가기 위해 여행 경비를 받아들였다(고전 16:6, 고후 1:16). 바울은 또한 "다른 지역에 복음을 전하기 위해 교회에 없을 때도 후원을 받았다"(빌 1:5).[258] 빌립보서 4장 15절에 따르면 그는 마게도냐를 떠날 때 그들에게서 돈을 받았다. 빌립보 교인들에게 보낸 편지는 그가 감옥에 있는 동안 다시 지원을 하면서 시작되었다. 바울은 그 지원을 받아들였고 그것을 "부담"(개역개정, "폐를 끼치다", 11:9; 12:13)으로 생각하지 않았다.

"부담"이라는 용어는 사회적 의미의 관점에서 이해해야 하며 그가 그들을 귀찮게 하고 싶지 않았다는 의미는 아니다. 마게도냐 교인들은 그를 도울 재정적 능력이 훨씬 적었기 때문에 단순히 재정적 부담을 의미할 수는 없다. 선물을 받는 데 수반되는 사회적 의무와 관련이 있다. 마게도냐를 떠난 후 마게도냐 교인의 지원을 받는 것은 다른 방식이었다. 그는 그것을 복음을 전진시키는 "동반자 관계"로 이해한다. 이 도움은 그의 설교에 대한 보상이 아니었다. 새로운 교회를 세우는 데 도움이 되었다.[259] 그들은 그의 순례자-증인 사업에서 파트너가 된다. 피터맨Peterman은 4장 10-20절에서 빌립보 교인들의

256 그들에 대한 사랑을 선포할 때 그는 맹세의 공식을 사용한다. 다른 맹세 공식은 1:18, 23; 11:31; 12:19에 등장한다. 그는 그들을 사랑한다고 맹세하며, 그의 행동은 사랑에 의해 동기가 부여되었으며 그들을 보호하기 위해 의도되었으며(1:23), 자신을 방어하기보다는 그들을 세우기 위해 글을 쓰고 있다고 맹세한다(12:19).

257 그의 자랑은 주 안에서의 자랑으로 여겨져야 하며(10:17) "바울의 고린도 선교 사업과 직접적으로 관련되어 있다. 그러므로 그것은 하나님께서 그에게 할당하신 '한계' 안에 있다(10:13-16)"(Holland, "Speaking like a Fool," 255). 이 정책(11:9)에서 "그가 계속할 것"이라는 그의 주장은 그의 미래 방문을 가리킨다. 그가 와도 상황은 변하지 않을 것이다.

258 Peterman, *Paul's Gift*, 166.

259 Verbrugge, *Paul's Style of Church Leadership*, 119.

선물에 대한 바울의 반응이 주고 받는 것에 관한 일반적인 그리스-로마 사회의 기대에 비추어 그 의미에 대해 일어날 수 있는 잘못된 해석을 수정하는 것을 보여 준다. 이 구절에서 바울은 선물을 받아들임으로써 사회적으로 의무를 지지 않았으며, 따라서 어떤 의미에서는 열등한 존재가 되지 않았음을 그들에게 분명히 한다. 그가 선물을 받아들였기 때문에 그들은 복음에서 동역자로 높아졌다. 바울은 그들의 선물을 받고 그것으로부터 자신의 유익을 언급할 수 있지만(빌 4:18a), 4장 17b절에서 바울은 그들이 실제로 유익을 얻은 사람들이라고 주장한다. 그들의 선물은 영적 배당금을 거두는 투자이다. 궁극적으로 그들이 베푼 것에 대해 상을 줄 책임은 바울에게 있지 않고 하나님께 있다(4:19).[260]

그들과 함께 있는 동안 교회의 지원을 받아들이지 않는 것에 대한 바울의 방법을 이해하기 위한 핵심 아이디어는 "부담"이다(11:9; 12:13, 16). 고린도 교인들이 지원에 대한 질문을 시작했는데 그들이 재정적으로 어려움을 겪고 있고 바울이 그들에게 부담되는 비용을 아끼고 싶어 한다는 징후는 없다. 그는 고린도에 있는 동안(11:9; 또한 빌 4:16 참조) 빈곤에 시달리는 마게도냐 교인들(8:2)이 자신의 필요를 공급하는 데 도움을 주는 것을 걱정하지 않는다. 그는 또한 새로운 지경으로 가기 위해 그들에게 여행 경비를 요구할 때 비용이 얼마나 들까 걱정하지 않는다(고전 16:6, 고후 1:16). 회중의 일부 구성원들은 분명히 부유하고 어느 정도 권력이 있었다.[261] 바울에게 헌금을 한다고 해서 재정적인 어려움을 겪지는 않았을 것이다.

세네카는 재정적 및 사회적 의존성을 언급하기 위해 상응하는 라틴어 단어 onus("부담")를 사용한다.[262] 피터맨은 "부담"이라는 단어가 주고 받는 것으로 인해 발생하는 사회적 의무 또는 책임에 사용되었음을 보여 준다. 그는 바울의 언어가 "사회적 의존을 피하려는 그의 욕망을 가리켜 언급한다"고 주장한다. 바울은 돈을 위해 누구에게도 압력을 가하지 않았으며 후원자가 될 고린도 교인들(또는 다른 사람들)에게 빚을 지기를 단호하게 거부했다. 그는 후원과 관련된 제한적인 사회적 제약에서 벗어나기를 원한다.[263]

---

260 Peterman, *Paul's Gift*, 159.

261 D. Sänger, "Die δυνατοί in 1 Kor 1:26," *ZNW* 76 (1985): 285–91.

262 다음에 인용됨. Peterman, *Paul's Gift*, 160.

263 Peterman, *Paul's Gift*, 169. 플라우투스(Plautus)는 후원자들이 "매일 먹고 싶은 모든 것을 그에게 줌으로써 다른 사람을 통제할 수 있는 방법을 포착한다. 그는 결코 도망치려 하지 않는다. ... 음식과 음료의 유대감은 매우 탄력적이다. 당신이 그들을 더 많이 잡아당길수록 그들은 당신을 더 단단히 붙잡는다."(*Men.*, Act 1, Scene 1, lines 90–95).

고대 세계에서 선물을 받는 것은 감사를 표시해야 하는 사회적 의무를 부과했다.[264] 사회적 대가는 관계를 지시했다. 선물이나 혜택을 받은 사람은 누구나 동일한 것으로 응답할 의무가 있었다.[265] 바클레이는 선물을 받는 것과 관련된 사회적 상호 작용 기대치를 요약한다.

당신이 선물을 받았을 때, 친구에게 의무를 부과할 수 있을 만큼(친구의 도움이 필요할 때를 위해) 가능하면 충분한 증액으로 적절한 보상을 제공하는 것이 중요하다. 그러한 일반적인 호의는 정확한 계산을 배제하지만 누가 누구에게 의무를 지고 있는지에 대한 대략적인 인식이 필요하다.[266]

따라서 선물과 호의는 당연하게 여길 수 없었지만 받는 사람에게 간단한 감사 편지로 이행할 수 없는 심각한 의무를 부과했다. 선물을 받는 것은 결과적으로 상당한 사회적, 재정적 압박을 가했다.[267] 주는 데에 격차가 있을 때, 다른 사람에게 주는 사람은 우월한 지위를 얻었고 받은 사람은 사회적 지위에서 떨어졌다. 사람이 현물로 보답할 수 없다면 최소한 명예와 칭찬을 하거나 말로 감사를 표함으로써 은혜를 갚아야 했다. 그러나 선물에 대해 구두로 감사를 표현하는 것은 평등한 사람들 사이에서 하지 않았으며 더 많은 도움을 청하는 것으로 간주되었을 것이다.[268] 윗사람에 대한 감사는 받은 애정과 호의를 인정하고 부채를 고백하는 것으로 가장 자주 표현되었다. 많은 은인은 받는 사람보다 자신을 높이고 다른 사람에게 베풀면서 자신의 고귀함을 과시하고 공개적으로 알리려고 했다. 세네카는 가장 기쁘게 하는 선물은 선물을 주는 사람이 선물을 주는 데 있어 자신의 우월성을 높이지 않는 선물이라고 말한다(*Ben*. 2.13.2). 그런 종류의 선물은 거의 없었다. 샐러는 다음과 같이 쓴다. "로마인들이 시작한 가장 기본적인 전제는 그들이 필요로 하거나 원하는

---

264 Peterman, *Paul's Gift*, 177. 세네카의 관련 텍스트는 피터맨이 편리하게 수집했다(*Paul's Gift*, 201-4). 세네카는 "혜택을 주는 것은 사회적 행위이며 누군가의 선의를 얻고 누군가에게 의무를 부과한다"(*Ben*. 5.11.5 [Bassore, LCL])라고 말한다. "감사하지 않은 사람은 자신을 고문하거나 괴로워하며, 그가 받은 선물을 미워한다. 왜냐하면 그에게 보답해야 하기 때문이다. 그리고 그는 그 가치를 과소평가하려고 한다."(*Ep*. 81:23 [Gummere, LCL]).

265 모트(S. C. Mott)는 상호성의 규칙이 일련의 의무를 설정한다고 언급한다. 선물의 혜택을 받는 사람은 보답해야 했으며, 이 서로 주는 것은 누가 더 많이 줄 수 있는지를 겨루는 것처럼 보일 수 있다("The Power of Giving and Receiving: Reciprocity in Hellenistic Benevolence," in *Current Issues in Biblical and Patristic Interpretatio*n, ed. G. F. Hawthorne [Grand Rapids: Eerdmans, 1975], 60–61).

266 Barclay, *Paul and the Gift*, 25.

267 세네카는 다음과 같이 표현했다. "사람이 이자 없이 은혜를 갚는다면 그 사람은 배은망덕한 사람이다"(*Ep*. 81:18 [Gummere, LCL]).

268 참조. Seneca, *Ben*. 3.5.2.

것을 다른 사람들에게 줄 수 있는 힘에서 나오는 명예와 위신이었다."[269] 그것이 사람들이 베푼 이유이다. 곤경에 처한 사람들을 불쌍히 여기는 것이 하나님께서 갚아 주실 덕이라고 생각해서가 아니라 그들에게 영광이 주어질 것이라고 생각했기 때문이다.

경제적으로 불리한 사람으로서 바울은 고린도 교인들에게 보답으로 감사를 표할 수 없었다.[270] 감사를 어떻게 표현해야 하는지에 대한 정교한 사회적 규약을 감안할 때 바울이 고린도 교인들의 선물을 받아들였다면 그는 오직 그들에게 명예를 돌리고 찬양함으로 그 은혜를 갚을 수 밖에 없었다. 그 과정에서 사회적으로 열등한 존재가 될 것이었다. 그는 그들의 사도로서 그렇게 할 준비가 되어 있지 않았다. 사람의 손에 입맞추고, 선물을 주고, 굽실거리고, 아첨을 하며 이리저리 뛰어다니면서는 담대하게 복음을 전할 수 없다. 그는 유행이나 후원자의 종이 아니라 그리스도의 종이다. 그는 자신이 모든 사람에게 매여 있고(12:14-15) 모든 사람의 종(4:5, 참조. 고전 9:19)으로 이해하며, 가난한 형제들을 멸시하는 교회의 부유한 사람, 즉 움직이는 사람과 흔드는 사람에 국한되지 않는다(고전 11:17-22).[271] 결과적으로, "바울은 자신의 사도직을 방해하고 편애를 일으키며 명예에 대한 격렬한 분쟁과 권위에 대한 야심찬 주장을 불러일으킬 수 있는 사회적 의무의 무거운 그물에서 거리를 두려고 노력했다."[272] 재정적 의존은 그가 사회적으로 열등하고 그들에게 의무가 있음을 의미한다. 그는 덜 독립적일 것이다. 그리고 가르쳐야 할 것을 가르치고, 그것을 필요로 하는 사람들을 훈계하고, 하나님께서 그에게 지시하신 일을 하는 데 덜 자유로울 것이다.[273] 분쟁이 많은 교회에서 한 그룹에서부터 선물을 받으면 그는 사회적으로 그들의 옹호자가 될 의무가 있으며 더 이상 공정한 중재자로 간주되지 않는다.

---

269 Saller, *Personal Patronage under the Early Empire*, 126. 로마 사회 구조에서 "자선 활동의 정도와 고객의 수는 개인의 사회적 지위와 영향력을 측정하는 중요한 척도였다." 참조. MacMullen, *Roman Social Relations*, 88–120.

270 이 사회적 현실은 왜 바울이 데살로니가 교인들에게 손으로 일하여 "아무에게도 의지하지 아니"(개역개정, "아무 궁핍함이 없게", 살전 4:11-12)하라고 말하는 이유를 설명한다.

271 참조. B. W. Winter, "The Lord's Supper at Corinth: An Alternate Reconstruction", *RTR* 37(1978): 73–82.

272 Stansbury, "Corinthian Honor," 19. 소크라테스처럼 바울도 현물로 보답할 수 없는 선물을 받는 의무적인 위치에 있기를 원하지 않았다. 그것은 자발적인 노예와 수치심의 원인과 유사했다(Seneca, *Ben.* 5.6.2–7; 다음에 인용. Marshall, *Enmity in Corinth*, 16).

273 그들을 가르치기 위해 당신을 고용한 사람에게 재정적으로 의존해야 하는 제약에 대한 루시안(Lucian)의 풍자적 설명을 참조하라(*Merc. Cond.*).

바울은 다른 이유로 자신이 현재 복음을 전하고 있는 교회에서 돈을 받기 거부했다. 용서, 구원, 신성한 사명에 대한 하나님의 은혜로운 제안에 대한 압도적인 감각으로 그는 결코 삯을 받을 수 없었다. 그는 자신을 고용된 일꾼이 아니라 그리스도의 종이라고 공언했다. 그는 하나님이 세상에 구원을 제공하는 데 기업 시스템을 사용하지 않았다는 것을 이해했다. 값을 지불하면 복음을 가질 수 있다. 우리 세상에서는 모든 것과 모든 사람에게 대가가 있는 것 같다. 그러나 복음은 값을 매길 수 없다. 금전적 가치를 부여할 수 없다. 따라서 무료이다. 피는 다음과 같이 관찰한다. "'값없는" 복음을 '값없이' 제공함으로 그의 사역은 복음 자체의 살아있는 패러다임이 된다."[274] 그리스도께서 다른 사람들이 부자가 되도록 가난하게 되신 것처럼(8:9), 바울은 자신을 "가난한 자 같으나 많은 사람을 부요하게" 한다(6:10).

만일 바울이 지지를 거부하면 그의 회심자들이 "자신의 풍족함을 자랑할 기회를 거부하게 되며, 그것은 또한 그들로 하여금 사도의 가난을 동일시하게 하고 따라서 사도들이 더 잘 유지되는 교회들보다 열등하다고 느끼도록 강요한다."[275] 그러므로 그것은 그들을 높이고자 하는 사랑의 행위였다(11:7; 12:15).[276] 그들은 겸손을 배울 필요가 있다. 만약 그들이 사도로서 후견인의 영광을 누린다면 세상에서 약한 자들과 천한 자들과 멸시받는 자에게 임하시는 하나님의 은혜를 깨닫지 못할 것이고 아무도 하나님 앞에서 자랑하지 못할 것이다(고전 1:26-31).[277]

바울은 또한 기부를 받기 위해 항상 손을 뻗은 채 세상을 배회하는 다양한 행상인들과 거리를 두고 싶었을 것이다(행 20:33-35; 살전 2:3-6; 대조. 행 16:16, 19). 영리를 목적으로 하는 교사는 이윤을 늘리기 위해 물건을 팔고 재물에 물을 주는 행상인이다(2:17, 4:2). 그가 한 모든 일에 있어서 최우선적인 관심사는 복음의 진보에 도움이 되는지 방해가 되는지였다(고전 9:12). 그는 선교 사업에 도움이 될 수 있다고 생각하는 모든 일을 했으며, 복음을 받아들이는 데 방해가 될 것이라고 생각했기 때문에 지원을 거부했다.

---

274 G. D. Fee, *The First Epistle to the Corinthians*, NICNT (Grand Rapids: Eerdmans, 1987), 421.

275 Savage, *Power through Weakness*, 92.

276 바울은 2:4; 8:7; 12:15에서 고린도 교인들에 대한 그의 사랑을 표현한다. 우리는 그들을 낮추기 위해 자신을 겸손하게 유지하는 것이 교회의 결정이 아니라 바울의 결정임을 주목해야 한다. 그러나 그들을 겸손하게 한 것은 복음의 본질에 관해 그들에게 무엇인가를 가르치고자 믿음 안에서 그들을 세우려는 그의 열망에서 전적으로 동기가 생긴다.

277 "마게도냐에서 온 친구들"과 "아가야 지방들"에 대한 언급은 그가 단순히 고린도의 사도가 아님을 상기시키는 역할을 한다. 그의 부르심은 온 세상에 있는 이방인들에 대한 것이다.

11:12. 바울은 재정 지원을 거부한 또 다른 동기를 제시한다. 그는 자신과 동등하다고 주장하는 상대의 밑바닥을 잘라내고 싶어 한다. 그는 10장 13, 15절에서 그들이 자랑하는 자임을 암시했을 뿐이며 이제 그는 분명히 그렇게 말한다. 그들은 자신이 그와 같다고 자랑한다. 반대자들은 바울을 희생시키면서 고린도 교인들의 지지를 얻기 위해 나섰다. 그들은 고린도 교인들이 바울에 대한 그들의 애정을 철회하고 그를 어떤 지원에서도 배제하기 원했다. 이것이 이 시대에 악랄한 정치 게임이 작동한 방식이었다. "나의 적이나 라이벌에 맞서 나와 함께 함으로써 나를 지지하는 모습을 보여주시오."

경쟁자들은 바울과 같은 사도적 지위에 오르려고 했다. 바울은 돈을 받지 않고 교회를 섬김으로 그들의 자랑을 폄하한다. 만일 그들이 바울의 지위를 얻고자 한다면 자랑에 대한 그의 입장을 받아들일 필요가 있다. 만일 그들이 그의 사역의 수준에 따라 일하기를 원한다면, 이기적인 길을 버리고 종의 겸손한 역할을 해야 한다(4:5). 값없이 설교하는 그의 관행을 받아들이지 않는 한 그와 동급을 이룰 수 없다.[278] 바렛은 다음과 같이 결론지었다. "진짜 요점은 자기 희생의 요건이 ... 참된 사도와 거짓된 사도를 구별한다는 것이다."[279] 복음을 전하기 위해 기꺼이 재정 지원을 포기하고 일에 자신을 낮추겠는가? 바울은 그럴 가능성이 없다고 생각한다. 자만심과 자기 중심적인 사역 방식은 그들을 거짓 사도로 드러낸다. 그들은 다른 사람을 섬기기 위해 소명대로 사는 사도가 아니라 자신의 사적인 목적을 위해 몰두하는 출세주의자이다. "가장 기쁘게 그들을 위해 쓰고 쓰이게 되는" 그들은 바울처럼 이 공동체의 부모도 아니다(12:14-15). 그들은 교회가 그들에게 희생적으로 기금을 쓰기를 기대하는 기생충이다.

11:13. 바울은 외모가 기만적일 수 있다는 이 편지의 요점을 강조했으며(4:18; 5:12), 파렴치한 사람들이 이기적인 야심을 부추기기 위해 종교적으로 가장할 때 특히 그렇다. 사도직에 대한 경쟁자들의 주장은 너무나 설득력이 있어 고린도 교인들이 속았다. 11장 13-15절에서 바울은 경쟁자들을 정면으로 공격한다. 이 슈퍼-사도들은 사이비 사도로, 아마도 바울이 만든 단어

278 이것은 바울이 의미하는 바에 대한 보다 직접적인 설명이다. 그리고 경쟁자의 의도를 마키아벨리식으로 재구성하는 것보다 선호해야 한다. 예를 들어, 경쟁자가 그의 사도적 정당성을 증명하기 위해 "물리적 지원에 대한 권리를 주장하도록 유도"하려고 했다면 경쟁자의 이점을 훔쳤을 것이다(따라서 Watson, *Second Epistle*, 121). 고린도 교인들의 질문은 바울의 겸손한 태도와 약점이지 그가 정당한 사도인지가 아니다.

279 Barrett, *Second Epistle*, 284-85.

일 것이다(참조. "거짓 형제들" 11:26; 갈 2:4). 그는 진정한 사도와 거짓 사도 사이에 비교가 없기 때문에 이러한 소위 발광체와 자신을 비교할 수 없다.

그들은 기만적인(교활하고, 비뚤어진) 일꾼이다(참조 2:17; 4:2). "일꾼"은 선교사를 가리키는 용어일 수 있다(참조. 마 9:37; 눅 10:2, 7; 딤전 5:18; 딤후 2:15; 행 13:2). 이들은 비밀 요원으로 교회에 침투하려는 악의적인 음모를 꾸미는 불신자들이 아니다. 그들은 "그가 마귀의 일을 하고 있다고 강력하게 비난한 가장하는 그리스도인들이다."[280] 그들은 하나님의 일을 한다고 자신과 다른 사람들을 속일 수 있지만, 자기애와 우월한 분위기는 그들이 하나님이 아닌 다른 사람을 섬기고 있음을 드러낸다.

11:14. 사탄이 빛의 천사로 가장하는 것과 같이 경쟁자들은 사도로 가장한다. 바울은 2장 11절과 4장 4절에서 사탄의 사악한 계획을 언급했다. 그는 이제 반대자들을 하와를 속인 뱀과 연관시킨다(11:3). 사탄은 빛의 천사로 가장할 수 있다. 사탄의 악이 교회에 침투하여 미혹하는 방식이다. 사탄이 의의 옷으로 변장하면 부하들도 마찬가지이다. 라이벌은 그들이 섬기는 주인과 다르지 않다. 바울은 사탄을 빛나는 천사로 언급하기 위해 히브리어 관용구 "빛의 천사"를 사용한다.[281] 그러나 창세기 3장의 이야기는 사탄을 빛의 천사로 명시적으로 언급하지 않았으며, 바울은 일반적으로 사탄이 천사로 변장한 것처럼 보이는 유대 전통을 알고 있었을 것이다. 모세의 묵시 17장 1-2절(그리스어판 아담과 하와의 생애)에서 하와는 사탄이 천사의 모습으로 나타나 천사들처럼 찬미가를 불렀던 유혹을 회상한다.[282] 바울에게 중요한 것은 빛나는 별들은 눈부시게 빛나고 참호에서 일하는 사람들은 바울처럼 천박하고 비천해 보인다. 유혹적이고 교활한 사탄은 하급 일꾼보다 화려한 매력을 지닌 빛

280 Strachan, *Second Epistle*, 24–25.

281 최근에 천사에 대한 관심이 급증하면서 일어나는 위험은 사탄이 밝고 행복한 천사로 가장할 수 있다는 것이다. 그러나 사탄은 결코 연약함과 희생적인 사랑으로 십자가에 못 박힌 자의 역할을 하려고 하지 않는다.

282 아담과 하와의 생애 라틴어판 9:1에서 사탄은 천사의 광채로 변모하여(또한 다음을 참조하라. 12:7, 사탄의 천사) 하와를 속인다. 욥기의 유언 6장 4절에 나오는 욥의 이야기를 다시 말할 때 사탄은 거지, 빵 장수, 페르시아 왕으로 나타나 욥의 친구 엘리후를 통해 말한다. 에녹 1서 19:1에서 에녹은 "여러 가지 모양으로" 여자들과 연합한 천사들의 영을 본다. "그들이 백성을 더럽히고 미혹케 하여 귀신들에게 제사를 신들에게 하듯 하리라." 이 전통은 바울이 갈 1:8에서 "하늘로부터 온 천사"라도 다른 복음을 전파하러 왔다면 그들이 속지 말아야 한다고 경고한 것을 설명할 수 있다. 빛나는 천사의 모습이 항상 무해한 것은 아니며 항상 신뢰할 수 있는 것도 아니다.

나는 별의 모습을 할 가능성이 더 크다.

악마가 우리를 시험하기 위해 가지고 있는 가장 큰 무기는 칭찬과 아첨이다. 뱀은 아담과 하와가 하나님과 같이 될 수 있도록 하는 특별한 지식을 약속한다. 지혜롭게 되기를 원하는 고린도 교인(고전 3:18, 4:10, 부자, 왕으로 통치함[고전 4:8])은 특히 은유적으로 다이아몬드 박힌 사도들이 전하는 거짓 복음에 취약하다. 그것은 인간의 타고난 자부심과 특별함에 대한 열망에 호소한다. 교만으로 부풀어 오른 이 경쟁자들은 그들의 허영심을 쓰다듬어 고린도 교인들을 사로잡는다. 라피드Lapide는 은둔자 아브라함에 대한 다음 설명을 인용한다.

> 한밤 중에 시편을 부르고 있을 때 태양과 같은 빛이 갑자기 그의 감방에 비치고 다음과 같은 음성이 들렸다. "아브라함아 너는 복이 있도다 내 모든 뜻을 이루는 데 이만한 자가 없느니라." 그러나 성도의 겸손은 악마의 속임수를 알아차리고 외쳤다. "네 흑암이 모든 사기와 거짓으로 가득하도다 나는 죄인이기 때문이다. 그러나 내가 사랑하고 사랑하는 내 주 예수 그리스도의 이름이 내 성벽이 되나니 더러운 개야 내가 그 안에서 책망한다." 그리고 악마는 연기처럼 시야에서 사라졌다.[283]

고린도 교인들은 하와처럼 미혹되었다. 바울의 경쟁자들이 제시한 지혜는 하나님께서 어리석게 하시고 멸망시키시며(고전 1:19-20) 그들을 "그리스도를 향하는 진실함과 깨끗함에서"(11:3) 이끌어 내시는(고전 1:19-20) 세상적인 지혜일 뿐이다. 그들의 불순종을 초래했다.

바울은 그들의 죄에 대한 솔직한 비판과 우상 숭배에 대한 어떠한 동업에 대해서도 단호한 입장을 취하는 반면 그들을 아첨하는 자들과 비교할 때 사도로서 덜 매력적이다. 그러나 거짓 아첨자는 마귀의 것이다.

11:15. 3장 9절에서 그는 자신의 사역을 "의를 가져다주는 사역"으로 묘사한다. 그의 복음은 하나님이 "죄를 알지도 못하신 이를 우리를 대신하여 죄로 삼으신 것은 우리로 하여금 그 안에서 하나님의 의가 되게 하려 하심이라"(5:21)라고 선포한다. 경쟁자들은 의로 인도하고 성령으로 뒷받침되는 이 동일한 사역에 참여자로 가장한다.[284] 바울은 그들을 독사의 자식에 속한 사

---

283 Lapide, *II Corinthians*, 163.

284 바울은 그들이 사실 사망에 이르는 정죄를 실행하는 일꾼이라고 말하지 않는다. 본문에는 그들이 여전히 율법에 묶여 있고 이방인들이 하나님께 받아들여질 수 있도록 율법의 의식과 관련된 요구 사항에 순종하도록 하려고 하기 때문에 그들이 가짜 사도라는 암시가 들어 있지

탄의 사기꾼이라고 일축한다. 사탄의 종으로서 탁월한 사기꾼인 그들의 주인과 같다. 바울은 그들의 거짓 신학에 대해 자세히 설명하지 않고 측량할 수 없는 자랑에 더 중점을 둔다. 그들의 태도와 행동은 의의 일꾼이 아니라 사탄의 일꾼임을 드러낸다. 그들은 "의의 일꾼"로 가장하고 거짓 자랑과 남의 공로를 인정하는 거짓 경건으로 본성을 숨긴다.[285] "의의 일꾼"은 완악한 마음의 수건을 없애고 성령으로 하나님의 새 언약 백성이 그리스도의 형상으로 변화되도록 인도한다(3:12-17). 그들은 부끄러운 일과 속이는 행실을 버리고(4:2) 모든 육체의 자랑을 버리고 오직 주 안에서만 자랑한다.

그러므로 이 사람들은 고린도에서 바울의 사도적 활동의 기초를 공격하는 단순한 바울의 경쟁자가 아니라 사탄의 종으로서 하나님의 경쟁자이다(행 13:6-11). "그들을 따르는 것은 저주를 받는 것이다."[286] 이런 말은 거칠게 들릴지 모르지만 바울은 너무 위험한 상황으로 고린도 교인들을 깨우게 하기 위해 강력한 경고가 필요하다고 판단한다. 그의 언어는 마태복음 16장 23절에서 베드로에게 하시는 예수님의 대답, "사탄아, 내 뒤로 물러 가라!"보다 더 가혹하지 않다. 이 대답은 예수님의 복을 불러일으키는 그의 고백(마 16:17-19)과 이어서 예루살렘에서 고난의 운명을 방해하려는 시도(마 16:17-23) 이후에 나타난다. 이 병행은 우리가 바울의 반대자들이 마귀처럼 악하다고 생각할 필요가 없음을 보여 준다. 고린도에 있는 바울의 권위의 터를 무너뜨리고 다툼을 일으키려는 상황에서 그들은 "하나님의 일을 생각하지 아니하고 사람의 일을 생각"(마 16:23)한다. 그들은 자신도 모르게 사탄의 계략에 굴복하여 사탄의 하수인이 되었다. 그러므로 바울은 하나님께서 그들의 행위에 따라 심판하실 사기꾼이라고 비웃는다(5:10). 하나님의 심판은 사람을 그렇게 쉽게 속이는 외모를 따르지 않는다. 하나님이 그들의 행위에 단련하는 불을 붙이실 때, 그들의 행위는 연기 속에서 타버릴 것이다(고전 3:12-15).

다음으로 바울은 고린도 교인들이 거짓 의와 참된 의, 거짓 사도와 참된 사도를 어떻게 분별할 수 있는지에 대한 어려운 문제를 다룬다. 어둠을 빛으로, 거짓을 진리로, 죄를 삶의 대안으로 바꾸는 일꾼은 하나님의 심판을 고려해야 한다. 그는 이 이름 없는 경쟁자들이 악의 세력과 결탁되어 있으며 그 자체

않다.

285 "의의 일꾼"에서 그들이 바넷이 말하는 것처럼 율법의 준수에서 파생된 의와 관련된 사역을 나타낸다고 주장하는 것은 문제를 확장하는 것이다(*Second Epistle*, 527). 속격은 설명적이다. 그들은 의로운 일꾼이라고 주장한다.

286 DiCicco, *Paul's Use of Ethos, Pathos, and Logos*, 172.

가 철저히 악하므로 공동체에서 추방되어야 한다고 주장한다. 그들의 끝은 멸망이 될 것이며(롬 3:8; 빌 3:19), 그들에게 굴복하는 자들도 마찬가지일 것이다.

4.3.6. 어리석음에 대한 정당화: 어리석은 자들을 참는 교회의 자세(11:16-21a)

11:16-19. 바울은 11장 1절에서 말한 어리석은 자랑으로 돌아가서 자신의 어리석은 말에 대해서 그들을 다시 준비시킨다. 그는 고린도 교인들이 어리석은 사람의 변장에 속아 그것을 진정한 사도적 말로 착각하는 것을 원치 않는다. 이 자랑은 모두 어리석은 자의 농담이다. 따라서 그는 자신의 자랑을 위해 두 번째로 정당화한다(참조. 11:4-6). 고린도 교인들은 경쟁자들의 어리석은 자랑을 원망하지 않고 참았으므로 자기 사도의 작은 자랑은 견딜 수 있다. 세상의 부패한 표준에 따라 "여러 사람이 육신을 따라 자랑"한다(11:18). 그것이 고린도 교인들이 듣도록 하는 데 필요한 것이라면 바울은 그렇게 할 것이다. 그러나 그는 몰려서 게임에 마지못해 참여한다(12:11). 11장 17절에서 이것이 사도적 담론의 내용이 아님을 분명히 한다. 그것은 경쟁자를 능가려고 하는 "세속적인 사람"의 것으로, "그 자체가 '어리석은' 야망"이다.[287] 그는 일반적으로 자만하지 않고, 세속적 표준에 따라 행동하지 않으며(10:2) 이러한 표준에 따라 자신이나 다른 사람을 평가하지 않는다(5:16). 다른 사람보다 자신을 더 잘 보여주고자 하는 열망은 어리석은 일이다. 특히 그리스도를 위한 사역과 관련하여 그렇다. 베스트는 다음과 같이 말한다.

> 자랑하는 사람들은 대부분 자신이 그렇게 한다는 사실을 깨닫지 못한다. 바울이 깨닫고 그 어리석음을 이해한 것은 은혜의 표시이다. 다른 사람과의 비교는 자랑이 내재되어 있기 때문에 그들을 낮추는 것이 포함될 수 있다. 과장과 거리가 멀지 않기 때문에 비진리의 위험이 계속된다.[288]

바울이 어리석은 말을 하면 자기 자랑을 하게 될 것이다. 이것은 어리석은 일이며 주님께서 기뻐하실 일이 아니기 때문이다. 그것은 주 안에서 자랑하는 것이 아니며(10:17), 그가 말하는 것은 참으로 자랑할 만한 것이 아니다. 이것이 자신이 하는 일이라고 노골적으로 말함으로써 경쟁자들의 자랑을 훼

287 Holland, "Speaking like a Fool," 256.

288 Best, *Second Corinthians*, 123.

손시킨다. 그들이 하는 일은 어리석고 주님께서 바라시는 일에 반대되는 것이다.[289] 그들은 "주를 따라 하는 말"과 아무 상관이 없는 세속적인 말을 하는 어리석은 자들이다.[290]

11장 18절에 나오는 "육신을 따라"는 그들의 자랑인 유대인의 유산을 가리킬 수 있다. 그것은 자랑의 배후에 있는 태도, 즉 뻔뻔스러운 자신감과 관련이 있을 가능성이 더 크다.[291] 이 건방진 자기 확신은 고린도 교인들을 사로잡았다(11:20). 왜냐하면 그것이 문화적으로 받아들여질 수 있고 그들이 스스로 참여했기 때문이다(참조. 고전 1:12; 3 :21; 4:6-7). 고린도 교인들은 스스로 자랑하는 자들을 문제 삼지 않는다. 왜냐하면 그것이 바로 지도자들이 하기 기대하는 것이기 때문이다. 대조적으로, 그들은 바울의 겸손 때문에 그에 대한 흥미를 잃었다.

바울이 지혜롭고 주를 따라 말할 때 그를 용납하지 않는다면, 그가 어리석게 행동하고 그들이 존경하는 경쟁자들과 같은 방식으로 어리석게 행동하고 자랑할 때 용납할 것이라고 비웃는다. 그는 아이러니하게도 어리석은 사람들에 대한 그들의 비범한 관용에 대해 이렇게 호소한다(11:19). 이 진술은 고린도전서 4장 10절, "우리는 그리스도 때문에 어리석으나 너희는 그리스도 안에서 지혜롭고"와 일치한다. 바울이 이 말을 쓴 이후로 고린도에서는 상황이 많이 바뀌지 않았다. 세상의 지혜에 대해서는 하나님께서 반응하시지 않으신다. 하나님은 지혜 있는 자의 지혜를 멸하시고 세상의 지혜를 어리석게 보이게 하실 것이다(고전 1:19-20). 이 단락에서 바울은 소위 지혜로운 자들의 지혜를 스스로 끌어안고 그것이 어리석은 자의 어리석음임을 보여줌으로써 그것을 파괴한다.[292]

바울이 자랑하는 측면에서 경쟁자들과 같은 수준까지 내려갔을 때에도 여전히 그들을 넘어선다. 그는 보이는 것들에 대해 자랑할 것이다. 그러나 눈에 보이는 것은 고린도 교인들이 관심을 가진대로 그 문제의 일부인 바울의 약점을 지적한다. 연약함을 자랑하는 것은 그가 하나님의 은혜를 설명할 수 있게 해준다.

---

289 베스트는 바울이 주의 권위를 범하는 것에 대해 특별히 민감하다고 지적한다(Best, *Second Corinthians*, 111).

290 ἐν ταύτῃ τῇ ὑποστάσει τῆς καυχήσεως에서 명사 ὑπόστασις는 아마도 9:4에서와 같은 의미일 것이며 자랑의 문제, 계획 또는 시도를 나타낸다.

291 Savage, *Power through Weakness*, 57.

292 새비지는 다음과 같이 말한다. "반대자는 고린도 교인들의 자만심을 이용하여 교회 내에서 스스로 명예와 존경의 자리를 차지하려는 기회주의자들이다"(*Power through Weakness, 158*).

11:20. 바울의 날카로운 말은 고린도 교인들이 경쟁자들로부터 받은 죄를 열거하면서 더욱 날카로워졌다. 특히 자신이 겪은 고충을 나열하기 전에 조롱하는 연민의 표정을 짓는 것이 아이러니하다.[293] 자신을 노예로 삼고 코를 꿰어 끌고 가는 자들을 환영하는 것처럼 보인다.[294]

이 경쟁자들은 권력을 다른 사람들이 순응하는 노예가 되도록 강요하는 것으로 이해한다. 그것은 십자가의 권세가 아니라 강압의 권세이다. 그러나 고린도 교인들은 착취당하는 것을 환영하는 것처럼 보인다. "잡아먹거나"(κατεσθίει, 카테스디에이)로 번역된 동사는 "삼키다"를 의미하고 바렛은 이것을 "누구든지 집과 집 밖에서 너희를 잡아먹는다면"으로 번역한다.[295] 이것은 경쟁자들의 탐욕을 언급하며 바울이 아니라 그들이 교회를 약탈하는 것을 암시한다. 열매를 따기 위해 나무를 베어 쓰러뜨린다. 그들은 공동체의 자원을 먹어치운다. 그들은 "죄악을 행하는 자는 다 무지하냐 그들이 떡 먹듯이 내 백성을 먹으면서"라고 말씀하시는 하나님의 심판을 받게 될 것이다(시 14:4).

교회는 "삼켜지고" "이용"되었다. 바울은 12장 16절에서 같은 동사(λαμβάνει, 람바네이)를 사용한다. 여기서 그는 "내가 ... 교활한 자가 되어 너희를 속임수로 취하였다"라고 말했다. 덫을 놓고 방심하는 자들을 잡는 모습은 사탄의 것이다. 바울의 경쟁자들은 고린도 교인들을 데려와서 그들의 돈을 빼앗았다. 그는 그들을 이용하기를 거부했다.

경쟁자들도 거만했다. 그들은 뽐냈으며 자신을 치켜세웠다. 고린도 교인들은 자신을 낮추는 것보다 높이는 이러한 접근 방식을 더 선호했던 것 같다. 고린도 교인들도 환영받지 못하지만 뺨을 맞고 견디는 것 같았다. 이것은 실제 신체적 폭력에 대한 언급이거나 언어로 당하는 모욕 및 일반적인 구타에 대한 은유일 수 있다. 경쟁자들은 너무 우쭐해져서 자기를 가로막는 사람이라면 누구라도 때릴 수 있다. 고대 세계의 윗사람은 흔히 아랫사람을 이렇게 대했다. 이러한 행동은 그들의 복음이 거짓이라는 명백한 신호이다.

바울은 공격적이고, 탐욕적이며, 권위주의적인 경쟁자들을 그린다. 그들은 또한 자신의 권위를 세우기 위해 다른 사람들을 공격한다.[296] 그는 이렇게

293 DiCicco, *Paul's Use of Ethos, Pathos, and Logos*, 186.

294 우리는 이 진술을 갈 2:4의 병행으로 유대주의자에 관한 언급으로 읽을 필요가 없다. 바울이 율법의 종이 되는 것을 생각했다면 그렇게 말했을 것이다. 그는 여기에서 경쟁자들이 그들을 그들의 노예로 만드는 것에 대해 생각한다(참조. 고후 1:24; 4:5).

295 Barrett, *Second Epistle*, 291. 이 동사는 서기관들이 과부의 재산을 삼켰을 때 사용되었다(막 12:40).

296 바렛은 다음과 같이 말한다. "인간의 힘은 그 열매, 즉 그것을 소유하고 사용하는 사람들이

행동하지 않았다. 어떤 고린도 교인들은 분명히 새롭고 더 강력한 권위를 자랑스러워한다. 그들은 그리스도의 온유와 관용(10:1)을 그들에 대한 바울의 태도가 나약함과 소심함으로 특징지어진다고 해석한다. 고린도 교인들은 더 온유한 지도자보다 폭군을 선호하는 첫 번째가 아닐 것이다. 이스라엘 사람들은 이기적이고 독재적인 왕을 위해서 사무엘을 거부했다(삼상 8장).[297]

11:21a. 신랄한 역설로 바울은 이렇게 고백한다. "나는 우리가 약한 것 같이 욕되게 말하노라." 그는 자신의 연약함을 인정한다(참조. 10:10). 그들은 옳다. 그는 이 점에서 완전히 실패했다. 그러나 하나님에 관한 한 불명예는 그의 것이 아니라 그들의 것이다. 그의 고백은 고통스러운 책망이 된다. 세상의 가치에 관한 한 그는 불명예스럽게 살고 있다. 그러나 하나님에 따르면 영광스러운 자이다(6:8). "강함"이 그의 경쟁자가 한 일을 행하는 것을 의미한다면 그는 의심의 여지없이 약하다. 그러나 그것은 하나님께서 인정하시는 약함이다. 하나님은 교회의 독재자들이 여러 시대에 걸쳐 교회에 가한 독재, 거만함, 비열함을 결코 용납하지 않으신다.[298]

바울은 연약함 때문에 하나님의 능력이 그를 통해 더욱 강력하게 역사할 수 있음을 보여줄 것이다(고전 2:3, 고후 12:9, 13:4). 누가 그리스도의 사람인가? 자기 자랑의 왕좌에 올라 다른 사람들에게 자신의 뜻에 굴복하도록 강요하고 반대를 무자비하게 밟는 자랑스러운 독재자인가? 아니면 다른 이들에 대한 배려와 영적 행복에 대한 헌신만이 그들이 다스리는 유일한 표지인 온유하고 겸손한 종인가? 바울의 대답은 빌립보서 2장 6-8절, 로마서 15장 3절, 고린도후서 8장 9절에서 찾을 수 있다. 그는 다른 사람들을 위해서 이기적이지 않고 희생적인 섬김으로 그리스도와 수치를 기꺼이 나눈다.

존엄성과 영향력을 획득함으로써 알 수 있다. 하나님의 능력은 또한 그 열매로 알려져 있다. 인간의 회심과 새로운 기독교 사회로 세워지는 것이다"(*Second Epistle*, 292). 경쟁자들은 찬사와 권력을 획득하면서 첫 번째에 뛰어났다. 그러나 두 번째와 관련해서 경작되지 않은 들판에 손을 뻗어 그리스도께로 개종시키고 믿음의 공동체를 세우는 일에 실패했다. 따라서 바울은 그들을 거짓 사도로 규정한다.

297 Winter, *Paul and Philo*, 230.

298 렘 13:17에서 여호와는 백성의 교만으로 말미암아 예레미야는 "은밀한 곳에서 울 것이며 … 눈물을 흘려 통곡하리라"라고 말한다. 왜냐하면 그들이 포로가 될 것이기 때문이다. 바울은 교만이 사탄으로 이끌고 갈 것이기 때문에 이 교회를 염려한다.

4.4. 바울의 어리석은 자랑(11:21b-12:13)

21b 그러나 누가 무슨 일에 담대하면 어리석은 말이나마 나도 담대하리
라 22 그들이 히브리인이냐 나도 그러하며 그들이 이스라엘인이냐 나도 그
러하며 그들이 아브라함의 후손이냐 나도 그러하며 23 그들이 그리스도의
일꾼이냐 정신 없는 말을 하거니와 나는 더욱 그러하도다 내가 수고를 넘치
도록 하고 옥에 갇히기도 더 많이 하고 매도 수없이 맞고 여러 번 죽을 뻔하
였으니 24 유대인들에게 사십에서 하나 감한 매를 다섯 번 맞았으며 25 세
번 태장으로 맞고 한 번 돌로 맞고 세 번 파선하고 일 주야를 깊은 바다에서
지냈으며 26 여러 번 여행하면서 강의 위험과 강도의 위험과 동족의 위험과
이방인의 위험과 시내의 위험과 광야의 위험과 바다의 위험과 거짓 형제 중
의 위험을 당하고 27 또 수고하며 애쓰고 여러 번 자지 못하고 주리며 목마르
고 여러 번 굶고 춥고 헐벗었노라 28 이 외의 일은 고사하고 아직도 날마다
내 속에 눌리는 일이 있으니 곧 모든 교회를 위하여 염려하는 것이라 29 누가
약하면 내가 약하지 아니하며 누가 실족하게 되면 내가 애타지 아니하더냐

30 내가 부득불 자랑할진대 내가 약한 것을 자랑하리라 31 주 예수의 아
버지 영원히 찬송할 하나님이 내가 거짓말 아니하는 것을 아시느니라 32 다
메섹에서 아레다 왕의 고관이 나를 잡으려고 다메섹 성을 지켰으나 33 나는
광주리를 타고 들창문으로 성벽을 내려가 그 손에서 벗어났노라

12:1 무익하나마 내가 부득불 자랑하노니 주의 환상과 계시를 말하리라
2 내가 그리스도 안에 있는 한 사람을 아노니 그는 십사 년 전에 셋째 하늘
에 이끌려 간 자라 (그가 몸 안에 있었는지 몸 밖에 있었는지 나는 모르거니
와 하나님은 아시느니라) 3 내가 이런 사람을 아노니 (그가 몸 안에 있었는
지 몸 밖에 있었는지 나는 모르거니와 하나님은 아시느니라) 4 그가 낙원으
로 이끌려 가서 말로 표현할 수 없는 말을 들었으니 사람이 가히 이르지 못할
말이로다 5 내가 이런 사람을 위하여 자랑하겠으나 나를 위하여는 약한 것들
외에 자랑하지 아니하리라

6 내가 만일 자랑하고자 하여도 어리석은 자가 되지 아니할 것은 내가 참
말을 함이라 그러나 누가 나를 보는 바와 내게 듣는 바에 지나치게 생각할까
두려워하여 그만두노라 7 여러 계시를 받은 것이 지극히 크므로 너무 자만하
지 않게 하시려고 내 육체에 가시 곧 사탄의 사자를 주셨으니 이는 나를 쳐
서 너무 자만하지 않게 하려 하심이라 8 이것이 내게서 떠나가게 하기 위하
여 내가 세 번 주께 간구하였더니 9 나에게 이르시기를 내 은혜가 네게 족하
도다 이는 내 능력이 약한 데서 온전하여짐이라 하신지라

그러므로 도리어 크게 기뻐함으로 나의 여러 약한 것들에 대하여 자랑하리니 이는 그리스도의 능력이 내게 머물게 하려 함이라 10 그러므로 내가 그리스도를 위하여 약한 것들과 능욕과 궁핍과 박해와 곤고를 기뻐하노니 이는 내가 약한 그 때에 강함이라

11 내가 어리석은 자가 되었으나 너희가 억지로 시킨 것이니 나는 너희에게 칭찬을 받아야 마땅하도다 내가 아무것도 아니나 지극히 크다는 사도들보다 조금도 부족하지 아니하니라 12 사도의 표가 된 것은 내가 너희 가운데서 모든 참음과 표적과 기사와 능력을 행한 것이라 13 내 자신이 너희에게 폐를 끼치지 아니한 일 밖에 다른 교회보다 부족하게 한 것이 무엇이 있느냐 너희는 나의 이 공평하지 못한 것을 용서하라

4.4.1. 자랑의 주제: 유대인 혈통(11:21b-22)

11:21b. 이제 바울은 경쟁자들의 과장된 주장에 대항하기 위해 자신의 자랑을 시작할 준비가 되었다. 우리는 바울의 말에서 경쟁자들이 유대적 유산을 자랑하고 사역을 고상하게 만든 다양한 성취를 자랑했으며 놀라운 이상과 계시를 떠벌였다고 추론할 수 있다. 바울도 히브리인이며(11:22), 사역에서 수많은 고난을 견디고(11:23-29), 특별한 이상을 경험했다(12:1-4). 그러나 문제는 바울이 상대방의 자랑을 흉내내는 것인지, 자신이 성취한 직접적인 목록을 제시하는지, 아니면 두 가지를 섞은 것인지이다.

포브스Forbes는 바울의 어리석은 말이 "반대자들의 허세를 거침없이 패러디한 것"이라고 주장한다.[299] 퍼니시는 바울이 상대방의 자랑을 이기려고 하는 것이 아니라 그들의 주장을 희화화하려고 한다는 데 동의한다.

> 자신이 특별한 사도적 능력과 종교적 통찰력을 가지고 있다고 주장하는 사람들의 가식적인 자랑에 반대하여 바울은 고난의 긴 목록(11:23b-29)과 도움이 전혀 되지 않는 종교적 지식을 낳는 천국의 여행에 대한 특이한 설명을 한다(12:1-4). 이것은 사도가 11장 30-33절과 12장 5-10절에서 분명히 말했듯이, 약함을 자랑하는 것이다.[300]

그러나 바울은 자신의 혈통을 직접적으로 언급하며 시작한다. 그들은 히브리인, 이스라엘 민족, 그리고 아브라함의 후손이라고 주장한다. 그도 마찬가지

299 Forbes, "Comparison, Self-Praise and Irony," 18; 또한 Judge, "Paul's Boasting," 47; Barnett, *Second Epistle*, 534.

300 Furnish, *II Corinthians*, 533.

이다! 사도로서 그가 이룬 최고의 업적을 나열하는 대신 자신의 고난을 자세히 설명하는 것이 놀랍다. 그는 고난을 통해 사도로서의 소명을 살아 간다. 고린도후서의 세 번째 고난 목록이며 4장 8-10절과 6장 4-10절의 처음 두 목록은 패러디가 아니다. 이 목록도 패러디가 아니다. 피츠제럴드Fitzgerald는 고난을 극복하는 것이 사람을 고귀하고 존경받을 만한 사람으로 만든다는 것을 보여 주었다.[301] 예를 들어, 에픽테투스Epictetus는 역경에 대한 반응이 철학을 엄격한 훈련한 증거라고 주장했다.[302] 반대자들은 유대인 혈통을 자랑했을 뿐 아니라, 또한 자신의 수고와 성공적으로 인내한 고난을 자랑했을 수 있다.[303]

바울은 자신이 고난을 받았고 경쟁자들은 고난을 받지 않았다고 말하지 않고(대조. 갈 6:12) 자신이 더 고난을 받았다고 말한다. 분명히 그는 이러한 고난이 의미하는 바를 해석하는 방식에 차이가 있다.[304] 11장 23절의 "내가 수고를 넘치도록 하고 옥에 갇히기도 더 많이 하고"라는 비교는 패러디하는 것처럼 들리지 않는다. 홀란드Holland는 수고의 기록을 "바울이 그의 반대자들이 이미 선택한 수단, 즉 복음을 위한 고난을 통해 자신의 우월한 지위를 입증한다"는 의미로 해석한다.[305] 그들이 자신의 고통을 영웅적인 시련으로 평가했다는 것은 가능하다. 바울은 그보다 더 큰 시련도 용감하게 겪었다고 반박한다.[306] 바울은 그들보다 더 고난을 당했기 때문에 더 자랑스러워할 수 있다. 크리소스토무스John Chrysostom는 이 본문을 다음과 같이 읽었다.

---

301 Fitzgerald, *Cracks in an Earthen Vessel*, 47–116.

302 Epictetus, *Diatr*. 3.10.8, 10–11. 세네카는 "하나님은 그분이 인정하시고 사랑하시는 자들을 강퍅케 하시고, 검열하고, 징계하신다"(*Lucil*. 4.7 [Gummere, LCL]).

303 피츠제럴드(Fitzgerald)는 반대자들도 자신이 그리스도의 사역자임을 증명하기 위해 고난을 열거했다고 주장한다. 고난의 목록은 철학자의 철학의 진실성과 현자로서의 그의 지위에 대한 증거를 제공하는 데 사용되었기 때문이다(*Cracks in the Earthen Vessel*, 44-51, 85–86). 비쉬마이어(Wischmeyer)는 또한 반대자들이 자신들의 고난과 투쟁을 자랑했다고 주장한다(*Der höchste Weg*, SNT 13 [Gütersloh: Mohn, 1981], 85–86). 이 견해에 대해 다음을 참조하라. Wolff, *Die zweite Korintherbrief*, 232.

304 Fitzgerald, Cracks in an Earthen Vessel, 25n95.

305 Holland, "Speaking like a Fool," 259. 또한 다음을 참조하라. 그는 반대자들과 바울의 고난은 더 힘든 상황에서 더 많은 고난을 겪었다는 차이점이 있다(Andrews, "Too Weak Not to Lead," 274). 피터슨은 다음과 같이 쓴다. "이 목록을 패러디로 읽어서는 안 된다. 바울은 세상이 자랑하는 것처럼 여기에서 *κατὰ σάρκα*를 자랑한다(11:18)"(*Eloquence and Proclamation*, 118).

306 게오르기Georgi는 바울이 "자신의 고난을 자랑"하는 반면 반대자들은 "그들의 영적 경험과 강력한 행위를 자랑"한다고 주장한다(*Opponents of Paul*, 280). 그는 그들이 스스로를 인간의 한계를 초월한 신성한 사람으로 여겼다고 가정한다. 이러한 한계를 초월하는 한 가지 방법은 다양한 시련에서 자신을 승리로 이끄는 것이었다.

> 이러한 것들은 사도적 정신의 일부이며, 그토록 큰 고난을 겪으면서도 휘둘리지 않고 어떤 일이 닥쳐도 고상하게 인내하는 것이다. ... 꺼지지 않는 불의 불꽃이 바다에 떨어지는 것처럼, 많은 파도가 그 위에 휩쓸리듯 합쳐지지만, 다시 수면 위로 빛나며 솟아오를 것이다. 이와 같이 복된 바울도 지금 위험에 압도되었을 것이 분명하며, 때때로 위험을 딛고 나서 더욱 찬란하게 나타나서 고난을 당하고 악을 이기게 될 것이다.[307]

바울은 논쟁의 여지가 없는 사실에 호소한다. 그러나 이런 것들에 대한 자랑은 고린도에서의 그의 사역과 상관이 없고 오직 다른 이들보다 우월함을 나타내는 것이므로 육체를 따라 자랑하는 것이고 따라서 어리석은 말이다. 그것은 바울의 개인적인 용기를 찬미하는 승리주의적 해석(예를 들어, 크리소스토무스John Chrysostom의 말로 표현되는)으로 이어진다. 그러나 이러한 자랑은 바울의 고난의 인내가 그가 나약한 사람이 아님을 드러낸다.[308] 바울이 고린도 교인들이 이 고난의 이야기에서 도달하기 원하는 결론은 그가 "환난과

---

307 John Chrysostom, *Hom 2 Cor*. 25.2.

308 플루타르크는 알렉산더를 자랑스러워한다. "하지만 내 몸에는 적대적인 행운의 징표가 많이 있지만 내 동맹은 없다. 첫째, 일리리아인들 가운데 내 머리는 돌로, 목은 곤봉으로 맞았다. 그런 다음 그라니쿠스(Granicus)에서 적의 단검에 머리가 베이고, 이수스(Issus)에서는 허벅지가 칼에 찔렸다. 다음으로 가자에서 화살에 맞아 발목이 부상을 당했고 어깨가 탈구되었으며 심하게 빙빙 돌았다. 그리고 마라톤에서 화살에 맞아 다리뼈가 부러졌다. 그곳에서 내가 인도인들 사이에서 받은 매질과 기근의 격렬함으로 마지막 날을 기다리고 있었다. 아스파시아족(Aspasians)에게 화살로 어깨를 맞았고 구래아족(Guraeans)에게 다리의 부상을 입었다. 말리족 사이에서 화살 자루가 내 가슴 속 깊이 파고들어 그 강철이 들어 왔다. 그리고 나는 곤봉에 목을 맞았다. ... 게다가 전쟁 자체의 시험이 있었다. 즉, 폭풍, 가뭄, 깊은 강, 새가 없는 높은 바위, 기괴한 모양의 사나운 짐승, 미개한 생활 방식, 계속해서 나타나는 왕들과 그들의 반복적인 배반 등이다"(*Alex*. 341e-f, 다음에 인용됨. Hodgson, "Paul the Apostle and First Century Tribulation Lists," 79–80). 알렉산더는 자신의 환난을 신격화의 길로 대담하게 인식했다. 바울은 그러한 자랑을 완전히 어리석은 것으로 해석하고, 그의 환난은 자신을 신격화하려는 모든 시도에서 벗어나 약함 속에서 역사하는 하나님의 능력을 가리킨다. 이것은 제국 전역에 알려진 신격화된 아우구스투스의 기념 연대기("res gestae")보다 더 적절한 병행으로, 모든 황제의 많은 업적을 반복한다. "두 번이나 승리의 박수를 받았다. 세 번이나 나는 고관대작들의 승리를 축하했다. 나는 스물 한 번 황제라는 호칭을 받았다." 고난의 목록이 다른 많은 작가들에게서 발견되기 때문에 바울이 의식적으로 이 형식을 모방한 것 같지는 않다.

위더링턴이 주장하는 것처럼 이러한 해석은 바울이 자신의 불행과 그의 업적을 혼합하여 청중의 호의를 얻는 방법에 대한 전술을 채택할 가능성을 낮춘다. 그는 "적어도 일부 청중을 동요시킨 상대의 공격을 받을 때" 청중의 호의를 얻는 방법에 대해 키케로(*Inv*. I.16.22)를 인용한다. "교만하지 않고 우리 자신의 행동과 섬김를 언급한다면, 제기된 혐의의 영향을 약화시키고, 우리에게 부과된 덜 명예로운 거래에 대한 의심을 약화시키고, 불행을 확대한다면, 우리에게 닥친 어려움이나 여전히 직면하고 있는 어려움, 그리고 겸손하고 순종하는 마음으로 기도와 간청을 한다면, 우리는 우리 자신에 대한 호의를 얻을 것이다"

온갖 어려움과 수고와 박해 가운데서 인내와 용기와 불굴로 가득 차 있다는 것이다."[309]

그러므로 바울은 경쟁자들과 하나씩 겨루고 뛰어나다는 것을 보이며 자신의 강함을 과감히 자랑하는 방법으로 자신의 어리석음을 시작한다.[310] 그는 11장 29절에서 자신의 약점으로 전환한다. 장점은 그가 이 최상급 사도들보다 우월하다는 것을 증명하지 못하지만 적어도 그가 그들보다 열등하지 않다는 것을 증명한다. "나는 약한 것 같이"(11:21), "누가 약한가?"(11:29)와 같은 약함의 언급은 그의 혈통과 고난을 묶어 버린다. 이러한 약점은 그의 사역에서 하나님의 능력의 증거이다(참조 4:7; 12:9).

그는 경고를 더한다. 강점을 뽐내는 이런 종류의 담론은 완전히 어리석은 것이다. 그는 "자랑하려는 자", 즉 스스로 비교하고 헤아리며(10:12), 시험을 받고 옳다 인정을 받은 자로(10:18), 그리고 지극히 큰 사도로(11:5) 스스로 칭찬하는 자들을 표적으로 삼는다. 바울은 자기 자랑을 시작하기 전에 자랑하는 것은 어리석다고 강조한다. 다른 사람들이 자랑할 만한 것으로 여겨도 사실은 자랑할 것이 없고, 다른 사람과 비교하는 것은 그의 사역을 정당화할 수 없다. 오히려 자신의 연약함에도 불구하고 하나님의 능력이 그의 사역을 통해 어떻게 흘러가는지 자랑하려고 했다.

11:22. 베츠는 좋은 혈통이 헬레니즘 수사학의 표준적인 주제였다고 말한다.[311] 이 세상에서 고귀한 혈통은 천박한 시작에서 나온 것이 아니며 진정한 명망을 위한 필수 조건이었다. 고귀함은 잘 태어난 사람들에게만 나타난다는 대중적인 편견이 있었다(참조. 고전 1:26).[312] 경쟁자들은 "그리스도의 종"으로서 최상급의 자격을 증명하기 위해 자신들의 유대인 혈통을 선전한 것 같다. "히브리인"은 팔레스타인에서 유래한 유대인을 가리킬 수도 있고 단순히 히브

309 J. Lambrecht, "Strength in Weakness: A Reply to Scott B. Andrews' Exegesis of 2 Cor 11:23b–33," *NTS* 43 (1997): 288.

310 철학자와 소피스트 사이의 논쟁에서 "감히 하다"(τολμᾶν, 또한 10:2, 12)의 사용에 대해서는 다음을 참조하라(Betz, *Der Apostel Paulus*, 67-69). 그는 그것을 뻔뻔스러운 선전으로 특징지어지는 대담한 사기꾼으로 치부된 소피스트들을 매도하는 용어라고 설명한다. "자랑하다"는 이 본문에 본문에 빠져 있지만 이 단어로 이해되어야 한다.

311 Betz, *Der Apostel Paulus*, 97.

312 요세푸스는 유대 역사에 관해 글을 쓸 수 있는 자격을 보여주기 위해 왕족과 제사장의 혈통에서 인종적으로 순결한 한 족보를 제시한다(Life 1-6). 댕커(Danker)는 자신의 조상을 언급함으로써 더 높은 지위를 자랑할 수 있을 뿐만 아니라 "자신의 행동이 과거에 세워진 높은 표준에 부합한다"고 말한다(*II Corinthians*, 179).

리어를 말하는 사람들을 가리킬 수도 있다.[313] 바울은 아마도 이 용어를 자신의 나라에 대한 옛 명칭으로 사용했을 것이다.[314] 하나님께서 이 백성을 이 땅의 혈통(창 11:14), 언어, 믿음, 관습을 가진 다른 모든 민족과 구별하셨음을 기억한다.

"이스라엘인"은 "한 민족과 종교의 구성원"을 의미한다.[315] 이것은 하나님께서 야곱에게 부여하신 이름이었다(창 32:28). 바울은 양자 됨, 하나님의 영광, 언약들, 율법을 세우신 것, 성전 예배와 약속들, 족장들, 메시아가 이스라엘의 것임을 확증한다(롬 9:4-5). "아브라함의 후손"("아브라함의 씨")은 메시아적 축복이 예정된(요 8:33, 37; 히 2:16) 약속의 백성을 가리킨다(창 12:7, 13:15, 15:5, 17:7, 22:17-18, 24:7, 28:4). 이 용어는 바울과 그의 경쟁자들이 순혈 유대인임을 확증한다. 바울은 다른 목적으로 다른 곳에서 이 진리를 증언했다. "나도 이스라엘인이요 아브라함의 씨에서 난 자요 베냐민 지파라"(롬 11:1), "만일 누구든지 다른 이가 육체를 신뢰할 것이 있는 줄로 생각하면 나는 더욱 그러하리니 나는 팔일 만에 할례를 받고 이스라엘 족속이요 베냐민 지파요 히브리인 중의 히브리인이요"(빌 3:4-5, 참조. 갈 1:14, 사도행전 22:3, 26:4-5).

바울은 다른 편지에서 이러한 범주의 궁극적인 중요성을 재정의했다. 그는 "하나님의 이스라엘"(갈 6:16)을 언급하며, 여기에는 그리스도를 믿고 다음 규칙을 따르는 유대인과 이방인이 포함된다. "할례나 무할례가 아무것도 아니로되 오직 새로 지으심을 받는 것만이 중요하니라"(갈 6:15). 그러므로 하나님의 이스라엘은 "육신으로는 이스라엘"(직역. 고전 10:18)의 반대에 서 있다. 왜냐하면 "이스라엘에게서 난 그들이 다 이스라엘이 아니"(롬 9:6)기 때문이다. 이 견해는 후기 랍비 본문에서 표현된 유대인의 자부심에 도전한다. "나는 세상에 오는 만물 위에 있는 하나님이요 오직 너희와만 내 이름을 가졌다. 나는 우상 숭배자의 하나님이 아니라 이스라엘의 하나님이라 불린다"(Exod. Rab. 29). 바울에 따르면 하나님의 택하신 백성은 이제 그리스도를 믿고 그와 함께 장차 올 영광의 상속자가 된 이방인을 포함한다(롬 8:15-17).

바울은 또한 아브라함과 같은 믿음을 가진 이방인을 포함시키기 위해

313 행 6:1; 다음을 참조하라. Philo, *Dreams* 2.250; *Migration* 28.

314 Bultmann, *Second Letter*, 214.

315 Bultmann, *Second Letter*, 214. 3:7, 13의 "이스라엘 자손들"과 행 2:22, 3:12, 5:35, 13:16, 21:28에서 "이스라엘 사람들"을 보라. 또한 제 4마카비서(4 Macc 18:1), "아브라함의 씨가 된 이스라엘 자손들아, 이 율법을 지켜 범사에 경건을 행하라"을 참조하라.

"아브라함의 씨"를 재정의한다(갈 3:7; 롬 4:12). 그는 빌립보 교인들에게 자신의 혈통에 대한 이와 같은 자랑을 신뢰했지만, 더 이상 그렇게 하지 않는다(빌 3:4-6). 그는 이것을 "내 주 그리스도 예수를 아는 지식이 가장 고상"함(빌 3:7-9)에 비하면 "배설물"로 여긴다. 그리스도 안에 있는 새 창조로 인해 그러한 민족적, 종교적 구별을 내세운다. 그러나 경쟁자들이 여전히 그러한 것들을 인상적으로 여긴다면, 그도 그들과 다름 아닌 유대인이다.

4.4.2. 자랑의 주제: 더 큰 고난(11:23-29)

11:23. 반대자들은 또한 분명히 "그리스도의 일꾼"이라고 주장한다.[316] 여기서 이 용어는 겸손한 종이 아니라 하나님의 계시의 대리인인 "하나님의 대사들"을 의미한다.[317] 예수님은 거짓 선지자들이 와서 "주여, 주여"라고 올바른 말을 하지만 속으로 먹이를 찾아 날뛰는 늑대인 그들에 대해서 경고하셨다(마 7:15-21). 바울의 경쟁자들은 자신들의 "그리스도의 일꾼"이라는 칭호를 오만하게 여기며 다른 사람들을 자신들보다 열등하게 만드는 높은 지위를 그들에게 부여하는 것으로 이해했다. 그들은 선교에 파견된 사람으로 생각할 수 있다. 그러나 그들의 사역은 "그리스도의 이름을 부르지 않는 곳에 복음을 전파"(롬 15:20)하는 것이 아니라 자신의 명성을 높이고 다른 사람의 기초 위에 세우는 것이다. 오만하고 자랑스러운 태도는 그들이 진정으로 섬기는 분을 배반한다.

"나는 더욱 그러하도다"(ὑπὲρ, 휘페르, "나는 더 나은 사람이다")라고 말하는 것은 아마도 바울에게 고통스러웠을 것이다. 그것은 경쟁자들이 자신들을 슈퍼(ὑπερλίαν, 휘페르리안) 사도로 규정하는 방식과 너무 비슷했다. 그러므로 바울이 고린도 교인들에게 이런 말을 하는 것은 완전히 미친 짓임을 일깨워준다. 그것이 하나님의 진리(그가 더욱 그러하다)일지라도 하나님의 진리는 그런 자랑스러운 비교로 표현되지 않는다. "정신 없는"(παραφρονῶν, 파라프로논) 말은 어리석음(ἀφροσύνη, 아프로쉬네)보다 훨씬 더 강력하다. 그는 완전히 정신이 나간 사람처럼 말한다. 이 언어는 경고하는 역할을 한다. 이런 종류의 자랑으로 나를 본보기로 삼아 따르지 말라!

---

316 이 단어는 에바브라를 언급하는 골 1:7에 나온다. 또한 바울이 고후 6:4에서 자신을 언급하면서 "하나님의 일꾼"을 사용한 것을 참조하라.

317 J. J. Collins, *Diakonia: Re-interpreting the Ancient Sources* (Oxford: Oxford University Press, 1990), 77–95.

바울은 이제 어떻게 그의 경쟁자들을 능가하는지 나열한다. 첫째, 그는 훨씬 더 많이 수고한다.[318] 이 말은 그가 이전에 고린도 교인들에게 했던 말을 떠오르게 한다. 그는 첫 제자들보다 더 열심히 일했지만 자신이 아니라 자신과 함께 하는 하나님의 은혜라고 말함으로써 이 말을 정당화했다(고전 15:10). 단순하게 바울은 자신의 수고가 더 크다고 주장한다. 그러나 바울은 그가 세운 교회의 수, 회심자를 만든 것, 치유된 사람들, 성경에 대한 그의 탁월한 훈련, 또는 그리스도의 놀라운 부르심과 회심에 대한 이야기를 생략한다.[319]

다음으로, 그는 자신이 훨씬 더 큰 고난을 받았고, 더 많이 투옥되었고, 더 많이 맞았고, 죽음의 곤경을 겪었다고 주장한다.[320] 그의 언어는 이러한 상황이 전형적이고 반복된다고 보여 준다. 사도행전은 이 편지가 기록되기 전에 빌립보에서 투옥되었다고 보고한다(행 16:23-40). 브라운은 바울의 고난에 대한 설명을 사도행전의 내용과 비교하는 것은 "사도행전은 오히려 우리로 하여금 사도의 탁월한 경력을 과소평가하도록 이끌 수 있음을 보여 준다"라고 제시한다.[321] 그러나 바울은 성화된 자기학대를 하고 있지 않다. 에픽테투스에 따르면 진정한 철학자는 제우스가 부여한 직무를 자랑하지 않는다. 그는 자신의 행동으로 그것을 증명한다.[322] 하나님이 정하신 훈련과 교육의 증거는 졸업장이나 수사학에 따라 감동적인 연설을 작성하고 전달하는 능력이 아니라 역경에 대한 합당한 대응이었다.[323]

저지는 바울이 더 나은 것을 기대할 수 없는 천한 사람이었다면 바울의 "끔찍한 개인 재난 목록"이 아무런 영향을 미치지 못했을 것이라고 설득력 있게 주장한다. 고난의 목록은 그가 높은 지위를 가진 사람으로 이해된다면 가슴에 와 닿았을 것이다. 이러한 고난은 그가 예상한 운명이 아니라 그가 받아들이고 극복한 것이었다.[324] 보다 일반적인 특징인 4장 8-9절 및 6장 8-10절의 목록과 달리 이제 환난의 목록은 구체적이다. 하비Harvey는 이 육체의 언어

---

318 퍼니시는 περισσοτέρως가 "더 큰 어려움, 또는 아마도 더 큰 정도"를 의미할 수 있다고 지적한다(*II Corinthians*, 515).

319 Best, *Second Corinthians*, 123–24.

320 클레멘스 1서 5:6은 바울이 일곱 번 투옥되었다고 언급한다. 그러나 퀸(J. D. Quinn)은 이 기록의 정확성에 이의를 제기했다("'Seven Times He Wore Chains' [1 Clem 5.6]," *JBL* 97 [1978]: 574–76).

321 Brown, *Introduction to the New Testament*, 557.

322 Epictetus, *Diatr*. 3.24.118.

323 Fitzgerald, *Cracks in an Earthen Vessel*, 112.

324 Judge, "St Paul as a Radical Critic of Society," 192.

수준에서 바울이 일반적인 용어가 아니라 "그의 모든 다양한 고통이 순전하게 누적된 무게로 자신의 우월함을 보여야" 한다고 믿는다.[325]

"여러 번 죽을 뻔 하였으니"은 문자적으로 "자주 죽을 뻔 하였으니"로 읽을 수 있다. 엘링워스Ellingworth는 이 문구가 바울의 주장을 새로운 단계로 시작할 수 있다고 주장한다. "여러 번 죽을 하였으니, ... 다섯 번 맞았으며"라고 말한다.[326] 마침표는 '맞았으며' 뒤에 와야 하며, 새로 시작하는 생각은 "자주 죽을 뻔 하였으니"로 번역되어야 한다. 이 내용이 맞다면, 바울은 이어지는 위험한 상황에서 죽음에 가까워졌다는 의미이다.

11:24. 바울은 예수께서 제자들에게 직면하게 될 채찍질에 대한 회당의 징계를 언급한다. "사람들을 삼가라 그들이 너희를 공회에 넘겨 주겠고 그들의 회당에서 채찍질하리라"(마 10:17).[327] 바울은 회심하여 부르심을 받기 전에 유대인 그리스도인들에게 이 형벌을 가했을 수도 있다(갈 1:13). 맞아야 하는 채찍의 수는 범죄의 심각성에 따라 다르다. 신명기 25장 1-3절은 형벌이 잔인한 굴욕으로 변질되지 않도록 때릴 수 있는 최대를 40번으로 규정한다. 당신의 이웃이 당신이 보기에 모멸스러운 모습이 아니어야 한다는 신명기의 우려에도, 요세푸스는 채찍질을 가장 수치스러운 형벌로 여겼다.[328]

우리는 회당이 바울에게 이 형벌을 내린 이유를 정확히 알 수 없다. 가장

325 Harvey, *Renewal through Suffering*, 100.

326 P. Ellingworth, "Grammar, Meaning and Verse Divisions in 2 Cor 11.16-29," *BT* 43 (1992): 245–46.

327 미쉬나의 마콧(Makkot, "채찍질") 편은 40번의 채찍질(신 25:2-3), 거짓 증인(신 19:16-21), 도피성(민 35:10-15; 신 19:2-10)의 주제를 다룬다. 채찍질에 합당한 범죄는 m. Mak 3:1-9, 3:10-15에 나열되어 있고 어떻게 해야 하는지 설명한다. 1세기까지 최대 40번의 채찍질이 39번으로 줄어들었는데, 이는 잘못된 계산과 규정된 수를 초과하는 것을 방지하기 위한 것이었다. 채찍질의 수는 3으로 나누어져야 했다(m. Mak. 3:11). 이 숫자는 세 개의 끈으로 된 채찍을 사용했기 때문일 수 있다. 13번의 채찍질은 39번의 채찍질과 같다. 그 숫자는 히브리어로 "네 형제"(אחיך)에 해당하는 글자의 숫자 값을 더한 것에 기인할 수 있으며, 합하면 39가 된다(게마트리아, 'gematria' 사용).

마콧(Makkot)이 1세기 관행을 반영한다면 희생자는 옷을 벗고 기둥에 묶였다. 채찍질의 3분의 1은 앞에, 나머지는 뒤에 가해지는 동안 시중드는 사람은 반복적으로 신명기 28:58-59을 낭독했다.

"네가 만일 이 책에 기록한 이 율법의 모든 말씀을 지켜 행하지 아니하고 네 하나님 여호와라 하는 영화롭고 두려운 이름을 경외하지 아니하면 여호와께서 네 재앙과 네 자손의 재앙을 극렬하게 하시리니 그 재앙이 크고 오래고 그 질병이 중하고 오랠 것이라." 바울은 갈 3:10에서 이 본문을 인용하여 율법의 행위를 의지하는 자는 다 율법의 저주 아래 있다는 점을 뒷받침한다.

328 Josephus, *Ant*. 4.8.21 §238.

좋은 추측은 예수를 메시아와 주님으로 선포했을 때의 신성 모독에 더하여 이방인이 하나님의 백성, 즉 아브라함의 자손과 약속의 상속자에 포함되기 위해 할례를 받아야 한다는 요구를 거부하게 만든 율법에 대한 바뀐 이해 때문이었을 것이다.[329] 미쉬나에 따르면 신성 모독을 포함하여 36가지 죄는 경고 없이 백성에게서 끊어져도 정당한 것이었다(m. Ker. 1:1). 그러나 채찍질은 하나님의 가혹한 형벌과 백성들에게서 끊어지는 것을 막았다(레 18:29, 민 15:3). 바울이 유대인 공동체의 일원으로 남아 있기를 원한다면 회당 법원의 권위에 복종해야 했다. 핵심 본문은 다음과 같다. "채찍질을 당하면 그는 네 형제이다"(m. Mak. 3:15). 이 원칙은 바울이 다음과 같이 말했을 때 그 의미하는 바를 명확히 할 수 있다. "유대인들에게 내가 유대인과 같이 된 것은 유대인들을 얻고자 함이요 율법 아래에 있는 자들에게는 내가 율법 아래에 있지 아니하나 율법 아래에 있는 자 같이 된 것은 율법 아래에 있는 자들을 얻고자 함이요"(고전 9:20). 그는 "유대인의 관계성을 유지하기 위해" 회당이 자신에게 형벌을 내리도록 허용했다.[330]

하비는 유대인들이 자신들의 법정에서 분쟁을 해결할 수 있는 특별한 특권을 받았다고 말한다. 유대인 공동체의 일원으로 남고자 한다면 그 규율에 복종해야 했다.[331] 바울이 이 가혹한 형벌에 다섯 번이나 복종한 것은 육체적인 용감함 뿐만 아니라 그의 백성에 대한 그의 헌신을 증거한다. 그는 로마서 9장 2-4절에서 다음과 같이 선언한다. "나에게 큰 근심이 있는 것과 마음에 그치지 않는 고통이 있는 것을 내 양심이 성령 안에서 나와 더불어 증언하노니 나의 형제 곧 골육의 친척을 위하여 내 자신이 저주를 받아 그리스도에게

329 갈라스(S. Gallas)는 미쉬나 마콧(Makkot)의 범죄 목록에서 처벌을 촉진하고 부정한 음식을 먹는 것에 정해진 다양한 제안을 자세히 설명한다("Fünfmal vierzig weniger einen ... Die an Paulus vollzogenen Synagogalstrafen nach 2 Kor 11, 24," *ZNW* 81 [1990]: 178–90). 그러나 이 제안은 가능성이 희박해 보인다. 만일 바울이 그의 기독론적 주장은 말할 것도 없고, 갈라디아서의 율법에 대해 말한 것의 절반만 말했다면, 바울에 따르면, 그는 마음이 완악해져서 주의 영광을 보지 못하는 대부분의 경건한 유대인들의 분노를 샀을 것이다(3:12-18). 크루즈C. G. Kruse는 바울이 동료 유대인들에게 박해를 받은 5가지 이유를 제시한다. (1) 그의 "믿음" 전파, (2) 유대교의 소중한 요소들을 "쓰레기"로 평가 절하, (3) 유대인과 이방인을 분리시키는 정결 문제에 대한 그의 태만, (4) 할례를 하나님의 백성에 포함시키기 위한 요건으로 거부함, (5) 그의 설교가 윤리적 기준을 침식시켰다는 판단 등이다("The Price Paid for a Ministry among Gentiles: Paul's Persecution at the Hands of Jews," in *Worship, Theology and Ministry in the Early Church: Essays in Honor of R. P. Martin*, ed. M. J. Wilkins and T. Paige, JSNTSup 87 [Sheffield: JSOT, 1992], 260–72).

330 A. E. Harvey, "Forty Strokes Save One: Social Aspects of Judaizing and Apostasy," in *Alternative Approaches to New Testament Study*, ed. A. E. Harvey (London: SPCK, 1985), 93.

331 Harvey, "Forty Strokes Save One," 80–81.

서 끊어질지라도 원하는 바로라 그들은 이스라엘 사람이라." 그의 "마음에 원하는 바와 하나님께 구하는 바는 이스라엘을 위함이니 곧 그들로 구원을 받게" 하는 것이다(롬 10:1). 채찍질을 당하면 회당에서 복음을 전할 수 있는 문이 열리기 때문이다. 또한 이 징벌에 복종하면 복음의 메시지에 더 마음을 두는 회당 주변의 이방인들에게 계속해서 접근할 수 있었을 것이다.[332]

11:25. "태장으로 맞고"는 로마 치안 판사의 경호원으로 일하면서 명령이 내려지면 사람을 체포하고 처벌할 수 있는 릭토르(로마의 하급관리, lictor)가 공개적으로 내린 로마 형벌이다. 이 형벌은 비시디아의 안디옥, 루스드라, 드로아, 빌립보, 고린도와 같이 바울이 지냈던 로마 식민지에서 일어났을 것이다. 로마 시민으로서 그는 약식 처벌로부터 보호를 받았지만,[333] 불의에 대한 철통같은 보장을 하지 않았다. 키케로는 로마 시민을 결박하는 것은 범죄이며 채찍질하는 것은 가증하다고 주장한다(*Verr*. 2.5.66). 이는 그것이 실제로 일어났음을 의미한다.

아시아에서 온 유대인들이 예루살렘에서 바울에 대하여 소란을 일으키자 로마의 지휘관이 바울을 붙잡아 채찍질하여 심문하려 했다. 바울은 침착하게 선언했다. "나에게 이렇게 할 수 없다. 나는 로마 시민이다"(행 22:22-29). 바울이 이전에 매를 맞았을 때는 로마 시민권을 주장하지 않았거나, 또는 지나치게 열성적인 치안판사는 그의 호소를 무시하고 심한 고문을 했다. 증거에 따르면 지방의 모든 행정관이 이 규칙을 준수한 것은 아니다.[334] 일반적으로 열심인 관리들은 징벌적 비용을 지불할 여유가 없는 하층 계급의 구성원들에게 매로 심한 구타를 부과했다.[335] 그러나 그것은 "시민의 소란을 일으키는 자들에게 합당한 형벌로 여겨졌다."[336] 바울과 실라는 빌립보에서 로마 질서에 대한

332 T. D. Still, *Conflict at Thessalonica: A Pauline Church and Its Neighbours*, JSNTSup 183 (Sheffield: Sheffield Academic Press, 1999), 173n62.

333 Thrall, *II Corinthians*, 2:739–42.

334 키케로(Cicero)는 가이우스 세르빌리우스(Gaius Servilius)가 자신이 로마 시민이라는 외침에도 불구하고 구타를 당하고 살해되었다고 보고한다(*Verr*. 2.5.139–142). 요세푸스는 AD 64–66년 유대 총독 게시우스 플로루스(Gessius Florus)가 기마 계급의 남성으로서 로마의 위엄을 부여받은 유대인들을 채찍질하고 십자가에 못 박았다고 말하지만, 그는 그것을 전례 없는 행동으로 인용한다(*J.W.* 2.14.9 §308).

335 Garnsey, *Social Status*, 138.

336 B. Rapske, *Book of Acts and Paul in Roman Custody, Book of Acts in Its First Century Setting* (Grand Rapids: Eerdmans, 1994), 125. 가이우스 세르빌리우스의 형벌에 대한 키케로의 감정적 서술은 잔인한 구타가 죽음으로 이어질 수 있음 드러낸다. 그는 상급 릭토르가 "막대기의 끝을

위협으로 간주되는 전복적인 가르침을 중단하라는 경고의 표시로 채찍으로 맞았다(행 16:22, 37). 둘 다 로마 시민이었기 때문에 특정한 형식적 절차를 밟을 권리와 항소할 권리가 있었다. 바울이 채찍으로 맞고 감옥에 갇혔다가 풀려난 후에야 왜 바울과 실라가 로마 시민임을 선언하는지 의아해할지 모른다(행 16:37-39). 바울이 그렇게 하지 않은 것은 로마 시민이 아닌 잠재적 회심자들이 국가의 손아귀에서 보호받지 못하기 때문에 그리스도를 믿는 사람이 되는 것에 대해 다시 생각할 수도 있기 때문일 것이다. 바울은 로마 시민으로서 감옥에서 탈출할 수 있는 카드를 가졌을 때 어떻게 "하나님의 나라에 들어가려면 많은 환난을 겪어야 할 것이라"(행 14:22)라고 다른 사람들을 설득할 수 있었을까?[337] 데살로니가전서 2장 2절에서 그는 그들에게 "빌립보에서 터무니없는 취급"을 받는 것에 대해 떠오르게 한다. 그러므로 그는 그들에게 자신에게 적용되지 않는 원칙을 적용한다는 비난을 받을까 두려워하지 않고(살전 3:2-3) 고난을 받도록 "세움 받았다"고 말할 수 있었다.

갈라디아 교인들에게 보낸 편지에서 바울의 마지막 말은 자기 몸에 예수의 흔적(*στίγμα*, 스티그마)을 지니고 있다는 것이다(갈 6:17). 그는 채찍질로 인해 생긴 상처를 염두에 두고 있을지도 모른다. 요세푸스는 안티파테르가 카이사르에게 불충실하다는 비난을 받았을 때 "옷을 벗기고 수많은 상처를 드러냈다. 그는 다음과 같이 말했다. '카이사르에 대한 그의 충성심은 말이 필요 없다. 그가 잠잠히 있으려니와 그의 몸이 큰 소리로 충성심을 외쳤다.'"[338]

바울은 돌에 맞는 일을 당했다고 말한다. 사도행전은 루스드라에서 돌로 치는 일을 보고한다(행 14:9). 이것은 폭도들의 행동이었고, 그 동기는 바울 자신이 목격한 스데반을 돌로 치는 것과 달랐다(행 7:58-59).

바울은 세 번 난파되었고 한 번은 바다에서 24시간을 보낸 후 구조되었다.[339] 사도행전은 바울이 여러 차례 바다 항해 했지만 단 한 번의 난파선을 보

잡고 가난한 사람의 눈을 세게 때리기 시작해서 무력하게 바닥에 쓰러졌고 얼굴과 눈에는 피가 흘렀다. 그때도 계속해서 그 엎드린 몸에 가해자들의 비바람이 몰아쳤다"(*Verr*. 2.5.142).

337 D. E. Garland, *Acts* (Grand Rapids: Baker, 2017), 169–70.

338 Josephus, *J.W.* 1.20.2 §197 (Thackeray, LCL).

339 "깊은 바다에서"는 ἐν τῷ βυθῷ("깊은 곳에서")의 의미를 파악한다. 바울은 24시간 동안 밤낮으로 표류했기 때문에 난파선은 해안에서 멀리 떨어진 곳에서 발생했다. 고대 세계에서 바다와 육지를 통한 여행에 대한 설명은 다음을 참조하라. L. Casson, *Travel in the Ancient World* (Baltimore: Johns Hopkins University Press, 1994), 149–96. 그는 겁에 질린 여행자들이 금과 귀중품으로 몸을 꽁꽁 싸매어 만약에 그들의 몸이 해변에 밀려오면 누구든지 그들을 발견한 사람이 적절한 주의를 기울일 것이라고 설명한다(161p).

고하며, 그것은 바울이 이 편지를 쓴 후 언젠가 일어난 일이다.[340] 하비는 로마로 가는 도중의 난파를 포함하여 4번의 난파가 "전문 선원에게도 예외적이었을 것"이라고 생각한다.[341] 바다에서의 삶은 위험했고 고대 범선에는 구명정이 없었기 때문에 더욱 위험했다. 바울은 아마도 로마 상선의 일등석으로 여행할 돈이 없었고 항해에 적합하지 않은 연안의 작은 배로 여러 번 여행 했을 것이다. 바다에서는 바람이 잘 부는 적절한 계절에 항해하더라도 예상치 못한 일이 항상 발생할 수 있다. 침묵의 철학자 세쿤두스는 하드리아누스 황제가 던진 20가지 질문에 답했다. "배가 무엇인가?"라는 질문에 그는 "바다에 요동치는 사건, 기초가 없는 집, 이미 만들어진 무덤, 세 방향의 목재, 바람에 흔들리는 수송, 날개 달린 감옥, 꾸러미에 묶인 운명, 바람의 장난감, 떠다니는 죽음, 나무로 만든 새, 바다로 가는 말, 열린 족제비 덫, 불확실한 안전, 죽음에 대한 전망, 파도 속의 여행자"라고 썼다. "선원은 무엇인가"라는 질문에 그는 "죽음의 이웃"이라고 썼다.[342] 오늘날은 바다를 문제로 둘러싸인 큰 물이라는 말이 있다. 다른 나라로 복음을 전한 바울의 난파는 이 말이 참됨을 증거한다.

11:26. 바울은 제국 전역으로 이동하여 끝없는 위험과 고난에 노출되었다.[343] 다음으로 홍수로 인해 넘쳐 흐르는 강을 건너야 하는 위험과 도적의 위험을 열거한다.[344] 아풀레이우스Apuleius의 소설 『변신』을 읽고 얻은 그림은 제국 군대의 치안이 거의 없었던 시골에는 강도들이 있다는 것이다.

친족의 위험은 바울에 대한 유대인의 적대감을 반영한다. 사도행전에서 이 적개심은 다메섹(9:23), 예루살렘(9:29), 비시디아의 안디옥(13:50), 이

---

340 참조. 실루기아에서 구브로까지(행 13:4), 바보에서 버가까지(13:13), 앗달리아 안디옥까지(14:26), 드로아에서 사모드라게(16:11), 베뢰아에서 아덴으로(17:15), 고린도에서 에베소로 에베소에서 수리아로(18:18), 예루살렘에서 로마로의 여행, 그리고 멜레데에서 난파된 상황(27:14-44).

341 Harvey, *Renewal through Suffering*, 102. 요세푸스는 로마로 가는 도중에 난파선에서 살아남았고 밤새 헤엄쳐야 했다고 보고한다. 80명이 다른 520명의 승객보다 헤엄을 잘쳐 다른 배에 의해 구조되었다(Life 14-15). 참조. Dio Chrysostom, *Ven.* 7.2–10.

342 B. E. Perry, Secundus, *The Silent Philosopher: The Greek Life of Secundus, critically edited and restored so far as possible, together with translations of the Greek and Oriental versions, the Latin and Oriental texts, and a study of the tradition*, American Philological Association Philological Monographs 22 (Ithaca: Cornell University Press, 1964), 87.

343 다음은 고대 세계에서 여행의 위험과 어려움을 생생하게 묘사한다. Murphy-O'Connor, "On the Road and on the Sea with St. Paul," *Bible Review* 1 (1985): 38–47.

344 머피-오코너는 "노고가 아니라 위험 요소가 그의 마음에서 가장 높은 곳에 있다"라고 말한다(*Paul: A Critical Life*, 97).

고니온(14:5), 루스드라(14:19), 데살로니가(17: 5), 베뢰아(17:13), 고린도(18:12), 그리고 마지막으로 예루살렘에서(21:26-25:12) 그 추악한 머리를 들어올린다. 고린도 교인들은 바울에 대한 이러한 공격에 대해 직접 알고 있었을 것이다. 그는 또한 이교도들로부터 위험에 직면했다. 사도행전은 복음의 메시지에 위협을 받은 이방인들이 바울에게 심각한 위협을 가했다고 말한다. 그들은 바울이 전 세계에 사회적 불안을 야기하려는 의도를 가진 광신도라고 거짓 비난했으며 로마 법과 로마 질서의 적으로 낙인찍었다(행 14:15, 16:16-24, 19:23-41).

"시내의 위험, 광야의 위험, 바다의 위험"은 바울이 갔던 거의 모든 곳을 요약한다. 그는 에베소에서 성난 군중으로부터 간신히 피했고, 다메섹에서 그를 잡기 위한 그물을 간신히 피했다. 황량한 지역과 산악 지역에서 강도의 위험, 희생자를 노예로 팔았던 납치범의 위험, 야수의 위험에 직면했다.[345]

"거짓 형제"는 동료 그리스도인들(참조. 갈 2:4)이 바울을 해칠 의도가 있었음을 암시하기 때문에 목록에서 가장 놀랍다. 그들이 바울에게 하려고 했던 일을 확장시키지 않았지만, 문맥은 배신, 행정관이나 회당에 고발한 일,[346] 직접적인 신체적 폭력을 암시한다.[347]

11:27. 다음으로 바울은 자신의 부르심에 대한 헌신과 장인으로서 고된 노동으로 인한 수고로 겪은 육체적인 궁핍을 말한다. 하루종일 일하고 밤새 설교하는 것(참조. 살전 2:9; 살후 3:8; 행 20:7-12)은 밤에 잠을 못 이루는 원인이 되었을 수 있다.[348] "주리고 목마르고"는 종종 "여러 번 굶고"을 표현하는 중복처럼 보일 수 있다. 후자는 종교적 헌신에서 단식하는 것을 의미할 수 있지만 6장 5절에서 "먹지 못함"을 말하기 위해 이 단어를 사용했다. 그것은 극심한 빈곤이 그를 얼마나 짓누르었는지를 강조한다. 그는 소위 건강과 번영 복음의 모델이 아니었다. "춥고 헐벗었노라"("벌거벗음")은 궁핍의 목록

---

345 브루스는 다음과 같이 설명한다. "그는 길가에 있는 여관에서 밤을 지내면서 발생하는 위험을 포함하지 않는다(그가 그렇게 했을 수도 있지만). 이곳은 악명 높은 위험하고 불쾌한 장소였다"("Travel and Communication [NT World]," *ABD* 6:651).

346 Thrall, *II Corinthians*, 744.

347 Barrett, *Second Epistle*, 300. 바울은 또한 고린도를 괴롭히고 그곳에서 자신의 일을 훼손하는 "거짓 사도들"을 언급하고 있을지도 모른다(11:13).

348 집회서(Sirach 36:27)는 밤낮으로 일해야 하는 장인을 가리킨다. 마틴이 제안한 것처럼 바울은 걱정이나 두려움으로 잠 못 이루는 밤을 염두에 두었을 것 같지 않다(*2 Corinthians*, 380).

을 마무리하고 있으며(참조. 욥 24:7) 그가 여행하는 동안 일어났을 수도 있다. 바울은 동료 그리스도인들이 그의 필요를 채울 수 없는, 사람이 거주하는 곳에서 멀리 떨어져 있었다(11:9).[349] 그러나 바울은 고린도전서 4장 11절에서 그가 어떻게 굶주리고 목마르고 헐벗고 멸시를 당하는지 언급한다(참조 빌 4:12).

괴로움의 목록은 구타로 찢기고, 적이 그늘을 드리우고, 노출과 박탈로 지쳐 갈기갈기 찢어지고, 종종 머리 둘 곳도 없는 사도를 묘사한다.[350] 그것은 또한 사도가 그리스도를 섬기는 부르심에 헌신하는 데 있어 모든 고난에 굴하지 않는 모습을 보여 준다.[351]

11:28. 바울은 "이 외의 일은 고사하고"라는 표현으로 방금 언급한 것과 생략할 것과 곧 이어서 언급할 것을 구별한다. 광고에 나오는 대사 "잠깐, 더 있어요!"와 거의 흡사하다. 언급할 수도 있었던 복음 전파 때문에 생기는 다른 모든 위험과 문제를 건너뛰었지만, 한 가지 더 언급할 것이 있다. 바로 자신이 돌보는 교회에 대한 걱정으로 인한 심리적 스트레스이다. 교회들은 매일 그를 짓누른다. "염려"(*μέριμνα*, 메림나)로 번역된 단어는 "불안" 또는 "걱정"을 의미할 수도 있다. 바울은 이 편지에서 그가 드로아에서의 선교 기회를 이용할 수 없게 만들었던 고린도의 상황에 대한 소식을 디도로부터 받지 못한 것으로 얼마나 걱정했는지 이야기했다(2:12-13). 그는 또한 고린도에 돌아갈 때 일이 좋지 않을 것이라는 "두려움"을 밝힐 것이다(12:20-21). 다른 편지들에서 그는 데살로니가 교인들에게 고난 가운데 그들의 믿음이 어떻게 흘러가고 있는지 알지 못하는 불안을 더 이상 견딜 수 없다고 말한다. 그래서 그는 디모데를 보내기로 결정했다. 비록 그것이 자신을 아덴에 혼자 남겨두는 것을 의미

349 딤후 4:13에서 외투에 대한 그의 요청을 보라. 히브리인들은 "벌거벗음"을 극도로 수치스러운 상태로 여겼으며, 이는 포로로 잡혀서 수치에 끌려간 자들의 특징이었다(신 28:48, 사 20:4).

350 하지는 다음과 같이 말한다. "이 구절은 아마도 다른 어떤 구절보다 더 현대적인 그리스도의 사역자들조차도 수치심에 얼굴을 숨기게 만든다. 그들은 이 사도가 한 일에 비하면 무슨 일을 하거나 고통을 당한 적이 있는가?"(*Second Epistle*, 275).

351 바울의 어리석은 자랑에 대한 그의 양면성은 하나님의 능력이 역사하는 질그릇이 아니라 슈퍼 히어로로 여겨질 것이라는 두려움에서 비롯된다. 이것은 고귀한 철학자가 굶주림과 추위와 씨름하고, 갈증을 견디며, 채찍질을 견디며, 여행의 위험을 견뎌낼 것이라고 기대할 수 있는 위험이다(참조. Dio Chrysostom, *Virt*. 8.16; Epictetus, *Diatr*. 3.24.29, 다음에 기록됨. Danker, *II Corinthians*, 185). 그러나 바울은 자신을 고귀한 사람으로 여기지 않고 약하고 전적으로 하나님의 능력을 의지하는 사람으로 여긴다.

했지만(살전 3:1, 5) 그는 그들이 복음을 믿으려고 우상을 버리고 돌이켜 핍박을 받은 것을 알고 이렇게 말한다.

"너희가 주 안에 굳게 선즉 우리가 이제는 살리라"(살전 3:8). 기독교 신앙이 너무나 적대적인 세상에서 바울은 그의 직무가 확고하지 않을 것이라고 걱정할 수 밖에 없었다. 그들의 실패는 그를 황폐하게 만들었을 것이다. 그는 이미 유대교도들에게 매료된 갈라디아 교인들에게 "나의 자녀들아 너희 속에 그리스도의 형상을 이루기까지 다시 너희를 위하여 해산하는 수고를 하노니 내가 이제라도 너희와 함께 있어 내 언성을 높이려 함은 너희에 대하여 의혹이 있음이라"라고 말한다(갈 4:19-20).

바렛은 "목사를 사랑하고 그의 사역을 가치 있게 여기는 사람들을 위해 행하는 (물론 끝없는 노력이 수반되지만) 목회적 돌봄은 상대적으로 쉽다"는 것을 지적한다. 마찰과 의심이 관계를 망치는 경우는 이야기가 다르다.[352] 바울은 자신의 교회를 위해 끊임없이 기도한다고 과장하지 않는다(빌 1:3-4, 골 1:9, 살전 1:2-3). 공동체를 세운 그는 다른 영역으로 옮겨가면서 잊지 않고 그들에 대한 책임감을 계속 느꼈다. 교회의 영적 복지에 대한 이러한 책임감은 교회에 대한 염려를 불러 일으켰다. 고린도 교인들은 그들의 사도에게 상당한 고통을 주었다는 그의 미묘한 요점을 놓칠 수 없다.

11:29. 바울은 교회에 대한 염려의 두 가지 구체적인 예, 곧 약한 자와 넘어지는 자들에 대한 염려로 그의 목록을 끝맺는다. "약한"은 믿음이 미숙한 자들, "양심에 사로잡혀 율법과 규례에 얽매인 자들"을 의미할 수 있다.[353] 고린도전서 8장 1-13절에서 "약한 자"는 지식이 없고(7절), "우상에게 익숙한 자"(7절)이며, 지식 있는 자들을 본받아 우상에 바쳐진 음식을 먹게 만들었다. 이 음식은 중요하지 않은 것이 아니라 우상에게 바쳐진 음식이었다. 소위 "지식이 있는 자들"의 지식(고전 8:1)은 약한 사람들을 다시 우상 숭배로 이끌고 그리스도께서 위하여 죽으신 자들을 영원한 파멸로 이끌 수 있다(고전 8:11). 바울은 약한 자들을 넘어지게 하는 일을 결코 하지 않을 것이며(고전 8:13), 그는 또한 가만히 앉아서 지식이 있는 사람들이 약한 자들의 양심을 짓밟는 것을 지켜보지도 않을 것이다. "지식"과 "권리"가 있다고 주장하는 사람들을 고치고(고전 8:1, 9), 우상의 제물에 관한 그들의 뜻에 굽히지 않은 것은 고린

352 Barrett, *Second Epistle*, 301.

353 Barrett, *Second Epistle*, 301–2.

도에서 논쟁을 끓게 만들었다.

그러나 바울이 고린도전서 9장 22절에서 "약한 자"에 대해 말한 것이 더 적절하다. 그는 복음의 복을 모든 사람과 나누기 위해 노력하면서 이렇게 말한다. "약한 자들에게 내가 약한 자와 같이 된 것은 약한 자들을 얻고자 함이요." 고린도전서 9장 22절의 문맥에서 그는 패턴을 깨뜨렸다. "나는 유대인에게 유대인과 같이," "율법 아래에 있는 자에게 율법 아래 있는 자 같이," "율법 밖에 있는 자에게 율법 밖에 있는 자 같이" 되었다. 고린도전서 9장 22절에서 그는 내가 "약하게 되었다"고 말하지 않고 "내가 약한 자 같이 되었다"고 말한다.[354] "약한"은 계급의 표시로서 사회적 의미를 가질 수 있으며(고전 1:27), 자신이 사회적 지위가 낮은 다른 육체 노동자와 하나가 되었다는 바울의 말과 일치한다.[355] 또한 "약함"은 모든 인간의 불경건한 상태를 언급하는 것일 수 있다. "우리가 아직 연약할 때에 기약대로 그리스도께서 경건하지 않은 자를 위하여 죽으셨도다"(롬 5:6). 복음은 하나님의 아들이 인류를 위하여 약하심을 입은 이야기이다. 그리고 바울은 동일한 하나님의 패러다임을 따른다고 주장한다(13:4; 참조 8:9; 6:10; 롬 15:1-3). 그는 인생의 시련을 직면하고 극복하여 얻은 강점을 자랑하지 않고 자신의 약점을 자랑한다(11:30, 12:5). 그는 자신이 그리스도께서 정하신 길을 따르고 있으며 하나님의 능력이 그의 연약함을 통해 온전해짐을 안다. 그것은 신비롭게도 다른 사람들을 그리스도의 십자가의 복음으로 인도하는 데 더 효과적으로 만들었다. 그의 연약함이 다른 사람들을 강하게 만든다(13:9).

이 단락에서 그의 "어리석은 자랑"은 역설적으로 변한다. 그는 완전히 어리석은 자로 자랑하지만, 나는 자랑할 수 없다는 "누가 자랑하는가?"로 이 단락을 시작했다. 이 문맥에서 바울은 그의 빛나는 성품과 공적보다는 약점, 굴욕, 가난, 그리고 인상적이지 않은 외모를 강조한다. 이러한 연약함을 받아들임으로써 바울은 그리스도의 본을 따른다.

바울은 누구나 넘어질 수 있다는 것을 알고 있지만(고전 10:12), "약한" 사람들은 특히 취약하다. 그의 교회에 대한 염려는 경건한 질투의 표현이며(11:2), 이는 의로운 분노로 불붙을 수 있다. 그는 자기 교회의 한 구성원이 죄에 빠지거나 걸려 넘어지는 것을 아무렇지도 않게 받아들이지 않는다. 그것

354 Garland, *1 Corinthians*, 432–34.

355 바울은 소위 주의 만찬을 진행하면서 가진 것이 없는 그들의 형제들을 굶주리게 한 고린도 교인들에 대한 분노를 표현하면서 약한 자들의 편을 들었다(고전 11:21-22).

은 그를 불타오르게 한다.[356] 이러한 태도는 예수님의 경고와 병행을 이룬다. "또 누구든지 나를 믿는 이 작은 자들 중 하나라도 실족하게 하면 차라리 연자 맷돌이 그 목에 매여 바다에 던져지는 것이 나으리라"(막 9:42, 마 18:17, 눅 17:1). "약자"는 또한 "자신의 신념이 불안정하고" "잘못된 판단에 쉽게 동의하는" 지성적으로 그리고 도덕적으로 미성숙한 사람들을 말한다.[357] 다시 말해서, 그들은 넘어지기 쉬운 자들이고 강하다고 불리는 자들이 무시하는 자들이다. 고린도전서 11장 3, 13-15절에서 바울이 거짓 사도들과 속이는 일꾼들, 그리고 고린도 교인들을 미혹하고 잘못 이끌어가는 사탄의 부하들을 꾸짖을 때 그의 불타는 분노에 대해 고린도후서 11장은 증거한다.

그러나 바울은 자신에게 신체적으로 해를 끼친 사람들이 아니라 다른 사람들의 믿음을 해친 사람들을 향한 분노를 표하기 때문에 성도의 정신을 반영한다. 그의 비난에 대한 이러한 관심은 사도의 진정한 표징 중 하나이다. 그는 이미 편지에서 고난을 이기는 것이 하나님의 능력이 그 안에서 역사한다는 분명한 표시라고 설명했다(4:7-12). 그러나 이것이 확실한 신호는 아니다. 다른 사람들은 다양한 이유로 열렬하게 헌신함으로 끔찍한 고난을 겪었다. 대의를 위한 고난이 자동으로 그 대의를 정당하거나 경건하게 만드는 것은 아니다. 결과적으로 바울은 방향을 전환한다. 그는 더 이상 고난을 이기는 성공을 자랑하지 않고 이제는 자신의 약점만 자랑한다.

4.4.3. 하나님의 능력은 약한 데서 온전하여짐: 다메섹에서 탈출(11:30-33)

11:30. 바울은 11장 30절-12장 10절에서 자신의 약점을 보여주기 위해 겪었던 고난의 목록과 "최상급" 사도와의 비교를 그만둔다. 자랑의 필요성 또는 약함을 자랑하는 것이 다음 세 작은 단락(11:30-33, 12:1-5, 12:6-10)의 시작 부분에서 반복된다.

자신의 연약함을 자랑하는 것은 이상한 일이지만 12장 10절에서 바울의 선언은 이 독특한 전술의 목적을 푸는 열쇠가 된다. 그의 약점에는 "계시 기능"이 있다.[358] 그러므로 그는 전투에 관한 이야기, 하나님의 계시가 있는 하

356 플러머는 "불타다"는 바울이 "유혹하는 자에 대한 뜨거운 분노보다 죄인과 함께 타오르는 수치심"을 의미한다고 생각한다(*Second Epistle*, 331).

357 A. Cheung, *Idol Food in Corinth: Jewish Background and Pauline Legacy*, JSNTSup 176 (Sheffield: Sheffield Academic Press, 1999), 125.

358 Holland, "Speaking like a Fool," 260.

늘로의 여행, 기적적인 치료에 대한 이야기를 전할 것이지만, 그는 그것들을 바꾼다. 이 사건들은 그가 얼마나 용감하고 놀라운지를 보여주지 않고 그의 연약함 속에서 지탱해 주는 하나님의 은혜가 얼마나 크고 놀라운지를 보여준다. 그는 사도가 성취하는 모든 것은 오직 하나님의 능력에 의해서만 영향을 받는다는 것을 고린도 교인들이 이해하도록 돕기 위해 자신의 연약함을 강조한다.

11:31. 바울은 송영으로 하나님의 이름을 부른다. "주 예수의 아버지 영원히 찬송할 하나님이 내가 거짓말 아니하는 것을 아시느니라"(참조. 롬 9:1; 갈 1:20)는 그의 의도가 영웅적인 공적이 아니라 약점을 자랑하려는 것임을 증명하기 위함이다(11:30). 또한 이 사건들, 즉 바구니에 담겨 담을 타고 내려가서 아레다 왕에게서 탈출하고 셋째 하늘로 올라가는 이 사건들이 청중들에 의해 확인될 수 없었기 때문에 뒤따르는 것이 사실임을 증명한다. 이러한 사건들은 겸손한 연약함을 통해 역사하시는 하나님의 능력을 나타낸다.

11:32. 바울은 고난을 열거하는 것에서 사건의 서술로 옮겨간다. 다메섹에서 탈출한 이야기는 그 도시에서 만난 위험 중 하나의 예를 드는 것으로 생각해서는 안 된다(11:26). 그것은 그의 약점의 예시이다. 그는 자신의 생명에 대한 위협의 심각성보다는 자신의 탈출 방식에 중점을 둔다.[359] 강한 사람들은 생명을 위협하는 위험을 피하지 않는다.

나바테아 왕 아레다 아래의 "고관"(ἐθνάρχης, 에드나르케스)은 (1) 도시 전체의 총독이었던 사람, (2) 도시에 있는 한 민족의 총독,[360] 또는 (3) "성을 지켰으나"에서 암시하는 도시 외부의 족장을 가리킬 수 있다. 위협은 도시 내부에 있었을 가능성이 크다. 성벽 안의 상대적인 안전에서 도망치고 도시를 둘러싸고 있는 어떤 세력에 포로가 되기 쉬운 상태가 되었을 것이기 때문이다. 이 사건은 아레다가 도시를 통제하고 통치자를 임명했을 때를 가정해야

359 Furnish, *II Corinthians*, 540–41.

360 알렉산드리아의 유대인들은 한 총독 아래 있었다. 바렛은 바울이 아랍 문제를 처리한 도시의 왕의 대리인을 언급한다고 생각한다(*Second Epistle*, 304). 그러나 크나우프(E. A. Knauf)는 총독이 다메섹에 있는 나바테아 상업 식민지의 수장이었다고 주장한다("Zum Ethnarchen des Aretas 2 Kor 11 32," *ZNW* 74 [1983]: 145–47). 다음도 참조하라. B. Schwank, "Neue Funde in Nabatäerstädten und ihre Bedeutung für die neutestamentliche Exegese," *NTS* 29 (1983): 429–35.

한다.[361]

바울은 자신이 탈출해야 했던 이유에 대해 침묵한다.[362] 그것은 아마도 그의 사역 초기에 아라비아에 있을 때(갈 1:17) 일어났고 그의 설교와 관련이 있을 것이다. 그 사건은 앞으로 일어날 죽음에서 가까스로 도망하는 일이 많이 일어날 것을 예고했다.

11:33. 그 통치자는 분명히 도시의 성문에 경비병을 배치했고, 그로 인해 바울의 지지자들은 바울을 바구니에 담아 벽에 있는 창문을 통해 내리게 했다.[363] 브루스는 이 사건을 "굴욕적이고 품위 없는 경험으로, 생각만 해도 교만할 수 없도록 터무니없는 인상을 만들어낸다"라고 해석한다.[364] 저지Judge는 바울이 성벽을 오르고 용기의 휘장을 획득하려는 첫 로마 군인의 업적을 패러디한 것이라고 주장한다.[365] 로마 군대의 최고 영예 중 하나인 "벽의 관"(corona muralis)은 적 도시의 성벽을 최초로 넘은 군인에게 수여되었다.

---

361 BC 65년에 폼페이우스는 다메섹을 로마의 통치하에 두었다(Josephus, *Ant*. 14:29; *J.W.* 1:127). 아레다는 BC 9/8년에서 AD 40/41년까지 통치한 나바티안의 로마에 예속된 왕인 아레다 4세이다(참조. Josephus, *Ant*. 16.9.1–4 §§271–99). 그의 딸은 분봉왕 헤롯 안티바스와 결혼했지만, 헤롯 안티바스는 헤롯 빌립의 아내인 그의 조카이자 시누이인 헤로디아와 결혼하기 위해 그녀와 이혼했다. 세례 요한은 이 결혼을 날카롭게 비난하여 투옥되었다(막 6:14-29). 아레다는 AD 36년에 안티바스를 공격하고 물리침으로써 이에 대한 복수를 했다(Josephus, *Ant*. 18.5.1–2 §109–16). 이 승인되지 않은 행동에 대한 로마의 보복은 황제 티베리우스의 죽음으로 미뤄졌다. 아레다는 40/41년에 사망했다. 결과적으로 이 사건은 40년 이전에 발생했다.

바워속(G. W. Bowersock)은 바울의 언어가 분명하다고 주장한다. "다메섹에서 아레다 왕은 다메섹 도시의 수호자였다." 그는 도시 전체를 감독했다(*Roman Arabia* [Cambridge: Harvard University Press, 1983], 68–69). 헤롯 안티바스가 패배하자 아레다는 다메섹으로 진군했고 티베리우스가 그를 공격하는 원정을 명령했다는 사실이 알려진지 1년이 채 되지 않아 철수했다. 또한 다음을 참조하라. J. Taylor, "The Ethnarch of King Aretas at Damascus: A Note on 2 Cor 11:32–33," *RB* 97(1990): 238–51. 다메섹에서 아레다가 어떻게 권위를 가졌는지에 대한 다른 가능한 설명은 다음을 참조하라. Plummer, *Second Epistle*, 333–34.

362 사도행전은 유대인들이 그를 죽이기 위해 밤낮으로 성문을 지키고 있었다고 언급한다(행 9:24). 그들이 바울을 죽이려고 총독과 힘을 합쳤을 가능성은 없다.

363 사도행전 9:25에는 바구니에 대한 *σπυρίς*라는 단어가 있고 바울은 성경에 한번만 사용된 *σαργάνη*을 사용한다.

364 Bruce, *I and II Corinthians*, 244. 바렛은 이 구절이 "바울이 말하고 자랑하는 나약함과 굴욕을 가장 잘 보여주는 최고의 예증"(*Second Epistle, 303*)이라고 설명한다.

365 E. A. Judge, "The Conflict of Educational Aims in NT Thought," *Journal of Christian Education* 9 (1966): 32–45. 참조. Polybius, *The Histories* 6.39.5; Livy, *Hist*. 6.20.8; 10.46.3; 23.18.7; 26.48.5. 아울루스겔리우스에 따르면, "벽의 관의 특별함은 먼저 벽을 오른 사람에게 속했다"(*Noct. att.* 5.6.16 [Rolfe, LCL]). 행운과 운명의 여신 티케(Fortuna) 동상은 머리에 벽의 관을 가지고 있다. Furnish, *II Corinthians*, plate VIII.

그것은 금으로 만들어졌으며 요새 도시의 포탑 성벽처럼 보이도록 만들어졌다. 로마 제국에서는 백부장 이하 사람에게는 수여되지 않았다. 저지는 바울이 도시 성벽에서 바구니를 타고 내려가는 것과 용감한 군인이 담대하게 성벽을 오르는 것 사이의 대조를 고린도 교인들이 잊어버리지 않았을 것이라고 제안한다. 그러므로 바울은 군사적 용감함의 역전과 그의 굴욕과 나약함의 또 다른 표시를 묘사한다. 그러한 수치스러운 도피는 자랑할 만한 것이 아니다. 바울은 처음으로 올라간 사람이 아니었다. 그는 가장 먼저 내려온 사람이었다. 그의 도주는 반대자들의 주장의 요새를 공격하던 이미지와 극적으로 대조된다(10:3-6). 그는 벽을 허물지 않고 벽에 있는 창을 통해 바구니로 내려온다. 마틴Martin이 말했듯이 "군사적 용감함의 자랑스러운 허영심과는 달리 그의 사도 경력은 굴욕과 불명예를 안고 시작되었다."[366] 어떤 사람은 바울이 이 그림에서 웃음을 불러일으키려고 의도하지 않았는지 궁금해 할 수 있다.

그러나 우리는 바울의 도피가 성경의 유사한 도피와 유사하다는 사실을 간과해서는 안 된다.[367] 창녀 라합은 이스라엘 정탐꾼을 숨기고 포로가 되는 것을 피하기 위해 밧줄로 벽에 있는 창문을 통해 그들을 내려놓았다(수 2:1-15). 다윗은 미갈의 도움으로 사울의 군사들을 피했을 때, 미갈은 그를 창문으로 내려 보냈다(삼상 19:12). 성경의 유사점은 어느 날에는 하찮은 도피가 다른 날에는 승리로 이끈 패턴을 보여 준다(수 6:1-25; 삼상 23:1-14). 이러한 성경적 메아리에 친숙한 독자라면 "처음에는 굴욕적인 도피로 보였던 것이 실제로는 하나님을 위한 강력한 일을 하게 될 것이라고 예상할 수 있다."[368] 그러한 승리 중 하나는 10장 13-17절에서 볼 수 있다. 사로잡히려는 바울은 고린도에서 그리스도를 위해 처음으로 공격하고 포로로 사로 잡는 전쟁을 수행하는 자가 되었다.[369]

바울은 자기 조롱에 가담하지 않는다. 그의 요점은 하나님의 능력이 그에게 역사하여 그의 연약함이 강함이 되었다는 것인데, 이것이 그가 12장 10절에서 도달한 결론이다. 다메섹에서 아레다의 손아귀에서 벗어났을 때, 즉 그의 사역의 시작부터 하나님은 그의 안에서 역사하셨다. 비슬리-머레이는 다

366 Martin, *2 Corinthians*, 387.

367 Holland, "Speaking like a Fool," 261.

368 Holland, "Speaking like a Fool," 261. 바렛은 고린도후서의 기록이 "바울이 드러난 굴욕과 연약함의 탁월한 본보기"를 제공한다고 가정하는 반면, 사도행전은 바울이 "하나님의 택하신 그릇"임을 강조하고 하나님께서 그를 원수들의 손에서 건져내실 것이라고 설명한다고 가정한다(*Second Epistle*, 304). 그러나 후자의 요점은 또한 바울의 설명에 함축되어 있다.

369 Andrews, "Too Weak Not to Lead," 272n41.

음과 같이 적절하게 설명한다. "바울이 그리스도인들을 잡으러 갔던 도시가 그리스도를 위한 증인으로서의 일을 막으려는 기억에 남는 시도를 한 현장이었다는 것은 역설적이다. 그러나 그를 침묵시키려는 시도는 교회를 파괴하려는 시도만큼 무익했다."[370]

4.4.4. 하나님의 능력은 약한 데서 온전하여짐: 육체의 가시(12:1-10)

12장 1절에서 바울은 자신의 환상과 주님의 계시와 관련된 새로운 자랑의 주제를 소개한다. 그는 14년 전에 있었던 낙원으로의 들려진 것을 설명하고(12:2-4) 이 경험에 대해 자랑하는 것이 왜 문제가 되는지 설명한다(12:5-7a). 다음으로 그는 환상의 결과, 육체의 가시, 그 지속성과 목적에 대해 이야기한다(12:7b-9a). 그는 자신의 약점에 대한 신학적 중요성을 공식화함으로써 이 단락을 마무리한다(12:9b-10).

12:1. 바울은 11장 30절과 12장 6절의 유사한 소개, "부득불 자랑하노니"와 함께 환상과 계시로 넘어간다.[371] 그는 그것으로부터 아무것도 얻을 수 없다는 점에서 무익하다는 중요한 경고를 덧붙인다. 그것은 어떤 사람이 어리석은 사람이고, 자랑이 그리스도인에게 합당한 행위라고 생각하도록 청중을 오도할 수 있다는 점 외에는 아무것도 증명하지 못한다. 우리 자신의 탁월함과 승리에 대해 깊이 생각하는 것은 위험하다. 왜냐하면 그것이 우리 자신의 영광을 즐기기 위해 하나님의 능력에서 우리의 주의를 돌리게 하기 때문이다. 자랑하는 것은 그리스도를 위한 제자가 아니라 찬미하는 무리를 만들고자 하는 죄악된 욕망을 부추길 뿐이다.[372] 여기서 바울은 그것이 그들에게 유익하지 않다고 덧붙인다. 그것은 공동선(참조. 고전 12:7)과 공동체의 신앙 성장에 아무런 기여를 할 수 없다.

그렇다면 아마도 적들을 괴롭히고 그들을 드러내는 것 외에는 아무것도 얻을 수 없다면 왜 자랑하는가? 바울이 그들의 매혹적인 과대망상증을 어떻게든 없애지 않으면 훨씬 더 많은 것을 잃을 수 있기 때문이다. 경쟁자들은 의제를 설정하고 어리석은 자랑으로 일부 고린도 교인들을 현혹시켰다. 바울이

370 Beasley-Murray, "2 Corinthians," 11:71.

371 καυχᾶσθαι δεῖ("자랑할 필요가 있다")는 널리 지지받는다(𝔓[46] B D2 F G H L P 0246 0278 6 33 81 614 1739). 이것을 생략하고 δέ(ℵ D* Ψ bo) 또는 δη("참으로", K 0121. 945. 1505)로 읽는 것보다 원문으로 선호된다. 일부 사본은 11:30과 일치하게 만들고 바울이 자랑할 필요가 있다고 생각하는 이유를 이해하기 위해 εἰ("만약")를 추가한다.

372 Calvin, *Second Epistle*, 155.

자신의 자랑에 역설을 능숙하게 사용한 것은 고린도 교인들이 모든 자랑의 어리석음을 깨닫도록 돕고 그들이 진정한 경쟁자를 보는 데 도움이 될 것이다.

"(그러나) 나는 환상과 계시로 말하리라"는 바울이 경쟁자들이 자랑스러워하는 것들의 목록을 살펴보고 있을 가능성을 제시하는 전환을 만든다. 고린도 교인들은 더욱 감동적인 영적 영감의 표현에 매료되었으며 그들의 예배는 각 사람이 계시와 방언을 주는 것으로 특징지어진다(고전 14:6, 26). 바렛은 "환상과 계시"가 슬로건일 수도 있다고 생각한다.[373] 경쟁자들은 영적으로 스릴 넘치는 환상에 대한 고린도 교인들의 욕구를 충족시킬 준비가 되어 있었을 것이다. 그들은 권위를 높이기 위해 초자연적 계시를 설명했을 수 있다.[374] 그들은 자신의 이야기에 활기를 더하기 위해 초월적 환상을 받은 상황에 대해 자세히 설명했을 수 있다. 미가야는 아합 왕이 신탁을 받은 방법을 설명함으로써 그의 신탁의 권위를 높여준다. 그는 초자연적 조언자들, 즉 하늘의 군대(왕상 22:19-23)들의 토론을 엿듣는 천상 법정의 관찰자였다(왕상 22:19-23). 경쟁자도 마찬가지였을 것이다.

환상은 또한 이방 세계의 종교적 풍경의 일부로서 마법 의식의 중요한 요소이자 신비 제의 입문의 일부로 사용된다. 남아 있는 미트라 예전의 단편은 환상으로 하늘로 올라가는 모습을 묘사한다.

> 당신은 자신이 들리고 높이 올라가는 것을 보게 될 것이므로 공중에 있는 것처럼 보일 것이다. ... 너희는 모든 불멸의 것들을 볼 것이다. 그 날과 그 시간에 너희가 하늘의 신성한 질서를 볼 것이기 때문이다. 주재하는 신들이 신의 원반을 통해 나타날 것이다. ... 그리고 당신은 신들이 당신을 빤히 쳐다보고 당신에게 돌진하는 것을 보게 될 것이다. ... 그러면 당신은 신들이 당신을 은혜롭게 바라보고 더 이상 당신에게 달려들지 않고, 그들이 자신들의 일의 순서에 따라 움직이는 것을 보게 될 것이다. 그러므로 당신이 위의 세상이 맑고 돌고 있는 것을 볼 때 신이나 천사가 당신을 위협하지 않는다는 것을 알면, 당신을 놀라게 할 큰 천둥 소리가 들릴 것이라고 기대하라. ... [당신이 두 번째 기도를 한 후에] 당신은 원반에서 나와 온 공기를 채우는 많은 다섯 갈래의 별을 볼 것이다. 그런 다음 다시 말하라. "침묵하라! 침묵하라!" 그리고 원반이 열리면 불 없는 원이 보이고 불

373 Barrett, *Second Epistle*, 306. 환상은 주님으로부터 오는 것이며 또한 주님에 관한 것이다(참조. 갈 1:12, 16).

374 바렛은 "'영적'이고 황홀한 현상이 사도직의 표지라는 주장은 고린도에서 시작되었지만 방문하는 사도들은 이러한 표지를 요구하는 것을 알고 그것들을 제공하기 시작했다"(*Second Epistle*, 312).

같은 문이 굳게 닫힌다.[375]

우리는 개종한 이방인들이 신비로운 환상과 관련되었을 수 있는 종교적 과거와 완전히 단절했다고 가정할 수 없다. 일부 고린도의 회심자들은 환상의 경험에 관한 종교적 배경에 의해 여전히 지나친 영향을 받았을 수 있다.

바울은 자신의 놀라운 환상을 이야기하는 것이 공동체를 세운다고 믿지 않기 때문에 그러한 것들을 말하기 꺼린다. 그것은 하나님의 은총을 받은 사람으로서 말하는 자의 자존감을 세우는 역할을 할 뿐이다. 그러므로 위험하다. 그것은 진정한 사도라는 증거를 제공하지 않는다. 역사는 어떤 하나님의 환상에서 하나님의 사명이 있다고 주장함으로써 추종자들을 유혹하고 현혹시킨 사기꾼들의 이야기로 가득 차 있다.[376] 따라서 바울은 자신에 대해 증명하는 것은 그것이 무엇이든 얼마나 무익한지 강조하는 방식으로 이 특별한 이야기를 말한다.[377] 참된 사도의 직분은 얼마나 많은 황홀한 경험을 한 것이 아니라 공동체의 세우고 견고하게 하는 것으로 확립된다(고전 14:3-5, 26; 고후 5:13).

12:2-5. 바울은 "사람의 손을 피하여 내려가는 부끄러움"에서 "하나님의 임재 앞으로 올라가는 기쁨"으로 옮겨간다.[378] 그는 자신이 올라간 상황에 대해 아무것도 모른다고 주장하고 들은 것에 대해 아무 말도 할 수 없다고 주장한다. 그런 다음 실망시키는 결과만을 전한다.

바울은 이 이야기를 "나는 그리스도 안에 있는 한 사람을 아노니"라고 제3자로 말하는 것은 바울이 자신에게 일어난 일을 이야기하고 있는지 의문을 제기하게 만든다.[379] 바울은 12장 1, 5, 7절에서 자신에 대해 분명히 언급한

---

375 *PGM* IV.539–85, 다음에 인용됨. C. E. Arnold, *The Colossian Syncretism*, WUNT 2/77 (Tübingen: Mohr Siebeck, 1995), 126. 아풀레이우스(Apuleius)의 소설은 이야기의 주제를 이지스스의 신비로 시작하고 다음과 같이 말한다. "나는 위의 신들과 아래의 신들에게 가까이 다가가 그들과 대면하여 경배했다"(*Metam*. 11.23 [Hanson, LCL).

376 재세례파 운동은 특히 개인적인 환상를 크게 강조한 얀 반 라이덴(Jan van Leyden)의 광적인 지나침으로 특징지어진다. 메노 시몬스(Menno Simons)는 그를 비난했다.

377 Furnish, *II Corinthians*, 543. 우리는 바울이 다른 누구보다 방언을 더 경험했다는 주장을 비교할 수 있는데, 그는 깨달은 마음으로 다섯 단어를 말하는 것과 비교하여 중요하지 않다고 일축한다(고전 14:18-19).

378 Harris, "2 Corinthians," 10:393.

379 어떤 학자들은 바울이 실제로 다른 사람의 경험을 말하고 있기 때문에 3인칭을 사용했다고 주장한다. 헤르만(L. Herrmann)은 바울이 아볼로를 말한다고 제시한다("Apollos," *RSR* 50 [1976]: 330–36). 스미스M. Smith는 바울이 예수님을 말한다고 주장한다("Ascent to the

다. 그러나 자신을 간접적으로만 언급하면서 이 사건을 말하기로 선택한 것을 보여 준다. 자신이 알만한 다른 사람에게 일어난 일을 말하는 것은 그의 주장과 완전히 관련이 없을지 모른다. 그는 그 일이 언제 일어났는지 정확히 알기 때문에, 들은 것을 말로 표현할 수 없고 알릴 수도 없고 그 일의 직접적인 작용으로 사탄이 육체의 가시를 보냈다고 스스로 말한다. 그렇다면 핵심 질문은 왜 이러한 방식으로 환상을 설명하는가 하는 것이다.[380]

1. 바울은 하늘 환상 이야기에 대한 유대 묵시적 전통에 있는 가명 관습으로 돌아가는 것일 수 있다.[381] 후기 랍비의 전통은 이 주제를 위험하다고 여겼고 이에 대한 공개적인 논의를 금지했다. 랍비 문헌(b. Hag. 14b)에 따르면, 네 명의 위대한 학자가 하늘로 올라가 영광을 보았다. 한 사람을 제외하고 모두 재난, 사망, 정신 질환을 겪었다. 엘리샤 벤 아부야Elisha ben Abuya는 "식물

Heavens and the Beginning of Christianity," *Eranos* 50 [1981]: 403–29). 굴더는 바울이 유대인 그리스도인 친구를 말한다고 생각한다("Vision and Knowledge," *JSNT* 56 [1994]: 53–71).

380 많은 제안들 중 다음이 언급할 가치가 있다. (1) 바렛Barrett은 바울이 자신 안에 있는 두 사람을 구별한다고 제안한다. "환상을 본 사람이 있는데 그 사람은 사실 바울이다. 그러나 바울은 자신의 연약함 외에는 자랑할 것이 없는 연약한 사람으로 생각되기를 원한다"(*Second Epistle*, 307). (2) 케제만은 그러한 황홀경이 교회를 위한 그의 사도적 섬김과 아무 관련이 없기 때문에 바울이 자신이 묘사한 사건에서 거리를 두기 원했다고 주장한다("Die Legitimität des Apostels," 64, 66–67). (3) 슈미탈은 바울이 자신의 현재 경험을 자랑하는 소위 영지주의적 반대자들과 대조적으로 자신의 미래 존재를 정의하기 위해 3인칭을 사용했다고 주장한다(*Gnosticism in Corinth*, 212). (4) 베어드W. Baird는 다음과 같이 주장한다. "바울은 그의 사역이 그들이 규범적이라고 주장하는 종류의 경험에 근거하지 않는다는 것을 증명하기를 원한다"("Visions, Revelation, and Ministry: Reflections on 2 Cor. 12:1–5 and Gal. 1:11–17," *JBL* 104 [1985]: 651–62, 654). 퍼니시는 다음과 같이 동의한다. "바울은 이 개인적인 종교적 경험을 사도적 자격으로 주장하기를 꺼렸기 때문에 3인칭을 사용한다"(*II Corinthians*, 544). 마틴은 또한 바울이 3인칭을 사용한 것과 그 경험 동안 자신의 상태를 모른다고 인정하는 것이 "사역의 확증으로서 황홀한 경험에 대한 반대자들의 주장을 폄하하는 논쟁의 장치"라고 주장한다(*2 Corinthians*, 403).

381 하비는 유대 문학에서 환상의 경험에 대한 다른 설명에서 "저자는 자신이 주제로 등장하는 것을 결코 허용하지 않았지만 익명으로 글을 썼고 경험을 과거의 인물로 돌렸다(예. '이사야의 승천기'). 그렇지 않으면 다니엘, 에녹 또는 다른 존경할 만한 선견자의 이름으로 가명을 썼다."(*Renewal through Suffering*, 103) 어떤 사람들은 바울의 경험이 유대교 메르카바 신비주의와 유사하다고 주장한다. 참조. J. W. Bowker, "Merkabah' Visions and the Visions of Paul," *JJS* 16 (1971): 157–73; P. Schäfer, "New Testament and Hekhalot Literature: The Journey into Heaven in Paul and Merkavah Mysticism," *JJS* 35 (1984): 19–35; C. R. A. Morray-Jones, "Transformational Mysticism in the Apocalyptic Merkabah Tradition," *JJS* 43 (1992): 1–31; "Paradise Revisited (2 Cor. 12:1–12): The Jewish Mystical Background of Paul's Apostolate," *HTR* 86 (1993): 177–217; 265–92. 크루즈는 다양한 문학적 유사점은 바울이 말하는 것을 "같은 시대 사람들이 이해할 수 있었다"고 말한다(*2 Corinthians*, 202). 그들은 그를 미친 사람처럼 보지 않았을 것이다. 참조. B. H. Young, "The Ascension Motif of II Cor 12 in Jewish, Christian and Gnostic Texts," *GTJ* 9 (1988): 73–103.

을 베었다", 즉 그는 진리의 식물을 베는 이단자가 되었다. 시므온 벤 조마 Simeon ben Zoma는 정신이 나갔다. 시몬 벤 아자이Simon ben Azzai는 죽었다. 아키바Akiba만 다치지 않고 탈출했다. 그러나 바울이 보호된 것은 이러한 우려가 나타나는 반영이 아니겠지만, 환상의 경험이 고통스러운 결과를 초래할 수 있음을 제안한다.

2. 제 3자의 사용은 경험 자체의 성격에서 나올 수 있다. 그러한 압도적인 사건, 즉 몸 안에 있었는지 몸 밖에 있었는지 확실하지 않은 사건은 일종의 관찰자로서 "그 경험을 겪고 있는 자신"을 관찰하는 결과를 낳는다.[382]

3. 바울이 자신을 말하지 않는 것은 이 단락에서 자랑에 대한 두 감정과 직접적으로 맞아떨어진다. 오직 성경의 가장 위대한 인물들만이 하늘로 들려 올라갔다. 바울은 이들과 자신의 순위를 매기는 데 관심이 없다. 그는 단지 고린도 교인들이 매기는 순위에서 거만한 경쟁자들을 몰아내고 싶을 뿐이다. 그러므로 그는 자기 칭찬의 어리석음을 이미 날카롭게 의식하고 있기 때문에 자기 중심적인 표현을 피한다.[383] 그는 그리스도 안에서 사람에게 일어난 일에 대해서는 자랑할 수 있지만(12:5) 자기 자신에 대해서는 자랑할 수 없다(10:17).[384] 하나님께서는 그가 특별했기 때문에 이 놀라운 낙원 체험을 허락하신 것이 아니라 "순전히 그리스도와의 관계 때문에" 그에게 허락하셨다.

베츠는 바울이 그의 경쟁자들의 관습과 그들의 천국에 올라감과 환상이 터무니없는 것처럼 보이게 하기 위한 천국 여행의 모티브를 패러디한다고 주장한다.[385] 그러나 이 올라감을 "그리스도 안에 있는 사람"에게 일어난 것으로 언급하는 것은 패러디가 아님을 보여 준다. 12장 9절에서 은혜에 관한 바울의 말은 그의 존재에 대한 자신의 전체 이해에 근본적인 것이었고 속일 가능

382 Dunn, *Jesus and the Spirit*, 214–15. 또한 다음을 참조하라. M. E. Thrall, "Paul's Journey to Paradise: Some Exegetical Issues in 2 Cor 12,2–4," in *The Corinthian Correspondence*, ed. R. Bieringer (Leuven: Leuven University Press, 1996), 352–53. 참조. 바룩 3서(3 Bar. 17:3), "나는 정신을 차리고 하나님을 찬양했다."

383 Héring, *Second Epistle*, 89n1; 또한 다음을 참조하라. Hughes, *Second Epistle*, 429-30.

384 링컨(A. T. Lincoln)은 "소크라테스 전통에서 변론의 요소 중 하나는 자기 자랑을 해서는 안 되지만, 필요한 경우 다른 사람이 자랑할 수 있다는 것이다. 바울이 제 3자를 사용한 것은 이런 종류의 관습을 준수하는 방식이다. 그는 자신을 칭찬하지 않고 ἄνθρωπον ἐν Χριστῷ(2절), ὁ τοιοῦτος ἄνθρωπος(3절) 및 다시 ὁ τοιοῦτος(5절)로 설명된 다른 사람을 칭찬한다"("'Paul the Visionary': The Setting and Significance of the Rapture to Paradise in II Corinthians XII. 1–10," *NTS* 25 [1978–79]: 208–9).

385 Betz, *Der Apostel Paulus*, 84–92. 또한 Furnish, *II Corinthians*, 543

성이 없다.[386] 그 사건은 바울에게 삶을 바꾸는 소중한 사건이지만, 그가 다른 사람들과 자유롭게 공유하거나 자랑할 만한 것은 아니다.

이 설명에서 또 다른 흥미로운 세부 사항은 "14년 전"에 발생한 사건을 선택한 것이다. 많은 환상과 계시를 받았다면 왜 이 특별한 것을 선택했는가?[387] 어떤 학자들은 바울이 더 최근이라고 말한 사건이 없기 때문에 이 환상은 실제로 바울에게 이례적이라고 결론을 내린다.[388] 그러나 환상이 드물거나 그의 삶에서 무시할 만한 부분이었다고 추론하게 만들지 않는다.[389] 바울은 "너희 모든 사람보다" 방언을 더 말한다고 주장하는데(고전 14:18-19), 방언이 고린도에서 문제가 되지 않았다면 우리는 알지 못했을 것이다. 링컨은 "자주 말하지 않는 것이 반드시 자주 경험하지 않은 것을 의미하지 않는다"고 결론을 내린다.[390] 그러므로 바울은 이 특별한 환상을 선택한 다른 이유가 있었다.

우리는 이미 그것이 삶을 변화시키는 사건이라고 제시했으며 바울은 12장 7-8절에서 그 결과를 설명할 것이다. 그것은 또한 고린도에 교회가 세워지기 이전에 이루어졌으며, 그는 이것이 사도로서의 자격을 입증한다고 주장한다(3:1-3). 그는 그들과 함께 몇 달을 보냈지만 이 사건에 대해 한 번도 언급하지 않았다. 그가 생각할 때 황홀한 환상은 그들이 그리스도인이 되는 것과 아무 관련이 없었다. 그러므로 환상은 사도를 인증하는 것과 아무 관련이 없

386 Wolff, *Die zweite Korintherbrief*, 241.

387 참조. Baird, "Visions, Revelation, and Ministry", 653.

388 바렛은 "그것이 바울이 주장할 수 있는 유일한 환상의 경험이 아니라 가장 눈에 띄는 경험을 선택했다는 것은 의심의 여지가 없지만, 바울이 환상을 보는 자가 아니라 일반적인 사람이었기 때문에" 그가 14년 전으로 돌아간다고 제시한다(*Second Epistle*, 308).

389 H. Saake, "Paulus als Ekstatiker: Pneumatologische Beobachtung zu 2 Kor. xii 1–10," *NovT* 15(1973): 152–60.

390 Lincoln, "Paul Visionary," 205. 우리는 바울이 갈라디아 교인들에게 보낸 편지에서 그가 다른 계시를 받았다는 것을 안다. 그는 그리스도의 계시로부터 선포하는 복음을 받았다(갈 1:11-12). 그는 또한 계시에 대한 응답으로 기둥인 사도들을 만나기 위해 예루살렘으로 올라갔다(갈 2:2). 비록 바울이 이러한 계시를 어떻게 받았는지 자세하게 설명하지 않지만, "비밀"에 대한 그의 이해는 계시에서 온다고 가정할 수 있다. 곧 이스라엘에 임한 완악함의 신비(롬 11:25), 죽은 자의 부활(고전 15:51), 그리스도의 재림(살전 4:15) 등이다. 사도행전은 바울이 수많은 환상을 받았다고 기록한다. 드로아에서 바울은 마게도냐 사람이 자기에게 손짓하는 환상을 보았다(행 16:9-10). 그는 고린도(행 18:9-10), 예루살렘(행 23:11), 로마로 가는 여행(행 27:23-24)에서 확실한 주님의 환상을 받았다. 행 22:17-21에서 그는 다메섹 경험 후에 예루살렘에 있었고 성전에서 기도하던 중에 "황홀한 중에"(ἐν ἐκστάσει) 그 도시를 떠나 이방인에게 가라는 경고를 받았다고 말한다.

다.[391] 이 특별한 이상은 또한 어떤 사람들이 바울을 얕잡아 보게 만드는 육체에 가시를 낳았다. 바울은 자신의 약점에 대한 가장 분명한 증거인 육체의 가시가 장엄한 환상의 결과, 즉 그가 낙원에 들어간 결과라고 알려 준다.

바울은 자신이 셋째 하늘과 낙원으로 "이끌려 간" 사람이라고 설명한다.[392] 이 동사는 "바울의 경험은 준비나 특별한 기술에 의해 일어난 것이 아니라 하나님이 주도적으로 하신 자발적이지 않은 경험"을 암시한다.[393] 그것은 그가 추구하거나 시작한 것이 아니므로 원할 때마다 반복할 수 있는 것이 아니다.[394] 그것은 하나님께서 행하신 일이며 오직 하나님만이 설명하실 수 있는 것이다. 바울은 자신을 위대한 신비주의자가 아니라 단순히 "그리스도 안에 있는 사람"으로 소개한다. 이 비할 데 없는 경험은 그를 다른 사람들보다 높이지 않고 오직 하나님의 능력과 은혜로 지탱되는 약한 질그릇이었다는 것을 더욱 분명하게 했다.

바울은 자신이 승천한 상황에서 몸 안에 있었는지 몸 밖에 있었는지 알지 못한다고 두 번 반복한다(12:2-3). 알지 못한다는 인정은 그것이 중요하지 않으며 논쟁의 여지가 있을 수 있음을 암시한다. 그는 몸 밖의 경험만을 중요하게 생각하는 사람들에게 한 대 날리는 것일 수 있다.[395] 반면에, 바울은 정말 모를 수도 있다. 그는 유대 전통에 두 가지 유형의 올라감이 있음을 알고 있었을 것이다.[396] 바울은 왜 반복하는가? 스랄은 바울은 "사건이 어떻게 발생

391 "하늘의 환상"은 다메섹 도상에서 바울에게 예수께서 부활하신 모습을 나타내기 위해 행 26:19에서 사용되었지만(행 9:1-9; 22:3-16; 26:9-18), 언급되는 순서가 다르다. 바울은 그리스도께서 자신에게 나타나신 것을 사도로서의 부르심의 중심으로 묘사한다.

392 이끌려 간다는 어휘는 관습적이다. 행 8:39, 참조. 살전 4:17; 계 12:5; Wis 4:11; 1 En. 39:3-4; 52:1-2; 2 En. 7:1; 8:1.

393 Lincoln, "Paul the Visionary," 215.

394 Talbert, *Reading Corinthians*, 123.

395 퍼니시는 다음과 같이 말한다. "바울은 올려진 방식의 불확실성을 강조함으로써 그가 정말로 관심이 없다고 말하는 것 같다. 그리고 이것은 고린도에 실제로 그렇게 하는 사람들이 있음을 제시한다"(*II Corinthians*, 545).

396 참조. 창 5:24; 왕하 2:11; 계 4:2; 17:3; 21:10; 4 Ezra 14:49 (Syr.); 1 En. 12:1; 14:8; 39:3-4; 71:1, 5; 2 En. 1:6-10; 7:1; 8:1; 38:1-2; 3 Bar. 11:1-2; Apoc. Sedr. 2:4; Mart. Isa. 6:10; 7:5; T. Ab. (B) 8:1-3; and Philo, Dreams 1:36; QE 2.39 (2.27-29, 51). 롤란드C. Rowland는 유대 묵시록이 실제 경험을 반영하고 "몸 밖에 있는 동시에 다양한 종류의 육체적 감각을 경험했음을 의식했을 수 있다"고 제안한다(*The Open Heaven: A Study of Apocalyptic Judaism and Early Christianity* [London: SPCK, 1982], 214-28). 스랄을 롤란드의 견해를 인용한다. "바울이 경험의 정확한 성격에 대한 불확실성을 언급할 때 암시하는 것은 아마도 그러한 이중 효과일 것이다."("Paul's Journeys," 355) 바울은 하늘로 올라감이 몸 안에 있었거나 몸 밖에 있었다고 기술한다는 점에서 다른 설명과 다르다. 바울은 그것이 무엇인지 몰랐고 신경 쓰지 않는 것

했는지 이해가 부족함을 강조하고 있는 것일 수 있다. 그 일이 일어난 방식은 하나님만 아시는 놀라운 사건이었다."라고 생각한다.[397] 이 결론은 바울이 반복하는 것을 가장 잘 이해한다.

12장 2절에서 "셋째 하늘에 이끌림"과 12장 4절에서 "낙원에 이끌림"은 또 다른 당혹스러운 내용을 제시한다. "낙원"은 히브리어 구약에서 공원이나 정원을 언급하기 위해 사용된 페르시아어에서 빌려온 말이다.[398] 중간기 문헌에서 이 단어는 죽었을 때 들어가는 영역 또는 하나님이 계신 영역에 사용되었다.[399] 바울의 설명은 몇 가지 질문을 만든다. 셋째 하늘은 낙원과 동일한가? 그렇지 않다면 낙원은 셋째 하늘보다 높은 곳이며, 그의 승천은 두 단계의 과정이었는가? 아니면 낙원에 이르지 못하였는가?

어떤 사람들은 바울이 두 단계로 낙원에 올랐다고 주장한다.[400] 그것은 아마도 몸 안에서 또는 몸 밖에서의 반복을 설명할 수 있을 것이다. 유대 전통에서 우리는 일곱 하늘과 심지어 열 하늘의 개념을 찾을 수 있다. 바울이 이 도식을 받아들였다면 셋째 하늘은 일곱 번째 보다 낮은 수준이었을 것이다.[401]

그러나 셋째 하늘이 궁극적인 천국이 아니라면 이곳에서 멈춘 것을 언급하는 목적은 무엇인가? 하늘 여행에 대한 다른 이야기에서 선견자들은 하늘의 각 지역에서 관찰한 것을 많이 보고한다. 그러나 바울은 다른 지역을 통과하거나 이 셋째 하늘에서 중요한 것을 보거나 들은 것을 이야기하지 않는다.

같다. 슈미탈스는 바울의 범영지주의적 해석을 통해 육체가 없는 경험의 가능성을 허용하고 "영지주의자들에게 영지주의자가 된다"고 생각했고(참조. 고전 9:19-23), 육체 밖에 존재할 가능성을 인정했다. 그의 요점은 영지주의자들이 그러한 경험을 통해 온전하게 되었으며 하나님의 은혜가 필요하지 않다고 생각함으로써 착각한다는 것이다(*Gnosticism in Corinth*, 216–17). 은혜에 대한 바울의 강조에 대해 슈미탈스가 옳을 수도 있지만, 여기서 영지주의적 육체 개념은 문제가 되지 않는다. 그럼에도 불구하고 바울의 말은 육체가 낙원과 완전히 양립할 수 없는 것은 아니라고 가정한다. 바렛(Barrett)은 "우리 구절에 묘사된 경험은 믿는 사람들이 천국이나 낙원으로 최종적으로 옮겨갈 것을 예상하는 것으로 생각할 수 있다"고 주장한다(*Second Epistle*, 309).

397 Thrall, "Paul's Journeys," 356.

398 느 2:8; 전 2:5; 아 4:12. 70인역에서 헬라어 *παράδεισος*는 창세기 기록에서 에덴동산에 사용되었다.

399 1 En. 40:7-8, 23; 60:7,23; 61:12; 70:4; 2 En. 9:1; 42:3; Apoc. Ab. 21:6-7; T. Ab. 20; 2 Bar. 4:6; Apoc. Mos. 37:5; 40:2. 겔 28:13과 31:8에서 에덴동산은 하나님의 동산으로 언급된다.

400 플러머는 사도가 "… 세 번째 하늘에 이끌려 갔다가 그곳에서 낙원으로"갔다고 말한 알렉산드리아의 클레멘트Clement of Alexandria를 인용한다(*Second Epistle*, 344).

401 에녹 2서(2 En. 3-22)에서 선견자는 일곱 번째에서 절정에 이르는 여섯 개의 하늘들을 이동한다. 일곱 하늘의 개념은 다음에도 나타난다. Asc. Isa. 6:13; 7:13; b. Hag. 12b; Pesiq. Rab. 5; 'Abot R. Nat. 37; Midr. Ps. 92.

12장 2절에서 셋째 하늘과 낙원(참조. 계 12:5)으로 이끌려가는 데 사용된 동일한 동사가 12장 4절에서 반복되는 것은 바울이 한 번의 경험을 언급했음을 제시한다. 유대교 우주론에서 세 하늘의 도식을 볼 수 있으며, "세 번째 하늘"이 가장 높은 것으로 파악할 수 있다.[402] 스랄은 바울이 두 용어를 사용한 것은 "두 번째 요소가 첫 번째 요소를 취해서 그 효과를 강화한다"고 지적한다. 두 번째 용어인 "낙원"은 바울이 옮겨진 셋째 하늘에 대해 "보다 정확히 표시하거나 그 성격을 명확히 하는 역할을 한다."[403] 칼뱅은 "셋째 하늘"이라는 용어가 문자적 의미가 아니라고 상징적이라고 주장했다.

> 숫자 3은 가장 높고 가장 완전한 것을 나타내는 완전수로 사용된다. 또한 천국이라는 단어 자체는 여기에서 모든 천체와 궁창 자체와 세상의 모든 틀에 대한 하나님의 복되고 영광스러운 왕국을 의미한다. 그러나 바울은 천국이라는 단어에 만족하지 않고 자신이 가장 높은 곳과 가장 안쪽에 있는 방에 도달했다고 덧붙인다.[404]

천국의 수에 대한 고정된 견해가 없었기 때문에 아마도 "바울이 낙원의 변형된 명칭으로 '셋째 하늘'이라는 용어를 형식적으로 단순히 받아들인 것"이라고 말한 링컨이 옳을 것이다.[405]

구더는 바울이 셋째 하늘에만 이끌려 갔다고 말하기 때문에 그것은 사탄의 사자에 의해 방해받은 실패한 상승이었다고 주장한다. 그는 이 경험을 바울의 "약함"의 또 다른 예라고 설명한다.[406] 이러한 견해는 잘못되었다. 바울은 "주의 환상과 계시"를 복수형으로 이야기한다(12:1). 이것은 다른 환상과 계시가 있었음을 암시한다. 그러나 그는 하나만 꼽았고 다른 환상과 계시를 "특별한"(개역개정, "지극히 큰") 것들로 특징지었다(12:7). 이는 실패가 아니라 성공적인 경험임을 암시한다. 여기에서 바울이 말한 한 사람은 낙원에서

---

402 T. Levi 2:7–10; 3:1–4에서 하늘의 천체는 세 개로 제시되어 있다(아마도 왕상 8:27, "하늘과 하늘들의 하늘"(느 9:6, 참조. 대하 2:6, 6:18, 시 68:33, 148:4). 다음은 셋째 하늘에 낙원을 위치시킨다. 2 En. 8:1; Apoc. Mos. 37:5; 3 Bar. 4:8.

403 Thrall, "Paul's Journeys," 356–57. 다음을 인용. J. Zmijewski, *Der Stil der paulinischen "Narrenrede." Analyse der Sprachgestaltung in 2 Kor 11, 2-12, 10 als Beitrag zur Methodik von Stiluntersuchungen neutestamentlicher Texte*, BBB 52 (Köln/Bonn: Hanstein, 1978), 335.

404 Calvin, *Second Epistle*, 156.

405 Lincoln, "Paul Visionary," 213. 유대 문헌에서는 하늘의 여러 층위가 있었다는 데 동의하지만 3, 5, 7 또는 10이 있든 정확한 숫자에 대해서는 동의하지 않는다. "하늘"에 해당하는 히브리어 단어는 복수형인 שמים이며, 이러한 추측에 적합하다.

406 P. R. Gooder, *Only the Third Heaven? 2 Corinthians 12.1–10 and Heavenly Ascent*, LSNT 313 (London / New York: T&T Clark, 2016), 190-211.

"말로 표현할 수 없는 말"을 들었다(12:4). 이것은 또한 그가 하나님의 계시를 받았다는 것을 나타낸다. "이끌려 갔다"는 것은 하나님이 실행자이심을 의미하는 신적 수동태이다. 그러므로 사탄의 사자가 바울과 그의 동료 그리스도인들이 "하나님의 계시"를 받지 못하도록 가로채어 하나님의 목적을 좌절시킬 가능성은 거의 없다.[407] 사탄의 공격은 "특별한 계시"(개역개정, "지극히 큰", 12:7) 때문에 발생했으며 12장 2-4절에 관련된 사건 이후에 일어난다. 그것은 사탄의 의도가 아니었을지 모르지만 바울은 그것을 불법의 사람이 하는 것처럼(살후 2:3-4) 자기를 높이는 것으로(12:7) 그리고 다른 사람들 위에 군림하지 못하도록(2절 참조) 적극적으로 이해한다(참조. 2 Macc 5:23).

바울은 이 특별하게 올려진 사건에서 일어난 일에 대해 거의 털어놓지 않는다. 우리는 그가 셋째 하늘, 곧 낙원에 이끌려 가서 어떤 상태에 있는지, 즉 몸 안에 있는지 몸 밖에 있는지 알지 못하며 들은 바를 누설하지 못하는 것을 알 뿐이다. 그의 천국 여행에 대한 이 이야기는 당대의 다른 묵시적 신비주의 작가들이 기록한 천국과 지옥 여행과 다르다.[408] 그는 자신이 모르기 때문에 옮겨졌다고 말하지 않는다(다음과 반대됨. Apoc. Mos. 37:3, 5). 그는 여러 하늘들을 방문하지 않는다. 그는 다른 사람에게 공개할 수 있는 비밀을 누설하거나 나중에 봉인할 책에 넣지 않는다.[409] 천사와 같은 여행은 그가 보고 듣는 것의 의미를 해석하지 않는다. 그는 단지 그 이후에 일어난 일에 대해서만 이야기한다. 그는 육체의 가시, 곧 그를 괴롭히지만 하나님의 능력이 그의 사역에서 어떻게 나타나는지에 대한 더 깊은 이해로 인도하는 사탄의 사자를 받는다. 그는 천사의 환상을 공개하기 위한 무대를 마련했지만 사탄의 사자

407 L. M. Bowens, *An Apostle in Battle: Paul and Spiritual Warfare in 2 Corinthians 12:1–10*, WUNT 2/433 (Tübingen: Mohr Siebeck, 2017), 20, 190–91. 또한 다음을 참조하라. R. N. Price, "Punished in Paradise (An Exegetical Theory of II Corinthians 12:1-10)," *JSNT* 7 (1980): 33–40; D. Litwa, "Paul's Mosaic Ascent: An Interpretation of 2 Corinthians 12.7–9," *NTS* 57 (2011): 238–57.

408 Gooder, *Only the Third Heaven?*, 23–161에서 AD 70년 전후 초기 기독교 묵시록, 나그함마디(Nag Hammadi), 헤칼롯(Hekhalot) 문헌에 있는 유대인 묵시 본문의 하늘로 올라가는 본문의 분석을 참조하라.

409 만일 바울의 고린도 청중이 선견자들이 한동안 인봉될 계시를 받은 유대 묵시 문헌에 익숙하지 않았다면, 그들은 그러한 신비 종교 개념에 익숙했을 것이다(Euripides, *Bacchae* 471–72; Aristophanes, *Clouds* 302; Lucian, *Men*. 2; Apuleius, *Metam*. 11:23). 그러나 링컨은 신비가 초심자들에게 전달될 수 있다고 지적한다. 그에 반해 바울은 자신이 들은 것을 아무에게도 전달할 수 없었다. "여기에 그가 설명하는 역설적인 반전이 있다. 왜냐하면 그는 계시에 대해 자랑하기 위해 다른 사람에게는 나타낼 수 없는 것과 관련된 환상적 경험을 자신의 많은 경험 중에서 선택하기 때문이다"(Lincoln, "Paul Visionary," 216).

가 전하는 메시지만 공유한다(헬라어 ἄγγελος[앙겔로스]는 신약에서 "사자"와 "천사"를 의미할 수 있음). 하늘의 환상은 지옥에서 온 대적들을 일깨워준다.[410] 바울의 설명은 그가 고린도의 상황을 어떻게 보는지와 일치한다. 그는 자신의 사역을 실패하게 만들려고 하는 반대자들에 대한 사탄의 간섭에 직면해 있다.

주의 영광(3:18)과 믿는 자들에게 장차 올 영광(4:17, 참조. 롬 8:18)을 보았다는 바울의 확신은 이 사건과 관련이 있을 수 있지만 이는 어디까지나 추측일 뿐이며 범위가 멀다. 바울이 무엇인가 보았다고 말하지 않고 들었다고만 보고한다. 보는 사람은 일반적으로 그들이 본 것에 대해 이야기한다. 바울은 자신이 들은 것을 말하지만 그 내용을 밝힐 수는 없다.[411] 그는 말할 수 없는 말을 들었다(참조. 고전 2:9). 그가 본 것에 대해 말하는 것이 "허용되지" 않았거나 그것을 인간의 언어로 전달하는 것이 "불가능"했기 때문일 수 있다. 그가 들은 "하나님의 말씀"은 "인간이 이해할 수 없는 것"이라는 점에서 표현할 수 없다.[412] "말하는 것이 허락되지 않은 것"(문자적 번역)이라는 그의 설명은 전자의 내용을 주장하는 것이다.[413] 인간이 알 수 있는 하나님의 것들이 있고(고전 3:9) 알 수 없는 하나님의 것들도 있다. 어떤 사람들이 그것들을 배울 수 있는 특별한 특권을 부여받았다면, 그들은 말하지 않을 수도 있다. 바울은 그가 침묵해야 하는 이유를 설명하지 않는다. 그가 더 힌트를 주었다면 금지를 어겼을 것이다.[414] 낙원으로 이끌려갔을 때 그의 신비한 경험에 대한 이 독

410 디치코(DiCicco)는 이것을 돈절법(aposiopesis)의 한 예라고 파악한다. 즉, 무언가를 말하기 시작하고 짧게 멈추고 청중이 긴장에 빠지게 하여 강조를 더하는 역할을 한다(DiCicco, *Paul's Use of Ethos, Pathos, and Logos*, 100–101은 여기에서 다음을 말한다. Aristotle, *Rhet*. 4.53.67).

411 그가 주님 가까이 서서 "너는 그의 제사장을 볼 것이요 그의 비밀을 말할 것이요"라는 말을 들을 때까지 하늘에 더 영광스럽게 들어가는 레위와 대조된다(T. Levi 2:7-11). 마틴은 표현할 수 없는 말들이 "적들에게 드러난 것으로 추정되는 영지주의적 비밀에 대한 반격"이라고 주장하지만(Martin, *2 Corinthians*, 405), 이 결론은 본문을 과하게 읽는다.

412 C-C. Murabu, "Impermissibility or Impossibility: A Re-examination of 2 Cor 12:4," in Bieringer et al., *Theologizing in the Corinthian Conflict*, 379–98.

413 필론은 "공개해서는 안 될 말을 하는 것보다" 혀가 잘리는 것을 선택한 사람들에 대해 이야기한다(*τῶν ἀρρήτων ἐκλαλῆσαι*, *Worse* 175 [Colson and Whittaker, LCL]). 아스낫Asenath이 영원히 찬양하고 영광스럽게 하기 위해 천사의 이름을 묻자 그는 이렇게 대답했다. "왜 이것을 묻느냐? 내 이름은 하늘에 지극히 높으신 분의 책에 있는 것이요. 모든 것보다 먼저 책의 시작 부분에 하나님의 손가락으로 기록된 것이니 이는 내가 지극히 높으신 분의 집의 우두머리임이라. 지극히 높으신 분의 책에는 기록된 모든 이름들이 말할 수 없는 것이요. 사람이 이 세상에서 그것을 발음하거나 들을 수 없나니 그 이름들은 지극히 크고 기이하고 칭찬할 만하도다"(Jos. Asen. 15:11–12).

414 그의 침묵은 에스라가 환상에 괴로워하여 그것을 설명할 수 없을 때의 승천에 대한 설명과

특한 묘사는 그것이 부활하신 주님께서 다메섹 도상에서 그에게 오셨을 때의 경험과는 완전히 다른 경험임을 드러낸다. 다른 사람들은 타오르는 빛을 보고 소리를 들을 수 있었지만 바울에게 말하는 사람이 누구인지와 그 말을 이해하지 못했다(행 9:7, 22:9, 26:13-14). 부활하신 그리스도의 부르심은 그를 사도로 임명했다. 그는 모든 사람에게 그것에 대해 말할 수 있었다. 이 하늘의 환상은 개인적인 것이었으며, 그 결과가 그의 섬김을 빚어낸 하나님의 은혜와 능력에 대한 이해를 어떻게 형성시켰는지에 대해서만 말할 수 있었다.

이 경험에 대한 바울의 설명이 의미하는 바를 요약하자면,

1. 바울의 유익은 구원론적이거나 소명적인 것이 아니라 그리스도 안에 있는 사람으로서 하나님과의 개인적인 관계에만 관련되었다. 탈버트는 "방언과 같이(고전 14:18) 그러한 신비 체험의 유익은 신자의 개인적인 신앙 생활을 위한 것이다"라고 말한다.[415]

2. 개인적인 신비 체험은 다른 사람들에게 적절하게 전달될 수 없기 때문에 교회에 아무런 가치가 없다. 바울이 독자들에게 자신이 들은 것을 어둠 속에 남겨두는 이유는 그것이 실패해서가 아니라 인간이 이해할 수 있는 것은 말할 것도 없고 표현할 수 있는 한계를 넘어서기 때문이다. 논리적인 논쟁이 필요한 공개 토론장에서 논쟁을 벌이는 데는 쓸모가 없다. 개인적인 하늘의 계시에 근거한 가르침은 그러한 환상을 경험한 복을 받은 사람들과 그렇지 않은 일반적인 논쟁을 하는 사람들 사이에 분열을 일으킬 것이라는 위험이 있다. 마태복음 28장 19-20절은 교회의 가르침이 낙원에서 온 가장 최근의 환상이 아니라 예수께서 이미 지상에서 명령하신 것에 기초하고 있음을 분명히 한다.

3. 개인의 신비한 경험은 영적 우월감에서 과시로 이어질 수 있다. 바울이 받은 육체의 가시는 허황된 행복에 대한 효과적인 치료법이었다. 바넷이 말했듯이, "하나님은 ... 의기양양한 바울을 땅으로 끌어내려 거기에 '가시'로 박았다."[416] 그것은 또한 바울을 주님께 더 가깝게 고정시켜 주었다.[417] 그의 낙원으로 올려짐은 신격화가 아니다. 그는 단지 죽을 몸으로 남아 있다. 그러므로 바울은 이 경험을 하나님의 보증의 증거로 사용하지 않는다. 베스트Best는 그것은 다른 사람들이 경험하기 거의 기대하지 않는 이례적인 사건이었고,

다르다(4 Ezra 10:32). 그 이후 천사가 그를 대신해 해석해 준다.

415 Talbert, *Reading Corinthians*, 124.

416 Barnett, *The Message of 2 Corinthians*, 177–78.

417 Barnett, *The Message of 2 Corinthians*, 178.

"교회의 지위를 위한 임명의 조건도 안 된다"고 말한다.[418]

바울이 다음에서 밝히는 것처럼 그러한 경험은 큰 피해를 가져 온다. 그 경험은 그가 추구한 또는 다른 이들이 추구한 그 무엇도 아니다.[419] 월러스Wallace는 바울이 이 경험을 "그의 적들을 이기기 위해서"가 아니라 "본받을 만한 모범"으로서 말했다고 주장한다.[420] 그는 바울이 고린도의 다른 그리스도인들도 그러한 초자연적이고 신적인 만남을 가졌다는 것을 인식했다고 주장한다(참조. 고전 14장 26절의 "계시"). 자신의 신적인 만남에 대한 설명은 다른 사람들과 나누는 겸손의 모범을 보여 준다.[421] 그의 경우 겸손은 사탄이 그에게 가한 것이다. 이 문맥에서 그것은 여전히 큰 의미를 가지고 있으며 바울은 이 설명으로 그들을 능가하고 싶어 하지만, 이 해석은 고린도의 배경에서도 적용할 수 있는 바울의 자랑에 나타나는 겸손의 중요성을 인식한다.

12:6. 바울은 자신의 약점만 자랑할 것이다. 마치 다메섹에서 급히 도망하여 하나님이 그를 원수들의 손에서 건져내어 영광이 그에게 있지 않고 하나님께 돌아가게 한 것과 같을 것이다. 그러나 낙원으로 가는 길과 하나님께로부터 받은 환상을 자랑한다면, 하나님 앞에서 자신의 공로를 제대로 평가하지 못하는 어리석은 자의 과장된 자랑이 아닐 것이다. 이 초월적 환상에서 일어난 일은 자신의 행위가 아니라 하나님의 일이었다. 결과적으로, 그는 정확히 일어난 일이나 그가 들은 것을 말할 수 없더라도 그것이 사실이기 때문에 그 결과에 대해 말할 수 있다.

고린도 교인들은 황홀한 환상에 대한 이야기를 근거로 그의 사도직을 가늠할 수 없다. 그들은 10장 7절에서 "분명한 것을 보라"고 명령한 대로 그들 가운데서 그의 사역을 목격한 것만으로 평가할 수 있다. 한편으로, 바울은 자신의 자랑으로 그들이 자신을 너무 많이 생각하는 것을 원치 않는다. 하늘의 환상을 과시하면 그들 안에 "하나님이 아니라 사도인 그를 세상적인 마음으

418 Best, *Second Corinthians*, 117.

419 야곱이 천사와 씨름한 일(창 33:25)과 학자들이 하늘로 올라가는 일에 대한 랍비의 기록(b. Hag 14b)은 초자연적인 종교적 체험이 위험하다고 믿었던 일부 사람들을 드러낸다. 참조. J. Maier, "Das Gefährdungsmotiv bei der Himmelreise in der Jüdischen Apokalyptik und 'Gnosis,'" *Kairos* 5 (1963): 18–40; R. P. Spittler, "The Limits of Ecstasy: An Exegesis of 2 Corinthians 12:1–10," in G. F. Hawthorne, *Current Issues in Biblical and Patristic Interpretation* (Grand Rapids: Eerdmans, 1975), 259–66.

420 J. B. Wallace, Snatched into Paradise (2 Cor 12:1–10): Paul's Heavenly Journey in the Context of Early Christian Experience, BZNW 179 (Berlin / New York: de Gruyter, 2011), 23, 29.

421 Wallace, *Snatched into Paradise*, 283–84.

로 신뢰하는 것"(참조. 고전 2:5)을 만들 것이다.[422] 다른 한편, 그는 그들이 다른 사람들의 자랑 때문에 그를 너무 생각하지 않는 것을 원하지 않는다. 동사 λογίζεσθαι(로기제스다이, "여기다, 생각하다")는 10장 2, 7, 11절, 11장 5절에 나타난다. 그리고 바울이 이 장들에서 다루고 있는 핵심 문제를 지적한다. 고린도 교인들은 어떻게 그들의 사도를 "평가"해야 하는가? "지나치게"(ὑπέρ, 휘페르)도 이 장 전체에 나타나며 적들을 둘러싼 문제 중 하나이다.[423] 그들은 보증된 것보다 더 지나치게 생각한다.

하나님의 사역자로서의 검증은 스스로의 승인이나 외부 세계의 경험에서 오는 것이 아니다. 문제는 고린도 교인들이 그를 완전히 이해하지 못하고(1:14), 잘못 이해했다는 것이다(10:1, 10; 11:21). 그는 하나님의 생명과 능력(13:4)이 그의 죽음, 나약함, 굴욕의 가면(4:7-12) 아래에서 뛰고 있음을 이해시킬 필요가 있다. 중요한 것은 그가 영적으로 떠올랐던 초월적인 순간이 아니라 "약함과 모욕과 궁핍과 핍박과 곤경"(12:10)에도 불구하고 복음을 충실히 전파하는 매일의 허드렛일에 순종하는 것이다.

12:7. 바울은 많고 예외적인 계시의 성격 때문에 "육체의 가시"를 소개한다.[424] 그는 계시가 많았고 이것은 14년 전의 계시 외에 다른 많은 계시를 받았다는 것을 암시할 수 있다. 그러나 CSB 성경 "특별한 계시"(개역개정, "지극히 큰")에 반영된 계시의 질을 언급했을 가능성이 더 크다. 낙원에 들어가는 놀라운 경험을 과도하게 신뢰하는 것은 쉽게 자아를 너무 부풀려 다른 사람보다 우월하다고 느끼도록 만들어 하늘의 환상 때문에 복을 덜 받을 수 있다.[425]

422 Savage, *Power through Weakness*, 162.

423 전치사 ὑπέρ은 11:23에 나온다. "그들이 그리스도의 일꾼이냐 정신 없는 말을 하거니와 나는 더욱 그러하도다."

424 12:7 시작 부분에 있는 헬라어 어구 καὶ τῇ ὑπερβολῇ τῶν ἀποκαλύψεων("여러 계시를 받은 것이 지극히 크므로")는 앞에 "~ 때문에"를 넣어야 하는 원인의 여격이다. 이 어구는 12:6-7에 나오는 개념에 이어지도록 텍스트에 구두점을 다르게 지정할 수 있다. "내가 만일 자랑하려고 해도 어리석은 자가 되지 않을 것은 내가 진실을 말할 것이기 때문이다. 그러나 여러 계시를 받은 것이 지극히 커서 누가 나를 보는 바와 나에게서 듣는 것을 지나치게 생각할까 두려워하여 그만둔다."

425 동사 ὑπεραίρωμαι는 "자기를 높이다"(참조. 살후 2:4)의미로 재귀 중간태로 사용된다. 동사 ἐπαίρω("높이다")는 11:20(참조 10:5)에서 자신을 높이는 경쟁자의 특성 중 하나로 나타난다. 그와는 대조적으로, 육체의 가시는 바울이 지나치게 자만하지 않게 하고 자신을 높이는 것을 방지한다. 필론은 야곱의 절뚝거림이 그가 너무 자만하지 않도록 그에게 주어진 것이라고 설명했다(*Dreams* 1.130-31).

바울의 이러한 영적 교만을 막기 위해 육체의 가시를 주셨다.[426]

브라운은 수동태 동사 "내 육체에 가시가 주어졌으니(ἐδόθη, 에도데)"의 실행자는 하나님이 아니라 사탄이라고 주장한다. 목적이 정반대이기 때문에 하나님께서 사탄을 통해 이 가시를 주시는 데 공모하지 않으신다.[427] 바울은 사탄이 하나님이 의로운 자들을 시험하고 하나님을 신실하게 섬기도록 허용하신 시련을 주시는 하나님의 대리 역할을 한다고 믿지 않는다. 사탄은 바울을 시험하기 위해서가 아니라 바울을 "치려고" 한다. 그의 능력을 증명하기 위해서가 아니라 사도직을 방해하기 위해서이다. 육체의 가시는 바울로 하여금 자신의 연약함을 인정하고 자신의 능력이 아닌 하나님의 능력을 전적으로 의지하도록 했다. 하나님의 은혜는 이 연약함을 사용하고 그것을 강함으로 만들기에 충분하다는 것이 입증되었다. 가시는 그가 하늘에 장엄하게 들어갔기 때문에 바울 안에 솟아오를 수 있는 모든 교만을 찔렀다. 그 결과 그는 다른 사람들을 사탄의 교만한 과장보다는 그리스도의 온유와 관용으로 대했다(10:1). 14년 전에 이 육체의 가시를 받은 이후, 사탄의 적대는 거의 사역 초기부터 바울을 괴롭혔다(참조. 살전 2:18; 3:5).

이 "육체의 가시"의 정확한 본질은 많은 추측을 불러일으켰다.[428] 바울은 고린도 교인들이 그가 의미하는 바를 잘 알고 있었기 때문에 그것에 대해 자세히 설명하지 않았다. 그들과 바울의 경쟁자 중 일부는 그것을 조롱의 대상으로 삼았을 수 있다. "가시"(σκόλοψ, 스콜롭스)로 번역된 단어는 신약에서 여기에서만 나온다. 꿰뚫기 위한 말뚝,[429] 의료 기구, 가시와 같이 뾰족한 것을 가리키는 데 사용된다. "가시"는 LXX에서 은유적으로도 사용되기 때문에 영어 번역에서 바르게 번역되었다(민 33:55; 호 2:6; 겔 28:24). 바울은 기둥에 못 박혀 "영원히 무력화"된 것이 아니다.[430] 그는 "육신과 하나님의 뜻에 깊숙이 박혀 뽑아낼 수 없는 날카롭고 괴로운" 고통을 겪었다.[431] 그것은 그에게

426 "나를 자만하지 않게 하기 위하여"(ἵνα μὴ ὑπεραίρωμαι)는 헬라어에서 두 번 반복되지만 일부 텍스트에서는 두 번째(א*, A, D, F, G)를 생략한다. 이 중복은 유지해야 한다.

427 Brown, *The God of This Age*, 186-92.

428 P. H. Menoud, "'The Thorn in the Flesh' and Satan's Angel (2 Cor 12.7)," in *Jesus Christ and the Faith: A Collection of Studies* (Pittsburgh: Pickwick, 1978), 19-30; U. Heckel, "Der Dorn im Fleisch. Die Krankheit des Paulus in 2 Kor 12,7 und Gal 4, 13f," *ZNW* 84 (1993): 65–92.

429 D. M. Park, "Paul's ΕΚΟΛΟΨ ΤΗ ΣΑΡΚΙ: Thorn or Stake? (2 Cor XII 7)," *Nov* 22 (1980): 179–83.

430 Thrall, *II Corinthians*, 2:807.

431 H. R. Minn, *The Thorn That Remained* (Auckland: Institute Press, 1972), 10.

고통과 괴로움을 주었다.

가시가 "육체에" 있다는 것은 어떤 육체적 고통을 가리킬 것이다(장소의 여격, 참조. 4:11; 10:2).[432] 따라서 대부분의 해석가들은 바울이 "가시"로 어떤 신체적 질병을 암시한다고 생각한다. 이 견해는 갈라디아에서 그를 가두고 그들에게 복음을 전파하게 한 육체적 질병에 대한 언급으로 지지된다. 그는 자신의 신체적 조건이 그들에게 시험이 된다고 쓴다(갈 4:13-14).[433] 이 고통이 지속되는 것이라고 가정하면, 귀나 머리의 통증에서부터 말라리아, 간질, 안질에 이르기까지 다양하게 제안된다.[434] 그러나 바울이 모든 일을 하고 환난의 목록(11:24-27)에 기록된 모든 일을 겪는 것은 만성적으로 쇠약해지는 질병은 배제되는 것처럼 여겨질 수 있다.[435] 마틴Martin은 "그토록 자주 '전투'에 나갔던 사람이 육체적으로 그렇게 약하고 바울의 삶을 고단하게 만들었는지" 궁금해한다.[436] 그는 바울이 "건강과 강한 체질을 가진 사람처럼 보여야 한다"고 주장한다.[437]

다른 학자들은 바울이 어떤 심리적인 병이나 고통을 겪었다고 주장한다. 이전에 행했던 교회 박해에 대한 우울증, 절망과 의심의 경향(따라서 Luther, *Table Talk*, 24.7), 심지어는 성적인 유혹과 같은 무력하게 만드는 문제가 제안되었다.[438]

"가시"라는 단어는 "사탄의 사자"와 동격이기 때문에 바울이 일반적으로 대적을 가리킬 때 비유를 사용했다고 제안하는 학자들도 있다.[439] 그것은 가

---

432 다른 학자들은 그것을 "육체에 대한" 불리의 여격(명사가 사람의 행위에 반대하는 의미, 역자 주)으로 받아들인다(따라서 Plummer, *Second Epistle*, 348). 칼뱅은 "육체"를 "영혼의 거듭나지 못한 부분"으로 해석하여 다음과 같이 번역한다. "내가 아직 영적이 되지 못하여 육체의 시험에서 면제되지 아니하였기 때문에 내 육체를 찔러 주셨다"(*Second Epistle*, 159). 문맥은 이 해석을 의심스럽게 만든다. 바울은 그것을 연약함이라고 밝히고 그의 연약함을 만족한다고 말한다(12:10). 그는 죄에 대한 끊임없는 유혹에 거의 만족하지 않았을 것이다.

433 우리는 고대 세계에서 질병이 마귀에게 돌려진다는 것을 기억해야 한다.

434 이론들에 대한 요약은 다음을 참조하라. 참조. Thrall, *II Corinthians*, 2:809–18.

435 이 가시가 "황홀한 경험에 대한 경향을 증가시켰을 것"이라고 추측한다(A. Oepke, "ἔκστασις," *TDNT* 2:457-58).

436 Martin, *2 Corinthians*, 415, 다음을 인용. H. Binder, "Die angebliche Krankheit des Paulus" *TZ* 32 (1976), 1–13.

437 Martin, *2 Corinthians*, 415.

438 Lapide, *II Corinthians*, 187–88. 플러머의 영리한 관찰은 적절하다. "모든 경우에 사람들은 바울의 특별한 고난이 그들 자신에게 특별한 고난과 비슷하다고 생각했다"(Second Epistle, 350).

439 Murphy-O'Connor, *Theology*, 118–19.

나안 땅에 남아 있는 가나안 주민들과 같을 것이다. 그들은 "너희의 눈에 가시와 너희의 옆구리에 찌르는 것이 되어 너희가 거주하는 땅에서 너희를 괴롭게 할 것이요"(민 33:55). 바울의 경우에 사역 동안 그를 포위했던 유대주의자들을 생각할 수 있다. 그들은 지금 고린도에서 그의 사역을 훼손한다. 이 견해의 문제는 "사탄의 사자"가 단수라는 점이며, 이것은 사탄의 여러 "어리석은 자들"(11:19)와 "종들"(11:13-15)을 암시하는 데 적합하지 않은 것 같다. 그들은 바울의 사도적 사역을 훼손한 자들이다.[440] 바울을 쫓는 개인적인 대적을 가리킬 수 있다.[441] 그러나 그의 사역을 훼손하는 반대자들이나 반대자가 그의 약점과 같을 수 없다. 왜냐하면 그의 약점들은 그가 자랑하는 것이기 때문이다(11:30; 12:9). 고린도의 상황에서 그의 약점은 반대를 불러 일으킨다. "가시"는 "사탄의 사자"과 동격이다. 따라서 바울이 가는 곳마다 그를 쫓아 영적으로 고통스럽게 만드는 마귀와 같은 사탄의 실행자인 악한 세력을 가리키는 것이라고 주장할 수도 있다. 그 세력은 그를 낙담시키고 포기하도록 그를 반대하고 힘들게 만들었다. 하나님의 은혜로 그는 굴복하지 않

440 T. Y. Mullins, "Paul's Thorn in the Flesh," *JBL* 76 (1957): 299–303. 또한 이 단어가 알렉산더 구리 세공인과 같은 단어의 적들을 언급한다고 생각한 크리소스토무스를 참조하라 (*Hom. 2 Cor.* 26.7). 이 견해를 위한 논증은 다음과 같이 주장한다. (1) 바울이 갈 1:8; 4:14에서 사람을 언급하기 위해 천사를 사용했다. (2) 바울은 이미 거짓 사도들을 사탄의 일꾼으로 규정했다(11:13-15). (3) "가시"는 70인역에 이스라엘의 원수를 위해 나타난다 (민 33:55, 겔 23:24). (4) 가시에 대한 언급(11:23-28)과 그 뒤에 오는 고난(12:10)에 대한 언급은 박해와 반대에 초점을 맞추고 있다. 다음 책은 반대자들을 언급한 가장 최근의 책이다. 바울이 침입자들을 사탄의 일꾼이라고 암시한다고 주목한다(11:15). Lukas Hagel, "Satan's Angels: 2 Corinthians 12:7 within a Social-Scientific Framework," *SEÅ* 84 (2019): 193–207.

이 견해에 반대하여 (1) 누가복음 13:16에서 사탄은 질병과 관련되어 있다고 주장할 수 있다. (2) 유대주의자와 같은 반대자들을 염두에 둔다면, 갈라디아 교인들에게 보낸 편지는 그들이 단순히 그의 옆구리에 있는 가시 그 이상이었다는 것을 보여 준다. 그들은 갈라디아 교인들의 구원에 중대한 위험이 되었다. 바울은 그러한 반대를 묵묵히 받아들이거나 그들이 떠나기를 기도하지 않았다(12:8). 바울의 고발에 대해서 그들이 위협하는 것은 주님의 은혜가 충분하는 것을 전달하지 못했다. (3) 마지막으로 "육체의 기둥이나 가시는 마음의 고통과 같지 않다"(Witherington, *Conflict and Community*, 462n93).

맥캔트(J. W. McCant)는 육체의 가시가 바울의 사도직의 정당성을 인정하기를 거부하는 고린도 교회에 대한 은유라고 주장한다("Paul's Thorn of Rejected Apostleship," *NTS* 34 [1988]: 550–72). 고린도전서(7:1)에서 답변한 편지와 고린도후서 7:5-16에서 디도의 방문에 대한 설명을 통해 그들이 이 질문을 하는 것으로 증언된 바와 같이 그들이 바울의 정당성을 인식하고 있기 때문에 잘못된 견해이다. 바울은 이 가시를 고린도 교인들에게 복음을 전하기 오래 전에 일어난 하늘의 이상과 연결한다.

441 Brown, *The God of This Age*, 186.

고 부르심에 충실했다.[442] 그러나 바울이 그를 괴롭히는 마귀와 같은 자가 마음에 있다면, 그 악의가 왜 바울만 겨냥하고 그의 편지에 언급한 많은 동료들을 포함하지 않겠는가?

바울이 가시를 제거해 달라고 간절히 기도했기 때문에 그 가시는 사역에 방해가 된다고 느껴졌다. 바울은 고린도 청중들이 가시가 무엇인지 알고 있다고 가정하는 것 같으므로 그것에 대해 자세히 설명할 필요가 없다. 심리적이며, 관계적이며, 사탄의 대리자와 같은 가시는 쉽게 드러나지 않았을 것이다. 육체적인 약함이 있었을 것이다. 그러므로 나는 그것을 "조롱과 비열한 비교의 대상이 된 사회적으로 쇠약하게 하는 질병 또는 기형"으로 이해하는 마샬에 동의한다.[443] 바울의 연설은 고린도 교인들의 비판의 대상이 되었고 (10:10), 가시가 말을 하는 데 장애가 되었을 수도 있다.[444] 그는 사탄을 기독교 선교를 방해하기 위해 가능한 모든 수단을 사용하는 적으로 간주하기 때문에 그것을 비유적으로 "사탄의 사자"로 이해한다(2:11; 11:14; 살전 2:18; 살후 2:9). 이 언어는 발람의 이야기(민 22:22-34)를 떠올리게 할 수 있는데, 여기서 주의 천사가 하나님의 뜻에 반하여 이스라엘 민족을 저주하는 발람을 막기 위해 그 길을 세 번이나 막는다.[445] 바울은 회심자를 얻을 수 있는 완전한 복음 제시로 열방을 복되게 하는 일을 그의 약함이 방해한다고 생각했다.

우리는 바울의 육체의 가시가 무엇인지 확실히 알지 못할 것이다. 우리는 그것이 처음에 그에게 상당한 성가심을 일으켰다는 것을 확신할 수 있을 뿐이다. 바울의 육체의 가시가 무엇인지에 대한 모호성은 사람들로 그들 자신의 개인적인 "가시"를 바울의 것과 동일시하고 신학적 교훈을 적절하게 적용

---

442 D. Abernathy, "Paul's Thorn in the Flesh: A Messenger of Satan?," *Neotestamentica* 35 (2001): 69–79.

443 Marshall, "A Metaphor of Social Shame," 315–16. 이러한 견해는 바울이 "상대방의 사회적 배경, 부도덕, 외모, 종교 및 철학적 신념, 말, 탐욕, 개인 활동"을 조롱하는 욕설의 대상이었기 때문에 의미가 있다(Marshall, *Enmity in Corinth*, 62-64).

444 Barrett, *Second Epistle*, 315. 그러나 바울은 그것이 환상 이후에 왔다고 말하기 때문에 선천적일 수는 없다.

445 다음에 인용됨. V. Jegher-Bucher, "'The Thorn in the Flesh'/'Der Pfahl im Fleisch': Considerations about 2 Corinthians 12.7–10 in Connection with 12.1–13," in *The Rhetorical Analysis of Scripture: Essays from the 1995 London Conference*, ed. S. E. Porter and T. H. Olbricht, JSNTSup 146 (Sheffield: Sheffield Academic Press, 1997), 388–89. 그녀는 그 가시가 바울의 "약한 전달력"과 "무뚝뚝한 연설"이라고 주장한다. 그녀는 그것을 웅변가가 "가시를 가져오는"(*Rhet.* 1413b) 웅변가에 대한 아리스토텔레스의 말과 연결하지만, 아리스토텔레스는 σκόλοψ("가시")가 아니라 δοκός("기둥")라는 단어를 사용한다. 이 제안된 병행은 거의 적용되지 않는다.

하도록 만든다.[446] 육체의 가시는 선하지 않지만 우리가 하나님의 말씀을 듣는 일에 맞춰져 있으면 그 말씀을 전달할 수 있기 때문에 나쁘지 않다. 바울에게 중요한 것은 육체의 가시가 그에게 준 신학적 말씀이다. 그것은 하나님의 은혜와 그를 통해 역사하시는 하나님의 능력을 끊임없이 상기시키는 것이었다. 그것은 신비하게도 더 효과적으로 복음을 전파할 수 있는 능력을 그에게 부여했다.

이 사실은 그를 현혹시키려고 오는 "사탄의 사자"를 가볍게 여겨도 된다는 의미가 아니다. 동사 "쳐서"(κολαφίζειν, 콜라피제인, "학대하다" 또는 "때리다")는 굴욕적인 폭력을 의미한다. 그리고 현재 시제는 그것이 지속적이었음을 암시한다. 반복적으로 일어나는 일이다(참조 4:11). 같은 단어가 수난 중에 예수님의 학대에 사용되었다(막 15:65; 마 26:67). 바울은 이 단어를 선택해서 사도로서의 고난을 그리스도의 고난과 연결한다. 이 사탄의 공격은 가혹하고 자신의 힘으로는 극복할 수 없는 것이다. 오직 하나님의 능력만이 할 수 있으며, 하나님은 역설적으로 그렇게 하신다. 하나님은 바울을 괴롭히기 위해 보내진 가시를 그리스도의 능력과 은혜의 메시지로 바꾸심으로써 사탄의 사악한 목적을 좌절시키신다. 이 놀라운 반전은 하나님이 사탄을 물리치는 수수께끼 같은 방법을 반영한다.[447] 사탄은 바울을 공격하지만 하나님은 그 공격을 당한 사도를 더 큰 복음을 전하는 능력의 도구로 바꾸신다. 교만하고 오만한 바울은 육체의 가시가 없는 바울보다는 복음의 전진을 방해했을 것이다. 예수님의 죽음을 몸으로 짊어진 연약한 바울(4:10)은 복음의 진보를 가속화하여 하나님을 아는 향기가 사방에 퍼졌다(2:14-16).

12:8. 낙원의 환상은 가시를 떠나게 해 달라고 주님께 간구하는 간청으로

---

446 우리는 이것을 칼뱅의 질병에 대한 설명과 비교할 수 있다. "그의 고통은 의학 잡지와 같다. 그는 고통스러운 위경련, 장염, 반복되는 편두통으로 고통받는다. 그는 종종 한 번에 몇 주 동안 누워 있을 정도의 지속적인 열병에 시달렸다. 그는 흉막염, 통풍, 배앓이 외에 기관지에 문제를 경험했다. 그는 치유되지 않는 농양에 의해 악화되는 치질에 특히 약했다. 그는 무릎, 종아리, 발에 심한 관절염과 급성 통증을 겪었다. 다른 질병으로는 신염(감염으로 인한 신장의 급성, 만성 염증), 담석 및 신장 결석이 있다. 그는 한때 신장 결석이 너무 커서 요로가 찢어져 과도한 출혈을 일으켰다. 그는 51세에 폐결핵에 걸려 결국 사망했다. 그의 건강 문제는 그에게 더욱 요구되는 설교로 악화되었다"(C. S. Storms, *Healing and Holiness: A Biblical Response to the Faith-Healing Phenomenon* [Phillipsburg, NJ: Presbyterian & Reformed, 1990], 138–39).

447 화평의 하나님께서 속히 사탄을 너희 발 아래 짓밟으시리라는 바울의 확언(롬 16:20)에서 볼 수 있듯이 역설은 사탄의 패배에도 관련되어 있다.

이어졌다.[448] "주"는 아마도 그리스도일 것이다(1:2-3; 13:13). "주"가 그리스도 또는 하나님이 될 수 있다는 그의 고기독론의 증거이다. 그는 사탄의 사자가 그를 괴롭히는 "주 예수에게서 나오는"(12:1) 가시를 만든 특별한 계시가 있었기 때문에 그리스도께 호소했을 가능성이 크다.[449]

그의 기도는 처음에 이 고통의 중요성을 인식하지 못했다는 것과 쉽게 견딜 수 있는 문제가 아니었음을 나타낸다. 불쾌하거나 어려운 일의 시작을 가치 있게 여길 수 있는 사람은 거의 없으며 대개 돌아볼 때만 그 가치를 파악한다. 바울은 처음에 이 가시가 그의 섬김을 효율적이지 못하게 할 것이라고 생각했을지 모른다. 그래서 그것이 없어지기를 간절히 원했다. 세 번은 "열렬하고 반복되는 기도"를 의미할 수 있으며, 이는 거듭 반복된다는 의미이다.[450] 또한 이 가시가 그에게 특별한 고통을 일으킨 기간을 나타낼 수도 있으며, 그가 매로 맞았던 "세 번"과 유사할 것이다. 바울이 기도했던 세 가지 다른 예를 말하려고 했다면, 그 원인이 무엇인지는 추측만 할 수 있다. 세 번의 기도로 설명되는(막 14:35-41) 겟세마네의 기도에서 예수님께서 열렬한 기도를 통해 십자가를 받아들이셨듯이, 바울은 열렬한 기도로 연약함을 하나님의 뜻에 순복하기 위해 자신을 포기했다.

우리는 가시가 기적적으로 제거되는 사람을 기대할 수 있다. 그러면 바울은 그를 괴롭히는 이 고통에서 벗어날 수 있었을 것이다.[451] 그가 받은 대답은 "그 요청이 거부되었다"였다. 가시는 남을 것이다. 빠른 치유 기적은 없을 것이지만 기도가 응답되지 않는 것은 아니다. 주님의 응답은 단순히 바울이 바라는 것과는 달랐지만 그가 간구했거나 구하려고 했던 것보다 훨씬 더 컸

448 "떠나다, 제거하다, 출발하다"라는 동사(ἀφίστημι)는 신약에서 항상 사람에게 사용되기 때문에 가시가 소식을 전하는 자를 암시할 수 있다.

449 Harris, *Second Epistle*, 860.

450 Barrett, *Second Epistle*, 316. 마틴은 또한 세 번이 "기도의 긴급성에 대한 고정관념적인 표현"일 수 있다고 생각한다(*2 Corinthians*, 418). 다른 가능성은 아침, 오후, 저녁에 유대인의 기도 패턴을 반영하거나(시 55:16-17; 단 6:10, 13; 1QS 10:1-7; 1QHa 12:3-9) 고정된 삼중 기도를 반영할 수 있다. 또는 하나님의 치유에 대한 헬레니즘적 설명(그러므로 Windisch, *Der zweite Korintherbrief*, 389-90)에서 도움을 요청하는 전형적인 세 번의 청원을 반영할 수 있다.

451 베츠는 치유 기적의 패러디라고 주장한다(*Der Apostel Paulus*, 92–93). 배어드Baird는 바울이말하는경험이비전과기적이야기에대한청중의정상적인기대를뒤집는다는것에동의하고 그렇게 주장한다. 바울은 계시를 가져오지 않는 묵시와 치유를 하지 않는 기적의 이야기를 전한다("Visions, Revelation, and Ministry," 661). 바렛은 "바울이 말한 내용이 가지는 신학적 추진력과 일관성"은 패러디의 요소가 "주변적이고 부수적"일 수 있다는 것을 의미한다고 반박한다(Second Epistle, 317-18).

다.[452] 주님은 "그의 연약함을 극복하기 위해 더욱 풍성한 힘을 주셨다."[453] 브루스가 말했듯이, "그의 기도는 참으로 고통에서 구원을 받은 것이 아니라 그것을 견디는 데 필요한 은혜를 받음으로 응답되었다."[454] 그러나 그는 괴로운 고난을 견디기 위해 은혜 이상의 것을 받았다. 그는 그리스도의 능력을 받는다. 사탄은 가시로 교만을 꺾어 놓았지만, 그것은 자신의 능력이 아닌 하나님의 능력에 전적으로 의존하게 만드는 의도하지 않은 결과를 낳았다.

12:9. 그가 받은 대답은 "내 은혜가 네게 족하도다 이는 내 능력이 약한 데서 온전하여짐이라"였다. 바울은 어떻게 주님으로부터 이 응답을 받았는지에 대해 자세히 설명하지 않다. 다른 환상으로 온 것인가? "나에게 이르시기를"은 완료 시제(*εἴρηκέν μοι*, 에이레켄 모이)이며, 이는 그가 받은 응답이 여전히 유효함을 의미한다.[455] 응답은 교차 대구를 따른다.

A 족하도다
  B 네게
    C 내 은혜
    C′ 내 능력
  B′ 약한 데서
A′ 온전하여짐이라

바울은 가시가 그의 사도적 부르심을 방해하지 않는다는 것을 배운다. 그 대신 그는 이미 받은 은혜로 만족할 수 있으며, 그리스도의 능력은 그의 연약함을 통해 역사할 때 더욱 두드러질 것이다.[456]

우리는 바울이 받은 하나님의 메시지에서 하나님의 은혜가 우리를 구원하

---

452 칼뱅은 기도에 대한 응답에는 두 가지가 있다고 설명한다. "우리는 하나님 나라의 완성과 그의 이름이 거룩히 여김과 죄 사함과 우리에게 모든 유익함과 같은 우리에게 확실한 약속이 있는 것을 조건 없이 구한다. 그러나 우리가 하나님의 나라가 이런저런 방식으로 발전할 수 있고 실제로 그렇게 되어야 한다고 상상할 때, 또는 이것이 그의 이름을 거룩하게 하는 데 필요하다고 생각할 때, 우리는 실제로 무엇이 우리 자신의 복됨에 도움이 되는지에 대해 종종 착각을 하는 것과 마찬가지로 종종 오해한다." 우리는 확실히 약속된 것에 대해 확신을 가지고 요청할 수 있지만 "방법을 정할 수는 없다." 하나님은 우리가 구하는 기도의 목적을 이루실 수 있지만, 우리가 원하지 않는 수단을 사용하실 수도 있다(*Second Epistle*, 160–61).

453 Hemer, "A Note on 2 Corinthians 1:9," 107.

454 Bruce, *I and II Corinthians*, 249.

455 오콜린스는 이것이 바울의 편지에 기록된 부활하신 예수님의 유일한 말씀이라고 지적한다 (G. G. O'Collins, "Power Made Perfect in Weakness: 2 Cor 12:9–10," *CBQ* 33 [1971]: 528).

456 바울은 고린도전서 1장 24절에서 그리스도를 "하나님의 능력"이라고 말한다.

는 공로 없는 은혜가 아니라 우리를 지탱하는 힘이라는 것을 배운다. "내 능력"에서 수식어 "나의"가 중요하다. 바울은 일반적인 능력에 대해 말하고 있는 것이 아니다. 그것은 특히 십자가에 못박히심과 부활에서 계시된 "하나님의 능력"이다.

"그리스도께서 약하심으로 십자가에 못 박히셨으나 하나님의 능력으로 살아 계시니 우리도 그 안에서 약하나 너희에게 대하여 하나님의 능력으로 그와 함께 살리라"(13:4). 바울은 1장 8-10절에서 이 능력에 대해 증언했다. 아시아에서는 참을 수 없이 짓밟혔으나 죽은 자를 살리시는 하나님의 능력으로 구원을 받았다. 부서지고 참을 수 없이 두드려 맞고 부서진 질그릇은 하나님의 비범한 능력으로 붙잡혀 있다(4:7). 하나님의 능력은 "오른손과 왼손에 가진 의의 무기"(6:7)를 제공하는 "진리의 말씀"을 말하는 것을 통해서 나타난다. 바울은 이 지상의 장막이 무너질 때 하나님의 능력이 그를 일으키사 손으로 지은 것이 아닌 하늘에 있는 영원한 집을 주실 것이라는 확신을 나타낸다(5:1). 기적은 주님께서 그를 육신의 가시에서 건져내신 것이 아니라 하나님의 능력이 연약하고 박해를 받고 비천한 사도를 통해 역사하여 하나님의 목적을 성취했다는 것이다. 그로 하여금 그리스도 예수 안에 있는 하나님의 은혜를 고린도 교인들에게 전하여 그 안에서 범사에 그들의 생활을 풍성하게 하고 강건하여 우리 주 예수 그리스도의 날에 흠이 없게 하려는 것이다.

"온전하여지다"로 번역된 동사(τελεῖται, 텔레이타이)는 그것이 "완성되다" 또는 "온전하게 만들어지다"라는 의미를 전달한다.[457] 현재 시제는 하나님의 은혜가 이미 완성된 것이 아니라 하나님의 능력이 온전해지는 과정 가운데 있음을 보여 준다. 베스트는 이 메시지를 진부한 말로 바꾸지 말라고 경고한다. 바울은 "너는 거친 것을 부드러운 것과 받아야 한다," "모든 구름은 빛나는 은빛을 가진다," "고난은 ... 인내로 ... 성품을 견고하게 만든다"라는 메시지를 받지 않았다.[458] 가시는 그로 하여금 자신의 부족함을 날카롭게 깨닫게 하고, 자신이 그 일과 동등하다고 생각하지 못하게 하고, 자아가 너무 부풀려져서 그의 일에서 하나님의 능력을 몰아내는 것을 방지한다. 바울은 그 가시가 제거되기를 기도하기보다 자신의 연약함을 자랑스러워하는 이유를 밝힌다. 연약함은 하나님의 은혜와 그리스도의 능력이 그 자신과 다른 사람들에게 가장 온전히 나타나는 수단이다. 퍼니시는 바울이 약함이 능력이라고 말하

---

457 Furnish, *II Corinthians*, 531.

458 Best, *Second Corinthians*, 120.

지 않았다는 점을 정확하게 지적한다. 대신에 그는 "사도로서 그의 삶을 특징짓는 약점들, 즉 고린도 교인들이 그 점에 대해 매우 잘 알고 있으며 없어지기를 구하거나 기대하지도 않는 약점들은 그의 섬김에서 십자가에 못 박히신 그리스도의 능력이 효과적으로 작용하고 있음을 나타낸다."[459] 어떤 사람들에게 바울이 그토록 연약해 보이는 것은 역설적으로 그리스도의 능력이 그를 통해 더욱 역사하도록 허락한다.

사탄의 천사로부터 온 육체의 가시는 자신과 다른 사람들에게 그의 연약함을 알린다. 그것은 그가 사탄의 지배 아래 있고 진정한 사도가 아니라는 것을 의미하지 않는다. 오히려 그 안에서 역사하시는 그리스도의 능력을 더욱 투명하게 만든다. 동사 "머물게"(*ἐπισκηνόω*, 에피스케노오)는 하나님이 백성과 함께 거하시는 구약의 이미지를 상기시킨다(민 35:34; 참조.요 1:14). 그리스도의 강력한 임재로 인해 깨지기 쉬운 질그릇인 바울이 그분의 집이 되었다. "내가 그리스도와 함께 십자가에 못 박혔나니 그런즉 이제는 내가 사는 것이 아니요 오직 내 안에 그리스도께서 사시는 것이라"(갈 2:20). 그러므로 그는 그리스도의 능력이 온전하게 되고 다른 사람들에게 더 분명하게 드러날 수 있게 하는 것은 매혹적인 하늘의 환상이 아니라 그의 약점이라고 강조한다. 바울의 연약함과 그리스도의 능력은 더해지면 온전한 능력과 같다. 그는 그에게 나타난 놀라운 능력이 그에게서 온 것이 아니라 하나님께로부터 온다는 것을 분명히 하는 것을 제외하고는 이 약함을 자랑하지 않는다. 바울이 모든 일을 스스로 하며 모든 환난을 능히 이기는 줄로 생각하여 자기의 능력을 자랑하면 그의 삶에 있는 하나님의 능력을 끊어 버리게 될 것이다. 따라서 그는 자신의 자원에 가장 덜 의존할 때 가장 강력하다.

우리 자신의 힘에 대한 환상은 우리로 하여금 하나님의 능력을 간과하게 하고 결과적으로 하나님을 거역하게 만든다. 이런 이유로 하나님은 스스로를 높이며 자신이 특별하다고 스스로 속이는 것을 믿는 교만한 자를 낮추신다. 하나님은 우리의 교만을 무조건 포기할 것을 요구하신다. 바울의 상황에서 하나님의 은혜는 "그의 연약한 힘을 위한 버팀목이 아니라 결정적인 질문으로 임했다. 하나님의 섭리에 순복하겠는가, 완전히 굴복하겠는가? 여러분이 하나님 앞에서 자신이 죄인임을 아는가?"[460] 우리는 우리 자신의 연약함을 받아들일 때 전적으로 하나님을 의지해야 한다는 것을 배운다. 애쉴리Ashley는 올

---

459 Furnish, *II Corinthians*, 551–52.

460 R. Bultmann, *New Testament Theology*, trans. K. Grobel (London: SCM, 1952), 1:285.

바르게 결론을 내린다. "결과적으로 그가 약할 때 즉, 쥐고 있던 자신의 능력을 손에서 놓았을 때 그가 실제로 강해진 것은 하나님이 그의 힘을 강하게 해 주셨기 때문이 아니라 그의 힘, 그의 능력이 하나님의 능력으로 대체되었기 때문이다."[461] 이것이 가시가 하나님께서 속히 지나가게 허락하셔야 할 어떤 일시적인 교훈이 아니었던 이유이다.

바울이 자신과 그의 사도적 사역에 대해 말한 것은 그 자신에게만 적용되는 것이 아니다. 태너힐Tannehill은 다음과 같이 말한다. "사람이 하나님의 능력을 자기 자신의 능력과 혼동하여 자기 자신을 의지해서 하나님의 능력을 잃지 않도록 하기 위해서는 계속적인 나약함이 필요하다."[462] 하나님의 능력이 겸손한 자에게 있다는 원리는 구약 전체에서 찾아볼 수 있다(사 57:15). 아브라함은 자신을 "티끌과 재"(창 18:27)라고 고백한다. 모세는 하나님께 "내가 누구이기에 바로에게 가며 이스라엘 자손을 애굽에서 인도하여 내리이까?"라고 묻는다(출 3:11). 기드온은 "오 주여 내가 무엇으로 이스라엘을 구원하리이까 보소서 나의 집은 므낫세 중에 극히 약하고 나는 내 아버지 집에서 가장 작은 자니이다"(삿 6:15)라고 말한다. 다윗은 "왕의 사위 되는 것을 너희는 작은 일로 보느냐 나는 가난하고 천한 사람이라 한지라"(삼상 18:23)라고 말한다. 이 모든 경우에 우리는 세상에서 미련한 것을 택하여 지혜 있는 자를 부끄럽게 하려 하심으로 세상에서 역사하시는 하나님의 기본적인 방법을 본다.

> "세상의 미련한 것들을 택하사 지혜 있는 자들을 부끄럽게 하려 하시고 세상의 약한 것들을 택하사 강한 것들을 부끄럽게 하려 하시며 하나님께서 세상의 천한 것들과 멸시 받는 것들과 없는 것들을 택하사 있는 것들을 폐하려 하시나니 이는 아무 육체도 하나님 앞에서 자랑하지 못하게 하려 하심이라"(고전 1:27-29).

하나님의 지혜는 고린도의 지혜와 자랑의 전체 기반을 무너뜨리고 경쟁자들의 자랑의 요새와 높은 성벽을 무너뜨리게 한다(10:5).

바울이 그의 간청에 대해 받은 하나님의 응답은 그가 하나님의 은혜와 능력을 가장 분명하게 나타내기 때문에 그가 이제 그의 약점을 기쁘게 자랑한다는 의미이다. 환상과 하늘 여행에 매료되는 것은 오해의 소지가 있다. 하나님이 인간의 연약함을 통해 역사하시는 방식이 더 중요하고 사도로서 그의 정

---

461 Ashley, *Paul's Defence*, 96.

462 Tannehill, *Dying and Rising with Christ*, 100.

당성을 확증하는 것이다. 바울의 전체 사도적 사역은 약함으로 요약될 수 있다. 그것은 하나님의 은총을 의미하는 것이 아니라 오히려 그 반대이다. 링컨은 요점을 지적한다.

> 고린도 교회의 존재는 바울의 연약함이 하나님의 능력이 일하는 것을 가로막는 것이 아니라 그 능력이 발휘될 수 있는 조건을 마련해 주었다는 충분한 증거이다. ... 복음이 믿어지고 교회가 세워진 곳에 하나님이 역사하시므로 바울의 사도직에서 "옳다 인정함을 받는 자는 자기를 칭찬하는 자가 아니요 오직 주께서 칭찬하시는 자"(10:18)라는 원칙이 지지된다.[463]

12:10. 바울은 "내가 약할 그 때에 강하다"는 기억에 남을 경구로 논쟁에서 이긴다. 이 어구는 그가 이 절에서 말하는 모든 것을 해석하는 열쇠이다. 바울은 4장 7절의 요점을 반복한다. "우리가 이 보배를 질그릇에 가졌으니 이는 심히 큰 능력은 하나님께 있고 우리에게 있지 아니함을 알게 하려 함이라." "기뻐하노니"는 그리스도의 능력이 그의 약함을 통해 그의 삶에서 역사하는 방식을 받아들이는 것을 의미한다. 그렇다고 해서 그가 고통의 짐 속에서 신음하지 않고(5:2, 4) 죽을 사람이 생명에 삼켜지기를 갈망하지 않는다는 뜻은 아니다(5:4). 그는 자신의 고난이 그리스도의 고난의 선례를 따른다는 것을 안다. 그것은 하나님께서 그에게 피할 수 있게 하신 것이 아니라 견딜 수 있게 하신 것이었다. 그가 견디는 것은 그리스도를 위하여 견디는 것이다. 그의 연약함에 숨겨진 하나님의 능력의 역설은 십자가에 못박히심에서 나타난 그리스도의 연약함과 능력과 유사하다. 레이브스태드Leivestad는 "하나님의 능력이 세상의 구원을 위하여 십자가에 못 박히신 주님의 연약함을 통하여 계시된 것처럼, 부활하신 그리스도의 생명과 능력이 부끄러움과 환난 가운데서도 그의 연약한 사도들을 통하여 나타난다"라고 말한다.[464] 거짓 사도들은 고린도 교인들이 그리스도의 능력이 자기 안에서 역사하는 것을 보지 못하도록 막고 그들을 그리스도의 십자가에서 멀어지게 한다. 따라서 바울의 목표는 단순히 자신을 변호하는 것이 아니라 적절한 영적 렌즈를 통해 "사물을 올바르게 보도록" 돕는 것이다.[465]

---

463 Lincoln, "Paul the Visionary," 210.

464 Leivestad, "'The Meekness and Gentleness of Christ' ll Cor X.1," 163.

465 섬니(Sumney)는 데살로니가전서를 이용하여 나약함이 일찍부터 그의 사역에 대한 바울의 이해의 불가결한 부분이었다는 것을 보여 준다. 예를 들어, 마틴은 고린도의 위기가 이 새로운 이해를 촉발했다고 주장했다("Paul's 'Weakness': An Integral part of His Conception of Apostleship," *JSNT* 52 [1993]: 71–91).

바울은 고난 목록을 간략한 요약으로 끝맺는다. 그는 "내가 그리스도를 위하여 약한 것들과 능욕과 궁핍과 박해와 곤고를 기뻐하노니"라고 말한다. "능욕"(ἐν ὕβρεσιν, 엔 휘브레신)의 동사 형태가 사용된 데살로니가전서 2장 2절에서와 같이 "난폭한 취급을 당하는 것"을 의미하지 않는다면, 그는 아마도 약하고 비천하고 서툰 사람으로 자신을 대하는 경쟁자들의 무례한 비방을 염두에 두고 있을 것이다. 그는 4장 8-9절, 6장 4-5절, 11장 27-28절에서 자신의 "고난"(개역개정, 궁핍)을 나열했다. "박해"는 11장 24-25a절에 나열되어 있고 곤고(긴박한 상황)은 11장 25b-26절에 나열되어 있다. "그리스도를 위한 것"이기 때문에 이러한 것들을 받아들이고 기뻐할 수 있다. 또는 이 목록의 끝(헬라어 순서)에 "그리스도를 위하여"를 놓았기 때문에 이러한 것들이 그리스도를 대신하여 그에게 온다는 의미일 수 있다. 자기 십자가를 지고 그리스도를 따르는 자들에게 이런 일이 일어난다.

4.4.5. 어리석은 자랑과 참 사도의 표지(12:11-13)

12:11. 바울은 경쟁자들의 자랑하는 전술을 채택한 것이 어리석음을 인정하지만, 그렇게 함으로써 반대자들도 같은 방법으로 더럽힌다. 그들도 어리석은 자들이다(11:19-20). 바울과 달리 그들은 어리석은 자의 역할을 하지 않는다. 그들은 자신들의 자랑을 진지하게 받아들인다. 고린도 교인들도 어리석은 자랑에 사로잡히고 미혹되어 미련한 자로 여겨진다. 그들은 사도를 배반하고 변호하지 않음으로 스스로에게 불명예를 돌렸다.

바울은 이 실패를 자신의 어리석은 말에 대한 최종적인 정당화로 사용한다(참조. 11:1-6). 고린도 교인들이 경쟁자들로부터 그를 변호하지 않았기 때문에 자신의 평판을 지키기 위해서만이 아니라 그러한 어리석은 사람들로부터 고린도 교인들을 구하기 위해 그렇게 해야 한다. 그들은 자신들의 열망을 쫓는 이 침략자들에게 빠져들었다. 그들은 너무 괴로워하고, 너무 약하고, 말문이 막힌 것처럼 보이는 자신들의 사도로부터 부끄러움으로 얼굴을 돌렸다. 고린도 교인들이 바울의 사도직에 대한 인침이고(고전 9:2) 그의 추천 편지가 그들 모두 때문에 알려지고 읽혀지기 때문에(3:2), 그들은 바울을 변호하는 일에 뛰어들어 그들 가운데서 그의 성취를 칭찬했어야 했다. 교회가 그의 설교를 통해 세워졌다는 것은 분명하지만, 바울은 또한 재정적으로 그들에게 의존하지 않았다는 점을 제외하고는 사도적인 모든 능력과 은혜를 그들이 받았다고 주장한다(12:13).

그는 11장 5절에서 "아무것도"의 언어유희를 통해서 냉소적으로 반복해서 확언한다. "내가 아무것도 아니나 지극히 크다는 사도들보다 조금도 부족하지 아니하니라."[466] 우리는 "나는 아무것도 아니다"를 경쟁자들이나 고린도 교인들을 비난하는 것으로 읽을 필요가 없다.[467] 바울은 하나님 앞에서 자신의 위치를 정직하게 평가한다(고전 15:9-10, 고후 3:5, 빌 3:12-16). 바울은 자신이 모든 사도들 중에서 가장 작은 자이지만 그의 사도직이 누구에게도 뒤지지 않는다고 주장한다. 바울은 확실히 그의 교회를 장악한 화려한 광대들의 뒷자리에 있지 않다. 그러나 자신이 오직 하나님의 은혜에서 나왔음을 안다. 그가 아무것도 아니면 다른 최상급 사도들도 마찬가지이다(고전 3:5-9). 다른 점은 자신이 하나님 앞에 아무것도 아님을 깨닫지 못하고 마치 하나님 나라의 두목인 양 뛰어다니는 것이다.

12:12. 고린도 교인들은 사도의 표로서 자격을 얻을 수 있는 문화적 기대에 영향을 받았을 것이다. 우리는 이 편지가 보여 주는 사도의 답변에서 고린도 교인들은 사도들이 말을 잘하고 외모가 좋으며 권위 있는 느낌을 가진다고 가정하는 인상을 받는다. 아마도 "사도의 표"는 경쟁자들이 휘두르는 구호였거나[468] 고린도 교회에서 나온 것일 수도 있다.[469] 그러나 이것은 구호일 필요가 전혀 없다. 바울은 하나님의 능력이 공동체에서 역사하고 그리스도의 사도로서의 그의 사역을 입증하는 표가 성취되었다고 주장한다. 그는 데살로니가 교인들에게 "우리 복음이 너희에게 말로만 이른 것이 아니라 또한 능력과 성령과 큰 확신으로 된 것임이라"(살전 1:5)라고 상기시킨다. 그는 로마 교인들에게 예루살렘에서 일루리곤까지 그의 사역을 "그리스도께서 이방인들을 순종하게 하기 위하여 나를 통하여 역사하신 것 외에는 내가 감히 말하지 아니하노라 그 일은 말과 행위로 표적과 기사의 능력으로 성령의 능력으로 이루어졌으며"(롬 15:18-19)라고 요약한다. 바울은 고린도 교인들에게 사도로서 사도를 참되게 추천하는 모든 것, 즉 올바른 말, 도덕적으로 올바른 행동, 인내(1:12; 4:2), 표적과 기사와 기적을 나타냈다.[470]

---

466 바울은 고린도전서 1장 7절에서 고린도 교인들에게 신령한 은사가 부족함이 없다고 말한다.

467 에픽테투스의 병행은 인과를 질문한다. "에픽테투스는 전혀 아무것도 아니었고, 그의 언어는 무례와 야만으로 가득 차 있었다"(*Diatr*. 3.9.14 [Oldfather, LCL]).

468 Bultmann, *Second Letter*, 233.

469 Barrett, *Second Epistle*, 321; Martin, *2 Corinthians*, 435.

470 이 구절은 또한 다음과 같이 번역될 수 있다. "적어도(μέν) 사도의 표가 너희 가운데서 모든

고린도 교인들은 참된 사도를 식별하는 데 여전히 혼란스러워 한다. 고귀한 말과 고귀한 환상은 합당한 기준이 아니다. 바울은 그들이 부인할 수 없는 "사도의 표가 그들 가운데서 능력을 행했"다고 상기시킨다. 그는 이 표들이 무엇인지 명확하게 말하지 않고 그것을 "표적과 기사와 능력"으로만 정의한다(행 2:22에 있는 예수님의 사역에 대한 설명과 비교하라. 참조. 행 14:3; 15:12). 바울은 이 단어를 사용하여 세 가지 다른 유형의 기적을 구별하려고 하지 않는다. 기적은 그 자체를 넘어 영적 현실을 가리킨다. 그것들은 경외심을 불러일으키고 하나님 또는 그리스도의 강력한 일하심으로 여겨진다.[471] 그것들은 복음의 진리를 증언하는 극적인 사건을 둘러싼 치유, 방언, 회심을 포함할 수 있다(행 14:3). 바울은 자신의 고난과 달리 그것에 대해 자세히 다루지 않는다.[472]

그는 주의 깊게 말하고 "내가 표적과 기사와 능력을 행했다"고 말하지 않는다. 바울은 자신의 초자연적인 능력을 주장하지 않으며 수동태는 하나님이 이러한 일을 하셨다고 암시한다. 히브리서 2장 3-4절에 따르면, 예수께서 가져오신 구원은 그분에게 들은 자들이 증언하였다. "하나님도 표적들과 기사들과 여러 가지 능력을 따라 증언하셨느니라." 바울은 스스로 능력이 있다고 주장하지 않지만 하나님의 능력은 그의 약한 데서 온전해진다고 주장한다. 하나님의 능력이 그의 참됨을 증거하였다.

그러나 기적과 능력을 행한다고 해서 사도가 되는 것은 아니다. 고린도전서 12장 28-30절의 은사 목록에서 이적을 행하는 자는 선포하는 것이 주된 임무인 사도와 구별된다. 그리스도인들은 여전히 하나님이 행하신 이적과 사탄이 행한 거짓 이적의 차이를 분별해야 한다. 바울은 데살로니가 교인들에게 악한 자의 나타남은 사탄의 역사를 따라 모든 능력과 표적과 거짓 기적을 행하는 것이라고 경고한다(살후 2:9). 바울은 고린도에서 그의 설교와 함께 할 때 일한 것이 사탄의 능력이 아니라 하나님의 능력임을 고린도 교인들이 증명할 수 있다고 믿는다(고전 2:4-5; 고후 6:7). 그는 하나님이 표적을 행하셨기 때문에 이 슈퍼-사도들보다 열등하지 않다고 말할 수 있다. 그는 표적을 행하지 아니하였으므로 아무것도 아니다(고전 3:7). 그럼에도 불구하고 바울은 이

참음과 표적과 기사와 능력을 행한 것이라." 사도의 표는 "표적과 기사와 능력"과 구별되며 다른 것들도 포함될 수 있다.

471 Hodge, *Second Epistle*, 291-92.

472 사도행전에서 바울은 기적을 행했다(13:11; 14:9-10; 16:16-18; 19:11-12).

"표적과 기사와 능력"이 "모든 참음으로" 행해졌다고 말한다.[473]

12:13. 바울은 계속해서 자신의 경우를 강조한다. 바울이 금전적인 부담으로 고린도 교인들을 짓누르지 않았다는 점 외에 그들에게 다른 교회보다 부족하거나 더 나쁜 점이 있었는지 묻는다. 바울이 그들에게 이득을 취하기 거부했다는 점에서 다른 교회들에 비해 불리하다. "내 자신이 너희에게 폐를 끼치지 아니한 일 밖에"에서 "내 자신"은 강조이다. 그들을 착취한 적들과 구별된다(11:20). 확실히, 그들에게 염치 없이 붙어 살기를 거부하는 것이 그가 사도로서의 자격을 잃어버린다는 것을 믿지 않는가? 이것을 잘못이나 죄로 여긴다면 바울은 조롱하듯이 용서를 구하는 것이다(11:7). 그는 복음의 행상인이 아니며 후원자들의 지원에 보답하고 계속해서 오는 선물을 유지하기 위해 그들에게 알랑거려야 하는 위치에 놓이지 않을 것이다. 바울은 자신의 유익을 구하지 않고 남의 유익을 구하는 복음의 원칙을 실천한다(고전 10:24).

4.5. 바울의 고린도 귀환(12:14-21)

**14 보라 내가 이제 세 번째 너희에게 가기를 준비하였으나 너희에게 폐를
끼치지 아니하리라 내가 구하는 것은 너희의 재물이 아니요 오직 너희니라
어린 아이가 부모를 위하여 재물을 저축하는 것이 아니요 부모가 어린 아이
를 위하여 하느니라 15 내가 너희 영혼을 위하여 크게 기뻐하므로 재물을 사
용하고 또 내 자신까지도 내어 주리니 너희를 더욱 사랑할수록 나는 사랑을
덜 받겠느냐 16 하여간 어떤 이의 말이 내가 너희에게 짐을 지우지는 아니하
였을지라도 교활한 자가 되어 너희를 속임수로 취하였다 하니 17 내가 너희
에게 보낸 자 중에 누구로 너희의 이득을 취하더냐 18 내가 디도를 권하고 함
께 한 형제를 보내었으니 디도가 너희의 이득을 취하더냐 우리가 동일한 성
령으로 행하지 아니하더냐 동일한 보조로 하지 아니하더냐 19 너희는 이 때
까지 우리가 자기 변명을 하는 줄로 생각하는구나 우리는 그리스도 안에서
하나님 앞에 말하노라 사랑하는 자들아 이 모든 것은 너희의 덕을 세우기 위
함이니라 20 내가 갈 때에 너희를 내가 원하는 것과 같이 보지 못하고 또 내
가 너희에게 너희가 원하지 않는 것과 같이 보일까 두려워하며 또 다툼과 시
기와 분냄과 당 짓는 것과 비방과 수군거림과 거만함과 혼란이 있을까 두려
워하고 21 또 내가 다시 갈 때에 내 하나님이 나를 너희 앞에서 낮추실까 두**

473 Furnish, *II Corinthians*, 555.

려워하고 또 내가 전에 죄를 지은 여러 사람의 그 행한 바 더러움과 음란함과 호색함을 회개하지 아니함 때문에 슬퍼할까 두려워하노라

바울은 고린도 교회에서 사역하는 동안 고린도 교회의 지지를 받기를 거부한 민감한 주제를 다시 설명한다(11:7-11). "보라"(ἰδού, 이두, 참조. 5:17, 6:2,9, 7:11)로 엄숙하게 말하는 고린도 방문이 임박했다는 주제로 이어진다. 이 단락(12:14-21)과 다음 단락(13:1-10)은 바울이 세 번째로 그들에게 갈 것이라는 말로 시작한다. 이 단락에서 그는 그들과 함께 있는 동안 재정적 지원을 받아들이기를 완강히 거부한다. 그는 그들의 돈을 원하지 않는다. 그는 그들의 도덕적 변화와 그리스도에 대한 새로운 헌신을 원한다. 퍼니시는 고린도 교인들이 "그가 바라는 것은 그들의 돈이 아니라 그리스도께 드리는 그들의 생명의 선물"임을 알기 원한다고 설명한다.[474] 크리소스토무스John Chrysostom은 바울의 의도를 다음과 같이 해석한다. "나는 더 큰 것을 구한다. 물건 대신 영혼, 금 대신에 영혼이다."[475] 경쟁자들은 고린도 교인들에게서 얻을 수 있는 모든 것을 얻는 데 주저함이 없다. 바울은 자신과 달리 그들이 다른 사람들에게 속한 것을 쫓고 있음을 암시하는 것 같다.

바울은 그의 방문을 준비하기 위해 이 편지를 쓴다. 그는 그들과의 만남을 특징짓는 솔직한 비판과 가혹한 편지(2:14-7:3)를 변호했으며 이제 세 번째 방문에서 또 다른 고통스러운 경험(2:1)을 피하기 위해 중요한 문제를 다룬다. 그는 그들에게 우상과의 교제의 위험성에 대해 다시 경고했고(6:14-7:1), 연보에 기부할 것을 준비하도록 촉구했으며(8:1-9:15), 속지 말라고 권면했다. 연약한 육체나 온유하고 관용하는 태도로 말미암아 그가 올 때에 모든 순종하지 않는 자를 벌하지 않을 것을 생각하도록 했다(10:1-11). 그가 무거운 편지에서 위협하는 것은 그가 함께 있을 때 **행할** 것이다(10:11). 바울은 편지를 마치면서 더욱 구체적이다. 그는 도착할 때 재정 지원을 받지 않는 정책을 변경하지 않을 것을 상기시킨다. 그들의 분파적 다툼과 부도덕에 대한 그의 두려움에 대해 다시 경고한다(12:20-21; 13:2). 마지막으로 그는 자신이 가진 것을 왜 썼는지 설명한다. 그는 그들을 그리스도 안에서 세우기를 원하며 그리스도께서 그에게 주신 권위를 사용하는 데 있어 가혹하기를 원하지 않는다.

---

474 Furnish, *II Corinthians*, 564.

475 John Chrysostom, *Hom 2 Cor*. 27.2.

12:14. 12장 14-18절에서 바울은 그들의 지지를 거부하는 그의 방식에 대한 또 다른 설명과 그와 그의 동료들이 하는 모든 일은 선을 넘는 일이라는 선언을 제공한다. 11장 7-12절에서 그는 그들의 후원을 받아들이기를 거부했다고 해서 그들을 사랑하지 않는다는 뜻이 아니며 자신과 같은 수준에 있다고 주장하는 거짓 사도들의 가식을 약화시키기 위해 정해 놓은 방식을 계속할 것이라고 설명한다. 그는 이제 그 방식에 대해 자세하게 설명한다. 그들로부터 재정적 지원을 거부함으로써 그는 자신이 그들의 부모이며 그들에게 책임이 있으며 그 반대가 아님을 보여 준다. 그 이미지는 6장 13절에 있는 간청을 생각나게 한다. "내가 자녀에게 말하듯 하노니 보답하는 것으로 너희도 마음을 넓히라." 그는 그들과의 관계를 그들을 돌보는 아버지(고전 4:14)와 그들을 낳은 아버지(고전 4:15, 참조. 몬 10)로 설명했다. 그는 그들에게 복음을 가져왔다(10:14). 그리스도께 중매했다(11:2). 자신의 비용으로 그들을 높였다(11:7). 하나님께서 증명하시는 것처럼 그들을 신실하게 사랑했다(11:11). 그들을 위해 자신을 내어 주었다(12:15, 그들을 위해 자신을 쏟았다). 그들을 세우는 데 전념했다(12:19; 13:10). 그리고 다른 좋은 부모처럼 그들의 잘못을 지적하고 꾸짖었다(12:20). 그러므로 바울은 부모와 자녀 사이의 관계에 관해 널리 알려진 기대에 호소한다.

부모는 자녀에게 생명을 주는 은인이며, 유아 때부터 자녀가 성장하고 생존하는 데 필요한 모든 것을 제공한다.[476] 그들이 축적한 자본이 무엇이든 자녀에게 물려주지 그 반대가 아니다. 필론은 분명한 본질적인 질서를 말한다. "아들은 아버지의 상속자이지 아버지가 상속자가 아니다."[477] 자녀는 엄청난 선물을 받은 자로서 부모에게 사랑과 존경으로 보답할 의무가 있다. 그리스-로마 세계에서 받은 은혜에 대한 배은망덕은 터무니없는 죄로 여겨졌다. 그러므로 바울은 부모와 자녀 사이의 관계에 관한 그리스-로마의 사회적 관습에 호소하여 상황을 역전시킨다.[478] 바울은 유아 때부터 자녀에게 필요한 모든 것

476 세네카는 다음과 같이 질문한다. "아버지가 자식에게 베푸는 것보다 더 큰 혜택가 어디 있겠는가?"(*Ben.* 2.11.4-5 [Gummere, LCL]). 그는 또한 "그러므로 모든 혜택 중 가장 큰 혜택은 우리가 알지 못하거나 내키지 않는 동안 부모로부터 받는 혜택이다"라고 선언한다(*Ben.* 6.24.2 [Gummere, LCL]).

477 Philo, *Moses* 2.245(Colson, LCL).

478 플러머는 바울이 "본질과 상식에 호소한다"고 말했지만(*Second Epistle*, 362), 그것은 사회적 관습에서 파생된 상식이다. 마샬은 다음과 같은 관습을 설명한다. (1) 부모는 혜택과 섬기는 면에서 자녀를 능가해야 한다. (2) 자녀들은 부모에게 이러한 혜택과 섬김을 빚지고 있다. (3) 아동은 결코 현물 또는 동등한 가치로 갚지 않는다. (4) 더 큰 사랑과 명예로 보답할 수 있을 뿐이다(*Enmity in Corinth*, 248). 또한 다음을 참조하라. Vegge, *2 Corinthians*,

을 주고 단단한 음식에 우유를 제공한 영적 부모이다(고전 3:2). 그는 그들의 지원을 거부하여 그들을 다치게 하지 않았으며 자연스러운 부모-자식 관계를 부자연스러운 피후견인-후견인 관계로 바꾸지 않을 것이다. 그들은 대신 그에게 상처를 입혔고 사랑과 명예를 보여주어야 할 자녀로서의 무조건적인 의무를 다하지 않음으로써 지독한 죄를 짓고 있다.

12:15. 바울은 단호한 표현으로 사랑하는 부모라는 주제(참조. 11:11)를 계속한다. 다음은 사도의 표지에 대한 최고의 리트머스 시험지이다. 십자가에 못 박히신 그리스도의 참된 사도는 회중을 위해 기꺼이 사용되고 내어주는 사람이다. 그는 다른 사람들의 더 큰 이익을 위해 큰 희생을 치르고 섬긴다. 고린도 교인들은 11장 23-29절에 나열된 바울의 희생의 크기에서 그들을 향한 바울의 사랑의 깊이를 인식해야 한다. 바울에 대한 자녀로서의 의무는 그에 대한 보답으로 바울을 사랑하고 존경할 것을 요구한다. 바울은 고린도 교인들의 돈이 아니라 사랑, 존경, 명예를 원했다. 문제는 그가 그들을 더 많이 사랑하고 그들을 위해 희생하고 고통스러운 방문을 피하려고 노력할수록 그에 대한 응답으로 고린도 교인들은 그를 덜 사랑하는 것처럼 보인다는 것이다. 그 공동체는 비방을 듣고 용인하면서 그를 사랑하지 않고 마치 낯선 사람처럼 바울이 거듭 자신을 추천해야 하는 어색한 입장에 둔다.

12:16. 고린도 교인들은 자신을 위해 물질적 지원을 요청하거나 받은 적이 없다는 데 동의해야 한다(고전 9:12, 15, 18; 고후 11:7, 9; 12:13). 누군가는 바울이 예루살렘을 위한 연보에서 이익을 취함으로 그들을 속이기 위한 어떤 어두운 계획을 세웠다는 음모론을 만들어 냈다. 그는 교활하고 간교하게 그들을 속인 혐의를 받고 있다(참조. 4:2). 재정에 관한 중개인을 이용해서 재정 문제에 대한 염려로 더럽혀지지 않은 것처럼 보이는 일은 고대 세계에서 전례가 없지 않다. 이소크라테스Isocrates는 제자들의 덕을 믿지 않는 소피스트들의 위선을 조롱하고 수업료를 먼저 지불하고 제 3자에게 예치하라고 주장했다.[479] 아마도 누군가는 바울이 동료들에게 돈을 모으게 하는 연보가 모두 계략이라고 주장했을 것이다. 또한 그들이 현명하지 않을 때 은밀하게 그 일부

365. 여기에서 아이들은 "평생의 사랑과 존경과 명예"로 응답해야 한다고 주목하며 다음을 인용한다. Aristotle, *Eth. Nic*. 8.7.2; 8.12.3; 8.14.2; Seneca, *Ben*. 3.1.5.

479 Isocrates, *Soph*. 5-6.

를 가져오면서도 그들에게 사회적인 빚을 지지 않는다고 주장했을 것이다.[480] 더 많은 불만의 씨앗을 뿌리고 꽃 피우기 전에 그런 음모론을 주장하면서도 바울이 횡령하고 먼저 공격한다고 고발했을 가능성이 있다.

12:17-18. 소문과 풍자로 바울의 평판을 공격한 사람이 있다면 이제 바울은 그 비난을 입증할 구체적인 증거를 제시하도록 요청한다. 속임수들을 바르게 이해해야 한다. 바울이 할 수 있는 최선의 변호는 연보 프로젝트에 관련된 다른 사람들의 진실함에 주목하는 것이다. 바울은 '아니오'라는 대답을 예상할 수 있는 헬라어를 사용한다. 내가 너희에게 보낸 자로 너희에게 이득을 취했는가? 두 번째 질문도 '아니오'라는 대답이 예상되는 같은 방식으로 표현된다. "디도가 너희의 이득을 취하더냐?" 그들은 디도의 성품을 직접 경험해서 안다. 그들의 경건한 회개와 디도의 마지막 방문에 대한 따뜻한 환대(7:6-7, 13-15)는 그들이 그의 진실함에 대한 의심을 품지 않았음을 보여 준다. "형제"는 교회들이 택한, 앞에서 말한 형제로 이해될 수 있다(8:18-19). 또는 고린도 교회에 대한 큰 신뢰를 가진 "우리 형제"로 번역될 수 있다(8:22). 디도와 형제의 성격은 연보를 관리하는 바울의 합당한 동기를 증거하며 또한 "두 세 증인"(13:1)으로부터 증거를 제공해야 하는 요구를 충족한다.

일부 해석가들은 그가 이전에 보낸 사람들에 대한 언급을 이용해서 이 장들이 8장 6, 18절 이후에 기록된 후기 편지의 일부라는 단서로 삼는다. 그러나 바울은 디도와 한 동료가 연보를 위한 준비를 도왔던 이전 선교를 회상했을 가능성이 더 크다. 바넷Barnett은 8장 6, 17절의 디도의 고린도 여행과 8장 18, 22절의 형제들의 파송에 대한 언급에서 부정과거 시제를 사용한 것은 저자가 글을 쓰는 시점의 사건을 미래에 있다고 보지 않고 편지를 받는 사람의 관점에서 이미 일어난 일이라고 보는 서간체 부정과거라고 주장한다.[481] 이 견해가 옳다면 바울은 이 편지가 그들과 함께 도착했을 때 고린도에 대한 이전 선교를 되돌아보는 것이 아니라 현재 디도와 그 형제의 선교를 언급할 것

480 탈버트는 "바울이 자신을 위해 돈을 요구하지 않는 과시를 하는 동안 그는 예루살렘의 가난한 성도들을 위한 연보를 만들었고 그것은 자신에게 이익이 될 가능성이 있었다"라고 주장한다(*Reading Corinthians*, 128). 휴즈(Hughes)는 이 비난이 연보를 중단하고 그 돈을 고린도 교인들 자신들을 위해 사용하도록 한다고 제안했지만(*Second Epistle*, 465), 그러한 추측은 증거가 없다.

481 Barnett, *Second Epistle*, 589-90. 플러머는 이 선택이 "거의 가능하지 않다"고 생각하고 바울이 디도와 동료가 연보 모금을 시작했을 때(8:6) 초기 선교에 대한 언급이라고 주장한다(*Second Epistle*, 365).

이다. 불신하는 비방자는 지금 스스로 상황을 확인할 수 있다. 디도는 그들을 이용하고 있는가? 바울이 그들의 재정 지원에서 이득을 취한다면, 교회의 찬사를 받는 형제는 바울이 후견자인 그들에게 빚진 의무에서 그들을 억누르려는 어떤 음모의 일부인가? 흠이 없는 평판을 가진 강직한 사람들이 어떤 식으로든 그들을 속이려는 음모를 계획할 것인가?

바울은 예라는 대답이 예상되는 마지막 질문을 한다. "우리가 동일한 성령으로 행하지 아니하더냐 동일한 보조로 하지 아니하더냐?" "동일한 성령으로"는 "동일한 보조"와 병행하며, 이는 바울이 그들이 같은 태도를 공유한다고 생각하고 있음을 의미한다. 동료들이 재정적 음모에 대해 죄를 지었다고 생각하지 않는다면 왜 바울이 그렇다고 생각할까? 공짜로 복음을 전하고 그들에게 짐이 되기를 거부한 그가 왜 이제는 부당한 방법으로 그들을 이용하려 하는가? 그는 공개적으로 그들의 지원을 받고 그에 대한 승인을 받을 수 있었다. 고린도 교인들은 바울이 지원을 거부한 이유를 이해하지 못했다.[482]

12:19. "너희는 이 때까지 우리가 자기 변명을 하는 줄로 생각하는구나"라는 바울의 말은 놀라울 수 있다.[483] 대부분 독자들은 그가 자신을 변호하는 것이 당연하다고 생각할지 모른다. 그러나 바울은 이 질문에 솔직하지 않다. 그는 고린도 교인들에게 끔찍한 반대 심문에 복종해야 하는 감옥에 갇힌 죄수가 아님을 분명히 하고 싶어 한다. 그는 범죄를 저지르지 않았으며 자신을 면죄할 필요가 없다. 게다가 그들은 그의 재판관이 아니다(고전 4:2-4; 고후 5:10). 그는 그들이 아니라 하나님을 기쁘게 해야 한다. 그러므로 그는 그들이 아니라 하나님 앞에서 말한다.

1. 바울은 여기에서 자신을 변호하지 않는다. 그것이 어떤 고발에도 신빙성을 부여할 것이기 때문이다. 자신을 변호하는 것은 다시 한 번 자신을 추천하는 것과 같으며 관계가 깨어진 것에 대해서 어떤 방식으로든 자신이 책임이 있음을 인정하게 만들 것이다. 그러므로 그는 방어적인 입장이 아니다. 그의 평판에 대한 염려보다는 그들을 염려하여 그들의 사도로서 글을 쓰는 것이라고 주장한다. 자기 주장을 하는 것이 아니라 복음으로 그들을 대면하는 것이다. 주 안에서 자랑하는 것에 대한 그의 신학적 설명(10:17-18), 즉 하나님

482 DiCicco, *Paul's Use of Ethos, Pathos, and Logos*, 248-49.

483 다수 사본은 πάλιν("다시")으로 제시하고 약간의 사본들이 πάλαι("이 때까지")로 읽는다. "이때까지"는 더 어려운 읽기이다. 차이점은 두 단어 ΠΑΛΑΝ, ΠΑΛΑΙ 사이의 유사성에서 발생할 수 있다. 문장은 질문이나 서술로 읽을 수 있다. 둘 다 거의 같은 의미를 전달한다.

의 은혜가 족하고 하나님의 능력이 약한 데서 온전하게 된다는(12:9) 그들의 신학적 설명은 그들을 세우는 일이어야 한다. 그들을 세우는 목적이 그의 사도적 사역을 지배한다(10:8, 13:10). 그들이 바울의 편지에 주의를 기울이지 않는다면, 그 결과는 끔찍할 것이다. 즉, 하나님의 나라에서 제외되고 그 일은 바울에게 가슴 아픈 일이 될 것이다.

2. 그가 자신을 변호한다면, 그것은 공식적인 변증의 수사학적 기술을 사용하고 있음을 의미할 것이다.[484] 바렛은 다음과 같이 말한다. "변호는 글쓴이의 이익을 높이고 재판하는 위치에 있는 것처럼 보이는 (당신 앞에 있는) 사람에게 자신을 칭찬하기 위해 계획된 글쓰기이다."[485] 바울은 고린도 교인들이 최종 중재자가 아니기 때문에 이렇게 하지 않는다.

3. 편지는 재판과 비슷하다. 고발이 있고 답변이 있다. 그러나 하비는 우리가 이 재판을 1세기 맥락에서 이해할 필요가 있다고 지적한다. 그는 다음과 같이 지적한다.

> 유대인의 법적 절차에는 우리와 전혀 다른 한 가지 특징이 있었다. 피고가 무죄로 판명된 경우 문제가 멈추지 않는다. 역할이 즉각적으로 바뀔 수 있고, 이전 피고인이 고발자가 될 수 있으며, 피고인에게 부과된 혐의가 상대방의 신용을 떨어뜨리고 유죄 판결에 사용될 수 있다.[486]

우리는 국가가 기소를 수행하는 상황에 익숙하다. 그리스-로마 세계에서 기소는 개인 당사자에 의해 제기되었다(참조. 눅 23:2; 행 24:1-8). 바울은 자신이 무죄 판결을 받았으며 이제 역할이 바뀌었음을 이해한다. 그가 그들을 고소할 것이다(13:1). 바울은 반대자들과 그들의 편을 든 고린도 교인들을 고발한다.

그는 어리석은 자의 말을 버리고 지금 "그리스도 안에서 말한다"(12:19; 참조. 2:17; 11:17). 그토록 비천하고 나약해 보이는 바보는 모습을 바꾸고 이제 공격적으로 고린도 교인들을 방어해야 하는 위치에 둔다. 그들이 그를 비방하고 헐뜯는 사람들로부터 변호하지 않음으로써 그를 사랑하고 존경할 의무를 다하지 못했다는 것을 암시한다. 그는 이제 다음 방문에서 모욕을 당할 때 그들이 상처를 더할까봐 두려워한다고 말한다. 두려운 굴욕은 이전처럼(2:1) 어떤 개인 때문에 오지 않을 것이지만 고린도 교회의 초라한 영적 상

---

484 Harvey, *Renewal through Suffering*, 107; 참조. Aristotle, *Rhet*. 3.15.1.

485 Barrett, *Second Epistle*, 328.

486 Harvey, *Renewal through Suffering*, 107–8.

태 때문에 올 것이다.

12:20. 바울은 하와가 뱀에게 속은 것 같이 그들이 미혹을 받지 않을까 두려워한다고 표현했다(11:3). 이제 그가 갈 때 고린도 교인들이 여전히 논쟁으로 찢겨져 있고 부도덕으로 황폐해질 것이라는 두려움을 표현한다. 그러나 "아마도"(*μή πως*, 메 포스. 개역개정, "~있을까")는 의심의 요소와 그들이 이러한 죄를 범하지 않을 가능성을 소개한다. 회개의 문이 열려 있다.

악덕 목록의 처음 네 가지 죄, 다툼, 시기, 분냄, 당짓는 것(파벌, 당파)은 갈라디아서 5장 20절의 육체의 일 목록에서 같은 순서로 나타난다. 바울은 고린도전서 1장 11절과 3장 3절에서 그들의 다툼과 질투에 대해 꾸짖었다. 그리고 분파의 정신은 "나는 바울에게", "나는 아볼로에게", "나는 게바에게", "나는 그리스도에게 속한 자라"(고전 1:12)라는 그들의 분파적인 구호에서 표출되었다.[487] "다툼"(*ἔρις*, 에리스)는 호메로스에서 전투에 대한 열망을 나타내기 위해 사용되었다. 항상 싸울 준비가 된 사람들에게 적용되었다. "시기" 또는 격렬한 열심은 경쟁심을 불러일으킨다. "분냄"은 이와 같은 경쟁과 논쟁이 키우는 적개심을 표출한다.[488] "당짓는 것"(*ἐριθεία*, 에리데이아)은 "고용을 위해 일하다"라는 동사에서 파생된다. 그것은 "관심을 가지는 동기를 위해서만 행해지는 유급 노동("그게 나에게 무슨 이익이 된다는 것인가?")과 연관된다. 이것은 다른 사람보다 이득을 얻기 위한 음모와 "개인의 야망, 자기 이익의 독점적인 추구"에 적용된다.[489] 이것들은 "이교의 열매, 아직 은혜로 영적이 되지 않은 사람들의 행위들"이다.[490] 그런 상황에서 진리, 공정함과 조화가 사라진다.

다음 네 가지 악덕은 고린도의 좀더 최근 문제인 비방과 수근거림과 거만함과 혼란으로 보인다. 비방과 수근거림은 모든 험담과 암시를 보여주는 최근 상황과 직접적인 관련이 있다. 바울은 거만한 경쟁자들이 정치적인 동기가 되어 비방하는 활동의 희생자였다. 거만함은 고린도에서 계속되는 문제이다. 바울은 고린도 서신에서만 "거만하다"(*φυσιόω*, 퓌시오오. 고전 4:6, 18-19,

---

487 이 구호의 의미에 대해서는 다음을 참조하라. Garland, *1 Corinthians*, 44-51.

488 스피크는 그리스인들이 "신화화된 분쟁 또는 경쟁을 가지고 있었고, 그들은 이를 세상의 활력을 주는 정신이자 원초적인 힘 중 하나로 여겼다. 그들은 경쟁을 숭배했다"고 말한다 (*Theological Lexicon*, 2:71).

489 Spicq, *Theological Lexicon*, 2:70.

490 Spicq, *Theological Lexicon*, 2:71.

5:2, 8:1, 13:4) 동사를 사용하고 명사는 "거만함"(φυσίωσις, 퓌시오시스. "자만")을 사용한다. 그것은 "자기 인식의 실패, 소피아에 대한 망상으로 인해 발생하는 오만한 행동을 나타내며, 이는 일반적으로 받아들여지는 행동의 규범을 위반하게 만든다."[491] 이 모든 악덕이 뒤섞인 무질서한 교회는 그들이 회개하고 이러한 죄에서 스스로를 깨끗하게 하지 않는 한 거룩하지 않은 여러 조각으로 쪼개질 수밖에 없는 무질서한 교회로 만들었다.[492]

12:21. 공동체 회중의 생활이 부조화와 부도덕으로 계속 더럽혀지면 사도인 바울은 낮추어질 것이다. "다시"는 "낮추시다" 동사와 "하나님이 나를 다시 낮추시다"로 사용될 수 있다. 그것은 또한 분사 "가다"로 읽을 수 있다. "내가 다시 갈 때에 하나님이 나를 낮추실 것이다"(개역개정). 두 번역 모두 가능하며 둘 다 의미가 있다. 그러나 후자가 더 좋은 것 같다.

13장 2절의 "다시"는 그가 오는 것과 관련이 있다. 바울이 이전의 그의 낮추심을 하나님께로부터 왔다고 이해했는지는 의문이다.[493] 그 이전의 고통스러운 방문에서, 바울은 어떤 사람과의 불쾌한 대면 때문에 매우 혼란스러워서 재빨리 퇴장했다. 그는 그 고통스러운 경험을 하나님께 돌리지 않는다. 바울은 이제 12장 14절에서 다음 방문에서의 다른 수준의 낮추심을 두려워한다. 그것은 인간의 가시돋친 말이나 불쾌한 일의 결과가 아니라 그가 세우고 영적 성숙에 이르도록 하나님으로부터 명하신 교회의 죄악된 곤경에서 비롯된 것이다. 바울은 그리스도께서 자기 안에서 말씀하신다는 증거, 즉 고린도 교인들이 그토록 관심을 갖고 있는 것(13:3)이 복음에 대한 공동체의 신실함에서 나온다고 믿는다. 그것은 권위 있는 태도나 풍부한 계시적인 환상과 같은 주변적인 것들에서 나오지 않는다. 그가 세운 공동체가 여전히 더러움, 부도덕, 음탕함으로 고통을 받고 있다면(12:21), 그는 그가 헛되이 달려온 일을 하나님께서 다스릴까 두려워한다. 그는 불로 각 사람의 공력을 단련하시는 하나님 앞에서 징계를 받을 것이다(고전 3:10-15). 그의 사역이 연기에 휩싸이는 것을 보는 실패는 그 어떤 굴욕보다 훨씬 더 심각한 것이다. 그들의 지속적인 불순종은 마음에 말뚝을 박는 일이 될 것이다.

그가 원하는 대로 그들을 발견하지 못할 것을 두려워하면서도 그들이 원하는 대로 그를 발견하지 못할 것이라는 점도 인정한다. 그들은 이미 얼굴을

---

491 Marshall, *Enmity in Corinth*, 205.

492 이전에 무질서가 그들의 예배를 오염시켰다(고전 14:33).

493 한편, 12:20에서 "다시"는 "내가 갈 때"와 함께 사용되지 않는다.

마주했을 때 그의 겸손에 대한 경멸을 표현했다(10:1). 그가 두려워하는 굴욕은 세상의 기준에 근거한 비하에서 오는 것이 아니다. 그것은 그들의 도덕적 수치 때문에 하나님 앞에서 영적으로 겸손해지는 데서 올 것이다. 우리 중 많은 사람들은 하나님의 심판을 받는 것보다 다른 사람의 심판을 받는 것을 더 두려워한다. 바울은 하나님을 더 두려워했다. 우리 중 많은 사람들은 자신의 행동에 대해서만 책임을 진다. 그럼에도 불구하고 다른 사람에게 또는 다른 것에 책임을 돌리려고 한다. 바울은 고린도 교인들의 행위에 대해 하나님 앞에서 책임을 받아들였다. 그가 그의 교회에 대한 염려로 잠 못 이루는 많은 밤을 보낸 것도 당연하다(11:28).

바울은 "많은" 사람들이 죄를 계속 범할까봐 두려워하는 목록을 추가한다. 즉, 더러움과 음란함과 호색에 빠지는 것이다. 같은 죄들이 갈라디아서 5장 19절에서 육신의 일과 약간 다른 순서로 나열되어 있다. 이 죄들은 이방인 세계의 타락한 도덕적 풍토에 만연해 있었다. 우리는 바울이 고린도에서 정욕이 요동친다고 생각한다고 여기면 안 되지만 이 도덕적으로 느슨한 항구 도시는 성적인 죄를 만족시킬 수 있는 충분한 기회를 제공했다. 바울은 놀라운 숫자의 고린도 교인들이 과거의 성적 행동에서 완전히 바뀌지 않고 "주 예수 그리스도의 이름과 우리 하나님의 성령 안에서 씻음과 거룩함과 의롭다 하심"을 받은 자들로 살지 않는다고 두려워한다(고전 6:9-11).[494] 부도덕은 또한 우상 숭배와 지속적인 관계를 맺는 것과 관련이 있을 수 있다. 그들은 믿음과 말과 지식과 모든 간절함에 풍성할 수 있다(8:7). 그러나 기독교 윤리 기준에 따라 생활하지 않으면 하나님 나라에서 제외된다(고전 6:9). 그러므로 그들은 거룩하라는 그의 부르심에 주의를 기울일 필요가 있다(7:1).

바울은 의로운 분노가 아니라 애통으로 그들의 죄를 꾸짖는다(참조. 고전 5:2). 그들은 바울의 "사랑하는 자들"로 남아 있다. 사랑이 많고 책임감 있는 부모처럼 바울은 자녀들이 지은 죄에 대해 죄책감과 수치심을 느낀다. 바울은 그들이 자신과 하나님 앞에 영적으로 성숙한 자로서 나타나게 하도록 충분한 징계를 받기를 소망한다. 바울은 서신 앞부분의 내용으로 돌아간다. "내가 이같이 쓴 것은 내가 갈 때에 마땅히 나를 기쁘게 할 자로부터 도리어 근심을 얻을까 염려함이요"(2:3). 그러므로 그가 다시 갈 때 고린도 교인들이 예루살렘을 위한 연보를 준비하지 못하여(9:4) 고통을 당하거나 그들의 도덕적 비애로 고통받지 않기를 소망한다. 10-11장의 맥락에서 바울은 고린도 교인들이 거

494 분사 *προημαρτηκότων*("그들의 이전 죄가 계속 되다", 개역개정, "회개하지 아니함")는 완료 시제이며, 과거의 죄 상태가 계속됨을 강조한다.

짓 복음을 퍼뜨리는 사탄의 대리자들인 거짓 사도들에게 추근댄 후에는 그러한 도덕적 붕괴가 예상될 수 있음을 암시할 수 있다. 그는 그들이 악덕을 제거하고 선동자들을 제거하기를 원한다.

바울은 이러한 죄에 대해 그들을 꾸짖으면서 가혹한 편지에서 볼 수 있는 솔직한 비판을 다시 했을 수 있다. 어떤 학자들은 그들의 악덕에 대한 이 울려 퍼지는 비난이 이전에 그들의 경건한 회개에 대해 칭찬했던 편지에 대한 이상한 마무리라고 생각한다(7:9-11). 별도의 편지의 일부라면 더 이해가 잘될 것이라고 추측한다. 플러머는 처음 9장과 여기에 표현된 두려움과 일치하지 않는다고 생각하는 서술을 나열한다.[495] 그는 다음과 같이 질문한다.

"고린도 교인들은 이렇게 연속적으로 뜨겁고 차갑게 바람을 불 수 있는 사람에 대해 어떻게 생각할까?"[496] 댕커Danker는 플루타르크를 인용하여 그들이 따뜻한 확언과 엄중한 경고의 조합을 이해했을 수 있는 방법을 설명한다. "비방이 칭찬과 섞여 있고, 온전한 솔직함으로 표현되지만 경멸하지 않고, 화내지 않고 회개하게 하면, 그것은 선하고 치유시키는 것처럼 보인다."[497] 이러한 솔직한 비판은 그리스도를 위하여 순결을 보존해야 하는 사도요 아버지로서 바울의 역할에 합당하다(11:2). 바울은 그들이 그리스도께 완전히 복종했는지 여부에 대해 여전히 의아해하며 그들의 순종을 자극하고 고무시키기 위해 이러한 비난의 문맥으로 글을 쓴다. 그의 솔직한 비판의 목적은 그들을 그리스도 안에서 세우는 것이다.

4.6. 경고: 바울의 방문 때 권위를 엄하게 사용할 가능성 (13:1-10)

13:1 내가 이제 세 번째 너희에게 가리니 두세 증인의 입으로 말마다 확정하리라 2 내가 이미 말하였거니와 지금 떠나 있으나 두 번째 대면하였을 때와 같이 전에 죄 지은 자들과 그 남은 모든 사람에게 미리 말하노니 내가 다시 가면 용서하지 아니하리라 3 이는 그리스도께서 내 안에서 말씀하시는 증거를 너희가 구함이니 그는 너희에게 대하여 약하지 않고 도리어 너희 안에서 강하시니라 4 그리스도께서 약하심으로 십자가에 못 박히셨으나 하나님

495 참조. 1:24; 2:3; 3:3; 7:4, 11, 15, 16; 8:7; 9:2.

496 Plummer, *The Second Epistle of Paul the Apostle to the Corinthians*, 115–16.

497 Danker, *II Corinthians*, 208, 다음을 인용함. Plutarch (*Praec. ger. rei publ.* 810c).

의 능력으로 살아 계시니 우리도 그 안에서 약하나 너희에게 대하여 하나님의 능력으로 그와 함께 살리라 5 너희는 믿음 안에 있는가 너희 자신을 시험하고 너희 자신을 확증하라 예수 그리스도께서 너희 안에 계신 줄을 너희가 스스로 알지 못하느냐 그렇지 않으면 너희는 버림 받은 자니라 6 우리가 버림 받은 자 되지 아니한 것을 너희가 알기를 내가 바라고 7 우리가 하나님께서 너희로 악을 조금도 행하지 않게 하시기를 구하노니 이는 우리가 옳은 자임을 나타내고자 함이 아니라 오직 우리는 버림 받은 자 같을지라도 너희는 선을 행하게 하고자 함이라 8 우리는 진리를 거슬러 아무것도 할 수 없고 오직 진리를 위할 뿐이니 9 우리가 약할 때에 너희가 강한 것을 기뻐하고 또 이것을 위하여 구하니 곧 너희가 온전하게 되는 것이라 10 그러므로 내가 떠나 있을 때에 이렇게 쓰는 것은 대면할 때에 주께서 너희를 넘어뜨리려 하지 않고 세우려 하여 내게 주신 그 권한을 따라 엄하지 않게 하려 함이라

13:1. 12장 14절에서 바울은 고린도 교인들에게 다음 방문인 "이제 세 번째"에 그들을 재판할 것이라고 경고한다. 연대기적 이론에 맞추기 위해 어떤 학자들은 이 구절을 내가 여러분에게 세 번째로 오기로 계획했다는 의미로 해석하려고 했다. 본문은 바울의 다음 고린도 방문이 그의 세 번째 방문이 될 것이라는 의미이다. 다음 구절에서 두 번째로 그들과 함께 있었을 때를 언급한 것이 이 해석을 확증해 준다.[498]

사도행전 18장 1-17절에 따르면, 바울은 교회를 설립할 때 고린도에서 확장된 선교 사업을 하고 있었다. 두 번째 방문은 고통스럽고 짧았다. 그 방문은 계획된 것은 아니었고 고린도에서 반대를 진압하기 위해 약속되었다. 바울은 교회에서 한 개인과 심하게 대치했기 때문에 방문을 중단했다. 그는 편지의 이 부분에서 화가 나고 혼란스러워 하는 것처럼 들리고 분쟁과 부도덕이 만연한 교회의 그림을 그렸지만, 자신의 가혹한 편지와 디도의 중재가 성공적임을 일찍이 확신했다. 그러므로 그는 이 긴 편지를 통해 교회에 대한 자신의 권위를 다시 세울 것이라고 믿는다. 이 편지가 그 목적을 달성하는 데 성공하지 못하면 모든 불순종을 처벌하고 모든 저항을 씻어낼 준비가 되어 있다고 경고한다. 그는 지원이 없이 행동할 수 없기 때문에 혼자 행동하지 않을 것이다. 교회에서 순종하는 사람들은 그와 협력할 것이다(10:6; 참조. 고

498 이 진술은 10-13장이 슬픈 편지가 될 수 없다는 추가 증거를 제공한다. 왜냐하면 그는 **방문을 피하기 위해** 편지를 썼고 그들이 자신들의 불순종에 직면하도록 디도를 보냈기 때문이다.

전 5:3-5).

바울은 갑자기 신명기 19장 15절을 약간 축약해서 인용한다. "두세 증인의 입으로 말마다 확정하리라"(민 35:30; 참조. 신 17:6). 성경의 율법은 허용하지 않았지만, 그리스와 로마법은 한 증인의 정당성을 허용했다. 성경적인 법 배후에 있는 가정은 무모한 고발로 무고한 사람의 평판을 해치는 것보다 필요한 증인의 부족으로 죄를 지은 사람이 처벌을 받지 않는 것이 더 낫다는 것이다. 이 원칙은 신약의 다른 곳에도 적용된다(마 18:16, 요 8:17, 딤전 5:19, 히 10:28). 바울의 세 번째 방문은 증거의 원칙과 어떤 관련이 있는가? 바울은 두세 증인의 증언 없이는 아무도 정죄할 수 없다고 말함으로써 다음 방문에서 그들을 고발할 의도를 드러낸다(참조. 12:19).

두세 증인은 무엇이며 누구인가? 어떤 학자들은 바울이 고린도 교인들에게 그가 범죄한 자들의 비행을 평가하고 적법한 절차를 밟을 법정을 열 것이라고 경고한다는 문자적 이해를 주장한다.[499] 고대부터 현대에 이르기까지 다른 학자들은 증거의 원칙을 비유적인 의미로 이해하고 바울이 그의 방문을 언급한 것으로 이해한다. 그의 다음 방문은 문제를 일으키는 자들에 대한 세 번째이자 결정적인 증언이 될 것이다.[500] 널리 받아들여지지만, 이러한 견해는 바울이 교회를 설립한 첫 번째 방문을 그들에 대한 증언으로 간주하는 이유를 설명하지 못한다. 바울은 그들을 반대하는 증거를 모으기 위해서가 아니라 복음을 전하기 위해 그들 가운데서 일했다. 세 번째 방문 역시 증거를 수집하기 위한 것이 아니라 맞서기 위한 것이다. 이 견해가 정확하다면 바울은 사건이 아니라 사람을 분명히 언급하는 신명기 15장 19절의 본문을 이상하게 마음대로 사용했을 것이다. 또한 바울이 몇 번이나 방문했는지는 중요하지 않으며 그의 증언은 한 번의 증언으로 생각된다.[501]

다른 학자들은 바울이 증인의 율법을 그가 그들에게 내린 삼중 경고에 적용한다고 주장한다. 예를 들어 고린도전서 4장 21절의 두 번째 방문과 다음 절에서 언급하는 엄중한 편지에 있는 경고(13:2)에서 발견된다. 판 플리트van Vliet는 팔레스타인 유대교에서 범죄로 의심되는 사람이 그들에 대한 징벌적 조치의 가능성에 대해 주의 깊게 미리 경고해야 한다는 요구 사항을 뒷받침하

499 Hughes, *Second Epistle*, 475.

500 John Chrysostom, *Hom 2 Cor.* 27.2; Calvin, *Second Epistle*, 169; Plummer, *Second Epistle*, 372.

501 Han, *Swimming*, 178.

기 위해 2-3명의 증인의 원칙이 사용되었다고 주장한다.[502] 신명기 15장 19절은 일종의 경구가 된다. 퍼니시는 이 결론을 받아들이고 "이 맥락에서 바울이 그 원칙을 인용한 것은 일리가 있다. 그는 고린도에 필요한 두세 가지 경고를 그들에게 했을 것이다"라고 쓴다.[503] 그러나 고린도 교인들이 신명기 본문의 그러한 과격한 사용법을 알고 있었을 것 같지는 않다.

하비는 신약의 다른 곳에서 이 원칙이 인용되는 것을 지적하고(마 18:16; 딤전 5:19; 요 8:17) "사적 분쟁이 공적 중재의 문제가 되는 지점을 표시한다. 이제 엄격한 증거의 원칙이 적용될 것이다"라고 주장한다.[504] 이 설명은 바울이 여기서 신명기 본문을 사용하는 방법에 가장 적합하다. 바울은 "다음 방문은 우리의 분쟁이 공개적으로 해결되는 기회가 될 것이다"라고 알린다. 그는 교회 안의 법적 절차에 관한 성경적 원칙에 따라 징계 조치를 취할 것이다(고전 6:1-6). 그는 그들을 반대하는 세 증인을 부를 수 있다. 예를 들어 "형제"인 디도와 디모데, 그리고 심지어 하나님까지도 부를 수 있다. 그들은 그에게 불리한 세 명의 적법한 증인을 부를 수 있을까? 그들은 율법이 또한 벌을 받게 거짓으로 고발하는 방식을 의도한 악의적이고 부정직한 증인은 처벌을 받을 것이라고 경고한다는 것을 기억해야 한다(신 19:16-19).

한Han은 이 원칙이 처음에는 사형에 적용되고 사형이 집행되었음에 주목함으로(신 17:6, 민 35:30) 이 원칙을 이해하는 데 중요한 기여를 했다. 범죄를 저지른 사람에게 적용되는 일반적인 원칙으로도 확인되었지만(신 19:15), 바울은 이 원칙을 인용함으로써 고린도 교인들이 우상 숭배(고전 10:1-11)와 성적 부도덕(롬 1:32; 6:21; 고전 6:9-11; 갈 5:19-21)의 죄를 짓고 있다고 경고하는 것일 가능성이 있다. 이 죄들은 죽음에 이르게 하고 하나님의 나라에서 제외된다. 한Han은 다음과 같이 말한다.

> 그들이 신명기 17장 6절과 민수기 35장 30절의 사형과 연관성을 추적하지 않았을지 모르지만, 불결한 공동체를 정화하려는 바울의 결의를 파악한 것은 잘못되지 않았을 것이다. ... 다루어야 할 것은 다루어져야 한다. 빛과 어두움 모두에 동의할 수 없기 때문이다.[505]

---

502 H. van Vliet, *No Single Testimony: A Study on the Adoption of the Law of Deut. 19:15 Par. into the New Testament* (Utrecht: Kemink & Zoon, 1958), 53–62.

503 Furnish, *II Corinthians*, 575.

504 Harvey, *Renewal through Suffering*, 108.

505 Han, *Swimming*, 180.

바울은 증인들을 모음으로써 그가 돌아올 때 경고가 아니라 판결을 내릴 것이라고 경고한다. 그러나 그는 그렇게 하지 않기를 소망한다.

13:2. 바울은 그들에게 갑자기 이러한 위협을 가하는 것이 아님을 상기시킨다. 그는 전에 그들에게 경고했다. "두 번째"(τὸ δεύτερον, 토 듀테론)는 두 번째로 그들과 함께 있거나 두 번째로 미리 경고한 것과 연결될 수 있다. 단어의 자연스러운 순서는 그가 그들과 함께 있었을 때와 관련이 있음을 주장할 수 있다. 그는 두 번째로 함께 했을 때 이 경고를 했다. 두 동사에 대한 바울의 완료 시제 사용, "내가 이미 말하였거니와[προείρηκα, 프로에이레카] ... 전에 죄 지은 자들[προημαρτηκόσιν, 프로에마르테코신]과 미리 말하노니"는 그 두 번째 방문의 경고가 여전히 유효하며 죄를 지은 사람들의 죄가 여전히 있기 때문에 완전히 회개하지 않았다는 것을 의미한다. 경고가 무시되었는가? 그의 경쟁자들이 어떤 식으로든 간섭하여 그들의 회개를 막았는가?

죄를 지은 사람들은 다양한 사람들을 포함할 수 있다. 교회에 혼란을 야기하는 사람들, 성적인 죄에 연루된 사람들, 우상 숭배에 연루된 사람들이다. 비록 이 범주들 중 어느 것도 서로 배타적이지는 않다. 바울은 또한 "남은 모든 사람"에 대해서도 경고한다. 이 범주에는 그가 세 번째로 올 때 죄를 지은 사람들이 포함될 수 있다. 문자적으로 번역된 이 구절은 "그리고"로 연결된 일련의 세 개의 병행으로 구성된다.[506]

내가 이미 말했다	그리고	내가 미리 말한다
두 번째 대면하였다	그리고	지금 떠나 있다
전에 죄 지은 자들에게	그리고	남은 모든 사람들에게

이 구조에서 "남은 모든 사람들"은 죄를 지은 자들을 포함할 것이다.

"남은 모든 사람들"에는 "교인들의 부도덕한 행위에 대해 무관심하거나 관대하여 그것을 묵인한 사람들도 포함될 수 있다."[507] 바울의 생각에는 아무도 고린도에서 일어난 일에 대해 죄가 없는 방관자라고 주장할 수 없다. 곁에 서 있다는 것은 관용을 의미하며 죄의 당사자가 된다. 터무니없는 죄까지도 그들이 참는 일은 바울의 화가 폭발하게 만든다. 아버지의 아내와 동거하는 남자에 대해 그가 실망과 충격을 표현할 때 그들은 적절한 징계는 물론이고 슬퍼하지 않는다(고전 5:1-5). 그는 또한 그들이 회개하는 자들을 자비롭

506 Hughes, *Second Epistle*, 476.

507 Furnish, *II Corinthians*, 570.

게 용서하기를 기대한다(2:5-11). 그들 가운데 있는 죄를 무시해서는 안 된다. 성도들이 영적 분별력과 기독교적 사랑으로 타락한 성도들을 징계할 때에만 교회가 거룩함을 유지할 수 있다.

바울은 고린도 교인들을 대할 때 온유하게 행동했으며, 악의적인 대결을 강요하기보다는 물러서기까지 했다. 이제 그는 충분한 경고를 했고 단호하게 행동할 수 있는 충분한 지원을 받았다. 그는 그들을 아끼지 않을 것이다. 어떤 벌을 줄 것인지는 명시되어 있지 않지만, 죄인이 사탄에게 넘겨지는 예가 고린도전서 5장 5절에 나타나며, 그 후 5장 11절에서 교제하지 않아야 한다고 정의된다(참조. 살후 3:6). 그리스도의 이름을 지닌 자들이 아니라 "음행하는 자들이나 탐하는 자들이나 속여 빼앗는 자들이나 우상 숭배하는 자들"(고전 5:11)과 먹지 말라는 명령은 주님의 만찬에 참여하지 못한다는 것을 의미한다. 만일 바울이 그들이 하나님의 심판을 받을 것이라고 암시한다면, 그 벌은 하나님이 가하신 질병과 심지어 죽음을 수반할 수도 있다(고전 11:29-32).

13:3. 바울은 고린도에서 그리스도께서 그를 통하여 말씀하신다는 증거를 요구하는 사람을 반박한다. 바울이 진정한 사도가 되는 조건을 만족스럽게 충족시키는지 증명하기 위해 또 다른 "시험" 기간을 거쳐야 한다고 암시하는 것은 심한 모욕이다. 그들은 왜 그러한 증거를 요구하는가? 무엇이 사도를 충족시키는가에 대한 완전한 혼란 외에도, 바울이 이전에 악을 행한 자들을 대할 때 자제한 것이 그들의 의심을 부채질했을 수 있다. 그들은 그가 반란을 처리하는 데 더 강압적일 것이라고 기대했을 수 있으며, 그의 인내는 충분한 권위가 없거나 그것을 사용할 용기가 부족하다고 잘못 추론했을 수 있다. 어떤 사람들은 그의 온유와 관용을 그가 나약한 아첨꾼이었기 때문이라고 생각하여 사도로서의 적합성에 의문을 제기했을지 모른다.

온유와 관용은 다른 사람들에 대한 사회적 우위를 차지하기 위한 치열한 전투로 특징지어지는 고린도 문화에서 미덕이 아니었다. 자신의 사회적 경쟁자의 평판을 무자비하게 두들겨 패는 것이 원칙이었다. 그러므로 고린도 교인들은 바울을 그처럼 대담하게 대적하는 적대자들에 대해 그가 어느 정도 힘을 발휘할 것을 예상했을 것이다. 그들은 사도가 훨씬 더 강인하고, 더 크고, 더 대담하고, 더 맹렬할 것이라고 생각했을 것이다. 그는 번개, 분노의 우박, 맹렬한 폭풍우를 퍼부어 적들을 황폐화시켜야 했다. 그들에게는 바울을 방해하려다가 눈이 멀게 된 엘루마에게 일어난 사건으로(행 13:11) 그리스도의 능력이 참으로 그 안에서 역사한다는 설득력 있는 증거가 제공되었을 것이다. 바울에 대한 고린도 교인들의 혼란은 십자가에 못 박히시고 부활하신 그리스도께서 그의 연약함을 통하여 그 안에서 역사하고 계시다는 증거를 보지 못한 데서 온다(5:20; 롬 15:18). 그들은 연약함을 싫어한다. 그들은 바울의 연약함이 그리스도의 십자가에 못박히심의 패러다임에 부합한다는 것을 인식하지 못한다. 이것이 그들을 불쾌하게 하거나 혼란스럽게 만든다면 그들의 믿음은 심각한 결함이 있다. 그들은 십자가와 부활의 완전한 의미를 이해하지 못한다.

그들은 바울이 사도로서의 임무를 수행하기에 충분하다는 증거를 요구했다. 바울은 형세를 역전시키고 그들이 진정으로 믿음 안에 있다는 증거를 요구할 것이다. 중요한 질문은 그리스도께서 바울 안에서 말씀하고 계시느냐가 아니라 그리스도께서 그들 안에 사시는가 하는 것이다. 바울이 죄를 지은 자들을 아끼지 않을 때 그들은 그리스도께서 자기 안에서 말씀하시는 모든 증거를 얻을 것이다. 어느 쪽도 환영할 일은 아닐 것이다. 그들은 그리스도께서 그들 가운데서 이미 행하신 일을 생각하기만 하면 그리스도께서 그를 통해 말씀하신다는 충분한 증거를 이미 가지고 있다. 그들은 "분명한 것을 보아야 한다"(10:7). "그는 너희에게 대하여 약하지 않고 도리어 너희 안에서 강하시니라." 고린도와 같은 환경에 교회가 세워지고 성장하는 것은 하나님의 기적이다(12:21; 고전 12:4-11). 그리스도의 능력에 대한 이러한 경험은 어떻게 일어났는가? 바울이 먼저 그리스도의 복음으로 그들에게 나아왔기 때문이 아닌가(10:14)? 그리스도께서 바울에게서 말씀하신다는 증거는 그의 설교의 결과에서 분명하다.

13:4. 바울은 그리스도 안에 있는 사람으로서 자신과 그리스도 사이의 유사점을 보여줌으로써 그리스도께서 그를 통해 말씀하신다는 것을 더 증거한다. "(왜냐하면, 개역개정은 생략[καὶ γὰρ, 카이 가르]) 그리스도께서 약하심으로 십자가에 못박히셨으나"와 "(왜냐하면, 개역개정은 생략[καὶ γὰρ]) 우리도 그 안에서 약하도다"가 병행된다. "(그러나[ἀλλά, 알라]) 그리스도는 하나님의 능력으로 살아 계시니"는 "(그러나[ἀλλά]) 우리는 하나님의 능력으로 그와 함께 살리라"와 병행된다.[508] 다른 곳에서 바울은 부활의 생명을 말하기 위해서 "살 것이다"라는 미래를 사용하지 않는다. 따라서 여기서 미래 시제는 종말론적 시나리오, 즉 우리가 부활에서 그분과 함께 살 것이라는 내용을 암

508 Lambrecht, "Paul's Boasting," 344.

시하지 않는다. 그는 고린도 교인들과의 미래의 관계에 대해 이야기한다. "너희에게 대하여"에서 헬라어 본문에는 동사가 없지만 바울의 생각을 포착한다(참조. GNT 성경. "당신과의 관계에서"). 바울은 연약함이 고린도 교인들과의 모든 관계를 덮고 있다고 주장한다. 그러나 연약함이 무력함을 의미하지 않는다. 패배한 것처럼 보이는 예수를 죽은 자 가운데서 살리시고 모든 사람을 이기게 하시는 하나님의 능력이 연약함을 이기심과 같이 하나님의 능력은 바울이 고린도 교인들을 대할 때 그의 연약함 속에서 역사한다. 하나님의 능력은 연약함을 이긴다.

이 서술은 바울과 고린도 교인들의 주요 차이점을 드러낸다. 그들은 같은 방식으로 능력을 인식하지 않는다.[509] 고린도 교인들은 능력을 권위를 휘두르는 독단적이고 지배적이며 강력한 인물들이 행사하는 것으로 이해한다. 사도는 약한 데서 온전한 하나님의 능력을 본다. 바렛은 "바울은 그의 동료 그리스도인들과 마찬가지로 이 시대에 죽음의 편에 서 있기 때문에 그리스도인 존재의 주된 표지는 나약함으로 기대된다. 즉, 그리스도께서 친히 택하신 것과 같은 종류의 약함이다"라고 지적한다.[510] 고린도 교인들은 전체 그림을 보고 바울처럼 볼 필요가 있다. "우리가 주목하는 것은 보이는 것이 아니요 보이지 않는 것이니 보이는 것은 잠깐이요 보이지 않는 것은 영원함이라"(4:18). 십자가에 못박히심은 관중들로 하여금 예수님이 기적적으로 능력을 과시하거나 기적적으로 탈출하도록 조롱하게 만든 명백한 무력감을 보여 주었다. 그 기적과 탈출은 그들에게 예수님이 하나님의 아들임을 확신시켜 주었을 것이다. 그들이 보고자 했던 것과 같은 종류의 십자가에서 세상의 권세를 장엄하게 보여주는 것은 예수님이 슈퍼맨이었음을 증명했을 뿐이지 하나님의 아들인 메시아는 아니었음을 증명했을 것이다. 그분을 괴롭히는 사람들이 아무 일도 일어나지 않았다고 생각하는 것처럼, 그분의 눈은 감겨져 있었고, 그의 머리는 축 늘어지고, 호흡은 멈췄다. 구경꾼들은 그분의 나약함이 하나님께 절대적인 순종으로 다른 사람들을 위해 자신의 생명을 바치는 자발적인 희생에서 비롯된 것임을 알 수 없었다. 그들은 또한 하나님께서 그들이 그토록 멸시하는 자를 구원하실 것이라는 사실을 믿을 수 없었다. 부활은 인간의 가장 비참한 연약함인 죽음, 곧 십자가의 죽음까지도 역사하시는 하나님의 능력을 보여 주었다. 또한 "하나님의 약하심이 사람보다 강하다"(고전 1:25)는 것과

509 Martin, *2 Corinthians*, 476.

510 Barrett, *Second Epistle*, 337.

하나님께서 세상의 약한 것들을 택하사 강한 자들을 부끄럽게 하셨다(고전 1:27)는 내용을 계시했다.

고린도 교인들과 달리 바울은 하나님께서 그리스도의 추종자들, 특히 사도들이 세상에 어리석게 보이는 그리스도의 연약한 길을 돌아가는 것을 허락하지 않으신다는 것을 이해한다. 그리스도의 대사로서 그는 예수의 생명을 나타내기 위하여 계속해서 예수를 위하여 죽기까지 넘겨지게 될 것이다(4:11). 고린도 교인들은 하나님에게 약함과 능력이 동전의 양면이라는 것을 이해하지 못한다. 자신이 강하다고 생각하는 일부 고린도 교인들은 바울을 연약한 사람으로 치부했다(고전 4:10). 바울은 자신의 연약함을 인정하지만 자신의 연약함을 알고 있기 때문에 자신의 구원하는 죽음과 하나님의 능력을 계속해서 선포한다(4:11). 그의 약점은 "주님과의 교제와 그의 죽음과 부활에 참여함을 반영"한다.[511] 그는 알고 그들이 알지 못하는 것은 "그리스도인들은 단순히 그리스도를 모방하거나 따르거나 영감을 받는 것이 아니라 실제로 그분 안에 살고 그분의 일부이며 그들이 호흡하는 공기가 그분의 영인 새로운 세계에 초자연적으로 거한다"는 것이다.[512] 그는 그리스도의 연약함을 나눔으로, 예수 그리스도의 삶과 운명을 구성하는 동일하게 하나님께서 정하신 역설, 즉 고통에서 위안을, 죽음에서 생명을, 나약함에서 강함을, 어리석음에서 지혜를 공유한다. 하나님의 능력은 다른 것으로 반대를 변화시킨다. 그가 그리스도 안에서 약하면 하나님의 능력이 약한 데서 온전해지기 때문에 그리고 하나님이 그리스도 안에서 그 능력을 이미 보여주셨기 때문에 그는 강력하다. 따라서 바울은 자신의 연약함을 "영광의 표"로 사용한다. 왜냐하면 그것이 "하나님의 능력이 세상에서 나타나는 발판"이 되기 때문이다.[513]

13:5. 고린도에 있는 어떤 사람들이 그리스도께서 자기 안에서 말씀하시는 것을 바울이 어떻게 증거할 수 있느냐고 물을 때 바울은 질문을 바꿔서 그들이 그리스도인으로서 자신을 어떻게 확인하고 있는지 알기 위해 영적인 검사를 하도록 도전한다. "너희 자신을 시험하고 너희 자신을 확증하라."[514] 그들은 그를 반대하는 것이 아니라 스스로를 점검해야 한다. 바울은 동사 "확증하다"(δοκιμάζω[도키마조], 13:5; 참조. 8:9; 25)와 형용사 "옳은"("승인된",

511 Black, *Paul, Apostle of Weakness*, 164.

512 Hanson, *II Corinthians*, 32.

513 D. A. Black, "Weakness," in *Dictionary of Paul and His Letters*, 966.

514 "너희 자신"은 헬라어로 강조 위치에 있다. "Εαυτοὺς πειράζετε ···, ἑαυτοὺς δοκιμάζετε"

δόκιμος[도키모스], 13:7; 참조. 10:18)와 "버림 받은"("증명에 실패하다", "승인되지 않음", "가짜", ἀδόκιμος[아도키모스], 13:5, 6, 7)로 언어유희를 한다. 그는 갈라디아 교인들에게 각자가 자기 일을 살펴야(δοκιμαζέτω, 도키마제토) 한다고 말한다(갈 6:4). 바울은 시험을 받고 "그리스도 안에서 인정함을 받은"(롬 16:10) 아벨레를 언급하기 위해 형용사 δόκιμος(도키모스)를 사용한다. 그는 고린도 교인들에게 자기 몸을 쳐서 그의 종이 되는 것은 "남에게 전파한 후에 자신이 도리어 버림[ἀδόκιμος]을 당할까 두려워함이로다"라고 말하면서 아무도 하나님의 심판을 지나칠 수 없다고 경고한다(고전 9:27; 참조 3:13). 히브리서 6장 8절에는 "증명에 실패하는 것"이 무엇을 수반하는지에 대한 생생한 그림이 포함되어 있다. "만일 가시와 엉겅퀴를 내면 버림을 당하고 [ἀδόκιμος] 저주함에 가까워 그 마지막은 불사름이 되리라."

베츠는 갈라디아서 6장 4절의 "각각 자기의 일을 살피라"는 병행에서 델포이 신탁 "너 자신을 알라"와 연결시킨다. 그는 "자기 성찰은 다른 사람과의 비교가 아니라 오로지 자신의 삶의 행실을 면밀히 조사하는 것"이라고 말한다.[515] 이 도전은 다른 사람과 자신을 비교하면서 감히 자신을 추천하는 자들에 대한 바울의 대답이다. 그들은 그리스도의 표준과 그리스도께서 그들을 위해 자신을 어떻게 주셨는가에 따라 자신을 점검해야 한다(고전 11:23-28).

"너희는 믿음 안에 있는가"는 또한 "너희가 믿음을 붙잡고 있는지"(RSV 성경)로 번역될 수 있다. 여기서 "믿음"은 바울이 사용하는 주요 의미인 그리스도에 대한 신뢰를 말하는 것이 아니라 전체 기독교적 방식과 교리적 진리를 의미한다(딤 1:13, 2:2). 그러나 그것은 단순히 그들의 교리를 검토하는 문제가 아니라 그들의 행동과 생각을 그리스도에 대한 믿음과 일치시키는 것이다. 우리는 1장 24절에서 바울의 말을 그들이 믿음으로 굳게 섰다는 의미로 해석했지만 다른 학자들은 믿음 안에 굳건히 섰다는 확증으로 받아들인다. 이 후자의 해석이 옳다 할지라도 편지 끝부분에 있는 "너희가 믿음 안에 있는가 확증하라"고 하는 이 도전이 그들에 대한 이전 확신이 지금 흔들리는 것을 의미하지는 않는다. 만약 그렇다면, 그는 그들이 책임감 있게 자신을 평가하는 것은 고사하고 그러한 시험을 치르고 싶어하는 것조차 기대할 수 없었을 것이다.[516] "~는지 시험하다"는 그가 도착하기 전에 그들이 도덕적으로 바뀌고 좋은 질서로 기쁘게 맞이할 수 있도록 준비하라는 권고의 일부이다. "아니면 너

---

515 Betz, *Galatians*, 302.

516 다음 주장과 반대된다. Furnish, *II Corinthians*, 577.

희는 예수 그리스도께서 너희 안에 계심을 깨닫지 못하느냐"는 질문이다. 이 질문은 긍정적인 대답을 기대하는 헬라어 표현이다.[517]

바울은 그들이 인정 받았는지 아니면 믿음 안에 있는지 검사할 목록을 그들에게 주지 않았다. 우리는 그러한 목록이 신학적, 윤리적, 사회적 기준을 포함할 것이라고 가정할 수 있다. 예를 들어, 그는 고린도전서에서 이렇게 말했다. "하나님의 영으로 말하는 자는 누구든지 예수를 저주할 자라 하지 아니하고 또 성령으로 아니하고는 누구든지 예수를 주시라 할 수 없느니라"(고전 12:3). 그는 "음행을 피하라"(고전 6:18), "우상 숭배하는 일을 피하라"(고전 10:14)고 경고했다. 그는 주의 만찬에서 가난한 사람들을 무시하고 괴롭히는 것에 대해 그들을 질책했다. "하나님의 교회를 업신여기고 빈궁한 자들을 부끄럽게 하느냐"(고전 11:22). 일부 고린도 교인들이 스스로를 "신령한 사람들"(고전 3:1)로 높이 평가하는 것을 감안할 때, 바울은 그들이 그리스도께서 참으로 그들 안에 계시다고 결론지을 것이라고 당연시할지 모른다(롬 8:9-11; 갈 2:20). 그런 사람들이 시험에서 떨어질 가능성은 낮지만 행실이 부적절한 사람들에게는 실제로 위험이 있다(참조. 고전 10:12). 그들은 스스로를 시험할 수 없었다. 만일 시험을 통과한다면 그들은 "예수 그리스도의 임재의 증표는 연약함 속에 능력, 죄 안에 의로움, 사망 안에 생명, 고난 속에 안위"[518]라는 것을 알게 될 것이다.

그러므로 그들 안에 계신 그리스도께서도 그 안에 계시다는 결론을 내릴 때 그들 자신을 시험하라는 요청이 그들에 대한 바울의 사역을 입증할 것이다. 바넷은 정확히 말한다. "자신에 대한 그들의 선고는 그에 대한 선고에도 마찬가지일 것이다."[519] 그들이 그리스도에게 속한 것처럼 바울도 그러하다(10:7). 그리스도께서 그들 안에 계시다면 바울이 먼저 그들에게 십자가에 못 박힌 그리스도를 전파하여 그들이 "하나님의 교회"(1:1)가 되었음을 기억해야 한다. 바울은 편지의 앞부분에서 확증을 결정하는 또 다른 기준을 설명했다. "너희가 범사에 순종하는지 그 증거(ἡ δοκιμή, 헤 도키메)를 알고자 하여 내가 이것을 너희에게 썼노라"(2:9). 만일 그들이 확증된 자들로 검사를 통과

517 "알지 못하느냐"는 고린도전서에 세 번 등장한다(3:6; 5:6; 6:2-3; 참조. 롬 6:3, 16). 이 어구는 잘 알려진 사실을 소개한다. "너희 안에"는 "너희 가운데"로 번역 가능하다(REB 성경).

518 Seifrid, *Second Letter*, 482.

519 Barnett, *Second Epistle*, 607. 그는 또한 "고린도 교인들이 바울을 그리스도의 사도로 인정하지 않는다면 그들은 스스로를 사도적으로 인정하지 않는 것이다"(609p)라는 요점을 지적한다.

한다면 그들은 특히 그리스도인의 적절한 행위에 관한 바울의 명령에 복종할 것이다. 그리스도인의 행위는 자신이 그리스도인이라고 주장하는 사람들이 정말 그리스도인인지 판단하는 시금석이다. 핸슨Hanson은 "그러므로 그리스도인의 행위는 그리스도와 관계를 결정하는 데 아주 좋은 판단 기준이 되며 종교적 경험보다 훨씬 더 나은 것이다"라고 말한다.[520]

13:6. 앞 절의 해석은 바울이 이 구절에서 말하는 것으로 확증된다. "너희는 믿음 안에 있는가 너희 자신을 시험하고"라고 쓰고 "우리가 버림 받은 자 되지 아니한 것을 너희가 알기를 내가 바라고"라고 결론짓는 것은 논리적으로 이해하기 어려울 수 있다. 시험 자체는 바울이 시험을 통과한 것과 어떤 관련이 있는가? 바울은 이 둘이 서로 얽혀 있다고 이해한다. 그들이 시험을 통과하고 그리스도께서 그들 안에 계시다는 것을 안다면 그들의 사도도 시험을 통과한다(참조. 10:15). 바울은 그들을 그리스도와 정혼시킨 자이며(11:2), 그들은 주 안에서 바울의 사도 직분의 인침(고전 9:2)이며 그리스도 안에서 온 세상이 읽도록 하는 바울에 대한 추천서(3:1-3)이다. 만일 시험에 떨어지면 그들 가운데서 바울의 모든 수고가 헛된 것이다(고전 3:12-15). 시험을 통과하면 그가 진정한 사도임을 확인시켜 준다. "너희가 알기를 내가 바라고"(γνώσεσθε, 그노세스데)는 편지의 주제로 돌아가게 한다. "오직 너희가 읽고 아는 것 외에 우리가 다른 것을 쓰지 아니하노니 너희가 완전히 알기를 내가 바라는 것은 너희가 우리를 부분적으로 알았으나(ἐπέγνωτε, 에페그노테) 우리 주 예수의 날에는 너희가 우리의 자랑이 되고 우리가 너희의 자랑이 되는 그것이라"(1:13-14). 그들은 이제 그가 진짜이고 가짜가 아님을 알아야 한다. 그의 참됨을 인정하면 그가 요구하는 것에 따라 응답할 것이다. 그렇지 않다면 그들은 믿음과 영적 분별력의 진정성에 의문을 제기하는 것이다.

13:7. 바울이 증명을 실패하지 않았다는 것을 고린도 교인들이 알게 되기를 소망한다. 그러나 바울은 윤리적 올바름을 위해 하나님께 기도한다(참조. 12:20-21). 이 복잡한 문장은 다음과 같이 도표화할 수 있다.

520 Hanson, *II Corinthians*, 95.

우리가 (하나님께) 구하노니
너희로 악을 조금도 행하지 않게 하시기를
- 우리가 옳은 자임을 나타내고자 함이 아니라
너희는 선을 행하게 하고자 함이라
오직 우리는 버림 받은 자 같을지라도

이 서술은 만일 이 편지가 그들의 도덕적인 개혁을 자극한다면 그가 고린도에 돌아올 때 사도적 능력을 외부적으로 과시하는 것을 통해 그의 권위를 증명할 기회가 없을 것이라는 의미이다. 따라서 어떤 사람들의 눈에는 그가 개인적으로 담대할 수 있다는 증거가 여전히 부족할 것이다. 그러나 그는 그들의 순종을 원한다. 그는 그리스도께서 자기 안에서 말씀하신다는 것을 사도적 대결을 통해 보여주고자 하는 열망이 없다. 그러므로 그는 13장 6절에서 "우리가 버림 받은 자 되지 아니한 것을 너희가 알기를 내가 바라고"고 말한 것이 적합하다는 것을 보여 준다. 그가 자격 시험을 통과했는지 실패했는지는 문제가 되지 않으며, 시험이 가장 중요하다는 잘못된 인상을 받는 것을 원치 않는다. 사도로서 그의 목표는 자신의 명성을 유지하거나 다른 모든 사람이 경외하도록 자신을 높이는 것이 아니라 다른 사람들을 그리스도께 합당하게 만드는 것이다.

그러므로 그들의 순종의 결과는 바울이 어떤 사람들에게는 여전히 사도로서 실패한 것처럼 보인다는 것을 의미할 수 있다.[521] 그는 스스로 높이거나 뺨을 치지 않을 것이다(11:20-21). 어떤 사람들이 잘못 믿는 것은 오히려 바울의 사도로서 합당한 권위를 나타낸다. 그들은 아직 대면할 때 그를 너무 굴욕적이라고 여기고 싶은 유혹을 받을 수 있다(10:2). 그러나 하나님은 외모가 아니라 실재를 심판하신다. 바울은 교회가 그리스도께 순종한다면 자신의 공로를 입증하는 데 무관심할 것이다(10:6). 그리스도인의 기본적인 소명에 실패한 교회 앞에서 가시적인 권세를 보여 강력하고 역동적인 사도로 입증되는 것은 공허한 승리라 할 수 없다. 그 대신 비참한 실패를 의미한다. 그리스도에 대한 그들의 신실함은 사도로서의 그의 참됨에 대한 산 증거이다. 그러나 더 중요한 것은 그들이 다툼으로 분열되고 자기 중심적이며 권력에 굶주린 부도덕한 세상에서 그리스도의 대사가 되어야 한다는 것이다. 그들이 그들을 둘러싸고 있는 이교도 세계의 거울이라면 그들이 하나님께 무슨 소용이 있겠는

521 피츠제럴드(Fitzgerald)는 "그들의 온전함으로의 회복(13:9)은 그의 자기 변호보다 더 중요하며, 그런 이유로 그는 기꺼이 그의 권위를 포기하고 버림받은 자(ἀδόκιμος)로 나타난다(마치 가짜인 것처럼, 13:7)"라고 쓴다("Ancient Epistolary Theorists," 200).

가? 파벌이 많고 거짓을 좇는 교회는 세상의 선교에 적합하지 않다. 가시덤불과 엉겅퀴만 나는 무가치한 땅과 같이 타버릴 것이다(히 6:8).

13:8. '우리는 진리를 거슬러 아무것도 할 수 없고 오직 진리를 위할 뿐이니'라는 바울의 말은 13장 4절에 요약된 그의 메시지를 말하는 것이다. 그리스도께서는 "약하심으로 십자가에 못 박히셨으나 하나님의 능력으로 살아 계시니 우리도 그 안에서 약하나 너희에게 대하여 하나님의 능력으로 그와 함께 살리라."[522] 이 삽입된 말은 참된 사도들은 진리의 지배를 받으며 그들 자신에 집착하지 않는다고 주장한다.[523] 바울은 자신을 위해 더 쉽게(갈 2:5, 14 참조) 또는 그의 회중을 위해 더 먹을 만하고 더 쉽게 하기 위해 진리를 조작하지 않을 것이다(2:17; 4:2; 6:7).[524] 그는 약한 사도로서 자신을 바꿀 수 없으며 그들을 기쁘게 하기 위해 일하는 방식이나 설교 방식을 바꾸지 않을 것이다. 그는 또한 고린도 교인들의 죄와 잘못을 변명하기 위해 진리를 고칠 수 없다.

13:9. 고린도 교인들은 바울을 연약한 사람으로 여기고 그들의 힘을 자랑한다(고전 4:10 참조). 바울은 이 구절에서 고린도의 구호를 되풀이하면서 그것을 복음에 맞춰서 그들이 의도한 것과 다른 의미가 나오도록 할 수 있다.[525] 12장 10절에서 그는 육체의 가시에서 배운 교훈을 보고했다. 내가 약할 그때에 내가 강해지는 것은 하나님의 능력이 나의 약한 데서 온전하기 때문이다. 13장 4절에서 그는 하나님의 능력으로 말미암아 죽으시고 부활하신 그리스도의 연약함이 우리를 강하게 하신다는 원칙을 제시한다. 바울은 고린도 교인들에 대한 자신의 연약함의 함축적 의미를 제시한다. 이는 그가 이미 4장 10-12절에서 설명한 것이다. 약할 때 기뻐하는 것은 하나님의 능력이 자기 속에서 가장 강력하게 역사하고 다른 사람을 복음으로 개종시키는 데 가장 큰 영향을 미치기 때문이다. 그러므로 이 구절은 바울이 앞서 말한 것을 보완한다. "그런즉 사망은 우리 안에서 역사하고 생명은 너희 안에서 역사하느니라"(4:12).

---

522 다른 학자들은 진리를 "하나님께서 그의 말씀으로 우리의 믿음과 행위의 법칙으로 세우신 계시"(Hodge, *Second Epistle*, 308–9)라고 해석한다. 또는 사물의 올바른 질서(Schelkle, *Second Epistle*, 209)로 해석한다.

523 Héring, *Second Epistle*, 102.

524 베스트는 "그는 ... [진리]을 표현하는 데 있어서 일탈할 수 없으며 고린도 교인들에 그것의 결과를 완화시킬 수 없다"라고 쓴다(*2 Corinthians*, 131).

525 Bultmann, *Second Letter*, 248.

바울은 적의 성벽을 파괴하기 위해 강력한 대포를 사용하지 않을 것을 실망하지 않을 이유를 계속 설명한다. 그렇게 그들이 순종하면 강력한 사도로 나타낼 것이다. 그는 열광적인 전투가 없기를 바라며 이 편지를 보낸다. 그의 마음속에는 경건한 회개를 불러일으키는 "무거운" 편지는 "무거운" 직접 만남을 능가한다.

그러므로 바울은 그들이 악을 조금도 행하지 않고(13:7) "온전하게 되기"(κατάρτισις, 카타르티시스)를 기도하는데, 이것은 신약에서 여기에만 나오는 단어다. 명사 καταρτισμός(카타르티스모스)는 에베소서 4장 12절에서 성도들을 온전케 하여 봉사의 일을 하도록 한다는 표현에 나온다. 동사 형태(καταρτίζω, 카타르티조)가 더 일반적이며 제자를 교사의 수준에 도달하도록 완전히 준비시키고(눅 6:40) 믿음에 부족한 것을 공급하는 일(살전 3:10)에 사용된다. 또한 그물을 고치거나(마 4:21; 막 1:19) 죄에 빠진 교인을 되찾는(갈 6:1) 것과 같이 무엇인가를 회복하는 데 사용된다. 고린도 교회 성도들은 아직 성숙하는 과정에 있지만 고침과 회복이 필요하다. 13장 11절에 나오는 동사의 명령형은 그들의 길을 고치고 바울과의 관계, 서로의 관계, 십자가에 못 박히시고 부활하신 그리스도와의 관계를 회복해야만 완전히 성숙할 수 있음을 의미한다.

그들의 회복의 이미지는 그들을 세우고 계발하는 바울의 사역과 가장 잘 연결된다. 바울은 고린도에서 하나님의 백성으로서 그들의 임무에 적합하도록 만들기를 원했다. 히브리서는 평강의 하나님이 "모든 선한 일에 자기 뜻을 행하게"(히 13:20-21) 그들을 "온전하게"(καταρτίσαι, 카타르티사이)하시도록 기도하는 내용으로 마무리 짓는다. 고린도 교회의 회복 목표는 그들이 하나님을 기쁘시게 하는 일을 하는 것이다(5:9).

13:10. 바울은 고린도 교인들이 그들의 길을 고치기를 희망하고(13:6) 기도하지만(13:7, 9), 10장 11절과 12장 19절-13장 4절의 경고는 그들이 변화하지 못할 경우를 대비하여 여전히 위협적이다. 그는 가혹한 것을 좋아하지 않지만 하나님께서 주신 권위를 행사할 것이다(10:8). 부사 "엄하게"(ἀποτόμως, 아포토모스)는 로마서 11장 22절(ἀποτομία, 아포토미아)에 명사 형태로 나타나며 감람나무의 원 가지를 잘라내는 하나님의 준엄하심을 나타낸다. 바울은 징벌적 조치를 취할 수 있고 또 취할 것이다. 요새를 무너뜨리고 하나님을 아는 것을 대적하여 제기된 논쟁을 무너뜨리는 것(10:4-5)이 거짓 사도들이 끌어들인 교회와 악에 물든 삶을 공격하는 것을 의미한다면 그렇게 될 것

이다. 그는 자신의 편지에 대한 솔직한 비판에 대해 마지막으로 변호한다(참조. 10:10). 그는 날카롭게 행동하지 않아도 되도록 날카롭게 쓴다.[526] 그는 손에 지팡이를 든 훈육자로서가 아니라 그리스도의 온유와 관용으로 기꺼이 나아오기 원했다. 그의 편지에서 가혹해 보이는 것에 대해 화를 낸다면, 그의 돌아옴이 과거의 상처를 다시 불러일으키는 또 다른 고통스러운 충돌을 일으키기를 바울이 원하지 않는다는 것을 기억해야 한다. 그는 마침내 그들 사이의 균열을 치유하는 행복한 재회를 원한다.

퍼니시는 10-13장을 별도의 서신으로 이해하고 13장 10절이 서신의 목적을 분명히 한다고 주장한다. 바울은 "그에게서 받은 복음에 대한 그들의 결심과 순종을 촉구하기 위해" 편지를 썼다고 말한다. 퍼니시는 이 진술이 "1-9장의 목적에 대한 설명으로 부적절하다"고 주장한다.[527] 이 결론은 다음 두 가지 주장에 근거한다. 첫째, 1-9장에 바울이 가까운 장래에 고린도 방문을 계획하고 있음을 암시하는 내용이 없다. 둘째, 1-9장은 "그가 갈 때 회중을 가혹하게 다룰 필요가 있음을 알게 될 것"을 제시하지 않는다.[528] 이에 대한 응답으로 바울은 9장 4-5절에서 그의 방문을 언급하고 있으며 퍼니시의 주장은 바울의 여행 계획이 고린도전서 16장 5-12절에서와 같이 끝에 나타나는 것이 아니라 편지 전체에 걸쳐 있을 것이라고 잘못 가정한다. 바울은 고통스러운 방문을 피하기 위해 가혹한 편지를 썼다고 말한다(1:23). 그는 그들을 시험하기 위해 편지를 썼고, 디도는 그들이 잘 응답했다고 보고했다. 그럼에도 불구하고 바울이 직접 고린도에 다시 돌아올 때까지 디도의 전망이 좋은 소식에도 불구하고 고린도에서 모든 것이 잘되고 있다고 생각할 수 없다. 5장 20절에 있는 하나님과 화목하라는 권고와 우상과의 모든 교제를 완전히 끊고 몸과 영적 더러움에서 자신을 깨끗케 하라는 가혹한 도전(6:14-7:1)은 바울이 여전히 그들의 행동에 대해 주저하고 있음을 보여 준다. 사도로서의 자신의 충족성과 질그릇으로서의 연약함에 대한 변호는 또한 그가 그들 사이에 모든 것이 잘되고 있다는 확신이 없음을 드러낸다. 그는 여전히 그리스도께서 그를 통해 말씀하신다는 주장을 해야 한다.

퍼니시는 "8-9장에서 발견되는 그런 종류의 호소(예루살렘을 위한 연보)를 포함하는 편지의 목적을 언급 하지 않고 요약할 것이라고는 생각할 수 없

526 Plummer, *Second Epistle*, 378.

527 Furnish, *II Corinthians*, 580.

528 Furnish, *II Corinthians*, 580.

다"고 주장한다.[529] 이 주장은 13장 10절이 편지의 목적을 요약한다고 잘못 가정한다. 다른 어떤 바울 서신도 서신의 모든 문제를 요약하는 마지막 구절은 없다. 고린도전서 마지막에는 목적을 선언할만한 내용이 없다. 이 구절은 실제로 10장 1-2절에서 시작된 부분을 끝내고 10장 8절의 전제를 다시 설명하는 기능을 한다.

그들을 무너뜨리지 않고 세우는 권세를 주님께서 그에게 주셨다. 바울이 긴 편지에서 그가 말한 모든 것을 마지막 구절에서 요약하기를 기대하고 그가 그렇게 하지 않았다고 주장하는 것은 10-13장이 별도의 편지에 속한다는 것을 나타낸다. 고린도전서는 바울이 여러 문제를 다루는 경향이 있음을 보여준다. 그가 고린도후서에서 같은 방식으로 한다고 가정하면, 그것은 9장 1절에 그것에 대해서 더 쓸 필요가 없다고 말한 연보를 편지의 마지막에서 다시 언급하지 않는 이유를 설명할 것이다.

그럼에도 불구하고, 이 서술은 내재된 경고와 혼합되어 서신의 목적을 요약한다. 바울은 "편지를 주고 받는 자들의 영적 건강과 회복을 가져오기 위해" 그리고 그가 돌아올 때 "엄한 징계를 해야" 하는 기분 나쁜 대립을 피하기 위해 편지를 쓴다.[530]

529 Furnish, *II Corinthians*, 580.

530 Harris, *Second Epistle*, 928–29.

| 단락 개요

5. 마지막 권면, 인사, 은혜를 소원함(13:11-13)

5.1. 마지막 권면(13:11)

5.2. 인사(13:11b-12)

5.3. 은혜의 소원(13:13)

5. 마지막 권면, 인사, 은혜를 소원함(13:11-13)

5.1. 마지막 권면(13:11)

11 마지막으로 말하노니 형제들아 기뻐하라 온전하게 되며 위로를 받으며 마음을 같이하며 평안할지어다 또 사랑과 평강의 하나님이 너희와 함께 계시리라 거룩하게 입맞춤으로 서로 문안하라

13:11. 고린도후서가 하나 이상의 편지라고 주장하는 학자들은 이 마지막 부분이 원래 어느 편지에 속했는지 결정해야 한다. 어떤 주석가들은 13장 1-10절에 나오는 위협적인 맹공격에 이어 부드럽고 온유하며 사랑스러운 결론이 어울리지 않는다고 주장한다. 따라서 원래 1-9장의 대한 인사였을 것이라고 주장한다.[1] 우리는 데살로니가후서 3장 10-15절과 3장 16-18절[2]에서 비슷한 분위기의 전환을 발견한다. 어조와 주제의 변화가 이 편지를 후기 편집자가 편집했다는 믿을만한 표시라는 전제를 거부한다.

일부 주석가들은 "불안, 자기 방어, 상대방에 대한 질책, 비꼬는 표현"을 하고 나서 기뻐하라는 권고로 편지를 마무리하는 것은 부적절하다고 생각한다.[3] 그들은 동사 χαίρετε(카이레테)를 "문안하노라"로 번역하는 것을 선호한다. 그것은 일반적인 당시 편지에서 인사의 말로 자주 나타난다(행 15:23; 23:26; 약 1:1은 부정사를 사용). 그러나 바울은 이미 13장 9절에서 이 동사를 "기뻐하다"의 의미로 사용했다. 데살로니가전서 5장 16절은 χαίρετε(카이레테, "기뻐하라")이 최종 권면의 제일 처음에 나오는 병행을 보여 준다. 이 권면은 바울이 고린도에서의 사도적 활동에 대한 요약("오직 너희 기쁨을 돕는 자가 되려 함이니", 1:24; 참조 2:3)을 상기시킬 것이다.[4]

우리는 이미 "온전하게 되라"(καταρτίζεσθε, 카타르티제스데)로 번역된 동사가 13장 9절에서 완전한 성숙으로의 회복을 나타내는 명사(καταρτισμός, 카

1 따라서 Strachan, *Second Epistle*, 145.

2 Plummer, *Second Epistle*, 379–80.

3 Kruse, *2 Corinthians, 222;* Watson, *Second Epistle*, 149–50.

4 또한 다음을 참조하라. 롬 12:12, 15; 빌 2:18; 3:1; 4:4; 살전 5:16.

타르티스모스)의 동족어라는 것에 주목했다. 이 동사는 수동태 또는 중간태일 수 있다. 중간태라면 바울은 그들에게 "너희 길을 고치라"고 말하고 있는 것이다. 수동태라면 "당신의 길이 고쳐질지어다" 또는 "회복되어라"라고 말하고 있는 것이다. 고치는 일은 하나님이 하실 것이다.

"위로를 받으라"(παρακαλεῖσθε, 파라칼레이스데)는 "권면을 받다"를 의미할 수도 있다. 이 동사는 바울이 다른 사람들을 위로하기 위해 사용하는 하나님께 받은 위로에 대해 이야기하면서 편지를 시작할 때 사용한 단어이다(1:3-7). 어떤 학자들은 "나의 호소를 들으라"는 의미로 받아들이는데, 이것은 히브리서 13장 22절, "내가 너희를 권하노니 권면의 말을 용납하라"와 비슷하다.[5] 고린도후서에는 동사 παρακαλέω(파라칼레오)가 열 여덟 번 나오는데 그 중 아홉 번이 "위로하다"(1:4, 6; 2:7; 7:6, 7, 13)를 의미하고, 여덟 번은 "권하다" 또는 "간청하다"(2:8, 5:20, 6:1; 8:6, 9:5, 10:1, 12:8, 18)를 의미한다. παρακαλεῖσθε가 13장 11절에서 중간태로 번역된다면, 이 편지에서 중간태로 나타나는 유일한 예가 될 것이다. 수동태로 번역된다면, 다른 네 번과 같이 "위로하다"를 의미한다(1:4, 6; 7:7, 13). 이것은 "위로를 받다"를 의미하고 바울이 편지를 시작할 때 사용한 주제를 반복한다는 것을 암시한다. 고린도 교인들이 자신에 대해 반란을 일으켰고 계속해서 악의적인 죄를 짓고 있다고 의심한다는 점에서 놀라운 호소이다. 과거에 여러 번 자신을 위로하신 살아계시고 자비로우신 하나님께서 그들 가운데서 역사하셔서 고치시고 위로하실 것을 믿어야 한다. 공동체를 위한 바울의 소망은 그들이 그의 고난에 참여하는 것처럼 그의 위로에 참여하는 것이다.

"마음을 같이하라"(참조. 롬 12:16; 15:5; 빌 2:2; 4:2)는 12장 20절에 언급된 "다툼과 시기와 분냄과 당 짓는 것과 비방과 수군거림과 거만함과 혼란"으로 표현된 불화를 떠오르게 한다. 모든 일에 동의할 필요는 없지만, 같은 목적을 지향해야 한다(고전 1:10). 이 명령은 "다른 사람과 분리되어 같은 생각을 할 수 없기 때문에 공동체에서 그들 자신의 생각이 이루어진다"고 가정한다. 동일한 우선순위를 공유해야 한다. "평안할지어다"는 마가복음 9장 50절에 나오는 예수님의 명령을 반영한다.[6]

"평안할지어다"는 마가복음 9장 50절에 나오는 예수님의 명령을 반영한다. 그 명령은 제자들이 자신들의 지위에 대해 서로 논쟁하는 것으로 시작하

5 퍼니시는 "나의 호소에 주의를 기울이라"라고 번역한다(*II Corinthians*, 581).

6 D. E. Garland, "Philippians" in *EBC*, rev. ed. (Grand Rapids: Zondervan, 2006), 12:214.

여(9:33-37) 다른 신자들을 걸려 넘어지게 하는 것에 대한 예수님의 경고(9:42-48)를 포함하는 내용으로 마무리짓는다. 그것은 "제자들 관계의 본보기로 평화로운 교제"를 제시한다.[7] 바울은 그리스도인과 외부인의 관계에 평화롭게 살라는 권면을 적용한다. "평안의 매는 줄로 성령이 하나 되게 하신 것을 힘써 지키라"(엡 4:3, 참조. 롬 12:18, 고전 7:15). 그리고 동료 그리스도인들과 "너희끼리 화목하라"(살전 5:13; 참조. 롬 14:19)라고 권면한다. 그가 고린도에 돌아갈 때 "다툼과 시기와 분냄과 당 짓는 것과 비방과 수군거림과 거만함과 혼란"(12:20)을 볼 수 있다는 두려움을 감안할 때 고린도 교인들에게 가장 적합한 권면이다. 이 다섯 가지 명령 "기뻐하라", "온전하게 되라", "위로를 받으라", "마음을 같이 하라", "평안할지어다"는 교회에 대한 바울의 열망을 요약한 것이다.

바울은 "사랑과 평강의 하나님이 너희와 함께 계시리라"는 복의 선언으로 이 권면을 끝맺는다. 이 복은 예수께서 제자들에게 이스라엘 전도 여행을 떠날 때 명하신 것과 비슷하다. "어느 집에 들어가든지 먼저 말하되 이 집이 평안할지어다 하라 만일 평안을 받을 사람이 거기 있으면 너희의 평안이 그에게 머물 것이요 그렇지 않으면 너희에게로 돌아오리라"(눅 10:5-6; 참조. 마 10:12-13). "사랑의 하나님"이라는 표현은 신약에서 여기에만 나온다. 그러나 "평강의 하나님"은 자주 등장한다(롬 15:33; 16:20; 고전 14:33; 빌 4:9; 살전 5:23).[8] 하나님은 인간에게 상상할 수 없는 사랑을 베푸시고 놀라운 희생을 통해 평화를 이루신다(롬 5:1, 엡 2:14-18). 바울은 사랑이 다른 사람과의 모든 관계를 지배해야 한다는 점을 일깨운다. 왜냐하면 사랑은 "오래 참고 사랑은 온유하며 시기하지 아니하며 사랑은 자랑하지 아니하며 교만하지 아니하며 무례히 행하지 아니하며 자기의 유익을 구하지 아니하며 성내지 아니하며 악한 것을 생각하지 아니하며 불의를 기뻐하지 아니하며 진리와 함께 기뻐"하기 때문이다(고전 13:4-6).

7 Garland, *Mark*, 370–71.

8 참조. G. Delling, "Die Bezeichnung 'Gott des Friedens' und ähnliche Wendungen in den Paulusbriefen," in E. E. Ellis and E. Grässer, *Jesus und Paulus*, 76–84.

5.2. 인사 (13:11b-12)

11 거룩하게 입맞춤으로 서로 문안하라 12 모든 성도가 너희에게 문안하느니라

13:12. 거룩한 입맞춤으로 서로 인사하라는 명령은 로마서 16장 16절, 고린도전서 16장 20절 데살로니가전서 5장 26절, 베드로전서 5장 14절에서 나온다. 왜 이러한 입맞춤을 명령하는가?[9] 격려를 위한 새로운 관습인가?[10] 그것은 예배에만 제한되는가, 아니면 그리스도인이 만나는 모든 곳에서 적용되는가?[11] 클라센Klassen은 입맞춤이 "새로운 제한적인 성찬이나 예전적인 용어가 아니라 사회학적 실재를 세우는 사람들의 살아있는 맥락에서 볼 수 있어야 한다"라고 주장한다.[12] 그는 "'성도'가 만날 때 하는 입맞춤"으로 생각한다.[13]

입맞춤은 존경과 인사(눅 7:45), 사랑과 경배(눅 7:38, 45), 화해와 가족 간의 교제(눅 15:20)의 표시로 나타난다. 사도행전 20장 37절에는 이별의 입맞춤이 나온다. 하지만 "거룩한 입맞춤"은 사회적 관습 이상의 것을 나타낸다. 사회적 배경, 국적, 인종, 성별이 혼합된 사람들이 그리스도 안에서 형제자매로 결합된 새로운 가족 사이의 상호 교제의 표시이다.[14] 거룩한 입맞춤은 그리스도인들이 그리스도 안에서 그리고 서로 간에 알고 있는 기쁨, 사랑, 화해, 평화와 교제의 표시가 된다.

---

9 W. Klassen, "The Sacred Kiss in the New Testament: An Example of Social Boundary Lines," *NTS* 39 (1993): 122.

10 Klassen, "The Sacred Kiss in the New Testament," 130.

11 Klassen, "The Sacred Kiss in the New Testament," 131.

12 Klassen, "The Sacred Kiss in the New Testament," 132.

13 위더링턴은 이 명령이 "바울은 그의 편지가 예배에서 읽혀지고 예배와 마지막 축도의 절정으로 이어지기를 기대한다"는 것을 보여주고 있다고 주장한다(*Conflict and Community*, 475). 대부분의 주석가들은 그것이 제의 행위와 관련이 있다고 가정한다. "입맞춤과 성찬은 구원의 종말론적 완성, 온전한 자들의 미래의 교제를 가리킨다"(G. Stählin, "φιλέω ...," *TDNT* 9:140). 테르툴리아누스는 회중의 구성원들이 입맞춤 없이 완전한 공개 기도를 할 수 없다고 주장했다. 아내가 공공장소에서 다른 남자들과 키스하는 것을 원치 않는 이교도 남편에게 민감했다(*Or.* 18). 유스티누스는 중보 기도와 봉헌 사이에 일어나는 것으로 말했다(*I Apol.* 65.2). 바렛은 입맞춤이 예전적인 의식으로서의 평화는 이차적이며, "평화의 입맞춤과 서신의 삼중 공식 사이의 연결에서 파생된" 것이라고 이해한다(*Second Epistle*, 343).

14 탈버트(Talbert, *Reading Corinthians*, 130)는 공개되지 않는 그룹에서 입교와 같은 구성원으로 받아들이는 표시라고 언급한다(참조. Apuleius, *Metam*. 7.9; 11.25). 또한 다음을 참조하라. S. Benko, "The Kiss," in *Pagan Rome and the Early Christians* (Bloomington: Indiana University Press, 1984), 79-102.

우리는 초대 교회 모임에서 성별이 분리되었다고 추측할 필요가 없다. 거룩한 입맞춤은 남성과 여성 모두에게 확대되었을 것이다. "거룩한"은 선정적인 입맞춤의 모든 차원을 없앤다. 그러나 거룩한 것이 유다의 입맞춤과 같이 거룩하지 않은 것으로 쉽게 변질될 수 있다(눅 22:48). 거룩한 표시는 거룩하지 않은 죄가 될 수 있다. 입맞춤에 대한 부적절함에 대한 우려를 아테나고라스Athenagoras가 표현했다. 아테나고라스는 지금은 분실된 외경을 인용하여 입맞춤이 약간의 숨겨진 동기로 행해지면 영생에서 제외된다는 주장을 인용한다.[15] 고도로 성적인 문화에 살고 있는 많은 현대 기독교인들은 예배나 인사의 일부로 입맞춤하는 것을 불편하게 여길 것이다. 하지는 "이 명령의 정신은 그리스도인들이 그들이 살고 있는 시대와 공동체에서 승인된 방식으로 상호 사랑을 표현해야 한다는 것"이라고 설명한다.[16] 핵심은 서로 사랑하는 것이 가시적인 방식으로 표현된다는 사실이다.

바울은 또한 고린도 교인들에게 "모든 성도"의 인사를 전한다.[17] 그는 그가 편지를 쓰는 곳인 마게도냐의 그리스도인들을 염두에 두고 있을지 모르지만, 그 일반적인 성격은 "모든 성도"가 더 포괄적임을 의미한다. 전 세계의 그리스도인들은 그리스도 안에서 함께 결속되어 있으며 서로 특별한 관계를 가지고 있다. "모든 성도"라는 표현은 바울이 외로운 사도가 아니라 점점 더 확장하는 그리스도인들이 연결된 교제의 일부임을 밝힌다.

5.3. 은혜의 소원 (13:13)

13 주 예수 그리스도의 은혜와 하나님의 사랑과 성령의 교통하심이 너희 무리와 함께 있을지어다

13:13. 바울은 "우리 주 예수 그리스도 은혜"가 그들과 함께 하기를 바라는 은혜의 소원으로 편지를 끝맺는다(롬 16:20, 고전 16:23, 갈 6:18, 빌 4:23,

15 Athenagoras, *Legatio pro Christianis* 32; 다음에 인용됨. Héring, *Second Epistle*, 103.

16 Hodge, *Second Epistle*, 312.

17 KJV, NIV, NASB, REB는 이 인사말을 13절로, 축복 선언을 14절로 매긴다. 14개 구절을 만들기 위해 구절의 번호를 다시 매긴 것은 1572년에 출판된 비숍(Bishop) 성경(엘리자베스 1세 여왕의 지시하에 영국 성공회 주교들의 주도로 편찬한 영어 성경. 역자주)의 두 번째 판으로 거슬러 갈 수 있다.

골 4: 18; 살전 5:28; 몬 25). 고린도후서의 끝은 바울이 삼위일체의 세 위격을 "주 예수 그리스도의 은혜", "하나님의 사랑", "성령의 교제"로 신자들과의 관계에 따른 역할로 덧붙인다는 점에서 독특하다.[18] 유사한 삼위일체의 내용이 1장 21-22절에 나온다. "우리를 너희와 함께 그리스도 안에서 굳건하게 하시고 우리에게 기름을 부으신 이는 하나님이시니 그가 또한 우리에게 인치시고 보증으로 우리 마음에 성령을 주셨느니라." 스랄은 "신적 위격의 상호관계를 언급하거나 암시하지 않으며, '아버지'와 '아들'이라는 용어는 사용되지 않는다. 말해지는 순서에서 [후기 삼위일체 교리의] 발전된 개념이 반영하는 것이 무엇인지를 찾지 않도록 주의해야 한다"라고 말한다.[19] 바울은 삼위 하나님 서로에 대해서 그리고 신자들에 대한 다른 역할들(경륜적인 질서; 참조 롬 5:5-6; 벧전 1:2)에 초점을 맞추는 것으로 그리스도와 하나님과 성령을 확인하는 개념(참조. 롬 8:10-11)을 전달한다. 그 질서는 신자들이 경험하는 것으로 설명될 수 있다. 신자들은 먼저 그리스도의 자기 희생을 통해 은혜를 경험한다(5:21; 8:9). 그들은 이 행위를 그들을 향한 하나님의 사랑의 표현으로 이해하게 된다(롬 5:5, 요 3:16). 그런 다음 그들은 그리스도(고전 1:10) 및 다른 신자들(8:4, 9:13; 빌 1:5; 2:1; 빌 6; 행 2:42)과 "사귐"을 만드시는 성령의 "보증"(계약금. 1:22, 5:5)을 받는다.

처음 두 개의 속격 구조는 주격적 속격으로, 그리스도께서 베푸신 은혜와 하나님께서 우리에게 보여주신 사랑을 나타낸다. 칼뱅에 따르면 "은혜"는 "환유로 구속의 온전한 복을 의미한다."[20] 이점은 8장 9절에 요약되어 있다. "우리 주 예수 그리스도의 은혜를 너희가 알거니와 부요하신 이로서 너희를 위하여 가난하게 되심은 그의 가난함으로 말미암아 너희를 부요하게 하려 하심이라." "하나님의 사랑"은 그리스도의 희생적 죽음에서 가장 분명하게 나타난다. 그러나 "성령의 교제"는 우리가 성령에 참여함을 의미하는 목적격적 소유격으로 해석될 수 있지만, 처음 두 개의 속격 구문은 주격적이기 때문에 세 번째도 주격적일 가능성이 높다. 바울은 성령이 회중의 연합을 더 깊이 하시길 바란다. 그는 그리스도와 하나님과 성령의 궁극적인 권위에 호소함으로써 하나됨을 마지막으로 간청한다. 그들은 "일치를 위한 소망을 이룰 것"이다.[21]

---

18 제안되는 다른 삼위일체적 언급은 롬 8:9-11; 갈 4:4-6; 고전 6:11; 12:46; 엡 1:3, 13-14; 2:18; 3:14-17; 4:4-6에 등장한다.

19 Thrall, *II Corinthians*, 2:920.

20 Calvin, *Second Epistle*, 176.

21 T. A. Vollmer, "'Fellowship with the Spirit': The Evolution of a Theological Concept Cor

교회의 일치에 대한 모든 소망은 주 예수 그리스도의 은혜와 하나님의 사랑과 성령의 교통하심에서 나오는 것이지 우리 힘으로 그것을 이루기 위한 우리의 연약한 자원에서 나오는 것이 아니다.

바울은 고린도에서 많은 고난을 준 사람들을 포함하여 그들 모두에게 하나님의 복을 간청한다. 편지는 성공한 것으로 보인다.[22] 사도행전 20장 2-3절에 따르면, 바울은 헬라에서 석 달을 보냈고, 대부분 시간을 고린도에서 보냈다고 생각할 수 있다. 로마 교인들에게 보낸 편지는 아마도 그가 예루살렘으로 떠나기 전날 고린도에서 아가야의 성도들이 기부한 연보와 함께 썼을 것이다(롬 15:26). 로마 교회의 지도자인 클레멘트는 1세기 말에 고린도전서를 언급하고(1 Clem. 47:1-4) 바울을 본보기로 칭찬하면서 고린도 교인들에게 편지를 썼다(1 Clem. 5:5-7). 베스트는 "바울과 그의 글이 고린도에서 명예롭게 여겨지지 않았다면 그는 이 일을 하지 않았을 것이다. 따라서 우리는 바울의 간구가 성공적이었고 그가 고린도에 왔을 때 허물지 않고 세울 수 있었다고 가정할 수 있다"고 말한다.[23]

13,13?," in Bieringer et al., *Theologizing in the Corinthian Conflict*, 443.

22 Barnett, *Second Epistle*, 619.

23 Best, *2 Corinthians*, 139.

| 참고문헌 |

주석

Barnett, Paul. *The Message of 2 Corinthians*. The Bible Speaks Today. Downers Grove: IVP, 1988.

——. *The Second Epistle to the Corinthians*. NICNT. Grand Rapids: Eerdmans, 1997

Barrett, C. K. *The Second Epistle to the Corinthians*. HNTC. New York: Harper & Row, 1973.

Belleville, Linda L. *2 Corinthians*. IVPNTC. Downers Grove/Leicester: IVP, 1995.

Best, Ernest. *Second Corinthians*. Interpretation. Atlanta: John Knox, 1987.

Betz, Hans Dieter. *2 Corinthians 8 and 9: A Commentary on Two Administrative Letters of the Apostle Paul*. Hermeneia. Philadelphia: Fortress, 1985.

Bruce, F. F. *I & II Corinthians*. NCB. Grand Rapids: Eerdmans, 1971.

Bultmann, Rudolf. *The Second Letter to the Corinthians*. Edited by Erich Dinkler. Translated by Roy A. Harrisville. Minneapolis: Augsburg, 1976.

Calvin, John. *The Second Epistle of Paul the Apostle to the Corinthians and the Epistles to Timothy, Titus and Philemon*. Calvin's Commentaries. Translated by T. A. Smail. Edited by David W. Torrence and Thomas F. Torrance. Grand Rapids: Eerdmans, 1964.

Danker, Frederick W. *II Corinthians*. ACNT. Minneapolis: Augsburg, 1989.

Furnish, V. P. *II Corinthians*. AB. Garden City: Doubleday, 1984.

Guthrie, George H. *2 Corinthians*. BECNT. Grand Rapids: Baker, 2015.

Hanson, R. P. C. *II Corinthians*. TBC. London: SPCK, 1954.

Harris, Murray J. "2 Corinthians." In *The Expositor's Bible Commentary*. Grand Rapids: Zondervan, 1976, 10:301-406.

——. *The Second Epistle to the Corinthians*. NIGTC. Grand Rapids: Eerdmans, 2005.

Héring, Jean. *The Second Epistle of Saint Paul to the Corinthians*. Translated by A. W. Heathcote and P. J. Allcock. London: Epworth London: Epworth, 1967.

Hughes, Philip Edgcumbe. *Paul's Second Epistle to the Corinthians*. NICNT. Grand Rapids: Eerdmans, 1962.

Keener, Craig S. *1-2 Corinthians*. NCBC. Cambridge: Cambridge University Press, 2005.

Kruse, Colin. *2 Corinthians*. TNTC. Grand Rapids: Eerdmans, 1987.

Lambrecht, Jan. *2 Corinthians*. Sacra Pagina. Collegeville: Liturgical, 1999.

Long, Fredrick J. *Ancient Rhetoric and Paul's Apology: The Compositional Unity of 2 Corinthians*. SNTSMS 131. Cambridge: Cambridge University Press, 2004.

Martin, Ralph P. *2 Corinthians*. WBC. Waco: Word, 1986.

Matera, Frank J. *II Corinthians*. NTL. Louisville/London: Westminster John Knox, 2003.

Oropeza, B. J. *Exploring Second Corinthians: Death and Life*, Hardship and Rivalry. RRA 3. Atlanta: SBL Press, 2016.

Plummer, Alfred. *A Critical and Exegetical Commentary on the Second Epistle of St. Paul to the Corinthians*. ICC. New York: Charles Scribner's Sons, 1915.

——. *The Second Epistle of Paul the Apostle to the Corinthians*. Cambridge: Cambridge University Press, 1911.

Scott, James M. *2 Corinthians*. NIBC. Peabody: Hendrickson, 1998.

Seifrid, Mark A. *The Second Letter to the Corinthians*. PNTC. Grand Rapids: Eerdmans, 2014.

Strachan, R. H. *The Second Epistle of Paul to the Corinthians*. MNTC. London: Hodder & Stoughton, 1935.

Talbert, Charles H. Reading *Corinthians: A Literary and Theological Commentary on 1 and 2 Corinthians*. New York: Crossroad, 1987.

Thrall, M. E. *A Critical and Exegetical Commentary on the Second Epistle to the Corinthians*. 2 vols. ICC. Edinburgh: T&T Clark, 1994; 2000.

Watson, Nigel. *The Second Epistle to the Corinthians*. Epworth Commentaries. London: Epworth, 1993.

Witherington, Ben, III. *Conflict and Community in Corinth: A Socio-Rhetorical Commentary on 1 and 2 Corinthians*. Grand Rapids: Eerdmans, 1994.

단 권, 에세이

Adewuya, J. Ayodeji. *Holiness and Community in 2 Cor 6:14-7:1: Paul's View of Communal Holiness in the Corinthian Correspondence*. Studies in Biblical Literature 40. New York: Peter Lang, 2001.

Anderson, Garwood P. *Paul's New Perspective: Charting a Soteriological Journey*. Downers Grove: IVP Academic, 2016.

Ashley, Evelyn. *Paul's Defense of His Ministerial Style: A Study of His Second Letter to the Corinthians*. Lewiston, NY; Queenston, ON; Lampeter, UK: Mellen, 2011.

Barrett, C. K. *Essays on Paul*. Philadelphia: Westminster, 1982.

Belleville, Linda L. *Reflections of Glory: Paul's Polemical Use of the Moses-Doxa Tradition in 2 Corinthians 3.1-18*. JSNTSup 52. Sheffield: JSOT, 1991.

Bieringer, Reimund, ed. *The Corinthian Correspondence*. BETL 125. Leuven: Leuven University Press, 1996.

——and Jan Lambrecht, eds. *Studies in 2 Corinthians*. BETL 112. Leuven: Leuven University Press, 1994.

——Ma. Marilou S. Ibital, Domnka A, Kurek-Chomyz, and Thomas A. Vollmer, eds. *Theologizing in the Corinthian Conflict: Studies in the Exegesis and Theology of 2 Corinthians*. BTS 16. Leuven/Paris/Walpole, MA: Peeters, 2013.

Black, David Alan. *Paul, Apostle of Weakness: Astheneia and Its Cognates in the Pauline Literature*. American University Studies. New York/Berne/Frankfurt on the Main/Nancy: Peter Lang, 1984.

Blanton, Thomas R., IV. *Constructing a New Covenant: Discursive Strategies in the Damascus Document and Second Corinthians*. WUNT 2/233. Tübingen: Mohr Siebeck, 2007.

Bousset, Wilhelm. *Kyrios Christos: A History of Belief in Christ from the Beginnings of Christianity to Irenaeus*. Trans. John E. Steely. Nashville: Abingdon, 1970.

Bowens, Lisa M. *An Apostle in Battle: Paul and Spiritual Warfare in 2 Corinthians 12:1-10*. WUNT 2/433. Tübingen: Mohr Siebeck, 2017.

Brown, Derek R. *The God of This Age: Satan in the Churches and Letters of the Apostle Paul*. WUNT 2/409. Tübingen: Mohr Siebeck, 2015.

Campbell, Constantine R. *Paul and Union with Christ: An Exegetical and Theological Study*. Grand Rapids: Zondervan, 2012.

Carson, Donald A. *From Triumphalism to Maturity: An Exposition of 2 Corinthians 10-13*. Grand Rapids: Baker, 1984.

Concannon, Cavan W. *"When You Were Gentiles": Specters of Ethnicity in Roman Corinth and Paul's Corinthian Correspondence, Synkrisis: Comparative Approaches to Christianity in Greco-Roman Culture.* New Haven: Yale University Press, 2014.

Crafton, Jeffrey A. *The Agency of the Apostle. A Dramatic Analysis of Paul's Responses to Conflict 2 Corinthians*. JSNTSup 51. Sheffield: JSOT, 1991.

Dunn, James D. G. *The Theology of Paul the Apostle*. Grand Rapids / Cambridge, UK: Eerdmans, 1998.

Fee, Gordon D. *Divine Christology: An Exegetical-Theological Study*. Peabody: Hendrickson, 2007.

Fitzgerald, John T. *Cracks in an Earthen Vessel: An Examination of the Catalogues of Hardships in the Corinthian Correspondence*. SBLDS, 99. Atlanta: Scholars Press, 1988.

Georgi, Dieter. *The Opponents of Paul in Second Corinthians*. Philadelphia: Fortress, 1986.

Gignilliat, Mark S. *Paul and Isaiah's Servants: Paul's Theological Reading of Isaiah 40-66 in 2 Corinthians 5:14-6:10*. LNTS 330. London / New York: T&T Clark, 2007.

Gooder, Paula R. *Only the Third Heaven? 2 Corinthians 12.1-10 and Heavenly Ascent*. LSNT 313. London / New York: T&T Clark, 2006.

Hafemann, Scott J. *Paul, Moses, and the History of Israel: The Letter/Spirit Contrast and the Argument from Scripture in 2 Corinthians 3*. Peabody: Hendrickson, 1996.

——. *Suffering and Ministry in the Spirit: Paul's Defense of His Ministry in II Corinthians 2:14-3:3*. Grand Rapids: Eerdmans, 1990.

Hagel, Lukas. "Satan's Angels: 2 Corinthians 12:7 Within a Social-Scientific Framework," *SEÅ* 84 (2019): 193–207.

Han, Paul. *Swimming in the Sea of Scripture: Paul's Use of the Old Testament in 2 Corinthians 4.7-13.13*. LNTS 519. London / New Dehli/ New York / Sydney: Blooms- bury, 2013.

Harvey, Anthony E. *Renewal through Suffering: A Study of 2 Corinthians. Studies of the New Testament and Its World*. Edinburgh: T&T Clark, 1996.

Hay, David M., ed. *Pauline Theology. Vol. II: 1 & 2 Corinthians*. Minneapolis: Fortress, 1993.

Heilig, Christoph. *Paul's Triumph: Reassessing 2 Corinthians 2:14 in Its Literary and Historical Context*. BTS. Leuven-Paris-Bristol, CT: Peeters, 2017.

Hill, Wesley. *Paul and the Trinity: Persons, Relations, and the Pauline Letters*. Grand Rapids: Eerdmans, 2015.

Horrell, David G. *The Social Ethos of the Corinthian Correspondence: Interests and Ideology from 1 Corinthians to 1 Clement*. Studies of the New Testament and Its World. Edinburgh: T&T Clark, 1996.

Kreitzer, Larry. *2 Corinthians*. New Testament Guides. Sheffield: Sheffield Academic Press, 1996.

Lim, Kar Young. *"The Sufferings of Christ Are Abundant in Us": A Narrative Dynamics Investigation of Paul's Sufferings in 2 Corinthians*. LNTS 399. London/New York: T&T Clark, 2009.

Litwa, David. "Paul's Mosaic Ascent: An Interpretation of 2 Corinthians 12.7–9," *NTS* 57 (2011): 238-257.

Liu, Yulin. *Temple Purity in 1-2 Corinthians*. WUNT 2/343. Tübingen: Mohr Siebeck, 2013.

Lorenzi, Lorenzo de. *The Diakonia of the Spirit (2 Co 4:7-7:4)*. Monographic Series of "Benedictina": Biblical Ecumenical Section 10. Rome: Benedictina, 1989.

Marshall, Peter. *Enmity in Corinth: Social Conventions in Paul's Relation with the Corinthians*. WUNT II/23. Tübingen: Mohr (Siebeck), 1987.

Murphy-O'Connor, Jerome. *St. Paul's Corinth*. Texts and Archaeology. Good News Studies, 6. Wilmington: Michael Glazier, 1983.

——. *The Theology of the Second Letter to the Corinthians*. Cambridge: Cambridge University Press, 1991.

Nguyen, Henry T. *Christian Identity in Corinth: A Comparative Study of 2 Corinthians, Epictetus and Valerius Maximus*. WUNT 2/243. Tübingen: Mohr Siebeck, 2008.

Pate, Charles M. *Adam Christology as the Exegetical and Theological Substructure of 2 Corinthians 4:7-5:21*. Lanham/New York: University Press of America, 1991.

Peterson, Brian K. *Eloquence and the Proclamation of the Gospel in Corinth*. SBLDS 163. Atlanta: Scholars Press, 1998.

Porter, Stanley E. *Καταλλάσσω in Ancient Greek Literature, with Reference to the Pauline Writings*. Cordoba: Ediciones El Almendro, 1994.

Savage, Timothy B. *Power through Weakness: Paul's Understanding of the Christian Ministry in 2 Corinthians*. SNTSMS 86. Cambridge: Cambridge University Press, 1996.

Schellenberg, Ryan S. *Rethinking Paul's Rhetorical Education: Comparative Rhetoric and 2 Corinthians 10–13*. ECL 10. Atlanta: Society of Biblical Literature, 2013.

Stegman, Thomas. *The Character of Jesus: The Linchpin to Paul's Argument in 2 Corinthians*. AnBib 158. Rome: Pontifical Biblical Institute, 2005.

Stockhausen, Carol K. *Moses' Veil and the Glory of the New Covenant: The Exegetical Substructure of II Cor. 3, 1–4, 6*. AnBib 116. Rome: Pontifical Biblical Institute, 1989.

Sumney, Jerry L. *Identifying Paul's Opponents. The Question of Method in 2 Corinthians*. JSNTSup 40. Sheffield: JSOT, 1990.

Tabor, James D. Things Unutterable: *Paul's Ascent to Paradise in Its Greco-Roman, Judaic, and Early Christian Contexts*. Lanham: University Press of America, 1986.

Theissen, Gerd. *Essays on Corinth. The Social Setting of Pauline Christianity*. Philadelphia: Fortress, 1982.

Tilling, Chris. *Paul's Divine Christology*. WUNT 2/323. Tübingen: Mohr Siebeck, 2012.

Vegge, Ivar. *2 Corinthians—a Letter about Reconciliation: A Psychagogical, Epistolographical Rhetorical Analysis*. WUNT 2/239. Tübingen: Mohr Siebeck, 2008.

Verbrugge, Verlyn. D. *Paul's Style of Church Leadership Illustrated by His Instructions to the Corinthians on the Collection*. San Francisco: Mellen Research University Press, 1992.

Walker, Donald Dale. *Paul's Offer of Leniency (2 Cor 10:1)*. WUNT 2/152. Tübingen: Mohr Siebeck, 2002.

Wallace, James B. *Snatched into Paradise (2 Cor 12:1-10): Paul's Heavenly Journey in the Context of Early Christian Experience*. BZNW 179. Berlin/New York: de Gruyter, 2011.

Webb, William J. *Returning Home: New Covenant and Second Exodus as the Context for 2 Corinthians 6.14-7.1*. JSNTSup 85. Sheffield: JSOT, 1993.

Welborn, Larry L. *Politics & Rhetoric in the Corinthian Epistles*. Macon: Mercer University Press, 1997.

Wright, N. T. *Paul and the Faithfulness of God Book II Parts III and IV*. Minneapolis: Fortress, 2013.

Young, Frances Margaret, and David F. Ford. *Meaning and Truth in 2 Corinthians. Biblical Foundations in Theology*. London: SPCK, 1987.

소논문

Amador, James D. H. "Revisiting 2 Corinthians: Rhetoric and the Case for Unity." *NTS* 46 (2000): 92-111.

Andrews, Scott B. "Too Weak Not to Lead: The Form and Function of 2 Cor 11, 23b-33." *NTS* 41 (1995): 263–76.

Ascough, Richard S. "The Completion of a Religious Duty: The Background of 2 Cor 8.1-15." *NTS* 42 (1996): 584–99.

Baird, William. "Letters of Recommendation: A Study of II Cor 3:1-3." *JBL* 80 (1961): 166-72.

——. "Visions, Revelation, and Ministry. Reflections on 2 Cor 12:1-5 and Gal 1:11–17." *JBL* 104 (1985): 651–62.

Bates, W. H. "The Integrity of II Corinthians." *NTS* 12 (1965–66): 56–69.

Beale, Gregory K. "The Old Testament Background of Reconciliation in 2 Corinthians 5-7 and Its Bearing on the Literary Problem of 2 Corinthians 6.14-7, 1." *NTS* 35 (1989): 550-81.

Belleville, Linda L. "A Letter of Apologetic Self-Commendation: 2 Cor. 1:8-7:16." *NovT* 31 (1989): 142-63.

——. "Paul's Polemic and Theology of the Spirit in Second Corinthians." *CBQ* 58 (1996): 281-304.

Berry, Ronald. "Death and Life in Christ: The Meaning of 2 Corinthians 5.1-10." *SJT* 14 (1961): 60-76.

Best, Ernest. "II Corinthians 4.7-15: Life through Death." *IBS* 8 (1986): 2-7.

——. "Paul's Apostolic Authority?" *JSNT* 27 (1986): 3–25.

Betz, Hans Dieter. "2 Cor 6:14-7:1: An Anti-Pauline Fragment?" *JBL* 92 (1973): 88-108.

——. "The Problem of Rhetoric and Theology according to the Apostle Paul." Pages 16-48 in *L'apôtre Paul. Personnalité, style et conception du ministère*. Edited by Albert Vanhoye. BETL 73. Leuven: Leuven University Press, 1986.

Blanton Thomas R., IV. "Paul's Covenantal Theology in 2 Corinthians 2:14-7:4." Pages 61-71 in *Paul and Judaism: Crosscurrents in Pauline Exegesis and the Study of Jewish-Christian Relations*. Edited by Reimund Bieringer and Didier Pollefeyt. LSNT 461. London/New York: T&T Clark, 2012.

——. "Spirit and Covenant Renewal: A Theologoumenon of Paul's Opponents in 2 Corinthians." *JBL* 129 (2010): 129–51.

Borchert, Gerald L. "Introduction to 2 Corinthians." *RevExp* 86 (1989): 313-24.

Bornkamm, Günter. "The History of the Origin of the So-Called Second Letter to the Corinthians." *NTS* 8 (1961-62): 258-64.

Bowker, John W. "Merkabah' Visions and the Visions of Paul." *JSS* 16 (1971): 157-73.

Breytenbach, Cilliers. "Paul's Proclamation and God's 'Thriambos.' Notes on 2 Corinthians 2:14-16b." *Neot* 24 (1990): 257-71.

Bruce, F. F. "Paul on Immortality." *SJT* 24 (1971): 457-72.

Campbell, Douglas A. "2 Corinthians 4:13: Evidence in Paul that Christ Believes." *JBL* 128 (2009): 337-56

Cassidy, Ronald. "Paul's Attitude to Death in II Corinthians 5:1-10." *EvQ* 43 (1971): 210-17.

Chester, Andrew. "High Christology-Whence, When and Why?" *EC* 2 (2011): 22-50.

Collins, John N. "Georgi's 'Envoys' in 2 Cor 11:23." *JBL* 93 (1974): 88–96.

Craddock, Fred B. "The Poverty of Christ. An Investigation of II Corinthians 8:9." *Int* 22 (1968): 158-70.

Craig, William Lane. "Paul's Dilemma in 2 Corinthians 5.1-10: A 'Catch-22.'" *NTS* 34 (1988): 145-47.

Cranfield, C. E. B. "The Grace of Our Lord Jesus Christ. 2 Corinthians 8:1-9." *Communio viatorum* 32 (1989): 105-9.

——. "Minister and Congregation in the Light of II Corinthians 4:5-7. An Exposition." *Int* 19 (1965): 163-67.

Dahl, Nils A. "A Fragment and Its Context. 2 Corinthians 6:14-7:1." Pages 62–69 in *Studies in Paul*. Minneapolis: Augsburg, 1977.

Danker, Frederick W. "Paul's Debt to the De Corona of Demosthenes: A Study of Rhetorical Techniques in Second Corinthians." Pages 262-80 in *Persuasive Artistry: Studies in New Testament Rhetoric in Honor of George A. Kennedy*. Edited by Duane F. Watson. Sheffield: Sheffield Academic Press, 1991.

Derrett, J. Duncan M. "2 Cor 6, 14ff. A Midrash on Dt 22, 10." *Bib* 59 (1978): 231-50.

DeSilva, David A. "Measuring Penultimate against Ultimate Reality: An Investigation of the Integrity and Argumentation of 2 Corinthians." *JSNT* 52 (1993): 41-70.

——. "Recasting the Moment of Decision: 2 Corinthians 6:14–7:1 in Its Literary Context." *AUSS* 31 (1993): 3–16.

Dewey, Arthur J. "A Matter of Honor: A Social-Historical Analysis of 2 Corinthians 10." *HTR* 78 (1985): 209–17.

Duff, Paul B. "Metaphor, Motif, and Meaning. The Rhetorical Strategy behind the Image 'Led in Triumph' in 2 Corinthians 2:14." *CBQ* 53 (1991): 79-92.

——. "Apostolic Suffering and the Language of Processions in 2 Corinthians 4:7-10." *BTB* 21 (1991): 158-65.

——. "The Mind of the Redactor: 2 Cor. 6:14–7:1 in Its Secondary Context." *NovT* 35 (1993): 160-80.

——. "2 Corinthians 1-7: Sidestepping the Division Hypothesis Dilemma." *BTB* 24 (1994): 16-26.

Dumbrell, William J. "Paul's Use of Exodus 34 in 2 Corinthians 3." Pages 179–94 in *God Who Is Rich in Mercy*. Edited by Peter O'Brien and David Peterson. Homebush, Australia: Lancer Books, 1986.

Dunn, James D. G. "2 Corinthians III.17—'The Lord Is the Spirit.'" *JTS* 21 (1970):

309-20.

Egan, Rory B. "Lexical Evidence on Two Pauline Passages." *NovT* 19 (1977): 34-62.

Ellis, E. Earle. "II Corinthians V.1-10 in Pauline Eschatology." *NTS* 6 (1959–60): 211-24.

Fallon, Francis T. "Self-Sufficiency or God's Sufficiency: 2 Corinthians 2:16." *HTR* 76 (1983): 369-74.

Fee, Gordon D. "Another Gospel Which You Did Not Embrace: 2 Corinthians 11.4 and the Theology of 1 and 2 Corinthians." Pages 111-33 in *Gospel in Paul*. Edited by L. A. Jervis and P. Richardson. JSNTSup 108. Sheffield: Sheffield Academic Press, 1994.

——. "II Corinthians vi.14-vii.l and Food Offered to Idols." NTS 23 (1976–77): 140-61.

——. "ΧΑΡΙΣ in II Corinthians 1.15: Apostolic Parousia and Paul-Corinth Chronology." NTS 24 (1977-78): 533–38.

Fitzgerald, John T. "Paul, the Ancient Epistolary Theorists, and 2 Corinthians 10–13." Pages 190-200 in *Greeks, Romans, and Christians*. Edited by David L. Balch, Everett Ferguson, and Wayne A. Meeks. Minneapolis: Fortress, 1990.

Fitzmyer, Joseph A. *Essays on the Semitic Background of the New Testament*. SBLSBS 5. Missoula, MT: Scholars Press, 1974.

——. "Glory Reflected on the Face of Christ (2 Cor 3:7-4:6) and a Palestinian Jewish Motif." *TS* 42 (1981): 630-44.

——. "Qumran and the Interpolated Paragraph in 2 Cor 6:14-7:1." *CBQ* 23 (1961): 271-80.

Forbes, Christopher. "Comparison, Self-Praise and Irony. Paul's Boasting and the Conventions of Hellenistic Rhetoric." *NTS* 32 (1986): 1–30.

Fraser, John W. "Paul's Knowledge of Jesus. II Corinthians 5:16 Once More." *NTS* 17 (1970-71): 293–313.

Fredrickson, David E. "ΠΑΡΡΗΣΙΑ in the Pauline Epistles," Pages 163-83 in *Friendship, Flattery and Frankness of Speech: Studies on Friendship in the New Testament World*. Edited by John T. Fitzgerald. NovTSup 82. Leiden: Brill, 1996.

Furnish, Victor P. "Corinth in Paul's Time." *BAR* 15 (1988): 14–27.

Garland, David E. "Paul's Apostolic Authority: The Power of Christ Sustaining Weakness (2 Corinthians 10-13)." *RevExp* 86 (1989): 371–89.

Garrett, Susan R. "The God of This World and the Affliction of Paul: 2 Cor 4:1-12." Pages 99-117 in *Greeks, Romans, and Christians*. Edited by David L. Balch, Everett Ferguson, and Wayne A. Meeks. Minneapolis: Fortress, 1990.

Gillman, John. "A Thematic Comparison: 1 Cor 15:50-57 and 2 Cor 5:1-5." *JBL* 107 (1988): 439-54.

Glasson, T. Francis. "2 Corinthians v. 1-10 versus Platonism." *SJT* 43 (1990): 145-55.

Gnilka, Joachim. "2 Cor 6:14-7:1 in the Light of the Qumran Texts and the Testament of the Twelve Patriarchs." Pages 48-68 in *Paul and Qumran. Studies in New Testament Exegesis*. Edited by J. Murphy-O'Connor. Chicago: The Priory Press, 1968.

Goulder, Michael. "2 Cor. 6:14–7:1 as an Integral Part of 2 Corinthians." *NovT* 36 (1994): 47-57.

——. "Vision and Knowledge." *JSNT* 56 (1994): 53-71.

Greenwood, David. "The Lord Is Spirit: Some Considerations of 2 Cor 3:17." *CBQ* 34 (1972): 467-72.

Hafemann, Scott J. "The Comfort and Power of the Gospel: The Argument of 2 Corinthians 13." *RevExp* 86 (1989): 325-44.

——. "The Glory and Veil of Moses in 2 Cor 3:7-14: An Example of Paul's Contex- tual Exegesis of the Old Testament—a Proposal." *HBT* 14 (1992): 31–49.

——. "'Self-Commendation' and Apostolic Legitimacy in 2 Corinthians: A Pauline Dialectic?" *NTS* 36 (1990): 66–88.

Hanson, Anthony T. "The Midrash in II Corinthians 3: A Reconsideration." *JSNT* 9 (1980): 2-28.

Harris, Murray J. "2 Corinthians 5:1-10: A Watershed in Paul's Theology?" *TynBul* 22 (1971): 32-57.

Harvey, Anthony E. "Forty Strokes Save One: Social Aspects of Judaizing and Apostasy." Pages 79-96 in *Alternative Approaches to New Testament Study*. Edited by A. E. Harvey. London: SPCK, 1985.

Hemer, Colin J. "Alexander Troas." *TynBul* 26 (1975): 79-112.

——. "A Note on 2 Corinthians 1:9." *TynBul* 23 (1972): 103-7.

Hettlinger, Richard F. "2 Corinthians 5:1-10." *SJT* 10 (1957): 174-94.

Hickling, C. J. A. "The Sequence of Thought in II Corinthians, Chapter Three." *NTS* 21 (1974–75): 380-95.

Hodgson, Robert. "Paul the Apostle and First Century Tribulation Lists." *ZNW* 74 (1983): 59-80.

Holland, Glenn. "Paul's Use of Irony as a Rhetorical Technique." Pages 234-48 in *The Rhetorical Analysis of Scripture: Essays from the 1995 London Conference*. Edited by Stanley E. Porter and Thomas H. Olbricht. JSNTSup 146. Sheffield: Sheffield Academic Press, 1997.

——. "Speaking like a Fool: Irony in 2 Corinthians 10-13." Pages 250-64 in *Rhetoric and the New Testament: Essays from the Heidelberg Conference*. Edited by Stanley E. Porter and Thomas H. Olbricht. JSNTSup 90. Sheffield: Sheffield Academic Press, 1993.

Hooker, Morna D. "Interchange in Christ." *JTS* 22 (1971): 349-61.

Horrell, David. "Paul's Collection: Resources for a Materialist Theology." *Epworth Review* 22 (1995): 74-83.

Hubbard, Moyer. "Was Paul Out of His Mind? Re-Reading 2 Corinthians 5.13." *JSNT* 70 (1998): 39-64.

Hughes, Frank W. "The Rhetoric of Reconciliation: 2 Corinthians 1.1-2.13 and 7.5-8.24." Pages 246-61 in *Persuasive Artistry: Studies in New Testament Rhetoric in*

Honor of George A. Kennedy. Edited by Duane F. Watson. JSNTSup 50. Sheffield: JSOT, 1991.

Judge, Edwin A. "Cultural Conformity and Innovation in Paul." *TynBul* 35 (1984): 3-24.

——. "Paul's Boasting in Relation to Contemporary Professional Practice." *AusBR* 16 (1968): 37-50.

——. "The Reaction against Classical Education in the New Testament." *Journal of Christian Education* 77 (1983): 7-14.

——. "The Regional Kanon for the Requisitioned Transport." Pages 36-45 in *New Documents Illustrating Early Christianity 1*. Edited by G. H. R. Horsley. North Ryde: Macquarie University, 1989.

——. "St Paul as a Radical Critic of Society." *Interchange* 16 (1974): 191-203.

Kent, Homer A. "The Glory of Christian Ministry. An Analysis of 2 Corinthians 2.14-4.18." *Grace Theological Journal* 2 (1981): 171-89.

Kim, Seyoon. "2 Cor 5:11-21 and the Origin of Paul's Concept of 'Reconciliation.'" *NovT* 3(1997): 360-84.

Kolenkow, Anitra B. "Paul and Opponents in 2 Cor 10-13–Theoi Andres and Spiritual Guides." Pages 351-74 in *Religious Propaganda and Missionary Competition in the New Testament World*. Edited by L. Bormann, K. Del Tredici, and A. Standhartinger. Leiden/New York/Köln: Brill, 1997.

Kruse, Colin G. "The Offender and the Offence in 2 Corinthians 2:5 and 7:12." *EvQ* 60 (1988): 129-39.

——. "The Relationship between the Opposition to Paul Reflected in 2 Corinthians 1-7 and 10-13." *EvQ* 61 (1989): 195-202.

Kune, J. J. "We, Us and Our in I and II Corinthians." *NovT* 8 (1966): 171-79.

Lambrecht, Jan. "A Matter of Method. 2 Cor 4,13 and Stegman's Recent Study." *ETL* 84 (2008): 175-80.

——. "A Matter of Method (II). 2 Cor 4,13 and the Recent Studies of Schenck and Campbell." *ETL* 86 (2010): 441-48.

——. "Paul's Boasting about the Corinthians: A Study of 2 Cor. 8:24-9:5." *NovT* 40 (1998): 352-68.

——. "Strength in Weakness. A Reply to Scott B. Andrews' Exegesis of 2 Cor 11:23b-33." *NTS* 43 (1997): 285-90.

Leary, T. J. "'A Thorn in the Flesh'-2 Corinthians 12:7." *JTS* 43 (1992): 520-22.

Leivestad, Ragnar. "'The Meekness and Gentleness of Christ' II Cor. X.l." *NTS* 12 (1965–66): 156-64.

Lillie, William. "An Approach to 2 Corinthians 5.1-10." *SJT* 30 (1977): 59-70.

Lincoln, Andrew T. "'Paul the Visionary': The Setting and Significance of the Rapture to Paradise in II Corinthians XII.1-10." *NTS* 25 (1978-79): 204-20.

Lodge, J. G. "The Apostle's Appeal and Readers' Response: 2 Corinthians 8 and 9." *Chicago Studies* 30 (1991): 59-75.

Loubser, J. A. "A New Look at Paradox and Irony in 2 Corinthians 10-13." *Neot* 26 (1992): 507-21.

——. "Winning the Struggle (or: How to Treat Heretics): (2 Corinthians 12:1-10)." *Journal of Theology for Southern Africa* 75 (1991): 75-83.

McCant, Jerry W. "Paul's Thorn of Rejected Apostleship." *NTS* 34 (1988): 550-72.

McClelland, Scott E. "'Super-Apostles, Servants of Christ, Servants of Satan.'" *JSNT* 14 (1982): 82-87.

McDonald, James I. H. "Paul and the Preaching Ministry: A Reconsideration of 2 Cor. 2:14-17 in Its Context." *JSNT* 17 (1983): 35-50.

Malherbe, Abraham J. "Antisthenes and Odysseus and Paul at War." Pages 91-119 in *Paul and the Popular Philosophers*. Philadelphia: Westminster, 1989.

Manson, T. W. "St. Paul in Ephesus (3) and (4): The Corinthian Correspondence." Pages 190-224 in *Studies in the Gospels and Epistles*. Edited by Matthew Black. Philadelphia: Westminster, 1962.

——. "2 Cor. 2:14–17: Suggestions Toward an Exegesis." Pages 155-62 in *Studia Paulina*. Edited by Jan N. Sevenster and Willem C. van Unnik. Haarlem: Bohm, 1953.

Manus, Chris Ukachukwu. "Apostolic Suffering (2 Cor 6:4-10): The Sign of Christian Existence and Identity." *Asia Journal of Theology* 1 (1987): 41-54.

Marguerat, Daniel. "2 Corinthiens 10-13. Paul et l'expérience de Dieu." *ETR* 63 (1988): 497-519.

Marshall, Peter. "Hybrists Not Gnostics in Corinth." SBLSP (1984): 275-87.

——. "Invective: Paul and His Enemies in Corinth." Pages 359-73 in *Perspectives on Language and Text*. Edited by Edgar W. Conrad and Edward G. Newing. Winona Lake: Eisenbrauns, 1987.

——. "A Metaphor of Social Shame: Opiaußévei in 2 Cor. 2:14." *NovT* 25 (1983): 302-17.

Martin, Ralph P. "The Opponents of Paul in 2 Corinthians: An Old Issue Revisited." Pages 279-89 in *Tradition and Interpretation in the New Testament*. Edited by Gerald F. Hawthorne and Otto Betz. Grand Rapids Eerdmans, 1987.

——. "The Setting of 2 Corinthians." *TynBul* 37 (1986): 3-19.

——. "The Spirit in 2 Corinthians in Light of the 'Fellowship of the Holy Spirit' in 2 Corinthians 13:14." Pages 113-28 in *Eschatology and the New Testament*. Edited by W. Hulitt Gloer. Peabody: Hendrickson, 1988.

Martyn, J. Louis. "Epistemology at the Turn of the Ages: 2 Corinthians 5:16." Pages 269-87 in *Christian History and Interpretation*. Edited by William R. Farmer, C. F. D. Moule, and Richard. R. Niebuhr. Cambridge: Cambridge University Press, 1967.

Mealand, David L. "'As having nothing and yet possessing everything,' 2 Cor 6:10c." *ZNW* 67 (1976): 277-79.

Melick, Richard R., Jr. "The Collection for the Saints: 2 Corinthians 8-9." *CTR* 4 (1989–90): 97-117.

Menoud, Philippe H. "The Thorn in the Flesh and Satan's Angel (2 Cor. 12.7)." Pages 19-30 in *Jesus Christ and the Faith: A Collection of Studies*. PTMS 18. Pittsburgh: Pickwick, 1978.

Metts, Roy. "Death, Discipleship, and Discourse Strategies: 2 Cor 5:1-10 Once Again." *CTR* 4 (1989–90): 57-76.

Minear, Paul S. "Some Pauline Thoughts on Dying: A Study of 2 Corinthians." Pages 91-106 in *From Faith to Faith*. Edited by D. Y. Hadidian. Pittsburgh: Pickwick, 1979.

Mitchell, Margaret M. "New Testament Envoys in the Context of Greco-Roman Diplomatic and Epistolary Conventions: The Example of Timothy and Titus." *JBL* 111 (1992): 641-62.

Mitton, C. Leslie. "Paul's Certainties. V. The Gift of the Spirit and Life beyond Death-2 Corinthians v. 1-5." *ExpT* 69 (1957–58): 260-63.

Morray-Jones, Christopher R. A. "Paradise Revisited (2 Cor 12:1-12): The Jewish Mystical Background of Paul's Apostolate. Part 1: The Jewish Sources." *HTR* 86 (1993): 177-217.

——. "Paradise Revisited (2 Cor 12:1-12): The Jewish Mystical Background of Paul's Apostolate. Part 2: Paul's Heavenly Ascent and Its Significance." *HTR* 86 (1993): 265-92.

Moule, C. F. D. "Peculiarities in the Language of 2 Corinthians." Pages 158-61 in *Essays in New Testament Interpretation*. Cambridge: Cambridge University Press, 1982.

——. "Reflections on So-called 'Triumphalism.'" Pages 219-28 in *The Glory of Christ in the New Testament. Studies in Christology*. Edited by L. D. Hurst and N. T. Wright. Oxford: Oxford University Press, 1987.

——. "St Paul and Dualism: The Pauline Conception of Resurrection." *NTS* 12 (1965–66): 106–23.

——. "2 Cor 3, 18b." Pages 231-37 in *Neues Testament und Geschichte*. Edited by Heinrich Baltensweiler and Bo Reicke. Tübingen: Mohr Siebeck, 1972.

Mullins, Terence Y. "Paul's Thorn in the Flesh." *JBL* 76 (1957): 299-303.

Murphy-O'Connor, Jerome. "'Another Jesus' (2 Cor 11:4)." *RB* 97 (1990): 238-51.

——. "'Being at Home in the Body We Are in Exile from the Lord' (2 Cor 5:6b)." *RB* 93 (1986): 214-21.

——. "Co-Authorship in the Corinthian Correspondence." *RB* 100 (1993): 562-79.

——. "The Corinth That Saint Paul Saw." *BA* 47 (1984): 147-59.

——. "The Date of 2 Corinthians 10-13." *AusBR* 39 (1991): 31-43.

——. "Faith and Resurrection in 2 Cor 4:13-14." *RB* 95 (1988): 543-550.

——. "Paul and Macedonia: The Connection between 2 Corinthians 2.13 and 2.14." *JSNT* 25 (1985): 99-103.

——. "Philo and 2 Cor 6:14-7:1." *RB* 95 (1988): 55-69.

——. "Pneumatikoi and Judaizers in 2 Cor 2:14–4:6." *AusBR* 34 (1986): 42-58.

——. “Pneumatikoi in 2 Corinthians.” *Proceedings of the Irish Biblical Association* 11 (1988): 59-66.

——. “Relating 2 Corinthians 6.14–7.1 to its Context.” *NTS* 33 (1987): 272-75.

Myrick, Anthony A. “Father’ Imagery in 2 Corinthians 1-9 and Jewish Paternal Tradition.” *TynBul* 47 (1996): 163-71.

Nathan, Emmanuel. “Fragmented Theology in 2 Corinthians: The Unsolved Puzzle of 6:14-7:1” Pages 211-28 in *Theologizing in the Corinthian Conflict: Studies in the Exegesis and Theology of 2 Corinthians*, ed. Reimund Bieringer, et al., BTS 16. Leuven / Paris / Walpole, MA: Peeters, 2013.

Neyrey, Jerome H. “Witchcraft Accusations in 2 Cor 10–13: Paul in Social Science Perspective.” *Listening* 21 (1986): 160-70.

O’Collins, Gerald G. “Power Made Perfect in Weakness: 2 Cor 12:9-10.” *CBQ* 33 (1971): 528-37.

Olley, John W. “A Precursor of the NRSV? ‘Sons and Daughters in 2 Cor 6:18.’” *NTS* 44 (1998): 204-12.

Olson, Stanley N. “Epistolary Uses of Expressions of Self-confidence.” *JBL* 103 (1984): 585-97.

——. “Pauline Expressions of Confidence in His Addressees.” *CBQ* 47 (1985): 282-95.

Osei-Bonsu, Joseph. “Does 2 Cor. 5.1-10 Teach the Reception of the Resurrection Body at the Moment of Death?” *JSNT* 28 (1986): 81-101.

——. “The Intermediate State in the New Testament.” *SJT* 44 (1991): 169-94.

Park, D. M. “Paul’s ΕΚΟΛΟΨ ΤΗ ΣΑΡΚΙ: Thorn or Stake? (2 Cor. Xl1.7).” *NovT* 22 (1980): 179-83.

Perriman, A. C. “Between Troas and Macedonia: 2 Cor 2:13-14.” *ExpTim* 101 (1989–90): 39-41.

——. “Paul and the Parousia. 1 Corinthians 15.50-57 and 2 Corinthians 5.1-5.” *NTS* 35 (1989): 512-21.

Polhill, John B. “Reconciliation at Corinth: 2 Corinthians 4-7.” *RevExp* 86 (1989): 345-57.

Price, Robert M. “Punished in Paradise (An Exegetical Theory on II Corinthians 12:1-10).” *JSNT* 7 (1980): 33-40.

Provence, Thomas E. “‘Who Is Sufficient for These Things’? An Exegesis of 2 Corinthians ii 15-iii 18.” *NovT* 24 (1982): 54-81.

Rensberger, David. “2 Corinthians 6:14-7:1: A Fresh Examination.” *SBT* 8 (1978): 25-49.

Richard, Earl. “Polemics, Old Testament, and Theology. A Study of II Cor. III, 1–IV, 6.” *RB* 88 (1981): 340-67.

Roetzel, Calvin J. “‘As Dying, and Behold We Live.’ Death and Resurrection in Paul's Theology.” *Int* 46 (1992): 5-18.

Rolland, Philippe. “La structure litteraire de la Deuxieme Epitre aux Corinthiens.” *Bib* 71 (1990): 73-84.

Sabourin, Leopold. "Christ Made 'Sin' (2 Cor 5:21): Sacrifice and Redemption in the History of a Formula." Pages 185-296 in *Sin, Redemption and Sacrifice. A Biblical and Patristic Study*. Edited by Stanislas Lyonnet and Leopold Sabourin. AnBib 48. Rome: Pontifical Biblical Institute, 1970.

Sampley, J. Paul. "Paul, His Opponents in 2 Corinthians 10–13, and the Rhetorical Handbooks." Pages 162-77 in *The Social World of Formative Christianity and Judaism*. Edited by J. Neusner. Philadelphia: Fortress 1988.

Schäfer, Peter. "New Testament and Hekhalot Literature: The Journey into Heaven in Paul and in Merkavah Mysticism." *JJS* 36 (1984): 19–35.

Schenck, Kenneth. "2 Corinthians and the Τιστis Χριστou Debate." *CBQ* 70 (2008): 524-37

Scott, James M. "The Triumph of God in 2 Cor. 2:14: Another Example of Merkabah Mysticism." *NTS* 37 (1991): 573-91.

——. "The Use of Scripture in 2 Corinthians 6:16c-18 and Paul's Restoration Theology." *JSNT* 56 (1994): 73–99.

Sevenster, Jan N. "Some Remarks on the GYMNOS in II Cor. V. 3," Pages 202–14 in *Studia Paulina*. Edited by Jan N. Sevenster and Willem C. van Unnik. Haarlem: Bohm, 1953.

Sloan, Robert B., Jr. "2 Corinthians 2:14-4:6 and 'New Covenant Hermeneutics' a Response to Richard Hays." *BBR* 5 (1995): 129-54.

Smith, Brandon D. "What Christ Does, God Does: Surveying Recent Scholarship on Christological Monotheism." *CBR* 17/2 (2019): 184–208.

Spittler, Russel P. "The Limits of Ecstasy: An Exegesis of 2 Corinthians 12:1-10." Pages 259-66 in *Current Issues in Biblical and Patristic Interpretation*. Edited by Gerald F. Hawthorne. Grand Rapids: Eerdmans, 1975.

Stegman, Thomas D. "ἐπίστευσα, διὸ ἐλάλησα (2 Corinthians 4:13): Paul's Christological Reading of Psalm 115:1a LXX." *CBQ* 69 (2007): 725-745.

Stephenson, A. M. G. "A Defence of the Integrity of 2 Corinthians." Pages 82-97 in *The Authorship and Integrity of the New Testament*. Edited by K. Aland. London: SPCK, 1965.

Steward-Sykes, Alistair. "Ancient Editors and Copyists and Modern Partition Theories: The Case of the Corinthian Correspondence." *JSNT* 61 (1996): 53-64.

Stockhausen Carol K. "2 Corinthians 3 and the Principles of Pauline Exegesis." Pages 143-64 in *Paul and the Scriptures of Israel*. Edited by Craig A. Evans and J. A. Sanders. JSNTSup 83. Sheffield: Sheffield Academic Press, 1993.

Story, Cullen I. K. "The Nature of Paul's Stewardship with Special Reference to I and II Corinthians." *EvQ* 48 (1976): 212-29.

Stowers, Stanley K. "ΠΕΡΙ ΜΕΝ ΓΑΡ and the Integrity of 2 Cor. 8 and 9." *NovT* 32 (1990): 340-48.

Sumney, Jerry L. "Paul's 'Weakness': An Integral Part of His Conception of Apostleship." *JSNT* 52 (1993): 71-91.

——. "The Role of Historical Reconstruction of Early Christianity in Identifying Paul's Opponents." *Perspectives in Religious Studies* 16 (1989): 45-53.

Talbert, Charles H. "Money Management in Early Mediterranean Christianity: 2 Corinthians 8 and 9." *RevExp* 86 (1989): 359-70.

Taylor, N. H. "The Composition and Chronology of Second Corinthians." *JSNT* 44 (1991): 67-87.

Thrall, M. E. "The Offender and the Offence: A Problem of Detection in 2 Corinthians." Pages 65-78 in *Scripture. Meaning and Method*. Edited by B. P. Thompson. Hull: Hull University Press, 1987.

——. "The Problem of II Cor. vi.14-vii.l in Some Recent Discussions." *NTS* 24 (1977–78): 132–48.

——. "Salvation Proclaimed. 2 Corinthians 5:18-21: Reconciliation with God." *ExpT* 93 (1982): 227-31.

——. "2 Corinthians 1:12: AGIOTHTI or APLOTHTI?" Pages 366-72 in *Studies in New Testament Language and Text*. Edited by J. K. Elliott. NovTSup 44. Leiden: Brill, 1976.

——. "A Second Thanksgiving Period in II Corinthians." *JSNT* 16 (1982): 101-24.

——. "Super-Apostles, Servants of Christ, and Servants of Satan." *JSNT* 6 (1980): 42-57.

Turner, David L. "Paul and the Ministry of Reconciliation in 2 Cor 5:11-6:2." *CTR* 4 (1989-90): 77-95.

van Unnik, Willem C. "With Unveiled Face': An Exegesis of 2 Corinthians iii 12–18." NovT 6 (1963): 153-69.

Wagner, Günter. "The Tabernacle and Life 'in Christ.' Exegesis of 2 Corinthians 5.1–10." *IBS* 3 (1981): 145-65.

Watson, Francis. "2 Cor. x-xiii and Paul's Painful Letter to the Corinthians." *JTS* 35 (1984): 324-46.

Watson, Nigel. "'To Make Us Rely Not on Ourselves but God Who Raises the Dead': 2 Cor. 1, 9b as the Heart of Paul's Theology." Pages 384-98 in *Die Mitte des Neuen Testaments*. Edited by Ulrich Luz and Hans Weder. Göttingen: Vandenhoeck & Ruprecht, 1983.

Wenham, David. "2 Corinthians 1:17, 18: Echo of a Dominical Logion." *NovT* 28 (1986): 271-79.

Williamson, Lamar, Jr. "Led in Triumph: Paul's Use of *Thriambeuō*." *Int* 22 (1968): 317-32.

Wolff, Christian. "True Apostolic Knowledge of Christ: Exegetical Reflections on 2 Corinthians 5.14ff." Pages 81-98 in *Paul and Jesus. Collected Essays*. Edited by A. J. M. Wedderburn. JSNTSup 37. Sheffield: JSOT, 1989.

Wong, Emily. "The Lord Is the Spirit (2 Cor 3:1 7a)." *ETL* 61 (1985): 48-72.

Wong, K. "'Lord' in 2 Corinthians 10:17." *LStud* 17 (1992): 243-53.

Woods, Laurie. "Opposition to a Man and His Message: Paul's 'Thorn in the Flesh' (2 Cor 12:7)." *AusBR* 39 (1991): 44-53.

Wright, N. T. "Reflected Glory: 2 Corinthians 3:18." Pages 139-50 in *The Glory of Christ in the New Testament: Studies in Christology*. Edited by L. D. Hurst and N. T. Wright. Oxford: Oxford University Press, 1987.

Yates, Roy. "Paul's Affliction in Asia: 2 Corinthians 1:8." *EvQ* 53 (1981): 241-45.

Young, Frances. "Note on 2 Corinthians 1:17b." *JTS* 37 (1986): 404-15.